MITTELDEUTSCHE FORSCHUNGEN

HERAUSGEGEBEN VON
REINHOLD OLESCH, WALTER SCHLESINGER, LUDWIG ERICH SCHMITT

Band 48/V/1/1

GESCHICHTE THÜRINGENS

Herausgegeben von

HANS PATZE und WALTER SCHLESINGER

FÜNFTER BAND

POLITISCHE GESCHICHTE IN DER NEUZEIT

1. Teil, 1. Teilband

34 Abbildungen auf Kunstdruck

1982

BÖHLAU VERLAG KÖLN WIEN

CIP-Kurztitelaufnahme der Deutschen Bibliothek

Geschichte Thüringens / hrsg. von Hans Patze u. Walter Schlesinger. — Köln ; Wien : Böhlau

NE: Patze, Hans [Hrsg.]

Bd. 5. Politische Geschichte in der Neuzeit.
Teil 1.
Teilbd. 1. (1982).
(Mitteldeutsche Forschungen ; Bd. 48)
ISBN 3-412-04281-1

NE: GT

Satz und Druck: Druckhaus Rolf Gremer, Ebelsbach
Buchbinderische Verarbeitung: Konrad Triltsch, Würzburg

Printed in Germany
ISBN 3 412 04281 1

INHALT

ERSTER TEILBAND

ZWEITER TEILBAND

Zweites Kapitel

Nach Seite 779

VORWORT

Mit diesem Band bringen die Autoren und die Herausgeber die „Geschichte Thüringens" zum Abschluß. Das Schlußwort für das Gesamtwerk ist bereits dem VI. Band vorangestellt worden, sodaß sich ein zusammenfassender Rückblick an dieser Stelle erübrigt.

Auf einige Aspekte des vorliegenden Doppelbandes müssen wir jedoch hinweisen. Zu danken ist einmal Wolfgang Huschke dafür, daß er nach verspätetem Beginn die schwierige Aufgabe doch noch zum Abschluß gebracht hat; denn in dem von ihm behandelten Zeitabschnitt hat die sprichwörtliche thüringische Kleinstaaterei ihre verhängnisvollste Ausprägung erhalten. Er selbst und die Herausgeber haben sich bemüht, die Landesteilungen und die verschlungenen Beziehungen zwischen den ernestinischen Staaten durch verschiedene Hilfen einigermaßen übersichtlich zu gestalten. Dem Leser seien insbesondere die „Übersichten über die thüringischen Staaten" am Schluß des Doppelbandes empfohlen. — Der Kleinstaatliche Absolutismus in Thüringen hat sich, wie in anderen Landschaften auch, vor allem an der Verwaltungskunst Genüge getan. Wolfgang Huschke hat mit gutem Grund auf diesen den Nachdruck gelegt. Dabei kam ihm zustatten, daß ihm als erfahrenem Genealogen ungewöhnliche Kenntnisse des Personals der Regierungen und Behörden zur Verfügung standen. Der Leser und Benutzer des Bandes wird dieses faktengesättigte Kapitel zu schätzen wissen.

Hervorzuheben ist, daß W. Huschke, genau wie F. Facius im VI. Band, den Ausfall des Kapitels „Wirtschaft in der Neuzeit" durch zahlreiche wirtschaftsgeschichtliche Einschübe auszugleichen versucht hat.

Hans Tümmler hat in seinem Kapitel aus jahrzehntelanger Beschäftigung mit der Epoche Carl Augusts von Weimar und Goethes die Summe gezogen und ein lebendiges Bild dieser Jahrzehnte gezeichnet, in denen sich die Blicke immer wieder auf das Herzogtum richteten. Zu danken ist ihm, daß er dem Wunsche des Herausgebers nachgegeben und sein seit 1976 im Satz stehendes Kapitel nicht separat hat erscheinen lassen, sondern im Zusammenhang mit den übrigen Teilen belassen hat.

Um ihren Kollegen W. Huschke zu entlasten und den Abschluß des Werkes möglichst zu beschleunigen, haben Günther Franz, Hans Tümmler und der Herausgeber zu guterletzt durch Übernahme einiger Abschnitte mit Hand angelegt. Daß die Beschäftigung mit der Geschichte Thüringens diese Historiker nach Jahrzehnten noch einmal zusammengeführt hat, ist von ihnen als gute Fügung empfunden worden.

Eine unentbehrliche Hilfe für das Verständnis dieses inhaltlich besonders komplizierten Bandes stellen die vier Karten der ernestinischen Landesteilungen dar. Sie sind von Frau Gudrun Pischke geb. Stolz auf Grund der Jenaer Dissertation von H.-Stephan Brather, Die ernestinischen Landesteilungen des 16. und 17. Jahrhunderts, 1951, entworfen worden; die Folien der Karten wurden vom Verlag W. Fischer, Göttingen, gezeichnet. Die ungedruckte Arbeit von H.-St. Brather erlangt damit, wenn auch verspätet, wenigstens einen Teil ihres Nutzens.

Die Beschaffung der Abbildungsvorlagen aus den Coburger Sammlungen und Archivbeständen ist Friedrich Facius zu danken. Ferner haben Hans Tümmler und — in bewährter Weise — Günther Beyer, Weimar, durch Bildvorlagen zur Veranschaulichung von Persönlichkeiten und Stätten der thüringischen Geschichte beigetragen.

Herausgeber und Autoren der „Geschichte Thüringens" leitet die gleiche beharrliche Zuversicht, die Goethe am 23. Oktober 1828 gegenüber Eckermann zum Ausdruck brachte:

„Mir ist nicht bange . . ., daß Deutschland nicht eins werde".

H. Patze W. Schlesinger

Erstes Kapitel

POLITISCHE GESCHICHTE VON 1572 BIS 1775

von Wolfgang Huschke

In den beiden Jahrhunderten der politischen Geschichte Thüringens zwischen der Landesteilung im ernestinischen Hause von 1572 und dem Regierungsantritt Carl Augusts von Weimar im Jahre 1775 haben zahlreiche Landesteilungen eine Vielzahl von in ihrem äußeren Umfang wechselnden Herrschaftsbereichen entstehen lassen, die zur Grundlage wurden für die bis in das 20. Jahrhundert hinein für Thüringen charakteristisch gebliebene Kleinstaaterei. An diesen Teilungen hatten vor allem die Ernestiner, Schwarzburger und Reußen Anteil, in bescheidenerem Maße die Albertiner; unberührt davon blieben lediglich die geistlichen Gebiete, d. h. das kurmainzische Territorium Erfurt und das Eichsfeld, und die beiden Reichsstädte Mühlhausen und Nordhausen. Thüringen, so hat man stark übertreibend gelegentlich gesagt, sei damals „in ewiger Bewegung wie die walzenden Grundstücke einer Dorfflur" gewesen. Hier wie dort — und das ist an dieser Charakterisierung zutreffend — galten im Römischen Reich Deutscher Nation bei der Vererbung von Landbesitz und Herrschaftsrechten privatrechtliche Grundsätze; sie unterlagen meist nur dort Einschränkungen, wo die Macht des König- und Kaisertums auf dem Spiele stand und die reichsrechtlich gesicherte Unteilbarkeit von Kurlanden als Mahnung zu machtpolitischem Denken und Handeln empfunden wurde. Bei den Ernestinern lebten sie sich nach dem Verlust der Kurwürde und Kurlande (1547) und dem 1567 gescheiterten Versuch, sie mit untauglichen Mitteln zurückzugewinnen, in der Weise aus, daß nachgelassene Söhne den vom Vater ererbten Land- und Herrschaftsbesitz in der Mehrzahl der Fälle untereinander ebenso aufteilten wie die nächsten Verwandten eines söhnelos verstorbenen Territorialherrn dessen hinterlassenes Territorium. Da die Schwarzburger und Reußen ebenso verfuhren, war demnach die Anzahl oder das Fehlen überlebender Söhne von regierenden Herren länger als ein Jahrhundert, bis zur Durchsetzung der Primogenitur, für die territoriale Entwicklung Thüringens von entscheidender Bedeutung.

Thüringische Territorialgeschichte ist somit in dieser Zeit weithin Familien- und Besitzgeschichte der herrschenden Dynastengeschlechter gewesen, und so hat auch die Gliederung des geschichtlichen Stoffes von den Grundlinien der Genealogie dieser Geschlechter und den aus ihnen hergeleiteten einzelnen Territorien auszugehen, denn dort prägte sich das politische Leben im damaligen Thüringen und zwar in durchaus unterschiedlicher Weise aus, auch wenn dies natürlich nicht ohne den Einfluß von großräumigeren politischen und wirtschaftlichen Vorgängen und geistigen Wandlungen geschah. Die Träger dieser Entwicklung, die vom Ständestaat zum landesfürstlichen Obrigkeitsstaat geführt hat, waren die einzelnen Landesfürsten. Ihre Persönlichkeiten in der oft unverwechselbaren Eigenart ihres Wesens haben den bestimmenden Einfluß auf das Geschehen in ihren Territorien ausgeübt; ob ein Johann Casimir von Coburg, ein Ernst der Fromme von Gotha, ein Ernst August von Weimar oder ein Ernst Friedrich von Hildburghausen das ihnen zugefallene Territorium regierte, war für die damals dort Lebenden alles andere als gleichgültig. Ihnen also muß ein gebührender Platz in der Darstellung der Geschichte der einzelnen Territorien eingeräumt werden. Es läßt sich dabei nicht vermeiden, daß ihre Tätigkeit zuweilen noch stärker in den Vordergrund rückt, als ihnen ohnehin gebührt, da die vorliegende landesgeschichtliche Literatur nur selten erkennen läßt, wie groß der Einfluß von Ratgebern aus Beamtentum und Geistlichkeit auf wichtige Entscheidungen des Landesherrn gewesen ist.

Die Beamtenschaft, vom Landesherrn abhängig und teils dem Adel teils der Kaufmann- und Handwerkerschaft der Städte entstammend, und die — von den kurmainzischen und fuldaischen Territorien in Thüringen abgesehen — evangelische Geistlichkeit bildeten sich damals zu Führungsschichten und tragenden Pfeilern der Territorien aus. Der Einfluß der Landstände, vor allem des landständischen Adels hatte in der Zeit bis zum Dreißigjährigen Kriege zwar noch eine merkliche Bedeutung, ohne daß freilich der gegenwärtige Forschungsstand die sie verkörpernden Persönlichkeiten deutlich sichtbar werden läßt; aber ihr Einfluß ging seit dem Kriege mehr und mehr zurück. In den Städten geriet die Kaufmannschaft in immer stärkere Abhängigkeit von den kleinstaatlichen Wirtschaftsinteressen, die mit Ein- und Ausfuhrbeschränkungen den freien Handel behinderten; das Handwerkertum war lediglich darauf bedacht, durch strikte Beibehaltung des Innungswesens und seiner Privilegien seine wirtschaftliche Stellung zu sichern und setzte anders gerichteten, meist von Zuwanderern ausgehenden, vielfach durch den Landesherrn angeregten und unterstützten Anstößen harten Widerstand entgegen. Die zunehmende Konzentration der politischen, wirtschaftlichen und kulturellen Kräfte der einzelnen Territorien an den Fürstenhöfen ließ immer weniger Raum für die politische Einflußnahme breiterer Bevölkerungskreise auf die Regierungstätigkeit; die wenigen Versuche beschränkten sich auf den Widerstand gegen überhöhte Steuerforderungen und andere Leistungen, u. a. von Frondiensten, und auf den Rückzug aus der offiziellen Landeskirche in die private Sphäre religiöser, zumal pietistischer Zirkel.

Zu welchem Grad territorialer Zergliederung die Landesteilungen binnen eines Jahrhunderts geführt haben, zeigt ein Blick auf die Landkarte Thüringens um das Jahr 1690. Damals gab es auf thüringischem Boden zehn ernestinische Staaten (Weimar, Eisenach, Jena, Gotha-Altenburg, Coburg, Meiningen, Hildburghausen, Saalfeld, Eisenberg, Römhild), drei schwarzburgische (Rudolstadt, Sondershausen, Arnstadt) und neun reußische (Obergreiz, Untergreiz, Rothenthal, Burgk, Gera, Schleiz, Lobenstein, Hirschberg, Ebersdorf), ferner auf dem Territorium der 1631 im Mannesstamm erloschenen Grafen von Gleichen die Herrschaften der Grafen von Hohenlohe (Ohrdruf) und Hatzfeld (Blankenhain), dazu die Reichsstädte Mühlhausen und Nordhausen, d. h. 26 thüringische Herrschaftsgebilde. Anteil am thüringischen Raum hatten die Albertiner mit ihren Sekundogeniturlinien Weißenfels und Zeitz, die Kurfürsten von Mainz mit Erfurt und dem Eichsfeld, die Landgrafen von Hessen-Kassel mit der Herrschaft Schmalkalden, dazu, mit kleinen Landstücken, die Markgrafen von Brandenburg-Bayreuth, die Grafen von Stolberg, die Abtei Fulda, der Deutsche Orden und die Reichsritterschaft.

Alle diese Herrschaftsgebilde waren nun allerdings — und das sollte man nicht außer acht lassen — keine im modernen Sinne souveräne Staaten mit allen dazu gehörenden Herrschaftsrechten, sondern Teilgebiete des Römischen Reichs Deutscher Nation, eines Reiches allerdings, das seinen Gliedern, den Reichsständen, weitgehende Freiheiten gestattete, Freiheiten, die ebenso politischer wie konfessioneller Natur waren und darüber hinaus alle Bereiche des kulturellen und wirtschaftlichen Lebens umfaßten. In ihrer Ausstattung mit Herrschaftsrechten waren diese thüringischen Herrschaftsgebilde untereinander recht verschieden, einige besaßen nicht einmal die Reichsstandschaft und waren einer Gutsherrschaft ähnlicher als einem Staatswesen. Dazu kamen noch die lehnsrechtlichen Bindungen, die alle diese Territorien miteinander verknüpften, nicht nur die Reichsstände mit dem Kaiser als ihrem Lehnsherrn, sondern auch die Lehnsmannen untereinander, Bindungen, die in ihrer Vielfalt nicht leicht zu überschauen waren, die aber sehr ernst genommen wurden. So haben die Ernestiner die Einholung der kaiserlichen Belehnung nie versäumt, aber ebenso gewissenhaft die lehnsrechtliche Abhängigkeit anderer thüringischer Dynasten, z. B. der Schwarzburger, von ihnen überwacht. Es soll in diesem Zusammenhang nicht unerwähnt bleiben, daß die Kaiser zwar die Zustimmung zu Landesteilungen gegeben, aber eine Neubelehnung von einzelnen Inhabern der entstandenen neuen Landesteile mit diesen ihren Territorien niemals vorgenommen haben. Auch teilende Brüder wurden stets gemeinsam mit dem vom Vater ererbten Land- und Herrschaftsbesitz belehnt, und als die Herzöge Johann Casimir und Johann Ernst nach ihrer Landesteilung von 1596 eine getrennte kaiserliche Belehnung forderten, wurde dies von Kaiser Rudolf II. nachdrücklich abgelehnt.

Lehnsrechtlich blieb der Zusammenhalt der ernestinischen Lande auch trotz aller Teilungen gewahrt, und für die schwarzburgischen und reußischen Lande galt das ebenfalls.

In der politischen Praxis schwächten aber naturgemäß die Landesteilungen der Ernestiner deren überkommene Vormachtstellung in Thüringen und stärkten den Selbstbehauptungswillen der aus den Machtkämpfen der vorangegangenen Jahrhunderte übrig gebliebenen kleinen Dynasten, vor allem der Schwarzburger und Reußen, die trotz aller eigenen Besitzteilungen nicht nur ihren Besitzstand behaupteten, sondern ihr Ansehen durch Standeserhöhungen zu mehren verstanden. Diese und andere Nachteile der Teilungen sind auch damals durchaus erkannt worden. Herzog Johann Wilhelm, der nach dem Sturz seines Bruders Johann Friedrich des Mittleren das gesamte ernestinische Gebiet in seiner Hand vereinigt hielt, hat den von Kurfürst August von Sachsen geförderten Tendenzen, die 1570 zur Wiedereinsetzung der Söhne Johann Friedrichs in die Herrschaftsrechte ihres Vaters und danach 1572 zur Teilung des ernestinischen Territoriums führten, hartnäckigen Widerstand entgegengesetzt, da er das Ziel des Albertiners, die Macht des ernestinischen Hauses durch Länderteilung zu schwächen, weil er selbst um die Erhaltung der Kurwürde für sein Haus bangte, durchaus erkannt hatte. Sein älterer Sohn Friedrich Wilhelm machte 1596 den allerdings ebenfalls vergeblich gebliebenen Versuch, seinen Neffen Johann Casimir und Johann Ernst die Teilung ihres Territoriums auszureden. Als weitere Anzeichen dafür, daß man, zumal auch auf Seiten der betroffenen Landstände und der Beamtenschaft, die Gefahren der Teilungstendenzen keineswegs gering einschätzte, können die Versuche gelten, eine gemeinsame Regierung mehrerer Brüder zustandezubringen, ferner, im 17. Jahrhundert, die Vergabe von Vorrechten an den Ältesten, etwa in Gestalt eines „Direktoriums" in Sachsen-Weimar oder, in Sachsen-Gotha, von Vereinbarungen über rechtliche Sicherungen für ein Vorrecht der ältesten Linie und gegen weitere Teilungen („Nexus Gothanus").

Gegenüber der politischen Wirklichkeit, die oft vom Herrschaftsstreben jüngerer Brüder geprägt war, erwiesen sich solche rechtlichen Sicherungen aber meist als zu schwach; Machtwille war eben auch damals stärker als vereinbarte Rechtsnormen. Leichter fand sich die gebotene Einsicht, wenn es um die Notwendigkeit ging, die für eine standesgemäße Lebensführung erforderlichen materiellen Grundlagen erhalten zu müssen. In der Sondershäuser Linie der Schwarzburger beispielsweise führte sie zu Beginn des 17. Jahrhunderts zu dem Entschluß, nur dem jüngsten von vier Brüdern die Eheschließung zu gestatten, die anderen aber zur Ehelosigkeit zu verurteilen, und zwar mit der ausdrücklichen Begründung, daß der „Besitz beisammen gehalten" werden müsse, ein frühes Zeugnis von „Geburtenkontrolle" im thüringischen Raum.

Es ist daher sicher kein Zufall, daß die Einführung des Erstgeburtsrechts in Thüringen zuerst bei den damals söhnereichsten, aber auf ein bescheidenes Territorium beschränkten Reußen Eingang fand. 1679 führte Reuß-Schleiz die Primogenitur ein, 1681 wurde zwischen sämtlichen reußischen Linien die Vermeidung weiterer Teilungen verabredet und 1690 im Gesamthaus Reuß die Primogenitur beschlossen; 1713 folgte das Gesamthaus der Schwarzburger. Unter den Ernestinern taten in diese Richtung die ersten Schritte 1685 Sachsen-Gotha-Altenburg, dessen damaliger Regent Friedrich I. die Aufteilung der etwa zwei Drittel des gesamten ernestinischen Territoriums umfassenden Herrschaftsgebiets seines Vaters Ernst des Frommen als dessen ältester Sohn wohl am schmerzlichsten empfunden hat, trotz des „Nexus Gothanus", der ihm juristisch eine Stellung vor seinen Brüdern einräumte, und Sachsen-Eisenach. Erst zwei Jahrzehnte später folgte Sachsen-Hildburghausen (1703), Jahre später Sachsen-Weimar (1724) und Sachsen-Coburg-Saalfeld (1733) und erst kurz vor dem Ende des alten Reichs Sachsen-Meiningen (1803).

Diese Entwicklung, gefördert durch Kinderlosigkeit und einen merkbaren Rückgang der Zahl überlebender Söhne in den meisten ernestinischen Häusern, verminderte die Zahl der Einzelstaaten seit der Wende des 17. zum 18. Jahrhundert beträchtlich. Als 1775 Carl August den weimarischen Herzogsthron bestieg, gab es in Thüringen noch fünf ernestinische Staaten (Weimar-Eisenach, Gotha-Altenburg, Coburg-Saalfeld, Meiningen, Hildburghausen), zwei schwarzburgische (Rudolstadt, Sondershausen) und fünf reußische (Greiz, Gera, Schleiz, Lobenstein, Ebersdorf), daneben die Grafschaften Hohenlohe und Hatzfeld und die Reichsstädte Mühlhausen und Nordhausen, von den außerthüringischen Herren thüringischen Gebietes abgesehen, die sich durch das Erlöschen aller albertinischen Sekundogeniturlinien ebenfalls vermindert hatten, so daß hier nur noch Kursachsen, Kurmainz, Hessen-Kassel, Brandenburg-Bayreuth, Stolberg, die Abtei Fulda, der Deutsche Orden und die Reichsritterschaft zu nennen sind.

*

In der thüringischen und außerthüringischen Geschichtsschreibung, zumal seit dem 19. Jahrhundert, wurde die Entwicklung Thüringens zur Kleinstaatlichkeit teils beklagt teils belächelt und verspottet, weil man sie an dem Aufstieg der deutschen Großstaaten auf deutschem Reichsgebiet, zumal Preußens, maß und die kleinen Staatsgebilde, die ja, anders als gleichartige Herrschaftsgebiete des deutschen Südens und Westens, die radikalen territorialen Veränderungen der napoleonischen Zeit überlebt hatten, als Repräsentanten einer überholten Zeit betrachtete. Für das 19. und 20. Jahrhundert traf dies sicher zu, nicht aber für die Zeiten des alten Reiches mit ihrer Vielzahl kleiner und kleinster Reichsstände, neben denen die aus dem Reich hinauswachsenden Großmächte, Preußen und Österreich, Ausnahmen waren, nicht die Regel. Im übrigen läßt sich darüber streiten, ob die Ausbildung zentralstaatlich organisierter politischer und militärischer Macht und erfolgreiches Streben nach territorialer Ausdehnung als wesentlicher Inhalt geschichtlichen Lebens anzusehen ist oder nicht andere, auch auf bescheideneren Räumen basierende und mit friedlichen Mitteln erreichbare, wenn auch meist nicht sehr ins Auge fallende Ziele, etwa eines kulturellen oder wirtschaftlichen Aufbaus, höher einzuschätzen sind. Die thüringischen Kleinfürsten des 17. und 18. Jahrhunderts konnten nicht mit „Wehr und Waffen" prunken; und es wurde zur Farce, wenn sie es versuchten. Aber auch ihre bescheidenen Lande boten ihnen die Möglichkeit, kulturelle Leistungen zu fördern, indem sie deren Repräsentanten Wirkungsmöglichkeiten schufen, und sich um das Wohl der ihrer Führung anvertrauten „Landeskinder" zu kümmern. Nicht alle thüringischen Kleinfürsten dieser beiden Jahrhunderte, aber doch manche von ihnen haben diese Möglichkeiten erkannt und genutzt, und noch heute sind die Spuren im Lande deutlich sichtbar.

In Treitschkes bekanntem Wort über die Thüringer: „Unsere Kultur verdankt ihnen unsäglich viel, unser Staat nichts", schwingt unüberhörbar die Überbewertung staatlicher militärischer Machtentfaltung gegenüber der gewöhnlich weniger spektakulären wissenschaftlich-künstlerischen Wirksamkeit mit, die auch das Urteil über die Geschichte Thüringens, zumal des 16. bis 18. Jahrhunderts weithin bestimmt hat. Heute, wo die relative Kurzlebigkeit solchen Machtstrebens und seiner zuweilen katastrophalen Folgen ebenso offenbar geworden ist wie die Unverlierbarkeit kulturellen Erbes, sollten solche Bewertungsmaßstäbe unseren Blick auf vergangenes Geschehen auf thüringischem Boden nicht mehr trüben. Es gilt, Leistungen und Mängel der kleinen Herrschaftsgebilde in gleicher Weise zu erkennen, ohne den Hintergedanken, daß Weltgeschichte nichts weiter sei als Machtgeschichte und daher räumlich bescheidene und politisch-militärisch schwache Staatsgebilde naturnotwendig weniger geschichtsträchtig sein müßten als machtvolle Großstaaten; man braucht nur den Namen Carl Augusts von Weimar zu nennen, um zu wissen, daß dem nicht so ist.

I. Die Ernestiner

Die in Erfurt vereinbarte Landesteilung vom 6. November 1572 hatte zwei ernestinische Territorien geschaffen. Den seit 1570 unter der Vormundschaft der Kurfürsten August von Sachsen,

Friedrich III. von der Pfalz und Johann Georg von Brandenburg stehenden Söhnen Herzog Friedrichs des Mittleren, Johann Casimir und Johann Ernst, war ein Herrschaftsbereich zugesprochen worden, der im wesentlichen die süd- und westthüringischen Gebiete umfaßte: die Ämter Coburg, Neuhaus bei Sonneberg, Sonnefeld, Mönchröden, Eisfeld, Hildburghausen, Veilsdorf, Heldburg, Römhild, Crayenberg, Salzungen, Lichtenberg, Gerstungen, halb Hausbreitenbach, Allendorf, Altenstein, Eisenach, Creuzburg mit Marksuhl, Tenneberg, Gotha und Volkenroda samt den im Gebiet dieser Ämter gelegenen 22 Städten, ferner den ernestinischen Teil der mit Hessen gemeinsamen Herrschaft Treffurt und die Stiftskollektur Langensalza, dazu das Einlösungsrecht an den an Kursachsen verpfändeten „assekurierten" Ämtern Arnshaugk, Weida, Ziegenrück und Sachsenburg und, da die jährlichen Einkünfte dieses coburgischen Landesteils um 1782 Gulden hinter denen des nachstehend aufgeführten weimarischen zurückstanden, Ansprüche auf Einnahmen aus dem Amt Reinhardsbrunn.

Herzog Johann Wilhelm wurde der mittlere, nördliche und östliche Teil des ernestinischen Territoriums zugesprochen, bestehend aus den Ämtern Weimar (mit den Vogteien Brembach, Gebstedt, Magdala und Schwansee), Oberweimar, Ichtershausen, Wachsenburg, Schwarzwald, Georgenthal, Reinhardsbrunn, Ringleben, Oldisleben, Heusdorf, Roßla, Kapellendorf, Dornburg, Camburg, Jena mit Burgau, Leuchtenburg-Orlamünde, Saalfeld, Roda, Bürgel, Eisenberg, Ronneburg, Altenburg, einschließlich der in ihnen gelegenen 19 Städte, dazu die Exklave Königsberg in Franken und der Georgenthaler Hof in Erfurt.

Gemeinsam blieben das Erfurter Geleit und die Schutzrechte über Erfurt und Mühlhausen, die Universität, das Konsistorium und das Hofgericht in Jena, alle ernestinischen Lehen von Erfurter Bürgern und alle Rechte gegenüber den Grafen von Schwarzburg. Die ernestinischen Rechte gegenüber den Grafen von Gleichen-Tonna galten als zum Amt Gotha, die gegenüber den anderen Grafen von Gleichen und den Herren Reuß (s. Karte I) als zum Amt Weimar gehörig und wurden entsprechend verteilt.

Die finanziellen Berechnungen über den Wert der einzelnen Ämter, auf deren Grundlage die Aufteilung erfolgte, haben auch den späteren Landesteilungen als Grundlage gedient.

1. Unter kursächsischer Vormundschaft

Wenige Monate nach dieser Landesteilung, am 2. März 1573, starb Herzog Johann Wilhelm, kurz vor seinem 43. Geburtstag. In seinem Testament hatte er den Pfalzgrafen Ludwig bei Rhein und den Herzog Albrecht von Mecklenburg zu Vormündern für seine Söhne Friedrich Wilhelm und Johann bestellt; der ihm verhaßte Kurfürst August von Sachsen war also bewußt ausgeschlossen. Es gelang August jedoch, mit Hilfe unzufriedener Vasallen des Verstorbenen, vor allem des Grafen Günther XLI. von Schwarzburg, der 1567 mit ihm der Reichsexekution gegen Gotha beigewohnt hatte, das Inkrafttreten des Testaments zu verhindern und mit Hilfe des Kaisers gegen den Widerstand der Witwe des Verstorbenen, Dorothea Susanna, die Vormundschaft selbst anzutreten und damit die Herrschaft über das gesamte ernestinische Territorium auf Jahre selbst in die Hand zu nehmen. Denn in seiner zupackenden Art hatte er inzwischen die Mitvormünder der Söhne Johann Friedrichs des Mittleren zwar nicht ausgeschaltet, aber in ihrem Einfluß so sehr eingeschränkt, daß eine Gegenwirkung gegen seine Politik von ihrer Seite nicht wahrzunehmen ist. August gab die Vormundschaft über beide ernestinische Territorien bis zu seinem Tod (1586) nicht wieder aus der Hand, obwohl die älteren unter seinen Mündeln schon früher volljährig wurden, und als kühl rechnender und wenig von Skrupeln geplagter Politiker, der er war, nahm er die ihm gegebene Chance voll wahr, zu seinem und seines Kurhauses Vorteil.

Für die ernestinischen Lande hatte dieser Herrschaftswechsel tiefgreifende Folgen. Denn die nach kursächsischem Vorbild in Coburg und Weimar eingesetzten Regierungskollegien waren ohne eigene Regierungsbefugnisse und lediglich Organe der Dresdener Regierungsspitze.

In Coburg, wo damals keine Zentralbehörde vorhanden gewesen war, hatte Kurfürst August den Grafen Burkhard von Barby zum Statthalter eingesetzt; er hatte bis dahin in kursächsischem Dienst gestanden, in dieser Eigenschaft an der Belagerung Gothas von 1567 teilgenommen und damals den Herzog Johann Friedrich den Mittleren vor der eigenen meuternden Soldateska beschützt. Mit dem Grafen zusammen bildeten der Kanzler Rudolf Meckbach, der Hofmarschall Caspar von Gottfart und der Hofrat David von Uttenhofen die vormundschaftliche Regierung.

In Weimar enthob der Kurfürst 1573 zwar die führenden Beamten Herzogs Johann Wilhelms ihrer Ämter, berief aber zu ihren Nachfolgern keine Fremden, sondern übertrug Persönlichkeiten, die bereits unter dem verstorbenen Herzog dort tätig gewesen waren, die leitenden Posten des neugebildeten Regierungskollegiums. Statthalter wurde der vormalige französische Oberst Anton von Lützelburg, ein Lothringer, den Johann Wilhelms vieljährige französische Militärdienste nach Weimar geführt hatten. Heinrich von Vippach wurde Hofmarschall, Heinrich Schneidewein,

1561 bis 1569 Professor der Rechtswissenschaft in Jena und danach in schwarzburgischem Dienst, übernahm das Kanzleramt. Außerdem gehörten der Kammer- und Hofrat Lucas Thangel, der seit 1555 in ernestinischem Dienst stand und hauptsächlich außenpolitische Aufgaben wahrgenommen hatte, und drei weitere Hofräte dem Kollegium an. Als Lützelburg 1580 zurücktrat, folgte Wolf von Schönberg (aus dem bekannten kursächsischen Geschlecht) bis 1584 als Statthalter; danach wurde das Amt nicht wieder besetzt. Die Kammerräte Thangel und Dietrich Vitzthum von Eckstedt leiteten seitdem das Kollegium, dem nach Schneideweins Ausscheiden (1578) der bis dahin an der Universität Leipzig lehrende Jurist Johann Stromer von Auerbach aus dem bekannten Oberpfälzer Geschlecht als Kanzler angehörte. Im Gegensatz zum Coburger Kollegium, das allerdings eine ungleich schlechtere finanzielle Situation bei seinem Antritt vorgefunden hatte, sorgte das weimarische nicht nur für eine vortreffliche Finanzverwaltung, sondern wurde von Kurfürst August auch eingesetzt, wenn es um kursächsische Interessen im thüringischen Raum ging, so in der hennebergischen Erbschaftsangelegenheit, von der später die Rede sein wird.

In den ernestinischen Landen und zwar bis in die einzelnen Gemeinden hinein, wurde der Herrschaftswandel vor allem in der Kirchenpolitik spürbar, in der sich zu Zeiten Herzog Johann Wilhelms der politische Gegensatz zum albertinischen Sachsen in besonderer Schärfe ausgelebt hatte. Nicht nur die bisher im ernestinischen Gebiet führenden Persönlichkeiten der orthodoxen Genesio-Lutheraner wurden abgesetzt und aus dem Lande gewiesen, sondern auch die große Zahl ihrer Anhänger in der Pfarrerschaft. Von den 533 Pfarrern, die dort bisher amtierten, mußten 111 das Land verlassen, darunter viele, die sich in ihren Gemeinden höchster Beliebtheit erfreuten, so z. B. der Weimarer Superintendent Rosinus, der mit der verwitweten Herzogin Dorothea Susanna in bestem Einvernehmen stand; aber auch ihr Eintreten für ihn änderte an seiner Ausweisung nichts. Die Zeiten hitziger theologischer Lehrstreitigkeiten waren damit in Thüringen vorüber; die gemäßigten Theologen gewannen die Oberhand. Die im albertinischen Sachsen ausgearbeitete Bekenntnisschrift, die unter dem Namen „Konkordienformel" bekannt geworden ist, wurde zur Grundlage des kirchlichen Lebens in allen wettinischen Landen, und die 1577 erlassene kursächsische Visitations- und Kirchenordnung erlangte auch im ernestinischen Gebiet Gesetzeskraft. Dieser rücksichtslose kirchenpolitische Kurs des Kurfürsten in den Landen seiner Mündel stärkte jedoch nicht nur seine eigene politische Stellung, sondern diente trotz des starken Aderlasses an tüchtigen und überzeugungstreuen Theologen im ernestinischen Thüringen letzten Endes dem Kirchenfrieden, und dies hat sich auf die spätere Regententätigkeit seiner Mündel günstig ausgewirkt.

Zu deren Nutzen handelte der Kurfürst auch, als er 1575 das Amt Allstedt, das sich seit 1533 als Lehn und Pfand in der Hand der Grafen von Mansfeld befunden hatte, nicht wieder verpfändete, sondern einlöste und so dem ernestinischen Haus zurückgewann; es wurde beiden Linien gemeinsam zugeteilt. Für die Wiedereinlösung der assekurierten Ämter geschah jedoch — wie Herzog Johann Casimir später beklagt hat — nichts, obwohl die von den coburgischen Landständen 1576 bewilligten Steuersummen auch für diesen Zweck bestimmt gewesen waren; die Einlösung wäre allerdings nicht im kursächsischen Interesse gewesen, das für Kurfürst August auch in seiner Tätigkeit als Vormund unbedingten Vorrang hatte. Das zeigte sich vor allem in der hennebergischen Erbschaftsangelegenheit, die durch das Erlöschen des Mannesstammes der Henneberger mit dem Tod des Grafen Georg Ernst im Jahre 1583 aktuelle Bedeutung erlangte. Seit Jahren schon hatte Kurfürst August die notwendige Vorarbeit geleistet, um dieses Ereignis zu einem Gewinn für sich und sein Kurhaus werden zu lassen.

Im Erbverbrüderungsvertrag von Kahla vom 1. September 1554 hatten die Söhne Kurfürst Johann Friedrichs des Großmütigen gegen Übernahme der hennebergischen Schulden die Erbfolge für den Fall zugesprochen bekommen, daß das hennebergische Grafenhaus ohne männliche Erben bleiben würde. Kurfürst August war selbst Zeuge dieser Abrede gewesen, der auch Kaiser Karl V. zugestimmt hatte. Bei der Wiedereinsetzung der Söhne Johann Friedrichs des Mittleren in die Herrschaftsrechte ihres Vaters war dessen Anteil an dieser Anwartschaft jedoch ausdrücklich ausgenommen worden; Kaiser Maximilian II. hatte sich die Entscheidung darüber selbst vorbehalten.

Während der Erfurter Landesteilungsverhandlungen des Jahres 1572 war es Herzog Johann Wilhelm gelungen, vom Kaiser die schriftliche Zusicherung der Anwartschaft auf das hennebergische Erbe für sich zu erreichen, also auch auf den eigentlich seinen Neffen Johann Casimir und Johann Ernst zustehenden Anteil. Sein früher Tod machte jedoch diesen Versuch, das hennebergische Erbe auf diesem Wege ungeteilt für das ernestinische Haus zu retten, zunichte. Denn Kurfürst August erfuhr davon und drängte nun seinerseits den Kaiser, indem er diesen an seine Verdienste um die Durchführung der Reichsacht gegen Herzog Johann Friedrich den Mittleren und die ihm dabei entstandenen Kosten erinnerte, zur Abtretung der Hälfte der hennebergischen Anwartschaft, freilich nicht an seine Mündel Johann Casimir und Johann Ernst, sondern an das Kurhaus. Noch 1573 hatte er damit insofern Erfolg, als der Kaiser ihm die Anwartschaft auf 5/12 der Grafschaft und das Recht, ein weiteres Zwölftel durch Kauf zu erwerben, zugestand und ihm außerdem die Anwartschaft des Kurhauses auf das Territorium der Söhne Herzog Johann Wilhelms für den Fall versprach, daß diese oder ihre Nachkommen ohne männliche Erben bleiben sollten; Johann Casimir und Johann Ernst, die nächsten Anverwandten der Söhne Johann Wilhelms, wurden dem Kurhaus in der Erbfolge dabei ausdrücklich nachgestellt.

Kurfürst August nutzte also die Gunst der Stunde in vollem Umfang zu seinem und seines Hauses Vorteil und seine Mündel, die Coburger und die Weimarer, hatten das Nachsehen. Ja, er vermied es sogar, die Söhne Johann Wilhelms und deren Mutter von der eingetretenen Änderung zu unterrichten, und ließ sie in dem Glauben an die Gültigkeit der vom Kaiser ihrem Vater und Gatten gegebenen Zusage. In der Folgezeit traf er alle Vorbereitungen, um beim Tod des letzten Hennebergers dessen Erbe in seine Hand zu bringen. Mit dem Bischof von Würzburg, dem durch seine gegenreformatorischen Maßnahmen bekannten Julius Echter von Mespelbrunn, ließ er Verhandlungen über die zwischen Würzburg und Henneberg strittigen Gebietsteile führen und traf, als sie ergebnislos verliefen, mit Wissen des letzten Hennebergers und dessen engsten Ratgebern Vorkehrungen für eine schnelle militärische Besetzung dieser Gebiete, vor allem der Stadt Meiningen, deren Bürger sich ohnehin von dem Würzburger nichts Gutes für die lutherische Religionsausübung erwarteten. Gleiche Maßnahmen galten dem von Landgraf Wilhelm IV. von Hessen-Kassel beanspruchten Gebiet von Herren- und Frauenbreitungen, während der Anfall der Herrschaft Schmalkalden an Hessen unbestritten war. Die Vorbereitung der militärischen Aktionen, für die er genaue Pläne ausarbeiten ließ, legte Kurfürst August in die Hände der Vormundschaftlichen Regierung in Weimar, vor allem der dortigen Räte Heinrich von Vippach und Lucas Thangel. Ihnen wurden zwei kursächsische Beamte zur Seite gestellt, der Oberhauptmann des kursächsischen Thüringer Kreises, Volkmar Erich von Berlepsch, und der Rat Hartmann Goldacker, der sich bald als der aktivste unter ihnen erwies. Um über die Vorgänge am hennebergischen Hof, vor allem den Gesundheitszustand des Grafen, laufend gut unterrichtet zu sein, wurden zu den dort einflußreichsten Personen Beziehungen angeknüpft. Mit Wissen ihres Herrn nahmen der hennebergische Statthalter Bernhard Marschall von Ostheim und der hennebergische Kanzler Michael Strauß neben ihren hennebergischen Ämtern sogar sächsische Bestallungen an, die mit Gehaltszahlungen verbunden waren. Auch Herzog Friedrich Wilhelm von Weimar, obwohl noch unter Vormundschaft Augusts, nahm an dem Wettrennen um die besten Informationen aus dem Hennebergischen teil, in der Überzeugung natürlich, daß die Erbschaft eines Tages ihm und seinem Bruder ungeteilt zufallen werde, und erkundete durch einen Besuch in der hennebergischen Residenz Maßfeld den Gesundheitszustand des Grafen.

Hennebergischerseits machte man sich jedoch Gedanken über einen möglichen Zusammenstoß zwischen den erbverbrüderten Häusern Sachsen und Hessen wegen des Erbes, und so rieten Marschall von

Ostheim und Strauß dem Kurfürsten zu Absprachen mit Landgraf Wilhelm IV. über die beiderseitigen Ansprüche, vor allem auf Breitungen. August ging darauf ein, und so kam es im April und August 1583 zu Verhandlungen zwischen Räten beider Seiten, die erfolgreich verliefen und Vereinbarungen über die Besitzergreifung der von beiden Seiten beanspruchten Gebiete brachten: Herrenbreitungen sollte an Hessen, Frauenbreitungen und Wernshausen an Sachsen fallen. Dieser Erfolg ermutigte den Grafen Georg Ernst, nun auch eine Einigung zwischen Kurfürst August und Bischof Julius von Würzburg zu vermitteln. Anfang Dezember trafen sich Bevollmächtigte in Mellrichstadt, einigten sich aber nur auf Fortsetzung der Verhandlungen im Januar 1584. Der letzte Henneberger erlebte jedoch das neue Jahr nicht mehr; er starb am 27. Dezember 1583.

Die von Kurfürst August mit Landgraf Wilhelm von Kassel vereinbarten und von den weimarischen und kurfürstlichen Räten vorbereiteten Maßnahmen liefen sofort an. Mit Ausnahme der Herrschaft Schmalkalden, von Herrenbreitungen und Barchfeld, die der Landgraf besetzte, gelangte die Grafschaft in die Hände Kurfürst Augusts. Schon am 28. Dezember huldigte auch Meiningen dem listigen Sachsen; der tags darauf vor der Stadt erscheinende Abgesandte Würzburgs wurde nicht in die Stadt eingelassen und mußte unverrichteter Dinge abziehen. In der Folgezeit wurde die Verwaltung der von Kurfürst August in Besitz genommenen Teile der Grafschaft nach kursächsischem Vorbild organisiert, der Regierungssitz von Maßfeld nach Meiningen verlegt, ein Teil der hennebergischen Beamtenschaft, darunter der Statthalter Bernhard Marschall von Ostheim und der Kanzler Michael Strauß, in sächsische Dienste übernommen, die anderen entlassen und die hennebergische Hofhaltung aufgelöst.

Kurfürst August ließ nunmehr 1585 seinen Weimarer Mündeln Friedrich Wilhelm und Johann und deren Mutter Dorothea Susanna einen Plan über die Teilung des hennebergischen Erbes vorlegen und konfrontierte sie damit mit der für sie überraschenden Tatsache, daß die ihrem Vater vom Kaiser ausgestellte und ihnen bekannte Anwartschaftsurkunde noch in einer anderen, wenngleich auf den gleichen Tag datierten Gestalt existierte, in der ihrem Vormund 5/12 des Erbes zugesprochen und das Recht verbrieft war, ein weiteres Zwölftel durch Kauf zu erwerben. Herzog Friedrich Wilhelm, damals schon 23, aber vom Vormund noch nicht aus der Vormundschaft entlassen, bat um Bedenkzeit und willigte mit Zustimmung seiner Mutter in Teilungsverhandlungen ein, um auf diesem Wege zu erfahren, was es mit diesen verschiedenen Fassungen der gleichen Urkunde auf sich hatte. In den Verhandlungen, die im November 1585 in Meiningen stattfanden, beschäftigte man sich vor allem mit der Aufgliederung des hennebergischen Erbes in zwei gleichwertige Teile, einen „unteren" und einen „oberen". Dem unteren wurde Meiningen als Residenzstadt zugewiesen, dazu die Ämter Maßfeld, Kloster Rohr, Wasungen, Sand und Kaltennordheim, der größte Teil des Amtes Kühndorf und die Vogtei Frauenbreitungen mit Schloß Frankenstein; zum oberen sollten gehören Schleusingen als Residenz, die Klöster Veßra und Trostadt, die Ämter Themar, Suhl, Hallenberg und Ilmenau, die Kellerei Behrungen, die halbe Zehnt Benshausen und einige Dörfer des Amtes Kühndorf. Herzog Friedrich Wilhelm war bereit, einer solchen Aufgliederung, die allerdings offen ließ, wem der eine oder andere Teil zufallen sollte, seine Zustimmung zu geben, machte dies aber von der bindenden Antwort des Kurfürsten auf drei Fragen abhängig, die die Übernahme hennebergischer Schulden und eines Anteils an der für die Besetzung der Grafschaft aufgewendeten Kosten und einen Ausgleich für das eine Zwölftel betrafen, das außer den ihm nach kaiserlicher Urkunde zustehenden 5/12 an ihn fallen sollte. Zu einer Antwort auf diese Fragen kam es aber nicht mehr, denn am 11. Februar 1586 starb Kurfürst August 59jährig in Dresden. Die Verhandlungen wurden unterbrochen, die Zeit der kursächsischen Vormundschaft über die vier jungen Ernestiner war zuende.

2. Sachsen-Coburg-Eisenach 1586-1638

Die Regierungszeit Herzog Johann Casimirs bis zur Landesteilung von 1596

Im coburg-eisenachischen Territorium trat nunmehr der 22jährige Herzog Johann Casimir die Regierung an, zugleich im Namen seines noch unmündigen, zwei Jahre jüngeren Bruders Johann Ernst. Beide waren — 1564 und 1566 geboren — (siehe Abb. 1, nach S. 16) noch im Kindesalter gewesen, als ihr Vater Johann Friedrich der Mittlere 1567 Land und Freiheit verlor. In der Obhut ihrer Mutter Elisabeth, einer Tochter des Kurfürsten Friedrich III. von der Pfalz, die ihren Wohnsitz anfangs bei dem zunächst zum Vormund über ihre Kinder eingesetzten Herzog Johann Wilhelm in Weimar, später im Zollhof in Eisenach und auf der Wartburg und schließlich in Eisenberg hatte, waren sie herangewachsen, bis die Mutter im Sommer 1572 auf immer zu ihrem in Österreich gefangengehaltenen Gatten übersiedelte und die Söhne in Thüringen zurückließ. Hier blieben sie nunmehr ganz dem Einfluß Kurfürst Augusts von Sachsen überlassen, der auch, nachdem sie im Dezember 1572, nach Abschluß der Teilungsverhandlungen, in ihre neue Residenzstadt Coburg übergesiedelt waren, einen Lehrer für sie bestimmte, den aus Schulpforta nach Coburg berufenen Magister Sebastian Leonhard, von dem sie einen geregelten Unterricht erhielten. Gegen den Wunsch des Vaters, der es gern gesehen hätte, wenn seine Söhne an der ernestinischen Universität Jena studiert hätten, setzte der Kurfürst für seine Mündel den Besuch der Universität Leipzig durch, wo sie von 1578 bis 1581 ihren Studien oblagen. Gelegentliche Besuche am kursächsischen Hof in Dresden, damals einem der glänzendsten im Reich, sollten sie, so ist zu vermuten, dem albertinischen Hause näher bringen und dessen Macht und Glanz würdigen und wohl auch fürchten lernen. Nach Abschluß der Studien kehrten beide nach Coburg zurück, und hier wurde Johann Casimir unter der Führung des Statthalters Graf Barby durch regelmäßige Teilnahme an den Sitzungen des Regierungskollegiums und der Renterei in die Regierungsgeschäfte eingeführt. Als Besucher des Reichstags von Augsburg erhielt er 1582 Einblicke in die Reichspolitik und damit wohl auch in die politische Lage seines Landes, mit der er sich als künftiger Landesfürst abzufinden haben würde. Wenn Johann Casimir sich 1584 mit der jüngsten Tochter des Kurfürsten August, Anna, verlobte, obwohl er in dem Kurfürsten den ärgsten Feind seines Vaters und entschiedenen Gegner von dessen Entlassung aus kaiserlicher Gefangenschaft sehen mußte, und diese Verlobung sogar gegen den Willen des Vaters einging, so geschah dies sicher nicht ohne die Einsicht in die verhängnisvollen Folgen der gegen den Kaiser und das albertinische Haus gerichteten Politik des Vaters und Großvaters und in der Überzeugung von der Notwendigkeit einer künftigen politischen Anlehnung an Kursachsen und eines ungetrübten Verhältnisses zum Kaiser; die Entfremdung von den Eltern, denen sogar die Teilnahme an der am 16. Januar 1586 in Dresden vollzogenen Hochzeit vom Kurfürsten verweigert wurde, nahm er dafür in Kauf (siehe Abb. 3, nach S. 32).

Johann Casimir liebte höfischen Glanz, die Geselligkeit und den Trunk, vor allem aber leidenschaftlich die Jagd. Er war von heiterer Gemütsart, konnte zuweilen aber auch aufbrausend und jähzornig sein und von unversöhnlicher Härte gegen Menschen, von denen er sich hintergangen glaubte. Als er bald nach seiner Hochzeit die Regierung übernahm, fand er die Finanzen seines Landes in erbärmlichem Zustand vor. Die vormundschaftliche Regierung hatte eine Schuldenlast von mehr als einer halben Million Talern hinterlassen, die nur zu einem Teil daraus zu erklären war, daß das Land nicht nur die Kosten der verfehlten Politik Johann Friedrichs des Mittleren, sondern auch die seiner Gefangenschaft zu tragen hatte; schwerwiegender wog die Nachlässigkeit der vormundschaftlichen Regierung, die die von den Landständen auf den Landtagen von 1576 und 1583 bewilligten Steuern offensichtlich nicht zur Schuldentilgung verwendet hatte. Johann Casimir hat später, 1593, lebhaft darüber geklagt, daß „übel in seinen unmündigen Jahren gehaushaltet" worden sei; den inzwischen verstorbenen

Statthalter Grafen Barby beschuldigte er öffentlich der Unterschlagung. Er selbst tat aber zunächst nichts, um die Schuldenlast abzutragen. Im Gegenteil, er vergrößerte sie noch durch den beträchtlichen Aufwand, der bei Hofe getrieben wurde. Schon 1589 verlangten die Landstände, in denen der Adel tonangebend war, drastische Einschränkungen im Hofstaat. Der Herzog ließ daraufhin eine neue Hofordnung entwerfen, die Einsparungen vorsah. Als er sie aber zwei Jahre später seinem Kanzler Michael Wirth und dessen Räten zur Begutachtung vorlegte, antworteten auch diese mit heftigen Klagen über die Verschwendung bei Hofe, die „zum gänzlichen Verderben führen" müsse, und rechneten ihm vor, daß rund 160 000 Gulden mehr ausgegeben als eingenommen würden. Der junge Herzog fühlte sich dadurch in seinem Reformwillen „sehr offendirt und vor den Kopf gestoßen", ließ alles beim alten, und die Schuldenwirtschaft dauerte an.

Die finanzielle Misere war wohl auch einer der Beweggründe für ihn, den weltgewandten italienischen Abenteurer und Zauberkünstler Jeronimo Scotto aus Piacenza 1592 nach Coburg einzuladen, wo er den Herzog reich und die nach sechs Ehejahren noch kinderlose Herzogin fruchtbar machen zu können vorgab, und diesem mit derselben Leichtgläubigkeit, die sein Vater Johann Friedrich solchen Abenteurern und angeblichen Wundertätern gegenüber sehr zu seinem Schaden an den Tag gelegt hatte, mehr als geboten war sein Vertrauen zu schenken. Scotto ging bei Hofe nach Belieben ein und aus und näherte sich schließlich der jugendlichen und temperamentvollen 25jährigen Herzogin, die sich durch die häufige Abwesenheit ihres Gatten, der sich oft und gern im Lande und in den Nachbarländern auf Jagden und anderen Vergnügungen aufhielt, und durch seine kühle Zurückhaltung ihr gegenüber vereinsamt und vernachlässigt fühlte. Er verführte sie zum Ehebruch und entlockte ihr darüberhinaus noch mancherlei Schmuck; und bevor er dann auf Nimmerwiedersehen verschwand, verstand er es noch, ihr in dem Hofjunker Ulrich von Lichtenstein einen neuen Liebhaber zuzuführen. 1593 wurde dieses Liebesverhältnis entdeckt. Die Herzogin legte ein Geständnis ab, die Ehe wurde geschieden. Johann Casimir wünschte sie nach Kursachsen zurückzuschicken. Als dies aber am Widerstand Herzog Friedrich Wilhelms von Weimar als damaligem Vormund der Kinder Kurfürst Christians I. und kursächsischem Landesadministrator scheiterte, hielt er sie in Gefangenschaft, anfangs auf der Veste Coburg, später in Eisenach und ab 1596 im Kloster Sonnefeld; 1603 brachte er sie, als das Gerücht umging, sie sollte gewaltsam befreit werden, wieder auf die Veste Coburg, wo sie 1613, ohne die Freiheit wiedererlangt zu haben, gestorben ist. Auch Ulrich von Lichtenstein kam und blieb bis zum Tode in Haft und starb dort 1633, wenige Tage nach seiner Begnadigung. Die erbarmungslose Härte, mit der der Herzog seine geschiedene Frau zeitlebens behandelte, erregte den Unwillen der Zeitgenossen und ihr Mitleid mit der

Gefangenen, und auch späteren Generationen blieb diese Ehetragödie unvergessen. Noch ein Jahrhundert danach bedrückte die Erinnerung daran den alchemiebesessenen und geistergläubigen Herzog Christian von Eisenberg, den jüngsten Sohn Herzog Ernsts des Frommen von Gotha, so sehr, daß er 1705 meinte, die im Leben Getrennten in einer Geisterbeschwörung, während der er den erschienenen angeblichen Herzog Johann Casimir wegen seiner Hartherzigkeit heftig tadelte, nachträglich versöhnen zu müssen, und das soll ihm, wie erzählt wird, auch gelungen sein (siehe S. 502).

Johann Casimirs jüngerer Bruder Johann Ernst war 1588 mündig geworden. Er hatte sich 1589 mit der Gräfin Elisabeth von Mansfeld verlobt und drängte im Jahr darauf seinen älteren Bruder auf Teilung der coburg-eisenachischen Lande. Auf beider Brüder Wunsch übernahm Herzog Friedrich Wilhelm von Weimar die Vermittlung und erreichte, da er von neuen Erbteilungen im ernestinischen Hause nichts wissen wollte, einen Mutschierungsvertrag, der Johann Casimir auf weitere fünf Jahre die volle Regierungsgewalt ließ, Johann Ernst aber die Nutzung der Ämter Creuzburg, Volkenroda, Gerstungen, Hausbreitenbach und der Kollektur Langensalza, einschließlich Rechtspflege, Steuerhoheit und Aufsichtsrecht über den dort ansässigen Adel zugestand und mit der Zusage des Älteren verbunden war, für den Ausbau des Schlosses Creuzburg zu sorgen und zur Einrichtung einer eigenen Hofhaltung für den Jüngeren und zu dessen Hochzeitsausgaben Zuschüsse zu leisten. Es kam jedoch bald zu Unzuträglichkeiten, weil diese Zusagen nicht eingehalten wurden, Johann Ernst sich daher hintergangen glaubte und bei einem Besuch bei dem in Wiener Neustadt gefangengehaltenen Vater Unterstützung für seine Forderungen fand, die auf die Zuweisung auch der Ämter Eisenach und Crayenberg zielten. Obwohl Johann Casimir nunmehr seine Zusagen erfüllte und dem Bruder noch das Amt Crayenberg und Einkünfte aus dem Eisenacher Zoll zugestand, kündigte dieser 1594 den Vertrag und drängte erneut auf völlige Teilung des Territoriums. Wieder wurde Friedrich Wilhelm von Weimar als Vermittler tätig und auch diesmal, im August 1596, handelte er eine Mutschierung aus, der beide Brüder zustimmten. Sie trat aber nicht in Kraft, weil beide, ohne den weimarischen Vetter zu verständigen, kurz darauf doch einen Erbteilungsvertrag abschlossen, der am 4. Dezember 1596 in Eisenach unterzeichnet und 1597 von Kaiser Rudolf II. bestätigt wurde; den Antrag der Brüder, sie getrennt mit ihren neuen Landesteilen zu belehnen, wies der Kaiser allerdings ab.

In diesem Vertrag wurden Johann Casimir die Ämter Coburg (mit Neustadt, Sonneberg und Rodach), Sonnefeld, Mönchröden, Eisfeld, Hildburghausen, Veilsdorf, Römhild und Gotha samt den darin gelegenen Städten zugesprochen; Johann Ernst erhielt die Ämter Eisenach, Creuzburg, Gerstungen, Hausbreitenbach, Salzungen, Crayenberg, Allen-

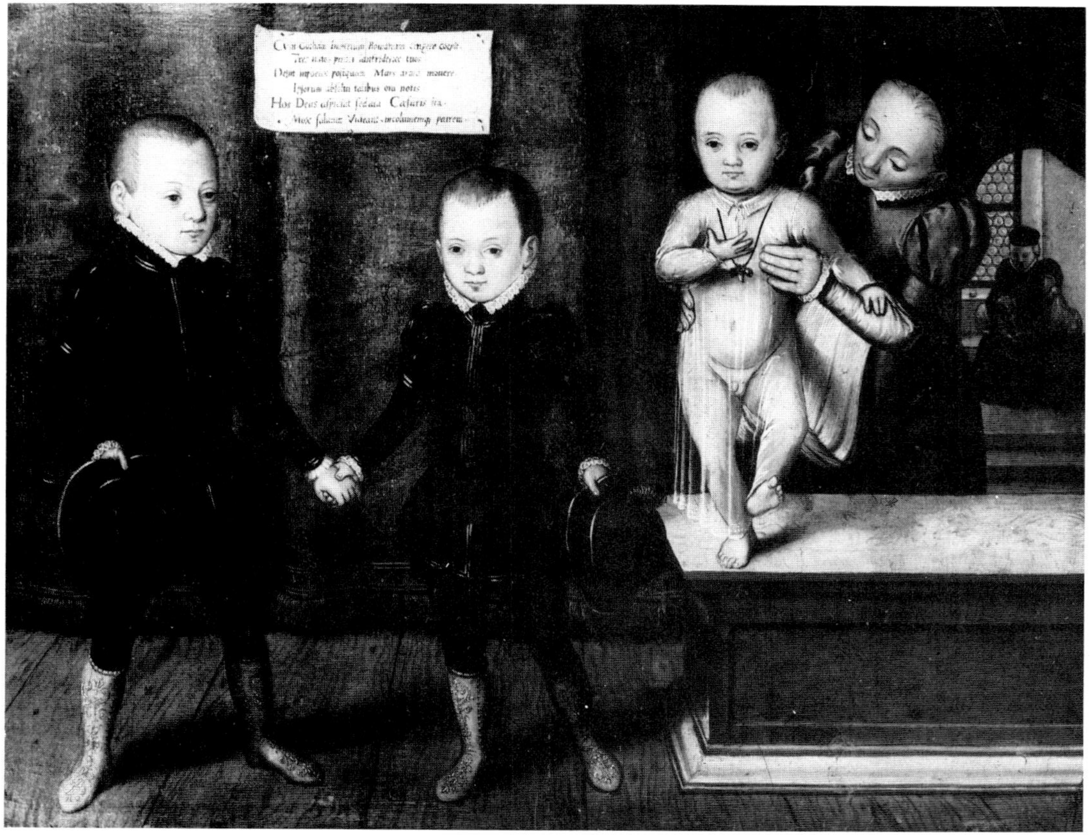

Abb. 1: Die Söhne Herzog Johann Friedrichs des Mittleren

Abb. 2: Herzog Johann Casimir von Sachsen-Coburg

dorf, Lichtenberg und Volkenroda, ebenfalls mit allen darin gelegenen Städten, die Kollektur Langensalza und den coburgischen Anteil am Amte Allstedt; beide Teile wurden mit sämtlichen landesherrlichen und lehnshoheitlichen Rechten ausgestattet (s. Karte I), auf den Reichstagen sollte jeder Teil eine Stimme haben. Johann Casimir übernahm jedoch allein alle Leistungen gegenüber dem Reich und dem Obersächsischen Reichskreis, zu dem beide Teile gehörten, den Anteil an den Unterhaltungskosten für die Universität Jena und des mit der Weimarer Linie gemeinsamen Appellationsgerichts. Aus der Übernahme dieser finanziell sehr belastenden Pflichten erklärt es sich, daß sein Landesteil in seinem jährlichen Ertragswert fast doppelt so groß war als der seines Bruders (Coburg 44 742, Eisenach 23 232 Gulden). Friedrich Wilhelm von Weimar war nicht zu Unrecht verstimmt; sein Versuch, von Kaiser Rudolf II. die Rücknahme der kaiserlichen Zustimmung zum Vertrag zu erreichen, blieb jedoch vergeblich.

Herzog Johann Casimirs Regierungstätigkeit im Fürstentum Coburg von der Landesteilung bis zum Beginn des Dreißigjährigen Krieges 1596-1618

Der Ärger Friedrich Wilhelms von Weimar über die gegen seinen Willen vorgenommene Landesteilung hat die ersten Jahre der Regierungstätigkeit Johann Casimirs erheblich belastet. Unzuträglichkeiten zeigten sich bereits 1597 bei der Huldigung des beiden Linien gemeinsam gehörenden Amtes Allstedt. Noch im gleichen Jahre kündigten Johann Casimir und Johann Ernst die Gemeinschaft des bisher abwechselnd in Weimar und Coburg tagenden Appellationsgerichts auf. Weimar antwortete mit der *Aufkündigung der Gemeinschaft von Universität, Hofgericht und Schöppenstuhl Jena*. Daraufhin errichteten Johann Casimir und Johann Ernst 1598 gemeinsam in Coburg nicht nur ein eigenes Appellationsgericht für ihre Länder, sondern auch ein Hofgericht und einen Schöppenstuhl und beriefen als Leiter den bedeutenden Juristen und Altdorfer Professor Peter *Wesenbeck*, einen aus Antwerpen gebürtigen Calvinisten, nach Coburg. Im gleichen Jahre noch beschlossen die gemeinsamen Landstände auf dem Landtag in Eisenach auf Antrag ihrer Landesherren die Errichtung eines *akademischen Gymnasiums in Coburg*, das als Vorläufer für eine eigene Universität gedacht war. Nunmehr lenkte Friedrich Wilhelm von Weimar ein. In Verhandlungen in Erfurt, Suhl und Arnstadt wurde 1599 und 1602 ein Ausgleich in allen strittigen Fragen erreicht und die *Gemeinsamkeit der Universität Jena wiederhergestellt*.

Auf dem Eisenacher Landtag von 1598 fanden sich die Landstände, zumal der Adel, auch bereit, 150 000 Gulden Schulden der herrschaftlichen Kasse zu übernehmen, und bewilligten darüber hinaus die Mittel für einen Schuldentilgungsfond, dessen Verwaltung streng überwacht wurde. Und da sich Herzog Johann Casimir, der im Jahr darauf eine zweite Ehe mit Margarete, einer Tochter Herzog Wilhelms von Braunschweig-Lüneburg, einging, zu Einschränkungen in seiner Hofhaltung bereitfand, verschwand nach und nach die Schuldenlast. Der Haushalt des Landesherrn fand zu gesunden wirtschaftlichen Verhältnissen, und im Jahrzehnt vor Beginn des Dreißigjährigen Krieges wurden sogar Überschüsse erzielt.

Die Vergleichsverhandlungen mit dem weimarischen Vetter hatten Appellationsgericht, Hofgericht und Schöppenstuhl in Coburg bestehen lassen. Sie waren wichtige Glieder des von Johann Casimir seit Beginn seiner Regierungszeit betriebenen Auf- und Ausbaus eines zentralen Behördenapparats, den es in Coburg vorher in dieser Form nicht gegeben hatte. Obwohl selbst alles andere als ein Freund von Verwaltungsarbeit und schnell bereit, sich den Ratssitzungen zu entziehen und seine Zeit auf der Jagd oder wenigstens im Coburger Schützenhaus zu verbringen, zeigte er doch eine glückliche Hand bei der Wahl seiner engsten Mitarbeiter, die ihm die ungeliebten Seiten des Regentseins mehr oder weniger abnahmen, und er gab ihnen die Möglichkeit, ihre Kräfte zu entfalten. Unter den höchsten Beamten waren dies in erster Linie die beiden Kanzler Volkmar Scherer, der seit 1596 dieses Amt verwaltete, ein Försterssohn aus Georgenthal und Absolvent der Jenaer Universität, und Ernst Fomann, ein Pfarrerssohn aus Schleusingen, seit 1612 Scherers Nachfolger und bis über des Herzogs Tod hinaus in Coburg tätig. Neben diesen beiden Juristen wirkte als ausgezeichneter Finanzmann der Kammerrat Nikolaus Zech, ein Coburger Handwerkerssohn, der wesentlichen Anteil hatte an der Gesundung der herrschaftlichen Finanzen; wegen einer dem Herzog zur Kenntnis gebrachten unbedachten schriftlichen Äußerung gegenüber einem befreundeten Beamten, die sich auf offenbar nicht ganz einwandfreie, aber erfolgreiche finanzielle Transaktionen bezog, die im Zusammenhang mit den Kosten der Gefangenschaft Johann Friedrichs des Mittleren standen und deren Preisgabe Johann Casimir als Affront gegen sich und seine Familie betrachtete, wurde er 1601 auf der Veste Coburg in Haft gesetzt, die er bis zu seinem Tode (1606) nicht verließ.

Den beiden Kanzlern dürfte es in erster Linie zu verdanken gewesen sein, daß in Coburg die für thüringische Verhältnisse damals modernste Zentralverwaltung aufgebaut wurde. Als Johann Casimir 1586 die Regierung antrat, gab es dort lediglich die aus der Vormundschaftszeit überkommene Landesregierung als von Dresden abhängiges Organ für die innere Verwaltung und die Justiz sowie die Renterei als Finanzbehörde; das Konsistorium und die höchsten Gerichte hatten ihren Sitz außerhalb des Landes, in Jena. 1593 richtete Johann Casimir ein eigenes Konsistorium in Coburg ein, 1598 folgten die schon erwähnten hohen Gerichtsbehörden. Die Haus- und Hofangelegenheiten hatte er bereits 1592 zwei dem Adel angehörenden Kammerräten übertragen, die zugleich außenpolitische Aufgaben wahrnahmen, und ihnen einen Kammersekretär unterstellt. Zwar löste er diese Behörde schon zwei Jahre später wieder auf, aber sie muß doch als Vorläufer des sich gegen Ende des Jahrhunderts in Coburg herausbildenden Geheimratskollegiums gelten, das seit 1600 arbeitete und dem der Kanzler der Landesregierung, der Rentmeister als Finanzsachverständiger, der Hofmarschall als höchster Hofbeamter und einige andere besonders vertraute Räte, meist aus dem Adel, angehörten. Es war das erste Gremium dieser Art auf thüringischem Boden.

Architektonischer Repräsentant dieser landesherrlichen Zentralverwaltung, der die Zeiten überdauert hat, wurde das 1597 bis 1599 von dem Baumeister und Hofmaler Peter Sengelaub am Markt in Coburg errichtete Regierungsgebäude, die sogenannte „Kanzlei" (heute Stadthaus) (vgl. Bd. VI, S. 20), seit 1601 Sitz aller Zentralbehörden, die bis dahin im Schloß Ehrenburg untergebracht waren. Das Schloß, um die Mitte des 15. Jahrhunderts erbaut, hatte der Herzog bereits in den Jahren 1590 bis 1595 durch einen Südflügel erweitern lassen, den der Baumeister Michael Frey errichtete; weitere Bauarbeiten an diesem Gebäudekomplex leitete seit 1600 der Italiener Giovanni Bonalino. In den Jahren 1601 bis 1604 schuf Sengelaub den Bau für das bereits 1598 geplante Gymnasium, dessen Name Casimirianum die Erinnerung an seinen Gründer wachhält. Noch heute prägen diese Bauten das Bild der Coburger Innenstadt; sie haben den Charakter der Stadt als Fürstenresidenz wesentlich bestimmt.

Der Ausbau des Gymnasiums, dessen Leiter 1623 ein namhafter Theologe, der 1616 als Lehrer dorthin berufene Matthäus Meyfart wurde, zur Universität gelang jedoch nicht, da das dafür erforderliche kaiserliche Privileg nicht erwirkt werden konnte. Meyfart gehörte zu den wenigen Theologen, die sich schon damals gegen das übliche Verfahren bei Hexenprozessen wandten, die in dieser Zeit auch im Coburgischen überhandnahmen, denn auch Johann Casimir war wie die meisten seiner Zeitgenossen dem Hexenglauben verfallen. Daß Meyfart Coburg 1633 verließ, hing jedoch nicht damit, sondern mit Streitigkeiten zwischen ihm und der Coburger Geistlichkeit zusammen. Johann Casimir wünschte jedoch nicht das Wiederaufleben theologischer Auseinandersetzungen und ließ Meyfart nach Erfurt ziehen. Von besonderer Bedeutung für die kirchlichen Verhältnisse im Coburger Land wurde die Tätigkeit des Theologen Johann Gerhard, den Johann Casimir 1606 zum Superintendenten nach Heldburg berufen und dem er 1615 das Amt des Generalsuperintendenten in Coburg übertragen hatte. Gerhard galt als der zu seiner Zeit bedeutendste Vertreter der lutherischen Orthodoxie. Er stand auf dem Boden der von Kurfürst August von Sachsen erreichten Konkordienformel, an deren Geltung im kirchlichen Leben seines Landes auch der Herzog keinen Zweifel aufkommen ließ. In seinem Auftrag führte Gerhard eine Kirchenvisitation im Lande durch, deren Erfahrungen in der 1626 erlassenen „Casimirianischen Kirchenordnung" ihren Niederschlag fanden, die in den Jahren 1614 und 1615 im wesentlichen von Gerhard verfaßt worden war, kurz bevor er (1616) einen Ruf an die Universität Jena annahm. Sie galt als mustergültig und wurde später auch von anderen ernestinischen Staaten übernommen. Trotz dieser Abschirmung seines Landes von Abweichungen von der Konkordienformel stand Johann Casimir persönlich den Calvinisten keineswegs feindlich gegenüber. Das bezeugt die schon erwähnte Berufung Peter Wesenbecks nach Coburg, dem der Herzog auch die Beibehaltung calvinistischer Religionsausübung für seine Person zugestand, und lassen seine, wie noch zu zeigen ist, guten politischen Beziehungen zum pfälzischen Kurfürstenhaus, seinen nahen Verwandten, und deren Anhängern erkennen.

Die Landstände behielten unter seiner Regierung ihre hergebrachte bedeutende Stellung, zumal für die Steuerbewilligung, und hatten, wie schon gesagt, ihre Verdienste um die wirtschaftliche Gesundung der herrschaftlichen Finanzen. Als jedoch in der zu ihnen gehörenden Ritterschaft Bestrebungen sichtbar wurden, sich der Oberhoheit des Landesherrn zu entziehen und der um neue Mitglieder werbenden fränkischen Reichsritterschaft anzuschließen, setzte Johann Casimir seine Hoheitsrechte mit Härte durch, gab aber begründeten Beschwerden der Ritterschaft gegen Übergriffe herzoglicher Beamter im Justizbereich nach und ordnete die jurisdiktionellen Rechte des Adels in einer 1612 publizierten Verfassungsurkunde, die als der „Casimirsche Abschied" bekannt geworden ist und bis 1806, hinsichtlich der Patrimonialgerichtsbarkeit sogar bis 1848 in Geltung blieb.

Zahlreiche Verordnungen galten der Verbesserung des Polizei- und Gesundheitswesens. Der inneren Sicherheit, vor allem des Straßenverkehrs, diente sie Regelung des Geleitswesens und der Kampf gegen Landfriedensbrecher, zumal herumstreunende ausgediente Soldaten. 1596 wurde eine Medizinal- und 1607 eine Apothekerordnung erlassen. Ein anderer Erlaß untersagte das Saufen und Spielen, das Zaubern und Gotteslästerung. Eine 1613 ergangene Kleiderordnung sollte dem überhandnehmenden Luxus steuern und zugleich den Abfluß von Geld über die Grenzen hinweg einschränken. Nicht nur die ständisch-hierarische Gliederung der Bevölkerung wird hier deutlich; es zeigt sich auch, bis zu welchem Grade der Landesherr in die Privatsphäre des Einzelnen einzudringen versuchte. Darüber hinaus sind aber die Einzelheiten dieser Ordnung Zeugnisse dafür, daß sich in diesen Jahrzehnten vor dem Großen Krieg der Lebensstandard der Bevölkerung, wie in Deutschland ganz allgemein, auch im Coburgischen stark gehoben hatte.

Um die Versorgung der Bevölkerung mit Lebensmitteln und Kleidung sicherzustellen, wurde auf dem Verordnungswege die Ausfuhr von Getreide und anderen Lebensmitteln und von Wolle unter Strafandrohung verboten. Das Coburger Münzwerk, das sich wie das der anderen ernestinischen Staaten bis dahin in Saalfeld befand, hatte der Herzog schon 1600 nach Coburg verlegt. Als bei Beginn des Dreißigjährigen Krieges Geldmangel spürbar wurde, verlegte er die Münze 1620 nach Neustadt bei Coburg und schuf weitere Münzstätten in Hildburghausen und Gotha. Der Prägung geringwertigen Geldes, wie sie in der damaligen „Kipper- und Wipperzeit" üblich war, stimmte er jedoch nur zögernd und unter Einschränkungen zu, so daß die in seinem Lande geprägten Münzen einen relativ hohen Silbergehalt behielten. Als die Münzverschlechterung zu Preisanstieg führte, schloß er 1622 die neuen Münzstätten; er kehrte zur soliden Münzprägung zurück, die nunmehr in Coburg erfolgte. Der Teuerung suchte er 1623 durch eine Taxordnung entgegenzuwirken, die feste Preise für Lebensmittel und andere Bedarfsgüter einführte.

Folgenreicher für die Wirtschaft seines Landes als diese Maßnahmen war es, daß er 1593 und 1595 aus dem Hennebergischen abgewanderten Glasmeistern, die den später im Thüringer- und Frankenwald weit verbreiteten Glasmacherfamilien Greiner, Müller, Wiegand und Holland angehörten, am Fehren- und am Lauschabach die Möglichkeit zur Anlegung von Glashütten gab, den ersten im Coburger Land; die Glashütte am Lauschabach hat nicht nur zur Entstehung der heutigen Stadt Lauscha geführt, sie wurde auch die Mutterhütte von zahlreichen Tochterglashütten im südöstlichen Thüringer Wald und Frankenwald. Die für die Glasherstellung benötigten großen Mengen Holz fanden sich im Überfluß in den weiten Wäldern dieses Gebiets, die dem Herzog als leidenschaftlichem Jäger und seinem Gefolge im übrigen als Jagdrevier dienten, in dem es damals auch noch Luchse, Wölfe und Bären gab.

Herzog Johann Casimirs Reichspolitik bis zum Beginn des Dreißigjährigen Krieges

Das Herrschaftsgebiet Johann Casimirs war also nach anfänglichen Anpassungsschwierigkeiten seines jugendlichen Landesherrn an die finanziellen Gegebenheiten zu einem wirtschaftlich gesunden Land geworden, das als wohlhabend gelten konnte. Diese Entwicklung von äußeren, störenden Einflüssen abzuschirmen, war die Hauptaufgabe der nach außen gerichteten politischen Bestrebungen des Herzogs, dessen Wahlspruch „Fried ernährt,

Unfried verzehrt" bezeugt, wie fern ihm jedwede riskante Machtpolitik gewesen ist. Die Erinnerung an die Erfahrungen, die Vater und Großvater mit ihrer Reichspolitik hatten machen müssen, hat den Herzog zeitlebens ebensowenig verlassen wie das Wissen um die Kleinheit und daher bescheidenen wirtschaftlichen Mittel seines Landes und seine militärische Schwäche. Streitigkeiten suchte er auf dem Verhandlungswege durch Kompromisse beizulegen und durch Verträge eine die Zukunft möglichst sichernde rechtliche Basis zu schaffen. Fehlende Macht wünschte er also durch rechtlich abgesicherte Vereinbarungen zu ersetzen. Diese Methode bewährte sich nicht nur bei Streitigkeiten mit seinen weimarischen Vettern, sondern ebenso und fast zur gleichen Zeit in seinen Beziehungen zu seinen katholischen Nachbarn, den lebenslustigen Bischöfen von Bamberg, Ernst von Mengersdorf und Johann Philipp von Gebsattel, wie zu dem von jesuitischem Geist geprägten, durch seine gegenreformatorischen Maßnahmen bekanntgewordenen Bischof von Würzburg, Julius Echter von Mespelbrunn. Nicht nur, daß der Herzog in den Klöstern Banz, Bildhausen und Langheim zur Jagdzeit ein oft und gern gesehener Gast war; es gelang ihm auch, die ständigen Streitigkeiten über die Ausübung der Gerichtsbarkeit und anderer Hoheitsrechte in den Grenzgebieten durch den Abschluß von Vergleichen mit Würzburg 1599 in Trappstadt, mit Bamberg 1601 und 1608 in Lichtenfels so zu ordnen, daß sie bis zum Ende des alten Reichs Bestand gehabt haben. Mit den benachbarten, der gleichen Konfession wie er angehörenden Markgrafen Joachim Ernst von Brandenburg-Ansbach und Christian von Brandenburg-Bayreuth lebte er in gutem Einvernehmen. Daß sich das keineswegs nur auf politische Fragen bezog, zeigt eine Bemerkung des bayreuthischen Geheimen Rats Christoph von Waldenfels, als er dem Herzog einmal eine Einladung des Markgrafen zu einem Besuch übermittelte: „Ich will aber beileibe nicht die Ursache zu einem großen Gesaufe sein!"

Der Regelung von Rechtsverhältnissen, um künftigem Streit vorzubeugen, galten auch die Verhandlungen, die Johann Casimir von 1620 bis 1623 mit dem letzten Grafen von Gleichen-Tonna, Johann Ludwig, führte. Er erreichte zwar, daß der Graf, der keine männlichen Erben hatte, ihm seinen gesamten Allodialbesitz zu Lehen auftrug, veranlaßte ihn aber zugleich, Erbverträge mit den Grafen von Hohenlohe-Langenburg, von Waldeck und von Schwarzburg-Arnstadt abzuschließen, die den Übergang der Einzelherrschaften Obergleichen, Tonna und Untergleichen in deren Hände nach dem Tode Johann Ludwigs regelten. Er verzichtete also, um jedem Streit aus dem Wege zu gehen, auf unmittelbaren Landerwerb, denn der Heimfall dieser Lehen wurde durch diese Regelung auf unbestimmte Zeit verschoben; ihm genügte die Lehnshoheit und, wie er offen bekannte, die Vergrößerung seines reichsfürstlichen Ansehens, die eine solche Vermehrung von Lehnsleuten hohen Standes für ihn bedeutete, und er gewann durch diese Handlungsweise zudem noch den Ruf eines ehrlichen und selbstlosen Vermittlers. Als das Haus Gleichen 1631 erlosch, bemühte er sich infolgedessen lediglich darum, daß diese Teile des gleichischen Gebietes unversehrt in den Besitz der neuen Herren kamen, und suchte sie vor kurmainzischen Übergriffen zu schützen.

Für Johann Casimirs politisches Handeln in den Reichsangelegenheiten spielte, wie schon gesagt wurde, sein Verhältnis zum sächsischen Kurhaus eine wichtige Rolle. Es blieb zeitlebens durch die mahnende Erinnerung an das traurige Schicksal des Vaters bestimmt. Im ersten anderthalb Jahrzehnt seiner Regierung folgte er, wohl auch angesichts der schlechten wirtschaftlichen Lage, in der er sich befand, völlig dem Kurs des Kurhauses, der, von geringen Abweichungen in den letzten Jahren des jungverstorbenen Kurfürsten Christian I. abgesehen, kaisertreu und gegen die Bestrebungen der pfälzischen Kurfürsten und ihrer Parteigänger gerichtet war, die durch eine gemeinsame Politik aller evangelischen Reichsstände ein wirkungsvolleres Gegengewicht schaffen wollten gegen die sich verstärkenden gegenreformatorischen Bestrebungen der katholischen Reichsstände und deren Stimmenmehrheit im Reichstag. Seit der Jahrhundertwende mehrten sich jedoch die Anzeichen dafür, daß angesichts der sichtbar wachsenden katholischen Macht und ihres den Evangelischen abträglichen Einflusses auf die kaiserliche Politik auch Johann Casimir eine Einigung der lutherischen und reformierten Reichsstände herbeiwünschte, ohne daß dies in seinem politischen Handeln entscheidenden Ausdruck fand. Er entschloß sich auch nicht zu engeren Beziehungen zu den Pfälzern und ihrem Anhang, als Kurfürst Christian II. ihn 1605 im Streit um die Vormundschaft über die Söhne des frühverstorbenen Herzogs Johann von Weimar, von der an anderer Stelle die Rede sein wird, rücksichtslos überging und ihm auch bei anderer Gelegenheit offene Abneigung zeigte, deren Motiv, der Zorn über die unbarmherzige Behandlung, die Johann Casimir seiner geschiedenen Frau, der Tante des Kurfürsten, zuteil werden ließ, an sich nicht unverständlich war. Hatte doch Johann Casimir, als ihm 1602 zugetragen wurde, Christian wolle seine „Muhme" gewaltsam aus dem Kloster Sonnefeld „abholen", die Gefangene alsbald in das sichere Gewahrsam der Veste Coburg bringen lassen.

Die Macht des Kurhauses, die durch die Übernahme der Vormundschaft über Johanns von Weimar Söhne, noch gewachsen war, zumal in Thüringen, hinderte Johann Casimir sogar noch mehr als bisher daran, Schritte zu unternehmen, die seiner inneren politischen Überzeugung entsprochen hätten. Auch auf dem Reichstag von 1608, der unter dem Eindruck der Besetzung Donauwörths durch Maximilian von Bayern stattfand, blieb er im Schatten Kursachsens, und der im gleichen Jahre gebildeten Union der evangelischen Reichsstände schloß er sich nicht an, ob wohl er und sein Bruder Johann Ernst dem Plan, ein Bündnis aller Evangelischen zu schaffen, zunächst zugestimmt und bei dieser Gelegenheit zur Toleranz unter den Evangelischen aufgerufen hatten. Zwei Jahre später gab Johann Casimir sich jedoch in Korrespondenzen als Freund der Union zu erkennen, der beizutreten er sich aber erst entschließen zu dürfen meinte, wenn Kursachsen den gleichen Schritt tat. Das aber geschah nicht, im Gegenteil, der Gegensatz zwischen Kursachsen und Kurpfalz vertiefte sich, vor allem durch den Jülich-Cleveschen Erbfolgestreit, der ausbrach, als der geistig umnachtete letzte Herzog Wilhelm von Jülich, Cleve und Berg 1609 gestorben war. In dieser Angelegenheit verzichtete Johann Casimir sogar ganz auf selbständiges politisches Handeln, das er Kurfürst Christian II. überließ. Wie dieser setzten Johann Casimir und sein Bruder Johann Ernst ihre Hoffnungen auf einen Prozeß vor dem Reichshofrat; die beiden Herzöge borgten sogar 160 137 Gulden beim Rat von Nürnberg, um die zu erwartenden Prozeßkosten und Advokatengebühren bezahlen und die kaiserlichen Richter durch „Handsalben" günstig stimmen zu können. Die Erbschaftssache hat die coburgische Politik damals überhaupt sehr beschäftigt; zu verlockend war der Gedanke, den so bescheiden gewordenen Landbesitz auf diese Weise zu vergrößern. Er verführte Johann Casimir, nun wieder ganz im Fahrwasser Kursachsens, 1610 sogar dazu, mit dem Gedanken zu spielen, der im Jahre zuvor gegründeten Liga der katholischen Reichsstände beizutreten, um mit deren Hilfe etwas von dem Erbe zu erlangen, obwohl es Brandenburg und Pfalz-Neuburg, deren Truppen in das herrenlose Land eingerückt waren, inzwischen unter sich aufgeteilt hatten. Der coburgische Kanzler Scherer wollte allerdings nicht so weit gehen; er hielt es sogar für „unglaublich", daß „wir unseren Todfeinden mehr trauen als den Evangelischen" und sprach sich 1612 für den Anschluß an die Union aus, um einen Anteil an der Erbschaft zu gewinnen. Die Lösung des Streits kam jedoch, im Vertrag von Xanten von 1614, ohne die Wettiner zustande, obwohl Kaiser Rudolf II. sie 1610 mit den strittigen Landen belehnt hatte. Außer dem Titel eines „Herzogs von Jülich, Cleve und Berg und Herrn zu Ravenstein" fiel für sie nichts ab.

Hatte der Umstand, daß sich die Union um wettinische Interessen am Niederrhein wenig gekümmert hatte, auch Johann Casimirs Neigung zu ihr vorübergehend abgekühlt, so änderte sich dies bald wieder angesichts des Erscheinens spanischer Truppen im Rheinland und der unvermindert starken Spannungen zwischen beiden konfessionellen Lagern. Als 1615 in Nürnberg Verhandlungen zwischen Mitgliedern der Union stattfanden, schickte er sogar seinen Kammerrat Sigismund Heusner als Beobachter dorthin. Dessen Nachrichten über die militärische Schwäche des Bündnisses und Befürchtungen, Spinola werde mit seinen Truppen Norddeutschland angreifen, erschreckten ihn so, daß er sein Land in Verteidigungszustand setzen ließ. Hatte er sich bisher begnügt, die ihm gegebenen Verteidigungsmöglichkeiten durch den Erlaß einer Schützenordnung (1595) und die ständige Förderung des Coburger Schützenwesens zu beachten, so ließ er nun, mit 60 000 Gulden vton den Landständen unterstützt, 1616 den Bau eines Zeughauses in Coburg beginnen, den Sengelaub bis 1621 fertigstellte, und die Veste Coburg von dem Ulmer Festungsbaumeister Gideon Bacher durch moderne Basteien nach italienischem Vorbild verstärken (vgl. Bd. VI, S. 33), ein, wie sich anderthalb Jahrzehnte später zeigen sollte, weitschauendes Unternehmen. Heusners Nachrichten von einem bevorstehenden spanischen Angriff erwiesen sich jedoch bald als unzutreffendes Gerücht.

Der böhmische Aufstand von 1618 und die Bitte Kurfürst Friedrichs V. von der Pfalz an Kurfürst Johann Georg I. von Sachsen, gemeinsam mit ihm in Böhmen zu intervenieren, fand Johann Casimir auf Friedrichs Seite. Er drängte Johann Georg, sich positiv zu entscheiden und für ein Zusammengehen der evangelischen Reichsstände einzutreten; doch Johann Georg winkte ab; er sah keinen Anlaß, seine kaisertreue Haltung aufzugeben. Dennoch löste sich Johann Casimir auch jetzt nicht von Kursachsen, sondern versuchte es mit einer vermittelnden Stellung zwischen den beiden Kurfürsten und begnügte sich mit vertraulichen Korrespondenzen, in die er auch Mitglieder der böhmischen Stände einschloß. Gegen die Annahme der Wahl zum böhmischen König durch Friedrich V. hatte er zwar erhebliche Bedenken, aber in seinen Briefen trat er trotzdem für ihn ein. Außerdem hielt er, obwohl Johann Georg davon abgeraten hatte, Verbindung mit den jungen weimarischen Herzögen Johann Ernst, Friedrich und Wilhelm, die inzwischen der Union beigetreten und gesonnen waren, für den neuen Böhmenkönig zu Felde zu ziehen (vgl. u. S. 108). An ein solches Wagnis dachte Johann Casimir freilich nicht, und es hätte nicht einer ihm durch den Herzog von Sachsen-Lauenburg überbrachten Warnung Kaiser Ferdinands II. bedurft, um ihn davon abzuhalten, denn nach wie vor blieb sein politisches Handeln an die Rücksichtnahme auf Kursachsen gebunden.

Daß Kurfürst Johann Georg sich aber — gegen die Zusage territorialen Gewinns, der zu Böhmen gehörenden Lausitz — auf die Seite des Kaisers und der Liga schlug, beunruhigte ihn jedoch. Zusammen mit seinem Bruder Johann Ernst versuchte er, den Kurfürsten durch den Vorschlag, zusammen mit Dänemark und dem Niedersächsischen Kreis eine bewaffnete Macht zu bilden und auf diesem Wege Einfluß auf den Gang der Dinge zu nehmen, von diesem Schritt zurückzuhalten, doch ohne Erfolg. Im September 1620 besetzte Johann Georg die Lausitz. König Friedrich von Böhmen antwortete mit einem Manifest, in dem er den Kurfürsten von Sachsen der böhmischen Lehen für verlustig erklärte und sie den ernestinischen Herzögen von Weimar, Coburg und Eisenach übertrug; ja er äußerte sogar die Absicht, die Ernestiner bei einem Versuch, die sächsische Kurwürde zurückzugewinnen, zu unterstützen. Bald danach beendete die Schlacht am Weißen Berge bei Prag sein böhmisches Königtum und wenig später griff der Krieg von Böhmen auf andere Teile des Reiches über. Jetzt war es mit Johann Casimirs Vermittlerambitionen zwischen Katholiken und Reformierten vorbei; er wurde wieder zum unbedingten Gefolgsmann der kursächsischen Politik.

Das Fürstentum Coburg in den Kriegsjahren 1618-1633

Herzog Johann Casimir verabscheute den Krieg als Mittel der Politik. „Eine schwere Sache", so hat er einmal geäußert, lasse „sich nicht allweil mit Kartaunen, sondern oft mehr mit der schwachen Feder, so mit Verstand und heilsamer Überlegung geführt" werde, „zurechtbringen". Er wird diese Überzeugung auch nicht geleugnet haben, als er — ein Zeichen dafür, daß man auch dort seinen Rat zu schätzen wußte — zu den Verhandlungen zugezogen wurde, die 1624 in Schleusingen zwischen den Kurfürsten von Mainz und Sachsen und Tilly über Kriegsangelegenheiten stattfanden. Damals war es allerdings schon zu spät und der Frieden verloren.

Im eigenen Lande hatte sich der Herzog zu Beginn des Krieges bemüht, die Sicherungsvorkehrungen zu verbessern, hatte das Landesaufgebot verstärkt und unter einheitlicher Führung zusammengefaßt. Zum Kampf gegen reguläre Truppen war es allerdings nicht bestimmt, sondern allenfalls zur Abwehr von Trupps abgedankter Soldaten oder Marodeure und zum Schutz der Ordnung auf den Straßen vor dem in Kriegszeiten erfahrungsgemäß zunehmenden räuberischen Gesindel. Erst nach dem obersächsischen Kreistag von Jüterbog (1623), der die Aufstellung einer kreiseigenen Verteidigungstruppe beschlossen hatte, kam es auch in Coburg zur Anwerbung von regulären Truppen, die dem Kurfürsten von Sachsen unterstellt wurden. Erst damals zeigten sich, nachdem das Land bereits seit 1619 einzelne Truppendurchmärsche erlebt hatte, in zunehmender Zahl im Coburgischen Vorboten kommenden Unheils, Truppenkontingente der Liga, die der Armee Tillys, nachdem diese die Kurpfalz erobert und nach Norddeutschland vorgestoßen war, dorthin folgten. Zumeist betrugen sie sich noch gesittet, aber nicht ohne Ausnahmen, und die gegen Ende 1623 aus Nordwestdeutschland kommenden und nach Böhmen marschierenden kaiserlichen Verbände gaben in Coburg und Umgebung zu vielerlei Klagen Anlaß.

Nach dem Ausbruch des Dänischen Krieges war es 1625 und dann wieder 1627 der Truppennachschub für die in Norddeutschland siegreich operierenden Armeen Tillys und Wallensteins, der trotz zweier Patente, die Kurfürst Johann Georg von Sachsen 1625 und Kaiser Ferdinand 1627 ausgestellt hatten, und in denen dem Lande Johann Casimirs Verschonung mit Truppendurchzügen und Einquartierungen versprochen wurde, das Coburger Land durchquerte; 8000 Taler zahlte der Herzog 1627, um kaiserliches Kriegsvolk zum Abzug aus der Gegend um Heldburg zu bewegen, und Pferde stellte er obendrein noch dafür zur Verfügung. Wiederholte Beschwerdeschreiben an den Kaiser und Wallenstein fruchteten nichts. Erst 1630 gelang es ihm einmal, den Friedländer zum Abzug eines Regiments aus dem Coburgischen zu bewegen, zu einer Zeit also, als dessen Stern bereits im Sinken und er offensichtlich bestrebt war, den bösen Ruf, der ihm als einem rücksichtslosen Feldherrn anhaftete, etwas abzuschwächen; wie man weiß, ohne Erfolg, denn auf dem kurz darauf zusammengetretenen Fürstentag in Regensburg folgte sein Sturz. Doch schon im Sommer 1631 zogen die kaiserlichen Generale Fürstenberg, Fugger und Aldringen durch coburgisches Gebiet und die damit unvermeidlich verbundenen üblen Begleiterscheinungen lasteten schwer auf der Bevölkerung. Das Amt Coburg bezifferte damals die seit Kriegsbeginn durch Truppenbewegungen entstandenen Kosten und Schäden im Amt auf 131 000 Gulden, eine Summe, die fast dem Kapitalwert aller Domänen in diesem Landstrich (138 000 f) entsprach.

Die Belastung durch das Wallensteinische Militär, dazu die Sorge um die Auswirkungen des im März 1629 vom Kaiser erlassenen Restitutionsedikts und dessen Durchführungspraxis, durch die sich auch die Ernestiner in ihrem territorialen Besitzstand bedroht fühlten, hatten im Herbst 1629 zu einer Zusammenkunft der ernestinischen Herzöge in Jena geführt, in der beschlossen wurde, Kurfürst Johann Georg von Sachsen um Intervention bei Kaiser Ferdinand zu bitten. Als dies ergebnislos blieb, suchte man im Januar 1630 den ernestinischen Anliegen durch die Abordnung Herzog Bernhards von Weimar nach Dresden Nachdruck zu verleihen. Der damals von den Weimarer Herzögen geäußerten Absicht, bei erneutem Mißerfolg sich von Kursachsen zu trennen und eigene politische Wege zu gehen, widersprach allerdings Herzog Johann Casimir. Er war nach wie vor überzeugt, daß nur im Zusammengehen mit Kursachsen die Interessen der ernestinischen Länder erfolgreich vertreten werden könnten. In dieser Überlegung stimmte er auch den Beschlüssen der evangelischen Reichsstände auf dem von Kursachsen einberufenen Leipziger Konvent vom Frühjahr 1631 zu, die vom Kaiser die Zurücknahme des Restitutionsedikts verlangten und im Weigerungsfalle mit militärischem Widerstand gegen die auf dem Edikt fußenden kaiserlichen Forderungen ankündigten, zugleich auch alle Teilnehmer zu finanzieller Hilfe für die kursächsische Armee verpflichteten. Die militärische Reaktion des Kaisers und der Liga bekamen auch die Lande Johann Casimirs zu spüren. Als Tilly nach der Eroberung Magdeburgs mit seiner Armee im Juni 1631 in Nordthüringen einmarschierte, wurde der gothaische Landesteil davon betroffen, und nur mit Mühe konnte sich damals die Stadt Gotha der Plünderung durch Tillysche Reiter erwehren. Im August passierte ein aus Franken zur Unterstützung Tillys herbeiziehender Truppenverband unter Führung der Grafen Fürstenberg das Gebiet von Heldburg und Hildburghausen in Richtung Norden, um sich allerdings nach der Kunde von Tillys Niederlage bei Breitenfeld eilig wieder nach Franken zurückzuziehen. Ihm folgte die schwedische Armee König Gustav Adolfs, und noch im Oktober richtete der schwedische Kommandant von Königshofen im Grabfeld erste Forderungen auch an Heldburg und Hildburghausen.

Der Anschluß Kursachsens an Schweden, der Sieg Gustav Adolfs bei Breitenfeld, der Marsch der schwedischen Armee durch Thüringen nach Franken und die Ernennung Herzog Wilhelms von Weimar zum schwedischen Statthalter in Thüringen stellte auch Johann Casimir und sein Land vor neue Aufgaben. Der Weimarer Herzog, von Gustav Adolf beauftragt, in Thüringen Truppen zu werben und zu unterhalten und entsprechende Verhandlungen mit den dortigen Reichsständen zu führen, beeilte sich, seinen Auftrag zu erfüllen und stellte an die thüringischen Reichsstände seine Forderungen. An Johann Casimir erging die Aufforderung, 7800 Taler Kriegssteuern zu zahlen und die notwendigen Truppenwerbungen in seinem Lande zu gestatten. Der Herzog weigerte sich mit dem Hinweis, durch die Beschlüsse des Leipziger Konvents zu Zahlungen an die kursächsische Armee verpflichtet zu sein, und machte außerdem geltend, daß er durch die Unterstützung von Werbungen für Schweden in einen ihm unerwünschten Gegensatz zum Kaiser gerate. Sein Widerstand blieb jedoch erfolglos, denn er hatte weder die Macht, die Werbungen und Einquartierungen von im schwedischen Sold stehenden Truppen zu verhindern, noch den geforderten Kriegssteuerzahlungen aus dem Wege zu gehen, und bald häuften sich wieder die Klagen über Soldatenexzesse im Lande. Beschwerdeschreiben an Herzog Wilhelm und Kurfürst Johann Georg von Sachsen fruchteten nichts; von Gustav Adolf aber zog sich der Herzog den ironischen Vorwurf zu, er sorge sich mehr um den Kaiser als um das „notleidende evangelische Wesen". Wie den anderen anfangs auch widerstrebenden thüringischen Reichsständen blieb ihm nichts anderes übrig, als im Laufe der folgenden Monate den Forderungen seines weimarischen Neffen nachzugeben. Dabei mag der Schrecken eine Rolle gespielt haben, den im Coburgischen im Frühjahr 1632 ein Angriff Tillyscher Truppen auslöste. Tilly hatte sich nach der Niederlage von Breitenfeld mit den Trümmern seiner Armee an die Weser zurückgezogen, dort die Reste gesammelt und sich durch neue Verbände verstärkt, und war durch Hessen nach Franken marschiert; er drängte die von Gustav Adolf im Bambergischen unter Führung des Feldmarschalls Horn zurückgelassenen schwedischen Truppen aus Bamberg und warf sie nach Norden, gegen Haßfurt und Schweinfurt zurück; dabei ging das in einer weimarischen Exklave in der Nähe von Haßfurt gelegene Städtchen Königsberg in Flammen auf; Heldburg und Coburg fühlten sich bedroht. Die Nachricht vom Anmarsch Herzog Wilhelms von Weimar und des schwedischen Generals Banér, die ihre Truppen um Gotha vereinigt hatten und über den Thüringerwald herbeieilten, verscheuchte jedoch die Angreifer. Bald darauf zahlte Johann Casimir 2000 Taler an die schwedische Statthalterei in Erfurt und sandte sogar eine Kompanie seines Landesaufgebots dorthin, obwohl er es früher strikt abgelehnt hatte, Teile dieser Truppe außer Landes gehen zu lassen. Eine ständige Gefahr für die coburgischen Grenzlande im Osten war und blieb jedoch die bambergische Festung Kronach, deren Besatzung sich durch Überfälle auf coburgisches Gebiet unangenehm bemerkbar machte. Ein im Frühjahr 1632 gemeinsam mit dem Markgrafen Christian von Brandenburg-Bayreuth und schwedischen Truppen unternommener Versuch Johann Casimirs, die Festung zu nehmen, hatte jedoch keinen Erfolg.

Die im Sommer 1632 folgenden Verhandlungen mit dem schwedischen Residenten Erskein in Erfurt, der dort an Stelle des mit seinen Truppen zu Gustav Adolf nach Bayern gerufenen Weimarer Herzogs die Geschäfte des Statthalters führte, sahen Johann Casimir wie die meisten anderen thüringischen Reichsstände geneigter als früher, durch Geldzahlungen und die Zustimmung zu Truppenwerbungen in ihren Landen die Verteidigungskraft Thüringens zu stärken, wenn es auch jetzt nicht ohne ständige Beschwerden über die Last von Einquartierungen und Truppenbewegungen und Klagen über die schlechte Disziplin der Soldaten abging. Daß Kursachsen nunmehr ebenfalls Ansprüche an die Teilnehmer am Leipziger Konvent stellte und Zahlungen für seine in Böhmen wenig glücklich kämpfende Armee verlangte, erschwerte die Verhandlungen beträchtlich, zumal die meisten der thüringischen Stände, unter ihnen auch Johann Casimir, nach wie vor auf ein ungetrübtes Verhältnis zum sächsischen Kurstaat Wert legten.

Voller Sorge vernahm man in Coburg die Nachrichten über die Erfolge des vom Kaiser in höchster Not wieder in sein Amt berufenen Herzogs von Friedland gegen die kursächsischen Truppen, und als Wallenstein im Juli 1632 in Franken einmarschierte, machte sich das im Coburgischen sogleich übel bemerkbar: eine Rotte Kroaten überfiel drei Dörfer südlich von Coburg und verwüstete sie. Zwar band der Anmarsch des Schwedenkönigs, dem neben den ungünstigen Meldungen aus Böhmen auch Nachrichten über Geheimverhandlungen des sächsischen Generals v. Arnim mit Wallenstein überbracht worden waren, zunächst die Wallensteinische

Armee bei Nürnberg; als Gustav Adolf aber nach dem vergeblichen Versuch, des Gegners Verschanzungen zu nehmen, wieder nach Süden abzog, Wallenstein seinerseits aber nach Norden marschierte, bekamen die coburgischen Lande alle Schrecken des Krieges zu spüren; Ende August plünderten streifende Trupps des von Nürnberg nach Sachsen vorausziehenden kaiserlichen Generals Holk das Amt Sonnefeld und vier Wochen später erreichte Coburg die Hiobsbotschaft vom Anmarsch der Wallensteinischen Armee. Zum Schutz von Stadt und Veste sandte Herzog Bernhard von Weimar, den Gustav Adolf anstelle seines erkrankten Bruders Wilhelm mit einem starken Truppenverband in Franken zurückgelassen hatte, eiligst den Obersten Georg Christoph von Taupadel mit schwedischen Dragonern nach Coburg; am 25. September traf er dort ein. Zwei Tage später verließ Herzog Johann Casimir mit dem Hofstaat die Stadt und begab sich nach Schloß Tenneberg bei Waltershausen, tags darauf erschien Wallenstein, der den Übergang über den Thüringer Wald und einen Angriff auf Kursachsen von Westen her beabsichtigte, mit der vereinigten kaiserlichen und bayerischen Armee vor Coburg, besetzte, nachdem sich die schwedischen Verteidiger auf die Veste zurückgezogen hatten, die Stadt und begann die Belagerung der Veste. Währenddessen streifte seine Soldateska durch das Coburger Land; die Städte Eisfeld, Rodach, Heldburg und Ummerstadt und zahlreiche Dörfer wurden geplündert und gingen in Flammen auf. Aber die modern ausgebaute und gut versorgte und von Taupadel geschickt verteidigte Veste Coburg widerstand allen Angriffen der Belagerer, so daß Wallenstein, als er vom Herannahen schwedischer Truppen unter Bernhard von Weimar erfuhr, sich genötigt sah, am 5. Oktober die Belagerung abzubrechen und mit seiner Armee nach Osten abzuziehen. Über Kronach und Hof marschierte er ins Vogtland, der Leipziger Ebene entgegen, wo es am 6./16. November bei Lützen zwischen ihm und dem von der Donau in Eilmärschen nach Thüringen zurückgekehrten Schwedenkönig zur Schlacht kam, in der Gustav Adolf fiel.

Als Johann Casimir von Tenneberg nach Coburg zurückkehrte, fand er seine Residenz und die umliegenden Lande in erbärmlichem Zustand vor. Coburg hatte nicht nur Schäden durch Brände und Plünderungen erlitten; es waren aus ihr auch 16 000 Taler Kontribution erpreßt und zahlreiche Geiseln weggeschleppt worden, unter ihnen der Kanzler Fomann. Erst im April 1633 kehrten sie, bis auf drei, die in der Haft gestorben waren, gegen Zahlung eines Lösegeldes von 3000 Talern in die Heimat zurück. Die von den Truppen eingeschleppte Pest forderte in den Monaten nach der Belagerung schwere Opfer; im November 1632 allein 300. Dazu kam die allgemeine Unsicherheit auf dem Lande. Von Kronach her, aber auch aus anderen bambergischen Orten drangen bewaffnete Trupps über die Grenzen und tyrannisierten die Bewohner; aber auch die in Coburg zurückgebliebene schwedische Garnison unternahm Streifzüge in bambergisches und würzburgisches Gebiet und plünderte u. a. das Kloster Banz völlig aus.

Noch im November 1632 hatte der schwedische Resident Erskein auf einer Konferenz in Erfurt von den Gesandten der thüringischen Reichsstände Geld, Lebensmittel und Bekleidung für die schwedische Armee gefordert, dazu Mannschaften aus den einzelnen Landesaufgeboten. Die Gesandten antworteten mit Klagen über die Belastung ihrer Länder durch die einquartierten und durchmarschierenden schwedischen Truppen, genehmigten jedoch schließlich die Summe von 10 000 Talern, von denen 2100 auf Coburg und Eisenach fielen, und gaben die Zusage, 3000-5000 Mann aus den Landesaufgeboten zur Verfügung zu stellen. Im März 1633 bereits verlangte der wiedergenesene Herzog Wilhelm von Weimar auf Drängen des schwedischen Reichskanzlers Oxenstierna, der nach Gustav Adolfs Tod die schwedische Politik leitete, erneut Geld und die Lieferung weiterer Mannschaften für die damals unter der Führung Bernhards von Weimar in Franken stehende Armee, deren Disziplin wegen des ausbleibenden Solds bereits nachzulassen begann. Die angeforderten Mannschaften aus den Landesaufgeboten sollten teils die Garnison in Erfurt verstärken teils zu einer Verteidigungsstreitmacht zusammengefaßt werden, um für den Fall eines feindlichen Angriffs auf Thüringen verfügbar zu sein. Wilhelms Wünsche verfielen jedoch allgemeiner Ablehnung von Seiten der betroffenen Landesherren. Johann Casimir machte sich zu deren Sprecher, als er schrieb, er könne sich „nicht genugsam verwundern, und ist wohl zu beklagen, daß man so beharrlich und unaufhörlich, auch mit so unerschwinglichen Postulaten, nach und nach in die Stände setzen mag, da doch am Tag und bekannt, daß dieselben ohnedas allbereit das Ihrige unaussetzlich bisher treulich geleistet und darüber aller Orten dermaßen exhaurieret und zu Boden gerichtet, daß nichts denn Not und Elend im Lande übrig". Auf einem von Wilhelm Ende März nach Erfurt einberufenen Konvent der thüringischen Reichsstände mußte er sich jedoch wie die anderen Teilnehmer gegen das Versprechen, ihre Lande binnen Jahresfrist mit Einquartierungen, Truppendurchzügen und Einrichtung von Werbeplätzen zu verschonen, erneut zur Bewilligung einer Kriegssteuer und eines Kontingents vom Landesaufgebot verstehen; auf Coburg entfielen dabei 19 466 Gulden und 200 Mann. Davon abgezogen wurden allerdings alle Zahlungen, die inzwischen der schwedische Statthalter von Franken auf Wunsch Herzog Bernhards von Weimar neben von Henneberg und Schmalkalden auch von Coburg verlangt und, obwohl das Land nicht zum Fränkischen, sondern zum Obersächsischen Reichskreis gehörte, auch erhalten hatte, um den dringendsten Soldbedarf für seine Armee zu befriedigen.

Daß der Erfurter Konvent den sächsischen Kurfürsten dazu veranlaßte, auf seine Stellung als Kreisoberster zu pochen und die thüringischen Reichsstände erneut an ihre auf dem Leipziger Konvent übernommenen Verpflichtungen gegenüber der kursächsischen Armee zu erinnern, daß er außerdem dagegen protestierte, daß Coburg sowohl von Thüringen wie von Franken zu Kriegssteuern herangezogen wurde, war nicht im Sinne Johann Casimirs, der auch jetzt noch auf gutes politisches Einvernehmen mit dem — wenn auch nicht besonders geschätzten — albertinischen Verwandten bedacht war und dem politischen Weg seiner weimarischen Neffen daher nur zögernd folgte. Mit Sorge bemerkte er den sich verschärfenden Gegensatz zwischen Schweden und Kursachsen, aus dem sich vor allem für Thüringen unangenehme Folgen ergeben mußten. Seine volle Zustimmung hingegen fand Wilhelms Entschluß, bei einer im Mai/Juni 1633 notwendig gewordenen Verschiebung seiner Truppen aus dem Vogtland nach Franken die nach wie vor von feindlichen Truppen gehaltene bambergische Festung Kronach zu belagern, deren Besatzung noch immer das benachbarte Coburger Land beunruhigte. Das im Juni durchgeführte Unternehmen scheiterte jedoch kläglich, und als Wilhelms Soldateska anschließend im Coburger Land plündernd umherstreifte, hatte sich der Sinn des Vorhabens ins Gegenteil verkehrt. So atmete man in Coburg auf, als Wilhelm seine Truppen kurz danach aus dem Coburgischen abzog, zumal sich die Sorge, daß die aus Böhmen bis Kronach streifenden feindlichen Verbände weiter vordringen würden, als unbegründet erwies.

Um die gleiche Zeit, im Juni 1633, erhob Schweden neue Forderungen an die thüringischen Reichsstände, obwohl die in Erfurt bewilligten noch nicht hatten erfüllt werden können. Es ging dem schwedischen Reichskanzler jetzt darum, die von ihm auf dem Heilbronner Konvent vom April 1633 mit den evangelischen Reichsständen der oberdeutschen Reichskreise getroffenen Vereinbarungen auf Thüringen auszudehnen. Das bedeutete zugleich die Erhöhung der Kriegssteuern für die schwedischen Armeen von den in Erfurt soeben bewilligten 100 auf 144 Römermonate. Der schwedische Resident Erskein, der die Verhandlungen in Erfurt führte, stieß bei den thüringischen Bevollmächtigten, auch dem coburgischen Vertreter Mengwein, auf einhelligen Widerstand, vor allem als er außerdem von einem schwedischen Direktorium sprach, das über die Verwendung der eingehenden Kriegssteuern entscheiden sollte. Es kam zu heftigen Auseinandersetzungen, und man ging auseinander, ohne zu einem Beschluß gekommen zu sein. Eine neue, im Juli nach Erfurt einberufene Zusammenkunft verlief ebenfalls ergebnislos, da nur Bevollmächtigte Coburgs, Eisenachs und Schwarzburg-Sondershausens erschienen waren, die es ablehnten, in Abwesenheit der Vertreter der anderen Reichsstände in Verhandlungen einzutreten.

Abb. 3: Prunkwagen Herzog Johann Casimirs von Sachsen-Coburg

Der Durchleuchtigen
hochgebornen Fürsten vnd Herrn/ Herren Johanns Fridrichen / deß Mittlers / Herrn Johanns Wilhelm/vnd Herrn Johanns Friderichen/ deß Jüngern/ gebrüdere/ Hertzogen zu Sachssen / Landgraven in Düringen/ vnd Marggraffen zu Meissen/ Policey vnd Landsordnung/ zu Wolfart vnd besten / derselben Landen vnd Vnterthanen/ bedacht vnd außgangen.

Gedruckt Anno 1580.

Abb. 4: Weimarische Polizei- und Landesordnung 1580

Wenige Wochen später, am 16. Juli 1633, endete das Leben Johann Casimirs; während eines feierlichen Gedenkgottesdienstes, der zu Ehren des gefallenen Schwedenkönigs in der Coburger Morizkirche stattfand, entschlief er 69jährig in der nahen Ehrenburg (siehe Abb. 2, nach S. 16).

Johann Casimir hat als Regent eines kleinen Landes eine Politik betrieben, die auf Ausgleich zwischen den streitenden Gruppen im Reich und auf Vermeidung von kriegerischen Auseinandersetzungen gerichtet war; er setzte auf Verhandlungen, die dem Ziel dienen sollten, sichere Rechtsverhältnisse zu schaffen, um Streitfälle möglichst zu verhindern. Obwohl er selbst keineswegs frei von Härten und Kanten war und im Umgang mit Menschen durchaus nicht immer das rechte Maß fand, blieb er im politischen Handeln dieser Richtschnur treu. Sie brachte ihm Erfolge im Umgang mit den eigenen Landständen und mit den benachbarten Reichsständen, auch wenn deren Regenten einer gegensätzlichen Konfession angehörten. Gegenüber den Mächtigen im Reich, in deren politischem Handeln sich damals fanatischer Konfessionalismus und unverhülltes Machtstreben unentwirrbar mischten und die daher der gewaltsamen Auseinandersetzung den Vorzug gaben vor ausgleichenden Verhandlungen, blieb sie angesichts der geringen militärischen Macht, die ihm zur Verfügung stand, erfolglos, und alle nach dem Ausbruch des Krieges von ihm unternommenen Versuche, sein Land aus den Wirren herauszuhalten, scheiterten aus dem gleichen Grunde; sie haben den Bewohnern seines Landes die Leiden des Krieges nicht ersparen können. Dies mindert jedoch nicht die geschichtliche Bedeutung, die seiner Regierungstätigkeit auf landesgeschichtlicher Ebene zukommt. Vieles von dem, was er während der Friedensjahrzehnte für sein Land geschaffen hat, hat ihn und seine Zeit lange überdauert, manche seiner Rechtsordnungen wurden vorbildlich für andere thüringische Länder, einzelne sind bis ins 19. Jahrhundert in Geltung geblieben. Vor allem aber gilt dies für die Zeugnisse seines kulturellen Wirkens; im Stadtbild von Coburg lebt es bis heute fort.

Herzog Johann Ernsts Regierungstätigkeit im Fürstentum Eisenach bis zum Beginn des Dreißigjährigen Krieges 1596-1618

Da Johann Casimir kinderlos starb, übernahm in seinem Land sein jüngerer Bruder Johann Ernst von Eisenach die Herrschaft. Johann Ernst, im 67. Lebensjahr, als er das coburg-eisenachische Territorium in seiner Hand vereinigte, hatte bis dahin im Schatten seines bedeutenderen Bruders gestanden. Daß er hartnäckig und zäh ein eigenes Ziel verfolgen konnte, bewies er eigentlich nur, als es für ihn darum gegangen war, seine Liebesheirat mit der Gräfin Elisabeth von Mansfeld durchzusetzen, gegen die der Vater Johann Friedrich der Mittlere Bedenken geäußert hatte, weil er sie für nicht ganz standesgemäß hielt, und als er dem älteren Bruder ein eigenes Stück des gemeinsam ererbten Territoriums abtrotzte. Gegen alle Widerstände Johann Casimirs und des zwischen den Brüdern vermittelnden Herzogs Friedrich Wilhelm von Weimar erreichte er 1596 die Teilung des Landes. Er gab sich allerdings mit einem Drittel des Ganzen zufrieden und überließ die Vertretung der gemeinsamen Interessen in der Reichspolitik mit den daraus erwachsenden Kosten dem Bruder. Schon dies zeigte, daß er keine besondere Neigung verspürte, im politischen Spiel der Zeit seine Kräfte zu messen. Er begnügte sich damit, die Politik des Bruders jederzeit uneingeschränkt zu unterstützen, und lebte daher seitdem mit diesem in bestem Einvernehmen. Nachdem er 1598, zwei Jahre nach dem von ihm tief beklagten Tod der ersten Frau, die wenige Tage nach der Geburt eines Knaben mit diesem im Kindbett starb, in zweiter Ehe Christina geheiratet hatte, die Schwester des Landgrafen Moritz von Hessen-Kassel, der später zu den Gründern der Union gehörte, leistete er seinem Coburger Bruder zuweilen gute Dienste als Mittelsmann zu den Anhängern der Union. Wie Johann Casimir war und blieb aber auch Johann Ernst, trotz mancher Antipathien gegenüber den albertinischen Verwandten, von der Notwendigkeit enger politischer Beziehungen zum sächsischen Kurhaus überzeugt. Die Rolle, die er in der Reichspolitik spielte, war jedoch durch Passivität bestimmt.

Ähnliches ist von seinem Verhältnis zu seinen unmittelbaren Nachbarn zu sagen. Sein Verhältnis zu Hessen-Kassel blieb, so viel wir wissen, ungetrübt. Die Äbte von Fulda hingegen erhoben seit 1596 immer wieder einmal Ansprüche auf das Amt Lichtenberg, die Johann Ernst stets zurückwies, und als Abt Johann Bernhard 1625 und 1628 energische Versuche machte, die Gunst der Stunde für die Verwirklichung von Wiedereinlösungsrechten am Amt Lichtenberg und Teilen des Amts Salzungen zu nutzen und dafür die Unterstützung des Kaisers fand, begnügte sich der Herzog damit, ihn hinzuhalten; die umstürzenden Ereignisse des Jahres 1631 ersparten ihm dann jede Entscheidung in dieser Frage, die daraufhin für ein weiteres Jahrhundert von Thüringens politischer Tagesordnung verschwand.

Johann Ernst hatte nach der mit Johann Casimir 1590 ausgehandelten Mutschierung, die ihm die Ämter Creuzburg mit Marksuhl, Volkenroda, Gerstungen und Hausbreitenbach und die Kollektur Langensalza einbrachte, wozu 1593 noch das Amt Crayenburg und Teile der Eisenacher Zolleinnahmen kamen, zunächst an Schloß Creuzburg als Residenz gedacht. Da Johann Casimir der übernommenen Verpflichtung, das Schloß auszubauen, aber nicht nachkam, wählte er das Schloß Marksuhl bei Eisenach, das er sich um 1590 hatte bauen lassen, als Residenz für seinen kleinen Hofstaat. In den umliegenden Wäldern konnte er zudem seiner Jagdleidenschaft frönen, der er ebenso ergeben war wie der ältere Bruder. Nach erfolgter Landesteilung verlegte er noch 1596 seinen Wohnsitz nach Eisenach und nahm das 1507 an der Stelle des alten Landgrafenhofes in der Stadt errichtete Schloßgebäude zur Residenz. Er ließ es durch Erweiterungsbauten vergrößern und in der Stadt außerdem eine Reitbahn und, in der alten Stadtburg der Wettiner, Klemme oder Clemda genannt, ein Jägerhaus aufführen. Auch die Wartburg über der Stadt, die er als Sommersitz benutzte, erfreute sich seines Interesses; Landgrafenhaus und Kapelle wurden erneuert und die Zufahrt zur Burg verbessert. In der Umgebung der Stadt entstanden als weitere Neubauten das Jagdzeughaus in Marksuhl und das 1604 errichtete Schlößchen in Fischbach, das er seiner Gemahlin schenkte. Im Vergleich zu dem, was Johann Casimir in und um Coburg schuf, nahm sich Johann Ernsts Bautätigkeit jedoch bescheiden aus, obwohl ihm zuweilen der Vorwurf der Verschwendung gemacht worden ist.

Das 1596 entstandene neue Staatswesen bedurfte einer Zentralverwaltung, die ebenfalls noch im gleichen Jahre geschaffen wurde. Sie bestand aus einem Regierungskollegium, das zugleich die Geschäfte eines Konsistoriums führte und dem eine Renterei als zentrale Finanzbehörde unterstellt war. Es handelte sich also um eine Zentralverwaltung herkömmlichen Stils und zwar mit bescheidenem Zuschnitt auf ein kleines Territorium. Die Regierung führte der Kanzler und Geheime Rat Andreas Knich, dessen Rat sich der Herzog schon bei den Landesteilungsverhandlungen anvertraut hatte und der, wie Johann Casimir argwöhnte, seinen Herrn in seinem Teilungseifer bestärkt haben soll. Auf eigene zentrale Gerichtsbehörden verzichtete Johann Ernst; Hofgericht, Appellationsgericht und Schöppenstuhl in Coburg bildeten seit ihrer Gründung 1598 auch für das Eisenacher Territorium oberste Gerichtsinstanzen. So genügte für das Personal der neuen Eisenacher Zentralverwaltung das 1484 erbaute Rathausgebäude, das die Stadt, gewissermaßen als Dank dafür, daß sie nach mehr als 300 Jahren wieder Residenzstadt wurde, für diesen Zweck zur Verfügung stellte. In den Jahrzehnten bis 1635 hat sich an der Organisation dieser Verwaltung nichts geändert; jahrelang blieb sogar der Kanzlerposten unbesetzt und wurden die Kanzlergeschäfte von anderen Beamten wahrgenommen. An den Aufbau eines Geheimratskollegiums wie in Coburg dachte damals in Eisenach niemand.

Wie in der Reichspolitik so hat Johann Ernst auch als Landesherr wenig von sich reden gemacht. Daß seine zweite Gemahlin, die ihrer reformierten

Konfession die Treue hielt, reformierte Gottesdienstgebräuche bei Hofe einführte, hat ihn offenbar ebenso wenig gestört wie seinen Kanzler Knich. Erst als führende Eisenacher Geistliche dagegen Einspruch erhoben, kehrte man zu den hergebrachten lutherischen Formen zurück, ohne aber der Herzogin das Recht, für sich den reformierten Ritus beizubehalten, streitig zu machen. Zeugnisse von Toleranz gegenüber Reformierten sind also wie in Coburg auch in Eisenach zu beobachten. Zweifel an der offiziellen Zugehörigkeit des Landes und seiner Einwohner zur lutherischen Konfession wurden jedoch hier wie dort nicht für zulässig gehalten, und durch die Übernahme der coburgischen Kirchenordnung von 1626 auf sein Land hat Johann Ernst diesen Standpunkt öffentlich bekräftigt. Die Lebensverhältnisse von Pfarrern und Lehrern suchte er durch Stiftungen (1627, 1629) zu verbessern. Dem zeitgenössischen Hexenwahn allerdings war, wie Johann Casimir, auch er verfallen, so daß wie die coburgischen auch die eisenachischen Lande zu denjenigen Gegenden Thüringens gehörten, in denen Hexenprozesse damals besonders häufig waren. Die Sicherheit auf den Straßen suchte der Herzog durch Mandate gegen Zigeuner, Bettler und Landstreicher zu heben, und der Sorge um Handel und Gewerbe galten, zumal in der Kipper- und Wipperzeit, Polizeiverordnungen, u. a. gegen Wucher (1621), und Münzpatente (1622). Zwar hatte auch er wegen der zu Beginn des Dreißigjährigen Krieges eingetretenen Geldknappheit 1620 und 1621 in Eisenach, Ostheim und Körner Münzstätten eingerichtet, aber dort, wie sein Coburger Bruder in seinem Lande, Kippermünzen mit relativ hohem Silbergehalt prägen lassen; lediglich die in der altenburgischen Münzstätte in Allstedt von ihm in Auftrag gegebene Prägung war von schlechter Qualität. Als aber die inflationären Folgen der Münzverschlechterung offenbar wurden, schloß er im Sommer 1622 alle diese neuen Münzstätten; seither wurden seine Münzen nur noch in Coburg geprägt.

Über Johann Ernsts Verhältnis zu den Landständen seines Territoriums ist kaum etwas bekannt. Eine dem „Casimirschen Abschied" von 1612 vergleichbare rechtliche Festlegung des Adels auf unbedingte Anerkennung der Landeshoheit des sächsischen Hauses hat er nicht versucht, obwohl, wie im Coburgischen, auch in den fränkischen Ämtern des eisenachischen Territoriums, zumal im Amt Lichtenberg v. d. Rhön, der Adel Neigungen zur Loslösung von der sächsischen Landeshoheit und zum Anschluß an die Reichsritterschaft, hier den Reichsritterschaftskanton Rhön-Werra, erkennen ließ. In einem Vergleich mit den adligen Ganerben von Ostheim machte er hinsichtlich des Landesteuererhebungsverfahrens Zugeständnisse, die geeignet waren, die Stellung des landesherrlichen Amtmanns gegenüber den Adligen zu schwächen, die in ihrem Streben nach Reichsunmittelbarkeit daher auch in der Folgezeit nicht nachließen.

Das Fürstentum Eisenach im Dreißigjährigen Kriege 1623-1638

Johann Ernst war ebensowenig Kämpfer- und Soldatennatur wie sein älterer Bruder. Sein Wahlspruch „Weisheit geht vor Stärke" zeugt davon, wenn allerdings auch nichts davon überliefert ist, daß er, wie etwa sein gelehrter Schwager Moritz von Hessen, als Kenner und Förderer der Wissenschaften gewirkt hat. Militärische Gewalt aber hielt er für ein Übel, und so wurden nach dem Beginn der Kriegshandlungen die Versuche, deren Begleiterscheinungen von seinen Landen abzuhalten oder wenigstens zu mildern, der wesentliche Inhalt seiner Regierungstätigkeit. Auch die eisenachischen Lande erlebten seit 1623 in zunehmender Zahl Durchzüge und Einquartierungen von Truppen der Liga; das Werratal und die Rhön waren besonders geplagt. Des Herzogs Versuch, mit Hilfe seiner Landmiliz Einquartierungen zu unterbinden, konnte lediglich gegenüber kleinen marodierenden Trupps erfolgreich sein. Im Sommer 1625 zogen die Scharen der Wallensteinischen Armee durchs Werratal; der Friedländer selbst erschien mit 23 000 Mann bei Salzungen und nahm in der dortigen Burg Quartier. Im Jahre darauf lagerten sich Tillys Truppen im Werratal und in der Rhön. Der Feldherr selbst quartierte vor Creuzburg, 1629 nahm er kurzen Aufenthalt in Salzungen. 1630 plünderten marodierende Trupps in der Umgebung von Eisenach. Im April 1631 zog Tillys Marsch vom zerstörten Magdeburg nach Nordthüringen auch die Umgebung von Eisenach in Mitleidenschaft, und mit Erleichterung begrüßte man seinen Abzug nach Osten. Wenige Monate später erschienen im Werratal die Sieger von Breitenfeld, schwedische Regimenter unter Graf Baudissin; sie zogen, Teile der Armee Gustav Adolfs, nach Unterfranken.

Den Forderungen seines von Gustav Adolf zum schwedischen Statthalter in Thüringen eingesetzten Neffen Wilhelm von Weimar gegenüber verhielt sich Johann Ernst zunächst ebenso ablehnend wie sein Coburger Bruder; er verweigerte Zahlungen für schwedische Truppenwerbungen. Auch er mußte einsehen, daß Widerstand zwecklos war, und nach den Ereignissen des Frühjahrs 1632 verstand er sich zur Zahlung von 1000 Talern an die schwedische Statthalterei in Erfurt und zu Soldatenwerbungen in seinem Lande. Als im Oktober 1632 Nachrichten vom Anrücken des kaiserlichen Reitergenerals Pappenheim das Eisenacher Land beunruhigten, flüchtete Johann Ernst auf die Burg Lichtenberg in der Rhön. Pappenheim hatte in der Tat nicht gezögert, 150 Reiter nach Eisenach zu schicken. Da eine Überrumpelung der Stadt nicht gelang, erzwangen sie sich in Creuzburg an der Werra Einlaß und plünderten dort, bis hessische Reiter sie vertrieben.

Die Einquartierung der schwedischen Hauptarmee um Erfurt um die Wende vom Oktober zum November 1632 forderte auch von Seiten der Lande Johann Ernsts die Bereitstellung von beträchtlichen Lebensmittelvorräten, und nach der Schlacht von Lützen galt es, neuen Forderungen nach Geld, Lebens- und Transportmitteln und Soldaten für die schwedische Armee nachzukommen. Auf dem schon erwähnten Erfurter Konvent der thüringischen Reichsstände übernahm Johann Ernst die Verpflichtung, 9733 Gulden Kriegssteuern zu zahlen und 100 Mann seines Landesaufgebots zur Verfügung zu stellen. Die wenig später erhobenen schwedischen Forderungen auf Erhöhung dieser Steuer und eines Anschlusses an den Heilbronner Bund lehnte er, der nach dem Tode Johann Casimirs seit Ende Juli 1633 auch die Regierung im coburgischen Territorium wahrzunehmen hatte, ebenso ab wie alle anderen thüringischen Reichsstände. Wesentlichen Einfluß auf die unnachgiebige Haltung der thüringischen Landesherren hatte neben der verminderten Leistungsfähigkeit ihrer durch die Kriegsfolgen vergangener Jahre bereits arg mitgenommenen Lande der anhaltende Gegensatz zwischen dem schwedischen Reichskanzler Oxenstierna und Kurfürst Johann Georg von Sachsen. Letzterer suchte seine thüringischen Nachbarn vom Anschluß an den Heilbronner Bund abzuhalten und seinen Abmahnungen dadurch Nachdruck zu verleihen, daß er mit dem Hinweis auf die Beschlüsse des Leipziger Konvents von 1631 eigene Truppen in den altenburgischen, reußischen und schwarzburgischen Landen einquartierte und zu Beginn des Jahres 1634 weitere Gebiete Thüringens als Quartiere für sein Militär forderte.

Um diese und andere Gegensätze unter den evangelischen Reichsständen und zwischen ihnen und Schweden auszugleichen, schlug Oxenstierna für das Jahr 1634 einen Konvent in Frankfurt am Main vor, an dem auch Frankreich teilnehmen und auf dem über ein Bündnis aller evangelischen Reichsstände mit Schweden, über Grundsätze künftiger Friedensverhandlungen mit dem Kaiser, über die Entschädigung Schwedens, die Beschaffung weiterer finanzieller Mittel zur Fortsetzung des Krieges und den Eintritt weiterer Mächte, vor allem Frankreichs, in den Krieg beraten und beschlossen werden sollte. Herzog Johann Ernst erklärte sich, wie die Mehrzahl der thüringischen Landesfürsten, zur Beschickung des Konvents nur bereit unter der Voraussetzung, daß auch Kursachsen daran teilnähme, und beteiligte sich an den Bemühungen, den Kurfürsten dafür zu gewinnen. Angesichts der Schwierigkeiten, die dem entgegenstanden, gab er jedoch zu erkennen, daß er notfalls auch ohne die Teilnahme Kursachsens einen Bevollmächtigten nach Frankfurt senden werde. Kurfürst Johann Georg ließ sich zwar bewegen, Gesandte nach Frankfurt zu schicken, doch nutzten diese ihre dortige Anwesenheit nur, um die Verhandlungen zu lähmen. Von Mai bis September 1634 schleppten sie sich, obwohl sich die militärische Lage sichtbar zu Ungunsten Schwedens und seiner Verbündeten entwickelte, ergebnislos hin, bis die Nachrichten von der Niederlage der schwedischen Armee bei Nördlingen (30. 8./7. 9. 1634) ihr schnelles Ende herbeiführten.

Binnen weniger Wochen fiel ganz Süddeutschland in die Hände der kaiserlichen Armeen, Mitte September standen diese am Main, Thüringen war unmittelbar bedroht. Herzog Wilhelm von Weimar vermochte mit den wenigen Truppen, die ihm zur Verfügung standen, die Mainlinie nicht zu halten und bemühte sich, südlich des Thüringer Waldes eine Verteidigungslinie aufzubauen. Seine Versuche, die thüringischen Reichsstände zur Lieferung von Geld-, Nahrungs- und Transportmitteln zu bewegen, hatten so gut wie keinen Erfolg. Beratungen, die im Oktober darüber in Erfurt stattfanden, wurden durch die Ankunft der Armee des schwedischen Feldmarschalls Banér unterbrochen, der inzwischen aus Böhmen herbeigeeilt und bis an die Saale vorgerückt war und im Oktober in weitem Umkreis um Erfurt Quartiere nahm; auch Johann Ernsts Lande, vor allem Gotha und Eisenach und Umgebung, wurden davon betroffen. Immerhin bedeutete dies aber eine gewisse Sicherung der eisenachischen Kernlande vor feindlichen Angriffen, denen die südlich der Werra gelegenen Gebiete nunmehr ausgesetzt waren.

Denn inzwischen hatten die Kaiserlichen den Main überschritten. Isolani stieß mit seinen berittenen Kroatenregimentern durch das Grabfeld und die östliche Rhön, wo Ende September Ostheim und Umgebung von ihnen geplündert wurde, ins Werratal vor, drängte die schwachen Verbände Herzog Wilhelms von Weimar in den Thüringer Wald zurück, besetzte und plünderte Salzungen und verlangte von Herzog Johann Ernst Quartiere um Eisenach; der Herzog flüchtete nach Kassel, und nur mit Hilfe inzwischen im Eisenachischen eingerückter schwedischer Verbände erwehrte sich Eisenach im Oktober eines Kroatenüberfalls. Etwa zur gleichen Zeit rückte der kaiserliche Generalwachtmeister Lamboy im Coburgischen ein und besetzte Coburg. Seine Truppen brandschatzten das umliegende Land, erstürmten die Veste Heldburg und zerstörten die Schlösser Schaumberg, Lauterburg und Rauenstein; Dörfer gingen in Flammen auf und verödeten, die Bewohner flüchteten in die Wälder. Nur die Veste Coburg, von einer schwedischen Besatzung unter Oberst Georg Philipp von Zehmen verteidigt, hielt sich noch; Lamboy machte sich an die Belagerung.

Die Niederlage der Schweden bei Nördlingen hatte Kurfürst Johann Georg von Sachsen veranlaßt, seine nie abgebrochenen Kontakte zum Wiener Kaiserhof zu Friedensverhandlungen auszuweiten. Entsprechende Gerüchte liefen schon im Oktober in Thüringen um und lösten in breiten Bevölkerungskreisen des gerade jetzt durch Truppenmassierungen beider Kriegsparteien bedrückten Landes eine tiefe Friedenssehnsucht aus. Dem eisenachischen Rat Peter Martini, der damals als Bevollmächtigter Herzog Johann Ernsts in Erfurt an Beratungen der thüringischen Reichsstände mit Herzog Wilhelm von Weimar teilnahm, entfuhr, als er davon hörte, der Stoßseufzer: „O utinam!" Anhänger Schwedens, unter ihnen Wilhelm von Weimar, erwarteten hingegen von separaten Verhandlungen Kursachsens mit dem Kaiser nichts Gutes. Als es dem Kurfürsten jedoch im Januar 1635 gelang, Banér zum Verlassen seiner thüringischen Quartiere zu nötigen und ins Magdeburgische zurückzugehen, blieb den thüringischen Landesfürsten nicht mehr die Wahl, sich zwischen Schweden und Kursachsen zu entscheiden, denn nunmehr war der Kurfürst, dessen Truppen in die von Banér verlassenen Gebiete einrückten, militärisch Herr im Lande. Der von ihm im Februar 1635 abgeschlossene Waffenstillstand kam allerdings nunmehr auch den thüringischen Staaten zugute. Freilich ließ es sich allen Bemühungen Johann Ernsts und Wilhelms von Weimar zum Trotz nicht verhindern, daß Lamboy die Veste Coburg auch weiterhin belagerte und deren untereinander uneinige Verteidiger im März 1635 durch eine Kriegslist zur Übergabe beredete; auch die dorthin geflüchteten herzoglichen Mobilien und Silberschätze fielen den Belagerern in die Hände. Dem am 30. Mai 1635 in Prag zwischen Kursachsen und dem Kaiser geschlossenen Frieden trat, wie alle anderen thüringischen Reichsstände, auch Johann Ernst bei, dem es vor allem darum ging, das Coburger Land und andere jenseits des Thüringer Waldes gelegene Teile seines Territoriums, vor allem das Amt Lichtenberg mit Ostheim, wieder in seine Hände zu bekommen.

Herzog Johann Ernst hat nach der Übernahme des coburgischen Landes nicht den Versuch unternommen, für sein gesamtes Territorium eine einheitliche Verwaltungsorganisation zu schaffen. Beide Landesteile blieben verwaltungsmäßig getrennt, alle coburgischen Behörden bestanden fort. Das galt auch für das dortige Geheimratskollegium, obwohl dessen Tätigkeit nach den Vorstellungen der Zeit eng mit der Person des Landesherrn verbunden sein sollte. Es wurde auch dann nicht aufgehoben, als der Herzog im Frühjahr 1635 nach Coburger Vorbild auch in Eisenach ein Geheimratskollegium als oberste Verwaltungsbehörde schuf, in die er den seit 1632 amtierenden Kanzler Johann Denhardt, den Hofmarschall Hans Berthold von Boyneburg und den Rentmeister Georg Fulda berief; 1636 wurde es durch den 1635 in eisenachische Dienste getretenen Kammerrat Christoph von Hagen, einen 1632-1635 in weimarischen Diensten gewesenen eichsfeldischen Adligen, erweitert, der mit der Leitung des Kollegiums betraut wurde; 1638 wurde Simon Malsius, vorher magdeburgischer Kanzler in Halle/Saale, mit guten Verbindungen zum Dresdener Hof, als Nachfolger Denhardts zum Kanzler ernannt. Eine Verbindung beider Geheimratskollegien wurde 1636 dadurch hergestellt, daß von Hagen auch die Leitung des Coburger Kollegiums übernahm. Die Existenz zweier Geheimratskollegien in einem Territorium wurde schon damals als überflüssig betrachtet, und diese Meinung von Coburg aus auch offen vertreten. Doch es blieb bis zum Tode des Herzogs bei dieser unnötigen Aufblähung der Verwaltung, die zumal in der damaligen Notzeit eine nicht vertretbare finanzielle Belastung des Landes bedeutete. Ebenfalls 1635 schuf Johann Ernst in Eisenach eine Kriegskommission, die sich wohl weniger mit dem bescheidenen eigenen Militär als mit der Einquartierung fremder Truppen im Lande und den damit zusammenhängenden Problemen befaßt haben dürfte, zumal der Prager Frieden die Feindseligkeiten auf deutschem Boden nicht hatte beenden können.

Die Kriegshandlungen im Herbst 1634, die in den betroffenen Gegenden Thüringens vielerorts das Einbringen der Ernte verhindert und Erntevorräte vernichtet hatten, zogen eine Hungersnot nach sich, die sich infolge der Massierung von Truppen im Lande während des Jahres 1635 und deren übermäßigen Lebensmittelbedarfs über ganz Thüringen ausbreitete. Sie begünstigte das Umsichgreifen der von den Truppen eingeschleppten Pest, die während des Jahres 1635 unzählige Opfer forderte, vor allem in den von Flüchtlingen aus den umliegenden ungeschützten Dörfern überfüllten Städten, deren Befestigungen wenigstens einen gewissen Schutz boten; in Eisenach starben damals 1562 Menschen, in Coburg 1113, in Ostheim v. d. Rhön 344, ganze Familien wurden hingerafft, in Eisenach beispielsweise der Ratskämmerer Hieronymus Cotta mit Frau und 6 Kindern.

Neue Belastungen brachte für das Eisenacher Land das Jahr 1636. Hatte der schwedische Feldmarschall Banér 1635 unter dem Druck Kursachsens Thüringen räumen müssen und sich danach vor den vereinigten kaiserlichen und kursächsischen Armeen bis nach Mecklenburg zurückgezogen, so kehrte er nach seinem über sie erfochtenen Sieg bei Wittstock (24. 9. 1636) während des darauf folgenden Vormarsches nach Süden im Spätherbst 1636 wieder nach Thüringen zurück. Auf dem Wege nach Hessen quartierten sich im November 1636 Verbände seiner Armee unter General Torstensson in Eisenach und Umgebung ein. Die Stadt wurde damalst erneut von einer Brandkatastrophe betroffen. 1737 war das Land Quartierplatz und Durchmarschgebiet beider Kriegsparteien. Um die besonders lästige kaiserliche Truppe entfernen zu können, die das schwedisch besetzte Erfurt blockierte, regte Johann Ernst einen Waffenstillstand zwischen dem schwedischen Kommandanten von Erfurt und den Ernestinern an, der im August 1637 zustande kam (s. S. 70 u. 168) und dem Eisenacher Land, zumal sich 1638 das Kriegsgeschehen nach Sachsen und Böhmen verlagerte, ein Jahr relativer Ruhe bescherte. In Eisenach nutzte man die Atempause, um mit dem Wiederaufbau der verbrannten Stadtteile zu beginnen.

Am 23. 10. 1638 starb 72jährig Herzog Johann Ernst. Auch nach dem Prager Friedensschluß hatte sich seine Regententätigkeit fast ausschließlich auf Begleiterscheinungen und Folgen von Kriegshandlungen in seinem Lande richten müssen. Wie schon auf einem von ihm 1634 einberufenen Landtag so hatten sich auch die Beratungen des Landtags von 1636 meist in Klagen der eisenachischen und coburgischen Landstände über die Verödung des Landes, die hohen Belastungen, die Münzverschlechterung und den Verfall des Justiz- und Polizeiwesens erschöpft. Für die coburgischen Landstände brachte dieser Landtag allerdings insofern einen Gewinn, als die schon zu Zeiten Johann Casimirs geplante Landschaftskasse nunmehr verwirklicht wurde, die mit der Errichtung einer eigenen ständischen Finanzbehörde eine wichtige Weiterbildung der ständischen Verwaltung brachte. Die von Johann Ernst 1636 und 1637 erlassenen Steuermandate sind Zeugnisse dafür, wie sich die Kontributionsforderungen einquartierter Truppen auswirkten; andere Verordnungen, die dem Zweck dienten, sich eine Übersicht über die durch Einquartierungen entstandenen Schäden zu verschaffen, Eigentümer von Bauerngütern durch das Verbot der Zwangsvollstreckung gegen verschuldete Bauern vom Verlassen ihrer Höfe abzuhalten und zugleich die Erhebung von Wucherzinsen einzudämmen, Besitzer von verlassenen Feldgütern dazu zu bewegen, ihre Höfe wieder aufzubauen und die Felder wieder zu bestellen, kennzeichnen deutlich die Ziele der Regierungszeit des Herzogs in seinen letzten Jahren. Welche Erfolge diese Bemühungen gehabt haben, ist nicht bekannt. Die Zeitläufte waren einer aufbauenden Tätigkeit alles andere als günstig, und es ist verständlich, daß der Herzog seinen Münzen von 1636 und 1638 den Wunsch einprägte: „Gott beßre die Zeit und die Leut". Kein Wunder auch, daß man, was schon Schultes beklagt hat, „von seinen Regierungshandlungen so wenig aufgezeichnet findet".

Mit Johann Ernsts Tod erlosch das coburg-eisenachische Haus der Ernestiner; seine Erben waren die Herzöge von Altenburg und Weimar. Den in ihrem 1634 abgeschlossenen Erbvertrag, von dem später zu berichten sein wird, enthaltenen Übergangsbestimmungen gemäß übernahmen die Herzöge von Altenburg die Verwaltung in Eisenach, die Herzöge von Weimar die in Coburg. Beiden ging es zunächst um Verwaltungseinsparungen, denen vor allem die beiden Geheimratskollegien in Eisenach und Coburg zum Opfer fielen, und um die Abwendung oder Linderung der sattsam bekannten Begleiterscheinungen des Krieges. Im Altenburger Erbteilungsvertrag vom 13. Februar 1640 erfolgte dann die Aufteilung der coburg-eisenachischen Lande zwischen beiden Häusern.

3. Sachsen-Weimar 1586-1603

Die Regierungszeit Herzog Friedrich Wilhelms I. bis zur Landesteilung von 1603

Im weimarischen Teil des ernestinischen Territoriums übernahm nach dem Tode Kurfürst Augusts von Sachsen im Frühjahr 1586 Herzog Johann Wilhelms älterer Sohn Friedrich Wilhelm die Regierung, zugleich für seinen noch unmündigen 15jährigen Bruder Johann. Friedrich Wilhelm, 1562 geboren, stand bereits im 24. Lebensjahr; eine frühere, mit dem Eintritt der Mündigkeit möglich gewesene Regierungsübernahme hatte der Kurfürst zu verhindern gewußt. Beim frühen Tode des Vaters war Friedrich Wilhelm 11 Jahre alt gewesen. Seine Erziehung erfuhr damals, vor allem im konfessionellen Bereich, eine jähe Veränderung. Bis dahin war sie vom orthodoxen Luthertum des Vaters geprägt gewesen und von dem flazianisch gesinnten Theologen Caspar Melissander (Bienemann) geleitet worden, einem gebürtigen Nürnberger, der ab 1560 in Jena studiert, danach als Dolmetscher einer kaiserlichen Gesandtschaft nach Griechenland angehört hatte und später Adjunkt der philosophischen Fakultät in Jena geworden war, wo er 1570 den Doktortitel erworben hatte. Nach der Übernahme der Vormundschaft machte Kurfürst August sogleich seinen Einfluß auf die Erziehung der beiden weimarischen Prinzen geltend. Es ging ihm dabei, wie in seiner Kirchenpolitik in den ernestinischen Landen überhaupt, um einen grundlegenden Wandel in der konfessionellen Lehrmeinung, aber auch um den Versuch, das bei den Ernestinern seit dem Verlust der Kurwürde bestehende Mißtrauen gegen das albertinische Kurhaus abzubauen. Gegen den Widerstand der verwitweten Herzogin Dorothea Susanna entfernte er Melissander aus seinem Erzieheramt und ersetzte ihn durch den ihm genehmen sächsischen Theologen Balthasar Sartorius, einen Schüler Melanchthons, der nach langjährigem pädagogischen Wirken an der Fürstenschule in Schulpforta und vorübergehender Predigertätigkeit an der Thomaskirche in Leipzig seit 1570 das Amt des Superintendenten von Grimma innehatte und dem gemäßigten Luthertum seines Lehrers anhing. Als Dorothea Susanna auch jetzt noch Einfluß auf die Erziehung ihres Ältesten zu nehmen suchte und sich dabei weiterhin des

Rates von Melissander bediente, verfügte Kurfürst August kurzerhand die Trennung Friedrich Wilhelms von der Mutter und bestimmte Jena zum dauernden Wohnsitz des Prinzen, der dort nunmehr die Universität besuchte.

Im November 1574, wenige Monate nach dem Bruch mit den bis dahin im Kurstaat einflußreichen, dem Calvinismus zuneigenden Melanchthonschülern und -anhängern, setzte Kurfürst August Sartorius den jungen Theologen Justus Ludwig Brüschmann (Brysomannus) im Erzieheramt zur Seite, der 1575, als Sartorius eine theologische Professur an der Universität Jena übernahm, dessen Nachfolger als Erzieher des Prinzen wurde. Durch seine erfolgreiche Tätigkeit als Rektor des Zwickauer Gymnasiums hatte er sich das besondere Vertrauen des Kurfürsten erworben. Brüschmann galt als pedantischer Mann; er führte sein Amt ganz im Sinne des Kurfürsten. Das bedeutete für die politische Erziehung seines Zöglings die Abkehr vom orthodoxen Luthertum und die Hinwendung zu einer Einigkeit in der lutherischen Kirche, wie sie 1577 mit der Konkordienformal festgeschrieben wurde, aber auch das Streben nach gutem Einvernehmen, Einigkeit und Vertrauen zwischen den beiden sächsischen Häusern, so wie Kurfürst August dies verstand: im Sinne der Erhaltung der Vormachtstellung des albertinischen Kurhauses. Beide Grundsätze haben in der Tat Friedrich Wilhelms spätere Politik in hohem Maße bestimmt, trotz mancher unguter Erfahrungen, die er mit den politischen Winkelzügen seines kurfürstlichen Vormunds machen mußte, zumal in der hennebergischen Erbschaftsangelegenheit.

Auch nachdem Friedrich Wilhelm als 18jähriger 1580 an den Weimarer Hof zurückgekehrt war, wachte der Kurfürst argwöhnisch darüber, daß seine Erziehungsgrundsätze beachtet und der Einfluß Dorothea Susannas auf ihren Ältesten so weit möglich unterbunden wurde. Denn er deutete deren immer wieder hervortretende, von ihr als das natürliche Recht der Mutter angesehene Einwirkung auf ihren Sohn als konspirativen Widerstand gegen seinen kurfürstlichen Willen und hegte deswegen zunehmenden Groll gegen sie, zumal sie persönliche Beziehungen zu von ihm entlassenen weimarischen Geistlichen und Politikern auch jetzt noch weiter aufrecht erhielt. Brüschmann war ihm dabei ein zuverlässiger Helfer und Berichterstatter, wie sich besonders 1580 zeigte, als die Herzogin den Vorschlag machte, den Erzieher ihres jüngeren Sohnes, den Jenaer Juristen Virgilius Pingitzer, an Friedrich Wilhelms juristischer Fortbildung teilhaben zu lassen, um den Prinzen auf die Regierungstätigkeit besser vorzubereiten. Kurfürst August berief sogleich eine Kommission, der er eine gründliche Untersuchung der weimarischen Prinzenerziehung übertrug, und lehnte, als Brüschmann sich in einem von ihm verlangten Bericht über störende Einflüsse des Weimarer Hoflebens auf seinen Zögling beklagte, den Vorschlag der Herzogin brüsk ab und übertrug Brüschmann auch die juristische Fortbildung des Prinzen. 1582 besuchte Friedrich Wilhelm den Reichstag von Augsburg, tat also einen wichtigen Schritt in die politische Welt, und auch an den weimarischen Regierungsgeschäften hatte er seitdem Anteil. Ebenfalls 1582 verlobte er sich mit Sophie, einer Tochter des Herzogs Christoph von Württemberg, die er im Jahre darauf heiratete. Den von Dorothea Susanna Ende 1583 gestellten Antrag, ihrem mündig gewordenen Ältesten nunmehr die Regierungsgewalt in seinem Lande zu übergeben, ließ Kurfürst August jedoch unbeantwortet. Er verzichtete lediglich auf die Wiederbesetzung des Weimarer Statthalterpostens, die nach dem 1584 eingetretenen Tod Wolf von Schönbergs fällig gewesen war, und sagte die Regierungsübergabe für 1585 zu, ohne sich freilich an die Zusage zu halten. Erst sein Tod machte den Weg zum Regierungsantritt für Friedrich Wilhelm frei.

Friedrich Wilhelm hat von seiner 16jährigen Regierungszeit nur wenige Jahre ganz seinem Lande widmen können. Denn im Testament Kurfürst Christians I. von Sachsen wurden er als nächster Agnat und Kurfürst Johann Georg von Brandenburg als Schwiegervater des Kurfürsten zu Vormündern über dessen minderjährige Söhne eingesetzt, und als Christian I. 1591 starb, übernahm Friedrich Wilhelm das Amt eines Administrators des sächsischen Kurstaates; er war allerdings in wichtigen Reichs-, Kreis- und Landesangelegenheiten an die Zustimmung des Mitvormunds gebunden. Von 1591 bis 1601 nahm der Herzog diese Pflichten des kursächsischen Administrators wahr, seit 1592 auch die eines Kreisobersten des Obersächsischen Reichskreises, eines Amts, das dem sächsischen Kurhaus zustand. Er residierte in diesen Jahren zumeist auf Schloß Hartenfels in Torgau. Wenn also sein eigenes Land in diesem Jahrzehnt auch lediglich Nebenschauplatz seines politischen Wirkens war, so muß es dennoch den Mittelpunkt unserer Betrachtungen bilden, denn die damaligen Vorgänge im Kurstaat, unter denen die in dieser Zeit erfolgte Liquidierung der „Zweiten Reformation in Kursachsen" und der damit zusammenhängende Prozeß gegen den Kanzler Nicolaus Krell und dessen Hinrichtung (1601) damals stark beachtet wurden und für Kursachsens Stellung in den späteren reichspolitischen Verhältnissen von weittragender Bedeutung waren, können nicht Gegenstand einer Geschichte Thüringens sein. Nur insofern sie Streiflichter auf des Herzogs politische Anschauungen und Regierungsweise werfen, müssen sie auch hier Beachtung finden.

Wie sein Coburger Vetter Johann Casimir liebte Friedrich Wilhelm den Glanz des Hoflebens und die Freuden der Jagd. Er spielte gern den Gastgeber, schätzte Reisen und auch das Spiel. Er hatte Freude an der Drechsel-, der Mal- und der Buchdruckerkunst, kaufte gern Gemälde, kostbare Geräte und Juwelen. Als er 1586 die Leitung der Regierungsgeschäfte in Weimar übernahm, fand er hier eine geordnete Verwaltung vor, der es vor allem auch gelungen war, einen beträchtlichen Teil früherer Schulden abzutragen; die 1572 errechnete Schuldensumme von 577 000 Gulden hatte sich bereits 1582 auf 200 000 Gulden vermindert gehabt. An der Spitze des Regierungskollegiums stand der seit über 30 Jahren im ernestinischen Dienst tätige bejahrte Kammerrat Lucas Thangel; zweiter Mann im Kollegium war der Kanzler Johann Stromer von Auerbach. Beide schieden 1587 aus ihren Ämtern. Thangels Stelle nahm seitdem der bereits seit 1577 in weimarischen Diensten stehende nunmehrige Kammerrat Dietrich Vitzthum von Eckstädt ein, dessen Vater bereits in ernestinischen Diensten gewesen war; als weiterer Kammerrat war neben ihm bereits 1588 Schweibold von Brandenstein tätig, der 1594 den Posten eines Amtshauptmanns von Saalfeld übernahm und dessen Stelle zunächst mit Georg von Gottfart und 1596 mit dem seit 1593 als Hofrat in Weimar tätig gewesenen Georg Albrecht von Kromsdorf besetzt wurde. Das Kanzleramt übertrug der Herzog an Stelle von Stromer, der eine juristische Professur in Jena übernahm, dem bisher hohensteinischen Kanzler Marcus Gerstenberg (1553-1613), der in Jena studiert und promoviert hatte, Sohn eines Buttstädter Stadtvogts. An der überkommenen Verwaltungsgliederung in Regierung, Kammer und Konsistorium wurde weder damals noch später etwas geändert. Ein Geheimratskollegium als oberste Spitze wie in Coburg bildete sich in Weimar nicht; die in späteren Jahren erfolgte Ernennung Vitzthums und Gerstenbergs zu Geheimen Räten hatte lediglich den Charakter von Titelverleihungen. Daß während der Regierungszeit Friedrich Wilhelms nicht mehr wie früher der Kammerrat die Spitze der Beamtenhierarchie einnahm, sondern der Kanzler den ersten Rang gewann, lag wohl in der Person Gerstenbergs begründet, der schnell zum wichtigsten Ratgeber seines Herrn aufstieg. Gerstenberg war ein unermüdlicher Verfechter einer Politik des guten Einvernehmens mit dem sächsischen Kurhause, in dessen Dienste er gegen Ende seines Lebens, 1609, schließlich übergetreten ist, nachdem er schon während Friedrich Wilhelms Regentschaft als kursächsischer Administrator an dessen Seite in Torgau in der kursächsischen Politik gewirkt hatte, insbesondere im Sinne der Beseitigung des Kryptocalvinismus und einer Annäherung an das Kaiserhaus.

Gerstenberg gehörte in den ersten Regierungsjahren Friedrich Wilhelms zu den ständigen Mahnern gegen dessen leichtsinnige Wirtschaftsführung, vor allem gegen die Verschwendung bei Hofe, die nicht nur erhebliche Geldsummen verschlang, sondern auch einen Großteil des Naturalienertrags der Kammergüter. Dazu kam noch, daß unzureichend ausgeübte Kontrolle über Kammergutsverwalter und -pächter und Finanzbeamte der Ämter zu erheblichem Absinken der Güter- und Ämtereinnahmen führten, auch durch Unterschleife. Als wiederholte Mahnungen wohl Zusagen des Herzogs, aber keine Änderung brachten, die Schulden inzwischen auf 350 000 Gulden angestiegen waren und neue Kreditaufnahme bei den Landständen unabwendbar schien, überreichten Gerstenberg und die beiden Kammerräte Vitzthum und Brandenstein 1590 eine Beschwerdeschrift, die in schonungsloser Offenheit alle diese Gebrechen anklagte. Sie ist als bemerkenswertes Dokument von Freimut vor Fürstenthronen noch zweihundert Jahre später von Friedrich Karl von Moser in seinem „Patriotischen Archiv für Teutschland" publiziert worden. Die Eingabe hatte zwar keine unmittelbaren Auswirkungen, führte aber immerhin dazu, daß sich der Herzog die Einrichtung einer Schuldentilgungskasse abnötigen ließ, deren Verwaltung einem Steuerobereinnehmer übertragen wurde; dessen Instruktion enthielt eine Bestimmung, die ihm das Recht zusprach, alle nicht der Schuldentilgung dienenden finanziellen Anordnungen des Herzogs zurückzuweisen, ohne sich dadurch die Ungnade seiner Herrn zuzuziehen. Wenn in den darauffolgenden Jahren in Weimar eine sparsamere Wirtschaft Einzug hielt, so lag das aber in erster Linie daran, daß der Herzog als Administrator des sächsischen Kurstaats 1591 nach Torgau übersiedelte, wo die Kosten seiner Hofhaltung vom kursächsischen Fiskus getragen wurden. Er hat dort in den zehn Jahren seiner Tätigkeit, ungerechnet die 20 000, seit 1593 30 000 Gulden, die ihm jährlich aus dem Steueraufkommen der kursächsischen Landstände gezahlt wurden, eine runde Million Gulden verbraucht, eine Summe, die allerdings der junge Kurfürst Christian II., als er 1601 die Regierung übernahm, nicht für übertrieben hielt.

Reibungslos gestaltete sich während des Herzogs Regierungszeit die Zusammenarbeit mit den eigenen Landständen. Ihr wichtigstes Privileg war auch damals das Steuerbewilligungsrecht. Doch kamen auf den Landtagen, deren ersten Friedrich Wilhelm 1587 einberief, auch andere wichtige Landesangelegenheiten zur Beratung, so die hennebergische Erbschaftssache und die Teilungsverhandlungen zwischen Friedrich Wilhelm nud seinem Bruder Johann, von denen später zu sprechen sein wird, aber auch die Erneuerung der ernestinischen Landesordnung von 1566. 1589 wurde eine neue Landesordnung erlassen, deren Geltungsbereich auf das weimar-altenburgische Territorium beschränkt wurde; sie schloß sich eng an die Landesordnung von 1566 an und brachte nur in wenigen Punkten Abänderungen oder Ergänzungen, so in Fragen des Eherechts, des Strafrechts bei Ehebruch, vorehelichem Geschlechtsverkehr und Vergewaltigung, des Wirtschaftsrechts im Hinblick auf Zinsnahme und Wucher und schließlich der Prozeßordnung. Sie ist bis in die zweite Hälfte des 18. Jahrhunderts in Geltung geblieben; noch 1768 erfuhr sie eine unveränderte Neuauflage (siehe Abb. 4, nach S. 32).

Um die Vergrößerung seines Landes ist Friedrich Wilhelm stets bestrebt gewesen; sie gelang ihm freilich in nur sehr bescheidenem Umfang. Schon 1585, noch vor seiner Regierungsübernahme, hatte er aus Adelsbesitz das Rittergut Hardisleben gekauft, zu dem die Dörfer Hardisleben, Teutleben und Eßleben gehörten; 1590 erwarb er, ebenfalls aus Adelshänden, das Dorf Mannstedt. Aus beiden Erwerbungen bildete er das Amt Hardisleben. 1587 war Tiefurt nach dem Tod des Statthalters Anton von Lützelburg, des letzten Besitzers, als heimgefallenes Lehen an Friedrich Wilhelm gekommen; das Dorf wurde, ebenso wie die 1597 von dem Kanzler Gerstenberg gekauften vormaligen Patrimonialgerichtsorte Buchfart und Vollersroda, dem Amt Weimar zugeschlagen. 1591 kaufte er das 1555 den Grafen von Mansfeld überlassene Dorf und Gut Oldisleben zurück, das seitdem ein selbständiges Amt bildete. 1592 erwarb er vom Kurfürsten Wolfgang von Mainz das Wiedereinlösungsrecht an den 1357 von Kurmainz dem Rat der Stadt Erfurt wiederkäuflich überlassenen Ämtern Tonndorf und Mühlberg und nahm noch im gleichen Jahre gegen heftigen Widerstand des Erfurter Rats beide Ämter in Besitz. Ein mit dem Grafen Karl von Gleichen abgeschlossener Kaufvertrag über den Tannröder Wald und die dortigen Jagdrechte und über die Lehn- und Steuerhoheit über die Herrschaft Ehrenstein forderte jedoch den Widerstand von Kurmainz als Oberlehnsherrn und der gleichischen Mitbelehnten heraus, und ließ sich daher ebenso wenig in die Wirklichkeit umsetzen wie die von ihm 1594 mit dem Abt Joachim von Hersfeld getroffenen Abmachungen über die Abtretung der hersfeldischen Lehnshoheit über Ohrdruf und Wechmar, weil hier die Grafen von Gleichen mit Erfolg widersprachen. Erfolgreich wehrte sich Friedrich Wilhelm gegen Versuche des Abts von Fulda, das im 15. Jahrhundert an Hennberg verpfändete und nach dem Aussterben der Henneberger an Sachsen gekommene Amt Fischberg in der Rhön einzulösen; in einem 1593 durch einen kaiserlichen Kommissar vermittelten Vergleich wurde bestimmt, daß das Amt gegen Zahlung von 25000 Gulden noch 31 Jahre in sächsischem Besitz bleiben sollte; die Regelung dieses Problems zog sich dann allerdings noch mehr als anderthalb Jahrhunderte hin, bis 1764. Dagegen konnte Friedrich Wilhelm Streitigkeiten mit Würzburg um das 1569 von seinem Vater — nach Verpfändung seit 1552 — wiedereingelöste Amt Königsberg in Franken im Jahre 1600 endgültig beilegen und so die Zugehörigkeit dieser Exklave zu seinem Territorium sichern.

In der hennebergischen Erbschaftsangelegenheit blieben alle Versuche, mit dem sächsischen Kurhaus zu einer endgültigen Übereinkunft zu kommen, vergeblich. Kurfürst Christian I. wünschte seinen Anteil an Henneberg gegen das Amt Altenburg einzutauschen, dessen Rückgabe an die Ernestiner im Naumburger Vertrag von 1554 schon sein Vater Kurfürst August sehr bereut hatte, weil dieses Amt eine willkommene Abrundung des albertinischen Besitzes bedeutete, zumal nachdem inzwischen die Bistümer Naumburg und Merseburg praktisch dem albertinischen Territorium einverleibt worden waren. Friedrich Wilhelm konnte sich jedoch nicht entschließen, einem solchen Tausch zuzustimmen. In Verhandlungen, die 1587 und 1588 in Rochlitz stattfanden, wurde eine Vielzahl von Tauschplänen erörtert, in die von Seiten Friedrich Wilhelms das halbe Amt Allstedt, die Ämter Saalfeld, Probstzella, Ringleben, Camburg und das ihm schon damals von den Grafen von Mansfeld zum Kauf angebotene Oldisleben eingezogen wurden, während Christian außer an Altenburg an den Ämtern Eisenberg, Leuchtenburg mit Orlamünde. (Nieder-)Roßla, Saalfeld und Probstzella Interesse zeigte; zu einer Einigung konnte man jedoch nicht kommen. Friedrich Wilhelm wäre auch bereit gewesen, die gesamte Grafschaft Henneberg dem Kurhaus zu überlassen und dafür kursächsische Gebiete im thüringischen Raum einzutauschen, doch wies Christian einen entsprechenden Vorschlag schroff ab. Von den beiderseitigen Räten wurden die Verhandlungen zwar noch jahrelang weitergeführt und die Erörterungen auch auf die assekurierten Ämter Arnshaugk, Weida, Ziegenrück und Sachsenburg und die aus den Grumbachischen Händeln noch offenstehenden Kriegskosten ausgedehnt, aber zu einem Ergebnis führten sie bis zum Tode Christians (1591) nicht.

Im Sommer 1592 kamen Friedrich Wilhelm in seiner Eigenschaft als kursächsischem Administrator mit anderen Geheimunterlagen des kursächsischen Archivs auch die auf die hennebergische Erbschaft bezüglichen Urkunden von 1573 zu Gesicht, aus denen er in aller Klarheit erkennen konnte, wie es bei der Erteilung der Anwartschaft auf das hennebergische Erbe zugegangen war und auf welchem Wege Kurfürst August Zugang zur Erbschaft erlangt hatte. Im ersten Zorn faßte er den Entschluß, gegen seine Mündel einen Prozeß auf Kassation der von Kaiser Maximilian II. an Kurfürst August erteilten Anwartschaftsurkunde und Herausgabe der seit 1583 in kursächsische Kassen geflossenen hennebergischen Einkünfte zu führen; zugleich suchte er durch weitere Nachforschungen in den kursächsischen Akten Näheres über die Winkelzüge Kurfürst Augusts und seiner Räte zu erfahren. Er ließ sich aber schließlich von Kurfürst Johann Georg von Brandenburg, der, obwohl offenbar vom Recht Friedrich Wilhelms überzeugt, die Interessen seiner Mündel wahrzunehmen sich für verpflichtet hielt, von diesem Entschluß wieder abbringen, und kam auch dann nicht wieder darauf zurück, als die von ihm von den juristischen Fakultäten der Universitäten Helmstedt, Ingolstadt, Jena und Tübingen und dem Jenaer Juristen Liborius Hofmann eingeholten Rechtsgutachten über die Fragen, ob Kaiser Maximilian II. die beiden für Herzog Johann Wilhelm 1573 in der hennebergischen Erbschaftssache ausgefertigen Urkunden kassieren und Kurfürst August 5/12 der Erbschaft zuweisen durfte, ob es nach bestehendem Recht möglich sei, die geänderte Anwartschaftsurkunde anzufechten und den vorherigen Rechtszustand wiederherstellen zu lassen, und ob in diesem Falle Kursachsen die seit 1583 empfangenen Einkünfte aus der Grafschaft den Herzögen von Weimar zurückerstatten müsse, zugunsten des weimarischen Rechtsstandpunktes ausfielen. Abgesehen davon, daß es nach ruhiger Überlegung seinem Gerechtigkeitssinn wohl widerstrebte, seine Stellung als Vormund in der gleichen Weise zum eigenen Vorteil auszubeuten wie dies sein eigener Vormund Kurfürst August getan hatte, war es die Scheu vor den Folgen, die die durch einen solchen Prozeß unvermeidlich eintretende öffentliche Bloßstellung der kursächsischen und kaiserlichen Politik für ihn selbst und die von ihm als kursächsischem Administrator verfolgte Politik haben mußte, die ihn von einem solchen Schritt abhielt. Das Verhältnis zwischen den beiden sächsischen Häusern wäre einer erneuten schweren Belastung ausgesetzt worden, die von ihm verfolgte Politik der Verbesserung der gegen Ende der Regierungszeit Christians I. wegen dessen calvinistenfreundlichen Neigungen und Handlungen abgekühlten Beziehungen zwischen Kursachsen und dem Kaiserhaus wäre gefährdet worden, und außerdem waren Forderungen von Seiten der Herzöge von Coburg und Eisenach zu erwarten, die seinerzeit nicht nur von der hennebergischen Erbschaft ganz ausgeschlossen, sondern auch in ihrem Erbfolgerecht innerhalb der sächsischen Häuser zurückgesetzt worden waren, und die, da sie von Friedrich Wilhelms Entdeckung Kenntnis erhalten hatten, bereits, wenn auch vergeblich, gegen diese Benachteiligung Vorstellungen erhoben. Ferner hätte der Einleitung eines solchen Prozesses die Niederlegung der Vormundschaft und der kursächsischen Administratur vorangehen müssen, was auch den Verzicht auf die liebgewordene glänzende Torgauer Hofhaltung bedeutet hätte. In Verhandlungen mit Johann Georg von Brandenburg, die 1593 in Jüterbog geführt und in Torgau abgeschlossen wurden, und an denen der Kanzler Gerstenberg wesentlichen Anteil hatte, verstand sich Friedrich Wilhelm dazu, gegen eine Erhöhung des jährlichen Zuschusses für sein Administratoramt von 20 000 auf 30 000 Gulden die Angelegenheit bis zur Volljährigkeit des ältesten kursächsischen Prinzen, des späteren Kurfürsten Christian II., ruhen zu lassen. Doch auch als dieses sogenannte Torgauer Interim 1601 seine Gültigkeit verlor, blieb die hennebergische Erbschaftssache ungeregelt, denn Friedrich Wilhelm starb schon 1602, sein Bruder Johann 1605, und danach verging noch mehr als ein halbes Jahrhundert bis zu einer Entscheidung.

Man wird Friedrich Wilhelm kaum einen Vorwurf daraus machen wollen, daß er die Gunst der Stunde nicht so rücksichtslos zum Vorteil seines Hauses nutzte, wie dies Kurfürst August zwei Jahrzehnte vorher getan hatte. Aber auch die in der älteren Literatur verbreitete Wertung des Torgauer Interims als „glänzendes Zeugnis" seiner mit großer Uneigennützigkeit geführten vormundschaftlichen Administration sagt nicht die ganze Wahrheit. Der in dieser gewiß schwierigen Frage auf Seiten Friedrich Wilhelms sichtbare Mangel an Entschlußkraft und Durchhaltevermögen darf nicht außer acht gelassen werden. Er erklärt sich wohl auch aus der Erkenntnis, daß auch bei rechtlich wohlbegründeten Aussichten die auf ein nur bescheidenes Territorium und daher unzureichende Mittel gegründete eigene Macht nicht ausreichen werde, um selbst ein offenkundig gewordenes Unrecht eines mächtigen Kurfürsten nachträglich rückgängig machen zu können. Ließ sich Friedrich Wilhelm doch aus in seinem Verhalten gegen den kursächsischen Kanzler Krell von Rücksichten auf die sächsische Kurfürstinwitwe Sophie, eine erbitterte Gegnerin Krells, auf die kursächsischen Landstände und die Volksstimmung im Lande leiten, als er der Verhaftung und Verurteilung Krells nicht widersprach, obwohl er, wie er 1591 einmal äußerte, gegen den Kanzler „in Ungnaden nichts zu schaffen" hatte und von dessen Schuld offenbar nicht überzeugt war. Die Durchsetzung von Recht gegen überlegene Macht ist im übrigen nicht nur Friedrich Wilhelm nicht gelungen.

Im kirchenpolitischen Bereich ist Friedrich Wilhelm dem Geiste des Luthertums der Konkordienformal von 1577 zeitlebens treu geblieben. Die von ihm veranstalteten weimarischen Kirchenvisitationen von 1586 und 1589-94 fanden in diesem Geiste statt und sorgten dafür, dieser Richtung der lutherischen Konfession im kirchlichen Leben seines Landes die Herrschaft zu behaupten. Daß er 1590 einen, allerdings schon im Jahre darauf eingegangenen „Orden gegen den Mißbrauch des Namens Gottes" gründete, der seinen Mitgliedern das Fluchen und den Gebrauch anderer leichtfertiger Reden bei Geldstrafe untersagte, und in die neue Landesordnung von 1589 Strafbestimmungen gegen Ehebruch, außerehelichen Geschlechtsverkehr und Vergewaltigung aufnehmen ließ, die eine Verschärfung bis zu Landesverweisung und Todesstrafe brachten, ist kennzeichnend dafür, wie er kirchliche Grundsätze in die Lebenswirklichkeit umzusetzen sich bemühte. Auch wird ihm nachgesagt, daß er Vertretern anderer Konfessionen gegenüber „Bekehrungseifer" gezeigt habe. Von engherzigem konfessionellen Fanatismus war er jedoch weit entfernt. Das bezeugt nicht nur seine Haltung gegenüber dem dem Calvinismus zuneigenden Kanzler Krell, sondern auch gegenüber seinem früheren Lehrer Bartholomäus Sartorius, der als Superintendent von Meißen die von Krell durchgesetzten Neuerungen tatkräftig unterstützt hatte, deshalb im Lande als „Calvinist und böser Christ" verschrieen, 1592 aus Meißen vertrieben und 1593 abgesetzt worden war, und dem er trotzdem ein theologisches Extraordinariat an der Universität in Leipzig verschaffte, wo dieser zwar ohne Einfluß, aber auch ohne Verfolgung den Rest seiner Tage verbringen konnte. Andererseits zeigte er auch Verständnis für jene flazianisch gesinnten Theologen, die während der Vormundschaftszeit Kurfürst Augusts aus ihrer thüringischen Heimat vertrieben worden waren; so konnte beispielsweise der Weimarer Rektor Johannes Wolf, Schöpfer des ältesten Weimarer Stadtplans von 1569, der 1573 die Stadt verlassen mußte und, wie der Weimarer Superintendent Bartholomäus Rosinus, nach Regensburg ins Exil gegangen war, 1586 in seine Heimatstadt zurückkehren, wo er später noch Ratsherr und Bürgermeister geworden ist.

Über Friedrich Wilhelms Stellung in der Reichspolitik gibt es nur wenige Zeugnisse; sie stammen durchweg aus der Zeit seiner kursächsischen Administration. Die von Kurfürst Christian I. 1589 begonnene Neuorientierung der sächsischen Reichspolitik in Gestalt einer Annäherung an die reformierten Reichsstände, durch die im Januar 1591 in Torgau das vor allem von den Reformierten angestrebte Ziel einer protestantischen Union und ein Vertrag über umfassende Hilfeleistungen an die Hugenotten erreicht worden war, führte er nicht weiter. Er kehrte zur sächsischen Reichspolitik der Spätzeit Kurfürst Augusts zurück, die auf enge Beziehungen zum Kaiserhaus und auf Distanz gegenüber Kurpfalz und den anderen reformierten Reichsständen ausgerichtet war. Er bemühte sich um ein gutes Verhältnis zu Kaiser Rudolf II. und unterstützte auf dem Reichstag von Regensburg 1594 dessen an die Reichsstände gerichtete Forderung um Hilfe gegen die Türken, die im Jahre zuvor zu einem neuen Angriff auf die Ostgrenzen des Reichs angetreten waren und die Grenzfestungen in Westungarn bedrohten. Es war ohne Zweifel ein Zeichen des Wohlwollens, daß Kaiser Rudolf 1596 dem Herzog die Zusicherung gab, ihm und seinem Bruder Johann im Falle des Aussterbens des Grafenhauses Isenburg-Büdingen, mit dem man damals rechnete, dessen Reichslehen zu überlassen.

Bemerkenswert waren Friedrich Wilhelms Versuche, eine weitere Aufteilung des ernestinischen Territoriums zu verhindern. 1587 hatte er auf Wunsch seiner Mutter mit seinem Bruder Johann einen Vertrag abgeschlossen, der ihm die alleinige Regierungsführung bis zum 20. Geburtstag Johanns sicherte, und in dem dieser sich mit einem bestimmten Jahreseinkommen und freier Wohnung im Schloß von Weimar zufrieden gab. Als 1590 dieser Zeitpunkt gekommen war, gelang es ihm, auch diesmal mit Hilfe der Mutter, Johann angesichts der schwierigen finanziellen Lage, in die das Land durch die inzwischen angewachsene Schuldenlast geraten war, zu einer Verlängerung dieser Regelung um weitere sechs Jahre, bis Michaelis 1596, zu bereden. Der darüber, vermutlich von dem Kanzler Gerstenberg, ausgearbeitete Vertrag brachte ihm auch insofern deutliche Vorteile, als er die von ihm zu verantwortenden erhöhten Schulden zu Gesamtschulden beider Brüder erklärte; er sah jedoch auch für Johann Verbesserungen vor: ein erhöhtes Jahreseinkommen und, für den Fall seiner Vermählung, die Zusage der Übergabe von einigen Ämtern zur Nutzung. Auf Grund letztgenannter

Klausel überließ Friedrich Wilhelm dem Bruder im November 1592, kurz vor dessen Eheschließung, die Ämter Altenburg, Ronneburg und Eisenberg; Johann richtete damals seine Hofhaltung im Schloß zu Altenburg ein.

In der Zwischenzeit hatte Friedrich Wilhelm eine Erbteilung zwischen seinen Vettern Johann Casimir von Coburg und Johann Ernst von Eisenach zu verhindern gewußt, indem er, wie früher bereits berichtet wurde, im Jahre 1590, von ihnen um Vermittlung gebeten, eine Mutschierung erreicht hatte, die Johann Casimir weiterhin die alleinige Regierungsgewalt beließ, Johann Ernst aber einige Ämter zur Nutzung übergab. Auf die Dauer blieben diese Bemühungen aber vergeblich. 1596 schritten der Coburger und Eisenacher zur Erbteilung, ohne Friedrich Wilhelm davon zu verständigen, und obwohl sie kurz vorher einen von ihm ausgehandelten neuen Mutschierungsvertrag zunächst zugestimmt hatten. Die dadurch eintretende Verstimmung zwischen den beiden ernestinischen Linien, die zur Aufkündigung der Gemeinschaft an Universität, Hofgericht und Schöppenstuhl Jena und zur Errichtung eines Hofgerichts und Schöppenstuhls in Coburg führte, konnte erst nach langwierigen Verhandlungen 1599 und 1602 abgebaut und die Gemeinsamkeit der Universität Jena wiederhergestellt werden.

Diese Erfahrungen haben wohl in Friedrich Wilhelm die Überzeugung reifen lassen, daß auch eine Erbteilung mit seinem Bruder Johann auf die Dauer nicht zu umgehen sein würde. Er ließ daher durchblicken, daß auch er eine solche Teilung wünsche; er verlangte jedoch für sich als den Erstgeborenen besondere Vorteile und Vorrechte. Auch Johann Casimir war es bekanntlich 1596 gelungen, sich solche Vorrechte zu sichern. Der Kanzler Gerstenberg und die anderen führenden weimarischen Beamten waren an sich für die Beibehaltung der bestehenden Herrschaftsverhältnisse, weil, wie sie argumentierten, mit der Bildung weiterer Teillinien die Landesgewalt geschwächt und dadurch Schaden nehmen würde. Sie rieten in einem Gutachten 1599, entweder die bisherige Regelung um weitere drei Jahre, bis zum Ende von Friedrich Wilhelms kursächsischer Administration, bis zur Beilegung der Differenzen mit Coburg und Eisenach und der Herstellung klarer Besitzverhältnisse an der Henneberger Erbschaft zu verlangen oder aber erst dann eine Teilung vorzunehmen, wenn die bei der Teilung von 1572 errechneten Bewertungen der einzelnen Ämter durch eine neue Landesvisitation berichtigt worden seien. Die Teilung selbst sollte im Beisein von zwei verwandten Fürsten durchgeführt werden. Friedrich Wilhelm und Johann entschieden sich für den zweiten Weg, doch zeigten Pfalzgraf Philipp Ludwig von Neuburg und Landgraf Ludwig III. von Hessen-Marburg, die sie zu ihren Beiständen gewählt hatten, wenig Neigung, in den Bruderstreit einzugreifen, der sich danach noch jahrelang hinzog. Im Frühjahr 1602 schien man einer Einigung nahe; doch jetzt erkrankte Friedrich Wilhelm, inzwischen der kursächsischen Administration ledig und, bereits durch

Krankheit geschwächt, nach Weimar zurückgekehrt, erneut schwer. Er starb am 7. Juli 1602 im Alter von 40 Jahren. Nach dem Verlust seiner ersten Gemahlin, die 1590 gestorben war, hatte er im Jahre darauf Anna Maria, eine Tochter des Pfalzgrafen Philipp Ludwig von Neuburg geheiratet. Aus beiden Ehen waren 11 Kinder hervorgegangen, von denen ihn zwei Töchter erster Ehe und die sechs noch minderjährigen aus zweiter Ehe überlebten, darunter die vier Söhne Johann Philipp, Friedrich, Johann Wilhelm und Friedrich Wilhelm.

Für Herzog Johann, der sogleich die Regierungsgeschäfte in Weimar übernahm, bot sich nunmehr die Möglichkeit, als nächster Agnat die Vormundschaft über seine Neffen und damit auch die Regierung im gesamten Territorium zu übernehmen. Pfalzgraf Philipp Ludwig verhinderte dies jedoch durch sein Eintreten für seine Enkel und den mit Erfolg betriebenen Plan einer Beteiligung Kurfürst Christians II. von Sachsen an der Vormundschaft. So liefen die Teilungsverhandlungen weiter. Im Sommer 1603 wurde eine Landesvisitation durchgeführt, auf deren Ergebnissen Johann einen Teilungsentwurf ausarbeiten ließ, der die Grundlage für die letzten Verhandlungen abgab. Er sah zwei Teile mit den Residenzen Altenburg und Weimar vor, von denen der altenburgische, der von den Verhandlungspartnern Johann zugedacht war, um 10 580 Gulden niedriger in seinen Einkünften veranschlagt war als der weimarische, was die weimarischen Räte, die unverhohlen die minderjährigen Söhne Friedrich Wilhelms begünstigten, zu dem Einwand veranlaßte, der altenburgische Teil sei zu niedrig bewertet. Johann, der als Initiator des Vorschlags das Recht der Wahl seinen Neffen überlassen mußte, wollte jedoch keine weitere Verzögerung hinnehmen, obwohl von kursächsischer Seite zu hören war, daß man sich möglicherweise für den altenburgischen Teil entscheiden werde. Am 13. November 1603 wurde der Teilungsvertrag abgeschlossen. Kurfürst Christian II. wählte nun in der Tat für seine Mündel den altenburgischen Teil. Die Aufteilung geschah folgendermaßen:

Die Söhne Herzog Friedrich Wilhelms bekamen mit der Residenz Altenburg die Ämter Altenburg, Ronneburg, Eisenberg, Dornburg, Camburg, Heusdorf, Hardisleben, (Nieder-)Roßla, Bürgel, (Stadt-)Roda, Leuchtenburg mit Orlamünde, Saalfeld, Probstzella und halb Allstedt mit den einbezirkten Städten (s. Karte I); die 10 580 Gulden, die der weimarische Teil den altenburgischen im Wert überstieg, sollte Herzog Johann entweder zahlen oder von Michaelis 1603 an angemessen verzinsen.

Herzog Johann erhielt mit der Residenz Weimar die Ämter Weimar, Oberweimar, Ringleben, Kapellendorf, Jena, Oldisleben, Ichtershausen, Wachsenburg, Schwarzwald, Georgenthal, Reinhardsbrunn und Königsberg in Franken mit den einbezirkten Städten (s. Karte I).

Gemeinsam blieben der Anteil an der Grafschaft Henneberg und die Verwaltung der von Erfurt abgetretenen Ämter Tonndorf und Mühlberg (s. Karte I), Geleit und Georgenthaler Hof in Erfurt, die Schutzgelder von Erfurt und Nordhausen, die Flößerei auf der Saale, die Gold- und Silberbergwerke, die Münze in Saalfeld, der Weinbau um Jena, Universität, Hofgericht und Schöppenstuhl in Jena, das abwechselnd in Weimar und Altenburg tagende Appellationsgericht, die Erhebung von Land- und Tranksteuern, die Landtage; die Verpflichtungen gegenüber Reich und Reichskreisen sollten ebenfalls gemeinschaftlich geleistet und die beiderseitigen Reichstagsgesandten mit gemeinsamen Instruktionen versehen werden; die Lehnshoheit über Grafen, Herren und Adel sollte hingegen lediglich auf sechs Jahre gemeinsam bleiben und dann durch entsprechenden Vergleich geregelt werden (s. Karte I).

4. Sachsen-Altenburg 1603-1672

Die kursächsische Vormundschaft über die Söhne Herzog Friedrich Wilhelms I. 1603-1618

Durch die Landesteilung von 1603 war den unmündigen Söhnen Herzog Friedrich Wilhelms von Weimar der östliche Teil des bisherigen weimarischen Territoriums zugefallen, das Fürstentum Altenburg. Im Januar 1604 siedelte Friedrich Wilhelms Witwe Anna Maria mit ihren Kindern und dem Hofstaat von Weimar in das Schloß Altenburg über. Da es für eine angemessene Hofhaltung zu klein war, ließ sie dort in den Jahren 1606 bis 1609 umfangreiche Um- und Neubauten ausführen, durch die vor allem der an die Schloßkirche angrenzende südliche und westliche Baukomplex die Gestalt erhielt, die er im wesentlichen noch heute hat. Die Erziehung ihrer Kinder hatte sie schon in Weimar dem Juristen Caspar Facius anvertraut, einem dort 1573 geborenen Tuchmachers- und Ratsherrenssohn, der ab 1590 in Jena, Leipzig und Wittenberg studiert hatte und nach Abschluß seiner Studien 1601 in weimarische Dienste getreten war; er wurde später Geheimsekretär ihres ältesten Sohnes Johann Philipp und stieg über das Amt eines Hof- und Konsistorialrats (1635) bis zum Konsistorialpräsidenten in Altenburg auf; auch als Verfasser religiöser Gedichte ist er hervorgetreten.

Bis 1603 hatte sich in Altenburg lediglich eine der Regierung in Weimar unterstellte bescheidene Verwaltungsorganisation befunden. Für das neuentstandene Fürstentum mußte daher eine angemessene Zentralbehörde neu geschaffen werden. Das geschah 1604 durch den Mitvormund der altenburgischen Prinzen, Kurfürst Christian II. von Sachsen, mit Hilfe der aus Weimar nach Altenburg übergesiedelten leitenden Beamten, des Kanzlers Marcus Gerstenberg, des Kammerrats Georg Albrecht von Kromsdorf und des Hofrats Elias Förster. Auch in Altenburg, wo er zeitweilig den Titel Kanzler und Kammerrat führte, blieb Gerstenberg der Leiter des hier eingerichteten Regierungskollegiums; der Kammerrat von Kromsdorf war ihm unterstellt und auf die Finanzverwaltung beschränkt. Als Gerstenberg 1609 in kursächsische Dienste übertrat — er starb 1613 in Dresden —, übernahm Elias Förster das altenburgische Kanzleramt. Er war 1567 als Sohn eines Geheimsekretärs in Weimar geboren, hatte von 1582 bis 1591 in Jena, Helmstedt, Padua und Basel Rechtswissenschaft studiert und, nachdem er 1592 als Hofrat in weimarische Dienste berufen worden war, 1593 in Jena zum Dr. jur. promoviert. Auch er behauptete sich in der alleinigen Leitung der altenburgischen Verwaltungsgeschäfte; die nach Kromsdorfs Ausscheiden ab 1612 in rascher Folge wechselnden Kammerräte blieben ihm nachgestellt und auf Finanzangelegenheiten beschränkt.

Die politische Tätigkeit dieser vormundschaftlichen Regierung stand, zumal als nach Herzog Johanns von Weimar frühem Tod Kurfürst Christian II. die Vormundschaft über die altenburgischen Prinzen allein ausübte, in völliger Abhängigkeit von Kursachsen. Das galt ebenso für die kaisertreue Reichspolitik mit ihrer ablehnenden Haltung gegenüber Kurpfalz und seinen seit 1608 in der Union zusammengeschlossenen Anhängern wie für den Streit um das Jülich-Clevesche Erbe, in dem Kursachsen für sich und die von ihm vormundschaftlich vertretenen ernestinischen Häuser zwar 1610 die kaiserliche Belehnung mit den umstrittenen Gebieten erhielt, praktisch aber nicht mehr gewann als Titel und Wappen. Recht freie Hand hingegen hatte die altenburgische Regierung bei der Regelung ihrer Beziehungen zu Weimar. Zumal nach dem Tod Herzog Johanns von Weimar, als auch dessen Söhne unter kursächsische Vormundschaft gekommen waren, ließ man von Dresden aus den beiden vormundschaftlichen Regierungen freien Spielraum zur Austragung ihrer oft erbitterten Auseinandersetzungen, die um die Durchführung einiger Bestimmungen des Teilungsvertrags von 1603 entstanden waren und noch verschärft wurden durch den sogenannten Altenburger Präzedenzstreit, in dem es um den Vorrang der beiderseitigen Prinzen bei Zusammenkünften ging.

Schon während der Teilungsverhandlungen war diese Frage von kursächsischer Seite zur Diskussion gestellt worden, und es scheint, als habe man nicht ohne Hintergedanken diesen Zankapfel unter die ernestinischen Vettern geworfen. Auf wiederholtes Verlangen Herzog Johanns war ein bereits in den Vertragstext eingefügter entsprechender Artikel zwar entfernt worden, und solange Johann Mitvormund seiner altenburgischen Neffen war, hatte die Angelegenheit geruht. Gleich nach seinem Tode wurde sie von altenburgischer Seite wieder aufgegriffen und mit dem Problem des Erbfolgerechts der Ernestiner in Kursachsen verknüpft, für das Altenburg als ältere der beiden Linien die erste Anwartschaft in Anspruch nahm. Dies war zwar unbestritten; bei der Festsetzung der Rangfolge von Prinzen verschiedener Linien hatte man sich aber bisher gewöhnlich an deren Lebensalter gehalten, und so wollte man es in Weimar auch weiterhin geregelt sehen, zumal die beiden ältesten weimarischen Prinzen Johann Ernst (geb. 1594) und Friedrich (geb. 1596) älter waren als der älteste altenburgische Prinz Johann Philipp (geb. 1597). Um die Erbitterung zu begreifen, mit der damals zwischen Altenburg und Weimar gestritten wurde, muß man wissen, daß zwischen der weimarischen Herzogsfamilie und dem altenburgischen Kanzler Gerstenberg seit langem ein tiefes Zerwürfnis bestand. Es erklärt sich aus der Geringschätzung, die der mächtige Günstling Herzog Friedrich Wilhelms dessen jüngerem Bruder Johann, möglicherweise wegen dessen geringer Neigung zu Staatsgeschäften, und dessen Gemahlin gezeigt hatte; ferner aus dem Verdacht Johanns, Gerstenberg habe zwischen ihm und Friedrich Wilhelm und den beiderseitigen Familien Zwietracht zu säen versucht, und schließlich aus Gerstenbergs während der Teilungsverhandlungen offen bekundetem einseitigen Eintreten für die Interessen Friedrich Wilhelms und — nach dessen Tod — seiner Söhne und gegen Johanns Wünsche, so daß dieser ihn der „Felonie", der Untreue gegenüber der Herzogsfamilie zieh. Die Feindschaft ging so weit, daß Johanns Witwe Dorothea Maria dem Kanzler 1605 die Belehnung mit seinen im Weimarischen gelegenen Rittergütern verweigerte. Zwar erzwang Kurfürst Christian II. als Vormund die Belehnung Gerstenbergs, aber Dorothea Maria legte dagegen Protest ein und verlangte mit der Anklage, Gerstenbergs Verhalten habe zum frühen Tod ihres Gemahls beigetragen, einen Prozeß gegen ihn. Dazu kam es allerdings nicht, da Gerstenberg sich in Kursachsen höchster Wertschätzung erfreute. Dorothea Maria hat jedoch auch bei späterer Gelegenheit die Belehnung Gerstenbergs stets nur unter Protest vollzogen, und auch ihr ältester Sohn Johann Ernst ließ 1612, als er an den Krönungsfeierlichkeiten von Kaiser Matthias in Frankfurt teilnahm, die Gelegenheit eines Zusammentreffens mit dem damals bereits in kursächsischen Diensten stehenden erfolg- und einflußreichen Staatsmann nicht vorübergehen, ohne diesem offen seine Abneigung zu zeigen.

Bei den Verhandlungen Altenburgs mit Weimar über die Durchführung von Bestimmungen des Teilungsvertrags von 1603 ging es ebenso um finanzielle Forderungen, die aus der Regierungszeit Herzog Friedrich Wilhelms herrührten, wie um die Verteilung rückständiger Steuereinnahmen, um die Landeshoheit über Schriftsassen und die Aufteilung von Lehnsdiensten, um

Amts- und Landesgrenzen, um das Altenburg zugesprochene Amt Hardisleben und um die im Vertrag gemeinsam gebliebenen Angelegenheiten, die nun mehr und mehr in die Teilung einbezogen wurden. Man teilte nicht nur die Jenaer Weinberge, sondern hob 1607 auch die Gemeinschaft der Steuerhoheit und schließlich 1610 auch die der Landstände auf; auf dem Landtag von Eisenberg hatten sie 1609 noch gemeinsam verhandelt, seitdem tagten sie getrennt. Das 1607 in seiner Zuständigkeit für das altenburg-weimarische Gesamtgebiet bereits beschnittene gemeinsame Jenaer Konsistorium endete 1612; im gleichen Jahre wurde in Altenburg ein eigenes Konsistorium für das neue Fürstentum errichtet. Sein erster Präsident wurde 1612 der aus Marburg an der Lahn gebürtige kursächsische Vormundschaftsrat Burkhard Lucanus (1571-1612).

In dem diese Verhandlungen begleitenden Präzedenzstreit neigte Kurfürst Christian II. dem altenburgischen Standpunkt zu. Er brachte den Streit gegen den Willen der Weimarer Herzoginwitwe, die ihn als Familienangelegenheit behandelt wissen wollte, vor Kaiser Rudolf II., der ihn 1607 zugunsten Altenburgs entschied. Dorothea Maria von Weimar gab sich damit allerdings nicht zufrieden, focht die Entscheidung mit der Begründung an, daß der Kaiser nicht ausreichend unterrichtet worden sei, und erreichte damit, daß sie juristisch unwirksam blieb. Altenburg und Kursachsen, wo 1611 Kurfürst Johann Georg I. die Nachfolge seines jungverstorbenen Bruders antrat, betrachteten das kaiserliche Dekret jedoch als Richtschnur ihrer Politik, und alle Bemühungen Weimars, eine Revision zu erreichen, blieben ergebnislos. Zwar überwies Kaiser Matthias, vor den Dorothea Maria den Streit brachte, ihn 1612 zur Entscheidung an das Kurfürstenkollegium, doch dieses hat nie eine Entscheidung getroffen. Der Streit ist nie geschlichtet worden. Er offenbarte sich vor aller Augen nicht nur in beziehungsreichen Inschriften auf 1612 in Altenburg und Weimar geprägten Münzen, sondern auch 1614 auf dem Naumburger Fürstentag, als die Häuser Sachsen, Hessen und Brandenburg — zum letztenmale übrigens — ihre seit dem 15. Jahrhundert bestehende Erbverbrüderung und Erbeinung unter großem Gepränge erneut bekräftigten, und als der älteste weimarische Prinz Johann Ernst nur unter öffentlichem Protest dagegen, daß seine jüngeren altenburgischen Vettern vor ihm und seinen Brüdern zur Eides- und Unterschriftsleistung aufgefordert wurden, die notwendige Unterschrift vollzog. Der Streit hat die altenburg-weimarischen Beziehungen bis zum Erlöschen des altenburgischen Mannesstammes begleitet; 1672 erledigte er sich von selbst.

1612 kam es in Altenburg zur Trennung der Herzoginwitwe Anna Maria von ihren Söhnen. Als Johann Philipp mit seinen Brüdern Friedrich, Johann Wilhelm und Friedrich Wilhelm, nach wie vor von Caspar Facius betreut, die Universität Leipzig bezogen hatten, verlegte ihre zur Schwermut neigende Mutter ihren Wohnsitz zunächst nach Eisenberg und bald darauf nach Schloß Dornburg an der Saale, wo sie bis zu ihrem Tod 1643 in tiefste Schwermut versunken gelebt hat. Ihr ältester Sohn Johann Philipp bereitete sich nach abgeschlossenem Studium seit 1615 in Altenburg auf seinen Regentenberuf vor, während die jüngeren Brüder auf Reisen gingen.

Die Regierungszeit Herzog Johann Philipps und das Kriegsgeschehen im Fürstentum Altenburg 1618-1639

Als Johann Philipp das 21. Lebensjahr erreicht und Kurfürst Johann Georg die Vormundschaft niedergelegt hatte, trat 1618 der neue Landesherr die Regierung im Fürstentum Altenburg an, zugleich im Namen seiner jüngeren Brüder, über die er auch die Vormundschaft übernahm; noch im gleichen Jahre heiratete er in Altenburg Elisabeth, eine Tochter des Herzogs Heinrich Julius von Braunschweig-Wolfenbüttel; sie war die Witwe des jungverstorbenen Herzogs August von Sachsen-Dresden, des jüngsten Bruders Kurfürst Johann Georgs. Mit seinen jüngeren Brüdern schloß er 1620 einen auf vier Jahre befristeten Vertrag, der ihm die alleinige Führung der Regierungsgeschäfte übertrug. Als alle jüngeren Brüder volljährig waren, kam 1624 ein neuer Vertrag zustande, der dieses Recht auf unbefristete Zeit verlängerte, jedoch mit der Einschränkung, in besonders wichtigen Angelegenheiten nur mit Zustimmung der Brüder zu entscheiden; im übrigen begnügten sich diese mit finanziellen Zuwendungen, die für die nächsten drei Jahre auf jährlich 6000 Taler für jeden festgesetzt wurden.

An der Spitze der Zentralverwaltung seines Landes hatte Johann Philipp bei der Regierungsübernahme keine personellen Veränderungen vorgenommen. Elias Förster war Kanzler und übte die Leitung der Geschäfte bis zu seinem Tode 1625 aus. Sein Nachfolger wurde 1626 der Jurist Bernhard Bertram (1591-1640), ein Ratsherrensohn aus Quedlinburg, der seit 1618 am Oberhofgericht in Leipzig tätig gewesen war und 1625 die Stelle eines Kanzlers beim Domkapitel in Halberstadt angenommen hatte; er bekleidete das altenburgische Kanzleramt bis 1640 und blieb ebenfalls unangefochten der erste Mann der altenburgischen Verwaltung; ein Geheimratskollegium wie in Coburg entstand in Altenburg nicht.

Das Mitspracherecht der Landstände blieb in Altenburg unangetastet. Schon im Frühjahr 1619 hatte Johann Philipp einen Landtag einberufen, um über eine neue Hofordnung, über Angelegenheiten der jüngeren Herzöge Johann Wilhelm und Friedrich Wilhelm und den Präzedenzstreit mit Weimar zu beraten, und als die Landstände 1624 auf größere Sparsamkeit bei Hofe und in der Verwaltung und auf Beseitigung der inzwischen entstandenen Schuldenlast durch verstärkte Besteuerung der Bevölkerung drängten, fanden sie beim Herzog Gehör. Grundlage des Rechtslebens im Lande blieb die Landesordnung Herzog Friedrich Wilhelms von 1589, die 1622 in einigen Punkten verbessert wurde.

Durch den Kauf der pappenheimischen Herrschaft Gräfenthal vergrößerte Johann Philipp 1621 sein Landgebiet; der neue Amtsbezirk brachte eine willkommene Abrundung des altenburgischen Frankenwaldbesitzes südlich von Saalfeld. Eine Schmälerung des Besitzstandes hingegen bedeutete die 1627 mit Zustimmung seiner Brüder vorgenommene Verpfändung des Amtes Hardisleben; sie ist bis zum Erlöschen des Altenburger Herzogshauses nicht wieder rückgängig gemacht worden.

In seiner Reichspolitik schloß sich Johann Philipp eng an Kursachsen an. Ein 1619 von Markgraf Christian von Brandenburg-Kulmbach unternommener Versuch, ihn für die Union der evangelischen Reichsstääde zu gewinnen, blieb erfolglos. Auf dem obersächsischen Kreistag von 1620 folgte er der kaisertreuen Politik des Kurfürsten Johann Georg von Sachsen an, der das Hilfeersuchen des zum König von Böhmen gewählten Kurfürsten Friedrich V. von der Pfalz abwies und auf Seiten des Kaisers in den Kampf um Böhmen eintrat. Damals trennten sich die reichspolitischen Wege Johann Philipps von denen seiner weimarischen Vettern, die dem Böhmenkönig zu Hilfe eilten. Johann Philipps jüngerer, 21jähriger Bruder Friedrich schloß sich damals der kursächsischen Armee an, um zwei Jahre darauf sogar in spanische Dienste überzutreten. Die schlechten Erfahrungen, die er dort machte, veranlaßten ihn dann allerdings, die Kriegspartei zu wechseln und es nun seinen weimarischen Vettern gleichzutun; er nahm Dienste bei Herzog Christian von Braunschweig, dem Administrator des Bistums Halberstadt, der für den Niedersächsischen Reichskreis eine Armee aufstellte. Als diese im Sommer 1623 von Tilly bei Stadtlohn in Westfalen entscheidend geschlagen wurde, geriet Friedrich, zusammen mit seinem Weimarer Vetter Wilhelm, verwundet in Gefangenschaft und wurde wie dieser nach Wiener Neustadt gebracht. Durch Vermittlung Kurfürst Johann Georgs von Sachsen, der über den Parteienwechsel des Altenburgers nicht wenig verärgert war, wurde er von Kaiser Ferdinand zwar wieder freigelassen, doch schloß er sich 1625 erneut der kaiserfeindlichen Kriegspartei an; er wurde Oberst in der Armee König Christians IV. von Dänemark, fiel aber noch im gleichen Jahre, unter der Befehlsgewalt seines Weimarer Vetters Johann Ernst kämpfend, im Gefecht von Salsen bei Hannover gegen Truppen Tillys.

Johann Philipp hingegen ließ weder eine Neigung zum Wechsel der Kriegspartei noch zum Kriegsdienst überhaupt erkennen. Mit Begleiterscheinungen des Krieges hatte er sich allerdings von seinen ersten Regierungsjahren an auseinanderzusetzen. Bereits 1619 sah er sich genötigt, das Landesaufgebot einzuberufen; für die Residenzstadt Altenburg bedeutete das die Stellung von 200 Bürgern für die Zwecke der Landesverteidigung. Als weit stärkere Belastung breiter Bevölkerungsschichten erwies sich in den ersten Kriegsjahren das schnelle Ansteigen der Lebensmittelpreise. Bewirkt wurde dies durch die aus der Verknappung des Geldumlaufs herrührende Münzverschlechterung, die als „Kipper- und Wipperzeit" in die Geschichte eingegangen ist. Johann Philipp hatte — wie andere Landesherren auch — selbst dazu beigetragen, als er 1620 das Recht, altenburgische Scheidemünzen zu prägen, an verschiedene Handelsleute — vielfach Juden, aber auch ein Mitglied der bekannten Leipziger Kaufmannsfamilie Cramer von Clausbruch, die das Rittergut Meuselwitz besaß, war darunter — verpachtete. Es entstanden daraufhin im Lande zahlreiche Münzstätten, die, um guten Gewinn zu erzielen, das Land mit minderwertigen Prägungen überschwemmten und dadurch die Preise in die Höhe trieben. Das führte zu Unruhen, die sich in Tätlichkeiten gegenüber Münzstätten und deren Eigentümern entluden, so in Altenburg und Kahla. 1622 sah sich der Herzog genötigt, alle diese Münzstätten zu schließen und sämtliche altenburgischen Scheidemünzen außer Kurs zu setzen. Im gleichen Jahre suchte er durch eine Taxordnung die Lebensmittelpreise und Handwerkerlöhne gesetzlich zu regeln; mit welchem Erfolg ist freilich unbekannt. Eine 1624/25 erlassene Ernteordnung war als Hilfe für die Landwirtschaft gedacht. In der Folgezeit wurde die Regierungstätigkeit des Herzogs und seiner Regierung durch die zunehmenden Kriegsbelastungen erheblich behindert, vor allem nach 1631. Immerhin brachte eine 1636 erlassene Fronordnung, die die Frondienste bis in die Einzelheiten hinein regelte und die ungemessenen Fronen abschaffte, eine bedeutsame Rechtsgrundlage für das Leben auf dem Lande, die über den Krieg hinaus weitergewirkt hat.

Unruhe erregte 1622 die Einrichtung eines Werbeplatzes in Altenburg durch Johann Philipps Bruder Friedrich, zumal er die für den spanischen Militärdienst Neuangeworbenen in die umliegenden Dörfer einquartieren ließ, wo sie nach damaliger Soldatenart vielerlei Unfug anrichteten. Die Beschwerden wurden so heftig, daß Kurfürst Johann Georg von Sachsen sich als Kreisoberster zum Einschreiten genötigt sah, und Herzog Friedrich schließlich verärgert den spanischen Dienst quittierte, zumal die ihm von dort versprochenen Geldmittel ausblieben. Die unmittelbare Berührung mit dem Kriegsgeschehen blieb den altenburgischen Landen aber nur noch wenige Jahre erspart. Denn als 1623 durch den Vormarsch Tillys nach Westfalen und vor allem mit dem Eintritt Dänemarks in den Krieg 1626 die Operationen der beiderseitigen Armeen auf den gesamten norddeutschen Raum übergriffen, wurde Thüringen und damit auch das Fürstentum Altenburg mehr und mehr zum

Durchzugsgebiet von Nachschub für die Armeen Tillys und Wallensteins. Zuerst betroffen wurden die westlichen Landesteile, das Saale- und Elstergebiet, Saalfeld und Umgebung bereits 1625 und wieder 1626. 1626 nahmen kaiserliche Verbände Winterquartiere in der Umgebung von Ronneburg, 1627 marschierten kaiserliche Truppen durch Stadtroda. Ein Schutzbrief, den Johann Philipp von Tilly für sein Land erbat und im Februar 1628 erhielt, als auch seine Residenzstadt und ihre Umgebung durch Einquartierungen belastet worden waren, verhinderte nicht, daß im Monat darauf kaiserliche Truppen durch Orlamünde und Umgebung zogen und dabei beträchtlichen Schaden anrichteten; auch Dornburg und Umgegend erlebte damals Einquartierungen. Darüber hinaus forderte die von ihnen dort eingeschleppte Pest auch unter der Zivilbevölkerung ihre Opfer. 1629 dauerten die Einquartierungslasten fort, im Saaletal um Saalfeld, Orlamünde und Kahla ebenso wie im Raum Eisenberg und Ronneburg; Meuselwitz erlebte damals eine Brandschatzung. Die allgemeine Unsicherheit auf den Straßen erreichte solche Ausmaße, daß der von Altenburg nach Orlamünde reisende Superintendent Christoph Megander es vorzog, ein „Kriegskleid" anzulegen, um Belästigungen von Seiten der fremden Soldateska zu entgehen. Ende 1629 wurden Stadt und Amt Altenburg erneut zu Winterquartieren kaiserlicher Verbände, die dort bis April 1630 blieben. Stadtroda und Umgebung wurden von Frühjahr bis Herbst 1630 mehrfach von Truppendurchzügen geplagt; im September hatte General Merode in der Stadt sein Hauptquartier.

Die Verhandlungen der Jahre 1630 und 1631, die dem Machtwechsel im Reich vorausgingen, sahen Herzog Johann Philipp unbeirrt auf Seiten Kursachsens. Zwar war angesichts der Befürchtungen, die auch alle Ernestiner gegen die Auswirkungen des vom Kaiser erlassenen Restitutionsedikts hegten, sein jüngerer Bruder Johann Wilhelm an den Bemühungen der Herzöge Wilhelm und Bernhard von Weimar beteiligt, den sächsischen Kurfürsten zu bewegen, sich an die Spitze der evangelischen Reichsstände zu stellen und ein Bündnis mit Schweden und den Niederlanden zu suchen, aber dem von den Weimarer Herzögen damals schon erwogenen Gedanken eines Bruches mit Kursachsen stand man in Altenburg fern. Johann Philipp billigte den Beschluß des vom Kurfürsten im Februar 1631 nach Leipzig einberufenen Konvents der evangelischen Reichsstände, zwischen dem Kaiser und Schweden eine unabhängige Stellung zu beziehen, von dem Kaiser aber die Rücknahme des Restitutionsedikts von 1629 zu verlangen. Er stimmte aber auch, als sich der Kaiser zu keinem Entgegenkommen bereitfand und ein Angriff Tillys auf Sachsen drohte, der Entscheidung des Kurfürsten zu, mit König Gustav

Adolf ein Bündnis einzugehen. Der Einmarsch Tillys in Sachsen, der Anfang September 1631 zur Besetzung von Leipzig führte, bedrohte auch die altenburgischen Lande. In der kursächsischen Armee, die sich damals mit der schwedischen vereinigte, standen seit dem gleichen Jahre Johann Philipps jüngere Brüder Johann Wilhelm und Friedrich Wilhelm, jener als Oberst eines Kürassierregiments und dieser als Offizier im gleichen Verband; beide nahmen auch an der Entscheidungsschlacht von Breitenfeld bei Leipzig teil, die die Machtverhältnisse im Reich entscheidend veränderte. Der fliehenden Tillyschen Armee, von der Teile auch Altenburg und Umgebung, so Gößnitz und Ponitz, berührten, folgten hier Einquartierungen schwedischer und kursächsischer Truppen auf dem Fuße. Ende 1631 lagen schwedische Verbände in und um Stadtroda, im Januar 1632 schwedische Reiter in Orlamünde im Quartier, und das kursächsische Kürassierregiment Herzog Johann Wilhelms von Altenburg — er starb im Herbst 1632 im Feldlager vor Brieg in Schlesien an einem Fieber — nahm damals Winterquartiere um Ronneburg.

Als nach dem Marsch Gustav Adolfs und seiner Armee durch Thüringen nach Süddeutschland Herzog Wilhelm von Weimar das schwedische Statthalteramt in Thüringen (vgl. u. S. 130 ff.) übernommen hatte und auch von Altenburg Kriegssteuern und die Bewilligung von Truppenwerbeplätzen forderte, zeigte sich Herzog Johann Philipp ebenso zurückhaltend wie seine Coburger und Eisenacher Verwandten; auch er berief sich auf die auf dem Leipziger Konvent eingegangenen Verpflichtungen gegenüber der kursächsischen Armee, um seinem Lande neue Lasten zu ersparen. Angesichts einer im Frühjahr 1632 sich abzeichnenden Gefahr eines feindlichen Angriffs aus dem Bambergischen zeigte er sich lediglich bereit, die zu seinem Lande gehörigen Frankenwaldpässe südlich von Saalfeld von seinem Landesaufgebot besetzen zu lassen. Schließlich mußte aber auch er sich dazu verstehen, an den von dem schwedischen Residenten Erskein im Juni 1632 nach Erfurt anberaumten Verhandlungen teilzunehmen, bei denen sein Bevollmächtigter Martin Mende sich durch Vermittlertätigkeit auszeichnete, und sich zu Zugeständnissen gegenüber den schwedischen Wünschen bereit zu erklären. Und als im Monat darauf Herzog Wilhelm von Weimar im Auftrag Gustav Adolfs die in Thüringen und im Magdeburgischen verstreut liegenden schwedischen Truppen zur Unterstützung der durch Wallensteins Angriffe in Schwierigkeiten geratenen kursächsischen Armee zusammenzog und mit ihnen von Halle über Zeitz nach Gera und von dort nach Altenburg zog, wurden große Teile des Altenburger Landes sogar zum Einquartierungsgebiet, allerdings nur auf kurze Zeit. Denn wenig später rief der König den Herzog mit seiner Armee nach Franken, das von Truppen Wallensteins bedroht wurde. In Thüringen blieben nur geringe Sicherungskräfte zurück, sodaß das Fürstentum Altenburg nunmehr fast ganz auf das eigene Landesaufgebot angewiesen war; nur Saalfeld hatte noch eine schwedische Besatzung.

Die Entblößung Thüringens von schwedischen Truppen sollte sich, zumal Kurfürst Johann Georg von Sachsen seine Hauptarmee in Schlesien und in der Lausitz beließ, bald als sehr nachteilig erweisen, auch für das altenburgische Land. Denn nach der ohne Entscheidung verlaufenen Schlacht zwischen Gustav Adolfs und Wallensteins Armeen bei Nürnberg ließ sich der Friedländer durch den Abzug Gustav Adolfs nach Süden nicht irritieren, sondern nutzte die Gelegenheit zu einem Angriff auf Sachsen. Die von Holk geführte Vorhut zeigte sich schon im August im Vogtland. Diese Wendung des Kriegsgeschehens überraschte wie in Sachsen so auch in Altenburg. Herzog Johann Philipp flüchtete mit seinem Hofstaat nach Dresden und stellte auch seinen Beamten frei, sich in Sicherheit zu bringen. Die meisten ließen sich das nicht zweimal sagen und kehrten der Residenzstadt ebenfalls den Rücken; Kanzler Bertram zog sich mit Teilen der Beamtenschaft nach Eisenberg zurück. In Altenburg entstand allgemeine Verwirrung, und nur mit Mühe konnte der Rat Ruhe und Ordnung aufrechterhalten. Er zeigte überhaupt mehr Mut als der Landesherr und seine Beamten, ja er machte sich sogar Gedanken darüber, wie man dem inzwischen von Holk belagerten Zwickau zu Hilfe kommen könne. Beim Kanzler Bertram beschwerte er sich über die Führungslosigkeit im Staate und erreichte damit die Einsetzung des Kammerrats Jan von Quingenberg (1569-1644) zum Statthalter, der Mut genug hatte, sich angesichts der allgemeinen Ratlosigkeit zur Übernahme eines solchen Amtes bereitzuerklären.

Der erste Sturm ging jedoch an Altenburg vorüber, da Holk nach der Einnahme von Zwickau gegen Chemnitz und Freiberg weiterzog. Auch das ihm im September folgende Korps des kaiserlichen Feldmarschalls Gallas nahm diesen Weg, doch berührte eine Abteilung von ihm Ende September auch Altenburg. Dort setzte man nicht auf Verteidigung, sondern auf Verhandlungen und suchte durch ein Angebot von 5000 Talern den Grafen Colloredo, der den Verband kommandierte, zu bewegen, sich nicht in der Stadt, sondern in den umliegenden Dörfern einzuquartieren. Dieser nahm das Angebot zwar an, legte seine Soldaten dann aber doch in die Stadt und in die Vorstädte, wo es zu Plünderungen und anderen Ausschreitungen kam. Die angebotene Summe mußte, da ausreichend bares Geld nicht verfügbar war, zum Teil in Schmuck und anderen Gold- und Silberwaren gezahlt werden. Der bereits Tags darauf erfolgte Abzug der Truppen brachte jedoch der Stadt nur eine kurze Atempause. Denn nun nahte Wallensteins Hauptarmee, deren Marschziel Leipzig war. Sie, die, wie bereits berichtet, Ende September Coburg (vgl. o. S. 30) besetzt hatte, ohne die dortige Veste nehmen zu können und dann über Kulmbach und Hof ins Vogtland eingerückt war, hatte am 10. Oktober Plauen erreicht und über-

Abb. 5: Herzog Friedrich Wilhelm II. von Sachsen-Altenburg (1603–1669)

Abb. 6: Herzog Wilhelm von Sachsen-Weimar und seine Kinder (1598–1662)

flutete nunmehr auch die altenburgischen Lande. Streifscharen von ihr griffen Saalfeld an und steckten, als die dortige schwedische Besatzung erfolgreich widerstand, die Vorstadt in Brand, ehe sie weiterzogen; Kroaten plünderten Orlamünde und Kahla und die umliegenden Dörfer, Stadtroda wehrte sich mit Erfolg, Ronneburg konnte sich von angedrohter Plünderung freikaufen, doch auf dem platten Land in der Umgebung hauste die Soldateska so, daß viele Menschen nach Gera flüchteten. Am 16. Oktober erreichte die Vorhut Altenburg, Wallenstein folgte tags darauf, seine Armee nahm in der Stadt und ihrer Umgebung Quartiere. Von der Stadt forderte der Feldherr 22 000 Gulden Brandschatzung, ließ sich aber bereden, mit 6000 zufrieden zu sein. Darüber hinaus aber hatten Stadt und Land für Unterkunft und Verpflegung der Truppen zu sorgen und die geplagte Einwohnerschaft vielerlei Ausschreitungen zu erdulden. Altenburg wurde in diesen Tagen auch das Ziel der inzwischen bis zur Elbe vorgerückten Korps von Holk und Gallas, die sich hier mit Wallensteins Hauptarmee vereinigten. Am 18. Oktober rückte sie in Richtung Leipzig weiter. In Altenburg blieb eine Besatzung zurück. Wenige Tage später kam es bei Lützen zur Schlacht (6./16. November) mit dem inzwischen aus Süddeutschland herbeigeeilten Schwedenkönig, der hier den Soldatentod fand. Der eilige Rückzug Wallensteins über das Erzgebirge nach Böhmen ging an Altenburg fast spurlos vorüber; nur von Ponitz wissen wir, daß dort zurückflutende Verbände durchkamen. Schon bald erschienen die Schweden im Lande; sie standen nun unter dem Befehl Herzog Bernhards von Weimar, der zusammen mit seinem älteren Bruder Ernst, dem späteren Ernst dem Frommen von Gotha, im Schloß Altenburg sein Hauptquartier nahm. Als seine Truppen Anfang 1633 abrückten, hinterließen sie die eingeschleppte Pest, die sich schnell zu einer furchtbaren Epidemie ausweitete und der Zivilbevölkerung schwere Verluste brachte.

Im Januar 1633 hielt sich auch der schwedische Reichskanzler Oxenstierna, der nach des Königs Tod die schwedischen Interessen im Reich wahrnahm, in Altenburg auf. Er hatte hier eine Unterredung mit Herzog Johann Philipp, der erst damals in seine Residenz zurückgekehrt war. Zwar wird über den Inhalt der Gespräche in der Literatur nichts berichtet; da Oxenstierna aber die sachsentreue Politik des Herzogs bekannt sein mußte, dürfte es ihm darum gegangen sein, etwas über die Absichten Kurfürst Johann Georgs zu erfahren, der nach Gustav Adolfs Tod sein Bündnis mit Schweden für beendet erachtete und die wiedergewonnene Handlungsfreiheit zum friedlichen Ausgleich mit dem Kaiser zu benutzen trachtete. Der sich daraus entwickelnde Zwiespalt zwischen Schweden und Kursachsen hat sich in den Jahren 1633 und 1634 auch auf das Fürstentum Altenburg sehr negativ ausgewirkt. Er äußerte sich ebenso darin, daß beide Seiten den Anspruch erhoben, das Land für den Unterhalt ihrer Truppen heranzuziehen, wie in mangelhaftem militärischen Zusammenwirken bei feindlichen Angriffen. Die von Wilhelm von Weimar in seiner Eigenschaft als schwedischer Statthalter in Thüringen und seinem Stellvertreter Erskein auch weiterhin erhobenen Forderungen zum Nutzen der schwedischen Armeen stießen bei Johann Philipp nunmehr aus Rücksicht auf den kursächsischen Nachbarn auf taube Ohren. Andererseits begnügte sich Herzog Wilhelm, als Wallensteins Feldmarschall Holk im August 1633 aus Böhmen in Sachsen einfiel und durch das Vogtland nach Norden vorstieß, angesichts seiner nur bescheidenen Truppenmacht mit dem Schutz Erfurts und des mittleren Thüringen und sah tatenlos zu, als Holk bis Leipzig vordrang und dabei das Altenburger Kernland schwer in Mitleidenschaft gezogen wurde. Die Residenzstadt Altenburg, die ebenso wie ihre Umgebung noch von der Pest heimgesucht und nicht nur von Herzog Johann Philipp und seinem Hofstaat, der sich nach Dornburg in Sicherheit gebracht hatte, sondern auch von vielen Bürgern verlassen worden war, mußte erneut Besetzung, Plünderungen und Ausschreitungen der Soldateska über sich ergehen lassen, bei denen zahlreiche Bürger ums Leben kamen. Auch Ronneburg und Umgebung wurden heimgesucht; viele Menschen flüchteten nach Eisenberg, Herzog Johann Philipp von Dornburg sogar weiter nach Schleusingen. Doch Holk, dessen von Wallenstein angeordnetes Unternehmen ohnehin keinem strategischen Ziele diente, sondern im wesentlichen mit Rücksicht auf die schlechte Versorgungslage seiner Truppen in Böhmen und in der Hoffnung auf Beute unternommen worden war, machte sich nach der Einnahme von Leipzig alsbald auf den Rückmarsch ins Vogtland, wo ihn die Nachricht vom Abschluß eines Waffenstillstands zwischen Wallenstein und dem Kurfürsten von Sachsen erreichte. Dies und die Ausbreitung der Pest unter seinen Truppen beschleunigten seinen Rückzug. Der von thüringischen und sächsischen Chronisten in Unkenntnis der Tatsache, daß er nicht Initiator, sondern nur Ausführender des von Wallenstein befohlenen Verwüstungszugs war, meist in düstersten Farben gezeichnete Feldherr, der damals auch das Altenburger Schloß besuchte, auf dessen Persönlichkeit jedoch der Bericht eines altenburgischen Augenzeugen ein überraschend menschlich-mildes Streiflicht fallen läßt, erreichte selbst die böhmische Grenze nicht mehr; er starb im oberen Vogtland als Opfer der Pest.

Für die altenburgischen Lande wurde der schwedisch-kursächsische Gegensatz in den ersten Monaten des Jahres 1634 besonders spürbar, als sie mit Einquartierungen von Truppen beider Seiten gleichzeitig belastet wurden. In Begegnungen Johann Philipps und Friedrich Wilhelms mit Wilhelm von Weimar und seinen Brüdern im Februar und März in Erfurt, Weimar und

Eisenberg, die allerdings auch der Beratung wichtiger zweiseitiger Probleme galten, über die später zu berichten ist, kamen diese Einquartierungsnöte zur Sprache und zwar im Zusammenhang mit Verhandlungen über den Besuch des von Oxenstierna für das Frühjahr nach Frankfurt am Main einberufenen Konvents der evangelischen Reichsstände, Schwedens und Frankreichs, auf dem eine gemeinsame Basis für die Fortsetzung des Krieges gefunden werden sollte. In Thüringen versprach man sich davon einen Ausgleich zwischen Schweden und Kursachsen mit entsprechenden günstigen Rückwirkungen auf Thüringen. Man war daher bemüht, den noch zögernden sächsischen Kurfürsten zur Teilnahme an dem Konvent zu gewinnen. Während aber die Weimarer Herzöge den Konvent notfalls auch dann besuchen wollten, wenn Kursachsen nicht dazu bereit war, und dafür auch die Zustimmung Johann Ernsts von Eisenach fanden, waren die Altenburger Herzöge nicht zu einer solchen Entscheidung bereit; eine Übereinstimmung unter den Ernestinern war also in dieser Frage nicht zu erreichen, weil Altenburgs Herzöge auch jetzt entschiedene Parteigänger Kursachsens blieben. Angesichts der ungetrübten Beziehungen zwischen Altenburg und Dresden kam man überein, eine aus Herzog Friedrich Wilhelm und dem altenburgischen Hofrat Hans Friedrich von Brandt bestehende Gesandtschaft nach Dresden zu schicken; sie hatten Erfolg. Der Kurfürst, auch von den niedersächsischen Reichsständen bedrängt, erklärte sich zur Beschickung des Konvents bereit. Die Ende April 1634 zusammengetretene Versammlung hielt jedoch nicht, was man sich auch in Thüringen davon versprach, da der inzwischen in Geheimverhandlungen mit dem Kaiser stehende sächsische Kurfürst an einem Erfolg der Beratungen nicht interessiert war. Die Verhandlungen, in deren Verlauf der altenburgische Bevollmächtigte von Brandt enge Verbindung mit den kursächsischen Gesandten hielt, schleppten sich monatelang hin, ohne zu Beschlüssen zu kommen; der Konvent löste sich auf, als nach der schwedischen Niederlage bei Nördlingen kaiserliche Truppen auf Franken und den Mittelrhein marschierten.

An einer Zusammenkunft von Bevollmächtigten der thüringischen Reichsstände, die Herzog Wilhelm von Weimar im September 1634 nach Erfurt einberief, um über Maßnahmen zur Sicherung Thüringens vor einem feindlichen Angriff zu beraten, nahm Altenburg nicht teil, zumal Kurfürst Johann Georg von Sachsen sich dagegen aussprach und sie als einen den Reichsgesetzen zuwiderlaufenden Eingriff in seine Rechte als Kreisoberster wertete. Sie führte ohnehin nicht zu Ergebnissen, da im Oktober der von Oxenstierna aus Böhmen nach Thüringen gerufene schwedische Feldmarschall Banér mit seiner Armee hier eintraf und ohne Rücksichtnahme auf Herzog Wilhelm und die thüringischen Reichsstände hier seine Truppen einquartierte. Auch die zwischen Saale und Elster gelegenen Teile des Fürstentums Altenburg bis hin nach

Ronneburg wurden mit schwedischen Truppen belegt. Noch während Banérs Verbände sich einquartierten, wurde die Residenzstadt Altenburg und ihre Umgebung das Opfer eines Streifzugs kaiserlicher Truppen, die der Armee Banérs gefolgt waren und Anfang Oktober Chemnitz besetzt hatten. Am Altenburger Hof hatte man schon im April 1634 Vorkehrungen getroffen, um sich beim Anmarsch feindlicher Trupps in Sicherheit bringen zu können. Sogleich nach der Kunde von deren Einrücken in Chemnitz flüchtete die herzogliche Familie nach Dornburg, wo sie bis zum Jahresende blieb, und die meisten Beamten und viele Bürger verließen die Stadt. Es war zwar nur ein Trupp von 400 Kroaten, der Mitte Oktober vor Altenburg erschien. Aber er fand keinen Widerstand, plünderte ein paar Stunden lang die Stadt, forderte darüber hinaus noch Brandschatzungsgelder und nahm, als die Summe von 4100 Talern nicht sofort aufgebracht werden konnte, einige Bürger als Geiseln mit, als er sich auf Chemnitz zurückzog; erst nach Auszahlung der Restsumme kamen sie frei. Den abziehenden Kaiserlichen folgten in Altenburg und Umgebung kursächsische Verbände, die dort Winterquartiere bezogen.

Dem zwischen Kurfürst Johann Georg von Sachsen und Kaiser Ferdinand II. im November 1634 in Pirna geschlossenen Vorfrieden, dem im Mai 1635 der Friedensschluß von Prag folgte, trat, wie alle anderen ernestinischen Herzöge mit Ausnahme von Bernhard von Weimar, auch Herzog Johann Philipp bei, einmal weil ihm als Landesherrn keine andere Wahl blieb und er wohl auch hoffte, seinem Lande auf diese Weise weitere Kriegsdrangsale ersparen zu können. Um die gleiche Zeit verließ sein einziger noch lebender, 1603 geborener Bruder Friedrich Wilhelm, der zuletzt den Posten eines kursächsischen Generalleutnants und Vertreters des Feldmarschalls von Arnim in der Führung der kursächsischen Armee innehatte, den Militärdienst, in erster Linie wohl deshalb, weil sein älterer Bruder ohne männliche Nachkommen war, und er sich daher als dessen Thronfolger betrachtete; er hat seitdem Johann Philipp bei den Regierungsgeschäften zur Seite gestanden. Wenn es zutrifft, daß er, wie berichtet wird, ebenso wie Feldmarschall von Arnim auch deshalb auf sein hohes militärisches Amt verzichtete, weil er dem Prager Frieden mißtraute und ihn nicht für dauerhaft hielt, so sah er sich in dieser pessimistischen Vermutung bald bestätigt.

Im Winter 1634 auf 1635 hatten in den altenburgischen Westgebieten, vor allem im Saaletal, schwedische Truppen, die zur Armee Banérs gehörten, im Quartier gelegen. Als Banér sich im Januar 1635 unter kursächsischem Druck genötigt gesehen hatte, ins Magdeburgische zurückzugehen, waren kursächsische Verbände im Saaletal eingerückt und dort bis zum Friedensschluß geblieben, um dann nach Norden abzuziehen. Die Friedenshoffnung, die sich im Lande, z. B. in Saalfeld, in öffentlichen Dankfesten äußerte, blieb jedoch unerfüllt, da Schweden vom Friedensvertrag ausgeschlossen war und nach dem Scheitern von sächsisch-schwedischen Friedensverhandlungen im Herbst 1635 den Krieg fortsetzte. Zwar mußte Banér vor den Sachsen bis in die Mark Brandenburg zurückweichen. Doch nach Siegen über sie bei Dömitz und Kyritz kehrte er Anfang 1636 zurück. Seine Scharen fielen in Kursachsen ein, drangen auch in altenburgisches Gebiet vor und machten die Umgebung von Eisenberg und Stadtroda unsicher. Vor anrückenden kaiserlichen Truppen, die den Sachsen zu Hilfe kamen und von denen Verbände im Frühjahr 1636 über Saalfeld das Saaletal hinabzogen, wobei ein Trupp Orlamünde plünderte, und den mit ihnen verbündeten Sachsen wich Banér bis nach Mecklenburg aus. Nach seinem Sieg bei Wittstock kehrte er aber im November 1636 erneut nach Mitteldeutschland zurück. Nach der Eroberung von Erfurt und Torgau schritt er im Februar 1637 zur Belagerung von Leipzig. Von Altenburg verlangte er 4500 Taler Brandschatzung und Lebensmittel für seine Belagerungsarmee. Gleichzeitig durchstreiften seine Scharen die von kursächsischen Truppen entblößten altenburgischen Lande. Die Umgegend von Eisenberg wurde verwüstet, Hainspitz und Königshofen niedergebrannt, Stadtroda geplündert; Streifscharen drangen im Saaletal aufwärts vor und plünderten Saalfeld.

Zum Entsatz von Leipzig zogen von Westen her kaiserliche Truppen unter den Feldmarschällen Götz und Hatzfeld durch Thüringen. Im Februar 1637 erreichten sie im Saaletal, um Eisenberg und in der Umgebung von Altenburg auch altenburgisches Gebiet. Banér mußte die Belagerung von Leipzig abbrechen und sich nach Torgau zurückziehen. Dagegen mißlang der Versuch des im Mai aus Hessen nach Thüringen eingerückten kaiserlichen Generalfeldzeugmeisters Geleen, Erfurt den Schweden zu entreißen. So zog er, bei Erfurt lediglich eine Blockadetruppe hinterlassend, im Juni nach Saalfeld weiter, wo er sich mit der aus Franken herankommenden Hauptarmee des kaiserlichen Generalissimus Gallas vereinigte. Die Truppenmasse wälzte sich nunmehr das Saaletal hinunter, im Umkreis von Orlamünde, Kahla und Dornburg altenburgisches Gebiet verwüstend, über Leipzig zur Elbe bei Pretzsch, um gemeinsam mit den bei Torgau liegenden kaiserlichen und kursächsischen Truppen Banér nach Pommern zurückzutreiben, was im Sommer schließlich auch gelang. Das altenburgische Land hatte unter diesen Durchmärschen schwer zu leiden. Orlamünde wurde zweimal geplündert, Lucka brannte, nachdem ein Soldat ein Haus angesteckt hatte, größtenteils nieder, Schmölln entging zweimal nur knapp der Plünderung, erlitt aber Brandschaden und Menschenverluste. Die Landbevölkerung war den zuchtlosen Soldatenhaufen schutzlos preisgegeben; viele Menschen flüchteten in die Städte. Dazu wütete die Pest im Lande. Übel hauste auch die Erfurter Blockadetruppe. Sie belästigte mit Raub- und Beutezügen die umliegenden Lande in solchem Maße, daß sich die ernestinischen Herzöge gemeinsam nach Möglichkeiten umsahen, um sie aus Thüringen zu entfernen. Auf Anregung von Herzog Johann Ernst von Eisenach bemühte man sich um einen Waffenstillstand mit dem schwedischen Kommandanten von Erfurt, um auf diesem Wege das Vorhandensein einer kaiserlichen Blockadetruppe überflüssig machen und ihren Abzug erreichen zu können. Diesem Ziel durch unmittelbare Verhandlungen mit Kaiser Ferdinand III. näher zu kommen und zwar unter Umgehung des sächsischen Kurfürsten, wie Herzog Wilhelm von Weimar vorschlug, fand allerdings nicht die Zustimmung Herzog Johann Philipps, weil er dadurch seinen mächtigen kursächsischen Nachbarn zu verstimmen fürchtete. Daß sein Gegenvorschlag, die kaiserliche Blockadetruppe durch eine kursächsische zu ersetzen, ohne sein Zutun im Juli Wirklichkeit wurde, als Kurfürst Johann Georg eins seiner Korps nach Erfurt auf den Weg brachte, bereitete ihm selbst später größte Sorgen. Denn obwohl es den ernestinischen Herzögen gelang, für ihren im August 1637 mit dem schwedischen Kommandanten von Erfurt abgeschlossenen Waffenstillstand die Zustimmung des Kaiser und Banérs und, nach einem persönlichen Gespräch Herzog Friedrich Wilhelms von Altenburg mit dem sächsischen Kurfürsten in Dresden, auch dessen Einverständnis zu erreichen, so war der Kurfürst doch nicht bereit, seine in Thüringen stehenden Truppen wieder abzuziehen. Sie blieben dort im Quartier, auch in altenburgischen Landen, und führten sich nicht besser auf als die Kaiserlichen und Schweden vor ihnen. Darüber hinaus hatten die altenburgischen Ämter an der unteren Ilm und mittleren Saale im Herbst 1637 noch den Durchmarsch der Götzischen Armee zu ertragen, die auf ihrem Wege von Brandenburg nach Hessen auch durch Thüringen kam. Das ganze Jahr 1638 über hielt die kursächsische Einquartierung in Thüringen, auch im altenburgischen Fürstentum an. Sie provozierte die schwedische Besatzung von Erfurt zu gelegentlichen Streifzügen, bei denen im April 1638 Stadtroda in Flammen aufging und die Umgebung von Kahla verwüstet wurde. Zwar bestand damals der 1637 geschlossene Waffenstillstand nominell noch, da er von keiner Seite formell gekündigt worden war. Aber er wurde immer weniger eingehalten, zumal von den Ernestinern auf Drängen Kursachsens mit dem Rat von Erfurt gegen Ende 1637 geführte Verhandlungen, die die Entfernung der schwedischen Garnison zum Ziele gehabt hatten, aber an zu hohen Forderungen des Kurfürsten gescheitert waren, das Verhältnis zum schwedischen Kommandanten, dem dies nicht hatte verborgen bleiben können, nicht gerade verbessert hatten, und außerdem sich während des Jahres 1638 ein Wandel des Kriegsglücks ankündigte.

Im Altenburgischen wurde dies schmerzlich spürbar, als Banér zu Beginn des Jahres 1639 seinen im schwedisch-französischen Vertrag von 1638 vereinbarten Vorstoß in die kaiserlichen Erblande unternahm, auf dem er im April 1639 die kaiserlich-kursächsische Armee bei Chemnitz besiegte, um danach bis Prag vorzurücken. Das Fürstentum Altenburg befand sich bereits im Februar in seiner Gewalt. Auch in Altenburg lag damals eine schwedische Besatzung. Als diese im März von einem aus Leipzig kommenden kursächsischen Streiftrupp überfallen und gefangen nach Leipzig geführt wurde, argwöhnte Banérs Unterfeldherr Torstensson Verrat von Seiten Herzog Johann Philipps, der damals in seiner Residenz ausgeharrt hatte, und von Altenburger Bürgern und befahl die Plünderung und Zerstörung der Stadt. Als sein Verdacht durch Aussagen von schwedischen Offizieren widerlegt wurde, zog er den Befehl zwar zurück, doch forderte er von der Stadt 18 000 Taler als Ersatz für den durch den Überfall entstandenen Schaden. Die Summe konnte nur unter größten Mühen aufgebracht werden. Die damals ausgestandenen Aufregungen warfen Herzog Johann Philipp aufs Krankenbett; er starb zwei Tage nach dem Abzug der Schweden, am 1. April 1639, erst 42 Jahre alt. Fromm und gebildet, gütig und uneigennützig, als wohlmeinender Regent ganz seinem kleinen Lande zugewandt, aber sich dessen bescheidener Möglichkeiten so sehr bewußt, daß er sich unter Verzicht auf eigenständige reichspolitische Betätigung in völlige Abhängigkeit von seinem kursächsischen Nachbarn begab, war seine zarte Natur der Härte der Kriegszeiten und ihres politischen Machtkampfes nicht gewachsen. Da er keinen männlichen Erben hinterließ — seine einzige Tochter Elisabeth Sophia hatte 1636 Herzog Ernst von Weimar, den späteren Ernst den Frommen von Gotha geheiratet —, ging die Regierung im Fürstentum an seinen Bruder Friedrich Wilhelm über.

Die altenburgischen Herzöge und die Teilung des coburg-eisenachischen Erbes 1634-1640

Der Präzedenzstreit zwischen den altenburgischen und weimarischen Fürstenhäusern erschwerte zwar weiter die Beziehungen miteinander, doch wurde er zeitweise überdeckt von der Unsicherheit der politischen und militärischen Verhältnisse in den Kriegszeiten, die zu gegenseitigen Konsultationen zwangen, vor allem aber durch gemeinsame Interessen, in erster

Linie an der angesichts des zunehmenden Alters des kinderlosen Herzogs Johann Ernst von Eisenach-Coburg näherrückenden gemeinsamen Erbschaft, auf die es sich rechtzeitig vorzubereiten galt, sollte neuer Streit zwischen beiden Häusern vermieden werden.

Erste Zeichen einer Annäherung hatte es schon gegeben, als 1631 die bis dahin Vitzthumsche Herrschaft Apolda, über die Altenburg und Weimar gemeinsam die Landeshoheit besaßen, und im gleichen Jahre beim Aussterben der Grafen von Gleichen die Herrschaft Remda als erledigte Lehen heimfielen. Man war 1633 übereingekommen, beide Herrschaften, mit Ausnahme der an Weimar fallenden Dörfer Bösleben, Tromlitz und Loßnitz, der Universität Jena zur Verbesserung ihrer recht schmalen wirtschaftlichen Grundlage zu übergeben; lediglich die Landeshoheit sollte bei Altenburg bleiben. Beiderseitige Räte verhandelten danach auch über noch ungeklärt gebliebene Fragen, die mit der Ausführung des Teilungsvertrags von 1603 zusammenhingen, vor allem über die Aufteilung der noch gemeinsam gebliebenen Lehnshoheit über Grafen und Herren, die vielfältige Mißverständnisse verursacht hatte; dabei wurde auch das coburg-eisenachische Erbfolgeproblem in die Beratungen einbezogen. Diesen Themenkreisen galten auch, zusammen mit allgemeinen politisch-militärischen Fragen, die Verhandlungen, die Johann Philipp und Friedrich Wilhelm im Februar 1634 in Erfurt mit Wilhelm von Weimar führten und die wenig später in Weimar, in Gegenwart von dessen Brüdern Albrecht und Ernst, fortgesetzt und Anfang März in Eisenberg abgeschlossen wurden. Es kam zu einer Einigung in den aus dem Teilungsvertrag von 1603 noch offen gebliebenen Streitpunkten ebenso wie in der coburg-eisenachischen Erbfolgefrage. Die bisher noch gemeinsam gebliebene Lehnshoheit über Grafen und Herren wurde aufgeteilt, in noch strittig gewesenen landesherrlichen Rechtsverhältnissen in verschiedenen Dörfern und Rittergütern eine Entscheidung getroffen und der Austausch der betreffenden Akten vereinbart; die Gemeinschaft des Appellationsgerichts Jena wurde aufgehoben, was die Errichtung eines Appellationsgerichts in Altenburg zur Folge hatte; das Hofgericht Jena hingegen blieb weiterhin gemeinschaftlich. Nachträglich, 1635, entschied man sich auch für die Trennung der bisher gemeinschaftlich verwalteten Erfurter Pfanddörfer Mühlberg und Tonndorf, wodurch Mühlberg an Altenburg, Tonndorf an Weimar kam.

Wichtigstes Ergebnis der Eisenberger Beschlüsse war jedoch die Vereinbarung über die Aufteilung des künftig anfallenden coburg-eisenachischen Erbes. Überraschend daran war das Einverständnis der Altenburger Herzöge mit der Anwendung des Gradual- statt des im sächsischen Gesamthaus sonst üblichen Linear-Erbfolgeprinzips. Daß man das Erbe nicht gleichmäßig auf beide Fürstenhäuser, sondern nach der Anzahl der vorhandenen Erben teilte, den beiden altenburgischen Herzögen Johann Philipp und Friedrich

Wilhelm und den vier weimarischen Brüdern Wilhelm, Albrecht, Ernst und Bernhard, hatte zur Folge, daß 2/6 des Erbes für Altenburg und 4/6 für Weimar bestimmt wurden. Diese Regelung sollte auch Geltung behalten, wenn sich vor dem Eintreten des Erbfalles unter den Erben Todesfälle ereignen würden. Gründe für den Entschluß der Altenburger, den größeren Teil des Erbes den weimarischen Vettern zu überlassen und nicht auf der Zweiteilung zu bestehen, sind nicht zu erkennen. Außerdem wurde vereinbart, daß binnen drei Monaten nach dem Eintritt des Erbfalls die Teilungsverhandlungen beginnen sollten, und für diese Zwischenzeit eine Übergangsregelung verabredet. Danach sollte Altenburg den eisenachischen, Weimar den coburgischen Landesteil in Besitz nehmen und bis zum Abschluß der Teilungsverhandlungen verwalten. Bei den Verhandlungen selbst sollten drei gleichwertige Teile und zwar zwei davon um die Residenzstädte Coburg und Eisenach gebildet und danach durch Los verteilt werden; der übrigbleibende dritte Teil sollte an Weimar fallen. Von den Teilungsverhandlungen ausgenommen bleiben sollten die coburgische Hälfte des Amtes Allstedt — die andere Hälfte hatte Altenburg bereits inne — und die den altenburgischen Ämtern Saalfeld und Leuchtenburg benachbarte Stadt Pößneck; beide sollten altenburgisch werden. Gemeinschaftlich bleiben sollten die Veste Coburg und die Wartburg, dazu die Landes- und Lehnshoheit über diejenigen Grafen und Herren, die derzeit Herzog Johann Ernst von Eisenach-Coburg ausübte.

Als Herzog Johann Ernst von Eisenach im Oktober 1638 verstorben war, vollzog sich der Wechsel der Landesherrschaft gemäß dieser Übergangsregelung reibungslos. Friedrich Wilhelm übernahm die Verwaltung des Eisenacher Landesteils, des coburgischen Teils von Allstedt und der Stadt Pößneck. Mit den Teilungsverhandlungen binnen dreier Monate zu beginnen, wie dies 1634 vereinbart war, zögerten die Altenburger Herzöge jedoch, weil sie die Bewertung der einzelnen Ämter, die einer Teilung vorauszugehen hatte, angesichts der landschaftlich unterschiedlichen Zerstörungen und wirtschaftlichen Schäden, die während der Kriegsjahre entstanden und noch zu befürchten waren, nicht für möglich hielten. Doch **Wilhelm von Weimar drängte auf die Teilung.** Er schlug vor, sie mit Hilfe der Ämterbewertung von 1572 durchzuführen und die seitdem entstandenen Wertminderungen, die in später vorzunehmenden Landesvisitationen festzustellen seien, auf finanziellem Wege auszugleichen. In Verhandlungen, die nach Johann Philipps Tod im April und Juli 1639 zwischen Friedrich Wilhelm und den weimarischen Herzögen Albrecht und Ernst in Altenburg stattfanden, von beiderseitigen Räten in Jena fortgeführt und im Februar 1640 abgeschlossen wurden, einigte man sich im **Altenburger Erbteilungsrezeß vom 13. Februar 1640.** Friedrich

Wilhelm hatte dabei zunächst besonderes Interesse am Eisenacher Landesteil bekundet, und Ernst hatte ihm freigestellt, entweder sich für diesen Teil zu entscheiden oder den Losentscheid abzuwarten. Später äußerte Friedrich Wilhelm Zweifel an der Gleichwertigkeit des Eisenacher Teils gegenüber den beiden anderen und bestand auf dem Losentscheid, auch nachdem die Weimarer Vettern dem Eisenacher Teil noch das Amt Volkenroda zugelegt hatten. Sein Los fiel dann auf den Coburger Anteil. Zu ihm gehörten die Ämter Coburg, Sonnefeld, Neuhaus bei Sonneberg, Neustadt bei Coburg, Sonneberg, Hildburghausen und Römhild samt den in diesen Bezirken gelegenen Städten, dazu die Hälfte des Amtes Allstedt und die Stadt Pößneck, ferner die Landes- und Lehnshoheit über Paulinzella und die Herrschaft Tonna. Man einigte sich auch über die Aufteilung der auf den coburg-eisenachischen Landen lastenden Schulden und traf die Vereinbarung, daß ein späterer Wertausgleich auf dem Wege der Schuldenübernahme geregelt werden sollte.

Wie schon der Teilungsvertrag von 1603 so zog auch dieser mancherlei Differenzen nach sich, die 1641, 1643 und 1645 größtenteils beigelegt wurden; damals noch unerledigte Streitpunkte hat man 1668 bereinigt, den Rest nach dem Erlöschen des Altenburger Fürstenhauses 1672 niedergeschlagen.

Herzog Friedrich Wilhelms II. Regierungstätigkeit von 1639 bis 1650 und die letzten Kriegsjahre in den Fürstentümern Altenburg und Coburg

Bei seinem Regierungsantritt stand Herzog Friedrich Wilhelm im 37. Lebensjahre. Nach Universitätsstudien in Leipzig und Tübingen hatte er auf Reisen in Italien, Frankreich, den Niederlanden und England und zum Kaiserhof in Wien seinen Gesichtskreis erweitert, ehe er 1631 in kursächsische Militärdienste trat. Er stieg dort in die höchste Truppenführung auf, verließ sie aber mit dem Prager Frieden. Schon bevor er Offizier wurde, hatte er sich durch Teilnahme an Regierungssitzungen in Altenburg Einblick in die Verwaltungsgeschäfte verschafft; von seiner Verhandlungstätigkeit im Jahre 1634 ist bereits die Rede gewesen. Seit 1635 hatte er dem regierenden älteren Bruder die durch die Kriegsnöte ungemein erschwerte Regierungslast tragen helfen und dabei die in mehrjährigem Kriegsdienst erworbene Wertschätzung Kurfürst Johann Georgs von Sachsen den altenburgischen Interessen dienstbar zu machen versucht.

Durch die Angliederung des Fürstentums Coburg hatte sich der Umfang seines Territoriums etwa verdoppelt. In der Verwaltung blieb das coburgische Fürstentum weiterhin selbständig, mit eigenen Landständen und eigenen Landeskollegien, und in den kommenden Jahren hat sich Friedrich Wilhelm jährlich wenigstens einmal und zuweilen für längere Zeit und samt seinem Hofstaat in Coburg aufgehalten, um dort den Regierungsgeschäften nachzugehen, in den Kriegsjahren wegen der auf den Straßen herrschenden Unsicherheit durch eine Leibwache beschützt. Bis 1642 blieb die Leitung der coburgischen Regierung in den Händen des seit 1612 amtierenden Kanzlers Ernst Foman. Nach dessen Tod übernahm dieses Amt der Jurist Johann Drach, zugleich mit dem Präsidium des Konsistoriums. Drach (1595-1648), aus Lohr am Main gebürtig, Sohn eines von dort wegen seines evangelischen Glaubens vertriebenen Kaufmanns und Neffe des coburgischen Kammersekretärs Sigismund Heusner, war in Coburg aufgewachsen, hatte in Jena und Altdorf Rechtswissenschaften studiert und stand seit 1620 im coburgischen Staatsdienst; er galt als ausgezeichneter Jurist.

Im Fürstentum Altenburg war nach Friedrich Wilhelms Regierungsantritt die Leitung der Regierung in den Händen des Kanzlers Bertram geblieben, der seit 1640 den Titel eines Geheimen Rats und Präsidenten führte; er starb noch im gleichen Jahre. Sein Nachfolger wurde 1641 Hans Friedrich von Brandt (1596-1657), ein weitgereister altenburgischer Rittergutsbesitzer, der in Leipzig und Jena studiert hatte und 1624 von Herzog Johann Philipp zum Hofrat in Altenburg ernannt worden war. 1626 hatten ihm die weimarischen Herzöge das Amt eines Assessors am Hofgericht in Jena übertragen; danach war er für die ernestinischen Häuser mehrfach diplomatisch tätig gewesen, so auf dem Kurfürstentag in Regensburg (1630), auf den Konventen von Leipzig (1631) und Frankfurt am Main (1634); auch an den Eisenberger Verhandlungen von 1634, als es um das coburg-eisenachische Erbe ging, war er maßgeblich beteiligt. Seit 1624 Schwiegersohn des kursächsischen Kanzlers Bernhard von Pöllnitz, war er 1635 als Obersteuereinnehmer in kursächsischen Dienst übergetreten, doch folgte er bereits 1639 dem Ruf Friedrich Wilhelms nach Altenburg. Er übte seit 1640 aus gesundheitlichen Gründen sein Amt meist von seinen Gütern her aus, wo er sich gewöhnlich aufhielt. Wohl aus diesem Grunde stellte ihm der Herzog den Juristen Heinrich Gebhardt gen. Wesener (1578-1653) als Kanzler zur Seite, einen Erfurter Ratsherrensohn, der in Wittenberg, Erfurt und Leipzig studiert und seit 1609 im Dienst von Heinrich Posthumus von Reuß-Gera gestanden hatte, seit 1611 als Kanzler; 1640 wurde er zum Kanzler nach Altenburg berufen, wo er zwei Jahre später den Geheimratstitel erhielt. Anders als in Coburg waren in Altenburg die Ämter des Kanzlers und des Konsistorialpräsidenten nicht in Personalunion verbunden; hier hatte seit 1641 Caspar Facius das Präsidium des Konsistoriums inne, der verdienstvolle Erzieher Herzog Johann Philipps und seiner Brüder, doch war er als Hofrat gleichzeitig Mitglied der Regierung.

Das erste Jahrzehnt der Regierungstätigkeit Friedrich Wilhelms war überschattet von Kriegsereignissen, die sein Land auch weiterhin stark in Mitleidenschaft zogen. Anders als sein älterer Bruder, der nur allzu oft beim Anmarsch von Truppen sein Heil in der Flucht gesehen hatte, bemühte er sich, als einst hoher Offizier mit dem Kriegshandwerk und seinen Schrecken vertraut, durch Verhandlungen mit den Kommandeuren der sein Land bedrohenden oder durchziehenden Truppen das Mögliche zu tun, um Kriegslasten abzuwenden oder wenigstens zu mildern. Als im Frühjahr 1640 Banér mit seiner Armee vor der kaiserlichen Übermacht aus Böhmen durch das Vogtland und Osterland nach Erfurt zurückging, die Kaiserlichen unter Erzherzog Leopold Wilhelm und Piccolomini ihm folgten und sich Ende April in und um Saalfeld lagerten, eilte Friedrich Wilhelm dorthin, um einen schnellen Abzug der Truppenmassen aus seinem Lande zu erreichen. Er wurde vom Erzherzog zwar mit großen Ehren empfangen und mit Versprechungen bedacht, konnte jedoch sein Anliegen nicht durchsetzen, zumal in der ersten Maihälfte Banér, der seine Armee um Erfurt durch lüneburgische und französische Truppen verstärkt hatte, unvermutet bei Rudolstadt erschien, nördlich von Saalfeld ein Lager aufschlug und seine Gegner angriff. Diese verschanzten sich südlich von Saalfeld und antworteten mit Gegenangriffen. Mehrere Wochen dauerte dieses Abtasten, ohne daß es zu einer Entscheidung kam. Bald herrschten Mangel an Verpflegung bei beiden Armeen. Mitte Juni marschierte Banér in Richtung Erfurt ab; die Kaiserlichen zogen sich wenige Tage später über den Frankenwald nach Eisfeld zurück. Schon beim Rückzug der Schweden aus Böhmen hatten die Umgebung von Altenburg und Eisenberg und das altenburgische Saaletal unter Einquartierungen zu leiden gehabt. Der mehrwöchige Aufenthalt so großer Truppenmassen — die Schätzungen schwanken zwischen 90 000 Mann und, die Trosse eingerechnet, 200 000 Personen — verlangte nicht allein die Beschaffung gewaltiger Lebensmittelmengen aus einem weiten Umkreis, zumal auch aus dem Altenburgischen; sie brachte auch die Verwüstung Saalfelds und seiner näheren und weiteren Umgebung mit sich. Durch Beschießung und Plünderung, durch Niederlegung von Häusern und anderen Gebäuden zur Holzgewinnung für Schanzenbauten erlitt die Stadt schwersten Schaden; zahlreiche Mühlen, aber auch die Bergwerksgebäude bei der Stadt, die Vorstadt Altensaalfeld und das Dorf Köditz gingen in Flammen auf, dazu eine ganze Zahl weiterer Ortschaften bis hinauf ins obere Schwarzatal und in den Orlagau hinein. Ein schwedischer Reitertrupp griff damals Kahla an und steckte, als er abgewiesen wurde, die Scheunen vor der Stadt in Brand; ein Angriff auf die Leuchtenburg schlug ebenfalls fehl. Orlamünde hingegen wurde so verwüstet, daß es zeitweilig von allen Bewohnern verlassen war; der Rat der Stadt hielt bis Pfingsten 1642 seine Ratssitzungen in Kahla ab. Hunger und Pest blieben nach Abzug der Armeen in Saalfeld und Umgegend zurück; in der Stadt starben 400, in Orlamünde 74 Menschen. Der Rückzug der Kaiserlichen nach Eisfeld belastete zudem noch das eben erworbene coburgische Herrschaftsgebiet Herzog Friedrich Wilhelms, der sich damals längere Zeit dort aufhielt.

Der Rückzug Banérs nach Hessen und Niedersachsen brachte den altenburgischen Landen zwischen Saale und Pleiße nur wenige Monate Ruhe, zumal Erfurt weiterhin in schwedischer Hand blieb und die dortige Besatzung regelmäßige Geld- und Lebensmittellieferungen von den altenburgischen Westgebieten forderte und gelegentliche Raubzüge bis Saalfeld hin ausdehnte. Schon im November 1640 erschienen wieder starke schwedische Truppenverbände um Altenburg; General Pfuel forderte 10 000 Taler von der Stadt, doch konnte Herzog Friedrich Wilhelm auf dem Verhandlungswege die Summe auf 2000 ermäßigen, Im Dezember zogen Teile der Banérschen Armee über Jena, Neustadt/Orla und Schleiz nach Bamberg und streiften dabei auch durch das altenburgische Saaletal und das Fürstentum Coburg. Es handelte sich um den berühmten Winterfeldzug Banérs nach Regensburg, wo er den dort tagenden Reichstag auszuheben gedachte. Das eintretende Tauwetter und heraneilende kaiserliche und bayerische Truppen machten dies zunichte. Er mußte nach Thüringen zurückweichen. Im Frühjahr 1641 nahmen seine Truppen Quartiere um Altenburg, Schmölln, Ronneburg und Stadtroda; Ronneburg wurde geplündert, in Gößnitz das Pfarrhaus und 23 Häuser niedergebrannt. Das umliegende Land hatte schwer zu leiden, viele Bewohner flüchteten mit ihrer Habe nach Altenburg. Auch im Saaletal lagerten damals schwedische Verbände. Wieder suchte Herzog Friedrich Wilhelm in persönlichen Gesprächen mit Banér in Schmölln, wo dieser zunächst sein Hauptquartier hatte, den Abzug der Truppen zu erreichen, doch vergeblich. Banér verlegte sein Hauptquartier ostentativ nach Altenburg und verlangte vom Herzog außerdem den Verzicht auf die Landes- und Lehnshoheit über die Herrschaft Tonna, die ihm durch den mit den weimarischen Vettern 1640 abgeschlossenen Erbteilungsvertrag zugefallen war. Diese vormals gleichische Herrschaft war nach dem Aussterben der Schenken von Tautenburg, die sie 1631 geerbt hatten, 1640 als Erbe an die Grafen von Waldeck gekommen. Graf Philipp Theodor von Waldeck wünschte sie in ein Reichslehen umzuwandeln und suchte sich daher der ernestinischen Landes- und Lehnshoheit zu entledigen. Banér, den schwägerschaftliche und wohl auch persönliche Beziehungen mit dem Waldecker verbanden, wollte diesem offenbar gefällig sein. Friedrich

Wilhelm wich damals der Gewalt und verzichtete auf seine Rechte an Tonna; später hat er sie allerdings weiterhin vertreten und mit Erfolg.

Dem mit seinen Truppen im April 1641 ins Halberstädtische abziehenden Banér, der wenige Wochen später dort starb, folgten kaiserliche und bayerische Verbände unter Piccolomini auf dem Fuße; sie nahmen Quartier im altenburgischen Gebiet zwischen Altenburg und Eisenberg und blieben hier bis in den Sommer hinein; Eisenberg erlebte damals eine Plünderung. Im Herbst 1641 erschien der kaiserliche General Hatzfeld in Thüringen, um die Schweden aus Erfurt zu vertreiben. Seine Forderungen nach Geld und Lebensmitteln richteten sich auch an Orte in den altenburgischen Westgebieten. Aber weder er konnte Erfurt den Schweden entreißen noch andere kaiserliche Verbände, die ihn im Dezember 1641 ablösten und danach, um dem neuen schwedischen Oberkommandierenden Lennart Torstensson, der von Norden her heranzog, den Weg nach Böhmen zu verlegen, in den altenburgischen Landen um Saalfeld und Kahla, Eisenberg und Ronneburg Winterquartiere nahmen, verstärkt durch bayerische Truppen, die sich um Altenburg einquartierten. Sie blieben bis zum Mai 1642, beunruhigt zuweilen von schwedischen Streifscharen des Generals Königsmarck, die im Frühjahr 1642 vorübergehend in und um Schmölln lagerten, um sich schließlich Torstenssons Hauptarmee anzuschließen, als diese im Mai zu ihrem Feldzug nach Schlesien und Mähren antrat.

Diesem neuen schwedischen Vorstoß in die kaiserlichen Erblande verdankte das Altenburger Land im Mai 1642 den Abzug der kaiserlichen und bayerischen Verbände nach Böhmen. Die Atempause war aber nur kurz. Denn als Torstensson sich nach der Einnahme von Olmütz vor einer heranrückenden kaiserlichen Armee, die unter Führung von Erzherzog Leopold Wilhelm und Piccolomini stand, zurückweichen mußte, zog er sich durch Schlesien und die Lausitz nach Sachsen zurück und begann die Belagerung von Leipzig. Teile seiner Armee quartierten sich im Fürstentum Altenburg ein; Verbände des von ihm zur Verstärkung herbeigerufenen Generals Königsmarck lagen im September im Saaletal zwischen Naumburg und Saalfeld. Ende Oktober 1642 kam es zwischen den Schweden und der zum Entsatz von Leipzig herbeigeeilten Armee des Erzherzogs und Piccolominis auf dem Schlachtfeld von Breitenfeld zum Kampf, in dem Torstensson einen glänzenden Sieg erfocht. Leipzig fiel wenig später in seine Hand. Altenburg und Umgebung aber hatte für seine Armee weiterhin die Lasten von Winterquartieren, von Geld- und Lebensmittellieferungen zu tragen, mit allen den Leiden, die die Soldateska der Bevölkerung dabei zufügte. Erst der Abzug Torstenssons nach Böhmen und Königsmarks an den Rhein befreiten das Land im Februar 1643 aus dieser Not.

Schwedisches Einflußgebiet blieb Thüringen auch nach Torstenssons und Königsmarcks Abzug. Vor allem die in

Erfurt zurückgebliebene schwedische Besatzung machte dies durch Streifzüge bis in die Umgebung von Saalfeld und durch Geld- und Lebensmittelforderungen, auch an die altenburgischen Westgebiete im Saaletal und um Eisenberg, deutlich. Von Truppendurchzügen größeren Ausmaßes blieb das Fürstentum jedoch verschont, bis der Eintritt Dänemarks in den Krieg gegen Schweden die militärische Lage veränderte. Der Winterfeldzug Torstenssons aus Mähren und Böhmen durch Schlesien und Brandenburg nach Jütland zog den Anmarsch einer von Feldmarschall Gallas befehligten kaiserlichen Armee nach sich, die im Frühjahr 1644 dem dänischen Verbündeten zu Hilfe eilte. Im Mai und Juni 1644 berührte sie auf dem Marsch nach Norden altenburgisches Gebiet, aus dem sie hohe Geld- und Lebensmittellieferungen herauspreßte. Gallas blieb jedoch erfolglos. Torstensson drängte ihn, nachdem er den Dänenkönig zum Frieden gezwungen hatte, zurück und setzte gegen Ende 1644 zu einem neuen Zug nach Süden an. Im Dezember 1644 eroberte er Pegau und Zeitz; Altenburg, Schmölln und das Umland wurden erneut zu Winterquartieren für Teile seiner Armee. im Januar 1645 marschierte er weiter nach Böhmen; die schwere Niederlage, die er am 6. März den Kaiserlichen bei Jankau beibrachte, sollte auf das politische Geschehen im Reich nicht ohne Auswirkungen bleiben.

In den Jahren nach dem Prager Friedensschluß hatten die dem Frieden beigetretenen Reichsstände mit zunehmender Verbitterung erkannt, daß der Kaiser nicht in der Lage war, den ersehnten Frieden herbeizuführen, und daß der Krieg, eine aus konfessionellem Streit und damit verbundenem Widerstand von Reichsständen gegen wachsendes Machtstreben des Kaisers entstandene, also ursprünglich rein innerdeutsche Angelegenheit, mehr und mehr zur militärischen Auseinandersetzung zwischen dem durch den Kaiser und Spanien repräsentierten Hause Habsburg und seinen Gegnern Frankreich und Schweden auf deutschem Boden ausgeufert war, die ihre eigenen Lande zugrundezurichten drohte. Erste Anzeichen selbständigen Handelns einzelner Reichsstände waren Versuche, durch den Abschluß von Waffenstillstandsvereinbarungen die Kriegslasten für ihre Länder zu vermindern; für Thüringen kann der Erfurter Waffenstillstand von 1637 dafür als Beispiel gelten, den der Kaiser und der Kurfürst von Sachsen zu billigen sich genötigt sahen. Seit 1638 drängten die Kurfürsten von Bayern und Sachsen auf die Einberufung eines Kurfürstentags, der schließlich 1640 in Nürnberg zusammentrat und sich noch im gleichen Jahre zu einem Reichstag ausweitete, dem ersten seit 23 Jahren; er tagte monatelang bis in das Jahr 1641 hinein in Regensburg. Herzog Friedrich Wilhelm von Altenburg ließ sich dort durch den altenburgischen Hof- und Justizrat Wolf Conrad von Thumshirn und den coburgischen Kanzler Drach vertreten;

über deren dortige Tätigkeit ist allerdings nicht mehr bekannt, als daß in einer Auseinandersetzung mit den weimarischen Bevollmächtigten der Präzedenzstreit wieder einmal aufbrach. So muß die Frage unbeantwortet bleiben, ob Altenburg damals noch, wie zu Zeiten Herzog Johann Philipps, reichspolitisch im Schlepptau Kursachsens segelte oder sich bereits, wie die Erfurter Waffenstillstandsverhandlungen erkennen ließen, Ansätze einer politischen Annäherung an die weimarischen Ernestiner zeigten. Zwar gelang es dem Kaiser in Regensburg noch einmal, die in Konfessionsfragen untereinander uneinigen Reichsstände zu weiterer Einhaltung der Prager Friedensbedingungen zu bewegen; in den folgenden Jahren jedoch wuchs unter dem Eindruck der Niederlagen der kaiserlichen und spanischen Armeen in den Jahren 1642 und 1643 die reichsständische Opposition gegen seine Politik ständig. Nach der Niederlage von Jankau im März 1645 vermochte der Kaiser seinen lange verteidigten Anspruch, bei kommenden Friedensverhandlungen, für die Mitte 1641 auf Vorschlag Schwedens und Frankreichs die Städte Münster und Osnabrück bestimmt worden waren, als alleiniger Repräsentant des Reiches den außerdeutschen Mächten und ihren Verbündeten gegenübertreten zu können, nicht mehr aufrecht zu erhalten und mußte sich dazu bereitfinden, alle Reichsstände als gleichwertige Partner zu den Friedensverhandlungen zuzulassen.

Herzog Friedrich Wilhelm von Altenburg sandte im Juli 1645 seine beiden Hof- und Justizräte Wolf Conrad von Thumshirn und August Carpzov nach Osnabrück, wo die evangelischen Reichsstände, Schweden und der Kaiser miteinander Verhandlungen aufnahmen.

Thumshirn (1604-1667), ein in Ponitz bei Altenburg geborener Landedelmann, hatte von 1623 bis 1629 in Leipzig und Tübingen Rechtswissenschaft studiert, danach vorübergehend in kursächsischem Militärdienst gestanden und anschließend am Dresdener Hof gelebt. 1632 war er von der Fürstin Magdalene von Anhalt zum Hofmeister ihres Sohnes Johann berufen worden und beiden, als sie vor der Kriegsgefahr nach Oldenburg auswichen, dorthin gefolgt. Als ihn 1639 familiäre Gründe zur Rückkehr in die Heimat nötigten, trat er noch im gleichen Jahre als Hof- und Justienrat in altenburgische Dienste und wurde von Herzog Friedrich Wilhelm für diplomatische Aufgaben verwendet. 1640/41 gehörte er zur altenburgischen Reichstagsgesandtschaft in Regensburg, 1641 war er an Verhandlungen beteiligt, die der Teilungsvertrag über das coburg-eisenachische Erbe nach sich gezogen hatte. Im gleichen Jahre wurde er auch mit Konsistorialgeschäften beauftragt, 1643 übernahm er außerdem die Leitung des ständischen Obersteuerkollegiums, ein angesichts der ungewöhnlichen finanziellen Belastungen, die der Krieg mit sich brachte, höchst schwieriges Amt. Seine schon in diesen Ämtern gezeigte Tatkraft und sein Verhandlungs-

Abb. 7: Residenzschloß Wilhelmsburg in Weimar (1754)

Abb. 8: Degen des Herzogs Bernhard von Sachsen-Weimar (1631)

Abb. 9: Herzog Bernhard von Sachsen-Weimar, Medaille auf die Eroberung von Breisach 1638

geschick bewährte sich auch auf dem Friedenskongreß, auf dem er eine weit über das politische Gewicht des Landes, das er vertrat, hinausgehende bedeutende Rolle spielte. Er widmete sich dort vor allem den Religionsbeschwerden der evangelischen Reichsstände und führte seit 1647 das Direktorium im evangelischen Fürstenrat.

August Carpzov (1612-1683), aus der bekannten Juristenfamilie stammend und in Colditz geboren, war nach juristischem Studium in Wittenberg, Leipzig und Jena 1637 Advokat in Wittenberg gewesen und 1644 zum Stolbergischen Rat ernannt worden; im Jahre darauf berief Herzog Friedrich Wilhelm ihn zum Hofrat nach Altenburg; er war später jahrzehntelang als Kanzler Leiter der coburgischen Verwaltung.

Während der Friedensverhandlungen in Osnabrück standen die altenburgischen Bevollmächtigten stets in enger Verbindung mit dem von Sachsen-Weimar und Sachsen-Gotha dorthin abgeordneten Gesandten Achaz Heher. Sie gehörten anfangs zum radikalen Flügel der Lutheraner, die ihren konfessionellen Standpunkt ganz im Sinne des 16. und beginnenden 17. Jahrhunderts vertraten und dem Protestantismus auch für die Zukunft ein weiteres Vordringen im Reich sichern wollten, indem sie freie evangelische Religionsausübung im ganzen Reich, auch in den Gebieten mit katholischer Obrigkeit forderten. Sie arbeiteten eng mit Schweden zusammen und gerieten dabei in Gegensatz zu Kursachsen, dessen Gesandte zur entschieden kaisertreuen Partei gehörten und weitgehenden Konzessionen in Konfessionsfragen das Wort redeten. Im Laufe der Verhandlungen, vor allem angesichts der hohen Entschädigungsforderungen Schwedens auf dem Kongreß, mäßigten sie allerdings ihre Forderungen und gaben sich mit der Festschreibung der konfessionellen Verhältnisse auf den Zustand des Jahres 1624, mit der konfessionell paritätischen Besetzung der Reichsbehörden und der Ausschaltung von Kaiser und Reichstag als Schiedsinstanzen in konfessionellen Fragen zufrieden, so daß sich 1648 die ernestinischen und albertinischen Standpunkte vielfach einander annäherten.

Auch in diesen Jahren fortschreitender Friedensbemühungen, deren Fortgang durch die Kriegsereignisse ständig beeinflußt wurde, blieben die altenburgischen und coburgischen Lande weiterhin den Begleiterscheinungen des Krieges ausgeliefert. Der Waffenstillstand, zu dem sich Kurfürst Johann Georg von Sachsen am 6. September 1645 von Schweden gezwungen sah und dem im März 1646 ein Vertrag folgte, in dem er sich zur Neutralität verpflichten mußte, änderte daran nichts. Als Graf Karl Gustav Wrangel, der Ende 1645 nach Torstenssons Rücktritt den Oberbefehl über die schwedischen Streitkräfte übernommen hatte, sich zu Beginn des Jahres 1646 genötigt sah, Böhmen zu verlassen, und seine Armee in Thüringen einquartierte, erlebten auch die Lande Herzog Friedrich Wilhelms neue Leidensmonate. Vergeblich hatte der Herzog versucht, ihnen die neue Belastung zu ersparen; Wrangel ließ sich von ihm lediglich von seiner Absicht abbringen, Altenburg zum Hauptquartier seiner Armee zu machen. So lagerten in den Monaten Januar bis März 1646 im ganzen altenburgischen Gebiet, um Altenburg, Ronneburg und Eisenberg ebenso wie um Saalfeld und Kahla schwedische Regimenter, und die Eintreibung von Geld und Lebensmitteln, die Plünderungen, Brandstiftungen und anderen üblichen Gewalttaten der zuchtlosen Soldateska quälten die Bevölkerung sehr. Als Wrangel im April nach Westen aufbrach, um dort die Vereinigung mit den ihm vom Rhein entgegenziehenden Franzosen zu suchen, wurde von seinem Marsch auch das Coburger Land, zumal die Umgebung von Eisfeld, betroffen. Den Schweden nachfolgende kaiserliche und bayerische Regimenter, die aus Franken kamen, bedrückten nicht nur die Umgebung von Coburg, sondern erschienen im Mai auch bei Saalfeld, und nur mit Mühe konnte eine Plünderung der Stadt abgewehrt werden. Immerhin erlebte Thüringen nach Wrangels Abzug eine Zeit relativer Ruhe, da sich nach der Vereinigung der Schweden und Franzosen bei Gießen und deren gemeinsamem Angriff auf Bayern der Schwerpunkt des Kriegsgeschehens nach Süddeutschland verlagerte. Allerdings sorgte die schwedische Garnison von Erfurt auch damals durch ihre Geld- und Lebensmittelforderungen für Unruhe, und im Saaletal verzeichnete Saalfeld im Juli den Vorbeimarsch eines kleinen kaiserlichen Verbandes und im Dezember 1646 den Durchzug schwedischer Truppen, die dem süddeutschen Kriegsschauplatz zustrebten, wo sich Kurfürst Maximilian von Bayern im Frühjahr 1647 zum Abschluß eines Waffenstillstands mit Schweden und Frankreich genötigt sah, um den völligen Ruin seines Landes zu verhindern. Als Wrangel danach in Böhmen eindrang, im Juli 1647 Eger eroberte und Truppen aus Norddeutschland zur Verstärkung heranzog, machte sich das sogleich im Saaletal bemerkbar. Den ganzen Sommer über und bis in den Herbst hinein sahen Saalfeld und Kahla und Umgebung schwedische Truppenverbände, teils mit Gefangenentransporten, zwischen Eger, Hof und Erfurt hin- und herziehen. Beim erneuten Wechsel der Kriegslage, der eintrat, als Maximilian von Bayern im September 1647 den Waffenstillstand kündigte, seine Truppen mit denen des Kaisers vereinigte und die Schweden aus Böhmen hinausdrängte, wurden die altenburgischen Lande von neuem Durchzugsgebiet. Den sich durch Thüringen nach Niedersachsen und Westfalen zurückziehenden Schweden folgten im Oktober 1647 die vereinigten Kaiserlichen und Bayern unter Melander und Gronsfeld; ihr Hauptquartier lag Mitte Oktober in Eisenberg, aber auch das Saaletal, das Holzland um Stadtroda und die Umlande von Altenburg, Schmölln und Ronneburg hatten unter den Truppenbewegungen zu leiden.

Der Erfolg der kaiserlichen und bayerischen Waffen war nicht von Dauer. Zwar berührte der neue Vorstoß der Schweden und Franzosen nach Bayern und Böhmen, der im ersten Halbjahr 1648 erfolgte, nur den Westen Thüringens, aber seine Folgen zeigten sich auch im Altenburgischen. Die Nachricht in den Saalfeldischen Historien von Caspar Sagittarius, daß im August 1648 ein schwedischer Rittmeister mit 200 Reitern durch Saalfeld gekommen sei, die „Beute aus Prag" mit sich führten, erinnert an den erfolgreichen Handstreich des schwedischen Generals Königsmarck auf die Kleinseite von Prag, das vielgenannte letzte spektakuläre Kriegsereignis. Königsmarck konnte allerdings die Altstadt von Prag nicht nehmen, und wenn eine schwedische Armee unter Pfalzgraf Karl Gustav, dem späteren schwedischen Thronfolger, damals von Norddeutschland her durch Sachsen nach Böhmen marschierte und dabei im September 1648 auch das Amt Altenburg berührte, so geschah das, um die in Böhmen kämpfenden schwedischen Verbände zu unterstützen und den Krieg in den kaiserlichen Erblanden weiterzuführen. Doch dazu kam es nicht mehr. Am 24. Oktober 1648 wurde der Friedensvertrag von Münster und Osnabrück unterzeichnet; die Waffen fanden endlich zur Ruhe. Bis zur Zahlung der Schweden im Friedensvertrag zuerkannten Kriegskostenentschädigung von 5 Millionen Talern, von denen 30 438 Gulden auf das Fürstentum Altenburg und 14 062 auf das Fürstentum Coburg entfielen, blieben die Truppen jedoch noch im Lande. Gegen Ende 1648 hatte das coburgische Gebiet noch schwedische und kaiserliche Einquartierungen zu ertragen; am letzten Tage des Jahres zogen fünf schwedische Regimenter durch Saalfeld und bis gegen Ende 1649 mußten dort und in anderen Teilen des Fürstentums Altenburg schwedische Truppen verpflegt werden. Erst nachdem 1649 und 1650 die in Nürnberg gepflogenen Verhandlungen über die Durchführung der Friedensbestimmungen, an denen auch Thumbshirn und Carpzov teilnahmen, im Juni 1650 abgeschlossen waren und die letzten fremden Soldaten das Land verlassen hatten, sah man in den altenburg-coburgischen Landen die Zeit für Friedensfeiern gekommen; sie fanden im August 1650 überall im Lande statt.

Thüringen gehörte wegen seiner geographischen Mittellage zu den vom Krieg am stärksten betroffenen Teilen des Reiches. Der Umfang der Zerstörungen und anderen Kriegsfolgeschäden war allerdings in den einzelnen Gebieten sehr unterschiedlich. Das galt auch für die Territorien des altenburgischen Herzogshauses. Relativ noch glimpflich waren die östlichen Landesteile um Altenburg, Schmölln, Ronneburg und Eisenberg durch den Krieg gekommen und dort, vor allem im fruchtbaren Altenburger Land, wurden die Kriegsschäden auch am schnellsten überwunden. In einem Steueranschlag von 1651 sind von 1275 Häusern in 115 Ortschaften nur noch 151 als verbrannt oder verlassen angegeben; nur in einem Ort waren noch mehr als die Hälfte der Häuser zerstört, in 16 Orten 20-50 %, in 36 unter

20 %, in 62 Orten überhaupt keins; Rittergutsorte hatten im allgemeinen höhere Verluste zu verzeichnen als reine Bauerndörfer. Die Einwohnerzahl der Residenzstadt Altenburg war von 2615 im Jahre 1632 auf 1047 im Jahre 1648 zurückgegangen, vor allem durch die Bevölkerungsverluste in den Pestjahren 1632, 1633 und 1637; von 1640 bis 1650 hatte sie aber einen z. T. erheblichen Geburtenüberschuß gehabt, so daß vermutlich bald nach dem Krieg die frühere Einwohnerzahl wieder erreicht worden ist; 1672 hatte sie bereits 3330 Einwohner. Schwer getroffen hingegen war das altenburgische Saaletal um Saalfeld, Kahla und Orlamünde und vor allem der Coburger Landesteil. Orlamünde war bei Kriegsende von seinen Einwohnern fast ganz verlassen, dasselbe galt von zahlreichen Orten der Umgegend von Saalfeld. Im Coburgischen lebten statt der 1618 gezählten 55 000 Einwohner in 6578 Häusern im Jahre 1650 nur noch 22 000 in 2915 Häusern (44 %); die Häuserverluste schwankten in den einzelnen Ämtern zwischen 22 und 72 %, 29 von 290 Dörfern lagen 1650 noch wüst, andere waren unbewohnt. Ein Drittel der Felder lag noch 1658 brach. Der Viehbestand war bei Kriegsende völlig vernichtet. 1646 betrug das Steueraufkommen des Landes nur ein Drittel der Vorkriegssumme.

Herzog Friedrich Wilhelms Regierungstätigkeit hatte sich jedoch auch in diesen Jahren nicht auf Bemühungen beschränkt, Truppenbewegungen nach Möglichkeit von seinen Landen fernzuhalten oder, da dies gewöhnlich nicht gelang, die damit verbundenen Belastungen auf das Unvermeidliche zu begrenzen, sei es durch Versuche, die Forderungen der Truppenführer auf dem Verhandlungswege zu senken oder wenigstens durch termingerechte Lieferungen den sonst zu erwartenden militärischen Exekutionen zuvorzukommen. Er versuchte auch eingetretene Schäden durch geeignete Maßnahmen zu beheben. Um die in der Bevölkerung um sich greifende s i t t l i c h e V e r w i l d e r u n g zu bekämpfen, hatte der bereits 1639, als erste Regierungsmaßnahme, eine Generalvisitation des Kirchen- und Schulwesens angeordnet, die wegen der damaligen Kriegsereignisse aber über Anfänge nicht hinauskam. Eine 1643 zum gleichen Zweck einberufene Generalsynode beschloß die Einführung von regelmäßigem Katechismusunterricht im Lande und bewirkte die Herausgabe einer von dem Altenburger Hofprediger und Generalsuperintendenten Martin Caselius verfaßten Schrift „Praxis catecheta oder Lutherische Katechismusschule", aus der 1646 ein weitverbreiteter Auszug veröffentlicht wurde, der über 200 Jahre, bis 1853, im Gebrauch gewesen ist. Der Landwirtschaft suchte der Herzog durch eine 1645 erlassene E r n t e o r d n u n g zu helfen, die vor allem die Entlohnung der Tagelöhner regelte; denn der infolge der durch die Kriegsereignisse verschuldeten Landflucht auf dem flachen Lande eingetretene Menschenmangel hatte die Tagelöhne derart steigen lassen, daß Gutsbesitzer und Bauern sie nicht mehr zahlen konnten und dadurch die Einbringung der Ernte gefährdet war.

Der Landwirtschaft dienen sollten ferner der auf dem Landtag von 1646 mit den Landständen ausgehandelte Steuererlaß für wüstgewordenen Grundbesitz und eine einjährige Steuerbefreiung für Wiederauf- und anbautätigkeit. Weitere Verordnungen für den altenburgischen Landesteil galten dem Münzwesen und dem Feuerschutz, dem Landesaufgebot („Defensionsordnung" 1643) und der Festlegung von Gerichtskosten. Seit 1640 erlassene Mandate gegen übermäßigen Aufwand bei Verlöbnissen, Hochzeiten, Kindtaufen und Begräbnissen bezeugen, daß die Bevölkerung auch in diesen Notzeiten auf ausgiebiges Feiern nicht verzichten wollte, wenn es dafür noch Möglichkeiten gab. Im Sommer 1650 folgten ein Mandat über den Wiederanbau unbebauter Felder und ein zum Schutz der Landwirtschaft erlassenes Verbot für Tagelöhner, Garn und Wolle zu spinnen, zu wirken, klöppeln, stricken und dergleichen „Stubenarbeit und Faulentzereien, so man artes sedentarias nennet"; die Tagelöhnerarbeit sollte also allein dem Wiederaufbau der Landwirtschaft zugute kommen.

Diese Regierungstätigkeit in schwerer Zeit geschah in engem Zusammenwirken mit den altenburgischen Landständen, deren landespolitische Bedeutung auch damals ungeschmälert erhalten blieb. Zwar wurden Landtage der damit verbundenen Kosten und wohl auch der schwerfälligen Verhandlungsführung wegen nur wenige abgehalten, aber um so mehr Ausschußtage, an denen eine relativ kleine Zahl gewählter Vertreter der Landstände teilnahm. Dabei kamen im Zusammenhang mit Erörterungen über das den Landständen zustehende Recht der Steuerbewilligung und ihrem Beschwerderecht alle drängenden Fragen der Landesverwaltung zur Sprache, bis hin zu Angelegenheiten des Hofstaats; auch die Notwendigkeit der Leibwache, die der Herzog zu seinem Schutz geschaffen hatte, und der Sinn des Landesaufgebotes, das ein Teil der Stände durch eine allgemeine Bewaffnung der Bevölkerung ersetzt wissen wollte, gehörten zu den behandelten Themen. Nach längerem Streit billigte man dem Landesherrn angesichts der unsicheren Zeiten die Leibwache zu; das Landesaufgebot blieb bestehen, wie sich überhaupt die Auffassungen des Herzogs und seiner Berater meist durchsetzten, die sich ihrerseits auch manche Anregungen der Stände zu eigen machten und in entsprechende Verordnungen umwandelten. So war im altenburgischen Landesteil die Zusammenarbeit von Landesherrn und Landständen weithin fruchtbar.

Weniger harmonisch gestaltete sich das Verhältnis des Herzogs zu den Landständen des Coburger Landesteils. Auf dem ersten, 1641 in Coburg abgehaltenen Landtag hatte er sie verärgert durch die Aufhebung des seit Johann Casimirs Zeiten in Coburg bestehenden Hofgerichts und Schöppenstuhls und seine Verfügung, ihr Recht künftig bei den gleichartigen Institutionen in Jena zu suchen, und noch 1648 weigerten sie sich, diese neue Rechtsinstanz anzuerkennen. Außerdem wehrten sie sich gegen die ihnen im Zusammenhang mit einer vom Herzog angeordneten Steuerrevision erteilte Auflage, Steueranschläge über ihre Güter und den Besitz ihrer Hintersassen anzufertigen. Denn zahlreiche von ihnen hatten steuerpflichtige, infolge der Kriegsumstände unbebaut gebliebene Güter von geflüchteten oder verstorbenen Hintersassen an sich genommen und mit ihrem steuerfreien Grundbesitz vermengt, und es gab bei ihnen wenig Neigung, diese willkommene Eigentumsvermehrung rückgängig zu machen oder durch entsprechende Steuerzahlungen auszugleichen. Auch eine 1642 ausgesprochene Mahnung des Herzogs änderte an ihrem Widerstand nichts. Ebenfalls 1641 erließ Friedrich Wilhelm, der in jenen unsicheren Kriegsjahren oft von Altenburg nach Coburg reiste, um dort seinen Regentenpflichten zu genügen, ein Mandat gegen den Aufkauf und das Horten von Lebensmitteln im coburgischen Gebiet und die damit verbundene Preistreiberei, das den Verkauf von Lebensmitteln auf Jahr- und Wochenmärkte beschränkte. 1643 erließ er eine Brauordnung für den Coburger Landesteil, 1644 ein Mandat über Weinlese und Keltern und 1645 eine Verordnung, die abgewanderte Grundeigentümer zur Rückkehr und zum Wiederbestellen ihrer Felder aufforderte und dafür den Erlaß rückständiger Steuern und Abgaben anbot. Daß letztgenannte 1652 erneuert werden mußte, läßt darauf schließen, daß sie bei den Betroffenen in den letzten Kriegsjahren nicht das erhoffte Echo gefunden hat.

Der Wiederaufbau in den Fürstentümern Altenburg und Coburg in den Jahren 1650 bis 1669

Erst mit dem Ende des Krieges konnte mit Aussicht auf dauerhaften Erfolg an die Behebung entstandener Schäden gegangen werden, zu der auch die Neuordnung des „zerrütteten Justiz-, Polizei- und Hauswesens", d. h. der Staatsverwaltung gehörte, deren Funktionieren ja erst die Möglichkeit gab, erlassene Verordnungen auch in die Wirklichkeit umzusetzen. An der verwaltungsmäßigen Trennung der beiden Landesteile ist auch nach dem Kriege nichts geändert worden, obwohl anzunehmen ist, daß bei Beratungen des Herzogs mit seiner altenburgischen Verwaltungsspitze gelegentlich auch coburgische Verhältnisse zur Sprache gekommen sind. Ein für beide Landesteile zuständiges Verwaltungsgremium entstand jedoch nicht; der Zusammenhang war lediglich durch die Person des Herzogs gegeben, der nach wie vor auch in Coburg seinen dortigen Verpflichtungen nachkam. Im Fürstentum Altenburg blieb die beherrschende Stellung der Regierung, der sowohl Konsistorium wie Kammer nachgestellt waren, ebenso bestehen wie in Coburg; ein Geheimratskollegium entstand nicht, obgleich leitende Beamte einen entsprechenden Titel führten. An der Spitze der altenburgischen Regierung stand bis zu seinem Tode 1657 der Geheime Rat und Präsident von Brandt; ihm zugeordnet war der Kanzler Gebhardt gen. Wesener; von beiden ist schon die Rede gewesen. Nach Gebhardts Tod übernahm 1653 der schon genannte Wolf Konrad von Thumbshirn, der seit 1652 den Titel eines Geheimen Rats führte, das Kanzleramt. Da nach Brandts Tod das Präsidentenamt nicht wieder besetzt wurde, war er seitdem der leitende altenburgische Staatsmann. Das Amt des Konsistorialpräsidenten hatte nach Facius' Tod 1647 der aus Lauf bei Nürnberg gebürtige Handwerkerssohn und Jurist Sebastian Beer (1609-1659) übernommen, der die Posten eines Hofrichters in Jena und eines Syndikus' in Magdeburg bekleidet hatte, bevor er zum Hofrat nach Altenburg berufen wurde; als Gemahl einer Enkelin des vormaligen Kanzlers Marcus Gerstenberg war er Eigentümer des Ritterguts Drackendorf bei Jena. Sein Nachfolger wurde 1659 Johann Thomae (1624-1679), der als Sohn eines Juristen in Leipzig geboren war und nach juristischen Studien in Wittenberg, Leipzig und Jena 1650 Assessor beim Hofgericht und Schöppenstuhl in Jena und im Jahre darauf zum Hof- und Justitienrat nach Altenburg berufen worden war. Er galt als ausgezeichneter Jurist und war übrigens ein Onkel des berühmten Hallenser Juristen und Philosophen Christian Thomasius, des Streiters für religiöse Toleranz und gegen Hexenprozesse. Die Leitung der Kammer, deren Geschäfte seit 1638 von der Regierung wahrgenommen worden waren, wurde erst 1665 wieder mit einem Kammerrat besetzt, dem vorherigen Landrentmeister und Obersteuereinnehmer Johann Reichard (1598-1667), einem Ilmenauer Bergmannssohn, der als einfacher Schreiber in Dornburg und Altenburg seine Laufbahn begonnen und sich in der Rentkammer in Altenburg und als Amtsschösser in Dornburg während der Kriegszeiten bewährt und es zu Rittergutsbesitz gebracht hatte. Nach seinem Tode übernahm 1667 sein Schwiegersohn Johann Georg Förster (1616-1673) dieses Amt. Er war der Sohn eines Altenburger Obersteuereinnehmers, hatte in Jena und Straßburg Rechtswissenschaft studiert und war danach Amtmann in Römhild und Landrentmeister in Coburg gewesen, ein Verwandter des früheren altenburgischen Kanzlers Esaias Förster und Sproß einer Beamtenfamilie, die seit Kurfürst Johann Friedrich dem Großmütigen zahlreichen thüringischen Landesherren gedient hatte. Thumshirn und Thomae hatten zugleich die Leitung des ständischen Obersteuerkollegiums inne und damit Einfluß auf die Verwendung der von den Landständen bewilligten finanziellen Mittel, ein Zeichen dafür, daß sich das Machtverhältnis zwischen Landesherrn und Landständen allmählich zugunsten des ersteren verschob. Gefördert hat diesen Wandel neben dem erhöhten Rang, den nach den Bestimmungen des Westfälischen Friedens alle

Reichsstände, auch die Kleinfürsten, im Reich gewonnen hatten, die im Reichsabschied von 1654 beschlossene Verpflichtung der Landstände zur Erfüllung von Steuerforderungen der Landesherren für die Unterhaltung von Festungen und deren Garnisonen, und das in der Wahlkapitulation für Kaiser Leopold I. von 1658 ausgesprochene Verbot landständischer Versammlungen ohne landesherrliche Genehmigung und von landständischen Klageerhebungen gegen Landesherren. In Coburg dürfte auch der Umstand, daß Friedrich Wilhelm II. dem dortigen Landadel Steuerfreiheit für dessen Rittergüter gewährte und ihn dadurch für sich gewann, eine Rolle gespielt haben. Einen wichtigen Beitrag zur Zurückdrängung landständischen Einflusses leistete auch der Ausbau der landesherrlichen Verwaltungsorganisation, der sich in den steigenden Ausgaben für die landesherrlichen Bediensteten in der Zeit von 1650 bis 1669, dem Todesjahr des Herzogs, widerspiegelte. In diesem Zeitraum erhöhten sich die Ausgaben für die Hofdienerschaft und die Beamtenschaft der Zentralbehörden von 13 987 auf 20 839 Gulden jährlich. Zugleich verschwand eine für die bisherige Verwaltungsweise charakteristische Form von Beamtentätigkeit, der Beamte „von Haus aus", der sein Amt nicht am Sitz der Regierung ausübte, sondern von seinem Wohnsitz aus als eine Art von Beratertätigkeit für den Landesherrn; seit 1656 verzeichnen die altenburgischen Kammerrechnungen keine Ausgaben mehr für derartige Hof- und Staatsdiener; in einer straffer als bisher gelenkten Beamtenhierarchie war für eine solch lose Form von Fürstendienst kein Raum mehr.

Im Fürstentum Coburg setzte Herzog Friedrich Wilhelm 1648 seinen bewährten Hof- und Justitienrat August Carpzov zum Kanzler ein. Er hat die dortigen Regierungsgeschäfte, zu denen auch die Leitung der Kammer gehörte, länger als drei Jahrzehnte, bis 1680, geführt und zugleich das Amt des Konsistorialpräsidenten bekleidet. Seine Stiftungen für das Coburger Gymnasium und zugunsten von Pfarrerwitwen und -waisen hielten seinen Namen in Coburg für lange Zeit lebendig.

Nach Beendigung des Krieges führte der Herzog, der bereits 1650 mit Genugtuung feststellen konnte, daß viele verwüstete Ritter- und Bauerngüter wieder bewohnt, brachgelegene Felder angebaut und neue Viehbestände vorhanden waren, seine bereits in den letzten Kriegsjahren begonnene, auf Wiederaufbau gerichtete Regierungstätigkeit fort. Sie äußerte sich in einer großen Zahl von Verordnungen und Mandaten, die für die Fürstentümer Altenburg und Coburg meist getrennt erlassen wurden. Sie galten in der Mehrzahl der Neuordnung der wirtschaftlichen Verhältnisse auf dem Lande und in den Städten, die während der vielen Kriegsjahre sehr in Verwirrung geraten waren.

Auf dem Lande hatten sich die Besitzverhältnisse mancherorts erheblich verändert. Zahlreiche verlassene und wüst gewordene Bauernstellen waren von anderen Bauern genutzt und zuweilen mit eigenen Liegenschaften vereinigt worden. Andere waren gutsherrlichem Besitz angegliedert, von den betreffenden Gutsbesitzern aber, da sie wegen des bestehenden Gesindemangels nicht selbst bebaut werden konnten, an Interessenten gegen Übernahme von Abgaben- und Dienstverpflichtungen ausgegeben worden, wodurch eine neue Schicht gutsabhängiger Bauern entstand. Die landesherrlichen Maßnahmen, die den Wiederauf- und -anbau brachliegender Güter durch befristeten Steuer- und Abgabenerlaß zu fördern suchten, wirkten im ähnlichen Sinne, zumal im Bereich der dem Landesherrn zu grundherrlichen Diensten und Abgaben verpflichteten Landbevölkerung. Sie boten unternehmungsfreudigen tüchtigen Menschen auch nichtbäuerlichen Standes die Möglichkeit, eigenen Grundbesitz zu erwerben, und manch vormaliger Knecht ist damals zum Bauern geworden. Leibeigenschaft wie in anderen Teilen Deutschlands ist damals in den Fürstentümern Altenburg und Coburg wie in Thüringen überhaupt nirgends entstanden. Zwar war der Bauer dem Grundherrn gegenüber auch weiterhin zu Diensten und Abgaben verpflichtet, im übrigen aber frei. Der Förderung der Landwirtschaft galt ferner die 1652 in Zusammenarbeit mit den Landständen geschaffene Gesinde- und Tagelöhnerordnung, die die Höhe von Gesinde- und Tagelöhnen und die Pflichten und Rechte von Gesinde und Tagelöhnern festlegte und durch die Bestimmung, daß alle, die kein Handwerk gelernt hatten und weder Gewerbe noch Handel trieben, zu zeitweiligem Dienst in Haus- und Landwirtschaft verpflichtet sein sollten, für ausreichend Arbeitskräfte für die Ritter- und Bauerngüter sorgen wollte. Sie bot den arbeitgebenden Bauern und Gutsbesitzern zwar erhebliche Rechte gegenüber ihren Bediensteten, suchte letztere aber andererseits auch vor Willkürmaßnahmen ihrer Brotgeber zu schützen. In den ersten Nachkriegsjahren wurden zwar noch Beschwerden gegen diese Ordnung laut, nach 1657 aber nicht mehr; sie hat sich offenbar bewährt und ihren Zweck erfüllt. Zur Vorsorge gegen Mißernten wurde in Altenburg ein Kornmagazin angelegt. Der Obstbau wurde gefördert, vor allem auf den Kammergütern, und durch eine 1655 angeordnete langfristige Steuerbefreiung auch der Weinbau. Ein Mandat gegen Wucherzinsen war ebenso zum Schutz des ländlichen wie des städtischen Wirtschaftslebens gedacht.

Die städtische Handwerkerschaft hatte durch den Krieg ebenfalls starke wirtschaftliche Einbußen erlitten, zumal dadurch, daß die Märkte weithin zum Erliegen gekommen waren. Daß eine 1652 erlassene neue Handwerksordnung sich in erster Linie dem Bauhandwerk zuwandte, hing mit den vordringlichen Wiederaufbaumaßnahmen zusammen. Zwei Jahre später folgte eine neue Ordnung für das Fleischerhandwerk, die 1668 erneuert und mit einer Taxordnung zur Regelung der Fleischpreise verbunden wurde. Mit der Bestätigung überkommener Innungsordnungen hat sich der

Herzog Zeit gelassen. Sie erfolgte erst nach dem Reichsabschied von 1654, der den einzelnen Reichsständen die Vereinheitlichung des Gewerberechts in ihren Territorien zugestanden hatte. Bemerkenswert ist, daß in die nunmehr bestätigten Ordnungen die wichtige Neuerung Aufnahme fand, daß die Rechnungslegung der Innungen in Gegenwart eines landesherrlichen Beamten erfolgen sollte, ein Zeugnis für den sich verstärkenden landesherrlichen Einfluß auf das Leben in den Städten. Dies zeigte sich auch in anderer Weise, z. B. in unmittelbaren Eingriffen des Herzogs in die Ratswahlgeschäfte in Lucka und darin, daß er die Bestätigung althergebrachter städtischer Privilegien nur für Eisenberg, Orlamünde (beide 1664) und Altenburg (1667) verbrieft hat. Die wirtschaftliche Bedeutung städtischen Lebens verkannte er nicht, wie die Erhebung des Frankenwaldfleckens L e h e s t e n zur S t a d t (1652) bezeugt; daß er dem dort neu geschaffenen Ratskollegium aber nur bescheidene jurisdiktionelle Rechte einräumte und es dem Amtmann von Probstzella unterstellte, macht deutlich, daß er die Selbstverwaltung des neuen Gemeinwesens in engen Grenzen zu halten wünschte. Auch des für das städtische Wirtschaftsleben so wichtigen Brauwesens nahm sich der Herzog an: 1653 erließ er eine neue Brauordnung für die Städte des Fürstentums Altenburg; für die coburgischen Städte war dies bereits zehn Jahre früher geschehen. Ebenfalls 1653 wurde für den altenburgischen Landesteil eine neue Feuerordnung in Kraft gesetzt, um Brandkatastrophen vorzubeugen; für Coburg folgte eine solche Ordnung 1659.

Eine große Zahl von M ü n z p a t e n t e n und -mandaten sollte die im Krieg eingetretene Zerrüttung des Geldverkehrs beseitigen; von besonderer Wichtigkeit war eine 1659 erlassene Münzordnung, die die auf einem Kreistag der obersächsischen Reichsstände in Leipzig 1656 beschlossene neue Währungsordnung, die den Verrechnungswert der gängigen Münzsorten festlegte, auch für Altenburg verbindlich machte. Daß damals zugleich das Recht, goldene und silberne Spitzen, Schnüre und Knöpfe zu tragen, auf Amts- und Standespersonen beschränkt wurde, und man darüber hinaus wiederholt Verordnungen gegen den bei Familienfesten getriebenen Aufwand für nötig hielt, darf als Zeugnis wiedererstandenen Wohlstandes in breiten Schichten der Bevölkerung gewertet werden, aber auch als Zeichen dafür, daß — damaligem Verständnis von patriarchalischer Fürsorge gemäß — der Freiheitsraum des Einzelnen zugunsten sich v e r s t ä r k e n d e r S t a n d e s s c h r a n k e n eingegrenzt blieb. Das heißt allerdings nicht, daß diese Schranken unübersteigbar gewesen wären; sie blieben stets fließend, verhinderten weder sozialen Abstieg noch Aufstieg Einzelner und ihrer Familien. Vor allem d a s B e a m t e n t u m b o t g u t e A u f s t i e g s m ö g l i c h k e i t e n, wie z. B. das Aufrücken Johann Reichards, des Bergmannssohns, in höchste Staatsstellen bezeugt, wenn auch ein solcher Erfolg sich weit seltener in einer Generation einstellte als im Laufe von zwei oder drei Generationen der gleichen Familie. Auf diesem Wege hat manche dem Handwerkertum und der Kaufmannschaft entstammende Beamtenfamilie die Nobilitierung und damit die soziale Gleichstellung mit dem Geburtsadel erreicht.

Die Förderung der Handwerkerschaft kam, da ihr auch das Recht zustand, ihre Produkte auf den wiedererstandenen oder, wie z. B. in Kahla 1657, neu verliehenen Wochen- und Jahrmärkten zu verkaufen, zugleich dem Handel zugute; die auf Beschränkung des freien Wettbewerbs zugunsten der Wahrung der sozialen Stellung ihrer Mitglieder zielenden Innungsvorschriften hielten ihn freilich in Grenzen und engten ihn weithin auf Warenaustausch im Lande selbst ein; von Fernhandel war in den altenburgischen und coburgischen Städten damals kaum etwas zu spüren. Ein 1659 mit Nürnberg abgeschlossener Vertrag, der die dortigen Kaufleute verpflichtete, bei ihren Fahrten zu den Messen in Naumburg und Leipzig die coburgischen und altenburgischen Geleitstraßen zu benutzen und sie nicht mehr zu umfahren, wie das im Kriege angesichts der damals dort herrschenden Unsicherheit üblich geworden war, dürfte daran wenig geändert haben, zumal Leipzig stets argwöhnisch darüber gewacht hat, daß seine Messeprivilegien nicht verletzt wurden; so galt dieser Vertrag wohl fast ausschließlich den Geleitsgebühren als landesherrlicher Einnahmequelle.

Die Regierung bemühte sich allerdings, dort fördernd einzugreifen, wo sich Gewerbefleiß von überörtlicher Bedeutung zeigte, wie beim in Ronneburg aufblühenden Textilgewerbe. So verfügte sie für Zeug- und Leineweber Steuer- und Abgabenfreiheit, zumal der ausgedehnten Schafzucht der landesherrlichen Schäfereien dadurch ein vorteilhaftes Absatzgebiet erschlossen wurde. Als dann aber die daraufhin allenthalben um sich greifende Heimarbeit des Garn- und Wollespinnens der Landwirtschaft und anderen Gewerben Arbeitskräfte entzog, meinte man sich darin Beschränkungen auferlegen zu sollen, die schließlich auch auf das bei den Bauern sichtbar gewordene Streben nach verstärkter Schafzucht dämpfend wirkten. Zur Entstehung von Textilmanufakturen wie im benachbarten Kursachsen kam es daher im Altenburgischen nicht. Kein langes Leben war den in der Nachkriegszeit in Altenburg eingerichteten privaten Druckereien beschieden. Neben der 1595 gegründeten, seit den ersten Kriegsjahren verpachteten Hofbuchdruckerei, die in enger Abhängigkeit vom Landesherrn und dessen Regierung als ihren wichtigsten Auftraggebern stand, konnten sie sich auf die Dauer nicht halten. Durch Privilegien gefördert wurden zwei 1657 neu entstandene Papiermühlen in Camburg/Saale und Lehesten im Frankenwald.

Besondere Mühe verwandte der Herzog auf die Wiederbelebung des Bergbaus um Saalfeld. Die dortigen Bergwerke, deren Ertrag nach 1575 sehr zurückgegangen war, hatte man bei der Landesteilung von 1603 in gemeinsamer Verwaltung gelassen und danach ziemlich vernachlässigt. Im Kriege waren sie ganz eingegangen und ihre Bauten während des „Saalfelder Lagers" von 1640 ein Opfer der Soldateska geworden. In Verhandlungen mit seinen weimarischen Vettern hatte Herzog Friedrich Wilhelm 1640 erreicht, daß sie ihm, der Bergzehnt ausgenommen, zur alleinigen Nutzung auf so lange überlassen wurden, bis die auf den Wiederaufbau verwandten Kosten wieder eingebracht seien. Noch im Sommer 1640 wurde eine neue Gewerkschaft gegründet, sechs Jahre später war der Bergbau wieder im Gange. Im Jahre darauf unterstützte der Herzog einige Saalfelder Bürger bei dem Versuch, das Alaunbergwerk bei Reschwitz wieder zu betreiben, und obwohl die Landstände ihm jede Unterstützung durch Bewilligung von Geldmitteln verweigerten, weil sie die Kosten für zu hoch hielten, blieb er unermüdlich weiter um den Bergbau besorgt. Er erwarb Kuxe und regte andere, zumal seine Beamten, an, dasselbe zu tun, ließ die 1640 zerstörte Schmelzhütte wieder aufbauen und berief den hessischen Bergmeister Daniel Weber aus Kassel nach Saalfeld. Auf acht Jahre befreite er die Gewerkschaft von der Zahlung des Bergzehnts und ließ ihr vier Jahre lang das benötigte Holz aus seinen Forsten unentgeltlich liefern. Die Bemühungen hatten Erfolg. 1658 verhüttete man in der Schmelzhütte 100 Zentner Erzgestein. Neben Kupfer und Silber wurden seit 1660 auch Kobalterze abgebaut. Die erforderlichen Verwaltungsgeschäfte führte ein Bergamt, für das der Herzog 1665 eine Berginstruktion entwerfen ließ, die die Bergordnung von 1575 erneuerte und alle mit dem Bergbau zusammenhängenden Fragen regelte.

Auch am Salzbergwerk bei Sulza, dem heutigen Bad Sulza, zeigte der Herzog frühzeitig Interesse. Schon 1646 war es zum Erlaß einer Salzwerksordnung gekommen, nachdem vier Jahre zuvor zum Nutzen des Salzwerks die Einfuhr fremden Salzes mit einer Steuer belegt worden war. Der Salzabbau wurde verpachtet und brachte dem Landesherrn auf diese Weise eine regelmäßige Einnahme.

Der Betrieb des Saalfelder Berg- und des Sulzaer Salzwerks verschlang beträchtliche Mengen Holz, und er wäre nicht möglich gewesen ohne den Waldreichtum des Landes. Die Forsten beider Landesteile waren überwiegend in landesherrlichem Besitz, doch standen wegen des landesherrlichen Forstregals auch alle anderen Forsten unter landesherrlicher Aufsicht. Sie wurde im Altenburgischen mit Hilfe einer bereits 1618 nach kursächsischem Vorbild erlassenen Holzordnung gehandhabt und hatte vor allem den Zweck, dem Schrumpfen der Waldgebiete Einhalt zu gebieten oder dies wenigstens in Grenzen zu halten. Auch adelige, kirchliche, bürgerliche und bäuerliche Waldeigentümer waren bei der Nutzung ihrer Wälder an die Zustimmung landesherrlicher Förster gebunden. Für das Fürstentum Coburg wurde 1646 eine entsprechende Holzordnung erlassen. Folgen von

Nachlässigkeiten in der Forstaufsicht während der Kriegsjahrzehnte, die sogar zum Verlust von Grenzsteinen und dadurch zu Grenzstreitigkeiten mit anderen Waldeigentümern geführte hatten, wurden 1657 beseitigt. Eine für beide Landesteile 1653 erlassene Jagdordnung, die 1668 erneut bekannt gemacht werden mußte, galt dem Schutz des Wildes und der Wiederherstellung geordneter Verhältnisse in diesem Bereich. Hatten doch z. B. in den coburgischen Wäldern Wildschweine und Wölfe so zugenommen, daß die Coburger Landstände dem Herzog auf dem Landtag von 1641 vorgeschlagen hatten, der Landbevölkerung deren Abschuß zuzugestehen. Er ging darauf allerdings nicht ein, suchte aber durch vermehrte landesherrliche Jagden den Beschwerden der Bauern über Wildschaden zu begegnen, ohne damit allerdings dauerhaften Erfolg zu erzielen.

Versuche, neben der Vielzahl einzelner Verordnungen zu einer Neufassung der hergebrachten und im Fürstentum Altenburg gültigen weimarischen Landesordnung von 1589 zu kommen, brachten kein Ergebnis; nach mancherlei Bemühungen begnügte man sich schließlich 1671 damit, die Weitergeltung der alten Ordnung durch einen Neudruck kund zu tun, beim Fehlen spezieller Einzelverordnungen aber auf kursächsisches Recht auszuweichen. Auch eine von den Landständen 1646 und 1651 geforderte Revision der Prozeß- und Gerichtsordnung, die nach einem 1663 vorgebrachten Vorschlag nach kursächsischem Vorbild erfolgen sollte, kam nicht zustande; hier entschloß man sich 1669 zur Übernahme einer entsprechenden gothaischen Ordnung.

Über allen diesen Bemühungen um den Wiederaufbau von Wirtschaft und Verwaltung vernachlässigte Herzog Friedrich Wilhelm nicht die Sorge um die Verbesserung des Kirchen- und Schulwesens, dem einst seine erste Regierungsmaßnahme, eine Generalvisitation, gegolten hatte, mit der er 1639 der durch die Kriegsverhältnisse ausgelösten sittlichen Verwilderung der Bevölkerung im altenburgischen Landesteil entgegenzuwirken trachtete. 1652 wurde das damals über Anfänge nicht hinausgekommene Vorhaben im Gebiet von Orlamünde wieder aufgenommen und seit 1657 durch den Konsistorialpräsidenten Beer und den Altenburger Generalsuperintendenten Johann Christfried Sagittarius im gesamten Fürstentum Altenburg fortgeführt. Ihr Ergebnis war eine 1659 erlassene Provisionalordnung über die „Wiedereinführung und Fortpflanzung wahrer Gottesfurcht, christlicher Zucht und guter Polizei". Sie brachte neben strengerer Kirchenzucht mancherlei Verbesserungen für die kirchliche Organisation und die Besoldung der Geistlichen, schuf günstigere Voraussetzungen für den Wiederaufbau von Kirchen und zog eine von Sagittarius veranlaßte Neuausgabe von Luthers Werken nach sich, die den Zweck verfolgte, die Geistlichkeit mit diesen besser vertraut zu machen. Im Fürstentum Coburg begnügte sich der Herzog auf dem Landtag von 1641, eine allgemeine Untersuchung der kirchlichen Vermögensverhältnisse anzuordnen, über deren Durchführung allerdings nichts verlautet. Eine dort 1652 erlassene Provisionalordnung galt der Verbesserung der Kirchenzucht, zugleich auch der Einschränkung übermäßigen Aufwands bei Familienfesten; erst 1666 fand eine Visitation statt. Grundlage kirchlichen Lebens blieb in beiden Landesteilen die Konkordienformal von 1577 und ein orthodoxes Luthertum, an dem der Herzog auch festhielt gegenüber den angesichts der Gräuel des Krieges, den man in der Bevölkerung weithin als Religionskrieg verstand, in Kirchenkreisen aufgekommenen Bestrebungen, zwischen den Konfessionen, zumal Lutheranern und Reformierten, zu einer Annäherung zu kommen. 1664 ließ Herzog Friedrich Wilhelm diese sogenannten synkretistischen Bemühungen durch den Coburger Generalsuperintendenten Johann Christoph Seld ausdrücklich als „hochschädliche Religionsvermischung" verurteilen.

Im Bereich des Bauwesens kam es nach der Behebung der umfangreichen Kriegsschäden, zumal der Wiederherstellung ausgebrannter Kirchen- und Schulgebäude zu vielerlei Um- und Erweiterungsbauten, aber auch zu Neubauten. So entstanden auf zahlreichen Friedhöfen sogenannte Gottesackerkirchen, z. B. in Altenburg, Coburg, Eisenberg und Kahla. In einem Teil des Mittelschiffes der in Verfall geratenen Kirche des vormaligen Bergerklosters in Altenburg, den sogenannten „Roten Spitzen", wurde mit Hilfe eines 1000 Taler-Zuschusses des Herzogs ein Waisenhaus eingerichtet. Altenburg als Residenzstadt zog überhaupt besonderen Nutzen aus der regen Bautätigkeit. Auch das Schloß wurde erneuert, und die Schloßkirche erfuhr damals umfangreiche, ihrem spätgotischen Charakter stilistisch freilich wenig zuträgliche Ausbauten im Inneren; später (1663) wurde dort auch eine Fürstengruft angelegt. Im Ganzen beschränkte sich des Herzogs Baulust angesichts der finanziellen Möglichkeiten seines Landes auf Zweckbauten. Daß es ihm aber auch an Sinn für prunkvolle Repräsentation nicht fehlte, wie ihn schon sein Vater, zuweilen zum Leidwesen seiner auf Sparsamkeit bedachten leitenden Beamten, besessen hatte, zeigte sich, als er 1652 eine zweite Ehe einging, nachdem er zwei Jahre zuvor seine erste Gemahlin nach kinderloser Ehe durch den Tod verloren hatte, und ihm die Gefahr des Aussterbens seines Hauses vor Augen stand, denn sein älterer Bruder Johann Philipp hatte keinen Sohn hinterlassen. Auch in Dresden wünschte man nicht den dann unvermeidlichen Anfall des altenburg-coburgischen Territoriums an die weimarische Linie der Ernestiner und war daher sehr einverstanden, als sich Friedrich Wilhelm 1652 mit Magdalene Sibylle, der Witwe des Kronprinzen Christian von Dänemark, einer Tochter des sächsischen Kurfürsten Johann Georg I. vermählte. Die Hochzeitsfeierlichkeiten in Dresden und Altenburg gestalteten sich über alle Maßen prächtig und kostspielig, und die Ausgaben für den neuen Hofstaat stiegen infolge der hohen Ansprüche der neuen Herzogin, die den Glanz liebte, aus Dänemark ein großes Gefolge mitbrachte und eine größere Anzahl von Künstlern herbeizog, und der schnell aufeinander folgenden Festlichkeiten, die den Altenburger Hof zum ersten thüringischen Fürstenhof machten, „wo man einen feineren Lebensgenuß im barocken Sinn — freilich noch in bescheidenem Umfang — schätzte", so stark an, daß von Seiten der leitenden Beamten Bedenken und aus der Bevölkerung Klagen laut wurden. Daß dennoch die Kammerverwaltung Überschüsse erwirtschaften konnte, ist wohl in erster Linie der Erhöhung von Steuern zuzuschreiben, spricht aber auch für die seit Kriegsende erheblich verbesserte wirtschaftliche Lage des Landes. Allerdings gab es auch Landesteile, die noch lange an den Kriegsfolgen zu tragen hatten, vor allem an einer erheblichen Schuldenlast (siehe S. 357).

Als Zeugnis gestiegenen Selbstbewußtseins wird man es verstehen dürfen, daß Friedrich Wilhelm 1657 für sich und seine Nachkommenschaft die Prädikate „Durchlauchtigst hochgeboren" und „Ihre fürstliche Durchlaucht" annahm und dies seinen weimarischen und gothaischen Vettern schriftlich kundtat. Schon um den nie aufgegebenen altenburgischen Anspruch der Präzedenz im ernestinischen Hause nicht auch nach außen hin deutlich werden zu lassen, sahen sich daraufhin auch diese zur Annahme dieser Titel genötigt (siehe S. 196, 216 und Abb. 5, nach S. 64).

Herzog Friedrich Wilhelms II. Reichspolitik und das Erlöschen des altenburgischen Herzogshauses 1650-1672

Über den erfolggekrönten Bemühungen um den Wiederaufbau im Lande vernachlässigte der Herzog zwar nicht die Vertretung seiner Interessen nach außen; und der auch den kleinen Reichsständen durch den Westfälischen Friedensvertrag eingeräumten Rechte, zumal der „fürstlichen Libertät", war er sich durchaus bewußt. Doch für selbständige erfolgversprechende reichspolitische Aktivität bot sein kleines Land keine Basis, und diese Erkenntnis mag die Zurückhaltung erklären, die er in reichspolitischen Fragen übte. Seine Verpflichtungen gegenüber Kaiser und Reich hat er allerdings stets ernstgenommen; gehörte doch auch er zu den vielen kleinen Reichsständen, für die das Reich trotz seiner offenkundigen politisch-militärischen Schwäche „die größte Bedeutung behielt, ja geradezu die Grundlage ihrer Existenz bildete". So sandte er zum Reichstag von 1653/54 zwei seiner tüchtigsten Beamten, den altenburgischen Hofrat und Konsistorialpräsidenten Johann Thomae und den coburgischen Kanzler August Carpzov, die dort die beiden Reichstagsstimmen der Fürstentümer Altenburg und Coburg wahrzunehmen hatten; und auf dem seit 1662 in Regensburg tagenden „immerwährenden Reichstag" führte Thomae die Geschäfte des altenburg-coburgischen Gesandten bis Ende 1667. Sein Nachfolger wurde dort 1668 der seit 1656 in altenburgischem Dienst stehende Hofrat Georg Christoph Dreher (1609-1682), ein vormaliger Nürnberger Advokat, Sohn eines kurbrandenburgischen Beamten. Er vertrat die beiden Fürstentümer bis über den Zeitpunkt hinaus, an dem das altenburgische Herzogshaus erlosch. Daß Kaiser Leopold I. dem Herzog ebenso wie dessen weimarischen und gothaischen Vettern 1660 und 1664 die dem ernestinischen Hause 1596 von Kaiser Rudolf II. zugesicherte Anwartschaft auf die Reichslehen der Grafen von Isenburg-Büdingen erneuerte, konnte als Zeugnis kaiserlichen Wohlwollens angesehen werden, auch wenn die Sache selbst wenig praktische Bedeutung hatte, weil das isenburg-büdingische Grafenhaus längst nicht mehr, wie 1596, vom Aussterben bedroht war. Als es auf dem Reichstag 1662 um die Leistung der Türkenhilfe für den Kaiser ging, ergriff Friedrich Wilhelm sogleich die erforderlichen Maßnahmen. Eine neue Defensionsordnung wurde beschlossen, um das Land in Verteidigungszustand versetzen zu können, und auf einem obersächsischen Kreistag wurde die Höhe des vom Fürstentum Altenburg zu stellenden Truppenkontingents auf 154 Fußsoldaten und 33 Reiter festgesetzt; überdies waren 1032 Gulden zur Kreiskasse zu leisten. 1664 zogen schließlich 189 Musketiere, 33 Kavalleristen. 4 Rüst- und 2 Packwagen als altenburgisches Kontingent in den Türkenkrieg, wo sie allerdings nicht zum Einsatz kamen, da der Kaiser inzwischen Frieden geschlossen hatte.

Weit folgenreicher für den Herzog und sein Land erwiesen sich zwei Vorgänge, die sich inzwischen in Thüringen abgespielt hatten, die hennebergische Teilung und die sogenannte Erfurter Reduktion. Die in gemeinsamer Verwaltung von Ernestinern und Albertinern befindliche Grafschaft Henneberg gehörte zu den Gebieten Thüringens, die durch den Krieg besonders stark gelitten hatten. Ihre Notlage und der damit zusammenhängende beträchtliche Rückgang der Einkünfte aus ihrer Verwaltung hatte zwischen 1640 und 1647 mehrfach die Regierungen der ernestinischen Herzöge beschäftigt, doch waren alle zur Besserung der dortigen Verhältnisse vorgeschlagenen Maßnahmen an der durch die Kriegsumstände bewirkten Passivität Kurfürst Johann Georgs I. von Sachsen gescheitert. Erst als Herzog Ernst der Fromme von Sachsen-Gotha 1651 dem Kurfürsten gegenüber den Entschluß äußerte, gegen ein entsprechendes Tauschobjekt auf seinen Anteil an Henneberg verzichten zu wollen, kam wieder Bewegung in dieses seit Jahrzehnten ungelöst gebliebene Territorialproblem. Da der Kurfürst im Hinblick auf Henneberg eigene, mit der Abfindung seiner jüngeren Söhne zusammenhängende familiäre Interessen verfolgte, zeigte er sich jedoch wenig geneigt, einer Veränderung der bestehenden Verhältnisse nachzugeben. Als 1652 auch Herzog Friedrich Wilhelm, sein nunmehriger Schwiegersohn, einen ähnlichen Wunsch äußerte wie sein Gothaer Vetter, bot er ihm zwar die 1640 an Kursachsen gefallene Herrschaft Tautenburg zum Tausch gegen seinen Henneberger Anteil — 3 1/2 Zwölftel der Grafschaft — an, doch über die Erstattung von 4500 Gulden, die dieser Anteil die Tautenburger Herrschaft an Wert überstieg, war mit dem Kurfürsten keine Einigung zu erreichen; er hatte sein Angebot wohl auch nicht so ernst gemeint. Erst als der Kurfürst 1656 gestorben und der kursächsische Anteil an Henneberg an dessen jüngsten Sohn Moritz von Sachsen-Zeitz übergegangen war, kam es 1658, erneut auf Initiative Herzog Ernsts von Gotha, zur Einleitung von Teilungsverhandlungen, bei denen sich der Herzog durch Thumshirn vertreten ließ. Sie endeten mit dem am 9. August 1660 in Weimar abgeschlossenen Teilungsvertrag (siehe auch u. S. 198, 235). Altenburg gewann damals die Ämter Maßfeld, Meiningen und Themar, das Kammergut Henneberg, den Hof Milz und die Kellerei Behrungen. Das neue Territorium wurde zu einem Bezirk zusammengeschlossen, dessen Leitung 1661 dem Amtmann von Maßfeld und Meiningen, Hans Caspar von Körbitz, übertragen wurde, der seinen Sitz in Meiningen hatte. Bei der Wahrung von Hoheitsrechten in diesem Gebiet ließ sich der Herzog von dem Coburger Kanzler Carpzov vertreten. Dieser leitete die Tagungen der dortigen Landstände und zusammen mit dem Coburger Superintendenten Seyfart eine 1662 veranstaltete Kirchen- und Schulvisitation. Ein organisatorischer Zusammenschluß mit dem Fürstentum Coburg erfolgte jedoch nicht. Denn auch über den Henneberger Anteil betreffende Angelegenheiten pflegte der Herzog — ebenso wie über solche, die das Fürstentum Coburg betrafen, wenn er sich nicht gerade in Coburg aufhielt — in Altenburg zu beraten und zu entscheiden. Er bediente sich dabei des Altenburger Regierungskollegiums; an die Bildung einer besonderen, allen Verwaltungsspitzen der nunmehr drei Landesteile übergeordneten Behörde in Altenburg hat man dort auch jetzt nicht gedacht.

Als es 1661 zwischen Kurfürst Johann Philipp von Mainz wegen der von ihm verlangten Aufnahme seines Namens in die Gebete der Erfurter evangelischen Geistlichkeit mit der Stadt Erfurt zum Streit kam, suchte Herzog Friedrich Wilhelm den Erfurter Rat und die dortige Geistlichkeit zu Kompromißbereitschaft gegenüber dem auf seinen landesherrlichen Rechten gegenüber der Stadt beharrenden Mainzer zu bewegen, um einer Verschärfung des Konflikts entgegenzuwirken. Die Bemühungen waren jedoch ergebnislos, und da Kurfürst Johann Georg II. von Sachsen keine ernsthaften Anstalten machte, der wegen ihres Widerstands in die Reichsacht erklärten Stadt zu helfen, wurde sie vom Mainzer Kurfürsten mit Hilfe französischer Truppen 1664 besetzt. Daß der sächsische Kurfürst bei den in Leipzig 1667 geführten Ausgleichsverhandlungen mit Mainz, an denen auch der altenburgische Kanzler Thumshirn teilnahm, gegen Geldzahlungen von Seiten Frankreichs und bescheidene kurmainzische Konzessionen wichtige Rechte des wettinischen Gesamthauses preisgab, so die 1483 erworbenen Schutzherrschaftsrechte über Erfurt und die Lehnshoheit über die Herrschaft Vieselbach, war zugleich ein Verlust für die Ernestiner und damit für Friedrich Wilhelm von Altenburg. Aber andere Mittel als das der Verhandlung in diesem letztlich militärisch entschiedenen Streit zu benutzen, ließen seine bescheidenen Machtmittel nicht zu, zumal wenn sich der große Nachbar Kursachsen zum Verzicht bereitfand.

Herzog Friedrich Wilhelm II. starb am 22. April 1669 in Altenburg; sein älterer Sohn Christian (1654-1663) und seine zweite Gemahlin Magdalene Sibylle (1618-1668) waren ihm im Tode vorausgegangen. Des Herzogs Testament von 1668 ist insofern bemerkenswert, als es erstmals im ernestinischen Hause eine Erbfolge nach dem Recht der Erstgeburt bestimmte, mit der Begründung, daß sie der Erhöhung des Nutzens und der Wohlfahrt für das Land und seine Regenten diene; es verlangte ferner, daß kein Gebietsteil des Territoriums verkauft oder verpfändet, daß Schulden nur im eigenen Lande aufgenommen und Kammergelder nicht in fremden Territorien angelegt werden sollten. Diese wohlmeinende und zukunftsträchtige Vorsorge blieb indessen unerfüllt. Außer einer Tochter Johanna Magdalene, die sich im März 1669, kurz vor des Vaters Tod, mit Herzog Johann Adolf von Sachsen-Weißenfels verlobt hatte, den sie 1671 heiratete, hinterließ Friedrich Wilhelm II. den 1657 geborenen jüngeren Sohn Friedrich Wilhelm III., für den Kurfürst Johann Georg II. von Sachsen und dessen jüngster Bruder Herzog Moritz von Sachsen-Zeitz die Vormundschaft übernahmen, während die Regierungsgeschäfte in Altenburg und Coburg in den Händen bewährter Beamter, des Geheimen Rats Thomae und des Kanzlers Carpzov, blieben. Die Hoffnungen auf den Fortbestand des Altenburger Herzogshauses wurden jedoch jäh zerstört, als der junge Herzog nach einem Besuch in Dresden an den Blattern erkrankte und am 14. April 1672 15-jährig in Altenburg starb. Mit ihm erlosch die altenburgische Linie der Ernestiner nach nur 69jährigem Bestehen. Ihre Territorien erbten Herzog Ernst der Fromme von Gotha, Gemahl der einzigen Tochter Herzog Johann Philipps von Altenburg, und seine weimarischen Neffen Johann Ernst II., Johann Georg und Bernhard. Doch darüber ist später zu berichten (siehe S. 207 f. u. 235 f.).

5. Sachsen-Weimar 1603-1640

Herzog Johann 1603-1605

In dem durch die Landesteilung von 1603 entstandenen neuen Fürstentum Weimar, das die Ämter Weimar, Oberweimar, Ringleben, Kapellendorf, Jena, Oldisleben, Ichtershausen, Schwarzwald, Georgenthal, Reinhardsbrunn und Königsberg in Franken und die einbezirkten Städte umfaßte, übernahm Herzog Johann Wilhelms jüngerer Sohn Johann die Regierung; er stand im 34. Lebensjahre. Da er beim Tode des Vaters erst dreijährig gewesen war und Kurfürst August von Sachsen als Vormund sein Augenmerk besonders dem älteren weimarischen Prinzen Friedrich Wilhelm (I.) zuwandte, für Johann hingegen geringeres Interesse zeigte, war seine Erziehung in weit stärkerem Maße als die des älteren Bruders im Einflußbereich der Mutter geblieben. Sonst hätte es der Kurfürst wohl kaum zugelassen, daß die Herzoginwitwe Dorothea Susanna 1579 mit der Erziehung ihres damals neunjährigen jüngeren Sohnes, einer Empfehlung Melissanders folgend, den 38jährigen aus dem Salzburgischen stammenden Juristen Virgilius Pingitzer betraute, einen Mann, der nach dem Besuch der Universitäten Jena, Ingolstadt, Leiden und Orléans 1567 seine juristische Professur in Jena übernommen hatte, von dort als Anhänger des flacianischen Luthertums durch Kurfürst Augusts Kirchenpolitik vertrieben worden war und ein Unterkommen in Gandersheim, danach in Helmstedt gefunden hatte. Er gehörte zu den vom Kurfürsten argwöhnisch beobachteten und, wie früher berichtet, 1580 von jeder Einflußnahme auf die Erziehung des älteren weimarischen Prinzen Friedrich Wilhelm ausgeschlossenen Persönlichkeiten in der Umgebung der Herzoginwitwe. Der 1583 in Dresden erörterte Plan, auch Johann aus der Umgebung der Mutter zu entfernen, wurde zwar Wirklichkeit, als der Prinz 1584 an den Dresdener Hof übersiedelte; doch Pingitzer blieb sein Erzieher und begleitete seinen Zögling dorthin. Erst als Kurfürst August 1586 gestorben und die Vormundschaft über Johann auf dessen älteren Bruder Friedrich Wilhelm übergegangen war, kehrte Pingitzer nach Thüringen zurück, um 1587 wieder eine juristische Professur in Jena zu übernehmen, wo er bis zu seinem Tode (1609) wirkte. An seiner Stelle wurde Johann Kirchner, ein Sohn des Weimarer Superintendenten Timotheus Kirchner, der bis 1573 als flacianisch gesinnter Geistlicher hervorgetreten war und deshalb wie Pingitzer Thüringen hatte verlassen müssen, mit der Aufgabe der Weiterbildung des nunmehr 17jährigen Johann betraut.

Im gleichen Jahre 1587 hatte, wie schon erwähnt (siehe S. 52) Johann auf Wunsch seiner Mutter dem älteren Bruder die alleinige Regierungsführung überlassen. Im Jahre darauf kehrte er aus Dresden nach Weimar zurück, um von dort eine längere Reise nach Straßburg, Basel und Oberitalien zu unternehmen; auf der Rückreise von dort besuchte er seinen in Wiener Neustadt noch immer in Gefangenschaft lebenden Onkel Johann Friedrich den Mittleren und den Kaiserhof in Wien. Johann war überhaupt ausgesprochen reisefreudig und seine Neigungen galten mehr den Wissenschaften und Künsten als den Regierungsgeschäften. So ließ er sich auch 1590, als er das 20. Lebensjahr erreicht hatte, leicht überreden, dem älteren Bruder die Alleinregierung auf weitere sechs Jahre zu überlassen, allerdings gegen erhöhte finanzielle Zuwendungen und die Zusage, im Falle der Eheschließung die Nutzung einiger Ämter zu erhalten. Diese Vertragsklausel trat in Kraft, als er sich 1592 mit Dorothea Maria, der am Darmstädter Hof aufgewachsenen Tochter des Fürsten Joachim Ernst von Anhalt verlobt hatte. Friedrich Wilhelm I. überließ ihm damals die Nutzung der Ämter Altenburg, Ronneburg und Eisenberg mit dem Recht, dort auch die Gerichts- und Polizeihoheit auszuüben. Im Schloß in Altenburg, wo er 1593 seine Hochzeit feierte, richtete Johann seine Hofhaltung ein und lebte dort, fern von den Staatsgeschäften, seiner schnell wachsenden Familie und seinen religiösen, wissenschaftlichen und künstlerischen Neigungen.

Die Verwaltungsgeschäfte für die drei von ihm genutzten Ämter besorgte eine der Weimarer Regierung untergeordnete Behörde, die aus dem Amtshauptmann Karl von Friesen, dem Kanzler Johann Wex und einem Sekretär bestand; nach Friesens Tod (1599) übernahm der bisherige Amtshauptmann von Saalfeld, Schweibold von Brandenstein, die Leitung.

Herzog Johann hatte 1591, als sein Bruder die Vormundschaft über die Söhne Kurfürst Christians I. von Sachsen und die Administration der kursächsischen Lande übernahm, und in den Jahren darauf nicht versucht, anstelle des seitdem meist in Torgau residierenden Bruders in Weimar Staatsgeschäfte zu übernehmen oder auch nur Einfluß darauf geltend zu machen. Die Geringschätzung, mit der Herzog Friedrich Wilhelms ebenso geschäftstüchtiger und energischer wie herrschsüchtiger Kanzler Marcus Gerstenberg Johann und dessen Gemahlin begegnete, mag sich aus dieser Passivität Johanns, seiner geringen Neigung zu Staatsgeschäften erklären; sie hat eher wohl auch dessen Scheu, das beschauliche Familienleben im Altenburger Schloß aufzugeben, verstärkt und die früh hervortretende hypochondrische Gemütsverfassung des Herzogs gesteigert. Man wird in Gerstenberg auch den Verantwortlichen für die hinhaltende Politik Friedrich Wilhelms sehen dürfen, die dieser seit 1596, mit Ablauf des Vertrags von 1590, verfolgte, als Johann auf Landesteilung drängte, und die dazu geführt hat, daß sich die guten Beziehungen zwischen den Brüdern und ihren Angehörigen abkühlten und die Teilungsverhandlungen sich jahrelang hinschleppten, und daß noch kein Abschluß erreicht war, als Friedrich Wilhelm I. 1602 starb. Daß Gerstenberg zu denen gehört hat, die Johanns Absicht, mit der Vormundschaft über die unmündigen Söhne seines verstorbenen Bruders auch die Regierungsgewalt im gesamten Weimar-Altenburger Lande, wenigstens für die Dauer dieser Vormundschaft, zu übernehmen, mit Erfolg verhinderte, kann bei dem Einfluß, den er auf Friedrich Wilhelm gehabt hatte und in kursächsischen Regierungskreisen besaß, als sicher angenommen werden, zumal er auch während der Teilungsverhandlungen des Jahres 1603 offen für die Söhne Friedrich Wilhelms Partei nahm und sehr dazu beigetragen hat, daß der Vertrag selbst kein für Johann, der lieber weiter in Altenburg residiert hätte, befriedigendes Ergebnis brachte. Jedenfalls haben Herzog Johann und seine Gemahlin in Gerstenberg stets einen Widersacher ihrer Interessen und den geschworenen Gegner unter den Ratgebern Friedrich Wilhelms I. und seiner Söhne gesehen, und sind ihm zeitlebens mit Abneigung, ja Haß begegnet. Gerstenberg verließ daher zusammen mit anderen hohen Beamten Weimar, als Johann dort die Regierung übernahm, und trat, wie schon berichtet wurde, in die Dienste der Söhne Friedrich Wilhelms I. und ihres Mitvormundes Kurfürst Christian II. von Sachsen.

Die Spitze der von Herzog Johann in Weimar neu gebildeten Regierung setzte sich nunmehr aus dem betagten Kammerrat Dietrich Vitzthum von Eckstädt und dem von Altenburg nach Weimar übergesiedelten Amtshauptmann Schweibold von Brandenstein zusammen, der ebenfalls das Amt eines Kammerrats übernahm; dazu gesellte sich der vom Herzog 1604 zum Kanzler ernannte Jurist Wolfgang Spelt, der 1592 aus seiner Heimatstadt Coburg nach Weimar gekommen und dort zunächst als Hofrat, seit 1599 als Hof- und Konsistorialrat tätig gewesen war. Eine führende Rolle wie Gerstenberg hat er jedoch nicht gespielt; den beiden Kammerräten stand er im Rang nach. Als Vitzthum von Eckstädt aus dem Amte schied, trat 1605 der Hofmarschall Hans von Santersleben (1559-1607) als Hof- und Kammerrat an seine Stelle.

Herzog Johanns Regierungszeit währte nicht einmal zwei Jahre; er starb bereits am 31. Oktober 1605 im Alter von 35 Jahren. Während seiner Regentschaft wurde 1604 mit Altenburg ein Vertrag über die von Herzog Friedrich Wilhelm I. hinterlassenen Schulden abgeschlossen, ein Folgevertrag der Teilungsverhandlungen von 1603, der aber wichtige Streitpunkte weiterhin unerledigt ließ. 1605 erwarb der Herzog durch Kauf von den Herren von Witzleben einen Teil von deren Herrschaft Berka an der Ilm, der mit dem Rest der Herrschaft, den des Herzogs Witwe 1608 kaufte, zum Amt Berka vereinigt wurde, eine zwar bescheidene, aber willkommene Abrundung des Fürstentums Weimar. Die geschichtliche Bedeutung

Johanns liegt weniger in seiner eigenen politischen Tätigkeit als in der Tatsache begründet, daß aus seiner Ehe mit der energischen und klugen Anhaltinerin Dorothea Maria, der „Stammmutter der Ernestiner", tüchtige Söhne hervorgegangen sind, unter ihnen zwei, Ernst und Bernhard, die zu den bedeutendsten Sprossen des ernestinischen Hauses und bemerkenswertesten deutschen Persönlichkeiten ihrer Zeit gehörten, und daß sämtliche seit 1672 in Thüringen regierenden Ernestiner von ihm abstammten, Johann somit zum Stammvater aller jüngeren Ernestiner geworden ist.

Die kursächsische Vormundschaft über die Söhne Herzog Johanns 1605-1615

Als Johann starb, waren seine Söhne Johann Ernst (geb. 1594), Friedrich (geb. 1596), Wilhelm (geb. 1598), Albrecht (geb. 1599), Johann Friedrich (geb. 1600), Ernst (geb. 1601), Friedrich Wilhelm (geb. 1603) und Bernhard (geb. 1604) noch minderjährig. Johann Ernst, der älteste Sohn, stand im 12. Lebensjahr. Nächster Agnat, dem die Vormundschaft über Johanns Söhne zugestanden hätte, war Herzog Johann Casimir von Coburg. Aber Kurfürst Christian II. von Sachsen war schneller als der Coburger. Unter Berufung auf das von seinem Großvater Kurfürst August 1573 erlangte kaiserliche Dekret, das die Nachkommen Johann Friedrichs des Mittleren bei der Erbfolge in der Nachkommenschaft Herzog Johann Wilhelms dem albertinischen Kurhaus nachgeordnet hatte, setzte er seinen Anspruch auf die alleinige Vormundschaft bei dem ihm gewogenen Kaiser Rudolf II. durch. In Weimar hätte man angesichts der unguten Erfahrungen, die man während der Vormundschaftsregierung Kurfürst Augusts gemacht hatte, eine coburgische Vormundschaft lieber gesehen. Die Rücksicht auf die Macht des kursächsischen Hauses und dessen starke Stellung beim Kaiser, dazu die Einsicht in die durch das kaiserliche Dekret von 1573 gegebene Rechtslage gaben jedoch den Ausschlag dafür, daß man sich Kurfürst Christians schnellem Zugriff nicht widersetzte, zumal man sonst in dem mit der Landesteilung von 1603 aufgebrochenen Präzedenzstreit mit Altenburg, von dem bereits berichtet wurde, in eine aussichtslose Lage zu geraten fürchtete. Johann Casimir freilich zeigte sich durch die Vorgänge in Weimar verstimmt, doch scheiterte sein Versuch, beim Kaiser wenigstens die Mitvormundschaft über die weimarischen Prinzen zu erreichen; aus Prag bekam er nicht einmal eine Antwort.

Im Jahrzehnt dieser erneuten kursächsischen Vormundschaft bestimmten die Kurfürsten Christian II. und, nach dessen frühem Tod (1611), Johann

Georg I. und ihre Dresdener Regierungsstellen die weimarische Politik nach außen, in einer Zeit, in der konfessionelle und politische Spannungen das Reich zu sprengen drohten und Reichstag und Reichskammergericht funktionsunfähig wurden, die Mehrzahl der Reichsstände sich in zwei sich feindlich gegenüberstehenden konfessionell geprägten Bünden, Union (1608) und Liga (1609), zusammenschloß, Kursachsen hingegen bündnislos an der Seite des Kaisers ausharrte und im Jülich-Cleveschen Erbstreit vergeblich auf friedlich-juristische Lösung hoffte. Eingriffe in die personelle Zusammensetzung der weimarischen Verwaltungsspitze unterließ Kurfürst Christian. Die beiden Kammerräte von Brandenstein und von Santersleben und der Kanzler Spelt blieben im Amt. Während Spelt das Kanzleramt bis 1618 und seit 1612 außerdem die Leitung des Konsistoriums innehatte, schieden die beiden Kammerräte bald aus; der 1609 unternommene Versuch, dem Kanzler die Leitung der Regierung zu verschaffen, wie dies in Altenburg üblich war, scheiterte jedoch; der 1608 zum alleinigen Kammerrat berufene Wolf Philipp von Draxdorf behauptete sich an der Spitze der Verwaltung.

Einen breiten Raum in der Regierungstätigkeit nahmen die Auseinandersetzungen mit Altenburg um die Ausführung der Bestimmungen des Teilungsvertrags von 1603 und der Altenburger Präzedenzstreit ein (siehe S. 56 ff.). Erstere führten 1610 zur Trennung der Landstände und 1612 zur Aufhebung des gemeinsamen Konsistoriums in Jena, das noch im gleichen Jahre nach Weimar verlegt und der Leitung des Kanzlers Spelt unterstellt wurde. Der Präzedenzstreit wurde nie beigelegt; in den Notzeiten des Dreißigjährigen Krieges trat er wohl zuweilen in den Hintergrund, doch flammte er immer wieder einmal auf und endete erst mit dem Erlöschen des Altenburger Herzogshauses 1672.

Dorothea Marias, der Witwe Herzog Johanns, hartnäckiges Eintreten für das Recht ihrer Söhne in diesem Streit war nur eine Seite ihrer mütterlichen Fürsorge. Blieb sie darin auch erfolglos, so war sie in anderer Beziehung um so erfolgreicher: bei ihren Bemühungen um tüchtige Lehrer und eine bestmögliche Erziehung ihrer Söhne. Zu deren Hofmeister berief sie im Sommer 1605 Friedrich von Kospoth (1569-1632), den Sohn eines Landadeligen aus dem reußischen Oberland und Eigentümer des Rittergutes Seubtendorf bei Saalburg an der Saale. Er hatte in Jena, Straßburg, Tübingen, Basel und an italienischen Universitäten studiert und war seit 1603 am Hofgericht in Jena tätig gewesen. Als 1608 die ältesten Söhne, die 14- und 12jährigen Prinzen Johann Ernst und Friedrich die Universität Jena bezogen, gewann sie für sie Caspar von Teutleben als Hofmeister und Friedrich Hortleder als Präzeptor (vg. Bd. I, S. 21 ff.). Caspar von Teutleben (1576-1629), Sohn eines Rittergutsbesitzers von Laucha und Wenigensömmern und Jenaer Hofrichters, hatte 1593-1597 die Universität Jena besucht, war 1597 auf dem Reichstag von Regensburg gewesen, hatte danach zweimal Italien bereist und war schließlich bei Herzog Johann 1604 Kammerjunker geworden. Nach des Herzogs Tod hatte er Kammerjunker- und Vizehofmeisterdienste bei dessen unmündigen Söhnen getan, ehe die Herzoginwitwe ihn zum Hofmeister ihrer beiden Ältesten machte; er hat sich später vor allem als Initiator der Fruchtbringenden Gesellschaft (1617) einen über Weimar hinausreichenden Namen gemacht. Hortleder (1579-1640), als Sohn eines asseburgischen Hauptmanns in Ampfurth bei Oschersleben im Magdeburgischen geboren, hatte in Helmstedt und Jena Rechtswissenschaft studiert und 1606 in Jena zum Dr. jur. promoviert und war danach als Hauslehrer in Adelshäusern gewesen, ehe er das Präzeptoramt bei den weimarischen Prinzen annahm. Seine staatsrechtlichen Auffassungen, vor allem die Lehre von der verfassungsmäßigen Beschränkung der kaiserlichen Macht durch die Rechte der Reichsstände, aber auch seine historischen Darstellungen über die Reformation und die Verdienste der Ernestiner um sie, über den Schmalkaldischen Krieg und seine nachteiligen Folgen für das ernestinische Haus und die verhängnisvolle Rolle Herzog Moritz' von Sachsen dabei, ferner sein entschiedenes, aber von Abneigung gegen die Reformierten freies Luthertum haben das politische Denken und Handeln der weimarischen Prinzen, nicht nur Johann Ernsts und Friedrichs, sondern auch Wilhelms, Ernsts und Bernhards entscheidend geprägt. Darüber hinaus hat Hortleder, wie noch zu zeigen sein wird, auch auf die praktische Politik Sachsen-Weimars in den folgenden Jahrzehnten oft unmittelbar eingewirkt.

Die pädagogischen Neigungen der Herzogin brachten sie in Verbindung mit dem bedeutendsten Pädagogen ihrer Zeit, Wolfgang Ratichius (1571-1625), der sich für veränderte Unterrichtsmethoden und die Einführung der deutschen Muttersprache im Schulunterricht ausgesprochen hatte (vgl. Bd. IV, S. 69 ff.). Sie zog ihn 1612 an ihren Hof nach Weimar, wo er anfangs, zumal bei ihr selbst und Friedrich von Kospoth, viel Verständnis fand, sich aber durch sein schroffes Auftreten alle Sympathien verdarb und deshalb schon 1613 wieder abreiste. Sein Nachfolger als pädagogischer Berater der Herzogin wurde 1613 Johannes K r o m a y e r (1576-1643), ein Döbelner Handwerkersohn, der die Schule in Pforta besucht und in Leipzig Theologie studiert hatte und seit 1600 Geistlicher in Eisleben gewesen war. Sie ernannte ihn zum Hofprediger, später wurde er Generalsuperintendent; er hat sich große Verdienste um die Verbesserung des weimarischen Schulwesens erworben (vgl. Bd. IV, S. 73 ff.).

J o h a n n E r n s t, ihren Ältesten, bereitete Dorothea Maria frühzeitig auf seinen künftigen Regentenberuf vor. Den 18jährigen machte sie 1611 mit den Problemen ernestinischer Hauspolitik vertraut, vor allem mit dem Altenburger Präzedenzstreit. 1612 schickte sie ihn zum Kurfürstentag nach Frankfurt, wo damals König Matthias zum Kaiser gekrönt wurde. Im

Jahre darauf besuchte Johann Ernst Frankreich, die Niederlande und England; am Pariser Hof wurde er König Ludwig XIII., in London König Jakob I. vorgestellt, er weilte in Brüssel und in Amsterdam, wo der mit Moritz von Oranien, dem Statthalter der Niederländischen Generalstaaten, zusammentraf, der in seinem späteren Leben noch eine Rolle spielen sollte. 1614 nahm der Prinz am Naumburger Fürstentag teil, der der Erneuerung der Erbverbrüderung und Erbeinung zwischen den Häusern Sachsen, Hessen und Brandenburg galt. Er selbst hatte hier im sofort aufbrechenden Präzedenzstreit mit Altenburg als Wortführer der Interessen seines Hauses aufzutreten; aber auch die mit dem Jülich-Cleveschen Erbfolgestreit zwischen Sachsen und Brandenburg entstandenen Spannungen waren nicht zu übersehen. Der junge Ernestiner dürfte außerdem bereits damals Einblicke in die durch Union und Liga geprägten politischen Verhältnisse im Reich und die Einstellung der westeuropäischen Mächte zu diesen Vorgängen erhalten und daraus Einsichten gewonnen haben, die auf sein späteres Handeln nicht ohne Einfluß gewesen sind.

Die Regierungszeit Herzog Johann Ernsts des Jüngeren 1615-1626

Mehrfache, bereits seit 1608, vor allem 1611, nach dem Tode Kurfürst Christians II., unternommene Versuche Dorothea Marias, ihren Ältesten vorzeitig aus der kursächsischen Vormundschaft zu lösen, waren ergebnislos verlaufen. Noch 1614 gab Kurfürst Johann Georg I. auf ihre Bitte, den inzwischen 20jährigen Prinzen an den Weimarer Regierungsgeschäften teilhaben zu lassen, nur eine hinhaltende Antwort. Als Johann Ernst am 21. Februar 1615 mündig geworden war und man weimarischerseits wegen der Beendigung der Vormundschaft in Dresden vorfühlte, verlangte der Kurfürst als Vorbedingung dafür — neben der in solchen Fällen üblichen Entlastung für die von ihm geführten vormundschaftlichen Geschäfte — ein schriftliches Versprechen Johann Ernsts für sich und seine Brüder, auch in Zukunft alle während der Vormundschaftszeit abgeschlossenen Verträge und erlassenen Dekrete einzuhalten und darüber hinaus in Reichs- und Religionsangelegenheiten und in der hennebergischen Erbschaftssache künftig nichts ohne seinen Rat zu unternehmen. An diesem bei solcher Gelegenheit durchaus unüblichen Verlangen nahm man in Weimar Anstoß; man sah darin eine Einschränkung der politischen Handlungsfreiheit des weimarischen Herzogshauses, fürchtete aber andererseits, daß bei Einwänden dagegen der Kurfürst, dessen Vormundschaftsrechte sich auf sämtliche weimarischen Prinzen bezog, seinen Anspruch bis zur Mündigkeit des jüngsten Prinzen, des 1604 geborenen Bernhard, aufrecht erhalten und die Vormundschaft bis 1625 weiterführen würde. Vorsichtige Vorbehalte, die Dorothea Maria in Dresden erhob, wurden in der Tat vom Kurfürsten brüsk zurückgewiesen. So half man sich in Weimar mit einem von Hortleder empfohlenen Winkelzug, der die juristische Wirksamkeit einer Unterschrift des jungen Herzogs unter das vom Kurfürsten vorgeschriebene Dokument weitestmöglich abschwächen sollte. Als am 28. Oktober 1605 die Unterzeichnung des Dokuments erfolgte, gab Johann Ernst zugleich vor Notaren und Zeugen eine protokollierte Erklärung ab, die auf die Feststellung hinauslief, daß durch die Unterschrift seine politische Entscheidungsfreiheit als Reichsfürst nicht berührt werde. Die nach Weimar gekommenen kursächsischen Bevollmächtigten nahmen das Protokoll zur Kenntnis und erklärten tags darauf die kursächsische Vormundschaft für beendet und Johann Ernst zum Vormund über seine jüngeren Brüder. Kurfürst Johann Georg lehnte zwar die Annahme des Protokolls ab; das unterschriebene Dokument behielt er jedoch und erkannte damit nolens volens auch die Auslegung an, die Johann Ernst ihm zugedacht hatte. Der Vorgang zeugt für das unvermindert fortbestehende Mißtrauen zwischen den beiden sächsischen Häusern; und die vom Kurfürsten quasi erpreßte Unterschriftsleistung, die der junge Johann Ernst als persönliche Demütigung empfand, war alles andere als eine geeignete Grundlage für künftige vertrauensvolle Zusammenarbeit.

Nach der Regierungsübernahme übertrug der junge Herzog die seit dem Ausscheiden Wolf Philipps von Draxdorf (1613) verwaiste Leitung des Regierungskollegiums dem zum Geheimen und Kammerrat ernannten Besitzer der Herrschaft Beichlingen, Georg von Werthern (1581-1636), der allerdings nach nur zweijähriger Amtsführung krankheitshalber ausschied, und dessen Nachfolger der bisherige Hofmeister Friedrich von Kospoth war, der 1618 die Ernennung zum Geheimen Rat erhielt. Der Kanzler Spelt, zugleich Leiter des Konsistoriums, blieb ihm nachgeordnet. Eine der ersten Regierungsmaßnahmen des Herzogs galt der Einberufung des Landtags, ein Zeugnis dafür, daß er die Rechte der Landstände unangetastet lassen wollte. Besonderes Interesse zeigte er, hier seiner Mutter ähnlich, für pädagogische Fragen (vgl. Bd. IV, S. 73 ff.).

Den politischen Vorgängen im Reich hat Johann Ernst von Anfang an seine Aufmerksamkeit zugewandt, zumal dem Jülich-Cleveschen Erbfolgestreit und seinen Folgen und den 1618 in Böhmen ausbrechenden Unruhen. Wie in der Frage des Altenburger Präzedenzstreits bediente er sich auch hier vor allem der Einsichten seines Mentors Hortleder. Ein besonders nahes Verhältnis entwickelte sich zu den nächsten Verwandten der Mutter, den Mitgliedern des anhaltischen Fürstenhauses, obwohl diese am Ende des 16. Jahrhunderts ihre lutherische Konfession zugunsten der reformierten aufgegeben hatten; das Verhältnis zum sächsischen Kurhaus hingegen blieb kühl und reserviert.

Mit der Volljährigkeit des nächstälteren Herzogs Friedrich, die im März 1617 eintrat, rückte das Problem in den Vordergrund, in welcher Weise die jüngeren Brüder an den Staatsgeschäften beteiligt und wie ihre finanziellen Verhältnisse geregelt werden sollten. Bevor es jedoch zu Verhandlungen darüber kam, starb Herzogin Dorothea Maria an den Folgen eines Sturzes vom Pferd, erst 43 Jahre alt. An ihrer Beisetzung am 5. August 1617 in Weimar nahm eine große Zahl von Fürstlichkeiten teil, unter ihnen Fürst Ludwig von Anhalt-Köthen, ein jüngerer Bruder der Verstorbenen. Damals kam es auf Vorschlag von Herzog Johann Ernsts vormaligem Hofmeister Caspar von Teutleben zur Gründung des Ordens der „Fruchtbringenden Gesellschaft", auch „Palmenorden zur Erhaltung teutscher Treue und Verbesserung der vaterländischen Sprache" genannt, einer der bemerkenswertesten deutschen Sprachgesellschaften dieser Zeit (vgl. Bd. IV, S. 365).

Der frühe Tod der Mutter war für Johann Ernst und seine meist noch unmündigen Brüder ein schwerer Verlust. Beraten von ihrem Onkel Ludwig von Anhalt-Köthen und Herzog Johann Casimir von Coburg einigten sie sich Ende 1618 darauf, daß die von Johann Ernst geführte gemeinschaftliche Regierung weiterhin bestehen bleiben sollte, zumal wegen der noch einige Jahre fortdauernden Unmündigkeit der jüngeren Herzöge und vor allem deren großer Zahl eine Aufteilung des ohnehin bescheidenen Territoriums für unmöglich erachtet wurde. Für jeden der Herzöge wurden jährliche Einkünfte festgesetzt, die je nach Alter und wahrgenommenem Aufgabenbereich verschieden hoch waren, und über die jeder frei verfügen konnte.

Die Folgen des Aufstands in Böhmen, die Wahl Ferdinands II. zum Kaiser und die des Kurfürsten Friedrich V. von der Pfalz zum König von Böhmen mit den sich mehr und mehr zuspitzenden Gegensätzen zwischen den konfessionellen Parteien im Reich waren nicht dazu angetan, den Tätigkeitsdrang der jungen Weimarer Herzöge auf Regierungsgeschäfte im eigenen kleinen Lande zu lenken; sie nahmen Anteil am Geschehen im Reich. Die nahe Verwandtschaft zu den Anhaltinern war dabei von bedeutendem Einfluß auf ihre Parteinahme; zumal Fürst Christian von Anhalt-Bernburg, der nicht nur zu den Gründern der protestantischen Union gehörte, sondern auch zu den maßgebenden Persönlichkeiten der kurpfälzischen Politik zählte, spielte in diesem Zusammenhang eine wichtige Rolle. Im November 1619 nahmen Johann Ernst und seine Brüder Friedrich und Wilhelm, der inzwischen auch die Mündigkeit erlangt hatte, an der Tagung der zur Union gehörenden Reichsstände in Nürnberg teil. Sie hatten dort eine Aussprache mit dem jungen Böhmenkönig, der nach Nürnberg gekommen war, um die Mitglieder der Union für den voraussehbaren Kampf gegen den Kaiser und die katholische Liga für sich zu gewinnen. Das gelang ihm zwar nicht, denn die Mehrzahl der Tagungsteilnehmer sprach sich für Neutralität aus. Die jungen Weimarer Herzöge hingegen schlossen sich, bestärkt durch den Zuspruch ihres Onkels Christian von Anhalt, der in einer kriegerischen Auseinandersetzung stets die einzig mögliche Lösung des Konfessionskonflikts im Reich gesehen und nunmehr die Führung der Streitkräfte des Böhmenkönigs übernommen hatte, und durch ein zustimmendes Gutachten Hortleders, an Friedrich von Böhmen an und erklärten auch ihre Bereitschaft, ihn militärisch zu unterstützen. Schon damals mag der König den Weimarer Herzögen seine Absicht angedeutet haben, ihnen im Falle eines Bruches mit Kursachsen nicht nur die böhmischen Lehen zu überlassen, die das sächsische Kurhaus innehatte, sondern sie auch bei dem Versuch zu unterstützen, die 1547 verlorene Kurwürde für ihr Haus zurückzugewinnen, wie er dies im Jahre darauf in einem Manifest verkündet hat. Nachdem Herzog Johann Ernst nach seiner Rückkehr nach Weimar vom Böhmenkönig im Januar 1620 das Patent eines Obersten und den Auftrag, ein Regiment von 2000 Mann zu werben, erhalten hatte, begannen er und seine Brüder Friedrich und Wilhelm am Niederrhein und in Niedersachsen mit Truppenwerbungen. Währenddessen erreichte sie eine Einladung Kurfürst Johann Georgs von Sachsen, der über den Anschluß der Weimarer an die Union höchst verstimmt war, zu einem Kreistag der obersächsischen Reichsstände, auf dem über die Stellungnahme zum böhmischen Konflikt ein Beschluß gefaßt werden sollte. Die Tagung fand im Februar in Leipzig statt. Johann Ernst verzichtete auf die Teilnahme, sandte aber Friedrich von Kospoth, Hortleder und einen weiteren Bevollmächtigten dorthin. Wegen der dort sogleich aufbrechenden Präzedenzstreitigkeiten mit Altenburg blieben sie jedoch den Verhandlungen fern und reisten nach Weimar zurück. Sie lieferten damit ihrem Herrn den willkommenen Anlaß, den in Leipzig gefaßten böhmenfeindlichen Beschluß als für seine Entscheidung nicht bindend zu erklären und seine Werbungen fortzusetzen. Mahnschreiben des Kurfürsten und ein von diesem nach Weimar mitgesandtes Schreiben des Kaisers, in dem von der Unterstützung Friedrichs von Böhmen dringend abgeraten wurde, machten Johann Ernst in seinem Entschluß um so weniger wankend als der Kurfürst, der sich im März 1620 gegen territoriale Versprechungen des Kaisers auf dessen und der Liga Seite schlug, die Ungeschicklichkeit beging, den Weimarer an die ihm 1615 anläßlich seiner Entlassung aus der kursächsischen Vormundschaft abgepreßte Unterschrift zu erinnern, die schon damals den Stolz des jungen Fürsten tief verletzt hatte. Sie reizte diesmal Johann Ernst zu energischem Widerspruch und steigerte im übrigen nur die schon bestehende Abneigung gegen den

Albertiner und seine Politik. Auch der von den weimarischen Landständen, denen er im Mai 1620 seinen Entschluß bekannt gab, geäußerte Wunsch, er möge als regierender Landesfürst im Lande bleiben und die Regierungsgeschäfte führen, brachte ihn von seinem Vorhaben nicht ab. Um für seine Werbungen und den Wiederaufbau des im Sommer 1618 zum großen Teil abgebrannten Weimarer Schlosses zusätzlich Geld zu beschaffen, verkaufte er im Juni 1620 die fünf Jahre zuvor von den Herren Reuß für 83 000 Gulden erworbene Oberherrschaft Kranichfeld für die gleiche Summe unter Wiederkaufsvorbehalt an den Grafen Carl Günther von Schwarzburg-Rudolstadt, einen Schwager seiner Mutter. Für sein politisches Ziel nahm er also auch eine Schmälerung seines und seiner Brüder ohnehin bescheidenen Territoriums in Kauf. Mit der Führung der Regentschaft im Fürstentum beauftragte er den im 19. Lebensjahr stehenden Bruder Ernst und drei Vertreter der Landstände.

Im Sommer 1620 begab sich Johann Ernst mit seinen Brüdern Friedrich und Wilhelm nach Böhmen, um dort die Führung seines Regiments, das teils inzwischen dorthin gelangt teils noch dorthin unterwegs war, zu übernehmen und sich Christian von Anhalt anzuschließen. Im September ließ Kurfürst Johann Georg von Sachsen seine Truppen in die Lausitz einrücken, zur gleichen Zeit marschierte Tilly mit den Streitkräften des Kaisers und der Liga gegen Prag vor. Im November siegte er in der Schlacht am Weißen Berge über die von Christian von Anhalt und Ernst von Mansfeld geführte Streitmacht König Friedrichs von Böhmen. Obwohl die Niederlage keineswegs vernichtend war und Ernst von Mansfeld sich noch einige Zeit in Böhmen halten konnte, gaben Christian von Anhalt und Friedrich von Böhmen ihre Sache verloren und verließen Böhmen. Die Weimarer Herzöge begleiteten den „Winterkönig" auf seiner Flucht durch Schlesien nach Norddeutschland bis Breslau; Friedrich und Wilhelm kehrten von dort nach Weimar zurück, Johann Ernst hingegen nahm seinen Weg nach Wolfenbüttel, weil er als regierender Landesfürst es angesichts der Ungewißheit über die Absichten des Kaisers für besser hielt, sein Land nicht mit seiner Anwesenheit zu belasten und ihm wenigstens zeitweilig fernzubleiben. Außerdem war er von der Notwendigkeit der Fortführung des Kampfes überzeugt und nicht bereit, sich dem Kaiser bedingungslos unterzuordnen. Die kaiserliche Achtserklärung gegen Friedrich von Böhmen und Christian von Anhalt und das Strafgericht in Böhmen dürften ihn in dieser Haltung bestärkt und dazu geführt haben, daß er seine Residenzstadt weiterhin mied und eine Zusammenkunft mit seinen Brüdern und leitenden Beamten nach Aschersleben einberief, wo sie vom 19. bis 24. Februar 1621 stattfand. Von seinen Brüdern waren Friedrich, Wilhelm, Ernst und Bernhard anwesend; Albrecht und Johann Friedrich befanden sich noch auf einer Frankreichreise, Friedrich Wilhelm war bereits 1619 16jährig gestorben. In einem Vertrag einigten sich die Brüder dahingehend, daß Herzog Ernst bis zur Rückkehr Albrechts die Regentschaft weiterführen und die drei älteren Brüder erhebliche Geldmittel erhalten sollten und zwar Johann Ernst zur Bestreitung rückständigen Solds an die von ihm für den Böhmenfeldzug geworbenen Truppen, Friedrich und Wilhelm für neue Werbungen. Sie alle waren also zur Weiterführung des Kampfes entschlossen, auch Johann Ernst, ungeachtet des Widerspruchs der Landstände, die ihn unüberhörbar an seine Pflichten als regierender Landesherr erinnert, ihn zur Rückkehr nach Weimar und zur Übernahme der Regierungsgeschäfte aufgefordert und ihm den Vorschlag gemacht hatten, durch Vermittlung des Kurfürsten von Sachsen und der Herzöge von Altenburg, Coburg und Eisenach Aussöhnungsverhandlungen mit dem Kaiser einzuleiten, während sie keine Einwände dagegen hatten, daß die jüngeren Brüder weiter Kriegsdienste nehmen wollten. Die Überzeugung, für eine gute Sache zu kämpfen, ein Stolz, der es nicht zuließ, schon nach dem ersten Mißerfolg klein beizugeben und sich dem siegreichen Gegner zu unterwerfen, der Drang, in aufgewühlter Zeit lieber in der großen Politik mitzuwirken als sich den Alltäglichkeiten der Regierungsarbeit in einem kleinen Lande zu widmen, und schließlich jugendliche Abenteuerlust und Ruhmbegierde mögen Johann Ernst zu seinem Entschluß geführt haben. Er begab sich von Aschersleben nach Segeberg in Holstein, wo er den geächteten Böhmenkönig, den nunmehrigen Pfalzgrafen Friedrich, wiedertraf. In dessen Gesellschaft reiste er nach Holland. Dort trat er in die Dienste der Generalstaaten. Im Juli 1621 erhielt er ein Patent als Rittmeister bei den Kürassieren, und die im Monat darauf nach zwölf Jahren Waffenstillstand zwischen den Generalstaaten und Spanien wieder aufflammenden Feindseligkeiten sahen ihn auf holländischer Seite kämpfen. Herzog Johann Ernst ist seitdem nur noch dem Namen nach regierender Herr des Fürstentums Weimar gewesen, und sein weiteres Schicksal ist ebenso wie das seiner Brüder Friedrich und Bernhard, des später so berühmt gewordenen Feldherrn, nicht eigentlich Gegenstand der thüringischen Geschichte; nur am Rande werden ihre Namen daher noch dann und wann genannt werden müssen.

Im Fürstentum Weimar führte zunächst Herzog Ernst die Regentschaft weiter, bis seine älteren Brüder Albrecht und Johann Friedrich im Juni 1621 von ihrer zweijährigen Frankreichreise in die Heimat zurückkehrten und nunmehr Albrecht ihn ablöste. Albrecht stand damals kurz vor seinem 22. Geburtstag. Er ist unter den Weimarer Brüdern, soweit sie das Mannesalter erreicht hatten, der einzige gewesen, der niemals soldatischen Ehrgeiz entwickelt hat. Wohl auch deswegen erfreute er sich sogar guter Beziehungen zu Kurfürst Johann Georg von Sachsen. So lange die älteren Brüder, zumal Johann Ernst und Wilhelm, ihrem militärischen Ehrgeiz nachlebten, stand er als Regent für das gemeinsame Territorium zur Verfügung. Dies geschah zunächst von Sommer 1621 bis Herbst 1626, dann wieder von Herbst 1631 bis Sommer 1635, in Zeiten also, in denen ein regierender Kleinfürst nicht viel mehr tun konnte, als den Versuch zu machen, unliebsame Begleiterscheinungen des Krieges von seinem Lande und dessen Bevölkerung abwenden oder wenigstens lindern zu helfen, keine zielstrebige, aufbauende Tätigkeit also, sondern eine durchaus undankbare Aufgabe, mit der Nachruhm nicht zu gewinnen war. Wichtigste Helfer Albrechts waren zunächst der nach wie vor der an der Spitze der Verwaltung stehende Kammerrat von Kospoth und der Hofrat Samuel Göchhausen, der das seit Spelts Tod (1618) unbesetzt gebliebene Amt des Kanzlers wahrgenommen hatte, ohne die entsprechende Amtsbezeichnung zu erhalten, und zugleich den Posten des Konsistorialpräsidenten bekleidete und zunehmenden Einfluß gewann.

Göchhausen war norddeutscher Herkunft, als Sohn eines bremischen Vogts 1578 in Stade an der Unterelbe geboren und dort aufgewachsen. Er hatte seit 1601 in Jena Rechtswissenschaft studiert, dort 1603 zum Dr. jur. promoviert und danach ein Extraordinariat an der Universität übernommen. 1606 erhielt er eine juristische Professur und im gleichen Jahre von der Herzogin Dorothea Maria die Berufung zum „Rat von Haus aus". Seit 1607 gehörte er als Hofrat dem Regierungskollegium in Weimar an. In der Folgezeit war er auch an diplomatischen Missionen beteiligt, so an den Verhandlungen mit Altenburg und am Fürstentag in Naumburg. 1608 war er in den Adelsstand erhoben worden; er hat jedoch den Adelstitel nie geführt. 1617 erwarb er das Rittergut Buttelstedt bei Weimar. Göchhausen galt als ausgezeichneter Jurist und hat dem weimarischen Fürstenhaus in schweren Zeiten länger als ein halbes Jahrhundert bis zu seinem Tode (1658) an maßgebender Stelle gedient.

Wie andere thüringische Territorien wurde auch das Fürstentum Weimar seit 1620 von Münzverschlechterung und Teuerung heimgesucht, Folgen des schon erwähnten Kipper- und Wipper-Unwesens. Auch die Weimarer Herzöge hatten durch die Einrichtung neuer Münzstätten, so in Berka, Gebstedt, Rothenstein, Ringleben, Ichtershausen, Reinhardsbrunn, Crawinkel, Zella, Mehlis und Königsberg in Franken, und die Prägung minderwertigen Geldes zu diesem Übel beigetragen und dabei Gewinne gemacht, die freilich schnell dahinschwanden. Herzog Albrecht suchte dem Anstieg der Lebensmittelpreise durch ein Verbot zu begegnen, Lebensmittel über die Landesgrenzen hinweg zu verkaufen. Die Teuerung ließ jedoch erst nach, als 1622 die Prägung minderwertiger Münzen eingestellt und

1622 und 1623 erlassene Münzmandate für das Verschwinden solcher Münzen sorgten. Eine weitere Belastung für die Bevölkerung bedeuteten die Sondersteuern, die die von den obersächsischen Kreisständen 1620 und 1623 beschlossene Aufstellung von Verteidigungsverbänden mit sich brachte, und vor allem die im Zusammenhang mit eigenen Werbungen der Weimarer Herzöge stehenden Einquartierungen im Lande, schon vor dem Böhmenfeldzug von 1620, in stärkerem Maße noch im Frühjahr 1621, als die Herzöge Friedrich und Wilhelm Werbungen durchführten. Man atmete im Lande auf, als die Brüder mit ihren beiden neugeworbenen Regimentern im April die Heimat verließen. Sie zogen durch Franken in die Oberpfalz, um sich dort dem Grafen Ernst von Mansfeld anzuschließen, der nach der Schlacht bei Prag zunächst in Böhmen geblieben, dann aber in die Oberpfalz abgezogen war, um dieses kurpfälzische Territorium vor dem Zugriff der unter Tillys Führung stehenden Armee der Liga zu schützen. Deren Druck mußte er jedoch in der zweiten Jahreshälfte 1621 weichen; er wandte sich mit seinen Verbänden, unter ihnen den weimarischen Regimentern, in die von spanischen Streitkräften bedrohten kurpfälzischen Kernlande am Oberrhein, wo inzwischen auch Markgraf Georg Friedrich von Baden-Durlach die Werbetrommel rührte, und trat in dessen Dienste. Von dort kehrten Friedrich und Wilhelm von Weimar im Dezember 1621 nach Weimar zurück, um von hier aus im Auftrag des Markgrafen, in dessen Dienst jetzt beide standen und in den nunmehr auch die jüngeren Brüder Johann Friedrich und Bernhard, letzterer erst 17jährig, eintraten, weitere Werbungen zu unternehmen. Mahnungen des sächsischen Kurfürsten und seine Drohung, das weimarische Land militärisch zu besetzen, um die Werbungen zu unterbinden, fruchteten nichts. Wieder wurde auch das Fürstentum Weimar zum Quartierungsgebiet von Soldaten, mit all den Lasten und Belästigungen, die die Bevölkerung dabei in Kauf nehmen mußte. Ein neuer Vertrag, den die Herzöge im Februar 1622 miteinander schlossen, als Herzog Johann Ernst bei Gelegenheit eines Zusammentreffens mit dem Administrator von Halberstadt, Herzog Christian d. J. von Braunschweig-Wolfenbüttel, der mit neugeworbenen Truppen in Niedersachsen und Westfalen stand, aus Holland kommend vorübergehend auch in Weimar weilte, enthielt daher nicht zufällig die Abrede, künftig ohne vorherigen gemeinsamen Beschluß keine eigenen Truppen mehr im Lande einzuquartieren, die dort befindlichen alsbald abzuziehen und den Markgrafen von Baden aufzufordern, die Kosten zu ersetzen, die seine Truppen im Lande verursacht hatten. Der Vertrag bestätigte zudem die Weitergeltung der 1618 und 1621 abgeschlossenen Verträge, sah aber darüber hinaus auch Maßnahmen vor zur Abtragung der beträchtlich angestiegenen Schuldenlast und gegen die Münzverschlechterung und erhöhte angesichts der Teuerung die Deputate der

Herzöge und der für den Wiederaufbau des Schlosses benötigten Mittel, aber auch die Besoldungen von Jenaer Professoren und Weimarer Beamten.

Wenig später verließ die Mehrzahl der Brüder Weimar; nur Albrecht und Ernst blieben zurück. Johann Ernst reiste nach Holland, wo er sich weiter am Krieg gegen die Spanier beteiligte. Im Sommer 1622 geriet er sogar in spanische Gefangenschaft, kam aber nach drei Monaten wieder frei. Wilhelm zog mit 3000 Mann neugeworbener Truppen in die Kurpfalz und auch Friedrich, Johann Friedrich und Bernhard wandten sich dorthin, wo Georg Friedrich von Baden und Ernst von Mansfeld ihre Streitkräfte zusammenzogen und wohin auch Christian von Halberstadt mit seiner Streitmacht auf dem Wege war. Daß sie sich zu einer gemeinsamen Aktion gegen Tilly und die Spanier nicht einigen konnten, führte nach dem siegreichen Gefecht des badischen Markgrafen und Mansfelds über Tilly bei Wiesloch, an dem auch die vier Weimarer Herzöge beteiligt waren, zu den Niederlagen des Markgrafen gegen Tilly und die Spanier bei Wimpfen und Christians von Halberstadt gegen Tilly bei Höchst. Der Markgraf gab daraufhin den Kampf verloren und entließ die Reste seiner Truppen. Enttäuscht kehrte Wilhelm, dessen Verbände bei Wimpfen völlig aufgerieben worden waren, mit Johann Friedrich und Bernhard, die an der Schlacht ebenfalls teilgenommen hatten, im August 1622 nach Weimar zurück. Friedrich hingegen schloß sich Ernst von Mansfeld an, der sich zusammen mit Christian von Halberstadt und den ihm verbliebenen Truppen durch Lothringen nach den Niederlanden durchschlug, und fand am 22. August 1622 in der siegreichen Schlacht gegen die Spanier bei Fleurus im Hennegau den Soldatentod; sein Leichnam wurde nach Breda gebracht und von dem dorthin gereisten jüngeren Bruder Johann Friedrich nach Weimar überführt.

Angesichts der niederdrückenden Erlebnisse der vergangenen Jahre und der gefährlichen Lage, in die die evangelischen Reichsstände durch ihre Uneinigkeit und Unentschlossenheit und die wachsende Macht des vom spanischen Militär unterstützten Kaisers und der katholischen Liga geraten waren, faßte Herzog Wilhelm während seines mehrmonatigen Aufenthalts in seiner Weimarer Heimat den Plan, einen „Deutschen Friedensbund" zu gründen. Er sollte folgende Ziele anstreben: Beendigung der konfessionellen Streitigkeiten im Reich bis zu einer später zwischen Katholiken und Protestanten zu erreichenden Übereinkunft und freie Religionsübung für jedermann im gesamten Reichsgebiet, Einhaltung der Reichs- und Landesgesetze und Ausbildung einer unparteiischen Rechtsprechung im Reich, Einstellung der um Böhmen und die Pfalz geführten militärischen Auseinandersetzungen und Wiederherstellung des früheren Besitzstandes, Auflösung aller Bündnisse, vor allem solcher mit Reichsfremden, und die Verpflichtung von Reichsständen, die außerhalb des Reichsgebiets Machtbefugnisse ausübten, diese nicht gegen das Reich einzusetzen, und schließlich die Einberufung einer Versammlung aller deutschen Reichsstände unter der Schirmherrschaft des Kaisers, um die zum Wohle des Reichs notwendigen Maßnahmen zu beraten und zu beschließen. Dem Bund sollten hohe, mittlere und niedere Reichsstände angehören können, seine Ziele und die Namen seiner Mitglieder sollten jedoch so lange geheim gehalten werden, bis er durch eine entsprechend große Zahl von Mitgliedern genügend Macht verkörperte. Zu diesem Zweck sollte auch eine schlagkräftige Armee aufgestellt werden. Wenn die Formulierung der Bundesziele auch keine kaiser- und katholikenfeindliche Tendenz erkennen ließ, ja in Konfessionsfragen angesichts des damals weit verbreiteten religiösen Fanatismus sogar ungewöhnlich weitherzig war, läßt sie doch an manchen Stellen unschwer erkennen, daß es sich um ein Vorhaben handelte, das in erster Linie der Sammlung der evangelischen Reichsstände dienen sollte, und so richteten sich die auf verschiedenen, streng geheim gehaltenen Reisen unternommenen Versuche des Herzogs, seines mit ihm darin eng verbundenen Onkels Ludwig von Anhalt-Köthen und einiger von beiden ausgewählter Vertrauenspersonen ausschließlich auf evangelische Reichsstände, lutherische wie reformierte. Der Erfolg war allerdings gering. Daß der Grund dafür im wesentlichen darin lag, daß die Anregung von einem machtlosen Kleinfürsten ausging, bezeugt die Antwort eines Nürnberger Ratsherrn, daß man sich nur dann wieder in ein solches Bündnis einlassen werde, wenn der Kurfürst von Sachsen die Führung übernähme; sie läßt zugleich erkennen, daß man den Plan als eine Erneuerung der im Mai 1621 auseinandergebrochenen Union ansah.

Die Truppenwerbungen, die Herzog Wilhelm gleichzeitig betrieb, galten wahrscheinlich der Streitmacht, die er dem neuen Bunde zugedacht hatte. Dabei bot sich ihm im Januar 1623 die Gelegenheit, die von seinem Vetter Friedrich von Altenburg, wie bereits berichtet, im Jahre zuvor in spanischem Auftrag geworbene Truppenmacht von mehr als 3000 Fußsoldaten und 1000 Reitern in seinen Dienst zu übernehmen, da Friedrich vergeblich auf den ihm versprochenen Sold gewartet hatte und sich nun schnell geneigt zeigte, den Kriegsherrn zu wechseln. Waren die sehr vorsichtig betriebenen Verhandlungen über die Bildung eines neuen Bündnisses über den Kreis der Eingeweihten hinaus so wenig bekannt geworden, daß der Kaiser erst davon Nachricht erhielt, nachdem Herzog Wilhelms Kriegskanzlei im August 1623 in die Hände Tillys gefallen war, so ließ sich die Übernahme von Truppen, die für Spanien geworben worden waren, nicht verheimlichen und mußte als feindlicher Akt Wilhelms gegen den Kaiser aufgefaßt werden. In dieser schwierigen Lage ergriff der Herzog die Flucht nach vorn, indem er seine Streitmacht dem Kurfürsten von Sachsen mit der Bitte anbot, sie zum „Schutze reiner evangelischer Religion und der hochgefährdeten Freiheit der Deutschen" zu verwenden. Dieser Versuch, den sächsischen Kurfürsten zur Übernahme der Führung der evangelischen Reichsstände zu ermuntern, schlug jedoch völlig fehl, denn wenn Johann Georg auch sehr verstimmt war über die Vorgänge auf dem Fürstentag in Regensburg, zumal über die dort nach seiner Meinung widerrechtlich erfolgte Übertragung der pfälzischen Kurwürde auf Herzog Maximilian von Bayern, so war er doch auch jetzt keineswegs bereit, sich gegen den Kaiser zu stellen. Er antwortete schroff, er werde die Aufstellung von Truppen im Obersächsischen Kreis ohne seine Zustimmung nicht dulden und notfalls mit militärischer Gewalt dagegen vorgehen. So sah sich Wilhelm genötigt, so schnell wie möglich einen anderen Verwendungszweck für seine Truppen zu finden. Er überließ sie Christian von Halberstadt, der inzwischen eine neue Streitmacht geworben hatte und die niedersächsischen Reichsstände, die sich durch die in Hessen und an der Oberweser liegende Armee Tillys bedroht fühlten, zum Kampf gegen den Kaiser zu ermuntern suchte. Im März 1623 zog Herzog Wilhelm mit seinen Truppen in Begleitung seiner Brüder Johann Ernst, der zu Beginn des Jahres aus Holland für kurze Zeit nach Weimar gekommen war, Johann Friedrich und Bernhard und Herzog Friedrichs von Altenburg nach Halberstadt und trat dort mit ihnen in die Dienste des Administrators. Bei dieser Gelegenheit kam es in Gröningen bei Halberstadt zum Abschluß eines neuen Vertrags zwischen den nach Friedrichs Tod noch sechs weimarischen Brüdern. Darin wurde der Beschluß von 1622, geworbenes Kriegsvolk nur nach gemeinsamer Abrede im Fürstentum einzuquartieren, dahingehend erweitert, daß demjenigen Herzog, der die Regierungsgeschäfte führte, das Recht zustehen sollte, ohne derartige Abrede einquartiertes Kriegsvolk aus dem Lande zu entfernen. Herzog Wilhelm erklärte sich außerdem bereit, für die seit Neujahr 1623 entstandenen Einquartierungslasten 2000 Taler aus eigenen Mitteln an die betroffenen Untertanen zu zahlen. Neu geregelt wurde ferner die Höhe der Deputate für die einzelnen Brüder und der für den Schloßaufbau verfügbaren Mittel; angesichts der Wiedereinführung guter Münze wurden die 1622 beschlossenen Beträge erheblich vermindert. Schließlich wurden Fragen der Schuldentilgung und Rechnungslegung geregelt und Herzog Wilhelm, der sich im Dezember 1622 mit Eleonore Dorothea von Anhalt-Dessau verlobt hatte, für künftige Ehegelder das Amt Oldisleben angewiesen.

Der Versuch Christians von Halberstadt, die niedersächsischen Reichsstände zu militärischem Handeln gegen den Kaiser zu bewegen, scheiterte jedoch an deren Uneinigkeit und ihrer Furcht vor Tillys Truppenmacht, und als er und die zu seiner Armee gehörenden Herzöge von Weimar und

Altenburg und alle anderen Offiziere ein von König Christian IV. von Dänemark und Kurfürst Johann Georg von Sachsen vermitteltes Angebot des Kaisers, gegen Zusicherung kaiserlichen Pardons die Waffen niederzulegen, im Juli 1623, nach einem erfolgreichen Gefecht Herzog Johann Ernsts von Weimar gegen Tillys Vorhut, ausschlugen, wurde Christian von den niedersächsischen Ständen zum sofortigen Verlassen Niedersachsens aufgefordert. Bei dem Versuch, mit seiner Armee nach Holland auszuweichen, wurde er von Tilly nahe der niederländischen Grenze eingeholt und am 27. Juli/6. August bei Stadtlohn vernichtend geschlagen. Herzog Wilhelm wurde schwer verwundet und geriet, wie auch Friedrich von Altenburg, in Gefangenschaft; Johann Ernst, der an der Schlacht nicht teilgenommen hatte, Johann Friedrich und Bernhard retteten sich mit Christian von Halberstadt und dem Rest seiner Armee nach Holland. Zusammen mit Friedrich von Altenburg wurde Herzog Wilhelm im November 1623 nach Wiener Neustadt gebracht und dort, wo ihr Großonkel Johann Friedrich der Mittlere auf Lebenszeit in Gewahrsam gehalten worden war, gefangen gesetzt.

In Weimar waren die Herzöge Albrecht, der weiterhin die Regierungsgeschäfte führte, und Ernst zurückgeblieben. Beide hatten am Zusammentreffen in Gröningen teilgenommen, und dort wird es wohl Albrecht gewesen sein, der als Regent auf dem Recht bestanden hat, ohne gemeinsame Abrede im Lande einquartierte Truppen aus eigener Machtvollkommenheit entfernen zu dürfen. Er hat später auch seinen Brüdern dringend geraten, das Angebot des Kaisers anzunehmen und nach Weimar zurückzukehren, freilich ohne Erfolg. Seine Regierungstätigkeit galt neben der Aufsicht über Verwaltung und Justiz vor allem der Bekämpfung der Begleiterscheinungen des Krieges. Mit dem Abzug der von Herzog Wilhelm geworbenen Truppen im Frühjahr 1623 hatten zwar die Einquartierungen aufgehört, und die Berührung des weimarischen Fürstentums durch Truppen Tillys, die im Mai 1623 durch das Amt Reinhardsbrunn zogen, war nur eine vorübergehende Belastung. Doch die Klagen über umherziehende Banden, die die Verkehrswege unsicher machten und vor allem die Landbevölkerung belästigten, hörten nicht auf. Scharfe Verordnungen dagegen, die den Bauern auch das Recht der Selbsthilfe bei Überfällen zugestanden, brachten sie auf die Dauer nicht zum Verstummen, so daß sich in der Folgezeit weitere gleichartige Maßnahmen nötig machten. Sorgen bereitete auch das verstärkte Auftreten von Pestepidemien, die in den Jahren 1624 und 1626 das weimarische Land heimsuchten, so die Städte Weimar und Jena, wo die Zahl der Todesfälle sprunghaft zunahm. Die dagegen getroffenen Vorsichtsmaßnahmen erwiesen sich als wenig wirksam (siehe Abb. 10, nach S. 160).

Nach dem Eintreffen der Nachricht von Wilhelms Gefangennahme begann Albrecht sogleich mit Bemühungen, ihn wieder freizubekommen. Er nutzte dafür vor allem seine leidlich guten Beziehungen zu Kurfürst Johann Georg von Sachsen, der aber, mit dem seitherigen Verhalten seiner Weimarer Verwandten höchst unzufrieden und ganz besonders zornig über deren Absage an das Angebot Kaiser Ferdinands, zunächst jede Vermittlung bei Tilly und dem Kaiser ablehnte. Bei einem Besuch Albrechts in Dresden im November 1623 ließ er sich aber dann doch zur Fürsprache beim Kaiser bewegen. Er nahm sich dafür allerdings viel Zeit, denn erst im März 1624 sandte er ein entsprechendes Schreiben nach Wien. Ihm ging es dabei auch darum, Wilhelms Gefangenschaft als Druckmittel auf dessen ältesten Bruder Johann Ernst zu nutzen, diesen zur Aufgabe seiner bisherigen Politik, zur Wiederaufnahme der Regierungsgeschäfte in Weimar und zur Aussöhnung mit dem Kaiser zu nötigen. Albrecht und die weimarischen Landstände wünschten die Rückkehr Johann Ernsts ohnehin, und so wird Herzog Bernhard, als er Anfang 1624 auf einige Wochen aus Holland nach Weimar kam, um dort Erkundigungen einzuziehen, nach der Rückkehr seinem älteren Bruder entsprechenden Bericht erstattet haben. Denn im Mai kamen beide nach Weimar zurück; im August folgte auch Johann Friedrich. Während sich Kurfürst Johann Georg beim Kaiser nunmehr ernsthaft um die Freilassung Wilhelms bemühte, kam es zwischen ihm und Johann Ernst, der sich dafür auch der Vermittlung Herzog Johann Casimirs von Coburg, Johann Philipps von Altenburg und des Magdeburger Administrators Christian Wilhelm von Brandenburg bediente, zu zähen Verhandlungen über mögliche Modalitäten einer solchen Aussöhnung mit Kaiser Ferdinand. Sie offenbarten zum wiederholten Male das tiefe Mißtrauen zwischen dem Albertiner und dem Ernestiner, das auch in persönlichen Gesprächen zwischen beiden, die im August 1624 in Marienberg im Erzgebirge stattfanden, nicht überwunden werden konnte. Johann Ernst wünschte eine ehrenvolle, seine reichsfürstlichen Rechte sichernde Form der Aussöhnung mit dem Kaiser, Johann Georg hingegen meinte dem Kaiser keine Bedingungen stellen zu sollen. Nicht ohne Einfluß auf den Fortgang der Verhandlungen blieben die Nachrichten über Bündnisverhandlungen zwischen Frankreich, das sich durch das Anwachsen der habsburgischen Macht bedroht fühlte, Dänemark, den Niederlanden und England und über militärische Vorbereitungen, die König Christian IV. von Dänemark und in Verbindung mit ihm Christian von Halberstadt und Ernst von Mansfeld im Sommer und Herbst 1624 trafen und von deren Zielen Johann Ernst bei einem Besuch in Berlin im Juni offenbar unterrichtet wurde. So zögerte er, angesichts der sich erneut bietenden Aussicht, die Schicksalswende mit militärischen Mitteln zu erreichen, die Absendung des mit dem sächsischen Kurfürsten abgesprochenen Bittschreibens an den Kaiser immer wieder hinaus, an dessen Erfolg er offenbar ebensowenig glaubte wie an ernsthafte Versuche des Albertiners zur Befreiung seines Bruders aus der Haft. Als der Kurfürst schließlich ungeduldig auf eine Entscheidung drängte, überließ Johann Ernst im November 1624 weitere Verhandlungen seinen Coburger, Altenburger und Magdeburger Vermittlern. Mit seinen Brüdern schloß er am 6. Dezember einen neuen Vertrag, in den auch der abwesende Herzog Wilhelm eingeschlossen wurde. Wesentlicher Inhalt war die Sicherstellung der Deputatzahlungen, bei denen es infolge der hohen Verschuldung der gemeinsamen Rentkammer offensichtlich manche Unzuträglichkeiten gegeben hatte. Um diese für die Zukunft auszuschließen, verabredete man, jedem Vertragschließenden die Erträge bestimmter Amtsbezirke zuzuweisen und nur die wegen deren unterschiedlicher Leistungsfähigkeit erforderlichen Ausgleichszahlungen aus der gemeinsamen Rentkammer zu nehmen. So wurden Albrecht als dem regierenden Herzog das Amt Weimar und die Vorwerke Bachstedt, Lützendorf und Tiefurt, Johann Ernst die Ämter Reinhardsbrunn und Ringleben, Wilhelm das Amt Oberweimar, die Vogtei Magdala und das Vorwerk Köttendorf, Johann Friedrich die Ämter Wachsenburg und Ichtershausen, Ernst die Ämter Berka und Kapellendorf und Bernhard das Amt Jena und die Vogtei Brembach angewiesen. Neben der gemeinsamen Rentkammer, in die die Erträge der übrigen Ämter fließen sollten, entstanden auf diese Weise einige Partikularkammerbehörden, und dies erschwerte natürlich die Finanzverwaltung. Zugleich ließ diese Vorform einer Mutschierung in aller Deutlichkeit erkennen, wie bescheiden im Falle einer Landesteilung der auf die einzelnen Herzöge fallende Landbesitz sein würde, für Johann Ernst, Johann Friedrich und Bernhard sicher kein Anreiz, die wenn auch ungewissen Aussichten des Kriegsdienstes mit der offenkundigen Beschränktheit weimarischer Regierungstätigkeit zu vertauschen. Die Führung der Regierungsgeschäfte wurde auch weiterhin Herzog Albrecht überlassen, doch behielt sich Johann Ernst vor, sie einem gegebenen Versprechen gemäß auch an Wilhelm übergeben zu dürfen, wenn auch nicht vor Ablauf eines Jahres.

Ohne das Ergebnis der Verhandlungen seiner Vermittler mit dem sächsischen Kurfürsten abzuwarten, verließ Johann Ernst noch im Dezember 1624 Weimar, um sich nach Berlin und danach in dänischen Kriegsdienst zu begeben, in dem er im Februar 1625 mit einem Generalspatent die Verpflichtung zur Werbung von 4000 Reitern übernahm. Seinem gefangenen Bruder Wilhelm hatte er noch im Dezember 1624 von seinen Zweifeln an den Erfolgsaussichten einer für ihn ehrenhaften Aussöhnung mit dem Kaiser Kenntnis gegeben, nicht ahnend, daß Kurfürst Johann Georgs Bemühungen, wenn auch wohl im Zusammenhang mit anderen Erwägungen des Kaisers, Weihnachten 1624 zur Haftentlassung Wilhelms führen würden. Die ihm von Hortleder im März 1625 übermittelte Nachricht, daß Wilhelm aus einem Gespräch mit Kaiser Ferdinand, in dem dieser von Johann Ernst rühmend gesprochen hatte, die Überzeugung gewonnen habe, eine Aussöhnung liege durchaus im Bereich des Möglichen, ermunterte ihn nun doch noch, ein Bittschreiben an den Kaiser abzufassen und im März zur Weiterleitung nach Weimar zu senden. Von hier ging es erst einen Monat später nach Wien ab; es war ohnehin zu spät, die kriegerischen Vorbereitungen waren auf beiden Seiten schon zu weit gediehen und Johann Ernst hatte sich bereits an den Dänenkönig gebunden, den nunmehr erklärten Feind des Kaisers. Herzog Bernhard hatte Weimar ebenfalls noch im Dezember 1624 verlassen, Johann Friedrich folgte ihm im Frühjahr 1625; beide traten ebenfalls in dänische Dienste.

Im Februar 1625 war Herzog Wilhelm, der sich nach seiner Entlassung noch einige Wochen am Kaiserhof in Wien aufgehalten hatte, nach Weimar zurückgekehrt. Einen vom Kaiser verlangten Revers zu unterschreiben, daß er niemals wieder gegen den Kaiser und das Haus Österreich dienen wolle, hatte er sich geweigert, und der Kaiser hatte auf Drängen Kurfürst Johann Georgs von Sachsen, der zwar selbst seine ernestinischen Vettern gern zu bevormunden pflegte, dies aber anderen Potentaten keineswegs gestatten wollte, auf diese Forderung verzichtet. Wilhelm war also in seiner Entscheidungsfreiheit nicht eingeschränkt. Doch zu einem Anschluß an den Dänenkönig und einem neuen Waffengang gegen den Kaiser konnte er sich nach den gemachten Erfahrungen dennoch nicht entschließen, obwohl er im Frühjahr 1625 dem Fürstentag in Lauenburg, auf dem Christian von Halberstadt zum Befehlshaber der Streitkräfte des Niedersächsischen Kreises bestimmt und Truppenwerbungen beschlossen worden waren, insgeheim beigewohnt hatte. Er kehrte nach Weimar zurück, vermählte sich hier im Mai mit seiner Cousine Eleonore Dorothea von Anhalt-Dessau, mit der er sich vor seinem Feldzug nach Niedersachsen verlobt hatte, und blieb den norddeutschen Schlachtfeldern fern. Sein jüngerer, nach wie vor regierender Bruder Albrecht hatte inzwischen auf einem Landtag im Frühjahr 1625 von den Landständen nicht nur die Übernahme der seit 1621 aufgelaufenen Kammerschulden und die Zustimmung zu neuen Steuern und zur Aufstellung einer Verteidigungstruppe erreicht, sondern auch die Zahlung von 50 000 Gulden an Wilhelm zur Abdeckung seiner in der Gefangenschaft entstandenen Schuldenlast. Auch in der Verwaltung zeigte sich Albrecht aktiv. Er erließ eine Kanzleiordnung, die bestimmte, daß das Regierungskollegium künftig aus dem Kanzler, zwei adeligen Räten und zwei Juristen bestehen sollte, und den Geschäftsgang in der Regierungsbehörde regelte, und beförderte den Hofrat und Konsistorialpräsidenten Göchhausen zum Kanzler.

Nachdem im Sommer 1625 die Feindseligkeiten in Norddeutschland wieder ausgebrochen und im gleichen Jahre noch Verbände der im Auftrag des Kaisers von Wallenstein aufgestellten Armee in kursächsisches und altenburgisches Gebiet eingerückt waren, wurde gemäß dem Landtagsbeschluß von 1625 zu Beginn des Jahres 1626 aus dem weimarischen Landesaufgebot eine Schutztruppe für das Fürstentum aufgestellt. Denn wenngleich Herzog Wilhelm bei seiner Rückkehr aus der Gefangenschaft einen kaiserlichen Schutzbrief für das Fürstentum Weimar mitgebracht hatte, so glaubte man sich nunmehr auch selbst bedroht, zumal das weimarische Amt Königsberg in Franken schon unter Ausschreitungen kaiserlicher Truppen zu leiden hatte. Im März kehrte Herzog Bernhard, der bis dahin auf dänischer Seite im Kampf gestanden hatte, nach Weimar zurück, und in den folgenden Monaten führten Wilhelm und er mit den Herzögen von Coburg und Eisenach Verhandlungen über die Aufstellung einer gemeinsamen Verteidigungsstreitmacht zum Schutz ihrer Lande. Im Mai reiste Bernhard in Wilhelms Auftrag nach Dresden, um den sächsischen Kurfürsten, der über die Art und Weise, wie Wallenstein die Versorgung seiner Armee in den kursächsischen und angrenzenden Gebieten betrieb, sehr ungehalten war, um Unterstützung bei der Abwendung von Einquartierungen im weimarischen Fürstentum zu bitten. Auf kaiserlicher Seite erregten die Reise Bernhards nach Weimar und die anschließenden Aktivitäten beider Weimarer Brüder um eine thüringische Verteidigungsmacht den Verdacht der Konspiration mit König Christian von Dänemark, zumal dessen Armee auf dem Wege nach Süden war und Anfang August 1626 bei Duderstadt im Eichsfeld vor Thüringens Grenzen stand, von denen sie nur durch Tillys Eingreifen zurückgedrängt werden konnte. Daß Herzog Bernhard damals bereits wieder in seine dänische Dienststellung zurückgekehrt war, Herzog Wilhelm aber nach der Niederlage des Dänenkönigs gegen Tilly bei Lutter am Barenberge (17./27. August 1626) die Verhandlungen in Thüringen nicht weiterführte, obwohl die Gefahren kaiserlicher Einquartierungen keineswegs geringer geworden waren, konnte die Vermutung aufkommen lassen, daß die beabsichtigte thüringische Verteidigungsstreitmacht in Wirklichkeit einer in Thüringen einrückenden dänischen Armee als Verstärkung zugedacht war, wenn es auch Beweise dafür nicht gab. Herzog Wilhelm leugnete jedenfalls eine solche Absicht und suchte solchen Argwohn zu zerstreuen, auch in Schreiben an Kaiser Ferdinand. Dies war um so notwendiger, als er inzwischen dazu bestimmt war, künftig anstelle von Albrecht die Regierungsgeschäfte in Weimar zu führen, für das angestammte Fürstentum also die gesamte Verantwortung zu tragen, und das in einer Zeit, als sein Bruder Johann Ernst im Auftrag des Dänenkönigs zu einem Feldzug gegen die kaiserlichen Erblande aufgebrochen war und dadurch den Zorn des Kaisers in besonderem Maße auf sich zog, was neue Gefahren auch für das weimarische Land heraufbeschwören konnte.

Die Anfänge der Regierungszeit Herzog Wilhelms 1626-1631

Auf Bitte Wilhelms hatte Johann Ernst gemäß der in dem 1624 zwischen den Brüdern abgeschlossenen Vertrag enthaltenen Zusage Ende April 1626 aus seinem dänischen Quartier seine Zustimmung zu einem mit Anfang Oktober in Weimar zu vollziehenden Regierungswechsel von Albrecht auf Wilhelm gegeben. Inzwischen war er mit seinen dänischen Truppen aus Westfalen und Niedersachsen durch die Mark Brandenburg, wo sich ihm der von Wallenstein an der Dessauer Brücke besiegte Ernst von Mansfeld mit dem Rest seiner Truppen anschloß, nach Schlesien und über den Jablunkapaß nach Oberungarn gezogen, in der Absicht, sich mit Fürst Bethlen Gabor von Siebenbürgen zu vereinigen und den Krieg in die kaiserlichen Erblande zu tragen. Mitte September stand er bei Neutra östlich von Preßburg. Kaiser Ferdinand ließ Wallenstein gegen ihn, Mansfeld und den Siebenbürgerfürsten vorrücken, warnte den Ernestiner aber außerdem in einem vom 16./26. September datierten Schreiben vor weiteren Feindseligkeiten und drohte ihm mit der Reichsacht. Da das Schreiben nach Weimar adressiert war, gelangte es in Herzog Wilhelms Hände. Dieser entfaltete sogleich eine lebhafte diplomatische Tätigkeit, um die Achtserklärung zu verhindern, die für das Fürstentum Weimar, dessen regierender Fürst Johann Ernst der Form nach immer noch war, verhängnisvolle Folgen haben konnte. Er traf außerdem Vorbereitungen, seinem Bruder das Schreiben durch einen seiner Räte überbringen und ihn zugleich bitten zu lassen, die Versöhnung mit dem Kaiser zu suchen und seine Truppen zu entlassen, und gab auch Kaiser Ferdinand in einem durch einen Offizier nach Wien gebrachten Schreiben von dieser seiner Absicht Kunde, zugleich mit der Bitte, seinen Bruder mit der Acht zu verschonen. Kaiser Ferdinands Antwort, ihm sei lediglich an der Versöhnung mit Johann Ernst gelegen, klang ermutigend. Inzwischen war es Wallenstein gelungen, Bethlen Gabor zu einem Waffenstillstand zu bewegen. Mansfeld gab daraufhin den Feldzug verloren. Er trennte sich von Johann Ernst und suchte durch die ungarische Tiefebene die Adria zu erreichen; er starb jedoch unterwegs in Bosnien. Johann Ernst blieb in Oberungarn, der heutigen Slowakei, zurück. In der zweiten Novemberhälfte befand er sich in Schemnitz, wo er an einem Fieber erkrankte, das auch seine Truppen dezimierte. Auf dem Marsch zum Jablunkapaß starb er am 4. Dezember 1626 in St. Martin nördlich von Kremnitz, noch nicht 33 Jahre alt. Das kaiserliche Schreiben mit der Achtsandrohung hatte er nicht mehr erhalten. Unter vielen Schwierigkeiten gelang es Wilhelm, den Leichnam des Bruders nach Weimar zu überführen; erst Ende Mai 1627 traf er hier ein, am 28. Juni wurde er in der Stadtkirche beigesetzt.

Für die weimarischen Lande blieb Johann Ernsts Ungarnfeldzug nicht ohne nachteilige Folgen. Im Dezember 1626 rückten, als „heimliche Privatrache" kaiserlicher Generale wegen Johann Ernsts Ungarnfeldzug, wie man sagte, aber gewiß nicht ohne Zustimmung des Kaisers und Wallensteins, drei kaiserliche Regimenter ein und nahmen Quartier, Verpflegung und Sold nach Art Wallensteinischer Kriegführung; auch das weimarische Amt Königsberg in Franken wurde mit kaiserlichen Truppen belegt. Sein Land von dieser drückenden Last zu befreien, hat Herzog Wilhelm, nach Johann Ernsts frühem Tod nunmehr der älteste der Weimarer Herzöge und damit regierender Landesfürst, unentwegt Versuche unternommen; daß er seit November 1626 in Wien einen ständigen Agenten, Johann Löwe, unterhielt, weist in diese Richtung. Doch selbst eine Reise zu Kaiser Ferdinand nach Prag war wirkungslos. Das Mißtrauen des Kaisers blieb. Auch daß Herzog Bernhard im Oktober 1627 den dänischen Dienst verließ und im März 1628 nach Weimar zurückkehrte, änderte daran nichts. Versuche Herzog Wilhelms, die Belastung der Bevölkerung dadurch zu vermindern, daß er kaiserliche Militärbefehlshaber, denen die im Fürstentum einquartierten Truppen unterstanden, an den Hof nach Weimar einlud und so ihre Gunst gewann, brachte nur vorübergehenden Erfolg, als es gelang, auf diesem Wege zu dem kaiserlichen General Merode in ein freundschaftliches Verhältnis zu kommen. Kaiserlicherseits aber sah man das nicht gern. Merode erhielt bald darauf ein anderes Kommando und wurde durch Collalto ersetzt, der die Bedrückung des Landes verstärkte und sogar den Herzog mit Anschuldigungen und Verdächtigungen verfolgte, so daß es dieser zeitweilig für geraten hielt, sich vor dem mißtrauischen Italiener in Ichtershausen zu verbergen. Eine im Januar 1629 von Herzog Bernhard unternommene Reise nach Dresden, die dem Zweck diente, den Kurfürsten über diese Vorgänge zu unterrichten und ihn zu bitten, etwas dagegen zu unternehmen, hatte zwar eine Intervention Johann Georgs bei Kaiser Ferdinand zur Folge, änderte aber nichts an den Verhältnissen, da der Kaiser im Gefühl fast unumschränkter Machtfülle unnachgiebig blieb und Wallenstein an seinem Grundsatz, daß seine Armee sich aus demjenigen Lande zu ernähren habe, in dem sie sich befände, unbeirrt festhielt.

Unter solchen Umständen war *an eine geregelte Regierungstätigkeit* im Fürstentum Weimar *nicht zu denken*. Der Herzog und seine Beamten mußten sich im wesentlichen darauf beschränken, zusammen mit den Landständen durch verstärkte und wiederholte Steuererhebungen und durch Lebensmittellieferungen für eine geregelte Erfüllung der Forderungen des kaiserlichen Militärs zu sorgen, um Gewaltanwendung von dessen Seite nach Möglichkeit zu verhüten. Die Gesetzestätigkeit beschränkte sich in dieser Zeit auf die Bekämpfung umherziehenden Gesindels, das die Straßen unsicher machte und die Landbevölkerung belästigte, auf Münz- und Geldwechselpatente, die Währungsbetrügereien verhindern sollten, und auf Maßnahmen gegen die Pest, die 1628 erneut das Land heimsuchte, zumal die Residenzstadt Weimar. Die jahrelangen Bemühungen des 1627 zum Generalsuperintendenten beförderten Hofpredigers Kromayer um die Verbesserung des Dorfschulwesens und die Durchsetzung einer allgemeinen Schulpflicht stießen bei solchen Verhältnissen auf unüberwindliche Schwierigkeiten und hatten nur begrenzte Wirkungen, zumal sich aus der Landbevölkerung selbst wie auch aus der Geistlichkeit Widerstand dagegen erhob. Kromayers Absicht, mit Hilfe einer aus Dessau nach Weimar verlegten Druckerei der weimarischen Schuljugend ihre Schulbücher unentgeltlich zur Verfügung zu stellen, scheiterte daran, daß die dafür nötigen Geldmittel nicht aufgebracht werden konnten. In dieser Zeit geriet auch der Wiederaufbau des Weimarer Residenzschlosses, der von 1619 bis 1622 von dem bambergischen Hofbaumeister Giovanni Bonalino, einem Italiener, begonnen und ab 1625 von dem weimarischen Baumeister Nikol Teiner fortgesetzt worden war, ins Stocken. Nach der Fertigstellung der Schloßkirche im Jahre 1630 blieben die Arbeiten liegen.

Herzog Wilhelm hatte nach dem Tode Herzog Johann Ernsts die Regierung im gemeinsamen Fürstentum Weimar allein geführt, ohne dazu durch einen Vertrag mit seinen jüngeren Brüdern ermächtigt zu sein, wie dies in einem solchen Falle in den Jahren zuvor geschehen war. Seiner Alleinregierung fehlte also die rechtliche Grundlage. Sie zu schaffen erschien um so notwendiger, als im November 1628 auch Johann Friedrich aus dem Leben geschieden war.

Johann Friedrich hatte sich in den Jahren 1622 und 1623 in badischen und holländischen Kriegsdiensten als tapferer Offizier erwiesen. Nach seiner Rückkehr nach Weimar ließ ihn die Hinwendung zu geheimnisvollen Natur- und Zauberkräften, verbunden mit der Neigung zu Zweifeln am überkommenen Kirchenglauben, zum Einzelgänger werden, der sich von der Umwelt unverstanden fühlte. Als er 1625 Offizier in dänischen Diensten geworden war, führte seine Reizbarkeit zu schweren Konflikten mit seinen Brüdern Johann Ernst und Bernhard und anderen dänischen Offizieren, die seinen Ausschluß aus der dänischen Armee zur Folge hatten. Nach der Rückkehr in die Heimat mied er den Umgang mit dem Weimarer Hof; er zog sich in die ihm im Vertrag von 1624 zum Lebensunterhalt angewiesenen Ämter Wachsenburg und Ichtershausen zurück. Daß er hier seinen Interessen für Magie weiter nachhing, führte zu Konflikten mit dem Pfarrer von Ichtershausen. Anfang 1626 bot er den Brüdern seinen Landesanteil zum Kauf an, doch gelang es Wilhelm, ihn davon abzubringen und sogar zur Versöhnung mit Bernhard, den er zum Duell herausgefordert hatte, zu bewegen. Im April 1626 verschwand er plötzlich aus Thüringen. Bei Lippstadt fiel er, sich als holländischer Offizier ausgebend, in die Hände spanischer

Truppen, die ihn gefangensetzten und einige Monate später an seine Brüder auslieferten. Nachdem er den Winter in Ichtershausen und Tambuchshof verbracht hatte, äußerte er Anfang 1627 den Wunsch, das Land auf drei Jahre verlassen und seinen Landesteil an die Brüder zu verpachten. Als diese sich darauf nicht einließen, offenbar weil sie neue Verwicklungen befürchteten, die zu verstärktem Argwohn von Seiten des Kaisers Anlaß geben konnten, flüchtete er erneut. Bei Northeim wurde er von Tillyschen Soldaten aufgegriffen und, da er sich verzweifelt wehrte, auf der Festung Erichsburg gefangengesetzt, schließlich im Sommer 1627 von Tilly an seine Brüder ausgeliefert. Sie hielten ihn mit Zustimmung des Kurfürsten von Sachsen seitdem in Oldisleben, später in Weimar in strenger Haft und setzten ihn ständigen Verhören und „Besserungsversuchen" lutherischer Geistlicher aus, die für den ebenso intelligenten und kenntnisreichen wie jähzornigen und reizbaren 28jährigen jungen Mann eine seelische Tortur bedeuteten, die der eines Hexenprozesses, wenn auch ohne leibliche Folter, gleichkam. Am 17. Oktober 1628 wurde er, nach einem angeblich tags zuvor abgelegten Geständnis, sich dem Teufel verschrieben zu haben, tot in seiner Zelle aufgefunden. Die Todesursache ist unbekannt geblieben; nach dem Verständnis der Zeitgenossen hatte ihn der Teufel geholt. Der Vorgang wirft ein gespenstisches Licht auf den Teufels- und Hexenglauben der Menschen jener Zeit, der auch in den weimarischen Landen seine Opfer gefordert hat.

Wenige Monate nach Johann Friedrichs Tod, am 19. März 1629, schlossen die weimarischen Herzöge Wilhelm, Albrecht, Ernst und Bernhard einen neuen Vertrag miteinander, dessen Bestimmungen von besonderer Bedeutung geworden sind, weil man sich bis zum Ende des 17. Jahrhunderts darauf berufen hat, wenn mehrere Brüder die Herrschaft über das weimarische Territorium gemeinsam ausübten. Der Vertrag unterschied zwischen „Direktorium oder Präsidentenamt" einerseits und Landesregierung andererseits. Das Direktorium war ein Amt, das im wesentlichen aus Ehrenrechten bestand. Es sollte jeweils dem an Jahren ältesten Mitglied des weimarischen Gesamthauses zustehen und dem Zweck dienen, einen Präzedenzstreit, wie er sich mit dem Altenburger Herzogshaus entwickelt hatte, von vornherein zu vermeiden, aber auch jede Primogenturbestrebung zu verhindern. Es wurde also ein Seniorat geschaffen, das den Zusammenhang im Gesamthause verbürgen sollte, dem aber keine Herrschaftsfunktionen gegeben waren. Das Direktorium wurde Herzog Wilhelm übertragen; die Landesregierung, die grundsätzlich allen Brüdern gemeinsam zustehen sollte, ebenfalls, allerdings unter bestimmten Bedingungen, die sich auf die Mitwirkung der jüngeren Brüder bei wichtigen Herrschaftsaufgaben, vor allem in Kriegs- und Friedens-, Religions-, Kirchen- und Schulangelegenheiten bezogen, und dazu die Leitung der gemeinsamen Hofhaltung. Befristet wurde der Vertrag bis zu einer künftigen Landesteilung, mindestens bis Michaelis 1633; daß er einerseits auf einen bestimmten Zeitraum begrenzt wurde, andererseits eine staatsrechtliche Einrichtung auf Dauer, das Seniorat, schuf, hat später zuweilen zu unterschiedlichen Auslegungen geführt, Landesteilungen aber niemals verhindert. Die Höhe der jährlichen Deputate der einzelnen Brüder wurde neu festgesetzt, die 1624 vereinbarten Anweisungen auf bestimmte Ämter und Güter wurde neu geordnet und dabei Wilhelm die Ämter Weimar, Oberweimar, Ichtershausen, Wachsenburg und die Vorwerke bzw. Güter Weimar, Tiefurt und Köttendorf, Albrecht die Ämter Ringleben und Reinhardsbrunn und das Vorwerk Bachstedt, Ernst die Ämter Kapellendorf und Berka und das Vorwerk Holzhausen, Bernhard das Amt Jena mit Burgau und die Vogtei Brembach überlassen; aus früheren Verträgen herrührende gegenseitige finanzielle Ansprüche wurden ausgeglichen. An die Stelle von Partikularkammern sollte jedoch eine gemeinsame Kammerverwaltung als Finanzbehörde treten. Herzog Bernhard erhielt über sein Deputat hinaus noch einen jährlichen Zuschuß, da er entschlossen war, auch künftig fern von der gemeinsamen Weimarer Hofhaltung zu leben. Ihn hielt es nicht mehr lange in dem von kaiserlichen Truppen bedrückten engen Heimatland. Dazu verstärkte wie bei anderen evangelischen Reichsständen das von Kaiser Ferdinand im März 1629 erlassene Restitutionsedikt auch in Weimar das Mißtrauen gegen die Ziele der kaiserlichen Politik, wenngleich man hier nicht unmittelbar betroffen zu sein glaubte, da sich in weimarischem Besitz kein nach dem Augsburger Religionsfrieden von 1555 sequestriertes kirchliches Eigentum befand. Noch im Sommer *1629 verließ Bernhard Weimar. Er kehrte nach Holland zurück*, um als Beobachter an der Belagerung der von spanischen Truppen besetzten Festung Herzogenbusch durch die Holländer teilzunehmen und dadurch seine militärischen Kenntnisse zu erweitern.

Von entscheidender Bedeutung für die weimarische Politik wurde es, daß er dort dem schwedischen Hofmarschall Dietrich von Falkenberg begegnete, der sich als Bevollmächtigter König Gustav Adolfs zu Bündnisverhandlungen mit Holland und zum Zweck von Truppenwerbungen dort aufhielt und ebenfalls als Beobachter an der Belagerung von Herzogenbusch teilnahm. Aus Gesprächen mit ihm *gewann Bernhard den Eindruck, daß Schwedens König zum militärischen Eingreifen im Reich entschlossen sei.* Dies beflügelte seine politische Aktivität, nachdem er sich genötigt gesehen hatte, bald nach der Eroberung Herzogenbuschs durch die Holländer nach Weimar zurückzukehren, weil seine Reise und die offenkundig bezeugte Freude der Weimarer Herzöge über den Erfolg der holländischen Waffen den Unwillen des Kaisers erregt hatte und man es weimarischerseits für geraten hielt, nicht weiter Öl ins Feuer zu gießen. Inzwischen hatten Nachrichten, daß mit der Durchführung des Restitutionsedikts beauftragte kaiserliche Beamte auch die Rückgabe kirchlichen Eigentums verlangt hatten, das bereits vor dem Augsburger Religionsfrieden sequestriert worden war, auch in Thüringen die Gemüter erregt und zu einer Zusammenkunft der ernestinischen Herzöge in Jena geführt. Nachdem ein dort vereinbarter gemeinsamer Appell an Kurfürst Johann Georg von Sachsen, gegen diese Auslegung des Edikts und zugleich gegen die weiterbestehende Bedrückung der ernestinischen Lande durch kaiserliches Militär beim Kaiser vorstellig zu werden, in Dresden kein Gehör gefunden hatte, entschloß man sich nun, Herzog Bernhard nach Dresden zu schicken, um den Wünschen der Ernestiner mehr Nachdruck zu verleihen. Dem weimarischen Vorschlag, nach einem erneuten Scheitern dieses Versuchs eigene, von Kursachsen unabhängige Wege zu gehen, hatten die anderen Ernestiner allerdings nicht zugestimmt, denn sie meinten nur in Anlehnung an Kursachsen die Interessen ihrer Länder ausreichend sichern zu können. Bernhard freilich scheute sich nicht, dem Kurfürsten den Vorschlag zu machen, sich an die Spitze der evangelischen Reichsstände zu stellen und die günstige Gelegenheit einer Verbindung mit Schweden und den Niederlanden zu ergreifen, um die Übergriffe des Kaisers und seiner Armee abzuwehren. Bei Johann Georg stieß er damit allerdings auf taube Ohren; aber seine Berichte über die Bedrückungen, denen sich Thüringen durch das Wallensteinische Militär ausgesetzt sah, fanden Anklang. Sie stimmten mit dem zunehmend lauter werdenden Chor von Protesten aus allen Teilen des Reichs, auch aus Kursachsen, zusammen, der sich schließlich auf dem Kurfürstentag von Regensburg 1630 als so unüberhörbare Mißfallensäußerung gegen Wallenstein und seine rücksichtslose Machtausübung kundtat, daß dem Kaiser nichts anderes übrig blieb, als in die Entlassung seines Feldherrn einzuwilligen. Im Fürstentum Weimar haben sich die Folgen dieser wichtigen Entscheidung zunächst nur wenig bemerkbar gemacht.

Herzog Wilhelms Anschluß an Schweden und seine Tätigkeit als schwedischer Statthalter in Thüringen und Generalleutnant 1631-1635

König Gustav Adolf war im Juli 1630 mit seiner Armee in Pommern an Land gegangen. Seine Bemühungen um Verbündete unter den evangelischen Reichsständen richteten sich auch auf Herzog Wilhelm von Weimar. Verbindungsmänner waren Falkenberg auf schwedischer Seite, weimarischerseits der Rat Sigismund Heusner von Wandersleben (1592-1645), ein Sohn jenes gleichnamigen coburgischen Kammersekretärs, der sich im Dienst Herzog Johann Casimirs in wichtigen diplomatischen Missionen bewährt hatte.

Der jüngere Heusner war nach Studien in Jena und verschiedenen Auslandsreisen, vor allem nach Frankreich, Geheimer Sekretär bei Herzog Johann Ernst von Weimar geworden und nach der Regierungsübernahme durch Herzog Wilhelm in dessen Dienste getreten und zum Rat befördert worden. Er fand überwiegend im diplomatischen Dienst Verwendung, zeitweilig auch von Seiten Kurfürst Johann Georgs von Sachsen, dessen politische Auffassungen ihm deshalb genau bekannt waren. Zum Unterschied vom Kurfürsten war er der Überzeugung, daß die Rettung des deutschen Protestantismus nur von Seiten Schwedens zu erwarten sei, und daher der eifrigste Förderer eines Bündnisses der evangelischen Reichsstände mit Gustav Adolf. Noch 1631 trat er als Generalkriegskommissar in schwedische Dienste, in denen er bis 1638 gestanden hat. Er verließ sie damals, weil Kursachsen alle in seinem Machtbereich begüterten Personen ultimativ und mit Enteignungsdrohungen zur Aufgabe ihrer Verpflichtungen gegenüber Schweden aufgefordert hatte, und ging wenig später in kaiserliche Dienste, in denen er, ohne seiner evangelischen Konfession untreu zu werden, bis zum Tode gestanden hat, zuletzt als Generalkriegskommissar in den ober- und niedersächsischen Reichskreisen und Resident in Magdeburg.

Durch Heusner hatte Herzog Wilhelm sich im Juli 1630 dem Schwedenkönig als Vermittler in dessen Bündnisbemühungen um Kursachsen angeboten. Gustav Adolf war bereitwillig darauf eingegangen. Aber das Vorhaben Wilhelms, den Kurfürsten dazu zu bewegen, die Führung der evangelischen Reichsstände zu übernehmen und ein Bündnis mit Schweden einzugehen, glückte ebensowenig wie der frühere Versuch seines Bruders Bernhard. Zwar gestand Johann Georg in seiner Eigenschaft als Kreisoberster den ernestinischen Herzögen das Recht zu, ihr Landesaufgebot zu sammeln und Vorbereitungen für Truppenwerbungen zu treffen, um notfalls ihre Länder zu verteidigen; im übrigen aber verwies er auf seine Absicht, einen Konvent aller evangelischen Reichsstände nach Leipzig einzuberufen, um dort über die künftige Politik gegenüber dem Kaiser und der Liga zu beraten und Beschlüsse zu fassen. Wilhelm stimmte solchem Vorhaben freudig zu, weil er sich davon die Bildung eines bewaffneten Bündnisses der evangelischen Reichsstände versprach. Er machte sogar Pläne über die Aufstellung von drei Truppenverbänden, eines sächsischen, eines brandenburgischen und eines thüringischen; die Führung des letzten gedachte er selbst zu übernehmen. Voller Eifer folgten er und seine Brüder Ernst und Bernhard dem Auftrag des Kurfürsten, die anderen ernestinischen Herzöge über dieses Vorhaben zu unterrichten.

Um so herber war seine und Bernhards Enttäuschung, als auf dem Konvent, der von Februar bis April 1631 stattfand und an dem beide teilnahmen, deutlich wurde, daß Kurfürst Johann Georg die Entstehung eines solchen Bundes zu verhindern wußte; daß er zwar starke Worte gegen das Restitutionsedikt und die Praktiken seiner Durchführung und gegen die militärische Bedrückung der evangelischen Reichsstände gebrauchte, daß er aber jeden Widerstand dagegen, auch den militärischen Einsatz, in das Belieben und die Verantwortung der einzelnen Reichsstände stellte, und daß die Beschlüsse des Konvents entsprechend ausfielen; für die Reichsstände des obersächsischen Kreises brachten sie allerdings die Verpflichtung mit sich, Leistungen für die kursächsische Armee zu erbringen, wenn dies erforderlich sein würde. Herzog Wilhelm, der noch im Februar 1631 die Aufforderung des seit Mitte 1630 in Bündnisverhandlungen mit Schweden stehenden Landgrafen Wilhelm von Hessen-Kassel, ebenfalls in ein Sonderbündnis mit Schweden einzutreten, zurückgewiesen hatte, weil er an einen seinen Vorstellungen entsprechenden Erfolg des Konvents geglaubt und Bündnisverhandlungen mit Schweden als Angelegenheit des erhofften evangelischen Bundes betrachtet hatte, sah nun keine Möglichkeit mehr, der kursächsischen Politik zu folgen. Er entschloß sich noch in Leipzig, ein Sonderbündnis mit Gustav Adolf anzustreben, und führte bereits dort, in enger Fühlungnahme mit Wilhelm von Hessen, erste Vorverhandlungen. Sein Plan fand allerdings nicht die Zustimmung aller seiner Brüder. Albrecht widersetzte sich, weil er davon eine Störung der weimarischen Beziehungen zu Kursachsen befürchtete, doch konnte er die Fortsetzung der Verhandlungen nicht hindern. Schon am 8. April verpflichtete sich Wilhelm zur Übernahme eines Kommandos über Truppen der beiden sächsischen, und der fränkischen und schwäbischen Reichskreise unter dem Oberbefehl Gustav Adolfs und zur Werbung eines Infanterieregiments mit Hilfe schwedischer Subsidiengelder; Bernhard unterzeichnete im Auftrag Wilhelms in Reinhardsbrunn einen entsprechenden Rezeß. Wenig später begann Wilhelm in Thüringen und Franken mit Truppenwerbungen. Nach Verhandlungen mit Wilhelm von Hessen in Kassel, in denen sie sich über die Bedingungen einigten, unter denen sie ein Bündnis mit Schweden abzuschließen gedachten, schickten beide Bevollmächtigte in das Feldlager Gustav Adolfs, dessen Armee inzwischen bis zur Havel vorgerückt war. Herzog Wilhelm ließ sich bei den in Potsdam geführten Verhandlungen von Heusner von Wandersleben vertreten. Gustav Adolf bewilligte alle von ihm gestellten Forderungen, die auf das Kommando über die geworbenen Truppen, die Ermächtigung, Anleihen zur Truppenwerbung aufzunehmen, und die Zahlung einer monatlichen Pension für den Fall der Vertreibung von Thron und Land hinausliefen, und stellte ihm ein Generalspatent aus.

Da brachte die Eroberung Magdeburgs durch Tilly (10./20. 5. 1631) Thüringen und Hessen in eine bedrohliche Lage. Denn der ligistische Feldherr, dem die dortigen Truppenwerbungen nicht verborgen geblieben waren, wandte sich nicht gegen die an der Havel stehende schwedische Armee, sondern entschloß sich zum Marsch nach Süden, um der seinen Truppen im Rücken drohenden Gefahr zu begegnen. Die Nachricht traf Herzog Wilhelm wie Landgraf Wilhelm völlig unerwartet. Während aber Landgraf Wilhelm durch hinhaltende Verhandlungen mit Tilly Zeit zu gewinnen suchte, seine Werbungen indessen unbeirrt fortsetzte und nicht daran dachte, seine Verbindungen mit Schweden zu lösen, geriet Herzog Wilhelm in Panik. Als er in einer eilig unternommenen Rücksprache mit Kurfürst Johann Georg von Sachsen einsehen mußte, daß von dort keine militärische Unterstützung zu erwarten war, und bald darauf Tillys Streitmacht in Nordthüringen erschien und im weimarischen Oldisleben ihr Hauptquartier nahm, flüchtete er Hals über Kopf nach Leipzig und entließ die neugeworbenen Truppen, als der Kurfürst sich weigerte, sie in seinem Lande aufzunehmen. Dem schwedischen König gegenüber begründete er diesen Schritt, der einem Verzicht auf die eingegangenen Verpflichtungen und damit auf das Bündnis mit Schweden gleichkam, mit dem Hinweis auf den unzureichenden Eingang von Subsidiengeldern und die Unmöglichkeit, der Armee Tillys mit den bisher geworbenen Truppen mit Aussicht auf Erfolg widerstehen zu können. Den in Weimar zurückgebliebenen Herzögen Albrecht und Ernst war inzwischen nichts anderes übriggeblieben, als Tillys Forderungen an- und zwei seiner Regimenter im Lande aufzunehmen und zu versorgen. Einige Wochen später aus Leipzig nach Weimar zurückgekehrt, widerstand Wilhelm auch dem Drängen seines mit Wissen Landgraf Wilhelms aus Kassel nach Weimar gekommenen Bruders Bernhard, die gegenüber Gustav Adolf eingegangenen Verpflichtungen nunmehr zu erfüllen. Daraufhin schloß Landgraf Wilhelm ohne ihn das Bündnis mit Schweden, und auch Bernhard fand sich im Feldlager des Königs in Werben an der Elbe ein. Angesichts der negativen Erfahrungen in den vergangenen Jahren und der sieggewohnten Tillyschen Armee mag die Sorge um den Besitz des angestammten Fürstentums, dessen Regent er nunmehr war und dessen Verlust für sich und sein Haus bei einem Scheitern Gustav Adolfs ihm vor Augen stand, in ihm übermächtig geworden sein und sich daraus sein plötzlicher Sinneswandel, die Scheu vor dem Risiko und der Wunsch erklären, zunächst den weiteren Gang des politischen und militärischen Geschehens abzuwarten. Verständlich ist aber auch, daß man schwedischerseits dieses Zögern mit Befremden zur Kenntnis nahm und sich daraus für das spätere Verhältnis zwischen dem Herzog und den führenden schwedischen Persönlichkeiten Konsequenzen ergeben konnten.

Die politische Lage änderte sich, als der Übergang Gustav Adolfs über die Elbe Tilly zum Rückmarsch aus Thüringen ins Magdeburgische nötigte, und wenig später Kurfürst Johann Georg sich angesichts ultimativer Forderungen des Kaisers und des Angriffs Tillys auf sein Land zum Abschluß eines Bündnisses mit dem Schwedenkönig gedrängt sah. Nunmehr hielt auch Herzog Wilhelm die Zeit für gekommen, aus seiner Reserve wieder herauszutreten und die Verbindungen zu Schweden wieder aufzunehmen. Sein Angebot, die Führung eines schwedischen Truppenverbandes in Thüringen übernehmen und ihn mit Hilfe der thüringischen Reichsstände durch Werbungen verstärken zu wollen, erreichte den König, als dieser soeben seinen glanzvollen Sieg über Tilly bei Breitenfeld (28. 8./7. 9. 1631) errungen hatte. Bei einer Zusammenkunft in Halle ging Gustav Adolf auf Wilhelms Vorschlag ein. Daß sich der schwedische Kriegsrat, an dem der Herzog teilnahm, für einen Feldzug durch Thüringen nach Franken entschloß, während Kursachsen als militärische Ziele Böhmen und Schlesien überlassen blieben, war ganz in Wilhelms Sinne; gewann doch Thüringen dadurch als künftige Nachschubbasis für das schwedische Heer eine besondere Bedeutung. Nachdem er durch eine Kriegslist dem König zu unblutiger Besitzergreifung Erfurts verholfen hatte, ernannte ihn dort Gustav Adolf am 25. September 1631 zum schwedischen Statthalter in Thüringen mit dem Auftrag, Truppen zu werben und zu deren Aufstellung und Versorgung die Fürstentümer Weimar, Eisenach und Coburg und die Grafschaften Henneberg, Schwarzburg und Stolberg heranzuziehen. Für weitere Wünsche des Herzogs, die auf den Abschluß eines Bündnisses nach Art des mit Landgraf Wilhelm von Hessen abgeschlossenen und auf die Übergabe der Stadt Erfurt in weimarischen Besitz hinausliefen, fand der König zwar freundliche, aber im Grunde nichtssagende Worte, die auf die Zukunft vertrösteten.

Amtssitz Herzog Wilhelms als Statthalter wurde Erfurt; hier richtete er eine Kriegskanzlei ein, die er mit weimarischen Beamten besetzte. In seinen Entscheidungen war er jedoch nicht frei, sondern an die Zustimmung des schwedischen Diplomaten Jakob Steinberg gebunden, den Gustav Adolf ihm zur Seite gesetzt hatte, zur Unterstützung wie zur Überwachung. 2000 Mann, die der König bei seinem Abzug nach Franken unter dem Kommando des Obersten Georg Ludwig Grafen von Löwenstein in Erfurt zurückließ, wurden dem Herzog unterstellt. Sie waren in erster Linie zum Schutz der Stadt bestimmt, die seitdem bis zum Ende des Krieges den wichtigsten Stützpunkt Schwedens im mittleren Deutschland bildete. Dem Ausbau ihrer Befestigungen galt daher von Anfang an die besondere Aufmerksamkeit des Statthalters; die Einwohnerschaft der Stadt hatte dazu einen wichtigen Beitrag zu leisten. Die von Herzog Wilhelm alsbald mit den ihm zugewiesenen thüringischen Reichsständen begonnenen Verhandlungen über die Zahlung von Kriegssteuern und die Aufnahme von Werbeplätzen und Truppen in ihren Landen erwiesen sich bald als überaus mühsam und langwierig. Die ihnen vom Herzog vermittelten schwedischen Forderungen bedeuteten für sie nach den Jahren kaiserlicher Einquartierungen in der Tat eine schwere Belastung. Es war daher kein Wunder, daß sie sich unter Berufung darauf den an sie gestellten Wünschen zu entziehen suchten. Als nun noch Kurfürst Johann Georg von Sachsen mit dem Hinweis auf die auf dem Leipziger Konvent von 1631 beschlossenen Beiträge für die kursächsische Armee Forderungen an sie stellte, stockten Wilhelms Verhandlungen völlig. Sie kamen erst wieder in Gang, als der Herzog mit Zustimmung Gustav Adolfs seinen Tätigkeitsbereich auf weitere Gebiete und zwar auf die Reichsstädte Mühlhausen und Nordhausen (siehe u. S. 596 u. 598), die Grafschaft Hohnstein, das Fürstentum Altenburg und die Herrschaften Reuß und Schönburg ausdehnte, und der König ihm dadurch helfend beisprang, daß er an den Kurfürsten von Sachsen mit der Begründung, daß beim Kriegsrat in Halle Thüringen der schwedischen Armee zugesprochen worden sei, die Bitte richtete, von seinen Forderungen abzusehen, und diejenigen thüringischen Reichsstände, die sich bei ihm über Herzog Wilhelms Anforderungen beschwerten, abwies und von ihnen verlangte, den Wünschen des Herzogs zu entsprechen. Zweifellos haben Gustav Adolf und Herzog Wilhelm damals den Landschaftsbegriff Thüringen erheblich weiter gefaßt als dies zu jener Zeit üblich gewesen ist, als man darunter die Gebiete zwischen Thüringerwald und Harz im Süden und Norden und zwischen mittlerer Werra und Saale im Westen und Osten verstand; die östlich der Saale gelegenen Teile des Fürstentums Altenburg, die Lande der Reußen und Schönburger rechneten ebenso wenig dazu wie die Grafschaft Henneberg und das Fürstentum Coburg.

Die Unterstützung, die der Schwedenkönig seinem Statthalter gewährte, dazu ein gegen Ende des Jahres 1631 von Bamberg aus nach Norden vorgetragener Angriff Tillyscher Truppen, der Thüringen in Furcht und Schrecken versetzte und den thüringischen Reichsständen die noch immer drohende Gefahr vor Augen führte, gaben den Ausschlag zugunsten größerer Willfährigkeit gegenüber den Forderungen Herzog Wilhelms, wenn sich auch in der Folgezeit die sicher nicht unberechtigten Klagen über untragbare Belastungen und mangelnde Disziplin der Truppen wie ein roter Faden durch alle Verhandlungen gezogen haben. Nur sehr begrenzte Erfolge hatte der Herzog allerdings bei seinen Versuchen, das Landesaufgebot der einzelnen Reichsstände zur Verstärkung seiner neu geworbenen Truppenmacht zu verwenden. Lediglich das weimarische und hennebergische Aufgebot vermochte er zu gewinnen; alle anderen Landesherren ließen das ihre nicht außer Landes gehen. Immerhin standen am Ende des Jahres 1631 in Thüringen fast 10000 Mann unter Herzog Wilhelms Kommando.

Währenddessen hatte der Herzog seine eigenen Interessen ebenfalls weiter verfolgt. Sein Vorhaben, zu einem Bündnis mit Schweden zu kommen, um auf diese Weise vom unterstellten Militärbefehlshaber zum gleichrangigen Verbündeten zu werden, schien sich der Erfüllung zu nähern, als Steinberg ihm im November 1631 im Auftrag des Königs den Entwurf eines Bündnisvertrags vorlegte, der dem des schwedisch-hessischen nahezu gleich war und auch den von Wilhelm besonders erstrebten Artikel enthielt, der ihm den Besitz eroberten feindlichen Territoriums versprach. Mit Ausnahme von Herzog Albrecht billigten auch seine Brüder diesen Vertragstext, den Wilhelm noch im gleichen Monat unterzeichnete. Dagegen scheiterte zunächst sein Versuch, den höchsten militärischen Rang im schwedischen Heer nach dem König, den eines Generalleutnants über die Armeen, zu erlangen, da der König sich nicht geneigt zeigte, seine verdienten Heerführer Horn, Banér und Tott dem Kommando eines deutschen Fürsten zu unterstellen.

Das ihm im schwedischen Vertragsentwurf zugesicherte Recht auf Inbesitznahme eroberten feindlichen Gebiets verstärkte des Herzogs Streben nach territorialem Gewinn. Es hatte sich von Anfang an auf die kurmainzischen Gebiete in Thüringen, auf Erfurt und das Eichsfeld, gerichtet und stand schon hinter seinem Gustav Adolf in Halle gegebenen Versprechen, für eine schnelle Besetzung Erfurts zu sorgen. Nach dem Gelingen des Vorhabens und seiner Einsetzung als Statthalter hatte er die Stadt wie erobertes Gebiet behandelt und sie — den katholischen Bevölkerungsteil, zumal die Geistlichkeit und die mainzische Beamtenschaft, stärker als den evangelischen — mit Kriegssteuern belegt und für die Unterbringung und Verpflegung der schwedischen Besatzung und für die Verbesserung der Befestigungsanlagen herangezogen. Ein im Oktober 1631 unternommener Versuch, die Unterwerfung auch des Eichsfelds und zwar durch Verhandlungen mit den dortigen Landständen zu erreichen, war jedoch fehlgeschlagen, und so griff der Herzog im Dezember, nun im Besitz der nötigen Truppenmacht, zu militärischen Maßnahmen, die zur Besetzung Heiligenstadts und von Teilen des Obereichsfelds führten. Sie mußten aber zurückgenommen werden, als Gustav Adolf den Herzog zu schneller Zuführung neugeworbener Truppen nach Franken aufforderte, wo man einen Angriff Tillys auf Nürnberg befürchtete, und zu Beginn des Jahres 1632 der schwedische General Banér, von dem aus Westfalen herangerückten bayerischen Feldmarschall Pappenheim an der Belagerung Magdeburgs gehindert, den Herzog um Beistand bat.

Das Kommando der für Franken bestimmten Verbände selbst zu führen, sträubte sich der Herzog; er überließ dies seinem inzwischen in schwedische Dienste übergetretenen Rat Heusner von Wandersleben. Dagegen folgte er selbst dem Ruf Banérs an der Spitze seiner noch in Thüringen verbliebenen Streitkräfte, vereinigte sich mit ihm am Harz und begann von dort mit der Verfolgung des inzwischen zurückgewichenen Gegners bis zur Weser. Beunruhigende Nachrichten aus Böhmen, wo der inzwischen von Kaiser Ferdinand in sein Oberkommando zurückgerufene Wallenstein die kursächsische Armee bedrängte, veranlaßten Gustav Adolf, Banér die Rückkehr ins Magdeburgische, und die Herzog Wilhelms nach Thüringen anzubefehlen und den Kampf gegen Pappenheim dem Herzog Georg von Branuschweig-Lüneburg und dem Feldmarschall Tott zu übertragen. Herzog Wilhelm nutzte den Rückmarsch nach Thüringen dazu, das Eichsfeld in seine Gewalt zu bringen. Nachdem er zunächst Göttingen, das von einer kaiserlichen Besatzung verteidigt wurde, erobert hatte, besetzte er Ende Februar 1632 Duderstadt. Er ließ den kurmainzischen Oberamtmann nach Erfurt in Gewahrsam bringen, rief die eichsfeldischen Landstände nach Duderstadt und forderte von ihnen neben der Zahlung von Kriegssteuern Gehorsam gegenüber der von ihm dort eingesetzten Regierung, die aus weimarischen Beamten bestand. Doch schon wenig später mußte er das Eichsfeld wieder verlassen, da ihn die Aufforderung Gustav Adolfs erreichte, mit seinen Truppen nach Franken zu kommen, um dort dem schwedischen Feldmarschall Horn gegen Angriffe Tillys beizustehen.

Zusammen mit Banér, der mit seinen Truppen ebenfalls nach Franken beordert worden war, marschierte er über den Thüringer Wald nach Schweinfurt und von dort, da Tilly, nachdem er Horn aus Bamberg verdrängt hatte, durch die Oberpfalz nach Süden ausgewichen war, weiter nach Donauwörth, wo die Vereinigung mit Gustav Adolfs Armee erfolgte. An der wenig später folgenden Schlacht bei Rain am Lech, in der Tilly besiegt und tödlich verwundet wurde, nahm der Herzog teil, und er begleitete den König auch auf seinem Feldzug durch Bayern und Schwaben.

Während dieser Zeit fand Wilhelm Gelegenheit, mit dem König persönlich über die eigenen Wünsche zu verhandeln. Zur Sprache kam das Bündnis mit Schweden, eine hohe Charge in der schwedischen Armee, die Überlassung Erfurts und des Eichsfelds und einiger an die weimarische Exklave Königsberg in Franken grenzender bambergischer Ämter als Entschädigung für geleistete Dienste und des dem eigenen Fürstentum entstandenen Schadens, ferner die Sicherung seiner Befugnisse als Statthalter in Thüringen gegen Eingriffe des dortigen schwedischen Residenten, über die sich die Beamten seiner weimarischen Kriegskanzlei und Oberst Löwenstein inzwischen bei ihm beschwert hatten. Doch Gustav Adolf fand sich weder zur Unterzeichnung des Bündnisvertrags bereit noch zu bindenden Abmachungen über Erfurt, das Eichsfeld und die fränkischen Ämter. Er gestand dem Herzog zwar zu, die Kriegssteuern des Eichsfeldes als Ersatz für in schwedischen Diensten entstandene Unkosten für sich zu verwenden, deutete aber andererseits auf die Schwierigkeiten hin, die einer Lösung der Erfurter Frage wegen der kursächsischen Rechte an der Stadt entgegenstünden, und vertröstete ihn im übrigen mit Versprechungen auf die Zukunft; in seinen Rechten als Statthalter hingegen versprach er ihn zu schützen. Hielt sich also der König in Fragen zurück, deren Beantwortung schwerwiegende Entscheidungen von unter Umständen langfristiger Wirkung verlangt hätten, zumal über Territorialbesitz, so meinte er in einem Bereich, der auch für später der eigenen Handlungsfreiheit den nötigen Spielraum ließ, großzügiger sein zu können. So gab er dem Drängen des Herzogs nach der Charge eines Generalleutnants über die schwedischen Armeen nach. Daß der Herzog sich sträubte, zu neuen Truppenwerbungen nach Thüringen zurückzukehren, seine bereits geworbenen Verbände aber bei des Königs Armee zu lassen, mag Gustav Adolf in der Einsicht bestärkt haben, angesichts der schlechten Nachrichten aus Böhmen über Wallensteins Erfolge gegen die kursächsische Armee und über kursächsische Geheimverhandlungen mit dem Gegner gerade jetzt die Hilfe Herzog Wilhelms nicht entbehren zu können. So verlieh er ihm am 26. Mai 1632 den Generalleutnantsrang, die höchste Charge in der schwedischen Armee nach dem König, allerdings mit der Bedingung, die Führung einer eigenen Streitmacht nur auf seinen, des Königs, Befehl zu übernehmen. Außerdem übertrug er ihm den Oberbefehl über die noch in Thüringen, Niedersachsen und Franken befindlichen schwedischen Truppenverbände, bestätigte ihn im Amt des Statthalters in Thüringen und betraute ihn mit neuen Truppenwerbungen. Als wenig später neue Hiobsbotschaften aus Sachsen eintrafen, verließ Wilhelm den König mit dem Auftrag, alle schwedischen Truppen in Thüringen und Niedersachsen zu sammeln und sich mit ihnen zur Unterstützung Kursachsens und zur Vereinigung mit der schwedischen Hauptarmee bereitzuhalten, die sich ebenfalls im Aufbruch nach Sachsen befand.

Nach der Rückkehr nach Thüringen blieb Wilhelm keine Zeit, sich um die Statthaltergeschäfte zu kümmern. Er erteilte daher dem tatkräftigen schwedischen Residenten in Erfurt, Alexander Erskein, von dessen Tätigkeit in Erfurt später mehr zu berichten sein wird, Vollmacht, die Statthaltergeschäfte in seinem, des Herzogs, Namen bis auf weiteres zu führen. Ihm selbst war es jetzt nur um militärische Belange zu tun. So kümmerte er sich um die Verstärkung der Verteidigungskraft Erfurts und die Zusammenführung der in Thüringen und Niedersachsen verstreut liegenden schwedischen Truppenverbände. Er sammelte sie um Halle an der Saale, zog mit ihnen von dort, da er des Königs Hauptarmee bereits im Vogtland vermutete, über Zeitz nach Gera und dann, in der Absicht, die Vereinigung mit der kursächsischen Armee zu suchen, nach Altenburg. Hier erreichte ihn der Befehl Gustav Adolfs, der inzwischen vor Nürnberg angelangt und hier die Nachricht vom Anmarsch Wallensteins aus Böhmen und dessen Vereinigung mit den bayerischen Truppen Kurfürst Maximilians erhalten hatte, nach Coburg zu ziehen. Da Bamberg inzwischen von Wallensteins Verbänden besetzt war, nahm Wilhelm von Coburg aus den Weg über Eisfeld, wo er Anstalten zu weiteren Truppenwerbungen in Thüringen traf, nach Hildburghausen und von dort nach Schweinfurt und Kitzingen. Hier vereinigte er seine fast 12 000 Mann starke Streitmacht mit den von Gustav Adolf ebenfalls nach Nürnberg gerufenen hessischen und rheinischen Truppen und zog mit ihnen vor Nürnberg, wo er Ende August eintraf. In der bald darauf entbrannten Schlacht bei der Alten Veste, in der Gustav Adolf vergeblich versuchte, Wallensteins Stellungen zu nehmen, war Wilhelm für den Notfall zum Stellvertreter des Königs bestimmt, der den rechten Flügel der Armee führte, während Herzog Bernhard von Weimar den linken Flügel befehligte; von einem Eingreifen Wilhelms in den Kampf ist nichts bekannt.

Nach dem Abzug von Nürnberg teilte Gustav Adolf seine Armee. Während er selbst nach Süden zog, ließ er 8500 Mann unter dem Oberbefehl Herzog Wilhelms in Franken zur Beobachtung Wallensteins zurück. Doch Wilhelm erkrankte und mußte, da sich sein Zustand nicht besserte, Ende September die Armee verlassen; Bernhard übernahm an seiner Stelle und bis zu seiner Wiedergenesung das Kommando, während Wilhelm sich zunächst nach Kitzingen begab. Hier ließ er für den König eine Denkschrift verfassen, in der er noch einmal seine Wünsche — Abschluß des Bündnisses, Entschädigung für geleistete Dienste, Zuweisung von Erfurt und dem Eichsfeld — geltend machte. Während er sich dann nach Schleusingen und von dort nach Weimar bringen ließ, wo er weiter krank darniederlag, zogen sich die Kriegswolken über Thüringen zusammen. Wallenstein rückte mit seiner Armee auf Coburg, besetzte die Stadt, konnte aber die Veste, die Herzog Bernhard durch den Obersten Taupadel hatte besetzen lassen, nicht nehmen und wandte sich, als Bernhard mit seinen Truppen heranrückte, über den Frankenwald ins Vogtland und von dort weiter auf Leipzig. Währenddessen streiften Pappenheims Scharen, aus Westfalen kommend und der Vereinigung mit Wallensteins Armee zustrebend, über das Eichsfeld bis gegen Erfurt, mußten aber nach Nordosten in das Unstruttal ausweichen, da inzwischen Herzog Bernhard den Thüringer Wald überschritten hatte und bei Arnstadt angelangt war, gefolgt von Gustav Adolfs Hauptarmee, die bei der Nachricht vom Anmarsch Wallensteins auf Thüringen und Sachsen sofort kehrtgemacht hatte und von Süden herbeieilte. Während seines Aufenthalts in Erfurt stattete der König Herzog Wilhelm in Weimar am 27. Oktober einen Krankenbesuch ab. Ob damals über des Herzogs Denkschrift gesprochen worden ist, wissen wir nicht. Davon daß der König bereits Wochen zuvor der Stadt Erfurt alle weltlichen Rechte, die der Kurfürst von Mainz dort besaß, und das katholische Kirchengut übereignet und sich nur die Oberhoheit über die Stadt vorbehalten hatte, wußte der Herzog noch nichts. Wenige Tage später fand der König bei Lützen (6./16. 11.) den Soldatentod. Herzog Wilhelm aber konnte seine Pflichten als Generalleutnant nicht wahrnehmen; sein Bruder Bernhard führte die schwedische Armee zum Siege über Wallenstein.

In den vielen Monaten seiner Abwesenheit von Thüringen hatte Wilhelm die Geschäfte des Statthalters nicht wahrnehmen können. Während seines Feldzugs in Niedersachsen bemühten sich, zumal auch der schwedische Resident Steinberg nicht anwesend war, die Beamten der weimarischen Kriegskanzlei in Erfurt darum, doch konnten sie sich gegenüber den thüringischen Reichsständen nicht durchsetzen. Die Kriegssteuereingänge stockten, zumal Kurfürst Johann Georg von Sachsen mit seinen aus den Beschlüssen des Leipziger Konvents hergeleiteten Forderungen erneut hervortrat, vor allem gegenüber Altenburg, Reuß und Schönburg, wo er sogar Truppen einquartierte. Dazu kam die schlechte Disziplin der von Herzog Wilhelm neugeworbenen Truppen, über die allerorten geklagt wurde. Selbst das weimarische Fürstentum blieb die geforderten Leistungen schuldig. Erst als im April 1632 der schwedische Diplomat Alexander Erskein Nachfolger Steinbergs als Resident in Erfurt wurde, besserten sich die Verhältnisse, vor allem nachdem er sich von dem schwedischen Kanzler Oxenstierna eine erweiterte Vollmacht verschafft hatte, die es ihm erlaubte, mit den thüringischen Reichsständen und der Stadt Erfurt selbständig zu verhandeln und Vereinbarungen zu treffen. Der tatkräftige Diplomat schränkte nunmehr den Einflußbereich der Beamten der weimarischen Kriegskanzlei ein, die sich in Erfurt, zumal durch das Verhalten eines ihrer Beamten, des Kriegsrats Burchard, der als Freund der katholischen Geistlichkeit galt und diese gegen Übergriffe des Rats der Stadt zu schützen suchte, unbeliebt gemacht hatten, so daß sich dort eine antiweimarische Stimmung breitmachte. Erskein hingegen zeigte mit Zustimmung Gustav Adolfs und Oxenstiernas Entgegenkommen gegenüber den Wünschen des Rates, die sich vor allem auf die kurmainzischen Rechte und das Eigentum der katholischen Geistlichkeit richteten; er suchte auf diese Weise die politisch maßgebenden Kräfte dieser für die schwedische Kriegführung strategisch wichtigen Stadt für Schweden zu gewinnen. Der Erfurter Rat erkannte die sich bietende Gelegenheit und nutzte sie zu geheimen Verhandlungen mit Gustav Adolf. Dieser bestätigte zwar, wie schon berichtet, Herzog Wilhelm, der durch Beschwerden seiner Beamten über die selbstherrliche Art der Tätigkeit des neuen Residenten unterrichtet war und eine Beeinträchtigung seiner Stellung als Statthalter argwöhnte, in seinem Statthalteramt, war aber nicht geneigt, deswegen von unmittelbaren Verhandlungen mit Erfurt Abstand zu nehmen und machte dem Rat im Oktober die wichtigen Zugeständnisse, von denen oben bereits die Rede gewesen ist.

Die sicher nicht unberechtigten Klagen der thüringischen Reichsstände über die ihnen aufgebürdeten Lasten hatte Erskein auf einer kurz nach dem Antritt seines Amtes von ihm nach Erfurt einberufenen Zusammenkunft, an der Bevollmächtigte Altenburgs, Coburgs, Eisenachs, Weimars, Schwarzburgs, Stolbergs und der beiden Reichsstädte Mühlhausen und Nordhausen teilnahmen, mit neuen Forderungen beantwortet, die sich auf den Ausbau der Befestigungen Erfurts, neue Kriegssteuern und Truppeneinquartierungen bezogen, nicht allerdings ohne eine gerechte Verteilung der Lasten und die Abstellung und Verhütung bisheriger Mißstände zu versprechen. Die darauf folgenden Verhandlungen, denen freilich Weimar und die beiden Reichsstädte fernblieben, führten zur Bewilligung einer Kriegssteuer von 20 000 Talern, jedoch unter der Bedingung, daß Kursachsen auf seine Forderungen verzichte. Da das nicht geschah, gingen die Zahlungen nur zögernd ein. Erskein half sich, indem er die Offiziere neugeworbener Verbände anwies, sich Besoldung und Verpflegung in den ihnen zugeteilten Quartieren selbst zu beschaffen. Diese Maßnahme hatte zwar neue Klagen zur Folge, förderte aber die Werbungen so, daß die neuen Verbände nicht nur zur Sicherung Erfurts ausreichten, sondern auch zur Wiederbesetzung des Eichsfeldes.

Das Eichsfeld war seit der Eroberung durch Herzog Wilhelm im April 1632 nicht zur Ruhe gekommen. Die von ihm dort eingesetzte Regierung hatte von Anfang an mit dem Widerstand der Bevölkerung zu kämpfen, die sich weigerte, Kriegssteuern zu zahlen. Eine Aufforderung Erskeins an die dortigen Landstände, sich in Mühlhausen zu einer Tagung zusammenzufinden, blieb ohne Wirkung; im Gegenteil, es kam unter Führung des Landschreibers Johann Zwehl zu einem Versuch, die weimarische Regierung und Besatzung mit Hilfe des kaiserlichen Kommandanten von Einbeck, Oberst von der Goltz, aus dem Lande zu jagen. Goltz überfiel im Mai 1632 Heiligenstadt und machte die dort liegende schwedische Reiterkompanie nieder. Zwei Wochen später wurde die Stadt zwar vom Grafen Löwenstein mit neugeworbenen Truppen wieder besetzt, und kamen auch die anderen Teile des Eichsfelds wieder in weimarische Hand, doch nur auf kurze Zeit. Denn während eines neuen Vorstoßes Pappenheims aus Westfalen durchstreiften Anfang Juni Kroatenabteilungen von ihm das Land. Sie bemächtigten sich Rustebergs, Duderstadts und Heiligenstadts und bedrohten sogar Mühlhausen; Löwenstein mußte das Eichsfeld aufgeben und sich auf Erfurt zurückziehen. Der Anmarsch Herzog Georgs von Braunschweig-Lüneburg und des schwedischen Generals Baudissin nötigten Pappenheims Scharen zwar zum Rückzug, aber ein Zerwürfnis zwischen Erskein, der aus eigener Machtvollkommenheit Truppen aufs Eichsfeld schickte, die Dingelstädt besetzten und dabei niederbrannten, und dem Grafen Löwenstein, der sich durch diese Eigenmächtigkeit des Residenten in seiner militärischen Stellung beeinträchtigt fühlte, führte dazu, daß von Erfurt her weitere Maßnahmen gegen das Eichsfeld unterblieben und unterdessen Herzog Georg und Baudissin zur Besetzung des Landes schritten. Herzog Georg, der auf Grund von Versprechungen Gustav Adolfs Anspruch auf Duderstadt und die umliegenden Ämter erhob, eroberte die Stadt und meldete bei Herzog Wilhelm seine Ansprüche auf sie und ihre Umgebung an. Als er im August abzog, ließ er in Duderstadt eine Besatzung zurück und dort und im Umland eigene Beamte. Das gesamte übrige Eichsfeld brachte Erskein wieder in seine Gewalt; im September setzte er im Namen Herzog Wilhelms den Obersten Christoph Friedrich von Eßleben zum Kommandanten des Landes ein. Doch schon Anfang Oktober rückte Pappenheim erneut und diesmal mit seiner ganzen Streitmacht heran. Nach der Eroberung Duderstadts besetzte er das ganze Land; danach nahm er Mühlhausen und drängte Eßleben auf Erfurt zurück, mußte dann aber wegen des Anmarschs Bernhards von Weimar nach Nordosten ausweichen; wie Gustav Adolf fand er bei Lützen den Soldatentod.

Als schwedischem Generalleutnant stand Herzog Wilhelm nach dem Tode Gustav Adolfs der Oberbefehl über die schwedischen Streitkräfte zu. Herzog Bernhard, der die schwedischen Fahnen bei Lützen zum Siege geführt hatte, trug diesem Anspruch des erkrankten Bruders Rechnung, indem er von ihm eine Vollmacht erbat, die ihm den Oberbefehl, den er praktisch bereits innehatte, auch formell übertrug. Wilhelm stellte sie bereitwillig aus, beschränkte ihre Geltung aber auf die Zeit bis zu seiner Wiedergenesung, in der Absicht, dann seinem Rang zufolge selbst die Armeeführung zu übernehmen. Doch nun zeigte sich, daß Bernhard nicht bereit war, die Armee wieder aus seinen Händen zu lassen. Er übergab dem Bruder, als dieser genesen war und die Statthaltergeschäfte in Erfurt wieder übernommen hatte, zwar dessen Leibregiment zu Roß, vertröstete ihn aber im übrigen auf die Entscheidung des schwedischen Reichskanzlers Oxenstierna, der nach des Königs Tod die Leitung der schwedischen

Staatsgeschäfte übernommen hatte. Die Verhandlungen mit Oxenstierna, der im Dezember 1632 nach Erfurt kam, brachten für Wilhelm eine große Enttäuschung. Der Kanzler, der in Kenntnis der Ziele Gustav Adolfs entschlossen war, die erreichte schwedische Machtstellung im Reich zu festigen und durch ein neues unter schwedischer Führung stehendes Bündnis mit den evangelischen Reichsständen die Fortsetzung des Krieges zu sichern, gab ihm auf die Frage nach der Führung des militärischen Oberbefehls nur eine hinhaltende Antwort. Darüber hinaus bereitete er ihm noch die unangenehme Überraschung, daß er in Ausführung des schon erwähnten Dekrets des Königs die kurmainzischen Rechte an Erfurt und das dortige katholische Kircheneigentum, worauf sich der Herzog angesichts von allerdings nur unbestimmten Versprechungen Gustav Adolfs selbst Hoffnungen gemacht hatte, an die Stadt übergab, wenn auch unter dem Vorbehalt einer schwedischen Oberhoheit, und daß er außerdem in Erfurt einen schwedischen Buchhalter einsetzte, der für die Einziehung der in Thüringen aufzubringenden Kriegssteuern zuständig und streng an die Weisung des schwedischen Residenten Erskein gebunden war. Wilhelm sah sich also nicht nur in seiner militärischen Stellung als Generalleutnant zurückgesetzt, sondern auch in seinen Ansprüchen auf Erfurt und in seinem Statthalteramt, zu dem die Verwaltung der Kriegssteuern gehörte, erheblich eingeschränkt. Um so energischer suchte er ähnlichen Überraschungen in seinem Anspruch auf das Eichsfeld vorzubauen, das nach Pappenheims Abzug im November 1632 wieder von schwedischen Verbänden unter Oberst Eßleben besetzt worden war. Er ernannte Eßleben zum weimarischen Statthalter des Eichsfelds, wies ihn an, das gesamte Land einschließlich der von Braunschweig und Hessen beanspruchten Randgebiete militärisch zu sichern, dort Kriegssteuern zu erheben und die Landstände an der Verwaltung des Landes zu beteiligen. Als Eßleben, diesen Anweisungen nachkommend, Duderstadt und die umliegenden Ämter mit Truppen belegte, geriet er sofort in Streit mit den dort tätigen braunschweigischen Beamten, setzte sich aber durch. Das Eichsfeld wurde für den Herzog in der Folgezeit vor allem wegen der Kriegssteuern wichtig, die es liefern mußte, und die er für die Werbung neuer Truppen dringend benötigte, zumal die Zahlungen der thüringischen Reichsstände in die Erfurter Kriegskasse so stockend erfolgten, daß sie meist leer war.

In den Jahren 1633 und 1634 hat Herzog Wilhelm mehrfach, aber stets vergeblich Versuche gemacht, seinem Rang entsprechende militärische Führungsaufgaben zu übernehmen. Eine erste Gelegenheit bot sich, als Landgraf Wilhelm von Hessen im Dezember 1632 die Weimarer Herzöge um Hilfe gegen den kaiserlichen General Gronsfeld bat, der im Anmarsch auf Hessen war, um dort Winterquartiere zu beziehen. Während Oxenstierna es für ausreichend hielt, daß Wilhelm seine Truppen dem Landgrafen zuschickte, und Herzog Bernhard seinem Bruder für diesen Zweck noch dessen Leibregiment zu Fuß überließ, schlug Wilhelm dem schwedischen Reichskanzler eine Teilung des schwedischen Hauptheeres in zwei Armeen vor, von denen die eine, deren Führung er sich selbst zudachte, für den Kampf gegen Gronsfeld in Hessen und Westfalen bestimmt sein, die andere unter Führung Herzog Bernhards Bamberg besetzen und Franken gegen feindliche Angriffe aus Böhmen und der Oberpfalz sichern sollte. Einer Teilung der Hauptarmee, mit der Bernhard nach der Schlacht bei Lützen Kursachsen vom Feinde befreit hatte und die um die Jahreswende 1632 und 1633 im Osterland und im Umkreis von Zwickau stand, stimmte Oxenstierna zwar zu, aber er unterstellte die daraus gebildete größere Armee, die für den Kampf gegen Gronsfeld bestimmt war, dem Oberbefehl des Herzogs Georg von Braunschweig-Lüneburg; die kleinere, die Franken besetzen und schützen sollte, beließ er weiter unter Herzog Bernhards Befehl, ohne sich über das Oberkommando näher auszulassen. Beide weimarische Brüder fühlten sich durch diese Entscheidung zurückgesetzt und waren empört. Da aber Wilhelm nun mit dem Hinweis auf seinen Generalleutnantsrang Ansprüche auf die Führung der für Franken bestimmten Armee erhob und seinen jüngeren Bruder als seinen Unterfeldherrn betrachtete, kam es zu Mißhelligkeiten zwischen beiden, die auch auf einer Zusammenkunft aller vier Brüder, die im Februar 1633 in Weimar stattfand, an der auch der Kanzler Göchhausen und andere hohe weimarische Beamte teilnahmen und bei der man sich über die künftige Stellung gegenüber Schweden einig werden wollte, nicht beigelegt werden konnten, da Wilhelm auch dort seinen Anspruch aufrecht erhielt, Bernhard hingegen einer Antwort auswich und sich auf kommende Entscheidungen eines von Oxenstierna nach Heilbronn einberufenen Konvents der evangelischen Reichsstände der oberdeutschen Reichskreise berief, auf dem auch über den militärischen Oberbefehl verhandelt werden sollte. Albrecht und Ernst nahmen Bernhards Partei, ja, Ernst gab dem ältesten Bruder sogar den Rat, „sich von dieser Charge selbst abzutun", denn dann könne er „als guter Landesfürst bei der Landesregierung in guter stiller Ruhe verbleiben und großer Sorge und Bekümmernis enthoben sein und auf Satisfaktion dringen". Dabei schwang sicher die Sorge mit, Wilhelm als regierender Landesherr könne sich, wie einst Johann Ernst, statt die Regierung des Fürstentums zu führen, zum Schaden des Landes in militärische Abenteuer verlieren. Einig hingegen waren sich die Brüder darin, als Ausgleich für die Schweden geleisteten Dienste und deswegen erlittenen Schäden von Oxenstierna, den Versprechungen Gustav Adolfs gemäß, die Zusage territorialen Gewinns zu fordern und zwar neben dem Eichsfeld wenigstens die Oberhoheit über Erfurt, wenn schon andere kurmainzische Rechtstitel und der dortige katholische Kirchenbesitz inzwischen an den Rat vergeben waren. Seine Ansprüche auf einige bambergische Ämter im Umkreis der weimarischen Exklave Königsberg in Franken ließ Wilhelm damals fallen, da auch Bernhard vom König Versprechungen erhalten hatte, die sich auf fränkisches Gebiet bezogen. Während Wilhelm hinsichtlich Erfurts und des Eichsfelds für eine regelrechte Übereignung eintrat, wollten sich Ernst und Bernhard mit einer Bestätigung der Versprechungen begnügen, da Wilhelm, wie Bernhard in seiner zupackenden Art meinte, als Statthalter Gelegenheit und Macht genug habe, sich die erstrebten Rechtstitel und Besitztümer anzueignen. Als Voraussetzung für solchen Landgewinn sahen die Brüder einstimmig das Fortbestehen der Bindungen an Schweden an. Sie stimmten daher auch dem von Oxenstierna geplanten Bündnis der evangelischen Reichsstände mit Schweden zu, selbst wenn Kursachsen den Beitritt verweigern sollte. Bernhards Äußerung, der Direktor des Bundes brauche nicht ständig dieselbe Person zu sein, zumal es schwer falle, „einer fremden Nation und Person das Direktorium zu vertrauen", der Direktor dürfe auch keine absolute Macht haben, sondern sein Amt nur mit Zustimmung eines reichsständischen Beirats ausüben, zeigten allerdings in aller Klarheit die Vorbehalte und die Skepsis, mit der der stolze Reichsfürst und bewährte Heerführer dem schwedischen Reichskanzler gegenüberstand. Bei einer Unterredung, die Wilhelm und Bernhard einige Tage später in Erfurt mit Erskein hatten, forderten sie mit der Begründung, „sie müßten Sicherheit haben, ein jeglicher wache, dann dürften sie auch nicht schlafen", vor allem eine schriftliche Zusage des Reichskanzlers hinsichtlich Erfurts und des Eichsfelds. Doch Oxenstierna wich, als er wenig später mit Wilhelm verhandelte, allen an ihn herangetragenen Forderungen mit der Erklärung aus, Entscheidungen des Direktoriums eines künftigen Bundes nicht vorgreifen zu können. Nicht einmal einen ihm vorgelegten, sehr allgemein gehaltenen Revers der vier Weimarer Herzöge, der lediglich von Entschädigungen für erlittene Kriegsverluste sprach, unterzeichnete er. Er richtete vielmehr an Wilhelm die Aufforderung, für die Bewilligung neuer Kriegssteuern durch die thüringischen Reichsstände Sorge zu tragen, um die Besoldung der zur Besetzung und zum Schutz Frankens bestimmten Armee sicher zu stellen, und seine eigenen Truppen um drei im Magdeburgischen stehende Regimenter zu verstärken und diesen Truppenverband entweder für den Schutz Erfurts und Thüringens gegen feindliche Angriffe oder zur Verstärkung der für Franken bestimmten Armee zu benutzen.

Beim Auftauchen Wallensteinischer Streiftrupps im Vogtland beeilte sich Wilhelm, die ihm zugewiesenen Regimenter aus dem Magdeburgischen nach Thüringen in Marsch zu setzen. Seinen Obersten Taupadel schickte er nach Saalfeld mit dem Auftrag, von dort aus die Bewegungen des Feindes zu beobachten und Verbindung aufzunehmen mit dem kursächsischen Obersten Dietrich von Taube, dessen Verbände im erzgebirgisch-vogtländischen Raum entlang der sächsischen Grenze zu Böhmen verstreut lagen. Dem sächsischen Kurfürsten bot er militärische Zusammenarbeit zum Schutze gegen feindliche Angriffe an. Von diesem Defensivplan, der ganz im Sinne Oxenstiernas war, ließ der Herzog plötzlich ab, als ihm im März 1633 vom kursächsischen Armee-Oberkommando Andeutungen eines Feldzugsplans zugespielt wurden, der einen kursächsischen Angriff auf Königgrätz und weiter durch Böhmen auf Österreich unter der Voraussetzung erwog, daß auch Wilhelm mit seiner schwedischen Armee, zu der man kursächsischerseits auch die von Herzog Bernhard inzwischen nach Bamberg geführten Verbände rechnete, ebenfalls in Böhmen einrücken werde. Mit Freuden griff Wilhelm diese Anregung auf. Auch die Nachricht, daß Oxenstierna den Oberbefehl über die fränkische Armee Bernhard übertragen hatte, und Bernhards Bitte, ihm Truppenverstärkungen zukommen zu lassen und angesichts des bevorstehenden Abmarschs seiner Armee zur Donau die Sicherung Frankens vor feindlichen Angriffen zu übernehmen, konnten ihn daran hindern, einen eigenen Feldzugplan zu entwerfen, zumal er nunmehr, nachdem er sich in seinen Bemühungen, seiner hohen militärischen Charge einen Inhalt zu geben, erneut enttäuscht sah, nicht daran dachte, seine Truppen aus der Hand zu geben. Er wünschte sie vielmehr noch zu verstärken und zwar, da Bernhard eine entsprechende Bitte abwies, durch kursächsische Truppen, um auch auf diese Weise zu engem militärischen Zusammenwirken mit Kursachsen zu kommen. Sein Feldzugplan sah zur Unterstützung einer auf Königgrätz vorrückenden kursächsischen Armee einen Angriff seiner eigenen Truppen auf Eger und Elbogen und weiter gegen die Donau vor, während Bernhard mit seiner Armee in die Oberpfalz eindringen, Regensburg nehmen und von dort donauabwärts marschieren sollte. Bei Oxenstierna fand Wilhelm jedoch nur Ablehnung. Der Kanzler verwies darauf, daß Gronsfeld noch unbesiegt in Westfalen stehe und ein Marsch Bernhards durch die Oberpfalz auf Verpflegungsschwierigkeiten stoßen werde; er forderte Wilhelm auf, nach Franken zu ziehen und das Land vor feindlichen Angriffen zu schützen. Aber auch *Kurfürst Johann Georg zeigte keine Neigung, die Armee des Herzogs durch kursächsische Verbände zu verstärken.* Als jedoch Wilhelm seiner Abneigung gegen Oxenstierna gegenüber kursächsischen Offizieren unverblümt Ausdruck gab, machte der Kurfürst den Versuch, ihn durch das Angebot des kursächsischen Generalleutnantsranges auf seine Seite zu ziehen. Die lebhaften *Verhandlungen, die sich zwischen Wilhelm und kursächsischen Stellen daraus entwickelten, erregten den Argwohn Oxenstiernas, der der sächsischen*

Politik mit tiefem Mißtrauen gegenüberstand. Aber es hätte wohl kaum der Warnungen Bernhards und des Obersten Taupadel bedurft, der Wilhelm riet, „sich nicht auf die Sächsischen zu verlassen, denn es wird nimmer mehr ein Kurfürst von Sachsen einem Prinzen aus Ihrer Linie trauen, am wenigsten einem so geachteten Fürsten als E. f. G. sind". Denn die Bedingungen des Kurfürsten waren so beschaffen, daß ihre Annahme eine Trennung von Schweden und eine Unterwerfung unter die kursächsischen Interessen bedeutet hätte, und dazu war Wilhelm nicht bereit. Dennoch wies er das sächsische Angebot nicht zurück; er begnügte sich mit einer hinhaltenden Antwort. Bei aller Abneigung gegen den Kurfürsten mochte er es mit ihm nicht ganz verderben, in der Hoffnung, das sächsische Angebot bei Gelegenheit als Druckmittel auf Oxenstierna zu benutzen.

So gab er seinen Feldzugplan auf und entschloß sich, seine Truppen, die er inzwischen im Frankenwald und an der oberen Saale um Hof für einen Angriff auf Eger zusammengezogen hatte, deren Vorhut im Fichtelgebirge stand, wo es mehrmals zu Feindberührung gekommen war, die aber inzwischen unter wachsenden Verpflegungsschwierigkeiten litten, der Forderung des Reichskanzlers folgend nach Franken zu führen. Er gedachte allerdings bei dieser Gelegenheit die von kaiserlichen Truppen besetzte bambergische Festung Kronach zu nehmen, deren Besatzung die umliegenden coburgischen und bayreuthischen Lande durch Streifzüge beunruhigte. Anfang Juni 1633 erschien er vor der Stadt. Als jedoch ein erster Angriff mißlang und die Nachricht von aus Böhmen herbeiziehenden Entsatztruppen eintraf, hob er die Belagerung auf und verlegte seine Truppen ins Coburgische, wo sie sich jedoch so schlecht aufführten, daß er es, auch angesichts eines drohenden feindlichen Angriffs aus Böhmen, für geraten hielt, sie aufzuteilen und größtenteils in die Umgegend von Hof, von Bayreuth und Bamberg zu verlegen; einen Teil zog er bis in die Grafschaft Henneberg zurück. Der befürchtete feindliche Angriff blieb indessen aus. Es kam nur zu begrenzten Aktionen, einer Verstärkung der Besatzung Kronachs und Plünderungszügen in die brandenburgische Markgrafschaft, zumal gegen Bayreuth.

Wilhelm kehrte nach Erfurt zurück. Dem schwedischen Reichskanzler berichtete er über den Ausgang seines Unternehmens. Seinen Weggang von der Truppe begründete er damit, daß das Kommando über einen so bescheidenen Verband eines schwedischen Generalleutnants unwürdig sei. Oxenstierna mißbilligte die ohne sein Wissen unternommene Belagerung Kronachs. Um künftigen Eigenmächtigkeiten Wilhelms vorzubeugen, entzog er ihm Ende Juni 1633 das Kommando über die auf Franken verteilten Truppen und übergab sie dem Kommando Herzog Bernhards, der soeben in Frankfurt am Main, die bei seiner Armee über das lange Ausbleiben von Soldzahlungen herrschende Unzufriedenheit mit der schwedischen Führung und seine eigene Beliebtheit bei den Soldaten geschickt ausnutzend, in den ihm von Gustav Adolf einst versprochenen Besitz der Bistümer Würzburg und Bamberg gelangt war. Oxenstierna hatte sie ihm nach harten Verhandlungen, in ein weltliches Herzogtum Franken verwandelt, als Schenkung der Krone Schweden überlassen müssen, um ihm seine andere Forderung, die Stelle eines obersten Befehlshabers der schwedischen Armee, nach der er strebte, verweigern zu können. Daß er dies mit der Begründung tat, die Bewilligung einer solchen Forderung verletze die Stellung Wilhelms als schwedischer Generalleutnant, zeugt erneut dafür, wie er die Weimarer Brüder gegeneinander ausspielte. Wilhelm war natürlich aufgebracht, als er von der Wegnahme seiner Truppen erfuhr. Er machte Bernhard heftige Vorwürfe und ließ auch Oxenstierna gegenüber seinem Ärger freien Lauf. Nur wenige Truppenteile hatte er noch behalten, sein Leibregiment zu Fuß und einige Reiterkompanien, insgesamt kaum 1500 Mann. Die Bemühungen Oxenstiernas und Bernhards, seinen Zorn zu besänftigen, und die Aufforderung des Schweden zu einem persönlichen Gespräch ließen ihn jedoch neue Hoffnungen schöpfen. Auf der Reise von Erfurt zu Oxenstierna nach Frankfurt kam es Ende Juli 1633 in Schweinfurt zu einer Begegnung mit Bernhard und Ernst, der als Generalstatthalter Bernhards die Führung der Regierungsgeschäfte im Herzogtum Franken übernommen hatte, und zur Aussöhnung der Brüder. Wilhelm gab sich mit der Übernahme seiner fränkischen Truppen durch Bernhard zufrieden und Bernhard versprach, Wilhelm in seinem Streben nach einem Kommando über eine selbständige Armee und dem Besitz des Eichsfelds bei Oxenstierna zu unterstützen. Aber auch diese Aussprache mit dem Reichskanzler endete für Wilhelm mit einem Fehlschlag. 4000 Taler und eine stattliche Menge Wein, dazu das Versprechen einer Schenkungsurkunde über das Eichsfeld, das war alles, was er erreichte; kein Wunder, daß er arg verstimmt nach Erfurt zurückkam. Mit den Wünschen, die Oxenstierna ihm mit auf den Weg gegeben hatte und die darauf hinausliefen, die thüringischen Reichsstände zum Anschluß an den Heilbronner Bund und den Kurfürsten von Sachsen zur Aufgabe seiner aus den Leipziger Beschlüssen von 1631 hergeleiteten Ansprüche an die Thüringer zu bewegen, konnte er sich allerdings zunächst nicht abgeben; hatte doch Wallenstein gerade seinen Feldmarschall Holk zu einem Verwüstungsfeldzug nach Sachsen befohlen.

Holk entgegenzutreten, fehlte es Wilhelm an Truppen. Er mußte sich darauf beschränken, Erfurt zu sichern und den Rest seiner Reiterei um

Naumburg zusammenzuziehen. Kurfürst Johann Georgs Hilferufe beantwortete er mit dem Hinweis auf seine unzureichende Truppenmacht und mit deutlichen Anspielungen auf die mangelhafte Unterstützung, die er von ihm bei seinen Vorbereitungen für den wenige Wochen zuvor geplanten Feldzug nach Böhmen gefunden hatte. Erst als Bernhard ihm seine Absicht mitteilte, Kursachsen durch einen eigenen Angriff auf Böhmen zu entlasten, und Oxenstierna zustimmte, sah Wilhelm wieder eine Gelegenheit zu militärischer Betätigung. Er wünschte Verbände des im Magdeburgischen stehenden Generals Banér und kursächsische Truppen an sich zu ziehen und mit ihnen Bernhards Vorstoß zu unterstützen. In solche Planung traf jedoch die Nachricht von dem Waffenstillstand, den Kursachsen mit Wallenstein am 12./22. August in Schweidnitz abgeschlossen hatte und der auch Holk, bereits wegen der Pestverluste seiner Truppen auf dem Rückmarsch, zu schnellem Rückzug nötigte. Als Wilhelms Reiter einen Vorstoß auf Werdau und Zwickau wagten, trafen sie die Holkschen Scharen nicht mehr an. Wenig später, am 27. August, kam Wilhelm in Weimar mit dem kursächsischen Oberkommandierenden von Arnim zusammen, der auf dem Wege zu Oxenstierna war, um mit diesem über den zwischen ihm und Wallenstein vereinbarten Plan einer Ausdehnung des Waffenstillstands auf die schwedischen und bayerischen Truppen zu sprechen und ihn zugleich über Wallensteins wachsendes Mißvergnügen an der kaiserlichen Politik zu unterrichten. Arnim erkannte sofort, wie schlecht der Herzog auf Oxenstierna zu sprechen war, und machte seinem Kurfürsten davon sogleich Mitteilung. Als daraufhin in Weimar eine Aufforderung des Kurfürsten zu einem persönlichen Gespräch eintraf, antwortete Wilhelm mit einer Einladung zu einem Zusammentreffen in Thüringen, mit der Begründung, daß er hier alsbald den schwedischen Reichskanzler erwarte, und man dadurch Gelegenheit erhalte, über gemeinsam interessierende Fragen zu sprechen.

Neue Hoffnungen auf die Übernahme eines Armeekommandos machte sich Wilhelm, als Oxenstierna ihm im Januar 1634 den Auftrag gab, für starke Verbände der bis dahin in Niedersachsen und Süddeutschland im Einsatz gewesenen schwedischen Armeen Winterquartiere in Thüringen zu schaffen, und ihm wenig später Aussichten auf die Befehlsgewalt über sie machte. Als Wilhelm jedoch auf Nachrichten über feindliche Truppenansammlungen um Eger und die Ermordung Wallensteins hin neben seinen eigenen schwachen Verbänden auch Teile dieser schwedischen Kräfte gegen Hof in Marsch setzte, zog er sich Oxenstiernas Widerspruch zu, der Wilhelm wenig später auch daran hinderte, seinem Bruder Bernhard, als dieser — vergeblich — Kronach belagerte, die von diesem erbetenen Verstärkungen zuzuschicken. Wie wenig auf des Schweden Vertröstungen zu vertrauen war, zeigte sich schließlich, als im März 1634 Banér den Oberbefehl über die zur Befreiung Schlesiens bestimmte schwedische Armee erhielt und wenig später die in Thüringen einquartierten schwedischen Verbände das Land verließen, ohne daß etwas über eine Kommandogewalt Wilhelms laut wurde. Trotz allen Mißvergnügens mit den Entscheidungen Oxenstiernas dachte Wilhelm aber auch jetzt nicht an eine Trennung von Schweden; er setzte seine Hoffnung auf den von Oxenstierna nach Frankfurt am Main eingeladenen Konvent der evangelischen Reichsstände, dem er seine Forderungen vorzutragen beabsichtigte, zeigte aber andererseits jetzt mehr als zuvor die Neigung, auf die kursächsischen Interessen in Thüringen Rücksicht zu nehmen. Die Erfahrungen, die er als Statthalter in Thüringen während des Jahres 1633 gemacht hatte, ließen ihm dies angezeigt erscheinen.

Das ehrgeizige Streben, mit dem hohen militärischen Rang, den Gustav Adolf ihm verliehen hatte, ein erfolgreiches Wirken als Heerführer zu verbinden, hatte Herzog Wilhelms Bemühungen um die Erfüllungen seiner Statthaltergeschäfte in Thüringen nach dem Tode des Königs sehr eingeschränkt, obwohl Oxenstierna es nie versäumte, ihn gerade an diese ihm vom König übertragene Aufgabe zu erinnern, ja ihn darauf festzulegen. Es ist dem Herzog aber nicht verborgen geblieben, daß er in diesem Tätigkeitsbereich von der schwedischen Führung dazu ausersehen war, den Unwillen seiner thüringischen Mitstände über die Lasten, die ihnen auferlegt wurden, von Schweden ab- und auf sich selbst zu lenken. Gustav Adolfs Äußerung gegenüber Heusner, der Herzog sei den Thüringern gegenüber zu nachsichtig, und seine Auslassung, „es täte doch kein Freund wider den anderen einen Ernst brauchen", war sicher zutreffend und sie wurde es um so mehr, je stärker sich der Herzog in seinen eigenen Interessen von Schweden vernachlässigt glaubte. Mehr und mehr überließ er daher diese Aufgabe dem tatkräftigen schwedischen Residenten Erskein. Dieser war schon bald nach der Schlacht von Lützen mit der Forderung nach neuen Kriegssteuern, nach der Einberufung des Landesaufgebots und nach Lieferungen zur Verproviantierung Erfurts an die thüringischen Reichsstände herangetreten. Coburg, Eisenach, Weimar, Schwarzburg, Hohnstein, Nordhausen und Reuß hatten sich, nach heftigen Klagen über den Schaden, den die durchziehende Armee Gustav Adolfs in ihren Landen angerichtet hatte, zur Zahlung von 10 000 Talern binnen Monatsfrist und, mit Einschränkungen, zur Bereitstellung von Teilen ihres Landesaufgebots bereiterklärt, jede Hilfe für die Versorgung Erfurts aber abgelehnt. Neue Verhandlungen über Geldzahlungen und die Stellung von Soldaten fanden auf Drängen Oxenstiernas im Frühjahr 1633 statt; sie galten vor allem der Befriedigung der Soldforderungen der Armee Herzog Bernhards, der Verstärkung dieser Armee und der

Verbesserung der Verteidigungskraft Erfurts. Herzog Wilhelm, damals sehr darauf bedacht, den schwedischen Reichskanzler den eigenen Anliegen geneigter zu machen, rief zu diesem Zweck im März einen Konvent nach Erfurt ein, an dem sich Coburg, Eisenach, Weimar, Schwarzburg, Stolberg, Mühlhausen und Nordhausen beteiligten. Altenburg, Reuß und Schönburg hielten sich mit Rücksicht auf die Ansprüche, die Kursachsen an sie stellte, fern, Hohnstein sagte auf Wunsch seines braunschweig-wolfenbüttelschen Schutzherrn ab und Henneberg verweigerte die Absendung eines Bevollmächtigten mit dem Hinweis auf seine Zugehörigkeit zum Fränkischen Reichskreis. Nach mühsamen Verhandlungen erreichte der Herzog im sogenannten Erfurter Rezeß die Einwilligung der Beteiligten zur Zahlung von insgesamt 87 900 Gulden und die Stellung von 1100 Mann, aber auch nur gegen das Versprechen, sie mit Einquartierungen zu verschonen und von Oxenstierna Sicherheit gegen kursächsische Ansprüche zu erreichen. Coburg nahm außerdem das Recht für sich in Anspruch, die von Herzog Bernhard für seine Armee inzwischen zwangsweise erhobenen Gelder von seiner Kriegssteuer abzuziehen. Nicht eingeladen hatte Wilhelm die Stadt Erfurt, weil er sie nicht als Reichsstand betrachtete. Der Rat der Stadt nahm das sehr übel, denn er hielt sich den anderen thüringischen Reichsständen für gleichberechtigt, und lehnte die Zahlung von 20 000 Gulden, die Wilhelm von ihm verlangte, ab; außerdem beschwerte er sich bei Oxenstierna. Schwerwiegender freilich war der Einspruch Kurfürst Johann Georgs von Sachsen, der die Einberufung dieser Versammlung als Eingriff in seine Rechte als Kreisoberster verurteilte und sich erneut auf die aus den Beschlüssen des Leipziger Konvents von 1631 hergeleiteten Forderungen an Thüringen berief. Um ihnen Nachdruck zu verleihen, ließ er die schwarzburgischen und stolbergischen Gebiete mit Musterungsplätzen für seine Armee belegen. In aller Schärfe lebten also die alten sächsischen Ansprüche, die Gustav Adolf noch hatte beiseiteschieben können, wieder auf. Sie belasteten auch die Verhandlungen, die im Mai und Juni 1633 über den von Oxenstierna gewünschten Anschluß der thüringischen Reichsstände an den Heilbronner Bund in Erfurt geführt wurden und die Herzog Wilhelm, über den schwedischen Reichskanzler verärgert, weithin Erskein überließ. Da damit eine beträchtliche Erhöhung der Kriegssteuern verbunden war, stieß er bei den Thüringern auf heftigen Widerstand, der vor allem von Herzog Albrecht von Weimar ausging. Er war ohnehin kein Freund Schwedens und fühlte sich zudem durch die Eigenmächtigkeiten Erskeins in seiner Würde als Reichsfürst brüskiert. Erst als Herzog Wilhelm, der damals an neuen Kriegssteuern interessiert war, weil er für den geplanten Feldzug nach Böhmen Geld für seine Truppen brauchte, aber auch den schlechten Eindruck fürchtete, den das Verhalten des eigenen Bruders bei der schwedischen Führung hinterlassen mußte, sein

Einverständnis mit Erskeins Vorgehen erklärte, ließ sich Albrecht herbei, einen Bevollmächtigten zu Verhandlungen nach Erfurt zu schicken. Während dieser Beratungen erwies sich dieser, der Hofrat Laurentius Braun, jedoch als der energischste Gegenspieler Erskeins, vor allem als es um das von diesem verlangte Direktorium über die Erfurter Kriegskasse ging, in die die Kriegssteuern flossen. Ein solches Direktorium wurde weimarischerseits abgelehnt und die Verwaltung der Kriegskasse durch die Reichsstände selbst verlangt. Außerdem wünschten die Bevollmächtigten die Herstellung eines Einverständnisses mit Kursachsen, um Doppelbelastungen durch schwedische und kursächsische Truppen auszuschließen. So ging man Ende Juni 1633 auseinander, ohne zu einem Einvernehmen gekommen zu sein, und auch die im Juli weitergeführten und im September wieder aufgenommenen Verhandlungen blieben ohne Ergebnis. Daß die Sorgen der Thüringer nicht unbegründet waren, zeigte sich zu Beginn des Jahres 1634, als Oxenstierna Thüringen zum Winterquartier sowohl für die in Niedersachsen als auch die in Süddeutschland operierenden schwedischen Armeen bestimmte und gleichzeitig Kurfürst Johann Georg die schwarzburgischen, stolbergischen, reußischen und schönburgischen Lande, Henneberg und schließlich auch das Fürstentum Altenburg als Quartiere für seine Truppen forderte. So kam es, daß mancherorts schwedische und kursächsische Soldaten gleichzeitig Quartier beanspruchten und nahmen, was zuweilen mit heftigen Auseinandersetzungen verbunden war. Die Lösung dieses Problems erhoffte sich Herzog Wilhelm, der sich nach dem Scheitern aller seiner militärischen Pläne wieder auf seine Statthalterschaft eingeschränkt sah und nun hier erneut zwischen beide Fronten geriet, von dem schon erwähnten Frankfurter Konvent, auf dem nach Oxenstiernas Vorstellungen über ein neues Bündnis aller evangelischen Reichsstände mit Schweden, über Friedensbedingungen, über die Entschädigung Schwedens, die Bewilligung von Mitteln für die Weiterführung des Krieges, die Auslieferung der Festung Philippsburg am Rhein an französische Truppen und einige andere weniger wesentliche Fragen verhandelt werden sollte. Allerdings versprach man sich in Thüringen von diesem Konvent nur dann einen Erfolg, wenn auch Kursachsen daran teilnahm. Dieses Thema bildete während der ersten Monate des Jahres 1634 den Angelpunkt aller Beratungen, die Wilhelm und Erskein mit den thüringischen Reichsständen führte. Erst als der Besuch des Konvents durch die niedersächsischen Reichsstände und Brandenburg gesichert war, Kursachsen aber immer noch zögerte, wurden auch in Thüringen Stimmen laut, die sich für die Beschickung des Konvents auch ohne kursächsische Beteiligung aussprachen, weil sie sich nicht dem Vorwurf totaler Abhängigkeit von Kursachsen ausgesetzt sehen wollten. Dazu gehörte neben Herzog Wilhelm und seinen Brüdern auch Herzog Johann Ernst von Eisenach, der inzwischen durch den Tod seines Bruders Johann Casimir auch Regent des Fürstentums Coburg geworden war. Man sandte schließlich zwei Vertreter Altenburgs, Herzog Friedrich Wilhelm und den Hofrat Hans Friedrich von Brandt, nach Dresden und nahm es mit Erleichterung zur Kenntnis, daß Kurfürst Johann Georg sich durch gemeinsames Drängen, auch der niedersächsischen Reichsstände und Brandenburgs, doch noch entschloß, Gesandte nach Frankfurt zu entsenden. Daß er ihnen nur einen Beobachterstatus geben, sie also nicht an den Verhandlungen teilnehmen lassen wollte, außerdem aber an die thüringischen Reichsstände die Aufforderung ergehen ließ, ihren nach Frankfurt entstandten Bevollmächtigten aufzutragen, keinem Konventbeschluß ohne vorheriges Einverständnis der kursächsischen Gesandten zuzustimmen, nahm Herzog Wilhelm jedoch mit Befremden zur Kenntnis; er wollte in Frankfurt nicht den Eindruck hinterlassen, als habe er sich „der freien Stimme begeben".

Wilhelm betrachtete als wichtigstes auf dem Konvent zu behandelndes Problem die Entschädigung Schwedens. Erst wenn es gelöst sei, so meinte er, werde mit Erfolgsaussichten über ein Bündnis und über Friedensbedingungen gesprochen werden können. Er war der Auffassung, daß Schweden seine Forderungen nicht überziehen dürfe, zumal seine Armee größtenteils auf Kosten der Reichsstände geworben worden sei, und es auch sonst eigenen Nutzen aus dem Krieg gezogen habe. Auch sollten Kaiser und Liga zu dieser Entschädigungsleistung beitragen. Nach seiner Überzeugung kamen als Entschädigungen die Stifter Magdeburg und Halberstadt oder Rügen und Stralsund oder ein Kostenersatz für die Armee in Frage. In den ersten beiden Fällen wollte er Kursachsen oder Brandenburg bzw. Brandenburg und Pommern anderweit entschädigt wissen, im dritten Fall sollten die Kosten größtenteils vom Kaiser und der Liga getragen werden. Die Friedensbedingungen wollte er so abgefaßt sehen, daß sie den Gegner nicht zur Verzweiflung brächten. Im Einzelnen forderte er die Rücknahme des Restitutionsedikts und das Jahr 1618 als Stichjahr für den Besitzstand von geistlichen Gütern; alle in diesem Jahr evangelisch gewesenen geistlichen Güter sollten evangelisch bleiben bzw. zurückgegeben, darüber hinaus aber die Stifter Würzburg, Bamberg, Fulda, Hersfeld, Corvey und Paderborn und alle katholischen Rechtstitel in evangelischen Ländern, ferner alle Rechte katholischer Stifter in evangelischen Reichsstädten abgetreten werden. Außerdem forderte er die Wiedereinsetzung aller im böhmischen und dänischen Krieg ihrer Lande verlustig gegangenene Reichsstände. Zur Sicherung sollten einige Festungen in katholischen Landen in evangelischer Hand bleiben, angesichts der von Jesuiten verbreiteten Meinung, man brauche ein an Ketzer gegebenes Versprechen nicht zu halten. Die Bürgschaft für die Durchführung der Friedensbedingungen sollten Frankreich, England und Dänemark übernehmen. Für alle Fälle sollten die notwendigen Maßnahmen für die Fortsetzung des Krieges getroffen werden. Für unerläßlich hielt er ein enges Bündnis der evangelischen Reichsstände mit Schweden. Schweden sollte auch das Direktorium bekommen; gegebenenfalls könne man auch zwischen Kriegs- und Friedensdirektorium unterscheiden und dann ersteres an Schweden, letzteres an Kursachsen oder Kurpfalz geben. Alle für die Armee bestimmten Gelder sollten in eine gemeinsame Kasse fließen. Sollte Kursachsen zum Eintritt in einen solchen Bund nicht bereit sein, so wollte er sich dennoch anschließen, um als kleiner Reichsstand sich nicht in die andernfalls drohende Gefahr der Isolierung zu begeben.

Wilhelm hatte zunächst die Absicht, dem Konvent selbst beizuwohnen. Er verzichtete jedoch darauf, als er bei seinem Zusammentreffen mit Oxenstierna und Banér in Weimar Ende März 1634 nicht das geringste Entgegenkommen gegenüber seinen eigenen Wünschen fand, weder in der Frage des Oberbefehls über die an der Elbe zusammengezogenen, für einen Feldzug gegen Schlesien bestimmten Armee, deren Führung Banér übernahm, noch in seinen territorialen Forderungen. Er überließ nunmehr alle Verhandlungen mit den thüringischen Reichsständen wieder dem Residenten Erskein und beschränkte sich darauf, die wenigen Truppenverbände, die ihm geblieben waren, zu sammeln und durch Werbungen zu verstärken, ferner den Besitz des Eichsfelds militärisch so gut wie möglich zu sichern. Dort hatten die Streitigkeiten mit dem Welfenhaus nie aufgehört und im November 1633 den Statthalter Oberst von Eßleben zum Rücktritt bewogen. Da dieser sich gegenüber anderen Regierungsbeamten selbstherrlich aufgeführt haben sollte, trennte Wilhelm nunmehr das Militärkommando von der Zivilverwaltung. Zum Kommandanten der im Lande befindlichen Truppen ernannte er den Major Cunningham, dem die militärische Sicherung des Landes, vor allem der Städte Heiligenstadt und Duderstadt und der Festungen Gleichenstein und Rusteberg übertragen war. Die Leitung der Zivilverwaltung, die sich vor allem um die Einziehung von Kriegs- und anderen Steuern und sonstigen Abgaben zu kümmern hatte, übernahm als Oberaufseher der weimarische Rat Hans von Santersleben, dem weimarische Beamte und ein eichsfeldischer Beamter zur Seite standen. Kommandant und Oberaufseher hatten ihren Sitz in Heiligenstadt. Große Sorge bereitete es dem Herzog, als auf Oxenstiernas Anordnung im Jahre 1634 schwedische Truppen, die unter dem Kommando Herzog Georgs von Braunschweig-Lüneburg standen, für vier Monate Quartier auf dem Eichsfeld nahmen, und sein

Versuch, diese Truppen seinem Oberkommando zu unterstellen, scheiterte. So war er nach deren Abzug im April sogleich um militärische Sicherung des Landes bemüht, zumal Oxenstierna die Frage der Besitzübertragung nach wie vor offen ließ und sich außerdem im Lande bei der Nachricht vom Anmarsch kaiserlicher Truppen sogleich Widerstand gegen die weimarische Herrschaft zeigte. Da er bei dieser Gelegenheit nicht nur die von Herzog Georg beanspruchte Stadt Duderstadt und Umgebung, sondern auch die zwischen Kurmainz und Braunschweig strittigen Gartedörfer bei Göttingen mit Truppen belegen ließ, kam es zu einem heftigen Streit mit Herzog Friedrich Ulrich von Braunschweig, der sich monatelang hinzog. Als nach Friedrich Ulrichs Tod im August 1634 dessen Besitznachfolger August von Braunschweig-Lüneburg die Dörfer für sich beanspruchte, wies ihn die weimarische Regierung ab; schon angeschlagene lüneburgische Wappen wurden wieder entfernt. Noch konnte Herzog Wilhelm das Eichsfeld behaupten.

In Frankfurt hatten die Konventsverhandlungen unter keinem guten Stern gestanden. Die Beratungen galten zumeist der Frage, wie und unter welchen Bedingungen Kursachsen für den Eintritt in den Bund zu gewinnen wäre. Eine Einigung schien unmöglich. Auf der Suche nach Lösungen schleppten sich die Beratungen wochenlang ergebnislos hin. Als die thüringischen Reichsstände und Anhalt den Beitritt zum Bunde vom Beitritt Kursachsens oder wenigstens von einer Garantie eines Schutzes vor kursächsischen Forderungen abhängig machten, Brandenburg, Pommern und die Mehrzahl der niedersächsischen Reichsstände ihn aber auch ohne Kursachsen zu vollziehen bereit waren, drohte die Gefahr einer Spaltung, und Oxenstierna bewies durch seinen Vorschlag, die Thüringer und Anhalt Kursachsen zu überlassen, daß er sie hinzunehmen bereit war. Bis auf Altenburg waren die Thüringer darüber sehr bestürzt und beteuerten, sich nicht von den anderen trennen zu wollen, betonten aber auch, daß sie Sicherheit vor Belastungen durch Kursachsen haben müßten. Verhindert wurde eine solche Lösung nur dadurch, daß nun allgemein auf Offenlegung der Entschädigungsansprüche Schwedens gedrängt wurde und Oxenstierna daraufhin auf Pommern deutete. Brandenburg und Pommern lehnten entrüstet ab, aber auch alle nieder- und obersächsischen Reichsstände, die thüringischen eingeschlossen, waren sich in der Ablehnung einig. Der weimarische Gesandte Braun fand besonders harte Worte dafür, indem er erklärte, Schweden habe kein Recht, seine Forderungen so hoch zu spannen, denn König Gustav Adolf sei vor allem aus eigenem Interesse ins Reich gekommen und habe bei dieser Gelegenheit die evangelischen Reichsstände unterstützt, allerdings durch Armeen, die im wesentlichen auf Kosten der Reichsstände geworben worden seien; in Ermangelung anderer Mittel genüge daher eine finanzielle Entschädigung. Die Verhandlungen gerieten nun vollends ins Stocken, zumal die brandenburgischen und pommerschen Gesandten sich weigerten, weiterhin daran teilzunehmen. Ein gespenstisches Bild angesichts des immer offenkundiger werdenden militärischen Wandels, der sich in Süddeutschland ankündigte.

Die harte weimarische Reaktion auf die schwedischen Entschädigungsforderungen erklärte sich nicht allein aus reichspolitischen Erwägungen, wie sie die Haltung der anderen ober- und niedersächsischen Reichsstände bestimmten — von der andersgearteten der direkt Betroffenen, Brandenburg und Pommern abgesehen. Es spielte auch Herzog Wilhelms Enttäuschung darüber mit, daß auch die Verhandlungen, die die weimarischen Gesandten in Frankfurt nebenher über seine persönlichen Wünsche gegenüber Schweden, vor allem die Frage eines militärischen Kommandos, geführt hatten, ohne jedes Ergebnis verlaufen waren, da Oxenstierna sich stets darauf berufen hatte, nicht er, sondern der künftige Bund habe darüber zu entscheiden, und Wilhelm freigestellt hatte, sich an die auf dem Konvent vertretenen Reichsstände zu wenden. Dieser ging darauf ein und richtete im Juli 1634 ein entsprechendes Memorandum an den Konvent, bei dem er auch ein inzwischen an ihn herangetragenes Angebot eines französischen Generalats nicht unerwähnt ließ.

Erste Beziehungen zu Frankreich hatten sich für ihn bereits im Februar 1633 ergeben, als der französische Diplomat La Grange im Auftrag Richelieus nach Dresden reiste. Frankreich hatte zwar mit Gustav Adolf ein Bündnis geschlossen, sah aber schwedische Truppen im Rheingebiet mit Mißvergnügen. Nach des Königs Tod suchte Richelieu Verbindungen mit evangelischen Reichsständen und bemühte sich sogar, Kursachsen für sich zu gewinnen, um in Deutschland für ein Gegengewicht gegen die schwedische Übermacht zu sorgen. Auf der Durchreise durch Weimar brachte La Grange das Angebot einer französischen Generalleutnantschaft für Herzog Wilhelm mit; wenig später wurde es durch den französischen Diplomaten Marquis de Feuquières erneuert, ohne daß sich der Herzog damals davon beeindruckt zeigte. Im Mai 1634 trat nun Feuquières an die weimarischen Gesandten in Frankfurt mit dem Angebot eines Geschenks von 30 000 Livers für den Herzog heran. Sie hatten Bedenken, dem Herzog die Annahme zu empfehlen, da sie den Verdacht hatten, Frankreich wolle den erstrebten Besitz der Festung Philippsburg am Rhein durch Bestechungen erkaufen, was sie strikt ablehnten, weil sie davon überzeugt waren, daß französische Herrschaftsrechte am Rhein zu territorialen Verlusten für das Reich führen müßten, wobei sie vor allem an Straßburg dachten. Wilhelm billigte diese Überzeugung. Nach längerem Zögern entschloß er sich aber im Juli 1634 doch zur Annahme des Geschenks, zumal inzwischen Landgraf Wilhelm von Hessen-Kassel, ebenfalls mit Oxenstierna zerstritten, eine Bestallung als französischer General angenommen, und Feuquières zudem dem Herzog die Annahme einer solchen Charge aus der Hand Frankreichs zu gleichen oder auch besseren Bedingungen freigestellt hatte.

Auf dem Konvent freilich fand Herzog Wilhelm mit seinen Forderungen wenig Verständnis in einer Zeit, als man von einer Einigung in den wesentlichen Verhandlungspunkten weit entfernt war. Die Gesandten nahmen das Memorandum lediglich zur Kenntnis und erklärten, da sie dafür keine Instruktionen hätten, ihren Landesherren Bericht erstatten zu wollen. Dabei ist es bis zur Auflösung des Konvents geblieben.

Während man in Frankfurt verhandelte, hatte sich in Süddeutschland die militärische Lage wesentlich verändert. Die Neuformierung der kaiserlichen Armee nach der Ermordung Wallensteins und die Übernahme des Oberkommandos durch den Kaisersohn Ferdinand führte im Laufe des Sommers 1634 zu sichtbaren Vorteilen gegenüber den schlecht besoldeten schwedischen Truppen Herzog Bernhards von Weimar und des Feldmarschalls Horn. Ende Juli 1634 fiel Regensburg in die Hände der Kaiserlichen, die danach donauaufwärts marschierten und einer Vereinigung mit aus Italien herbeigezogenen spanischen Truppen zustrebten. Der Fall Regensburgs und Nachrichten von feindlichen Truppenbewegungen gegen Franken schreckten Anfang August 1634 auch Herzog Wilhelm. Aufforderungen Oxenstiernas, seine Truppen dem unter Herzog Bernhards Oberkommando mit der Belagerung Forchheims beschäftigten Truppenverband des Grafen Cratz zuzusenden, lehnte er jedoch angesichts früherer Erfahrungen ab. Er wollte seine Verbände nicht aus der Hand geben, zumal auch weitere Unterredungen, die die weimarischen Gesandten im August in Frankfurt mit Oxenstierna über seine Wünsche hatten, ergebnislos verlaufen waren, und die auf dem Konvent von den Gesandten der beiden sächsischen Reichskreise erhobene Forderung nach der Aufstellung eigener Kreisarmeen und eine Rücksprache mit Fürst Johann Casimir von Anhalt in Weimar ihm die Aussicht eines Oberkommandos über eine künftige obersächsische Kreisarmee zu eröffnen schienen. Oxenstierna gegenüber erklärte er sich jedoch bereit, seine Truppen selbst nach Franken zu führen; Ende August zog er sie in der Grafschaft Henneberg zusammen. Seine Absicht war es, sie mit den inzwischen um Kitzingen stehenden Verbänden des Grafen Cratz zu vereinigen und dann den Oberbefehl über den gesamten Truppenverband zu führen. Dazu kam es jedoch nicht, da Bernhard zuvor die Cratz'schen Truppen zur Verstärkung der eigenen Armee an sich zog. So beschränkte sich Wilhelm darauf, seine Reiterei ins Bambergische vorstoßen zu lassen, wo es zu Gefechten mit feindlichen Verbänden kam. Wenig später erreichte ihn die Nachricht von der Niederlage der schwedischen Armee bei Nördlingen (27. 8./6. 9. 1634).

Angesichts der drohenden Gefahr entwickelte er nun eine lebhafte Tätigkeit. Er rief seine Reiterei aus dem Bambergischen zurück und verlegte sie an die Mainpässe von Schweinfurt, Ochsenfurt, Kitzingen und Würzburg. Seine Fußtruppen setzte er ebenfalls nach Unterfranken in Marsch, wo sie in Schweinfurt und Würzburg die Besatzungen verstärkten; Coburg, Heldburg und Eltmann sicherte er ebenfalls mit Fußtruppen. Die weimarischen Gesandten in Frankfurt wies er an, Spaltungen unter den Reichsständen zu verhindern, ein verspäteter Appell, der das ergebnislose Ende des Konvents nicht mehr ändern konnte; Mitte September verließen auch die weimarischen Gesandten die Mainmetropole, ohne eine Unterschrift unter Vereinbarungen geleistet zu haben. Dem mit seiner Armee in Böhmen stehenden schwedischen Feldmarschall Banér, der bereits Ende August 1634 auf Verlangen Oxenstiernas zum Marsch nach Franken aufgebrochen war, bat er, nach Thüringen zu kommen, und an die thüringischen Reichsstände richtete er die Forderung, das Landesaufgebot für die Verteidigung zusammenzuziehen und sich für Verhandlungen über die Beschaffung von Geld, Proviant und Munition für seine und Banérs Truppen bereitzuhalten. Während er zu diesem Zweck seinen Bruder Ernst nach Erfurt sandte, eilte er nach Gemünden am Main, wo er am 6./16. September mit Bernhard zusammentraf. Bernhard beabsichtigte damals die Verteidigung Frankens und Thüringens mit Hilfe einer aus den Truppen seines Bruders, Landgraf Wilhelms von Hessen, Herzog Georgs von Braunschweig-Lüneburg und Banérs gebildeten Streitmacht und hat offenbar in diesem Sinne eine Abrede mit Wilhelm getroffen. Das gemeinsame territoriale Interesse an Franken und Thüringen dürfte dabei mitbestimmend gewesen sein. Bald zeigte sich jedoch, wie schwierig die Verwirklichung dieses Vorhabens war. Schon wenige Tage nachdem Wilhelm nach Weimar zurückgekehrt war, wo Herzog Ernst bisher vergeblich versucht hatte, die thüringischen Reichsstände an den Verhandlungstisch zu bringen, erreichten starke kaiserliche Truppenverbände unter Führung von Piccolomini, Götz und Isolani südlich von Würzburg den Main. Hingegen verzögerte sich der Anmarsch der Armee Banérs; außerdem nahm diese nicht, wie Wilhelm vorgeschlagen hatte, den Weg über Saalfeld in die Grafschaft Henneberg; sie zog vielmehr mit Rücksicht auf um Eger stehende feindliche Truppen weiter nördlich auf Zeitz und Naumburg zu. Wilhelm, der sich ohne Banérs Hilfe für zu schwach hielt, um dem Feind am Main entgegentreten zu können, zog daher seine Reiterei in die Grafschaft Henneberg zurück in der Absicht, ihn am Südhang des Thüringerwaldes zu erwarten, und nahm sein Hauptquartier in

Suhl; lediglich einen großen Teil seiner Fußtruppen ließ er am Main, als Besatzungen in Würzburg, Ochsenfurt und Schweinfurt. Ungehindert überschritten die Kaiserlichen nunmehr den Main. Sie nahmen Ochsenfurt und Kitzingen, Götz begann die Belagerung von Würzburg, Piccolomini marschierte auf Schweinfurt und schloß die Stadt ein. Kroatenschwärme Isolanis streiften Ende September ins Grabfeld bis Königshofen und durch die Rhön ins Fuldaische.

Währenddessen bemühte sich Wilhelm, mit den thüringischen Reichsständen zu Verhandlungen über Sicherungsmaßnahmen für Thüringen zu kommen. Er fand zunächst wenig Gegenliebe, doch folgten seinem Vorschlag, auf einer Zusammenkunft von Bevollmächtigten in Weimar zu beraten, trotz des Einspruchs Kurfürst Johann Georgs von Sachsen, der erneut seine Rechte als Kreisoberster dagegen ins Feld führte, wenigstens Weimar, Eisenach-Coburg, Schwarzburg und die Stadt Erfurt, dazu noch Anhalt. Die Anfang Oktober begonnenen Beratungen wurden jedoch jäh unterbrochen durch die Ankunft der Armee Banérs und die eigenmächtige Art und Weise, wie dieser seine Truppen in weitem Umkreis von Erfurt in Quartiere legte, ohne sich zuvor der Zustimmung der betreffenden Landesherren zu versichern oder auf deren Einwände Rücksicht zu nehmen. Da auch ein Vermittlungsversuch Wilhelms nichts ausrichtete und schließlich verlautete, daß die schwedische Armee für einige Monate im Lande bleiben werde, löste sich die Versammlung ergebnislos auf, zumal Wilhelms Augenmerk nunmehr ganz auf militärische Ziele gerichtet war. Banér zu einem gemeinsamen Reiterangriff auf Franken zu bewegen, um Schweinfurt zu entsetzen, die Gegend um Neustadt an der Saale und Hammelburg vom Feinde zu säubern und sich bei dieser Gelegenheit zugleich eine Vorstellung von dessen Stärke zu verschaffen, gelang ihm jedoch nicht. Der schwedische Feldherr, Befehlshaber der letzten noch voll intakten schwedischen Armee und von Oxenstierna mit voller Entscheidungsfreiheit ausgestattet, zeigte keine Neigung, seine Truppen in Gefahr zu bringen. Voller Mißtrauen gegen die Absichten Kursachsens sorgte er sich mehr um seine rückwärtigen Verbindungen zum Ostseeraum als um das Geschehen in Franken. Gegen die Verhandlungen, die Herzog Wilhelm in Eisenach mit Landgraf Wilhelm von Hessen führte und die der Verstärkung der in Thüringen liegenden Streitkräfte durch hessische und unter dem Oberbefehl Herzog Georgs von Branuschweig-Lüneburg stehende schwedische Verbände dienten, hatte er zwar nichts einzuwenden. Aber den von Wilhelm erhobenen Anspruch, als schwedischer Generalleutnant bei gemeinsamen militärischen Aktionen den Oberbefehl zu führen, lehnte er strikt ab, und er war auch nicht bereit, eigene Truppen mit denen Wilhelms zum besseren Schutz der Grafschaft Henneberg zu vereinigen. Das hatte böse Folgen. Streifzüge, die Herzog Wilhelm durch seine um Suhl, Zella und Mehlis zusammengezogene Reiterei ins Werratal unternehmen ließ, provozierten am 15. Oktober einen Kroatenangriff auf Suhl, bei dem die Stadt in Flammen aufging. Wilhelm sah sich, zumal Nachrichten vom Anmarsch starker Feindverbände umliefen, zum eiligen Rückzug über den Thüringerwald nach Arnstadt genötigt. Nach Sicherung der Gebirgspässe verlegte er seine Truppen danach in das Fürstentum Weimar und angrenzende Lande, um sie vor feindlichen Überfällen zu sichern. Die Grafschaft Henneberg war aber nunmehr fast ganz in Feindeshand und hatte unsäglich zu leiden; ein Flüchtlingsstrom ergoß sich über die Thüringerwaldpässe ins Umland von Erfurt, während andere kaiserliche Streitkräfte Coburg besetzten, die Belagerung der Veste begannen und feindliche Streiftrupps sich im Frankenwald zeigten, Lobenstein plünderten und bis Saalfeld vorstießen. Piccolominis Hauptarmee überschritt den Thüringerwald jedoch nicht. Sie wandte sich werraabwärts und nahm Ende Oktober ihr Hauptquartier in Schmalkalden. Ihr Ziel war die Unterbrechung der Verbindungen zwischen Hessen und Thüringen.

Banér war währenddessen im Anhaltischen gewesen, um dort Vorkehrungen gegen von ihm vermutete kursächsische Übergriffe zu treffen. Er kehrte Ende Oktober mit dem Befehl Oxenstiernas nach Erfurt zurück, sich auf den Schutz Thüringens vor feindlichen Angriffen zu beschränken. Um dem Einbruch Isolanis, dessen Kroaten Salzungen geplündert hatten und das gesamte mittlere Werratal unsicher machten, ins Eisenachische zu verhindern, belegte er Eisenach und Umgebung mit einem seiner Regimenter. Einig war er sich mit Wilhelm, die durch Piccolomini bedrohte Verbindung zwischen Thüringen und Hessen aufrecht zu erhalten. Dagegen lehnte er den von Wilhelm erneut geforderten gemeinsamen Angriff auf Franken ebenso ab wie dessen Anspruch auf den Oberbefehl bei gemeinsamen militärischen Unternehmen.

Durch die Nachrichten aus Sachsen, die in Thüringen eine starke Friedenssehnsucht auslösten, sah sich Herzog Wilhelm in eine schwierige Lage gebracht. Dem Kurfürsten von Sachsen traute er zu, daß er bei seinen Friedensverhandlungen vor allem den eigenen Vorteil gesucht und wenig auf die Interessen der übrigen evangelischen Reichsstände Rücksicht genommen hatte; von Oxenstierna nahm er an, daß er nur auf Schwedens Vorteil bedacht sei, seine Truppen notfalls nach Norddeutschland zurückziehen und Thüringen seinem Schicksal überlassen werde. Er entschloß sich daher, mit beiden Seiten Verbindung zu halten und zugleich die eigenen Anliegen wahrzunehmen. Den sächsischen Kurfürsten bat er um nähere Mitteilungen über die Friedensbedingungen und warnte ihn zugleich vor einem für die gemeinsamen evangelischen Interessen ungünstigen Friedensschluß. Dem schwedischen Reichskanzler gab er von den Friedensgerüchten Nachricht und bat ihn um Verhaltensmaßregeln, machte aber zugleich das Angebot, für den Fall eines Abzugs der Armee Banérs ins Magdeburgische mit Hilfe von schwedischen Truppenverstärkungen selbst die Verteidigung Erfurts übernehmen zu wollen, allerdings unter der Bedingung, daß Schweden ihm alle Rechte an der Stadt überlasse. Dem Landgraf von Hessen schlug er eine Aussprache mit Herzog Georg von Braunschweig-Lüneburg in Mühlhausen über gemeinsame militärische und andere Fragen vor. Außerdem teilte er ihm mit, daß er und Banér ihre Truppen um Eisenach zusammenzuziehen beabsichtigten, und bat um die Zusendung von hessischen Truppen zu deren Verstärkung. Landgraf Wilhelm sagte dies sogleich zu. Von Oxenstierna erhielt Wilhelm keine Antwort, von Herzog Bernhard lediglich die Mahnung, seine persönlichen Wünsche jetzt zurückzustellen und seine Truppen mit denen Banérs zu vereinigen. Wegen der Abwesenheit Banérs verzögerte sich die Zusammenführung der Truppen jedoch; sie erfolgte erst, als der schwedische Feldherr nach vierwöchiger Abwesenheit Ende November 1634 nach Erfurt zurückkehrte. Ihm war inzwischen von Herzog Bernhard, der mit seiner im Rhein-Main-Gebiet neuformierten Armee einen Angriff auf die Belagerungstruppen der Feste Marienberg bei Würzburg plante, die Aufforderung zur Vereinigung der beiderseitigen Armeen zugegangen. Er hatte jedoch dagegen Bedenken, da er sich vor der Ankunft der hessischen und von Herzog Georg von Braunschweig-Lüneburg erwarteten Hilfskorps wegen der unklaren Haltung Kursachsens und der in Franken stehenden starken feindlichen Verbände nicht allzuweit aus seinen thüringischen Quartieren zu entfernen wünschte. Aus dem gleichen Grunde lehnte er auch Herzog Wilhelms erneuten Vorschlag ab, einen Angriff auf Franken zu unternehmen und bei dieser Gelegenheit die Veste Coburg zu entsetzen, zumal Wilhelm dafür erneut das Oberkommando beanspruchte.

Schließlich einigten sie sich im Dezember auf einen gemeinsamen Vorstoß über den Thüringer Wald auf Salzungen und das angrenzende Rhöngebiet, bei dem jeder seine Verbände selbständig führen sollte. Er verlief zunächst erfolgreich; als sie in Salzungen aber die Nachricht vom Abschluß der kursächsisch-kaiserlichen Friedensverhandlungen in Pirna erreichte und dazu die Forderung des Kurfürsten von Sachsen, in Thüringen, Magdeburg und Halberstadt Quartiere für seine Truppen freizumachen, zogen sie sich über den Thüringer Wald zurück. In Waltershausen legte Wilhelm am 14./24. Dezember zwar seine schwedische Generalleutnantscharge nieder, an eine Trennung von Schweden dachte er jedoch nicht. Er sah vielmehr seine wichtigste Aufgabe zunächst darin, seinen und Banérs Truppen Thüringen als Winterquartier zu erhalten und die Einquartierung kursächsischer Verbände zu verhindern. Als aber Banér unter dem Druck einer ultimativen Forderung des sächsischen Kurfürsten im Januar 1635

Thüringen räumte und nur in Erfurt eine Besatzung zurückließ, sah sich Wilhelm kurz darauf von kursächsischem Militär umgeben. Zwar brachen die Verbindungen zu Landgraf Wilhelm und Herzog Georg nicht ab, aber schon im Februar 1635 war man sich in Weimar darüber im Klaren, das man wohl oder übel die Pirnaer Friedensbedingungen wie auch den bevorstehenden Waffenstillstand zwischen Kursachsen und dem Kaiser, über den ihn Arnim unterrichtet hatte und in den auch Wilhelms Truppen, sein Einverständnis vorausgesetzt, einbezogen werden sollten, werde annehmen müssen, wenn man das weimarische Fürstentum nicht in höchste Gefahr bringen wollte. Als Wilhelm vom Kurfürsten aufgefordert wurde, dem am 18./28. Februar abgeschlossenen Waffenstillstand beizutreten, willigte er daher sogleich ein, ohne, wie er zunächst vorgehabt hatte, mit Landgraf Wilhelm und Herzog Georg deswegen Rücksprache genommen zu haben. Die Nachricht, daß Kaiser Ferdinand die Pirnaischen Friedensbedingungen nicht ratifiziert hatte und in Prag neue Friedensverhandlungen stattfanden, ermunterten ihn jedoch, bei einer Unterredung mit dem Kurfürsten in Dresden im März 1635 auf einen allgemeinen Waffenstillstand zu drängen, in den auch die bisher ausgeschlossenen evangelischen Reichsfürsten, wie z. B. den Landgrafen von Hessen, ferner die Veste Coburg, die nach wie vor belagert wurde, einzubeziehen, und ihm das Angebot zu machen, ihn im Falle des Scheiterns der Friedensverhandlungen mit eigenen Truppen zu unterstützen. Johann Georg hingegen wünschte die Aussöhnung mit dem Kaiser und, zumal angesichts der für ihn ungünstigen militärischen Lage, unbedingt den Frieden, auch um den Preis weiterer Zugeständnisse. Ohne seine Absichten durchgesetzt zu haben, kehrte Wilhelm von Dresden nach Weimar zurück. Da inzwischen auch Landgraf Wilhelm dem sächsischen Kurfürsten für den Fall der Fortsetzung des Krieges den Oberbefehl über die hessischen Truppen angeboten und ihn vor ungünstigen Friedensbedingungen dringend gewarnt hatte, sprach sich Wilhelm gegenüber Landgraf Wilhelm und Herzog Georg für eine Zusammenkunft aus, auf der man über gemeinsam zu treffende Maßregeln beraten wollte. Um Näheres über die in Prag verhandelten Friedensbedingungen zu erfahren, begab sich Wilhelm jedoch zunächst nach Leipzig zu Arnim, bei dem er den brandenburgischen Obersten von Burgsdorff antraf. Von beiden hörte er Klagen über die von den kaiserlichen Bevollmächtigten in Prag gestellten neuen und für die evangelischen Reichsstände unannehmbaren Bedingungen. Er teilte dies sogleich dem Landgrafen mit und drängte auf eine gemeinsame Konferenz mit Herzog Georg, die nach einigen Verzögerungen schließlich im Mai in Nordhausen zustandekam. Dort schlossen die drei Fürsten am 20. Mai, nachdem Wilhelm sich gegenüber Georg zum Verzicht auf Duderstadt und einige Gebiete in dessen Umgebung bereit gefunden hatte, einen Vertrag über die Absendung einer gemeinsamen Gesandtschaft nach Dresden und die Aufstellung eines gemeinsamen Truppenverbandes von 16 000 Mann. Die Gesandten sollten den Kurfürsten erneut vor Friedensbedingungen warnen, die auf eine Spaltung der evangelischen Reichsstände hinausgingen, und ihre militärische Hilfe für den Fall des Scheiterns der Verhandlungen anbieten. Daß alle diese Mühe vergeblich sein mußte, weil am gleichen Tage bereits Kurfürst Johann Georg und Kaiser Ferdinand in Prag den Frieden geschlossen hatten, konnte man in Nordhausen nicht ahnen.

Schwedischerseits hatte man die Verhandlungen Herzog Wilhelms mit Kursachsen mit Mißtrauen beobachtet. Herzog Bernhard forderte den Bruder auf, seine Truppen nicht dem sächsischen Kurfürsten, sondern dem Landgrafen von Hessen zu unterstellen, und machte zugleich Andeutungen über seine guten Beziehungen zu Frankreich, die dem weimarischen Fürstenhaus auch beim Kaiser den notwendigen Respekt zu verschaffen versprächen. Von der Nordhäuser Zusammenkunft argwöhnte man, daß Wilhelm den Landgrafen und Herzog Georg auf die kursächsische Seite zu ziehen beabsichtige. Oxenstierna und Banér mahnten den Herzog, auf schwedischer Seite auszuharren. Nun wünschte dieser keineswegs den Bruch mit Schweden, aber er war überzeugt, daß nur Kursachsen sein Land vor der Gefahr eines kaiserlichen Angriffs bewahren konnte. Der Nordhäuser Verabredung gemäß zog er seine Truppen, die eine Stärke von etwa 5000 Mann hatten, auf dem Eichsfeld zusammen, wo sie die hessischen und die von Herzog Georg zugesagten schwedischen Kontingente erwarten sollten. Nur wenige Reiterkompanien ließ er in den Erfurter Dörfern zurück, mit Zustimmung des Erfurter Rats. Die gemeinsame Gesandtschaft erhielt bereits in Leipzig die Nachricht von der Unterzeichnung des Friedensvertrags und erfuhr hier außerdem, daß Arnim damit unzufrieden sei und an Rücktritt denke. In Dresden ließ man die Gesandten zunächst einige Tage warten und gab ihnen erst am 2. Juni, kurz nachdem, am gleichen Tage, Kurfürst Johann Georg den Friedensvertrag ratifiziert hatte, eine Audienz. Sie hörten dort auch, daß Zustimmung oder Ablehnung des Friedensvertrags binnen zehn Tagen zu erfolgen haben würde und die Vereinigung der kursächsischen mit der kaiserlichen Armee nahe bevorstünde.

Daß Wilhelm eine Einladung des Landgrafen zu einer Aussprache zu dessen tiefer Enttäuschung ausschlug und auch die Aufforderung Banérs ablehnte, mit seinen Truppen nach Mansfeld zu kommen und sich dort mit ihm auszusprechen, war das Ergebnis eingehender Beratungen mit seinen Brüdern Albrecht und Ernst, den leitenden weimarischen Beamten und Vertretern der weimarischen Landstände, denen er im Juni Abschriften der

Prager Friedensbedingungen vorgelegt hatte. Die meisten rieten zur Annahme des Friedens. Land und Leute, so sagten sie, seien in den vielen Kriegsjahren ausgesogen und erschöpft und ein „magerer Friede" sei „einem verhofften fetten Kriege billig vorzuziehen". Eine Gegenstimme kam von Hofrat Braun, der den Vertrag eine „umbra pacis" nannte, einen „Schatten, darunter ein schädlicher Krieg, Trennung und Ruin der Evangelischen verborgen liegt", der zum Schaden der Freiheitsrechte der Reichsstände gemacht sei. Der Herzog solle ihn nicht eingehen, sondern „lavieren". Er möge nichts übereilen. Braun bewies damit politischen Weitblick in äußerst schwieriger Lage, aber seine Stimme verhallte ungehört.

Wilhelm machte lediglich den Versuch, die Überführung seiner Truppen in die kursächsisch-kaiserliche Armee zu umgehen. Er stieß dabei aber auf kategorischen Widerspruch Kurfürst Johann Georgs, der eine korrekte Erfüllung sämtlicher Friedensbedingungen verlangte. *So entschlossen sich* angesichts der ungünstigen politischen und militärischen Lage *Wilhelm und seine Brüder Albrecht und Ernst* am 5. Juli *zur Annahme* des ihnen am 30. Juni zugegangenen *Friedensvertrags*. Die Überführung der Truppen Wilhelms in kursächsische Hand ging jedoch nicht ohne Schwierigkeiten vor sich. Einige Offiziere weigerten sich, dem Befehl zu folgen. Überdies erschien im Auftrag Oxenstiernas der schwedische Generalkriegskommissar Heusner auf dem Eichsfeld, um die Truppen anderen schwedischen Regimentern zuzuführen; und Landgraf Wilhelm von Hessen forderte seine in Herzog Wilhelms Verbänden dienenden hessischen Untertanen zum Verlassen des weimarischen Dienstes und Übertritt in hessische Verbände auf.

Herzog Bernhard trat dem Prager Friedensvertrag nicht bei, weil er die dadurch vollzogene Spaltung der evangelischen Reichsstände für verhängnisvoll für das Reich und seine überkommene Verfassung hielt. Daß seine Weigerung den Bruch auch mit seinen Brüdern bedeutete, war beiden Seiten bewußt. Herzog Wilhelm handelte, und seine Brüder Albrecht und Ernst folgten ihm darin, nach dem Grundsatz, den er als regierender Landesfürst schon im Sommer 1631 befolgt hatte, als er Gustav Adolf angesichts des Angriffs Tillys auf Thüringen das Bündnis aufkündigte, und der besagte, daß der *Besitz des angestammten Landes nicht aufs Spiel gesetzt werden sollte, auch wenn es um reichspolitische Ziele ging*. Damals wie 1635 gaben die bestehenden Machtverhältnisse keine Sicherheit vor einer Sequestration des weimarischen Fürstentums, wenn sein Landesherr sich den Zorn des Kaisers zuzog, und obwohl man sich in Weimar im Frühjahr 1635 keine Illusionen über die Mängel des Prager Vertrags machte, hielten es die drei in Weimar anwesenden Brüder für erforderlich ihn anzunehmen, um Schlimmeres zu verhüten. Für Wilhelm kamen noch

Abb. 10: Ansicht der Stadt Weimar (1626)

Abb. 11: Herzog Ernst der Fromme von Sachsen-Gotha-Altenburg (1601–1675)

die Enttäuschungen hinzu, die er von schwedischer Seite seit 1632 hatte hinnehmen müssen. Seinen wiederholten Versuchen, die Führung einer schwedischen Armee in die Hand zu bekommen, lag der gewiß nicht abwegige Gedanke zu Grunde, auf diesem Wege eine Machtstellung zu gewinnen, die ihm weder seine schwedische Statthalterschaft noch die schmale territoriale Basis seines Landes bot, die ihm aber notwendig schien, wenn er in wichtigen politischen Fragen ein Wort mitsprechen wollte. Das Beispiel seines Bruders Bernhard, der seine Feldherrenstellung gegenüber dem widerstrebenden schwedischen Reichskanzler kühl und zielbewußt zum Erwerb des Herzogtums Franken nutzte, mag als Beispiel dafür gelten, wie wichtig eine Armee als Mittel zur Durchsetzung eigener Ziele sein konnte. Ob Wilhelms Feldherrenbegabung ausgereicht hätte, um eine solche Armee zum Wohle der evangelischen Sache und Schwedens zu führen, muß allerdings bezweifelt werden angesichts der Geringschätzung, die seinen Feldherreneigenschaften von Seiten Oxenstiernas entgegengebracht wurde, zumal dieser wohl seinerseits auf Gustav Adolfs sicherlich kompetentem Urteil fußte.

Das Fürstentum Weimar vom Jahre 1631 bis zur Landesteilung von 1640/41

Herzog Wilhelms im Herbst 1631 beginnende Tätigkeit im Dienste Schwedens hatte dem Fürstentum Weimar erneut seinen regierenden Landesherrn entzogen. Er selbst war sich dessen durchaus bewußt, und Oxenstierna gegenüber hat er 1635 offen bekannt, daß er Gustav Adolf und der schwedischen Sache gedient habe unter Vernachlässigung seiner landesväterlichen Pflichten. Diese nahm in seiner Abwesenheit Herzog Albrecht wahr, allerdings ohne daß darüber eine entsprechende Vereinbarung getroffen worden war, wie man das zu Zeiten Herzog Johann Ernsts des Jüngeren getan hatte. Das geschah auch nicht, als die Brüder im November 1633 ihren 1629 abgeschlossenen Vertrag angesichts der unsicheren Verhältnisse um weitere sechs Jahre, bis Michaelis 1639, verlängerten und damit Wilhelms Recht auf die Führung der Regierungsgeschäfte erneut bestätigten. So war Albrechts Stellung rechtlich nicht die eines Regenten, sondern eines Stellvertreters. Je stärker Wilhelm in seine Statthaltergeschäfte eingespannt und mit seinen militärischen Unternehmungen beschäftigt war, desto weniger konnte er sich um die Angelegenheiten seines Landes kümmern. Als er sich aber im Laufe des Jahres 1634 von den Statthalterpflichten mehr und mehr zurückzog und sich seit April 1634 meist in Weimar aufhielt, dürfte er sich auch um die Landesangelegenheiten bemüht haben; mit Sicherheit war dies in reichspolitischen Angelegenheiten der Fall.

So haben sich die Tätigkeitsbereiche Wilhelms und Albrechts in der Landespolitik wohl seit April 1634 zeitweilig überschnitten, doch dürfte die innere Verwaltung vor dieser Zeit fast ausschließlich Sache Albrechts und der leitenden Beamtenschaft, zumal des Kanzlers Göchhausen, gewesen sein. Ihnen ist daher in erster Linie auch der Ausbau der Zentralverwaltung des Fürstentums zuzuschreiben, der damals seinen Abschluß erreichte. Der im Vertrag von 1629 getroffenen Vereinbarung über die Einrichtung einer gemeinsamen Finanzbehörde wurde durch die Kammerordnung vom 28. September 1633 Rechnung getragen, der ersten Ordnung dieser Art im ernestinischen Bereich. Mit ihr entstand die Kammer als selbständige landesherrliche Finanzbehörde und wurde die Dreigliederung der Zentralverwaltung in Regierung, Konsistorium und Kammer abgeschlossen, wie sie bis 1702 in Weimar Bestand gehabt hat. Ein Geheimratskollegium wie in Coburg und Eisenach ist also damals weder in Altenburg noch in Weimar entstanden. Der nach dem Tod des Geheimen Kammerrats von Kospoth (1632) und dem Ausscheiden des Geheimen Kammerrats von Dieskau, der den Posten eines kursächsischen Amtshauptmanns in Weißenfels übernahm, 1633 zum Kammerrat ernannte Sebastian von Wurmb (Worm) sah sich auf die Leitung der Finanzverwaltung beschränkt und nahm nicht mehr wie frühere Kammerräte auch haus- und außenpolitische Funktionen wahr. Das bewirkte zugleich einen Wechsel in der Rangordnung der leitenden Beamten. Hatten den Vertrag von 1629 nach den Herzögen noch die beiden Geheimen Kammerräte von Kospoth und von Dieskau als ranghöchste Beamte unterzeichnet und erst nach diesen der Kanzler Göchhausen und die anderen Räte, so rückte nunmehr der Kanzler an die Rangspitze; bis 1702 ist es bei dieser Rangordnung geblieben. Unter den Hofräten, die Göchhausen nachgeordnet waren und die sich auch in diplomatischen Aufgaben bewährten, sind vor allem die beiden Juristen Laurentius Braun (1571-1639) und Georg Frantzke (1594-1659) zu nennen.

Braun stand bereits seit der Regierungszeit der Herzogin Dorothea Maria im weimarischen Dienst; er war ein Leipziger Buchdruckerssohn und hatte dort Jurisprudenz studiert. 1614 hatte er am Naumburger Fürstentag und danach an zahlreichen anderen Konferenzen teilgenommen. Bei den Verhandlungen des Frankfurter Konvents von 1634 und den Weimarer Beratungen über Annahme oder Ablehnung des Prager Friedensvertrags zeichnete er sich durch politischen Weitblick aus.

Frantzke, später erster Kanzler Herzog Ernsts des Frommen von Gotha, ein Kaufmannssohn aus Leobschütz in Oberschlesien, der in Frankfurt/Oder und Königsberg Philologie, Philosophie und Jurisprudenz studiert hatte und als Begleiter eines jungen ostpreußischen Adeligen nach Jena gekommen war, dort 1622 promoviert und im gleichen Jahre eine Tochter des verstorbenen altenburgischen Kanzlers Wex geheiratet hatte, war zunächst, nach vergeblichen Versuchen, in Jena eine juristische Professur zu erlangen, dort Hofgerichtsadvokat und danach schwarzburgischer Rat in Rudolstadt geworden, ehe er 1633 in weimarische Dienste trat. Er bewährte sich 1634 bei den weimarisch-altenburgischen Erbfolgeverhandlungen in Eisenberg und auf dem Konvent in Frankfurt, den er zusammen mit Braun besuchte, und war auch an den Verhandlungen mit Kursachsen über die Annahme des Prager Friedens beteiligt.

Die Regierungstätigkeit im Lande stand in jenen Jahren unter dem Druck ständiger Kriegsnöte. Waren es im Sommer 1631 Einquartierungen Tillyscher Truppen gewesen, unter denen ganz besonders Oldisleben zu leiden hatte, wo sich zeitweilig Tillys Hauptquartier befand, so im Herbst des gleichen Jahres die Verbände der Armee Gustav Adolfs, die auf dem Wege von Halle über Querfurt und Erfurt nach Franken vor allem die in der Nachbarschaft Erfurts gelegenen Ämter des Fürstentums berührten. In der Folgezeit, während Wilhelms schwedischer Statthalterschaft, wurde das Fürstentum wie andere thüringische Gebiete Werbe- und Sammelplatz der vom Herzog neugeworbenen Truppen und außerdem zur Zahlung von Kriegssteuern und Lieferung von Lebensmitteln, vor allem auch für die Verproviantierung Erfurts, herangezogen. Außerdem hatte es zur Verstärkung neugeworbener Truppen Teile seines Landesaufgebots zu stellen. Herzog Albrecht zeigte sich dabei mit Rücksicht auf die Stellung seines Bruders Wilhelm zunächst willfähriger als andere thüringische Landesherren, obwohl er als einziger der weimarischen Brüder nach wie vor von Wilhelms Anschluß an Schweden nichts hielt und deshalb auch dem Entwurf des Bündnisvertrags, den Wilhelm mit Gustav Adolf abzuschließen bereit war, ablehnend gegenüberstand, da er die Verpflichtungen, die sich daraus für das Fürstentum ergaben, für zu hoch hielt. Sein Versuch, Ernst und Bernhard auf seine Seite zu ziehen und so den Vertrag zu Fall zu bringen, schlug jedoch fehl, da beide Wilhelms Politik zustimmten. Bei der Erfüllung der für die schwedische Armee geforderten Leistungen zeigte er sich bald zurückhaltender. Zwar kam er ihnen nach, wenn Wilhelm selbst in Thüringen weilte und dort die entsprechenden Verhandlungen führte; wenn dies jedoch in Abwesenheit Wilhelms durch den schwedischen Residenten Erskein geschah, dessen energisches, zuweilen selbstherrliches Auftreten ihn verstimmte, kam es zu deutlichen Reaktionen von seiner Seite. So blieb er im Sommer 1632 einer von Erskein einberufenen Konferenz der thüringischen Kreisstände einfach fern, und als der Schwede im Sommer 1633 im Auftrag Oxenstiernas die thüringischen Reichsstände zum Beitritt zum Heilbronner Bund aufforderte, womit eine erhebliche Erhöhung der im

Frühjahr 1633 bewilligten Kriegssteuer verbunden war, stieß er, wie an anderer Stelle bereits berichtet wurde, vor allem auf Herzog Albrechts Widerstand, der nicht nur die Zahlung der erhöhten Steuer ablehnte, sondern auch die Verwaltung der Kriegskasse in die Hände der Reichsstände gelegt wissen wollte. Daran scheiterten die Verhandlungen. Wilhelm, damals durch Oxenstiernas Widerstand gegen seinen böhmischen Feldzugsplan erbittert und über die Ablehnung seiner territorialen Wünsche enttäuscht, unternahm nichts, um seinen Stellvertreter Erskein zu unterstützen. Verärgert mußte dieser sich daraufhin damit begnügen, die von der im Frühjahr 1633 bewilligten Kriegssteuer verbliebenen Rückstände einzutreiben.

Eine weitere Belastung für das Land waren die sich während der Jahre 1632 bis 1635 ständig wiederholenden Einquartierungen, die im Zusammenhang mit den von Wilhelm betriebenen Truppenwerbungen und seinen Bemühungen um den Schutz Thüringens, zumal Erfurts, vor feindlichen Angriffen standen, wie um Truppenbewegungen, die der Kriegsverlauf mit sich brachte. Das Amt Königsberg in Franken war letzteren bereits im Herbst 1631 ausgesetzt. Im September waren es fliehende Teile der bei Breitenfeld besiegten Tillyschen Armee, die das Amt von Norden her durchzogen; im März 1632 erschien Tilly, nachdem er den schwedischen Feldmarschall Horn aus Bamberg gedrängt hatte, selbst im Amt. Er besetzte die Stadt, nahm dort sein Quartier und ließ sie plündern; dabei ging sie größtenteils in Flammen auf. Nach längerer schwedischer Einquartierung erschienen im Sommer 1632 erneut gegnerische Plünderungstrupps in Amt und Stadt. Im Spätherbst 1632, als die Armeen Wallensteins, Pappenheims und Gustav Adolfs thüringischen Boden betraten, wurde nicht nur diese kleine fränkische Exklave, sondern vor allem das weimarische Kernland in Mitleidenschaft gezogen. Zwar konnte Pappenheim den Befehl seines Kriegsherrn, des Kurfürsten Maximilian von Bayern, „im Weimarischen so viel wie möglich in Asche zu legen", weil Herzog Wilhelms Truppen im Sommer 1632 in Bayern so übel gehaust hätten, nicht ausführen, weil ihn die rechtzeitige Ankunft Bernhards von Weimar um Arnstadt und Erfurt zum Ausweichen ins Unstruttal zwang, bevor er weimarisches Land erreichte. Aber wenig später hatte das Land die Lasten vorübergehender Einquartierung von Gustav Adolfs Hauptarmee zu tragen, die auf dem Wege von Arnstadt über Ichtershausen nach Erfurt und von dort die Frankfurt-Leipziger Handelsstraße nördlich des Ettersberges entlang nach Naumburg zog und damit die westlichen und nördlichen Teile des Fürstentums berührte; allein das Amt Ichtershausen berechnete seinen Schaden damals auf 10 000 Gulden.

Um den in jenen Jahren an das Fürstentum herangetragenen kriegsbedingten Forderungen nachkommen zu können, bedurfte es vor allem der verstärkten Steuererhebung. Sie machte einen wichtigen Teil von Herzog

Albrechts Regierungstätigkeit aus, vor allem die ständigen Verhandlungen mit den Landständen, denen ein Mitspracherecht bei der Steuererhebung zustand. Die anderen Regierungshandlungen galten meist den Begleiterscheinungen des Krieges, wie die Verordnungen gegen fahrendes Volk und Marodeure, die die Straßen unsicher machten, gegen die Gewährung von Unterkunft an umherziehende Soldaten, gegen die Annahme fremder Kriegsdienste und für die Sicherung aller Ortschaften durch Schlagbäume, Gräben und dergleichen und die Regelung des Geleit- und Postwesens bezeugen. Eine 1631 erlassene Polizeiordnung dürfte in dieser turbulenten Zeit kaum durchgreifende Erfolge für die Bewahrung der öffentlichen Ordnung gehabt haben; sie mußte wohl deshalb 1642 noch einmal publiziert werden.

Es waren nicht zum wenigsten die Lasten, die ihr Land während dieser vier Jahre zu tragen hatte, die die Weimarer Herzöge in ihrem Streben nach Entschädigungsleistungen durch Schweden einig sein ließ. Daß Wilhelm dabei in erster Linie an die kurmainzischen Gebiete in Thüringen, an Erfurt und das Eichsfeld, dachte, wurde schon erwähnt. Erreicht wurde dieses Ziel bekanntlich nicht. Die strategische Bedeutung Erfurts war von der schwedischen Führung frühzeitig erkannt worden, und so hielt es schon Gustav Adolf für notwendig, die Stadt in eigener Hand zu behalten und die dort Regierenden durch die Überlassung kurmainzischer Rechte und des Eigentums der katholischen Kirche an die Stadt an sich zu binden. Im Sommer 1634 verwandelte Oxenstierna außerdem die Garnison in eine überwiegend städtische, wenn auch unter Führung eines schwedischen Offiziers. Die — freilich recht unbestimmten — Versprechungen, die Gustav Adolf Herzog Wilhelm hinsichtlich Erfurts gemacht hatte, behandelte Oxenstierna eine zeitlang dilatorisch, um sie schließlich 1634 mit der Begründung abzuweisen, daß die Stadt den Herzog nicht als Herrn haben wolle. Etwas günstiger stand es zunächst um die Ansprüche auf das Eichsfeld, das Gustav Adolf 1632 Wilhelm als erobertes Gebiet für seine Truppen und zur Eintreibung von Kriegssteuern überlassen hatte. Im Sommer 1633 bestätigte Oxenstierna dem Herzog ausdrücklich diese Zusage des Königs und versprach ihm sogar die Ausstellung einer Schenkungsurkunde. Wilhelm wünschte diese in der gleichen Form, in der Herzog Bernhard die Schenkung des Herzogtums Franken erhalten hatte. Doch dazu kam es nicht. Oxenstierna zögerte die Entscheidung hinaus und nutzte dafür geschickt den Streit Wilhelms mit Herzog Georg von Braunschweig-Lüneburg, der sich auf Grund eines Versprechens Gustav Adolfs Hoffnungen auf Duderstadt und Umgebung machte. Mit der Annahme des Prager Friedens mußte auch diese Hoffnung aufgegeben werden. Auf eine Erweiterung des weimarischen Territoriums im Umkreis der fränkischen Exklave Königsberg, die Wilhelm im Sommer 1632 gegenüber Gustav Adolf ins Spiel gebracht hatte, ohne dessen Zustimmung zu erreichen, und die auch bei Beratungen aller vier Brüder im Februar in Weimar noch eine Rolle gespielt hatte, verzichtete Wilhelm zugunsten Bernhards, zu dessen Herzogtum Franken bekanntlich diese bambergischen Gebiete gehört haben. Nach der Schlacht von Nördlingen und der Besetzung Frankens durch kaiserliche Truppen blieb Bernhard allerdings nur mehr eine 1635 vertraglich verbriefte Zusage König Ludwigs XIII. von Frankreich übrig, die ihn im Besitz seiner schwedischen Donationen zu schützen oder ihm eine entsprechende Entschädigung zu verschaffen versprach. Von Entschädigungsforderungen Wilhelms auf bayerische und böhmische Gebiete im Falle weiterer schwedischer Eroberungen ist im August 1633 zwar einmal die Rede gewesen, später aber nicht wieder.

Neben diesen an die Wandelbarkeit des Kriegsglücks und das Wohlwollen auf schwedischer Seite geketteten Bestrebungen, die schmale territoriale Basis des eigenen Landes zu erweitern, zeigten sich seit 1633 andere Möglichkeiten, die auf der sicheren Grundlage von Lehn- und Erbrechten ruhten und daher weitaus bessere Aussichten versprachen. Nachdem 1631 die Grafen von Gleichen und die Vitztume von Apolda im Mannesstamm erloschen waren, fielen deren Herrschaften Remda und Apolda als erledigte Lehen an die Ernestiner altenburgischer und weimarischer Linien. Zum Unterschied von Johann Casimir von Coburg, der schon Jahre zuvor Regelungen für die seinem Einflußbereich zustehenden anderen gleichischen Herrschaften getroffen hatte (s. S. 22 f.), hatten Weimar und Altenburg es versäumt, sich um die gemeinsamen Ansprüche auf die Herrschaften Blankenhain und Niederkranichfeld zu kümmern, die kurmainzische Lehen waren, und auch jetzt begnügte man sich damit, Remda als erledigtes Lehen einzuziehen und Blankenhain und Niederkranichfeld verschiedenen Anwärtern zu überlassen, die sich darum stritten, statt die durch die Kriegslage geschaffenen Verhältnisse, die Kurmainz an der Wahrnehmung seiner Interessen in Thüringen hinderten, zum eigenen Vorteil zu nutzen und sich um den Gewinn beider Herrschaften zu bemühen. Als sich 1634 das Kriegsglück wendete, war diese Gelegenheit vertan, und Mainz nutzte seinerseits diesen Wandel, um 1639 den kaiserlichen Feldherrn Melchior Grafen von Hatzfeld mit beiden Herrschaften zu belehnen und die altenburgischen und weimarischen Ansprüche abzuweisen.

Der Anfall von Apolda und Remda brachte es aber wenigstens mit sich, die altenburgischen und weimarischen Herzöge und ihre Bevollmächtigten an den Verhandlungstisch zu bringen, wenn auch der Präzedenzstreit weiter schwelte. Die Verhandlungen endeten 1633 mit der Vereinbarung, diese beiden Herrschaften der Universität Jena zur Aufbesserung ihrer zu schmalen wirtschaftlichen Grundlage zu übergeben und zwar unter altenburgischer Landeshoheit, allerdings ohne die Dörfer Bösleben, Tromlitz und Loßnitz, die an Weimar kamen. Im Anschluß daran verhandelten beiderseitige Beamte über bislang offen gebliebene, aus der Landesteilung von 1603 herrührende Fragen, vor allem über die Aufteilung der noch gemeinsam gebliebenen Lehnshoheit über Grafen und Herren. Dabei kam, zumal Herzog Johann Casimir von Coburg 1633 kinderlos gestorben und sein fast 67jähriger Bruder Johann Ernst von Eisenach Alleinerbe und ebenfalls ohne Nachkommen war, auch die Erbfolgefrage in den coburg-eisenachischen Landen zur Sprache. Sie wurde zum beherrschenden Thema bei Verhandlungen zwischen den Herzögen Wilhelm, Albrecht und Ernst und ihren altenburgischen Vettern Johann Philipp und Friedrich Wilhelm II. im Februar und März 1634 in Erfurt, Weimar und Eisenberg und, wie schon früher berichtet wurde (s. S. 71 ff.), in Eisenberg mit einem Vertrag abgeschlossen, der die Aufteilung des Erbes auf die Häuser Weimar und Altenburg im Verhältnis 4/6 zu 2/6, also nach der Anzahl der Erben, festlegte und die Einzelheiten des Teilungsvorgangs regelte; gleichzeitig einigte man sich über die aus dem Teilungsvertrag von 1603 herrührenden, noch strittig gewesenen Fragen. Die Aussicht auf dieses stattliche Erbe dürfte nach Abschluß des Eisenberger Vertrags bei allen politischen Entscheidungen Wilhelms eine wichtige Rolle gespielt haben, zumal auch als es um Ablehnung oder Annahme des Prager Friedensvertrags ging, und sie wird ihn und seine Brüder Albrecht und Ernst über die seit 1634 ohnehin immer fragwürdiger werdenden Aussichten auf den Gewinn Erfurts und des Eichsfelds hinweggetröstet haben.

Der Prager Friedensvertrag, dem man, wie man 1638, zu spät, in Weimar bekannte, „allzu übereilt" beigetreten war, brachte aber nicht nur dem Reich keinen Frieden, sondern hatte für das Fürstentum Weimar, für dessen Wohl zu sorgen seit Sommer 1635 Herzog Wilhelms einzige Aufgabe war, die verheerendsten Folgen. Die schlimmsten Verwüstungen, die das Land im Kriege erlebt hat, hat es nach 1635, vor allem in den Jahren 1636 bis 1642, hinnehmen müssen, als während der wiederholten Vorstöße der schwedischen Armeen aus Norddeutschland nach Sachsen und Böhmen und der kaiserlich-kursächsischen Gegenschläge Thüringen immer wieder zum Kriegsgebiet geworden ist. Schon im Januar 1636, als Banér nach dem Scheitern kursächsisch-schwedischer Friedensgespräche und seinem Sieg über die kursächsische Armee bei Dömitz und Pyritz seinen ersten Angriff auf Sachsen unternahm, wurde das Gebiet um Jena in Mitleidenschaft gezogen. Ungleich verhängnisvoller wirkte sich aus, daß Banér, zunächst ins Brandenburgische zurückgedrängt, nach seinem Sieg bei Wittstock die geschlagenen kursächsischen und kaiserlichen Verbände vor sich hertreibend im November 1636 in Thüringen erschien und nach einem kurzen Vorstoß nach Hessen Erfurt im Dezember zur Übergabe zwang und die Stadt mit einer schwedischen Besatzung belegte, die sich, allen kaiserlich-kursächsischen Belagerungen zum Trotz, bis Kriegsende dort zu behaupten verstand.

Schon während der Belagerung Erfurts durch Banér hatten die nahegelegenen weimarischen Gebiete, von den Schweden nunmehr als Feindesland behandelt, unsäglich zu leiden. Aber nicht weniger schlimm wüteten die wenig später zum Schutz Sachsens heranziehenden kaiserlichen Truppen der Generäle Götz, Hatzfeld und Geleen, die zwar Banér im Sommer 1637 nach Norddeutschland zurückdrängen konnten, denen es aber nicht gelang, Erfurt den Schweden zu entreißen und die sich schließlich damit begnügten, über die Stadt eine Blockade zu verhängen. In jenen Monaten von Dezember 1636 bis Mai 1637 mußten zahlreiche weimarische Orte Plünderungen über sich ergehen lassen, so auch Jena im Februar durch Götzische Truppen; eine Reihe von Orten, so Neumark und Ballstedt, wurden teilweise oder völlig niedergebrannt. Schutzbriefe, die Herzog Wilhelm von Banér und Hatzfeld erwirkte und die dem Wortlaut nach sein Land vor Einquartierungen und anderen Kriegslasten zu schützen versprachen, hatten das nicht verhindern können. Die unter Sperreuters Befehl stehenden kaiserlichen Truppen, denen die Blockade Erfurts übertragen worden war, hausten in den umliegenden thüringischen, auch den weimarischen Gebieten derart, daß, wie bereits früher berichtet wurde, die ernestinischen Herzöge die größten Anstrengungen unternahmen, um sie aus Thüringen zu entfernen. Es gelang ihnen im August 1637, mit dem schwedischen Kommandanten von Erfurt, dem Obersten Heinrich von der Goltz (1600-1643), einen Waffenstillstand abzuschließen, der die Zustimmung des Kurfürsten von Sachsen, des Kaisers und Banérs fand. Die Hoffnung der Ernestiner, daß dieser Erfolg eine Befreiung ihrer Lande von militärischer Bedrückung bringen würde, ging freilich nicht in Erfüllung. Die kaiserlichen Blockadetruppen verließen zwar das Land, aber der Kurfürst zog seine eigenen Verbände nicht zurück. Sie blieben weiter in den ernestinischen Landen und mußten dort ernährt werden, während der Kurfürst seine eigenen thüringischen Gebiete, zumal den durch Banérs Armee freilich arg mitgenommenen Thüringer Kreis, nach Möglichkeit schonte, was seine ernestinischen Verwandten nicht ohne Bitterkeit zur Kenntnis nahmen. Im Herbst 1637 wurde Thüringen zudem noch zum Durchzugsgebiet der kaiserlichen Armee des Feldmarschalls Götz, die auf dem Marsch aus der Mark Brandenburg zum Oberrhein im September hier einrückte und zur Bekämpfung des aus Hessen gegen das Eichsfeld vormarschierenden schwedischen Obersten Kind nach Hessen umdirigiert wurde.

Die Geltungsdauer des Erfurter Waffenstillstands war auf 30 Tage festgesetzt worden, jedoch mit unbefristeter Verlängerungszeit, wenn er nicht von einer Seite mit achttägiger Kündigungsfrist für beendet erklärt wurde. Weitere Verhandlungen der Ernestiner, die von ihnen auf Drängen des Kurfürsten um die Wende 1637 auf 1638 mit dem Rat von Erfurt geführt wurden und die Entfernung der schwedischen Besatzung aus der Stadt zum Ziele hatten, und von deren Erfolg der Kurfürst den Abzug seiner Truppen aus Thüringen abhängig machte, verfolgte der schwedische Kommandant zwar mit Mißtrauen. Er ließ es jedoch nicht auf einen Bruch des Waffenstillstands ankommen. Erst als Nachrichten von den militärischen Erfolgen Herzog Bernhards von Weimar am Oberrhein, zumal von der Schlacht bei Rheinfelden, und später vom Vorrücken Banérs in Norddeutschland in Thüringen umgingen, hat man sich hier offenbar nicht mehr streng an die Waffenstillstandsbedingungen gehalten, wenn sie auch von keiner Seite gekündigt worden sind. Bei den schwedischen Streifzügen im Mai 1638, bei denen u. a. Frauenprießnitz und Stadtroda in Flammen aufgingen, kann es sich jedenfalls nur um Aktionen der schwedischen Besatzung von Erfurt gehandelt haben, die unerfüllt gebliebenen Geld- und Lebensmittelforderungen nach ihrer Gewohnheit mit militärischer Gewalt Nachdruck verliehen hat.

Für das weimarische Herzogshaus sind Herzog Bernhards Erfolge damals auch in anderer Weise bedeutungsvoll geworden. Schon gegen Ende 1637 hatte Kaiser Ferdinand III. Versuche unternommen, Herzog Bernhard, um dessen aus der unzureichenden Unterstützung durch Frankreich herrührende Schwierigkeiten er wußte, auf seine Seite zu ziehen. Da unmittelbare Kontakte aber ergebnislos blieben, veranlaßte er den Kurfürsten von Sachsen, auf seine weimarischen Verwandten in diesem Sinne einzuwirken. Daß die Weimarer Herzöge damals darauf bedacht sein mußten, von dem 1637 zur Regierung gekommenen Kaiser die Belehnung mit ihren Reichslehen zu erreichen, hat man in Wien damals offenbar als Druckmittel in diese Überlegungen einbezogen. Kurfürst Johann Georg nahm im Februar 1638 einen Besuch Herzog Ernsts, der damals nach Dresden gekommen war, um sich über Ausschreitungen kursächsischer Truppen zu beschweren und um Abhilfe zu bitten, zum Anlaß, den Wunsch des Kaisers an ihn weiterzuleiten. Ernst, der von seinen Brüdern Bernhard am nächsten stand, war zu einer solchen Vermittlungsaktion bereit, obwohl man weimarischerseits, schon um nicht den Argwohn des Kaisers und des Kurfürsten zu erregen, keine Verbindung mehr zu Bernhard unterhielt, seitdem dieser den Prager Friedensvertrag nicht angenommen hatte. Ernst bezeichnete den Jenaer Amtmann Johann Hofmann, einen vormaligen Sekretär Bernhards, als den für eine solche Mission geeigneten Mann; ihm stellte Kaiser Ferdinand sogleich einen auf den 10./20. März 1638 datierten Paß aus. Herzog Wilhelm hingegen hatte Bedenken gegen das Vorhaben und ist offenbar erst durch Mahnungen aus Dresden oder Wien zum Einlenken bewogen worden. Jedenfalls konnte Hofmann erst mit erheblicher Verspätung, im Mai 1638, aus Weimar abreisen. Von Herzog Bernhard, mit dem er im Monat darauf in

Neuenburg am Rhein zusammentraf, wurde er zwar sehr freundlich empfangen, doch mußte er, da Bernhard zunächst Frankreich und Schweden von seiner Mission unterrichtete, länger als zwei Monate, die er zumeist in Basel verbrachte, auf Antwort warten. Währenddessen setzte Bernhard seine Vorbereitungen für die Eroberung Breisachs fort; er besiegte Ende Juli 1638 eine zu dessen Schutz herangezogene kaiserliche Armee unter Führung von Götz und Savelli entscheidend bei Wittenweier und begann mit der Einschließung der Festung.

Inzwischen hegte man in Weimar, zumal die kaiserliche Belehnung auf sich warten ließ, mancherlei Befürchtungen; sogar das Gerücht von einer bevorstehende Sequestration der weimarischen Lande ging um. Als der vom 3. August 1638 datierte Lehnbrief des Kaisers schließlich einging, war Bernhards Name darin nicht aufgenommen, obwohl die Brüder die Belehnung auch für ihn mit erbeten hatten. Die Antwort Bernhards, die er Hofmann aushändigte, stammte vom 25. August, ging aber erst am 16. September in Weimar ein. Sie lautete ablehnend. Bernhard war nicht bereit, seinen Kampf um die politische und konfessionelle Freiheit der evangelischen Reichsstände gegen den Vormachtanspruch des Kaisers und das mit diesem verbündete Spanien aufzugeben und sich von seinen französischen und schwedischen Verbündeten zu trennen. In Wien gab man jedoch den Versuch, ihn auf kaiserliche Seite zu ziehen, nicht auf und gedachte dafür auch den mit dem Tod Johann Ernsts von Eisenach eingetretenen Erbfall der coburg-eisenachischen Lande entsprechend zu nutzen. Der frühe Tod Bernhards im Juli 1639 machte den Plan jedoch gegenstandslos.

In dieser Zeit bahnte sich, von Bernhards Siegen in erster Linie getragen, die Wende des Krieges an. In Thüringen machte sich dieser Wandel in vollem Umfang zu Beginn des Jahres 1639 fühlbar. Banér, nach dem schwedisch-französischen Vertrag vom März 1638 durch Truppennachschub aus Schweden verstärkt und mit französischem Geld unterstützt, erschien im Februar 1639 im Magdeburgischen. Herzog Wilhelm beeilte sich, von ihm einen Schutzbrief für sein Land zu erhalten, den der Schwede ihm in seinem Hauptquartier Sandersleben auch ausstellte. Banérs Ziel war Erfurt, das es vor einem Angriff eines unter Oberst Salis bereits bis Mühlhausen vorgerückten kaiserlichen Korps zu schützen galt. Salis wich vor Banérs Vorhut, die bei ihrem Vorstoß auf Erfurt auch weimarische Orte in der Umgebung in Mitleidenschaft zog, ins Vogtland aus. Banér folgte ihm dorthin, dabei auch weimarisches Land durchziehend, besiegte ihn bei Plauen, erfocht im April 1639 über die aus Böhmen herbeieilende Armee des Erzherzogs Leopold Wilhelm bei Chemnitz einen glänzenden Sieg und brach in Böhmen ein. Er konnte sich aber, da Bernhard von Weimar, der mit ihm in ständiger Verbindung stand und Vorbereitungen für einen zu seiner

Unterstützung und Entlastung geplanten Angriff auf Süddeutschland getroffen hatte, im Juli 1639 vom Tode überrascht worden war, auf längere Zeit in Böhmen nicht halten und mußte sich im Frühjahr 1640 vor starken kaiserlichen Streitkräften unter Leopold Wilhelm und Piccolomini zurückziehen. Seinen Weg nahm er durch das Vogt- und Osterland auf Erfurt. Hier verstärkte er seine Streitmacht durch hessische und lüneburgische und die vom Herzog von Longueville vom Oberrhein herangeführten, vormals von Herzog Bernhard von Weimar befehligten deutschen Truppen, die als „weimarische Armee", jetzt unter französischer Führung stehend, noch lange Zeit im Kriege eine Rolle gespielt haben. Auf sie hatte sich nach dem Tode Bernhards sein Bruder Wilhelm, noch einmal von militärischem Ehrgeiz gepackt, Hoffnungen gemacht. Sie waren aber schnell hinfällig geworden, denn die führenden Offiziere hatten sich unter französischen Oberbefehl gestellt.

Banér hielt sich nicht lange in Erfurt auf. Mit seiner gesamten Truppenmacht zog er im April 1640 nach Saalfeld, wo sich die ihm nach Thüringen gefolgte kaiserliche Armee verschanzt hatte. Hier lagen sich beide Armeen wochenlang gegenüber, ohne daß es zu einer Entscheidungsschlacht kam. In jener Zeit fanden zwischen Banér, dem Herzog Georg von Braunschweig-Lüneburg, dem hessischen Feldmarschall Melander und Herzog Wilhelm Gespräche statt, in denen es um ein enges Zusammenwirken gegen die auf dem Prager Friedensvertrag basierende kaiserlich-kursächsische Politik ging. Dabei zeigte sich nach Banérs Zeugnis Herzog Wilhelm „gar eifrig zu Aktionen gegen den Kaiser". Des Herzogs wahre Gesinnung brach also wieder einmal durch. Folgen hatten diese Unterredungen allerdings nicht. Die von Banér bei Saalfeld gesuchte Entscheidungsschlacht blieb aus, und beide Armeen entschlossen sich zum Abzug nach Hessen — Banér und seine Verbündeten über Erfurt, die Kaiserlichen durch die Grafschaft Henneberg.

Auf seinem berühmten Winterfeldzug gegen Regensburg jedoch, wo seit 27 Jahren erstmals wieder ein Reichstag zusammengekommen war, durchquerte Banérs Armee im Dezember 1640 erneut Thüringen und berührte dabei auch weimarisches Land, das in jenem Jahre des Hin- und Hermarschierens starker Truppenmassen schwer zu leiden hatte. Auch die südlich des Thüringer Waldes gelegene Exklave Königsberg, von der es schon 1636 hieß, sie sei „in Grund und Boden verderbet", erlebte, ebenso wie das zwischen Spätherbst 1638 und dem Frühjahr 1640 unter weimarischer Verwaltung stehende und seit Anfang 1639 von Herzog Ernst von Weimar regierte Fürstentum Coburg, wiederholt Einquartierungen. Bei der Plünderung durch kaiserliche Verbände, die der vor Saalfeld verschanzten

Armee angehörten, ging im Mai 1640 fast der gesamte beim Stadtbrand von 1632 stehengebliebene Rest der Stadt Königsberg samt Kirche und Schule in Flammen auf.

Statistische Mitteilungen, die aus dem Jahre 1640 über Teile des weimarischen Landes erhalten sind, geben Zeugnis von den Spuren, die dieses halbe Kriegsjahrzehnt im Fürstentum hinterlassen hat. Die Landbevölkerung hatte die schwerste Last zu tragen gehabt. In der Mehrzahl der Dörfer war, wenn auch im einzelnen in unterschiedlichem Ausmaß, ein großer Teil der Wohnstätten zerstört oder unbewohnt, der Großviehbestand vernichtet oder wenigstens stark dezimiert, das Ackerland überwiegend unbebaut geblieben. Am stärksten betroffen war das Gebiet in der Nachbarschaft von Erfurt und entlang der nördlich des Ettersbergs verlaufenden Erfurt-Leipziger Handelsstraße. Ein Teil der Bevölkerung war, meist in Pestepidemien der Jahre 1635 und 1636, umgekommen, ein anderer in die benachbarten Städte geflüchtet, die von Verwüstungen, trotz mancher Plünderungen, weit weniger betroffen wurden als das ungeschützte flache Land. Am besten weggekommen war die Residenzstadt Weimar, da Herzog Wilhelm es verstanden hatte, Einquartierungen, Angriffe und Plünderungen von ihr fernzuhalten. So war sie ein besonders beliebter Zufuchtsort für Landleute. Im April 1640, als Banérs Armee nach ihrem Rückzug aus Böhmen um Erfurt lagerte, zählte man in Weimar unter 6966 Bewohnern 4103 Fremde, und das Totenbuch der dortigen Stadtkirche nennt unter 622 Toten des Jahres 1639 308 Auswärtige. Die Einwohner von Denstedt an der Ilm ließen damals, um ein Beispiel zu nennen, aus Angst vor den Schweden ihr Dorf leer stehen und suchten in der Mehrzahl, zusammen mit ihrem Pfarrer, Schutz hinter den Mauern der Residenzstadt. Auch Jena bot damals zahlreichen Menschen Zuflucht; 1640 waren es 870 unter 3293 Einwohnern.

Die Regierungstätigkeit Herzog Wilhelms und seiner Brüder Albrecht und Ernst beschränkte sich in diesen Jahren, wenn man von den Landesteilungsverhandlungen absieht, über die später zu sprechen ist, fast ausschließlich auf Versuche, den Begleiterscheinungen des Krieges entgegenzuwirken. Sorgen bereitete in dieser Zeit starker militärischer Bedrückungen die zunehmende Verrohung der Bevölkerung, der man mit verstärkter kirchlicher Einflußnahme zu begegnen suchte. Auf einem Landtag in Jena sprachen sich die Landstände für eine Kirchen- und Schulvisitation aus, um diesem Übel zu begegnen. Wie das geschehen sollte, darüber gab es jedoch Meinungsverschiedenheiten. Herzog Ernst drängte, beeinflußt von den Pfarrern Sigismund Evenius, der während Ernsts Statthalterschaft im Herzogtum Franken sein Berater in Kirchen- und Schulsachen gewesen war, und Christoph Bronchorst, dem vormaligen Leiter des weimarischen Kirchen- und Schulwesens im Eichsfeld, die also beide infolge der Schlacht von Nördlingen bzw. des Prager Friedensvertrags ihre Ämter verloren hatten und im Weimarischen untergekommen waren, auf eine Generalvisitation des Landes, die der Abstellung der Mißstände im Kirchen-und Schulwesen dienen sollte, indem sie den großen Superintendenturbezirk Weimar in kleinere, überschaubarere Kirchenkreise aufteilte und der Ausübung praktischen Christentums gegenüber der Sorge um die „reine Lehre" mehr Raum gab. Solchem Reformvorhaben widersprach der verdienstvolle Generalsuperintendent Kromayer (vgl. Bd. IV, S. 75 ff.), der eine Generalvisitation zum gegenwärtigen Zeitpunkt für undurchführbar hielt, der aber auch der „reinen Lehre" die entscheidende Bedeutung beimaß und deshalb die beiden Geistlichen der Ketzerei beschuldigte, ihre Entlassung aus dem weimarischen Dienst verlangte und sogar Herzog Ernst angriff. Er fand Unterstützung bei Herzog Wilhelm; zwar mußte er 1638 seine Beschuldigung gegen Evenius und Bronchorst zurücknehmen, aber die Generalvisitation unterblieb. Immerhin konnte Evenius 1640 sein „Weimarer Bibelwerk" zum Druck bringen, eine Bibelausgabe mit volkstümlichen Erklärungen und ohne jeden Hinweis auf dogmatische Streitigkeiten, die weite Verbreitung gefunden hat.

Nicht aufschiebbar wie eine Kirchenvisitation waren die Forderungen, die der von Kriegsnöten geprägte Alltag dem Herzog stellte. Wie er unermüdlich auf die Beschaffung von Schutzbriefen bedacht war und dabei seine persönlichen Beziehungen zu Truppenführern ins Spiel brachte, ist schon erwähnt worden, aber auch der meist zweifelhafte Wert solcher Urkunden. In Zusammenarbeit mit den Landständen, zumal durch zusätzliche Steuerausschreibungen, bemühte er sich die von einquartierten Truppen, von der schwedischen Besatzung von Erfurt oder anderen in der Nachbarschaft lagernden Truppenführern verlangten Geld- und Lebensmittellieferungen zu beschaffen, um militärischen Exekutionen zuvorzukommen. Auf dem Verhandlungswege suchte er den Folgen von Übergriffen und Ausschreitungen des Militärs, z. B. bei Verschleppung von Amts- oder anderen Personen, abzuhelfen, und durch geeignete Maßnahmen Epidemien zu bekämpfen und Hungersnöte zu beheben. Die Bemühungen waren zwar in Einzelfällen von Erfolg gekrönt, die Ergebnisse im Ganzen aber bescheiden. Kein Wunder, daß man, wie in anderen Teilen des Reichs, auch in Weimar höchst unzufrieden damit war, wie sich die Verhältnisse seit dem Prager Friedensschluß entwickelt hatten. Sicher haben die Bevollmächtigten, die der Herzog zum Reichstag von Regensburg abordnete, der Weimarer Konsistorialrat und Jenaer Hofgerichtsassessor Hans Caspar von Miltitz und der Hofrat Georg Frantzke, wie andere Gesandte deutscher Reichsstände, diesem ihren Unmut bei den dortigen Verhandlungen Ausdruck gegeben. Zwar gelang es dort dem Kaiser noch einmal, die Reichsstände auf die

Bestimmungen des Prager Friedens festzulegen. Aber er konnte eine unmittelbare Friedensaktivität des Reichstags gegenüber Schweden nicht verhindern, und sie hat schließlich 1641 dazu geführt, daß Münster und Osnabrück als Standorte für kommende Friedensverhandlungen mit Frankreich und Schweden vereinbart wurden, wenn auch der Beginn der Verhandlungen selbst noch einige Jahre auf sich warten ließ.

6. Die weimarische Landesteilung von 1640/41, Sachsen-Eisenach 1640-1644 und dessen Aufteilung im Jahre 1645

Vom Gedanken einer späteren Landesteilung war schon der 1629 von den Herzögen Wilhelm, Albrecht, Ernst und Bernhard abgeschlossene Vertrag ausgegangen, der die Bedingungen einer auf vier Jahre, bis Michaelis 1633, befristeten gemeinsamen Landesherrschaft neu festgesetzt hatte und 1633 um weitere sechs Jahre, bis Michaelis 1639, verlängert worden war. Wohl bereits damals ging man angesichts der Kinderlosigkeit der Herzöge von Coburg und Eisenach von der Erwartung eines stattlichen Erbes aus, denn das weimarische Fürstentum allein hätte den Beteiligten nur sehr bescheidene Teilstücke bescheren können. Im 1634, wenige Monate nach Johann Casimirs von Coburg Tod, mit den ebenfalls erbberechtigten Herzögen von Altenburg abgeschlossenen Eisenberger Erbfolgevertrag hatte man, wie schon mitgeteilt, alle Vorkehrungen für den Erbfall getroffen. Als er mit dem Tode Johann Ernsts von Eisenach am 23. Oktober 1638 eintrat, vollzog sich der Wechsel der Landesherrschaft gemäß der 1634 beschlossenen Übergangsregelung reibungslos. Die Weimarer Herzöge nahmen das Fürstentum Coburg, die Altenburger das Fürstentum Eisenach, den coburgischen Teil des Amts Allstedt und die Stadt Pößneck in Besitz. Mit den Teilungsverhandlungen binnen drei Monaten zu beginnen und auf Grund berichtigter Ämteranschläge drei gleichwertige Teilstücke zu bilden, von denen zwei um die Residenzen Coburg und Eisenach gruppiert und durch Losentscheid vergeben, der dritte aber an Weimar fallen sollte, wie es der Vertrag von 1634 bestimmt hatte, zögerten die Altenburger Herzöge jedoch angesichts der Kriegswirren, von denen Thüringen damals heimgesucht war und die insbesondere der Anfertigung von neuen Ämteranschlägen kaum überwindbare Hindernisse in den Weg stellten, zumal die kriegsbedingten Schäden in den einzelnen Ämtern sehr unterschiedlich waren. Herzog Wilhelm drängte jedoch auf Teilung, und Herzog Friedrich Wilhelm von Altenburg, der nach dem im April 1639 eingetretenen Tod seines Bruders Johann Philipp die Regierung in Altenburg übernommen hatte, gab dem nach und nahm auch Wilhelms Vorschlag an, den Teilungsverhandlungen die für die Landesteilung von 1572 angefertigten Ämteranschläge zugrunde zu legen und inzwischen entstandene Wertminderungen bei später vorzunehmenden Landesvisitationen festzustellen und auf finanziellem Wege auszugleichen. Bei Verhandlungen, die Wilhelms Bruder Ernst und der Hofrat Frantzke im Mai 1639 in Altenburg führten, einigte man sich über die Bildung folgender Teilstücke: 1. das bei der Teilung von 1596 entstandene Fürstentum Eisenach, 2. das damals gebildete Fürstentum Coburg ohne die Ämter Gotha, Tenneberg, Eisfeld und Veilsdorf und den coburgischen Anteil am Erfurter Geleit, 3. einen Gothaer Teil, bestehend aus den Ämtern Gotha, Tenneberg, Eisfeld, Veilsdorf und den coburgischen Anteil am Erfurter Geleit. Nach weiteren Verhandlungen während des Jahres 1639, bei denen man sich über die Vergrößerung des Eisenacher Teils durch das Amt Volkenroda und des Gothaer Teils durch das Amt Heldburg und über nichtterritoriale Fragen wie z. B. einen späteren finanziellen Wertausgleich verständigte, kam es am 13. Februar 1640 in Altenburg zur Unterzeichnung des Erbteilungsvertrags. Herzog Friedrich Wilhelms Los fiel (siehe o. S. 73 f.) auf den Coburger Teil. Die Weimarer Herzöge übernahmen die Eisenacher und Gothaer Teilstücke, die aus den Ämtern Eisenach, Creuzburg, Volkenroda, Gerstungen, Hausbreitenbach, Crayenberg, Salzungen (ohne den vormals kurmainzischen Teil), Allendorf, Lichtenberg, Gotha, Tenneberg, Heldburg, Eisfeld und Veilsdorf und die einbezirkten Städte, ferner im coburgischen Anteil des Erfurter Geleits bestanden. Die Landes- und Lehnshoheit über Grafen und Herren wurde ebenfalls im Verhältnis 4/6 zu 2/6 und zwar so aufgeteilt, daß auf Weimar die Herrschaften Käfernburg, Arnstadt, Stadtilm, Plaue und die Ober- und Untergrafschaft Gleichen fielen. Die Lehen von Rat und Bürgern der Stadt Erfurt und das Erfurter Schutzgeld wurde ebenfalls im gleichen Verhältnis geteilt, der Anteil am Schutzrecht über Erfurt und Nordhausen blieb beiden Häusern gemeinsam. Aus dem Vertrag herrührende Differenzen wurden 1641, 1643, 1645 und 1668 beigelegt, der verbliebene streitige Rest nach dem Erlöschen des Altenburger Herzogshauses 1672 zwischen dessen Erben niedergeschlagen.

Während diese Verhandlungen liefen, ging im Juli 1639 in Weimar die Nachricht vom Tode Herzog Bernhards ein, wenig später auch die Mitteilung, daß er in seinem Testament die von ihm eroberten, ihm von Frankreich vertraglich zugesicherten Gebiete der Landgrafschaft

Elsaß und der Landvogtei Hagenau demjenigen seiner Brüder, der sie übernehmen wollte, vermacht und für diesen Fall Schweden zum Testamentsvollstrecker bestimmt hatte. Unter den weimarischen Brüdern zeigte Wilhelm die größte Neigung zur Annahme dieser Erbschaft. Er war sich allerdings auch des Wagnisses bewußt, das er mit ihrer Annahme einging. Denn bei dem Territorium, um das es ging, handelte es sich um vorderösterreichischen, also kaiserlichen Hausbesitz, der sich derzeit in der Hand von Feinden des Kaisers befand, und auch der Testamentsvollstrecker Schweden, mit dem man hätte Verhandlungen aufnehmen müssen, gehörte zu den Feinden Kaiser Ferdinands. Wilhelm aber war seit seinem Beitritt zum Prager Friedensvertrag Verbündeter des Kaisers und zudem noch regierender Landesfürst. Er mußte also bei der Annahme der Erbschaft mit Gegenmaßnahmen des Kaisers rechnen, die auch eine Sequestration des angestammten Landes nicht ausschlossen. Daß er mit Oxenstierna, dem Leiter der schwedischen Politik, seit langem zerfallen war, warf ebenfalls Probleme auf. Aus diesem Dilemma fand er keinen anderen Ausweg als den, auf Zeitgewinn zu hoffen. Er sandte daher seinen Kammerjunker von Krosigk als Bevollmächtigten zu den von Herzog Bernhard eingesetzten Direktoren, den vier höchsten Offizieren der Armee, nach Breisach und ließ sie bitten, ihm das Testament Bernhards auszuhändigen, und sie auffordern, so lange keine Entscheidungen zu treffen, bis er selbst ihnen seinen Entschluß über die Annahme der Erbschaft mitgeteilt habe. Dieser Versuch war von vornherein zum Scheitern verurteilt, da die Direktoren, vor allem Generalmajor von Erlach, längst Verhandlungen mit französischen Stellen aufgenommen hatten. Krosigk erhielt zwar eine Abschrift des Testaments ausgehändigt, wurde im übrigen aber mit der Erklärung abgespeist, daß dessen Erfüllung von der Zustimmung Frankreichs abhängig sei. In der bald darauf, im Oktober 1639, zwischen den Direktoren und Frankreich abgeschlossenen Vertrag wurden Bernhards Armee und Eroberungen Frankreich überlassen gegen das Versprechen, die Armee weiterhin in französischem Sold zu behalten und ihre Offiziere im Besitz ihrer militärischen Stellungen und der ihnen von Bernhard übergebenen Güter zu schützen. Verhandelt wurde seitdem zwischen Wilhelm einerseits und Frankreich und Erlach andererseits lediglich noch über Legate, die Bernhard verfügt, und über Kleinodien, die er hinterlassen hatte. Die Verhandlungen zogen sich viele Jahre hin und schlossen später auch die Überführung des Leichnams des Herzogs nach Weimar ein. Ihr Erfolg war bescheiden; immerhin konnte Herzog Bernhard im Jahre 1655 in der Stadtkirche von Weimar bestattet (siehe Abb. 8 u. 9, nach S. 80).

Im Herbst 1639, zu einer Zeit also, als die Aussicht auf territorialen Gewinn im Elsaß noch nicht ganz verblaßt war, als aber auch die bis Michaelis 1639 befristete Verlängerung des Vertrags von 1629 ablief,

Abb. 12: Georg Frantzke (1594–1659)

Abb. 13: Georg Achatius Heher (1601–1667)

verlangten die Herzöge Albrecht und Ernst Wilhelms Einwilligung in die Teilung des Fürstentums Weimar und der zu erwartenden territorialen Erwerbungen. Wilhelm zögerte zunächst und verwies auf das 1629 vertraglich vereinbarte Direktorium, das Landesteilungen ausschloß, stimmte aber im November 1639, wohl auch angesichts der in diesem Punkte bestehenden Widersprüchlichkeit des Vertrags, einer Landesteilung grundsätzlich zu. Nach Abschluß des Erbteilungsvertrags mit Altenburg wurden die Verhandlungen zwischen den Brüdern im März 1640 weitergeführt und bereits am 9. April durch einen Erbteilungsrezeß abgeschlossen, der die Aufteilung des Territoriums ohne Losentscheid vorsah. Danach erhielt

Herzog Wilhelm das Fürstentum Weimar mit den Ämtern Weimar, Jena, Kapellendorf, Berka und Ringleben und den einbezirkten Städten, dazu die Holzflöße auf der Ilm und den Buttstädter Zoll;

Herzog Albrecht das Fürstentum Eisenach mit den Ämtern Eisenach, Creuzburg, Gerstungen, Hausbreitenbach, Crayenberg, Salzungen (ohne den 1577 sequestrierten vormals kurmainzischen Teil), (siehe Abb. 16, nach S. 256) Allendorf, Lichtenberg, Heldburg (siehe Abb. 17, nach S. 256) Eisfeld, Veilsdorf und Volkenroda und allen einbezirkten Städten, dazu die Holzflöße auf der Werra und die Einkünfte aus dem Erfurter Geleit ohne den Buttstädter Zoll;

Herzog Ernst das Fürstentum Gotha mit den Ämtern Gotha, Tenneberg, Reinhardsbrunn, Georgenthal, Schwarzwald, Wachsenburg, Ichtershausen und Königsberg in Franken (s. Karte II), dem 1577 sequestrierten vormals kurmainzischen Teil des Amts Salzungen und allen einbezirkten Städten, dazu die Holzflöße auf Gera und Apfelstedt und 12 000 Gulden zum Bau eines Residenzschlosses in Gotha anstelle des seit 1567 in Trümmern liegenden Grimmenstein.

In Gemeinschaft blieben die Vertretung gegenüber dem Reich, Universität, Hofgericht und Schöppenstuhl Jena, die Saaleflößerei, der Anteil an der Grafschaft Henneberg, die Landes- und Lehnshoheit über Grafen und Herren auf 8 Jahre, die Lehen von Rat und Bürgern von Erfurt und die Schutzrechte über die Städte Erfurt und Nordhausen, die mit Altenburg gemeinsame Verwaltung der Ämter Tonndorf und Mühlberg, Geleits- und Münzregal, sämtliche Bergwerke mit Ausnahme von Salzungen, allerdings unter Aufsicht der jeweiligen Landesfürsten. Die Verwaltung der in Gemeinschaft bleibenden Angelegenheiten wurde Herzog Wilhelm als Direktor überlassen, der allerdings in wichtigen Fragen nicht ohne Zustimmung der anderen Vertragschließenden handeln sollte. Dem Direktor wurde eine eigene Behörde zugestanden, der auch die Aufsicht über das gemeinsame Archiv und die über gemeinschaftliche Aufgaben geführten Akten oblag; ferner wurde ihm die Nutzung des Amtes Oldisleben zugesprochen, für das die Steuerhoheit allerdings bei Weimar blieb. Die Übernahme der Regierungsgeschäfte in den entstandenen neuen Fürstentümern durch die neuen Landesherren erfolgte noch im Jahre 1640, obwohl der Erbteilungsprozeß, der nur als Punktation abgefaßt war, um staatsrechtliche Gültigkeit zu erhalten, noch in Vertragsform gebracht werden mußte. Diese wurde am 12. September 1641 unterzeichnet. In ihr waren auch die Reichstagsstimmen noch getrennt worden, doch hatte man sich geeinigt, sie in gegenseitigem Einvernehmen zu führen. Streitpunkte, die sich später ergaben, wurden größtenteils 1644 geregelt, der Rest bis 1668 beigelegt.

In der Folgezeit hat sich das Direktorium zu einem reinen Ehrenamt entwickelt, dessen politische Bedeutung sehr gering blieb. Es wechselte häufig und mit ihm auch das Nutzungsrecht des Senioratsamts Oldisleben, das zwischen 1694 und 1733 an Sachsen-Weimar verpachtet war, so daß sich die damaligen Senioren mit der Pachtsumme begnügten. Als Senioratsamt gehörte es folgenden Herzögen: 1640-62 Wilhelm von Weimar, 1663-75 Ernst der Fromme von Gotha, 1676-83 Johann Ernst II. von Weimar, 1684-86 Johann Georg I. von Eisenach, 1687-91 Friedrich I. von Gotha-Altenburg, 1692-99 Albrecht von Coburg, 1699-1706 Bernhard von Meiningen, 1707-10 Heinrich von Römhild, 1711-15 Ernst von Hildburghausen, 1716-29 Johann Ernst von Saalfeld, 1730-32 Friedrich II. von Gotha-Altenburg, 1733-46 Friedrich Wilhelm von Meiningen, 1747-63 Anton Ulrich von Meiningen, 1764 Franz Josias von Coburg-Saalfeld, 1765-72 Friedrich III. von Gotha-Altenburg, 1773-87 Joseph von Hildburghausen, 1788-99 Johann Adolph von Gotha-Altenburg, 1800 Ernst Friedrich von Coburg-Saalfeld, 1801-15 Friedrich Josias von Coburg-Saalfeld, 1815-21 Carl August von Weimar. Im Arnstädter Hausvertrag vom 10. Oktober 1821 wurde das Amt aufgehoben und dem Großherzogtum Sachsen-Weimar-Eisenach zugeschlagen, als letztes Überbleibsel einer Einrichtung, die der Verhinderung territorialer Zersplitterung hatte dienen sollen, ihrem Zweck aber so wenig gerecht werden konnte, daß sie zu einem fast vergessenen Schemen herabsank.

Sachsen-Eisenach 1640-1644/45

Von den durch die Landesteilung von 1640/41 entstandenen Fürstentümern hat Eisenach nur wenige Jahre bestanden. Denn Herzog Albrecht starb bereits am 20. Dezember 1644, erst wenig mehr als 45 Jahre alt. Es ist schon früher davon die Rede gewesen, daß er von dem militärisch-reichspolitischen Ehrgeiz seiner Brüder wenig hielt, und ihm auch die schwedenfreundliche Politik Wilhelms widerstrebte, weil er belastende Rückwirkungen auf das weimarische Fürstentum befürchtete; ihm lag daran, mit dem mächtigen kursächsischen Nachbarn in einem guten Verhältnis zu leben. Immer dann wenn sich die älteren Brüder Johann Ernst und Wilhelm in den Wirren der Reichspolitik tummelten, nahm er bereitwillig im Lande für sie die Regierungsgeschäfte wahr. Daß wichtige Verwaltungsordnungen wie die Kanzleiordnung von 1625 und die Kammerordnung von 1633 in Zeiten seiner Regentschaft erlassen worden sind, war sicher kein Zufall. Ihm lag daran, im Lande selbst zu wirken, und nicht darüber hinaus. Aber einer solchen friedlichen Regierungsarbeit waren jene Zeitläufte alles andere als günstig, und darauf dürfte es zurückzuführen sein, daß es ihm in den wenigen Jahren seiner Regierungszeit in Eisenach nicht gelang, eine gut organisierte und zuverlässig arbeitende Landesverwaltung einzurichten und sich gegen die schon zu Johann Ernsts Zeiten auftretenden Selbständigkeitsbestrebungen der Landstände durchzusetzen. Die Zentralverwaltung, die er in Eisenach einrichtete, war mit Rücksicht auf die Zeit einfach und kostensparend organisiert und vermied jede Art von Repräsentation. Sie bestand aus Regierung und Konsistorium, die beide der Leitung des seit dem letzten Regierungsjahr Johann Ernsts von Eisenach amtierenden Geheimen Rats und Kanzlers Simon Malsius unterstellt waren. Auf eine der Weimarer Kammer entsprechende selbständige Finanzbehörde wurde verzichtet; man begnügte sich mit einer Renterei, die der Regierung nachgeordnet war. Daß Albrecht auf Anregungen seiner Beamten, die auf die Wiedereinrichtung eines Geheimratskollegiums hinzielten, nicht eingegangen ist, paßt zu diesem auf Sparsamkeit bedachten Regierungsstil. Albrechts leitender Beamter Simon Malsius (1585-1648) war ein erfahrener Verwaltungsjurist, der, gebürtig aus dem Thüringerwaldort Brotterode und in einfachen Verhältnissen aufgewachsen, in Wittenberg und Leipzig studiert und 1607 in Basel promoviert hatte, danach jahrelang als Advokat in Leipzig gewirkt und in oldenburgischen und magdeburgischen Diensten hohe Amtsstellen innegehabt hatte, bevor er 1638 nach Eisenach gekommen war.

Herzog Albrechts eisenachische Regierungstätigkeit war vom Kriege geprägt. Zu Beginn des Jahres 1640 hatten dort kaiserliche Truppen in Quartieren gelegen, die nach Banérs Rückzug aus Böhmen nach Erfurt durch schwedische vertrieben wurden. Den Sommer 1640 über war der größte Teil des Landes mit schwedischen Einquartierungen belastet; lediglich im Amt Lichtenberg in der Rhön plagten kaiserliche und bayerische Verbände das Land. Zur ständigen Einrichtung waren inzwischen die Geld- und Lebensmittelforderungen der schwedischen Besatzung von Erfurt geworden; sie blieben es bis Kriegsende. Ein vergeblicher Versuch des kaiserlichen Feldmarschalls Hatzfeld, Erfurt den Schweden zu entreißen, führte im Winter 1641 auf 1642 zu Einquartierungen und Geld- und Lebensmittelwünschen von kaiserlichen Truppen. Im Winter 1642 berührte die Armee des französischen Marschalls Guébriant, der sich auf dem Wege vom Rhein zu dem in Kursachsen operierenden schwedischen Generalissimus Torstensson befand, eisenachisches Gebiet, und vom Winter 1643 bis in den Sommer 1644 hinein war es erneuten Forderungen Hatzfelds ausgesetzt, der damals in der Grafschaft Henneberg Quartier genommen hatte, aber dort, in einer der vom Krieg am stärksten mitgenommenen Gegenden Thüringens, für seine Truppen keine ausreichenden Ernährungsmöglichkeiten fand und daher umliegende Gebiete dafür heranzog. Im Sommer 1644 quartierten sich im Eisenachischen schwedische Truppen ein, die dem Kommando des Generals Königsmarck unterstanden, und gegen Ende desselben Jahres legte Torstensson Dragoner nach Creuzburg und forderte Pferde und Rekrutengelder. Wie man damals den Zustand des Fürstentums Eisenach einschätzte, bezeugt die bei der 1644 erfolgten Aufteilung der Landesschulden zwischen den in der Landesteilung von 1640/41 entstandenen neuen Fürstentümern von den Herzögen Wilhelm von Weimar und Ernst von Gotha gezeigte Bereitschaft, im voraus 15 000 Gulden zu übernehmen, um Albrecht für die Entwertung seines Landes durch Kriegsverwüstungen zu entschädigen.

Ende 1640 hatten Albrecht und Ernst in ihren Landen gemeinsam Kirchen- und Schulvisitationen vorbereitet, bei denen es um Maßnahmen gegen die Gleichgültigkeit des Volkes gegenüber der christlichen Lehre, gegen dessen sittliche Verwahrlosung und die ungenügende Erfüllung von Amtspflichten durch Behörden und Pfarrer ging. Bei deren Durchführung, die im Eisenachischen 1642 begann und 1644 noch nicht abgeschlossen war, ist Albrecht offenbar nachsichtiger verfahren als sein jüngerer Bruder, denn sonst hätte dieser in den ihm nach Albrechts Tod zugefallenen Teil der eisenachischen Lande dort nicht nachträglich neue Visitationsmaßnahmen ergriffen. Bei aller Sorge um das gottselige Leben seiner Untertanen, so wichtig er dies auch nahm, galten Albrechts Bemühungen in erster Linie der Begrenzung der Kriegsnöte in seinem Land. So erschöpfte sich seine landesherrliche Tätigkeit im wesentlichen darin, Truppenführer durch Verhandlungen zur Verminderung ihrer Forderungen zu bewegen oder, da dies nur selten gelang, in ständiger Zusammenarbeit mit den Landständen sich zu bemühen, die geforderten Geld- und Lebensmittel aufzubringen, um militärische Exekutionen zu vermeiden. Eine 1642 beschlossene Steuerreform, die auch bisher steuerfreien Grundbesitz, zumal Rittergüter, in die Besteuerung einbezog, vermochte keine Besserung der finanziellen Leistungsfähigkeit des Landes zu bewirken, weil ihre Durchführung auf erheblichen Widerstand stieß, zumal die Verarmung weiter Teile der Bevölkerung bereits so weit fortgeschritten war, daß sie auch militärische Zwangsmittel über sich ergehen ließen, weil bei ihnen ohnehin nichts mehr zu holen war.

Am 20. Dezember 1644 erlag Herzog Albrecht einem Schlaganfall. Da seine Ehe mit seiner Cousine Dorothea, einer Schwester der Herzöge Johann Philipp und Friedrich Wilhelm II. von Altenburg, kinderlos geblieben war, fiel sein Land an seine Brüder Wilhelm und Ernst. Diese ließen es zunächst durch die eisenachische Regierung provisorisch verwalten, da Herzog Ernst wegen der hohen Schuldenlast, die auf dem Lande lag, Bedenken hatte, die Erbschaft anzutreten; Herzog Wilhelm sah dies nicht ungern, weil dadurch ihm als Direktor die Leitung der gemeinsamen Verwaltung zugefallen wäre. Nachdem aber Ernst sich schließlich auf den Rat seiner höchsten Beamten zur Annahme der Erbschaft entschlossen und sich mit Wilhelm auf eine Teilung durch Losentscheid geeinigt hatte, bedurfte es zunächst der Abfindung der Witwen der Herzöge Johann Ernst und Albrecht, denen mehrere Ämter des Landes als Wittum eingeräumt worden waren. In darauffolgenden Verhandlungen kam man überein, das Erbe in zwei um die Residenzen Eisenach und Heldburg gebildete Teile zu gliedern, die durch Losentscheid vergeben werden sollten. Als beides geschehen war, wurde am 30. März 1645 der Teilungsvertrag abgeschlossen, der mit dem 1. Mai des gleichen Jahres in Kraft trat. Danach entfielen auf Herzog Wilhelm der Eisenacher Teil mit den Ämtern Eisenach, Creuzburg, Gerstungen, Hausbreitenbach und Lichtenberg und den einbezirkten Städten, ferner die Anteile am Erfurter Geleit und am Georgenthaler Hof in Erfurt; auf Ernst der Heldburger Teil mit den Ämtern Heldburg, Veilsdorf, Eisfeld, Allendorf, Crayenberg und Volkenroda, dem eisenachischen Teil des Amts Salzungen und den einbezirkten Städten; Ernst verzichtete außerdem zugunsten Wilhelms auf seinen Anteil an der Saaleflößerei. Auch die landes- und lehnsherrlichen Rechte wurden aufgeteilt. Gemeinsam blieben die Eisenacher Reichstagsstimme und die eisenachischen Verpflichtungen gegenüber dem Reich und dem Obersächsischen Reichskreis, ferner die Werraflößerei. Für sie traten die Bestimmungen über die Rechte des Direktors, wie sie im Vertrag von 1641 festgesetzt worden waren, in Kraft, d. h. sie unterstanden künftig der Leitung Herzog Wilhelms.

7. Sachsen-Weimar 1640/41-1672

Die letzten Kriegsjahre im Fürstentum Weimar, der Wiederaufbau nach dem Kriege und die Reichspolitik Herzog Wilhelms 1640-1662

In dem durch die Landesteilung von 1640/41 um seine westlichen Amtsbezirke verkleinerten Fürstentum Weimar führte seit April 1640 Herzog

Wilhelm die Regierungsgeschäfte nunmehr allein. Aus dem betriebsamen und unruhig-plänereichen Jüngling war ein in vielfältigen Enttäuschungen gereifter, verantwortungsbewußter 47jähriger Mann geworden, der sich mit Ernst und Eifer und dem Willen, alles zum Besten seines Landes zu tun, den Regentenpflichten widmete. Die Neigung, bei seinen Regierungsmaßnahmen in den hergebrachten Bahnen zu bleiben, Genauigkeit in finanziellen Dingen — eine in dieser schweren Zeit besonders wichtige Eigenschaft — und Anhänglichkeit und Dankbarkeit gegenüber Menschen, die ihm, seinem Hause und seinem Lande treue Dienste geleistet hatten, und denen er Einfluß auf seine Entscheidungen zubilligte, waren für seine noch zwei Jahrzehnte währende Regierungszeit bestimmende Merkmale. Die Gliederung der weimarischen Zentralbehörden in Regierung, Konsistorium und Kammer bestand in diesem Zeitraum unverändert fort. In einer von ihm 1642 erlassenen neuen Kanzleiordnung wurde allerdings dem Wandel in der personellen Zusammensetzung der leitenden Beamtenschaft Rechnung getragen, der sich in den vorangegangenen Jahren allmählich vollzogen hatte und der darin bestand, daß Juristen bürgerlicher Herkunft dort das Übergewicht über die adeligen Räte erlangt hatten. Das Regierungskollegium, mit dem das Konsistorium personell eng verbunden war, sollte künftig aus dem Kanzler und drei Juristen bestehen; dem Herzog blieb es jedoch vorbehalten, auch geeignete Adelige zu Regierungsgeschäften heranzuziehen.

Die führende Persönlichkeit in der Verwaltung blieb noch auf Jahre hinaus der Kanzler Göchhausen, der zugleich Präsident des Konsistoriums und später auch Leiter der Obersteuereinnahme war, einer Behörde, die sich seit der Mitte des 17. Jahrhunderts entwickelte und der die Verwaltung der von den Landständen bewilligten Steuern anvertraut war. Von den Göchhausen nachgeordneten Räten aber war nur der seit 1626 im weimarischen Verwaltungsdienst stehende Hofrat Tobias Adami (1581-1643) noch im Regierungskollegium tätig. Der Hofrat Braun war 1639, Hortleder im Juni 1640 gestorben und der in diplomatischer Mission oft bewährte Hof- und Konsistorialrat Frantzke mit Herzog Ernst nach Gotha übergesiedelt, wo er das Kanzleramt übernahm. Es war also notwendig, für diese personellen Verluste in der Verwaltungsspitze geeigneten Ersatz zu beschaffen. Das geschah im Januar 1641, als der Herzog den bisherigen Langensalzaer Advokaten Günther Heinrich Plathner (1592-1657) und den Jenaer Professor für Jurisprudenz Zacharias Prüschenk (1610-1678) in seine Dienste nahm.

Plathner, ein Sohn des wegen seiner kritischen Haltung gegenüber der Konkordienformal entlassenen schwarzburg-sondershäusischen Kanzlers Salomon Plathner, war nach juristischen Studien in Leipzig und Wittenberg Advokat in seiner Geburtsstadt Langensalza geworden und hatte dort die

Tochter eines weimarischen Beamten geheiratet; er übernahm in Weimar den Posten eines Hof- und Konsistorialrats.

Prüschenk, Sohn eines in Sulzbach in der Oberpfalz ansässig gewesenen Gutsbesitzers und Steuereinnehmers, war in der pfälzischen Residenzstadt Neuburg a. d. Donau aufgewachsen, hatte in Altdorf und Jena studiert und 1635, seines evangelischen Glaubens wegen aus der Heimat vertrieben, eine juristische Professur in Jena übernommen, wo er in zweiter Ehe eine Tochter des berühmten Hortleder zur Frau nahm; 1641 wurde er zum weimarischen „Rat von Haus aus" berufen.

Daß beide verwandtschaftliche Beziehungen nach Weimar hatten, bevor sie ihre Ämter erhielten, dürfte, den Gewohnheiten der Zeit entsprechend, ihre Berufung dorthin begünstigt haben.

Adami, Sohn eines reußischen Beamten und in Werdau geboren, war ein vielseitig gebildeter Mann, der sich vor seinen juristischen Studien auch in Philosophie, Philologie und Medizin umgesehen, eine mehrjährige Reise durch West- und Südeuropa, Kleinasien, Syrien und Palästina unternommen und dabei die Bekanntschaft von berühmten Gelehrten seiner Zeit, u. a. Galileis, gemacht hatte, bevor er in die Dienste Herzog Johann Ernsts des Jüngeren von Weimar und 1626 in das weimarische Regierungskollegium eingetreten war. Auf Vorschlag Prüschenks nahm der Herzog im Oktober 1641 noch den aus Freiberg in Sachsen gebürtigen Wittenberger Hofgerichtsadvokaten Johann Christoph Lobhartzberger (1611-1655) ins Regierungskollegium auf; er blieb allerdings nur bis Sommer 1643 und ging damals in die Dienste Herzog Ernsts nach Gotha. Die weimarische Kammer leitete seit 1640 der vorherige Obersteuereinnehmer, nunmehr zum Kammerrat ernannte Rudolf von Bünau (1593-1647), ein Mitglied der Landstände, Eigentümer des Ritterguts in Großobringen bei Weimar; nach seinem Ausscheiden um 1645 blieb sein Posten längere Zeit unbesetzt.

Als sich nach der Aufteilung des Fürstentums Eisenach 1645 das Herrschaftsgebiet Herzog Wilhelms um den auf ihn gekommenen eisenachischen Teil vergrößerte (s. Karte II), übernahm Prüschenk aus den Händen des aus dem Dienst scheidenden eisenachischen Kanzlers Malsius als Landesdirektor die Leitung der dortigen Zentralbehörden und siedelte nach Eisenach über. Jahrzehntelang hat er, 1654 mit dem Beinamen „von Lindenhofen" in den Reichsadelsstand erhoben und von Herzog Wilhelm mit dem Rittergut Berka vor dem Hainich beschenkt, danach noch in weimarischen Diensten, zuletzt in denen der Söhne Wilhelms, gestanden. Ein organisatorischer Zusammenschluß der weimarischen mit der eisenachischen Verwaltung ist nicht erfolgt, wenn auch die bescheiden ausgestattete eisenachische Zentralverwaltung ständig in Gefahr blieb, ganz abgebaut zu werden, und ihre Erhaltung wohl nur dem Widerstand Prüschenks gegen solche Tendenzen verdankte; die eisenachischen Kammergeschäfte sind aber offenbar zeitweilig von der Weimarer Kammer mit erledigt worden. An die Errichtung eines Geheimratskollegiums als oberstes Verwaltungsorgan seines Herrschaftsgebietes, wie es Herzog Ernst in Gotha schuf, dachte Wilhelm nicht, ungeachtet dessen, daß er einigen seiner höchsten Beamten den Titel von Geheimen Räten verlieh. Die durch den Weggang Prüschenks nach Eisenach in Weimar freigewordene Ratsstelle im Regierungskollegium wurde noch 1645 mit Rudolf Wilhelm Krause (1612-1689) besetzt, einem Arzt- und Bürgermeistersohn aus Naumburg/Saale, der nach juristischen Studien in Jena zunächst in seiner Heimatstadt, seit 1641 in Jena als Advokat tätig gewesen war und dort 1643 eine Professur übernommen hatte. Die Stellen des 1643 verstorbenen Hofrats Adami und des nach Gotha berufenen Rats Lobhartzberger blieben hingegen zunächst bis auf weiteres unbesetzt.

Bei aller Treue zum überkommenen lutherischen Glauben, die sich bei Herzog Wilhelm allerdings mit tiefer Abneigung gegen jede Art von Glaubensstreitigkeiten im evangelischen Lager verband, hielt man in Weimar nach der Landesteilung den Zeitpunkt für eine Kirchenvisitation und die damit verbundene Glaubens- und Gewissensprüfung der Bevölkerung für ungeeignet. Anders als in Gotha und Eisenach, wo die Herzöge Ernst und Albrecht ihre Regententätigkeit mit einer Kirchenvisitation begannen, meinte man in Weimar, es „wäre nötiger, die Leute mehr zu trösten und in dem Glauben zu stärken, denn durch rigitiores concisiones (d. h. schroffe Predigten) zur Desparation zu bringen". Statt den Zustand der kirchlichen Verhältnisse im Lande und den Grad des Sittenverfalls in der Bevölkerung zu erforschen, hielt es Wilhelm für wichtiger, zunächst einen Überblick über die wirtschaftliche Lage des Landes zu gewinnen. Da ihn die Ergebnisse der im Frühjahr 1640 durchgeführten Erhebungen, die durch die damaligen Kriegsereignisse erheblich erschwert worden waren, wegen ihrer Unvollständigkeit nicht befriedigt hatten, schritt er im Mai 1642 zu einer umfassenden Landesvisitation, in deren Mittelpunkt wirtschafts- und bevölkerungspolitische Ziele standen, und die im kirchlichen Bereich lediglich die Kirchen- und Schulbauten und die Pfarrer- und Lehrerbesoldungen zu untersuchen hatten. Die Ergebnisse zeigten das ganze Ausmaß der Schäden, die der Krieg dem Lande zugefügt hatte. Bei allen Unterschieden im einzelnen, die sich auch darin zeigten, daß die Städte und ihre unmittelbare Umgebung im allgemeinen weniger gelitten hatten als das flache Land und dieses vor allem an und in der Nähe von Durchgangsstraßen, war festzustellen, daß mehr als die Hälfte aller Wohnstätten zerstört, verfallen oder verlassen war, daß der Ackerbau darniederlag und im Durchschnitt nur ein Drittel der nutzbaren Ackerfläche bestellt war, in vielen Orten noch weit weniger; der Viehbestand war fast völlig vernichtet, in manchen Dörfern gab es nicht einmal mehr ein Huhn. Entsprechend niedrig war das Aufkommen an Steuern und Abgaben; allenthalben wurden Forderungen nach Herabsetzung der Steueranschläge laut, da andernfalls angesichts wachsender Steuerschulden ein allgemeiner Wertverfall des Grundbesitzes zu befürchten war. Auf dem Lande waren Kirchen, Pfarrhäuser und Schulen verwahrlost und Pfarrer und Lehrer meist mittellos, da die ihnen überwiegend in Naturalien zustehende Besoldung von der Landbevölkerung nicht mehr aufgebracht werden konnte. Der Bevölkerungsverlust, verursacht vor allem durch Epidemien, zumal die Pest, die am stärksten in den Jahren 1635 und 1637 im Lande gewütet hatte, war hoch, läßt sich aber angesichts fehlender Vergleichszahlen aus der Vorkriegszeit nicht sicher bestimmen. Neben von Flüchtlingen oft übervölkerten Städten gab es Dörfer, die zeitweilig leer standen wie z. B. Kleinrudestedt oder Rohrbach, oder in denen nur wenige Bewohner zurückgeblieben waren. In der Stadt Weimar, von deren Übervölkerung bereits die Rede gewesen ist, standen in den Jahren 1635 bis 1640 1082 Geburten 3178 Sterbefälle gegenüber.

Wenn die Erhebungen von 1642 auch weit umfassender waren als die von 1640, so konnten doch auch sie keine vollständigen Ergebnisse bringen, da die mit ihnen beauftragten Personen sich immer wieder durch Kriegsumstände behindert sahen, von denen auch damals das Land nicht frei blieb. Zwar hatten die nach dem mißglückten Unternehmen gegen Regensburg zu Beginn des Jahres 1641 nach Mitteldeutschland zurückgegangenen schwedischen Verbände Banérs und die ihnen im Frühjahr unter Führung Piccolominis folgenden kaiserlichen und bayerischen Truppen, die das östliche Thüringen so schwer belasteten (siehe o. S. 77 f.), das weimarische Gebiet offenbar weitgehend verschont. Aber man sah sich hier weiterhin bedrängt von den ständigen Forderungen der schwedischen Garnison von Erfurt, die nach der Ablösung des Obersten von der Goltz seit 1640 von dem Obersten Caspar Ermes (1592-1648) befehligt wurde und auch, als sich nach dem Tode Banérs die schwedische Armee im Sommer 1641 nach Norddeutschland zurückzog und kaiserliche und bayerische Streitkräfte in Thüringen einrückten, fest in schwedischer Hand blieb. Ein im Winter 1641 auf 1642 von dem kaiserlichen Feldmarschall Hatzfeld unternommener Versuch, die Stadt zu erobern, schlug fehl; damals hatte das umliegende weimarische Land erneut schwere Lasten zu tragen. Während des Jahres 1642 wurde es wiederum Durchzugsgebiet von Truppenverbänden, als der neue schwedische Oberkommandierende Torstensson im Frühjahr aus Norddeutschland durch Sachsen nach Böhmen vorstieß, sich im Herbst vor starken kaiserlichen Kräften wieder nach Sachsen zurückzog, und zu seiner Unterstützung vom Rhein her die französische Armee des Marschalls Guébriant durch Thüringen marschierte. Erst Torstenssons glänzender Sieg über die Kaiserlichen und Sachsen unter Erzherzog Leopold Wilhelm und Piccolomini bei Breitenfeld im Oktober 1642 und sein neuer Einmarsch in Böhmen brachten den weimarischen Landen für längere Zeit relative Ruhe. Erst gegen Ende 1643, als der Eintrit Dänemarks in den Krieg gegen Schweden Torstensson zur eiligen Rückkehr an die Ostsee genötigt hatte, machten sich die nachrückenden kaiserlichen Verbände Hatzfelds auch im Weimarischen wieder unliebsam bemerkbar. Der Feldherr, dessen Armee bis Sommer 1644 im Hennebergischen im Quartier lag, erhob zu deren Versorgung auch Ansprüche an das Fürstentum Weimar. Von Herbst 1644, als Torstensson nach seinem Sieg über die Dänen nach Mitteldeutschland zurückkehrte, um erneut in Böhmen einzudringen, und dort im März 1645 bei Jankau die Kaiserlichen besiegte, bis zum Frühjahr 1646, als sein Nachfolger Wrangel sich zum Rückzug aus Böhmen genötigt sah und Winterquartiere in Thüringen bezog, befand sich Thüringen ebenso wie das 1645 zum Waffenstillstand und im März 1646 zum Friedensschluß mit Schweden gezwungene Kursachsen in schwedischen Händen. Wrangels Rückzug nach Westfalen brachte Thüringen wieder in die Gewalt der unter Führung Erzherzog Leopold Wilhelms ihm nachrückenden Kaiserlichen, die erst gegen Ende des gleichen Jahres nach Franken abzogen, als Wrangel erneut in Thüringen erschien, um nach einem gemeinsam mit den Franzosen unternommenen Feldzug nach Bayern, durch den Kurfürst Maximilian im Frühjahr 1647 zum Abschluß eines Waffenstillstands genötigt worden war, erneut in Böhmen einzubrechen; im Mai eroberte er Eger. Die Kündigung des bayerischen Waffenstillstands und der Druck der vereinigten kaiserlichen und bayerischen Streitkräfte unter Melander und Gronsfeld nötigte ihn aber im Spätherbst 1647 zum Rückzug aus Böhmen und durch Thüringen nach Westfalen, und so wurde auch das weimarische Land wieder zum Durchzugsgebiet erst schwedischer, danach kaiserlicher und bayerischer Verbände; zu leiden hatte damals besonders das Saaletal um Jena. Die Nachricht von dem am 24. Oktober 1648 in Münster und Osnabrück vollzogenen Friedensschluß wurde zwar auch in Weimar mit Erleichterung aufgenommen, aber seine Durchführung ließ auf sich warten. Einquartierungen von schwedischen Verbänden, die nach Norden zurückgingen, belasteten weiterhin auch das Fürstentum Weimar, und die schwedische Garnison von Erfurt stellte auch jetzt noch ihre Forderungen, bis in das Jahr 1650 hinein.

Herzog Wilhelm hat sich auch in diesem letzten Kriegsjahrzehnt unermüdlich, wenn auch meist vergeblich bemüht, gegen die Begleiterscheinungen des Krieges anzukämpfen. Die vielfältigen Forderungen des fremden Militärs gewissenhaft zu erfüllen, blieb meist die einzige Möglichkeit, Gewalttätigkeiten in Grenzen zu halten. Dazu bedurfte es aber des Geldes, das nur mit Hilfe häufiger Steuerhebungen aufzubringen war. Die Steueranschläge zu verbessern und gerechter zu gestalten, hatte man in Weimar schon seit 1636 geplant, aber geschehen war bis 1645 kaum etwas. Erst damals wurde eine Kommission im Lande umhergeschickt, die im einzelnen festzustellen hatte, was bebaut war und was wüst lag, und die auf die Wiederbebauung brachliegender Fluren dringen, unsichere Besitzverhältnisse klären und die Höhe der Besteuerung feststellen oder neu festsetzen sollte. In den Jahren darauf wurde ebenfalls an der Steuerrevision weitergearbeitet. 1647 zog der Herzog auch die Rittergüter zur Steuer heran und entfachte dadurch Auseinandersetzungen mit deren adeligen und bürgerlichen Eigentümern, die sich bis über das Kriegsende hinaus hinzogen.

Da das Steuerbewilligungsrecht bei den Landständen lag, bedurfte es des ständigen Zusammenwirkens mit ihnen, um die Steuersummen aufzubringen. Zumeist bediente sich der Herzog dabei der Landtagsausschüsse, die ab 1643 jährlich zur Beschlußfassung zusammentraten; der erste allgemeine Landtag in dem durch die Landesteilung von 1640/41 entstandenen neuen Fürstentum Weimar kam erst 1647 zustande, ihm folgten danach bis 1650 jährlich weitere. So oft die Landstände auch Klagen und Beschwerden vorbrachten, die vom Herzog geforderten Steuererhebungen haben sie nie verweigert. Als er jedoch 1647 den Versuch machte, sie an der Ausarbeitung von Gesetzen und Verordnungen zu beteiligen, versagten sie sich ihm. Die damit verbundene Möglichkeit, ihren Einfluß auf die Regierungstätigkeit zu steigern, nahmen sie nicht wahr. Offenbar scheuten sie sich, in diesen schweren Zeiten Verantwortung zu übernehmen. Ähnliche Vorgänge begegnen uns in diesen Kriegsjahren auch im städtischen Bereich, beispielsweise in der Stadt Weimar. 1639 hatte dort der Bürgermeister Christoph Hilgund seine Wiederwahl abgelehnt mit der Begründung, er habe in der Zeit seiner Zugehörigkeit zum Ratskollegium „zu Hofe und in der Stadt schlechten Dank verdient und allerhand Schmach, Spott, Haß, Neid, Drangsale und niemals erhörte Pressuren und Leib- und Lebensgefahr" erlebt; und 1641 mußte das Ratskollegium den Herzog bitten, einen seiner Beamten zur Übernahme des Bürgermeisteramts zu bewegen, weil sich in den eigenen Reihen offensichtlich niemand dazu bereit fand. Auch in den darauf folgenden Kriegsjahren zeigten sich solche Schwierigkeiten. Kein Zweifel, nicht nur der Selbstbehauptungswille des Landadels, auch der freie Bürgersinn hatten in den vielen Kriegs- und Notjahren arg gelitten.

Hoffnungsvoll konnten in jenen letzten Kriegsjahren lediglich die seit dem Regensburger Reichstag von 1640/41 allmählich konkrete Formen annehmenden allgemeinen Friedensverhandlungen in Münster und Osnabrück stimmen. Hatte sich Kaiser Ferdinand III.

zunächst und zwar mit der Begründung, daß Verhandlungen mit auswärtigen Mächten allein in die Zuständigkeit des Reichsoberhaupts fielen, erfolgreich gegen die Teilnahme aller Reichsstände an ihnen gewehrt, so mußte er angesichts der schwierigen militärischen Lage, in die er sich durch Torstenssons Sieg bei Jankau im Frühjahr 1645 gebracht sah, seinen Widerstand dagegen aufgeben. Wie anderen Reichsständen stand nun auch den Herzögen von Weimar und Gotha die Entsendung von Bevollmächtigten nach Osnabrück frei. Den Vereinbarungen im Teilungsvertrag von 1641 über eine gemeinsame Reichspolitik entsprechend, entschlossen sich Wilhelm und Ernst zur Absendung eines gemeinsamen Gesandten. Sie wählten dafür den von Herzog Ernst 1640 als „Rat von Haus aus" in gothaische Dienste genommenen, in Reichsangelegenheiten erfahrenen Nürnberger Juristen und Ratskonsulenten Georg Achatius Heher (1601-1667).

Heher war der Sohn eines im diplomatischen Dienst seiner Vaterstadt, anderer süddeutscher Reichsstände und der Kaiser Rudolf II. und Ferdinand II. bewährten Nürnberger Advokaten und Ratskonsulenten, und von Mutterseite Enkel des coburgischen, später bambergischen Kanzlers Achatius Hülß; nach philosophischen und juristischen Studien in Altdorf und Jena war er von seinem Vater schon in jungen Jahren in den diplomatischen Dienst eingeführt worden. Er kannte den Kaiserhof in Wien, hatte Frankreich und Italien bereist und besaß perfekte lateinische und französische Sprachkenntnisse. Seit 1628 im Nürnberger Justizdienst tätig, wurde er im Jahr darauf von seiner Heimatstadt mit Verhandlungen betraut, bei denen es um die Abwendung von Kriegslasten ging. Später auch zu Verhandlungen mit Schweden verwandt, kam er in Verbindung mit König Gustav Adolf, der ihn nach der Eroberung Frankens 1632 zum Regierungsrat in die schwedische Statthalterei nach Würzburg berief. Als im Jahre darauf Herzog Bernhard von Weimar die Bistümer Bamberg und Würzburg als Herzogtum Franken in Besitz nahm, setzte er Heher unter der Stadthalterschaft Herzog Ernsts zum Vizekanzler in Würzburg ein, verwendete ihn aber nach der Eroberung von Regensburg auch als Leiter seiner dort eingerichteten Kriegskanzlei. In diesen Jahren dürften sich die Beziehungen Hehers zu Herzog Ernst geknüpft haben, die 1640 zur Berufung in gothaische Dienste führten, nachdem die nach der Schlacht bei Nördlingen erfolgte Besetzung Frankens durch kaiserliche Truppen im Herbst 1634 der gemeinsamen Tätigkeit dort ein Ende gesetzt hatte. Heher war damals in kaiserliche Gefangenschaft geraten, in der er bis 1636 in Speyer lebte, und hatte schweres familiäres Leid — er verlor drei Kinder — und erhebliche wirtschaftliche Einbußen hinnehmen müssen, ehe er in seine Vaterstadt und deren Dienste zurückkehren konnte. Dort war er außerdem für die fränkische Reichsritterschaft und die Stände des Fränkischen Reichskreises tätig geworden. Auch nach der Ernennung zum gothaischen Rat war er diesen weiter zu Diensten gewesen, was ihm die Verleihung des Hofpfalzgrafenamts durch Kaiser Ferdinand III. eingetragen hatte.

In Osnabrück, wo er neben den Interessen der Herzöge von Weimar und Gotha auch die seiner Vaterstadt Nürnberg wahrnahm, schloß sich Heher eng an die altenburg-coburgischen Gesandten von Thumshirn und Carpzov an (s. o. S. 81) und gehörte mit ihnen zu derjenigen Gesandtengruppe, die sich am energischsten für die Durchsetzung freier evangelischer Religionsübung im Reich einsetzte und dabei eng mit den schwedischen Bevollmächtigten zusammenarbeitete. Sie geriet dabei bald in Gegensatz zu den kursächsischen Gesandten und deren kaisertreuer Politik, fand aber sowohl in Weimar und Gotha wie in Altenburg tatkräftige Unterstützung. Die weitgehenden schwedischen Entschädigungsforderungen, denen die ernestinischen Herzöge stets widerstrebt hatten, führten jedoch zu einer Abkühlung der Beziehungen zu Schweden und zugleich zu einer Mäßigung der konfessionellen Forderungen und ermöglichten damit zu Beginn des Jahres 1648 den Anschluß der ernestinischen Gesandten an die durch den würzburgischen, später kurmainzischen Bevollmächtigten Vorburg zusammengeführte Gruppe von Gesandten gemäßigter katholischer und evangelischer Reichsstände, der es im letzten Stadium der Friedensverhandlungen gelang, auch die Zustimmung der Kurfürsten von Bayern, Trier, Sachsen und Brandenburg zu gewinnen und so maßgeblich zu einem erfolgreichen Ende der Friedensverhandlungen beizutragen. Aus der Kriegszeit herrührende territoriale Ansprüche auf Erfurt und das Eichsfeld und die im Besitz Herzog Bernhards gewesenen Gebiete in Franken und im Elsaß auf den Tisch der Friedensverhandlungen zu bringen, wurde von Wilhelm und Ernst zwar versucht, aber angesichts der geringen Erfolgsaussichten ohne großen Nachdruck, und das Ergebnis war erwartungsgemäß negativ.

Dem 1649 nach Nürnberg einberufenen und dort bis 1650 konferierenden Reichsdeputationstag, der sich mit der Durchführung der Friedensbestimmungen zu beschäftigen hatte, vor allem der Aufbringung der Schweden zustehenden Entschädigungszahlungen, die sich für Weimar auf 29 281 Gulden beliefen, hat Heher als Vertreter der Herzöge Wilhelm und Ernst ebenfalls beigewohnt.

Die in Münster und Osnabrück ausgehandelten Friedensbedingungen brachten für Herzog Wilhelm den späten Erfolg der von ihm und seinen Brüdern von Jugend auf mit großen Opfern und von schweren Rückschlägen begleiteten politischen und militärischen Bemühungen um die Sicherung ihrer reichsständischen Rechte und die Bewahrung des evangelischen Glaubens gegen Vormachtbestrebungen des katholisch gebundenen und mit Spanien verbündeten Kaiserhauses. Der Gewinn war allerdings nur mit Hilfe auswärtiger Mächte, Schwedens und Frankreichs, erreicht worden, deren Entschädigungsforderungen zwar auch den Weimarer Herzögen durchaus mißfielen, weil ihnen an einer Schwächung des Reiches nichts gelegen war, denen sie aber schließlich doch zustimmen mußten, um den Frieden zu erreichen. Diese Schattenseiten des Friedensvertrags, die späterer, aus nationalstaatlichem Denken kommender Betrachtung Anlaß zu negativer Beurteilung des Vertragswerks gegeben haben, traten im Bewußtsein der Zeitgenossen weit zurück hinter der Freude über den nach jahrzehntelangem verwüstenden Krieg endlich gewonnenen Frieden, der man überall im Reich in feierlichen Friedensfesten Ausdruck verlieh; in Weimar geschah dies, nachdem Anfang August 1650 die schwedische Besatzung aus Erfurt abgezogen war, am 19. August 1650.

Mit dem Wiederaufbau im Lande war inzwischen bereits begonnen worden. Nach der Landesvisitation von 1642 waren allerdings noch fünf Jahre vergangen, bevor Herzog Wilhelm im Juli 1647 die Verordnung erließ, die Personen, die wüstliegende Wohnstätten und Höfe aufbauten und brachliegendes Land unter den Pflug nahmen, eine zweijährige Steuerfreiheit gewährte, zugleich aber auch denen Zwangsmaßnahmen androhte, die sich ihren Aufbaupflichten entzogen. Eine Anordnung vom Februar 1650 schränkte die Steuerbefreiung auf Personen ein, die bis Trinitatis des gleichen Jahres mit dem Wiederaufbau begannen, nahm aber diejenigen aus, die nur ihre besten Äcker bebauten, andere aber, um dafür keine Steuern zahlen zu müssen, liegen ließen; nach dieser Frist unbebaut gebliebene Grundstücke, von denen keine Steuern gezahlt wurden, sollten anderen Interessenten übereignet werden. Es war also, wie im Gebiete der Herzöge von Altenburg (s. o. S. 88 ff.) auch Hilfe zur Selbsthilfe, die den Tätigen und Tüchtigen im Lande zugute kommen und zugleich das Steueraufkommen erhöhen sollte. Der Erfolg gab dem Herzog und seinen Beamten recht, wenn es auch noch Jahrzehnte dauerte, bis die Kriegsschäden an Gebäuden und Ackerfluren beseitigt waren; noch 1675 gab es vielerorts wüste Hofstätten, doch war die Mehrzahl der zerstört oder verfallen gewesenen Wohnstätten damals wieder aufgebaut. Dem im Laufe und zumal gegen Ende des Krieges bei Gutsbesitzern und Bauern auftretenden Mangel an Arbeitskräften, der zu so starken Lohnsteigerungen führte, daß der wirtschaftliche Aufbau darunter litt, suchte Wilhelm, Anregungen seines Bruders Ernst von Gotha und des Kurfürsten Johann Georg I. von Sachsen folgend, mit einer 1651 erlassenen Gesindeordnung beizukommen, die den Gesindezwang einführte, die Freizügigkeit junger lediger Männer und Frauen einschränkte, Arbeitszwang durch obrigkeitliche Maßnahmen einschloß und die Lohnhöhe festsetzte. Ihre Durchführung machte große Schwierigkeiten, und so wurde sie wiederholt publiziert, in manchem auch abgeändert. Im städtischen Bereich bereiteten steigende Handwerkerlöhne Sorge. Nachdem auf Anregung des Fränkischen Reichskreises vom Jahre 1643 in Gotha und Erfurt entsprechende Maßnahmen dagegen getroffen worden waren, erließ Wilhelm nach gothaischem Vorbild 1646 eine Taxordnung, die auch hier die Lohnhöhe festsetzte. Seinen Einfluß auf die Handwerkerschaft in den Städten suchte Wilhelm dadurch zu stärken, daß er 1648 den städtischen Ratskollegien das Bestätigungsrecht von Handwerkerinnungen entzog und in die Zuständigkeit des Regierungskollegiums gab. Andererseits bemühte er sich, die Städte bei ihrem Versuch, die Kriegsschulden abzutragen, zu unterstützen; so erlaubte er dem Eisenacher Ratskollegium, 1660 nach gothaischem Vorbild eine Kreditkasse einzurichten, die diesem Zweck dienen sollte und recht erfolgreich gearbeitet hat.

Die Erfolge der ersten Aufbaujahre spiegelten sich in steigenden Steuereinnahmen und in den wachsenden Erträgen wider, die von den Ämterverwaltungen erwirtschaftet wurden. Die Ordinarsteuern erbrachten im Geschäftsjahr 1640/41 5180, 1650/51 25 042 Gulden; die Ämtererträge stiegen von 21 370 Gulden 1640/41 auf 32 200 1650/51. Dennoch vermochten die Einnahmen in diesen Jahren die Ausgaben noch nicht auszugleichen, geschweige denn eine Abnahme der Schuldenlast von 556 000 Gulden zu bewirken, die das Land bei der Landesteilung von 1640/41 hatte übernehmen müssen, und zu denen noch über 100 000 Gulden andere Schuldposten kamen. Im Geschäftsjahre 1640/41 mußten 5541, 1650/51 8563 Gulden neue Schulden gemacht werden. Erst im Laufe des nächsten Jahrzehnts gelang es, Überschüsse zu erzielen und alte Schulden abzustoßen, so daß im Jahre 1663, kurz nach Wilhelms Tod, die Gesamtschuld auf 394 000 Gulden vermindert war, sicher ein gutes Ergebnis sorgfältiger Finanzverwaltung des Herzogs und seiner Beamten.

Die Gesetzes- und Verordnungstätigkeit des Herzogs baute im wesentlichen auf den Grundlagen der Landesordnung von 1589 weiter. Eine modernisierte Landesordnung wurde zwar geplant, kam aber über Entwürfe nicht hinaus, da für die Arbeiten daran der bei der Landesteilung von 1640/41 gefaßte Beschluß, an der Einheitlichkeit im Justiz- und Polizeiwesen festzuhalten, und der später im Reichstag erörterte, aber steckengebliebene Plan, eine allgemeine Polizeiordnung für das gesamte Reichsgebiet zu schaffen, sich als hemmend erwiesen, Wilhelm sich aber zu einer auf das eigene Herrschaftsgebiet beschränkten neuen Landesordnung, wie sie Herzog Ernst für Gotha 1653 erließ, nicht entschließen konnte. So blieb es bei Einzelverordnungen in den Bereichen der Justiz und der Gewerbe- und Sittenpolizei. Eine verbesserte Hofgerichtsordnung wurde 1653 erlassen; eine damals ebenfalls geplante Gerichts- und Prozeßordnung aber kam über Vorarbeiten nicht hinaus. Im gewerbepolizeilichen Bereich arbeitete man 1651 an einer neuen Handwerkerordnung, die aber nicht zustandekam, so daß man sich auch weiterhin mit der Bestätigung althergebrachter Innungssatzungen auf der Basis der Landesordnung von 1589 begnügen mußte. Auch eine neue Feuerordnung blieb in den Anfängen stecken; in Kraft trat 1659 lediglich ein Mandat, das die Bereitstellung von Löschgerät und Leitern regelte und — der damals weitverbreiteten Furcht vor Mordbrennern entgegenkommend — die scharfe Überwachung fremder Personen anordnete. Der Verbesserung des Medizinalwesens galt eine 1653 publizierte neue Apothekerordnung. Daß auf sittenpolizeilichem Gebiet schon 1642 eine Verordnung erging, die sich in Anlehnung an die Landesordnung von 1589, aber mit Androhung harter Strafen gegen übermäßigen Aufwand bei Familien- und sonstigen Festen wandte und den Vorschlag enthielt, stattdessen bestimmte Summen für fromme Zwecke zu stiften, vor allem zur Erhaltung von Schulen, mag angesichts der schweren Notzeiten überraschen; sie bezeugt aber, daß man sogar damals Gelegenheiten zu ausgiebigen Feierlichkeiten nicht ungenutzt vorübergehen ließ. 1653 erwies es sich als nötig, ihren Inhalt in revidierter Gestalt erneut einzuschärfen, allerdings mit erheblich abgemilderten Strafandrohungen. Als Gegenstück mag die 1658 erlassene Almosenordnung gelten, die der Bekämpfung von Armut und des Bettelwesens dienen sollte und zu diesem Zweck eine viermal jährlich zu erhebende Kollekte einführte; sie galt allerdings nur für die einheimischen Armen, fremde waren ausdrücklich ausgeschlossen.

Kirchenpolitisch hatten sich, wie schon angedeutet wurde, die Wege Wilhelms von denen seiner Brüder Albrecht und Ernst bereits bald nach vollzogener Landesteilung dadurch getrennt, daß er ebenso wie sein Generalsuperintendent Kromayer die Zeit für eine umfassende Kirchen- und Schulvisitation wegen der Kriegsumstände auch jetzt noch nicht für gekommen hielt. Es war ihm zunächst lediglich darum gegangen, nach einem Weg zu suchen, wie den zwischen Weimar und Eisenach-Gotha bestehenden Verschiedenheiten im kirchlichen Bereich abgeholfen werden konnte, die darauf beruhten, daß in Eisenach und Gotha die coburgische Kirchenordnung Herzog Johann Casimirs von 1626 galt, während man sich in Weimar noch mit älteren eigenen und kursächsischen Vorschriften behalf. Kromayer hatte deshalb einen Vorschlag für eine neue gemeinsame Kirchenordnung ausgearbeitet, für den er neben den in Weimar geltenden Ordnungen auch die coburgische beigezogen hatte. Daß inzwischen Albrecht und Ernst ohne Rücksicht auf die Weimarer Absichten in ihren Landen Visitationsausschreiben erließen, verstimmte Wilhelm sehr, und als beide Brüder ihm diese ihre Ausschreiben übersandten und ihn aufforderten, sich ihnen anzuschließen, lehnte er ab. Er ließ von Kromayer eigene Visitationsartikel ausarbeiten, die eine Visitation von wesentlich bescheidenerem Ausmaß vorsah, und sie bei einer Zusammenkunft vorlegen. Statt einer Einigung kam es dort aber zu heftigen Auseinandersetzungen, die sich in einem anschließenden Schriftwechsel der Herzöge fortsetzten und erst durch die kluge Vermittlungstaktik Frantzkes bei einem Besuch in Weimar beigelegt werden konnten.

Im November 1642 unternahm Herzog Ernst einen neuen Versuch, Wilhelm zu einem Sinneswandel zu bewegen, indem er ihn über das von ihm eingeleitete „Informationswerk" (s. u. S. 217) unterrichtete, eines der wichtigsten Ergebnisse der gothaischen Visitation. Da bereits Monate zuvor der Kanzler Göchhausen in einem Gutachten über die Ergebnisse der weimarischen Landesvisitation die Durchführung einer Kirchenvisitation als nötig bezeichnet hatte, und sich auch der Hofprediger Nikolaus Zapf (1600-1672), der nach Kromayers Tod (1643) das Amt des Generalsuperintendenten im Lande übernehmen sollte, dieser Auffassung angeschlossen hatte, sandte Wilhelm 1643 ihn und den Hofrat Plathner nach Gotha, um über die dortige Visitation Erkundigungen einzuziehen, und ordnete noch im gleichen Jahre eine Kirchen- und Schulvisitation im Lande an. Wegen der Kriegsverhältnisse kam man aber über Anfänge nicht hinaus. Ein 1649 von der Regierung erstattetes Gutachten, das ein düsteres Bild vom Schulwesen im Lande und der mangelhaften Frömmigkeit der Bevölkerung zeichnete, gab schließlich den Anstoß zur Wiederaufnahme der Visitation. Auf der Grundlage der coburgischen Kirchenordnung von 1626 wurde sie 1650 von Zapf und Plathner weitergeführt und 1652 abgeschlossen. Den damals abgefaßten Abschlußbericht, der ein im allgemeinen optimistisches Bild von der Wirkung des Unternehmens entwarf, benutzte Plathner zum Entwurf einer veränderten Fassung der coburgischen Kirchenordnung, die 1653 vorlag, aber wegen vielfältiger Verbesserungswünsche der Landstände und der Universität Jena zu Lebzeiten des Herzogs nicht mehr zu einer neuen weimarischen Kirchenordnung ausgeformt und zum Druck gebracht werden konnte. Es blieb daher bei einigen Anordnungen über die Sonntagsheiligung, den Schutz des Gottesdienstes gegen Störungen und die Fürsorge für Geistliche. Die Erhaltung lutherischer Rechtgläubigkeit war aller dieser Maßnahmen oberstes Gebot. Der Herzog ließ daran keine Zweifel aufkommen, auch wenn sein Gemahlin einem reformierten Hause entstammte und ihr daher in Weimar nicht nur reformierter Gottesdienst, sondern auch ein reformierter Hofstaat mit einem reformierten Hofprediger zugestanden war. Theologische Streitigkeiten waren dem Herzog nach wie vor zuwider, und er suchte sie in seinem Lande möglichst zu unterbinden. Das galt auch für die Universität Jena, die allerdings der gemeinsamen Aufsicht aller Ernestiner unterstand, so daß Maßnahmen zur Überprüfung der Rechtgläubigkeit von Professoren stets in Abstimmung mit den Herzögen von Altenburg und Gotha getroffen werden mußten. In den seit 1640 mehrfach gemeinsam unternommenen Visitationen der Universität wurde, da man sich darin einig war, darauf besonders geachtet.

Die Universität Jena hatte durch die Kriegsumstände arg gelitten. Die Zahl der Studenten betrug 1650 nur noch 100; sie stieg aber in den folgenden Jahren wieder auf 600 an, ohne damit die Vorkriegshöhe zu erreichen (vgl. Bd. IV, S. 84). Wilhelm hat ihr durch finanzielle und andere Zuwendungen mehrfach sein Wohlwollen erwiesen. Die ihm zustehenden landeshoheitlichen Rechte über Jena gaben ihm aber auch die Befugnis, gegen Störungen von Ruhe und Ordnung einzuschreiten. Das geschah vor allem bei den Studententumulten von 1644 und 1660; auch den sogenannten Pennalismus hat er stets bekämpft, wenn auch mit wenig Erfolg.

Künstlerischen Bestrebungen waren die Kriegszeiten nicht günstig. Am Weimarer Hofe blieben sie aber auch damals nicht ohne Pflege. Die 1602 von Altenburg nach Weimar übergesiedelte Hofkapelle (vgl. Bd. IV, S. 229) blieb auch im Kriege erhalten, und mit Christian Richter (1587-1667) hatte auch damals ein bekannter Maler hier seine Heimstätte. Seine künstlerisch begabten Söhne, der Maler und spätere Baumeister Johann Moritz Richter (1620-1667), der Maler Albrecht Richter (1623-v. 1674) und der Maler und Kupferstecher Wilhelm Richter (1626-1702) (vgl. über die drei Richter Bd. VI) sind hier aufgewachsen, vom Herzog ebenso gefördert wie der Musiker Adam Drese (1620-1701), der 1658 als Kapellmeister die Leitung der Hofkapelle übernahm. Wilhelm war ein Freund der Künste, zumal der Musik. Er unterhielt Verbindungen zu dem größten deutschen Komponisten seiner Zeit, Heinrich Schütz, den er 1647 und 1648 als Gast in Weimar empfing (über Schütz in Thüringen vgl. Bd. IV). Aber auch der 1617 in Weimar gegründeten „Fruchtbringenden Gesellschaft" (vgl. Bd. IV, S. 353, 362, 367 f.) widmete er sich; 1651, nach dem Tode Ludwigs von Anhalt-Köthen, wurde er ihr Oberhaupt. Zu ihrem Sekretär — mit dem Titel „Erzschreinhalter" — berief er 1656 den bekannten, seit 1652 in Weimar als Bibliothekar und Registrator, später als Archivsekretär tätigen Dichter und Musiker Georg Neumark (1621-1681), einen Neffen des Hofrats Plathner. Ihm verdankte das Kulturleben am Hofe manche Anregungen, so die ersten Opernversuche, die er gemeinsam mit Adam Drese unternahm (vgl. Bd. IV, S. 229).

Im Jahre 1651 ließ der Herzog die Aufbauarbeiten am Weimarer Residenzschloß wiederaufnehmen, die 1630 zum Stillstand gekommen waren. Mit ihrer Leitung betraute er Johann Moritz Richter, der schon 1638 und 1643 als Baumeister am Hofe erwähnt ist und die Gartenanlagen schuf, die damals in der Umgebung des Schlosses entstanden sind und die uns Wilhelm Richter im Bilde überliefert hat. Johann Moritz Richter gestaltete den Bau als Dreiflügelanlage (vgl. Bd. VI, S. 21 f.; siehe Abb. 7, nach S. 80); sie ist zum Vorbild für spätere thüringische Schloßbauten geworden. An der Innenausstattung waren u. a. sein Vater Christian und seine Brüder Albrecht und Wilhelm beteiligt. Wegen des Herzogs sparsamer Haushaltführung schritten die Arbeiten allerdings nur langsam fort; der Bau war noch nicht vollendet, als Wilhelm 1662 starb. Der Weiterbau unterblieb jedoch, aus finanziellen Gründen und weil das Gebäude schon in der damals erreichten Gestalt für die Bedürfnisse des Herzogshauses und seines Hofes ausreichte; vom Turm abgesehen hat es auch später keine wesentlichen Änderungen mehr erfahren. Von weiteren Bauten Wilhelms ist das von 1659 bis 1661 in Jena durch Richter geschaffene Schloß erwähnenswert, das dem jüngsten Sohn des Herzogs später als Residenz gedient hat (vgl. Bd. VI, S. 22).

Gegen Ende seiner Regierungszeit sah sich der Herzog durch Todesfälle in seiner höchsten Beamtenschaft zu personellen Neubesetzungen im Regierungskollegium genötigt. 1657 starb Plathner, 1658 der Kanzler Göchhausen. Das Kanzleramt mit dem damit verbundenen Präsidium des Konsistoriums und der Leitung der Obersteuereinnahme wurde Krause übertragen, die freigewordenen Hofratsstellen 1658 mit dem Neumarker Rittergutsbesitzer und seitherigen Beisitzer am Hofgericht Jena, Hans Heinrich von Riedesel (1624-1682), und dem vormaligen gothaischen Hofrat Johann Christoph Wex (1628-1684) besetzt. Den seit Adamis Tod offen gebliebenen dritten Hofratsposten übernahm, nachdem ihn 1658 vorübergehend der Lizentiat Rudolf Heide innegehabt hatte, der aus Jena gebürtige Jurist Johann Gottfried Freyer. Als Leiter der Kammer war seit etwa 1655 der Kammerrat Eucharius von der Brinck tätig.

Die Zusammenarbeit des Herzogs und seiner Zentralbehörden mit den Landständen vollzog sich auch nach dem Krieg, wenn man von dem Streit um die Besteuerung der Rittergüter absieht, der 1655 im Sinne des Herzogs beigelegt wurde, ganz im überkommenen Rahmen, da der Herzog sich scheute, althergebrachte Rechtspositionen der Stände anzutasten. Seine auch jetzt unternommenen Versuche, diese zu Regierungsgeschäften heranzuziehen, etwa 1653 zur Mitwirkung an der geplanten Gerichtsordnung oder zu der im Entwurf befindlichen neuen Kirchenordnung, blieben jedoch vergeblich. Sie beschränkten sich auch weiterhin auf ihr hergebrachtes Recht der Steuerbewilligung und die Möglichkeit, auf Landtagen Beschwerden vorzubringen, Anregungen zur Bekämpfung von Mißständen zu geben oder Einsicht in werdende Gesetzesvorhaben zu verlangen; darüber hinaus Mitverantwortung für Regierungsmaßnahmen zu tragen, waren sie nicht bereit. 1653 verlangten sie lediglich, an der Verwaltung der von ihnen bewilligten Steuern beteiligt zu werden, die durch die sich damals ausbildende Behörde der Obersteuereinnahme wahrgenommen wurde. Herzog Wilhelm gestand ihnen drei Vertreter in dieser Verwaltung zu; die Leitung blieb jedoch dem Kanzler vorbehalten, eine Entscheidung, die spätere Landesherren zu verstärkter Einflußnahme auf diese Steuermittel benutzt haben, meist zum Nachteil der Rechte der Landstände. Auch im weimarischen Herrschaftsbereich kündigte sich hier eine Entwicklung an, zu der die Bestimmungen des Westfälischen Friedensvertrags und die bereits erwähnten (s. o. S. 88) Bestimmungen im Reichsabschied von 1654 und in der Wahlkapitulation von 1658 insofern beigetragen hatten, als sich die durch sie bewirkte starke Stellung der Reichsstände nicht nur gegenüber dem Kaiser auswirkte, sondern auch in den einzelnen Territorien selbst. Zwar wurde im Reich die Entstehung eines Zentralstaats mit monarchischer Spitze, wie sie in der Folgezeit Frankreich erlebte, verhindert, aber in den einzelnen Territorien, wenn auch in unterschiedlichen Formen, erheblich gefördert, zumal dann, wenn von Seiten der Landstände der Widerstand gering blieb und deren Leistungen für das Land hinter denen des vom Landesherrn völlig abhängigen Beamtentums zurückstanden; daß dieses mehr und mehr zur wichtigsten Stütze landesherrlicher Tätigkeit wurde, hatte sich im Weimarischen während des Wiederaufbaus nach dem Kriege bereits gezeigt.

Dieser zunehmend stärker werdenden Stellung als Landesherr auch nach außen hin Ausdruck zu verleihen und der Empfehlung Herzog Friedrich Wilhelms von Altenburg (s. o. S. 95) zu folgen, der 1657 die Titel „Durchlauchtigst hochgeboren" und „Ihre fürstliche Durchlaucht" annahm und dies auch seinen weimarischen und gothaischen Vettern empfahl, war jedoch nicht in Wilhelms Sinne. Wenn er dennoch zustimmte und auch seinen noch weit stärker widerstrebenden Bruder Ernst mit dem Hinweise, dies sonst für sich und seine Familie allein tun zu wollen, ihm darin zu folgen nötigte, so geschah dies, weil die Ablehnung dieser Prädikate den nach wie vor von Altenburg aufrechterhaltenen Präzedenzanspruch im ernestinischen Hause ungewollt hätte fördern helfen können.

Der Wiederaufbau im Lande hatte Wilhelms Aufmerksamkeit und die Tätigkeit seiner Ratgeber so beansprucht, daß reichspolitische Fragen in den Hintergrund traten. Zwar wurde zum Regensburger Reichstag von 1653/54 der eisenachische LandesdirektorPrüschenk entsandt und nahm der Hofrat und spätere Kanzler Krause an den obersächsischen Kreistagen von 1654 und 1662 als weimarischer Bevollmächtigter teil. Aber der dort sogleich wieder aufflammende Präzedenzstreit mit Altenburg beeinträchtigte die an sich schon bescheidenen Wirkungsmöglichkeiten der weimarischen Vertreter; sie führten dazu, daß diese ebenso wie die Bevollmächtigten Ernsts des Frommen von Gotha an manchen Verhandlungen garnicht teilnahmen und dort getroffene Vereinbarungen nicht unterzeichneten. Die Beziehungen zum kaiserlichen Hof in Wien erschöpften sich darin, daß dort zeitweilig, wenn man sich dafür nicht kursächsischer oder kurbrandenburgischer Persönlichkeiten bediente, gemeinsam mit Gotha ein Agent, seit 1660 Tobias Sebastian Praun, unterhalten und zum Lehnsempfang durch den 1657 zur Regierung gekommenen Kaiser Leopold I. 1660 eine Gesandtschaft dorthin abgeordnet wurde. Damals und 1664 erneuerte der Kaiser dem ernestinischen Haus und damit auch Wilhelm die 1596 von Kaiser Rudolf II. dem Herzog Friedrich Wilhelm I. zugesagte Anwartschaft auf die Reichslehen der Grafen von Isenburg-Büdingen (s. o. S. 52), sicher ein Zeichen seines Wohlwollens, wenn auch von geringer politischer Bedeutung angesichts der zahlreichen männlichen Sprossen, durch die dieses Grafenhaus damals vertreten wurde. Im Nordischen Krieg (1655-1660) übte Wilhelm, obwohl dadurch der Norden des Reiches stark in Mitleidenschaft gezogen wurde, äußerste Zurückhaltung, zumal das eigene Truppenkontingent neben dem Landesaufgebot lediglich aus einer kaum mehr als hundertköpfigen Schloßwache bestand. Daß seine Söhne Adolf Wilhelm und Johann Georg damals auf Seiten gegnerischer Parteien Militärdienst taten, Adolf Wilhelm auf schwedischer, Johann Georg auf brandenburgischer, hat zwar wohl mehr mit der damals üblichen militärischen Ausbildung nachgeborener junger Fürstensöhne zu tun als mit politischen Kalkül; doch zeigt die Tatsache, daß er seinem jüngsten Sohn Bernhard für dessen anläßlich einer Bildungsreise nach Frankreich und den Niederlanden (1658/59) vorgesehenen Besuch am französischen Königshof, wo der Name des Feldherrn Bernhard von Weimar noch nicht vergessen war, ein Truppenangebot an Ludwig XIII. für dessen Krieg gegen Spanien mit auf den Weg gab, daß er auch im Alter noch zuweilen politische Fäden über die Reichsgrenzen hinaus zu spinnen geneigt war. Ludwig XIII. hat davon allerdings keinen Gebrauch gemacht. Es waren wohl diese Kriegsjahre, die Wilhelm veranlaßten, das Heerwesen seines Landes auf eine neue Grundlage zu stellen. 1658 schuf er die sogenannte „Landesverfassung", nach der im gesamten Land 12 Kompanien zu je 200 Mann aufgestellt und die Musterung von Mannschaften und die Zusammensetzung des Offizierskorps neu geregelt wurde.

In der nahen thüringischen Umwelt hingegen gab es vielerlei Verhandlungen zu führen. Die Landesteilungsverträge von 1640/41 und 1645 zogen Auseinandersetzungen mit Herzog Ernst von Gotha nach sich, der sich bemühte, offen gebliebene Fragen im Sinne der Erweiterung der eigenen Entscheidungsfreiheit zu lösen, was einer Einschränkung der direktorialen Rechte Herzog Wilhelms gleichkam. In der Frage der Aufteilung der Landes- und Lehnshoheitsrechte gegenüber Grafen und Herren gab Wilhelm nach langem Zögern 1657 nach und stimmte zu, daß die Ober- und Untergrafschaft Gleichen und die Herrschaften Stadtilm, Paulinzella und Oberkranichfeld (s. Karte III) der Landes- und Lehnshoheit des Bruders unterstellt und die von ihm selbst wahrgenommenen Rechte auf die Herrschaften Blankenhain, Niederkranichfeld, Arnstadt und Käfernburg und auf Bösleben (vgl. Karte III) beschränkt wurden; auch das Einlösungsrecht an Oberkranichfeld trat er an Ernst ab, allerdings unter bestimmten Bedingungen, u. a. der Aufteilung der finanziellen Erträge der Herrschaft, was später zu langanhaltenden Differenzen zwischen den Häusern Weimar und Gotha geführt hat. Auch das Münzregal wurde geteilt, der 1641 gefaßte Plan, ein gemeinsames Appellationsgericht einzurichten, hingegen aufgegeben. Grenzstreitigkeiten mit Sachsen-Altenburg und Hessen-Kassel wurden 1653 und 1655 beigelegt; dagegen dauerten die Differenzen mit Kurmainz und Erfurt um das Amt Kapellendorf fort.

Von erheblicher Bedeutung wurde die auf Drängen Herzog Ernsts 1660 erreichte Aufteilung der Grafschaft Henneberg zwischen der kursächsischen Sekundogeniturlinie Sachsen-Zeitz und den ernestinischen Häusern Altenburg, Gotha und Weimar (s. S. 96 f., 233 ff.). Herzog Wilhelm erwarb damals die Ämter Ilmenau und Kaltennordheim, die Waldungen in den Ämtern Wasungen und Sand und in der Zillbach und die Verwaltung des zur Unterhaltung des in Gemeinschaft bleibenden Gymnasiums in Schleusingen ausgesetzten Amtes Fischberg (zu ersehen aus Karte III). Der damals abgeschlossene Vertrag brachte zugleich den Verzicht der Ernestiner auf die seit 1587 in albertinischem Besitz befindlichen assekurierten Ämter Weida, Arnshaugk, Ziegenrück und Sachsenburg, die damit endgültig Kursachsen überlassen wurden. Wie die gesamte Grafschaft, die zu den im Krieg am schwersten verwüsteten Gebieten Thüringens gehörte, so befand sich auch der an Weimar gefallene Teil in einem beklagenswerten Zustand. Das galt zumal für die Einrichtungen, die der Nutzung der dort vorhandenen Bodenschätze dienten. Der Bergwerksbetrieb von Ilmenau war während des Krieges eingestellt worden, nicht wegen dort angerichteter Zerstörungen, sondern weil den Geldgebern, zumeist Leipziger Kaufleuten, in den ersten Kriegsjahren die finanziellen Mittel dafür ausgegangen waren, und auch der dortige Eisenhammer fristete nur noch ein kümmerliches Dasein. Zu Lebzeiten Wilhelms änderte sich daran nichts mehr. Als zukunftsträchtig erwies sich hingegen, daß dieser kurz vor seinem Tode Vorsorge traf für die Errichtung einer Glashütte im weimarischen Teil des Dorfes Stützerbach bei Ilmenau, indem er einem entsprechenden Antrag des im zeitzischen Teil des Dorfes angesessenen Glasmeisters Hans Greiner stattgab; die Glashütte wurde die erste im weimarischen Herrschaftsgebiet und ist bis 1818 in Betrieb gewesen.

Die Vergrößerung seines Territoriums durch das hennebergische Erbteil gab dem Herzog Anlaß, seine bisherigen Verfügungen über die Erbfolge in seinem Lande zu ändern. 1645, kurz nach der Aufteilung des Fürstentums Eisenach, hatte er, den privatrechtlichen Anschauungen der

Zeit entsprechend, seine Söhne zwar als gleichberechtigte Erben eingesetzt, ihnen jedoch angesichts des allzu bescheidenen Umfangs des Territoriums eine Landesteilung für so lange untersagt, bis neuer Landerwerb die Bildung „fürstlicher portiones" möglich machte. Die Regierungsführung wünschte er nach dem Vorbild des Vertrags von 1629 geregelt zu sehen: für den ältesten Sohn das Direktoriums, für die jüngeren Söhne ein Mitspracherecht und die Zuteilung von Einkünften aus Ämtern und Kammergütern. In einem weiteren, nach dem Tode seines jüngsten Sohnes Friedrich (1640-1656) 1658 abgefaßten Testament hatte er die Beibehaltung der Direktorialverfassung zwar bestätigt, aber für die Verteilung der Einkünfte unter den Brüdern einen Losentscheid verfügt. Im Testament von 1662 bestimmte er darüber hinaus für die entstehenden Gebietsteile noch eigene Residenzen, neben Weimar Jena, Eisenach und Marksuhl. Der Weg zu einer neuen Landesteilung war also bereits vorgezeichnet, als er am 17. Mai 1662 starb. Von den aus seiner Ehe mit Eleonore Dorothea von Anhalt hervorgegangenen neun Kindern waren damals noch die vier Söhne Johann Ernst, Adolf Wilhelm, Johann Georg und Bernhard und die Tochter Dorothea Maria am Leben, die seit 1656 mit dem Herzog Moritz von Sachsen-Zeitz verheiratet war (siehe Abb. 6, nach S. 64).

Sachsen-Weimar vom Tode Herzog Wilhelms bis zur Landesteilung von 1672

Dem Testament des Vaters folgend vermieden die vier Brüder zwar eine Landesteilung; die Einigung, die sie im September 1662 erzielten, ging jedoch über eine Teilung von Einkünften erheblich hinaus und brachte auch eine Aufteilung von Hoheitsrechten mit sich. Wohl übernahm Herzog Johann Ernst II. als ältester die Leitung der Zentralbehörden in Weimar und Eisenach, die Vertretung des Landes nach außen, die Ausübung der Steuerhoheit, die Aufsicht über das Kirchen- und Schulwesen, über die Flößerei, das Landesaufgebot und sonstige Militärangelegenheiten, über die in gemeinsamem Besitz bleibenden Schlösser, Wälder und Jagden und blieb ihm auch das Begnadigungsrecht bei schweren Strafen und das Recht der Berufung und Entlassung von gemeinsamen Beamten. Aber er war in allen wichtigen Angelegenheiten an die Zustimmung seiner Brüder gebunden, denen zudem in ihren Landesteilen das Recht zustand, Erbhuldigungen entgegenzunehmen, die Aufsicht über die lokale Verwaltung und Justiz zu führen, lokale Einnahmen, z. B. Fronen und andere Abgaben, selbst zu verwalten, eigene Beamte einzustellen und zu entlassen und in beschränktem Umfang Schulden zu machen.

Die Mutschierung wurde in folgender Weise vorgenommen:

Johann Ernst erhielt das Rote und das Garten-Schloß in Weimar, Amt und Stadt Ilmenau, das Amt Berka mit dem Tannrodaer Gehölz, die Vogtei Magdala außer Döbritschen, die Vorwerke München, Köttendorf und Weimar, aus dem Amt Weimar die Dörfer Buchfart, Gelmeroda, Legefeld, Lehnstedt, Mellingen, Ober- und Niedergrunstedt, Possendorf, Schoppendorf, Taubach und Vollersroda, ferner die Stadt Rastenberg und einen Anteil an der Stadt Buttstädt; dazu als den ihm als regierendem Herrn (Direktor) zustehenden Anteil: das Stiedenvorwerk in Weimar, das Weimarer Geleit, einen weiteren Anteil an der Stadt Buttstädt und vom Amt Weimar die Dörfer Daasdorf a. B., Gaberndorf, Ottstedt a. B., Tiefurt, Tröbsdorf und Klein- und Großobringen;

Adolf Wilhelm bekam Schloß, Amt und Stadt Eisenach, die Ämter Gerstungen und Hausbreitenbach und das Amt Lichtenberg mit der Stadt Ostheim/Rhön;

Johann Georg übernahm Schloß und Dorf Marksuhl, Amt und Stadt Creuzburg, Amt und Stadt Kaltennordheim, vom Amt Weimar die Dörfer Vippachedelhausen, Sprötau und Vogelsberg und einen Anteil an Kleinbrembach, das Erfurter und Buttstädter Geleit und die Hälfte des Georgenthaler Hofs in Erfurt;

Bernhard erhielt Schloß, Stadt und Amt Jena mit Burgau und der Stadt Lobeda, das Amt Kapellendorf, die Vogtei Gebstedt, vom Amt Weimar die Dörfer Großbrembach, Niederreißen und Olbersleben samt den einbezirkten Patrimonialgerichten der Vogtei Brembach, die Dörfer und Vorwerke Döbritschen und Ettersburg, Dorf und Geleit Wiegendorf und die Stadt Buttelstedt.

Gemeinsam blieben das Residenzschloß (die Wilhelmsburg) und der Welsche Garten in Weimar, die Stadt Weimar, die Wartburg bei Eisenach und die Zillbach mit Gehöften und Jagden. Das Amt Oberweimar, das Herzog Wilhelms Witwe als Wittum ausgesetzt worden war, blieb nach deren Tod (1664) ebenfalls in gemeinsamer Verwaltung, doch wurden 1670 aus ihm das Dorf Umpferstedt und das Vorwerk Tiefurt herausgelöst und Herzog Bernhard überlassen.

Johann Ernst nahm seine Residenz in Weimar, seine Brüder Adolf Wilhelm und Johann Georg richteten ihre Residenzen im Oktober 1662 in Eisenach und Marksuhl, Bernhard im Dezember in Jena ein.

Die Durchführung dieser Vereinbarungen war mit allerlei Auseinandersetzungen verbunden, die sich teils an der Teilung der Einkünfte und finanziellen Anforderungen an die gemeinsame Kammerverwaltung in Weimar entzündeten, teils durch die Neigung der jüngeren Brüder hervorgerufen wurden, ihre Selbständigkeit nicht nur gegenüber dem ältesten Bruder zu bekunden, sondern sie auch über die Landesgrenzen hinaus für jedermann sichtbar zu machen. Weil dort die Meinung aufkam, die Regelung sei nach den Grundsätzen einer Primogenitur erfolgt, bei der die nachgeborenen Söhne lediglich abgefunden worden wären, nötigten sie 1663 Johann Ernst zu einem Deklarationsrezeß, durch den festgestellt wurde, daß es sich um eine gemeinsame Landesherrschaft mit dem Prinzipat des ältesten Bruders handele. Darüber hinaus suchten sie ihre Rechte nach Möglichkeit zu erweitern, und es gelang ihnen 1667 zu erreichen, daß Johann Ernst ihrem Drängen nach einer Ausweitung ihrer Befugnisse im Justiz- und Begnadigungswesen und in Fragen der Beamtenberufung nachgab; die Tendenz in Richtung auf eine Landesteilung verstärkte sich.

Solche Vorbedingungen waren wenig geeignet für eine erfolgversprechende Regententätigkeit. Dafür brachte Johann Ernst, 1627 geboren, in schweren Notzeiten aufgewachsen und zu Melancholie neigend, sparsam und ohne besondere geistige Neigungen, ohnehin keine günstigen Voraussetzungen mit. Er hatte zwar die Universität Jena besucht und sich von 1646 bis 1648 auf Reisen in Frankreich und Italien, vor allem längere Zeit in Paris aufgehalten, doch galt sein Hauptinteresse der Jagd, und wohl deshalb hatte der Vater noch zu seinen Lebzeiten dem Sohn die Aufsicht über das Jagd- und Forstwesen im Lande übertragen. Nach dem Tode des Vaters bemühte er sich, den von diesem vorgezeichneten Weg weiterzugehen und richtete sein Hauptaugenmerk auf die Finanzen des Landes, die er unter Beachtung strengster Sparsamkeit verwaltete. Es blieb ihm wohl auch keine andere Wahl; verfügte er doch im ersten Jahrzehnt seiner Regententätigkeit über die schmalste territoriale Basis, mit der je ein weimarischer Landesherr hat auskommen müssen. Die Weiterführung und Vollendung des Weimarer Schloßbaus unterblieb. Johann Moritz Richter und seine Brüder verließen die Heimatstadt; ersterer verlegte seinen Wohnsitz nach Jena und wandte sich dem kursächsischen Sekundogeniturhof in Weißenfels zu, wo er das neue Schloß baute (vgl. Bd. VI, S. 22). Die Hofkapelle wurde 1662 aufgelöst; die meisten Musiker wanderten ab. Adam Drese fand eine neue Bleibe ebenfalls in Jena. Auch für die „Fruchtbringende Gesellschaft" zeigte Johann Ernst wenig Interesse. Er stimmte aber immerhin der Meinung seiner Brüder zu, daß man sie nicht untergehen lassen dürfe, und so wurde 1667 Herzog August von Sachsen, der in Halle residierende kursächsische Administrator des Erzbistums Magdeburg, zu ihrem Oberhaupt gewählt. Als dieser 1680 starb, fand sich für ihn kein Nachfolger, und die Gesellschaft löste sich auf. Des Herzogs Sparsamkeit ließ den Weimarer Hof so veröden, daß selbst seine Töchter sich lieber anderwärts aufhielten als hier, wo sie, wie eine von ihnen meinte, befürchten mußten, wie Mägde gehalten zu werden. Dem

Lande allerdings bekam sie nicht schlecht. In den Jahren 1662 bis 1666 konnten fast 100 000 Gulden Schulden abgezahlt werden.

An der personellen Besetzung der Zentralbehörden des Landes, von denen das Konsistorium 1665 die Bezeichnung Oberkonsistorium annahm, änderte sich bei der Regierungsübernahme Johann Ernsts nichts. Krause blieb Kanzler, Konsistorialpräsident und Leiter der Obersteuereinnahme; er genoß das Vertrauen seines Herrn in solchem Maße, daß dieser ihm die Führung der Regierungsgeschäfte zeitweilig allein überließ. Riedesel, Wex und Freyer blieben in ihren Hofratsstellen, und als Leiter der eisenachischen Zentralbehörden wirkte Prüschenk von Lindenhofen auch weiterhin. 1663 übernahm Wex mit dem Titel eines Kammerrats zusätzlich die Leitung der Kammerverwaltung, was der Einsparung eines Führungspostens gleichkam. Als er 1667 zum Kanzler nach Merseburg berufen wurde, besetzte der Herzog diese Stelle mit dem Jenaer Universitätsprofessor Georg Adam Struve (1619-1692), einem Schwager Freyers und über Thüringen hinaus bekannten Juristen, der in der Folgezeit eine wirksame Tätigkeit im Justiz- und Polizeiwesen des Landes entfaltet hat (vgl. Bd. IV, S. 91). Der Tod Freyers machte 1670 eine weitere Neubesetzung nötig; damals wurde der bis dahin in schwarzburg-sondershäusischen Diensten tätig gewesene Jurist Volkmar Happe (1628-1694), ein in Ebeleben geborener Sohn eines hohen schwarzburg-sondershäusischen Beamten, zum Hofrat nach Weimar berufen, der hier später in höchste Ämter aufgestiegen ist.

Die Beziehungen Johann Ernsts und seiner Brüder zu den Landständen blieben zwar nicht ohne Auseinandersetzungen, zumal als Johann Ernst 1663, im Zusammenhang mit den wegen des Türkenkriegs zu treffenden Maßnahmen, Steuern ohne deren vorherige Zustimmung ausgeschrieben hatte. Man kam aber hier und auch später stets zu gütlicher Einigung, weil der Herzog bestrebt war, die überkommenen Rechte der Stände zu achten. Auch deren Wunsch, wichtige Gesetze vor ihrer Veröffentlichung vorgelegt zu erhalten, kam er nach. Der Stadt Eisenach bestätigte er 1670 ihre althergebrachten Statuten und Privilegien, deren Urkunden beim Stadtbrand von 1636 verbrannt und nunmehr wieder zusammengetragen und niedergeschrieben worden waren.

Die Regierungstätigkeit im Lande lief in alten Bahnen fort, und da die Arbeiten an der schon von Herzog Wilhelm geplanten neuen Landes- und Polizeiordnung, auch in Verbindung mit den Landständen, zwar weiter betrieben wurden, aber nicht zum Abschluß kamen, begnügte man sich auch jetzt mit Einzelmaßnahmen gegen auftretende Übelstände und der Einschärfung älterer Verordnungen. Wilhelms Almosenordnung wurde 1662 und 1672 erneut publiziert und die Bemühungen um bessere Vorbeugungs- und Bekämpfungsmaßnahmen gegen Feuersgefahr gingen weiter. Die Feuerordnung, die 1665 gedruckt wurde, bezog sich allerdings nur auf die Stadt Weimar und nicht auf das ganze Land; sie war aber wohl als Vorbild auch für andere Orte gedacht. Auf Drängen der Landstände wurden 1667 Maßnahmen gegen die überhandnehmende Prostitution ergriffen und im Jahre darauf eine Verordnung gegen fremde Bettler, Zigeuner und anderes fahrendes Volk erlassen. Von Hexenprozessen in dieser Zeit weiß die Überlieferung vor allem aus Eisenach und Umgebung zu berichten.

Auch im wirtschaftlichen Bereich begnügte sich Johann Ernst mit Einzelverordnungen gegen auftretende Mißbräuche, so 1667 gegen die angesichts des damaligen Verfalls der Getreidepreise üblich gewordene Entlohnung von Dreschern durch Tagelohn statt mit Naturalien. Gegen den Preisverfall selbst anzugehen, der seine Ursache in billigen Getreideeinfuhren aus Polen und Rußland ins Reich hatte, fand man kein Mittel; spätere Versuche des Herzogs, auf Reichsebene etwas dagegen zu tun, führten zu nichts. Wenn Johann Ernst 1665 und 1672 gegen Weimarer Bürger vorging, die sich einer ausgedehnten Schafzucht befleißigten, so geschah das, weil damit die Gefahr verbunden war, daß zwecks Erweiterung von Weideflächen Ackerland unbebaut blieb und dadurch eine Steuerminderung eintrat. Bemerkenswert war der Versuch, neue Textilgewerbe im Lande heimisch zu machen, indem 1671 einem aus Langensalza nach Weimar zugewanderten Raschmacher ein Privileg zur Fertigung von Kronrasch, Sarscha und holländischem Grobgrün erteilt wurde, ein erster Ansatz von ähnlichen Versuchen späterer Weimarer Landesherren und daher für die Weiterentwicklung der heimischen Wirtschaft von Bedeutung. Schwierigkeiten machten allerdings die um ihre Privilegien fürchtenden einheimischen Handwerkerinnungen, die auch gegen die Zulassung fremder Tuchmacher zu den Weimarer Jahrmärkten Widerstand anmeldeten, mit dem sie aber bei dem Herzog nur Teilerfolge erzielten. Nicht durchsetzen konnte der Herzog die Abschaffung der in der Rhön üblichen Sonntagsmärkte, gegen die sich die dortige Geistlichkeit gewandt hatte. Seine 1664 dagegen erlassene Verfügung zog er auf Bitten der betroffenen Orte zurück, weil diesen sonst erhebliche wirtschaftliche Nachteile erwachsen wären gegenüber den benachbarten würzburgischen Orten, in denen ebenfalls solche Märkte üblich waren. Die noch von Herzog Wilhelm getroffenen Vorbereitungen zur Errichtung einer Glashütte im weimarischen Teil von Stützerbach fand jetzt ihren Abschluß in einem Privileg, das Johann Ernst 1670 dem dortigen Glasmeister Hans Greiner erteilte und das vor allem die für die Hütte lebensnotwendige Holzzufuhr aus den umliegenden Wäldern regelte. Dem zum Stillstand gekommenen Ilmenauer Bergbau, dessen Ertrag allerdings nach den Bestimmungen des Hennebergischen Teilungsvertrags von 1660 dem Gesamthause Sachsen gemeinsam zugute kommen sollte, konnte aber auch in diesem Jahrzehnt noch nicht wieder aufgeholfen werden.

Zu einem wichtigen Abschluß langjähriger Bemühungen gelangte man auf kirchlichem Gebiet: die bereits von Herzog Wilhelm vorbereitete neue weimarische Kirchenordnung konnte 1664 publiziert werden und damit in Kraft treten. Sie war eine Umarbeitung der coburgischen Kirchenordnung von 1626, die auch in Gotha als Vorbild gedient hatte. Zu einer weiteren Angleichung des weimarischen Kirchen- und Schulwesens an das Gothaer Vorbild, wie sie Herzog Ernst von Gotha anstrebte, kam es jedoch nicht. Mit einer so intensiven und mit ständigen Kontrollen verbundenen religiösen Unterweisung der Bevölkerung wie sie Ernst der Fromme in seinem Herrschaftsgebiet handhabte, konnte man sich in Weimar nicht befreunden; 1670 sprach sich der weimarische Generalsuperintendent Zapf gegen die Übernahme des gothaischen „Informationswerks" (vgl. Bd. IV, S. 19) auf Weimar aus und Herzog Johann Ernst folgte ihm darin. Auch zu einer neuen Kirchenvisitation, wie sie 1667 die Landstände gefordert hatten, ist es nicht gekommen. Man begnügte sich damit, Herzog Wilhelms Sonntagsordnung erneut zu publizieren und, angesichts der von den Türken drohenden Kriegsgefahr, eine Reihe von Buß-, Bet- und Fasttagen anzuordnen. Eine von Zapf entworfene neue Schulordnung, die mit manchen Vorschriften Kromayers brach, gegen die sich schon zu dessen Lebzeiten Widerstand im Lande erhoben hatte, wurde 1670 in Kraft gesetzt; sie hat bis 1712 gegolten.

Die von den ernestinischen Herzögen gemeinsam wahrzunehmende Aufsicht über die Universität Jena, die infolge der Lehrtätigkeit bedeutender Gelehrter wie des Mediziners Werner Rolfink, des Juristen Georg Adam Struve und des Mathematikers Erhard Weigel einen ständig wachsenden Zulauf an Studenten hatte, (vgl. Bd. IV, S. 85 f.) wurde damals durch erneute Präzedenzstreitigkeiten mit Altenburg erschwert; sie verzögerten eine neue Visitation bis 1669. Die von Johann Ernst geforderte und auch von Altenburg gewünschte Einsetzung einer Procancellarius, der für Einhaltung von Disziplin unter den Studenten sorgen sollte, fand nicht die Zustimmung Ernsts des Frommen. Einig war man sich aber auch jetzt darin, an der Universität keine theologischen Lehrstreitigkeiten aufkommen zu lassen. Aus diesem Grunde sprach sich Johann Ernst mit Erfolg gegen eine öffentliche Verurteilung der Lehre des Helmstedter Theologen Georg Calixt, den sogenannten Syncretismus, aus, die einem Ausgleich zwischen den konfessionellen Gegensätzen das Wort redete. Von einer 1670 veranstalteten Zusammenkunft der ernestinischen Herzöge, auf der über Universitätsangelegenheiten beraten wurde, hatte vor allem die Universitätsbibliothek Nutzen, deren unzureichend gewordene finanzielle Grundlage verbessert wurde.

Ein reichspolitisches Problem überschattete die ersten Regierungsjahre Johann Ernsts, die Türkengefahr, die in Weimar sehr ernstgenommen wurde. Für 1663 hatte Kaiser Leopold I. dieser Gefahr wegen einen Reichstag nach Regensburg einberufen, der seitdem dort ununterbrochen bis zum Ende des Reiches getagt hat. Johann Ernst und seine Brüder, noch mit ihren Landesteilungsgeschäften befaßt, verzichteten darauf, einen eigenen Bevollmächtigten dorthin abzuordnen; sie ließen sich durch den gothaischen Gesandten Ernst Ludwig Avemann vertreten, nach dessen Rückkehr nach Gotha (1666) durch den magdeburgischen Reichstagsgesandten Johannes Krull, der auch die gothaische Stimme dort führte; als er 1668 nach Magdeburg zurückkehrte, ruhten die drei Reichstagsstimmen von Weimar, Eisenach und Gotha für volle vier Jahre, weil man sich über die Neubesetzung nicht einigen konnte. Die 1663 in Regensburg und auf dem nachfolgenden obersächsischen Kreistag in Leipzig gefaßten Beschlüsse nahm Johann Ernst so wichtig, daß er es sogar, wie erwähnt, auf einen Streit mit den Landständen ankommen ließ, als er ohne ihre vorherige Billigung neue Steuern ausschrieb, um so schnell wie möglich die erforderlichen Geldmittel zur Ausrüstung der Reichsarmee und für Sicherungsmaßnahmen gegen einen Türkenangriff zu beschaffen, denn die Furcht davor beherrschte damals ganz Thüringen. Johann Ernst leistete nicht nur die beschlossenen Geldzahlungen an den Kaiser, sondern traf auch alle Vorbereitungen, um seine Residenzstadt in einen verteidigungsfähigen Zustand zu setzen, und stellte das von ihm verlangte Truppenkontingent von 20 Reitern und 100 Mann zu Fuß auf, das nach Südosten in Marsch gesetzt wurde und an der siegreichen Schlacht bei St. Gotthard an der Raab 1664 beteiligt gewesen ist. Der bald darauf geschlossene Frieden enthob den Herzog weiterer Sorgen; das Kontingent kehrte zurück, die in Weimar bereits in Gang gekommenen Arbeiten an der Verbesserung der Stadtbefestigung blieben liegen. 1667 trat der Kaiser erneut mit Forderungen an die Reichsstände heran, die dem Kostenersatz für die Türkenabwehr an den Reichsgrenzen galten, und zu denen auch Weimar in den Jahren 1670 und 1671 mit Zustimmung der Landstände seinen Teil beitrug.

Wesentlich näher wurden weimarische Interessen berührt durch die militärischen Auseinandersetzungen, die sich 1663 zwischen Kurmainz und Erfurt anbahnten und im Jahre darauf losbrachen, die sogenannte Erfurter Reduktion (s. S. 97 f., 238 f.). Gemeinsam mit den anderen ernestinischen Herzögen bemühte sich Johann Ernst seit Beginn des Jahres 1663, zwischen den zerstrittenen Parteien zu vermitteln; so sandte er seinen Hofrat Wex nach Erfurt, um dort zur Nachgiebigkeit gegenüber Mainz raten zu lassen. Nachdem im September der Kaiser über Erfurt die Reichsacht verhängt und den Kurfürsten von Mainz mit der Reichsexekution beauftragt hatte, ging es bei Verhandlungen mit Kursachsen, bei denen ebenfalls Wex die weimarischen Interessen vertrat, um die Wahrung der gemeinsamen Rechte an Erfurt. Alle diese Versuche blieben jedoch ergebnislos, da sich Kurfürst

Johann Georg II. von Sachsen auf die mainzische Seite ziehen ließ. Gegen die zur Belagerung von Erfurt herangerückten mainzischen und französischen Truppen etwas zu unternehmen, war man auf ernestinischer Seite nicht in der Lage; auch die weimarischen Landstände warnten Johann Ernst vor jeder Einmischung in den Streit und empfahlen eine rein defensive Haltung. Versuche der Ernestiner, Kurfürst Friedrich Wilhelm von Brandenburg als Vermittler zu gewinnen, hatten zwar Erfolg, kamen aber zu spät, denn bevor dieser seine Vermittlungsversuche aufnehmen konnte, kapitulierte Erfurt im Oktober 1664. Die danach von Johann Ernst und den anderen Ernestinern unternommenen Versuche, ihre Rechte in Erfurt zu wahren oder wenigstens eine angemessene Entschädigung zu erhalten, wurden dadurch erschwert, daß sich Kursachsen sehr schnell zum Verzicht auf die eigenen Rechte bestimmen ließ. Es ging daher im wesentlichen nur noch um die Durchsetzung von Entschädigungsforderungen. Bei den darüber zwischen den Ernestinern und Mainz geführten Verhandlungen betätigte sich Kursachsen als Vermittler. Abgeschlossen wurden sie mit dem Erfurter Exekutionsrezeß vom 16./26. Mai 1667. Darin verzichteten die Ernestiner auf ihren Anteil an den Schutzrechten über Erfurt; sie blieben aber im Besitz des Geleitsrechts und einiger Höfe im Erfurter Stadtgebiet. Beide Parteien gaben bestimmte Lehnsansprüche auf, Mainz die auf Apolda, Gotha und andere ernestinische Orte, die Ernestiner auf die Herrschaft Vieselbach. Außerdem verzichtete Mainz auf seine Ansprüche auf das Amt Kapellendorf und auf das Dorf Großrudestedt, beharrte aber auf dem Wiedereinlösungsrecht an den Ämtern Mühlberg und Tonndorf; den Ernestinern gegenüber sicherte es der Stadt Erfurt Religionsfreiheit zu und erkannte die sächsische Landeshoheit über die Herrschaften Gleichen, Blankenhain und Kranichfeld an. Dieser Ausgleich war, auch wenn er überaus verwickelte Rechtsbeziehungen nunmehr endgültig klärte und für Johann Ernst und seine Brüder den bis dahin strittigen Besitz des Amtes Kapellendorf sicherte, zweifellos ein Verlustgeschäft für die Ernestiner und bedeutete eine Minderung ihrer politischen Stellung in Thüringen. Es hatte sich zudem wieder gezeigt, daß ihre auf Verhandlungen beschränkten Möglichkeiten ohne zureichende Unterstützung durch Kursachsen oder andere mächtige Reichsstände nicht genügten, um althergebrachte Rechte zu schützen. Dennoch nahm Johann Ernst die 1669 von Kurfürst Johann Georg II. von Sachsen aufgegriffene, 1663 von Ernst dem Frommen von Gotha ausgegangene Anregung, zu einer gemeinsamen Politik aller sächsischer Häuser in Reichsangelegenheiten zu kommen und zunächst eine gemeinsame Streitmacht aufzustellen (s. u. S. 237), mit größter Zurückhaltung zur Kenntnis; nach den eben gemachten Erfahrungen mochten sie in seinen Ohren wohl wie Hohn klingen.

Wie schon berichtet, hatten sich seit dem 1662 zwischen Johann Ernst und seinen Brüdern abgeschlossenen Mutschierungsvertrag Tendenzen zu weitergehender Trennung gezeigt. Sie setzten sich fort, als nach dem 1668 erfolgten Tod Herzog Adolf Wilhelms dessen posthum geborener Sohn Wilhelm August 1671 ebenfalls starb. Die nunmehr einsetzenden Verhandlungen über die Aufteilung des von ihm hinterlassenen eisenachischen Landesteils waren noch im Gange, als im August 1672 mit dem frühen Tod des unmündigen Herzogs Friedrich Wilhelm III. das altenburgische Herzogshaus im Mannesstamm erlosch (s. o. S. 98). *Johann Ernst und seine Brüder hatten sich bereits 1669*, nach dem Tod Herzog Friedrich Wilhelms II. von Altenburg, *über Schritte zu schneller Inbesitznahme altenburgischen Herrschaftsgebiets* für den Fall eines Aussterbens des dortigen Hauses *verständigt. Diese kamen jetzt zum Tragen.* Johann Ernst ließ durch Kommissare sogleich die Ämter Roßla, Camburg, Dornburg, Bürgel, (Stadt-)Roda und Leuchtenburg in Besitz nehmen, Bernhard eilte von Jena nach Altenburg, um dort die Ansprüche seines Hauses anzumelden. In den Ämtern Allstedt, Eisenberg, Saalfeld, Gräfenthal und den hennebergischen und coburgischen Teilen des altenburgischen Herrschaftsbereichs kam ihnen jedoch Ernst der Fromme von Gotha zuvor, der als nächster Anverwandter des letzten Altenburgers — seine Gemahlin war als Tochter Herzog Johann Philipps von Altenburg eine Cousine ersten Grades des Erblassers — Ansprüche auf das gesamte Erbe anmeldete. Die Rechtslage war unklar, zumal die Erbberechtigten nicht daran dachten, die Bestimmungen des 1669 von Herzog Friedrich Wilhelm II. errichteten Testaments einzuhalten, die die Unteilbarkeit des Landes und eine Erbfolge nach dem Erstgeburtsrecht und den Erbeinungsverträgen verfügt hatten. Johann Ernst, dem bei Anwendung des im ernestinischen Hause bisher durchaus unüblichen Erstgeburtsrechts das gesamte altenburgische Erbe zugestanden hätte, der aber offenbar weder von dessen Rechtmäßigkeit noch von der Möglichkeit überzeugt war, sich mit einer solchen Forderung gegenüber seinen auf Landesteilung ausgehenden Brüdern und dem Anspruch seines gothaischen Onkels Ernst durchsetzen zu können, regte Verhandlungen an, die er jedoch, nachdem Herzog Ernst zugestimmt hatte, nicht selbst führte, sondern seinen jüngeren Brüdern überließ, wohl meinend, daß diese in ihrem Drang nach möglichst großem eigenen Landgewinn mehr zu erreichen imstande sein würden als er. Johann Georg und Bernhard waren jedoch den Verhandlungskünsten Ernsts des Frommen und seines Bevollmächtigten Jakob Heinrich Heidenreich, der für die sieben Söhne seines Herrn 7/10 des Erbes forderte und den drei weimarischen Brüdern lediglich 3/10 zubilligte, nicht gewachsen und gaben sich bei den entscheidenden Verhandlungen mit Herzog Ernsts ältestem Sohn Friedrich in Altenburg sogar mit 1/4 des Erbes zufrieden, so daß *3/4 der*

Erbschaft dem gothaischen Hause zufielen. Am 16. Mai 1672 wurde der Vertrag in Gotha unterzeichnet.

Der an das Haus Weimar entfallende Anteil bestand aus den Ämtern Allstedt, Bürgel, Dornburg und (Nieder-)Roßla, letzteres ohne das Salzbergwerk Sulza, ferner aus der Landes- und Steuerhoheit über die Herrschaft Remda, das Gut Apolda und das Amt Hardisleben, dem Einlösungsrecht am Amt Hardisleben und der Lehnshoheit über die in den genannten Ämtern ansässigen Lehnpflichtigen und die v. Reckrodtischen Güter in Lauchröden, schließlich aus dem bisher altenburgischen Anteil am Erfurter Geleit und am Georgenthaler Hof in Erfurt. Aus gothaischem Besitz wurde außerdem das Amt Crayenberg an der Werra an Weimar abgetreten. Gemeinsam blieben die Rechte und Pflichten gegenüber Universität, Hofgericht und Schöppenstuhl Jena, die Landes- und Lehnshoheit über Grafen und Herren, soweit sie bisher Altenburg zugestanden hatte, und die Verwaltung der Ämter Mühlberg und Tonndorf. Die bisher von Weimar und Gotha gemeinsam geführte Eisenacher Reichstagsstimme fiel an Weimar, die Altenburger und Coburger Stimmen wurden von Gotha übernommen.

Bereits wenige Wochen später, am 25. Juli 1672 kamen auch die Teilungsverhandlungen zwischen den weimarischen Brüdern zum Abschluß. Dabei entfielen auf:

Johann Ernst die Ämter Weimar, Oberweimar (mit Umpferstedt), Berka, Roßla und Ilmenau mit den einbezirkten Städten, die Vorwerke Köttendorf, Lützendorf, München bei Berka und Tiefurt, das Große Vorwerk in Weimar und ein Teil der Vogtei Brembach, Dorf und Vorwerk Ettersburg, die Städte Buttstädt und Rastenberg, das Forstamt Zillbach, 3/16 des Erfurter Geleits, die Hälfte der Saaleflöße und das Einlösungsrecht am Amt Hardisleben;

Johann Georg die Ämter Eisenach, Creuzburg, Gerstungen, Hausbreitenbach, Crayenberg, Kaltennordheim und Lichtenberg mit den einbezirkten Städten, das Amt Ringleben, die Vogtei Schwansee und Teile der Vogtei Brembach, Markvippach und das Kammergut Bachstedt, 9/16 des Erfurter Geleits und die Hälfte des Georgenthaler Hofs in Erfurt;

Bernhard die Ämter Jena, Bürgel (mit Vorwerk Gniebsdorf), Dornburg, Kapellendorf und Allstedt, die Stadt Buttelstedt, die Vogteien Magdala und Gebstedt samt einbezirkten Städten, die Dörfer Döbritschen und Wiegendorf (s. Karte III), 1/4 des Erfurter Geleits und die Hälfte der Saaleflöße und des Georgenthaler Hofs in Erfurt.

In ihren Landesteilen übernahmen die Herzöge die volle Landeshoheit. Sie war allerdings eingeschränkt durch die Rechte, die in Gemeinschaft und der direktorialen, in wichtigen Fragen an die Zustimmung der jüngeren Brüder gebundenen Verwaltung Johann

Ernsts überlassen blieben, vor allem die Vertretung gegenüber dem Reich und den Reichskreisen, das Militärwesen, die Landstände und Landtage, die Lehnshoheit über Grafen und Herren und die Landeshoheit über den Adel, die Verpflichtungen gegenüber Universität, Schöppenstuhl und Hofgericht in Jena und dem Gymnasium in Schleusingen, die Verwaltung des Amtes Fischberg, der Bergwerke, des Münzregals und der Flößerei auf der Werra. Für die Verwaltung dieser gemeinsamen Angelegenheiten wurde ein Geheimes Ratskollegium und eine gemeinsame Kammerverwaltung eingerichtet; letztere sollte die von den Landständen bewilligten Steuern einnehmen und daraus die Kosten der direktorialen Verwaltung bestreiten. Die Bindungen der neu entstandenen selbständigen Herrschaftsgebiete aneinander war also noch relativ eng; in der Folgezeit erwiesen sich jedoch, wie schon 1662, die Tendenzen zum Auseinanderleben als stärker und führten zu zunehmender Verselbständigung der neuen Territorien.

8. Sachsen-Gotha 1640/41-1680

Die Regierungszeit Herzog Ernst des Frommen 1640/41-1675

Herzog Ernst, dem die Nachwelt den Beinamen des Frommen gegeben hat, stand im 40. Lebensjahr, als er die Regierung in dem ihm durch die Landesteilung von 1640/41 zugefallenen Territorium antrat. 1601 in Altenburg geboren, war schon in früher Jugend seine auffallendste Charaktereigenschaft die Frömmigkeit gewesen, und die widrigen Zeitumstände, die sein Leben begleiteten, verstärkten diesen Wesenszug noch. Für den Kriegsdienst zeigte er zunächst ebenso wenig Neigung wie sein älterer Bruder Albrecht, während dessen Abwesenheit er im Jahre 1621 bereits, wenn auch nur für wenige Monate, die Regierungsgeschäfte im gemeinsamen weimarischen Fürstentum zu führen hatte. Erst als nach den bitteren Erfahrungen der folgenden Jahre mit Gustav Adolfs von Schweden Eintritt in den Krieg die Rettung für die Evangelischen gekommen war, wollte auch er im Kampf für seinen lutherischen Glauben und die reichsständischen Rechte nicht zurückstehen. Im Oktober 1631 trat er als Oberst in die schwedische Armee ein. Er warb ein Reiter-Regiment und führte es an der Seite des Königs in den Kämpfen bei Rain am Lech, vor Nürnberg und bei Lützen; überall erwies er sich als tapferer Soldat und umsichtiger Truppenführer. Auch nach des Königs Tod blieb er zunächst bei der Armee, an der Seite seines jüngeren Bruders Bernhard. Als dieser aber durch seine militärischen Aufgaben davon abgehalten wurde, das ihm 1633 von Schwedens Reichskanzler Oxenstierna übergebene Herzogtum Franken selbst zu regieren, übernahm auf seinen Wunsch Ernst als sein Statthalter diese nicht leichte Aufgabe in dem durch die Kriegsereignisse schwer mitgenommenen Land; er erwies sich als überaus umsichtiger Regent, dessen von Sorgfalt und Sparsamkeit geprägte Führung der Regierungsgeschäfte selbst bei politischen Gegnern Anerkennung fand. Mit der Schlacht bei Nördlingen, an der er teilnahm, endete für Ernst diese erfolgversprechende Tätigkeit; er kehrte nach Weimar zurück, schloß sich wie seine älteren Brüder Wilhelm und Albrecht dem Prager Frieden an und betätigte sich nunmehr in heimischer Umgebung, wo er sich vor allem den Kirchen- und Schulangelegenheiten widmete. Dabei kam er bald in Meinungsverschiedenheiten mit dem regierenden Bruder Wilhelm und dem Generalsuperintendenten Kromayer (s. o. S. 172 f.), gegen die seine eigenen Pläne durchzusetzen ihm nicht gelang. Daß solche Erfahrungen ihn in dem Vorsatz bestärkten, jede Gelegenheit zu nutzen, um eines Tages Herr in einem eigenen Territorium zu sein und dort seine bereits im Herzogtum Franken erkennbar gewordenen Fähigkeiten als Regent unter Beweis zu stellen, ist kaum zu bezweifeln. Voraussetzung dafür war allerdings eine Vergrößerung des ererbten weimarischen Territoriums (siehe Abb. 11, nach S. 160).

Erste Aussichten darauf brachte der Anschluß der Weimarer Herzöge an Schweden und die in diesem Rahmen von ihnen verfolgten Pläne, Erfurt und das Eichsfeld für sich zu gewinnen. In voller Einmütigkeit führten sie darüber Verhandlungen mit dem schwedischen Reichskanzler Oxenstierna (s. o. S. 140 f.), aber der Wandel des Kriegsglücks mit dem nachfolgenden Beitritt Weimars zum Prager Frieden ließ alle Erwartungen hinfällig werden. Volle Sicherheit hingegen boten die 1634 mit den Herzögen von Altenburg geführten Verhandlungen über die Aufteilung des zu erwartenden coburg-eisenachischen Erbes, und daß es im Eisenberger Vertrag, an dessen Abfassung Herzog Ernst maßgeblich beteiligt war, ihm und seinen Brüdern gelang, eine Erbteilung nach der Zahl der Erben zu erreichen, war für ihn als einen der nachgeborenen Söhne von besonderer Wichtigkeit. Als der Vertrag mit dem Tod Herzog Johann Ernsts von Eisenach-Coburg 1638 in Kraft trat, übernahm Ernst 1639 im Auftrag Wilhelms in Coburg die Regierungsgeschäfte, die er bis zum Abschluß des Erbteilungsvertrags vom 13. Februar 1640 geführt hat, an dessen Zustandekommen er ebenfalls beteiligt war. Bei den bereits an anderer Stelle (s. o. S. 177) beschriebenen Verhandlungen über eine Landesteilung zwischen den Weimarer Brüdern war Ernst die treibende Kraft. Es gelang ihm, Albrecht auf seine Seite zu ziehen und mit bemerkenswertem Verhandlungsgeschick alle Widerstände des zögernden Wilhelm zu überwinden und zu einem schnellen Erfolg zu kommen, der für ihn der

Gewinn eines eigenen Herrschaftsgebiets bedeutete. Das auf ihn entfallene Territorium umfaßte ein zusammenhängendes Gebiet am und vor dem Nordhang des Thüringer Waldes, bestehend aus den Ämtern Gotha, Tenneberg, Reinhardsbrunn, Georgenthal, Schwarzwald, Wachsenburg, Ichtershausen und dem Anteil an den mit Altenburg gemeinsam verwalteten Ämtern Tonndorf und Mühlberg, aus der südlich des Gebirges gelegenen Exklave Königsberg in Franken und dem vormals kurmainzischen Anteil am Amt Salzungen. Dieses Territorium vergrößerte sich nach dem vier Jahre später eingetretenen Tod Herzog Albrechts von Eisenach und der ihm 1645 folgenden Aufteilung seines Landes um die südlich des Thüringer Waldes gelegenen Ämter Heldburg, Veilsdorf, Eisfeld, Allendorf, Crayenberg und dem eisenachischen Teil des Amtes Salzungen und das in Nordthüringen in der Nachbarschaft der Reichsstadt Mühlhausen gelegene Amt Volkenroda. Über weitere Landgewinne Ernsts wird später zu berichten sein.

Als Residenz des an ihn gefallenen Landesteils wählte Ernst die Stadt Gotha, die damit den durch die Katastrophe von 1567 verlorenen Charakter als Fürstenresidenz und Regierungssitz nach 73 Jahren zurückgewann und zwar für fast drei Jahrhunderte. Die 1567 geschleifte Burg Grimmenstein lag freilich noch in Trümmern und das vom Herzog als Residenz in Aussicht genommene städtische Kaufhaus, ein 1572 errichteter Bau, der später, 1665, zum Rathaus umgebaut wurde, mußte erst für seinen neuen Zweck hergerichtet werden; so nahm Herzog Ernst mit Familie und Hofstaat zunächst Wohnung im Schloß Tenneberg bei Waltershausen. Von hier erfolgte im Oktober 1640 die Übersiedlung in die neue Residenzstadt. Im Landesteilungsvertrag von 1641 war zwar der Neubau eines Schlosses in Gotha vorgesehen, wofür dem Herzog von seinen Brüdern 12 000 Taler zugestanden waren. Doch die Kriegsverhältnisse ließen einen sofortigen Baubeginn nicht zu, und da Ernst außerdem von ernsten Skrupeln geplagt wurde, ob er seinem vom Krieg ausgeplünderten Land einen solch hohen Aufwand überhaupt zumuten dürfe, konnte er sich erst 1643 entschließen, mit den Bauarbeiten zu beginnen; sie zogen sich viele Jahre hin.

Gotha war damals lediglich Sitz eines Amtes, an dessen Spitze ein Amtsverwalter stand, Johann Breithaupt (1606-1687). Es galt also, für das neue Herrschaftsgebiet zunächst eine zentrale Verwaltung zu schaffen. Der dem Herzog zur Verfügung stehende Hofstaat, mit dem er sich bereits in Weimar umgeben hatte, konnte dafür eine nur sehr bescheidene Grundlage bieten. Zu seinen einflußreichen Mitgliedern gehörten neben reinen Hofchargen der anstelle des 1639 verstorbenen Evenius zum Hofprediger berufene vormalige Pfarrer von Frankendorf und Hohlstedt bei Jena, Christoph Brunchorst, der dieses Amt nunmehr auch in Gotha bekleidete, der bereits in diplomatischen Missionen bewährte Hofjunker und

Jenaer Hofgerichtsassessor Hans Caspar von Miltitz (1608-1670) und der Sekretär Emanuel Fendt (1591-1673), ferner der als Kammerdiener verwendete Festungsbaumeister Andreas Rudolf (Rudolphi), der später den Schloßaufbau geleitet hat. Miltitz und Fendt fiel im April 1640 die Aufgabe zu, die formelle Inbesitznahme der zu des Herzogs Territorium gehörenden Ämter zu vollziehen, indem sie die dortigen leitenden Beamten auf den Herzog vereidigten.

Der Aufbau der nach weimarischem Vorbild in Regierung, Konsistorium und Kammer gegliederten Zentralverwaltung kam erst im Laufe des Jahres 1641 in Gang; die für ihre Tätigkeit notwendige organisatorische Grundlage erhielt sie durch 1642 erlassene Kanzlei-, Konsistorial- und Kammerordnungen. Die Leitung von Regierung und Konsistorium übernahm im Sommer 1641 der in weimarischen Diensten vielbewährte Hof- und Konsistorialrat Georg Frantzke (siehe S. 162 u. Abb. 12, nach S. 176), den Herzog Ernst zum Kanzler und Konsistorialpräsidenten berief. An der im Februar 1641 in Gotha abgehaltenen Landeshuldigung hatte er nicht teilnehmen können, weil er sich damals noch als Bevollmächtigter der Weimarer Herzöge auf dem Reichstag in Regensburg befand. Herzog Ernst bediente sich daher für diese wichtige Formalität des eisenachischen Kanzlers Malsius als des leitenden Beamten. Neben ihm nahmen an der Zeremonie der eisenachische Kammerrat und Geheime Ratspräsident Christoph von Hagen und der im Dienst Herzog Johann Casimirs von Coburg gewesene Hofrat Johann Michael Strauß teil, die beide von Herzog Ernst in seine Dienste übernommen wurden.

Der aus Meiningen gebürtige Jurist Strauß (1589-1661), der nach Studien in Jena, Leipzig, Straßburg und Altdorf und Reisen nach England, Frankreich und der Schweiz 1616 in Basel promoviert und danach beim Reichskammergericht in Speyer gearbeitet hatte, war 1619 Hofrat in Gotha und von Johann Casimir auch zu diplomatischen Missionen verwendet worden. 1641 ernannte Herzog Ernst ihn zum Hof- und Konsistorialrat; an wichtigsten Vorhaben des Herzogs in den ersten Jahren seiner Regierungstätigkeit hat er wesentlichen Anteil gehabt, doch blieb er nur wenige Jahre in Gotha; 1645 übernahm er als Kanzler die Leitung der hennebergischen Regierung in Meiningen.

Christoph von Hagen (1591-1674), ein eichsfeldischer Adeliger, der einst, wie Brunchorst, in weimarischen Diensten im Eichsfeld gestanden hatte und danach von Herzog Johann Ernst von Sachsen-Eisenach-Coburg zum Kammerrat berufen und in Eisenach Geheimer Ratspräsident geworden war, übernahm in Gotha die Leitung der Kammer, nachdem der 1640 zum Rentmeister ernannte Gothaer Amtsverwalter Breithaupt in Herzog Ernsts Auftrag erste Maßnahmen zur Bildung einer zentralen Finanzverwaltung getroffen hatte. Verstärkt wurde das leitende Personal der Regierung 1643 durch den aus weimarischen Diensten übernommenen Hofrat Johann Christoph Lobhartzberger (1611-1655), der in Gotha den Posten eines Hof- und Konsistorialrats übernahm.

Es war für Herzog Ernst nicht leicht, geeignete Personen für seine neuen Behörden zu finden, zumal er an ihre Arbeitskraft und moralische Integrität hohe Anforderungen stellte. Der Nürnberger Jurist und Ratskonsulent Georg Achaz Heher, den er aus früherer Zusammenarbeit im Herzogtum Franken schätzte (s. o. S. 188), fand sich 1640 nur zur Annahme einer Hofratsstelle „von Haus aus" bereit, weil er seine Aufgabenbereiche im Dienst seiner Heimatstadt und anderer fränkischer Reichsstände nicht aufgeben wollte. Dennoch hat Heher dem Herzog vortreffliche Dienste geleistet, nicht nur, wie schon berichtet, seit 1645 als gothaischer und weimarischer Bevollmächtigter bei den Friedensverhandlungen in Osnabrück, sondern danach auch als Oberamtmann der vier gothaischen Ämter Veilsdorf, Eisfeld, Heldburg und Königsberg und Bevollmächtigter Herzog Ernsts auf Reichstagen (siehe Abb. 13, nach S. 176).

Der Behördenaufbau in Gotha mußte unter äußerst ungünstigen äußeren Verhältnissen vor sich gehen. Denn wie andere Gebiete Thüringens hatte auch das neue gothaische Territorium damals unter den Kriegsumständen zu leiden, den Durchzügen schwedischer, französischer, kaiserlicher und bayerischer Truppen, die zwischen 1640 und 1647 das Land heimsuchten. Schon 1638 war in den Dörfern des Amtes Gotha die Bevölkerungszahl von ursprünglich 8932 auf 3134 zurückgegangen, die Zahl der einst 1691 bewohnten Häuser auf 785; von 830 Pferden waren noch 208, von 2750 Stück Rindvieh noch 180, von 7029 Schafen nichts mehr übrig geblieben. Im benachbarten Amt Tenneberg und in anderen Teilen des Landes sah es nicht anders aus, bei allen Unterschieden im Einzelfall. Weniger betroffen waren die abseits der Heerstraßen gelegenen Thüringerwaldämter Georgenthal und Reinhardsbrunn, die 1640 noch erhebliche Viehbestände besaßen.

Neue schwere Schäden brachte das Jahr 1640, als sich nördlich des Thüringer Waldes die schwedische Armee Banérs, südlich des Gebirges die Kaiserlichen Erzherzog Leopold Wilhelms festsetzten. Im Jahre darauf bekamen die Kaiserlichen in Thüringen das Übergewicht; lediglich Erfurt blieb in schwedischer Hand und die dortige Garnison vermehrte durch ihre Forderungen nach Geld und Lebensmitteln noch die Lasten der benachbarten gothaischen Gebiete, die die Einquartierungen kaiserlicher und bayerischer Truppen für sie bedeuteten, bis diese durch Torstenssons Vorstoß nach Böhmen zu Beginn des Jahres 1642 zum Abzug nach Süddeutschland genötigt wurden. Nachdem Torstensson wegen des Eintritts Dänemarks in den Krieg nach Norddeutschland zurückgekehrt war, nahm der Ende 1643 im Hennebergischen Winterquartiere beziehende kaiserliche Feldmarschall

Hatzfeld auch die gothaischen Lande für die Ernährung seiner Truppen in Anspruch und richtete an Herzog Ernst entsprechende Forderungen. Der neue schwedische Vorstoß aus dem Norden brachte Ende 1644 wieder schwedische Soldaten auch ins Gothaische, während sich in den Landesteilen südlich des Thüringer Waldes, vor allem im Amt Königsberg in Franken, kaiserliches Militär festsetzte, bis es sich durch den neuen Einmarsch Torstenssons in Böhmen und seinem Sieg bei Jankau im Frühjahr 1645 zum Abzug nach Süden gezwungen sah. Schwere Leiden auch für das gothaische Land brachten die Jahre 1646 und 1647, als zunächst die schwedische Hauptarmee des Feldmarschalls Wrangel nach ihrem Rückmarsch aus Böhmen im Frühjahr 1646 Quartiere in Thüringen nahm. Damals wurde, am 23. März, die Stadt Gotha zudem noch von dem Unglück einer Feuersbrunst betroffen, die schweren Schaden anrichtete. Den später nach Nordwesten abziehenden Schweden folgten kaiserliche Verbände auf dem Fuße, die um die Jahreswende 1646 auf 1647 wieder den Schweden Platz machten, als diese ihren Vorstoß nach Bayern und Böhmen vorbereiteten. Danach ebbte das Kriegsgeschehen in Thüringen etwas ab, wenn auch die südlich des Thüringer Waldes gelegenen gothaischen Gebiete von den Übergriffen kaiserlichen und bayerischen Militärs aus dem fränkischen Raum nicht verschont blieben. Der Nachricht vom Friedensschluß von Münster und Osnabrück folgten zunächst weitere Belastungen durch Einquartierungen von nach Norden zurückgehenden schwedischen Truppen und die Notwendigkeit, den auf das gothaische Land entfallenen Beitrag zu der Schweden vertraglich zugesicherten zwei Millionen Taler Entschädigung aufzubringen, der sich auf 29 281 Gulden belief; zu diesem Zweck machten sich in den Jahren 1649 und 1650 mehrere Steuererhebungen nötig.

Herzog Ernst unternahm in diesen Kriegsjahren vielfältige Anstrengungen, um der militärischen Bedrückung seines Landes zu begegnen. Es geschah dies in engem Zusammenwirken mit den Landständen, denen ja das Recht der Steuerbewilligung zustand, von dem er immer von neuem Gebrauch machen mußte, um die Forderungen des Militärs zu erfüllen und damit noch schwererer Belastung vorzubeugen. Drei Landtage und eine große Zahl von Landesausschußtagungen in den Jahren 1641 bis 1650 geben Zeugnis davon. Im Jahre 1640 hatte Ernst einen Versuch unternommen, einen Waffenstillstand zwischen den beiden Kriegsparteien zu vermitteln. Seine Verhandlungen mit Banér und Erzherzog Leopold Wilhelm blieben jedoch ohne Ergebnis, da Kaiser Ferdinand III. ihnen angesichts des von ihm nach Regensburg einberufenen Reichstags, von dem er sich in dieser Hinsicht Vorteile erwartete, die Unterstützung versagte. Diese Regensburger Reichstagsverhandlungen von 1640/41, bei denen sich Herzog Ernst und seine Weimarer und Eisenacher Brüder durch eine gemeinsame Gesandtschaft vertreten ließen (s. o. S. 173), brachten zwar einen Fortschritt auf dem Wege zu allgemeinen Friedensverhandlungen, aber auf das Kriegsgeschehen im gothaischen Lande hatte das zunächst keinen Einfluß, und so sah sich der Herzog vor die gleichen Probleme gestellt wie zuvor. Sein Widerstand richtete sich vor allem gegen offenkundige Ungerechtigkeiten, die er bei der Ausschreibung von Forderungen kaiserlicher Militärbefehlshaber im thüringisch-fränkischen Raum beobachtete, zumal die Bevorzugung der katholischen Reichsstände in Franken und die Übergriffe, die man sich gegenüber den zum Obersächsischen Reichskreis gehörenden südthüringischen Gebieten erlaubte, zu denen auch große Teile seines Landes zählten. Bei seinen Versuchen, dagegen einzuschreiten, sah er sich den Verleumdungen mancher kaiserlicher Truppenführer ausgesetzt, die ihn und seine Beamten der heimlichen Zusammenarbeit mit den Schweden verdächtigten, was den Tatsachen in keiner Weise entsprach. Beschwerden dagegen beim Kaiser und beim sächsischen Kurfürsten, auch wenn sie durch Gesandte in Wien und Dresden vorgetragen wurden, blieben erfolglos; und auch die zahlreichen Schutzbriefe, die er für sein Land oder einzelne Städte erwirkte, vom Kaiser selbst, aber auch von Erzherzog Leopold Wilhelm, Piccolomini, Melander, Gronsfeld und anderen, nützten kaum etwas. Wie für die anderen thüringischen Reichsstände blieben auch für ihn als einzige Hoffnung auf eine Besserung der Verhältnisse die seit 1645 intensiv und unter Mitwirkung der Reichsstände geführten Friedensverhandlungen von Osnabrück und Münster, an denen, wie schon berichtet, als sein und Wilhelms von Weimar Bevollmächtigter Georg Achaz Heher teilnahm, der ihn auch bei den danach in Nürnberg 1649 und 1650 geführten Verhandlungen über die Durchführung der Friedensbedingungen vertrat. Wie anderswo in Thüringen beging man die Friedensfeiern auch in Gotha erst im Jahre 1650, nach dem Abzug der schwedischen Garnison aus Erfurt; am 11. und 12. August fanden sie statt.

Die wichtigsten Grundlagen für den Wiederaufbau im Lande, den er als seine Lebensarbeit ansah, hatte Herzog Ernst inzwischen geschaffen. Tiefe Frömmigkeit und unermüdlicher Tätigkeitsdrang bestimmten seine Regierungsarbeit. Er fühlte sich der reinen Lehre des lutherischen Glaubens verpflichtet und suchte sie in seinem Lande nicht nur zu wahren, sondern darüber hinaus zur Richtschnur für die Lebensführung der Bevölkerung zu machen. Dies war ihm wichtiger als alle über die reine Lehre geführten theologischen Streitigkeiten im evangelischen Lager, die ihm zuwider waren und bei denen er ausgleichend zu wirken suchte; in seinem Lande duldete er sie nicht. Für die hier lebenden Menschen in patriarchalischer Weise zu sorgen, hielt er für seine selbstverständliche Regentenpflicht. Die Hebung des durch die langen Kriegsjahre herabgekommenen sittlichen und kulturellen Zustands breitester Bevölkerungskreise durch die Wiederherstellung geordneter kirchlicher, schulischer und rechtlicher Verhältnisse sah er dabei auch als Grundlage an für die wirtschaftliche Gesundung des Landes, zu der er überdies durch sparsame und mit zuweilen pedantischer Ordnungsliebe geregelte und überwachte Verwaltungsführung beitragen wollte. All dies wünschte er zu erreichen ohne Beeinträchtigung der überlieferten Rechte der Landstände und im Rahmen der Befugnisse, die ihm als Reichsfürst nach den Bestimmungen des Westfälischen Friedens, des Reichsabschieds von 1654 und der Wahlkapitulation von 1658 im Reiche und in seinem Lande zustanden. Jede darüber hinausgehende Betonung seiner Stellung als Landesfürst wehrte er ab, und so widerstrebte es ihm sehr, daß Herzog Friedrich Wilhelm von Altenburg 1657 für sich und sein Haus die Prädikate „Durchlauchtigst hochgeboren" und „Ihre fürstliche Durchlaucht" annahm und dies auch seinen weimarischen und gothaischen Vettern empfahl (s. o. S. 95). Erst nach erbittertem Widerstand, und als Wilhelm von Weimar mit dem Hinweis darauf, daß man andernfalls ungewollt dem altenburgischen Anspruch auf Präzedenz im ernestinischen Hause Vorschub leisten würde, die Annahme dieser Titel für das weimarische Haus allein in Aussicht stellte, gab er 1658 nach. In der amtlichen Praxis hat er dieses Prädikat jedoch nie verwendet; erst im November 1673 taucht es in einem Schreiben der kaiserlichen Kanzlei an die Herzöge von Weimar und Gotha einmal auf. Eine kaiserliche Urkunde über das Recht auf Führung dieses Prädikats hat erst Ernsts Enkel Friedrich II. 1693 erwirkt. Trotz dieser persönlichen Einstellung Ernsts haben seine hohe Einschätzung pädagogischer Wirkungsmöglichkeiten und seine weitgefächerten obrigkeitlichen Maßnahmen, deren Vorschriften auch in die private Sphäre der Menschen in seinem Lande regelnd und überwachend eingriffen, die absolute Fürstenherrschaft hier vorbereiten helfen.

Von der Überzeugung getragen, daß das Kriegsunheil eine Strafe Gottes sei für das sündhafte Leben des Volkes und dessen mangelhaftes Verständnis für die christliche Heilslehre, aber auch für die unzureichende Erfüllung der Amtspflichten von Seiten kirchlicher und weltlicher Amtsträger, sah er in der Beseitigung dieser Mißstände die unabdingbare Voraussetzung für jede auch materielle Besserung im Lande. Um das Ausmaß der Schäden zu erfassen und daraus Folgerungen für dagegen zu ergreifende Maßnahmen ziehen zu können, hielt er eine umfassende Kirchen- und Schulvisitation, wie er sie schon seit 1636, wenn auch vergeblich, für das gemeinsame weimarische Fürstentum gefordert hatte, nunmehr für unbedingt notwendig. Als es ihm und dem seine Überzeugung teilenden Bruder Albrecht von Eisenach jedoch auch jetzt nicht gelang, den ältesten Bruder Wilhelm von Weimar von der Notwendigkeit eines solchen Unternehmens zu überzeugen (s. o. S. 192 f.), hielten sich beide nicht mehr an die im Landesteilungsvertrag getroffene Vereinbarung, auch im kirchlich-schulischen

Bereich gemeinsame Maßnahmen anzustreben, und entschlossen sich 1641 zu selbständigem Handeln.

Schon 1640 hatte Herzog Ernst den als Reformer bekannten Jenaer Universitätsprofessor Salomon Glaß (Glassius, 1593-1656) zum Generalsuperintendenten und Konsistorialassessor nach Gotha berufen (vgl. Bd. IV, S. 18), einen aus Sondershausen gebürtigen Theologen, der in Gotha das Gymnasium besucht, nach vieljähriger Tätigkeit als Superintendent in seiner Heimatstadt 1638 ein Lehramt in Jena übernommen und sich an der Bibelausgabe des Evenius beteiligt hatte. Ihm übertrug er die Leitung der Visitation, die im wesentlichen von November 1641 bis August 1642 allen kriegsbedingten Schwierigkeiten zum Trotz und gegen erhebliche Widerstände von Seiten von Adel, Geistlichkeit und Gemeinden erfolgreich durchgeführt wurde. Beteiligt waren neben Glaß der Hofprediger Brunchorst und als weltliche Beamte Strauß und von Miltitz. Sie war wesentlich umfassender als bisherige Unternehmungen dieser Art, setzte sich aus einer umfangreichen Fragebogen- und einer mündlichen Befragungsaktion zusammen und untersuchte nicht nur Kenntnisstand, Amtsführung und Lebenswandel des Kirchen- und Schulpersonals und anderer Amtsträger, sondern bezog die gesamte Bevölkerung, die in sogenannten Seelenregistern namentlich erfaßt wurde, in ihre Erhebungen ein. Die dabei zutagetretende, z. T. erschreckende Unwissenheit breiter Bevölkerungsschichten in Fragen der christlichen Heilslehre bestärkten den Herzog in seinem bereits vor der Visitation gefaßten Plan, den Wissensstand der erwachsenen Bevölkerung in diesem Bereich zu verbessern. Noch 1642 erließ er sein „Ausschreiben wegen angeordneter christlicher Information und Unterrichtung der Erwachsenen und Unwissenden", mit dem Maßnahmen angeordnet wurden, die dem mangelhaften Wissensstand durch regelmäßigen Katechismusunterricht und die Veranstaltung entsprechender Prüfungen abhelfen sollten. Ein für diesen Zweck bestimmtes Lehrbuch verfaßte Glaß. Dieses vielbeachtete „Informationswerk" stellt also eine frühe Form von Erwachsenenbildung dar und war zu seiner Zeit ohne Beispiel. Der durch die Erfahrungen der Visitation ebenfalls bestätigten sittlichen Verwahrlosung im Lande suchte der Herzog durch zahlreiche in den Jahren 1642 bis 1645 veröffentlichte Verordnungen zu begegnen, so durch Mandate zum Schutz der Sonntagsheiligung und über die Abhaltung von Bußpredigten und Betstunden und durch Maßnahmen gegen säumige Kirchgänger, durch Verordnungen gegen übertriebenen Aufwand bei Hochzeiten und anderen Familienfesten, gegen Saufgelage, gegen die üblich gewordene heimliche Verlobung junger Menschen ohne Wissen der Eltern und gegen voreheliche Schwängerung, durch eine Hochzeitsordnung, die 1650 als „Ehemandat" in geänderter Form erneuert wurde, und das Verbot der Prostitution im Lande.

Gleichzeitige Bemühungen Ernsts galten dem infolge der Kriegsumstände ebenfalls sehr im Argen liegenden Schulwesen. Bereits 1640 hatte er den Rektor des Gymnasiums in Schleusingen, Andreas Reyher (1601-1673), einen Kaufmannssohn aus Heinrichs bei Suhl, der das Schleusinger Gymnasium und die Universität Leipzig besucht und seit 1632 in turbulenten Kriegszeiten erfolgreich als Leiter des Schleusinger Gymnasiums gewirkt hatte, zum Rektor des Gymnasiums nach Gotha berufen. Er nahm hier im Frühjahr 1641 seine Arbeit auf und führte sich gleich mit neuen Schulgesetzen ein, um die herabgekommene Disziplin und unzureichende Lehrtätigkeit zu verbessern (vgl. Bd. IV, S. 76 ff.). Reyhers Tätigkeit blieb jedoch nicht auf das Gymnasium beschränkt, das er durch sein erfolgreiches pädagogisches und organisatorisches Wirken zu einem über Thüringen hinaus geachteten Bildungsinstitut erhoben hat, sondern er verband mit ihr die Stellung eines der wichtigsten pädagogischen Berater des Herzogs.

Über die in der Kirchen- und Schulvisitation gewonnenen Erfahrungen beriet eine 1645 nach Gotha einberufene Synode, deren Ergebnisse in einem von Glaß ausgearbeiteten „Synodalschluß" zusammengefaßt wurden. Er war als Ergänzung der weiterhin in Geltung bleibenden coburgischen Kirchenordnung von 1626 gedacht und regelte das Kirchen- und Schulwesen in umfassender Weise nach dem Grundsatz, daß nicht theologischer Streit über die reine Lehre nötig sei, sondern eine an ihr ausgerichtete Reform des täglichen Lebens und ein Kirchenbrauch, in dessen Mittelpunkt religiöse Unterweisung und sittliche Erziehung stehe. Die finanzielle Lage der Geistlichen und Lehrer wurde verbessert und ihre Hinterbliebenen durch die Schaffung von Witwenfonds vor Notfällen geschützt.

Das unmittelbare Ergebnis aller dieser Bemühungen des Herzogs und seiner Berater blieb jedoch hinter ihren Erwartungen zurück; auf dem 1646 in Gotha abgehaltenen Landtag führte Ernst darüber heftige Klage. Er begnügte sich jedoch damit nicht, sondern beschloß mit Zustimmung der Landstände weitere Maßnahmen gegen die fortbestehende sittliche Verwahrlosung. Besondere Bedeutung kam dabei der Wiedereinrichtung der im Laufe des Krieges eingegangenen Rügegerichte und der Berufung von Disziplininspektoren zu. Die aus Berufsrichtern und Laien zusammengesetzten Rügegerichte hatten leichtere Verstöße gegen obrigkeitliche Verordnungen im Kirchen-, Schul- und allgemeinen Polizeibereich zu untersuchen und gegebenenfalls mit Geld- oder kurzfristigen Haftstrafen zu ahnden; den ehrenamtlich tätigen „Inspectores disciplinae" war die heikle Aufgabe zugedacht, zum Zwecke der Eintragung von Gesetzesübertretungen über die in ihrem Bezirk lebenden Personen eine Liste zu führen, die den Rügegerichten regelmäßig vorzulegen war. Sittenstrenge, zuverlässige und verschwiegene Personen sollten für dieses Aufseheramt ausgewählt werden. Darüberhinaus wurden in den

Jahren 1646 und 1647 ältere Verordnungen neu eingeschärft, aber auch neue erlassen, so gegen Gotteslästerung und Fluchen, gegen Schlägereien und Duelle, für die Bestrafung leichtfertiger Mädchen und über die Neuregelung der Rechtsprechung in Schwängerungssachen. Außerdem richtete der Herzog an die Bevölkerung eine öffentliche Mahnung gegen Ungehorsam und Widerspenstigkeit und eine Verlautbarung „zur Erhaltung und Beförderung christlicher Zucht und Ehrbarkeit und zur Ausbreitung der Ehre Gottes", die von allen Kanzeln verlesen und in denen erneut die schweren Kriegsnöte als Strafe Gottes für den unchristlichen Lebenswandel der Bevölkerung gedeutet wurden.

Weitere Maßnahmen in diesen letzten Kriegsjahren galten anderen Begleiterscheinungen des Krieges, so die wiederholten Anordnungen zur Verhaftung und Bestrafung räuberischen Gesindels, und ein Mandat, das den Ankauf von geraubtem Gut und das Schuldenwesen regelte und das sich nicht nur auf den Ankauf von geraubtem Vieh und Pferden bezog, sondern auch Schuldner gegen die Willkür von Gläubigern schützte und u. a. bestimmte, daß verschuldeter Grundbesitz nicht unter Wert versteigert werden durfte. Ebenfalls der Wiedergesundung der Landwirtschaft dienten die 1642 und 1643 unternommenen Versuche, mit gesetzlichen Mitteln dagegen vorzugehen, daß Ackerfluren unbebaut liegen blieben; so das Gesetz über den Wiederanbau wüstliegenden Grundbesitzes binnen vier Wochen, das im Falle der Nichtbeachtung mit dem Verlust des Eigentums und dessen Übertragung an andere, aufbauwillige Personen drohte, ferner eine Meldepflicht von Eigentümern wüster Güter binnen sechs Monaten, ebenfalls unter Androhung von Besitzverlust, und ein Mandat über Steuervergünstigungen beim Wiederaufbau wüstliegenden Grundeigentums; 1645 und 1649 wurden diese Verlautbarungen erneuert, teilweise in verschärfter Form. Dennoch enthielt noch eine 1651 erlassene Verordnung an die Stadt- und Landgemeinden, in der zur Berichterstattung aufgefordert wurde über ihre wirtschaftliche Lage, insbesondere das Schuldenwesen und die Möglichkeiten seiner Beseitigung, über die von den Einwohnern ausgeübten Berufe, das Vorhandensein von Tuch- und Zeugmachern und anderen Handwerkern des Bekleidungsgewerbes und über deren Preise und Zugehörigkeit zu einer Innung, auch die Frage nach wüsten Häusern und Äckern, verbunden mit der Aufforderung, Vorschläge über deren Wiederauf- bzw. -anbau zu machen. Es dürfte noch eine Reihe von Jahren gedauert haben, bis diese Zeugnisse langjährigen Kriegsgeschehens der Vergangenheit angehörten. Auf vertraglichem Wege ließ der Herzog Streitigkeiten regeln, die es in den letzten Kriegsjahren mit einzelnen Gemeinden über die Leistung zu Frondiensten gab, vor allem in den Ämtern Georgenthal und Schwarzwald. In 1642, 1646 und 1652 abgeschlossenen Rezessen verzichtete er auf Bitten der Bauern gegen Zahlung eines bestimmten Frongeldes auf den größten Teil dieser Dienste. Auf die Dauer war dies aber offenbar für die Dienstpflichtigen kein Vorteil, und als sie den Wunsch äußerten, die Dienste lieber wieder „in natura" leisten zu wollen, ließ er 1671 einen entsprechenden Rezeß abschließen, der in seiner Sorgfalt und Ausführlichkeit ein vortreffliches Beispiel ist, wie man in einem gut verwalteten Herrschaftsbereich dieses gelegentlich schwierige, aber von der Nachwelt wohl oft zu Unrecht hochgespielte Problem bis in die Einzelheiten vertraglich zu regeln pflegte und zwar keineswegs zum Nachteil der Bauern.

Erschwert wurden die Wiederaufbaubemühungen von Bauern und Rittergutsbesitzern durch die infolge von Kriegsverlusten und Abwanderung gesunkene Zahl von Dienstboten, Tagelöhnern und Handwerkern und deren daher steigende Lohnforderungen. Ihnen trat der Herzog durch eine 1646 erlassene Taxordnung entgegen, die die Lohnhöhe festlegte. Den weiterbestehenden Mangel an Dienstpersonal suchte er 1651 durch eine Gesindeordnung zu beseitigen, die für ledige Personen und erwachsene Kinder von Tagelöhnern, Bauern und einfachen Bürgern eine Dienstpflicht einführte und diese genau regelte. Ihre Durchführung bereitete erhebliche Schwierigkeiten und so wurde sie noch 1656 erneut eingeschärft. Überhöhten Gebührenforderungen von Advokaten und Gerichten suchte man durch eine Sportel- und Gerichtsgebührenordnung (1643) zu steuern; eine Verordnung über die Gleichheit von Maß und Gewicht im Lande (1642) und ein Strafmandat gegen falsche Maße und Gewichte (1643) galten der Unterbindung von Betrügereien, während zahlreiche Münzmandate dem Schutz von Handel und Gewerbe gegen die große Zahl von minderwertigen Zahlungsmitteln dienen wollten, die damals im Reich in Umlauf waren. Daß man auf dem Landtag von 1646 auch eine Erneuerung der Kleiderordnung beriet, weil man festgestellt hatte, daß der Kleiderluxus gewachsen war, Samt- und Seidenstoffe getragen und „wohl gar von gemeinen Bürgersleuten goldene Ketten angehängt" wurden, mag angesichts der Kriegszeit überraschen, bezeugt aber, wie unterschiedlich die Lebensverhältnisse im einzelnen auch in einem engumgrenzten Gebiet damals sein konnten. Bis zur Fertigstellung dieser Ordnung vergingen allerdings einige Jahre; erst auf dem Landtag von 1651 wurde sie mit Zustimmung der Landstände zur Veröffentlichung zugelassen. Erneuert wurde sie 1662. Daß sie so abgefaßt war, daß die einzelnen Geburtsstände sich auch in der Kleidung sichtbar von einander unterschieden, war in dieser Zeit eine Selbstverständlichkeit.

In die letzten Kriegsjahre fallen auch die Anfänge des Schloßneubaus auf den Trümmern des Grimmensteins in Gotha. 1643 wurde mit den Bauarbeiten an dem neuen Schloß Friedenstein begonnen. Sie beruhten im wesentlichen auf Plänen des Erfurter Baumeisters Caspar Vogel und standen unter der Leitung des Gothaer Festungsbaumeisters Andreas Rudolf (Rudolphi, 1601-1679) (vgl. Bd. VI, S. 21). 1646 waren sie so weit gediehen, daß der Herzog mit seinem Hofstaat und den Zentralbehörden dort eine Bleibe finden konnte. Vollendet wurde der Bau im wesentlichen 1654.

Die von Ernst in den ersten Regierungsjahren ergriffenen, in ihrer Durchführung von den Kriegsverhältnissen beeinträchtigten Maßnahmen zum Wiederaufbau im Lande gelangten erst nach Kriegsende zu stärkerer Wirksamkeit, nicht zum wenigsten durch den unermüdlichen persönlichen Einsatz des Herzogs selbst, der sich nicht nur um alle Verwaltungsangelegenheiten von nur einiger Bedeutung selbst kümmerte, sondern sich auch bei ständigen Reisen durch das Land durch eigenen Augenschein von den bestehenden Verhältnissen ein Bild zu machen suchte. Sein wichtigster Helfer in den Regierungsgeschäften blieb der Kanzler Frantzke. Seine überragende Stellung in der gothaischen Verwaltung fand ihre Bestätigung in der 1651 von Ernst erlassenen Geheime-Rats-Ordnung, mit der der erste Schritt zu einer bedeutsamen Verbesserung des Verwaltungsaufbaus getan wurde, ein Schritt, der zur Entstehung des den Zentralbehörden Regierung, Konsistorium und Kammer übergeordneten Geheimratskollegiums geführt hat. Ihm blieb künftig die Bearbeitung haus- und außenpolitischer Fragen und wichtiger Landesangelegenheiten vorbehalten; seine Sitzungen fanden im Beisein des Herzogs statt. Die neue Behörde war zunächst ganz auf den Kanzler Frantzke zugeschnitten, der bis zu seinem Tode (1659) ihr einziges ordentliches Mitglied blieb und zu den Beratungen je nach Erfordernis Mitglieder von Regierung, Konsistorium und Kammer beiziehen konnte. Eine 1660 vom Herzog erlassene Deklaration verfügte die Erweiterung des Geheimratskollegiums um den Leiter der Kammer, der ihm künftig ebenfalls als ordentliches Mitglied angehören sollte. Neben dem neuen Kanzler Wilhelm Schröter erhielt nunmehr auch der Kammerrat Veit Ludwig von Seckendorff diesen Rang. Nach Schröters Tod (1663) fiel ihm die leitende Funktion im Kollegium zu, zu deren ordentlichem Mitglied noch im gleichen Jahre der Konsistorialpräsident Ernst Ludwig Avemann berufen wurde. Als Seckendorff 1664 aus dem gothaischen Dienst schied, blieb Avemann zunächst das einzige Mitglied des Kollegiums, seit 1666 mit dem Prädikat eines Vizekanzlers, bis durch eine neue, 1668 erlassene Geheime-Rats-Ordnung die künftige Zusammensetzung des Kollegiums aus den Leitern der drei Zentralbehörden Regierung, Konsistorium und Kammer verfügt wurde, zu denen bei Bedarf ein weiteres Mitglied einer dieser Behörden hinzugezogen werden konnte. Neben Avemann, der 1673 zum Kanzler ernannt wurde, gehörten seit 1668 der Konsistorialpräsident Jakob Heinrich Heidenreich und der Kammerdirektor Hiob Ludolf dem Kollegium an, das in dieser Besetzung bis zum Ende der Regierungszeit Herzog Ernsts bestanden hat.

Wilhelm Schröter (ca. 1610-1663), aus Bad Salzungen gebürtig, vermutlich ein Handwerkerssohn, hatte die Gymnasien in Schleusingen und Coburg besucht und an den Universitäten Jena, Marburg und Altdorf, wo er auch zum Dr. jur. promovierte, Rechtswissenschaften studiert. Bald nach 1634 war er Stadtsyndikus in seiner Heimatstadt geworden, 1640 hatte ihn Herzog Ernst zum Amtmann nach Königsberg in Franken berufen, 1645 auf denselben Posten in Salzungen. Im Jahre darauf ernannte er ihn zum Hof- und Justizrat in Gotha, wo er 1655 dazu noch das Amt eines Konsistorialassessors übernahm. Nach Frantzkes Tod wurde ihm 1660 der Posten des Kanzlers übertragen, allerdings nicht mit den gleichen weitreichenden Befugnissen seines Vorgängers; gleichzeitig erhielt er die Ernennung zum Geheimen Rat und ordentlichen Mitglied des Geheimratskollegiums.

Veit Ludwig von Seckendorff (1626-1692), wohl der bedeutendste unter den gothaischen Staatsmännern dieser Zeit, aus dem bekannten fränkischen Reichsrittergeschlecht stammend, war der Sohn eines schwedischen Offiziers, der in Herzog Ernsts Regiment gedient hatte und 1635 wegen als Verrat gedeuteter Verhandlungen mit den Kaiserlichen in Salzwedel hingerichtet worden war, und dessen Familie, in den Kriegsjahren danach zu einem unruhigen Wanderleben gezwungen, in Coburg, Mühlhausen und Erfurt in dürftigen Verhältnissen lebte, bis sich Herzog Ernst ihrer annahm. 1639 trat Seckendorff in Coburg als Edelknabe in Ernsts Hofstaat ein und kam 1640 mit ihm nach Gotha, wo er bis 1642 das Gymnasium besuchte. Im gleichen Jahre begann er mit philosophischen, historischen und juristischen Studien, die ihn an die Universitäten Straßburg und Marburg führten. Nach erfolgter Promotion zum Dr. jur. kehrte er 1646 nach Gotha zurück, um aus wirtschaftlichen Gründen hier ein Unterkommen zu suchen, und war als Hof- und später als Kammerjunker zunächst im Hofdienst tätig. 1651 berief ihn der Herzog zum Hof- und Justizrat ins Regierungskollegium, beschäftigte ihn aber auch im Kammerkollegium, dessen Leitung er 1656 als Geheimer Hof- und Kammerrat übernahm. 1660 wurde er zum Mitglied des Geheimratskollegiums ernannt, dessen Führung ihm der Herzog nach Schröters Tod 1663 übertrug. Die Sorge, der ihm aufgebürdeten Arbeitslast aus gesundheitlichen Gründen auf die Dauer nicht gewachsen zu sein, verbunden mit dem Verlangen nach eigener wissenschaftlicher Betätigung und mehr Selbständigkeit und einem wachsenden allgemeinen, durch das gelegentlich hervortretende eigenwillige Verhalten des Herzogs noch gesteigerten Unbehagen am Hof- und Staatsdienst führte aber schon 1664 zu seinem Ausscheiden aus dem gothaischen Dienst und im Jahre darauf zur Annahme der sehr viel unabhängigeren Stellung eines Kanzlers des Herzogs Moritz von Sachsen-Zeitz (s. u. S. 609). Seckendorff hat sich vor allem durch seine staatswissenschaftlichen und historischen Schriften einen weit über Thüringen hinaus bekannten Namen gemacht und sich die Anerkennung bedeutendster Persönlichkeiten seiner Zeit wie z. B. von Thomasius und Leibniz, erworben. Wesentlich dazu beigetragen hat das von ihm im Auftrag Herzog Ernsts geschaffene und 1656 veröffentlichte Werk „Der teutsche Fürstenstaat", in dem er am gothaischen Beispiel den Zustand und inneren Aufbau eines damaligen deutschen Kleinstaates beschrieben hat. Er setzte damit zugleich der Regententätigkeit seines fürstlichen Herrn, dem er auch nach seinem Weggang aus Gotha noch manchen wertvollen Dienst leistete, ein vielbeachtetes Denkmal (siehe Abb. 14, nach S. 240).

Ernst Ludwig Avemann (1609-1689), ein aus Eisenach gebürtiger Advokatensohn, der in Coburg das Gymnasium und in Jena die Universität besucht, nach erfolgter Promotion zum Dr. jur. in Diensten der in Farnroda bei Eisenach residierenden Burggrafen von Kirchberg gestanden und das Amt eines eisenachischen Landschaftssyndikus bekleidet hatte und 1645 Professor der Rechte in Jena geworden war, wurde 1649 von Herzog Ernst zum Hof-, Regierungs- und Konsistorialrat nach Gotha berufen. Nach Frantzkes Tod hatte er von 1660 bis 1665 das Amt des Konsistorialpräsidenten inne, 1663 wurde er außerdem Mitglied des Geheimratskollegiums. 1666 verlieh ihm der Herzog den Titel eines Vizekanzlers, 1673 wurde er Kanzler und Geheimer Rat.

Jakob Heinrich Heidenreich (1623-1674), als Sohn eines kursächsischen Beamten in Weißensee geboren, war nach dem Besuch des Erfurter Gymnasiums und juristischen Studien in Erfurt, Groningen und Franecker in sayn-wittgensteinische Dienste getreten, hatte als Sekretär des kurbrandenburgischen Gesandten Graf Johann VIII. zu Sayn-Wittgenstein an den Friedensverhandlungen in Osnabrück teilgenommen und sich in manchen diplomatischen Missionen, auch an den Hof nach Berlin, bewährt. 1651 trat er als Lehnssekretär in gothaische Dienste, fünf Jahre später wurde er als Hof- und Justizrat Mitglied des Regierungskollegiums und des Konsistoriums. 1666 übertrug ihm Herzog Ernst die bisher von Avemann bekleidete Stelle des Konsistorialpräsidenten; 1668 wurde er zugleich Mitglied des Geheimratskollegiums.

Hiob Ludolf (1624-1704), Ratsherren- und Waidhändlerssohn aus Erfurt und wie sein Vetter Heidenreich dort aufgewachsen, hatte in Erfurt und Leiden orientalische Sprachen studiert und nach jahrelangen Reisen durch West- und Nordeuropa in Herzog Ernst, der ihn zum Lehrer seines ältesten Sohnes Friedrich ausersehen hatte, einen Förderer seiner Studien gefunden, der ihn 1652 zum Legationssekretär in Regensburg ernannte und im Jahre darauf zum Prinzenerzieher nach Gotha rief. 1660 übernahm er ihn als Hof- und Justizrat ins Regierungskollegium, 1666 übertrug er ihm die Leitung der Kammerverwaltung und ernannte ihn zum Kammerdirektor, zwei Jahre später zum Mitglied des Geheimratskollegiums. 1674 als Kammerdirektor nach Altenburg versetzt, verließ er 1678 den gothaischen Dienst, um in kaiserlichen, später in kurpfälzischen Diensten tätig zu werden. Er lebte dann meist in Heidelberg und Frankfurt am Main, wo er gestorben ist. Durch seine bahnbrechenden sprachwissenschaftlichen, zumal der äthiopischen Sprache geltenden Veröffentlichungen hat er sich einen bedeutenden Namen in diesem Fachbereich gemacht.

Doch nicht nur um den Ausbau der neuen höchsten Verwaltungssphäre hat sich Herzog Ernst in diesen Jahrzehnten nach dem Kriege gekümmert. Auch an der Verbesserung der Arbeitsweise der überkommenen Behörden wurde ständig weitergearbeitet. Um das Regierungskollegium zu entlasten, erfolgte 1653 die Bildung einer Vormundschaftskommission, der die Verbesserung und Überwachung des Vormundschaftswesens im Lande anvertraut wurde. 1666 traten neue Kanzlei- und Kammerordnungen in Kraft, im Jahre darauf eine neue Konsistorialordnung. Im Konsistorialbereich wurde zudem eine Neugliederung der kirchlichen Verwaltungsbezirke abgeschlossen, mit der der Herzog schon bald nach der Übernahme seines gothaischen Herrschaftsbereichs begonnen hatte. Bereits früher, 1635, war er in Weimar für die Auflösung des großen Weimarer Superintendenturbezirks eingetreten, den er in kleinere, besser überschaubarere Kirchenkreise gegliedert sehen wollte, doch war er damit am Widerspruch Kromayers gescheitert. Schon 1641 hatte er damit begonnen, den großen Superintendenturbezirk Gotha um einen selbständigen Bezirk Wangenheim zu verkleinern; 1648 hatte er einen neuen Bezirk Waltershausen gebildet. 1657 nun wurde mit der Bildung eines weiteren Bezirks mit dem Sitz in Ichtershausen diese Entwicklung abgeschlossen, an deren Ende nunmehr die vier Bezirke Gotha, Wangenheim, Waltershausen und Ichtershausen den alten gothaischen Bezirk ersetzten. Auch der unteren Verwaltungs- und Justizebene widmete der Herzog seine ständige Aufmerksamkeit, bis hin zu den Schultheißen der Dörfer, deren Aufgabenbereich durch eine 1652 in Kraft gesetzte Instruktion klar umrissen wurde. Damals und in den Jahren 1662 und 1667 durchgeführte Visitationen der Gerichte in Ämtern, Städten und den adeligen Grundherrschaften dienten der Verbesserung der Rechtspflege in diesen Bereichen. Die Verpflichtung der Lokalbeamten zu jährlicher Berichterstattung (1668) bedeutete eine verstärkte Kontrolle von deren Amtsführung.

Im Gesetzgebungsbereich wurde mit der Erarbeitung einer neuen Landesordnung, die 1653 in Kraft trat, eine herausragende, im damaligen Thüringen einmalige Leistung vollbracht. Wie in der Frage der Kirchen- und Schulvisitation setzte sich Herzog Ernst auch hier über die im

Landesteilungsvertrag von 1641 getroffene Vereinbarung hinweg, an der Einheitlichkeit des Kirchen-, Justiz- und Polizeiwesens festzuhalten, weil er mit Sicherheit mit Einwänden von Seiten Wilhelms von Weimar rechnen mußte. Statt langwierige Verhandlungen zu führen, handelte er auf eigene Faust. Seine Landesordnung vereinigte wesentliche Teile der überkommenen weimarischen Landesordnung von 1589, die auch in Wilhelms Herrschaftsbereich gültig war, mit seinen seit 1640 für die gothaischen Lande erlassenen gesetzlichen Verlautbarungen zu einem umfassenden Gesetzeswerk, das 1666 eine inhaltlich zwar nicht wesentlich veränderte, aber durch eine in einem Anhang beigegebene große Zahl gothaischer Gesetze, Verordnungen und Anweisungen stark erweiterte Neuausgabe erfuhr. In Umfang und Inhalt ging es weit über die ernestinischen Landesordnungen des 16. Jahrhunderts hinaus und gab damit Zeugnis davon, wie sich die Auffassung von den Aufgaben landesherrlicher Tätigkeit und deren Umfang inzwischen ausgeweitet hatte. Damit war ein Werk geschaffen, das, 1695 und 1740 in nur unwesentlich veränderten Neuauflagen erschienen, für anderthalb Jahrhunderte, in Einzelteilen noch länger, Bestand gehabt hat und eine der wichtigsten Rechtsgrundlagen in den gothaischen Nachfolgestaaten gewesen ist.

Mit der Verkündung der neuen Landesordnung im Jahre 1653 war es nun freilich nicht getan und auch nicht mit ihrer Durchsetzung im Lande, die in den Jahren 1656 bis 1664 Gegenstand wiederholter Anweisungen an Pfarrer, Lehrer und Schultheißen gewesen ist. Für die gesetzliche Regelung von Einzelfragen machten sich nach wie vor spezielle gesetzliche Verlautbarungen nötig, und auch die wiederholte Einschärfung älterer Spezialverordnungen war nicht zu umgehen, etwa derjenigen zum Schutz der Sonntagsheiligung und gegen unchristlichen Lebenswandel; und das 1645 erstmals erlassene Mandat gegen Saufgelage wurde bis 1672 nicht weniger als achtmal in gleicher oder abgewandelter Form wiederholt, um eins von vielen Beispielen zu nennen, die ebenso die nach Kriegszeiten gewöhnlich auftretende, durchaus verständliche diesseitsbezogene Daseinsfreude in breiten Bevölkerungskreisen bezeugt wie die Hartnäckigkeit des Herzogs und seiner Berater, mit der sie dagegen ankämpften. In engem Zusammenhang damit stand der Ausbau des Visitationswesens im Bereich von Kirche und Schule. Dem Generalsuperintendenten wurde es zur Pflicht gemacht, in jeweils 3 bis 4 Jahren das gesamte Land zu visitieren, die Superintendenten waren angehalten, sämtliche Pfarreien und Schulen zweimal jährlich zu kontrollieren. Eine Reihe von Verordnungen der Jahre 1669 bis 1671 diente der zweckmäßigeren Einteilung des Gottesdienstes, eine 1669 erlassene Anweisung an die Geistlichen, in jedem Gottesdienst zwei Kapitel aus der Bibel vorzulesen, wollte die Bibelkenntnisse in den Gemeinden verbessern. Das Informationswerk wurde energisch fortgeführt und die im Schulmethodus von 1642 als notwendig erkannte allgemeine Schulpflicht gegen viele Widerstände, vor allem aus der Landbevölkerung, weitgehend durchgesetzt. Auch der Bekämpfung des Aberglaubens widmete der Herzog seine Aufmerksamkeit. Nach seiner Überzeugung zählte dazu allerdings nicht der Teufels- und Hexenglauben. Als Kind seiner Zeit war er von der Notwendigkeit und Rechtmäßigkeit von Hexenverfolgungen überzeugt, und so weiß die Überlieferung von 102 Hexenprozessen in den Jahren 1652 bis 1675 in seinem Lande zu berichten, die in der Mehrzahl mit der Verurteilung der Beklagten geendet haben.

Die Wirksamkeit der für den lokalen Bereich besonders wichtigen Rügegerichte wurde durch 1657 und 1660 erlassene Verordnungen erhöht und das Amt des Disziplininspektors, deren Träger sich wegen ihrer auch das Privatleben ihrer Mitbürger überwachenden Tätigkeit im Lande keiner besonderen Beliebtheit erfreuten, für Interessenten dadurch attraktiver zu machen versucht, daß man mit ihm gewisse persönliche Vorteile verband, so den Erlaß von Abgaben und die Befreiung von Diensten, zumal Frondiensten. Das Ergebnis aller dieser Bemühungen, die in langen Kriegsjahren sittlich herabgekommenen Untertanen auf den Weg christlicher Tugend zu führen, befriedigte den Herzog allerdings nicht, wie seine wiederholt von den Kirchenkanzeln abgelesenen öffentlichen Mahnungen bezeugen, bei denen er Feuersbrünste, Seuchen, Dürreperioden, Hagelwetter und andere Unglücksfälle als Strafen Gottes für das sündhafte Leben der Menschen zu deuten pflegte, um dann, so besonders 1665, lebhaft Klage darüber zu führen, daß seinen zum allgemeinen Besten erlassenen Gesetzen und Verordnungen, zumal denen über den Besuch von Gottesdiensten, Bußpredigten, Bet- und Informationsstunden von Teilen der Bevölkerung entweder garnicht oder aber nur aus Furcht vor Strafe und des äußeren Scheins wegen nachgelebt werde, also „mit lauter Unwillen und Heuchelei". Auch Herzog Ernst, den man im Lande, zuweilen wohl auch mit leichtem Spott, „Bet-Ernst" nannte, mußte also die Erfahrung machen, daß pädagogischer Eifer und obrigkeitliche Maßnahmen, so gut sie auch gemeint waren, bei manchen der Betroffenen negative Reaktionen auslösten, vor allem dann, wenn sie sich dadurch in ihrer überkommenen Gewöhnung oder in ihrem privaten Lebensbereich bedrängt fühlten. Ernsts 1669 ausgegebene Empfehlung, künftig Schultheißen und Steuereinnehmer, die ohnehin Amtsträger waren, zu Disziplininspektoren zu wählen, und die im Jahr darauf verfügte Übertragung der bisher von den Disziplininspektoren geübten Pflicht, Gesetzesübertretungen in entsprechenden Einwohnerlisten zu vermerken, auf die Superintendenten und Adjunkten, was einer Abschaffung des Disziplininspektorenamtes gleichkam, darf zwar als Eingeständnis des Herzogs gewertet werden, hier einen ungeeigneten Weg versucht zu haben; von Resignation aber konnte bei ihm nach wie vor keine Rede sein. Seinem patriarchalischen Regentenverständnis getreu setzte er seine pädagogischen Bemühungen in diesem schwierigen Bereich unbeirrt fort. Wichtigster Helfer war ihm dabei nach dem Tode des Generalsuperintendenten Glaß dessen seit 1658 amtierender Nachfolger und Schüler Johann Christian Gotter (1607-1677), ein Advokatensohn aus Mühlberg bei Arnstadt, dem nach Jenaer Universitätsbesuch und vorübergehender Hofmeistertätigkeit im Reußenland von Kromayer 1633 die Pfarrstelle in seinem Heimatdorf übertragen worden war und den Herzog Ernst 1641 zum Adjunkten und Schulinspektor in mehreren Amtsbezirken berufen und 1653 zum Superintendenten in Eisfeld ernannt hatte.

Spezieller gesetzlicher Maßnahmen zur Verbesserung der Rechtspflege bedurfte es jedoch nicht nur auf der Ebene der Rügegerichte. Es galt auch, der Verschleppung von Prozessen entgegenzuwirken, indem die Gerichte 1658 und verschärft 1662 zur Registrierung laufender Prozesse angehalten wurden. Zudem erwies es sich als notwendig, ältere Sportel- und Gebührenordnungen zu verbessern (1655) und die Verteidigung von vermögenslosen Angeklagten zu regeln. Eine 1670 erlassene neue Gerichts- und Prozeßordnung schloß alle diese und die älteren Bemühungen um eine Verbesserung der Rechtspflege erfolgreich ab.

Eine Reihe von Einzelmaßnahmen galt der Wahrung öffentlicher Sicherheit und der Verbesserung des Gesundheitswesens. Noch 1659 erwies es sich als nötig, die schon im Kriege erlassene Verordnung zur Bekämpfung räuberischen Gesindels zu wiederholen, und ein 1654 verfügtes Verbot fremder Truppenwerbungen, Musterungen und Durchzüge mußte später mehrmals eingeschärft werden. Gegen umherziehende Soldaten, Zigeuner, Bettler und andere Landfahrer richtete sich ein 1664 veröffentlichtes Mandat; drei Jahre später folgte das Verbot, fremdes Gesindel ins Land zu lassen. Eine zur Verhütung und Bekämpfung von Bränden 1651 erlassene Feuerordnung wurde 1659 erneut publiziert und im Jahre darauf durch ausführliche Anweisungen über die Bereitstellung von Wasser und 1667 durch Vorschriften über die Beaufsichtigung von Backöfen, Malzdarren und Waschkesseln ergänzt. Der große Brand in Gotha, der 1665 185 Häuser und das Kaufhaus vernichtete, zog noch im gleichen Jahre Bauvorschriften für neue Häuser nach sich. Auch eine 1671 veranstaltete umfassende Untersuchung aller Gebäude im Lande und eine Vorschrift, Häuser künftig möglichst mit Ziegeln zu decken, sollten in erster Linie der Brandverhütung dienen.

Der besseren medizinischen Versorgung vor allem der Landbevölkerung und der Bekämpfung der weit verbreiteten

Quacksalberei galt, nachdem den Städten, Ämtern und Patrimonialgerichtsbezirken bereits 1652 die Einstellung eines Arztes und eines Barbiers in ihrem Bereich empfohlen worden war, die 1653 erlassene Verordnung über die Bestallung von Landärzten und Chirurgen in zahlreichen Orten des Landes, die 1657 wiederholt und mit einer Taxordnung verbunden wurde, die die Höhe der Kosten für Maßnahmen ärztlicher Versorgung regelte. 1654 folgte eine dem gleichen Zweck dienende Ordnung, nach der sich Wundärzte und Barbiere bei anfallenden Kuren zu richten hatten, und 1658 eine Anweisung für die Ausbildung von Hebammen. 1657 im Lande grassierende Seuchen veranlaßten den Herzog, eine Schrift verfassen und verbreiten zu lassen, die der Unterrichtung der Bevölkerung über häufig auftretende ansteckende Krankheiten, ihre Merkmale und dagegen anzuwendende Hausmittel dienen wollte. Über Personen, die aus von Seuchen befallenen benachbarten Landschaften kamen, wurde zum Schutz der eigenen Bevölkerung zuweilen eine Einreisesperre verhängt.

Im Wirtschaftsleben der Vorkriegszeit waren Ackerbau, Viehzucht und Waidbau die wichtigsten Erwerbsquellen der Bevölkerung des Landes gewesen, auch in den meist kleinen Städten, deren Bewohner überwiegend Ackerbürger waren. Um die in den langen Kriegsjahren entstandenen schweren Schäden zu beseitigen, genügten im wesentlichen die in den letzten Kriegsjahren ergriffenen, bereits erwähnten gesetzlichen Maßnahmen und die in der Landesordnung von 1653 enthaltenen Bestimmungen; die Getreideerzeugung nahm in den ersten Jahren nach dem Friedensschluß so zu, daß man 1655 bereits Überschüsse erzielte, um deren Absatz man besorgt sein mußte. Lediglich der Waidbau erholte sich nicht wieder, und auch ein zu seinem Schutz 1654 von Kaiser Ferdinand III. erlassenes Dekret, das die Verarbeitung des Indigofarbstoffs untersagte und das Herzog Ernst noch im gleichen Jahre in seinem Lande veröffentlichte, hat an seinem Untergang nichts ändern können. Handwerk und Handel hatten vor dem Kriege nur eine bescheidene Rolle im Lande gespielt und waren auf die Städte beschränkt und hier durch Privilegien, vor allem den Innungszwang, vor möglicher Konkurrenz von Seiten des Adels und Bauerntums abgeschirmt. Vor allem hier hatte die überkommene Wirtschaftsordnung in der Kriegszeit Auflösungserscheinungen gezeigt, die die Rechte der Städte und ihrer Bürger beeinträchtigten. So pflegten die Bauern in den Dörfern um Gotha ihre Produkte an Ort und Stelle zu verkaufen, statt sie, wie es die städtischen Privilegien verlangten, auf dem Wochenmarkt in Gotha feilzubieten, und auch das Braurecht der Residenzstadt wurde durch dörfliches Bierbrauen häufig unterlaufen. Die 1645 von Ernst vorgenommene Bestätigung der Gothaer Privilegien und das damals außerdem noch erlassene spezielle Verbot, Produkte in den Dörfern zu verkaufen, das 1650 in verschärfter

Form wiederholt wurde, galten der Wiederherstellung des überlieferten Rechtszustands. Mehr als früher wurde jedoch die Selbstverwaltung der Städte, zumal ihre Finanzverwaltung, der Kontrolle durch landesherrliche Organe unterworfen und zudem ihr Spielraum durch die weitgefächerte landesherrliche Verordnungstätigkeit eingeschränkt. Und der Herzog scheute sich auch nicht, Altüberliefertes dort zu verändern, wo er es für nötig hielt. Das galt vor allem dann, wenn es sich um die Durchführung der Sonntagsheiligung handelte. So mußten die bisher stets an Sonntagen abgehaltenen Jahrmärkte der Stadt Wasungen ebenso auf Wochentage verlegt werden wie das alljährlich an einem Sonntag veranstaltete Armbrustschießen in Gotha (1658), das diesen Eingriff in sein Herkommen nicht überlebte und einging. Durch 1659 erlassene Rahmenbedingungen für die Vereinheitlichung des Gewerberechts nahm er Einfluß auf die Handwerkerinnungen der Städte, die er mehr und mehr der Aufsicht der städtischen Selbstverwaltungsorgane entzog. Im übrigen suchte der Herzog seine Residenzstadt in vielerlei Hinsicht wirtschaftlich zu fördern; 1666, nach dem Stadtbrand von 1665, überließ er ihr den bisher landesherrlichen kleinen Marktzoll. Auch anderwärts förderte er städtische Belange: 1672 befreite er die Jahrmärkte des Städtchens Königsberg in Franken von landesherrlichen Abgaben, und die Verleihung des Marktrechts an das Dorf Körner (1668) ist wohl als Versuch zu werten, der im wirtschaftlichen Einzugsgebiet der Reichsstadt Mühlhausen liegenden Exklave Volkenroda zu einem eigenen wirtschaftlichen Mittelpunkt zu verhelfen; zu einer Weiterentwicklung zur Stadt ist es dort allerdings nicht gekommen. Die Maßnahmen auf dem Gebiet des Zoll- und Geleitswesens, zumal die 1647 angeordnete Erhebung von Zöllen für aus- oder durch das Land geführte Waren und die 1660 erlassene Verordnung gegen das Umfahren von Zoll- und Geleitsstellen galten dem finanziellen Nutzen der landesherrlichen Kammerverwaltung und dem Schutz der eigenen Handwerkerschaft und des Binnenhandels; dem Außenhandel mußten sie eher hinderlich sein. Auf den Binnenhandel zugeschnitten war auch eine 1661 im Lande veranstaltete Visitation von Maßen und Gewichten; weithin galt dies auch für die von 1655 bis 1673 in großer Zahl erlassenen amtlichen Verlautbarungen zur Regelung des Münzwesens.

Wie stark der Herzog jedoch auch an der Ausweitung des Außenhandels interessiert war, zeigt sein jahrelang mit Tatkraft und Hartnäckigkeit verfolgter Plan, die Werra schiffbar zu machen und auf diesem Wege seinen Landesprodukten besseren Absatz nach Norddeutschland und darüber hinaus zu verschaffen, vor allem dem im Lande erzielten Getreideüberschuß und den Erzeugnissen der weiten Waldgebiete, zumal Holz und Pech. Bisher war die Werra lediglich durch die Holzflößerei genutzt worden. Seit 1655 unternahm man auf Ernsts Anordnung Versuche, auf kleinen Schiffen Getreide, Holz, Pech und Eisenwaren den Fluß hinab zu transportieren; sie brachten aber nicht den gewünschten Erfolg, weil eine z. T. unzureichende Wassertiefe und die zahlreichen Mühlenwehre sich ebenso als ärgerliche Hindernisse erwiesen wie die Privilegien der hessischen Stadt Wanfried, die auf ihrem Stapelrecht beharrte. So griff Ernst auf den schon 1603 einmal von Landgraf Moritz von Hessen-Kassel angeregten, in der Ausführung aber gescheiterten Plan der Schiffbarmachung des Flusses zurück und trat darüber 1658 in Verhandlungen ein mit den Anrainerstaaten, vor allem mit der Regierung von Henneberg, seinem Bruder Wilhelm von Weimar, dem Landgrafen Wilhelm von Hessen-Kassel und den Herzögen von Braunschweig. Sie zogen sich jahrelang hin und wurden von ihm mit der ihm eigenen Zähigkeit und einem Gedankenreichtum verfochten, der ihn sogar den Bau eines Kanals zwischen Werra und Main in die Debatte bringen ließ; schließlich bezog er auch andere thüringische Flüsse, so Gera, Unstrut und Saale, in seine Intentionen ein. Alle Anstrengungen blieben jedoch vergeblich, einmal weil die Verhandlungspartner entweder nur geringes Verständnis zeigten, wie z. B. Wilhelm von Weimar, oder eigene Interessen in den Vordergrund stellten wie die Landgrafen von Hessen-Kassel, zum anderen wegen der technischen Schwierigkeiten und der hohen Kosten, die bald erkennbar wurden. Es blieb also bei der Flößerei, und hier erwies sich der Herzog als umsichtiger Geschäftsmann, wenn er z. B. den verheerenden Londoner Stadtbrand von 1666 geschickt zu nutzen verstand, um für den Wiederaufbau Bauholz und Dielen in großen Mengen und zu guten Preisbedingungen dorthin zu liefern und dadurch seinen Holzhandel mit England erheblich auszuweiten.

Die wirtschaftliche Bedeutung des Waldreichtums seines Landes war ihm also wohlvertraut, und so hat er bereits in den ersten Jahren seiner Regierung die notwendigen Maßnahmen ergriffen, um die ausgedehnten Forstgebiete, die sich größtenteils in landesherrlichem Besitz befanden und deren Betreuung zu den Aufgaben der Kammerverwaltung gehörte, vor Schaden zu bewahren. Auch hier hatten die Kriegsjahre zu Verwahrlosungserscheinungen geführt. Der Wald hatte der geplagten Bevölkerung umliegender Gemeinden nicht nur bei Truppendurchzügen als geeignete Zuflucht gedient, sondern bei nachlassender obrigkeitlicher Aufsicht auch als unerschöpfliches Reservoir willkommener Materialien für den täglichen Bedarf, allerdings wegen des überhandnehmenden Wildbestands, vor allem von Wildschweinen, auch als Quell schwerwiegender Nachteile für die Ackerfluren der Gemeinden. Schon 1640 hatte Ernst das vielbetriebene Schälen von Bäumen, das dem Gewinn von Lohe diente und großen Schaden in den Wäldern anrichtete, untersagt; weiterer Verwahrlosung suchte der durch eine 1642 erlassene Forstordnung und ein Jagdmandat zu steuern, doch gestattete er wegen des Mangels an Forst- und Jagdpersonal damals auch der Bevölkerung, unter bestimmten Bedingungen Wild, das in den Ackerfluren Schaden anrichtete, selbst zu jagen. 1644 wurde durch eine umfassende Forst-, Wald-, Jagd- und Waidwerksordnung das Forst- und Jagdwesen so geregelt, daß sich in den folgenden Jahrzehnten nur noch wenige, auf spezielle Angelegenheiten bezogene amtliche Verlautbarungen nötig machten, so nach einem verheerenden Waldbrand im Amt Schwarzwald eine 1655 erlassene Wald-Feuer-Ordnung, die sich vor allem an die Adresse von Köhlern, Aschenbrennern und Glasmachern richtete, 1656 eine Ordnung über die Jagd auf Wölfe, deren Ausrottung man damals betrieb, ohne sie noch zu des Herzogs Lebzeiten zu erreichen, und 1667 ein in den folgenden Jahren mehrfach wiederholtes, von der Rücksicht auf die zuweilen späte Erntezeit bestimmtes Verbot, vor September mit der niederen Jagd zu beginnen. Anders als viele seiner fürstlichen Zeitgenossen war Herzog Ernst kein Freund der Jagd. Er stellte die Jagden fast ganz ein, auch um die Bauern nicht mit überflüssigen Jagdfronen zu belasten, und setzte Jäger ein, deren Aufgabe es war, durch regelmäßige Jagden eine übermäßige Zunahme des Wildbestandes, zu dem damals auch noch Luchse und Bären gehörten, zu verhindern.

Der Waldreichtum bot auch die Voraussetzung für den Betrieb einer neuen Glashütte am Gehlberg im Amt Schwarzwald durch die Fehrenbacher Glasmeister Hans Holland und David Schmidt, denen Ernst 1645 ein Privileg erteilte. Aus ihr hat sich im Laufe der Zeit die heutige Gemeinde Gehlberg bei Oberhof entwickelt. Durch die fast zur gleichen Zeit erfolgte Aufteilung des Landes Herzog Albrechts von Eisenach kam mit dem Amt Eisfeld auch deren Mutter-Glashütte Fehrenbach in den gothaischen Herrschaftsbereich. Spätere Territorialgewinne (1672) haben den Bestand an Glashütten in Ernsts Landen um Lauscha und Piesau und damit auf vier erhöht. Der Förderung bergbaulicher Aktivitäten wegen hatte er schon 1645 jedem daran Interessierten „ein frei offen Schürfen" gemäß überlieferter Berggesetze gestattet und sogar einen Berghauptmann ernannt, der aufsichtsführend tätig sein sollte. Es fanden sich aber keine neuen lohnenden Lagerstätten, und an den althergebrachten, den sächsischen Häusern gemeinsam gehörenden, aber durch den Krieg ganz oder zeitweise zum Erliegen gekommenen Bergwerksgebieten um Ilmenau und Saalfeld hat sich Ernst nur wenig gekümmert.

Dem als Lebensaufgabe erkannten Wiederaufbau in seinem Lande ordnete Ernst der Fromme alle diejenigen Bemühungen unter, die als Vertretung der Interessen seines Hauses und Landes nach außen zu betrachten sind. Sie erstreckten sich überwiegend auf seine thüringische Umwelt, obgleich er darüber seine reichsständischen Pflichten nicht vernachlässigt hat, und bedeuteten zugleich ständige Verhandlungstätigkeit, da ihm für erfolgversprechendes Wirken in dieser Sphäre keine anderen Möglichkeiten zur Verfügung standen, zumal keine militärische

Macht. Denn die 1641 geschaffene „Landesdefension" war, wie schon der Name sagte, bestenfalls für Verteidigungszwecke und zur Aufrechterhaltung von Ruhe und Ordnung im Lande brauchbar und, da sie außerhalb der Landesgrenzen nicht eingesetzt werden durfte, für andere Ziele ungeeignet. Dieses Landesaufgebot war außerdem wenig geübt, zumal seine Mitglieder normalerweise ihren Berufen nachgingen, und daher auch gegen eine zahlenmäßig bescheidene Truppe von Berufssoldaten von zweifelhaftem Wert. Angesichts der Türkengefahr dachte Ernst 1663 daher daran, sie durch einen zwar kleineren, aber stehenden und deshalb schlagkräftigeren Verband zu ersetzen. Sein Plan stieß jedoch wegen der damit verbundenen Kosten auf heftigen Widerstand der Landstände, und so ließ er ihn fallen, zumal die Gefahr schnell vorüberging. 1671, drei Jahre vor dem Ausbruch des Reichskrieges gegen Frankreich, als die von dort dem Reich drohende Gefahr bereits klar zu erkennen war, kam er zwar wieder auf diesen Plan zurück, doch fand dieser auch jetzt kein Verständnis bei den Landständen, die sich im Jahre darauf auch dagegen wehrten, daß ein von Ernsts ältestem Sohn Friedrich im Auftrag der niederländischen Generalstaaten geworbenes Infanterieregiment wegen des inzwischen erfolgten Einmarschs französischer Truppen in den Niederlanden nicht dort, sondern in den gothaischen Landen verpflegt und besoldet werden mußte, und sich von Ernst die Zusage geben ließen, es bald außer Landes zu schicken. Die wenig später im Zuge des inzwischen ausgebrochenen Reichskriegs getroffenen militärischen Maßnahmen gehören im wesentlichen bereits der Regierungszeit Herzog Friedrichs I. an und sind daher an anderer Stelle zu behandeln (siehe u. S. 245).

In seiner thüringischen Politik verfolgte Ernst im wesentlichen zwei Ziele: die Bewahrung oder Herstellung rechtlich gesicherter Verhältnisse und die Erweiterung seines Besitzstandes, wenn sich dazu Gelegenheit bot. Die in Thüringen vielfach vorhandenen Überschneidungen von Hoheitsrechten aller Art, vor allem in den infolge der territorialen Zersplitterung nicht seltenen Grenzstreifen zwischen den einzelnen Herrschaftsgebieten, haben häufig die Ursache von Streitigkeiten abgegeben, auch zwischen Ernst und seinen Nachbarn. Es handelte sich dabei oft um recht verwickelte Rechtsbeziehungen, die bis in die Einzelheiten hinein geregelt werden mußten, wenn sie nicht weiteren Streit heraufbeschwören sollten. Dazu zählten die in wiederholten Verhandlungen beigelegten Auseinandersetzungen Ernsts mit seinen Brüdern Albrecht und Wilhelm über die durch die Landesteilung von 1640/41 für fast drei Jahrhunderte in zwei Teile getrennte Thüringerwaldgemeinde Ruhla und ihre Nachbarschaft in den Jahren 1642, 1645, 1646, 1648/49, 1652 und 1660. Weitere Streitgegenstände mit Wilhelm waren die 1648 beigelegten Jagdirrungen im Amt Crayenberg, ferner die unklaren kirchlichen Verhältnisse in Kirchgemeinden, die beiden Territorien angehörten, denen man mit einer 1657 vereinbarten

Ordnung abzuhelfen suchte, und die strittigen kirchenhoheitlichen Rechte in der Pfarrei Frankenroda und ihrem Filial Ebenshausen, die man 1660 vertraglich dadurch regelte, daß Ernst die Kirchenhoheit bekam, Wilhelm aber das Patronatsrecht behielt. Mit Herzog Friedrich Wilhelm II. von Altenburg erreichte Ernst 1646 einen Ausgleich in strittig gewesenen Jagd-, Patronats- und anderen Hoheitsfragen in den Grenzgebieten der Ämter Heldburg und Eisfeld, ferner 1659 eine Regelung unklarer kirchlicher Zustände im Dorfe Frienstedt. Im letztgenannten Jahre wurden Auseinandersetzungen über Kirchen- und Schulangelegenheiten in vier Erfurter Dörfern durch Verhandlungen Ernsts mit dem Erfurter Rat beigelegt, und Grenzirrungen zwischen dem Amt Volkenroda und der Freien Reichsstadt Mühlhausen konnten 1658 auf dem Verhandlungswege aus der Welt geschafft werden. Mit Landgraf Wilhelm von Hessen-Kassel kam Ernst 1649 zu einem Vertragsabschluß über umstritten gewesene, vom Landgraf unter Bezugnahme auf Bestimmungen des Westfälischen Friedensvertrags beanspruchte hersfeldische Lehnsrechte in mehreren Dörfern der Umgebung von Gotha, und 1654 zu einem Ausgleich von Grenzstreitigkeiten zwischen dem gothaischen Amt Salzungen und dem hessischen Gerichtsbezirk Barchfeld an der Werra.

Seinen Besitzstand zu mehren, ist stets Ernsts Ziel gewesen. Wenn er 1641 aus Adelshand das Rittergut Friemar kaufte, 1645/46 von Friedrich Wilhelm II. von Altenburg die Hälfte des Dorfes Eschenbergen erwarb, seinen Bruder Wilhelm 1645 dazu bewegen konnte, ihm die Güter Oeslau und Callenberg bei Coburg zu überlassen, und von ihm 1657 den Hohenfeldener See und dessen Umland gegen das Gut Lützendorf bei Weimar eintauschte, ferner 1669 mit Herzog Rudolf August von Braunschweig-Wolfenbüttel, dem er seit 1666 insgesamt 100 000 Taler geliehen hatte, einen Wiederkaufsvertrag über die Ämter Holzminden und Stauffenburg abschloß, der ihm zwar die Nutzung dieses Gebiets und von Jagd-, Gerichts- und Patronatsrechten einbrachte, wesentliche Teile der Landeshoheit, dazu das Erb- und Wiederkaufsrecht aber in der Hand des Braunschweigers ließ, so war dies zwar zum Nutzen für die Kammerverwaltung, brachte aber keine Ausweitung des Herrschaftsgebiets.

Um hier Fortschritte zu machen, boten sich zwei Wege an: Die Aufteilung entweder von Hoheitsrechten, die nach dem Erbteilungsvertrag von 1641 in Gemeinsamkeit geblieben waren und damit der direktorialen Leitung Wilhelms von Weimar zustanden, oder der seit nahezu acht Jahrzehnten unter kursächsischer Leitung gemeinsam verwalteten Grafschaft Henneberg. Der desolate Zustand, in den die Grafschaft in den Kriegsjahren geraten war, und das Scheitern aller von Seiten der Ernestiner unternommenen Anläufe, weiterem Verfall durch geeignete Maßnahmen vorzubeugen, an dem Desinteresse und dem Unvermögen Kurfürst Johann

Georgs I. von Sachsen hatten Herzog Ernst seit langem verstimmt. Als sich dieser Zustand auch nach dem Kriege nicht besserte, nahm er die Tatsache, daß in Schreiben der hennebergischen Regierung sein Name neben dem Wilhelms von Weimar nicht genannt wurde und ihm daraus Unzuträglichkeiten im Umgang mit hennebergischen Beamten erwuchsen, zum Anlaß, dem sächsischen Kurfürsten 1651 den Verzicht auf seinen Anteil an der Grafschaft gegen angemessene Entschädigung anzubieten. Noch im gleichen Jahre ließ er für Verhandlungen mit Weimar auch die hennebergische Frage auf die Tagesordnung setzen und sie mit der Forderung nach Einlösung der seit 1567 in kursächsischer Verwaltung befindlichen assekurierten Ämter Arnshaugk, Weida, Ziegenrück und Sachsenburg verbinden. Der Erfolg dieser Aktion blieb bescheiden, zumal Wilhelm sie nicht unterstützte, weil er sie nicht mit den ernestinischen Interessen an Henneberg vereinbar hielt. Kurfürst Johann Georg begnügte sich lediglich damit, 1653 die hennebergische Regierung anzuweisen, künftig auch Ernsts Namen in ihre Amtsschreiben aufzunehmen, nachdem dieser sich 1652 hatte verpflichten müssen, aus dieser Namensnennung keine weitergehenden Ansprüche herleiten zu wollen, auch nicht auf ein besonderes Stimmrecht in hennebergischen Angelegenheiten neben dem Wilhelms. Auf mehr ließ sich der Kurfürst nicht ein, denn er hatte seinem jüngsten Sohn Moritz neben einigen assekurierten Ämtern auch den kursächsischen Anteil an Henneberg als Erbe zugedacht. Als nach dem Tode des Kurfürsten 1657 dessen Testament in Gotha bekannt wurde, das den Anfall des kursächsischen Anteils an Henneberg und von drei assekurierten Ämtern an Moritz, den nunmehrigen Herzog von Naumburg-Zeitz, verfügte, nahm Herzog Ernst nicht nur daran Anstoß, daß die assekurierten Ämter darin den anderen kursächsischen Landen gleichgestellt waren, sondern er ergriff erneut die Initiative in der hennebergischen Erbangelegenheit. Von seinem Kanzler Frantzke ließ er einen ausführlichen Bericht darüber ausarbeiten und fügte diesem einen Exkurs bei, in dem er eine Darstellung der Praktiken gab, mit denen Kurfürst August sich seinen Anteil am hennebergischen Erbe verschafft hatte, und der in der Frage gipfelte, ob und auf welchem Wege man die kursächsische Anwartschaft auf Teile Hennebergs rückgängig machen solle. Obwohl Wilhelm von Weimar diesen Exkurs entfernte, bevor er den Bericht seinem altenburgischen Vetter Friedrich Wilhelm als Arbeitsgrundlage weiterreichte, weil er dessen Widerstand erwartete, wurde er bei einer zur Beratung dieses Problems 1658 nach Eisenberg einberufenen Konferenz zwischen Wilhelm, Ernst und Friedrich Wilhelm und ihren Beratern bekannt und veranlaßte Friedrich Wilhelm, der es unter keinen Umständen mit den Albertinern verderben wollte, den ganzen Bericht zurückzuweisen. Da er aber selbst, wie schon an anderer Stelle berichtet wurde (s. o. S. 96 f.), an einer Aufteilung der hennebergischen Erbschaft interessiert war, führten die

Eisenberger Verhandlungen trotzdem zu dem Beschluß, in Verhandlungen mit den Albertinern, vor allem mit Herzog Moritz, die Teilung der Grafschaft herbeizuführen. Da Moritz ebenfalls einverstanden war, nahmen die Verhandlungen, nachdem die notwendigen Voraussetzungen, vor allem die Anfertigung von Anschlägen über den Wert der einzelnen hennebergischen Ämter, getroffen worden waren, einen zügigen Fortgang und wurden am 9. August 1660 in Weimar von den dazu Bevollmächtigten aller Seiten abgeschlossen. Auf Herzog Ernst entfielen in dem Vertrag, in dem die Ernestiner zugleich endgültig auf die assekurierten Ämter verzichteten, die Ämter Wasungen und Sand, ohne die dortigen und die Zillbacher Waldgebiete, und Frauenbreitungen. Dieser Landgewinn grenzte unmittelbar an das Amt Salzungen und bedeutete eine willkommene Erweiterung des gothaischen Herrschaftsgebiets an der mittleren Werra. Außerdem gewann Herzog Ernst Anteil an den gemeinsam gebliebenen hennebergischen Hoheitsrechten, so an der Aufsicht über das Gymnasium in Schleusingen und der Vertretung hennebergischer Interessen beim Reichstag und Fränkischen Kreistag; doch waren auch Pflichten damit verbunden, so an dem finanziellen Beitrag Hennebergs zum Reichskammergericht und zum adligen Kriegsrat des Fränkischen Reichskreises. Nur auf Lebenszeit befristet war der Erwerb des Amtes Oldisleben, der mit dem Seniorat im ernestinischen Gesamthaus verbunden war, das Ernst nach dem Tode Wilhelms 1662 antrat.

Eine weitere *Ausweitung seines Herrschaftsgebiets brachte Ernst* die nach Verhandlungen mit Wilhelm von Weimar 1657 erreichte, bereits an anderer Stelle (s. o. S. 197 f.) erwähnte *Aufteilung der im Erbteilungsvertrag von 1641 in Gemeinsamkeit verbliebenen Hoheitsrechte über Grafen und Herren*, indem sie ihm mit der alleinigen Landeshoheit über die Ober- und Untergrafschaft *Gleichen*, die Herrschaften Stadtilm und Paulinzella und die Oberherrschaft Kranichfeld auch das allerdings an bestimmte Bedingungen geknüpfte Einlösungsrecht an der 1620 an Schwarzburg-Rudolstadt verpfändeten Kranichfelder Oberherrschaft eintrug. Ernst nutzte diese Möglichkeit; durch die Zahlung von 63 000 Gulden an Graf Albrecht Anton von Schwarzburg löste er sie 1663 ein und gliederte sie seinem Territorium an. Das Wiederkaufsrecht, das sich die Herren Reuß vorbehalten hatten, als sie diese Herrschaft 1615 an Herzog Johann Ernst den Jüngeren von Weimar verkauften, bestand allerdings fort. Ohne praktische Bedeutung blieb die von Kaiser Leopold I. den Ernestinern und damit auch Herzog Ernst 1660 und 1664 erneuerte Anwartschaft auf die Reichslehen der Grafen von Isenburg-Büdingen, auf die bereits früher hingewiesen wurde (siehe o. S. 96 u. 197).

Den bedeutendsten territorialen Zuwachs brachte dem Herzog die *altenburgische Erbschaft* ein, die eintrat, als der noch unmündige Herzog Friedrich Wilhelm III. von Altenburg im April 1672 unerwartet gestorben war. Bereits früher ist berichtet worden (s. o. S. 207 f.), daß sowohl Ernst wie seine weimarischen Neffen Johann Ernst, Johann Georg und Bernhard Anspruch auf das Erbe stellten, keiner von ihnen aber ernstlich daran dachte, sich an die Bestimmungen des 1668 von Friedrich Wilhelm II. von Altenburg, dem Vater des Verstorbenen, hinterlassenen Testaments zu halten, das die Unteilbarkeit des Landes und die Nachfolge nach dem Erstgeburtsrecht verfügt hatte. Beide Seiten hatten nach dem Eintreffen der Todesnachricht sogleich versucht, durch alsbald ausgesandte Kommissare Teile des altenburgischen Landes offiziell in Besitz zu nehmen; Ernst hatte dies im hennebergischen und coburgischen Landesteil und in den Ämtern Allstedt, Eisenberg, Saalfeld und Gräfenthal getan. Nachdem man sich darauf geeinigt hatte, daß jeder Beteiligte die in Besitz genommenen Ämter bis zur Entscheidung der Angelegenheit in Besitz behalten sollte, begannen noch im April die Verhandlungen, die auf gothaischer Seite vor allem von Herzog Friedrich und dem Geheimen Rat Heidenreich geführt worden sind. Wenn dabei Heidenreich mit dem Hinweis auf die sieben Söhne seines Herrn 7/10 des Erbes für Gotha forderte und den drei weimarischen Prinzen 3/10 zubilligte, so griff er offensichtlich auf den 1634 in den zwischen den Herzögen von Weimar und Altenburg geführten Verhandlungen über das coburg-eisenachische Erbe gefundenen Modus zurück, nach dem die Beteiligung beider Häuser an dem Erbe an der Zahl der vorhandenen männlichen Erben gemessen worden war. Herzog Friedrich gelang es aber schließlich noch, seine weimarischen Vettern gegen die Abtretung des gothaischen Amtes Crayenberg an sie mit 1/4 der Erbschaft zufrieden zu stellen und auf diese Weise 3/4 für das gothaische Haus zu gewinnen. Als der Vertrag am 16. Mai 1672 in Gotha unterzeichnet war, hatte Ernst die Ämter Altenburg, Ronneburg, Eisenberg, Camburg mit dem Salzwerk Sulza, (Stadt-) Roda, Leuchtenburg, Saalfeld, Gräfenthal, Probstzella, Coburg mit Neustadt, Rodach, Schalkau und Sonneberg, Neuhaus bei Sonneberg, Mönchröden, Sonnefeld, Hildburghausen, Behrungen, Römhild, Themar, Maßfeld und Meiningen (s. Karte III) mit allen zugehörigen Hoheitsrechten einschließlich der beiden Reichstagsstimmen für die Fürstentümer Altenburg und Coburg mit seinem Herrschaftsgebiet vereinigt; über die in Gemeinschaft verbliebenen Rechte und Pflichten ist bereits früher berichtet worden (s. o. S. 208). Der größte Teil Thüringens befand sich damit in seiner Hand. Die organisatorische Zusammenfassung des gesamten Territoriums erfolgte während seiner Regierungszeit nicht mehr.

Herzog Ernst bejahte die durch den Westfälischen Friedensvertrag geschaffenen Verfassungsverhältnisse im Reich und trat für deren Erhaltung jederzeit ein. Daß er, als Kurfürst Johann Philipp von Mainz bei einem Besuch in Gotha auf das Wohl des Königs von Frankreich anstoßen wollte, diesen mit den Worten unterbrach: „Nein, des römischen Kaisers Gesundheit zuerst, der geht uns näher an", zeigt schlaglichtartig seine Einstellung zu Kaiser und Reich. Er mißbilligte daher die Art und Weise, wie einzelne Reichsstände ihre verfassungsmäßigen Rechte nutzten, vor allem die Möglichkeit, mit ausländischen Mächten Bündnisse zu schließen, zumal wenn dies mit Frankreich geschah, auch beklagte er den mangelhaften Schutz des Reiches gegen seine Feinde, vor allem die Türken. Die von ihnen 1663 drohende Gefahr nahm er sehr ernst. Er traf Vorbereitungen zur Verteidigung Gothas und stellte seinen Anteil an dem auf die Ernestiner entfallenden Truppenkontingent (insgesamt 354 Fußsoldaten und 75 Reiter), also vermutlich 100 Fußsoldaten und 20 Reiter wie sein Weimarer Bruder Wilhelm. Außerdem leistete er die vom Obersächsischen Kreis und dem Kaiser für den Reichskrieg geforderten Zahlungen. Seine darüber hinaus im November 1663 gegebene Anregung, die sächsischen Häuser sollten sich zum Schutze ihrer Länder zu gemeinsamem Handeln entschließen, wurde zwar wegen des schnellen Endes des Türkenfeldzugs zunächst gegenstandslos. Als sie aber 1669 von Kurfürst Johann Georg II. von Sachsen wieder aufgegriffen wurde, schlug Ernst die Aufstellung einer gemeinsamen Streitmacht vor, zu der die Albertiner 2000 Fußsoldaten und 800 Reiter, die Ernestiner 1000 Fußsoldaten und 300 Reiter beitragen sollten. Bei seinen Weimarer Neffen fand er dafür jedoch wenig Verständnis; auch ein im April 1670 von ihm unterbreiteter Vorschlag, der auf ein Bündnis hinauslief, führte zu nichts. Als angesichts des Aufmarsches französischer Truppen gegen die Niederländischen Generalstaaten 1672 der Kurfürst ein Bündnis zwischen den sächsischen Häusern zur gemeinsamen Verteidigung anregte, sprachen sich Herzog Ernst, aber nun auch die Herzöge Johann Georg von Eisenach, Bernhard von Jena und Moritz von Zeitz dafür aus, und die Werbung von Truppen für die Generalstaaten durch Ernsts Sohn Friedrich ist in diesem Zusammenhang zu sehen; Ernst ernannte 1673 sogar seinen Sohn Heinrich zum Obersten über die gothaischen Verbände. Aber Herzog Johann Ernst II. von Weimar hielt sich auch diesmal zurück, und so verfolgte auch der Kurfürst diesen Plan nicht weiter. Den 1674 mit der Erklärung des Reichskriegs gegen Frankreich an ihn gestellten Forderungen kam Ernst ohne Zögern nach; ihre Durchführung freilich gehört bereits der Regierungszeit seines Sohnes Friedrich I. an.

Alle diese Aktionen Herzog Ernsts nahmen jedoch, wenigstens soweit sie militärischen Charakter hatten, angesichts der nur geringen Möglichkeiten, die ihm sein Land dafür zu bieten vermochte, nur einen bescheidenen Raum ein in seinen reichspolitischen Bemühungen. Diese richteten sich ganz überwiegend auf die Erhaltung eines guten Einvernehmens zwischen dem Kaiser und den Reichsständen und der Reichsstände untereinander. Schon im letzten Kriegsjahr 1648 hatte er eine bemerkenswerte Probe seines Vermittlungsgeschicks gegeben, als es ihm gelang, die über dem Marburger Erbe seit 1604 zerstrittenen hessischen Landgrafenhäuser Darmstadt und Kassel zum Abschluß eines „Einigkeits- und Friedensvertrags" zu bewegen, dem im Jahr darauf die endgültige Beilegung des Streites folgte. Im jahrelangen Streit zwischen Hessen-Darmstadt und Hessen-Homburg um das darmstädtische Primogeniturrecht, der 1651 begann und erst 1664 endete, betätigte er sich ebenso als Vermittler wie in den seit 1649 immer wieder aufflammenden Auseinandersetzungen zwischen Lutheranern und Reformierten in der Herrschaft Schmalkalden, nachdem diese aus dem Besitz des lutherischen Landgrafenhauses Hessen-Darmstadt an das reformierte Haus Hessen-Kassel abgetreten worden war.

Es lag also nahe, daß sich auch der Kaiser dieser Fähigkeiten Ernsts im Interesse des Reichs bediente und ihn mit zahlreichen Aufträgen („Kommissionen") betraute, bei denen es meist um die Beilegung von Streitigkeiten zwischen Reichsständen ging, aber auch zwischen Einzelpersonen, die Klagen beim Reichshofrat vorgebracht hatten. So gelang es Ernst 1651, zwischen den streitenden Grafen von Nassau-Saarbrücken einen Landesteilungsvertrag zustande zu bringen, 1654 einen Streit zwischen der Fränkischen und Schwäbischen Reichsritterschaft über rückständige finanzielle Verpflichtungen gegenüber Schweden beizulegen und 1671 Familienstreitigkeiten im Hause Anhalt zu schlichten. Hingegen blieben der 1654 gemeinsam mit dem Kurfürsten von Mainz unternommene Versuch, einen Jurisdiktionsstreit zwischen dem Abt von Fulda und der in seinem Territorium angesessenen Reichsritterschaft beizulegen ebenso erfolglos wie die Bemühungen, im Zusammenwirken mit den Erzbischöfen von Trier und Salzburg und dem Landgrafen von Hessen-Darmstadt die Auseinandersetzungen des Pfalzgrafen mit den Bischöfen von Worms und Speyer und der Reichsritterschaft in Fragen der Leibeigenschaft und des Jagdrechts zu einem erfolgreichen Ende zu bringen.

Ohne Ergebnisse blieben auch seine Vermittlungsversuche in dem 1660 ausgebrochenen Streit zwischen Erfurt und dem Kurfürsten von Mainz um die Anerkennung landeshoheitlicher Rechte in der Stadt. Da hier zugleich gemeinsame Interessen der sächsischen Fürstenhäuser bedroht waren, erfolgten sie in enger Abstimmung mit Weimar und Altenburg. An den im Januar 1663 in Erfurt geführten Verhandlungen ernestinischer Bevollmächtigter mit dem dortigen Ratskollegium nahm von gothaischer Seite Veit Ludwig von Seckendorff teil; doch fanden auch dessen Mahnungen, den mainzischen Wünschen nachzugeben, dort taube Ohren. Als im Oktober desselben Jahres, nachdem Herzog Ernsts Antrag an Kaiser Leopold I., den Erfurter Streit durch den 1663 nach Regensburg einberufenen Reichstag entscheiden zu lassen, zurückgewiesen und im September 1663 Erfurt in die Reichsacht erklärt und deren Vollstreckung nicht dem

Kurfürsten von Sachsen als dem Kreisobersten des Obersächsischen Kreises, sondern dem Kurfürsten von Mainz übertragen worden war, der Erfurter Rat sich in seiner Not an Herzog Ernst mit der Bitte um Vermittlung wandte, mußte dieser ablehnen, denn nunmehr war es zu spät. Auch ein Protest des Obersächsischen Kreises nützte nichts, und ehe eine in einer Konferenz der sächsischen Herzöge in Naumburg, bei der sich Herzog Ernst durch Seckendorff vertreten ließ, beschlossene Bitte an Kurfürst Friedrich Wilhelm von Brandenburg um Vermittlung Erfolg haben konnte, hatte der Mainzer mit Hilfe von eigenen und aus Ungarn zurückkehrenden lothringischen und französischen Truppenverbänden Erfurt zur Kapitulation genötigt. Zwar konnte Herzog Ernst wenig später den Mainzer dazu bewegen, Erfurt Religionsfreiheit zuzusichern, aber im Grunde ging es nun nur noch darum, so viel wie möglich von den überkommenen Rechten des sächsischen Gesamthauses an Erfurt zu retten. Die darüber während des Jahres 1665 zwischen den ernestinischen Bevollmächtigten in Jena und Kahla geführten Verhandlungen, an denen von Seiten Herzog Ernsts in Jena Heidenreich, in Kahla Ludolf teilnahmen, mußten jedoch wirkungslos bleiben, da Kurfürst Johann Georg II. von Sachsen in einem Geheimabkommen mit dem Mainzer Kurfürsten auf seine Schutzrechte über Erfurt Verzicht leistete, ohne seine ernestinischen Verwandten vorher überhaupt zu unterrichten. Den Ernestinern blieb, wie bereits an anderer Stelle (s. o. S. 206) berichtet wurde, nunmehr nichts anderes übrig, als nachzuziehen. Die mit kursächsischer Vermittlung 1667 zustandegekommenen Verhandlungen mit Mainz in Erfurt, an denen von gothaischer Seite Heidenreich beteiligt war, fanden ihren Abschluß im Erfurter Exekutionsrezeß vom 16./26. Mai 1667, in dem die Ernestiner gegen bescheidene territoriale, geleits- und lehnsrechtliche Zugeständnisse von mainzischer Seite, an denen auch Herzog Ernst seinen Anteil erhielt, auf ihre Schutzrechte über Erfurt ebenfalls verzichteten.

Es mag mit den Erfahrungen dieser Jahre zusammenhängen, daß Ernst, der sich auf den Reichstagen bis dahin durch besonders bewährte Beamte hatte vertreten lassen, so 1653/54 durch Georg Achaz Heher und Wilhelm Schröter und 1663 bis 1666 durch Ernst Ludwig Avemann und Jakob Heidenreich, sich seit 1666 mit einem entsprechenden Auftrag an den magdeburgischen Reichstagsgesandten Johann Krull begnügt und danach für vier Jahre ganz auf einen Bevollmächtigten beim Reichstag verzichtet hat; ab 1672 war es der langjährige altenburgische Reichstagsgesandte Georg Christoph Dreher, der nach der Aufteilung des altenburgischen Territoriums die Interessen seines neuen Herrn und dessen nunmehr drei Reichstagsstimmen — je eine von Gotha und Altenburg und eine für Coburg und Meiningen zusammen — auf dem „immerwährenden Reichstag" in Regensburg wahrnahm. Herzog Ernst schätzte also in den letzten Jahren seiner

Regierungstätigkeit die ihm dort gegebenen politischen Wirkungsmöglichkeiten sehr gering ein. Dazu mag noch der Umstand beigetragen haben, daß sich die Präzedenzstreitigkeiten mit Altenburg auch dort, so 1653/54, störend bemerkbar gemacht hatten, und nicht nur auf den obersächsischen Kreistagen, wo sie zeitweilig zur Lähmung der Mitarbeit der gothaischen und weimarischen Bevollmächtigten führten, so daß sich der Herzog nur auf den Kreistagen von 1654, 1662 und 1665 durch eigene Bevollmächtigte — 1654 Schröter, 1662 Avemann, 1665 Ludolf — vertreten ließ, 1658 und 1667 auf eine eigene Vertretung ganz verzichtete und 1663 und 1664 sich damit begnügte, den weimarischen Kanzler Krause mit der Wahrnehmung der gothaischen Interessen zu beauftragen. Erst nach der Aufteilung des altenburgischen Territoriums ließ er die Kreistage regelmäßig besuchen, meist durch vormals altenburgische Beamte wie Hans Caspar Hendrich und Hans Dietrich von Schönberg. So spielte sich Herzog Ernsts reichspolitische Tätigkeit im wesentlichen außerhalb der bestehenden Beratungs- und Entscheidungsgremien des Reiches ab, weil er sich davon bessere Erfolgsaussichten versprach. Dort allerdings, wo es zu gewaltsamer, militärischer Auseinandersetzung kam, hielt er sich entweder ganz fern, wie vom Nordischen Krieg (1655-60), oder seine Bemühungen blieben vergeblich, wie bei den Auseinandersetzungen um Erfurt. In Wien nahm seit 1646 ein dort seit 1626 für die Ernestiner tätiger Agent auch die gothaischen Interessen wahr, im wesentlichen die der Information und der Verbindung zum Reichshofrat (siehe o. S. 196).

Herzog Ernst ist auch in anderen als reichspolitischen Belangen über die Grenzen seines Landes hinaus tätig geworden und zwar im wesentlichen innerhalb des theologisch-kirchlichen Zeitgeschehens. Beunruhigt über zunehmende Streitigkeiten zwischen evangelischen Theologen hatte er schon 1648 eine allgemeine evangelische Synode angeregt, aber damit kein entsprechendes Echo gefunden. Seinen Vermittlungs- und Befriedungsversuchen, die er von 1652 ab über mehr als zwei Jahrzehnte hinweg in dem seit 1645 die lutherischen Theologen erregenden sogenannten synketistischen Streit um die Lehre des Helmstedter Theologen Georg Calixt unternahm, den er persönlich kannte und schätzte und der einer Annäherung der Konfessionen das Wort redete, war außerhalb der ernestinischen Lande kein Erfolg beschieden. An der der gemeinsamen Aufsicht der Ernestiner unterstehenden Universität Jena allerdings sorgte der Herzog in engem Einvernehmen mit seinem Bruder Wilhelm von Weimar (s. o. S. 193) dafür, daß solche Streitigkeiten garnicht erst aufkamen; die dort vorgenommenen Visitationen dienten in erster Linie diesem Zweck. Im Zusammenhang mit diesem Streit griff er die schon aus dem Jahre 1632 stammende Anregung des Lübecker Hauptpastors Nicolaus Hunnius auf, der die Errichtung eines Kollegiums von Theologen und anderen Gelehrten

Abb. 14: Veit Ludwig von Seckendorff (1626–1692)

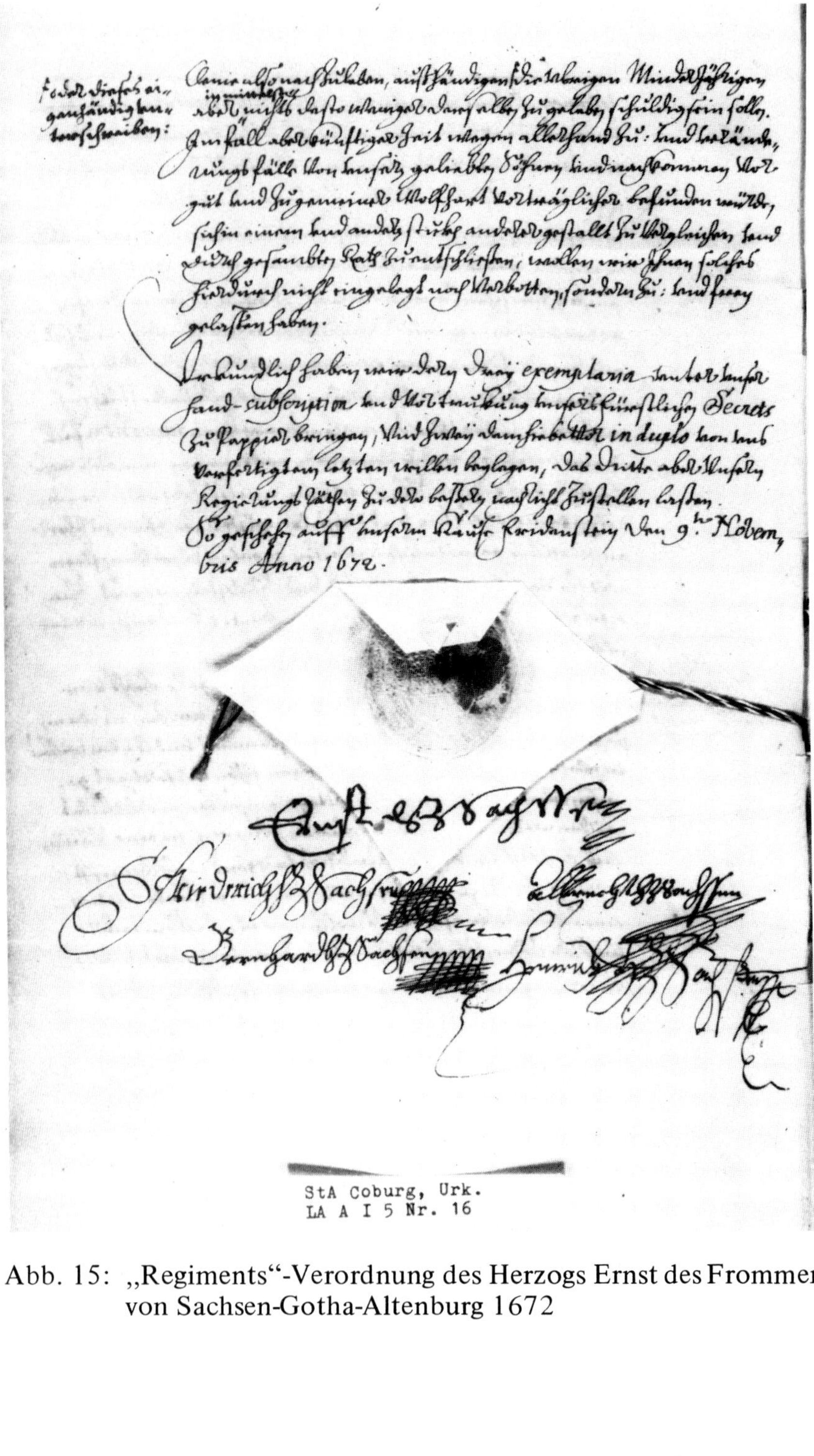

Abb. 15: „Regiments"-Verordnung des Herzogs Ernst des Frommen von Sachsen-Gotha-Altenburg 1672

gefordert hatte, dem ein Aufsichtsrecht über die verschiedenen evangelischen Landeskirchen und ein Zensurrecht über theologische Schriften zuerkannt werden und das Streitigkeiten unter den Evangelischen schlichten und den gemeinsamen Kampf gegen ihre konfessionellen Gegner organisieren sollte. Ernst bot als Sitz eines solchen „Collegium Hunnianum" 1670 sein Schloß Reinhardsbrunn und die Bereitstellung eines Fonds von 200 000 Talern an, doch scheiterte das Projekt an den entgegenstehenden Schwierigkeiten.

Auch den in der Diaspora lebenden und Verfolgungen der dort herrschenden Konfessionen ausgesetzten evangelischen Glaubensgenossen wandte Herzog Ernst seine Aufmerksamkeit zu. So trat er 1663, als es um die Abwehr der Türkengefahr ging, in einem Schreiben an Kaiser Leopold I. für die Gewissens- und Gottesdienstfreiheit der Evangelischen auch in den kaiserlichen Erblanden ein, allerdings ohne nennenswerten Erfolg, wie spätere Berichte des Wiener Agenten bezeugten, und als er 1672 einer Gruppe von österreichischen und ungarischen Evangelischen, die wegen ihrer Glaubenstreue besonders zu leiden hatten, Asyl in seinem Lande anbot, wurde diesen der freie Abzug nicht gestattet; auch die von ihm gemeinsam mit anderen evangelischen Reichsständen beim Reichstag in Regensburg und beim Kaiser in Wien unternommenen Schritte gegen die Verfolgung von Evangelischen brachten nur bescheidene Ergebnisse.

Von Erfolg gekrönt war hingegen die Hilfe, die er der lutherischen Gemeinde in Moskau angedeihen ließ. Er unterstützte sie, die 1662 zum Bau einer eigenen Kirche geschritten war, durch Geldspenden und regte mit Erfolg die Gründung einer lutherischen Schule an, für die er die Kosten der Unterhaltung und die Besoldung eines Lehrers übernahm. Daraus ergaben sich Beziehungen zwischen ihm und dem Zaren Alexei, die zu einem Austausch von Gesandtschaften und Geschenken führten und die der Herzog bis zu seinem Tode nicht hat abreißen lassen.

Über den europäischen Kontinent hinaus griffen die Verbindungen des Herzogs mit dem wegen seiner Zuneigung zu den Jesuiten aus seinem Heimatland vertriebenen äthiopischen Gelehrten Abba Gregorius, die durch Hiob Ludolf, der 1649 mit dem Äthiopier in Rom Freundschaft geschlossen hatte, vermittelt worden waren. Begierig auf zuverlässige Nachrichten über das Christentum in Äthiopien und auf die Möglichkeit, dort etwas für die Verbreitung der lutherischen Lehre tun zu können, aber auch aus Interesse für Land und Leute lud er den Fremden 1652 nach Gotha ein, wo sich dieser drei Monate lang aufhielt. In zahlreichen Gesprächen mit dem Herzog, dessen Beratern und Jenaer Theologen berichtete Gregorius über die Lebens-, vor allem die kirchlichen Verhältnisse in seiner Heimat und unterrichtete sich selbst über das Land seines Gastgebers. Der daraus hervorgehende Wunsch Ernsts, in näheren und unmittelbaren Kontakt mit Äthiopien zu gelangen, scheiterte daran, daß des Gregorius' Versuch, seine Vertreibung rückgängig zu machen, vergeblich war, und er 1658 bei einem Schiffbruch umkam; spätere Bemühungen, auf anderen Wegen zum Ziel zu kommen, blieben ergebnislos.

Obwohl die Beziehungen Ernsts zu Gregorius im wesentlichen durch die aus seiner Religiosität herrührende Neigung zu kirchlichen und konfessionellen Fragen bestimmt waren, so schwang doch dabei auch ein allgemein kulturelles Interesse mit. Dieses kam in weit stärkerem Maße zum Ausdruck in dem ständigen Ausbau der aus den bescheidenen, bei der Landesteilung von 1640/41 aus Weimar überführten Beständen an Büchern, Münzen, Kunstgegenständen und Waffen im Laufe der Nachkriegsjahrzehnte durch ständigen zielbewußten Zukauf entstandenen stattlichen Sammlungen, der Hofbibliothek, der Kupferstichsammlung, des Münz- und Kunstkabinetts, des Zeughauses und der Rüstkammer, von denen vor allem die Bibliothek einen über Thüringen hinausreichenden Ruf gewann. Alle diese Institute fanden im Neubau des Schlosses Friedenstein ihren Platz, dem bei weitem bedeutendsten Bauwerk, das er während seiner Regierungszeit errichten ließ. Hinzu kamen einige Kirchen, so 1656 auf dem Friedhof in Gotha, 1665 auf der Burg Heldburg, 1672 in Brünn bei Eisfeld; auf dem Inselsberg, einem beliebten Ausflugsziel der herzoglichen Familie, ließ er 1649 ein Lusthaus bauen. Auch die Musikpflege fand in Gotha eine Heimstatt; seit 1652 ist eine Hofkapelle bezeugt, die 1658 aus 11, später aus 18 Personen bestand, und deren Leiter der aus Nürnberg gebürtige Wolfgang Carl Briegel (1626-1712) war; er führte seit 1664/65 den Titel Kapellmeister und blieb bis 1671 in Gotha. Sein Nachfolger wurde Georg Ludwig Agricola (1643-1676).

Kulturelle Bedürfnisse wurden also bei Hofe nicht vernachlässigt, so sehr der Herzog auch hier Sparsamkeit walten ließ und jeden Prunk und Luxus vermied. Für die an anderen Höfen seiner Zeit beliebten Trinkgelage und Glücksspiele hatte er ebenso wenig etwas übrig wie für Goldmacherei und Magie oder für Komödianten und Hofnarren. Frömmigkeit und Einfachheit und die Einhaltung verschiedener, bis in Einzelheiten ausgearbeiteter Ordnungen bestimmten den Tagesablauf und das Leben bei Hofe, der herzoglichen Familie ebenso wie des Hofgesindes.

Herzog Ernst hatte aus seiner 1636 geschlossenen Ehe mit Elisabeth Sophie, der einzigen Tochter Herzog Johann Philipps von Altenburg, 18 in den Jahren 1638 bis 1663 geborene Kinder, 12 Söhne und 6 Töchter, von denen 5 Söhne und 4 Töchter im Kindes- oder Jugendalter starben. Der Frage seiner Nachfolge hatte er sich bereits zugewandt, als noch keiner seiner Söhne die Mündigkeit erreicht hatte. In einem 1654 abgefaßten Testament, das auch Vormundschaftsfragen regelte, setzte er zwar alle seine Söhne zu gleichen Teilen als Erben ein, doch übertrug er, dem Vertrag von 1629 folgend, die Leitung der Regierungsgeschäfte dem Ältesten. Wie damals geschah das offensichtlich auch 1654 aus der Einsicht, daß das Territorium nicht groß genug war, um jedem der Söhne einen Anteil zu sichern, der eine einem Reichsfürsten angemessene Lebensführung ermöglicht hätte. In einem Nachtrag setzte er 1668 auch die Deputate fest, die den einzelnen Söhnen zugestanden werden sollten. Der beträchtliche Gebietszuwachs, den die Aufteilung des altenburgischen Erbes mit sich brachte, veranlaßte ihn im Sommer 1672 zu einer Neufassung des Testaments, der damals verfügten „Regimentsordnung", die aber die Grundsätze unangetastet ließ (siehe Abb. 15, nach S. 240). Auch sie ging von dem gleichen Erbrecht aller Söhne aus, ließ also auch die Möglichkeit einer künftigen Landesteilung ausdrücklich offen, schob sie allerdings bis zum Zeitpunkt der Mündigkeit des jüngsten Sohnes hinaus und band sie an eine weitere Vergrößerung des Territoriums oder eine so drastische Verminderung der Zahl der Erbberechtigten, daß jedem von diesen wenigstens ein mit einer Reichs- und Kreistagsstimme verbundener Anteil zufallen würde; schließlich bestimmte sie die in Gemeinschaft verbleibenden Herrschaftsrechte, deren Wahrnehmung dem ältesten Sohn zugewiesen wurde. Es zeigte sich also, daß Herzog Ernst bei den Verhandlungen mit seinen weimarischen Neffen über die Aufteilung des altenburgischen Erbes das 1668 verfaßte Testament seines altenburgischen Vetters Friedrich Wilhelm II., in dem die Einführung des Primogeniturrechts für das altenburgische Territorium verfügt worden war, nicht etwa deshalb unbeachtet gelassen hatte, weil es geeignet gewesen wäre, Ansprüche Herzog Johann Ernsts II. von Weimar als des ältesten Vertreters der älteren Linie des ernestinischen Hauses zu begünstigen, und daß der in diesen Verhandlungen von gothaischer Seite als Argument benutzte Hinweis auf die zahlreichen Söhne des Herzogs und der Rückgriff auf die im Eisenberger Vertrag von 1634, als es um das coburg-eisenachische Erbe ging, praktizierte Aufteilung nach der Zahl der Erbberechtigten mehr als nur ein taktischer Schachzug zur Erreichung des größtmöglichen Vorteils gewesen war. Wenn er in Übereinstimmung mit seinen weimarischen Neffen an dem im ernestinischen Hause hergebrachten Erbrecht festhielt und das Primogeniturrecht ablehnte, so geschah dies aus grundsätzlichen Erwägungen. Nach seinem patriarchalischen Herrschaftsverständnis war er sich seiner Pflichten gegenüber den in seinem Lande lebenden Menschen zwar stets bewußt, aber ebenso der Fürsorgepflicht gegenüber allen seinen Söhnen, wie sie das überlieferte Erbrecht in seinem Hause gebot. Eine „Staatsraison", die das Interesse des Territoriums über die Rechte des Herrscherhauses stellte, war ihm fremd. Den Vorrang des Hauses hielt er für selbstverständlich, und wenn er eine Landesteilung nur unter erschwerten Bedingungen zulassen wollte, dann nur deshalb, weil er befürchtete, daß sonst die Regenten der einzelnen Teile nicht in der Lage sein würden, ihren dem Reichsfürstenstand angemessenen Rang zu behaupten. Diesem in seiner Jugend, etwa im Vertrag von 1629, anerkannten Prinzip ist er auch im Alter treu geblieben; es entsprach seiner Rechtsauffassung.

Anfang August 1674 erlitt Ernst einen Schlaganfall, dessen Folgen ihn nötigten, seinem Sohn Friedrich die Regierungsgeschäfte zu übergeben; am 22. März 1675 ist er an einem weiteren Schlaganfall gestorben. Als einer der bedeutendsten Fürsten seines Hauses und Thüringens ist er in die Geschichte eingegangen. Er hinterließ neben zwei Töchtern Elisabeth Dorothea (1640-1709), die seit 1666 mit Landgraf Ludwig VI. von Hessen-Darmstadt verheiratet war, und Dorothea Marie (1654-1682), die unvermählt gestorben ist, die Söhne Friedrich, Albrecht, Bernhard, Heinrich, Christian, Ernst und Johann Ernst, von denen die beiden jüngsten damals noch unmündig waren.

Die Regierungszeit Herzog Friedrichs I. bis zu den Landesteilungsverträgen von 1680/81

Die Nachfolge Ernsts des Frommen trat, da ältere Söhne jung verstorben waren, sein vierter Sohn Friedrich an. Der „Regimentsordnung" zufolge regierte er zugleich im Namen seiner sechs jüngeren Brüder. Friedrich war am 15. Juli 1646 in Gotha geboren, hatte bereits seit dem vierten Lebensjahre Unterricht erhalten und war 1654, zusammen mit seinem älteren Bruder Johann Ernst (1641-1657) der Aufsicht Hiob Ludolfs anvertraut worden. Nach Reisen nach Wien, Westungarn und Böhmen, auf denen er auch den Kaiserhof besuchte (1660), nach Dänemark (1661) und den Niederlanden (1662) studierte er von 1664 bis 1666 in Straßburg und Jena Rechts- und politische Wissenschaften und Geschichte. Auf einer längeren Reise (1667/68) durch Frankreich und Oberitalien begegnete er König Ludwig XIV., dessen Persönlichkeit und Regierungsstil nicht ohne Einfluß auf ihn geblieben sind und mit dem ihn längere Zeit freundschaftliche Beziehungen verbanden. Nachdem er sich 1669 mit der ältesten Tochter Magdalena Sibylla des kursächsischen Administrators von Halle, Herzog August, vermählt hatte, wurde er von seinem Vater mehrfach mit Regierungsgeschäften betraut. Er war an den Verhandlungen über die Aufteilung des altenburgischen Territoriums beteiligt, nach deren erfolgreichem Abschluß er seit 1672 die Regierungsgeschäfte im Fürstentum Altenburg führte; im Oktober 1674, nach dem Schlaganfall des Vaters, übernahm er die Regentschaft im ganzen Lande. Eine über dessen Grenzen hinausgehende Aktion von ihm bedeutete die mit Zustimmung des Vaters 1672 unternommene Werbung von Truppen im Auftrag der Niederländischen Generalstaaten, die im Zusammenhang stand mit deren militärischer Bedrohung durch Frankreich und den Bemühungen des Vaters, den Verteidigungszustand seines Landes zu verbessern und darüber hinaus zu einem Bündnis aller sächsischen Häuser zu kommen, aber das gothaische Land erheblich belastete und den Unmut der Landstände hervorrief (s. o. S. 232). Die Truppen sollten sich jedoch auch als nützlich erweisen, als sich der Konflikt durch die Erklärung des Reichskriegs an Frankreich 1674 auf das gesamte Reich ausdehnte; die Durchführung der zu diesem Zweck noch vom Vater angeordneten Maßnahmen gehörten zu den ersten Regierungshandlungen Friedrichs. Der 1675 erfolgende Durchzug brandenburgischer Truppen, die vom Oberrhein in ihre von einem schwedischen Angriff bedrohte Heimat marschierten, durch Thüringen und die Einquartierung kaiserlichen Militärs im Lande ließ bei Herzog Friedrich und seinen ernestinischen Vettern den Gedanken eines Bündnisses mit dem Kaiser aufkommen, bei dem es darum gehen sollte, gegen die Stellung geworbener Truppen die Verschonung von Einquartierungen von kaiserlichen und Reichstruppen zu erreichen. Im August 1676 wurde der gothaische Hofrat Magnus Saul im Auftrag aller Ernestiner zu entsprechenden Verhandlungen nach Wien geschickt. Gleichzeitig ließ Friedrich, einer Anregung Kurfürst Johann Georgs II. von Sachsen vom Jahre zuvor folgend, in Dresden Verhandlungen über ein Bündnis mit Kursachsen führen; und daß er sich damals nicht nur von den gothaischen Landständen finanzielle Mittel für die Aufstellung einer Kompanie Gardereiter zum Schutze des Landes bewilligen ließ, sondern darüber hinaus weitere Truppen warb, stand mit diesen Verhandlungen in unmittelbaren Zusammenhang. Mit dem Kaiser kam es im November 1676 zu einem auf drei Jahre befristeten Vertrag; im Jahre darauf schickte Friedrich seine geworbenen Truppen zur kaiserlichen Armee an den Rhein; 1678 überließ er den Holländern eine Kompanie. Währenddessen waren die Verhandlungen aller Ernestiner mit Kursachsen weitergelaufen. An ihnen beteiligten sich bald auch, besorgt wegen des brandenburgischen Verlangens nach Winterquartieren in den Obersächsischen und Fränkischen Reichskreisen, die fränkischen Bistümer Bamberg und Würzburg und der Kurfürst von Mainz. Im Oktober 1677 wurde ein auf drei Jahre befristetes Bündnis zwischen Kursachsen, Kurmainz, den Bistümern Bamberg und Würzburg und allen ernestinischen Fürsten geschlossen, in dem man sich verpflichtete, zur Verhütung weiterer Einquartierungen, Musterplätze und sonstiger Belastungen zusammen 10 000 Mann aufzustellen. Von den 1500 Fußsoldaten und 500 Reitern, die auf die Ernestiner entfielen, mußte Herzog Friedrichs Land 875 Fußsoldaten und 292 Reiter übernehmen. Beide Bündnisse haben den mit dem Frieden von Nymwegen (1679) beendeten Reichskrieg nicht überlebt und sind nicht verlängert worden. Herzog Friedrich dankte nach dem Friedensschluß die eigenen Truppen jedoch nicht ab, sondern ließ sie, allen Klagen der Landstände zum Trotz, im eigenen Lande verpflegen. Er traute dem Frieden nicht und sollte damit Recht behalten.

Anders als diese vorübergehenden, wenn auch unerfreulichen Begleiterscheinungen dieser Kriegszeit, in die die ersten Regierungsjahre Herzog Friedrichs fielen, waren die damals von ihm in der Landesverwaltung eingeführten wichtigen Neuerungen von nachhaltiger Bedeutung. Durch die Geheime-Rats-Ordnung vom 21. Dezember 1675 wurde das Geheime-Rats-Kollegium nicht nur den gothaischen Kollegialbehörden Regierung, Konsistorium und Kammer übergeordnet, sondern seine Befugnisse auch auf die 1672 erworbenen Teile der Fürstentümer Altenburg und Coburg ausgedehnt und damit eine für das Gesamtterritorium des gothaischen Fürstenhauses zuständige oberste Behörde geschaffen, die zudem noch mit einer eigenen Kanzlei ausgestattet wurde. Erstmals in Thüringen war damit eine Behörde entstanden, die dazu diente, verschiedene Fürstentümer in der höchsten Verwaltungssphäre organisatorisch zusammenzufassen. Zugleich machten sich Neubesetzungen im Kollegium nötig, da Heidenreich 1674 verstorben und im gleichen Jahre Ludolf, der 1673 die Leitung der Kammerverwaltung in Altenburg übernommen hatte, aus dem Kollegium ausgeschieden war und lediglich Avemann, der zugleich das Kanzleramt der gothaischen Regierung bekleidete, ihm noch zur Verfügung stand. So ernannte Friedrich 1675 den gothaischen Hofrat Johann Friedrich Bachoff und den coburgischen Kanzler Carpzov zu neuen Mitgliedern des Geheimratskollegiums.

Bachoff, Sproß eines im 16. Jahrhundert aus Köln nach Gotha gekommenen Bürgergeschlechts und 1643 in Gotha geboren, Sohn eines Gräfentonnaer Gutspächters, der zeitweilig, wie sein Vater auch, in Diensten König Gustav Adolfs von Schweden gestanden hatte und auf diese Weise Eigentümer von schwedischen Lehngütern in Ingermanland gewesen war, die ihm aber nach des Königs Tod verloren gingen, hatte, wegen seiner herausragenden Begabung von Ernst dem Frommen finanziell unterstützt, seit 1660 in Leipzig Rechtswissenschaften und Philosophie studiert, seit 1665 bei Herzog Friedrich Hofmeisterdienste getan und diesen 1667/68 auf seiner Frankreich- und Oberitalienreise begleitet. 1666 als Regierungssekretär im gothaischen Regierungsdienst angestellt, wurde er 1672 Mitglied des Regierungskollegiums, seit 1673 mit dem Titel eines Hofrats. 1676 wurde ihm der Titel eines Geheimen und Hofrats verliehen. Bachoff ist später, 1683, mit dem Prädikat „von Echt" in den Reichsadelsstand, 1691 in den Freiherrenstand erhoben und mit dem Titel eines Reichshofrats ausgezeichnet worden. Nach Avemanns Tod (1689) übernahm er auch den gothaischen Kanzlerposten, seit 1694 führte er den Titel eines Geheimen Ratsdirektors. Bis zu seinem Tode 1726 hat er als engster Berater gothaischer Herzöge im Lande eine herausragende Rolle gespielt und das Geschehen dort wesentlich mitbestimmt. Über August Carpzov wurde bereits früher berichtet (s. o. S. 81 u. 88). Er zog erst 1678 von Coburg nach Gotha und gehörte dem Geheimratskollegiums nur bis 1680 an; damals kehrte er nach Coburg zurück, wo er drei Jahre später gestorben ist.

Wie sein Vater hat auch Herzog Friedrich regelmäßig an den Sitzungen des Geheimratskollegiums teilgenommen. Auch bei Sitzungen der gothaischen Regierungs- und Konsistorialkollegien war er gelegentlich, bei denen des Kammerkollegiums häufig anwesend. Außerdem nahm er bei Besuchen in Altenburg und Coburg an den Sitzungen der dortigen Landeskollegien teil. Seine Regierungstätigkeit beschränkte sich allerdings, ganz besonders in diesen ersten Jahren vor der Landesteilung, auf die Durchführung der noch vom Vater erlassenen Gesetze und Verordnungen; eigene Initiativen hat er auf diesem Gebiete damals kaum entwickelt. In der Wirtschaftspolitik folgte er merkantilistischen Vorstellungen, die er auf seinen Reisen in Westeuropa kennen gelernt hatte. Besonderes Interesse zeigte er für den Bergbau. 1678 regte er bei Herzog Johann Ernst II. von Weimar die Wiederaufnahme des den sächsischen Häusern gemeinsam gehörenden Ilmenauer Bergwerks an, das während des Dreißigjährigen Krieges eingegangen war. Er fand Zustimmung, und so konnten auf einer 1680 nach Ilmenau einberufenen Konferenz weimarischer, gothaischer und zeitzischer Bevollmächtigter erste Maßnahmen zur Wiederaufnahme des Bergwerksbetriebs beschlossen werden, die zukunftsträchtig waren. Die Aufsicht über das Saalfelder Bergwerk, das ebenfalls gesamternestinischer Besitz war, dessen Nutzung aber Herzog Friedrich Wilhelm II. von Altenburg 1640 von seinen ernestinischen Verwandten allein überlassen worden war (s. o. S. 91 f.), hatte sich Friedrich nach dem Erlöschen des altenburgischen Herzogshauses selbst vorbehalten; er bemühte sich, die von Altenburg dort geleistete Aufbauarbeit weiterzuführen; auch das Salzwerk in Salzungen verdankte seiner Förderung eine Steigerung seiner Leistungsfähigkeit. Eine willkommene Erweiterung des gothaischen Herrschaftsgebiets bedeutete der Erwerb der vormals gleichischen Herrschaft Tonna, die Friedrich 1677 für 120 000 Gulden von den Grafen von Waldeck kaufte; um ihre Erhaltung für das ernestinische Haus hatte sich in schwerer Kriegszeit bereits Herzog Friedrich Wilhelm II. von Altenburg bemüht gehabt (s. S. 77). Dagegen gingen die Ämter Mühlberg und Tonndorf, die Kurmainz zufolge des Erfurter Exekutionsrezesses von 1667 (s. o. S. 206) 1680 einlöste, nunmehr endgültig verloren.

Zeichen eines größeren Repräsentationsaufwands, als ihn der Vater betrieben hatte, sind bei Friedrich bereits in den ersten Regierungsjahren zu erkennen; Einflüsse Ludwigs XIV. machten sich auch am gothaischen Hof geltend. 1677 legte Friedrich in dem von ihm damals gekauften Dorfe Erffa den Grundstein zu einem aufwendigen Lustschloß, das später wie auch das Dorf nach ihm den Namen Friedrichswerth erhielt;

die Bauarbeiten daran gingen allerdings erst ab 1680 zügig voran. Die Verzögerung mag sich daraus erklären, daß im Februar 1678 der östliche Schloßturm des Friedenstein in Gotha abbrannte und dessen schneller Wiederaufbau als vordringlich angesehen wurde. In Friedrichswerth zogen sich die Bauarbeiten dann noch über ein Jahrzehnt hin. Schon 1676 hatte der Herzog in Gotha die baufällige Augustinerkirche abbrechen lassen; der Neubau wurde 1680 vollendet. Auch zahlreiche andere Kirchenbauten, vor allem in Dörfern, sind von ihm errichtet worden.

Herzog Friedrichs Regierungstätigkeit litt in diesen Jahren unter der schwierig werdenden Zusammenarbeit mit seinen Brüdern, auf die er nach dem väterlichen Testament angewiesen war. Die mit ihnen gemeinschaftlich geführte Hofhaltung auf dem Friedenstein in Gotha scheiterte bereits 1676, als nach Bernhard, der bereits seit 1671 verheiratet war, auch Albrecht und Heinrich sich vermählten und die Hochzeit Christians (1677) unmittelbar bevorstand. Außer dem 18jährigen jüngsten Bruder Johann Ernst, der in Gotha blieb, verlegten alle anderen ihren Wohnsitz damals in die Ämter, aus denen sie die ihnen nach dem Testament des Vaters zustehenden Einkünfte bezogen. Albrecht residierte seitdem in Saalfeld, Bernhard in Ichtershausen, Heinrich in Römhild, Christian in Eisenberg und Ernst in Hildburghausen. Die Erledigung der Regierungsgeschäfte wurde dadurch ganz erheblich erschwert, und Friedrich mußte es zunehmend als Belastung empfinden, daß er in allen wichtigen Regierungshandlungen an die Zustimmung der Brüder gebunden war. Seine Brüder andererseits trachteten danach, nicht nur Nutznießer von Einkünften aus den Landesteilen zu sein, in denen sie nun residierten, sondern auch selbst Hoheitsrechte ausüben zu können, also zu echten Regenten zu werden. Besonders stark ist dieser Drang offenbar bei den vier jüngsten Brüdern Heinrich, Christian, Ernst und bald auch Johann Ernst gewesen. Jedenfalls kam es zwischen Friedrich und ihnen zu Verhandlungen, bei denen es Friedrich darum ging, ihren Wünschen zwar entgegenzukommen, dabei aber so viel wie möglich an Territorium und Hoheitsrechten für sich selbst und seine Erben zu retten. Am 8. März 1679 kam ein Vergleich zustande, in dem er ihnen außer zusätzlichen Geldzahlungen zu den ihnen aus ihren Ämtern zustehenden Einkünften die Gerichtshoheit in diesen Ämtern, die Lehnshoheit über die dort ansässigen Lehnsleute, einen Anteil an der Ordinarsteuer aus diesen Landesteilen und das Recht zugestand, eigene Regierungs- und Konsistorialbehörden einzurichten. Dafür verzichteten sie auf alle Ansprüche auf weiteren Territorialbesitz und überließen ihm und seinen Nachkommen die Wahrnehmung aller übrigen Hoheitsrechte, so der Reichs-, Reichskreis- und landständischen Angelegenheiten, der Militär- und Steuerhoheit, des Rechts der Gesetzgebung, der Verfügung über die väterlichen Aktivschulden und alle

Getreide-, Wolle- und sonstige Vorräte, und gestanden die Appellation von ihren Behörden an die gothaischen Landeskollegien und ihm den doppelten Anteil an den künftig im Fürstenhause vorkommenden Erbfällen zu.

Gegen diesen Vergleich erhoben die beiden älteren Brüder Albrecht und Bernhard Einspruch, weil sie ihn für nicht vereinbar mit den Hausgesetzen und dem geltenden Erbrecht hielten; Albrecht traf sogar Anstalten, den Reichshofrat dagegen einzuschalten. Ihre Zustimmung machten beide schließlich davon abhängig, daß Friedrich das noch verbliebene Territorium mit ihnen gleichmäßig aufteile und zwar unter Übertragung von je einer der drei Reichstagsstimmen an jeden von ihnen. Dies lehnte Friedrich zwar mit dem Hinweis auf seine Seniorats- und Direktorialrechte ab; er erklärte sich jedoch bereit, beiden je das im väterlichen Testament vorgesehene Siebtel an der gesamten Erbschaft zu überlassen. Auf dieser Basis kam es nach weiteren zähen Verhandlungen schließlich zu einer Einigung und am 13. November 1679 mit Albrecht, am 9. Februar 1680 mit Bernhard zu Vertragsabschlüssen. Albrecht wurde statt den ihm bisher zustehenden Ämtern Saalfeld, Gräfenthal und Probstzella der größte Teil des Fürstentums Coburg, Bernhard gegen Rückgabe seiner Ämter Ichtershausen, Wachsenburg, Kranichfeld und Tonndorf das neugeschaffene Fürstentum Meiningen überlassen. Dafür gaben beide ihre Zustimmung zu dem zwischen Friedrich und den jüngeren Brüdern geschlossenen Vergleich. Für die Berechnungen des Siebtels sollten die Einkünfte aus den Ämtern die Grundlage bilden, wie sie bei der Landesteilung von 1572 errechnet worden waren (1/7 = ca. 16 000 Gulden).

Nunmehr konnte der Vergleich mit den vier jüngsten Brüdern in einen rechtsverbindlichen Vertrag umgewandelt werden, der am 24. Februar 1680 unterzeichnet wurde. Darin wurden die Bedingungen des Vergleichs bestätigt; die Brüder verzichteten auf das ihnen nach dem väterlichen Testament zustehende Siebtel des Gesamterbes und begnügten sich mit einem um ein Viertel niedrigeren Schätzwert (ca. 12 000 Gulden), auf dessen Grundlage ihnen ihre Landesteile zugewiesen wurden. Falls die Schätzwerte nicht erreicht würden, sollte der Ausgleich auf finanziellem Wege („Nachschußgelder") oder durch weitere Landzuweisungen erfolgen. Die Einrichtung eigener Regierungs- und Konsistorialbehörden wurde den jüngeren Brüdern zwar überlassen, aus Ersparnisgründen aber vereinbart, diese Geschäfte weiterhin den betreffenden Landeskollegien in Gotha (für Römhild und Hildburghausen) und Altenburg (für Eisenberg und Saalfeld) zu übertragen, zu denen die jüngeren Brüder je einen Rat auf eigene Kosten abordnen sollten. Friedrich verpflichtete sich, die ihm überlassenen landesherrlichen Rechte und Pflichten auch im Namen der jüngeren Brüder, aber auf eigene Kosten wahrzunehmen. In Gemeinschaft sollten alle Passivlehen und Anwartschaften des Gesamthauses bleiben, ferner das Seniorat Oldisleben, das

Münzregal, die Landes- und Polizeiordnungen, die Aufsicht über die Bergwerke, von Saalfeld, das Friedrich für sich allein in Anspruch nahm, abgesehen, und die Archive in Wittenberg, Weimar, Gotha, Coburg und Meiningen.

Mit Albrecht und Bernhard schloß Friedrich besondere Verträge ab; mit Bernhard am 8. Juni, mit Albrecht am 24. September 1681. Darin wurde die Zuweisung der neuen Landesteile bestätigt und zwar mit voller Landeshoheit und der coburgischen Reichstagsstimme; letztere sollten beide abwechselnd wahrnehmen. Beide gaben zugleich ihre Zustimmung zu dem Vertrag Friedrichs mit den jüngeren Brüdern, für die Klausel über das besondere Erbrecht Friedrichs allerdings nur unter dem Vorbehalt, daß ihnen daraus kein Nachteil entstehen dürfe. In Gemeinschaft mit ihnen blieben Universität, Hofgericht, Schöppenstuhl und Bibliothek Jena und einige schwarzburgische, hatzfeldische und reußische Lehnrechte. Die Lehnshoheit über die Grafen von Hohenlohe wegen der Herrschaft Obergleichen und über die Grafen von Schwarzburg wegen der niedergleichischen Dorfschaften wurden jedoch Friedrich allein überlassen, allerdings mit der Bedingung einer Entschädigungszahlung beim Heimfall der Lehen; auf alle Lehnrechte an der Grafschaft Tonna verzichteten sie jedoch, da Friedrich sie aus eigenen Mitteln erworben hatte.

Mit diesen Verträgen wurde das territoriale Erbe Ernsts des Frommen und zwar ohne, daß die von ihm in seinem Testament für einen solchen Fall verlangten Voraussetzungen erfüllt gewesen wären, in sieben Teile zerschlagen (siehe Abb. 21, nach S. 320). Es erhielten

Friedrich die Ämter Gotha, Tenneberg, Georgenthal, Reinhardsbrunn, Schwarzwald, Wachsenburg mit Ichtershausen, Altenburg, Leuchtenburg mit Orlamünde, Volkenroda und Gräfentonna, die Stadt Pößneck und einige kleinere Hoheitsrechte in Langensalza und Greußen (s. u. S. 388 ff.);

Albrecht die Ämter Coburg mit Rodach, Neustadt mit Sonneberg, Mönchröden, Sonnefeld und Neuhaus bei Sonneberg (s. u. S. 443 ff.);

Bernhard die Ämter Meiningen, Maßfeld, Salzungen mit Kloster Allendorf, Wasungen, Sand und Frauenbreitungen, die Dörfer Herpf, Stepfershausen, Utendorf und Mehlis und das Gut Henneberg (s. u. S. 455 ff.);

Heinrich die Ämter Römhild, Themar und Königsberg in Franken, die Kellerei Behrungen und den Hof in Milz (s. u. S. 494 ff.);

Christian die Ämter Eisenberg, Ronneburg, Camburg und (Stadt-) Roda (s. u. S. 499 ff.);

Ernst die Ämter Hildburghausen, Heldburg, Eisfeld, Veilsdorf und Schalkau (s. u. S. 502 ff.);

Johann Ernst die Ämter Saalfeld, Gräfenthal und Probstzella und die Stadt Lehesten (s. Karte IV) (s. u. S. 526 ff.).

Alle in die genannten Ämter einbezirkten Städte wurden den betreffenden Anteilen zugerechnet. Der Wertunterschied zwischen den festgelegten Summen von ca. 12 000 Gulden und den Anteilen der vier letztgenannten Brüder sollte durch Geldzahlungen Friedrichs ausgeglichen werden.

Daß die vier jüngsten Brüder in diesen Verträgen benachteiligt wurden, war nicht zu übersehen; und da die Ausgleichszahlungen nach den längst überholten und nunmehr viel zu niedrigen Wertberechnungen des Jahres 1572 erfolgten, bedeuteten sie keinen echten Ausgleich. So war es kein Wunder, daß das Vertragswerk ihre Unzufriedenheit erregte; ihr wohl zu ungestümer Drang nach einem eigenen Herrschaftsbereich hatte dem Verhandlungsgeschick Friedrichs offensichtlich erhebliche Blößen geboten. Es gelang diesem jedoch in den folgenden Jahren, die besonders verärgerten Brüder Ernst und Johann Ernst, die sogar drohten, die Angelegenheit dem Kaiser zur Entscheidung vorzulegen, auf dem Verhandlungswege und durch kleine Zugeständnisse zu beschwichtigen. So trat er 1682 an Johann Ernst die Stadt Pößneck ab und überließ ihm Anteile an der Land- und Tranksteuer seines Landesteils und die Hälfte der Einkünfte des Saalfelder Bergwerks. Und Ernst verschaffte er 1683 das Amt Königsberg in Franken, indem er dessen bisherigen Besitzer Heinrich, der meist in Finanznöten steckte, durch Geldzahlungen entschädigte.

Durch das Getrenntverhandeln mit seinen Brüdern war es Friedrich gelungen, für sich und seine Nachkommen mehr als 2/5 des väterlichen Erbes und zwar die ertragreichsten Teile zu gewinnen, dazu einen noch erheblich größeren Anteil an Herrschaftsrechten, die ihm auch Einflußmöglichkeiten auf die Territorien wenigstens der vier jüngsten Brüder und damit einen gewissen Zusammenhalt der gothaischen Nachfolgestaaten sicherten; man sprach seitdem vom „Nexus Gothanus". Er erwies sich allerdings auf die Dauer nicht als stark genug, um das Auseinanderleben und eine zunehmende Verselbständigung der neu entstandenen Territorien zu verhindern.

9. Die weimarischen Nachfolgestaaten 1672-1775

Sachsen-Weimar von der Landesteilung von 1672 bis zum Anfall des eisenachischen Erbes 1741

Das Territorium, das Herzog Johann Ernst II. nach der Landesteilung von 1672 übernahm, hatte zwar einen etwas größeren Umfang als jenes von ihm nach der Mutschierung von 1662 regierte Landstück, war aber noch immer recht bescheiden. Ein wenig erweitert wurde es 1673, als er das seit 1627 verpfändete Amt Hardisleben für 29 000 Taler einlöste, und nach dem Tode Herzog Ernsts des Frommen von Gotha, als ihm 1675 als nunmehrigem Senior der Ernestiner das Senioratsamt Oldisleben zufiel; selbst der Erwerb des Ritterguts Tannroda mit den zugehörigen Dörfern Eichelborn und Nauendorf (1680) mußte bei einem so kleinen Land als erwähnenswerter Gewinn angesehen werden. Eine bemerkenswerte, allerdings nur vorübergehende Ausweitung des Herrschaftsbereichs Herzog Johann Ernsts brachte der frühe Tod seines jüngsten Bruders Bernhard von Jena (s. u. S. 354) mit sich, denn dieser hatte ihn in seinem Testament zum Vormund seines erst dreijährigen Sohnes Johann Wilhelm eingesetzt. Im Mai 1678 übernahm Johann Ernst infolgedessen auch die Vormundschaftsregierung im jenaischen Territorium, die er mit großer Sorgfalt geführt hat. Da das jenaische Fürstenhaus nur noch auf zwei Augen stand, ist es verständlich, daß er und sein Eisenacher Bruder Johann Georg I. sich auch Gedanken machten über eine Erbfolge im Lande für den Fall eines frühen Todes des Jenaer Herzogs. So schlossen beide im Februar 1683, wenige Monate vor Johann Ernsts II. Tod, einen Erbvertrag, der drei Bestimmungen enthielt: Wenn sie beide den Jenaer Herzog überlebten, sollte dessen Land je zur Hälfte an Weimar und Eisenach fallen; wenn nur einer von ihnen den Jenaer überlebte, sollte jener 2/3, die Söhne des Verstorbenen aber nur 1/3 des jenaischen Territoriums erhalten; werde der Jenaer Herzog sie beide überleben und danach sterben, dann sollte dessen Land zu 2/3 an Eisenach und zu 1/3 an Weimar fallen. Dieser letzte Fall ist schließlich eingetreten, doch darüber ist an anderer Stelle zu berichten.

Die im Teilungsvertrag von 1672 beschlossene Regelung, die in gemeinschaftlicher Betreuung bleibenden Hoheitsrechte durch ein zu diesem Zweck geschaffenes Geheimratskollegium wahrnehmen zu lassen, erwies sich als wenig dauerhaft. Zwar wurden der bisherige weimarische Kanzler Krause zum Leiter der neuen Behörde, der Hofrat von Riedesel und der Kammerrat Struve zu ihren Mitgliedern und der bisherige Gerichtssekretär Georg Neumark, der bekannte Dichter (vgl. Bd. IV, S. 367 f.), zum Geheimen Sekretär und Leiter der Kanzlei berufen und nach Riedesels Ausscheiden 1675 der vormalige eisenachische Landesdirektor Prüschenk von Lindenhofen Mitglied des Kollegiums, und in den ersten Jahren wichtige gesetzgeberische Arbeiten fortgeführt, die seit Herzog Wilhelms Zeiten eines Abschlusses harrten; so arbeitete Krause an einer neuen Landesordnung, die 1675 im Entwurf fertig vorlag, und Struve an einer neuen Prozeß- und Gerichtsordnung, deren Entwurf er 1678 fertigstellte. Aber über der Klärung einzelner juristischer Fragen in Verhandlungen mit Gotha und der Erfüllung spezieller Wünsche Herzog Johann Georgs I. von Eisenach geriet alles wieder ins Stocken; Krauses Entwurf ging sogar verloren. So kam man auch jetzt zu keinem Abschluß, zumal, als Prüschenk 1678 starb und Struve 1680 in jenaische Dienste ging, niemand an ihre Stelle trat. Krause blieb als einziges Mitglied des Kollegiums übrig, und als er sich im August 1683, nach Johann Ernsts Tod, pensionieren ließ, hörte dieses zu bestehen auf. Die Direktion der gemeinschaftlichen Angelegenheiten ging damals auf Herzog Johann Georg I. von Eisenach über, der dafür lediglich eine Kanzlei einrichtete, die Geschäfte im übrigen aber von seinem Regierungskollegium mit wahrnehmen ließ.

Vom Geheimratskollegium getrennt besorgten für das weimarische Territorium die althergebrachten Kollegien von Regierung, Oberkonsistorium und Kammer die Verwaltungsangelegenheiten. Die Leitung von Regierung und Oberkonsistorium, dazu die der Steuerverwaltung hatte seit 1672 Volkmar Happe inne, der die Titel eines Vizekanzlers und Konsistorialpräsidenten führte und 1682 zum Geheimen Rat ernannt wurde; er ist als bedeutendste und einflußreichste Persönlichkeit unter Johann Ernsts Beamten anzusehen. Ihm zur Seite standen einige Hof- und Regierungsräte, unter ihnen vor allem der 1672 aus magdeburgischen Diensten zum Hof- und Justizrat nach Weimar berufene Jurist Johann Philipp Schmidt (1638-1694), Sohn eines schwarzburg-arnstädtischen Kanzlers und über die Greußener Ratsfamilie Tentzel mit Happe verwandt, und der gleichaltrige, 1678 ebenfalls aus magdeburgischen Diensten nach Weimar gekommene und zum Hof- und Regierungsrat ernannte, aus Halle gebürtige Beamtensohn und Jurist Christian Wildvogel (1644-1728), der später Happes Schwiegersohn wurde. Beide haben in den folgenden Jahren die weimarischen Belange auch auf Konferenzen oft vertreten. Die Leitung der Kammer hatte ab 1672 der Kammerrat Johann Philipp Blankenburg inne. Ihm wurde 1682 als Kammerdirektor vorgesetzt Johann Friedrich von Wolfersdorff (1639-1691) aus dem bekannten vogtländischen Adelsgeschlecht, der zunächst Hofmeister in reußischen Diensten gewesen war, 1677 den Hofmeisterdienst bei Herzog Johann Ernsts II. Söhnen Wilhelm Ernst und Johann Ernst III. übernommen und diese 1679 auf ihrer Auslandsreise begleitet hatte; danach war er als Hofrat in Weimar geblieben. Er legte die Kammerdirektion aber bereits 1683 nieder und ging als Hausmarschall nach Quedlinburg.

Die auf die Landesteilung folgenden Jahre standen im Zeichen der kriegerischen Verwicklungen, die durch den Angriff französischer Truppen auf die Niederländischen Generalstaaten (1672) und den dadurch 1674 ausgelösten Reichskrieg gegen Frankreich verursacht waren. Da die Vertretung der Interessen im Reich und das Militärwesen zu den direktorialen Aufgaben Johann Ernsts gehörten, war er hier auf enge Zusammenarbeit mit seinen jüngeren Brüdern angewiesen. Hatte er 1673 noch Bedenken, auf die von seinen Brüdern unterstützten Bemühungen Ernsts des Frommen von Gotha und des sächsischen Kurfürsten Johann Georg II. einzugehen, die auf ein Bündnis aller sächsischen Häuser gerichtet waren, und sich zunächst darauf beschränkt, dem Drängen der Brüder folgend mit der Neuorganisation des gemeinsamen Landesaufgebots zum Schutze des Landes zu beginnen, eine Aufgabe, die bis 1677 bewältigt werden konnte, so bewirkten die 1672, 1675 und 1676 erfolgten Einquartierungen von kaiserlichen und brandenburgischen Truppen in Thüringen nach und nach einen Wandel in seinem politischen Handeln, das nunmehr im Zusammenwirken mit den Brüdern und mit Herzog Friedrich I. von Gotha (s. o. S. 245) auf Bündnisse mit Kursachsen und mit dem Kaiser gerichtet war, mit dem Ziel, gegen die Bereitstellung eigener Truppenverbände die Verschonung des gemeinsamen Territoriums von fremder Einquartierung zu erreichen. Nur zögernd und widerwillig stimmte Johann Ernst allerdings den Bedingungen des im November 1676 zwischen allen Ernestinern und Kaiser Leopold I. abgeschlossenen, auf drei Jahre befristeten Vertrag zu, der ihn selbst verpflichtete, 3000 Mann zu Roß und Fuß aufzustellen und diese und das inzwischen von seinem Bruder Johann Georg I. von Eisenach geworbene Regiment in den gemeinsamen Landen zu verpflegen, denn die Kosten dafür beliefen sich auf monatlich rund 2000 Taler. Im April 1677 zogen diese Truppen in den Krieg; sie kämpften am Oberrhein gegen die Franzosen; im Oktober 1678 waren sie in Straßburg einquartiert. Inzwischen war es im Oktober 1677 außerdem mit Kursachsen, Kurmainz und den Bistümern Bamberg und Würzburg zu einem Bündnis gekommen, das ebenfalls der Verhütung von fremden Einquartierungen und anderen militärischen Belästigungen dienen sollte und in dem man sich gemeinsam zur Werbung von 10 000 Mann verpflichtet hatte, von denen 625 Fußsoldaten und 208 Reiter auf Johann Ernst und seine Brüder entfielen; auch dieses Bündnis war auf drei Jahre befristet. Mit dem Friedensschluß von Nymwegen (1679) wurden beide Bündnisse praktisch hinfällig; Johann Ernst und seine Brüder dankten ihre Fußtruppen sofort ab und behielten nur von der Reiterei ein geringes Kontingent.

In diesen letzten Kriegsjahren fiel eine kaiserliche Entscheidung, die mit dem sächsischen Kurhaus auch die Ernestiner auf den Plan rief: die 1678 von Kaiser Leopold gegebene Zustimmung zu dem 1666 zwischen Brandenburg und Pfalz-Neuburg verinbarten Vergleich über die Jülich-Clevesche Erbschaft (s. o. S. 24, 56 u. 103). Der von beiden sächsischen Häusern gegen diese Entscheidung, die ihre eigenen Erbansprüche unberücksichtigt ließ, beim Kaiser 1679 eingelegte papierene Protest konnte freilich an der Sache selbst nichts mehr ändern.

Die Gefahren, die nach wie vor von Frankreich drohten, dessen auf die Annexion des Elsaß und benachbarter Gebiete gerichtete Politik zu Spannungen mit dem Reich führten, und die kriegerischen Verwicklungen in Ungarn, die dem Angriff der Türken auf Wien vorausgingen, veranlaßten Johann Ernst und seine Brüder wenig später, im März 1681, zum Abschluß eines Bündnisses mit Friedrich I. von Gotha, in dem sie sich verpflichteten, Verteidigungsmaßnahmen zu treffen und 1500 Fußsoldaten und 500 Reiter zu werben. Außerdem forderten sie Kursachsen zum Anschluß an dieses Bündnis auf. Darüber hinaus betonte Johann Ernst gegenüber einem im gleichen Jahre auch nach Weimar gekommenen kaiserlichen Gesandten seine Reichstreue und sagte dem Kaiser seine Unterstützung zu bei den Maßnahmen des Reichs zum Schutze Straßburgs, das bekanntlich noch im gleichen Jahre von Ludwig XIV. besetzt wurde, und bei anderen Beschlüssen zum Schutze des Reiches. Das 1682 mit Kursachsen abgeschlossene Bündnis der Ernestiner ratifizierte Johann Ernst als erster, obwohl seine Brüder Bedenken anmeldeten. Ein neues gemeinsames Vorgehen von Kaiser und Reich gegen Frankreich wurde jedoch verhindert durch den türkischen Angriff auf das Habsburgerreich. Die Belagerung Wiens durch die Türken und deren Niederlage am Kahlenberg (12. 9. 1683) hat Johann Ernst nicht mehr erlebt.

Im Jahre vor seinem Tode war es zur Neubesetzung der Stelle des weimarischen Reichstagsgesandten gekommen, da der gothaische Gesandte Dreher, der dort bisher auch die weimarischen und eisenachischen Reichstagsstimmen wahrgenommen hatte, 1682 gestorben war. Der Versuch, erneut eine gemeinsame Vertretung mit Gotha zu schaffen, scheiterte, weil Friedrich I. von Gotha die Kosten einer eigenen Gesandtschaft nicht wieder übernehmen wollte, Johann Ernst diese Kosten aber ebenfalls scheute. Beide betrauten mit der Vertretung ihrer Reichstagsstimmen nunmehr verschiedene Gesandte; Johann Ernst und seine Brüder einigten sich auf den pfalzveldenzischen Gesandten Georg Philipp Fabricius (1632-1709), einen hessendarmstädtischen Kanzlerssohn, der bis dahin außerdem die fränkischen und wetterauischen Grafen in Regensburg vertreten hatte und nunmehr auch die Vertretung der weimarischen und eisenachischen Reichstagsstimmen übernahm; er tat dies bis zu seinem Tode im Jahre 1709. Ebenfalls 1682 starb der langjährige weimarische Agent beim Kaiser und Reichshofrat, Praun. Sein Posten konnte erst im Jahre darauf wiederbesetzt werden, als der Reichshofratsagent zahlreicher Reichsstände, Ferdinand Persius von Lonsdorff, nunmehr auch Johann Ernst und seine Brüder dort vertrat. Bei den obersächsischen Kreistagen ließen sie ihre Interessen von Krause und Wildvogel wahrnehmen; auch bei den dortigen Verhandlungen standen die Kriegsereignisse im Mittelpunkt.

Im Umgang mit den Landständen, der auch zu den Gemeinschaftsaufgaben gehörte, ließ Johann Ernst auch weiterhin Vorsicht walten, zumal ihn die Kriegszeiten dazu nötigten, deren Steuerbewilligungsrecht mehrfach in Anspruch zu nehmen. Schwierigkeiten gab es 1672, weil in den vormals altenburgischen Gebietsteilen der in der Ritterschaft zusammengefaßte landständische Adel Steuerfreiheit genossen hatte, während er im weimarischen Territorium zu bestimmten Zahlungen an die Steuerverwaltung verpflichtet war. In den damals vom Herzog und seinen Brüdern über die Steuerfreiheit der Ritterschaft geführten Verhandlungen erreichten die Herzöge zwar die Ausweitung der Zahlungen auch auf die vormals altenburgischen Gebietsteile; sie mußten sie jedoch als freiwillig geleistete Geschenke anerkennen. Die von der Ritterschaft 1675 geforderte Befreiung von der Akzise wurde von Johann Ernst allerdings abgelehnt. Hingegen versprach er, als die Landstände sich 1677 darüber beklagten, daß er die Steuererhebung ohne ihr Befragen angeordnet hatte, um rechtzeitig Geld für anstehende Truppenbesoldung zu bekommen, künftig ihre Zustimmung vorher einzuholen. An der althergebrachten Stellung der Landstände änderte sich also nichts.

In seinem eigenen kleinen Territorium ließ sich Johann Ernst nach wie vor von dem Gebot äußerster Sparsamkeit leiten. Die Schuldentilgung wurde fortgesetzt, die Neuverschuldung in engsten Grenzen gehalten. So versetzte er die Kammerverwaltung in eine so günstige finanzielle Lage, daß sie an die Steuerverwaltung Vorschüsse zahlen konnte, wenn diese wegen der Anforderungen, die die Kriegszeiten an sie stellten, zeitweilig in finanzielle Schwierigkeiten geriet. Da, wie erwähnt, die großen gemeinsamen Gesetzesvorhaben auch in dieser Zeit nicht vorankamen, begnügte sich Johann Ernst damit, die vom Vater überkommenen gesetzlichen Regelungen beizubehalten, sie allenfalls neuen Gegebenheiten anzupassen und in verbesserter oder erweiterter Gestalt neu zu publizieren. Eine 1673 erlassene Medizinal- und Apothekerordnung, die auf einer von Herzog Wilhelm geschaffenen Ordnung von 1651 weiterbaute, aber viel umfassender war, suchte vor allem die Ärzte gegen die Konkurrenz von Quacksalbern und Badern zu schützen und die Ausbildung von Ärzten und Badern zu verbessern; sie ist bis in die Regierungszeit der Herzogin Anna Amalia hinein in Geltung geblieben. Zur Bekämpfung pestartiger Epidemien wurden in den Jahren 1680 und 1681 Anordnungen erlassen und zugleich zur Beschaffung der dafür notwendigen Mittel Sondersteuern erhoben. Daß Herzog Wilhelms Almosenordnung 1672 erneut veröffentlicht wurde und man zwei Jahre später den Weimarer Bürgern die Verpflichtung auferlegte, jährlich eine bestimmte Summe in die Almosenkasse zu zahlen, zeugt dafür, daß die Sorge um Arme und Kranke eine ständige Aufgabe blieb; die Zuwanderung fremder Habenichtse

Abb. 16: Die Schnepfenburg in Salzungen

Abb. 17: Schloß Heldburg

hingegen suchte man durch die Erneuerung von älteren Verordnungen gegen fremde Bettler, Zigeuner und anderes fahrendes Volk zu verhindern. Andererseits erwies es sich 1681 als notwendig, die 1642 erlassenen Vorschriften gegen die Verschwendung bei Familienfesten wieder einzuschärfen, wenn man auch die damaligen harten Strafbestimmungen erheblich herabsetzte, wie es den seit damals stark verbesserten Lebensbedingungen entsprach. Man wird aber wohl damit ebenso wenig Erfolg gehabt haben wie mit einer Verfügung gegen Hurerei, mit der der Herzog geständige Soldaten zur Ehe mit den von ihnen geschwängerten Mädchen nötigen wollte.

Der Verbesserung der Rechtspflege galten 1673 eine neue Advokatenordnung und ein herzogliches Mandat, das der Besetzung von Patrimonialgerichten mit tüchtigen Richtern dienen sollte, ferner eine 1680 erlassene Verfügung über die Verbesserung des Gerichtsverfahrens bei der Weimarer Regierung.

In kirchenpolitischen Angelegenheiten folgte Johann Ernst auch weiterhin der vom Vater vorgezeichneten Richtung. Daß er den von Herzog Wilhelm nach Weimar berufenen, aus Ostfriesland stammenden Geistlichen Konrad von der Lage (1630-1694) zum Lehrer seines älteren Sohnes Wilhelm Ernst und 1672, nach Zapfs Tod, zum Generalsuperintendenten seines Landes berief, einen Vertreter der gemäßigten lutherischen Orthodoxie, der den aufkommenden pietistischen Bestrebungen ablehnend gegenüberstand, läßt darauf schließen, daß er dessen Überzeugungen teilte. In diesem Geiste erging 1676 eine Instruktion für die Superintendenten des Landes, durch die zugleich zu deren Entlastung das Amt des Adjunkten geschaffen wurde, und erfolgte 1679, in Übereinstimmung mit dem gothaischen Vetter Friedrich I„ die Visitation der Universität Jena, in deren Verlauf die dortigen Theologen zur Unterzeichnung von Reversen genötigt wurden, die sich gegen Katholizismus, Calvinismus und Synkretismus wandten. Eine im Jahre darauf nach Orlamünde einberufene Konferenz von Jenaer und Wittenberger Theologen wollte dem Ausgleich im Synkretismusstreit (vgl. Bd. IV, S. 21) dienen; es entsprach wohl ihrem Geiste, daß es dabei zu einer scharfen Stellungnahme gegen den der „Schwärmerei" verdächtigten Kupferstecher Nicol Heublein in Kahla und Jena gekommen ist. Die angesichts der Kriegszeit von Johann Ernst 1672 und auch später erlassenen Anordnungen über Buß-, Bet- und Fasttage blieben im herkömmlichen Rahmen. Als Neuerung kann jedoch die Einführung des ersten weimarischen Gesangbuchs im Jahre 1681 gelten. In der Fürsorge für wegen ihres evangelischen Glaubens aus Ungarn und Österreich geflüchtete Personen eiferte der Herzog seinem Onkel Ernst dem Frommen von Gotha nach. Dessen 1673 erneut an ihn herangetragene Anregung, das gothaische Informationswerk auf das weimarische Land zu übernehmen, folgte er jedoch nicht. Aus dem Schulbereich sei als bemerkenswert erwähnt eine 1676 erlassene Verfügung, die die Errichtung neuer „Winkelschulen" in Weimar neben den beiden bereits vorhandenen verbot und damit der Förderung der Stadtschule dienen wollte, die damals bereits gymnasialen Charakter hatte. Der Verbesserung der Universitätsinstitute in Jena galt Johann Ernsts angesichts seiner sonstigen Sparsamkeit großzügig zu nennende finanzielle Leistung für die Vermehrung der Bestände der Universitätsbibliothek.

Für das Wirtschaftsleben im Lande geschah in diesen Jahren wenig. Der 1682 von Johann Ernst gemeinsam mit anderen Reichsfürsten auf dem Reichstag von Regensburg unternommene Versuch, etwas gegen die Getreideeinfuhren aus Polen und Rußland zu unternehmen, die die Getreidepreise in Mittel- und Norddeutschland drückten und dadurch auch der weimarischen Landwirtschaft schadeten, hatte keinen Erfolg. So blieb als einzige die Landwirtschaft fördernde Maßnahme ein 1680 erlassenes Mandat zur Bekämpfung von Raupen und Sperlingen. Kein dauerhafter Erfolg war der von Johann Ernst 1675 in Ilmenau errichteten herrschaftlichen Glashütte beschieden, da der dort eingestellte Glasmacher Elias Wenzel, dem man besondere Kenntnisse in der Glasfertigung nachsagte, schon 1679 starb und ein geeigneter Nachfolger nicht gefunden wurde, so daß das Unternehmen 1684 endgültig einging. Als zukunftsträchtiger erwies sich die auf Drängen Herzog Friedrichs I. von Gotha 1680 mit Zustimmung Johann Ernsts unternommenen Vorbereitungen zur Wiederinbetriebnahme des Ilmenauer Bergwerks, die allerdings erst nach des Herzogs Tod erfolgt ist. Der Verbesserung der stagnierenden Wirtschaft der Residenzstadt Weimar wollte die 1674 erlassene verbesserte Brauordnung ebenso dienen wie die 1673 verfügte Verlängerung der dortigen Jahrmärkte auf eine volle Woche. Daß die Verkaufstätigkeit fremder Tuchmacher dabei jedoch auf vier Tage beschränkt wurde, zeugt dafür, wie schwer man sich tat, die Ausweitung des Handels mit dem Schutz des heimischen Handwerks in Einklang zu bringen.

Die Bemühungen des Herzogs und seines Regierungskollegiums, der wirtschaftlich seit Beginn des 17. Jahrhunderts sehr herabgekommenen Residenzstadt wieder aufzuhelfen, beschränkte sich allerdings nicht auf wirtschaftsfördernde Maßnahmen. Man scheute sich dabei auch nicht vor Eingriffen in überlieferte städtische Rechtssatzungen. Bis 1661 zurück reichten Versuche der Regierung, die Zahl der Ratsherren zu vermindern und zugleich die personellen Voraussetzungen für eine geordnete Finanzverwaltung in der Stadt zu schaffen, an der es in den vorausgegangenen Jahrzehnten oft gefehlt hatte. Über den Widerspruch, der aus dem Ratskollegium kam und sich auf hergebrachtes Recht berief, ging man bereits damals hinweg. Bis 1667 waren die beiden Weinmeisterstellen im Rat schon abgeschafft worden, ein angesichts des im Dreißigjährigen Krieg aus der Stadtflur verschwundenen Weinbaus und des eingetretenen Rückgangs der Einfuhr fremder Weine in die Stadt sicher nicht unberechtigte Maßnahme, die aber den städtischen Rechtssatzungen widersprach. 1678 verfügte der Herzog unter Übergehung anderer vom Ratskollegium unterbreiteter Vorschläge die Berufung des Hofadvokaten Tobias Bormann zum Bürgermeister; im Jahr darauf erfolgte auf seinen ausdrücklichen Wunsch die Wahl des Ratskämmerers Johann Caspar Wöllner zum ständigen Haushaltskämmerer, um durch die Herausnahme dieses Amtes aus dem althergebrachten jährlichen Ratswechsel eine kontinuierliche und geordnete Rechnungsführung zu ermöglichen, um die man sich vergeblich bemüht hatte. 1682 war es Bormann, der, gewiß nicht ohne obrigkeitliche Zustimmung, davon sprach, daß es künftig nur noch zwei sich jährlich im Regiment abwechselnde Ratsmittel geben solle statt der überlieferten drei, und noch im gleichen Jahre verlangte der Herzog vom Ratskollegium die Wahl seines Kammerdieners Johannes Tietz zum Bürgermeister, der nunmehr mit Bormann in diesem Amt jährlich wechseln sollte. Der damals widerstrebende Stadtrichter Heinrich Calbitius wurde zum Ausscheiden aus dem Rat genötigt. Die auf solche Weise durchgeführte Reduzierung des Rats von früher 24 auf nunmehr 11 Mitglieder und von einst drei auf zwei jährlich wechselnde Ratsmittel mit Beibehaltung eines ständigen Haushaltskämmerers, wie sie schließlich seit 1683 üblich wurde, bedeutete eine tiefgreifende Veränderung der überlieferten Ratsverfassung, die sich in der Praxis als Hemmschuh einer geordneten Verwaltung erwiesen hatte, und war als Verwaltungsverbesserung gedacht. Ihre Durchführung allerdings trug bereits alle Zeichen absoluter Fürstenherrschaft, die sich nicht mehr, wie die vorangegangene Fürstengeneration, in jedem Falle der Bewahrung althergebrachter Rechtsnormen verpflichtet fühlte, und verdient daher hier besonderer Beachtung.

Herzog Johann Ernst II. starb am 15. Mai 1683, nachdem er, seit einem Sturz vom Pferde 1680 an einem Bein gelähmt, lange krank gelegen hatte. Aus seiner 1656 geschlossenen Ehe mit Christiane Elisabeth, der 1679 verstorbenen Tochter Herzog Johann Christians von Holstein-Sonderburg, waren drei Töchter und zwei Söhne hervorgegangen, die ihn alle überlebten. Die älteste Tochter Anna Dorothea (1657-1704) wurde 1685 Äbtissin von Quedlinburg, die mittlere, Wilhelmine Christine (1658-1712), vermählte sich 1684 mit dem Grafen und späteren Fürsten Christian Wilhelm von Schwarzburg-Sondershausen, die jüngste, Eleonore Sophie (1660-1687) wurde 1684 die Gemahlin Herzog Philipps von Sachsen-Merseburg. Die beiden Söhne Wilhelm Ernst (1662-1728) und Johann Ernst III. (1664-1707) waren beim Tode des Vaters zwar noch unmündig; da er sie aber in seinem 1682 verfaßten Testament für mündig erklärt hatte, traten sie unangefochten die Nachfolge im Lande an, das nach dem Buchstaben des Testaments, wie es der Überlieferung im Hause entsprach, ungeteilt bleiben und gemeinsam regiert werden sollte, so lange es nicht durch den Erwerb weiterer Gebiete so vergrößert würde, daß entstehende Teilgebiete die standesgemäße Versorgung eines Reichsfürsten gewährleisteten. Zwischen beiden Brüdern sollte dabei völlige Gleichheit herrschen, Wilhelm Ernst als älterer zwar die Regierungsgeschäfte führen, aber in wichtigen Angelegenheiten in Übereinstimmung mit dem jüngeren Bruder, lediglich in alltäglichen Geschäften selbständig. Diese nicht eben klare Kompetenzverteilung hat in der Folgezeit wiederholt zu Streitigkeiten zwischen beiden geführt und die Regierungstätigkeit erheblich belastet.

Wilhelm Ernst und Johann Ernst hatten die gleichen Erzieher gehabt, unter ihnen den Hofprediger und späteren Generalsuperintendenten Konrad von der Lage als einflußreichsten, und seit 1676 gemeinsam die Universität Jena besucht. Auch die übliche Bildungsreise war gemeinsam unternommen worden; sie hatte 1679 in Begleitung ihres damaligen Hofmeisters Johann Friedrich von Wolffersdorff nach Frankreich und in die Westschweiz geführt. Als der Vater starb, stand Wilhelm Ernst im 21., Johann Ernst kurz vor dem 20. Lebensjahr. Beide heirateten bald nach der Thronbesteigung, Wilhelm Ernst noch 1683 seine noch nicht 14jährige Cousine Charlotte Marie, Tochter des Herzogs Bernhard von Sachsen-Jena, Johann Ernst 1685 Sophie Auguste, die damals 17jährige Tochter des Fürsten Johann von Anhalt-Zerbst. Wilhelm Ernsts Ehe scheiterte. Seine junge Frau verließ ihn schon nach wenigen Wochen, und nach vielerlei unerquicklichen Wirren wurde die Ehe 1690 geschieden. Beide heirateten nicht wieder. Johann Ernst III., dessen Gemahlin 1694 starb und der wenige Wochen danach eine zweite Ehe einging mit Charlotte Dorothea Sophie (1672-1738), einer Tochter des Landgrafen Friedrich II. von Hessen-Homburg, Kleists „Prinzen von Homburg", hatte aus beiden Ehen neun Kinder, von denen ihn aber nur drei überlebten, zwei Söhne, Ernst August, der spätere Thronfolger, und Johann Ernst (1696-1715), und eine 1751 unvermählt verstorbene Tochter.

Die beiden Brüder waren charakterlich recht verschieden. Wilhelm Ernst, von seinem reichsfürstlichen Rang zutiefst überzeugt, klar denkend und pflichtbewußt, aber auch eigenwillig und streitbar, selbstbewußt bis zur Selbstherrlichkeit, dabei von schwacher Gesundheit, zeigt in seinen religiösen und pädagogischen Neigungen und regen geistigen und künstlerischen Interessen starke Verwandtschaft mit seinem Großvater Wilhelm; Johann Ernst III. hingegen hatte vom Vater die melancholische Veranlagung geerbt, die sich in den ständigen Reibereien mit dem älteren Bruder zu Schrullenhaftigkeit und Selbstironie steigerte; er war unausgeglichen und verfiel mit zunehmenden Jahren dem Trunk. Lediglich in der Unverträglichkeit, aber auch in der Liebe zur Musik, die sich in seinem jungverstorbenen Sohn Johann Ernst zu musikalisch-kompositorischem Talent steigerte, war er dem Bruder ähnlich.

1683 schlossen die Brüder einen auf drei Jahre befristeten Vertrag über die gemeinschaftliche Regierung und die Nutzung der Einkünfte des Landes. Wilhelm Ernst hat aber die Regierungsgeschäfte offenbar so selbständig geführt, daß sich Johann Ernst 1685, nachdem er sich verheiratet hatte, veranlaßt fühlte, eine Aufteilung der Einkünfte und größeres Mitspracherecht zu verlangen. In einem noch im gleichen Jahre abgeschlossenen neuen Vertrag gestand ihm Wilhelm Ernst die Zuweisung der Einkünfte bestimmter Amtsbezirke und das Recht zu, an den Beratungen der Landeskollegien nach Belieben teilzunehmen und seine Einwände in wichtigen Regierungsgeschäften vorzubringen. Dennoch fühlte sich Johann Ernst, zunehmend mißtrauischer werdend, auch danach oft nicht ausreichend unterrichtet, was in der Folgezeit zu weiteren Zwistigkeiten führte, in die auch die Beamtenschaft hineingezogen wurde. Auch griff er in den ihm zur Nutzung überlassenen Ämtern in die Rechtsprechung ein und erreichte schließlich, daß Wilhelm Ernst, der dies 1687 noch durch entsprechende Anweisungen an die Beamtenschaft zu verhindern versucht hatte, auch hier nachgeben und ihm 1694 jurisdiktionelle Rechte in diesen Ämtern, das Amt Weimar ausgenommen, zugestehen mußte.

In seinem Testament hatte Johann Ernst II. seinen Söhnen empfohlen, den Geheimen Rat Volkmar Happe in seiner führenden Stelle zu belassen, angesichts ihrer Jugend und Unerfahrenheit ein vernünftiger Vorschlag und zugleich ein bemerkenswerter Vertrauensbeweis in die Fähigkeiten dieses altgedienten bedeutenden Mannes, der nunmehr nach Krauses Pensionierung nicht nur den Kanzlertitel erhielt, sondern zu seinen Regierungs- und Oberkonsistorialämtern noch die Leitung der Kammerverwaltung übernahm, so daß nunmehr alle Landeskollegien seiner Führung unterstanden. Mit der Aufteilung der Ämtereinkünfte unter beiden Brüdern bildete sich allerdings neben der Kammer, seitdem meist Gesamtkammer genannt, noch zwei Partikularkammern, mit eigener Rechnungsführung und besonderen Partikularbeamten, die jeweils im Dienst von nur einem der beiden Herzöge standen. Dies brachte mancherlei Unzuträglichkeiten mit sich und erschwerte die Übersicht über die Finanzverwaltung erheblich. Daß Happe 1687 die Kammerdirektion aufgab, könnte damit zusammenhängen, ja, er konnte angesichts des auch die Beamtenschaft in Mitleidenschaft ziehenden Bruderzwists im Herzogshause von Wilhelm Ernst damals nur mit Mühe davon abgehalten werden, alle seine Ämter niederzulegen. 1692 schließlich wegen seines schlechten Gesundheitszustands pensioniert, kehrte er zwei Jahre später in den aktiven Dienst zurück; er starb aber bereits 1695.

Auch die Hof-, Regierungs- und Konsistorialräte Johann Philipp Schmidt und Christian Wildvogel hatte Wilhelm Ernst aus dem Dienst seines Vaters übernommen. Sie litten ebenfalls unter dem Bruderstreit. Wildvogel ging schon 1685 als Kanzler und Konsistorialpräsident in die Dienste der Äbtissin von Quedlinburg, der Schwester der Weimarer Herzöge; Schmidt nahm wegen des anmaßenden Verhaltens Johann Ernsts III. gegen ihn 1686 seinen Abschied und wurde Vizekanzler bei Herzog Moritz Wilhelm von Sachsen-Zeitz. Ihre Aufgaben in den weimarischen Regierungs- und Oberkonsistorialkollegien übernahmen der bisher nur in Wilhelm Ernsts Hofstaat tätig gewesene Haus- und Hofmarschall und 1688 bereits als Geheimer Rat bezeichnete Anton Günther von Schwarzenfels (1642-1700), der aus sachsen-zeitzischem Hofdienst nach Weimar gekommen war, ein aus Arnstadt gebürtiger und 1656 in Jena immatrikulierter Sohn eines in den Reichsadelsstand erhobenen illegitimen Sprossen des Grafen Anton Heinrich von Schwarzburg-Sondershausen, und der 1685 in weimarische Dienste gekommene vormalige Leipziger Hofgerichtsassessor und nunmehrige Hof- und Justiz-, später noch Konsistorialrat Johann Hülsemann (1649-1710), Sohn eines namhaften Leipziger Theologen und Universitätsprofessors und Schwager des Merseburger Kanzlers und vormaligen weimarischen Hofrats Johann Christoph Wex; Hülsemann blieb bis 1695 in Weimar und trat damals in schwarzburg-arnstädtische, später in hessen-darmstädtische Dienste. 1686 wurde der nunmehr zum Hof- und Regierungsrat beförderte, von Wilhelm Ernst zwei Jahre zuvor zum Geheimen und Lehnssekretär nach Weimar berufene Jurist Bernhard Zech (1649-1720) Mitglied des Regierungskollegiums. Er war der Sohn eines Weimarer Tuchmachers, Kaufmanns und Ratsherrn, hatte in Jena studiert und seit 1676 als Geheimsekretär in Diensten Herzog Friedrichs I. von Gotha gestanden, dessen jüngeren Sohn Johann Wilhelm er auf seiner Reise nach Holland begleitete. Zech wurde neben Schwarzenfels und Hülsemann auch für diplomatische Aufgaben verwendet; im Dezember 1691 ging er in kursächsische Dienste, in denen er in höchste Ränge aufgestiegen ist und 1716 den Reichsadelsstand erwarb. Sein Nachfolger in Weimar wurde 1692 der Jurist Gottfried Christian Rappold (1665-1711), ein Leipziger Theologensohn, der in Weimar später in hohe Ämter gelangt ist. Als Mitglied des Oberkonsistoriums erscheint seit 1688 der aus schwarzburg-arnstädtischen Diensten nach Weimar gekommene Konsistorialrat Joachim Scheffer, der später in der Kammerverwaltung einen führenden Posten übernahm. Eine Sonderstellung in der Reihe der leitenden Beamten hatte der Hofrat Tobias Pfanner (1641-1716) inne, der als „des gesamten fürstlichen Hauses Sachsen ernestinischer Linie" Hofrat zugleich in gothaischen und weimarischen Diensten stand, ein wegen seiner umfassenden landesgeschichtlichen und -rechtlichen Kenntnisse von seinen thüringischen Zeitgenossen als „das lebendige Archiv des Hauses Sachsen" gerühmter Mann. Er stammte aus Augsburg, hatte in Altdorf und Jena studiert und war nach Hofmeisterdiensten in thüringischen Adelsfamilien von Herzog Ernst dem Frommen nach Gotha berufen worden, wo er als Kanzleisekretär und Informator der jüngsten Prinzen Ernst und Johann Ernst tätig war; 1680 als Amtmann nach Saalfeld versetzt, war er 1686 als Hofrat nach Gotha zurückgekehrt, erscheint aber seit 1688 auch als Mitglied des Weimarer Regierungskollegiums. 1694 beschlossen die Ernestiner, ihn auch weiterhin als gemeinschaftlichen Rat beizubehalten.

Die Leitung der Gesamtkammer hatte nach Happes Rücktritt von diesem Amt 1687 Wilhelm Ernsts Partikular-Hof- und Kammerrat Christian Friedrich Güpner (1643-1711) übernommen, ein Pfarrerssohn aus Ronneburg, der nach dem Besuch der Universität Jena Amtsverwalter in Ettersburg und danach Amtmann in Hardisleben gewesen war, bevor er 1686 in Wilhelm Ernsts Partikularkammer berufen wurde, eine etwas zwielichtige Persönlichkeit, die es, obwohl mehrfach des Münzvergehens verdächtigt, lange verstanden hat, sich des Herzogs Gunst zu erhalten und bis 1706 in hohen Ämtern geblieben ist. Die Leitung der Gesamtkammer behielt Güpner allerdings nur bis 1695, als er sie dem Konsistorial- und nunmehrigen Kammerrat Joachim Scheffer überlassen mußte, der sie bis 1709 innegehabt hat.

Während Happes vorübergehender Pensionierung nahm von 1692 bis 1694 Schwarzenfels die Ämter des Kanzlers und Konsistorialpräsidenten wahr. 1694 mußte er sie Happe wieder überlassen, dem der Herzog in der Leitung des Regierungskollegiums allerdings den vormals als Hof- und Geheimer Rat in Eisenach tätigen Juristen Moritz Gerhard von Lilienheim als Vizekanzler zur Seite stellte. Er ernannte ihn gleichzeitig zum Geheimen Rat und übertrug ihm auch die Leitung der Landschaftskasse, die bis dahin meist als Obersteuereinnahme bezeichnete Behörde, die die von den Landständen bewilligten Steuern zu verwalten und sich seit 1689 mehr und mehr zu einer landesherrlichen Kollegialbehörde entwickelt hatte. Gerhard war der Sohn eines Zwickauer Amtsschössers, hatte in Wittenberg studiert und war später in eisenachische Dienste getreten, wo er 1679-1688 als Hofrat und 1691 als Geheimer Rat erwähnt wird. Als er 1694 nach Weimar kam, führte er bereits den Adelstitel „von Lilienheim"; er war ein geistig sehr interessierter Mann, den der Herzog mit der Wahrnehmung von Jenaer Universitätsangelegenheiten betraute, aber auch in diplomatischen Missionen verwendete, und der eine stattliche Bibliothek hinterließ.

Nach Happes Tod (1695) trennte Wilhelm Ernst die seit 1612 in Personalunion verbunden gewesenen Ämter des Kanzlers und Konsistorialpräsidenten. Schwarzenfels übernahm als Kanzler die Leitung des Regierungskollegiums; die Führung des Oberkonsistoriums hingegen wurde dem Jenaer Universitätsprofessor Nikolaus Christoph von Lyncker (1643-1726) übergeben; Gerhard von Lilienheim behielt sein Amt als Vizekanzler und Direktor der Landschaftskasse. Lyncker, einer der bedeutendsten deutschen Staatsrechtslehrer seiner Zeit, Sohn eines Marburger Universitätsrentmeisters, war nach juristischen Studien in Gießen, Jena und Marburg 1669 außerordentlicher Professor in Gießen geworden, 1673 als Hof- und Regierungsrat nach Eisenach gegangen und hatte 1677 eine juristische Professur in Jena übernommen. Als unentwegter Verfechter einer Stärkung der kaiserlichen Macht im Reich war er frühzeitig in Beziehungen zum Wiener Hof getreten und deshalb seit 1680 von den Ernestinern gelegentlich für diplomatische Missionen zum Reichskammergericht in Speyer und zum Kaiserhof verwendet worden; 1683 hatte Kaiser Leopold I. ihn in den Reichsadelsstand erhoben. Über seine Tätigkeit in Weimar wird später zu berichten sein.

Als 1700 Schwarzenfels und 1701 Gerhard von Lilienheim gestorben waren, machte Wilhelm Ernst den Versuch, die notwendig gewordenen personellen Neubesetzungen mit einer Neuorganisation der Verwaltungsspitze zu verbinden. Er schuf 1702 als oberstes, den überkommenen Landeskollegien übergeordnetes Regierungsgremium ein Geheimratskollegium, dessen Tätigkeit sich auf wichtige Landes-, auf Reichs- und Kreis- und die Angelegenheiten der Landstände konzentrieren und aus einem Geheimen Ratspräsidenten und den Leitern der Landeskollegien bestehen sollte. Die zu diesem Zweck erlassene Geheime-Rats-Ordnung ließ allerdings die erforderlich Klarheit in der Kompetenzabgrenzung zu den unterstellten Landeskollegien vermissen und stand insofern hinter der entsprechenden gothaischen Ordnung erheblich zurück. Auch in der Stellenbesetzung zeigte Wilhelm Ernst keine glückliche Hand. Das galt zwar nicht für die Ernennung des bisherigen Konsistorialpräsidenten von Lyncker zum Geheimen Ratspräsidenten, wohl aber für die Berufung der bisherigen Partikular-Kammerräten Christian Friedrich Güpner, der zugleich das Amt des Konsistorialpräsidenten übernahm, und Johann Christoph von Hoffmann (1655-1721), der wie Güpner als Günstling des Herzogs zu gelten hat, einen Landrichters- und Bürgermeisterssohn aus Eisleben, der nach juristischen Studien in Jena und längerer Amtsmannstätigkeit in Bürgel seit 1693 in Wilhelm Ernsts Partikularkammer, ab 1695 als Kammerrat tätig gewesen und 1700 in den Reichsadelsstand erhoben worden war. Weitere Mitglieder des Geheimratskollegiums wurden der Sohn des verstorbenen Geheimrats von Schwarzenfels, Anton Ludwig von

Schwarzenfels (1678-1725), der nach Universitätsstudien in Jena und Halle und Reisen durch das westliche Europa 1698 als Hof- und Regierungsrat und Reisemarschall in weimarische Dienste getreten und 1701 außerdem Mitglied des Hofgerichts in Jena geworden war, und der als Hofmarschall neu in weimarischen Dienst berufene, 1702 auch zum Mitglied des Regierungskollegiums ernannte schlesische Gutsbesitzerssohn Georg Wilhelm von Reinhaben (1676-1739), ein auch literarisch, als Dichter und Übersetzer französischer und italienischer Literatur, hervorgetretener Jurist, der in Jena und Halle studiert und sich auf ausgedehnten Reisen in West- und Südeuropa weitergebildet hatte. Als Schwarzenfels noch 1702 nach einem Streit mit dem Herzog den weimarischen Dienst verließ und sich auf seine Güter zurückzog, trat an seine Stelle Gottfried Christian von Rappold, der inzwischen 1699 in den Reichsadelsstand erhoben und nach Gerhard von Lilienheims Tod 1701 zum Geheimen Rat, Vizekanzler und Direktor der Landschaftskasse ernannt worden war und 1702 den Titel eines Reichshofrats erhalten hatte.

Das Geheimratskollegium hat nur wenige Jahre bestanden. Güpner schied 1706 aus und im Jahre darauf nahm Lyncker einen Ruf als Reichshofrat nach Wien an und verließ Weimar. Beide fanden im Kollegium keine Nachfolger. Die nicht besonders rege und mit zuviel juristischer Alltagsarbeit belastete, unter unzureichender Kompetenzabgrenzung gegenüber den Landeskollegien und seiner heterogenen personellen Besetzung leidende Tätigkeit des Gremiums, an dessen Sitzungen offenbar weder der Herzog noch sein Bruder regelmäßig teilgenommen haben, hatte die Erwartungen Wilhelm Ernsts enttäuscht. Er wünschte sich nun für die oberste Regierungssphäre eine andere Regelung, ohne daß es nach dem Weggang Lynckers gleich zu einer entsprechenden Entscheidung kam; die Arbeit des Geheimratskollegiums allerdings erlahmte nun ganz, zumal sich der Herzog wieder mehr den Landeskollegien zuwandte. Es ging ihm dabei um die Verbesserung ihrer Geschäftstätigkeit durch schärfere Abgrenzung von Aufgabenbereichen, um die oft beklagten gegenseitigen Kompetenzüberschreitungen zu vermeiden, um eine bessere Ordnung des internen Geschäftsgangs und die Festsetzung von Dienststunden für die Beamten, aber auch um die Neubesetzung von Spitzenpositionen. Anstelle von Güpner, der 1706 auch aus dem Präsidium des Oberkonsistoriums ausgeschieden war, wurde 1707 Johann Christoph von Hoffmann Konsistorialpräsident, Rappold blieb zwar Leiter der Regierung und erhielt 1708 auch den Titel des Kanzlers, gab jedoch die Direktion der Landschaftskasse an den im gleichen Jahre nach Weimar berufenen braunschweig-wolfenbüttelschen Hof- und Justizrat Ludwig Christian Heidenreich (1660-1724) ab, der zugleich das Amt eines Vizekanzlers übernahm. Heidenreich war ein Sohn des gothaischen Geheimrats und Konsistorialpräsidenten Johann Jakob

Heidenreich, hatte in Jena und Leipzig Jurisprudenz studiert und 1687 in Jena zum Dr. jur. promoviert; nach einigen Jahren Syndikustätigkeit in Mühlhausen in Thüringen war er in wolfenbüttelsche Dienste getreten. In seinem weimarischen Amt ist er trotz der zuweilen unerquicklichen Dienstverhältnisse und manch verlockender Angebote von anderer Seite bis zu seinem Tode geblieben. Zum Leiter der Kammerverwaltung ernannte der Herzog 1709 den gothaischen Hofrat Christian Hieronymus Mühlpfort (1658-1719), einen Jenaer Advokatensohn, der sich nach juristischen Studien in seiner Heimatstadt und dort 1681 erfolgter Promotion zum Dr. jur. als Advokat im Jenaer Hofgericht betätigt hatte, ehe er 1682 in gothaische Dienste gegangen war.

Alle diese Veränderungen konnte Wilhelm Ernst vornehmen, ohne den Einspruch seines Bruders und Mitregenten befürchten zu müssen, denn Johann Ernst III. war im Sommer 1707 gestorben und dessen älterer Sohn Ernst August noch unmündig und zudem auf Reisen; erst im April 1709 wurde er mündig und nunmehr Mitregent und hat als solcher die Regierungstätigkeit seines Onkels kaum weniger erschwert als es sein Vater getan hatte. Den ersten Widerstand seines Neffen erlebte Wilhelm Ernst, als er sich im Dezember 1710 entschloß, auf eine Wiederbesetzung des Geheimratskollegiums zu verzichten und künftig die wichtigsten Regierungsgeschäfte entweder im Regierungskollegium oder, dem damals im Reich häufig nachgeahmten französischen Vorbild folgend, nach Vorträgen der leitenden Beamten in seinem Privatgemach, dem „Kabinett", zu entscheiden. Ernst August sah dadurch seine Einflußmöglichkeiten als Mitregent gefährdet und erhob Widerspruch, hatte damit allerdings keinen Erfolg, zumal die leitenden Beamten geschlossen auf Wilhelm Ernsts Seite traten und trotz anfangs unterschiedlicher Meinungen ihr Einverständnis mit dieser Neuregelung erklärten. Diese bedeutete eine beträchtliche Kompetenzerweiterung für das Regierungskollegium und einen Einflußzuwachs für das Kanzleramt und bot somit gute Voraussetzungen für die Herausbildung eines Premierministertums. Tiefgreifende personelle Veränderungen ließen nicht lange auf sich warten. Reinbaben, der zwischen den streitenden Herzögen eine vermittelnde Stellung einzunehmen suchte und sich zunächst für die Beibehaltung eines durch klare Kompetenzzuweisungen verbesserten Geheimratskollegiums ausgesprochen hatte, fiel noch im Dezember 1710 bei Wilhelm Ernst in Ungnade und verlor seine Ämter. 1711 verließ er Weimar, 1714 trat er als Geheimrat in saalfeldische Dienste, ohne allerdings seine Verbindungen mit Weimar aufzugeben. Die Schuld an seinem Sturz gab er später einer Intrige des Konsistorialpräsidenten Hoffmann, der als Günstling des Herzogs wohl bereits damals zielbewußt auf die Erweiterung seines Einflusses und die Beseitigung von Mitbewerbern hingearbeitet hat.

Wenn es zutrifft, daß er bereits 1711, als Mühlpfort genötigt wurde, sein Kammerpräsidentenamt aufzugeben, dessen Nachfolger in der Leitung der Kammer geworden ist, könnte er auch dabei seine Hand im Spiele gehabt haben. Die Führung des Regierungskollegiums zu gewinnen, gelang ihm damals allerdings noch nicht. Als Rappold, der bereits seit Sommer 1710 mit Zustimmung Wilhelm Ernsts seinen Wohnsitz nach Erfurt verlegt hatte, um dort Aufgaben als Reichshofrat wahrzunehmen, 1711 gestorben war, zog der Herzog den bisherigen Hofmarschall seines Neffen, Friedrich Gotthilf Marschall gen. Greif (1675-1740) in seinen Dienst und übertrug ihm, neben dem bisher von Reinhaben wahrgenommenen Posten eines Obermarschalls als Leiter des Hofstaats, auch die Führung des Regierungskollegiums, allerdings ohne den Kanzlertitel. Marschall, ein Gutsbesitzerssohn aus Erlebach bei Heldburg, der in Jena studiert hatte und 1700 Hofmeister, später Hofmarschall Ernst Augusts geworden war, aber, als dieser nach Erreichung der Volljährigkeit einer recht ungeregelten Lebensweise huldigte, an Einfluß auf ihn zunehmend verloren hatte, zog sich mit seinem Übertritt in Wilhelm Ernsts Dienste den unverhohlenen Haß seines vormaligen Zöglings zu. Die Leitung der Regierung behielt er nur wenige Jahre. 1715 gab er sie an Hoffmann ab, der damit die Führung aller drei Landeskollegien in seiner Hand vereinigte und den Rang, wenn auch nicht den Titel eines Premierministers erreicht hatte. Diese überragende Stellung konnte er allerdings nicht lange behaupten. Nach vielfältigen Querelen mit Heidenreich und Marschall und Kompetenzstreitigkeiten zwischen Regierung und Oberkonsistorium ließ Wilhelm Ernst ihn 1720 fallen. Er wurde aller seiner Ämter enthoben, verhaftet und der Eigenmächtigkeit, schlechten Haushaltführung, der Erteilung falscher Ratschläge, des Intrigantentums, der Bestechlichkeit und der Begünstigung von Verwandten und Bekannten angeklagt. Er widersprach zwar allen diesen Vorwürfen, starb jedoch bereits 1721, bevor der gegen ihn angestrengte Prozeß beendet war. Daß man in seinem Nachlaß fast 50 000 Taler an Geld und Preziosen und ein Verzeichnis ausgeliehener Gelder fand, sprach nicht für ihn, aber auch nicht für die Menschenkenntnis Wilhelm Ernsts, der einem solchen Manne jahrzehntelang sein Vertrauen geschenkt hatte. Die Leitung der Regierung übernahm nun wieder Marschall. Da die Präsidentenposten von Oberkonsistorium und Kammer nicht wieder besetzt, sondern deren Geschäfte von dem Oberkonsistorial- und Kirchenrat Johann Friedrich von Werthern bzw. dem Kammerrat Johann Gottlieb Alberti wahrgenommen wurden, und das Regierungskollegium dank seiner erweiterten Kompetenzen ohnehin als das den anderen Kollegien im Rang vorangehend anzusehen war, hatte er praktisch das Präsidium aller Landeskollegien inne. Nach Heidenreichs Tod erhielt der 1725 auch den Kanzlertitel. Er nahm nunmehr dem Einfluß nach den Rang eines Premierministers ein, zumal er außerdem nach wie vor Obermarschall und Leiter des Hofstaats war. Freilich galt dies nur noch für wenige Jahre, bis zum Tode Wilhelm Ernsts 1728.

In der Zwischenzeit waren die Streitigkeiten zwischen den beiden Herzögen unvermindert weitergegangen. Sie nahmen einen solchen Grad an, daß Wilhelm Ernst den Kurfürsten August den Starken von Sachsen um Vermittlung bat, die jedoch ergebnislos verlief. Als Ernst August sich schließlich auch zu Drohungen und Beschimpfungen der Beamten seines Onkels hinreißen ließ, ohne aber seine Beschwerden genauer darzulegen, erwirkte Wilhelm Ernst 1723 von Kaiser Karl VI. einen Schutzbrief, der seine Beamten unter die Protektion des Kurfürsten von Sachsen stellte und es Ernst August verbot, sich an ihnen zu rächen. Als bereits feststehender Thronfolger hatte jener allerdings alle Möglichkeiten in der Hand, dieses Verbot zu gegebener Zeit zu umgehen, und er hat dies nach seinem Regierungsantritt auch in überaus drastischer Weise getan. Zunächst allerdings konnte, nachdem Wilhelm Ernst seinem Neffen mit Unterstützung der Landstände eine Verbesserung seiner finanziellen Verhältnisse verschafft hatte, mit Hilfe der ernestinischen Vettern noch 1723 ein Vergleich zwischen den beiden Kontrahenten erreicht werden, der Wilhelm Ernst im innenpolitischen Bereich ein weitgehend selbständiges Handeln sicherte und das Verhältnis zwischen beiden etwas entspannte.

1683, als Wilhelm Ernst und Johann Ernst III. die Herrschaft in Weimar antraten, erlebte das Reich gerade eine Zeit höchster Bedrohung, von Westen durch die auf Annexion von Reichsgebiet gerichtete Politik König Ludwigs XIV. von Frankreich, von Osten durch den Angriff der Türken auf Wien. Zwar konnten noch im gleichen Jahre die Türken durch die vereinigten kaiserlichen und Reichstruppen und ihre Verbündeten vor Wien besiegt und in den folgenden Jahren immer weiter nach Südosten zurückgedrängt werden, doch die von Frankreich ausgehende Gefahr dauerte an, da Ludwig XIV. sich mit der im „Regensburger Stillstand" von 1684 vereinbarten Anerkennung seiner territorialen Gewinne an den Westgrenzen des Reichs auf 20 Jahre nicht zufrieden gab, sondern von Kaiser und Reich die definitive Abtretung dieser Gebiete forderte. Die damals sich angesichts solcher Ansprüche und vor allem der Annexion Straßburgs und anderer Gebiete westlich des Rheins im Reich ausbreitende antifranzösische Stimmung bestärkte Wilhelm Ernst und seine Berater in ihrer Überzeugung von der Richtigkeit der von Johann Ernst II. seit Mitte der 1670er Jahre eingeschlagenen Reichspolitik, die davon ausging, daß den eigenen Interessen am besten durch Bündnisse mit den ernestinischen Vettern, mit Kursachsen und anderen benachbarten Reichsständen und vor allem auch durch unbedingte Reichs- und Kaisertreue gedient werden könne.

Auf ständige Verbindung zum Reichstag und zum Kaiser wurde nach wie vor geachtet. In Regensburg führte weiterhin Georg Philipp Fabricius die weimarische Reichstagsstimme, auch nachdem sie 1691 von der eisenachischen getrennt worden war. Nach dessen Tod (1709) wurde der sachsen-zeitzische Geheime Rat und Reichshofrat Emanuel von Willisen (1656-1728) damit beauftragt, den kurz zuvor Herzog Johann Wilhelm von Eisenach zu seinem Reichstagsgesandten gewählt hatte. Willisen, eigentlich Willius, Sohn eines aus Frankfurt am Main gebürtigen Colmarer Stadtphysikus und rappoltsteinischen Leibarztes und, nach der Heirat mit einer Tochter des gothaischen Kanzlers Fischer, Eigentümer des Ritterguts Gräfenroda im Gothaischen, 1702 mit dem Prädikat „Ritter und Edler von Willisen" in den Reichsadelsstand erhoben, hat Weimar bis zu seinem Tode in Regensburg vertreten. In Wien übernahm nach Ferdinand Persius von Londorffs Tod (1684) Ernst Julius Persius von Londorff, wohl ein Sohn des Verstorbenen, die Stelle des weimarischen Agenten. Bei wichtigen Anlässen pflegte man jedoch Sondergesandte an den Kaiserhof zu schicken. Nach Persius' Tod (1702) blieb die Agentenstelle unbesetzt; erst gegen Ende seiner Regierungszeit hatte Wilhelm Ernst in dem kursächsischen Hofrat und Bevollmächtigten beim Kaiser, Friedrich Gregor von Lautensack, wieder einen Residenten in Wien, den er aber Ende Juli 1728 aus seinem Dienst entließ.

An dem 1682 von seinem Vater mit Kurfürst Johann Georg III. von Sachsen abgeschlossenen Bündnisvertrag hielt Wilhelm Ernst trotz der ablehnenden Haltung Eisenachs und Gothas fest; er beteiligte sich allerdings auch an den Bemühungen, zu einem gemeinsamen ernestinischen Bündnis mit Kursachsen zu kommen. Ehe sich hier ein Erfolg abzeichnete, beteiligte er sich ebenso wie seine ernestinischen Vettern an Verhandlungen in Augsburg, bei denen es um ein Bündnis zwischen dem Kaiser, der Mehrzahl der süddeutschen Reichsstände, Spanien und Schweden zur Abwehr französischer Übergriffe ging. Er und sein eisenachischer Vetter Johann Georg I. ließen sich dort gemeinsam von dem eisenachischen Geheimen Rat Johann Jacob Schmidt vertreten; doch nicht dieser, sondern der gothaische Bevollmächtigte Veit Ludwig Göckel unterzeichnete 1686 im Auftrag aller Ernestiner den dort ausgehandelten Bündnisvertrag, durch den sie sich verpflichteten, gemeinsam ein Regiment von 1000 Mann zu Fuß aufzustellen, gegen das Versprechen, von allen anderen militärischen Belastungen freizubleiben. Wilhelm Ernst ließ sich die dafür notwendigen Geldmittel 1687 durch einen zu diesem Zweck einberufenen landständischen Ausschuß bewilligen. Im Jahre darauf, als der Krieg gegen Frankreich ausbrach, steigerten die Ernestiner auf Bitte Kaiser Leopolds I. ihren militärischen Einsatz auf zwei Regimenter zu Fuß und eins zu Roß. Darüber hinaus verlangte aber von ihnen der Fränkische Kreis die Stellung des Kreiskontingents für die zu ihm gehörenden, vormals hennebergischen Gebiete, zusammen 170 Mann zu Fuß und 46 zu Roß; Weimar war durch das Amt Ilmenau davon betroffen. Der Versuch, dieser zusätzlichen Anforderung durch einen Einspruch bei Kaiser Leopold zu entgehen, schlug fehl, und so sahen sie sich 1689 zu einem Vergleich mit dem Fränkischen Kreis genötigt, nachdem dieser seiner Forderung bereits durch eine Kreisexekution Nachdruck verliehen hatte, auch im Amt Ilmenau. Weitere finanzielle Belastungen brachte der 1689 zum Abschluß gekommene, auf drei Jahre befristete Bündnisvertrag mit Kursachsen, in dem sich die Ernestiner bereit fanden, zur kursächsischen Armee 2000 Mann zu stellen. Die aus allen diesen militärischen Verpflichtungen herrührenden Kosten bezifferte man für das weimarische Territorium auf annähernd 40 000 Taler jährlich, war jedoch überzeugt, daß die Einquartierung fremder Truppen im Lande wesentlich teuerer zu stehen gekommen wäre. Von den weimarischen Verbänden zogen 1687 zwei Kompanien nach Ungarn zum Kampf gegen die Türken; weitere Teile dorthin gehen zu lassen, wie Kaiser Leopold dies 1690 wünschte, lehnte Wilhelm Ernst ab. Er hielt den Kampf gegen Frankreich für vordringlicher, und so kam der größte Teil der Weimaraner von 1689 bis 1695 am Ober- und Mittelrhein zum Einsatz; ihre Winterquartiere bezogen die Truppen meist in der thüringischen Heimat, lediglich im Winter 1696/97 blieben sie im Schwarzwald.

Das Bündnis mit Kursachsen wurde 1692 von Weimar und Eisenach, nicht aber von Gotha, um weitere drei Jahre verlängert. Die Neigung des 1691 zur Regierung gekommenen Kurfürsten Johann Georg IV., auf die damals vor allem unter norddeutschen Reichsständen aufkommenden Bestrebungen zur Bildung einer dritten Partei neben dem Kaiser und Frankreich einzugehen, teilte Wilhelm Ernst jedoch ebensowenig, wie er nach der Erhebung Herzog Ernst Augusts von Braunschweig zum Kurfürsten von Hannover (1692) die 1693 entstandene Liga zur Wahrung fürstlicher Rechte unterstützte, die dem Kaiser das Recht auf Schaffung einer neuen Kur bestritt. Er bekundete auch damals, darin gewiß von Lyncker beeinflußt und bestärkt, seine Kaisertreue und vermied alles, was als Opposition gegen den Kaiser hätte ausgelegt werden können. Politische Vorteile hat ihm diese Politik allerdings nicht gebracht. Zwar war es den Ernestinern 1688 gelungen, ihre praktisch freilich längst aussichtslos gewordene Anwartschaft auf die Grafschaft Isenburg-Büdingen vom Kaiser wieder bestätigt zu erhalten, doch als 1689 das Herzogshaus Sachsen-Lauenburg im Mannesstamm erlosch und das Land von braunschweig-lüneburgischen Truppen besetzt wurde, blieben alle Versuche, ernestinische Erbansprüche durchzusetzen, vergeblich. Herzog Friedrich I. von Gotha (s. u. S. 393) beanspruchte damals als Senior des ernestinischen Hauses den Vorrang in der Verhandlungsführung mit anderen am Erbstreit Beteiligten und nahm ohne Wissen Wilhelm Ernsts und Johann Georgs II. von Eisenach Verhandlungen mit Ernst August von Hannover auf, einem für die Besetzung Lauenburgs Mitverantwortlichen. Dem widersitzte sich Wilhelm Ernst sehr energisch, weil er die ernestinischen Ansprüche mit kursächsischer Hilfe besser durchsetzen zu können hoffte. Darin wurde er allerdings sehr enttäuscht, denn 1697 verzichtete Kurfürst August der Starke auf alle Ansprüche seines Hauses am lauenburgischen Erbe gegen eine beträchtliche Abfindungszahlung und ließ die Ernestiner im Stich. Für das sächsische Kurhaus brachte der Streit lediglich den Titel eines Herzogs von Engern und Westfalen ein, und damit mußten sich notgedrungen nun auch die Ernestiner zufrieden geben, auch Wilhelm Ernst, der wie die meisten anderen Ernestiner zugunsten Friedrichs II. von Gotha auf alle weiteren Ansprüche verzichtete und von diesem dafür eine finanzielle Abfindung erhielt (s. u. S. 405). Im schon erwähnten Streit mit dem Fränkischen Kreis um die Stellung des Kreiskontingents nahm der Kaiser Partei für letzteren, und als es um die Teilnahme von Bevollmächtigten an den Friedensverhandlungen in Rijswijk (1697) ging, bestimmte der Reichstag Coburg und Gotha als Vertreter der Ernestiner und ließ den dagegen eingelegten Protest Weimars unbeachtet.

Da das Bündnis mit Kursachsen 1695 nicht erneuert worden war, hatten *Weimar, Eisenach und Gotha 1696 untereinander ein auf drei Jahre befristetes Bündnis geschlossen*, das die Unterstellung der gemeinsamen Truppenverbände unter kaiserliches Kommando regelte und in dem auch von Einigkeit im künftigen politischen Handeln die Rede war. Der bereits im Jahre darauf erfolgende Friedensschluß machte die militärischen Artikel des Vertrags allerdings hinfällig, und Wilhelm Ernst entließ daraufhin die Mehrzahl seiner Truppen. Angesichts der ihm unsicher erscheinenden Zukunft wünschte er lediglich eine Kompanie von 150 Mann zu Fuß zu behalten, begnügte sich aber auf Drängen der Landstände mit 120 Mann. Die 1696 von ihm in Weimar aufgestellte Garde zu Pferd wurde allerdings nicht angetastet; sie bestand ohnehin nur aus 30 Reitern und einigen Offizieren und diente mehr der Repräsentation des Fürstenhofs als der Verteidigung des Landes.

Beunruhigt durch die zunehmend gespannter werdende politische Lage an den Nord-, Ost- und Westgrenzen des Reiches ging schon im April *1700 Wilhelm Ernst mit Johann Wilhelm von Eisenach ein neues Bündnis ein*, in dem sie vereinbarten, zwecks gegenseitiger Unterstützung im Notfall je zwei Regimenter aufzustellen und Verbindung zu Gotha, Kursachsen und anderen Reichsständen aufzunehmen. Auch bemühte sich Wilhelm Ernst damals und in den darauf folgenden Jahren, als die Gegensätze zwischen den europäischen Mächten zum Nordischen Krieg und zum Spanischen Erbfolgekrieg führten, Geldgeber für eigene Truppen zu finden; Verhandlungen mit Hannover und dem 1697 zum König von Polen gewählten Kurfürsten August dem Starken von Sachsen, bei denen es um die Überlassung weimarischer Truppen an sie ging, kamen zwar nicht zum Abschluß, doch die Unterhandlungen, die in Wilhelm Ernsts Auftrag der Geheime Rat von Rappold in Wien führte, brachten 1702 einen Erfolg. Kaiser Leopold I. versprach in einem Geheimvertrag, ein weimarisches Regiment zu Fuß von 1000 Mann gegen Zahlung von 12 000 Talern zu übernehmen, Weimar dafür von der Stellung des Reichskontingents frei zu stellen und mit Einquartierungen zu verschonen und das betreffende Regiment mit dem Namen eines sachsen-weimarischen in die kaiserliche Armee einzureihen. Im Sommer 1702 ließ Wilhelm Ernst auf Wunsch des Kaisers das Regiment nach Italien marschieren, wo es unter dem Prinzen Eugen von Savoyen am Feldzug gegen Frankreich teilnahm, allerdings bald unter starker Desertion litt.

Ungeachtet dieses Vertrags mit dem Kaiser wurde Wilhelm Ernst im November 1702 vom Obersächsischen Kreis zur Stellung seines Kontingents für den Reichskrieg aufgefordert. Der zur Abwendung dieser zusätzlichen Belastung nach Wien entsandte Geheime Rat von Reinbaben erhielt dort lediglich den Rat, die Stellung des Kontingents zu verweigern und es dem Kreistag zu überlassen, sich beim Kaiser darüber zu beschweren. Aber auch andere Vertragsbedingungen wurden von kaiserlicher Seite nicht beachtet, selbst den Namen eines weimarischen Regiments behielt man nicht bei. Beschwerden Wilhelm Ernsts darüber begegnete man in Wien mit dem Hinweis auf die vielen Desertionen im Regiment und dessen zahlenmäßige Unvollständigkeit; und in der Tat hatte der weimarische und eisenachische Verband zusammen bereits im Oktober 1702 nur noch eine Stärke von 144 Mann. Anscheinend hat man in Weimar daraufhin den Vertrag mit dem Kaiser als erledigt angesehen und sich nunmehr zur Stellung des Reichskontingents bereitgefunden, das 1703 aufgestellt wurde und um dessen Vervollständigung sich Wilhelm Ernst in der Folgezeit laufend bemüht hat. 1706 lag es in Hagenau im Elsaß, 1713 geriet es bei der Übergabe von Landau in französische Gefangenschaft. Als es freigekommen war, wurde es stark reduziert und 1714 mit einer 1709 aufgestellten Dragonerkompanie zu einem Verband von 238 Mann vereinigt. Nachdem der Spanische Erbfolgekrieg mit dem Frieden von Utrecht (1714) sein Ende gefunden hatte, erfolgte um 1716/17 die Auflösung der Truppe.

Stärker gefährdet als durch die Feldzüge dieses Krieges wurde Thüringen durch den Nordischen Krieg, weil Kurfürst August der Starke als König von Polen in ihn verwickelt war und somit auch die sächsischen Gebiete zum Angriffsziel König Karls XII. von Schweden wurden. Im Herbst 1706 rückten schwedische Truppen von Schlesien hier in Sachsen ein und drangen bis in die Gegend von Leipzig vor; August der Starke konnte nur durch den Verzicht auf die polnische Krone, die Zahlung erheblicher Geldsummen und die Zustimmung zur Einquartierung schwedischer Verbände in Sachsen zum Friedensschluß von Altranstädt bei Leipzig gelangen. Zwar hatten die Ernestiner keine Bündnisverpflichtungen gegenüber Kursachsen, denn der Vertrag von 1692 war 1695 nicht erneuert worden. Außerdem hatten die Konversion Kurfürst Augusts des Starken zum Katholizismus (1697) und die danach in Thüringen bekannt gewordenen kursächsischen Ländertauschpläne, die mit einer Transferierung der Ernestiner an den Niederrhein (Jülich-Cleve) oder nach Unteritalien (Neapel-Sizilien), also ihrer Entfernung aus Thüringen spielten, hier Befremden und Mißtrauen hervorgerufen, vor allem bei Herzog Friedrich II. von Gotha, der sich auch auf noch andere Weise von August dem Starken hintergangen fühlte und daher Verbindung zu den französischen und schwedischen Königshöfen geknüpft hatte. So weit zu gehen, war Wilhelm Ernst nicht bereit. Ihm lag lediglich daran, sein Land aus dem Krieg herauszuhalten, ohne es aber deshalb mit dem kursächsischen Nachbarn ganz zu verderben. Von seinen eisenachischen und gothaischen Vettern wurde ihm die, wie sie meinten, zu große Rücksichtnahme auf Kursachsen zum Vorwurf gemacht, zumal als auf mehreren Konferenzen, die seit 1704 zwischen den Ernestinern stattfanden, zusammen mit den Kriegsereignissen auch die Beziehungen zum Kurstaat auf der Tagesordnung standen. Man kam dort überein, sich auf die Abwehr von Übergriffen der kriegführenden Parteien zu beschränken und notfalls den Kaiser, die Augsburger Alliierten oder andere Reichsstände um Hilfe zu bitten. Als sich nach dem schwedischen Angriff auf Kursachsen 1707 kursächsische Truppen in den weimarischen und eisenachischen Landen einquartierten, beschwerte man sich bei Kaiser Joseph I., der sich sogleich und mit Erfolg bei August dem Starken für die Ernestiner verwandte. Außerdem einigte man sich auf die Aufstellung eines eigenen Truppenverbandes, von dem Weimar 3074 Mann zu übernehmen versprach, und suchte um Unterstützung beim Reichstag und einigen Reichsständen nach, so bei Kurmainz, Hessen-Kassel und Brandenburg-Preußen, weil man sich nur dann mit Gewalt widersetzen wollte, wenn man fremder Hilfe sicher war; 1708 bezog man auch Hannover, die niederländischen Generalstaaten und England in die eigenen Pläne ein. Auf Anregung der Landstände ging Wilhelm Ernst schließlich 1711 ein auf drei Jahre befristetes Defensivbündnis mit Kurfürst Georg Ludwig von Hannover ein, in dem sich dieser gegen Zahlung von 20 000 Gulden zur Aufstellung eines Truppenverbandes, der den weimarischen Namen führen und für den er in den weimarischen Landen Mannschaften anwerben durfte, und zum Schutz des weimarischen Territoriums verpflichtete. Daß August der Starke 1715 die Ernestiner aufforderte, wegen des Nordischen Krieges Truppenverbände in Höhe eines Reichskontingents bereit zu halten, empfand man auch in Weimar als Zumutung, die zurückzuweisen war. Danach normalisierte sich aber das Verhältnis zu Kursachsen wieder, so daß Wilhelm Ernst mit anderen evangelischen Reichsständen dafür stimmte, daß Kursachsen trotz der Konversion seines Herrscherhauses das Direktorium des Corpus Evangelicorum im Reichstag beibehielt, und nach dem Ende des Nordischen Krieges kam es seit 1720 mehrfach zu Bündnisverhandlungen der Ernestiner mit Kursachsen und entsprechenden Absichtserklärungen Wilhelm Ernsts, zuletzt 1727, als dem Reich erneut Kriegsgefahr drohte. Auch mit Kaiser Karl VI. trat er damals in Verbindung. Zum Schutz seines Landes plante er die Zusammenfassung seiner Garde mit dem Landesaufgebot zu einem Truppenverband von 1000 Mann. Es kam jedoch nicht dazu, da die Kriegsgefahr vorüberging.

Weniger zurückhaltend in der Vertretung seiner Interessen als gegenüber dem kursächsischen Nachbarn und dem Kaiser zeigte sich Wilhelm Ernst in seiner thüringischen Umwelt. An nachbarlichen Streitigkeiten hat es da während seiner Regierungszeit nicht gefehlt. Mit dem Tode seines Vaters war die Vormundschaft über den minderjährigen Herzog Johann Wilhelm von Jena und damit auch die vormundschaftliche Regierung in diesem Territorium auf Johann Georg I. von Eisenach übergegangen; doch starb dieser bereits 1686. Nunmehr beanspruchte Wilhelm Ernst mit dem Hinweis auf das Direktorium, das ihm im gesamtweimarischen Hause seitdem gebührte, die Vormundschaft über Jena für sich allein, nahm die dortigen Beamten in seine Pflicht und ließ sich in Jena huldigen. Dem widersetzte sich Johann Georg II. von Eisenach, der die Mitvormundschaft beanspruchte und nach dem Scheitern eines Vermittlungsversuchs Friedrichs I. von Gotha den Streit vor den Reichshofrat brachte. Kaiser Leopold I. begnügte sich jedoch damit, die Herzöge von Gotha und Coburg mit Vergleichsvermittlungen zu beauftragen. In den nunmehr folgenden Verhandlungen verzichtete Johann Georg II. schließlich 1688 auf die Mitvormundschaft, nachdem sich Wilhelm Ernst bereitgefunden hatte, den im Februar 1683 zwischen seinem Vater Johann Ernst II. und Johann Georg I. von Eisenach abgeschlossenen und 1685 von sämtlichen weimarischen und eisenachischen Herzögen bekräftigten Vertrag über die Aufteilung des Jenaer Erbes für den Fall des Erlöschens des dortigen Herzogshauses anzuerkennen. In diesem Vertrag war festgelegt worden, daß, wenn die beiden Vertragschließenden vor dem unmündigen Jenaer Herzog sterben würden, das Jenaer Erbe zu 2/3 an Eisenach und zu 1/3 an Weimar fallen sollte.

Trotz dieser klaren Rechtslage kam es nach dem frühen Tode Johann Wilhelms von Jena (1690) zu heftigen Erbstreitigkeiten, weil Wilhelm Ernst von der Anerkennung dieses Erbvertrags plötzlich nichts mehr wissen wollte. Ohne Rücksicht auf ihn ließ er von dem jenaischen Territorium sogleich Besitz ergreifen; lediglich Zillbach und das Erfurter Geleit mußte er seinem Eisenacher Vetter überlassen, weil ihm dieser hier zuvorgekommen war. Ein Beweggrund für diesen bedenklichen politischen Winkelzug war wohl die Haltung seines Bruders Johann Ernst III., der in dem zu erwartenden Anfall jenaischen Territoriums die Gelegenheit gesehen hat, eine Aufteilung des nunmehr vergrößerten weimarischen Landes zu erreichen und auf diesem Wege zu einem eigenen Herrschaftsgebiet zu kommen. Wilhelm Ernsts Vorgehen erregte jedoch nicht nur bei der jenaischen Bevölkerung Unwillen, sondern auch darüber hinaus, und so mußte er sich auf diplomatischen Druck Kursachsens und Hessen-Kassels zu Verhandlungen mit seinem eisenachischen Vetter bereitfinden, der seinerseits bestrebt war, einen kostspieligen Prozeß zu vermeiden. So kam es im Juli 1691 zu einem Vergleich, in dem folgende Aufteilung des jenaischen Territoriums vereinbart wurde.

An Weimar fielen: die Ämter Kapellendorf, Heusdorf, Dornburg und Bürgel, die Vogteien Magdala und Gebstedt, die Stadt Buttelstedt, die Dörfer Döbritschen (ohne das Vorwerk) und Wiegendorf (mit dem Geleit), 3/32 des Erfurter Geleits, die Hälfte am Döbritschener Forst und anderen Waldungen, die Jagdreviere im Amt Leuchtenburg und die Landeshoheit über Apolda.

An Eisenach kamen: die Ämter Jena und Allstedt mit den Städten Jena, Lobeda und Allstedt, die Vorwerke Döbritschen und Schwabsdorf, 5/32 des Erfurter Geleits, die Zinsen der Erfurter Karthäuser, die Hälfte des Georgenthaler Hofs in Erfurt, des Döbritschener Forstes und anderer Waldungen, Zillbach, die Saaleflößerei und die Landeshoheit über die Herrschaft Remda (s. Karte IV).

Die Weimarer und Eisenacher Reichstagsstimmen wurden getrennt und sollten künftig von jeder Line selbständig geführt werden.

In gemeinsamer Verwaltung blieben der Anteil an der Universität, dem Hofgericht und dem Schöppenstuhl in Jena und die aus der hennebergischen Teilung herrührenden Hoheitsrechte. Von den Bestimmungen des Vertrags, die Einzelheiten regelten, sei nur die eine erwähnt, die zahlreichen an Weimar gefallenen Dörfern in der Umgebung von Jena das Recht bestätigte, auch weiterhin ohne Verpflichtung zur Zahlung von Tranksteuern Bier nach Jena zu bringen.

Der Schätzwert der jährlichen Einnahmen aus dem aufgeteilten Gebiet betrug 24 676 Gulden. Davon entfielen durch die Teilung 14 077 auf Eisenach, 10 599 auf Weimar, für Wilhelm Ernst, der nach dem Vertrag von 1683 nur 8275 1/3 Gulden Wert zu beanspruchen gehabt hatte, gewiß ein Erfolg.

In Weimar schloß sich an diesen Teilungsvertrag eine Aufteilung der Einkünfte aus dem erworbenen Gebiet zwischen den beiden Herzögen an. Das geschah durch die Zuweisung der Einkünfte aus bestimmten Ämtern. Johann Ernst III. zeigte sich damit allerdings nicht zufrieden. Er hielt den Landgewinn für ausreichend, um eine regelrechte Landesteilung vorzunehmen. Wilhelm Ernst lehnte dies ab. Da keine Einigung zustandekam, wandte sich Johann Ernst an Kaiser Leopold, der sich aber auch diesmal damit begnügte, die Herzöge von Gotha und Coburg als Vermittler einzuschalten. Diese sprachen sich gegen eine Landesteilung aus, setzten sich aber für eine Erweiterung des Einflusses des Mitregenten auf die Regierungsgeschäfte ein, vor allem in Angelegenheiten der Gerichtsbarkeit und der Beamtenberufung. Johann Ernst begnügte sich damit jedoch nicht. Er forderte nach wie vor die Landesteilung und klagte schließlich beim Reichshofrat, ohne aber Wilhelm Ernsts Widerstand überwinden zu können. Bis zum Tode Johann Ernsts (1707) hielten diese Differenzen an.

Inzwischen war es nach dem Tode Friedrichs I. von Gotha zu jahrelangen Präzedenzstreitigkeiten zwischen den weimarischen und gothaischen Gesamthäusern gekommen, weil Gotha auf den Reichs- und Kreistagen mit dem Hinweis auf die von ihm geführten coburgischen und altenburgischen Reichstagsstimmen, die älter waren als die weimarischen und eisenachischen, dort den Vortritt verlangte. Erst 1704 konnte man zu einem Vergleich kommen, der in einem turnusmäßigen Wechsel des Vortritts bestand.

Langanhaltende erbitterte Auseinandersetzungen zog die 1697 von Kaiser Leopold I. vollzogene Erhebung der Grafen von Schwarzburg in den Reichsfürstenstand (s. u. S. 556) nach sich, weil dies vom sächsischen Kurhaus und den ernestinischen Herzögen als Beeinträchtigung ihrer Hoheitsrechte in den schwarzburgischen Territorien angesehen wurde, die zum großen Teil aus sächsischen Lehen bestanden, über die die Ernestiner auch die Landeshoheit beanspruchten; die Schwarzburger galten ihnen als Vasallen. Einem von Kurfürst August dem Starken von Sachsen mit den Schwarzburgern 1699 abgeschlossenen und vom Kaiser im Jahre darauf bestätigten Vergleich hatte sich Wilhelm Ernst nicht angeschlossen, und als Anton Günther von Schwarzburg-Arnstadt in seinem Lande Truppenwerbungen vornahm und aus den Ämtern Arnstadt und Käfernburg Kriegssteuern erhob, betrachtete dies Wilhelm Ernst als einen Eingriff in seine landesherrlichen Rechte. Seine von dem Geheimen Rat von Reinbaben, den er nach Wien schickte, bei Kaiser Leopold eingelegte Beschwerde blieb jedoch wirkungslos, zumal die von Anton Günther geworbenen Truppen der kaiserlichen Armee zugute gekommen waren. So schwelte Wilhelm Ernsts Ärger über das junge Schwarzburger Fürstenhaus trotz naher Verwandtschaftsbeziehungen — seine Schwester war ja die Gemahlin des ersten Fürsten Christian Wilhelm von Schwarzburg-Sondershausen, des älteren Bruders von Anton Günther — weiter fort; er wagte jedoch angesichts der guten Beziehungen der Schwarzburger zum Kaiser nicht, etwas gegen sie zu unternehmen. Als aber 1711 Kaiser Joseph I. starb, das Reichsvikariat auf Kursachsen überging und er sich der Zustimmung Augusts des Starken sicher war, benutzte er die Gelegenheit, gegen sie vorzugehen. Er ließ im Juli 1711 Arnstadt von 100 Mann seines Landesaufgebots einige Tage lang besetzen, den schwarzburgischen Kanzler Georg Zang verhaften und im Lande eigene Verlautbarungen veröffentlichen, die Angriffe auf den Fürsten enthielten und die eigenen Hoheitsansprüche darlegten. Anton Günther blieb jedoch unnachgiebig und strengte einen Prozeß vor dem Reichshofrat an, der sich jahrelang hinschleppte. 1715 verlangte Kaiser Karl VI. von Wilhelm Ernst, alle Eingriffe in schwarzburgischem Gebiet zu unterlassen und das Ergebnis seiner Vermittlungstätigkeit abzuwarten. Eine ihm von Wilhelm Ernst noch im gleichen Jahre überreichte Denkschrift, in der er seinen Rechtsstandpunkt darlegte, blieb ohne Wirkung, ja, 1716 erlangten die Schwarzburger trotz kursächsischer und ernestinischer Proteste die Zustimmung des Kaisers zur Einführung der Primogenitur in ihren beiden Häusern. Als auch die Entsendung seines Reisemarschalls und Hofrats Christian von Uffel nach Wien 1717 ohne Ergebnis blieb, übertrug er im gleichen Jahre noch dem kursächsischen Gesandten in Wien, Ludwig Adolf Freiherrn von Zech die Vertretung seiner Interessen in dieser Angelegenheit, der sich bis 1721 darum bemühte, ohne etwas zu erreichen. Damals schloß Wilhelm Ernst mit dem Erbprinzen Heinrich von Schwarzburg-Sondershausen, seinem Neffen, einen Geheimvertrag, in dem er das Haus Schwarzburg zwar als reichsunmittelbar anerkannte, im übrigen aber seine landeshoheitlichen Rechte in den ernestinischen Lehnsgebieten der Schwarzburger wahrte. Der Vertrag bedeutete zwar einen für Weimar günstigen Kompromiß, hat aber offenbar keine Gültigkeit erlangt, wie spätere, von Wilhelm Ernsts Nachfolger Ernst August geführte Verhandlungen vermuten lassen. Am Kaiserhof war man jedenfalls auch damals — das hatte sich in diesem Streit deutlich gezeigt — nicht geneigt, auf weimarische Interessen Rücksicht zu nehmen; auch die konsequent kaisertreue Politik Wilhelm Ernsts hatte dies nicht bewirken können.

Erfolglos blieb auch Wilhelm Ernsts Versuch, mit den Grafen von Hatzfeld als den Besitznachfolgern des 1631 erloschenen Gleichischen Grafengeschlechts in der Herrschaft Blankenhain zu einem Ausgleich zu kommen. Seit 1550 hatten die Ernestiner mit den Grafen von Gleichen wegen ihrer umstrittenen Hoheitsrechte in deren Territorium vor dem Reichskammergericht einen Prozeß geführt, der sich auch gegen die Hatzfelder weiterschleppte, gegen Ende des 17. Jahrhunderts sich jedoch totlief. In die 1707 von Friedrich II. von Gotha (s. u. S. 404) mit den Hatzfeldern mit dem Ziel aufgenommenen Verhandlungen, zu einem gütlichen Ausgleich zu kommen, schaltete sich auch Wilhelm Ernst ein in der Hoffnung, für die Abtretung seiner Hoheitsrechte im gleichischen Territorium die Herrschaft Blankenhain oder wenigstens einen Teil von ihr einzutauschen. Dieses sogenannte „Blankenhainer Permutationsprojekt", in das auch andere thüringische Gebietsteile einbezogen wurden und an dem sich auch Kurmainz beteiligte, erwies sich jedoch trotz jahrzehntelanger Bemühungen als unlösbar; es hat auch Wilhelm Ernsts Nachfolger noch beschäftigt.

Nicht verhindern konnte Wilhelm Ernst, daß das gemeinschaftlich ernestinisch-albertinische Pfandamt Fischberg in der Rhön 1707 von Fulda eingelöst und in Besitz genommen wurde, da drei Miteigentümer, die Herzöge von Eisenach, Meiningen und Zeitz, dem Druck einer kaiserlichen Entscheidung nachgaben (s. u. S. 339 f.). Wie Friedrich II. von Gotha protestierte auch Wilhelm Ernst dagegen und hielt damit seinem Nachfolger entsprechende Besitzansprüche offen (s. u. S. 414).

Die Regierungstätigkeit Wilhelm Ernsts im Lande selbst war nicht nur begleitet von ständigen Querelen seiner Mitregenten, sondern in den ersten Jahrzehnten auch beeinträchtigt durch die Begleiterscheinungen der Reichskriege und eigener reichspolitischer Mißerfolge. Wenn das Land auch keine Zerstörungen hinnehmen mußte wie etwa die ober- und mittelrheinischen Reichsgebiete, so stellte die Kriegszeit doch erhebliche Forderungen an die finanzielle Leistungsfähigkeit der Bevölkerung, wie die große Zahl von Steuererhebungen beweist, die in der Mehrheit in den Jahren 1688 bis 1696 und 1701 bis 1714 stattfanden. Dies bedeutete für den Herzog, daß er immer wieder die Hilfe der Landstände in Anspruch nehmen mußte, denen das Steuerbewilligungsrecht nach wie vor zustand. Er hat dies auf eine Art und Weise getan, die deutlich auf eine Verminderung des Einflusses der Landstände abzielte. Die Einberufung von Landtagen suchte er möglichst zu vermeiden und die Bewilligung von Steuern durch Landtagsausschüsse oder durch eine Gruppe von gefügigen Ausschußmitgliedern zu erreichen, was ihm in den meisten Fällen gelang, auch wenn sich zuweilen Widerstand dagegen zeigte. Allgemeine Landtage kamen nur 1688, 1693, 1699 und 1708 zustande, danach bis zum Tode des Herzogs nicht mehr, obwohl er 1708 versprochen hatte, sie in fünfjährigem Turnus einzuberufen. Trotz gelegentlicher Beschwerden fanden sich die Landstände damit ab, daß es seitdem lediglich zu Verhandlungen in Landtagsausschüssen kam. Diese Hinhaltetaktik Wilhelm Ernsts war erfolgreich, zumal weder er noch die Landstände es auf ernsthafte Verstimmungen ankommen lassen wollten, auch gab er immer wieder einmal ihren Wünschen und Anregungen nach, wenn ihm dies zweckmäßig zu sein schien. So gelang es dem Landadel 1688, dem Herzog mit dem Hinweis auf die militärische Belastung seiner Mitglieder die Befreiung ihrer Rittergüter von den zeither schon als freiwillig anerkannten Abgaben abzuringen; 1699 und auch später noch brachten sie durch ihre Anregungen liegengebliebene Gesetzesvorhaben wieder in Gang oder sorgten dafür, daß ihnen unnötig erscheinende Ausgaben unterblieben; so durch ihre Mahnung, die Arbeiten an einer Polizeiordnung wieder aufzunehmen, das Militär zu vermindern oder vorgesehene Bauarbeiten zu unterlassen.

Wilhelm Ernst war ein sparsamer Haushalter und sorgte in der Gesamtkammer und in seiner Partikularkammer für so gute Ordnung, daß es ihm die dort verwalteten finanziellen Mittel gestatteten, die Herrschaft Großkromsdorf zu erwerben (um 1692/94) und von Herzog Albrecht von Coburg das Amt Oldisleben (1694), von Friedrich II. von Gotha das Amt Oberkranichfeld (1704) und von Kursachsen das Amt Schulpforta (1712) zu pachten, ja sogar auf die Rückerstattung der an Friedrich II. gezahlten Pfandsumme von 100 000 Talern zu verzichten, weil er diesem „seine Affection nicht bloß mit Worten" zeigen wollte; bereits 1688 hatte er zusammen mit seinem Bruder Johann Ernst III., der seine Partikularkammer ebenfalls ordnungsgemäß verwalten ließ, die Pöllnitzischen Dörfer Heyda, Neusis und halb Schmerfeld bei Ilmenau gekauft und den dortigen Amtsbezirk dadurch vergrößert. Er bemühte sich auch um eine sparsame Verwaltung der Landschaftskasse, die als Sammelstelle für die von den Landständen bewilligten Steuern die Hauptlast der mit dem Krieg zusammenhängenden Ausgaben zu tragen hatte und zeitweilig nicht ohne Schuldenmachen auskam; ihr half er in solchen Fällen mit Darlehen aus den Kammerkassen aus, ohne jedoch verhindern zu können, daß ihre Lage schwierig blieb. Im Zusammenhang damit stand die bedeutendste Leistung des Herzogs und seiner Finanzbeamten im Bereich der inneren und Finanzverwaltung, die Steuerrevision. Schon 1687 bis 1689 hatte er die bereits von seinem Vater beabsichtigten lokalen Steuerrevisionen durchführen lassen. Der Plan einer das gesamte Land umfassenden General-Steuerrevision, den er 1708 den Landständen vorschlug, fand bei ihnen damals kein Verständnis. Er verfolgte ihn jedoch weiter; und mit Hilfe einer von dem Rentmeister Christoph Jenichen geschaffenen mustergültigen Revisionsinstruktion begann man 1726 ihn in die Tat umzusetzen; damit verbunden war eine Neuvermessung des Landes, die Aufstellung eines Katasters und eine Neuordnung der Steuerklassen.

Auch in der Rechtspflege ist es im Weimar Wilhelm Ernsts erst verhältnismäßig spät zur Verwirklichung bemerkenswerter Gesetzesvorhaben gekommen; im polizeilichen Bereich gelang es überhaupt nicht. Zwar hatte der 1683 in Pension gegangene Geheime Rat Krause, nachdem sein erster Entwurf für eine gemeinsame Landesordnung für die weimarischen, eisenachischen und jenaischen Territorien im Geschäftsbetrieb in Verlust geraten war, 1686 einen zweiten, sehr umfangreichen ausgearbeitet und diesen im Jahre darauf bei der weimarischen Regierung eingereicht. Er war jedoch ungenutzt geblieben und in den Jahren der Streitigkeiten mit Eisenach über die jenaische Vormundschaft, der Aufteilung des jenaischen Erbes und der Kriegsereignisse in Vergessenheit geraten. Und als die Landstände 1699 daran erinnerten, sah man auf Regierungsseite keine Möglichkeit mehr, eine mit Eisenach gemeinsame Landesordnung zu verwirklichen. Aber auch zu einer gleichartigen Ordnung für das weimarische Territorium kam es nicht. Man begnügte sich mit einer Polizeiordnung, die nicht mehr war als eine durch einige andere polizeiliche Vorschriften erweiterte Fassung der Verordnung von 1681 gegen übermäßigen Aufwand bei Familien- und anderen Festen. 1706 wurde sie in Kraft gesetzt und mußte, da sie im Lande zu wenig beachtet wurde, 1711 erneut publiziert werden. Einer bereits damals von den Landständen gegebenen Anregung, bei dieser Gelegenheit dem um sich greifenden Kleiderluxus mit einer Kleiderordnung zu begegnen, entsprach Wilhelm Ernst nicht. Als die Landstände später erneut auf eine umfassendere Polizeiordnung drängten, ließ er zwar 1721 Vorbereitungen dafür treffen; die 1727 erlassene neue Ordnung erwies sich aber als ein im wesentlichen unveränderter Wiederabdruck der Ordnung von 1706, dem einige weitere polizeiliche Vorschriften hinzugefügt worden waren. Ein der gothaischen Landesordnung von 1653 vergleichbares Gesetzeswerk ist in Weimar auch damals nicht zustande gekommen.

Wie in früheren Zeiten behalf man sich auch jetzt mit von Fall zu Fall erlassenen Einzelverordnungen, um Notfällen zu begegnen oder vorzubeugen oder überhandnehmende Mißstände zu bekämpfen. Pestilenzartige Seuchen im Lande in den Jahren 1683 bis 1689 gaben ebenso Anlaß dazu wie die Furcht vor dem Eindringen der Pest aus Frankreich oder dem Osten in den Jahren 1708 und 1721, und die stets latente Feuersgefahr, zumal in den Städten, die z. B. 1684 und 1707 in Buttstädt, 1684 in Ilmenau, 1701 in Tannroda und 1717 in Dornburg zu verheerenden Feuersbrünsten führte, und der man durch regelmäßige Feuerstättenvisitationen, das Verbot des Flachs- und Hanfdörrens bei Nacht (1687), des Tabakrauchens außerhalb der Wohnstuben (1719), durch Abschaffung der Privatdarren (1718) und Vorschriften über die regelmäßige Reinigung der Schornsteine durch Schornsteinfeger (1723) vorzubeugen suchte, aber auch durch die scharfe Überwachung fremder Personen, denen man Mordbrennerei zutraute, zumal in Kriegszeiten (1689). Zukunftsträchtig war der 1719 vom Herzog den Landständen unterbreitete Vorschlag, zur Entschädigung von Abgebrannten eine „Feuerkasse" zu schaffen; diese hielten ihn aber aus Geldmangel für nicht durchführbar und wiederholten diesen Standpunkt auch 1728, obwohl sie gleichzeitig anerkannten, daß dies die beste Lösung des Entschädigungsproblems sein würde. Zahlreich waren Verordnungen gegen fremde Bettler, gegen Zigeuner und Huren, ohne daß damit dauerhafte Erfolge erzielt werden konnten, zumal die gegen sie verhängte Höchststrafe, die Landesverweisung, auch in den Nachbarländern üblich war und daher auf die Dauer wirkungslos bleiben mußte. Auch eine verstärkte Überwachung der Landstraßen durch Berittene, die 1714 angeordnet wurde, brachte keine durchgreifende Änderung. Das auch für einheimische Ortsarme von früher her bestehende Bettelverbot, das 1696 erneuert wurde, hob man im Jahre darauf auf, versuchte jedoch gleichzeitig die finanzielle Ausstattung der Weimarer Almosenkasse zu verbessern, aus der die Ortsarmen Zuwendungen erhielten. 1716 erfolgte erneut ein generelles Bettelverbot; zugleich schuf man eine Almosenkasse für Fremde. Um straffällig gewordene Personen besser unterbringen zu können, ließ Wilhelm Ernst 1713 in Weimar ein Zuchthaus bauen, das mit einem Waisenhaus verbunden wurde.

Die Arbeit an einer neuen Prozeß- und Gerichtsordnung hatte, nachdem Struve 1678 einen entsprechenden Entwurf vorgelegt hatte, lange geruht. In den Vordergrund rückten zunächst Bemühungen, dem Schöppenstuhl Jena eine Vorzugsstellung in der Erteilung von juristischen Gutachten an weimarische Behörden einzuräumen; eine 1696 erlassene entsprechende Verordnung hat jedoch nicht verhindert, daß auch weiterhin von den Universitäten Leipzig, Erfurt und später auch Halle juristische Auskünfte eingeholt wurden. Auf die Prozeß- und Gerichtsordnung kam man erst 1707 zurück. Ein von Lyncker ausgearbeiteter neuer Entwurf stieß aber bei anderen Juristen auf Bedenken und blieb ohne Folgen, zumal Lyncker Weimar verließ. Auf Anregung der Landstände verhandelte Wilhelm Ernst 1721 erneut mit dem inzwischen in Wien tätigen Lyncker, der zur Übernahme der gothaischen Prozeßordnung von 1670 riet, womit er aber in Weimar kein Gehör fand. Vielmehr ging man hier nunmehr ernsthaft an die Ausarbeitung einer eigenen weimarischen Prozeßordnung heran, die 1723 in Kraft trat. Ihr folgte 1726 eine Verordnung über das Wechselrecht und 1727 eine neue Advokatenordnung. Sie alle sind in Zusammenarbeit zwischen Regierung, Landständen und Universität Jena entstanden und bedeuteten eine wesentliche Verbesserung der Rechtspflege im Lande.

Besondere Bedeutung maß Wilhelm Ernst, seinem sehr religiös geprägten Charakter entsprechend, den kirchlichen Angelegenheiten im Lande zu, und da er zugleich starke pädagogische Neigungen hatte, äußerte sich beides in einer sehr aktiven Kirchen- und Schulpolitik. Bereits in den ersten Regierungsjahren wurde dies deutlich, als er die Zahl der geistlichen Räte im Oberkonsistorium und der Prediger an der Schloß- und an der Stadtkirche in Weimar vermehrte, als er Anordnungen über den Gottesdienstbesuch der Hofdienerschaft erließ und selbst Einfluß auf die Gestaltung des Gottesdienstes nahm. 1694 vereinbarte er mit seinen gothaischen und eisenachischen Vettern, künftig die Buß- und Bettage gemeinsam abzuhalten. Im gleichen Jahre erlassene Instruktionen an die Superintendenten und deren Adjunkten, die ihnen das Festhalten an der reinen lutherischen Lehre und ehrbarem Lebenswandel ebenso zur Pflicht machten wie die Abhaltung von jährlichen Visitationen in den Kirchen und Schulen ihres Sprengels, bei denen auch die sittliche Haltung der Bevölkerung überprüft werden sollte, galten der Verbesserung der kirchlichen Ordnung im Lande; sie wurden für die Superintendenten 1701, für die Adjunkten 1708 und 1721 erneuert. In den 1690er Jahren plante Wilhelm Ernst auch eine allgemeine Kirchen- und Schulvisitation. Sie kam in den Kriegsjahren aber nie zustande, und eine 1714 durchgeführte Visitation beschränkte sich auf die Kirche. Dem Schutz der Sonntagsheiligung galt ein 1696 erlassenes, bereits 1702 wiederholtes Verbot von öffentlichen Tanzvergnügen an Sonn- und Feiertagen und ein 1711 erlassenes strenges Mandat über die Sonntagsheiligung im allgemeinen, das 1723 in abgemilderter Form erneuert wurde, Maßnahmen, die denen früherer Zeiten ähnelten. Einen für Weimar neuen Weg hingegen beschritten seine Bemühungen um die Verbesserung der für unzureichend erachteten Kenntnisse breiter Bevölkerungsschichten in der Glaubenslehre. Mit diesem Ziel verfügte er 1693, zweifellos beeinflußt von Herzog Ernsts des Frommen von Gotha „Unterrichtswerk", dem man sich bis dahin in Weimar stets verschlossen hatte, die Abhaltung von Katechismusunterricht für Erwachsene und Kinder. Aus den damit verbundenen Katechismusprüfungen leitete sich die 1699 erlassene Verordnung über die Einführung der Konfirmation her, durch die ein bis dahin nur im gothaischen Land und bei den Reformierten in Schmalkalden geübter Brauch von Weimar übernommen wurde und hier den seitdem allgemein üblich werdenden Namen erhielt.

Daß hier eine aus pietistischen Kreisen erhobene Forderung verwirklicht wurde, besagte allerdings nicht, daß Wilhelm Ernst dem Pietismus zuneigte. Im Gegenteil, er war und blieb zeitlebens ein Anhänger der gemäßigten Orthodoxie, der für die Beibehaltung des auf der reinen Lehre basierenden Staatskirchentums mit seinen für alle Landeskinder bindenden Ordnungen eintrat und von einer Anpassung an das neuartige, stark gefühlsbetonte, auf „Erweckung" und „Erbauung" des einzelnen Christen gerichtete pietistische Gedankengut wenig hielt und dagegen einschritt, wo es ihm mit den eigenen kirchenpolitischen Zielen unvereinbar schien. Er war allerdings nüchtern und klar denkend genug, um nicht hinter jedem religiösen Eifer gleich pietistische Abweichungen vom Staatskirchentum zu argwöhnen. In seinem Verhalten gegenüber Pietisten wie auch Reformierten ließ er sich zuweilen auch von allgemeinpolitischen Erwägungen leiten. Dazu nötigte ihn schon sein Verhältnis zu seinen Mitregenten Johann Ernst III. und Ernst August, die beide, mehr aus Oppositionsgeist als aus religiöser Überzeugung, in ihrer Umgebung pietistischen Neigungen Vorschub leisteten. Zudem war Johann Ernst seit 1694 mit einer Prinzessin aus dem reformierten hessen-homburgischen Hause verheiratet, in deren Umgebung sich reformierte Geistliche und anderes Personal reformierter Konfession aufhielten und reformierter Gottesdienst stattfand.

Von den Männern, die Wilhelm Ernst zu Generalsuperintendenten und Oberhofpredigern an die Spitze der Kirche seines Landes berief, stand Konrad von der Lage, sein Erzieher, dem Pietismus ablehnend gegenüber. Der nach dessen Tod (1694) in diese Stelle berufene vormalige Jenaer Universitätsprofessor Wilhelm Baier (1647-95) nahm eine vermittelnde Haltung ein (vgl. Bd. IV, s. 28), starb aber bereits im Jahr darauf und machte Johann Georg Lairitz (1647-1716) Platz, der, Sohn eines brandenburg-bayreuthischen Beamten in Hof und Student der Theologie und Geschichte in Jena, sich schon als Superintendent in Neustadt an der Aisch als Gegner der Pietisten gezeigt hatte. Während seiner Amtszeit kam es 1715 zum Verbot der Abhaltung von pietistischen Konventikeln im Lande (vgl. Bd. IV, S. 27). Auch der nach Lairitz' Tod zum Generalsuperintendenten berufene vormalige Jenaer Universitätsprofessor und Senior der Augsburger Geistlichkeit Johann Philipp Treuner (1666-1720) war zunächst keineswegs pietistenfreundlich. Erst als er mit dem Herzog wegen dessen landesherrlichem Kirchenregiment in Streit geriet und daraufhin, um seine Stellung zu festigen, in enge Beziehungen zu dessen Mitregent Ernst August trat, änderte sich dies, wohl weniger aus innerer Überzeugung als aus der mit Hartnäckigkeit verteidigten Gegenposition zu Wilhelm Ernst heraus. Die wesentlichen Ursachen des Streits waren der Einfluß, den der Herzog in gewohnter, schon früher von leitenden Geistlichen gerügter Weise auf das kirchliche Leben im Lande nahm, so auf die Anstellung von Geistlichen und die Gestaltung des Gottesdienstes, zuweilen unter Übergehung kirchlicher Instanzen, aber auch die unterschiedliche Auffassung, die beide von der kirchlichen Stellung des Landesherrn im Lande hatten. Die Meinung Treuners, daß der Herzog souveräner Regent im

Lande und daher zugleich Bischof seiner Kirche sei, teilte Wilhelm Ernst nicht. Er bezeichnete sie als unvereinbar mit der Reichsverfassung und den Rechten des Kaisers und leitete seine Stellung in der Kirche seines Territoriums aus der ihm nach der Reichsverfassung zustehenden weltlichen Herrschaft im Lande ab. Der Streit endete auf Anregung der Landstände mit der Einsetzung einer Untersuchungskommission; bevor deren Verhandlungen begannen, starb Treuner 1722. Sein Nachfolger Christoph Heinrich Zeibich (1677-1748), bisher Superintendent in Eilenburg, der 1724 nach Weimar berufen wurde und hier nur noch wenige Jahre bis zum Tode des Herzogs amtierte, war ebenfalls ein Vertreter der Orthodoxie und Gegner des Pietismus.

Anlaß zum Streit zwischen Wilhelm Ernst und Treuner hatte auch der reformierte Gottesdienst gegeben, den der Herzog noch vor Treuners Amtsantritt einer von ihm aus wirtschaftspolitischen Gründen nach Weimar gerufenen Gruppe von Hugenotten zugestanden hatte. Als diesen 1717 der deutsche Gottesdienst des reformierten Predigers der Witwe Herzog Johann Ernsts III. nicht zusagte, erlaubte er ihnen auch die Abhaltung reformierten Gottesdienstes in französischer Sprache. Der fast einhellige Widerstand Treuners und von anderen Weimarer Geistlichen dagegen und die abweisende Haltung der Weimarer Bevölkerung gegen die Fremden veranlaßte ihn allerdings kurz darauf, dieses Zugeständnis wieder zurückzunehmen. Dabei dürften aber weniger konfessionelle Gründe eine Rolle gespielt haben als die Enttäuschung über die geringe wirtschaftliche Aktivität der Fremden, von denen er sich mehr versprochen hatte.

In seinen letzten Lebensjahren hat Wilhelm Ernst gegenüber der relativ kleinen Weimarer Pietistengemeinde, zu der auch zwei hohe Beamte, der Vizekanzler Heidenreich und der Oberkonsistorialrat Georg Friedrich Helmershausen (1684-1757) gehörten und der vermutlich auch der Geheime Rat von Marschall nahestand, zuweilen eine härtere Haltung eingenommen. 1721 ließ er von zwei Pietistengegnern unter seinen Beamten, dem Hof- und Kammerrat Johann Gottlieb Alberti und dem Oberkonsistorialrat Christian Wilhelm Löscher, eine Untersuchung durchführen, die allerdings ohne schwerwiegende Folgen für die Betroffenen geblieben ist, und als Helmershausen mit dem Herzog 1723/24 in einen Konflikt geriet, weil er den Gottesdienst nicht, wie vorgeschrieben, in der Schloßkirche besuchte, sondern in der Jakobskirche, wo ein Pietist Pfarrer war, und sich trotz eines Befehls des Herzogs nicht davon abbringen ließ, mit der Begründung, er habe die Freiheit, „sich seinen geistlichen Arzt selbst zu wählen", erfolgte zwar eine Untersuchung, doch blieb er weiterhin im Amt, doch wohl das Zeichen einer gewissen Toleranz, die der Herzog in solchen Fragen letztenendes walten ließ.

Große Verdienste erwarb sich Wilhelm Ernst um das Schulwesen in seiner Residenzstadt. 1712 wandelte er die Weimarer Stadtschule (vgl. Bd. IV, S. 92 f.), nachdem er bereits 1696 einen freien Mittags- und Abendtisch für 12 ihrer besten Schüler gestiftet hatte, in ein Gymnasium um, für das er im gleichen Jahre einen Neubau errichten ließ und das seitdem den Namen Wilhelm-Ernst-Gymnasium trug. Anläßlich des Reformationsjubiläums von 1717 erweiterte er die Stiftung seines Großvaters Wilhelm zugunsten dieser Schule erheblich. Sie hat als Wilhelm-Ernst-Gymnasium bis 1945 bestanden und im Schulwesen der Stadt stets die Spitzenstellung eingenommen. Der Verbesserung der Ausbildung von Geistlichen und Lehrern sollten die beiden 1726 ins Leben gerufenen Seminare dienen, ein Prediger- und ein Lehrerseminar, um deren Einrichtung der Generalsuperintendent Zeibich sich Verdienste erwarb.

Die Universität Jena (vgl. Bd. IV, S. 90 f.) nahm Wilhelm Ernsts Anteilnahme in zweifacher Weise in Anspruch. Landesherrliche Rechte konnte er allerdings über sie nur so lange wahrnehmen, wie er die Vormundschaft über den Jenaer Herzog Johann Wilhelm innehatte, also bis zu dessen Tod 1690. In diese Zeit fällt ein 1684 erlassenes Duellmandat, daß, wenn es auch dem Wortlaut nach nicht auf die Universität beschränkt war, sich doch im wesentlichen gegen die teilweise rüden Umgangsformen in der Jenaer Studentenschaft richtete. Es zeigte jedoch nur geringe Wirkung. Mit der Aufteilung des jenaischen Territoriums ging die Landeshoheit über die Universität auf die Eisenacher Herzöge über, die eifersüchtig darüber wachten und jeden Versuch Wilhelm Ernsts, in diesem Bereich Einfluß zu nehmen, zu unterbinden suchten. Als es allerdings 1714 um die Verhinderung pietistischer Versammlungen in Jena ging, die von Universitätskreisen ihren Ausgang genommen hatten, fand Wilhelm Ernst bei seinem Eisenacher Vetter Johann Wilhelm volles Verständnis.

Im Rahmen der gemeinsamen ernestinischen Aufsichtsführung über die Universität hat sich Wilhelm Ernsts Interesse vor allem der theologischen Fakultät zugewandt. Auch hier ging es ihm um die Erhaltung der Reinheit der lutherischen Glaubenslehre und das Fernhalten von synkretistischen und pietistischen Einflüssen. Zu einer gemeinsamen Visitation kam es erst 1696 wieder; bei ihr ließ sich der Herzog durch den Vizekanzler Gerhard von Lilienheim vertreten. Der schon früher beklagte unzureichende Zustand der Universitätsverwaltung wurde damals eingehend erörtert, und er ist seitdem für viele Jahre Gegenstand von Verhandlungen über eine Reform der Universitätsverfassung geblieben. Es ging dabei besonders um die Frage, ob man die Universität einer stärkeren landesherrlichen Aufsicht unterstellen oder ihre Selbstverwaltung verbessern sollte. Besondere Aktivität zeigte dabei der weimarische Geheime Rat von Lyncker. Er hatte schon 1696 die Bildung eines aus vier Vertretern der Fakultäten bestehenden

Gremiums, eines Concilium perpetuum, angeregt, das dem Prorektor und Senat zur Seite gestellt werden sollte, und fand dafür die Unterstützung Wilhelm Ernsts und der Universität; doch die anderen Ernestiner hatten Bedenken. Sie neigten mehr zu einer Verschärfung der landesherrlichen Aufsicht. So einigte man sich 1704 auf die Einrichtung eines Kanzleramts, das nach gemeinsamen Instruktionen aller ernestinischen Höfe geführt werden sollte. Doch scheiterte die Verwirklichung dieses Vorhabens schließlich an der Kostenfrage und an den Bedenken Herzog Friedrichs II. von Gotha gegen die Kandidatur Lynckers für dieses Amt, weil dieser in weimarischen Diensten stand. Als Lyncker 1707 Thüringen verließ, ruhten die Verhandlungen für mehr als ein Jahrzehnt. Erst Rechtsstreitigkeiten zwischen der Universität und der Stadt Jena ließen sie 1719 wieder in Gang kommen und führten nunmehr zu einer Entscheidung. Auf weimarischen Vorschlag wurde zur Entlastung von Prorektor und Senat von Prozeßangelegenheiten 1719 die Stelle eines Universitätssyndikus geschaffen, über die man bereits 1697 einmal, damals allerdings vergeblich, verhandelt hatte; er sollte die Universität in Rechtsstreitigkeiten vertreten. Nach weiteren Verhandlungen, an denen weimarischerseits der Hof- und Regierungsrat Franz Hermann Böschen teilnahm, einigte man sich 1722 auf die Einrichtung eines concilium arctius, in enger Anlehnung an den 1696 von Lyncker eingereichten Vorschlag. Es sollte aus Prorektor und vier Assessoren, Mitgliedern der vier Fakultäten, bestehen, die von den ernestinischen Landesherren gemeinsam zu ernennen waren. 1723 nahm das Gremium seine Arbeit auf; es hat sich seitdem der Abwicklung der akademischen Jurisdiktions- und Verwaltungsgeschäfte gewidmet und bis 1869 bestanden.

Wie in Wilhelm Ernsts Kirchen- und Schulpolitik spielten seine religiös-kirchlichen Neigungen auch in seiner Stellung zur Kunst eine wichtige Rolle. Besonders deutlich zeigte sich dies in seiner Musikpflege (vgl. Bd. IV, S. 82), der am Weimarer Hof seit seinem Regierungsantritt eine Vorzugsrolle eingeräumt wurde. Denn bei aller Sparsamkeit, die er in seiner Regierungsführung walten ließ; eine kulturelle Abstinenz, wie sie am Hof seines Vaters geherrscht hatte, widersprach seinen und seines Bruders künstlerischen und wissenschaftlichen Interessen. Schon 1683 kam es zum Aufbau einer neuen Hofkapelle; ihre Leitung übernahm der zeitherige Jenaer Organist Johann Samuel Drese (1644-1716), ein Verwandter des 1662 nach Jena abgewanderten weimarischen Kapellmeisters Adam Drese. Musikalisch-theatralische Aufführungen, meist mit religiös-sittlichem Hintergrund, fanden bei Hofe bereits 1684 und danach häufig statt. 1696 ließ Wilhelm Ernst im Schloß ein „Opernhaus", d. h. ein Barocktheater, einrichten, das in der Folgezeit ausgebaut wurde und in dem bei besonderen Gelegenheiten Aufführungen stattfanden. Daß Johann Ernst III., wohl der musikalischere von beiden Brüdern, in seinem Hofstaat ebenfalls

Musiker beschäftigte, unter ihnen während des Jahres 1703 den jungen Johann Sebastian Bach als Lakaien und Geiger, hat der gemeinsamen Musikbegeisterung nicht geschadet, weil dieser Bereich von den brüderlichen Streitigkeiten unberührt blieb. Erst als Ernst August Mitregent geworden war, wurden auch die Musiker in sie hineingezogen, sehr zum Schaden der Weimarer Musikpflege, denn dies hat dazu beigetragen, daß Bach, der 1708 nach Weimar zurückgekehrt war (vgl. Bd. IV, S. 229 f.) und hier als Kammermusikus und Hoforganist, seit 1714 als Konzertmeister eine überaus fruchtbare Tätigkeit entfaltete, 1717 Weimar wieder verließ, wenn auch der Umstand, daß Wilhelm Ernst nach Dreses Tod (1716) nicht ihn, sondern Dreses Sohn Johann Wilhelm zum Kapellmeister ernannte, den Ausschlag für seinen Weggang nach Köthen gegeben haben mag. Johann Wilhelm Drese ist bis zum Ende der Regierungszeit Wilhelm Ernsts Leiter der Hofkapelle geblieben.

Hinter der Musikpflege standen die Bemühungen Wilhelm Ernsts um andere Künste zwar zurück; vernachlässigt wurden aber auch sie nicht. Die Anstellung eines Hofmalers erfolgte allerdings erst 1714, gegen Ende der Kriegszeiten; Christian Richter (1676-1730), ein Sohn des Malers Wilhelm Richter, erhielt damals diese Stellung bei Hofe. Für den Kauf von Gemälden hatte der Herzog indessen schon in der Zwischenkriegszeit, 1700 und 1701, erhebliche Geldsummen ausgegeben, ebenso für das Münzkabinett und die Raritätenkammer; und 1728 ließ er sich für den Ankauf eines Bilderkabinetts sogar von den Landständen einen Beitrag von 3000 Talern bewilligen.

Diese Sammelleidenschaft, in der sich persönliche Neigungen und Repräsentationsbedürfnis untrennbar mischten, erstreckte sich auch auf die höfische Büchersammlung, deren Bestände von ihm so erheblich vermehrt worden sind, daß er als der Gründer der weimarischen Hofbibliothek zu gelten hat. Einen ersten großen Zuwachs hatte der nach der Landesteilung von 1672 sehr bescheidene Buchbestand bei Hofe 1691 aus der jenaischen Erbschaft erhalten. Aber erst seit Beginn des 18. Jahrhunderts ging der Herzog daran, ihre Bestände laufend zu vermehren, durch den Ankauf privater Büchersammlungen ebenso wie durch den Buchhandel. 1701 wurde die von dem Vizekanzler Gerhard von Lilienheim hinterlassene Bibliothek erworben. 1704 durch Vermittlung Reinbabens die Bibliothek von dessen schlesischem Landsmann Balthasar Friedrich von Logau. Als Bibliothekar war 1703 der als Kirchenliederdichter bekannt gewordene Oberkonsistorialsekretär Salomo Franck (1659-1725) eingesetzt worden (vgl. Bd. IV, S. 354 f.), der zugleich das Münzkabinett verwaltete. 1706 übernahm die Oberleitung der als Polyhistor berühmte Wittenberger Universitätsprofessor Konrad Samuel Schurzfleisch (1641-1708), nach dessen Tode sein Bruder, der Jurist und Historiker Heinrich Leonhard Schurzfleisch, ebenfalls Professor in Wittenberg, dieses Amt übernahm. Beide betreuten die Bibliothek von Wittenberg aus; erst 1713 ist letzterer nach Weimar übergesiedelt. Beider reichhaltige Büchersammlungen gingen in den Besitz der Hofbibliothek über, die nach Heinrich Leonhard Schurzfleischs Tode (1723) von dem Weimarer Konrektor Johann Matthias Gesner (1691-1761) betreut wurde, dem späteren Direktor der Leipziger Thomasschule und Universitätsprofessor in Göttingen.

Ziemlich zurückhaltend verhielt sich Wilhelm Ernst im Bereich des Bauwesens. Der vor allem von Frankreich auf das Reich übergreifende und in Thüringen zuerst von Friedrich I. von Gotha in Friedrichswerth verwirklichte Gedanke, sich in der Umgebung der Residenzstadt eine Sommerresidenz zu schaffen, ist allerdings auch auf ihn nicht ganz ohne Wirkung geblieben. Doch begnügte er sich damit, den mit der Adelsherrschaft Großkromsdorf (vgl. Bd. VI, S. 45) erworbenen Renaissancebau des dortigen Schlosses mit seinem merkwürdigen Garten ab 1694 zuweilen als Sommersitz zu benutzen und zu pflegen, und nur gelegentlich den eisenachischen Baumeister Johann Mützel (1647-1717) zu beschäftigen (vgl. Bd. VI, S. 39 f.), der u. a. in Weimar den Neubau der Jakobskirche geschaffen hat. 1713 nahm er Christian Richter (1665-1722) als ständigen Baumeister in seine Dienste, einen Sohn des Weimarer Schloßbaumeisters Johann Moritz Richter.

Die Wirtschaftspolitik Wilhelm Ernsts richtete sich, ganz im Sinne der herrschenden merkantilistischen Anschauungen, vor allem auf die Förderung von Handel und Gewerbe. Er wurde dabei vor allem von dem Geheimen Rat von Schwarzenfels unterstützt. In diese Richtung zielte die Vermehrung der Jahrmärkte durch die Verleihung entsprechender Privilegien an verschiedene Städte, so an Sulza (1683), Buttstädt (1685), Tannroda (1687), Berka (1692), Rastenberg (1693) und Apolda (1695), die Einrichtung neuer Viehmärkte (Sulza 1683), die Verleihung des Marktrechts an das Dorf Dorndorf/Saale 1695 und dessen Privilegierung mit einem zweiten Jahrmarkt 1706. Dem gleichen Zwecke diente die Öffnung des Landes für auswärtige, auch italienische und französische Händler, die Tuch-, Seiden- und Galanteriewaren, Südfrüchte und Südweine ins Land brachten. Den Salzhandel hingegen machte er 1706 zum landesherrlichen Monopol, sehr zum Ärger der Landstände, ohne deren Zustimmung das geschah und die mehrfach, aber erfolglos seine Abschaffung verlangten; die „landesfürstliche Verwaltung" des Salzes blieb bestehen. Im Zusammenhang mit dem Handel ist auch die Einrichtung eigener weimarischer Postlinien zu sehen. Bis dahin gab es lediglich einen 1666 zwischen den Universitätsstädten Jena, Erfurt und Leipzig geschaffenen Postverkehr. Ihn ließ Wilhelm Ernst 1687 zu einem weimarischen Postwesen ausbauen, dessen Leitung der Jurist Johann Matthias Bieler in eigener Regie übernahm.

Außer Postverbindungen mit den anderen thüringischen Residenzstädten schuf er solche mit Frankfurt am Main und Nürnberg. Er geriet dadurch allerdings sogleich in Konflikt mit den Fürsten von Thurn und Taxis und deren Reichspostmeister in Erfurt, so daß er sich manche Einschränkungen gefallen lassen und die Postlinie nach Nürnberg einstellen mußte.

Großen Wert legte der Herzog darauf, neue, im Lande noch nicht vorhandene Gewerbezweige ansässig zu machen. Dies geschah 1684 mit der Zeugmacherei, 1690 mit der Strumpfmanufaktur und 1694 mit der brabantischen Samtmanufaktur. Von ihnen hat sich vor allem die Strumpfmanufaktur, um deren Einführung sich Schwarzenfels und in dessen Auftrag der aus Leipzig gebürtige, 1692 in Weimar eingebürgerte Handelsmann Johann Georg Dorn große Verdienste erwarben, schnell über das ganze Land verbreitet, gefördert von tüchtigen Unternehmern wie dem vom Herzog mit dem Titel eines Kammerkommissars ausgezeichnete Weimarer Kaufmann Johann Caspar Helmershausen (1654-1716), dem Bauherrn des wahrscheinlich von Mützel geschaffenen späteren Goethehauses am Frauenplan. Um ihre beste Organisationsform wurde jahrzehntelang ebenso heftig gestritten wie um die Erhaltung einer guten Warenqualität und einen vernünftigen Gewinnausgleich zwischen den produzierenden Strumpfwirkern, damals „Fabrikanten" genannt, und den die Ware vertreibenden Händlern, den „Verlegern"; auf die Dauer kamen die Händler dabei besser weg, zumal nachdem man, als die Produktion über den Landesbedarf hinausging, auf Absatzschwierigkeiten stieß, die mit Einfuhrbeschränkungen und Schutzzöllen benachbarter Territorien, z. B. Kursachsens, zusammenhingen. Dies geschah bereits zu Wilhelm Ernsts Lebzeiten und erwies sich als ein unlösbares Problem; hier stieß also die eigenständige Wirtschaftspolitik eines kleinen Landes bereits auf ihre Grenzen.

Auch Wilhelm Ernsts mißglückter Versuch, nach brandenburg-preußischem Vorbild Hugenotten im Lande anzusiedeln, galt der Verbesserung der wirtschaftlichen Verhältnisse. Die 1715 meist aus Halle und Berlin gekommenen Familien, denen er Steuerfreiheit, Bauzuschüsse, eigene Gerichtsbarkeit und freie Religionsausübung gewährte, und die verschiedene im Lande bisher nicht vorhandene Gewerbe ausübten, besaßen jedoch nicht die finanziellen Mittel, um den von ihnen erwarteten wirtschaftlichen Erfolg zu gewährleisten. Schwerwiegender aber war wohl die unverhohlene Abneigung, mit der ihnen die Einheimischen begegneten, und der Widerstand der Geistlichkeit gegen die Ausübung ihres Gottesdienstes. So verließen sie schon nach wenigen Jahren das Land wieder.

Widerstand gegen die Handels- und Gewerbepolitik des Herzogs hatte es schon früher gegeben, meist von Seiten städtischer Innungen, denen es 1684 in Weimar gelungen war, den Verkauf von Tuch durch fremde Händler außerhalb der Jahrmärkte zu unterbinden und auf den Jahrmärkten einzuschränken, und 1686 die vom Rat der Stadt gewünschte Vermehrung der Jahrmärkte zu verhindern. Von ihrer Seite regte sich auch, freilich erfolglos, Widerspruch gegen die Einführung der Zeugmacherei und der Strumpf- und Samtmanufaktur, weil sie daraus ebenfalls Nachteile für die ihnen nach überkommenen Rechtssatzungen zustehenden Privilegien befürchteten. Die Bewahrung überlieferten Rechts aber gehörte nach den damaligen Vorstellungen nun einmal zu den vornehmsten Aufgaben landesherrlicher Regierungstätigkeit. Auch Wilhelm Ernst mußte dies anerkennen, und er hat dies durch die in seinem ersten Regierungsjahrzehnt vorgenommenen Bestätigungen althergebrachter städtischer Statuten auch getan, so 1683 für Rastenberg, 1685 für Buttstädt, 1688 für Rastenberg, 1692 für Buttelstedt und 1693 für Sulza und Weimar, obwohl sich die Lebensverhältnisse infolge der zeitherigen landesherrlichen Gesetzes- und Verordnungstätigkeit in vielen Lebensbereichen seit der Entstehungszeit dieser Statuten erheblich gewandelt hatten und diese daher in manchen Bereichen bereits überholt waren. Am Beispiel der Residenzstadt Weimar ist dies besonders deutlich zu erkennen. Hier entsprach z. B. die Zusammensetzung des Ratskollegiums nach den Eingriffen Herzog Johann Ernsts II. in keiner Weise mehr dem Zustand des Statutenjahres 1590, und auch Wilhelm Ernst hat vielfältig in die Selbstverwaltungsrechte der Stadt eingegriffen, indem er auf die Besetzung leitender Posten im Ratskollegium Einfluß nahm und damit auf die städtischen Verhältnisse im Ganzen. 1688 verlangte und erreichte er die Wahl seines Kammerdieners Johann Caspar Eichelmann in das Ratskollegium; nach dem Tod des Bürgermeisters Bormann wurde er 1692 in eine der beiden Bürgermeisterstellen gewählt. Seit dieser Zeit wechselten sich, da die andere Bürgermeisterstelle mit dem vormaligen Kammerdiener Herzog Johann Ernsts II., Johannes Tietz, besetzt war, bis zum Ende der Regierungszeit Wilhelm Ernsts stets zwei Kammerdiener an der Spitze des Weimarer Ratskollegiums ab. Denn nach Tietz' Tod wurde Eichelmanns Sohn Johann Friedrich zum Bürgermeister gewählt; er war ebenfalls Kammerdiener Wilhelm Ernsts, angeblich, wie man in Weimar munkelte, sogar dessen illegitimer Sohn. Diese landesherrliche Personalpolitik, die einer Aushöhlung althergebrachter Selbstverwaltung gleichkam, war allerdings nicht bloße Willkür, sondern beruhte ebenso wie die Gewerbepolitik auf der Erkenntnis, daß städtische Selbstverwaltungsorgane ebenso wie Handwerkerinnungen den Aufgaben sich nicht mehr gewachsen zeigten, die die sich wandelnden Verhältnisse stellten; der Gesichtskreis, in dem sich ihre Interessen bewegten, war zu eng geworden.

Wirtschaftspolitisch bemerkenswert wie seine Förderungsmaßnahmen für Handel und Gewerbe waren auch Wilhelm Ernsts Bemühungen um die

Ausbeutung der in seinem Lande befindlichen Bodenschätze und die Förderung, die er der Eisen- und Glasproduktion angedeihen ließ. Im ersten Jahrzehnt seiner Regierung gelang es, dem 1680 von den ernestinischen und albertinischen Häusern gefaßten Beschluß entsprechend, den in gemeinsamem Besitz befindlichen Ilmenauer Bergbau wieder in Gang zu setzen, nachdem sich 1684 in dem gothaischen Adligen Georg Christoph von Ütterodt ein Unternehmer gefunden hatte, der das Wagnis auf sich nahm, eine Gewerkschaft zu gründen, d. h. eine Gruppe von Einzelpersonen zu finden, die Anteile („Kuxe") erwarb und meist aus Mitgliedern von Fürstenhäusern bestand, und darüber hinaus von Leipziger Kaufleuten Kapitalien zu beschaffen. Wilhelm Ernst, selbst Gewerke, ernannte ihn 1687 zum Berghauptmann von Ilmenau und ließ 1691 dort ein Bergamt einrichten, dessen Leitung Ütterodt übernahm. Die Ausbeute an Silber und Kupfer war beträchtlich, wenn auch die Beschaffung der für den Ausbau des Betriebs benötigten Geldmittel immer wieder Schwierigkeiten bereitete. Seit 1693 wurde das gewonnene Silber in einer in Ilmenau geschaffenen Münze zur Ausprägung sogenannter Ilmenauer Ausbeutetaler verwendet. Über Ütterodts Tod (1705) hinaus ist man während der Regierungszeit Wilhelm Ernsts in Ilmenau fündig geblieben, wenn sich zuweilen auch Schwankungen bemerkbar machten. Dagegen scheiterten die Bemühungen, anstelle eines zu Beginn des 18. Jahrhunderts in Ilmenau entstandenen Eisenhammers 1720 eine Stahlfabrik zu errichten. Auch die Versuche, an anderer Stelle Bodenschätze abzubauen, so 1693 bei Magdala und 1710 bei Bürgel Steinkohle, brachten keinen Erfolg. Vorübergehender Nutzen konnte aus einer Mineralquelle gezogen werden, die 1696 bei Rastenberg aufbrach. Wilhelm Ernst ließ sie fassen und sich auch sonst ihrer Förderung angelegen sein. Sie wurde durch Versendung des Wassers in Flaschen und einen Kurbetrieb genutzt, der durch einen damit betrauten Arzt überwacht wurde und zahlreiche, auch hochgestellte Personen anzog. 1697 und 1698 zerstörten Wassereinbrüche die Anlage, später blieb die Quelle ganz aus, und als sie 1718 wieder zu sprudeln begann, gelang es nicht, den Kurbetrieb wieder so in Gang zu setzen, wie dies 1696 geschehen war.

Auch den Waldreichtum seines Landes wollte Wilhelm Ernst nicht ungenutzt lassen. So förderte er 1703 den Plan zweier Stützerbacher Glasmeister, an der Straße von Ilmenau nach Frauenwald eine neue Glashütte anzulegen, die den Namen „Einsiedelsbrunn" erhielt; sie blieb aber nur bis 1706 in Betrieb. Bemerkenswert an den Verhandlungen, die in Weimar darüber geführt wurden, waren die Bedenken, die die Weimarer Gesamtkammer anmeldete und die sie mit dem enormen Holzverbrauch der Glashütten begründete. Eine größere Wertschätzung der Forsten, als sie bisher in Weimar üblich war, kündigte sich hier an. Sie fiel in eine Zeit, als der

Oberjägermeister Hermann Friedrich von Göchhausen (1663-1733) an der Spitze des weimarischen Jagd- und Forstwesens stand, ein Mann, der nicht nur über ausgezeichnete Kenntnisse im Forstwesen verfügte, sondern der Forstwirtschaft auch eine weit größere Bedeutung zumaß, als dies bisher geschehen war, und der einen wichtigen Leitfaden über das Jagd- und Forstwesen geschrieben hat. Zur Einrichtung einer besonderen Behörde für die landesherrlichen Forsten, an die damals gedacht wurde, kam es jedoch nicht. Man begnügte sich schließlich damit, auch weiterhin den überkommenen Wald- und Forstordnungen nachzuleben und auf dem Verordnungswege dem Schutz des Baumbestands und der Förderung von Neuanpflanzungen zu dienen; auch dem Jagdwesen galten einige Verordnungen, so 1685 und 1704 zwei Mandate gegen unbefugtes Jagen, vor allem durch fremde Offiziere, und gegen Wilddieberei und eine 1704 publizierte Jagd- und Weidwerksordnung. Die letztgenannte enthielt auch Vorschriften über den Schutz der Ackerfluren vor Wildschäden, ohne daß die Klagen darüber von Seiten der Bauern seitdem verstummt wären. Die Landwirtschaft wurde im übrigen in dieser Zeit nur dann von der Verordnungstätigkeit berührt, wenn es um Schädlingsbekämpfung ging, etwa um die Vertilgung von Raupen und Heuschrecken oder die Dezimierung der übergroß gewordenen Zahl der Sperlinge, oder aber wenn, zumal in Kriegszeiten, Lebensmittelknappheit eintrat, weil fremde Händler im Lande Getreide aufkauften. 1693 und 1698 dagegen erlassene Verbote der Getreideausfuhr und des Verkaufs von Lebensmitteln außerhalb städtischer Märkte wurden zwar auf Drängen der Landstände 1699 wieder aufgehoben und nur auf den Verkauf an Juden beschränkt, aber 1713 und 1719 erneut verfügt.

Der Vermehrung landwirtschaftlich nutzbarer Flächen galt der Wiederaufbau von wüst gewordenen Siedlungen wie Schöndorf bei Weimar (um 1700), Wersdorf bei Apolda (1708) und Coppanz bei Jena (1723) und die Anlegung des Dorfes Sonnendorf bei Sulza (1700). Die Glashüttensiedlung Stützerbach, das weimarische Stück des durch den hennebergischen Teilungsvertrag von 1660 geteilten Dorfes Stützerbach, ist damals durch den von Wilhelm Ernst geförderten Bau einer Kirche (1716) und einer Schule erst zu einem richtigen Dorf geworden.

Wilhelm Ernst starb am 26. August 1728. Schon viele Jahre vorher war er angesichts der ständigen Belastung, die das Mitspracherecht von Mitregenten für seine Regierungstätigkeit bedeutete, und der Tatsache, daß sein Bruder zwei Söhne hinterlassen hatte, zu der Überzeugung gekommen, daß das Haus Weimar dem gothaischen, eisenachischen und hildburghäusischen Vorbild folgen und das Erstgeburtsrecht einführen sollte. Auf Anregung Herzog Johann Georgs I. von Eisenach hatten schon 1685 zwischen beiden Linien Verhandlungen darüber stattgefunden, die jedoch zu keinem Ergebnis führen konnten, weil die Mitregentschaft Johann Ernsts III. damals einem erfolgreichen Abschluß entgegenstand; danach hatte die Angelegenheit geruht. Da Wilhelm Ernst kinderlos geblieben war, kam allerdings die Entscheidung darüber nunmehr seinem Neffen Ernst August als dem künftigen Thronfolger zu. Ihm gab er bei dessen Verlobung eine entsprechende Anregung, die 1714 zu einem Vertrag zwischen beiden führte, dem, nachdem Ernst Augusts jüngerer Stiefbruder Johann Ernst 1715 gestorben war, 1717 auch die Landstände ihre Zustimmung gaben. Eine endgültige Entscheidung brachte jednch erst eine entsprechende Verfügung Ernst Augusts, die am 29. August 1724 von Kaiser Karl VI. bestätigt wurde und damit in Kraft trat.

Herzog Ernst August, der 1728 die Regierungsgeschäfte in Weimar übernahm, war 1688 geboren, stand also damals im 40. Lebensjahr. Er hatte von 1702 bis 1705 in Begleitung seines Erziehers Friedrich Gotthilf Marschall gen. Greif die Universitäten Halle, wo er mit August Hermann Franke bekannt wurde, und Jena besucht und 1706, zusammen mit Landgraf Kasimir von Hessen, dem jüngeren Bruder seiner Stiefmutter, und Marschall gen. Greif die übliche Bildungsreise angetreten, die ihn in die Niederlande und nach Frankreich führte und auf der er sich längere Zeit in Brüssel und Paris aufhielt; hier wurde er auch von König Ludwig XIV. empfangen. Danach besuchte er im Winter von 1707 auf 1708 noch die Universität Utrecht. Erst im Laufe des Jahres 1708 kehrte er nach Weimar zurück, wo sein Vater Johann Ernst III. inzwischen verstorben war. Entgegen dessen letztem Willen übernahm sein Onkel Wilhelm Ernst über ihn die Vormundschaft, die aber schon 1709 mit dem Eintritt der Volljährigkeit endete. Von nun an war er Mitregent seines Onkels. Von seiner hohen Stellung und ihren Rechten mehr überzeugt als von den damit verbundenen Pflichten, selbstbewußt und ehrgeizig, wünschte er an den Regierungsgeschäften beteiligt zu werden. Er stieß jedoch sogleich auf energischen Widerstand des Onkels, dessen Regierungsarbeit er, wie schon erwähnt, durch vielfältige Streitereien, die zuweilen mehr einer Oppositionslust entsprangen als sachlichen Notwendigkeiten, in der Folgezeit erheblich erschwerte, ohne auf sie Einfluß gewinnen zu können. Diesen Mangel, der seiner hohen Selbsteinschätzung so sehr widersprach, auf anderen Tätigkeitsfeldern auszugleichen, gelang ihm nicht. Wohl war er nicht ohne künstlerische, vor allem musikalische Neigungen, wie auch seine Beziehungen zu Johann Sebastian Bach bezeugen; stärker aber beherrschte ihn die Jagdleidenschaft, der er in den ersten Mitregentenjahren meist entweder von dem bescheidenen Jagdhaus in München bei Berka aus in den dort umliegenden Wäldern oder bei Ilmenau nachging. In diese Zeit fällt auch das Verhältnis, in das er sich 1711 mit der zehn Jahre jüngeren Weimarer Gastwirtstochter Marie Helffer einließ, der er 1713 sogar die morganatische Ehe versprach und die ihm im Jahre darauf einen Sohn schenkte. Zuweilen ging er auf Reisen. 1711 nahm er an der Krönung Kaiser Karls VI. in Frankfurt am Main teil; danach hielt er sich längere Zeit am hildburghäusischen Hof auf und schließlich wieder in den Wäldern um München, wo es an ärgerlichen Auftritten mit Jagd- und Forstbeamten nicht fehlte.

Bedenklicher noch als dieser Mangel an ernster Vorbereitung auf den künftigen Regentenberuf war die bei ihm bereits damals hervortretende Unfähigkeit, seine Finanzen in Ordnung zu halten, und sein von Launen, Jähzorn und Willkür nicht freier Umgang mit Beratern und Dienern, denen gegenüber sein Verhalten zwischen unangemessener Vertrauensseligkeit und einer Menschenverachtung schwankte, die sich bis zu Beschimpfungen und Tätlichkeiten steigern konnte. „Es ist schwer, diesem Herrn wohl zu dienen", urteilte 1726 der kursächsische Gesandte Johann Friedrich Heynitz, „weil er sich selbst am meisten folget und leicht anstatt der Vergeltung mit Mißtrauen belohnet". Sagte ihm aber deswegen jemand den Dienst auf, so nahm er dies sehr übel; er betrachtete es als persönliche Beleidigung und pflegte den betreffenden mit geradezu fanatischem Haß zu verfolgen. So erging es auch seinem Erzieher Marschall gen. Greif, der 1711 in die Dienste Wilhelm Ernsts überwechselte, weil er sich des Vertrauens seines Zöglings nicht mehr sicher war. Kein Wunder, daß man sich in Weimarer Hofkreisen Sorge um die Zukunft machte. Daß des Herzogs „Amouren" mit Marie Helffer seine Heiratsaussichten mindern würden, wie man fürchtete, erwies sich allerdings als unbegründet. Denn 1716 fand sich für ihn in der 20jährigen Witwe des frühverstorbenen Herzogs Friedrich Erdmann von Sachsen-Merseburg, Eleonore Wilhelmine von Anhalt-Köthen (1696-1726), einer Tochter des Fürsten Emanuel Lebrecht, eine Ehepartnerin, die mit ihm auszukommen und ihn von weiteren „Amouren" abzuhalten verstand; Marie Helffer verzichtete schon 1717 auf die Einlösung des ihr gegebenen Versprechens. Aus der Ehe gingen acht Kinder hervor, von denen allerdings nur die Hälfte das Kindesalter überlebt hat.

Die Streitigkeiten zwischen den Herzögen aber dauerten an und erreichten um 1720 einen solchen Grad, daß der Kurfürst von Sachsen, der Kaiser und die ernestinischen Vettern aufgeboten werden mußten, um einen Ausgleich zu erreichen. Das geschah 1723, nachdem Wilhelm Ernst bei Kaiser Karl VI. ein Protektorium für seine von Ernst August geschmähten und bedrohten Beamten erreicht, sich aber auch bereit gefunden hatte, die schlechten Finanzverhältnisse seines Neffen mit Hilfe der Landstände zu verbessern. Da dieser auch später nie aus finanziellen Verlegenheiten herauskam und zu deren Überwindung auf die Hilfe des Onkels angewiesen war, mäßigte er nunmehr seine Mitregentenansprüche erheblich. Eine der Ursachen seiner finanziellen Schwierigkeiten war der 1724 begonnene Bau eines Lustschlosses auf der Eichenleite südlich von Weimar, nachdem ältere Pläne, das Jagdhaus München zu einem Lustschloß auszubauen, aufgegeben worden waren, erste Anzeichen von Baulust, die später in eine kostspielige Leidenschaft ausarten sollte.

Der frühe Tod seiner Gemahlin — sie starb 1726 30jährig — traf den Herzog schwer. Er wurde zum wichtigsten Beweggrund für eine Reise, die ihn 1727 nach Österreich und Ungarn und bis nach Belgrad führte und für ihn vor allem deswegen folgenreich wurde, weil sie militärischen Ehrgeiz in ihm weckte. Die Begegnung mit Kaiser Karl VI. und dem Prinzen Eugen von Savoyen im August 1727 in Wien dürfte dazu nicht wenig beigetragen haben. Nach seiner Rückkehr nach Weimar erkrankte er schwer, und er war noch kaum genesen, als sein Onkel Wilhelm Ernst starb und nunmehr die Regierung des Landes auf ihn überging.

Wie wenig die in den Jahren zuvor gegenüber dem Onkel gezeigte Mäßigung einen wirklichen Ausgleich bedeutet hatte, zeigte sich sogleich beim Regierungsantritt. Denn seine erste Regierungshandlung galt der Abrechnung mit denjenigen Beamten seines Onkels, die dessen besonderes Vertrauen genossen hatten, vor allem Marschall gen. Greif, den er abschätzig den „Waldteufel" zu nennen pflegte, und den diesem nahestehenden Personen. Ohne Rücksicht auf das kaiserliche Protektorium und auf die Verdienste, die sie sich um das Land erworben hatten, jagte er sie aus ihren Ämtern. Der Zorn über die jahrelangen, meist vergeblichen Bemühungen um einen seiner hohen Einschätzung von den Rechten eines Mitregenten entsprechenden Anteil an den Regierungsgeschäften hatte also auch nach 1723 weitergeschwelt und machte sich nun auf eine für seine Auffassung vom Regentenamt charakteristische Weise Luft. Nicht weniger als 18 in führender Stellung tätige Beamte wurden fristlos entlassen, außer Marschall gen. Greif u. a. der Geheime Kirchenrat und Leiter des Oberkonsistoriums Freiherr von Werthern und der Generalsuperintendent Zeibich ebenso wie der Konrektor des Gymnasiums und Bibliothekar Matthias Gesner und der Kapellmeister Johann Wilhelm Drese. Daß Ernst August gegen einige von ihnen, vor allem gegen Marschall sogar mit Untersuchungsverfahren vorging, erwies sich allerdings als unklug; es führte zu Prozessen vor dem Reichshofrat, die, wenn auch oft erst nach vielen Jahren, zu des Herzogs Ungunsten ausgingen und zudem erhebliche Geldsummen verschlangen. Die von der seines Onkels recht verschiedene Auffassung von den Aufgaben eines Landesherrn, die nach französischem Vorbild die Rechte des Fürsten erheblich stärker betonte als dessen Pflichten, trat auch auf eine andere Weise bald sehr deutlich in Erscheinung. Nach seiner 1729 angetretenen, vor allem der Erholung von der kaum überstandenen Krankheit dienenden Reise nach Aachen und Paris, von der er im Januar 1730 nach

Weimar zurückkehrte, richtete er, offensichtlich angeregt von Pariser Vorbildern, in seinem Lustschloß auf der Eichenleite, das nach dem Wiener Schloß des Prinzen Eugen inzwischen den Namen Belvedere (vgl. Bd. VI, S. 66 f.) erhalten hatte, einen Hofstaat ein, der ihn von seiner Umwelt dadurch weitgehend isolierte, daß der Zutritt genauestens geregelt war, selbst für leitende Beamte seiner Zentralbehörden. Überdies gehörten dazu zwei adelige Fräulein und drei Bürgermädchen, die ihm offenkundig jederzeit für alle Dienste zur Verfügung zu stehen hatten; haben doch zwei von ihnen den Herzog zum Vater von Kindern gemacht. 1732 ließ er zwischen Weimar und Belvedere ein festungsartiges Gebäude errichten, die Falkenburg, die mit Soldaten besetzt wurde; sie hatten den Zugang nach Belvedere zu kontrollieren, standen dem Herzog aber auch für Exerzierübungen und andere militärische Schauspiele zur Verfügung. Wenigstens die Mätressenwirtschaft fand ihr Ende, als im Dezember 1732 der Erbprinz Johann Wilhelm starb und sich für den Herzog die Notwendigkeit ergab, sich nach einer neuen Ehepartnerin umzusehen, um das Erlöschen seines Hauses zu vermeiden, aber auch, um die von ihm erstrebte kaiserliche Generalscharge zu erlangen, deren Verleihung Kaiser Karl VI. von seiner Wiederverheiratung abhängig gemacht hatte. In der 20jährigen Sophie Charlotte Albertine von Brandenburg-Bayreuth (1713-1747), einer Tochter des kunstsinnigen Markgrafen Georg Friedrich, fand er sie; 1734 wurde geheiratet. Aus der Ehe sind vier Kinder hervorgegangen, unter ihnen 1737 der Thronfolger Ernst August Constantin.

Ernst August hatte die Regierung seines Landes mit einem absoluten Herrschaftsanspruch angetreten; er wollte die Führung der Regierungsgeschäfte selbst in der Hand halten. Deshalb knüpfte er auch an die Regierungsform an, die sein Onkel Wilhelm Ernst in den letzten beiden Jahrzehnten bevorzugt hatte, die Regierung aus dem Kabinett, und dachte nicht daran, ein neues Geheimratskollegium einzurichten, obwohl er sich bei dessen Auflösung durch seinen Onkel (1710) für die Beibehaltung ausgesprochen hatte. Er verschärfte dieses Kabinettssystem noch, indem er die bisher üblichen Vorträge der Leiter der Landeskollegien durch eine schriftliche Berichterstattung ersetzte, die er in späteren Jahren sogar noch auf bestimmte Tage in der Woche beschränkte. Zur Bewältigung des dadurch entstehenden Schriftverkehrs richtete er 1729 eine Geheime Hofkanzlei ein, die auch auf Reisen zu seinem ständigen Gefolge gehörte. Dies wurde auch deshalb nötig, weil er sich oft außerhalb seiner Residenzstadt, die er nicht sonderlich schätzte, aufhielt, vor allem in Ilmenau, in dessen Wäldern er gern seiner Jagdleidenschaft nachging. Es konnte nicht ausbleiben, daß der Leiter dieser Kanzlei zu einer einflußreichen Mittelsperson zwischen dem Landesherrn und den Zentralbehörden des Landes wurde, zumal Ernst August diesen Posten mit Personen seines besonderen Vertrauens zu besetzen pflegte. 1729 berief er dazu seinen Hofsekretär Johann Melchior Ludecus, einen Pfarrerssohn aus Frankfurt an der Oder, der 1712 als Hofmusikus in seine Dienste getreten war, 1726 den Titel eines Kammermusikus erhalten hatte und seit 1728 als Hofsekretär Dienste leistete. Ludecus gehörte zu den vertrautesten Dienern des Herzogs und war auch in privateste Anliegen seines Herrn eingeweiht.

Aber auch die überlieferte Gliederung der Zentralbehörden genügte dem Herzog nicht mehr. Bereits 1729 schuf er gegen den Willen der Landstände als neue Behörde das Landschaftskollegium, dem die Aufsicht über die Steuerverwaltung und über Polizei- und Wirtschaftsangelegenheiten übertragen wurde; 1735 richtete er zur Verwaltung der Militärangelegenheiten das Kriegskollegium ein und 1736 wurde zur Überwachung und Verwaltung der Forsten ein Forstamt geschaffen. Von diesen organisatorischen Neuschöpfungen hat allerdings nur das Kriegskollegium den Herzog überlebt. An die Spitze des Regierungskollegiums berief er 1728 den saalfeldischen Geheimen Ratspräsidenten und vormaligen weimarischen Geheimen Rat Georg Wilhelm von Reinbaben, der mit ihm nach seiner Entlassung aus weimarischen Diensten (1710) in ständiger brieflicher Verbindung geblieben war und auch bei den Ausgleichsverhandlungen mit Wilhelm Ernst 1723 seine Interessen vertreten hatte. Reinbaben erhielt den Titel eines Geheimen Ratspräsidenten, behielt jedoch auch sein saalfeldisches Amt weiterhin bei. Er trat an Marschalls Stelle, übernahm nominell auch die Oberaufsicht über Oberkonsistorium und Kammer, nicht allerdings die Leitung der Landschaftskasse, die Ernst August seinem langjährigen Oberhofmeister und Hofmarschall Franz Rudolf von Schmiedel übertrug, mit dem er sich jedoch bald entzweite, so daß dieser in saalfeldische Dienste übertrat. 1735 wurde Reinbaben für zwei Jahre auch die Direktion des Kriegskollegiums übertragen. Mit ihm trat ein kenntnisreicher, besonnener, integrer und wirtschaftlich unabhängiger Mann an die Spitze der weimarischen Verwaltung, der es verstanden hat, sich trotz gelegentlicher Mißverständnisse das Vertrauen und die Hochachtung Ernst Augusts zu erhalten, und es mag sein, daß er, wie berichtet wird, mäßigend auf seinen launischen und unberechenbaren Herrn eingewirkt hat. Dessen autokratische Regierungsweise entscheidend zu beeinflussen, ist ihm jedoch nicht gelungen. Nachdem er, von Ernst August sehr beklagt, 1739 gestorben war, wurde der bereits 63jährige bisherige sachsen-eisenachische Oberaufseher von Jena, Anton Karl von Griesheim (1676-1753), der zugleich Assessor am gemeinschaftlichen Hofgericht in Jena und als Eigentümer des Ritterguts Niedersynderstedt Mitglied der weimarischen Landstände war, sein Nachfolger, allerdings ohne den Präsidententitel, sondern lediglich als Geheimer Rat. Er konnte sich jedoch nicht einmal gegenüber den Mitgliedern des Regierungskollegiums durchsetzen, geschweige denn auf Regierungshandlungen des Herzogs Einfluß nehmen.

In den Landeskollegien hatte die Entlassungsaktion von 1728 einen starken Personalwechsel zur Folge gehabt. Vor allem in der Regierung und dem Oberkonsistorium war dies der Fall. Hier nahm nach Reinbaben der Hof- und Konsistorialrat Rudolf Anton von Heringen (1697-1755) seit 1728 den ersten Rang ein, der in Wesel am Niederrhein geborene Sohn eines zeitweilig in braunschweig-lüneburgischen Militärdiensten tätigen nordthüringischen Rittergutsbesitzers. Er kam aber bereits 1730 nach einem Konflikt mit dem Herzog, dem er in schonungsloser Offenheit „Übereilung bei der Justiz, Unordnung bei dem Credit- und Finanzwesen" und „Verachtung alles heilsamen Rats" vorwarf, um seinen Abschied ein und ging in gothaische Dienste; Jahrzehnte später ist er für Weimar als Reichstagsgesandter tätig geworden. Seine Stelle nahm seitdem der 1729 als Hof- und Kommissionsrat in weimarische Dienste getretene Jurist Johann Michael Langguth (1680-1743) ein, ein Pfarrerssohn aus Erfurt, der dort und in Jena studiert hatte. Die anderen Mitglieder des Kollegiums wechselten häufig, weil nicht alle die Tonart vertrugen, in der Ernst August zumeist mit ihnen verkehrte. Auch Kompetenzstreitigkeiten zwischen den verschiedenen Kollegien behinderten die ordnungsgemäße Erledigung von Verwaltungsgeschäften, sogar zwischen Regierung und Oberkonsistorium, obwohl dessen weltliche Mitglieder meist gleichzeitig dem Regierungskollegium angehörten, besonders aber zwischen Regierung und Kammer. Diese wurde, unter der formalen Oberaufsicht Reinbabens, seit 1728 von dem aus hildburghäusischen Diensten nach Weimar gekommenen Kammerdirektor und Geheimen Rat Adam Friedrich von Studnitz (1695-1736), dem Sproß eines mährischen, damals vor allem in Schlesien ansässigen Adelsgeschlechts, geleitet, der aber 1734 seinen Abschied nahm. Auch der danach mit der Führung der Kammergeschäfte betraute Kammerrat Hans von Hirschfeld schied schon 1736 aus diesem Amt, das seitdem bis 1740 von dem seit 1683 in der weimarischen Verwaltung tätigen Kammerrat Ernst Friedrich Voigt (1663-1744) geleitet wurde, der sich vom Schreiber hochgedient hatte und nach mehrjähriger Tätigkeit als Amtmann und Bergrichter in Ilmenau seit 1711 auf dem Posten eines Kammerrats saß und ein erfahrener Fachmann war. Trotzdem wurde ihm 1740 der Geheime Rat von Griesheim als Kammerdirektor vor die Nase gesetzt, der aber nur bis 1741 dieses Amt bekleidete, sich außerdem wenig darum kümmerte, so daß auch damals die Last der Geschäftsführung Voigt überlassen blieb. Auch für die Kammerverwaltung hatte Ernst August 1734 neue Vorschriften erlassen; diese Kammerordnung, der eine Rentbeamteninstruktion beigegeben war, enthielt ein genaues Reglement der Geschäftsführung.

Das 1729 neu geschaffene Landschaftskollegium besetzte er mit dem Landschaftsdirektor und Oberschenk Hans Ludwig von Gleichen auf Tannroda (1663-1740) und den beiden Oberjägermeistern Hermann Friedrich von Göchhausen (1663-1733) auf Buttelstedt und Ernst Dietrich von Volgstedt (1688-1746) auf Tromlitz. Es handelte sich also durchweg um Mitglieder der Landstände, die zugleich im herzoglichen Hofdienst standen. Beigegeben wurden ihnen einige Fachbeamte. Die Leitung des 1735 geschaffenen Kriegskollegiums übernahm zunächst Reinbaben, zwei Jahre später der Generalmajor Georg Albrecht von Kanne, der den Titel eines Kriegsrats erhielt und bis um 1740 im Amt blieb. An die Spitze des 1736 neueingerichteten Forstamts traten gemeinsam der Oberjägermeister und Kammerrat von Volgstedt und der Hofrat Langguth.

Ernst Augusts Anspruch, die Regierungsgeschäfte selbst zu führen und über alles unterrichtet zu sein, geriet bald in Widerspruch mit seiner Abneigung gegen allzuviel Arbeit und der Geringschätzung behördlicher Alltagstätigkeit. Überzeugt von der Wirksamkeit von Gesetzen und Verordnungen, die zuweilen tief in die Privatsphäre seiner Untertanen eingriffen, deren Durchführung aber nur unzureichend überwacht werden konnte, und an die er sich selbst, der hohen Einschätzung seiner Stellung als Landesherr entsprechend, nicht gebunden fühlte, ließ er sich beim Auftreten offenkundiger Mängel zu willkürlichen Eingriffen in Justiz und Verwaltung hinreißen, die einem geordneten Geschäftsgang alles andere als zuträglich waren. Noch weit folgenschwerer war es, daß er sich in seinem politischen Handeln stärker von seinen Neigungen leiten ließ als von der Sorge um das Wohl des Landes und er sich dabei unfähig zeigte, seine Ausgaben mit den bescheidenen finanziellen Möglichkeiten in Einklang zu bringen, die das Land ihm bieten konnte. Gegenüber den aus der Beamtenschaft und von den Landständen kommenden Mahnungen, die Ausgaben einzuschränken, blieb er unzugänglich; ja, er neigte dazu, den ständigen Geldmangel und wachsenden Schuldenberg als Folge von Unfähigkeit und Untreue der mit der Finanzverwaltung beauftragten Beamten anzusehen, ihnen entsprechende Vorhaltungen zu machen und zuweilen mit unangemessen hohen Geldstrafen gegen sie vorzugehen.

Den Landständen gegenüber, denen nach wie vor theoretisch das Recht der Steuerbewilligung zustand, verfolgte er die gleiche Politik wie sein Onkel Wilhelm Ernst in seinen letzten Regierungsjahren. Er sagte zwar die von ihnen mehrfach geforderte Einberufung eines Landtags zu, verstand es aber stets, die Einlösung solcher Versprechen zu umgehen und die Steuerbewilligungen durch Landtagsausschüsse zu erreichen, deren Mitglieder, wie auch die Zusammensetzung des Landschaftskollegiums erweist, oft genug zugleich Dienststellungen bei Hofe oder in den Landeskollegien innehatten. Gelegentlich forderte er Steuermittel sogar auf schriftlichem Wege an; dagegen gab es nun zwar Proteste von einigen landständischen Vertretern, doch änderte dies im Grunde nichts an ihrer Bereitschaft, dem Herzog alle Steuerwünsche zu erfüllen. Dies führte zu einer in Weimar bisher nicht dagewesenen, so übermäßigen steuerlichen Belastung der Bevölkerung, daß die nicht eintreibbaren Steuerreste sprunghaft anstiegen und die Einnahmen aus der Verbrauchssteuer (Accise) rückläufig wurden, bedenkliche Zeichen sinkender Kaufkraft und zunehmender Verarmung weiter Bevölkerungskreise. Trotzdem blieben die Jahresrechnungen der Kammer- und Landschaftskassen ständig defizitär, weil die Einnahmen bei weitem nicht ausreichten, um die vom Herzog getätigten Ausgaben zu decken. Zinsen, Besoldungen, ja sogar Handwerker- und Händlerrechnungen konnten nicht mehr oder nur mit Hilfe von Krediten bezahlt werden. Lediglich die Schatullkasse des Herzogs machte hier eine Ausnahme, denn in sie ließ er neben stattlichen Zahlungen aus der Kammerkasse nicht nur die schon erwähnten Strafgelder fließen, mit denen er ziemlich wahllos wohlhabende Personen oder solche, die er für zahlungskräftig hielt, belegte, sondern auch die Subsidien, die er für die Bereithaltung der mit Hilfe von Steuergeldern aufgestellten Truppenverbände vom Kaiser erhielt. So sah er sich in die Lage versetzt, neben der Bestreitung seiner privaten Bedürfnisse noch daran zu denken, Rittergüter in seinem Lande aufzukaufen.

Nur wenig Interesse zeigte Ernst August an der von seinem Onkel Wilhelm Ernst begonnenen Generalsteuerrevision, obwohl diese die Grundlage bieten sollte für eine gerechtere Besteuerung der Bevölkerung. Da der Schöpfer der Revisionsinstruktion, Jenichen, bereits 1728 gestorben war, wurde sie nunmehr in einem erheblich vereinfachten Verfahren fortgeführt, zog sich aber dennoch bis in die 1740er Jahre hin. Daß sie überhaupt abgeschlossen werden konnte, muß als Verdienst des Kammerrats Voigt angesehen werden, der dies trotz des offen zutagetretenden Unmuts des Herzogs und der Landstände an der langen Dauer und den Kosten des Verfahrens schließlich doch durchgesetzt hat.

Die schlechte Finanzlage des Landes war in erster Linie eine Folge der Militärpolitik des Herzogs, die zugleich den wesentlichen Inhalt seiner reichspolitischen Aktivitäten bildete. Sie war bestimmt von seinem persönlichen Ehrgeiz, nicht von den Interessen des Landes. Seit jener Reise in die kaiserlichen Erblande, die ihn 1727 bis nach Belgrad geführt hatte, war er von dem Gedanken besessen, eine kaiserliche Generalscharge zu gewinnen und Chef eines kaiserlichen Regiments zu werden. Als eine Möglichkeit, dieses Ziel zu erreichen, betrachtete er die Werbung von Truppen und deren vorteilhafte Unterbringung in der kaiserlichen Armee, so wie dies bereits sein Onkel Wilhelm Ernst versucht hatte, wenn auch mit nur bescheidenen Ergebnissen. In Wien äußerte man 1728 jedoch Bedenken gegen des Herzogs militärische Ambitionen und empfahl ihm, zunächst einmal ein Regiment aufzustellen. Diesen Rat befolgte er bereits 1729, als er die von Wilhelm Ernst hinterlassenen beiden Gardekompanien zu einem Garderegiment zu Fuß ausbaute, das acht Kompanien umfaßte und dessen Führung er dem schon zu Wilhelm Ernsts Zeiten in weimarischen Diensten gewesenen, nunmehrigen General Otto Wilhelm von Romrodt anvertraute. Aus der ebenfalls von Wilhelm Ernst hinterlassenen kleinen Gardekavallerietruppe machte er ein Kürassierregiment von sechs Kompanien, und die bescheidene Dragonerkompanie, die er vorfand, erweiterte er zu einem Husarenkorps mit zwei Kompanien. Zur gleichen Zeit verwandelte er das zur Verteidigung des Landes bestimmte Landesaufgebot, bis dahin Landesdefensionsausschuß genannt, in ein Städteregiment, das aus 8 Kompanien zu je 100 Mann bestehen und in erster Linie zu Wach- und Polizeidiensten verwendet werden sollte; 1733 war es 750 Mann stark, wurde jedoch später auch zur Auffüllung des regulären Militärs verwandt. 1732 schuf er schließlich noch ein Artilleriekorps, das es in späterer Zeit bis auf 110 Mann brachte. Es entstand im Zusammenhang mit dem 1732 begonnenen Bau der schon erwähnten Falkenburg. Ob Ernst August damals ernsthaft daran gedacht hat, seine Residenzstadt mit einem Festungsgürtel zu umgeben und auf solche Weise zu einer Festung zu machen, wie dies zwei erhalten gebliebene Zeichnungen erkennen lassen, bleibt ungewiß; mehr als die Falkenburg ist jedenfalls nicht gebaut worden. Ihren Namen erhielt sie von dem ebenfalls 1732 von ihm gestifteten „Orden der Wachsamkeit oder vom weißen Falken", in dessen Statuten die Treue gegen Gott und den Kaiser, Wachsamkeit gegen Laster, gegenseitige Hilfsbereitschaft der Ordensmitglieder und die Pflicht, sich der Armen, vor allem aus dem Offiziers- und Mannschaftsstand, anzunehmen, als Ideale genannt werden. Ältere Vorbilder wurden hier nachgeahmt; äußere Repräsentation dürfte der Hauptbeweggrund gewesen sein.

Die Aufstellung der erwähnten Truppenverbände und ihre Unterhaltung waren natürlich mit erheblichen Kosten verbunden. Da sich aber zunächst keine Gelegenheit bot, sie oder Teile davon in kaiserlichen Diensten unterzubringen, obwohl von dort bereits 1729 die Ernennung des Herzogs zum kaiserlichen Feldmarschalleutnant erfolgt war, nutzte er die Gelegenheit, die August der Starke, Kurfürst von Sachsen und König von Polen, ihm bot. Er nahm an dem bekannten Militärlager teil, das dieser im Juni 1730 bei Zeithain und Mühlberg an der Elbe abhielt, und zu dessen Gästen auch Preußens König Friedrich Wilhelm I. und Kronprinz Friedrich gehörten, und ließ sich von August noch im gleichen Jahre zu einem Vertrag überreden, in dem der Eintritt von zwei weimarischen Gardekompanien in kursächsische Dienste und Sold und deren Vereinigung mit kursächsischen Verbänden zu einem Regiment vereinbart wurde, das den Namen Sachsen-Weimar trug. 1733 stand dieses Regiment in Naumburg an der Saale in Garnison. Der Vertrag befriedigte Ernst August jedoch auf die Dauer nicht, zumal er nicht die Zahlung von Subsidien vorsah, denn August der Starke sorgte lediglich für Besoldung und Verpflegung. Als Kursachsen schon 1732 an der Stellung weiterer Truppen von Seiten der Ernestiner Interesse zeigte, hielt sich Ernst August zurück, zumal währenddessen von kaiserlicher Seite Angebote an ihn herangetragen worden waren.

Denn inzwischen hatte er sich während der Verhandlungen, die zwischen Vertretern des Kaisers und den ernestinischen Bevollmächtigten 1730 und später über eine Garantie der Pragmatischen Sanktion von 1713 stattgefunden hatten, geneigt gezeigt, den kaiserlichen Wünschen nachzugeben. Im August 1732 kam der kaiserliche Diplomat und General Friedrich Heinrich Graf von Seckendorff, ein Neffe des gothaischen Staatsmannes Veit Ludwig von Seckendorff, zu Verhandlungen nach Weimar, und noch im gleichen Monat wurde zwischen ihm und den weimarischen Unterhändlern Reinbaben und Romrodt ein auf acht Jahre befristeter Vertrag abgeschlossen, der die Übernahme eines weimarischen Truppenkontingents von 2000 Mann zu Fuß und 1000 zu Roß in kaiserliche Dienste gegen Zahlung von 61 000 Talern für die Aufstellung und Mobilisierung und eine jährliche Zahlung von 5000 Talern für deren Bereithaltung vorsah, und in dem der Herzog seine Garantie für die Pragmatische Sanktion gab. Die nebenher ausgehandelte Ernennung des Herzogs zum kaiserlichen General der Kavallerie ließ nun nicht mehr auf sich warten; die Bestallung erfolgte am 17. Januar 1733. Die von ihm erstrebte Führung eines kaiserlichen Regiments war damit allerdings nicht verbunden. Dennoch zeigte die Zurückziehung der weimarischen Truppen aus dem kursächsischen Dienst, die Ernst August noch im Januar 1733 bewerkstelligte, ebenso sein Einschwenken auf die Seite des Kaisers wie die Werbungen, die er nun im mittel-, süd- und westdeutschen Raum anlaufen ließ, daß es ihm darauf ankam, den dem Kaiser zugesicherten Truppenverband so schnell wie möglich auf die Beine zu stellen.

Als schon wenige Monate später, nachdem August der Starke im Februar 1733 gestorben war, der Polnische Thronfolgekrieg ausbrach, wurde der Vertrag voll wirksam. Noch im Herbst 1733 sandte Ernst August zwei Bataillone Fußtruppen in Stärke von 1300 Mann, unter denen sich 377 weimarische Landeskinder befanden, an den Oberrhein, wo sie in die unter dem Oberbefehl des Prinzen Eugen von Savoyen stehende kaiserliche Armee eingereiht wurden; im Mai 1734 ließ er weitere 600 Fußsoldaten folgen, dazu ein Kürassierregiment mit etwa 1100 Reitern. In Schwierigkeiten geriet er, als von ihm außerdem noch das Reichskontingent gefordert wurde; er lehnte dies ab und machte dem Kaiser den Vorschlag, die entsprechende Geldsumme von den Rückständen abzuziehen, die die kaiserliche Kammer ihm an Subsidien noch schuldete.

Ernst August hätte gern selbst am Feldzug teilgenommen, fand aber mit diesem Anliegen in Wien kein Gehör. Zunächst machte man mit dem Hinweis, daß er ein regierender Fürst ohne männlichen Erben sei, die Betrauung mit einem militärischen Kommando von seiner Wiederverheiratung abhängig; später aber wandte man ein, es gäbe schon drei Kavalleriegeneräle bei der Armee, von denen aber höchstens zwei gebraucht würden. Außerdem machte man kaiserlicherseits keinen Hehl daraus, daß man mit den Leistungen der weimarischen Truppen recht unzufrieden war. *Die Fußtruppen* standen 1734, unter dem Kommando des Obersten Christian Ernst von Stangen, am Oberrhein um Freiburg und Breisach und *wurden* gegen Ende des Jahres *nach Italien*, in die Umgebung von Mantua, *verlegt*. Sie hatten erhebliche Verluste, meist infolge von Krankheiten und Desertionen, und zählten, als sie im Mai 1735 nach Breisach zurückkehrten, nur noch 863 Mann; sie konnten dann durch Neurekrutierungen wieder verstärkt werden, so daß sie, als sie nach Ende des Krieges im Dezember 1735 nach Weimar zurückkamen, 1200 Mann zählten. Das Kürassierregiment war 1734 vom Oberrhein in die Niederlande verlegt worden. Es erwies sich als schlecht ausgerüstet, litt ebenfalls sehr unter Desertionen und hatte schon im Herbst 1734 fast 200 Mann verloren. Daß die weimarischen Verbände zu keiner Zeit die im Vertrag von 1732 vereinbarte Sollstärke erreicht und, ganz besonders die Reiterei, die in sie gesetzten Erwartungen nicht erfüllt hatten, führte nach Friedensschluß zu Auseinandersetzungen zwischen Ernst August und Kaiser Karl über die rückständigen Subsidienzahlungen, die 1739 noch nicht beigelegt waren. Der Herzog mußte sich schließlich mit erheblichen Abzügen und der Anrechnung des Geldwerts des Reichskontingents abfinden, das er, wie erwähnt, nicht gestellt hatte. Dennoch überließ er 1739 dem Kaiser für den Türkenkrieg 200 Fußsoldaten und 100 Reiter, weil er immer noch hoffte, einmal Chef eines kaiserlichen Regiments zu werden. Die dafür vereinbarte Summe von ca. 15 000 Gulden wurde ihm zwar gezahlt, die von ihm damit verbundene Erwartung aber auch jetzt nicht erfüllt. Daraufhin erneuerte er den 1740 auslaufenden Vertrag von 1732 nicht wieder, dessen Folgen seinem Land nach eigenem Eingeständnis mehr als 800 000 Taler gekostet hatte, was etwa dem Zehnfachen einer durchschnittlichen jährlichen Steuereinnahme des ganzen Landes entsprach. Der Tod Kaiser Karls VI. (1740) dürfte ihm diesen Entschluß erleichtert haben. Aus den danach folgenden kriegerischen Verwicklungen, die mit dem Angriff Friedrichs des Großen auf Schlesien begannen, hielt er sich heraus; dem Wunsch des 1741 gewählten neuen Kaisers, des Wittelsbachers Karl VII., ihm gegen Subsidien Truppen zur Verfügung zu stellen, kam er nicht nach.

Die Beziehungen, die Ernst August seit seinem Regierungsantritt, der Hoffnung auf Befriedigung seines militärischen Ehrgeizes wegen, zum Wiener Kaiserhof unterhielt, brachten es mit sich, daß er sich dort durch einen eigenen Gesandten vertreten ließ. Es war dies seit 1730 Johann Jakob von Brawe. Er nahm allerdings bereits 1733 seinen Abschied und wurde 1736 durch den Legationsrat Gottfried Ernst Fritsch ersetzt. Mit dem Ende der militärischen Ambitionen des Herzogs war jedoch auch dessen Tätigkeit in Wien überflüssig geworden; im Juni 1741 wurde er entlassen und sein Posten eingezogen.

Auf die ständige Besetzung des Gesandtenstuhls beim Reichstag in Regensburg hingegen hat Ernst August stets Wert gelegt, ja, seiner hohen Selbsteinschätzung entsprechend wünschte er nach seiner Thronbesteigung dort durch eine eigene Gesandtschaft vertreten zu sein, was seine Vorgänger wegen der damit verbundenen hohen Kosten stets vermieden hatten. So erneuerte er die seit 1682 bestehende gemeinsame weimarische und eisenachische Vertretung beim Reichstag nicht; es dauerte jedoch eine Weile, ehe er eine geeignete Persönlichkeit gefunden hatte, so daß die weimarische Reichstagsstimme fast zwei Jahre lang ruhte. 1730 betraute er den braunschweig-wolfenbüttelschen Geheimen Rat Joachim von Brawe, wohl einen Verwandten seines Wiener Gesandten, mit der Wahrnehmung der weimarischen Stimme in Regensburg; doch stellte dieser 1737 seine Tätigkeit für Weimar ein, nachdem seine Vorstellungen gegen ständige Besoldungsrückstände dort ungehört geblieben waren. Zum Nachfolger ernannte Ernst August seinen Hof- und Oberkonsistorialrat Johann Caspar Freiherrn von Pogarell, der 1738 seine Amtsgeschäfte in Regensburg aufnahm und nach dem Anfall Eisenachs 1741 dort auch die eisenachische Reichstagsstimme führte.

Die Beziehungen Ernst Augusts zum großen Nachbarn Kursachsen hatten sich durch die Zurücknahme des weimarischen Truppenkontingents aus der sächsischen Armee erheblich abgekühlt. Verhandlungen des von dem neuen sächsischen Kurfürsten Friedrich August II. im Herbst 1734 nach Weimar entsandten Obersten von Ponikau über mit dem Polnischen Thronfolgekrieg zusammenhängende Fragen blieben ohne Folgen. Zwar waren 1736 und 1737 Ilmenauer und Buttelstedter Postangelegenheiten und ein Austausch des weimarischen Amts Bürgel gegen das kursächsische Amt Tautenburg neue Verhandlungsgegenstände, aber auch sie brachten keine Ergebnisse, und noch 1741 war das Verhältnis des Herzogs zum Dresdener Hof unverändert frostig. Auch mit seinen ernestinischen Vettern hatte er vielerlei Schwierigkeiten. Die Beziehungen zu Wilhelm Heinrich von Sachsen-Eisenach waren anfangs durch gegenseitige finanzielle Forderungen belastet, die aus älteren Teilungsverträgen herrührten und zu einem Prozeß vor dem Reichshofrat führten; erst 1732 kam es zur Aussöhnung. Die Gefahren des Polnischen Thronfolgekrieges führten schließlich 1734 alle Ernestiner zu drei Konferenzen in Arnstadt und Suhl zusammen, auf denen die Sicherung der Werralinie und des Thüringer Waldes gegen mögliche französische Angriffe besprochen wurde. In den nachfolgenden Jahren jedoch zerstritt sich Ernst August mit seinen Gothaer, Eisenacher und Meininger Vettern völlig, vor allem wegen seines autokratischen Vorgehens gegen die Jenaer Universität, von dem später noch zu berichten ist. Zahlreiche Prozesse vor dem Reichshofrat waren die Folge; zu einer gemeinsamen Politik der Ernestiner ist es deshalb zu seinen Lebzeiten nicht wieder gekommen. Auch die Beziehungen zu den Schwarzburgern waren nicht ungetrübt. Ernst August hatte, wohl weil der 1720 von seinem Onkel Wilhelm Ernst mit dem Erbprinzen Heinrich von Schwarzburg-Sondershausen abgeschlossene, für Weimar günstige Geheimvertrag nicht zum Tragen gekommen war und gegenseitige Mißverständnisse eine Klärung verlangten, zunächst daran gedacht, den Streit durch die Herauslösung der Schwarzburger aus dem sächsischen Lehnsverband beizulegen. Das hätte allerdings nur durch einen gemeinsamen Akt von Ernestinern und Albertinern erreicht werden können, für den es aber keine Voraussetzungen gab. So schloß er 1731 mit dem Fürsten Günther XLIII. von Schwarzburg-Sondershausen einen Vertrag, in dem er diesen als reichsunmittelbar anerkannte und ihm die volle Landeshoheit über die Ämter Arnstadt und Käfernburg überließ. Dieser trat als Gegenleistung seinen Anteil an den Dörfern Wipfra und Schmerfeld bei Ilmenau an Weimar ab und verpflichtete sich zu einer fortlaufenden Geldzahlung. Später hat Ernst August sein Entgegenkommen gegenüber den schwarzburgischen Wünschen allerdings bedauert und sich zuweilen Übergriffe in schwarzburgisches Territorium erlaubt, die zu gegenseitigen Klagen vor dem Reichshofrat führten. Am Fortbestand der Vereinbarungen von 1731 änderte sich letztenendes aber nichts. Ohne Ergebnis blieben Verhandlungen Ernst Augusts mit Gotha und Kurmainz über das Blankenhainer Permutationsprojekt, um dessen Lösung sich bereits sein Onkel Wilhelm Ernst vergeblich bemüht hatte; 1737 wurden sie von ihm abgebrochen.

Anders als in der Reichspolitik und in seinem Verhältnis zu benachbarten Reichsständen, wo sich ihm die Grenzen seiner Möglichkeiten recht bald offenbarten, konnte Ernst August im innenpolitischen Bereich seinen Regierungsgeschäften nachgehen, ohne mit nennenswertem Widerstand rechnen zu müssen, auch nicht von Seiten der Landstände, wenn diese auch bereits 1730 über die durch Mißwuchs, Überschwemmungen und übermäßigen Steuerdruck verursachte Not des Landes lebhafte Klage führten. Über ihre und der Beamten der Kammerverwaltung häufig vorgebrachten Anregungen, diese Notlage durch Einschränkung der Ausgaben zu beheben, ging er jedoch einfach zur Tagesordnung über, zuweilen in einer Form, die den Anschein erweckt, als habe er die ihm zugegangenen Berichte kaum eines Blickes gewürdigt. Er unternahm jedoch mancherlei Versuche, auf andere Weise der Wirtschaft des Landes aufzuhelfen, wenn sich auch die Mehrzahl dieser gewiß gutgemeinten Maßnahmen entweder als unwirksam oder als undurchführbar erwies. Den Klagen über den Verfall des Handwerks suchte er 1733 durch eine Reihe von amtlichen Verlautbarungen zu begegnen. Die Zulassung von Bewerbern für ein Handwerk wurde von einer Prüfung ihrer Fähigkeiten durch die zuständige Gerichtsbehörde unter Zuziehung von Sachverständigen abhängig gemacht; die Annahme von Strumpfwirkerlehrlingen behielt der Herzog sogar seiner eigenen Entscheidung vor. Die Zuwanderung fremder Handwerksgesellen wünschte er ebenso einzuschränken wie die Abwanderung einheimischer. So wurde die Zulassung fremder Handwerksgesellen in seinem Lande und das Gesellenwandern über die Landesgrenzen hinaus verboten, die Ausstellung eines Ausreisepasses für ein Landeskind von der persönlichen Genehmigung des Landesherrn abhängig gemacht. Ja, er spielte sogar mit dem Gedanken, das Gesellenwandern ganz abzuschaffen, obwohl dies ganz sicher nicht im Sinne der Reichszunftordnung von 1731 war, das die Handwerksangelegenheiten für das gesamte Reichsgebiet einheitlich geregelt hatte und das 1732 auch in Weimar publiziert worden war, also auch hier Rechtskraft erlangt hatte. Daß sich seine militärischen Ambitionen störend auf das Wirtschaftsleben auswirkten, zeigte eine ebenfalls 1733 erlassene Verfügung, die nicht nur Kaufleute von der Einberufung in das Städteregiment freistellte, sondern auch Strumpfwirker, da deren Zahl, die man 1728 noch in Grenzen halten zu müssen meinte, inzwischen stark rückläufig geworden war. Ein Erlaß von 1736 sprach dann auch offen von der Entblößung des Landes von Untertanen durch Krieg und andere Vorgänge und suchte durch die Gewährung von Abgabenfreiheit und Freistellung vom Soldatendienst fremde Handwerker, vor allem Strumpfwirker ins Land zu ziehen. Eine 1740 erlassene Verordnung begünstigte erneut die Niederlassung fremder Handwerker im Lande; die frühere hatte also die Erwartungen nicht erfüllt. Und so verwundert es nicht, daß die Klagen über den wirtschaftlichen Niedergang des Handwerks nicht aufhörten.

Nur bescheidene Ergebnisse brachten des Herzogs seit 1731 unternommenen Versuche, der Wirtschaft einzelner Städte, z. B. von Dornburg, Ilmenau, Bürgel und Sulza, durch die Einrichtung von Manufakturen aufzuhelfen. Dies gelang nur in Dornburg, wo mit finanzieller Hilfe der Landschaftskasse eine Baumwollmanufaktur entstand. Sie konnte sich allerdings gegen die auswärtige Konkurrenz nicht behaupten, blieb ein Zuschußbetrieb und ging schließlich um 1740 ein. Auch eine 1735 in Weimar geschaffene Tabakmanufaktur konnte sich nicht halten, obwohl sie ein Monopol für das Land erhielt, ihr zuliebe die Einfuhr fremden Tabaks verboten, und sogar die über sie in der Stadt umlaufenden spöttischen Reden mit hoher Geldstrafe bedroht wurden, ferner den Weimarer Gastwirten die Abnahme einer bestimmten Menge Tabak zur Pflicht gemacht worden war.

Wenig glücklich verliefen auch Ernst Augusts Bemühungen um eine bessere Nutzung einheimischer Bodenschätze. In dem allen sächsischen Häusern gemeinsam gehörenden Bergwerken von Ilmenau wurden zwar von 1730 bis 1739 Kupfer und Silber im Wert von 290 000 Talern gefördert, aber ein Wassereinbruch, der 1739 eintrat und nicht behoben werden konnte, bedeutete bis auf weiteres das Ende des Bergwerkbetriebs; erst zu Carl Augusts Zeiten konnte er wieder aufgenommen werden. Auch das von Ernst August bereits 1735 geplante Eisenwerk, das das ganze Land mit Eisen versorgen sollte und 1741 in Ilmenau errichtet wurde, hat sich nur wenig mehr als ein Jahrzehnt zu behaupten vermocht; die Stahlfabrik stand 1752 still, nur der Eisenhammer überlebte und wurde verpachtet. Steinkohlenbergwerke, die 1736 bei Kammerberg in der Nähe von Ilmenau und um die gleiche Zeit bei Tiefurt und Ottstedt im Umkreis von Weimar entstanden und deren Absatz 1741 durch die Einrichtung von Lagerstätten in Apolda, Buttstädt und Magdala gefördert werden sollten, nachdem 1740 ein Einfuhrverbot für fremde Kohle erlassen worden war, blieben unbedeutend. Die 1732 in Gang gekommene Suche nach Salpeter, die man durch ein Ausfuhrverbot für Salpeter und ein Einfuhrverbot für ausländisches Pulver zu schützen versuchte, und zu deren Verarbeitungsstätte die Pulvermühle bei Weimar bestimmt war, brachte nicht das erhoffte Ergebnis. Auch die Nutzung der 1737 bei Apolda entdeckten Mineralquellen erwies sich nicht als zukunftsträchtiges Vorhaben. Wohl ließ Ernst August sie sogleich fassen und ein Badehaus bauen, plante er ein Lustschloß mit Park und sah er im Geiste schon ein Kurbad vom Range Aachens vor sich. Sein Interesse hielt aber nicht lange an, als die Bauarbeiten sich jahrelang hinschleppten, und was schließlich geschaffen war, wurde kaum drei Jahre nach seinem Tode niedergerissen, die Quellen verschüttet.

Besondere Mühe gab sich der Herzog mit der Glasherstellung. Es ging ihm dabei nicht nur um Gebrauchsglas, sondern auch um Spiegelglas und künstlerisch wertvolle Produkte, auch um Fayencen, und er zog dafür namhafte Künstler, auch von auswärts, heran. Die 1731 zu diesem Zweck bei Ilmenau errichtete landesherrliche Glashütte sollte diesem Zweck dienen. Dort wurden auch Versuche unternommen, um der Schonung der Wälder willen Steinkohle für die Glasherstellung zu verwenden; sie mußten aber bald aufgegeben werden, weil die Qualität des Glases darunter litt. Den Absatz der Hütte suchte Ernst August 1737 durch ein Einfuhrverbot für fremdes Glas und 1739 sogar durch die zwangsweise Verteilung ihrer Produktion auf die einzelnen Städte seines Landes zu fördern, beides Maßnahmen, die sich als Fehlschläge erwiesen. Auch die Beteiligung an einer Preisabsprache, zu der es angesichts der ungünstigen Lage, in der sich damals der thüringische Glashandel befand, unter den thüringischen Glasproduzenten gekommen war, vermochte nicht zu verhindern, daß die Ilmenauer Hütte ihren Betrieb nur mit Unterbrechungen aufrechterhalten konnte und um 1748 einging.

Es entsprach den merkantilistischen Anschauungen der Zeit, daß Ernst August auch durch Handel Geld ins Land zu ziehen suchte. Eine von ihm 1733 gegründete Polizei- und Kommerziengazette, die dazu beitragen sollte, konnte sich jedoch nicht lange halten. Auch eine von ihm 1734 gegründete Zeitung „Weimarer Nachrichten" ging nach wenigen Monaten ein; sie war immerhin der erste Versuch, im weimarischen Lande ein solches Publikationsorgan zu schaffen. Der Salzhandel blieb in der von seinem Onkel Wilhelm Ernst geschaffenen Form eines landesherrlichen Salzmonopols weiter bestehen. Auf die Einrichtung eines eigenen Salzwerks, auf das das Monopol übertragen werden konnte, wurde jedoch verzichtet, als sich die von Reinbaben 1738 dafür vorgeschlagene Salzquelle bei Wickerstedt in der Nähe von Sulza als ungeeignet erwies; erst nach dem Anfall des eisenachischen Landes ließ sich der Plan verwirklichen. Den freien Handel zu fördern und dabei die Wirtschaft des Landes vor übermächtiger auswärtiger Konkurrenz zu schützen, erwies sich als äußerst schwierig. Als sich die Weimarer Kramerinnung durch die Konkurrenz von Juden bedrängt fühlte, verbot Ernst August 1728 allen Juden den Handel mit Waren, die auch bei den einheimischen Händlern zu haben waren; 1735 dekretierte er, daß jeder Jude für jeden Tag, den er im weimarischen Lande Handel treibe, einen Taler zu zahlen habe, 1740 wurde der Aufenthalt je Nacht für jeden handeltreibenden Juden auf 2 Taler erhöht und außerdem die Ausweisung von Juden angeordnet, die ohne Pässe angetroffen wurden. Vor allem den Kornwucher der sogenannten Kornjuden suchte der Herzog zu unterbinden. 1729 untersagte er den Aufkauf von Getreide durch fremde Händler in seinem Lande, ließ ihn aber wenig später, wenn auch mit Einschränkungen, wieder zu, nachdem die Landstände den Einwand erhoben hatten, daß von der Behinderung des freien Handels für das Land mehr Schaden als Nutzen zu erwarten sei. Eine schlechte Ernte veranlaßte ihn aber bereits im Jahr darauf zu einem neuen Getreideausfuhrverbot und 1736 ergriff er die gleiche Maßnahme, um sie auf Drängen der Landstände 1737 wieder aufzuheben. Er erkannte damals deren erneut vorgebrachten Einwand als grundsätzlich richtig an, meinte aber, daß man dabei sehr abhängig sei vom Verhalten der Nachbarterritorien. Des bescheidenen Spielraums, dem sein kleines Land einer eigenständigen Wirtschaftspolitik bot, war er sich also durchaus bewußt.

Die Entscheidung über Freigabe oder Unterbindung des Getreidehandels über die Landesgrenzen hinweg war, wie schon erwähnt, vor allem bestimmt von der Sorge um die ausreichende Ernährung der Bevölkerung, für die nach wie vor die Landwirtschaft die wesentliche Grundlage bot. In diesem Zusammenhang sind auch die Bemühungen Ernst Augusts um die Erhaltung eines leistungsfähigen Bauernstandes zu sehen. Eine 1729 erlassene Verordnung gegen die Zersplitterung von Bauerngütern, die eine einige Jahre zuvor von Herzog Wilhelm Ernst erlassene Verfügung wiederholte und diese dadurch ergänzte, daß sie die Belastung von Bauerngütern mit Schulden verbot, die über die Hälfte des Gutswertes hinausgingen, sollte, wenngleich sie sich 1730 und 1740 einige Einschränkungen gefallen lassen mußte, diesem Zweck ebenso dienen wie seine Versuche in den Jahren 1731 und 1736, durch entsprechende Verordnungen den Aufkauf von Bauerngütern durch Adelige, Beamte, Geistliche, Advokaten, Lehrer, Mitglieder von städtischen Ratskollegien und Fremde zu verhindern; 1739 folgte noch das Verbot für Beamte, in ihren Gerichtsbezirken Immobilien zu erwerben. Ein 1741 dekretiertes allgemeines Verbot des Verkaufs von Gütern, die sich in weiblichem Besitz befanden, mußte zwar bald gelockert werden; daß dies 1742 mit der Bedingung einer Abgabe von 16 % des Wertes verknüpft wurde, blieb aber Erschwerung genug. Vom wirtschaftlichen Nutzen von Rittergutsbesitz in Adelshand ist Ernst August offenbar, vielleicht wegen mancher Konkurse, die in diesem Bereich damals vorkamen, nicht besonders überzeugt gewesen. Denn sonst hätte er nicht in dem Umfang Rittergüter aufgekauft, wie dies geschehen ist. Die Rittergüter Beulbar, Buttelstedt, Heichelheim, Mellingen, Oßmannstedt, Rohrbach und angeblich noch sieben weitere gingen durch Kauf in seinen Besitz über. Zudem befahl er 1739 allen adeligen Gutseigentümern, die sich außerhalb des Landes aufhielten, binnen eines Vierteljahres heimzukehren, und drohte im Weigerungsfalle mit der Sperrung der Einnahmen aus ihren Gütern; die Annahme fremder Dienste bedrohte er mit Lehnsverlust. Diese offensichtlich übertriebenen Maßnahmen wollten wohl den Untertanenstatus auch des landständischen Adels gegenüber dem Landesherrn betonen. In vernünftigem Rahmen hingegen hielten sich des Herzogs Bemühungen um den Anbau neuer landwirtschaftlicher Produkte wie Tabak, Esparsette, Klee und Hopfen und den verstärkten Anbau von Gemüse und anderer Gartenprodukte, die Anschaffung von Schweizer Rindvieh, von Schafen und Pferden. Zuweilen spielten dabei die militärischen Liebhabereien mit, so vor allem bei der Pferdezucht, aber auch bei der Vermehrung des Gemüseanbaus, der nach seinen Wünschen auch den einquartierten Soldaten zugutekommen sollte. An die Förderung der Fischzucht hat er ebenfalls gedacht. Er meinte dies durch die Erhebung einer Sondersteuer zwecks Herrichtung von Fischteichen zu erreichen, doch ist daraus wohl nichts geworden. Auch der Bierbrauerei widmete er seine Aufmerksamkeit. Zur 1729 geplanten Anstellung eines Brauinspektors, der Güte und Preis des Bieres im ganzen Land überwachen sollte, kam es allerdings nicht. Vielmehr wurde dies dem Landschaftskollegium übertragen, das 1733 Anordnungen erließ, die den Zweck verfolgten, das Bier schmackhafter und gesünder zu machen. Auch spätere Verfügungen des Herzogs dienten diesem Zweck, wobei die obligaten Strafandrohungen nicht fehlten.

Der drohende Holzmangel, eine Folge des vor allem wegen des großen Holzbedarfs für den Hausbrand und die Glashütten in den Wäldern betriebenen Raubbaus, hatte Ernst August bereits in den ersten Regierungsjahren bewogen, Maßnahmen für eine Verbesserung der Forstwirtschaft zu ergreifen. Nach dem Muster einer 1729 für die Bürgeler Waldungen bestimmten Forstordnung erließ er 1733 ein für das gesamte Land geltendes Jagd- und Forstedikt, daß wichtige Bestimmungen zur Schonung der Wälder enthielt, so die Regelung des Holzschlags in Privatwäldern, die Beschränkung der Holzleseerlaubnis auf die wirklich Armen, die Einführung von holzsparenden neuen Öfen statt der großen Stubenöfen mit hohem Holzbedarf und die Bestrafung von Baumfrevlern; schon 1731 war jedes willkürliche Holzfällen untersagt und bestimmt worden, daß private Holzgrundstücke nur an die Landesherrschaft verkauft werden sollten. Ein zum Schutz der Waldtiere 1738 erlassenes Mandat verbot die Anwesenheit fremder reisender Jäger im Land für länger als eine Nacht. Außerdem wurden die weitergeltenden älteren Jagdordnungen durch höhere Strafmaße verschärft. Seit 1736 war das gesamte Forst- und Jagdwesen der Aufsicht des zu diesem Zweck damals neu geschaffenen Forstamtes unterstellt.

Zahlreiche der eben unter wirtschaftspolitischem Blickwinkel erwähnten amtlichen Verlautbarungen gehörten, wenigstens in Teilen, in den weiteren Rahmen ordnungspolizeilicher Maßnahmen, die in Ernst Augusts Regierungstätigkeit eine große Rolle spielten. In ihnen spiegelt sich am deutlichsten der autokratische Regierungsstil wider, der auch Eingriffe in private

Bereiche der Untertanen für etwas Selbstverständliches hielt, und zwar nicht mehr als Ausfluß patriarchalischen Wohlwollens, wie in den Zeiten zuvor, sondern als ein Recht des absolut regierenden Landesherrn. Daß Ernst August die Entgegennahme von Bittschriften aus der Bevölkerung als belastende Pflichtübung betrachtete und sie nach Möglichkeit einschränkte, ab 1741 ihre Entgegennahme überhaupt ablehnte, zeigt, wie weit er sich von dem Regierungsstil seiner Vorgänger auf dem Fürstenthron entfernt hatte. In seiner ordnungspolitischen Tätigkeit ging es allerdings nicht um neue umfassende Ordnungen. Zu einer von den Landständen angeregten Erneuerung der 1727 von Wilhelm Ernst erlassenen Polizeiordnung kam es ebensowenig wie zu einer neuen Landesordnung nach gothaischem Vorbild, die sie ebenfalls anstrebten. Es blieb bei einer Vielzahl von Einzelerlassen. Sie galten der Bekämpfung des überhandnehmenden „Gesindels", dem man mit der Wiedereinführung einer Meldepflicht für Gastwirte und mit Polizeistreifen zu begegnen suchte; bettelnde Handwerksburschen und einheimische Mädchen, die der gewerbsmäßigen Unzucht nachgingen, wurden mit Zuchthaus bedroht, fremde Mädchen gleichen Typs mit der Ausweisung, nach deren Abschaffung ebenfalls mit Zuchthaus. Die Durchführung dieser Erlasse machte allerdings Schwierigkeiten, da die dazu erforderliche Zahl von Polizeiaufsehern stets unzureichend blieb. Die Zahl der Insassen des Weimarer Zuchthauses nahm aber sprunghaft zu, zumal man dort auch Geisteskranke unterbrachte. Um die Kosten der Zuchthausverwaltung möglichst niedrig zu halten, erstrebte der Herzog eine Selbstversorgung der Anstalt und suchte sie dadurch zu erreichen, daß er die Insassen zum Holzspalten und Wollespinnen anhalten ließ; 1731 glaubte man dem Ziele nahe zu sein, nachdem man mit einem Leipziger Kaufmann wegen des Vertriebs der Ware und der Beschaffung von Rohmaterial verhandelt hatte. Wenn es auch vorkam, daß Insassen, die zu einem Jahr verurteilt waren, noch nach vier Jahren dort saßen, und manch erfolgreicher Fluchtversuch unternommen worden war, so daß der Herzog den Gedanken erwog, „boshafte Züchtlinge" in aller Stille köpfen zu lassen, um sie an einer Flucht zu hindern, so muß sich die Anstalt doch eines guten Rufes erfreut haben, denn sonst hätten die kurmainzischen Behörden in Erfurt sie wohl kaum als Vorbild für ein eigenes „Zucht- und Tollhaus" ausersehen.

Ernst August begnügte sich allerdings nicht mit rein ordnungspolizeilichen Verfügungen, sondern bemühte sich gleichzeitig um die Verbesserung der Armenpflege, indem er eine entsprechende Meldepflicht für Geistliche anordnete und ältere Erlasse über das Bettel- und Almosenwesen durch erneute Veröffentlichung einschärfen ließ.

Wie in früheren Zeiten war die Bekämpfung von Feuersgefahr auch jetzt Gegenstand obrigkeitlicher Verfügungen. Ihr diente ein 1732 erlassenes Verbot des Branntweinbrennens in Wohnhäusern und eine im gleichen Jahre erlassene Verordnung, mit deren Hilfe die Stroh- und Schindeldächer in den Städten und Vorstädten in einem bzw. anderthalb Jahren beseitigt werden sollten. Dies erwies sich bald als unmöglich, und auch die wiederholte Einschärfung der Verordnung und die Androhung hoher Geldstrafen nützte nichts; 1737 erklärten die Landstände sie schon deshalb für undurchführbar, weil die Mehrzahl dieser Häuser wegen ihrer leichten Bauweise andere Dächer nicht tragen und Neubauten ihren Eigentümern nicht zugemutet werden konnten. Ab 1739 wurde über eine neue Feuerordnung verhandelt; sie kam aber erst nach Ernst Augusts Tod zustande. Daß der Herzog Feuersbrünste allen Ernstes durch Hineinwerfen von hölzernen, mit bestimmten Zeichen versehenen „Feuer"-Tellern bekämpfen zu können meinte und gegen den Einspruch der Landstände sogar eine entsprechende Verordnung publizierte, war allerdings nur ein Zeichen dafür, daß er wie andere Menschen seiner Zeit dem Aberglauben nicht unzugänglich war.

Im Bereich des Medizinalwesens begnügte er sich damit, Maßnahmen gegen die Übervorteilung von Kranken durch Apotheker zu ergreifen (1734) und die Vorschriften über die Prüfung von Badern zu verschärfen (1738); im übrigen blieb es bei der Geltung älterer Ordnungen. Vor gewissen Mißbräuchen von Maß und Gewicht, deren sich manche Handwerker schuldig machten, suchte er deren Kunden zu schützen. 1735 wurden genaue Richtlinien für Müller erlassen, die sich auf den Schwund beim Mahlen, auf den zulässigen Lohn u. a. bezogen; zahlreiche Verstöße dagegen hatten Untersuchungsverfahren zur Folge, bei denen hohe Geld- und einige Arreststrafen verhängt wurden. Langandauernde Verhandlungen im Landschaftskollegium über die Verordnung gleichen Maßes und Gewichts bei Bäckern und Fleischern, die 1740 zu einer allgemeingültigen Regelung führten, zeigen, welche Schwierigkeiten hier noch bestanden; über die Wirksamkeit der Regelung ist allerdings nichts bekannt.

Der Erhaltung brauchbarer Straßen in den Städten diente eine 1731 erfolgte Einschärfung der in der Landesordnung von 1589 darüber enthaltenen Bestimmungen. Bereits im Jahre zuvor hatte eine Verfügung alle städtischen Hauseigentümer zur Pflasterung der vor ihren Häusern vorbeiführenden Gassen verpflichtet; daß sie im Jahre darauf erneuert werden mußte, deutet an, wie gering offenbar die Neigung der Betroffenen gewesen war, sich danach zu richten. Eine beachtliche Neuerung für die Residenzstadt Weimar bedeutete die von Ernst August 1733 angeregte Gründung eines Laterneninstituts, dem die Beleuchtung der Straßen der Stadt auf Kosten der Bürger obliegen sollte. Als es nach wenigen Jahren verschuldet war, mußte 1737 ein besonderes Reglement zur Geldbeschaffung eingeführt werden, das jedoch den baldigen Verfall des Unternehmens nicht verhindern konnte; der Gedanke blieb jedoch lebendig und hat sich wenige Jahrzehnte später zum Wohle der Stadt durchgesetzt.

An der Ausübung der Justiz fällt in der Regierungszeit Ernst Augusts vor allem die erhebliche Verschärfung der Strafen auf und die Willkür, mit der sie zuweilen verhängt wurden, meist vom Herzog selbst, und zwar sowohl bei Geld- wie bei Leibes- und Freiheitsstrafen; es handelt sich dabei um ein besonderes Kennzeichen autokratischer Regierungsformen überhaupt. Selbst Diebstähle im Wert von 8 Groschen wurden damals mit dem Tode bestraft. Abschaffen wollte er lediglich 1737 das Säcken und Ertränken von Kindesmörderinnen, ferner den Staupenschlag und die Landesverweisung; erstere sollte durch die Hinrichtung mit dem Schwert, die beiden anderen durch Zuchthausstrafe ersetzt werden. Mit besonderem Einsatz bemühte sich Ernst August um die Verbesserung des Prozeßrechts; vor allem für die Verkürzung der Prozeßdauer setzte er sich ein. Eine 1734 erlassene Verfügung, die diese auf ein Jahr beschränkte und bei Fristüberschreitung sowohl den damit befaßten Beamten wie auch die beteiligten Advokaten mit Strafe bedrohte, ist später mehrfach wieder eingeschärft worden. Um selbst einen Überblick über das Prozeßgeschehen im Lande zu bekommen, verlangte er von der Regierung mehrmals die Einreichung eines Verzeichnisses anhängiger Prozesse, und dies ist 1736 auch einmal geschehen. Eine dauerhafte Verbesserung des Prozeßwesens im Lande haben diese Bemühungen aber nicht gebracht.

In der Kirchen- und Schulpolitik Ernst Augusts war nur wenig vom Geiste des Pietismus zu spüren, als dessen Anhänger er sich, wie bereits berichtet, während der Regierungszeit seines Onkels Wilhelm Ernst gezeigt hatte. Zwar ernannte er nach seinem Regierungsantritt den seit 1720 in Weimar tätigen pietistischen Geistlichen Johann Gottlieb Hillinger zum Hofprediger; doch war es sicher kein Zufall, daß dieser bereits 1730 als Superintendent nach Saalfeld ging und etwa zur gleichen Zeit der durch sein offenes Bekenntnis zum Pietismus bekannte Oberkonsistorialrat Georg Friedrich Helmershausen Weimar verließ und schließlich Erfurt zum Aufenthaltsort wählte. Wohl spricht manches dafür, daß der Herzog auch jetzt noch pietistische Neigungen hatte, so wenn er 1741 das Oberkonsistorium rügte, weil es dem Weimarer Buchhändler Hoffmann verboten hatte, die Werke Jakob Böhmes neu aufzulegen. Andererseits aber widerstrebte es seinem stark ausgeprägten Autoritätsgefühl, wenn Beamte, wie es z. B. Helmershausen getan hatte (s. o. S. 284), das Recht für sich in Anspruch nahmen, über ihren Kirchenbesuch selbst zu entscheiden. Der von ihm 1738 erlassene Befehl, daß alle Hof- und Staatsbediensteten den Gottesdienst in der Schloßkirche, der damaligen Hofkirche, zu besuchen hätten, ist ebenso Zeugnis dafür wie die Betonung der Rechtgläubigkeit bei der Berufung von Pfarrern und die Ernennung des nicht zu den Pietistenfreunden zählenden

Berkaer Pfarrers Johann Georg Weber zum Generalsuperintendenten (1730). Auch sein 1742 dem Oberkonsistorium erteilter Befehl, für die Ausrottung von Pietisten und Herrnhutern zu sorgen, mochte diesem Motiv entsprungen sein, vielleicht aber auch nur der Abhängigkeit von Launen und jenem Mangel an Folgerichtigkeit, mit dem seine Regierungsarbeit belastet war. An die von pietistischer Seite geforderten Normen einer sittlichen Lebensführung hat er sich ohnehin nie gebunden gefühlt, weder vor noch nach seinem Regierungsantritt. Das schloß nicht aus, daß er auf sittliches Betragen von Untergebenen achtete und Verstöße dagegen nach seiner Weise ahndete. So erließ er eine Verordnung, die Mädchen, die sich von Hofbedienten oder Soldaten verführen ließen, mit harten Strafen bedrohte, und seinen Kammerjunker Johann Anton Friedrich von Göchhausen, den jüngsten Sohn des schon erwähnten Oberjägermeisters, zwang er 1741 zur Eheschließung mit der Weimarer Apothekerstochter Sophie Helene Jacobi, weil er sie verführt hatte. Daß er dies mit der Bemerkung tat: „Ein Edelmann ist kein Landesherr, sondern ein Untertan", und daran die für damalige Zeit „fortschrittliche" Begründung knüpfte, daß er einen Adeligen nicht höher schätze als einen Bürgerlichen, weil es nicht auf den Stand, sondern auf die „Conduite" ankomme, entbehrt nicht einer pikanten Note angesichts der Tatsache, daß er selbst etwa in den gleichen Jahren so manches Verhältnis mit Waschmädchen seines Hofes unterhielt, von denen er das eine oder andere, wenn es ein Kind von ihm erwartete, an einen Bediensteten verheiratete, unter dessen Namen das illegitime Fürstenkind dann das Licht der Welt erblickt hat. Andererseits nahm er sich auch das Recht, einem Hofbedienten oder Offizier die Heiratserlaubnis zu verweigern, wenn er das betreffende Mädchen einem anderen zugedacht hatte.

Zahlreich waren Ernst Augusts Erlasse, die die Ausbildung und Einstellung von Geistlichen und gottesdienstliche Angelegenheiten regeln wollten. Dem von seinem Onkel vor allem der guten Ausbildung von Geistlichen wegen gegründeten Weimarer Seminar ließ er viel Aufmerksamkeit angedeihen. Er wünschte, daß es vor allem von Landeskindern besucht würde. Um die Besetzung von Pfarrstellen kümmerte er sich zuweilen persönlich; er nahm für sich aber auch das Recht in Anspruch, Pfarrer abzusetzen, außerdem bedurften sie bei der Eheschließung seiner Zustimmung und mußten Versetzungen auf andere Posten auch dann annehmen, wenn sie sich dabei finanziell verschlechterten. Um die Überwachung ihres Lebenswandels und ihrer beruflichen Leistungen war er sehr bemüht. 1737 ordnete er zu diesem Zweck jeweils halbjährige Kirchenvisitationen durch den Generalsuperintendenten und einen Konsistorialassessor an. Im Umgang mit der Geistlichkeit bediente er sich allerdings, wenn ihm die Laune danach war, desselben hemdsärmeligen Tons, den er auch gegenüber Hof- und Staatsbediensteten anzuschlagen pflegte. Theologische Streitigkeiten waren ihm zuwider; wo sie ihm zu Ohren kamen, schritt er mit Strafen dagegen ein. Im gottesdienstlichen Bereich beschäftigte ihn vor allem die Gestaltung von Predigten, die nach seinem Willen allgemein verständlich und nicht zu lang sein sollten. Ein 1730 in diesem Sinne veröffentlichter Erlaß beschäftigte sich jedoch auch mit der Kirchenmusik und anderen gottesdienstlichen Einzelheiten; auf ihm fußten zahlreiche weite Verfügungen in den folgenden Jahren.

Unverkennbar war bei Ernst August die Bereitschaft, um des Glaubens willen vertriebene Protestanten tatkräftig zu unterstützen, wie er sie 1732 beim Durchzug der Salzburger Emigranten durch sein Land bewies, aber auch seine Neigung zu religiöser Toleranz, wenn auch der Anlaß dazu zuweilen nicht ohne andersgeartete Hintergedanken war. So gab er seine Zustimmung zur Abhaltung katholischen Gottesdienstes in Weimar 1734 wegen der zahlreichen Soldaten katholischer Konfession, die zu seinen Truppen gehörten, von denen aber manche den zuvor üblich gewesenen Gottesdienstbesuch im benachbarten Erfurt als Gelegenheit zur Desertion genutzt hatten. Die Reformierten hingegen hatten in Weimar damals bereits eine gewisse Tradition, weil die Frauen einzelner Herzöge reformierten Fürstenhäusern angehörten, unter ihnen Ernst Augusts Stiefmutter Charlotte Dorothea Sophie; auch Teile ihres Personals waren reformiert, und ihr eigener reformierter Hofgeistlicher bildete den konfessionellen Mittelpunkt einer Hofgemeinde, die da und dort auch über den engeren Hofbereich hinauswirkte. Nach dem Tode der Herzogin (1738) wurde der reformierte Gottesdienst in Weimar zwar wieder abgeschafft, auf Bitten der dort gebliebenen Reformierten aber schon 1740 wieder zugelassen. Auch der Taufe von Juden hatte Ernst August anfangs, wenn er auch die Juden als Händler so weit wie möglich von seinem Lande fernzuhalten suchte, wohlwollend gegenüber gestanden. In Dornburg ließ er 1741 sogar ein Proselytenhaus einrichten, dessen Leitung ein getaufter Jude, Christian Friedrich August, übernahm; er versprach sich davon auch wirtschaftliche Vorteile für die Stadt. Die Erfahrungen damit entsprachen aber wohl nicht den daran geknüpften Erwartungen; jedenfalls zeigte er sich später als ausgesprochener Gegner von Judentaufen.

Dem Schulwesen seines Landes wandte er seine besondere Anteilnahme zu, und so hatte er auch an der 1733 erlassenen neuen Schulordnung persönlichen Anteil. Sie verordnete einen allgemeinen Schulzwang und machte jede Berufsausbildung von der Vorlage eines Schulzeugnisses abhängig. Vom Weimarer Gymnasium verlangte sie eine erhebliche Erweiterung der Unterrichtsfächer; nicht nur die französische und italienische Sprache und die Musikpflege, sondern auch die Baukunst, Fechten, Reiten und Tanzen sollten zusätzlich in den Unterrichtsplan aufgenommen werden. Da aber die finanzielle und personelle Ausstattung des Gymnasiums nicht entsprechend verbessert wurde, ließen sich, wie sich schon 1734 herausstellte, die Forderungen nicht verwirklichen. Daß er sie dennoch durch eine im gleichen Jahre erlassene Verfügung binnen eines Vierteljahres durchzuführen verfügte, entsprach ebenso seinem Regierungsstil wie sein Verlangen, daß Weimarer Gymnasiasten, die die Universität besuchen wollten oder von dort zurückkehrten, sich ihm persönlich vorstellen sollten, obwohl er selbst sich häufig außerhalb Weimars aufhielt, und schließlich die hohen Geldstrafen, mit denen er einheimische Eltern bedrohte, die ihre Kinder auf Gymnasien außer Landes schickten; eine Verfügung von 1737 bedrohte Lehrer, die dies taten, sogar mit Zuchthaus. Daß eine Verfügung von 1741 Beamten, Gerichtsherren, Geistlichen und Lehrern dies erneut verbot, läßt darauf schließen, daß dies allen Strafbestimmungen zum Trotz doch geschehen war. Die leitenden Männer am Weimarer Gymnasium, Lorenz Reinhard (1700-1752) und Jakob Carpov (1699-1768, vgl. Bd. IV, S. 91 f.), beide Anhänger der rationalistischen Philosophie Christian Wolffs und anerkannte Theologen, hatten es mit dem Herzog nicht leicht, denn die Behandlung, die er ihnen angedeihen ließ, entsprach in keiner Weise ihren Leistungen. Reinhard, der 1727 aus Hildburghausen an das Gymnasium nach Weimar gekommen war und hier 1729 die Konrektorstelle Matthias Gesners übernahm, später außerdem Stiftsprediger und an der Erziehung des Erbprinzen Ernst August Constantin beteiligt wurde, fiel schließlich so in Ungnade, daß das Oberkonsistorium es für geraten hielt, ihn aus Weimar zu entfernen, indem sie ihm die Superintendentenstelle in Buttstädt übertrug. Jakob Carpov, aus Goslar stammend, Schüler des Gothaer Gymnasiums und Student in Halle und Jena, seit 1725 an der dortigen Universität tätig und vom Herzog gefördert, erhielt von diesem 1737 das Rektorat am Gymnasium übertragen. Als er aber, des Schuldienstes müde und durch stockende Gehaltszahlungen verärgert, Weimar verlassen und eine der zahlreichen auch von Universitäten an ihn ergangenen Berufungen annehmen wollte, verweigerte ihm Ernst August konsequent die Entlassung; so ist er schließlich auch nach des Herzogs Tod in Weimar geblieben.

Mit der Universität Jena lebte Ernst August in ständigem Streit, nachdem er 1729 von dem Universitätsgut Apolda, dem die Gerichtshoheit über die gleichnamige Stadt zustand, die Stellung einer Stadtkompanie verlangt und die Stadt mit Einquartierung belegt hatte. Die Universität erhob Widerspruch und beklagte sich in Gotha, Meiningen und Eisenach. Ernst August aber berief sich auf seine Landeshoheit und erklärte, die Universität sei lediglich ein Vasall und müsse in ihre Schranken gewiesen werden. 1731 ließ er außerdem den Gutspächter und Amtmann von Apolda, Christian Wislicenus, verhaften und dessen Akten und Gelder beschlagnahmen. Dies aber verhärtete den Widerstand der Universität und ihrer ernestinischen Miteigentümer, was den Herzog so erbitterte, daß er sich zu

Schikanen gegen einzelne Professoren, zur Verhaftung des Universitätssyndikus und sogar zu der Äußerung hinreißen ließ, er brauche keine Universität. Andererseits aber legte er größten Wert darauf, bei der Berufung neuer Professoren nicht übergangen zu werden. Das Apoldaer Gut behielt er und handelte dort so, als sei es sein Eigentum, vor allem nachdem in der Nähe Mineralquellen entdeckt worden waren. Weder durch Einwände der Landstände noch durch Verhandlungen mit den ernestinischen Vettern ließ er sich zum Einlenken bewegen. So kam es schließlich 1739 zu einem Prozeß vor dem Reichshofrat, der bereits 1740 zu seinen Ungunsten ausging. Ein Mandat Kaiser Karls VI. befahl ihm, alle seine Ansprüche auf Apolda aufzugeben, das Gut in seinen früheren Stand zu versetzen und die Universität und seine ernestinischen Vettern für alle Schäden und Unkosten zu entschädigen. Er verstand es jedoch, die Durchführung des Mandats über den Tod des Kaisers hinauszuzögern. Als nunmehr Gotha, Eisenach und Meiningen die Angelegenheit vor das Reichsvikariatsgericht des Kurfürsten von Sachsen brachten, kam ihm der Tod Herzog Wilhelm Heinrichs von Eisenach (1741) zu Hilfe, mit dem durch den Anfall des eisenachischen Territoriums er nunmehr auch Landesherr von Jena und der Universität wurde. Zur Beilegung des Streites und zur Wiedereinsetzung der Universität in ihre Apoldaer Rechte ist es daher erst nach seinem Tode gekommen.

Ernst Augusts geringschätzige Äußerung über die Universität Jena sagt allerdings lediglich etwas aus über seine mangelhafte Selbstbeherrschung und die autokratische Überheblichkeit, mit denen er zuweilen Regierungsgeschäfte erledigte, wenig indessen über seine kulturellen Neigungen. Sie gehörten aber nicht der Wissenschaft, es sei denn daß man seine alchemistischen Interessen diesem Bereich zuordnet, denen er mehr Raum gab, als es seinen Finanzen guttat, und von denen er auch nicht ließ, nachdem er sich von manchen dieser „Goldmacher" getäuscht sah und den einen und anderen ins Zuchthaus gesteckt hatte. Auch eine andere Schwäche teilte er mit anderen fürstlichen und sonstigen Zeitgenossen, die für seltene Pflanzen und fremde Tiere, mit denen er die Orangerie und Menagerie seines Schlosses Belvedere füllte, und für technische Spielereien und Erfindungen. Von seiner musikalischen Begabung ist schon die Rede gewesen. Sie entwickelte sich allerdings nach seinem Regierungsantritt sehr einseitig, wohl in Verbindung mit der Soldatenspielerei, zu einer von grotesken Anflügen nicht freien Bevorzugung der Trompeterkunst, während er die Hofkapelle vernachlässigte und schließlich 1735 auflöste. Nur den ihr ebenfalls angehörenden Organisten Johann Caspar Vogler (vgl. Bd. IV, S. 230), einen Schüler Johann Sebastian Bachs und ausgezeichneten Orgelspieler, behielt er, außer den Trompetern, in seinem Dienst. Er förderte ihn auch insofern, als er noch im gleichen Jahre dem Weimarer Rat den Befehl erteilte, ihn als Vizebürgermeister in das Ratskollegium aufzunehmen, zugleich ein Beispiel dafür, daß er auf die althergebrachten Selbstverwaltungsrechte seiner Residenzstadt ebenso wenig Rücksicht zu nehmen pflegte wie seine beiden Vorgänger auf dem Thron. Das Ratskollegium gehorchte; wenige Jahre später (1739) wurde Vogler sogar auf einen der beiden Bürgermeisterposten gewählt. Mit den musikalischen Neigungen des Herzogs hing auch seine Sorge für eine bessere Musikpflege in den Schulen zusammen, von der schon die Rede war. Zum Theaterspiel hingegen hatte er ein durchaus zwiespältiges Verhältnis; einerseits ließ er zuweilen „Hofkomödianten" in Weimar auftreten, andererseits verbot er das Theaterspielen in Jena, und wenn von Seiten der Landstände und der Kammerverwaltung seine Ausgabenpolitik beanstandet wurde, pflegte er mit dem Argument zu antworten, daß er, anders als viele seiner fürstlichen Zeitgenossen, kein Liebhaber von Opern, Komödien und Spielen sei, wobei letzteres sich aber wohl auf Glücksspiele bezog.

Verfallen war er aber der kostspieligsten Leidenschaft im künstlerischen Bereich, der Baukunst; sie nahm nach seinem Regierungsantritt Ausmaße an, die seine finanziellen Möglichkeiten bei weitem überstieg. Während noch an dem von seinem Onkel Wilhelm Ernst vorgenommenen Umbau des Weimarer Schloßturms und am Ausbau des Schlosses Belvedere gearbeitet wurde, beauftragte er seinen Oberlandbaumeister Johann Adolf Richter und den jungen, aus den Diensten Wilhelm Ernsts übernommenen Dresdener Baumeister Gottfried Heinrich Krohne, der zum künstlerisch bedeutendsten Architekten im Thüringen dieser Jahrzehnte heranreifte, mit der Ausführung zahlreicher neuer Projekte (vgl. Bd. VI, S. 66 ff.).

Am 26. Juli 1741 starb Herzog Wilhelm Heinrich von Sachsen-Eisenach im 50. Lebensjahr und ohne männliche Nachkommen. Alleiniger Erbe war Ernst August. Das 1672 geteilte weimar-eisenachische Territorium wurde damit wieder in einer Hand vereinigt (s. Karte IV); für Land und Leute war es allerdings kein Segen, daß es gerade die Hand Ernst Augusts war. Doch darüber ist später zu berichten.

Sachsen-Eisenach 1672-1741

Bei der Landesteilung von 1672 (s. o. S. 208) war Herzog Johann Georg, dem jüngeren Bruder Johann Ernsts II. von Weimar, der westliche Teil des weimarischen Territorium zugefallen; er bestand aus Amt und Stadt Eisenach, den an der mittleren Werra gelegenen Ämtern Creuzburg, Gerstungen, Hausbreitenbach und Crayenberg, den Rhön-Ämtern Kaltennordheim und Lichtenberg, ferner einem nördlich von Erfurt gelegenen Landstreifen um Ringleben, Schwansee und Markvippach, aus dem nunmehr das Amt Großrudestedt gebildet wurde, und Anteilen am Erfurter Geleit und der Hälfte des Georgenthaler Hofs in Erfurt.

Johann Georg I., 1634 in Weimar geboren, hatte die Universität Jena besucht und war nach Reisen nach Frankreich und den Niederlanden als 22jähriger in den Militärdienst des Kurfürsten Friedrich Wilhelm von Brandenburg getreten. Als Oberst hatte er am schwedisch-polnischen Krieg teilgenommen, 1659 war er zum Generalwachtmeister befördert worden. Mit der Reduzierung der brandenburgischen Armee nach dem Frieden von Oliva (1660) bekam er die Entlassung und kehrte nach Weimar zurück. 1661 vermählte er sich mit der acht Jahre älteren Tochter des verstorbenen Grafen Ernst von Sayn-Wittgenstein, Johannetta (1626-1701), der Witwe des Landgrafen Johann von Hessen-Braubach (1609-1651), eines jüngeren Bruders des Landgrafen Georg II. von Hessen-Darmstadt. Sie brachte ihm als Erbe die Grafschaft Sayn-Altenkirchen zu, die seitdem zum Territorium der Herzöge von Eisenach gehört hat. Seinen Wohnsitz nahm Johann Georg zunächst im dortigen Friedewald, verlegte ihn aber, als es nach dem Tode seines Vaters Wilhelm 1662 zu der bereits erwähnten Mutschierung (s. o. S. 200) kam, nach Marksuhl, wo er zur Verwaltung der ihm nach dem Mutschierungsvertrag zustehenden Hoheitsrechte eine Partikularbehörde einrichtete, deren Leitung dem Juristen Elias Heinrich Avemann (1608-1687) übertragen wurde.

Wie es die jüngeren Brüder des regierenden Herzogs Johann Ernst II., unter ihnen besonders Johann Georg, verstanden haben, ihre Herrschaftsrechte auszuweiten und schließlich, nach dem Erlöschen des altenburgischen Herzogshauses eine Landesteilung zu erreichen, darüber ist bereits berichtet worden. 1672 verlegte Johann Georg seine Residenz nach Eisenach.

Beim Aufbau der zentralen Verwaltungsorganisation für sein Land konnte er an die in Eisenach bereits vorhandenen Zentralbehörden anknüpfen, deren Leiter seit 1645 der Landesdirektor Zacharias Prüschenk von Lindenhofen war und der diese Stellung auch behalten hatte, als nach der Mutschierung von 1662 Herzog Adolf Wilhelm Eisenach zu seiner Residenz gemacht und hier eine eigene Partikularbehörde eingerichtet hatte. Bezeichnend für die guten Beziehungen Adolf Wilhelms zu Prüschenk war es, daß die Leitung dieser Behörde dessen Sohn Christian Friedrich (1639-1679) übertragen erhielt. Auch nach Adolf Wilhelms frühem Tod (1668), als dessen unmündiger Sohn Wilhelm August (1668-1671) unter Johann Ernsts II. von Weimar Vormundschaft stand, hatte Zacharias Prüschenk sein Landesdirektorenamt fortgeführt. Erst mit der Übernahme der Regierung in Eisenach durch Johann Georg I. trat hier ein Wandel ein.

Johann Georg weitete die in Eisenach bestehende Zentralverwaltung, deren Gliederung in Regierung, Konsistorium und Kammer beibehalten wurde, nicht nur personell erheblich aus, sondern er besetzte auch den wichtigsten Posten neu, indem er den Burggrafen Georg Ludwig von Kirchberg nach Eisenach berief und ihm nicht nur die Leitung der nunmehr meist Rentkammer genannten Kammerbehörde übertrug, sondern auch den Vorsitz in allen drei Landeskollegien. Der Burggraf, 1626 in Farnroda bei Eisenach geboren, Eigentümer des dortigen Ritterguts und damit Mitglied der eisenachischen Landstände, war seit 1665 Geheimer Rat und Regierungs- und Kammerpräsident in Darmstadt gewesen, bevor er nach Eisenach kam. Durch seine 1673 geschlossene zweite Ehe mit der Gräfin Christine von Manderscheid, einer Nichte der Herzogin von Eisenach und Erbin der Grafschaft Sayn-Hachenburg, wurde er nicht nur ebenfalls Landesherr einer saynschen Grafschaft, sondern er kam zudem in eine Schwägerschaftsbeziehung zu seinem Landesherrn, die sein Vertrauensverhältnis zu diesem und seine Stellung im Lande noch verstärkte. 1677 verlieh ihm Johann Georg für seine Herrschaft Farnroda weitgehende kirchliche und wirtschaftliche Sonderrechte, die ihn auch im Eisenachischen über den Rang eines Grundherrn und Landstands beträchtlich hinaushoben und ihm eine Bedeutung verliehen, die von der eines Landesherrn nicht weit entfernt war. Als unstreitig einflußreichster Beamter im Fürstentum Eisenach hat er während der Regierungszeit Johann Georgs I., dem er wenige Monate im Tode vorausging, die Regierungsgeschäfte erheblich beeinflußt. Zacharias Prüschenk rückte nunmehr an die zweite Stelle der Beamtenhierarchie. Ihm übertrug der Herzog die Leitung von Regierung und Konsistorium mit dem Titel eines Regierungs- und Konsistorialpräsidenten. Er blieb jedoch nicht mehr lange im eisenachischen Dienst, sondern nahm bereits 1675 einen Ruf nach Weimar und Jena (s. u. S. 355) an. Sein Nachfoger in der Leitung von Regierung und Konsistorium wurde der inzwischen (1672) zum Hof- und Regierungsrat nach Eisenach berufene Elias Heinrich Avemann, der ab 1678 den Titel eines Geheimen Rats und Konsistorialpräsidenten führte. Zu den ihm unterstellten Beamten gehörte übrigens der damals schon über Thüringen hinaus bekannte bedeutendste thüringische Dramatiker der Barockzeit, Caspar Stieler (1632-1707), der 1666 von Johann Ernst II. von Weimar nach Eisenach berufen worden war, wo man ihm die Stelle eines Kammer-, Lehn- und Gerichtssekretärs übertragen hatte; er verließ Eisenach allerdings bereits 1676 und siedelte nach Jena über (vgl. Bd. IV, S. 363 f.).

Johann Georg I. hat die Regierungsgeschäfte nicht, wie sein Vater, aus den Landeskollegien heraus geleitet, sondern sich eine von diesen getrennte Regierungssphäre geschaffen, wie sie bereits bei anderen Reichsständen, z. B. Brandenburg, üblich geworden war. Früher als in anderen ernestinischen

Abb. 19: Herzogin Magdalene Sybille von Sachsen-Eisenach (1673–1726)

Abb. 18: Herzog Johann Wilhelm von Sachsen-Eisenach (1666–1729)

Abb. 20: Eisenach Schloß

Territorien entstand so in Eisenach eine Regierungsform, die als Kabinettsregierung in die Geschichte eingegangen ist; sie ist auch für alle späteren Eisenacher Herzöge charakteristisch gewesen. Mittelsmann zwischen dem Landesherrn und den Landeskollegien wurde der Geheimsekretär, ein Posten, den seit 1675 in Eisenach der aus Erfurt gebürtige Jurist Johann Jakob Schmidt (1641-1697) innehatte; sein steigender Einfluß zeigte sich auch in seiner Beförderung zum Hofrat (1677) und Geheimen Rat (1681).

Johann Georgs Regierungszeit war überschattet von den Reichskriegen gegen Frankreich und die Türken; seine Reichspolitik wurde davon geprägt. Sie vollzog sich, den schon oft erwähnten Vereinbarungen des Landesteilungsvertrags von 1672 gemäß, in enger Abstimmung mit seinen Brüdern, vor allem mit Johann Ernst II. von Weimar als dem Inhaber der direktorialen Rechte des Gesamthauses Weimar. Daß er dessen zunächst zögernde Haltung gegenüber einer gemeinsamen Politik der ernestinischen Häuser und Kursachsens durch sein Drängen überwinden half und auch in der Folgezeit gemeinsame Beschlüsse entscheidend beeinflußt hat, darüber wurde schon (s. o. S. 254) gesprochen. Johann Georg verband damit allerdings, anders als seine Brüder, und das mag sich aus seiner soldatischen Vergangenheit erklären, eigene militärische Ambitionen; er hoffte, an der kriegerischen Auseinandersetzung mit Frankreich in führender militärischer Stellung teilhaben zu können. Denn schon 1673 hatten ihm die Reichsstände den Posten eines Generalwachtmeisters der Reichsarmee anvertraut. Am 8. Juni 1674 wurde außerdem ein Vertrag abgeschlossen, in dem sich der Herzog verpflichtete, für Kaiser Leopold ein 1000 Mann starkes Regiment zu Fuß aufzustellen. Zum gleichen Datum erfolgte seine Ernennung zum kaiserlichen Feldmarschalleutnant.

Das Regiment wurde bereits im Oktober 1674 durch einen kaiserlichen Kommissar gemustert und gehörte 1675 und 1676 zu einem in Schlesien und Norddeutschland operierenden kaiserlichen Korps. Der 1674 ausbrechende Reichskrieg gegen Frankreich veranlaßte Johann Georg außerdem, in enger Zusammenarbeit mit seinen Brüdern zum Schutz ihrer Lande gegen französische Angriffe das Landesaufgebot neu zu organisieren. Die im südwestlichsten Teil seines Landes, dem Kriegsgebiet am nächsten gelegene Burg Lichtenburg über Ostheim vor der Rhön ließ er in Verteidigungszustand versetzen. Um eine seinem militärischen Rang entsprechende Verwendung im kaiserlichen Dienst bemühte er sich zunächst allerdings vergeblich. Erst 1677 wurde ihm das Kommando über ein Korps am Oberrhein übertragen, zu dem auch sein eigenes Regiment gehörte. Es sollte die offene linke Flanke einer unter dem Oberbefehl Herzog Karls V. von Lothringen stehenden kaiserlichen Armee decken, die von Straßburg nach Lothringen vorstieß und die dort operierenden französischen Verbände entscheidend schlagen sollte. Das Unternehmen mißlang jedoch. Johann Georgs Korps errang zwar im Breisgau und Elsaß zunächst einige Erfolge, wurde jedoch im Herbst 1677, nach einem unglücklichen Nachtgefecht, bei Straßburg von den Franzosen eingeschlossen und zur — wenn auch ehrenvollen — Kapitulation gezwungen. Nachdem danach der Rest seines Korps mit der Armee des Herzogs von Lothringen vereinigt worden war, verzichtete Johann Georg auf weiteren militärischen Einsatz. Aus gesundheitlichen Gründen, so hieß es, bat er den Kaiser im Oktober um seine Beurlaubung und kehrte nach Eisenach zurück. Das von ihm geworbene Regiment stand noch 1678 am Oberrhein; es wurde ihm nach dem im Jahre darauf erfolgten Friedensschluß von Nymwegen zurückgegeben und danach bis auf 50 Mann abgedankt.

Bei der Vertretung gemeinsamer ernestinischer Interessen bei Kaiser, Reichstag und Reichskreisen hatte Johann Georg in den ersten Regierungsjahren auf die Entsendung eigener Diplomaten verzichtet. Der Reichstagsgesandte Dreher vertrat in Regensburg seit 1672 auch die eisenachischen Belange und für die Agenten des weimarischen Gesamthauses beim Kaiser in Wien galt dasselbe. Auf den obersächsischen Kreistagen der Jahre 1673-1676 nahmen diese Aufgabe weimarische oder altenburgische Beauftragte mit wahr, auf den fränkischen Kreistagen gothaische oder coburgische. Als es aber im November 1676 um den Abschluß eines Bündnisses der Ernestiner mit Kaiser Leopold I. ging (s. o. S. 254), schickte Johann Georg seinen Geheimsekretär Johann Jakob Schmidt nach Wien, der sich dort bis zum Dezember 1678 aufgehalten hat, allerdings um zugleich über Angelegenheiten der Grafschaft Sayn-Altenkirchen und wohl auch über des Herzogs militärische Wünsche zu verhandeln. Nach 1679 entsandte Johann Georg auch zu obersächsischen Kreistagen eigene Vertreter. Maßgeblichen Einfluß nahm er auf die 1682 notwendig gewordene Neubesetzung des Reichstagsgesandten des weimarischen Gesamthauses in Regensburg. Daß seine Wahl, der seine Brüder zustimmten, auf Georg Philipp Fabricius, den darmstädtischen Kanzlerssohn fiel (s. o. S. 255), mag mit den guten Beziehungen zusammenhängen, die ihn und seinen Statthalter Grafen von Kirchberg von jeher mit dem darmstädtischen Hof verbanden.

Die nach dem Frieden von Nymwegen von der Sorge vor den dem Reich von Frankreich und den Türken drohenden Gefahren geprägte gemeinsame ernestinische Reichspolitik (s. o. S. 269) hat Johann Georg weitgehend mitbestimmt und -getragen. 1682 schloß er sich wie Friedrich I. von Gotha dem von Kaiser Leopold I. mit den fränkischen und oberrheinischen Reichsständen in Laxenburg bei Wien geschlossenen Bündnis zur Aufrechterhaltung der Reichsverfassung und der Westfälischen und Nymwegener Friedensschlüsse an, 1683 auch dem 1681 im Haag zum gleichen Zweck zustandegekommenen Bündnis zwischen dem Kaiser, Schweden und den Niederländischen Generalstaaten. Dem von Johann Ernst II. von Weimar 1682 mit Kurfürst Johann Georg III. von Sachsen geschlossenen Bündnisvertrag hingegen trat er nicht bei, sondern er beließ es, wie Friedrich I. von Gotha bei einer 1684 vereinbarten allgemeinen Versicherung, sich gegenseitig bei Gefahr helfen zu wollen. Wie alle anderen Ernestiner stimmte er dem 1686 vom Kaiser mit Spanien, Schweden und zahlreichen süddeutschen Reichsständen vereinbarten Bündnis zur Abwehr französischer Übergriffe auf Reichsgebiet zu und sandte zu den Abschlußverhandlungen wieder Schmidt nach Augsburg, der dort zugleich die Interessen Johann Ernsts II. von Weimar vertrat. An eigene aktive Teilnahme am Kriegsgeschehen dachte er in diesen Jahren nicht mehr. Er wurde dennoch davon schwer getroffen, als sein ältester Sohn Friedrich August, der, eben erst 20jährig, im November 1683 in den Dienst Kurfürst Max Emanuels von Bayern getreten und Oberst eines Dragonerregiments geworden war, im August 1684 bei der Belagerung von Ofen schwer verwundet wurde und Anfang September in Preßburg starb.

Mit dem Tode Herzog Johann Ernsts II. von Weimar (1683) war die Führung der laut Teilungsvertrag von 1672 gemeinschaftlich gebliebenen Regierungsgeschäfte auf Johann Georg I. übergegangen. Sie hatten allerdings angesichts der zunehmenden Verselbständigung der 1672 entstandenen Territorien sehr an Bedeutung verloren, und daraus dürfte es sich erklären, daß Johann Georg darauf verzichtete, zu ihrer Wahrnehmung ein dem gemeinschaftlichen Geheimratskollegium seines verstorbenen Bruders entsprechendes Verwaltungsorgan zu schaffen. Er begnügte sich mit der Einrichtung einer speziellen Kanzlei, ließ im übrigen aber die damit zusammenhängenden Angelegenheiten von seinem Regierungskollegium mit erledigen. Daß ihm zugleich das Seniorat im ernestinischen Gesamthaus zufiel, hatte zwar im wesentlichen nur repräsentative Bedeutung, brachte ihm aber neben dem Vorsitz bei gemeinsamen Beratungen immerhin die Nutzung des kleinen Senioratsamts Oldisleben ein.

Bedeutungsvoller war es, daß auch die Vormundschaft über den minderjährigen Herzog Johann Wilhelm von Sachsen-Jena auf ihn überging und damit die Herrschaft in dessen Territorium. Für den Fall, daß dieser früh sterben und dadurch das jenaische Fürstenhaus erlöschen würde, hatte er mit Johann Ernst II., wie bereits erwähnt (s. o. S. 252), 1683 einen Erbvertrag abgeschlossen, der die Besitznachfolge im Fürstentum Jena regelte. Dieser Vertrag wurde 1685 von ihm, seinen Söhnen Johann Georg II. und Johann Wilhelm und von Johann Ernsts II. Söhnen Wilhelm Ernst und Johann Ernst III. noch einmal bestätigt.

Johann Georgs reichspolitische Aktivitäten, vor allem die militärischen, verursachten einen erheblichen Geldbedarf, der sich in einer verstärkten

Besteuerung der Bevölkerung seines Landes geltend machte. So stieg die Zahl der erhobenen Extraordinarsteuern von 3 1/2 im Jahre 1676 auf 10 im Jahre 1686. Zur gleichen Zeit bemühte sich der Herzog um eine Verbesserung des Steuerwesens, von der er sich wohl auch höhere Erträge versprach. In der Stadt Eisenach führte sie 1680 zur Neuvermessung des Grundbesitzes und zur Anlegung eines Flurbuchs. Die Klagen über ungerechte Besteuerung verstummten aber auch jetzt nicht. Weitere Einnahmen beschaffte er sich durch die 1678 verfügte Herabsetzung der der Stadt Eisenach für die Steuereinziehung zustehenden Kollekturgebühren und deren 1679 verordnete Bindung an die Höhe der Steuereinnahmen, ferner durch die Nutzung der städtischen Kreditkasse, von der später noch die Rede sein wird, für die Zwecke der landesherrlichen Rentkammer. Deren Einkünfte erhöhten sich von 1675 63 000 Gulden auf 97 000 im Jahre 1680. Die Erhebung einer Biersteuer, höhere Einnahmen mit Hilfe einer 1681 erlassenen neuen Tranksteuerordnung und schließlich die Verbesserung der Geleitseinnahmen brachten weitere zusätzliche Erträge. Dennoch gelang es dem Herzog nicht, seine Ausgaben aus seinen Einkünften zu decken; bereits unter ihm nahm die unter seinen Nachfolgern immer weiter ausufernde Verschuldung des Landes ihren Anfang.

Da das Recht der Bewilligung von Extraordinarsteuern nach wie vor den Landständen zustand, war Johann Georg um ein gutes Verhältnis zu ihnen bemüht. Dazu gehörte die regelmäßige Einberufung von Landtagen. Daß sein Statthalter Burggraf von Kirchberg selbst Landstand war, mag ihm dabei vor allem dann von Nutzen gewesen sein, wenn es um das Verhältnis zum Landadel ging. Dies hinderte ihn allerdings nicht an Eingriffen in überkommene ständische Rechte, wo ihm dies geboten schien. Vor allem die Ratsverfassung seiner Residenzstadt wurde davon betroffen. Hier zeigte sich eine auffallende Parallelität mit seinem Weimarer Bruder Johann Ernst II., wenn auch beider Maßnahmen im einzelnen recht verschieden ausfielen. 1679 setzte Johann Georg eine aus landesherrlichen Beamten bestehende Kommission zur Überprüfung der Eisenacher Stadtverwaltung und Stadtwirtschaft ein, deren Tätigkeit 1683 tiefgreifende Veränderungen in der Ratsverfassung nach sich zog. Die Zahl der Ratsmitglieder wurde von 16 auf 12 herabgesetzt, und an die Stelle der sich bisher in der Führung der Ratsgeschäfte abwechselnden zwei Ratsmittel zu je 8 Personen trat ein dreifacher Turnus von je 4 Personen. Eingriffe in die Ratswahlen, wie sie in Weimar vorkamen, erlaubte sich Johann Georg allerdings nicht. Hingegen verhinderte er die vom Ratskollegium beabsichtigte Auflösung der von Herzog Wilhelm von Weimar 1660 zwecks Tilgung der städtischen Schulden eingerichteten Kreditkasse, die aus finanziellen Beiträgen der Bürgerschaft gespeist wurde, ihre Aufgabe aber inzwischen erfüllt hatte. Sie bestand nunmehr weiter fort, diente aber nicht mehr dem bisherigen Zweck, sondern wurde seit 1679, gegen den Widerspruch des Ratskollegiums, mehr und mehr als willkommene Geldquelle für die landesherrliche Rentkammer benutzt.

Diesen Eingriffen des Landesherrn in überlieferte städtische Selbstverwaltungsrechte, sicheren Zeugen für die Ausbildung absoluter Fürstenherrschaft, standen allerdings die unübersehbaren Vorteile gegenüber, die der Stadt und ihren Bürgern aus der Anwesenheit des Fürstenhofs erwuchsen, vor allem in wirtschaftlicher Hinsicht. Sie bescherten der Bürgerschaft vermehrte Arbeits- und Verdienstmöglichkeiten, und die ab 1680 einsetzende Aufwärtsentwicklung städtischer Gewerbe, zumal des Textilhandwerks und -handels, stand damit in unmittelbarem Zusammenhang. Daß den Innungen bei der Regelung ihrer eigenen Angelegenheiten die herkömmliche Freiheit gelassen wurde, trug dazu ebenso bei wie die Unterstützung, die der Herzog weitschauenden Unternehmern gewährte, wie z. B. dem aus Langensalza nach Eisenach zugewanderten Kaufmann Justin Schmidt, der neben einem ausgedehnten Wollhandel die Einrichtung von Färbereien betrieb. Solch dem Innungszwang sich entziehendes Unternehmertum forderte freilich den Widerstand der Innungen heraus, die sich in ihren überkommenen Privilegien bedroht sahen, aber mit diesem Einwand beim Landesherrn kein Verständnis fanden. Dieser lehnte andererseits ein Gesuch von Eisenacher Kaufleuten um Befreiung von gewissen Geleitsabgaben 1682 schroff ab, denn mit seinen Handel und Gewerbe fördernden Maßnahmen wollte er keinesfalls die landesherrlichen Einnahmen geschmälert wissen, im Gegenteil. Der Förderung des Wirtschaftslebens der Residenzstadt sollten auch die Erneuerung der Vieh- und Pferdemärkte (1679) und die Einführung einer verbesserten Brauordnung (1680) dienen; der Niedergang des bis dahin blühenden Hopfenanbaus und -handels ließ sich durch ein 1685 erlassenes Patent zur Verbesserung der Hopfenproduktion allerdings nicht aufhalten. Von Nutzen für die ohnehin verkehrsgünstig gelegene Stadt waren die bereits 1673 einsetzenden Bemühungen Johann Georgs um eine Verbesserung des Wege- und Straßenwesens im Lande, seit 1682 vor allem der Land- und Heerstraßen. Wenn die Arbeiten daran auch unter unzureichenden Geldmitteln litten, die dafür aufgewendet wurden, so nahm in der Residenzstadt jedenfalls der Durchgangsverkehr seitdem ständig zu.

Um auch in ländlichen Gebieten Handel und Gewerbe zu fördern, wurden dort vereinzelt Jahrmärkte eingerichtet, so 1675 in Kieselbach im Amt Crayenberg. Dies änderte aber kaum etwas daran, daß Land- und Forstwirtschaft nach wie vor die wichtigste Ernährungsgrundlage für die Landbevölkerung bildeten. Über gesetzgeberische Aktivitäten in diesem Bereich verlautet allerdings nichts. Hier genügte offenbar, wie auch im weimarischen Lande, die Beachtung der aus der Regierungszeit Wilhelms von Weimar fortwirkenden gesetzlichen Maßnahmen. Die auch von Johann Georg unterstützten, 1682 von zahlreichen Reichsständen unternommenen Versuche, die heimische Landwirtschaft vor schädigenden Einfuhren billigen Getreides aus Polen und Rußland (s. o. S. 258) zu schützen, blieben bekanntlich wirkungslos.

Die Verwirklichung des von allen Ernestinern 1680 gefaßten Beschlusses, den gemeinschaftlichen Ilmenauer Bergbau wieder in Gang zu setzen, hat Johann Georg nicht mehr erlebt, auch nicht die Ergebnisse seiner Bemühungen um die Ausbeutung von heimischen Silber- und Kupfervorkommen bei Farnroda, um die Wiederingangsetzung eingegangener Bergwerke bei Eckardtshausen, Kupferstuhl und Unkeroda südlich von Eisenach, für die er 1686 zwei Unternehmern die Erlaubnis erteilte, und um die Wiedereröffnung des Kupfer- und Silberbergwerks von Stedtfeld nordwestlich Eisenach im gleichen Jahre.

Die Rechtsverhältnisse im Lande blieben während seiner Regierungszeit im wesentlichen bestimmt von den von den Herzögen Wilhelm und Johann Ernst II. von Weimar erlassenen Gesetzen und Verordnungen. Die 1675 und 1678 in Weimar ausgearbeiteten Entwürfe für eine neue Landesordnung und eine neue Prozeß- und Gerichtsordnung, die nach den Absichten ihrer Schöpfer auch im eisenachischen Territorium Geltung erlangen sollten, kamen wegen spezieller Wünsche, die Johann Georg geltend machte, nicht voran und blieben schließlich liegen (s. o. S. 253), ohne daß der Herzog für sein Land entsprechende eigene gesetzliche Grundlagen schuf. Die von ihm 1678 erlassene Polizeiordnung, die sich im wesentlichen gegen den Luxus bei Familienfesten wandte, war nichts anderes als eine Neufassung älterer Verlautbarungen. Dasselbe gilt für die 1676 publizierte Bettler- und Almosenordnung, die das Betteln verbot und Hilfsbedürftige an die bereits von früher her bestehenden Almosenkassen verwies. Wenn dabei auch „derer von fremden Orten anlangenden und durchreisenden Exulanten, Brandgeschädigten ... wie nicht weniger derer, so ... zu Rantzionierung derer bey dem Türcken und sonsten unschuldig Gefangener ... (um) eine christliche Beysteuer bitten ...", gedacht wird, so erinnert das an die unzähligen Opfer von Kriegen und Intoleranz, die damals auch über Thüringens Straßen zogen. Das Auftreten der Pest im Lande machte 1682 den Erlaß eines Pestpatents nötig, in dem die von altersher üblichen Vorsorgemaßnahmen eingeschärft wurden.

Auch im Kirchen- und Schulwesen blieb alles beim alten. Die gemäßigt lutherische Orthodoxie, der Johann Ernst II. von Weimar anhing (s. o. S. 257), entsprach auch den Anschauungen Johann Georgs, wie sein Verhalten gegenüber den an der Universität Jena lehrenden Theologen während des Synkretismusstreits bezeugt. Seine Fürsorge für das kirchliche

Leben erschöpfte sich in Kleinigkeiten, wie z. B. dem Verbot, an Sonn- und Feiertagen Hopfen zu pflücken, in einzelnen Legaten, mit denen er in seinem Testament die Kirchen in Eisenach, Creuzburg und Marksuhl bedachte, und in einer Schenkung an den von seinem Vater Wilhelm 1655 geschaffenen Pfarrwitwenfiskus. Seinen Plan, auf dem neuen Eisenacher Friedhof eine Kirche zu bauen, konnte erst sein Nachfolger in die Tat umsetzen.

Trotz steigender Schuldenlast war Johann Georg nicht bereit, der strengen Sparsamkeit nachzueifern, mit der sein Weimarer Bruder das Leben an seinem Hof einschränkte (s. o. S. 201). Sein Aufwand dafür hielt sich allerdings in Grenzen. So erlebte das aus dem 16. Jahrhundert stammende Eisenacher Schloß als Sitz des jungen Fürstenhofs damals nur bescheidene Umbauten und beschränkte sich die sonstige höfisch geprägte Bautätigkeit in und um Eisenach auf den Bau einer Fasanerie nördlich der Stadt im Jahre 1685. Bemerkenswerter war es, daß der Herzog 1677 eine Hofkapelle schuf. Dadurch erhielt das seit langem rege städtische Musikleben in Eisenach, das damals durch den seit 1665 dort tätigen bedeutenden Organisten Johann Christoph Bach (1642-1703) geprägt und durch den 1671 von Erfurt nach Eisenach gekommenen Stadtpfeifer Johann Ambrosius Bach (1654-1695), den Vater (vgl. Bd. IV, S. 211) des 1685 in Eisenach geborenen berühmten Johann Sebastian Bach, mitgetragen wurde, eine höfische Komponente, die in der Folgezeit für das kulturelle Leben bei Hofe von Bedeutung werden sollte. Johann Ambrosius Bach wirkte in der Hofkapelle zeitweilig ebenso mit wie der 1677 als Organist nach Eisenach berufene bedeutende Orgelspieler und Komponist Johann Pachelbel, der allerdings bereits 1678 einem Ruf nach Erfurt folgte. Daß Herzog Johann Georg selbst mit Pachelbel musizierte, zeugt dafür, daß er Musik nicht nur liebte, sondern auch selbst ausübte. Stärker noch freilich fesselte den passionierten Soldaten die Jagd, der er in den weiten Wäldern um Eisenach huldigte. Während eines solchen Jagdvergnügens ereilte ihn in der Nähe seines um 1670 erbauten Jagdhauses Prunftau, dort wo sein jüngster Sohn Johann Wilhelm später das Schloß Wilhelmsthal errichten ließ, am 19. September 1686 der Tod.

Aus Johann Georgs Ehe gingen 8 Kinder hervor, von denen 3 im Kindesalter starben und der zweite Sohn Friedrich August, wie schon erwähnt, ein Opfer des Türkenkriegs wurde. Den Vater überlebten die beiden Söhne Johann Georg II. und Johann Wilhelm und zwei Töchter, von denen die ältere, Eleonore Erdmuthe Luise (1662-1696), den Markgrafen Johann Friedrich von Brandenburg-Ansbach (1654-1686) und in zweiter Ehe 1692 den Kurfürsten Johann Georg IV. von Sachsen (1668-1694) heiratete, die jüngere, Friederike Elisabeth (1669-1730) 1698 den Herzog Johann Georg von

Sachsen-Weißenfels (1677-1712). Um einer Aufteilung seines Landes ebenso vorzubeugen wie den Unzuträglichkeiten einer gemeinsamen Regierung mehrerer Regenten, wie er sie aus eigenem Erleben kannte, hatte Johann Georg, nachdem Verhandlungen mit seinen weimarischen Neffen Wilhelm Ernst und Johann Ernst III. über eine entsprechende, für das Gesamthaus Weimar gültige Regelung gescheitert waren (s. o. S. 292 f.), in seinem am 30. November 1685 errichteten Testament die Einführung des Erstgeburtsrechts im Eisenacher Fürstenhaus verfügt. In einer bereits 1684 in diesem Sinne von ihm getroffenen Entscheidung war zunächst dem älteren Sohn Friedrich August die Regierungsnachfolge zugesprochen worden, und die jüngeren Söhne hatten dem zugestimmt. Nach dem Soldatentod Friedrich Augusts fiel das Nachfolgerecht im Fürstentum Eisenach an Johann Georg II.; Johann Wilhelm wurde mit der Grafschaft Sayn-Altenkirchen und einem jährlichen Deputat abgefunden. Beide hatten sich am 14. April 1686 damit schriftlich einverstanden erklärt. Dennoch focht Johann Wilhelm, der bei der Eröffnung des Testaments im September 1686 auf Reisen gewesen war, dessen Gültigkeit an und holte entsprechende Gutachten ein. Er konnte sich allerdings damit nicht durchsetzen, da Kaiser Leopold I. dem Testament 1688 Rechtskraft verlieh.

Johann Georg II., von schwacher Gesundheit und deshalb als einziger der Eisenacher Herzöge ohne militärische Ausbildung und Funktionen, war 1665 in Friedewald geboren und hatte mit seinem Bruder Johann Wilhelm 1681 eine zweijährige Bildungsreise nach Frankreich und den Niederlanden unternommen. Zwei Jahre nach seiner Thronbesteigung heiratete er die jüngste Tochter des Herzogs Eberhard III. von Württemberg, Sophie Charlotte (1671-1717). In der Art und Weise der Führung der Regierungsgeschäfte folgte er dem Beispiel des Vaters; wie dieser regierte er aus dem Kabinett. Dabei nahm der inzwischen zum Geheimen Rat aufgestiegene Jurist Johann Jakob Schmidt weiterhin die Aufgaben eines Geheimsekretärs wahr. Auch an der Spitze der Landeskollegien gab es zunächst keine personellen Veränderungen, nachdem dort nach dem Tode des Burggrafen Georg Ludwig von Kirchberg im Juli 1686, noch bei Lebzeiten Johann Georgs I., der betagte Geheime Rat und Regierungs- und Konsistorialpräsident Elias Heinrich Avemann die führende Persönlichkeit geworden war. Der Posten des Kammerpräsidenten wurde nicht wieder besetzt, sondern mit der Führung der Kammergeschäfte seit 1687 einer der Kammerräte betraut; erst gegen Ende seiner Regierungszeit, 1698, kam es wieder zur Berufung eines Kammerpräsidenten, der aber schon im Jahre darauf wieder abdankte. Das Regierungskollegium gewann dadurch, zumal mit seiner Führung auch die Leitung des Oberkonsistoriums verbunden blieb, ein erhebliches Übergewicht über die anderen Landeskollegien und entwickelte sich zum alleinführenden Organ der Zentralverwaltung. Daraus mag sich erklären, daß es als Ganzes bzw. ein im wesentlichen aus seinen Mitgliedern zusammengesetzter Ausschuß für Angelegenheiten des Fürstenhauses und des Auswärtigen zeitweilig den Namen eines Geheimen Ratskollegiums geführt hat, ohne allerdings nach Zusammensetzung und Stellung im Staatswesen den gleichnamigen Gremien in anderen ernestinischen Staaten, etwa in Gotha, zu entsprechen.

Nach dem Tode Avemanns, der 1687 78jährig starb, haben die Personen in der Leitung der Regierung während der kurzen Regierungszeit Johann Georgs II. mehrfach gewechselt. Von 1688 bis 1693 hatte sie der Geheime Rat und Regierungs- und Konsistorialpräsident Georg Andreas von Reichenbach inne, ein 1681 in den Reichsadelsstand erhobener Predigerssohn aus Seebach bei Farnroda, der später (1703) einen Ruf in den Reichshofrat erhielt, es aber vorzog, in preußische Dienste zu treten. Sein Nachfolger in Eisenach wurde 1693 der sachsen-zeitzische Geheime Rat und Vizekanzler Johann Philipp Schmidt, der einst in weimarischen Diensten gestanden hatte (s. o. S. 253 u. 262) und nun in Eisenach die Titel eines Wirklichen Geheimen Rats und Vizekanzlers erhielt, aber bereits 1694 starb. Ihm folgte, ohne allerdings entsprechende Titel zu erhalten, der schon mehrfach erwähnte Geheime Rat Johann Jakob Schmidt, der inzwischen von den Geschäften des Geheimsekretärs entbunden worden war. Er verließ aber schon 1696 ohne Erlaubnis — wohl ein Zeichen tiefgreifender Differenzen mit seinem Dienstherrn, ohne daß deren Ursachen bisher bekannt sind — seinen Posten und Eisenach und verlebte das ihm noch beschiedene letzte Lebensjahr in seiner Heimatstadt Erfurt. In Eisenach trat 1697 an seine Stelle der zum Geheimen Rat, Vizekanzler und Konsistorialpräsident beförderte bisherige eisenachische Hofrat Johann Wilhelm Schröter (1653-1745), der dieses Amt über den Tod Johann Georgs II. hinaus bekleidet hat; er hatte bereits seit 1695 die eisenachischen Interessen in wichtigen diplomatischen Geschäften vertreten.

Bei seinem Regierungsantritt hatte sich Johann Georg II. nicht nur dem Widerstand seines Bruders gegen das vom Vater testamentarisch verfügte Erstgeburtsrecht gegenübergesehen, sondern zur gleichen Zeit dem Anspruch seines Vetters Wilhelm Ernst von Weimar auf die Vormundschaft über den unmündigen Herzog Johann Wilhelm von Jena. Wie bereits an anderer Stelle mitgeteilt (s. o. S. 274), verzichtete er auf seinen Vormundschaftsanspruch zugunsten des Weimaraners, nachdem dieser zuvor den 1683 von beiden Vätern ausgehandelten Vertrag über die Aufteilung des jenaischen Territoriums für den Fall des Erlöschens des dortigen Fürstenhauses noch einmal ausdrücklich anerkannt hatte. Daß es nach dem Tode Johann Wilhelms von Jena (1690) dennoch zum Erbstreit kam, darüber ist ebenfalls bereits berichtet worden (s. o. S. 275). Im Teilungsvertrag vom 12. Juli 1691 erhielt Johann Georg die Ämter Jena und Allstedt mit den einbezirkten Städten, die Vorwerke Döbritschen und Schwabsdorf, die Hälfte des Döbritschener Forsts und andere Waldungen um Jena, ferner Zillbach, die Saaleflößerei und die Landeshoheit über die der Universität Jena zur Nutzung überlassene Herrschaft Remda, dazu Anteile am Erfurter Geleit, die Hälfte des dortigen Georgenthaler Hofes und die dortigen Karthäuserzinsen. Gemeinsam mit Weimar blieben Universität, Hofgericht und Schöppenstuhl Jena und die aus der hennebergischen Teilung herrührenden Hoheitsrechte; während die Landeshoheit über die Universität Johann Georg zufiel, sollten deren landständischen Rechte auch weiterhin auf den weimarischen Landtagen vertreten werden. Die Weimarer und Eisenacher Reichstagsstimmen wurden von einander getrennt und seitdem von jeder Linie selbständig geführt.

Wenn es Johann Georg auch nicht gelungen war, den ihm nach dem Erbvertrag von 1683 zustehenden Anteil am jenaischen Erbe zu erhalten, sondern er hier einem energischeren Kontrahenten Zugeständnisse hatte machen müssen, so bedeutete das Gewonnene doch einen erheblichen Landzuwachs, der sogleich die Begehrlichkeit seines jüngeren Bruders Johann Wilhelm erregte. Johann Georg zeigte sich auch hier wieder kompromißbereit. Er überließ dem Bruder das Amt Allstedt und 1696 auch noch das Amt Jena, jeweils mit den einbezirkten Städten. Wenn auch die Landeshoheit über beide Ämter bei Johann Georg blieb, so war doch in der Ausübung der Herrschaftsrechte ein Zustand eingetreten, der dem Testament des Vaters widersprach. Da Johann Georgs Ehe kinderlos blieb, hatte dies für die Zukunft allerdings keine Folgen.

Die Vertretung der eisenachischen Interessen im Reichsverband nahm Johann Georg allein wahr. Die mit dem Jenaer Teilungsvertrag eingetretene selbständige Vertretung der eisenachischen Reichstagsstimme blieb dabei ohne besondere Bedeutung, denn nach wie vor wurden beide Stimmen von dem Reichstagsgesandten Fabricius geführt, wenn dieser auch nunmehr von jeder Seite getrennte Direktiven erhielt. Für die Grundlinien der eisenachischen Reichspolitik besagte dies wenig, denn Johann Georg zeigte in dieser Beziehung nicht die Aktivität seines Vaters. Er schloß sich vielmehr eng an die Reichspolitik Wilhelm Ernsts von Weimar an und ließ seine Interessen gewöhnlich sogar von dessen Bevollmächtigten mit vertreten, nicht nur bei der Wahrnehmung der ernestinischen Forderungen in der Lauenburgischen Erbfolgefrage, sondern auch bei den Bündnisverhandlungen der Ernestiner mit Kursachsen und den 1692 folgenden Beratungen über die Verlängerung dieses Bündnisses, Folgen des durch französische Angriffe auf die Kurpfalz und andere rechts- und linksrheinische Gebiete in den Jahren 1688 und 1689 ausgelösten Reichskrieg gegen Frankreich, bei denen auch in der Grafschaft Sayn-Altenkirchen einige Dörfer eingeäschert wurden, ferner in dem nach Herzog Friedrichs I. von Gotha Tod ausgebrochenen und erst 1704 beendeten Präzedenzstreit zwischen den gothaischen und weimarischen Gesamthäusern (s. o. S. 276). Eigene Bevollmächtigte entsandte er lediglich zu den 1694, 1695 und 1696 in Ilmenau und Gotha geführten Verhandlungen zwischen den Ernestinern, bei denen es vor allem um den Abschluß eines Militärbündnisses untereinander und die Unterstellung gemeinsamer Truppenverbände unter kaiserliches Kommando ging, ferner um die Durchführung einer Visitation der Universität Jena (1696). Johann Georg zeigte also deutliche Zurückhaltung in reichspolitischen Fragen; seine Aufmerksamkeit beschränkte sich auf sein eigenes Land und die dieses unmittelbar berührenden innerthüringischen Verhältnisse. In solchem Falle hat er sogar einmal das Landesaufgebot mobilisiert, als bei einem Streit des Abts von Fulda mit den Herren von Boyneburg-Lengsfeld der Abt 1685 Soldaten aufbot und in die Rhön in Marsch setzte. Johann Georg ließ, von den Boyneburgern zu Hilfe gerufen, sogleich zwei Kompanien des Aufgebots des Amts Lichtenberg nach Lengsfeld marschieren. Zu Blutvergießen kam es allerdings nicht; der Streit wurde nach einer Reihe von Jahren (1701) friedlich beigelegt.

Die Ursache dieser reichspolitischen Selbstbeschränkung dürfte kaum allein in dem schwachen Gesundheitszustand des Herzogs oder dem Gefühl kleinstaatlicher Ohnmacht zu suchen sein, sondern ebenso in den ungünstigen finanziellen Verhältnissen, in denen er sich ständig befand. Die vom Vater hinterlassenen Schulden hatten ihn bereits 1688 genötigt, von einem Frankfurter Kaufmann 18 000 Gulden zu leihen. Im Jahre darauf schuf er in der Hoffnung, die Einnahmen der Rentkammer durch Münzprägungen zu verbessern, in Eisenach ein Münzamt, für das er sogar ein besonderes Gebäude errichten ließ. Es gab zunächst auch Erfolge, denn von den fast 224 000 Gulden Einnahmen, die die Rentkammer 1690 erwirtschaftete, kamen 81 000 aus dieser neuen Einrichtung, mit deren Leitung er den zum Münzsekretär ernannten Musiker Daniel Eberlin betraut hatte. Daß er es aber zuließ, daß dieser 1692 in Schloß Friedewald im eisenachischen Territorium im Westerwald eine sogenannte Heckmünze einrichtete, in der minderwertige Münzen geprägt wurden, erwies sich bald als Mißgriff, der eine geharnischte Beschwerde Kurbrandenburgs und schließlich die Besetzung Friedewalds durch brandenburgische Truppen nach sich zog, und von dem er sich schleunigst öffentlich distanzierte, ohne allerdings zur Bestrafung der Münzfälscher zu schreiten. Danach wurde es auch in Eisenach still um das Münzamt, das auf die Dauer wohl nur wenig dazu beitragen konnte, das Defizit der Rentkammer zu mindern. So sah sich Johann Georg in den Jahren 1692 bis 1695 genötigt,

75 400 Taler von dem Ritterhauptmann des Ritterschafts-Kantons Rhön-Werra, Heinrich von der Tann, auf zwölf Jahre zu borgen und dafür die Einkünfte aus fünf Orten des Amts Kaltennordheim zu verpfänden. Für die Rückerstattung der Summe reichten allerdings zwölf Jahre nicht aus, und noch seine Nachfolger auf dem Eisenacher Thron haben daran und an den aufgelaufenen Zinsen zurückgezahlt. Auch die Geldnot des Herzogs wurde so auf die Dauer nicht behoben; und so wurde weiter geborgt, auch von wohlhabenden Eisenacher Kaufleuten; 1698 gab ihm der Hofagent Johann Mogk ein Darlehen von 34 285 Gulden.

Wichtigste Geldquelle waren allerdings nach wie vor die Steuern, und weil deren Bewilligung weitgehend von den Landständen abhängig war, bemühte sich Johann Georg um ein gutes Verhältnis zu ihnen. So gab er 1690 ihrem Vorschlag nach, eine neue Steuerrevision durchzuführen, weil trotz der von seinem Vater bereits beschlossenen Revision die Klagen über ungerechte Besteuerung nicht verstummt waren; es sollte daher künftig nach dem Grundsatz gleichmäßiger Steuerbelastung verfahren werden. Die Revisionstätigkeit erstreckte sich noch über seine gesamte Regierungszeit; abgeschlossen wurde sie erst von seinem Nachfolger. Von dem 1690 verkündeten Grundsatz der Gleichbelastung wich er jedoch bereits 1695 wieder ab, als er den Landadel von der Zahlung der Ordinarsteuer befreite, wohl um ihn für künftige Steuerbewilligungen auf seiner Seite zu haben. Zwar widersprachen die Städte, vor allem Eisenach, dieser einseitigen steuerlichen Bevorzugung des Landadels, aber vergeblich. Das Eisenacher Ratskollegium fand auch sonst manchen Grund zur Klage, obwohl der Herzog sich wie sein Vater vor Eingriffen in die Ratswahl hütete und auch den dortigen Innungen weitgehende Freiheit in der Erledigung interner Angelegenheiten ließ. Gelegentliche Eingriffe landesherrlicher Beamter in die städtische Gerichtsbarkeit duldete er jedoch, und Beschwerden der Stadt über zu hohe Geleitsabgaben wies er ab.

Bei seinen Versuchen, durch Gründung neuer Wirtschaftsunternehmen der Rentkammer neue Geldquellen zu erschließen, hatte der Herzog keine glückliche Hand. Den Gedanken, in Eisenach eine Tabakfabrik zu gründen, gab er auf, als sich die dortige Kaufmannschaft, die ihren Tabakhandel bedroht meinte, dagegen aussprach, und der von ihm geförderte Versuch eines Hofapothekers, in der Nähe der Stadt ein Bergwerksunternehmen in Gang zu bringen, scheiterte. Die Erzgruben um Eckardtshausen, mit denen er 1690 einen Nürnberger Unternehmer belehnt hatte, und der Bergbau bei Stedtfeld waren hingegen inzwischen in Gang gekommen; über die Erträge ist jedoch nichts bekannt. Günstig entwickelt hatte sich der Ilmenauer Bergbau (s. o. S. 291), aus dem als einem ernestinischen Gemeinschaftsunternehmen auch Eisenachs Herzog seinen Nutzen zog. Der Förderung der Erzverarbeitung galt die 1698 vorgenommene Erneuerung der Statuten der Messerschmiede-Innung in Ruhla. Dagegen hat das Verbot der Sonntagsmärkte in den Städten und Marktflecken der Rhön, das er auf Drängen der dortigen Geistlichkeit 1694 aussprach, zu erheblichen wirtschaftlichen Nachteilen für Ostheim, Sondheim, Kaltennordheim und Helmershausen geführt, weil der Bischof von Würzburg sich auf die von der Eisenacher Regierung ausgesprochene Bitte, die gleiche Maßnahme auch für die Marktorte seines Landes zu treffen, nicht einließ und diesen auf diese Weise zu erheblichen wirtschaftlichen Vorteilen gegenüber den eisenachischen verhalf. Mit wirtschaftlichen Absichten verbunden war die 1694 vollzogene Gründung eines Waisenhauses in Eisenach, in dem auf Vorschlag des schon erwähnten Kaufmanns Justin Schmidt die Waisenkinder zum Garnspinnen angehalten wurden, was dem Haus den Namen „Spinnhaus" eintrug. Der Ausweitung der landwirtschaftlich genutzten Fläche des Landes dienten die Waldrodungen, die seit 1693 in den ihm mit der jenaischen Erbteilung zugefallenen Zillbacher Forsten in der Nachbarschaft der dortigen Jagdhauses vorgenommen wurden, wo auf diese Weise Ackerland geschaffen und ein Kammergut errichtet wurde, das in der Folgezeit weitere Ansiedler anzog. Die Anfänge des Dorfes Zillbach gehen also in diese Zeit zurück. Daß dennoch dann und wann die regelmäßige Versorgung der Bevölkerung mit Lebensmitteln Schwierigkeiten machte, zeigt eine 1697 erlassene Verfügung, die den Verkauf von Lebensmitteln außerhalb der öffentlichen Wochenmärkte untersagte.

Während die Rechtsverhältnisse im Lande unverändert blieben, fand im kirchlichen Leben damals der Pietismus Eingang, dem Johann Georg, wohl beeinflußt von seiner württembergischen Gemahlin, freundlich abwartend gegenüberstand, so daß er 1692 den Theologen Paul Anton (1661-1730; vgl. Bd. IV, S. 26), einen Vertrauten und späteren Hallischen Kollegen August Hermann Franckes, zum Hofprediger nach Eisenach berief. Er blieb allerdings nur bis 1695, als er einen Ruf nach Halle annahm. Unter den damals leitenden Beamten dürfte vor allem Johann Jakob Schmidt dem Pietismus nahegestanden haben; jedenfalls galt seine Frau, die Zeitzer Kanzlerstochter Maria Sophie geb. Menius, als besondere Freundin August Hermann Franckes. In diesem Zusammenhang soll nicht unerwähnt bleiben, daß Eva von Buttlar, die Gründerin und Führerin der „Buttlar'schen Rotte", einer durch ihre Ausschweifungen bekannt gewordenen berüchtigten pietistischen Sekte, in diesen Jahren bis 1697 Hofdame in Eisenach und mit einem dortigen Hoftanzmeister verheiratet war. Wenn ihre „Erweckung" auch dem Gothaer Rektor Vockerodt zugeschrieben wird, so könnten dem doch bereits pietistische Einflüsse am Eisenacher Hof vorausgegangen sein. Für seine Residenzstadt ließ Johann Georg, ein Vorhaben seines Vaters ausführend, zusammen mit seiner Mutter Johannetta in den Jahren 1692 und 1693 eine

Friedhofskirche errichten, die bei ihrer Einweihung 1697 den Namen Kreuzkirche erhielt. Erbauer war der 1691 aus jenaischen in eisenachische Dienste getretene Baumeister Johann Mützel (1647-1717, vgl. Bd. VI, S. 39 f.), der auch den Umbau des Karthäuserklosters zu einem Waisenhaus (1694) geleitet hat. Über die innerkirchliche Verordnungstätigkeit des Herzogs ist außer der mit seinen weimarischen und gothaischen Vettern 1694 getroffenen Vereinbarung, künftig die Bußtage gemeinsam abzuhalten (s. o. S. 282), bisher nichts bekannt. Daß er es zuweilen für die Durchsetzung kirchlicher Belange in Kauf nahm, daß den betroffenen Gemeinden daraus wirtschaftliche Nachteile erwuchsen, bezeugt das oben erwähnte Verbot der überkommenen Sonntagsmärkte in der Rhön.

Mit der ihm 1691 durch die jenaische Landesteilung zugefallenen Landeshoheit über Amt und Stadt Jena waren für Johann Georg gegenüber der Universität Jena über die gemeinsame ernestinische Aufsichtführung hinaus, über die bereits an anderer Stelle (s. o. S. 285) berichtet wurde, bestimmte Hoheitsrechte verbunden, die sich insbesondere auf die Erhaltung von Ruhe und Ordnung bezogen. Zu diesem Zweck erließ er 1694 mit Zustimmung aller anderen Ernestiner eine scharfe Verordnung, die nicht nur das Duellieren untersagte, sondern sich auch gegen Trinkgelage, Schlägereien und andere „Tumulte" von Studenten, zumal bei Nacht, wandte und Zuwiderhandlungen mit Relegation und anderen Strafen bedrohte. Ein dauerhafter Erfolg ist diesem Versuch, die Disziplin der Studenten zu verbessern, aber ebenso wenig beschieden gewesen wie ähnlichen Maßnahmen in früheren und späteren Zeiten.

Der Geldmangel Johann Georgs machte auch am Hofleben nicht halt. Die Hofkapelle, in den ersten Jahren von dem bekannten Kirchenmusiker Daniel Eberlin (vgl. Bd. IV, S. 211) betreut, entwickelte sich nach dessen Weggang (1692) immer mehr zu einer bloßen Trompeter- und Paukertruppe zurück, zumal kein ihm an Bedeutung gleichkommender Nachfolger gefunden wurde. Immerhin fand 1696 bei Hofe die Aufführung einer „Serenata" des damaligen Eisenacher Kantors Christian Dedekind statt, der auch als Musiklehrer Johann Sebastian Bachs bekannt geworden ist. Bach selbst hat nach seines Vaters Tod seine Heimatstadt 1695 verlassen, wo er für sich offenbar keine Zukunft sah.

Am 10. November 1698 starb Johann Georg II. 35 Jahre alt. Da seine Ehe kinderlos geblieben war, folgte ihm sein jüngerer Bruder Johann Wilhelm in der Regierung.

Johann Wilhelm war 1666 in Friedewald geboren, bei der Regierungsübernahme also 32 Jahre alt. Nach der Erziehung durch Hauslehrer war er gemeinsam mit seinem älteren Bruder in den Jahren 1681 bis 1683 auf einer Bildungsreise in Frankreich und den Niederlanden gewesen, und als der Vater 1686 starb, befand er sich gerade erneut in den Niederlanden. Dort, in Oranienwald (Oranjewoud) bei Leeuwarden, heiratete er 1690 als 24jähriger die zwölf Jahre ältere Prinzessin Amalie von Oranien (1655-1695), älteste Tochter des Grafen Wilhelm Friedrich von Nassau-Diez und seiner Gemahlin Albertine Agnes, einer Tante des niederländischen Statthalters Wilhelm III. von Oranien und nunmehrigen (seit 1688) Königs von Großbritannien. Albertine verschaffte ihrem eisenachischen Schwiegersohn, der militärische Neigungen gezeigt und bereits 1689 am Feldzug des Reichs und der Niederländischen Generalstaaten gegen Frankreich am Niederrhein, u. a. an der Belagerung und Eroberung von Bonn, teilgenommen und sich 1691 an der Befreiung Namurs von französischer Belagerung beteiligt hatte, im Dezember 1691 die mit 300 Gulden Jahresbesoldung dotierte Stelle des Obersten eines niederländischen Infanterieregiments, in dessen aktivem Dienst er bereits seit April 1691 gestanden hatte; bis 1713 hat er diesen Posten innegehabt.

Johann Wilhelm, dem beim Tode des Vaters die Grafschaft Sayn-Altenkirchen zugefallen war und der dort zunächst residierte, bemühte sich, wie schon berichtet, bereits zu Lebzeiten seines Bruders Johann Georg II. zielstrebig um die Ausweitung seines Herrschaftsbereichs, auch nachdem sein Versuch, die Rechtmäßigkeit der im väterlichen Testament verfügten Einführung des Erstgeburtsrechts im eisenachischen Hause anzufechten, mißlungen war. So erreichte er, daß Johann Georg ihm nach der jenaischen Erbteilung von 1691 auch die Regierungsgeschäfte im Amt Allstedt, 1696 dazu noch im Amt Jena überließ, wenn auch ohne die Landeshoheit. In dieser Zeit war zunächst das Schloß Allstedt, später das Schloß in Jena seine Residenz; im November 1698 wurde für ihn der Weg frei zur Übernahme der Herrschaft im gesamten väterlichen Territorium.

In den drei Jahrzehnten seiner Regierungszeit, der längsten von allen Herzögen seines Hauses, erreichte die absolute Fürstenherrschaft in Eisenach ihre volle Ausprägung. Den seit Johann Georg I. praktizierten Regierungsstil der Kabinettsregierung baute er mit äußerster Konsequenz aus. Während der Amtszeit des 1711 in seine Dienste getretenen Reise- und späteren Geheimsekretärs Johann Jakob Witsch (1680-1750) wurde das Geheimsekretariat zu einer Kabinettskanzlei fortgebildet und so ein landesherrlicher Wirkungskreis geschaffen, der auch den höchsten Beamten der Landeskollegien verborgen bleiben konnte.

In der Leitung der Landeskollegien folgten dem Regierungswechsel bald personelle Veränderungen. Bereits 1699 wurde der erst im Jahre zuvor berufene Kammerpräsident von Chrisell durch den Hof- und Kammerrat Johann Heinrich Leonhardi (1646-1714) in der Leitung der Rentkammer abgelöst, einen altgedienten erfahrenen Finanzbeamten, der diese Stellung bereits in den Jahren 1687 bis 1691 einmal innegehabt hatte, nunmehr aber auch den Titel eines Kammerpräsidenten erhielt. Schon 1701 gab er allerdings sein Amt an den Kammerrat Andreas Rosa ab, der ebenfalls schon einmal, 1693 bis 1698, die Rentkammer geleitet hatte, und übernahm anstelle des aus dem eisenachischen Dienst ausscheidenden Vizekanzlers Schröter als Geheimer Rat und Regierungspräsident die Leitung von Regierung, Oberkonsistorium und Obersteuerkollegium, letzteres die in dieser Zeit erstmals erwähnte Behörde, die für die Einziehung und Verwaltung der von den Landständen bewilligten Extraordinarsteuern zuständig war. Regierungspräsident blieb Leonhardi bis an sein Lebensende (1714), die Leitung des Oberkonsistoriums hingegen übernahm bereits 1711 der bisherige Hof- und Regierungsrat Johann Caspar Röhn und nach dessen Tod (1714) der obengenannte Kammerrat und nunmehrige Konsistorialpräsident Rosa. Er hatte 1710 die Leitung der Rentkammer an Christian Ludwig von Oeynhausen (1665-1713) abtreten müssen, einen ostfriesischen Adeligen, der zuvor zwanzig Jahre am Hofe der Landgräfin Elisabeth Dorothea, Witwe des Landgrafen Ludwig VI. von Hessen-Darmstadt und Tochter Herzog Ernsts des Frommen von Gotha, in Butzbach in Diensten gestanden hatte, zuletzt als Oberamtmann und Geheimer Rat. Als Geheimer Rat und Kammerpräsident in Eisenach dankte er aber bereits 1711 wieder ab. Auch sein Nachfolger an der Spitze dieser Behörde, der 1712 als Kammerdirektor eingesetzte Kammerjunker, Stallmeister und Oberstwachtmeister Anton Friedrich von Mandelslohe (1654-1730) resignierte bereits 1715 wieder, worauf der altgediente Kammerrat und nunmehrige Konsistorialpräsident Rosa wieder einspringen und neben der Leitung des Oberkonsistoriums noch die der Rentkammer übernehmen mußte, eine in damaliger Zeit nicht eben häufige Ämterverbindung. Bis zu seinem Tode (1723) hatte er sie inne, seit 1720 auch mit dem Titel eines Kammerpräsidenten. Seine Nachfolger, von 1722 bis 1724 der aus dem Hofdienst gekommene vormalige Kammerjunker und Kammerrat Christian von Geusau (1687-1769) und von 1724 bis 1729 der Kammerdirektor Damian von Pflugk (1689-1741) hielten es nur wenige Jahre auf diesem in jener Zeit wohl recht undankbaren Posten aus. Die Leitung des Regierungskollegiums übertrug der Herzog nach Leonhardis Tod (1714) 1715 dem 1713 zum Kanzler nach Eisenach berufenen, nunmehr zum Geheimen Rat beförderten Christian von Griesheim (1668-1737); er übernahm nach Rosas Tod (1723) auch die Leitung des Oberkonsistoriums und hat bis zum Tode des Herzogs beide Ämter bekleidet.

Der Regierungsantritt Johann Wilhelms fiel in eine Zeit zunehmender politischer Spannungen an den Grenzen des Reiches. Dem Versuch, sich gegen aufkommende Kriegsgefahr zu wappnen, galt daher seine erste reichspolitische Entscheidung, der Abschluß eines auf 6 Jahre befristeten Bündnisses mit seinem Vetter Wilhelm Ernst

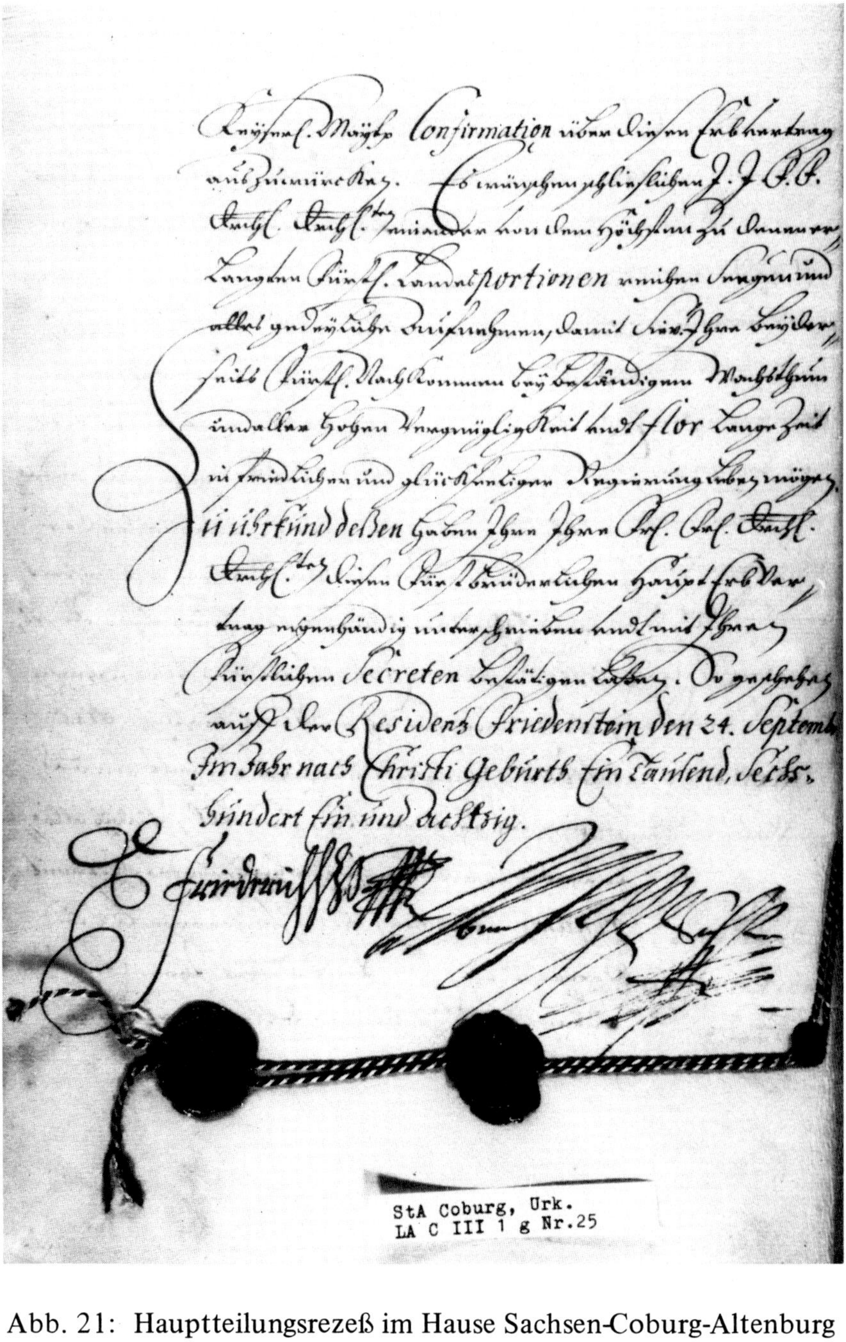

Abb. 21: Hauptteilungsrezeß im Hause Sachsen-Coburg-Altenburg 1681

Abb. 22: Herzog Friedrich I. von Sachsen-Gotha-Altenburg (1646–1691)

von Weimar im April 1700, in dem gegenseitige Unterstützung, Aufstellung von Truppen und das Bemühen um ein Bündnis mit Kaiser Leopold I. oder um Anlehnung an einen größeren Reichsstand vereinbart wurden. Die Verhandlungen, die noch im gleichen Jahre der weimarische Geheime Rat von Rappold in Wien über Subsidienzahlungen und den Schutz vor Einquartierungslasten führte, erfolgten auch im Auftrag Johann Wilhelms, der seinerseits 1701 seinen Geheimsekretär Johann Melchior Ludolf nach Wien schickte, bei dem dieser zugleich die weimarischen Interessen mit vertrat. Diese Bemühungen fanden 1702 in einer zwischen dem Kaiser und Johann Wilhelm vereinbarten Kapitulation ihren Abschluß, in der der Herzog die Aufstellung eines Regiments von 1000 Mann zu Fuß gegen die Zahlung von Subsidien durch den Kaiser und die Befreiung von der Stellung des Reichskontingents und von Einquartierungen fremder Truppen in seinem Lande zusagte. Als der Herzog bei der Rekrutierung des Truppenverbandes aber auf das Landesaufgebot zurückgriff, erregte dies im Lande erhebliche Unruhe, und so verzögerte sich die Aufstellung des Regiments derart, daß im Sommer 1702 erst 640 Mann verfügbar waren, als es, wie das weimarische (s. o. S. 272), zur Armee des Prinzen Eugen nach Oberitalien geschickt wurde, und der Herzog den Kaiser bitten mußte, sich mit der sukzessiven Nachsendung des noch fehlenden Rests einverstanden zu erklären. Geschehen ist aber in dieser Hinsicht nichts. Denn da der Obersächsische Kreis noch im gleichen Jahr, wie von Weimar, auch von Eisenach die Stellung des Reichskontingents gefordert haben dürfte und Beschwerden dagegen beim Kaiser ohne praktisches Ergebnis blieben, hat sich Johann Wilhelm wohl wie Wilhelm Ernst von Weimar damit zufrieden gegeben, sich nunmehr auf die Rekrutierung des Reichskontingents zu beschränken und die mit dem Kaiser abgeschlossene Kapitulation auf sich beruhen zu lassen.

Auch nur vorübergehend Anlehnung bei Frankreich zu suchen, wie dies Herzog Friedrich II. von Gotha 1701 tat, daran dachte Johann Wilhelm ebenso wenig wie Wilhelm Ernst von Weimar, zumal er sich als Chef eines niederländischen Regiments ohnehin auf der Seite der Gegner Ludwigs XIV. angesiedelt sehen mußte. Dieses Regiment kam nach Ausbruch des Spanischen Erbfolgekrieges auch sogleich gegen die im Kölner Raum stehenden französischen Truppen zum Einsatz und lag nach der Eroberung Bonns durch die von Marlborough geführten britischen, niederländischen und deutschen Verbände 1703 dort in Garnison; 1706 nahm es an Kämpfen in den spanischen Niederlanden teil.

Seit 1704 waren die Begleiterscheinungen des Krieges Gegenstand mehrerer Konferenzen zwischen den Ernestinern, auf denen man sich darauf einigte, sich auf die Abwehr von Übergriffen der kriegführenden Parteien zu beschränken und in Notfällen Unterstützung beim Kaiser, dessen Verbündeten oder anderen mächtigeren Reichsständen zu suchen. Die Rücksichtnahme Wilhelm Ernsts von Weimar auf August den Starken von Sachsen und Polen ging Johann Wilhelm allerdings zu weit. Er neigte den Vorbehalten Friedrichs II. von Gotha gegen den Albertiner zu, der mehr noch als durch seinen Übertritt zum Katholizismus durch seine gegen die Herrschaft der Ernestiner in Thüringen gerichteten Pläne (s. o. S. 273) deren Mißtrauen erregt hatte. Doch ging er nicht so weit wie sein Gothaer Vetter, der Kontakt mit Augusts Gegner Karl XII. von Schweden suchte, als dieser 1706 siegreich in Sachsen einrückte. Damals fühlte man sich auch in Thüringen bedroht, und auch Teile des eisenachischen Territoriums erlebten 1706 und 1707, wenn auch nur kurzfristig, die Einquartierung sich nach Westen zurückziehender kursächsischer Truppen; in der Rhön zeigten sich damals sogar versprengte russische Verbände, die zusammen mit den Sachsen gekämpft hatten und vor den Schweden geflüchtet waren. Wenn in diesen und den folgenden Kriegsjahren die Ernestiner bei ihrer Suche nach Helfern auch die Niederländischen Generalstaaten und England in ihre Pläne einbezogen, so hat dies gewiß Johann Wilhelms Auffassung entsprochen, wenn dies angesichts der guten Beziehungen, die er zu den Oraniern hatte, nicht sogar auf seinen Rat geschehen ist. In diesen Rahmen gehörten ferner die von dem gothaischen Geheimen Rat Bachoff von Echt im gothaischen und eisenachischen Auftrag in den Jahren 1706 bis 1708 in Berlin mit König Friedrich I. von Preußen geführten Verhandlungen über militärische Angelegenheiten. Daß der preußische König, der als Sohn einer Oranierin und Vetter der Eisenacher Herzogin mit Johann Wilhelm in einer Art schwägerschaftlicher Beziehung stand, diesem 1708 seinen Schwarzen Adlerorden verlieh, geschah wohl kaum ohne Zusammenhang mit diesen Verhandlungen.

Diese von Johann Wilhelm gemeinsam mit Friedrich II. von Gotha ohne Beteiligung Wilhelm Ernsts von Weimar unternommene Aktion bedeutete jedoch keine Abkehr des Eisenachers von der bisher gemeinsam mit Weimar betriebenen Reichspolitik, auch wenn der 1700 geschlossene Bündnisvertrag nicht erneuert worden war. Denn als der gemeinsame Gesandte beim Reichstag, Fabricius, 1709 gestorben war, drängte Johann Wilhelm seinen Weimarer Vetter zur Berufung eines neuen gemeinsamen Gesandten und schlug dafür den bereits an anderer Stelle (s. o. S. 269) erwähnten zeitzischen Geheimen Rat und Reichshofrat Emanuel von Willisen nicht nur für diesen Posten vor, sondern beauftragte ihn mit der Wahrnehmung der Eisenacher Reichstagsstimme, bevor noch Wilhelm Ernst ausdrücklich zugestimmt hatte. Trotz dieses recht ungewöhnlichen Vorgehens folgte man in Weimar diesem Vorschlag. Willisen hat beide Reichstagsstimmen bis zu seinem Tode (1728) geführt. Auch danach bemühte sich Johann Wilhelm mit dem Hinweis auf die gemeinsamen reichspolitischen Interessen und andere, vorab finanzielle Vorteile, die überlieferte Gemeinsamkeit der

Reichstagsgesandtschaft mit Weimar fortzuführen. Erst als Wilhelm Ernsts Nachfolger Ernst August dies strikt ablehnte (s. o. S. 304), beauftragte er 1728 den gothaischen Reichstagsgesandten Heinrich Richard Freiherrn von Hagen interimistisch mit der Vertretung der eisenachischen Interessen, die dieser allerdings nur bis gegen Ende des gleichen Jahres wahrnahm. Am Kaiserhof in Wien blieb die bis 1702 gemeinsam mit Weimar (s. o. S. 269) durch Ernst Julius Persius von Lonsdorf besetzte Agentenstelle einige Jahre vakant; einen gemeinsamen Nachfolger gab es danach nicht mehr. Johann Wilhelm begnügte sich damit, seine dortigen Interessen seit 1708 durch den Sekretär Johann Friedrich von Fischer wahrnehmen zu lassen, der dies bis 1729 tat. Daß der Herzog sich auch in den Niederlanden Agenten hielt, dürfte sich aus seiner Stellung in der niederländischen Armee ergeben haben, denn es ist in diesem Zusammenhang von Subsidienabrechnungen die Rede. Auch die, zumeist zusammen mit Weimar, in Frankfurt am Main tätigen Agenten und Korrespondenten hatten vor allem wirtschaftliche Interessen zu vertreten, denn der Geldmangel war ein seine Regierungszeit ständig begleitendes Problem, von dem später zu sprechen sein wird. Auch in Dresden und Hamburg unterhielt er Korrespondenten, in Hamburg war dies auf einige Jahre der berühmte Komponist Georg Philipp Telemann.

Während der bereits an anderer Stelle (s. o. S. 331) behandelte Präzedenzstreit zwischen der gothaischen und weimarischen Linie der Ernestiner in den ersten Jahren der Regierungszeit Johann Wilhelms beigelegt werden konnte, lebten zur gleichen Zeit Mißhelligkeiten mit den Fürstäbten von Fulda, die jahrzehntelang geruht hatten, wieder auf. Zwar konnte Johann Wilhelm die Auseinandersetzung Fuldas mit den Herren von Boyneburg-Lengefeld, in die sich sein Bruder Johann Georg II. eingemischt hatte, 1701 beilegen helfen. Aber bereits im Jahre darauf verlangte Fulda von den Ernestinern die Einlösung des Amtes Fischberg. Das Amt war 1511 von Fulda an die Grafen von Henneberg verpfändet worden und nach deren Aussterben (1583) an die Kurfürsten und Herzöge von Sachsen gelangt, die es dem Amt Kaltennordheim zugeschlagen hatten. Nachdem gegen Ende des 16. und in der ersten Hälfte des 17. Jahrhunderts von Fulda unternommene Versuche, Fischberg wieder einzulösen, am gemeinsamen Widerstand Kursachsens und der Ernestiner gescheitert waren, war das Amt bei der Aufteilung der Grafschaft Henneberg 1660 in gemeinsamen Besitz von Sachsen-Zeitz, Sachsen-Altenburg, Sachsen-Weimar und Sachsen-Gotha gelangt und seine Einkünfte für die Unterhaltung des Gymnasiums in Schleusingen bestimmt worden. Bei der Landesteilung von 1672 wurde der Anteil des weimarischen Gesamthauses dessen Senior Johann Ernst II. von Weimar überlassen, dessen Sohn Wilhelm Ernst ihn 1684 an Johann Georg I. von Eisenach abtrat, dem bei der

Landesteilung von 1672 das Amt Kaltennordheim zugefallen war, mit dem Fischberg weiterhin gemeinsam verwaltet wurde. Von ihm war er auf seine Söhne übergegangen. Von Johann Wilhelm und allen anderen Pfandinhabern verlangte nun 1702 Adalbert von Schleifras, Fürstabt von Fulda, die Wiedereinlösung des Amtes und erhob, als diese ablehnend reagierten, 1704 Klage beim Reichshofrat, der daraufhin die Pfandinhaber zur Rückgabe des Amtes aufforderte. Deren zunächst geschlossene Front brach angesichts des kaiserlichen Verlangens und der von Kursachsen ausbleibenden Unterstützung auseinander. Schon 1705 fügte sich Herzog Moritz Wilhelm von Zeitz, 1706 auch Herzog Ernst Ludwig von Meiningen als Erbe des altenburgischen Anteils und schließlich 1707 auch, und zwar offenbar aus finanziellen Gründen, Johann Wilhelm von Eisenach, dem dies immerhin eine Einlösesumme von 30 000 Gulden einbrachte. Erleichtert wurde ihm der Entschluß wohl dadurch, daß der Fürstabt den lutherischen Einwohnern des Amtes freie Religionsübung zugestand und dem Eisenacher Oberkonsistorium darüber die Oberaufsicht überließ. Wilhelm Ernst von Weimar und Friedrich II. von Gotha verweigerten jedoch ihre Zustimmung und protestierten gegen die im April 1707 erfolgte Übergabe des Amtes an Fulda. Sie hatten damit zwar keinen Erfolg, doch ihr Protest blieb nicht ohne Folgen für die Zukunft.

Für Fulda wurde dieser Erfolg offenbar zum Ansporn, nunmehr auch auf seine seit etwa einem Jahrhundert (s. o. S. 34) ruhenden Ansprüche auf das Amt Lichtenberg und das inzwischen zum meiningischen Territorium gehörige halbe Amt Salzungen zurückzukommen. 1722 kündigte Fürstabt Konstantin von Buttlar dem Eisenacher Herzog den Wiederkauf Lichtenbergs an. Er stieß dabei allerdings, ebenso wie in Meiningen mit seinem Anspruch auf Salzungen, auf energischen Widerstand, dem ein nie zum Abschluß gekommener Prozeß vor dem Reichshofrat und ein heftiger Federkrieg zwischen Juristen beider Seiten und anderen Gelehrten gefolgt sind.

Als schwierig erwies sich die Erfüllung der aus dem von Johann Georg II. abgeschlossenen Tann'schen Wiederkaufsvertrag herrührenden finanziellen Verpflichtungen. Nachdem Johann Wilhelm nach Ablauf der zwölfjährigen Frist 1705 deren Verlängerung um weitere zwölf Jahre erreicht hatte, dann aber auch diese Frist verstrichen war, konnte in weiteren langen Verhandlungen 1728 die Rückgabe der verpfändeten Orte erreicht werden, obwohl Restzahlungen und Zinsen auch damals noch ausstanden; sich damit auseinanderzusetzen, überließ er seinem Sohn und Nachfolger. In dieser auf Verschleppung gerichteten Behandlung dieses Problems offenbarte sich schlaglichtartig die auffallendste Schwäche der Regierungstätigkeit Johann Wilhelms, die Unfähigkeit, einen geordneten Haushalt zu führen.

Den Glanz des französischen Königshofes Ludwigs XIV. vor Augen, den er auf seinen Reisen kennen gelernt hatte, war er wie andere seiner fürstlichen Zeitgenossen, auch in Thüringen, auf großzügige Repräsentation bedacht. Sparsam zu wirtschaften, war nicht seine Sache. Er war großzügig im Schenken und Geldausgeben, freilich auch zielstrebig in der Ausschöpfung aller Einnahmequellen, die sich ihm boten. Die Zahl der Extraordinarsteuern, die seit dem um 1700 erreichten Abschluß der noch von seinem älteren Bruder eingeleiteten Steuerrevision erhoben wurde, belief sich ab 1707 regelmäßig auf 10 bis 11 Steuertermine im Jahr. Dazu kam die Anhebung der Tranksteuer und der Zoll- und Geleitsgebühren, die mit einer 1714 erlassenen neuen Tranksteuerordnung und der im gleichen Jahre eingeführten neuen Zoll- und Geleitsordnung verbunden war. Solche Nichtbeachtung der bescheidenen Leistungsfähigkeit seines Landes führte zu einer steigenden Steuerbelastung breiter Bevölkerungskreise, die sich im Anwachsen von Zwangsversteigerungen und uneintreibbaren Steuerresten bemerkbar machte. Allein in der Stadt Eisenach betrugen 1729 die Steuerrückstände 66 725 Gulden, die achtfache Jahressumme einer Ordinarsteuer. Der Unmut der Bevölkerung darüber richtete sich allerdings nicht gegen den Herzog, sondern gegen seine Steuereintreiber. Von den Landständen, die nach wie vor regelmäßig in vier- bis sechsjährigen Abständen zu Landtagen und zwischendurch zu Ausschußtagen einberufen wurden, war Widerstand gegen die Steuerforderungen des Herzogs um so weniger zu erwarten, als Landadel und Städte wegen der von Johann Georg II. verfügten Befreiung des Adels von der Ordinarsteuer nach wie vor im Streit miteinander lagen. Die Stadt Eisenach, die seit 1699 auch die Städte Creuzburg und Ostheim, die bis dahin eigene Bevollmächtigte zu den Landtagen entsandt hatten, dort mit vertrat, führte wegen dieser steuerlichen Bevorzugung des Adels 1710 sogar einen Prozeß, der aber ergebnislos ausging. Auch die Tatsache, daß zunehmend Mitglieder des Landadels hohe Ämter in den Landeskollegien bekleideten, mag dazu beigetragen haben, daß sich gegen die finanziellen Forderungen des Herzogs auf den Landtagen kein ernsthafter Widerstand zeigte.

Dennoch reichten diese Einnahmen nicht aus, um die anfallenden Ausgaben zu decken. Dies und die Tatsache, daß von seinen Vorgängern eine beträchtliche Schuldenlast auf ihn gekommen war, wurde für Johann Wilhelm jedoch kein Anlaß, seine Ausgaben einzuschränken. Im Gegenteil, der Aufwand für den Eisenacher Hofstaat übertraf den seiner Vorgänger bei weitem. Dies galt vor allem für die Bautätigkeit, die unter jenen sehr bescheiden gewesen war. Die Geldverlegenheit, in die er dadurch geriet, nahm daher zuweilen groteske Züge an. Schon 1699 sah er sich einmal genötigt, vom Rat der Stadt Eisenach einen „Vorschuß" von 1000 Talern zu fordern; es ließen sich freilich nur 750 zusammenbringen. Auch später finden sich Beispiele dafür, daß er und seine leitenden Finanzbeamten jede Gelegenheit benutzten, um der Rentkammer Geld zu beschaffen. 1702 ist von der Erhebung eines „Handelsgelds", 1703 von einer Abgabe von den Eisenacher Fleischbänken die Rede, und als 1706 die Stadt Jena aus Ersparnisgründen eine Verminderung der Ratsherrenstellen wünschte, verband der Herzog seine Zustimmung mit einer Gebührenforderung von 300 Talern. Auch Fälle von Ämterkauf kamen vor. An der steigenden Verschuldung vermochten diese Notbehelfe freilich nichts zu ändern, und der häufige Wechsel in der Leitung der Rentkammer, über den oben berichtet wurde, steht damit wohl in unmittelbarem Zusammenhang. Selbst zur Bezahlung von Handwerkerrechnungen fehlte oft das Geld, und so stand der Herzog bei zahlreichen Eisenacher Bürgern in der Kreide; der Hoffaktor Pohl hatte beispielsweise 1709 eine Forderung von 550 Talern an ihn. Bei seinem Tod 1729 hinterließ Johann Wilhelm eine Schuldenlast von ca. 600000 Talern.

Es läßt sich allerdings nicht leugnen, daß auch damals vieles von diesem finanziellen Aufwand mittelbar der Residenzstadt Eisenach und ihrer Bürgerschaft zugute kam. Das galt nicht nur für die Befriedigung der erheblichen materiellen Bedürfnisse des Hofes und der Beamten, die der Kaufmann- und Handwerkerschaft der Stadt beträchtliche Einnahmen verschaffte, sondern auch für die Verschönerung der Stadt, um die er sich nicht nur durch seine Bautätigkeit bemühte, sondern auch auf andere Weise. Abgesehen von dem für das ganze Land 1700 erlassenen und 1723 erneuerten Baum-Mandat, das alle Gartenbesitzer zur Anpflanzung von Obst-, Nuß- und anderen Nutzbäumen und nach brandenburgischem Vorbild jeden Untertan zur Pflege von wenigstens 6 Bäumen verpflichtete, verfügte er speziell für Eisenach im gleichen Jahre die Anpflanzung von Zierbäumen und lebenden Zäunen und die Anlegung einer Allee. Spätere Erlasse galten der Förderung des privaten Hausbaus durch entsprechende Steuererleichterungen (1709), dem Wiederaufbau von noch wüst liegenden Hausgrundstücken, der Sauberhaltung der Straßen (1719) und der Pflasterung von ungepflasterten Straßen (1722/23). Diese Sorge um das äußere Bild der Residenzstadt war allerdings verbunden mit einer verstärkten Einflußnahme auf die Stadtverwaltung, gegen die sich das Ratskollegium zwar zur Wehr setzte, aber nur gelegentlich mit Erfolg, so 1718 auf dem damaligen Landtag, als es gelang, die vom Herzog gewünschte Herabsetzung der Zahl der Ratsherrn von 12 auf 8 zu verhindern. Als aber noch im gleichen Jahre Johann Wilhelm eine ihm nicht genehme Ratswahl kassierte und daran beteiligte Ratsherren mit Geldstrafen zwischen 100 und 200 Talern belegte, war das Ende eines vom Landesherrn unbeeinflußten Ratswahlrechts gekommen. Zwar wurde der Rat auch später formell noch gewählt, doch bestimmte in der Praxis der Herzog von nun an die Zusammensetzung des Ratskollegiums.

Auch die Handwerksinnungen mußten sich Eingriffe in ihre inneren Angelegenheiten gefallen lassen, wie sie unter Johann Wilhelms Vorgängern nicht vorgekommen waren. Vor allem die Entscheidung über die Aufnahme neuer Mitglieder wurde ihnen vom Herzog entzogen und Beschwerden dagegen entweder abgewiesen oder sogar mit Geldstrafen belegt. Zudem duldete er, den Innungssatzungen zuwider, die Ablösung des Gesellenwanderns durch Geldzahlungen, was nicht nur Geld in die landesherrlichen Kassen brachte, sondern zugleich verhinderte, daß wandernde Handwerksgesellen nicht in ihre Heimat zurückkehrten und so dem Lande verloren gingen.

Solch merkantilistische, den Anschauungen der Zeit entsprechende Tendenzen bestimmten auch sonst die Wirtschaftspolitik Johann Wilhelms, wie vor allem die Maßnahmen erkennen lassen, die seine Residenzstadt betrafen. Eine von ihm 1700 in der Stadt gegründete Tabakfabrik erwies sich allerdings als Fehlschlag; bereits 1708 bestand sie nicht mehr. Dagegen erlebte das Textilgewerbe, vor allem die durch Steuervergünstigungen geförderten Tuchmanufakturen und Färbereien, in dieser Zeit einen weiteren kräftigen Aufschwung und der Handel mit Textilien gewann nunmehr den Rang, den einst der inzwischen zur Bedeutungslosigkeit herabgesunkene Hopfenanbau und -handel für die Stadt besessen hatte. Den Handel zusätzlich durch die Herabsetzung von Geleits- und Zollgebühren zu fördern, dafür war der Herzog allerdings nicht zu haben; schon 1699 und noch einmal 1714 wies er solche Gesuche Eisenacher Bürger ab. 1720 allerdings gewährte er sie den Eisenacher Färbern, aber nur für Textilien, die sie für auswärtige Auftraggeber in Lohnarbeit zu färben hatten, und bei strenger Strafandrohung gegen den Verkauf solcher Waren im Lande. Der Förderung des Wirtschaftslebens der Residenzstadt galten auch die Erneuerung der Wochenmarktsordnung (1714) und einige Verbesserungen im Brauwesen, u. a. durch die Erneuerung der Brauordnung (1712). In Jena beschränkten sich die Neuerungen auf die Einrichtung eines Zucht- und Waisenhauses (1713) und den Erlaß einer neuen Brauordnung (1718). Seine Absicht, die dortige Stadtordnung zu erneuern, gab der Herzog 1723 nach dreijährigen Verhandlungen auf. Daß er es in Jena gegen den Protest von Bürgerschaft und Innungen einem Juden gestattete, zweimal im Jahre Juwelen feilzubieten, geschah mehr im eigenen fiskalischen Nutzen als dem der Stadt.

Für das Eisenacher Wirtschaftsleben nützlich war die bereits 1700 erfolgte Einrichtung eines Thurn- und Taxis'schen Postamts in der Stadt, weil dies den Anschluß an ein gut ausgebautes Verkehrsnetz bedeutete, das das gesamte Reichsgebiet umfaßte. In dieser Beziehung hatte Eisenach gegenüber Jena aufzuholen, denn die Universitätsstadt besaß bereits seit 1687 ein leistungsfähiges Postamt. In einer 1724 erlassenen Verordnung über die Posttaxe wurden die Postgebühren im Lande den in Kursachsen und anderen Nachbarterritorien üblichen Sätzen angeglichen.

Alle diese Maßnahmen konnten allerdings die Nachteile der zunehmenden Verschuldung der städtischen Gemeinwesen nicht ausgleichen, wie sie für Eisenach die schon erwähnten Steuerrückstände bezeugen (s. o. S. 341). Auch in Jena, wo der Herzog 1712 mehrjährige Streitigkeiten zwischen Ratskollegium und Bürgerschaft beilegte, beliefen sich 1715 die städtischen Schulden auf 18 303 Gulden, so daß die Stadt sich zum Verkauf von städtischem Grundbesitz genötigt sah.

Wie seine Vorgänger suchte auch Johann Wilhelm die im Lande vorkommenden Bodenschätze wirtschaftlich zu nutzen. Neben den früher erwähnten Erzvorkommen im Umland von Eisenach, mit denen in Zusammenhang die Messerschmiede in Ruhla zu sehen sind, deren Innungsartikel 1712 erneuert wurden, waren es nun auch Braunkohlenlager bei Kaltennordheim, deren Abbau 1704 bereits im Gange war; von 1713 bis 1724 wurde er von einer Schmalkaldener Gewerkschaft betrieben, lag danach aber bis 1741 still. Der finanzielle Nutzen all dieser Bemühungen stand allerdings weit zurück hinter dem, was damals das von Ernestinern und Albertinern gemeinsam betriebene Ilmenauer Bergwerk abwarf, auch für Eisenach (s. o. S. 291). Erfolgreich war Johann Wilhelm mit seinem Versuch, die Salzvorkommen bei Creuzburg zu nutzen. 1726 gelang es dort, die seit der Zerstörung im Bauernkrieg wüstliegende Saline wieder in Gang zu bringen. Sie erhielt nach ihm den Namen Wilhelmsglücksbrunn und hat länger als ein Jahrhundert Salz liefern können, wenn auch von minderer Qualität.

Den Waldreichtum seines Landes durch die Ansiedlung von Glashütten zu nutzen, wie das andere thüringische Landesherren taten, hat Johann Wilhelm nicht versucht, und bei der Holznutzung ist während seiner Regierung offenbar noch nach den überlieferten alten Wald- und Forstordnungen verfahren worden. Auch im landwirtschaftlichen Bereich geschah nur wenig. Vom Baum-Mandat von 1700 war schon die Rede; bei seiner Erneuerung von 1723 wurde es durch Anweisungen zur Förderung der Bienenzucht und ein Verbot der Ausfuhr von Bienenwachs erweitert. Eine 1719 erlassene Verordnung galt der Bekämpfung der Raupenplage. Von größerer Bedeutung war in diesem Zusammenhang die, wie anderswo in Thüringen, auch im Eisenachischen betriebene Siedlungspolitik. 1709 erlaubte Johann Wilhelm einem gewissen Johannes Kaiser den Bau eines Gutshofs bei dem in der Nähe von Salzungen an der Werra gelegenen Dörfchen Vockenrode und verlieh ihm zudem das Brau- und Schankrecht. Aus diesem Hof, der den Namen Kaiserhof führte, entwickelte sich später das Dorf

Kaiserroda. Außerdem förderte der Herzog die von seinem Bruder im Zillbacher Forst angelegte gleichnamige Siedlung, indem er in den Jahren 1721 bis 1727 durch Bereitstellung zusätzlichen Landes und den Bau von Häusern weiteren Siedlern den Zuzug ermöglichte.

Im Rechtsleben des Landes galten auch damals die in der Zeit Herzog Wilhelms von Weimar und seiner Söhne Johann Ernst II. von Weimar und Johann Georg I. von Eisenach erlassenen Verlautbarungen unverändert fort. Man begnügte sich damit, die 1678 erlassene Polizeiordnung 1704 zu erneuern; offensichtlich war sie in breiten Bevölkerungskreisen nicht so beachtet worden, wie man dies für nötig hielt. Für den Strafvollzug bemerkenswert war die Errichtung von Zuchthäusern in Eisenach und Jena, die an beiden Orten, wie schon erwähnt, in Verbindung mit Waisenhäusern entstanden; in Eisenach wurde in den Jahren 1717 bis 1721 dafür ein Neubau errichtet.

In seiner Kirchenpolitik vertrat Johann Wilhelm, der selbst ein Gebetbuch verfaßte und 1709 veröffentlichte, den Standpunkt der lutherischen Orthodoxie. Von der Geistlichkeit seines Landes erwartete er entsprechend der überlieferten Kirchenordnung die Verpflichtung auf die lutherischen Bekenntnisschriften einschließlich der Konkordienformel, und als der Hofprediger seiner in Allstedt residierenden Schwägerin Sophie Charlotte, Gottfried Arnold, dies verweigerte, mußte er 1705 das Land verlassen. Dem entsprach auch eine 1712 veröffentlichte Verordnung gegen den „schädlichen Separatismus und sektiererischen Pietismus" und 1714 sein Vorgehen gegen pietistische Konventikel in Jena (vgl. Bd. IV, S. 27). Dem 1722 zwischen lutherischen und reformierten Reichsständen abgeschlossenen „Unionsconclusum", das gegenseitige Schmähungen untersagte und zur Einigkeit zwischen beiden Konfessionen aufrief, trat er nicht bei. Und als sein Sohn Wilhelm Heinrich 1723 eine reformierte preußische Prinzessin heiratete, verlangte er von ihm einen Revers, in dem er sich verpflichtete, seine Kinder lutherisch zu erziehen und seiner Gemahlin keinen reformierten Geistlichen zu gestatten; lediglich das Abendmahl sollte sie von einem reformierten Prediger in ihrem Privatgemach nehmen dürfen. Zur Verbesserung der Ausbildung der Geistlichen ließ er 1704 in Eisenach ein Predigerseminar einrichten, das er mit 20 000 Talern ausstattete; es hat bis 1741 bestanden. Neue Kirchenbauten entstanden während seiner Regierungszeit 1712 in Großenlupnitz und 1714 in Ifta; in Tiefenort wurde die Kirche 1717 umgebaut. Vom Hexenglauben war Johann Wilhelm nicht frei. Dafür spricht, daß er 1705 in Großrudestedt einen Hexenprozeß zuließ, der mit dem Tod der Angeklagten endete.

Das Schulwesen verdankte dem Herzog die Erhebung der Eisenacher Lateinschule zum Gymnasium (1707) und die Stiftung eines Freitisches für bedürftige Schüler. Die Leitung des Gymnasiums hatte seitdem bis 1714 der frühere Konrektor des Schleusinger Gymnasiums, Christian Juncker aus Dresden inne, der sich auch als Geschichtsschreiber einen Namen gemacht hat (vgl. Bd. I, S. 29f.).

Bei den damals zwischen den Ernestinern laufenden Verhandlungen über eine Revision der Verfassung der Universität, über die bereits an anderer Stelle berichtet wurde (s. o. S. 285 f.), kam Johann Wilhelm insofern eine besondere Stellung zu, als er Landesherr von Amt und Stadt Jena war und die damit zusammenhängenden Rechte sehr ernst nahm. Bemerkenswerte Impulse in der Sache selbst gingen von ihm allerdings nicht aus. An der durch die Bildung eines concilium arctius eingetretenen Verbesserung der Universitätsverfassung hatten er und seine an den Verhandlungen beteiligten Beamten, vor allem der Vizekanzler Bartholomäus Kellner, jedoch ihren Anteil.

Das schon erwähnte starke Repräsentationsbedürfnis Johann Wilhelms fand seine sichtbarste Ausprägung in seiner Hofhaltung. Sie zeigte sich mehr noch als in der Vermehrung des Hofpersonals in der Bauleidenschaft, der er Zeit seines Lebens huldigte. Das Eisenacher Schloß ließ er in den Jahren 1705 und 1709 bis 1714 von dem damals gemeinschaftlich weimar- und eisenachischen Baumeister Johann Mützel durch Anbauten erweitern und im Inneren umgestalten (siehe Abb. 20, nach S. 320) und wie andere seiner fürstlichen Zeitgenossen bezog er auch die Umgebung seiner Residenzstadt in seine Baupläne ein, wo im Waldgebiet südlich von Eisenach in den Jahren 1710 bis 1719 eine prächtige Sommerresidenz entstand, die nach ihm Wilhelmsthal genannt wurde (vgl. Bd. VI, S. 73 ff.).

Neben diesen aufwendigen Hofbauten nahm sich das sonstige landesherrliche Bauwesen im Lande dürftig aus. Es beschränkte sich im wesentlichen auf den Neubau des Waisen- und Zuchthauses (s. o. S. 345), auf einige Umbauten in der Eisenacher Georgenkirche, den Bau neuer Amtshäuser in Tiefenort (1701-1703) und Ostheim/Rhön (1718-1719), die nunmehr statt der unbequemen Burgen Crayenburg und Lichtenburg als Amtssitze dienten, und die schon erwähnten Dorfkirchen.

Im kulturellen Leben am Hofe hatte die Musikpflege den Vorrang. Die etwas herabgekommene Hofkapelle wurde durch den 1706 aus Paris nach Eisenach berufenen Geiger und Musikinstrumentenbauer Pantaleon Hebenstreit (1667-1750) in einen nach französischem Vorbild zusammengesetzten neuen Klangkörper umgeformt (vgl. Bd. IV, S. 211 f.). Nach Hebenstreits Weggang berief der Herzog 1708 den damals 27jährigen, später so berühmt gewordenen Komponisten Georg Philipp Telemann (1681-1767) an seinen Hof und ernannte ihn zum Konzertmeister. Mit ihm, der 1712 einen Ruf nach Frankfurt am Main annahm, blieb er auch weiterhin in Verbindung. 1717 ernannte er ihn zum besoldeten Kapellmeister „von Haus aus" und verpflichtete ihn zur regelmäßigen Lieferung von kirchenmusikalischen Kompositionen nach Eisenach; 1724 machte er ihn außerdem zu seinem Korrespondenten in Hamburg (s. o. S. 339). Freundschaftlich verbunden war Telemann mit Johann Bernhard Bach (1676-1749), dem damaligen Organisten und Leiter des städtischen und kirchlichen Musiklebens in Eisenach, der an der Musikpflege am Hofe ebenfalls lebhaften Anteil hatte.

Johann Wilhelm ist viermal verheiratet gewesen. Nach dem Tod seiner ersten Gemahlin (s. o. S. 335) hatte er 1697 Christiane Juliane (1678-1707), eine Tochter des Markgrafen Karl Gustav von Baden-Durlach, danach 1708 Magdalene Sibylle (1673-1726), Tochter Herzog Johann Adolfs I. von Sachsen-Weißenfels, und, weil aus diesen Ehen und aus den beiden Ehen seines einzigen Sohnes erster Ehe keine am Leben gebliebenen Söhne hervorgegangen waren, im Alter von 61 Jahren 1727 die 35jährige Marie Christiane Felicitas (1692-1734), Tochter des Grafen Johann Karl von Leiningen-Heidesheim geheiratet, doch blieb diese letzte Ehe kinderlos. Von den 12 Kindern aus seinen drei früheren Ehen starben 8, 4 Söhne und 4 Töchter, im Kindesalter; neben drei Töchtern, 2 aus zweiter und 1 aus dritter Ehe, die in die Häuser Sachsen-Weißenfels, Hessen-Philippsthal und Nassau-Usingen heirateten, blieb nur der Sohn Wilhelm Heinrich am Leben. Es sah also um den Fortbestand des Eisenacher Herzogshauses bereits recht düster aus, als Johann Wilhelm am 4. Januar 1729 im 63. Lebensjahre aus dem Leben schied (siehe Abb. 18 u. 19, nach S. 320).

Wilhelm Heinrich, der in der Regierung folgte, stand damals im 38. Lebensjahr; er war 1691 im Schloß Oranienwald (Oranjewoud) bei Leeuwarden in den Niederlanden geboren und dort und in Altenkirchen, Allstedt, Jena und Eisenach aufgewachsen. Nach der üblichen Bildungsreise, die ihn 1709 nach Frankreich, den Niederlander und England und 1710 nach Oberitalien geführt hatte, arbeitete er sich unter Anleitung des Vizekanzlers Kellner in die Regierungsgeschäfte ein. 1713 übernahm er das Kommando über das bis dahin von seinem Vater befehligte niederländische Infanterieregiment mit dem Rang eines Obersten und einer auf 200 Gulden reduzierten Jahresbesoldung. Er hat es zwar nur wenige Jahre selbst geführt, fand aber solchen Gefallen an militärischem Tun, daß er zeitlebens nicht davon loskam. Daß es später in Eisenach unter der allerdings nur bescheidenen Zahl von Soldaten auch „lange Kerls" gegeben hat, mag mit dem guten Verhältnis zusammenhängen, das ihn mit seinem königlichen Vetter Friedrich Wilhelm I. von Preußen verband, den er sehr schätzte und der bekanntlich gleiche Neigungen hatte. Zudem war Wilhelm Heinrich ein leidenschaftlicher Jäger und von schnell aufbrausendem Temperament.

1713 heiratete er die noch nicht 15jährige Albertine Juliane (1698-1722), Tochter des Fürsten Georg August Samuel von Nassau-Idstein, die jedoch nach kaum neunjähriger kinderloser Ehe 1722 starb. Im Jahre darauf ging er eine zweite Ehe ein mit Sophie von Brandenburg-Schwedt (1706-1751), einer Tochter des Markgrafen Albrecht und Cousine König Friedrich Wilhelms I. von Preußen. Aber auch mit ihr hatte er keine Kinder.

Sein Regierungsantritt brachte keine Veränderung im Regierungsstil; Wilhelm Heinrich blieb bei dem von seinem Vater gepflegten absoluten Regiment aus dem Kabinett. Sein Kabinettssekretär war bis 1733 Johann Jakob Witsch; nach dessen Beförderung zum Hof- und Regierungsrat im Regierungskollegium übernahm Johann Justus Flögen dieses einflußreiche Amt, das er bis zum Tode des Herzogs bekleidet hat. In der Besetzung der Führung der Landeskollegien war bereits 1729 eine Änderung eingetreten. Alle bisherigen leitenden Beamten verloren ihre Posten. An ihrer Stelle übernahm der 1727 in eisenachische Dienste getretene Jurist Johann Hartmut Gärtner (1674-1744) als Geheimer Rat, Regierungs-, Konsistorial- und Kammerpräsident den Vorsitz in allen Landeskollegien; allerdings wurden ihm in Regierung und Oberkonsistorium der Vizekanzler und Konsistorialdirektor Bartholomäus Kellner (1666-1752) und in der Rentkammer der Kammerdirektor und spätere Geheime Rat Georg Wilhelm Herda von Brandenburg als ständige Stellvertreter zur Seite gesetzt. Gärtner, ein Pfarrerssohn aus Idstein im Taunus, dem Heimatort der ersten Gemahlin des Herzogs, hatte es nach Universitätsstudien in Jena und Gießen in nassau-idsteinischen Diensten bis zum Geheimen Rat gebracht. Er wurde 1733 von Kaiser Karl VI. mit dem Prädikat „von Grüneck" in den Reichsadelsstand erhoben und hat seine leitende Stellung in der eisenachischen Verwaltung bis über den Tod des Herzogs hinaus behauptet.

Wilhelm Heinrichs wenig mehr als zwölfjährige Regierungstätigkeit war, wie angesichts der vom Vater hinterlassenen Schulden nicht anders zu erwarten, von ständiger Geldverlegenheit begleitet. Sie zeigte sich schon darin, daß er sich bei den Verhandlungen mit den Landständen nicht mit deren Zustimmung zu Steuererhebungen in bisher gewohnter Höhe begnügte. Bereits 1729 nötigte er ihnen zudem noch ein „Donativ" von 10 000 Talern ab und auf dem Landtag von 1737, dem einzigen, der während seiner Regierungszeit stattfand, erneut ein „Präsent" von 5557 Talern und dazu noch 60 000 Taler als „freiwillige Hilfe" für die Rentkammer. Daß sie außerdem noch für ihren Landesherrn Schulden machen mußten, brachte zeitweilig auch sie in Geldnot. Aber auch auf andere Weise suchten der Herzog und seine Berater dem ständigen Geldmangel abzuhelfen. 1734 ist erstmals von der Erhebung einer Handwerkssteuer die Rede, 1735 verfügte Wilhelm Heinrich die Erneuerung aller Privilegien und Konzessionen und zwar gegen hohe Gebühren. Er begründete diese ungewöhnliche Maßnahme damit, daß seit jeher bei jedem Regierungswechsel alle Lehen neu gemutet und dafür entsprechende Gebühren gezahlt würden, und dies sollte künftig auch für alle anderen Personen und Institutionen gelten, die sich ähnlicher Vergünstigungen erfreuten. Allein in der Stadt Jena brachte dies der Eisenacher Rentkammer eine Einnahme von 10 367 Gulden; ähnliche Erfahrungen machte die Stadt Allstedt, als sie 1735 ihre städtischen Statuten erneuern lassen und dafür 1200 Taler zahlen mußte. 1737 wurden sogar städtische Einnahmen Eisenachs von der Rentkammer eingezogen, weil diese knapp bei Kasse war; denn sie hatte damals allein bei den Erben des Eisenacher Kaufmanns Georg Kühn 80 000 Taler Schulden. 1740 lieh sich der Herzog 15 000 Gulden von dem Frankfurter Kaufmann Andreas Jordis. Offen blieben auch Verbindlichkeiten aus dem Tann'schen Wiederkaufvertrag (s. o. S. 340). Zwar kam es 1740 mit den Tann'schen Erben zu einem Vergleich, in dem Wilhelm Heinrich die Zahlung von 12 000 Talern zusagte. Aber er zahlte nur 2000 und überließ die Begleichung des Rests den Landständen, die ihrerseits aber keine Zahlung an die Tannschen Erben leisteten, so daß auch diese 10 000 Taler unbezahlt blieben. Beim Tode Wilhelm Heinrichs war die Schuldenlast auf 728567 Taler angewachsen.

Die gleichen charakteristischen Merkmale absoluter Fürstenherrschaft wie die Mehrzahl der finanzpolitischen Maßnahmen zeigten sich auch im Umgang des Herzogs und seiner Behörden mit dem Ratskollegium der Residenzstadt. Wie bereits während der letzten Regierungsjahre seines Vaters war die Besetzung der Ratsstellen in sein Belieben gestellt. Dabei galten zuweilen Ergebenheit gegenüber dem Landesherrn und Geldzahlungen an dessen Rentkammer mehr als die fachliche Eignung der Bewerber. Auch die Innungen waren zunehmender Reglementierung ausgesetzt, allerdings nicht nur durch die eisenachische Regierung, die 1731 gegen den Aufwand bei „Meisteressen und Gesellenschmäußen" und die „bei einigen hiesigen Handwerken annoch gewöhnlichen lächerlichen und ärgerlichen Gebräuche" einschritt, sondern auch durch die 1731 vom Reichstag verabschiedete Reichszunftordnung. Sie waren seitdem auch im Fürstentum Eisenach kaum mehr als Korporationen, die landesherrliche Polizeiaufgaben zu erfüllen hatten.

Die wirtschaftliche Fortentwicklung der Stadt wurde von diesen landesherrlichen Eingriffen allerdings nicht behindert. Der zwischen 1730 und 1740 gestiegene Warenverkehr im Lande kam vor allem ihr zugute; zur gleichen Zeit entstanden neue, vom Herzog konzessionierte Manufakturen, so um 1730 die Zeug- und Raschwarenfabrik des Kaufmanns und Hoffaktors Johann Nicolaus Wagner und 1733 die beiden Färbereien der Kaufleute Benjamin Eichel und Justin Streiber, deren Familien in Eisenachs Wirtschaftsleben auch später noch eine bedeutende Rolle gespielt haben.

Von einer über die Residenzstadt hinausgehenden wirtschaftspolitisch zukunftsträchtigen Betätigung Wilhelm Heinrichs und seiner Behörden ist bisher nichts bekannt, ebensowenig von Maßnahmen, die der Fortentwicklung des Rechtslebens im Lande und im kirchlichen und schulischen Bereich hätten dienen können. Daß der bereits von Johann Wilhelm 1720 eingesetzte Generalsuperintendent Thomas Andreas Nicander auch während der gesamten Regierungszeit Wilhelm Heinrichs im Amt blieb, läßt auf Fortführung des väterlichen gemäßigt orthodoxen Kirchenregiments schließen. Gegen die sich aus der Nähe des hessen-kasselschen Territoriums erklärende Anwesenheit einer beträchtlichen Zahl von Reformierten hatte das eisenachische Oberkonsistorium nichts einzuwenden. Allerdings durften sie — die reformierte zweite Gemahlin des Herzogs natürlich ausgenommen (s. o. S. 345) — keine gottesdienstlichen Handlungen im Lande vornehmen; sie besuchten zu diesem Zweck daher meist das hessische Grenzdorf Herleshausen.

Zur Wahrnehmung seiner reichspolitischen Interessen beim Reichstag in Regensburg hatte Wilhelm Heinrich die bei seinem Regierungsantritt unbesetzte dortige Gesandtenstelle im März 1729 zunächst dem bisherigen eisenachischen Geschäftsträger in Frankfurt am Main, Georg Wilhelm Schulz, übertragen, der aber bereits im Februar 1730 seine Entlassung erhielt. An seine Stelle trat wenige Monate später der brandenburg-ansbach- und -bayreuthische Geheime Rat Johann Adolf von Berghofer, der bereits seit 1728 als Gesandter der brandenburgischen Markgrafen und der nassauischen Häuser Diez-Oranien, Dillenburg und Siegen in Regensburg tätig war und dort später auch die preußischen Reichstagsstimmen für Magdeburg, Halberstadt und Minden geführt hat. Am Kaiserhof in Wien vertrat an Stelle des 1729 ausgeschiedenen Agenten Fischer von 1730 bis 1741 der Legationssekretär Johann Georg Ernst Avemann die eisenachischen Interessen. Ständige Korrespondenten hatte Wilhelm Heinrich am kursächsischen Hof in Dresden und, als erster und einziger der Eisenacher Herzöge, am preußischen Hof in Berlin.

In der Reichspolitik Wilhelm Heinrichs standen in den ersten Jahren seiner Regierung die erfolgreichen Bemühungen Kaiser Karls VI. um die Anerkennung der Pragmatischen Sanktion auch durch die Ernestiner und die Verhandlungen im Vordergrund, die der Kaiser unter dem Eindruck der von Frankreich her drohenden Kriegsgefahr über die Durchführung militärischer Rüstungen mit ihnen führte. Der aus diesen Gründen 1732 nach Thüringen gekommene kaiserliche Diplomat Friedrich Heinrich von Seckendorff erschien auch in Eisenach, und wie Ernst August von Weimar erklärte sich auch Wilhelm Heinrich bereit, dem Kaiser Truppen zur Verfügung zu stellen. In einem am 1. 9. 1732 in Jena abgeschlossenen Vertrag wurde die Anerkennung der Pragmatischen Sanktion durch Wilhelm Heinrich und die Bereitstellung eines Infanterieregiments von 2000 Mann gegen jährliche Subsidienzahlungen von 24 000 Reichstalern auf acht Jahre vereinbart.

Als 1733 der Polnische Thronfolgekrieg ausbrach, war zwar weder die Truppenaufstellung abgeschlossen noch eine Subsidienzahlung erfolgt, dennoch konnte im Spätherbst 1733 das eisenachische Regiment zum Oberrhein in Marsch gesetzt werden. Nach vorübergehender Einquartierung bei Villingen im Schwarzwald wurde es Ende 1733 den Besatzungen der Festungen Freiburg im Breisgau und Breisach zugeteilt, zu denen es auch während des Jahres 1734, durch aus Eisenach nachgeschickte Verstärkungen aufgefüllt, meist gehört hat. Trotz gelegentlicher Klagen über Desertionen und Ausfälle durch Krankheit errechnete man im Spätsommer die Gesamtstärke dieses Truppenverbands auf ca. 2700 Mann (1125 in Freiburg; 1606, davon 1395 dienstfähig, in Breisach). Gegen Ende 1734 wurde er, gemeinsam mit anderen Verbänden, u. a. dem weimarischen (s. o. S. 303), nach Oberitalien verlegt; er bekam Winterquartiere in der Stadt Mantua und hatte unter Mangel an Verpflegung und Kleidung und unter starker Sterblichkeit sehr zu leiden. Im März 1735 kehrte er an den Oberrhein zurück, wo er teils in Breisach teils im Schwarzwald einquartiert war. In einem aus dem Sommer 1735 stammenden Bericht über die Reichstruppen wird über starke „Abgänge von Menschen" in den thüringischen Regimentern geklagt und dabei der Verlust der Eisenacher auf 1115 Mann angegeben. Im August heißt es, daß von noch insgesamt 841 Mann 728 dienstfähig seien. Gegen Ende 1735, nach dem Vorfrieden von Wien, kehrte der Rest der Truppen nach Eisenach zurück. Welche Erfahrungen Wilhelm Heinrich mit den Subsidienzahlungen des Kaisers gemacht hat, ist noch unbekannt. Sie dürften aber kaum weniger negativ gewesen sein als die seines weimarischen Vetters Ernst August (s. o. S. 303). Bei einem späteren Versuch, seine Finanzen auf solchem Wege aufzubessern, wandte er sich jedenfalls nicht wieder an den Kaiser, sondern an Friedrich Wilhelm I. von Preußen, dem er ein aus Landeskindern zusammengesetztes Infanterieregiment gegen Subsidienzahlungen überließ.

Die Gefahren des Reichskriegs waren, wie bereits früher gesagt (s. o. S. 305), auch der Anlaß für die Ernestiner, sich 1734 mehrmals zu Konferenzen zu treffen, um über den Schutz ihrer Lande vor möglichen französischen Angriffen zu beraten; die südwestlichen Teile des eisenachischen Fürstentums waren dabei besonders gefährdet. Daß solche Zusammenarbeit während der Regierungszeit Wilhelm Heinrichs nicht von Dauer war, lag vor allem am Verhalten Ernst Augusts von Weimar. Mit ihm war Wilhelm Heinrich bereits kurz nach seinem Regierungsantritt über aus früheren Landesteilungen herrührende finanzielle Folgen in heftige Auseinandersetzungen geraten. Sie gipfelten in einem Prozeß vor dem Reichshofrat in Wien, der 1730 die Streitenden zu gewissen finanziellen Leistungen verurteilte, was beide nicht befriedigte und das gegenseitige Verhältnis weiter belastete. Erst der kaiserliche Diplomat von Seckendorff brachte zwischen beiden 1732 bei seinem Besuch in Thüringen angesichts der drohenden militärischen Verwicklungen eine Versöhnung zustande. Sie hielt jedoch nicht lange an. Durch sein schroffes Vorgehen gegen die Universität Jena (s. S. 316 f. u. 440) verdarb es Ernst August mit allen anderen Ernestinern, zumal mit Wilhelm Heinrich, der als Landesherr des jenaischen Territoriums in einem besonderen Verhältnis zur Universität stand. Seitdem ist es zwischen beiden nicht wieder zu normalen Beziehungen gekommen, wie sie zwischen Wilhelm Heinrich und seinen gothaischen und meiningischen Nachbarn, von unbedeutenden Grenzstreitigkeiten abgesehen, stets bestanden haben; beide leisteten ihm auch Beistand in den weiterhin andauernden Auseinandersetzungen mit Fulda wegen des Amtes Lichtenberg.

Zeitweilig getrübt hingegen war Wilhelm Heinrichs Verhältnis zu seinem hessen-kasselschen Nachbarn, als nach dem Tode des Landgrafen Karl von Hessen-Kassel (1654-1730) dessen Nachfolger, der für den 1720 zum König von Schweden gewählten Landgrafen Friedrich I. (1676-1751) als Statthalter in Kassel residierende Landgraf Wilhelm VIII. (1683-1761), die im Amt Hausbreitenbach beiderseits der mittleren Werra sich überschneidenden eisenachischen und hessen-kasselschen Hoheitsrechte zum Gegenstand eines Streits werden ließ. Das dortige Kondominat ging zurück auf eine Schenkung der Wettiner an das Stift Hersfeld vom Jahre 1354, hatte weiterbestanden, nachdem das Stift Hersfeld im 16. Jahrhundert von den Landgrafen von Hessen säkularisiert und in Besitz genommen und diese Besitzergreifung durch den Westfälischen Friedensvertrag 1648 bestätigt worden war. Es hatte bereits im 17. Jahrhundert wiederholt zu Unzuträglichkeiten zwischen den im Amtsbezirk tätigen ernestinischen und hessischen Beamten geführt, ohne daß eine dauerhafte Lösung gefunden werden konnte. Nun brach der Streit in aller Heftigkeit wieder auf und wurde, nachdem Wilhelm Heinrich deswegen vor dem Reichshofrat einen Prozeß gegen Hessen-Kassel angestrengt hatte, Gegenstand schwieriger Verhandlungen. 1733 einigte man sich in einem Vergleich, in dem Wilhelm Heinrich gegen den Verzicht des Landgrafen auf alle Hoheitsrechte im Amtsbezirk diesem sechs Dörfer aus den Ämtern Gerstungen und Hausbreitenbach abtrat. Es gab zwar danach noch Unstimmigkeiten über die Ausführung des Vergleichs, deren Ende Wilhelm Heinrich nicht mehr erlebte; doch brachte der 1742 von Ernst August von Weimar abgeschlossene „Hausbreitenbacher Amtsaustauschungsvergleich" keine wesentlichen Änderungen mehr.

Das Leben am Hofe Wilhelm Heinrichs war, obwohl er um die Pflege des Parks Wilhelmsthal bemüht war und in der Nähe einen Gasthof erbauen ließ, in Eisenach auch die Hofkapelle fortbestand, nicht mehr, wie zu Johann Wilhelms Zeiten, von Bauleidenschaft und Musikpflege geprägt, sondern von militärischem Gepränge und von Jagdveranstaltungen, den beiden Leidenschaften des letzten Eisenacher Herzogs. Daß es damals in Eisenach „lange Kerls" gab und das einzige größere Bauvorhaben des Herzogs für die Stadt Eisenach eine Garnisonkirche war, die allerdings aus Geldmangel nie fertig wurde und deren Rohbau wieder abgetragen werden mußte, ist sicher ebenso bezeichnend wie die vielen Jagdvergnügen, denen er huldigte. Noch am Tage vor seinem Tode hatte eine ausgedehnte Jagdveranstaltung stattgefunden, bei der er, wie berichtet wird, mit eigener Hand 40 Stück Wild erlegt hatte. Wilhelm Heinrich starb kinderlos am 26. Juli 1741 im 50. Lebensjahr; mit ihm erlosch das Eisenacher Fürstenhaus. Zu seinem Testamentsvollstrecker hatte er den jungen König Friedrich II. von Preußen bestellt, der gerade um diese Zeit in Schlesien erfolgreich Krieg gegen das Kaiserhaus führte.

Sachsen-Jena 1672-1691

Der jüngste der weimarischen Brüder, Herzog Bernhard, hatte bei der Landesteilung von 1672 im wesentlichen den östlichen Teil des weimarischen Territoriums erhalten, die Ämter Jena, Kapellendorf, Heusdorf, Dornburg und Bürgel, die Vogteien Magdala und Gebstedt und die Stadt Buttelstedt, dazu das Amt Allstedt, Anteile an der Saaleflößerei und am Erfurter Geleit und die Hälfte des Georgenthaler Hofs in Erfurt. Bernhard war 1638 in Weimar geboren, hatte von 1654 bis 1657 die Universität Jena besucht und danach eine zweijährige Reise nach Frankreich und den Niederlanden unternommen. Während eines längeren Aufenthalts am französischen Königshof, dessen Glanz ihn nachhaltig beeindruckte, hatte er den berühmten Feldherrn Turenne kennengelernt, einen Schüler seines am französischen Hofe noch unvergessenen Onkels und Patenonkels Bernhard von Weimar. Turenne, der aus Verehrung für seinen Lehrmeister offenbar dazu neigte, auch in dessen gleichnamigem Neffen militärische Talente zu vermuten, hatte diesem nicht nur manche Förderung am Königshof zuteilwerden lassen, sondern ihm auch seine Nichte Maria de la Trémouille als Gemahlin zugedacht, eine Tochter des Herzogs Heinrich von Thouars. Sie gehörte einer der angesehensten protestantischen Familien Frankreichs an. Da Bernhards Vater Herzog Wilhelm ohnehin an der Erhaltung der schon von früher her guten Beziehungen seines Hauses zu

Frankreich gelegen war, und der deshalb seinem jüngsten Sohn sogar den Auftrag mitgegeben hatte, König Ludwig XIII. für dessen noch währenden Krieg gegen Spanien einen Truppenverband anzubieten (s. o. S. 197), war mit einer solchen Ehe sehr einverstanden. Im Sommer 1662 fand die Hochzeit in Paris statt. Kurz darauf starb Wilhelm und noch im gleichen Jahre schlossen seine Söhne den schon mehrfach erwähnten Mutschierungsvertrag (s. o. S. 200) ab, in dem Bernhard die Nutznießung der Ämter Jena und Kapellendorf, der Vogtei Gebstedt, von Teilen des Amts Weimar und als Residenz das Schloß in Jena zugesprochen wurden. Dort nahm Bernhard mit seiner Gemahlin noch im Dezember 1662 seinen Wohnsitz; ein Hofstaat wurde eingerichtet und eine Partikularbehörde für die Verwaltung der dem Herzog zustehenden Hoheitsrechte geschaffen.

Die Ehe Bernhards mit der sechs Jahre älteren, an den Glanz eines Königshofs gewöhnten, anspruchsvollen und stolzen Französin, aus der fünf Kinder hervorgingen, von denen allerdings die drei älteren das Kleinkindalter nicht überlebten, wurde bereits nach wenigen Jahren einer Zerreißprobe ausgesetzt, als der Herzog seiner Gemahlin, offenbar unbegründet, eheliche Untreue vorwarf und die Scheidung verlangte, sich selbst aber in ein Liebesverhältnis mit einem ihrer Hoffräulein, Maria Elisabeth von Kospoth, einließ, das 1673 sogar zu einer, wenig später allerdings für ungültig erklärten Ehe zur linken Hand führte, aus der 1674 eine Tochter hervorging. Erst als 1675 der ersehnte Thronerbe Johann Wilhelm geboren wurde, besserte sich das Verhältnis zwischen den Ehegatten. Bereits drei Jahre später, am 3. Mai 1678, starb Bernhard in Jena, im Alter von 40 Jahren. Seinem wenige Wochen zuvor errichteten Testament gemäß übernahm seine Witwe die Erziehung der beiden hinterlassenen Kinder und sein ältester Bruder Johann Ernst II. von Weimar die Vormundschaftsregierung im Lande. Auf ihn ging wenige Jahre später, als Bernhards Witwe 1682 gestorben war, auch die Erziehung ihrer Kinder über. Nach Johann Ernsts Tod (1683) trat Johann Georg I. von Eisenach in diese Vormundschaftsrechte und -pflichten ein. Der jenaische Thronfolger Johann Wilhelm siedelte nach Eisenach über, der Hofstaat in Jena wurde aufgelöst. Bernhards einzige Tochter Charlotte Marie schied allerdings aus der vormundschaftlichen Betreuung ihres eisenachischen Onkels aus, da sie im November 1683, noch nicht 14jährig, mit ihrem weimarischen Vetter Wilhelm Ernst verheiratet wurde; sie verließ ihn jedoch schon nach wenigen Ehewochen und hielt sich seitdem ebenfalls in Eisenach auf. Als aus dem auf Johann Georgs I. Tod (1686) folgenden Vormundschaftsstreit zwischen Eisenach und Weimar Wilhelm Ernst von Weimar als Sieger hervorgegangen war, kehrte der Jenaer Thronfolger im Sommer 1687 nach Jena zurück, nunmehr der Vormundschaft seines Vetters und Schwagers Wilhelm Ernst unterstellt. Er besuchte dort die Universität, starb aber bereits am 4. November 1690 15jährig an den Kinderblattern. Mit ihm erlosch das jenaische Herzogshaus im Mannesstamm.

Herzog Bernhard hatte es, wie sein Eisenacher Bruder Johann Georg I. (s. o. S. 201) verstanden, nicht nur seine Hoheitsrechte in dem ihm seit 1662 zur Nutzung überlassenen Gebiet nach und nach zu erweitern, sondern auch nach dem Abschluß der Verhandlungen über die Aufteilung des altenburgischen Erbes, an denen er aktiv beteiligt war (s. o. S. 207), in der Landesteilung von 1672 zu einem eigenen Herrschaftsgebiet zu kommen, in dem ihm alle Hoheitsrechte eines Landesherrn zustanden. Der nunmehr notwendig werdende Aufbau einer Zentralverwaltung, die nach weimarischem Vorbild in Regierung, Konsistorium und Kammer gegliedert wurde, konnte in Jena allerdings nicht, wie dies in Eisenach etwa zur gleichen Zeit möglich war (s. o. S. 319), an bereits bestehende Organisationsformen anknüpfen, denn hier fehlten dafür die Voraussetzungen; allenfalls die seit 1662 bestehende Partikularbehörde, gewöhnlich Kanzlei genannt, die im wesentlichen der Verwaltung von Einkünften gedient hatte, konnte als bescheidener Ansatz für eine Kammerverwaltung dienen.

In den Jahren 1672 bis 1675 ist die Zentralverwaltung nach und nach geschaffen worden. Die Leitung von Regierung und Konsistorium, von denen letzteres 1673 seine Tätigkeit aufnahm, legte der Herzog zunächst in die Hände des Jenaer Juristen und Universitätsprofessors Johann Strauch (1614-1679), der den Titel eines Kanzlers erhielt; die Führung der Kammer hatte seit 1674 der Kammerdirektor Andreas Pflugk inne. 1675 berief Bernhard den bisherigen eisenachischen Regierungs- und Konsistorialpräsidenten und Geheimen Rat Zacharias Prüschenk von Lindenhofen zum Regierungs- und Konsistorialpräsidenten nach Jena, übertrug ihm zugleich die Oberaufsicht über die gesamte Verwaltung des Landes und behielt sich selbst nur das Entscheidungsrecht in besonders wichtigen Angelegenheiten vor. Dem damals 65-jährigen erfahrenen Beamten fiel damit eine ebenso selbständige und überragende Stellung zu, wie er sie bis 1672 in Eisenach innegehabt hatte; er hat die Geschicke des jenaischen Landes in den wenigen Jahren bis zum Tode Bernhards weitgehend mitbestimmt. Der Kanzler Strauch und sein Neffe, der 1671 in Jena promovierte und später zum Hof- und Konsistorialrat ernannte Jurist Johann Schilter (1632-1705), besetzten seitdem nicht nur die beiden Ratsstellen im Regierungskollegium, sondern auch die der beiden weltlichen Ratsmitglieder im Konsistorium; Schilter übernahm zudem 1675 noch, anstelle von Andreas Pflugk, die Leitung der Kammer. Es handelte sich also um einen sehr kleinen Kreis von hohen Beamten, die in Jena die Spitze der Zentralverwaltung repräsentierten; und von ihnen war Prüschenk zugleich noch Mitglied des weimarischen Geheimratskollegiums (s. o. S. 252), dem die Verwaltung der nach dem Teilungsvertrag von 1672 gemeinsam gebliebenen Hoheitsrechte übertragen war. Als Strauch 1676 einen Ruf an die Universität Gießen annahm, trat an seiner Stelle der Hofmarschall Bernhard Pflugk (1637-1716), zugleich Mitglied des allen Ernestinern gemeinschaftlichen Hofgerichts in Jena, in beide Kollegien ein, wodurch eine enge personelle Verbindung zwischen Zentral- und Hofverwaltung entstand.

Prüschenk starb 1678, wenige Monate nach dem Herzog. Die Leitung seiner Geschäfte übernahm zunächst der Hofmarschall Pflugk, bis Johann Ernst II. von Weimar als Inhaber der Vormundschaft 1680 den bisherigen weimarischen Geheimen Rat Georg Adam Struve (s. o. S. 202 u. 252) mit der Führung der jenaischen Vormundschaftsregierung betraute. Er war zugleich Leiter von Regierung und Konsistorium, während das Amt des Kammerdirektors nach dem Ausscheiden Schilters, der 1678 Jena verließ und später eine Professur an der Universität Straßburg annahm, unter Struves Oberaufsicht zunächst von dem Juristen Georg Konrad Büttner, später von dem zugleich in eisenachischen Diensten stehenden Kameralisten Johann Heinrich Leonhardi (s. o. S. 335) wahrgenommen wurde. Gewisse Aufsichtsfunktionen über diese Vormundschaftsregierung hatte während der weimarischen Vormundschaftszeit (1678-1683, 1686-1690) der weimarische Vizekanzler und spätere Kanzler Volkmar Happe inne, vor allem während der Regierung Wilhelm Ernsts von Weimar ab 1686.

Es versteht sich von selbst, daß unter den gegebenen Umständen von einer eigenständigen jenaischen Regierungstätigkeit nur während der wenigen Regierungsjahre Herzog Bernhards die Rede sein konnte. Seine Reichspolitik unterschied sich allerdings nicht von der seiner älteren Brüder. Zunächst neigte er Johann Georg von Eisenach zu, als dieser angesichts der von König Ludwigs XIV. Politik dem Reich drohenden Gefahren, die 1674 zum Reichskrieg gegen Frankreich führten, gegenüber dem zaudernden Johann Ernst II. von Weimar die Bemühungen Ernsts des Frommen von Gotha (s. o. S. 237) um ein Bündnis aller Ernestiner mit Kursachsen unterstützte. Auch dem Drängen des Eisenachers auf eine Neuorganisation des gemeinsamen Landesaufgebots, die 1677 erfolgreich abgeschlossen wurde, hat er sich angeschlossen. Die Einquartierung von kaiserlichen und brandenburgischen Truppen, unter denen 1672, 1675 und 1676 die jenaischen Landgebiete besonders zu leiden hatten, wurde auch für ihn mitbestimmend für den Abschluß eines Bündnisses der Ernestiner mit Kaiser Leopold I., das für künftig solche Belastungen zu verhindern versprach, dafür allerdings auch von Bernhard die Bereitstellung von Truppen für die kaiserliche Armee verlangte (1676). Damals schickte er seinen Hofmarschall Pflugk als Bevollmächtigten für die Verhandlungen nach

Wien. 1677 beteiligte sich Bernhard an der Aufstellung von Truppen für den Feldzug am Oberrhein ebenso wie an dem Bündnis der Ernestiner mit Kursachsen, Kurmainz, Bamberg und Würzburg, das ebenfalls der Vermeidung von Einquartierungen fremder Truppen und anderen militärischen Belastungen der eigenen Lande dienen sollte (s. o. S. 245). Den Friedensschluß von Nymwegen (1679) hat Bernhard allerdings ebensowenig erlebt wie den Wechsel der gemeinsamen Reichstagsgesandtschaft und des Agenten am kaiserlichen Hof (1682); damals bestimmten bereits weimarische Richtlinien die jenaische Reichspolitik.

Die finanziellen Lasten, die die reichspolitischen Erfordernisse, zumal die Truppenstellung, mit sich brachten, lagen um so schwerer auf dem jenaischen Lande, als Bernhard, ähnlich wie sein Eisenacher Bruder, zu so sparsamer Haushaltführung wie Johann Ernst II. von Weimar nicht bereit war. Das war für seine finanziellen Verhältnisse besonders nachteilig, weil die an ihn gekommenen, vormals altenburgischen Ämter Dornburg, Bürgel, Heusdorf und Allstedt mit einer noch aus den Jahrzehnten des 30jährigen Krieges herrührenden Steuerschuld von ca. 267 000 Gulden belastet und auch 1672 noch nicht in der Lage waren, die auf sie entfallenden Steuersummen aufzubringen. Schon in den Jahren vor der Landesteilung, als dem Herzog nur die Einkünfte aus dem ihm durch die Mutschierung zugefallenen Gebiet und die Zinsen der Mitgift seiner Gemahlin, die z. B. im Rechnungsjahr 1662/63 mehr als ein Drittel aller seiner Einnahmen ausmachten, zur Verfügung standen, hatten seine Einnahmen nie ganz ausgereicht, um die Ausgaben zu decken, die vor allem die Hofverwaltung verursachte. Dennoch befand sich die Finanzverwaltung zum Zeitpunkt der Landesteilung noch leidlich in Ordnung. Danach aber ist sie aus der Schuldenwirtschaft nie herausgekommen. Dies galt sowohl für die Kammerverwaltung, deren Schulden beim Tode des Herzogs auf mehr als 72 000 Gulden angestiegen waren, wie für die nach der Landesteilung nach weimarischem Vorbild geschaffene Landschaftskasse, in die die von den Landständen bewilligten Steuersummen flossen. Zwar hatte Bernhard keine Schwierigkeiten, die Landstände seines Territoriums, die während seiner Regierungszeit einmal, 1674, zu einem Landtag zusammentraten, zur Bewilligung der vor allem für die militärischen Erfordernisse nötigen Steuersummen zu bewegen; allein im Jahre 1677 waren es 7 1/4 Extraordinar- und 2 Ordinarsteuertermine. Und es gelang ihm auch, den im bisher altenburgischen Gebiet steuerfreien Landadel zur Leistung der in weimarischen Landen üblichen Abgabe zu veranlassen. Zur Bestreitung der Ausgaben reichten die eingehenden Mittel jedoch nicht aus, zumal die übermäßige steuerliche Belastung breiter Bevölkerungskreise dazu führte, daß die uneintreibbaren Steuerreste zunahmen. So befand sich auch diese Kasse beim Tode des Herzogs in völliger Unordnung.

Neben den Geldern, die die Truppenstellung für den Reichskrieg beanspruchte, verschlang vor allem der aufwendige jenaische Hofstaat erhebliche Summen. Beim Tode Bernhards bestand er aus nicht weniger als 110 Personen, an deren Spitze der Hofmarschall Bernhard Pflugk stand. Zu ihnen gehörten zahlreiche frühere Angehörige des weimarischen Hofes, die dort Opfer der strengen Sparsamkeit Johann Ernsts II. geworden waren und ein Unterkommen am Hofe seines jüngsten Bruders gefunden hatten, unter ihnen der Landbaumeister Johann Moritz Richter (1620-1667), der seit 1663 in Jena lebte, hier 1664 ein Haus baute und 1667 starb, und dessen gleichnamiger Sohn (1647-1705) zum Hofbaumeister ernannt wurde (vgl. Bd. VI, S. 31), ferner der Hofkapellmeister Adam Drese, der die von Bernhard in Jena geschaffene Hofkapelle (vgl. Bd. IV, S. 235) leitete und zugleich den Posten eines Kammersekretärs bekleidete. Damit sind zugleich zwei wichtige Interessengebiete Bernhards genannt, die er an seinem Hof zur Geltung bringen wollte, das Bauwesen und die Musikpflege. Die Bautätigkeit, an der auch der später in Eisenach und Weimar beschäftigte Johann Mützel als Bauschreiber Anteil hatte, galt vor allem dem Jenaer Schloß, das erhebliche Um- und Anbauten erlebte, und dessen Umgebung, in der neben einem Ball- und einem Schießhaus ein Lustgarten entstand. Zur Hofkapelle gehörten meist 15 Musiker, unter denen sich auch weitere Angehörige der aufgelösten weimarischen Hofkapelle befanden. Auch die bildenden Künste waren bei Hofe gern gesehen, wie die seit 1669 nachweisbare Anwesenheit des Hof- und Kunstmalers Bartholomäus Paulßen (1637-1699; vgl. Bd. VI, S. 37), des Stammvaters einer später in Jena zu Ansehen und Wohlstand gekommenen Kaufmannsfamilie, und anderer Maler in Jena bezeugt.

Die Stadt Jena hat aus ihrem damaligen Residenzcharakter erheblichen Nutzen gezogen. Denn die vielfältigen Bedürfnisse des Hofes und seiner und der neuen Behörden Beamten- und Dienerschaft und deren Familien brachten der Bürgerschaft, vor allem der Handel und Handwerk treibenden, steigende Arbeits- und Verdienstmöglichkeiten; dazu belebte das höfische Vorbild auch die Bautätigkeit in der Stadt. Allerdings zeigten sich bald auch negative Seiten, vor allem für die Bewahrung der überlieferten städtischen Hoheitsrechte. Bernhard wünschte nämlich, weil er sich finanzielle Vorteile davon versprach, wichtige, seit 1480 im Besitz der Stadt befindliche Gerichts-, Zoll- und Geleitsrechte zurückzukaufen und setzte dies 1666 gegen hartnäckigen Widerstand des Ratskollegiums auch durch. Das Verhältnis zwischen ihm und der Stadtverwaltung wurde dadurch und wegen daraus folgender wiederholter Eingriffe herzoglicher Beamter in städtische Befugnisse stark getrübt. Auch ein 1670 auf Drängen Johann Ernsts II. von Weimar zustandegekommener Vergleich, der die unsicher gewordenen gegenseitigen Kompetenzen abgrenzen sollte, brachte auf Dauer keine Abhilfe. Dies gelang erst, als die seit 1672 zunehmend schlechter werdende Finanzlage des Herzogs ihn 1675 nötigte, der Stadt wenigstens die Gerichtshoheit gegen Bezahlung zurückzugeben und einer gründlichen Regelung der Rechtsverhältnisse zuzustimmen.

Die Regierungstätigkeit im Lande vollzog sich auch nach 1672 auf den gesetzlichen Grundlagen, wie sie im Territorium des weimarischen Gesamthauses seit Herzog Wilhelms Zeiten bestanden. Daß ein großer Teil des von Bernhard regierten Gebiets aus dem altenburgischen Erbe stammte, hat dabei offenbar keine besonderen Schwierigkeiten bereitet. Bis zum Tode Bernhards war die Verordnungstätigkeit ohnehin bescheiden. Meist galt es nur, offenkundige Mißstände zu beheben, wie sie der Durchzug von fremden Truppen und deren Werbemethoden mit sich brachte, so die Verordnungen über Pflichten und Rechte von Einheimischen und Soldaten bei Einquartierungen (1674, 1676) und das Mandat gegen fremde Werber und den Eintritt von Einheimischen in fremde Kriegsdienste (1676), oder wie die Vermeidung von Prozessen in Beleidigungssachen, die durch gütliche Einigung aus der Welt geschafft werden sollten. Lediglich eine 1674 in Kraft getretene neue Geleitsordnung und eine im gleichen Jahre veröffentlichte neue Forst- und Wald-, Jagd- und Weidwerksordnung waren von allgemeiner Bedeutung. Eine neue Gerichts- und Polizeiordnung, an der seit 1673 gearbeitet wurde, lag 1678 zwar fertig vor, wird aber später nicht mehr erwähnt. In der Kirchenpolitik schloß sich Bernhard, der starke religiöse Neigungen hatte, seinen älteren Brüdern an. Wie sie bekämpfte er den in Jena aufkommenden Synkretismus, vor allem an der Universität. Ihr gegenüber kam ihm als Landesherrn eine besondere Stellung zu, die vor allem mit polizeilichen Befugnissen verbunden war. Diese nutzte er zu zahlreichen Verordnungen gegen die Disziplinlosigkeit der Studenten, wie sie sich im Pennalismus zeigte, ohne damit freilich mehr Erfolge zu haben als seine Vorgänger und Nachfolger. An den Schulen des Landes bestehende Mißstände wie Überfüllung der Klassen, Überalterung der Lehrkräfte und die Existenz sogenannter Winkelschulen suchte er durch wiederholte Schulvisitationen zu beheben, auch dies freilich ohne dauerhaften Erfolg.

Die nach Bernhards Tod in Jena eingesetzte Vormundschaftsregierung hat, unter weimarischer wie eisenachischer Oberaufsicht, eine umfangreiche Verordnungstätigkeit entfaltet, und zwar in enger Fühlung mit den Landständen, die in diesen Jahren weit häufiger als in Weimar und Eisenach zu Landtagen zusammengerufen worden sind, zwischen 1678 und 1690 achtmal. Während der Vormundschaftszeit Johann Ernsts II. von Weimar ging es ebenfalls meist um die Abstellung von Mißständen oder Bekämpfung von Gefahren, so in Verordnungen gegen die Unsicherheit auf den Straßen (1678), gegen die damals in der Umgebung von Jena grassierende Pest

(1680, 1683) und Viehseuche (1682) und gegen den übertriebenen Aufwand bei Familienfesten (1681-1683). Aber auch ein Münzpatent, das der Münzvielfalt im Lande steuern sollte, und eine neue Tranksteuerordnung wurden erlassen (beide 1680), und ein Mandat von 1682 verfügte die Anstellung von Hebammen in allen Orten des Landes. 1679 und 1680 wurden Schulvisitationen durchgeführt. Ob allerdings die 1678 von den Landständen verlangte Veröffentlichung der schon erwähnten neuen Gerichts- und Polizeiordnung tatsächlich erfolgt ist, ist noch unbekannt. Ihre Forderung, eine Steuerrevision durchzuführen, wurde offenbar nicht erfüllt.

Während der Vormundschaft Johann Georgs I. von Eisenach wurden Mandate gegen die Nachlässigkeit von Beamten bei Gerichtsverfahren und eine Taxordnung für Gerichtsgebühren (1684) erlassen, ferner drei Mandate zum Schutz der Sonntagsheiligung (1683, 1684, 1686), um die es offenbar nicht gut bestellt war; ferner wurden eine Kirchen- und eine Generalschulvisitation (1685, 1686) durchgeführt. Auch die damals vielerorts übliche Verordnung gegen Bettler und Zigeuner (1685) fehlte nicht. Nach dem Ende des Vormundschaftsstreites zwischen Johann Georg II. von Eisenach und Wilhelm Ernst von Weimar, der an anderer Stelle behandelt wurde (s. o. S. 274), ging es wegen des Angriffs französischer Truppen auf die Kurpfalz und des anschließenden Reichskriegs gegen Frankreich für Wilhelm Ernst auch in Jena vor allem um die Beschaffung von Geld zur Aufstellung und Aufrüstung von Truppen, und die Landstände kamen um die von ihm geforderte Steuerbewilligung nicht herum, obwohl sie die Folgen dieser erneuten starken Steuerbelastung erkannten, denn bereits seit 1684 hatte die Höhe nicht eintreibbarer Steuerschulden ständig zugenommen. Über die steigende Zahl von Extraordinarsteuern — von November 1688 bis November 1690 waren es 10 — hinaus mußten noch die Abgabe eines Gesindegroschens von Personen, die Dienstpersonal beschäftigten, und eine Haushaltungs- und Familiensteuer aufgebracht werden.

Mitten in dieser schweren Zeit starb am 4. November 1690 Johann Wilhelm, der letzte Herzog von Jena; 1691 wurde das Land unter Weimar und Eisenach aufgeteilt und die Vormundschaftsregierung aufgelöst. Einige ihrer Institutionen haben dieses Ende überlebt. Die Kammerverwaltung wurde erst 1699 aufgehoben, als Herzog Johann Wilhelm von Eisenach, der ab 1696 in Jena residiert hatte, in Eisenach die Regierung antrat. Das Konsistorium hat sogar bis 1809 weiterbestanden, ebenso lange die jenaischen Landstände, mit denen noch Goethe als Leiter der weimarischen Kammer verhandelt hat, und die Landschaftskasse, in die die von ihnen bewilligten Steuern bis dahin noch geflossen sind.

Sachsen-Weimar-Eisenach 1741-1775

Als mit dem Tode Herzog Wilhelm Heinrichs von Sachsen-Eisenach im Sommer 1741 das Eisenacher Herzogshaus im Mannesstamm erloschen war, ging dessen Land, soweit es aus der Landesteilung von 1672 und der Aufteilung des jenaischen Territoriums (1691) stammte, in den Besitz Herzog Ernst Augusts von Sachsen-Weimar über, der damit den gesamten Landbesitz der weimarischen Linie der Ernestiner in seiner Hand vereinigte. Die als Erbe der Gemahlin Johann Georgs I. von Eisenach an das Eisenacher Herzogshaus gekommene Grafschaft Sayn-Altenkirchen blieb davon ausgeschlossen. Für sie hatte sich bereits 1739 Wilhelm Heinrichs Neffe, der Markgraf Karl von Brandenburg-Ansbach, ein Enkel von Johann Georgs I. Tochter Eleonore Erdmuthe Luise aus ihrer Ehe mit Markgraf Johann Friedrich von Ansbach, die Belehnung und damit die Erbschaft gesichert, die er mit preußischer Militärhilfe — er war mit Friederike Luise von Preußen, einer Schwester Friedrichs des Großen, verheiratet — auch zu behaupten verstand.

Noch im Sommer 1741 ließ Ernst August von Weimar das eisenachische Territorium von seinen Truppen besetzen, auch das 1707 von Johann Wilhelm von Eisenach gegen den Protest der damaligen gothaischen und weimarischen Herzöge an Fulda zurückgegebene Pfandamt Fischberg (s. o. S. 339 f.). Sogleich lebte der Streit mit Fulda um dieses Amt wieder auf; er mündete, nachdem vorübergehend sogar eine militärische Auseinandersetzung gedroht hatte, in einen neuen Prozeß vor dem Reichshofrat ein, dessen Ende Ernst August nicht mehr erlebt hat. Die Ursache einer weiteren mit dem Eisenacher Erbe zusammenhängenden Auseinandersetzung waren die Erbansprüche der Witwe Wilhelm Heinrichs, Sophie Charlotte, die von dem von ihrem verstorbenen Gemahl zum Testamentsvollstrecker eingesetzten, mit ihr nahe verwandten Preußenkönig Friedrich sehr entschieden, zuweilen mit Schroffheit vertreten wurden. Ihn nahm Ernst August zudem noch dadurch gegen sich ein, daß er die vom letzten eisenachischen Herzog gestatteten preußischen Werbungen in den eisenachischen Landen untersagte, die preußischen Werbeoffiziere zum Verlassen des Landes aufforderte und die von Preußen verlangte Auslieferung von aus preußischem Militärdienst in ihre eisenachische Heimat entflohenen Deserteuren verweigerte. Im Erbstreit mit der eisenachischen Herzogswitwe mußte er nachgeben und sich zur Zahlung von 10 000 Talern an sie bereitfinden; in den jahrelangen Auseinandersetzungen um die Deserteure verstand er sich schließlich zu der Zusicherung, dafür sorgen zu wollen, daß sich an deren Stelle andere eisenachische Landeskinder für den preußischen Militärdienst zur Verfügung stellten. Ob und in welchem Umfang dies geschehen ist, ist nicht bekannt.

Noch im Sommer 1741 hatte Ernst August den sachsen-eisenachischen Reichstagsgesandten in Regensburg, von Berghofer, seines Amtes enthoben, ebenso den eisenachischen Vertreter beim Kaiser, Avemann, und alle sonstigen bei Reichsständen und Reichskreisen tätigen eisenachischen Agenten. Die eisenachische Reichstagsstimme übertrug er seinem Reichstagsgesandten von Pogarell; nach demmen Entlassung führte seit 1744 beide Stimmen sein Nachfolger, der brandenburg-bayreuthische und -ansbachische Reichstagsgesandte Rudolf Anton von Heringen. Von den kriegerischen Vorgängen, die in jenen Jahren das Reich heimsuchten, dem Österreichischen Erbfolgekrieg und den beiden Schlesischen Kriegen, hielt sich Ernst August fern; der 1745 an ihn gerichteten Aufforderung des neugewählten Kaisers Karl VII. aus dem Hause der Wittelsbacher, ihm gegen Bezahlung einige Regimenter zu stellen, leistete er keine Folge. Als allerdings Maria Theresias Gemahl als Franz I. zum Kaiser gewählt worden war und 1746 die Besetzung der höchsten Posten in der Reichsarmee auf dem Reichstag erörtert wurde, erwachte sein militärischer Ehrgeiz noch einmal. Sein Gesuch um ein Reichsgeneralat bei der Kavallerie verband er sogar mit einem Antrag auf eine Anwartschaft auf die protestantische Reichsgeneralfeldmarschallstelle, einen Posten, der für die Reichsarmee garnicht vorgesehen war. Erfolg hatte er damit nicht. Zu Absprachen mit seinen ernestinischen Vettern über gemeinsame Verteidigungsanstrengungen in dieser unruhigen Zeit kam es ebenfalls nicht; die Prozesse, die er auch damals noch wegen seines schroffen Vorgehens gegen die Unversität Jena zu führen hatte (s. o. S. 316 f.), standen solch gemeinsamer Politik im Wege. So zog er lediglich für sein eigenes Territorium entsprechende Folgerungen, indem er seinen Truppenverband, zu dem er 1741 die weimarischen und eisenachischen Kontingente vereinigt hatte, verstärkte. 1743 verfügte er zudem noch, daß kein Landeskind im Alter von mehr als 12 Jahren außer Landes gehen oder anderswo fremde Kriegsdienste nehmen sollte; außerdem erließ er, vorwiegend aus militärischen Gründen, im gleichen Jahre ein Heiratsverbot für Männer unter 24 Jahren. Um die betreffenden Jahrgänge besser unter Kontrolle zu haben, verlangte er 1744 von allen Ämtern und Städten halbjährig schriftliche Aufstellungen über alle 16-30jährigen männlichen Personen. Sein aus Infanterie, Kavallerie und Artillerie bestehendes Militär hatte um 1747 eine Stärke von etwa 2500 Mann, die in vier Garnisonen — Weimar, Eisenach, Jena und Apolda — stationiert waren. Dazu kam noch das von ihm bereits 1729 anstelle des Landesaufgebots geschaffene Städteregiment mit einer Sollstärke von 800 Mann, das zugleich Wach- und Polizeidienste zu versehen hatte.

Die mit der Besitzergreifung des Fürstentums Eisenach verbundene erhebliche Vergrößerung des Herrschaftsgebiets wurde in Weimar zum Anlaß von Überlegungen, die der Verbesserung der Zentralverwaltung galten. Der 1743 unternommene Versuch, ein Geheimratskollegium in Weimar zu schaffen, das zwar nicht wie in Gotha eine den Landeskollegien in Weimar und Eisenach übergeordnete Zentralbehörde sein sollte, aber immerhin ein zentrales Amt für außenpolitische Angelegenheiten, wurde jedoch bald wieder aufgegeben. Auch des Herzogs Plan, die weimarischen, jenaischen und eisenachischen Landstände zu vereinigen und auch die Landschaftskassen zusammenzulegen, wurde nicht weiter verfolgt, weil er vor allem angesichts der Haltung der eisenachischen Stände, über die noch zu berichten ist, keine Aussicht auf Verwirklichung hatte. So blieb alles beim alten, auch in der Organisation der Landeskollegien in Weimar und Eisenach, die nunmehr beide unmittelbar dem Herzog und seiner Hofkanzlei unterstellt waren. Allerdings wurden noch 1741 die Ämter Jena, Allstedt und Großrudestedt, die entweder an den weimarischen Landesteil grenzten oder ihm näher lagen als dem eisenachischen, den Landeskollegien in Weimar nachgeordnet, und 1742 die Kompetenzen des weimarischen Forstamts auf das eisenachische Gebiet ausgedehnt; die Behörde führte seitdem den Namen Oberforstamt.

In Weimar hatte seit 1740 der Geheime Rat Anton Karl von Griesheim (1676-1753) die Leitung von Regierung und Oberkonsistorium inne, daneben vorübergehend auch die Aufsicht über die Kammer, bis diese der Herzog 1741 dem bisherigen Eisenacher Kammerdirektor Georg Wilhelm von Herda zu Brandenburg übertrug. Griesheim trat dann 1742 auch seine beiden anderen Ämter an den Geheimen Rat Johann Michael Langguth ab, übernahm sie aber nach dessen Tod (1743) wieder, um sie 1746 erneut zu verlieren, diesmal an den bereits 1745 vom Herzog zum Geheimen Rat und Regierungsdirektor ernannten, aus der Nähe von Breslau gebürtigen bisherigen Gräflich Promnitzischen Kanzleidirektor in Sorau in Schlesien, Karl Ernst von Rehdiger (1692-1766), der 1747 auch den Titel eines Konsistorialpräsidenten erhielt. Die Leitung der Kammer ging, nachdem Herda sich mit dem Herzog entzweit und seine Ämter in Eisenach und Weimar niedergelegt hatte, 1745 auf den Hof- und Kammerrat Christian Johann Huldreich von Rothmaler über.

In Eisenach blieb der Geheimrat Johann Hartmut Gärtner von Grüneck auch nach dem Ende des Eisenacher Herzogshauses als Präsident aller Landeskollegien in seinen Ämtern, die er bis zu seinem Tode (1744) geführt hat. Ihm folgte an der Spitze von Regierung und Oberkonsistorium der bereits 78jährige bisherige Vizekanzler und Konsistorialdirektor Bartholomäus Kellner, während die Leitung der Kammer der schon erwähnte Georg Wilhelm von Herda zu seinem weimarischen Amt mit übernahm. Nach seinem Rücktritt führte der Oberkammerrat Andreas Koch (1699-1761) die Kammergeschäfte weiter.

Herzog Ernst August, der als passionierter Jäger an den ausgedehnten Waldungen um Eisenach besonderen Gefallen fand, hielt sich seit 1741 meist dort auf. 1743 verlegte er seinen Hofstaat und die Hofkanzlei nach Eisenach. Dort und im benachbarten Wilhelmsthal residierte er seitdem zumeist. Seine Familie blieb allerdings in Weimar, und sein einziger Sohn und Thronfolger Ernst August Constantin bekam ihn seitdem nie wieder zu sehen. In Eisenach, wo Ernst August noch 1741 den erst vier Jahrzehnte alten Schloßbau der Eisenacher Herzöge hatte abbrechen lassen, ließ er durch seinen Hofbaumeister Gottfried Heinrich Krohne ein neues Schloß bauen (vgl. Bd. VI, S. 75 ff.), den späteren Fürstenhof, der allerdings bei seinem Tode noch unvollendet war. Hingegen konnten vom gleichen Baumeister die vom Herzog für notwendig erachteten Umbauten in Wilhelmsthal 1743 abgeschlossen werden. Weitere Bauten, zumeist für Jagdzwecke, entstanden in der Folgezeit, alle nach Krohnes Plänen, auf der Hohen Sonne bei Wilhelmsthal, bei Ruhla, in Marksuhl, Zillbach, Gerstungen und Creuzburg. Nicht alle wurden vollendet und keines hat den Herzog lange überlebt, da dafür zumeist minderwertiges Baumaterial verwendet werden mußte, weil die ständige Geldnot, in der sich die Kammerkasse befand, eine solide Bauweise nicht gestattete. Seiner Jagdleidenschaft ließ der Herzog in Eisenachs Wäldern freien Lauf; im Winter 1744/45 z. B. hetzte er dort ein paar hundert Wildschweine. 1747 werden 14 Jagdlakaien erwähnt.

Die Schwierigkeit bei der Beschaffung der für solch aufwendigen Lebensstil notwendigen Geldmittel, über die bereits früher (s. o. S. 300) berichtet wurde, hielt auch in diesen letzten Jahren seiner Regierungszeit an. Über die Verschlechterung des Zustands der Kammer- und der Landschaftkassen beider Landesteile wurde seit 1741 immer wieder geklagt. Ihre Einnahmen waren wegen der zu großen Belastung der Bevölkerung mit Steuern, Abgaben aller Art und Frondiensten, die nicht nur zum Anwachsen der Steuerausfälle, sondern auch zum Rückgang der Grundstückspreise und des öffentlichen Kredits führten, weiter rückläufig; und da von einer drastischen Senkung der Ausgaben keine Rede sein konnte, war für sie keine Deckung vorhanden. 1747 stockten daher die Gehaltszahlungen für die Hof- und Staatsdiener fast völlig; allein die Schulden der Weimarer Kammer beliefen sich 1748 auf mehr als 370 000 Taler.

Dazu kam, daß sich die eisenachischen Landstände weit energischer als die weimarischen und jenaischen gegen die Eingriffe des Herzogs in ihre Rechte, zumal das der Steuerbewilligung wehrten, vor allem als er ohne ihre Zustimmung Steuern ausschrieb und eintrieb. Seit 1742 verlangten sie von ihm mehrfach die Einberufung eines Landtags.

Zwar stellte er ihnen dies für 1745 in Aussicht, doch kam es dann nur zu einem Ausschußtag. Sie überreichten ihm daraufhin 1746 eine Denkschrift, in der sie alle seine Verstöße gegen die eisenachische Landesverfassung aufzählten. Aufs höchste erregt, machte er ihnen, um sie loszuwerden, den Vorschlag, sie sollten ihm ihre Güter verkaufen. Das lehnten sie ab und sprachen dabei von einem „système de despotisme". Als sie bei ihrem Widerstand sogar die Unterstützung der eisenachischen und weimarischen Regierungskollegien fanden, gab er nach. Er versprach die Einberufung der eisenachischen und weimarischen Landtage für Ende 1747 und traf Vorbereitungen dafür. Es ist dann aber doch nicht mehr dazu gekommen.

An dem von Launenhaftigkeit und Willkür und von Mangel an Folgerichtigkeit geprägten Regierungsstil des Herzogs hat sich auch in seinen letzten Regierungsjahren nichts geändert. Nach der Erweiterung seines Herrschaftsgebiets, vor allem nach seiner Übersiedlung nach Eisenach, räumte er zwar den Landeskollegien beider Landesteile eine erweiterte Entscheidungsfreiheit ein, doch hielt er sich häufig selbst nicht daran, indem er in Kleinigkeiten mit eigenen Anordnungen eingriff. Ein von ihm 1741 eingeführter neuer Beamteneid, der die Einhaltung des Dienstgeheimnisses gewährleisten und internen Streit und Begünstigung in den Behörden verhindern sollte, und die 1742 erlassene Bestimmung, die Beamten eine bare, unverzinsliche Kaution abverlangte, die man allerdings 1747 in eine mit 4 % zu verzinsende umwandelte, läßt sein Mißtrauen gegenüber seinen Untergebenen deutlich werden; besonders drastisch pflegte es sich zu äußern, wenn von den leeren Kassen die Rede war, obwohl dies bekanntlich ganz andere Ursachen hatte. Ob für seine 1741 an das Eisenacher Oberkonsistorium gerichtete Anweisung, die den Kauf von geistlichen und weltlichen Ämtern bei hohen Strafen untersagte, ein aktueller Anlaß vorlag, ist bisher nicht bekannt. Da dies in anderen thüringischen Territorien damals durchaus vorkam (s. u. S. 518 u. 551), ist es auch für Eisenach nicht auszuschließen.

Die Regierungstätigkeit in diesen Jahren beschränkte sich in Polizei und Justiz auf die Bekämpfung von Mißständen mit Hilfe von Verordnungen, ob es sich während der Teuerung von 1742 und 1744 um die Verteilung von Holz, Korn und Geld an die Armen oder um die Bestrafung von Müllern wegen zu hoher Mahlgebühren, um die Pflasterung von Straßen, zu denen 1743 die Hausbesitzer verpflichtet wurden, oder um die Fernhaltung von fremden Jägern (1744) handelte. Die seit 1739 laufenden Verhandlungen über eine neue Feuerordnung kamen zu Lebzeiten des Herzogs nicht mehr zum Abschluß. Eine Reihe von Verordnungen galt der Verbesserung des Zivilprozeßwesens, die man durch Verkürzung der Verfahren, durch das Verbot, Akten nach auswärts, z. B. an fremde Schöppenstühle, zu versenden, durch die Begrenzung der Zahl der zugelassenen Advokaten, die Bestrafung von Winkeladvokaten und durch den Erlaß von Vorschriften über den Geschäftsgang zu erreichen suchte. In Kriminalfällen wurde 1745 die Entscheidungsbefugnis den Regierungskollegien übertragen und dadurch bisherige Zuständigkeiten von Ämtern und Adelsgerichten eingeschränkt. Die Strafjustiz litt jedoch weiter unter willkürlichen Entscheidungen von Seiten des Herzogs selbst. In einem gegen den Willen des weimarischen Regierungskollegiums 1747 ergangenen Erlaß bedachte er Diebstähle in Häusern und Gärten im Wert ab 8 Groschen sogar mit der Todesstrafe. Im Strafvollzug zeigten sich erhebliche Mängel. Im Weimarer Zuchthaus war 1746 die Gesundheitsfürsorge so schlecht, daß viele Sträflinge starben, und 1747 stellte man fest, daß manche ohne Urteilsspruch einsaßen.

Die Vergrößerung des Wirtschaftsgebiets brachte manche Probleme. So scheiterte des Herzogs Versuch, die selbständigen Strumpfwirkerinnungen in Jena, Lobeda und Isserstedt aufzuheben und deren Mitglieder dem Manufakturkollegium in Apolda zu unterstellen. In der Handelspolitik schwankte man weiter zwischen Einfuhr- und Ausfuhrverboten, je nachdem ob man eigene Wirtschaftszweige vor auswärtiger Konkurrenz schützen oder angesichts von Ausfuhrverboten benachbarter Reichsstände einen Preisauftrieb im eigenen Lande verhindern wollte. So sind die 1741 erlassenen Einfuhrverbote für Kohle, Eisen und Stahl zu verstehen, die die eigene spärliche Steinkohlenförderung bei Buttstädt, Apolda und Magdala schützen, und die Ausfuhrverbote für Getreide, Heu und Butter in den Jahren 1745 und 1746, die einer drohenden Teuerung im Lande vorbeugen wollten. Ein zwei Kaufleuten 1744 erteiltes Kupferhandelsprivileg bezog sich nur auf die Einfuhr, verbot aber die Ausfuhr, und ein 1747 erlassenes Glaseinfuhrverbot, das allerdings einige Ausnahmen zuließ, diente dem Schutz der Ilmenauer Glashütte, die 1745 hatte geschlossen werden müssen, zwei Jahre später aber, von Holz- auf Kohlefeuerung umgestellt, wieder eröffnet werden konnte. Das Salzmonopol für das gesamte weimar-eisenachische Wirtschaftsgebiet erteilte Ernst August 1744 der Saline Wilhelmsglücksbrunn bei Creuzburg an der Werra. Wirtschaftliche Erwägungen waren maßgebend, als Ernst August 1745 den Reformierten in Eisenach und Jena freie Ausübung ihrer Religion zusicherte; er hoffte dabei auf den Zuzug wohlhabender Kaufleute und Bankiers.

Im kirchenpolitischen Bereich blieb es auch damals bei dem Zwiespalt zwischen seinen eigenen religiösen Neigungen, die sich in einer von ihm 1742 verfaßten Schrift über „theosophische Herzensandachten" ausdrückte, und seiner praktischen Politik, die Pietisten und Herrnhuter aus seinen Landen zu verbannen trachtete. Nach der Angliederung der eisenachisch-jenaischen Gebiete ließ er allen dortigen Geistlichen eine Reihe von Fragen vorlegen, die sich auf ihr und das Verhalten der von ihnen betreuten Personen bezogen; er erließ Vorschriften über ihre Tracht und verbot ihnen den Besitz von zu vielen Äckern und von Mühlen, den Fruchthandel und das Branntweinbrennen.

Mit der Universität Jena lebte er auch in seinen letzten Jahren im Streit. Für ihren damals viel beklagten Niedergang machte er ihre Selbstverwaltungsorgane verantwortlich. Zu einer Einigung mit den anderen ernestinischen „Nutritoren" der Universität ist es jedoch nicht gekommen. Ernst August starb am 19. Januar 1748 im 60. Lebensjahr in Eisenach. Sein Tod wurde im Lande mit Erleichterung zur Kenntnis genommen. Wegen der sichtbaren Zeichen seiner Herrschaft, die er hinterlassen hat, wird er jedoch im Gedächtnis der Nachwelt weiterleben, trotz aller Mängel, die ihm und seinem Regierungsstil anhafteten. Denn wer wollte schon, bei einem Besuch in Weimar, auf den Anblick des Schlosses Belvedere verzichten!

Ernst August, seit 1747 verwitwet, hinterließ außer vier Töchtern, von denen die dritte, Bernhardine Christiane (1724-1757), 1744 den Fürsten Johann Friedrich von Schwarzburg-Rudolstadt geheiratet hatte, die anderen aber noch ledig waren, von ihnen die jüngste, Ernestine Auguste (1740-1786), noch unmündig, einen damals noch unmündigen Sohn, den 10jährigen Erbprinzen Ernst August Constantin, aber kein Testament. So konnte sich Herzog Friedrich III. von Sachsen-Gotha-Altenburg (1699-1772), als er sich sogleich der Herrschaft in Weimar und Eisenach bemächtigte, lediglich auf die eidliche Aussage eines hohen weimarischen Hofbeamten stützen, daß der Verstorbene sich seinen Gothaer Vetter zum Vormund seines Sohnes gewünscht hätte. Nach sächsischem Recht und den Hausverträgen kam das Recht der Vormundschaft und damit auch der vorübergehenden Besitznachfolge jedoch dem Senior des ernestinischen Gesamthauses zu. Dies war damals Herzog Anton Ulrich von Sachsen-Meiningen (1687-1763). Da dieser aber im März 1748 seinen Anspruch aufgab (s. u. S. 485), trat an seine Stelle der nächstältere Ernestiner, Herzog Franz Josias von Sachsen-Coburg-Saalfeld (1697-1764), der auch sogleich seine Ansprüche anmeldete und gegen das gothaische Vorgehen protestierte, zumal er angesichts des bekannt schwachen Gesundheitszustands des weimarischen Erbprinzen argwöhnte, der Herzog von Gotha wolle sich bei einem vorzeitigen Tode des Weimaraners in den Besitz von dessen Landen bringen. Er beschwerte sich deshalb bei Kaiser Franz I. in Wien, der auf Grund eines Gutachtens des Reichshofrats zugunsten des Coburgers entschied. Friedrich von Gotha zeigte jedoch keine Neigung, seinem Widersacher das Feld zu räumen und fand dabei Unterstützung bei anderen Reichsständen, vor allem bei Preußen und Hannover. Nach langen Verhandlungen kam es im

September 1749 zu einem Vergleich. Darin wurde Gotha die Vormundschaft über den weimarischen Erbprinzen Ernst August Constantin und die Regierung im Fürstentum Eisenach einschließlich der Ämter Jena, Allstedt und Großrudestedt übertragen, Coburg die Vormundschaft über die weimarische Prinzessin Ernestine Auguste und die Regierung im Fürstentum Weimar.

Daraus folgte auch eine Neuordnung der Vertretung beider Fürstentümer beim Reichstag in Regensburg. Friedrich III. hatte schon im Januar 1748 dem damaligen weimar-eisenachischen Reichstagsgesandten von Heringen (s. o. S. 362) Vollmacht für die Weiterführung beider Reichstagsstimmen erteilt, Franz Josias hingegen im Juli darauf den brandenburg-ansbachischen Reichstagsgesandten Johann Hermann von Staudach damit betraut, so daß zunächst niemand wußte, wer in Regensburg nun eigentlich für beide Fürstentümer zuständig war. Im Vergleich von 1749 wurden beide Stimmen voneinander getrennt. Die weimarische behielt von Staudach, nach dessen Tod (1753) sie der hessen-darmstädtische Reichstagsgesandte Joachim Ludwig Freiherr von Schwarzenau weiterführte; die eisenachische übernahm anstelle des inzwischen aus Altersgründen abberufenen von Heringen der gothaische Reichstagsgesandte Friedrich Samuel von Montmartin.

In der Zwischenzeit hatte Herzog Friedrich von Gotha für das gesamte weimar-eisenachische Territorium eine Landesadministrationskommission mit dem Sitz in Weimar eingerichtet, die aus dem gothaischen Geheimen Regierungsrat Albrecht Anton von Rüxleben (1705-1770), dem weimarischen Regierungsdirektor von Rehdiger, der 1748 zum Regierungspräsidenten ernannt wurde, dem weimarischen Hof- und Regierungsrat Gottfried Nonne (1710-1765), einem gothaischen Beamtensohn, der aus hildburghäusischem Dienst 1744 nach Weimar gekommen war, und zwei Vertretern der Landstände, Karl Gustav von Mandelslohe (1701-1766) und Karl Alexander von Kalb (1712-1792), bestand. Sie hatte jedoch Schwierigkeiten, sich gegenüber den Ansprüchen der weimarischen und eisenachischen Landeskollegien zu behaupten und konnte nur vorübergehend tätig werden, weil der Herzog in Erwartung des mit Coburg abzuschließenden Vergleichs bereits im November 1748 die Herrschaft über das Fürstentum Weimar an seinen Coburger Vetter abtrat und damit die Voraussetzung für eine getrennte Verwaltung beider Fürstentümer schuf.

In Weimar setzte der Coburger nunmehr ein Geheimes Obervormundschaftskollegium ein, an dessen Spitze er den Geheimen Rat Eberhard Hartmann von Erffa (1695-1753) berief und dem noch Mandelslohe, der coburgische Hofrat Johann Friedrich von Hendrich (um 1700-1775) und die bisherigen weimarischen Räte Johann Friedrich Wagner, August Christian Kirmß und Christian Gottlob Müller angehörten, die sich im Vormundschaftsstreit für Coburg ausgesprochen hatten. Parteigänger Gothas wurden entlassen, so Nonne, oder nahmen von selbst ihren Abschied, wie Rehdiger; sie fanden in Eisenach Aufnahme. Als Erffa sich 1751 beurlauben ließ, übernahm Mandelslohe den Vorsitz; nach Erffas Tod (1753) wurde er Direktor des Kollegiums, dem alle Landeskollegien unterstellt waren.

In Eisenach berief Friedrich von Gotha eine auf das eisenachische Fürstentum beschränkte neue Landesadministrationskommission, die sich aus dem bisherigen gothaischen Oberhofmarschall Joachim Christoph von Moltke (1699-1781) als Direktor und drei eisenachischen Beamten, dem Landeshauptmann Johann Ernst Wilhelm von Nesselrode, dem Vizekanzler Johann Jakob Witsch und dem Regierungsrat Johann Christian Göckel zusammensetzte, aber bereits im Dezember 1749 aufgelöst wurde, um einem Landesdirektor Platz zu machen, der den Vorsitz in allen Landeskollegien übernahm und von dort aus die Geschäfte leitete; mit diesem Amt wurde Rüxleben betraut. Als dieser 1750 zum Kanzler in Altenburg ernannt wurde, trat an seine Stelle der bisherige altenburgische Landschaftsdirektor Heinrich Graf von Bünau (1697-1762), der zugleich den Titel eines Statthalters erhielt, ein Staatsmann und Gelehrter von hervorragendem Ruf, der, in Weißenfels als Sohn eines sachsen-weißenfelsischen, später kursächsischen Kanzlers geboren, in Leipzig studiert, danach von 1727-1742 in hohen kursächsischen Ämtern, von 1742-1745 als Reichshofrat in kaiserlichen Diensten gestanden und sich außerdem als Historiker einen Namen gemacht hatte; seine Stellung in Eisenach entsprach der eines Premierministers.

Die beiden von den Herzögen von Coburg und Gotha in Weimar und Eisenach eingesetzten zentralen Verwaltungsstellen konnten nur innenpolitisch tätig werden. Ihr Augenmerk war in erster Linie auf die Wiederherstellung geordneter finanzieller Verhältnisse gerichtet, ein Ziel, das sie vor allem durch radikale Sparsamkeit zu erreichen suchten. Die Ausgaben des Hofes wurden drastisch eingeschränkt, der Marstall nahezu aufgelöst, die Bautätigkeit an den zahlreichen, z. T. noch unfertigen Schloß- und Jagdbauten weithin eingestellt, das Militär stark reduziert und Teile davon den Holländern überlassen, das Städteregiment aufgelöst und durch eine Landmiliz ersetzt, von Ernst August neugeschaffene Behörden, die für überflüssig gehalten wurden, abgeschafft, so das Oberforstamt und das Landeskollegium (Landschaftskollegium). Besondere Aufmerksamkeit galt der Abzahlung von Schulden. In Eisenach war man darin besonders erfolgreich; die Kammer wurde schuldenfrei gemacht, der Schuldenstand der Landschaftskasse erheblich gesenkt; doch auch in Weimar gelang es, die Schuldenlast zu vermindern.

Diesen für die Zukunft beider Fürstentümer wichtigen Bemühungen gegenüber nahm sich die sonstige Regierungstätigkeit bescheiden aus. In Weimar beschränkte sie sich im Polizei- und Justizbereich auf die Beseitigung von Willkürmaßnahmen Ernst Augusts und auf Einzelverordnungen zur Bekämpfung offenkundiger Mißstände. Die von Ernst August vorwiegend aus militärischen Erwägungen erlassenen Verordnungen wurden aufgehoben, so 1748 das Verbot des Gesellenwanderns und 1751 das Heiratsverbot für Männer unter 24 Jahren. Die harten Strafandrohungen in sittenpolizeilichen Erlassen wurden gemildert; ein Vorschlag des weimarischen Regierungskollegiums, die Kirchenbuße abzuschaffen, scheiterte jedoch am Widerspruch des Oberkonsistoriums. Mit einer 1753 erlassenen neuen Armenordnung suchte man, allerdings vergeblich, den sichtbarsten Folgen der Verarmung breiter Bevölkerungsschichten beizukommen; schon 1755 sah man sich genötigt, sie erneut ins Gedächtnis zu rufen. Der Bekämpfung von Zigeunern, vor allem aber von Diebes- und Räuberbanden, die damals in Thüringen ihr Unwesen trieben, galt eine ebenfalls 1753 publizierte scharfe Verordnung. Versuche, das Prozeßwesen zu verbessern, kamen über die Regelung von Einzelheiten nicht hinaus, und Verhandlungen über eine neue Landes- und Polizeiordnung versandeten. Im Wirtschaftsbereich kam die geplante Errichtung einer Kammerdeputation, von der man sich eine Belebung des Handels versprach, nicht zustande, und den Klagen über den Verfall der Handwerksinnungen folgten keine entsprechenden Maßnahmen dagegen. Daß man 1754 das von Herzog Ernst August erlassene Verbot des Verkaufs von Bauerngütern an Adelige mit der Begründung aufhob, daß die inzwischen durchgeführte Generalsteuerrevision es künftig verhindern werde, solchen Bauernbesitz adligen Lehngütern zuzuschlagen und dadurch der Besteuerung zu entziehen, zeigt, daß es nicht um Bauernschutz ging, sondern um die Verhinderung von Steuermindereinnahmen.

Die Landstände waren nach Ernst Augusts Tod dem Herzog von Gotha gegenüber mit einer Beschwerde über die bisherige Einschränkung ihrer Rechte hervorgetreten und hatten damit Erfolg gehabt, wie schon die Zuziehung von landständischen Vertretern zur Landesadministrationskommission bezeugt. Friedrich III., der die weimarischen Landstände bereits 1748 zu einem Deputationstag nach Weimar und 1751 die eisenachischen und jenaischen Landstände zu einem Generalausschußtag nach Eisenach einberufen hatte, zeigte sich zur Anerkennung ihrer althergebrachten Rechte, zumal des Steuerbewilligungsrechts, ebenso bereit wie sein Coburger Vetter Franz Josias, der 1750 und 1755 in Weimar Landtage und zwischendurch jährlich Ausschußtage abhielt.

Gemeinsam bemühten sich beide Herzöge um die Verbesserung der Verhältnisse an der Universität Jena, über deren Verfall seit Jahren geklagt wurde. Ernst Augusts Willkürmaßnahmen gegen sie wurden aufgehoben und sie auch in Apolda wieder in ihre alten Rechte eingesetzt. Friedrich III. ließ sich 1750 von der Universitätsleitung ein Gutachten über ihren Zustand erstatten und veröffentlichte im gleichen Jahre ein neues Mandat gegen das Duellieren, das durch seine gegen früher sehr gemilderten Strafbestimmungen auffällt. Danach folgten jahrelange Verhandlungen zwischen Gotha, Coburg und Meiningen, die bis zum Ende der Vormundschaft, gehemmt vor allem durch die Säumigkeit, mit der von meiningischer Seite diese Dinge behandelt wurden, lediglich zu einer Reihe von Einzelverordnungen geführt haben; zu einer durchgreifenden Änderung der Verhältnisse kam es nicht.

Erbprinz Ernst August Constantin war nach dem zwischen Gotha und Coburg ausgehandelten Vergleich im November 1749 von Weimar an den Gothaer Hof übergesiedelt, der damals nicht nur der Mittelpunkt des räumlich größten thüringischen Territoriums war, sondern seit Jahren schon, verkörpert vor allem von der Herzogin Luise Dorothea, eine Stätte, an der die ins Reich ausstrahlenden Gedanken der französischen Aufklärungsphilosophie gepflegt wurden und Wurzeln schlugen, Gedanken, die zwar nicht die Regierungsform der absoluten Fürstenherrschaft, wohl aber deren geistige Grundhaltung und die Grundsätze der Regierungstätigkeit im Sinne eines aufgeklärten Absolutismus auch an thüringischen Fürstenhöfen nach und nach grundlegend verändert haben.

Herzog Friedrich III. hatte 1748 den Oberhofmeister Jakob Julius von Kaulbars zum Erzieher des Erbprinzen ernannt, der dieses Amt auch nach der Übersiedlung von dessen Hofstaat nach Gotha ausübte, zusammen mit anderen Lehrern. Zum Hofstaat gehörten auch einige weimarische Persönlichkeiten aus der Zeit Ernst Augusts, die nach Gotha mitgekommen waren und noch im späteren weimarischen Hofleben eine Rolle gespielt haben, so der Hofmarschall Johann Christian von Schardt (1712-1790), bis 1748 Inhaber der Aufsicht über die Erziehung des Erbprinzen, ferner der Kammerjunker Wilhelm Ernst Friedrich von Göchhausen (1702-1768), der 1750 Schloßhauptmann in Eisenach wurde, und der Kammerjunker und Offizier Maximilian von Laßberg (1711-1788). Im Juni 1751 betraute Friedrich III. den Grafen Heinrich von Bünau mit der Oberleitung der Erziehung des Erbprinzen, die er, da er wegen seines Eisenacher Amtes nicht ständig in Gotha sein konnte, zeitweilig mit Hilfe von „Erziehungsbriefen" ausübte, in denen er sich nicht auf allgemeine religiöse und moralische Betrachtungen beschränkte, sondern auch Grundsätze und Einzelheiten landesfürstlicher Regerungstätigkeit behandelte.

In Weimar sah man die jahrelange Abwesenheit des Erbprinzen mit Mißvergnügen. Man mißtraute den Einflüssen des gothaischen Hofes und der eisenachischen Beamtenschaft, zumal sich unter ihr auch Beamte befanden, die man aus Weimar entfernt hatte. So suchte man nach Wegen, eine vorzeitige Mündigsprechung und baldige Heirat des Erbprinzen zu erreichen, weil man sich davon die Rückkehr des Erbprinzen nach Weimar und damit Vorteile für die Residenzstadt, aber auch die eigenen Interessen versprach. Die weimarischen Landstände wandten sich daher, nachdem der Erbprinz im Juni 1755 das 18. Lebensjahr vollendet hatte, in diesem Sinne an den Herzog von Coburg und fühlten auch am kaiserlichen Hof in Wien vor, während zur gleichen Zeit Mandelslohe, der Hauptakteur solcher Bemühungen, hinter dem Rücken des Herzogs von Gotha mit Persönlichkeiten in der nächsten Umgebung des Erbprinzen in Verbindung trat, vor allem mit Kaulbars, der sich für später eine maßgebende Stellung am weimarischen Hof versprach und offenbar mit der Einflußnahme des Grafen Bünau auf die Erziehung des Erbprinzen unzufrieden war. Der junge Erbprinz selbst, schüchtern und empfindlich wie er war, hatte sich durch die geistig hochstehende, aber auch herrschsüchtige und launische gothaische Herzogin, die sich seiner besonders annahm und ihn gern mit ihrer sehr lebhaften Tochter Friederike Luise (1741-1776) verheiratet hätte, oft mehr bedrängt als gefördert gefühlt und zeigte sich von dem ihm durch die Intrige nahegebrachten Gedanken so eingenommen, daß Herzog Friedrich und Graf Bünau, die ihn lieber auf eine 2-3jährige Bildungsreise nach Frankreich geschickt hätten, ihren anfänglichen Widerstand dagegen aufgaben und nun ihrerseits, zusammen mit Coburg, entsprechende Entschlüsse trafen. Zur verstärkten Vorbereitung des Erbprinzen auf die künftige Regierungstätigkeit gab ihm der Herzog auf Bünaus Rat den eisenachischen Hof- und Regierungsrat Johann Poppo Greiner (1708-1772) als weiteren Lehrer, speziell für die politische und juristische Weiterbildung, bei, einen aus Ilmenau gebürtigen, dem bekannten thüringischen Glasmachergeschlecht entstammenden tüchtigen Beamten, der seine Laufbahn in hildburghäusischen Diensten begonnen hatte und 1744 in das eisenachische Regierungskollegium berufen worden war; er hat sich um das weimarische Staatswesen später große Verdienste erworben.

Am 18. Dezember 1755 erteilte Kaiser Franz I. Ernst August Constantin die venia aetatis, am 29. Dezember übernahm dieser die Regierung in seinem Lande, am 31. reiste er nach Eisenach, in den ersten Januartagen 1756 traf er mit seiner Begleitung in Weimar ein, am 16. März 1756 heiratete er in Braunschweig die 16jährige Prinzessin Anna Amalia (1739-1807), eine Tochter Herzog Karls I. von Braunschweig-Wolfenbüttel und seiner Gemahlin Philippine Charlotte von Preußen, einer jüngeren Schwester Friedrichs des Großen.

Schon Monate vor der Regierungsübernahme hatte sich Ernst August Constantin unter dem Einfluß Herzog Friedrichs III. entschieden, den Grafen Bünau zum leitenden Beamten seines Staates zu machen. Schon am 29. Dezember 1755 erfolgte dessen Ernennung zum Premierminister und Statthalter der beiden Fürstentümer Weimar und Eisenach. Ihm wurde damit eine Machtfülle gewährt, wie sie in der Zeit der absoluten Fürstenherrschaft in Thüringen vor und nach ihm kein Beamter besessen hat. Der Neuaufbau der Zentralverwaltung in Weimar erfolgte nach gothaischem Vorbild. Das von Coburg dort eingesetzte Obervormundschaftskollegium wurde aufgelöst; Mandelslohe und Wagner, als Gegner Gothas bekannt, erhielten ihre Entlassung, Hendrichs Tätigkeit wurde auf die Regierung und das Oberkonsistorium beschränkt, die anderen Mitglieder wurden in das Kammer- bzw. Regierungskollegium versetzt. Als den weimarischen und eisenachischen Landeskollegien übergeordnete Zentralbehörde wurde am 31. Januar 1756 ein Geheimratskollegium geschaffen, das den Namen Geheimes Consilium erhielt und mit vormals eisenachischen Beamten besetzt wurde, mit Graf Bünau, der den Vorsitz übernahm, Rehdiger, Nonne und Greiner. Auch das Personal der ihm unterstellten Geheimen Kanzlei kam größtenteils aus Eisenach. Eine Umbesetzung gab es in der Leitung der weimarischen Landeskollegien. Rehdiger übernahm wieder das Präsidium in Regierung und Oberkonsistorium, anstelle des 1753 dort als Regierungs- und Oberkonsistorialdirektors tätigen Johann Friedrich von Hendrich, der aber Mitglied beider Kollegien blieb. Neue Leiter erhielten auch die eisenachischen Landeskollegien. Johann Christian Göckel (1713-1781) übernahm als Kanzler die Leitung der Regierung, Immanuel Lebrecht von Rath (1708-1770) wurde Oberkonsistorialpräsident, Johann Adolf von Boyneburg (1708-1763) Kammerpräsident, allerdings nur für kurze Zeit, denn 1757 löste ihn der Oberkammerrat Andreas Koch in deren Leitung ab, der schon früher einmal damit betraut gewesen war.

Die wenigen Regierungsjahre Ernst August Constantins — er starb bereits am 28. Mai 1758 wenige Tage vor seinem 21. Geburtstag — waren von der Persönlichkeit des Grafen Bünau geprägt, dessen überragender Einfluß dem jungen Geheimen Consilium schnell die allein führende Stellung unter den Behörden des Gesamtstaates verschaffte. Die Angelegenheiten des Fürstenhauses und der Außenpolitik wurde zu dessen ausschließlichem Aufgabenbereich, aber auch alle wesentlichen Vorgänge der inneren Verwaltung wurden nunmehr von dort geleitet. Das eisenachische Regierungskollegium mußte schon 1756 auf alle seine bis dahin noch behaupteten außenpolitischen Zuständigkeiten verzichten. Der jugendliche Herzog, der sich zunächst voller Eifer seiner Regierungstätigkeit zugewandt hatte, erlahmte darin bald; er geriet ganz in den Schatten seines Erziehers und höchsten Beamten, der die Richtung der Politik nach eigenem Ermessen bestimmte und dabei zuweilen auch gegen den erklärten Willen seines Zöglings handelte. Diese seine Machtstellung erregte Mißfallen bei einigen Mitgliedern des Hofes und der Beamtenschaft. Es bildete sich eine Gegenpartei, an deren Spitze der Geheime Assistenzrat Nonne stand und zu der auch die Herzogin Anna Amalia gehörte, die eine steigende Abneigung gegen den wichtigsten Berater ihres Gatten empfand.

Beim Tode Ernst August Constantins war Anna Amalia noch unmündig. Dem letzten Willen des Verstorbenen entsprechend übernahm ihr Vater die Vormundschaft über sie und ihre beiden Söhne und erbat sogleich vom Kaiser die Erteilung der venia aetatis für seine Tochter, die Franz I. nach längeren Verhandlungen, an denen auch andere Reichsstände beteiligt waren, vor allem Kursachsen, am 9. Juli 1759 gewährte, so daß sie nunmehr die Vormundschaft über ihre Söhne und damit die Regierung im Lande übernehmen konnte. Auf den Rat des braunschweigischen Kanzlers Georg Septimus von Praun (1701-1786) folgte sie der in Wolfenbüttel üblichen Regierungsweise und nahm regelmäßig an den Sitzungen des Geheimen Consiliums teil, um sich unmittelbar über die dort behandelten Gegenstände zu unterrichten und Entscheidungen zu beeinflussen. Mit Eifer widmete sie sich den Regentenpflichten und dachte nicht daran, sich von ihrem ersten Staatsdiener so überspielen zu lassen, wie dies ihr verstorbener Gatte erfahren hatte. Da jedoch ihre Abneigung gegen den Grafen fortbestand, dieser aber davon überzeugt war, „daß kein Ministre, wenn er keiner wahren Confidence bei der Herrschaft versichert, zu des Herren Dienste und des Landes Besten etwas ausrichten könne", genügte ein geringfügiger Anlaß zum Bruch. Davon überzeugt, das Vertrauen der 19jährigen Herzogin nicht gewinnen zu können, erbat der 61jährige Graf Bünau seine Entlassung; sie wurde ihm am 8. September 1759 erteilt. Er zog sich auf sein Rittergut Oßmannstedt zurück, wo er 1762 gestorben ist.

Anna Amalia hat sich danach auch weiterhin ständig an den Sitzungen des Geheimen Consiliums beteiligt, in denen nicht nur Fragen der großen Politik erörtert und entschieden wurden, sondern auch unzählige Anliegen des Landes und seiner Bewohner. Die dem aufgeklärten fürstlichen Absolutismus am besten entsprechende Regierungsweise fand damit Eingang im weimar-eisenachischen Staate, erstmals in Thüringen. Nach Graf Bünaus Entlassung gehörten zum Geheimen Consilium der 1756 zum Wirklichen Geheimen Rat ernannte und 1762 mit dem Titel Exzellenz ausgezeichnete Rehdiger und die Geheimen Assistenzräte Nonne, 1759 zum Wirklichen Geheimen Rat ernannt, seit 1762 Exzellenz und 1764 in den Reichsadelsstand erhoben, und Greiner, seit 1761 ebenfalls Wirklicher Geheimer Rat und seit 1762 Exzellenz. 1762 trat der bisherige Geheime Referendar Jakob Friedrich Freiherr von Fritsch (1731-1814) dem Kollegium als Geheimer Legationsrat bei; er war, Sohn eines aus einer Leipziger Buchhändlerfamilie stammenden hohen kursächsischen Beamten und von Graf Bünau in die Verwaltungstätigkeit eingeführt, 1754 Mitglied der Eisenacher Regierung und 1756 zum Hofrat und Geheimen Referendar nach Weimar berufen worden. Als Rehdiger 1763 altershalber aus dem Kollegium ausschied, übernahm Nonne den Vorsitz. Nach seinem Tode (1765) war Greiner, 1764 in den Reichsadelsstand erhoben und von der Herzogin sehr geschätzt, zwar das dienstälteste Mitglied im Kollegium, aber nicht mehr bei bester Gesundheit. So erhielt der wesentlich jüngere Fritsch 1767 dort den Vorsitz, den er bis weit über das Ende der vormundschaftlichen Regierungszeit Anna Amalias hinaus (1800) innegehabt hat, ein sehr kenntnisreicher und tüchtiger, für den Landesherrn allerdings keineswegs bequemer Beamter. Als Geheime Assistenzräte kamen danach ins Kollegium 1766 der Jenaer Juristensohn und Universitätsprofessor Carl Schmid (1725-1784) und nach Greiners Tod 1772 der eisenachische Hof- und Regierungsrat Friedrich Christian Schnauß (1722-1797), der, Sohn eines eisenachischen Sekretärs, sich vom Hofkanzlisten Herzog Ernst Augusts über den Sekretärs- und Assessors- in den Ratsrang hochgedient hatte und von nun an der höchsten Behörde des Landes angehörte.

Einige Mitglieder des Geheimen Consiliums hatten zeitweilig zugleich die Leitung von weimarischen Landeskollegien inne, so Rehdiger von 1756 bis 1763 das Präsidium der Regierung und des Oberkonsistoriums und Greiner seitdem bis 1768 das Regierungspräsidium. Die Leitung des Kriegskollegiums, das 1763 in Kriegskommission umbenannt wurde, hatte Graf Bünau sich 1756 selbst vorbehalten; 1758 übertrug er sie Fritsch, der sie bis 1776 und dann noch einmal von 1777 bis 1779 innegehabt hat. Von 1774 bis 1776 übernahm Fritsch dazu noch die Leitung der eisenachischen Kammer. Das weimarische Oberkonsistorium erhielt 1763 wieder einen eigenen Leiter, als der frühere Konsistorialdirektor Johann Friedrich von Hendrich zum Oberkonsistorialpräsidenten ernannt wurde; 1768 übernahm dieser dazu noch das Amt des Regierungspräsidenten. Beide Ämter hat er bis zu seinem Tode (1775) geführt. Die weimarische Kammer war bei der Regierungsübernahme durch Ernst August Constantin in den Händen von Heinrich Rudolf von Bindorf, der 1756 den Titel eines Kammerpräsidenten erhielt, geblieben. Nach seinem Tod (1761) übernahm der bisherige Vizekammerpräsident Karl Alexander von Kalb dieses Amt, das er bis 1776 innehatte. In Eisenach wurde dem Kanzler Göckel nach dem Tode von

Raths 1770 auch das Amt des Oberkonsistorialpräsidenten übertragen; er führte es, 1774 in den Adelsstand erhoben, bis zu seinem Tode (1781). Die Leitung der eisenachischen Kammer ging nach Kochs Tod 1761 auf den Oberkammerrat und späteren Vizekammerdirektor Johann Ernst August Freiherrn von Reinbaben über, bis 1772 in Wilhelm Friedrich von Herda zu Brandenburg ein neuer Kammerpräsident gefunden war. Als er bereits zwei Jahre später starb, wurde es, wie schon erwähnt, von Fritsch mit verwaltet, der inzwischen zum Wirklichen Geheimen Rat und zur Exzellenz (1772) ernannt worden war.

Die kurze Regierungszeit Ernst August Constantins und die ersten Regentenjahre Anna Amalias waren überschattet vom Siebenjährigen Krieg, in dessen Verlauf Thüringen und damit auch die weimar- und eisenachischen Lande zum Kriegsschauplatz wurden. Nach Ausbruch des Krieges hatte Ernst August Constantin im Einvernehmen mit Graf Bünau den Versuch gemacht, einen gemeinsamen Protest aller Ernestiner gegen die Besetzung Kursachsens durch preußische Truppen zustandezubringen; als dies nicht gelang, erhob er für sich allein Protest. Im übrigen aber suchte man sich in Weimar aus dem Streit herauszuhalten und trat auf dem Reichstag zunächst für eine Vermittlungstätigkeit der nicht beteiligten Reichsstände zwischen den streitenden Parteien ein. Im April 1757 fügte man sich zwar schließlich dem Reichstagsbeschluß über die Erklärung des Reichskriegs gegen Preußen, suchte aber die Stellung des Kontingents für die Reichsarmee zu vermeiden und auf Geldzahlungen auszuweichen, gegen die man allerdings alle entstehenden Kriegsschäden aufrechnen wollte. Diese waren beim Durchmarsch von Truppen beider Kriegsparteien im Jahre 1757, zumal vor und nach der Schlacht bei Roßbach (8. 11. 1757) sehr erheblich, vor allem auch wegen der von der Reichs- und der französischen Armee im Lande erhobenen Kontributionen. Auch 1758 dauerten diese Belastungen fort; damals setzten sich zeitweilig preußische Verbände in Ilmenau fest.

Nach Ernst August Constantins Tod führte Herzog Karl I. von Braunschweig als Vormund seiner Tochter die Verhandlungen mit dem Kaiser fort; er mußte sich schließlich fügen und das Kontigent nun doch stellen. Es bestand 1758 aus 668 Mann und nahm an den Feldzügen der Reichsarmee von 1758 und 1759 teil. Daß es unter Desertionen sehr litt, nahm man in Weimar nicht besonders genau; heimkehrende Deserteure reihte man ohne Bedenken, wenn auch in aller Stille, der eigenen Landmiliz ein. Auch Anna Amalia, die als Gegenleistung für die Erteilung der kaiserlichen venia aetatis dem Kaiser die Unterstützung seiner Reichspolitik hatte versprechen müssen, hat sich mit Rücksicht auf die sonst zu erwartenden schädlichen Folgen für ihr Haus und Land um die Auffüllung des Kontingents gekümmert, obwohl sie selbst zu ihrem

Onkel Friedrich dem Großen hinneigte, zumal auch ihre Brüder unter dessen Fahnen standen.

Im Sommer 1759 schlug die Reichsarmee ihr Hauptquartier in Ilmenau und Weimar auf. Ein Tumult Jenaer Studenten gegen sie wurde mit der Belegung der Universitätsstadt und ihrer Umgebung mit einem ganzen Regiment beantwortet; dort kam es dann zu Gefechten zwischen Reichstruppen und preußischen Verbänden, die unter der Führung des braunschweigischen Erbprinzen standen. Im Mai 1760 sah das Eisenacher Land die Einquartierung französischer und württembergischer Verbände, während in und um Weimar kaiserliche Kavallerie und Infanterie, kursächsische und fränkische Truppen quartierten, im November dann das gesamte württembergische Armeekorps. 1761 erlebte das Eisenacher Land die Einquartierung kursächsischer und den Durchzug französischer Truppen. So hatten damals, aber auch später noch, fast alle Landesteile unter den Kriegslasten zu leiden, obwohl Anna Amalia versuchte, sich zwischen beiden Kriegsparteien dadurch so gut wie möglich zu behaupten, daß sie einerseits der Reichsarmee ihr Kontingent zur Verfügung stellte, andererseits aber auch, so 1762, dem Verlangen ihres preußischen Onkels nach 400 weimarischen Rekruten nachkam, wenn auch in einem bescheideneren Rahmen (235 Mann). Daß sie dabei gelegentlich das Mißfallen beider Kriegsparteien erregte, ließ sich nicht vermeiden. Der Argwohn des Kaisers entzündete sich vor allem an den guten Beziehungen, die der seit 1756 beim Reichstag tätige weimarische Gesandte Heinrich Graf von Bünau, ein Sohn des Premierministers, zu dem dortigen preußischen Gesandten unterhielt, der auf Zurückziehung des weimarischen Kontingents von der Reichsarmee drängte, eine Forderung, die Prinz Heinrich von Preußen, Feldherr und Bruder des Königs, bereits 1758 in Weimar gestellt hatte; Anna Amalia hütete sich freilich, darauf einzugehen, so lange sich nicht auch andere Reichsstände einem solchen Vorgehen anschlossen. Auch Friedrich der Große machte ihr gelegentlich Vorwürfe, zeigte aber schließlich, nachdem sie ihm brieflich ihre Lage dargestellt hatte, Verständnis dafür und suchte seine Truppen von ihrem Territorium, so weit es möglich war, fernzuhalten.

Durch die Einrichtung von Lebensmittel- und anderen Magazinen und, da bereits 1762 der Eingang von Steuern stockte, den Einsatz von Finanzmitteln der Kammerverwaltung suchte Anna Amalia die Kriegsnöte zu lindern und vor allem Hungersnöte zu vermeiden; sie konnte es aber nicht verhindern, daß das Land zutiefst erschöpft war, als es 1763 zum Frieden kam. In der Folgezeit galt das Augenmerk der Herzogin und ihrer leitenden Beamten fast ausschließlich dem Wiederaufbau und den damit zusammenhängenden innenpolitischen Erfordernissen. Außenpolitische Aktivitäten traten sehr in den Hintergrund. Es handelte sich zumeist um innerthüringische Angelegenheiten. So wurde 1764/65 der seit 1741 schwelende Streit mit Fulda um das Amt Fischberg beigelegt. Anna Amalia gab das Amt an Fulda zurück mit Ausnahme der rechts der Felda gelegenen Dörfer Fischbach, Wiesenthal und Urnshausen, die dem eisenachischen Amt Kaltennordheim einverleibt wurden. Von 1764 bis 1767 kam es zu vergeblichen Verhandlungen zwischen Weimar und Gotha einerseits und dem Grafen von Hatzfeld andererseits, der sich geneigt zeigte, ihnen seine Herrschaften Blankenhain und Kranichfeld auf dem Wege eines Gebietstauschs zu überlassen; es fand sich aber kein geeignetes Tauschobjekt. Mit Frankreich und den ernestinischen Staaten schloß Anna Amalia 1771 bzw. 1772 Abkommen über die gegenseitige Aufhebung des Abzuggeldes, die das Verfahren beim Wechsel von Landeskindern von einem Land in das andere erleichterten. Eine Vermittlertätigkeit übte Weimar im meiningischen Erbschaftsstreit (1763), im Streit zwischen Meiningen und der Reichsritterschaft in der Rhön und in den Auseinandersetzungen um eine ungestörte Tätigkeit der kaiserlichen Debitkommission für Hildburghausen (1769/70) aus; Streitigkeiten waren mit Herzog Joseph von Hildburghausen um das Ernestinische Seniorat auszufechten und mit der Stadt Erfurt über Geleitsfragen (1773).

Die Vertretung der beiden Reichstagsstimmen für Weimar und Eisenach in Regensburg lag seit 1757 in den Händen des jüngeren Grafen Bünau (s. u. S. 430). Am Kaiserhof in Wien war seit 1756 als „Bevollmächtigter Gesandter und Minister" der Legationsrat Christoph Johann von Rehboom tätig, der dort auch, und zwar schon seit 1743, auch die gothaischen Interessen vertrat; nach seinem Tod (1763) übernahm Christian Bernhard von Isenflamm als weimarischer Resident diese Aufgabe. Beim Reichshofrat in Wien hatte man damals einen eigenen Vertreter, den Agenten Joachim Christoph Haffner.

Bei allen innerthüringischen Auseinandersetzungen verfolgte man in Weimar stets das Ziel, auf dem Verhandlungswege zu einem friedlichen Ausgleich zu kommen. Als der Kaiser im Zusammenhang mit der Einsetzung einer Debitkommission in Hildburghausen von einigen ernestinischen Herzögen, darunter auch Weimar, die Bereitstellung von Truppen verlangte, um den Widerstand des Herzogs von Hildburghausen dagegen notfalls mit Gewalt zu brechen, war man in Weimar sehr unangenehm berührt und tat deshalb alles, um den Hildburghäuser zum Nachgeben zu veranlassen, was schließlich auch gelang.

Denn für das Militär hatte weder Herzogin Anna Amalia viel übrig noch der damalige Leiter der Kriegskommission, Freiherr von Fritsch. Dieser hatte schon als Leiter des Kriegskollegiums, das 1756 nur aus Offizieren bestanden hatte, dafür gesorgt, daß sich dessen Zusammensetzung änderte, und schließlich erreicht, daß das in Kriegskommission umbenannte Kollegium eine rein zivile Leitung bekam und ihr das Militärkommando in allen Angelegenheiten der Militärverwaltung, einschließlich des Besoldungswesens, unterstellt wurde. Auf diesem Wege erreichte er wenigstens annähernd das ihm vorschwebende Ziel, nicht nur die militärischen Einrichtungen, darunter die Truppenstärke, einzuschränken, sondern auch den Einfluß des Militärs im Staate zurückzudrängen. 1772 belief sich der Personalstand der weimarischen Truppen auf 800 bis 900 Mann; davon waren 35 Kavalleristen und 8 Artilleristen, der Rest bestand aus Infanterie.

Das Fürstentum Weimar war bei Ernst August Constantins Regierungsübernahme noch stark verschuldet. Denn trotz aller Bemühungen der dortigen Behörden während der coburgischen Vormundschaftszeit, durch Einsparungen und Schuldentilgung den Folgen der Mißwirtschaft Herzog Ernst Augusts beizukommen, war man hier nicht so erfolgreich gewesen wie Graf Bünau in den eisenachischen und jenaischen Landesteilen zur gleichen Zeit. Der Graf begann daher noch 1756 mit einer durchgreifenden Neuordnung der Finanzen auch im Weimarischen. Mit sparsamster Haushaltführung bei Hofe und in der Verwaltung verbanden sich auch so drastische Maßnahmen wie Gehaltskürzungen bei Beamten, Offizieren und Pensionären um 25 bis 50 % und die Aufhebung ihrer Privilegien der Tranksteuer- und Accisefreiheit für einige Jahre; erst ab 1760 wurden die Gehälter wieder voll gezahlt. Außerordentlich erschwert wurden alle diese Bemühungen durch die Begleiterscheinungen der sieben Kriegsjahre, zu denen neben der Belastung durch Einquartierungen von Truppen, den von diesen geforderten Lieferungen und der Stellung des Reichskontingents auch eine fühlbare Geldentwertung gehörte. Da keiner der Landesteile davon verschont blieb, waren vor allem die Landschaftskassen, die die Hauptlast der finanziellen Anforderungen zu tragen hatten, die der Krieg mit sich brachte, davon betroffen, zumal sie gleichzeitig unter zunehmenden Steuerausfällen zu leiden hatten und daher neue Schulden machen mußten.

Graf Bünaus Finanzpolitik wurde nach seinem Rücktritt von Anna Amalia fortgeführt, mit Unterstützung vor allem von Nonne und den beiden weimarischen Kammerpräsidenten von Bindorf und von Kalb, und wenn auch die finanziellen Folgen einstiger Mißwirtschaft und der sieben Kriegsjahre bis zum Ende ihrer vormundschaftlichen Regentschaft nicht völlig überwunden werden konnten, so waren die Erfolge der nunmehr geordneten Finanzverwaltung doch sehr bemerkenswert. Die 1756 bei der Weimarer Kammer noch vorhandene Schuldenlast von mehr als 290 000 Talern wurde bis auf ca. 8000 Taler abgetragen, die bereits 1756 mit Gewinn arbeitende Eisenacher Kammer blieb auch weiterhin schuldenfrei; aber auch die während des Krieges stark angestiegene Verschuldung der Landschaftskassen konnte in der Nachkriegszeit wieder vermindert werden. Eine von den Landständen vorgeschlagene grundlegende Reform der Steuererhebung kam allerdings nicht zustande; eine nach langen Verhandlungen 1769 zu diesem Zweck gebildete Kommission aus Mitgliedern der weimarischen Regierung und der Landstände begnügte sich schließlich damit, alles beim alten zu lassen.

Das Steuerbewilligungsrecht der Landstände blieb auch in dieser Zeit unangetastet, wenn auch die Stände im übrigen mit ihren Vorschlägen und Beschwerden immer weniger das Ohr des Landesherrn fanden. Auf dem 1756 von Ernst August Constantin einberufenen weimarischen Landtag hatten sie sich noch durchgesetzt mit ihrem Wunsch, in althergebrachter Weise alle fünf Jahre auf einem Landtag zusammenzukommen, obwohl der Herzog um der Kostenersparnis willen einen sechsjährigen Turnus lieber gesehen hätte, wie ihn die eisenachischen und jenaischen Landstände 1757 ohne Widerspruch beschlossen. Graf Bünau, der sich bereits in seiner kursächsischen Zeit für die Rechte der dortigen Landstände stark gemacht hatte, hat wohl auch in Weimar einen solchen Standpunkt vertreten. Anna Amalia war dazu im Laufe der Jahre immer weniger bereit, wenn sie auch nicht dem preußischen Vorbild der völligen Entmachtung der Landstände folgte. Sie hielt sich im allgemeinen an die zu Bünaus Zeiten beschlossenen Landtagstermine — lediglich 1773 ließ sie einen in Weimar zugunsten eines Ausschußtages ausfallen, nachdem bereits die eisenachischen Landstände 1769 freiwillig auf einen Landtag verzichtet und von sich aus die Verlängerung der Steuerbewilligung um weitere sechs Jahre vorgeschlagen hatten — und hörte sich auch die Beschwerden und Wünsche der Landstände an. Doch nur selten nahm sie in ihrer Regierungstätigkeit darauf Rücksicht, zuweilen setzte sie sich auch über Landtagsbeschlüsse einfach hinweg; als die weimarischen Stände bemängelten, daß zu wenige ihrer Mitglieder in den Landeskollegien säßen, nahm sie das garnicht zur Kenntnis. Die Tendenz, den ständischen Einfluß zu mindern, war unverkennbar. Dies galt vor allem für ihren Umgang mit den Landschaftskassen, der von Seiten eines kaiserlichen Bevollmächtigten für die ernestinischen Staaten 1773 einmal als „willkürliches Verfahren und Schmälerung der landschaftlichen Gerechtsame" bezeichnet wurde; man rügte vor allem, daß die Verwaltung dieser Kassen durch „herrschaftliche Diener" und nicht durch die Landstände selbst erfolgte. Zu größeren Auseinandersetzungen zwischen der Herzogin und den Landständen kam es jedoch auch darüber nicht.

In dem weiten Bereich der inneren Verwaltung, den man damals unter der Bezeichnung Polizei zusammenfaßte, wurden in den Friedensjahren seit 1763 zwei wichtige neue Institutionen geschaffen, die Brandassekurationssozietät und die Generalpolizeidirektion. Angesichts der Schäden, die immer wieder durch Brandkatastrophen im Lande entstanden waren, hatte der Gedanke der Brandversicherung Landesherren und Landstände auch in Thüringen seit Beginn des 18. Jahrhunderts beschäftigt, ohne daß es in den Fürstentümern Weimar und Eisenach zu greifbaren Ergebnissen gekommen war. Weitere verheerende Stadtbrände in Ilmenau (1752) und Bürgel (1754) gaben zwar Anlaß zu neuen Feuerordnungen, so 1756 nach Leipziger Vorbild für Jena, 1760 für Weimar, Eisenach, Apolda, Buttstädt und andere Städte, doch war damit insofern nicht viel gewonnen, als die Gewohnheit, Brandgeschädigte durch Steuererlaß oder mit Hilfe von Geldsammlungen zu unterstützen, nicht verhindern konnte, daß abgebrannte Häuser nicht wieder aufgebaut und Brandgeschädigte zu Bettlern wurden und die ohnehin weit verbreitete Bettlerplage noch vermehrten. Dem wollte die 1768 eingerichtete Brandassekurationssozietät abhelfen, die von Fritsch nach braunschweigischem Vorbild 1763 geplant und in fünfjährigen Verhandlungen gegen mancherlei Sonderwünsche der weimarischen Landstände durchgesetzt und seitdem von ihm geleitet wurde. Sie galt zunächst nur für das Fürstentum Weimar und den jenaischen Landesteil, wurde aber vier Jahre später nach schwierigen Verhandlungen mit den eisenachischen Landständen, die Einbußen in ihren Rechten befürchteten, auf das Fürstentum Eisenach ausgedehnt. Die Einrichtung hat sich bewährt; Beschwerden kamen meist von den Landständen und ihren Amtsstellen, kaum aus der Bevölkerung.

Die 1770 geschaffene Generalpolizeidirektion, deren Leitung ebenfalls Fritsch übernahm und deren Zuständigkeit sich auf das Fürstentum Weimar und den jenaischen Landesteil beschränkte, war aus der 1759 für die Residenzstadt Weimar gebildeten Polizeikommission und gleichartigen Behörden für die Städte Jena und Eisenach hervorgegangen. Sie sollte sowohl das Regierungskollegium von den immer umfangreicher werdenden polizeilichen Aufgaben entlasten und diese in einer Behörde zusammenfassen, als auch in diesem Bereich Oberinstanz sein für die vielen Unterbehörden landesherrlicher und ständischer Art, die mit polizeilichen Rechten ausgestattet waren. Ihr Aufgabengebiet umfaßte ebenso die Sorge um Ruhe und Ordnung im Lande wie sitten- und gewerbepolizeiliche Aufgaben, Feuerschutz und Gesundheitswesen. Die Behörde hatte mit mancherlei Schwierigkeiten zu kämpfen, um sich durchzusetzen, und es dauerte Jahre, bis die Bevölkerung sich an das Vorhandensein einer speziellen Polizeibehörde gewöhnt hatte.

Auch in diesen zwei Jahrzehnten hatte man mit Mißständen zu tun, die denen früherer Zeiten gleich waren, und man bekämpfte sie weiter mit den gleichen Mitteln, d. h. polizeilichen Einzelverordnungen, so mit einem Patent Ernst August Constantins von 1756 gegen das Bettlerunwesen, mit einem Mandat gegen Diebes- und Räuberbanden (1758), die im Schatten des Krieges ihren dunklen Geschäften nachgingen, und mit Erlassen gegen leichte Mädchen, vor allem gegen solche, die sich mit Soldaten und Studenten einließen (1757, 1759). Auch gegen das „unnötige Raisonnieren" über Zeitereignisse ging man mit einem Erlaß vor (1757). Mit einer 1763 nach älteren Vorbildern verfaßten Trauer- und Begräbnisordnung und einer für das Eisenacher Gebiet bestimmten Verlöbnis-, Hochzeits- und Kindtaufordnung suchte man dem offenbar auch in Kriegszeiten nicht fremden übermäßigen Aufwand bei Familienfesten zu begegnen, zugleich mit der Absicht, Standesunterschiede auch in der äußeren Lebensführung sichtbar bleiben zu lassen.

Der weit verbreiteten Unsauberkeit in den Städten suchte man ebenfalls mit Polizeiverordnungen zu begegnen, vor allem in der Residenzstadt; ein 1756 erlassenes Verbot, Hunde frei herumlaufen zu lassen, das 1761 und 1771 wiederholt werden mußte, und ein Straßenreinigungspatent für Weimar von 1759, das u. a. das Umherlaufenlassen von Schweinen und Federvieh auf den Straßen untersagte, sind Zeugnisse dafür. Der Verschönerung der Residenzstadt sollten der Abbruch von Teilen der dortigen Stadtmauer und die ersten Anfänge einer Kanalisation dienen (1757); sie mußten allerdings gegen den Widerstand des Stadtrats und des größten Teils der Bürgerschaft durchgesetzt werden, die am Althergebrachten hingen und vom Stadtmauerabbruch auch eine Gefährdung ihrer Sicherheit befürchteten. Das Gesuch eines Hofchirurgen um die Stellung eines Provinzialaccoucheurs in Weimar brachte 1769 Verhandlungen über die Schaffung eines Hebammeninstituts in Gang. Anna Amalia, die sich auch in anderer Weise der Verbesserung des Gesundheitswesens im Lande angenommen hat, war von diesem Gedanken sehr angetan; mit Rücksicht auf die Medizinische Fakultät der Universität Jena entschied sie sich aber für Jena als Standort, doch gab es dabei finanzielle Schwierigkeiten, die erst ihr Sohn und Nachfolger Carl August überwunden hat.

In der Rechtspflege wurde die Kompetenz des weimarischen Regierungskollegiums dadurch gestärkt, daß man 1757 die Gerichtsbarkeit des Hofmarschallamts erheblich einschränkte und auch später noch auftretende Differenzen zwischen beiden Behörden 1767 zugunsten der Regierung entschieden wurden. Eine neue Advokatenordnung, die auch Prozeßvorschriften enthielt, wurde 1767 in Kraft gesetzt. Zur gleichen Zeit begann man mit Vorarbeiten für eine neue Prozeßordnung, die der Eindämmung und Verkürzung von Prozessen dienen sollte; ihre Veröffentlichung im Dezember 1775 fiel jedoch bereits in die Regierungszeit Carl Augusts. Bereits 1758 hatte man auf Empfehlung der Eisenacher Regierung das Pfandleih- und Auktionswesen verbessert und wenig später eine neue Auktionsordnung erlassen. Seit dieser Zeit beschäftigte man sich, auf Anregung der gleichen Behörde, auch mit einem Gesetz gegen Konkurse und Bankrotte, das aber erst nach Anna Amalias Regierungszeit fertiggestellt werden konnte. Im Strafrecht erinnerte das 1758 erlassene Gaunermandat, das die Todesstrafe für alle Mitglieder einer Diebesbande forderte, noch an die Gesetzgebung Ernst Augusts. Andererseits scheiterte eine 1761 erneut (s. o. S. 313) erlassene Verordnung über die Abschaffung des Staupenschlags und der Landesverweisung und deren Umwandlung in eine Zuchthausstrafe an der daraus folgenden Überfüllung der Zuchthäuser; sie mußte daher 1767 zurückgenommen werden. Das Eisenacher Zuchthaus muß sich übrigens damals eines gewissen Ansehens über Thüringens Grenzen hinaus erfreut haben, denn sonst hätte Kaiser Joseph II. sich davon nicht 1772 eine Beschreibung schicken lassen.

In der Wirtschaftspolitik Anna Amalias spielten die Versorgung der Bevölkerung mit Lebensmitteln und die Regulierung der Preise eine besondere Rolle. Denn nicht nur in den Kriegsjahren war dies mit erheblichen Schwierigkeiten verbunden; auch die Mißernte von 1770 zog für die Jahre 1771 und 1772 Teuerung und Hungersnot nach sich. Die große Zahl von Verordnungen zur Regelung des Getreidehandels und der Getreidepreise in den Jahren 1756 bis 1772 bezeugt dies. Zur Linderung der Not genügte es nicht, Brot und Getreide an die Armen unentgeltlich zu verteilen, wie dies geschah; sondern die Herzogin ließ auch, um die Preise zu drücken, Getreide aus herrschaftlichen Vorräten unter dem Marktpreis verkaufen. Ein zweischneidiges Mittel waren Ausfuhrverbote für Lebensmittel und Verbote, sie an Fremde zu verkaufen, weil dies zuweilen mit gleichen Maßnahmen von Nachbarstaaten, so 1762 von Kursachsen, beantwortet wurde. Der Anbau neuer Produkte wurde daher auch im weimar-eisenachischen Territorium gefördert, so der Kartoffelanbau seit 1757 und die Aussaat von Esparsette und Klee. Die damit verbundene Einführung des Fruchtwechsels führte allerdings bald, so 1767 bis 1770, zu Auseinandersetzungen zwischen Esparsette und Klee anbauenden Bauern und den Eigentümern des Triftrechts. Verhandlungen auf dem Landtag von 1763 über den Ersatz von Spann- und Handfronen durch mäßige Steueranhebung brachte nur lokale Erfolge, vor allem im Zusammenhang mit den für die landesherrliche Bautätigkeit in Weimar und anderen größeren Orten zu leistenden Fronen. Die Residenzstadt wurde überdies durch eine 1772 verordnete Steuerfreiheit auf mehrere Jahre für Erweiterungs- und Neubauten sehr bevorzugt.

Besondere Aufmerksamkeit wandte man in Weimar damals der Forstwirtschaft zu. Dabei begnügte man sich nicht mit Verordnungen gegen das Abhauen von Waldbäumen für Mai- und Weihnachtsbäume (1762, 1764) und gegen Waldverbrechen und Holzdieberei (1765). Auf den Rat des Landjägermeisters Johann Ernst Wilhelm von Staff (1703-1776), der zugleich Leiter der weimarischen Forstverwaltung war, den Zustand der einzelnen Forstreviere untersuchen und künftige Erträge plannen zu lassen, verfügte die Herzogin 1761 die Vermessung, forstmäßige Beschreibung und eine nach den Grundsätzen der Forstwissenschaft festzusetzende Forsteinrichtung in ihrem Lande und übertrug diese Aufgabe einer Kommission, der neben hohen Kammerbeamten zwei ausgezeichnete Forstfachleute angehörten, der schwarzburg-rudolstädtische Kammerrat und Oberforstmeister Carl Christoph von Lengefeld (1715-1776), bekanntlich Friedrich Schillers Schwiegervater, und der Oberförster und spätere Wildmeister Johann Christian Sckell (1721-1778) in Troistedt bei Weimar. 1763 wurde die Arbeit mit Hilfe von weiteren tüchtigen Forstbeamten im weimarischen und jenaischen, 1765 im eisenachischen Landesteil abgeschlossen und so die Grundlage für eine geregelte künftige Forstwirtschaft im Lande geschaffen. Ein bedeutender Forstmann des 19. Jahrhunderts, Gottlob König, hat dieses Werk einmal als „ein seltenes Meisterstück" bezeichnet; das weimarische Forstwesen galt seitdem in damaliger Zeit als das „geordnetste und geachtetste in Deutschland".

Sorge bereitete auch damals der Verfall von Handel und Gewerbe. Die Schuld daran gab man dem Innungswesen, vor allem dessen strengen Satzungen und hohen Gebühren, die den Zugang von Arbeitskräften zu Handwerksberufen hemmten, zugleich aber dazu führten, daß sich auf dem Lande immer mehr Personen fanden, die sich handwerklich betätigten und dadurch zu einer unliebsamen Konkurrenz für das städtische Handwerksmonopol wurden. Nach kursächsischem Vorbild dies auf dem Verordnungswege einzuschränken, konnte man sich in Weimar nicht entschließen, aber auch Verhandlungen über die Abstellung der Innungsmißbräuche brachten keine Ergebnisse. So begnügte man sich mit der erneuten Publikation des Reichszunftgesetzes von 1731 im Jahre 1764 und einer Bekanntmachung der kaiserlichen Verfügung gegen Handwerksmißbräuche von 1772, die sich vor allem für die Verbesserung der Möglichkeiten zur Beschäftigung von Lehrlingen und Gesellen aussprach. Außerdem sorgte Anna Amalia, gegen den Widerspruch der Weimarer Kramerinnung, durch die Erteilung von Konzessionen an fremde Kaufleute, vor allem an Franzosen und Italiener, aber auch an Juden, für eine Belebung des Handels. In den Notjahren 1771/72 wurde zudem, auch mit dem Ziel der Arbeitsbeschaffung für die notleidende Bevölkerung, eine Verbesserung des Straßenwesens geplant, vor allem der Chaussee von Weimar nach Erfurt. Als Vorbereitung dafür schuf man eine Wegebaukasse; die Straßenbauarbeiten selbst wurden allerdings erst nach der Regierungsübernahme durch Carl August in Angriff genommen. Zu den Notleidenden in diesen Jahren gehörten vor allem die Strumpfwirker, zumal in Apolda, wo ihre Zahl im Laufe der Zeit so zugenommen hatte, daß die den Strumpfhandel beherrschenden Strumpfverleger dies zu drastischen Lohnsenkungen nutzen konnten. Ein gegen solche Praktiken 1773 mit Kammerzuschüssen eingerichtetes Lager, das überschüssige Ware aufnehmen und verkaufen sollte, erwies sich jedoch als unwirksames Mittel dagegen und mußte bald wieder aufgegeben werden.

Über die Nutzung von Bodenschätzen des Landes in dieser Zeit verlautet wenig. Der Eisenhammer bei Ilmenau, dessen Pächter 1757 vergeblich um ein Einfuhrverbot für Eisen gebeten hatte, um seine Produkte vor auswärtiger Konkurrenz zu schützen, hatte die Kriegsjahre dennoch überlebt und war 1775 noch in Betrieb. Die Glashütte in Ilmenau hingegen ist nach 1755 eingegangen, lediglich die in Stützerbach bestand fort. Mit ihr mußten 1756-1758 Verhandlungen wegen der von ihr verschuldeten Waldverwüstung geführt werden. Sie bekam jedoch 1758 ein neues Holzdeputat bewilligt und 1774 einen neuen Holzlieferungsvertrag. Über die kleinen Bergwerksunternehmen nach Erz und Kohle, die in der ersten Hälfte des 18. Jahrhunderts noch betrieben wurden, wissen wir aus dieser Zeit nichts; von Bedeutung waren sie ohnehin nicht. Und der Ilmenauer Bergbau lag noch immer still. Von Wichtigkeit blieb auch damals die Salzgewinnung der Saline Wilhelmsglücksbrunn bei Creuzburg, auch wenn sich deren Monopol im Lande nicht völlig durchsetzen ließ. So mußte die 1768 speziell für das Amt Ilmenau erlassene Verordnung über die ausschließliche Verwendung dieses Salzes wegen der vielen Klagen über dessen ungenügende Menge und Qualität und überhöhten Preis 1771 zurückgenommen werden.

Im kirchlichen Leben blieb das Luthertum uneingeschränkte Staatsreligion, obwohl Anna Amalia sich selbst einmal als „Hérétique" bezeichnet hat, womit sie aber wohl kaum mehr als „nicht strenggläubig" gemeint haben dürfte, und jeden Gewissenszwang verabscheute. Reformierte, Katholiken und Juden waren bei ihrem Gottesdienst auf den privaten Bereich beschränkt, allerdings mit einer Toleranz, die den Landständen zu weit ging und von ihnen mehrfach kritisiert wurde, wenn auch ohne Erfolg. Nur selten mischte sich jedoch die Herzogin in kirchliche Angelegenheiten ein. Sie überließ die Sorge dafür dem Oberkonsistorium, dem die 1759, 1763 und 1764 erlassenen Verordnungen über die Sonntagsheiligung und die 1770 ergriffenen Maßnahmen gegen die sich in der Bevölkerung, auch unter den Beamten, ausbreitende Gleichgültigkeit gegenüber der Kirche zuzuschreiben sind, wobei Anna Amalia in Einzelfällen noch mäßigend einwirkte. Auch die Neugestaltung des kirchlichen Finanzwesens von 1762, die vor allem zu besserer Rechnungsführung führte, geschah auf Anregung des Oberkonsistoriums, ebenso die Verbesserung des Unterstützungswesens für die Geistlichen und ihre Familien.

Des Schulwesens hingegen nahm sich die Herzogin selbst sehr an (vgl. Bd. IV, S. 100 f.); dies entsprach ihren starken pädagogischen Neigungen. 1760 wurde für das einfache Schulwesen eine besondere Hilfskasse geschaffen, 1761 unterstützte Anna Amalia die Einrichtung einer Realschule in Camsdorf bei Jena. Der eisenachische Landesteil bekam 1770 eine neue Schulordnung, für die braunschweigische und preußische Vorbilder benutzt worden waren. Aus dem gleichen Jahre stammt eine neue Schulordnung für das Weimarer Gymnasium, die Geschichte, Erdkunde und Sprachunterricht stärker als bisher berücksichtigte. Im Jahre darauf bekam die Anstalt in Johann Michael Heinze aus Lüneburg einen neuen tüchtigen Leiter, außerdem in dem von der Herzogin sehr geschätzten Pagenhofmeister Carl August Musäus, einem bekannten Schriftsteller, einen neuen namhaften Lehrer.

Die Universität Jena, die während des Siebenjährigen Krieges einen starken Rückgang der Studentenzahl zu beklagen hatte, erlebte auf Drängen Anna Amalias in den Jahren 1766/67 die seit vielen Jahren geplante Visitation durch sämtliche ernestinische Erhalterstaaten, nachdem schon 1762 Maßnahmen gegen die Teuerung in Jena und das Schuldenmachen der Studenten ergriffen worden und 1763 verfügt worden war, daß Landeskinder, die auf spätere Förderung im Lande rechnen wollten, wenigstens 2 Jahre lang die Universität besucht haben und entsprechende Zeugnisse vorweisen mußten, ferner 1764 Anna Amalia Verbesserungsvorschläge von zahlreichen Universitätslehrern angefordert und 1765 die studentischen Landsmannschaften verboten hatte. Die Visitation brachte für die Universität wichtige Veränderungen in ihrer Verfassung und Finanzverwaltung, doch hat sie deren Niedergang nicht aufhalten können. Um 1770 wurde sie von weniger als 500 Studenten besucht. Auch das 1767 erlassene neue Duellmandat zeigte wenig Wirkungen, und die Landsmannschaften regten sich damals ebenfalls bereits wieder. Die guten Absichten, die Anna Amalia für die Universität hegte, erschöpften sich allerdings nicht in diesen Bemühungen; sie zeigten sich auch in den finanziellen Zuwendungen, die sie Instituten und Professoren während ihrer Regierungszeit gemacht hat.

Alle diese Anstrengungen der Herzogin, ihrem älteren Sohn Carl August ein geordnetes Staatswesen zu hinterlassen, haben jedoch, da sie sich im Rahmen kleinstaatlicher Regierungsarbeit abspielten, bei ihren Zeitgenossen und noch mehr bei der Nachwelt ein weit geringeres Echo gefunden als ihre Verdienste um die Hebung des kulturellen Lebens an ihrem Hofe. Die Anfänge gehen noch in die kurze Regierungszeit Ernst August Constantins zurück. Er hatte von Jugend auf künstlerische Neigungen gehabt, die an dem damals geistig regsamsten thüringischen Fürstenhof in Gotha noch gefördert worden waren. Schon im Jahre vor der Regierungsübernahme in Weimar wurden in Gotha, von Herzog Friedrich III. selbst, Vorbereitungen getroffen für den Aufbau einer neuen Hofkapelle in Weimar, für die der Gothaer Hofkapellmeister Georg Benda und der Eisenacher Organist Johann Ernst Bach (vgl. Bd. IV, S. 231), der auch ein namhafter Komponist war, Vorschläge ausarbeiteten. Da man auf sparsame Wirtschaft vorbereitet war, bekam Bach, dessen Kostenanschlag niedriger war als der Bendas, von Ernst August Constantin den Auftrag und wurde selbst 1756 zum Hofkapellmeister nach Weimar berufen, ohne allerdings sein Eisenacher Organistenamt aufzugeben. Im gleichen Jahre verpflichtete man die Theatertruppe Karl Theophil Doebbelins (vgl. Bd. IV, S. 273) nach Weimar, wo sie im Schloßtheater in der Wilhelmsburg und in Schloß Belvedere spielte. Sie blieb auch in Weimar, als Doebbelin selbst wegen allerlei Streitereien seine Entlassung erhielt. Mit des jungen Herzogs Tod endeten allerdings 1758 diese verheißungsvollen Anfänge neuen kulturellen Lebens am Weimarer Hofe. Denn Herzog Karl I. von Braunschweig meinte als Vormund der jugendlichen Herzoginwitwe angesichts der Kriegszeiten zu einer drastischen Herabsetzung des Hofetats schreiten zu müssen. Infolgedessen wurden die Theatertruppe und die Hofkapelle aufgelöst; Johann Ernst Bach kehrte nach Eisenach zurück. Nach der Übernahme der Regierung durch Anna Amalia, die sich in ihrer Kindheit am väterlichen Hof in Wolfenbüttel zwar wenig glücklich gefühlt, aber dort doch vielerlei künstlerische und wissenschaftliche Anregungen erhalten hatte und selbst starke musikalische, literarische und pädagogische Neigungen entwickelte, lebte zunächst die Musikpflege bei Hofe schnell wieder auf. Bereits 1761 wurde der aus Großenbehringen bei Gotha gebürtige Musiker Ernst Wilhelm Wolf Konzertmeister der wiedererstandenen, freilich bescheidenen Hofkapelle. Das Theaterwesen erlebte zwar für ein Jahrzehnt nur gelegentliche Aufführungen durchreisender Theatertrupps; aber ab 1768 wurden feste Engagements mit einigen von ihnen abgeschlossen, damals mit der Kochschen, 1771 mit der Seylerschen (vgl. Bd. IV, S. 274 f.), mit denen das Schloßtheater eine neue Blütezeit erlebte, bis der verheerende Schloßbrand von 1774 dem ein jähes Ende bereitete. Bei diesem Brand ging nicht nur das Schloßtheater unter, sondern auch die im Schloß aufbewahrte Bilder- und Kunstkammer mit ihren Kunstschätzen. Daß nicht auch der früher dort untergebrachten Hofbibliothek, für deren finanzielle Absicherung Graf Bünau, selbst „der größte Büchersammler seiner Zeit", 1758 gesorgt hatte, dieses Schicksal widerfuhr, war dem Umstand zu verdanken, daß Anna Amalia 1760 einige Bibliotheksräume des Schlosses für andere Zwecke räumen ließ und dem daraufhin von der Kammer vorgebrachten Vorschlag zustimmte, die Bibliothek in dem damals unbenutzten Grünen Schloß unterzubringen, das in den Folgejahren zu einem Bibliotheksgebäude umgebaut wurde; 1766 fand die Hofbibliothek dort ihren Platz, und dort ist ihr Domizil bis heute geblieben.

Am zukunftsträchtigsten für das kulturelle Leben in Weimar erwies sich jedoch die Berufung Christoph Martin Wielands (vgl. Bd. IV, bes. S. 100 ff. u. S. 383 ff.), bis dahin Universitätsprofessor in Erfurt, nach Weimar, obwohl sie aus ganz anderen Erwägungen erfolgt ist: um der Erziehung ihres älteren Sohnes Carl Augusts willen, über die jedoch nicht zu berichten ist, da dies an anderer Stelle (s. Bd. V 1, Teil 2) ausführlich geschehen wird. Allerdings erwies dieser Ruf an einen der damals berühmtesten deutschen Schriftsteller und Dichter zugleich die Vertrautheit der Herzogin nicht nur mit der zeitgenössischen Literatur, sondern mit den geistigen und künstlerischen Strömungen überhaupt, die diese Zeit bewegten, und er erregte daher weit über Thüringen hinaus Aufsehen. Bekanntlich ist Anna Amalia sich darin auch nach ihrem 1775 erfolgten Rücktritt vom Regentenamt treu geblieben und hat tatkräftig mitgeholfen an dem Aufstieg der bescheidenen Residenzstadt Weimar zu einem Mittelpunkt deutschen, ja abendländischen Geisteslebens während der Regierungszeit ihres Sohnes Carl August; als dessen Wegbereiterin ist sie in die Geschichte eingegangen.

10. Die gothaischen Nachfolgestaaten 1680-1775

Sachsen-Gotha-Altenburg von der Landesteilung von 1680/81 bis zum Tode Herzog Friedrichs III. 1772

Durch die Landesteilungsverträge der Jahre 1680 und 1681 hatte Ernsts des Frommen ältester überlebender Sohn Friedrich I. etwa 2/5 des Territoriums seines Vaters an sich gebracht (siehe Abb. 22, nach S. 336). Sein Herrschaftsgebiet bestand aus dem Fürstentum Gotha mit den Ämtern Gotha, Tenneberg, Georgenthal, Reinhardsbrunn, Schwarzwald, Wachsenburg (mit Ichtershausen), Volkenroda und Gräfentonna, samt einbezirkten Städten, und aus einem Teil des Fürstentums Altenburg mit den Ämtern Altenburg und Leuchtenburg (mit Orlamünde) und deren einbezirkte Städte und der Stadt Pößneck. Dazu kamen noch wichtige landeshoheitliche Rechte in den Territorien seiner vier jüngsten Brüder, d. h. in Römhild (s. u. S. 494 ff.), Eisenberg (s. u. S. 499 ff.), Hildburghausen (s u. S. 502 ff.) und Saalfeld (s. u. S. 526 ff.). Während des darauffolgenden Jahrzehnts kam es zu kleinen territorialen Veränderungen, von denen einige mit der Unzufriedenheit seiner jüngsten Brüder Ernst von Hildburghausen und Johann Ernst von Saalfeld über den Landesteilungsvertrag zusammenhingen, durch den sie sich übervorteilt fühlten. So verzichtete Friedrich zugunsten von Johann Ernst auf die Stadt Pößneck; für Ernst beschaffte er von Heinrich von Römhild gegen eine finanzielle Zuwendung an diesen das Amt Königsberg in Franken (s. u. S. 496), so daß er kein eigenes territoriales Opfer zu bringen brauchte. Andererseits ergaben sich 1686 dadurch keine Erweiterungen seines Territoriums, daß es ihm gelang, die Herren Reuß zum Verzicht auf ihre Ansprüche (s. o. S. 235) auf das Amt Oberkranichfeld zu bewegen, und er das Amt sogleich in seine Obhut nahm, obwohl der Abfindungsvertrag erst 1695 von seinem Nachfolger Friedrich II. abgeschlossen wurde, und ihm außerdem nach dem Tode Johann Georgs I. von Eisenach als dem nunmehrigen Senior des Ernestinischen Gesamthauses das Senioratsamt Oldisleben auf Lebenszeit zufiel.

Friedrichs I. Territorium war das an Umfang größte und an Wirtschaftskraft bedeutendste nicht nur unter den gothaischen Nachfolgestaaten, sondern unter denen aller Ernestiner. Es hat seitdem bis zum Ende des hier zu behandelnden Zeitraums die politisch führende Stellung in Thüringen innegehabt. Herzog Friedrich I. war sich dessen durchaus bewußt; daß er trotz der beträchtlichen Verkleinerung seines Herrschaftsraums durch die Landesteilung uneingeschränkt an dem schon erwähnten Aufwand an Repräsentation (s. o. S. 247) weiterhin festhielt, dürfte damit unmittelbar zusammenhängen. Einer weiteren Aufteilung seines Landes beugte er vor, indem er am 22. April 1685 das Erstgeburtsrecht in seinem Hause einführte und für jüngere Söhne jährliche finanzielle Zuwendungen (Apanagen) festlegte. Mit der am 6. Februar 1688 erfolgten Bestätigung durch Kaiser Leopold I. erhielt diese Verfügung Rechtskraft. Das ihm 1686 zugefallene Seniorat im Ernestinischen Hause suchte er auch politisch zu nutzen; allerdings gab es in den wenigen Jahren bis zu seinem frühen Tod nur selten Gelegenheit dafür.

Die Beschränkung Friedrichs I. auf die ihm in den Landesteilungsverträgen zugefallenen Gebiete hat die Gliederung der Zentralbehörden in Gotha (s. o. S. 246) und Altenburg zunächst nicht verändert; sie blieb aber nicht ohne Rückwirkung auf deren personelle Besetzung. Aus dem Geheimen Ratskollegium schied Carpzov aus; er kehrte 1680 nach Coburg zurück. Seine Stelle übernahm der Jurist Friedrich Born, ein Ratswirtssohn aus Königsee im Thüringer Wald, der nach Advokatentätigkeit in Meiningen um 1663 Amtmann in Coburg und dort 1675 Kammerrat geworden war; nach seinem Eintritt ins gothaische Geheime Ratskollegium wurde er zum Geheimen Rat befördert, 1681 übernahm er als Kammerdirektor auch die Leitung der gothaischen Kammerverwaltung. Zu seiner Zeit zeigten sich in der Finanzverwaltung des Gesamtstaates insofern Zentralisierungstendenzen, als auf des Herzogs Geheiß in der gothaischen Kammer eine auf das ganze Land bezogene Rechnungslegung eingeführt wurde, die in der Verwaltungspraxis der gothaischen Kammer eine der altenburgischen Kammer und dem dortigen Obersteuerkollegium übergeordnete Stellung zu verschaffen begann. Born schied bereits 1683 aus gothaischen Diensten aus und fand keinen Nachfolger, so daß nunmehr Bachoff von Echt und Avemann die Geschäfte dort allein führten. Auch der 1688 in das Kollegium berufene bisherige gothaische Prinzenhofmeister Christian Ludwig von Schönberg, ein kursächsischer Generalssohn, der vor seiner Tätigkeit in Gotha in kursächsischen Hofdiensten gestanden hatte, blieb nur vorübergehend dort tätig, da ihm 1689 der Posten eines gothaischen und coburgischen Reichstagsgesandten in Regensburg übertragen wurde. Als Avemann 1689 starb, blieb, da der Herzog keine weiteren Berufungen in das Kollegium vornahm, Bachoff von Echt nunmehr dessen einziges Mitglied; als Kanzler war er zugleich Leiter des gothaischen Regierungskollegiums. Die Führung des Konsistoriums hatte seit 1680 Magnus Saul (1638-1699) inne, ein Pfarrerssohn aus Tennstedt, der einst Friedrichs I. Lehrer gewesen und nach vorübergehenden pfälzischen Diensten 1675 nach Gotha zurückgekehrt war, wo er vom Herzog auch zu diplomatischen Aufgaben herangezogen wurde. In der gothaischen Kammer nahmen nach Borns Ausscheiden Kammerräte die Leitungsaufgaben wahr, bis der Herzog 1690 den aus Oberhessen gebürtigen Juristen Johann Just Hartmann Fischer (1642-1701), Sohn eines reichsritterschaftlichen Syndikus, zum Kammerdirektor nach Gotha rief. Wichtigste Neuerung im gothaischen zentralen Behördensystem war das von Friedrich I. am 1. Februar 1691 geschaffene Kriegskollegium, das als Oberbehörde für das gesamte Militärwesen in beiden Landesteilen gedacht und die erste Behörde dieser Art in Thüringen war. Ihre Leitung übernahm der zum Kriegsrat ernannte Jurist Adolf Christian Avemann (1646-1738), ein Sohn des verstorbenen Kanzlers. Die Selbständigkeit der altenburgischen Landeskollegien wurde nicht angetastet. Die Ämter des Kanzlers und des Konsistorialpräsidenten blieben wie bisher in einer Hand. Nach Thomaes Tod (1679) wurden sie für drei Jahre von Hans Dietrich von Schönberg (1623-1682) wahrgenommen, einem seit 1654 in altenburgischen Diensten stehenden verdienten Beamten, seit dessen Tod von Johann Caspar Hendrich (1635-1700), einem Saalfelder Ratsherrensohn, Juristen und ebenfalls altgedienten, seit 1660 in Altenburg wirkenden Beamten, der es obendrein zu beträchtlichem Rittergutsbesitz gebracht hatte und 1696 den Reichsadel verliehen erhielt. In der Leitung der Kammer, die sich zunehmend in eine der Gothaer Kammer, wie bereits erwähnt wurde, untergeordneten Stellung gedrängt sah, begnügte man sich nach Hiob Ludolfs Ausscheiden (1678, s. o. S. 224) zunächst mit einem Rentmeister, seit 1682 mit Kammerräten. Die Führung des Obersteuerkollegiums in Altenburg hatte seit 1680 der bekannte ehemalige gothaische Geheimrat Veit Ludwig von Seckendorff (s. o. S. 222 f.) bis zu seinem Tode inne, der als Eigentümer der Herrschaft Meuselwitz zu den altenburgischen Landständen gehörte und dort zugleich den Posten des Landschaftsdirektors bekleidete.

Wie vor 1680 (s. o. S. 247) hat Friedrich I. auch in den ersten Jahren danach an den Sitzungen des Geheimen Ratskollegiums regelmäßig teilgenommen und auch die Sitzungen der anderen Landeskollegien besucht. Erst gegen Ende seiner Regierungszeit, als er sich oft in seinem Landschloß Friedrichswerth aufhielt, änderte sich dies. Mehr und mehr bestellte er seine höchsten Beamten zur Berichterstattung und Beratung dorthin; ein Übergang zur Kabinettsregierung bahnte sich an. Vielleicht hat die enge Freundschaft mit dem Eisenacher Herzog Johann Georg I., der bekanntlich das Kabinettssystem bevorzugte (s. o. S. 320 f.), dazu beigetragen.

Friedrichs I. Regierungszeit war auch nach der Landesteilung überschattet von kriegerischen Auseinandersetzungen an den Grenzen des Reiches. Seine Reichs- und Militärpolitik war davon bestimmt. Daß er seine Truppen nach dem Friedensschluß von Nymwegen (1679) nicht entlassen hatte, erwies sich als weitsichtig angesichts der zunehmend gefährlicher werdenden politischen und militärischen Lage an den West- und Ostgrenzen des Reiches, die sich im Vordringen Frankreichs im linksrheinischen Reichsgebiet, zunächst mit Hilfe von Entscheidungen französischer Réunionskammern, schließlich durch die gewaltsame Besetzung Straßburgs (1681), ebenso offenbarte wie in der wiederaufkommenden Türkengefahr in Westungarn. Trotz aller freundschaftlichen Beziehungen zum Hofe Ludwigs XIV. und der Bewunderung, die man in Gotha dessen Regierungsstil und höfischer Prachtentfaltung entgegenbrachte, blieb Friedrichs Politik weiterhin reichs- und kaisertreu, mancher Enttäuschungen über die kaiserliche Politik, zuletzt 1678/79, in der jülich-cleveschen Erbschaftsfrage (s. o. S. 103) ungeachtet.

Schon im November 1680 hatte Friedrich neue Bündnisverhandlungen zwischen den Ernestinern angeregt und dabei auch an eine Verbindung mit dem hannoverschen Haus der braunschweigischen Herzöge gedacht. Nachdem er sich zu Beginn des Jahres 1681 mit seinen Brüdern Albrecht von Coburg und Bernhard von Meiningen — die Militärhoheit in den Territorien seiner anderen Brüder stand ihm ohnehin zu — geeinigt hatte, zum Schutze ihrer Länder 3000 Mann aufzustellen, und er von ihnen Vollmacht zu Bündnisverhandlungen mit den ernestinischen Vettern der weimarischen Linie, mit Kursachsen und anderen Reichsständen erhalten hatte, kam es noch im gleichen Jahre zu einem Bündnisvertrag mit Johann Ernst II. von Weimar und dessen Brüdern Johann Georg I. von Eisenach und Bernhard von Jena, in dem sich beide Seiten zu Verteidigungsmaßnahmen und zur Aufstellung von Truppen verpflichteten (s. o. S. 255); die Aufnahme von Verhandlungen mit Hannover, die Friedrich vorgeschlagen hatte, wurden wegen der in Weimar dagegen bestehenden Bedenken zurückgestellt, hingegen Bündnisverhandlungen mit Kurfürst Johann Georg III. von Sachsen vereinbart. Ein 1682 von gothaischen und weimarischen Bevollmächtigten in Dresden mit Kursachsen abgeschlossener Vertrag fand allerdings nur in Weimar Zustimmung (s. o. S. 255); in Gotha war man damit ebensowenig einverstanden wie in Eisenach und Jena. Nach weiteren Verhandlungen beschränkte man sich 1684 auf eine allgemein gehaltene Versicherung, sich bei Gefahr gegenseitig zu unterstützen. Bereits 1682 war Friedrich, zugleich für seine Brüder, dem zwischen Kaiser Leopold und den fränkischen und oberrheinischen Reichsständen in Laxenburg bei Wien geschlossenen Vertrag über die Aufrechterhaltung der Reichsverfassung und des Westfälischen und Nymwegener Friedens, der sich gegen die französischen Übergriffe richtete, beigetreten, 1683 außerdem dem zum gleichen Zweck im Haag geschlossenen Bündnis zwischen dem Kaiser, Schweden und den Niederländischen Generalstaaten.

Als 1683 der Angriff der Türken auf Wien erfolgte, rückte er im Gefolge des Kurfürsten von Sachsen mit einem eigenen Truppenverband zum Schutz und der Befreiung der Kaiserstadt ins Feld; an der siegreichen Schlacht am Kahlenberge nahm er teil. Mit den anderen Ernestinern beteiligte er sich auch an den 1686 in Augsburg abgeschlossenen Verhandlungen über die Abwehr französischer Übergriffe zwischen dem Kaiser, der Mehrzahl der süddeutschen Reichsstände, Spanien und Schweden. Sein Bevollmächtigter Veit Ludwig Göckel unterschrieb diesen Bündnisvertrag zugleich im Namen aller anderen Ernestiner, die sich verpflichteten, ein Infanterieregiment von 1000 Mann aufzustellen; sie sollten dafür von allen anderen militärischen Belastungen frei bleiben, eine Zusage, die freilich nicht voll eingehalten wurde (s. o. S. 269 f.). Als zwei Jahre später der Reichskrieg gegen Frankreich, der sogenannte Pfälzische Krieg, ausgebrochen war, kam es auch mit Kursachsen, mit dem man bisher ergebnislos weiterverhandelt hatte, zu einem auf drei Jahre befristeten Bündnisvertrag, der 1689 in Leipzig unterzeichnet wurde und in dem sich die Ernestiner verpflichteten, der kursächsischen Armee 2000 Mann zur Verfügung zu stellen, von denen ein beträchtlicher Teil auf Gotha-Altenburg entfiel. Auch damals ist Friedrich I. wieder ins Feld gezogen. Im Sommer 1689 beteiligte er sich an der erfolgreichen Belagerung des im Jahre zuvor von den Franzosen besetzten Mainz durch kaiserliche und Reichstruppen unter Führung des Herzogs Karl von Lothringen als Oberbefehlshaber. Die ernestinischen Truppen standen unter Führung Herzog Heinrichs von Römhild, der den Rang eines Generalmajors innehatte, im Verband des von Kurfürst Johann Georg III. von Sachsen geführten kursächsischen Armee. Außerdem überließ Friedrich I. den Niederländischen Generalstaaten ein Kavallerieregiment gegen eine Subsidienzahlung von fast 20 000 Talern. Zum Befehlshaber seiner Truppen berief er im Januar 1691 etwa gleichzeitig mit der Bildung des Kriegskollegiums

(s. .o S. 390) den hessen-kasselschen Generalmajor Alexander Hermann Freiherr von Wartensleben (1650-1734), einen lippischen Adligen, der anfangs in französischen, später in brandenburgischen Diensten gestanden hatte und nunmehr als General der höchstbezahlte gothaische Staatsdiener war, ein Beweis mehr dafür, welche Bedeutung der Herzog seinen militärischen Streitkräften beimaß.

Seit 1689 war das Einvernehmen der kriegführenden Reichsstände argen Belastungen ausgesetzt durch die Auseinandersetzungen, die der Lauenburgische Erbfolgestreit mit sich brachte. Sie entstanden, als Herzog Georg Wilhelm von Braunschweig-Lüneburg-Celle im Einvernehmen mit seinem Bruder Ernst August, dem späteren Kurfürsten von Hannover, nach dem Tod des letzten Herzogs von Sachsen-Lauenburg dessen Land im Oktober 1689 militärisch besetzen ließ, ohne auf die Erbansprüche anderer Reichsstände, darunter vor allem Kursachsens und der Ernestiner, Rücksicht zu nehmen. Bei der Verfolgung der ernestinischen Ansprüche kam es zu Differenzen zwischen Friedrich I., der als Senior des ernestinischen Gesamthauses bei den Verhandlungen über das Erbe eine Sonderstellung beanspruchte, und seinen weimarischen und eisenachischen Vettern Wilhelm Ernst und Johann Georg II., die damit ebensowenig einverstanden waren wie mit der von ihm ohne ihr Wissen aufgenommenen Verbindung zu Ernst August von Hannover, denn sie versprachen sich mehr Erfolg von einem Zusammengehen mit Kursachsen. Alle Bemühungen waren allerdings umsonst, denn für Kursachsen wie für die Ernestiner beschränkte sich der Gewinn aus dem Erbe auf die Erweiterung ihrer Titel um den eines „Herzogs von Engern und Westfalen".

Während dieser Auseinandersetzungen, in die auch der Kaiser, Brandenburg, Dänemark und Schweden hineingezogen und die von Frankreich geschürt wurden, zeigten sich 1690 Bestrebungen, zwischen den beiden Kriegsparteien eine „dritte Partei" zu bilden, die zwischen den Kriegführenden einen Friedensschluß vermitteln wollte. Sie gingen von Schweden aus und fanden unter den Reichsständen in Ernst August von Hannover, der dies für seine machtpolitischen Ziele benutzen wollte, ihren eifrigsten Befürworter. Er zog nicht nur seine Truppen vom Kriegsschauplatz zurück, sondern schloß Anfang 1691 sogar einen Neutralitätsvertrag mit Frankreich ab. Kursachsen und Brandenburg dafür zu gewinnen und von der kaiserlichen Seite abzuziehen, gelang ihm allerdings nicht. Aber in Friedrich I. von Gotha, der mit ihm im August 1690 in Hannover wegen der Lauenburgischen Frage Verhandlungen geführt hatte, hatte er bereits damals einen gleichgesinnten Partner gefunden. Eine nach Ernst Augusts Vorstellungen gemeinsame Reichspolitik, die für Friedrich eine Abwendung von der von ihm bisher betriebenen reichs- und kaisertreuen bedeutet hätte, verhinderte jedoch Friedrichs früher Tod im August 1691. So blieb sein gutes Verhältnis zu Kaiser Leopold bis zuletzt ungetrübt. Es offenbarte sich noch 1691 darin, daß der Kaiser dem Herzog und seinen Nachkommen das Prädikat „Durchlauchtigst" verlieh, wenn auch die betreffende Urkunde erst seinem Nachfolger Friedrich II. im September 1693 ausgestellt wurde, und daß Friedrich dem Kaiser für den Feldzug gegen die Türken ein Dragonerregiment anbot, über das allerdings ebenfalls erst später, im April 1693, ein Vertrag abgeschlossen wurde, und das bis 1699 in Ungarn und Siebenbürgen im Einsatz war. Daß der Kaiser im 1686 ausgebrochenen Streit zwischen Wilhelm Ernst von Weimar und Johann Georg II. von Eisenach um die Vormundschaft über Johann Wilhelm von Jena als Vermittler 1687 Friedrich I., zusammen mit dessen Bruder Albrecht von Coburg, eingesetzt hat, war allerdings sicher weniger dem guten Verhältnis zu ihm zuzuschreiben als dessen Stellung als Senior des ernestinischen Hauses.

Die Vertretung sämtlicher ernestinischer Herzöge auf dem Reichstag von Regensburg lag zum Zeitpunkt der Teilungsverträge in der Hand des Reichstagsgesandten Dreher (s. o. S. 239); er führte von da an für Friedrich I. die beiden Gothaer und Altenburger Reichstagsstimmen und den gothaischen und altenburgischen Anteil an der Ernestinern und Albertinern gemeinsam zustehenden Henneberger Reichstagsstimme. Als er 1682 gestorben war, weigerte sich Friedrich, die Kosten einer eigenen Gesandtschaft in Regensburg weiterhin zu tragen, wie dies bisher geschehen war, und forderte seinen Weimarer Vetter Johann Ernst II. als damaligen Senior des Hauses auf, diese finanzielle Last auf sich zu nehmen. Als dieser sich aber dazu nicht bereitfand und auf Rat seines Bruders Johann Georg I. von Eisenach dem pfalz-veldenzischen Reichstagsgesandten Fabricius die Wahrnehmung der weimarischen und eisenachischen Reichstagsstimmen übertrug, bevollmächtigte Friedrich mit der Vertretung seiner Stimmen den hannoverischen Reichstagsgesandten Christoph Weselow, der auch die coburgische Stimme mit übernahm. Dessen Kränklichkeit und die politischen Entwicklungen im Reich, dazu das Drängen Coburgs und Meiningens auf die Einsetzung eines eigenen Gesandten des gothaischen Gesamthauses ließen es Friedrich I. jedoch 1689 geraten erscheinen, wieder einen eigenen Gesandten beim Reichstag zu haben. Er berief dazu seinen Geheimen Rat Christian Ludwig von Schönberg, der diesen Posten bis 1694 innegehabt hat. Am Kaiserhof und beim Reichshofrat in Wien hatte die Vertretung gotha-altenburgischer Interessen seit den Zeiten Ernsts des Frommen der allen Ernestinern gemeinsame Agent (s. o. S. 196 u. 240) Tobias Sebastian Praun wahrgenommen. Auch als dieser 1682 gestorben war, blieb bei der Neubesetzung seiner Stelle die ernestinische Gemeinsamkeit bestehen. Zunächst wurde der Reichshofratsagent zahlreicher Reichsstände Ferdinand Persius von Lonsdorff damit beauftragt. Nach dessen Tod erhielt der 1684 von der weimarischen Linie dafür bevollmächtigte Reichshofratsagent Ernst

Julius Persius von Lonsdorff (s. o. S. 269) 1685 auch die gothaische Zustimmung; er tat bis zu seinem Tode 1702 diesen Dienst. In wichtigen Angelegenheiten pflegte jedoch auch Friedrich I. Sonderbevollmächtigte nach Wien zu senden.

Friedrichs I. Reichs- und besonders die Militärpolitik verschlang erhebliche finanzielle Mittel, die trotz gelegentlicher Subsidieneinnahmen im wesentlichen von seinem Lande aufgebracht werden mußten. Er bedurfte dazu der Zustimmung der Landstände beider Landesteile, deren Eigenständigkeit von ihm ebensowenig angetastet wurde wie das ihnen zustehende Steuerbewilligungsrecht. Die gothaischen und altenburgischen Landstände trafen sich nach wie vor auf getrennten Landtagen und Ausschußtagen in Gotha und Altenburg; an ihnen nahmen auch landständische Abgesandte aus den Territorien der Herzöge von Römhild und Hildburghausen — in Gotha — und der Herzöge von Eisenberg und Saalfeld — in Altenburg — teil. Daß es dort häufig zu Klagen über die hohen finanziellen Lasten kam, die Friedrichs stehendes Truppenkontingent verursachte, hing wohl auch, wenn auch unausgesprochen, damit zusammen, daß die Landstände angesichts der Entwicklungen, die sich z. B. in Brandenburg zum Nachteil landständischer Rechte vollzogen hatten, auch um ihre eigene Stellung fürchteten, und des Herzogs Bemühungen, Teile des Landesaufgebots in sein stehendes Heer einzugliedern, und schließlich die Einrichtung des Kriegskollegiums als Militärbehörde dürften diesen Befürchtungen Nahrung gegeben haben. Dennoch zeigten sie bei der Bewilligung der Steuern niemals ernsthaften Widerstand gegen die Wünsche des Herzogs. Auf die landesherrliche Verordnungstätigkeit blieben die Kriegszeiten ebenfalls nicht ohne Rückwirkungen, wie 1686 erlassene Verbote fremder Truppenwerbungen im Lande und des Aufkaufs und der Ausfuhr von Pferden bezeugten.

Im übrigen aber war Friedrichs innenpolitisches Wirken wie früher (s. o. S. 247) von der Sorge um die Bewahrung dessen getragen, was sein Vater geschaffen hatte; der Einhaltung der von diesem überkommenen Gesetze und Verordnungen galt sein Hauptaugenmerk. Besonders hervorgehoben werden in diesem Zusammenhang — wohl weil sie oft übertreten wurden — 1680 die Verfügungen zur Bekämpfung von übertriebenem Luxus bei Familienfesten; im altenburgischen Landesteil erließ man 1681 sogar eine neue Polizeiordnung, die allein diesem Gegenstand galt. In engem Zusammenhang damit stand die Kleiderordnung, deren Einhaltung besondere Beachtung gewidmet werden sollte. Ihre Bestimmungen dienten zugleich der Wahrung ständischer Unterschiede, die sich in dieser Zeit wachsenden Aufwands bei Hofe weiter ausprägten. Wenn 1690 die Ratsstatuten von Altenburg über das dort geltende Erbrecht von Friedrich bestätigt wurden, so bedeutete dies allerdings nicht, daß er gegenüber den städtischen Selbstverwaltungsorganen eine andere Stellung eingenommen hat als seine weimarischen Vettern; auch er setzte den von seinem Vater mit der Landesordnung von 1653 und anderen Landesgesetzen beschrittenen Weg der Vereinheitlichung des Landesrechts fort, die die rechtliche Sonderstellung der Städte weiter abbaute und deren Ratskollegien zunehmend zu Organen der Landesverwaltung werden ließ. Von wirtschaftlicher Bedeutung für die Zukunft sollten Friedrichs seit 1687 erkennbare Bestrebungen werden, alle Straßen seines Landes mit Bäumen, auch Obstbäumen zu bepflanzen, auch wenn dem wohl ursprünglich die für die Barockzeit typische künstlerische Absicht, sichtbare Verbindungen zwischen Residenzstadt und allen Teilen des Landes zu schaffen, zugrundegelegen haben mag.

Im kirchen- und schulpolitischen Bereich bekundete Friedrich I. in einer 1680 erlassenen Verlautbarung, die auf einer 1682 veranstalteten Zusammenkunft der Geistlichkeit noch einmal bestätigt wurde, die Absicht, das „Informationswerk" seines Vaters, die auf die Durchsetzung christlicher Lebensführung gerichtete Unterrichtung der gesamten Bevölkerung, und die Kirchen- und Schulvisitationen weiterhin fortzuführen zu wollen, und 1690 wurden auch die Vorschriften der Sonntagsheiligung noch einmal eingeschärft. Von der 1640 mit tatkräftiger Förderung Ernsts des Frommen entstandenen Bibelausgabe, gewöhnlich die „Ernestinische Bibel" genannt, ließ Friedrich 1684 eine neue Auflage drucken und außerdem im Jahre darauf ein neues Gebetbuch veröffentlichen, von dem 500 Exemplare kostenlos unter die Armen verteilt wurden. Von einem Einigungsversuch zwischen Katholiken und Protestanten, den der spanische Bischof Christoph Rajus von Spinola, der Beichtvater der Kaiserin, damals unternahm, hielt der Herzog als überzeugter Lutheraner wenig, auch ein Besuch des Bischofs in Gotha 1683 änderte daran nichts. Dennoch bahnten sich in diesen Jahren Veränderungen im kirchlichen Leben des Landes an. Vorbereitet durch Ernsts des Frommen eigenes Wirken und beeinflußt von religiös gesinnten Persönlichkeiten in seiner Umgebung, zu denen auch der Hof- und Justizrat Johann Francke, der Vater August Hermann Franckes, gehörte, hielt die auf Überwindung theologischer Lehrstreitigkeiten bedachte und mit der Forderung auf Bewährung christlichen Gedankenguts im praktischen Leben hervortretende Erneuerungsbewegung des Protestantismus, der Pietismus, Einzug, gefördert von dem aus Berka/Werra gebürtigen Theologen Heinrich Fergen (1643-1708), den Friedrich I. 1676 zu seinem Hofprediger ernannt hatte und dem er 1684 das Amt des Generalsuperintendenten in Gotha anvertraute, das dieser bis zu seinem Tode 1708 bekleidet hat. Fergen war ein für alles Neue im kirchlichen Leben aufgeschlossener, besonnener Mann, der der neuen Bewegung in Gotha eine Heimstatt bot, wenn er auch Übertreibungen, wie sie später vorkamen, zu unterbinden suchte. So konnte August Hermann Francke, der 1677 das Gothaer Gymnasium verlassen und nach Studien in Erfurt und mehrjähriger Tätigkeit in Norddeutschland 1690 eine Predigerstelle in Erfurt erhalten hatte, 1691 in Gotha Zuflucht finden, als er wegen seines pietistischen Wirkens aus Erfurt ausgewiesen wurde; er blieb allerdings hier nur bis zu seiner Berufung nach Halle im Jahre 1692 (s. Bd. IV, S. 26).

In eine andere Richtung entwickelte sich das kulturelle Leben am Hofe. Es war auch während dieses Jahrzehnts geprägt von Friedrichs I. Neigung zu französischem Prunk, den er 1687 bei einem zweiten Besuch am Hofe Ludwigs XIV. noch einmal schätzen gelernt hatte. Friedrich kleidete sich französisch und trug eine Allongeperücke; wie andere fürstliche Zeitgenossen erhoffte er sich, anders als sein Vater, viel von der Alchemie, an die er große Summen verschwendete. Allerdings verfügte er, daß von den erhofften — wenn auch nie erreichten — großen Reichtümern nicht weniger als 4 370 689 Taler für Kirchen und Werke der Barmherzigkeit verwendet werden sollten. Im Gegensatz zu seinem Vater, der kein Freund von „Komödianten" war (s. o. S. 242), hatte Friedrich schon früh Gefallen am Theaterspiel gefunden, und auf seinen Bildungsreisen wurde er zudem noch mit der höfischen französischen Theaterkunst bekannt. 1681/82 ließ er im Schloß Friedenstein ein „Komödienhaus" (s. Bd. IV, S. 270) einrichten, in dem in den Jahren darauf Schauspiele, Ballette und Opern aufgeführt wurden, an denen sich auch Angehörige des Hofes und der Beamtenschaft beteiligten. Die Ballettmeister waren meist Franzosen. Die Hofkapelle wurde vergrößert. Kapellmeister war seit 1676 Wolfgang Michael Mylius (1636-1712/13), ein thüringischer Pfarrerssohn, der zunächst Theologie studiert hatte, ehe er zur Musik wechselte. Den musikbegabten altenburgischen Hoforganistensohn Christian Friedrich Witt (1660-1716) ließ der Herzog in Wien und Salzburg ausbilden, nahm ihn 1686 als Kammerorganist in seine Dienste und schickte ihn 1688 zu weiterer Ausbildung nach Nürnberg; von dort kehrte er nach Gotha zurück und blieb hier bis an sein Lebensende; 1713 wurde er Mylius' Nachfolger im Kapellmeisteramt. Großes Interesse zeigte Friedrich für die gothaische Hofbibliothek; auch die Schätze der Kunstkammer hat er erheblich vermehrt. Vom Bau des Lustschlosses Friedrichswerth ist bereits früher die Rede gewesen (s. o. S. 247 f.; s. Bd. VI, S. 25); unter der Leitung des gothaischen Landbaumeisters Jeremias Tütleb wurde es nach fast zehnjähriger Bauzeit 1689 fertig. Sein Äußeres wurde nach der damaligen thüringischen Schloßbaukunst, deren Vorbilder die Schlösser von Gotha und Weißenfels waren, gestaltet. Die Innenausstattung hingegen zeigte deutlich den Einfluß französischer Vorbilder, die von italienischen Stukkatoren in die Wirklichkeit umgesetzt wurden. Ob sich Friedrich als Mitglied der Fruchtbringenden Gesellschaft auch mit literarischen Dingen beschäftigt hat, ist nicht bekannt. Daß er

1690 einen „Orden der deutschen Redlichkeit" stiftete, der allerdings nur wenigen Hofleuten und Beamten verliehen wurde und nach seinem Tode in Vergessenheit geriet, läßt darauf schließen, daß er französische Lebensart und deutsches Wesen durchaus nicht für etwas Unvereinbares gehalten hat.

Friedrich I. starb am 2. August 1691, bald nach seinem 45. Geburtstag, ob am Schlagfluß oder an einer Vergiftung, ist bis heute ungeklärt. Er hatte nach dem Tod seiner ersten Gemahlin (1681) noch im gleichen Jahre Christine (1645-1705), die 36jährige Tochter des Markgrafen Friedrich VI. von Baden-Durlach geheiratet; die Ehe blieb kinderlos. Von den acht Kindern aus erster Ehe, zwei Söhnen und sechs Töchtern, starben zwei Töchter im Kindesalter, die anderen heirateten in die Häuser Schwarzburg-Rudolstadt, Sachsen-Meiningen, Anhalt-Zerbst und Mecklenburg-Strelitz. Die beiden Söhne Friedrich II. (1676-1732) und Johann Wilhelm (1677-1707) waren beim Tode des Vaters noch unmündig, so daß die in Friedrichs Testament von 1685 für diesen Fall vorgesehene Vormundschaftsregelung eintreten mußte, die seine Brüder Bernhard von Meiningen und Heinrich von Römhild zu Obervormündern einsetzte. Als Untervormünder beigegeben wurden der Geheime Rat und Kanzler Bachoff von Echt, der Konsistorialpräsident Saul und der Geheime Rat und Kammerdirektor Fischer.

Da die Herzöge von Meiningen und Römhild nicht ständig in Gotha anwesend sein konnten und auf die dortigen Regierungsgeschäfte offenbar kaum Einfluß genommen haben, wurden diese damals im wesentlichen von den Untervormündern, den schon genannten höchsten gothaischen Beamten geführt. Von diesen wurden während der Vormundschaftszeit auch Fischer (1692) und Saul (1693) Mitglieder des Geheimen Ratskollegiums, noch bevor Friedrich II., der beim Tod seines Vaters eben 15 geworden war, die Herrschaft im Lande antrat.

Friedrich II. war am 28. Juli 1676 auf Schloß Friedenstein in Gotha geboren und gemeinsam mit seinem ein Jahr jüngeren Bruder Johann Wilhelm, der später Offizier wurde, unter der Leitung von adeligen Erziehern aufgewachsen. Friedrich I. hatte beide Söhne auf die damals modernste deutsche Hochschule, die in Gründung befindliche kurbrandenburgische Universität Halle schicken wollen; sein früher Tod hatte dies verhindert. Und auch Friedrichs und Johann Wilhelms gemeinsame Bildungsreise nach Holland und England, die beide im September 1692 angetreten hatten, mußte vorzeitig, Ende August 1693, abgebrochen werden, weil man mit der alsbaldigen Erteilung der von den Vormündern für Friedrich II. von Kaiser Leopold I. erbetenen venia aetatis rechnete. Sie erfolgte am 12. September 1693, so daß im Dezember darauf die Übernahme der Regierungsgeschäfte durch den jugendlichen, im 18. Lebensjahr stehenden Fürsten erfolgen konnte. Zur Vervollständigung seiner Ausbildung hat Friedrich deshalb später, von November 1694 bis März 1695, eine weitere Reise nach Holland und England unternommen.

Zu seinen ersten Regierungshandlungen gehörten die Ernennung Bachoff von Echts zum Geheimen Ratsdirektor und Leiter des Kriegskollegiums und die Berufung des Generals von Wartensleben in das Geheime Ratskollegium (1694), wichtige Zeugnisse dafür, daß er, von beiden in dieser Richtung bestärkt, die Politik seines Vaters fortzusetzen entschlossen war. Bachoff von Echts Stellung ähnelte seitdem der eines Premierministers; er sollte sie mehr als drei Jahrzehnte innehaben. Damit er sich voll und ganz den wichtigsten Staatsgeschäften widmen konnte, wurde er vom Kanzleramt entlastet, wenn ihm auch die nominelle Oberaufsicht über das gothaische Regierungskollegium blieb. Dagegen behielten Fischer und Saul neben ihren Aufgaben im Geheimen Ratskollegium weiterhin die Leitung der von ihnen bisher verwalteten Landeskollegien, der Kammer bzw. des Konsistoriums bei; Saul übernahm zudem noch als Vizekanzler die Führung des Regierungskollegiums.

Um die Leistungsfähigkeit des Geheimen Ratskollegiums zu erhöhen und zugleich dessen führende Stellung im Behördenapparat des Landes zu festigen, sorgte der Herzog für die personelle Verstärkung der dem Kollegium beigegebenen Geheimen Kanzlei und für eine Anweisung an die Landeskollegien in Gotha und Altenburg, ihre wichtigsten Angelegenheiten dem Geheimen Ratskollegium zur Beratung und Beschlußfassung vorzulegen. So wurde dieses Kollegium zu der festen organisatorischen Klammer, die die Verwaltungen der beiden Fürstentümer Gotha und Altenburg miteinander verband. Die steigende Bedeutung des Geheimen Ratskollegiums im Behördenapparat des Landes wurde auch dadurch nicht beeinträchtigt, daß Friedrich II. nicht ständig an dessen Sitzungen teilnahm, sondern, wie es schon sein Vater getan hatte, mehr und mehr dazu überging, leitende Beamte zur Berichterstattung und Beratung in seine Privatgemächer zu bestellen, so daß der Regierungsstil zunehmend den einer Kabinettsregierung annahm, obwohl der Name Kabinett im amtlichen gothaischen Sprachgebrauch nie üblich wurde und auch eine besondere Kabinettsbehörde nicht entstanden ist.

Die leitenden Posten der gothaischen Landeskollegien blieben auch später in der Hand von Mitgliedern des Geheimen Ratskollegiums. So übernahm nach Sauls Tod (1699) Fischer auch noch die Führung des Konsistoriums. An der Spitze der altenburgischen Landeskollegien gab es bis 1700 nur Veränderungen in der Leitung der Kammer und des Obersteuerkollegiums; so als nach Veit Ludwig von Seckendorffs Tod (1692) auf den Kanzler und Konsistorialpräsidenten Hendrich auch noch die Leitung des Obersteuerkollegiums überging, während die Führung der Kammer weiterhin in den Händen von Kammerräten blieb. Die beiden Finanzverwaltungen hatten ohnehin, wie schon berichtet (s. o. S. 389 f.), seit der Regierungszeit Friedrichs I. einiges von ihrer Eigenständgkeit verloren.

Nach dem Tod Fischers (1701) und dem Ausscheiden des Generals von Wartensleben aus dem Geheimen Ratskollegium mit dessen Übertritt in preußische Dienste (1702) war Bachoff von Echt erneut als einziges Mitglied des Kollegiums übrig geblieben. Daß er nun die Leitung des Kriegskollegiums abgab und wieder seinem Vorgänger, dem nunmehrigen Geheimen Rat Avemann überließ, um sich allein den Geschäften des Kollegiums zu widmen, genügte jedoch auf die Dauer nicht, dessen umfangreicher gewordene Aufgaben zu bewältigen. So berief der Herzog 1706 zwei neue Mitglieder, den Oberhofmarschall Johann Ludwig von Hanstein (1643-1722), einen Offizierssohn aus der Umgebung von Sangerhausen, der seit 1682 in gothaischen Diensten stand, und den altenburgischen Kanzler Heinrich Hildebrand von Einsiedel (1658-1731) aus dem bekannten kursächsischen Adelsgeschlecht, der nach vorübergehendem Hofdienst in Zeitz 1685 Mitglied des altenburgischen Regierungskollegiums geworden war, von 1697 bis 1706 außerdem den Posten eines Kanzlers in Merseburg bekleidet und 1706 das Kanzleramt in Altenburg übernommen hatte; als Rittergutsbesitzer von Lumpzig gehörte er auch zu den altenburgischen Landständen. Er war der erste Vertreter des altenburgischen Landesteils im Geheimen Ratskollegium in Gotha. Dessen weiterer personeller Verstärkung diente 1713 die Berufung des 1707 in gothaische Dienste übergetretenen weimarischen Regierungsbeamten und Mitglied des Hofgerichts Jena Anton Ludwig von Schwarzenfels (1678-1725), des Sohnes eines weimarischen Geheimen Rats und Mitglieds einer von den Grafen von Schwarzburg abstammenden Adelsgeschlechts, und des Sohnes des Geheimen Ratsdirektors Bachoff von Echt, Johann Friedrich Freiherrn Bachoff von Echt des Jüngeren (1679-1736). 1720 kamen in diesen durchweg dem Adel angehörenden Kreis zwei altgediente bürgerliche Beamte, der seit 1685 in gothaischen Diensten tätige, vom einfachen Kanzleibeamten über den Geheimsekretär zum Geheimen Kammerrat aufgestiegene und schließlich 1721 geadelte Johann Michael Gotter (1654-1729), Sohn eines Eisfelder Superintendenten, und Daniel Eusebius Jäger (1662-1730), ein Ichtershäuser Amtsschössersohn, der nach langer Advokatentätigkeit in Gotha 1706 Mitglied der Regierung und Hofrat geworden war und als Mitglied des Geheimen Ratskollegiums den Titel eines Geheimen Regierungsrats führte. In die durch das Ableben Hansteins (1722), Schwarzenfels' (1725) und des Geheimen Ratsdirektors Bachoff von Echt (1726) entstandenen Lücken trat nur der 1726 in das Kollegium berufene altenburgische Kammerrat Christian von Uffel (1687-1748), ein Sohn eines am Hofe Herzog Christians von Eisenberg tätig gewesenen Oberhofmeisters und zunächst viele Jahre in weimarischen Diensten gewesener Beamter, der 1721 als Kammerrat die Leitung

Abb. 23: Gustav Adolph Graf von Gotter (1692–1762)

Abb. 24: Schloßkirche in Eisenberg

der altenburgischen Kammer übernommen hatte, die er auch weiterhin, bis 1731, beibehielt; ab 1730 leitete er außerdem das gothaische Obersteuerkollegium. So war das Geheime Ratskollegium, das 1702 nur noch aus dem Geheimen Ratsdirektor bestanden hatte, seit 1706 nach und nach bis 1720 auf sieben Mitglieder angewachsen, verminderte sich aber 1722 auf sechs und sank dann bis zum Tode des Herzogs auf zwei herab. Der Posten des Geheimen Ratsdirektors wurde nach dem Tode des älteren Bachoff von Echt (1726) nicht wieder besetzt, sondern der Organisation des Kollegiums durch eine 1727 vom Herzog erlassene neue Geheime Ratsordnung, die die Bildung sachbezogener Departements vorsah, eine neue, damals in Thüringen einzigartige Gestalt gegeben. In ihr war nunmehr der Charakter des Kollegiums als einer die Entschlüsse des Landesherrn vorbereitenden und durchführenden Zentralbehörde besonders klar ausgeprägt; alle Entscheidungen aber traf der Herzog allein.

Außer dem Geheimen Ratsdirektor Bachoff von Echt, der seine gesamte Kraft der Tätigkeit im Kollegium widmen konnte, hatte in diesen Jahrzehnten jedes seiner Mitglieder noch leitende Posten in Landeskollegien wahrzunehmen. Hanstein blieb Oberhofmarschall, Einsiedel Kanzler in Altenburg, wozu er 1727 noch die Führung des dortigen Obersteuerkollegiums übernahm; Schwarzenfels war zugleich Kammerdirektor in Gotha und seit 1716 Hofrichter in Jena. Der jüngere Bachoff von Echt leitete seit 1717 die gothaische Konsistorialbehörde, die 1713 den Namen Oberkonsistorium erhielt, um ihr gegenüber dem hohenlohischen Konsistorium in Ohrdruf, den schwarzburgischen Konsistorien in Rudolstadt und Arnstadt und wohl auch dem altenburgischen Konsistorium auch nach außen sichtbar den Vorrang zu geben, und wurde 1730 außerdem gothaischer Kanzler. Gotter behielt die ihm 1731 übertragene Leitung des 1701 geschaffenen gothaischen Obersteuerkollegiums bei und übernahm zudem nach Schwarzenfels' Tod 1725 die Leitung der gothaischen Kammer; Jäger hatte seit 1727 noch das gothaische Regierungskollegium zu leiten. Uffel war, wie bereits erwähnt, auch Leiter der altenburgischen Kammer und übernahm dazu nach Gotters Tod 1730 noch die Führung des gothaischen Obersteuerkollegiums. Es blieb also auch in diesen Jahrzehnten bei einer vielfältigen Personalunion von Mitgliedschaft im Geheimen Ratskollegium und leitenden Positionen in Landeskollegien beider Landesteile, die dem Zusammenwachsen der Behördenorganisationen beider Landesteile dienlich war. Auf der unteren Verwaltungsebene geschah dies durch die bereits 1694 begonnene Einsetzung von beamteten Kommissaren, Inspektoren und Fiskalen, die Kontrollfunktionen in allen entsprechenden Behörden des gesamten Landes wahrzunehmen berechtigt waren. Dem Ruf einer gut arbeitenden Verwaltung, die dem gothaischen Staat Ernsts des Frommen bei den Zeitgenossen so große Anerkennung eingebracht hatte, verstand Friedrich II. auf diese Weise unter den veränderten Verhältnissen der voll ausgebildeten absoluten Fürstenherrschaft zu wahren. Die frühere Eigenständigkeit der Landeskollegien beider Landesteile schwand dabei dahin. Sie verwandelten sich in regional zuständige Mittelbehörden, denen in Angelegenheiten, die für das gesamte Land innen- und außenpolitisch von Bedeutung waren, kaum noch Einflußmöglichkeiten offen standen.

Als Friedrich II. 1693 die Herrschaft im Lande antrat, war der Reichskrieg gegen Frankreich, der „Pfälzische Krieg", noch in vollem Gange. Der Streit um die Lauenburgische Erbschaft hatte das Reich erheblich geschwächt und den französischen Armeen, vor allem in den Niederlanden, aber auch am Oberrhein, manche Vorteile gebracht. Ernst August von Hannover war, als er die Kurwürde für sich und sein Haus 1692 erreicht hatte, auf die Seite des Kaisers zurückgekehrt. Aber die Verleihung der Kur an ihn wurde im Reich der Anlaß zu neuen, langanhaltenden Auseinandersetzungen, weil zahlreiche Reichsfürsten die Anerkennung dieser neunten Kur verweigerten und dem Kaiser das Recht absprachen, ohne Zustimmung des Reichstags, wie dies 1692 geschehen war, eine neue Kurwürde zu verleihen. Zur Wahrnehmung ihrer reichsfürstlichen Rechte schlossen sie sich, gedrängt vor allem von Herzog Anton Ulrich von Braunschweig-Wolfenbüttel, zu einem Fürstenverein zusammen; zu den Unterzeichnern von dessen Satzungen gehörte am 18. Dezember 1692 in Regensburg neben Bevollmächtigten von Braunschweig-Wolfenbüttel, Dänemark und Münster auch der gothaische Reichstagsgesandte Schönberg, sicher nicht ohne Anweisung der Vormünder Friedrichs II. Im Jahre darauf schlossen sich dem Verein die Kurfürsten von Köln, Trier und der Pfalz, der Landgraf von Hessen-Kassel, die Markgrafen von Brandenburg-Bayreuth und Baden-Baden und andere Reichsfürsten an. Da Kaiser Leopold keine Neigung zeigte, den Wünschen des Fürstenvereins entgegenzukommen, verweigerten dessen Mitglieder seit 1693 die Teilnahme an den Beratungen des Reichstags und lähmten dadurch auf Jahre hinaus alle Reichstagsgeschäfte.

Friedrich II. sah also bei seinem Regierungsantritt, da er die sachsen-gothaische Mitgliedschaft im Fürstenverein fortführte, sich und sein Land in einen während des Reichskriegs gegen Frankreich schwelenden Streit zahlreicher Reichsfürsten mit dem Kaiser hineingezogen. Auf Drängen Herzog Anton Ulrichs von Wolfenbüttel, des eigentlichen Motors des Vereins, der im Oktober 1694 zu diesem Zweck nach Gotha kam, sandte er 1695 seinen Geheimen Rat Fischer zum Fürstentag nach Frankfurt am Main, wo eine Erneuerung des Vereins und der Abschluß eines Defensivbündnisses seiner Mitglieder beschlossen wurde. Wenn das praktische Ergebnis dieses Kongresses den Beschlüssen auch nicht entsprach, so zeigte sich die machtpolitische Seite der Vereinszugehörigkeit doch deutlich genug. Es war also kaum zufällig, daß Friedrich, zugleich eingedenk der ihm von seinen wichtigsten Beratern Bachoff von Echt und Wartensleben nahegebrachte Reichs- und Militärpolitik seines Vaters, eine lebhafte Rüstungspolitik begann, nachdem erste Anzeichen neuer militärpolitischer Aktivitäten bereits in personellen Entscheidungen des Jahres 1694 (s. o. S. 399) sichtbar geworden waren.

Während der Vormundschaftszeit hatte man sich in Gotha nicht nur damit begnügt, die im Verband der ernestinischen Truppen unter Führung Wartenslebens bei der Reichsarmee am Oberrhein im Abwehrkampf gegen französische Angriffe 1693 bei Heilbronn und später im Schwarzwald eingesetzten gothaischen Verbände weiterhin zu unterhalten, wie dies die anderen Ernestiner mit den ihrigen auch taten (s. o. S. 270), sondern darüber hinaus auch dafür gesorgt, daß Friedrichs I. Truppenangebot an Kaiser Leopold (s. o. S. 394) verwirklicht und am 30. April 1693 der Vertrag über die Bereitstellung eines Dragonerregiments für den Türkenkrieg abgeschlossen und durchgeführt wurde; das Regiment kam seitdem bis 1699 in Ungarn und Siebenbürgen zum Einsatz und wurde vom Kaiser erst nach dem Frieden von Carlowitz zurückgegeben.

Friedrich II. sorgte ab 1695 für die Vermehrung des damals aus ca. 4500 Mann bestehenden gothaischen Truppenverbandes auf 1796 ca. 7200 und bis um 1700 auf ca. 10 000 Mann, ferner für den Bau von Kasernen und die Belegung der Festungen Gotha, Wachsenburg und Leuchtenburg und des Schlosses Fröhliche Wiederkunft bei Kahla mit Besatzungen.

Aber auch die politischen Verhältnisse in der thüringischen Umwelt nahmen die Aufmerksamkeit des jungen Herzogs und seiner Berater in Anspruch. Hier zeigte sich in diesen Jahren unter den jüngeren Söhnen Ernsts des Frommen nach wie vor Unzufriedenheit mit den Folgen der 1680/81 von Friedrich I. ausgehandelten Teilungsverträge. Zudem waren die Herzöge Albrecht von Coburg, Heinrich von Römhild und Christian von Eisenberg, obwohl sie alle das 40. Lebensjahr überschritten hatten, noch immer ohne Thronerben. So galt es für Friedrich, zum einen die in den Verträgen festgeschriebenen gothaischen Rechte zu wahren, zum anderen sich zugleich auf Erbauseinandersetzungen einzurichten. Mit Johann Ernst von Saalfeld kam es 1695 zu einem Vergleich (s. u. S. 528), in dem er zwar manche Zugeständnisse finanzieller Art und in Verfahrensfragen bei der Ausübung der gothaischen Hoheitsrechte im saalfeldischen Gebiet machen mußte, die Rechte selbst aber ungeschmälert bewahren konnte. Mit Bernhard von Meiningen wurde er 1696 einig in der Auffassung, daß man über die zu erwartende Coburger Erbfolge (s. u. S. 459 f.) mit allen anderen Brüdern zu gemeinsamen Beratungen kommen sollte; diese hatten jedoch Bedenken dagegen. Aussichtsreich für Friedrich war das Ergebnis der im Frühjahr 1699 von Albrecht von Coburg mit seinen Brüdern geführten Verhandlungen, die sich außer auf Coburg auch auf die Erbfolge in

Römhild und Eisenberg erstreckten. In dem am 6. April 1699 in Coburg abgeschlossenen Vertrag wurden Friedrich das römhildische Amt Themar und das gesamte eisenbergische Gebiet zugesprochen, wenn auch belastet mit Ausgleichszahlungen an andere Miterben. Allerdings traten Ernst von Hildburghausen und Johann Ernst von Saalfeld dem Vertrag nicht bei, so daß im Grunde alles wieder offen blieb.

Endgültig mit dem gothaischen Territorium vereinigt wurde 1695 das bereits seit 1686 von Gotha aus verwaltete Amt Oberkranichfeld (s. o. S. 389), als Friedrich gegen Zahlung von 16 000 Gulden den Abfindungsvertrag mit den Herren Reuß abschloß. Hingegen mußte die 1697 erfolgte Erhebung der Grafen von Schwarzburg in den Reichsfürstenstand (s. u. S. 556) durch Kaiser Leopold auch von Friedrich als Eingriff in überlieferte Hoheitsrechte des Wettinischen Gesamthauses betrachtet werden, der noch jahrzehntelang zu Mißhelligkeiten zwischen Ernestinern und Schwarzburgern Anlaß gab. Er hat sich allerdings nicht so spektakulär aufgelehnt wie Wilhelm Ernst von Weimar (s. o. S. 276 f.), sondern sich offenbar mit Reichstagsverhandlungen zufrieden gegeben, die allerdings auf die Dauer den Eintritt der Schwarzburger in den Reichsfürstenrat nicht verhindern, aber immerhin bis 1754 verzögern konnten. Erfolglos blieben auch die 1707 von Friedrich begonnenen Bemühungen um einen Ausgleich mit den Grafen von Hatzfeld, die als „Blankenhainer Permutationsprojekt" in die thüringische Landesgeschichte eingegangen sind (s. o. S. 278, 305 u. 378). In Gotha hatte man sich davon territorialen Gewinn erhofft.

Die Beziehungen zu den weimarischen und eisenachischen Vettern waren seit dem Tode Friedrichs I. durch einen langwierigen Präzedenzstreit getrübt (s. o. S. 276 u. 331), der erst 1704 bereinigt werden konnte, sich allerdings in der Hauptsache bei den Reichstagsverhandlungen unangenehm bemerkbar machte. Dennoch fand man sich bereits seit 1694 zu gemeinsamen Konferenzen zusammen und schloß 1696 einen auf drei Jahre bemessenen Bündnisvertrag ab, in dem man sich zu gemeinsamem reichspolitischen Handeln verpflichtete und die Unterstellung der gemeinsamen Truppen unter kaiserliches Kommando und die Führung General von Wartenslebens beschloß. Daß sich im Mai 1697 Gotha und Coburg auf dem Reichstag zu alleinigen ernestinischen Vertretern für die Friedensverhandlungen in Rijswijk wählen ließen, ohne sich zuvor mit Weimar und Eisenach ins Benehmen zu setzen, entsprach dem Geiste dieses Vertrags allerdings nicht und führte daher zu einem energischen, wenn auch vergeblichen Protest Wilhelm Ernsts von Weimar und Johann Georgs II. von Eisenach (s. o. S. 271). Der Vertrag wurde aber ohnehin durch den Abschluß des Rijswijker Friedens hinfällig. Während man aber in Weimar und Eisenach sogleich seine Truppen bis auf bescheidene Reste entließ, geschah in Gotha nichts dergleichen.

Der frühe, kinderlose Tod Kurfürst Johann Georgs IV. von Sachsen (1694) und die zunächst kinderlos gebliebene Ehe seines Bruders und Thronfolgers August des Starken brachten es mit sich, daß Friedrich seine Aufmerksamkeit auch den Vorgängen im kursächsischen Hause zuwandte. In Gotha angestellte Spekulationen über den Einfluß des Erlöschens des sächsischen Kurhauses auf die Wahrnehmung eigener Erbrechte wurde mit der Geburt des Kurprinzen Friedrich August (1696) zwar weithin überflüssig. Um so schwerwiegender für die beiderseitigen Beziehungen erwies sich der Übertritt Augusts des Starken zum Katholizismus (1697) nach seiner erfolgreichen Bewerbung um die polnische Königskrone und die im Zusammenhang damit von ihm gegenüber seinen ernestinischen Verwandten betriebene Politik. Zwar zeigte sich Friedrich II. als überzeugter Lutheraner empört darüber, daß derjenige Reichsfürst, der auf dem Reichstag das Direktorium des Corpus Evangelicorum innehatte, den Glauben seiner Väter verließ. Doch griff er gern zu, als August, der für sein polnisches Unternehmen sehr viel Geld brauchte, ihm dieses Direktorium für 500 000 Gulden anbot, auch wenn dies nur kommissionsweise und auf Lebenszeit Augusts gelten sollte. Außerdem überließ August seinem gothaischen Vetter gegen Zahlung von 300 000 Talern das an das altenburgische Territorium grenzende kursächsische Amt Borna und die gleichnamige Stadt für 24 Jahre auf Wiederkauf. Beide Geschäfte brachten Friedrich allerdings keinen dauerhaften Gewinn. Amt und Stadt Borna wurden 1722 von Kursachsen wieder eingelöst, und noch viel kürzer erfreute er sich des Direktoriums des Corpus Evangelicorum. Denn schon 1699 wurde dieses von August dem Herzog Johann Georg von Sachsen-Weißenfels überlassen, obwohl Friedrich den größten Teil der geforderten Summe bereits bezahlt hatte. Diese Erfahrung erschütterte Friedrichs Vertrauen in August den Starken so nachhaltig, daß er ihm seitdem zeitlebens mit Mißtrauen begegnet ist. Allerdings reagierte er nicht, wie die meisten anderen Ernestiner, mit Resignation auf Augusts 1697 gegen eine stattliche Abfindung ausgesprochenen Verzicht auf das Lauenburgische Erbe. Vielmehr kaufte er seinerseits den Resignierenden 1699 (s. S. 271, 459 u. 504) ihre Ansprüche gegen finanzielle Abfindungen ab und verfocht die gesammelten Ansprüche weiter, wenn auch nicht mit besonderem Erfolg. Immerhin zahlte König Georg I. von England schließlich 1732 seinem Nachfolger Friedrich III. 60 000 Taler, von denen allerdings 10 000 an die Söhne Johann Ernsts von Saalfeld abzutreten waren, der ebenfalls seine Ansprüche aufrecht erhalten hatte (siehe u. S. 540).

In den Mittelpunkt der reichspolitischen Bemühungen Friedrichs war um 1700 wieder der Fürstenverein getreten, der zwar gegen

Ende des Reichskriegs gegen Frankreich Auflösungserscheinungen gezeigt hatte, aber angesichts der bevorstehenden spanischen Erbfolge Anzeichen der Wiederbelebung erkennen ließ. Dies erklärte sich ebenso aus der ungebrochenen Aktivität Herzog Anton Ulrichs von Wolfenbüttel wie aus dem Interesse König Ludwigs XIV. von Frankreich, möglichst viele deutsche Reichsfürsten von der sich abzeichnenden Auseinandersetzung zwischen ihm und dem Kaiser um die spanische Erbschaft fernzuhalten, um sich daraus militärische Vorteile zu verschaffen. Ihm kam daher der fortdauernde Streit um die hannoversche Kur sehr gelegen, vor allem der Umstand, daß auf einem Fürstentag in Nürnberg im Sommer 1700, als der Kaiser nach wie vor keine Neigung zeigte, ihren Wünschen Gehör zu geben, die Mehrheit der Teilnehmer dem von Anton Ulrich seit 1698 vertretenen Vorschlag folgte, Frankreich als eine der Garantiemächte des Westfälischen Friedensvertrags als Vermittler in diesem Streit anzurufen. Ludwig nahm gerade in dieser spannungsreichen Zeit gern die Gelegenheit wahr, die Zwietracht im Reich weiter zu schüren, indem er beim Reichstag in Regensburg, am Kaiserhof in Wien und an den kurfürstlichen Höfen gegen die hannoversche Kur Protest einlegte und erklärte, die Mitglieder des Fürstenvereins bei der Aufrechterhaltung ihrer verfassungsmäßigen Rechte unterstützen zu wollen, wenn sie ihn darum bitten würden. Eine gemeinsame Gesandtschaft nach Paris zu senden, wie man von französischer Seite angeregt hatte, dazu fand sich die Mehrheit der auf dem Fürstentag anwesenden Bevollmächtigten allerdings nicht bereit. Zu der bescheidenen Minderheit, die, von dem wolfenbüttelschen Gesandten dazu ermuntert, darauf einging, gehörte neben Wolfenbüttel selbst, Münster und Würzburg auch Sachsen-Gotha.

Die Richtung, die die Reichspolitik Friedrichs II. nunmehr nahm, stand stark unter dem Einfluß Anton Ulrichs von Wolfenbüttel, der sich im Oktober 1700 wieder einmal in Gotha aufgehalten und auch dort, wie überall sonst, für seine Neutralitätspolitik mit Anlehnung an Frankreich geworben hatte und den mit dem jugendlichen gothaischen Herzog trotz des erheblichen Altersunterschieds — Friedrich war damals 24, Anton Ulrich 67 — ein freundschaftliches Verhältnis verband, und war mitbestimmt von der finanziellen Bedrängnis, in die man in Gotha durch die aufwendige Militärpolitik geraten war. Anton Ulrich hatte seit 1693 in ständiger Verbindung mit Frankreich gestanden und schon damals und 1698 erneut Subsidienverträge mit Ludwig XIV. abgeschlossen, in denen zugleich eine Neutralisierung von Reichsständen für den Fall eines militärischen Zusammenstoßes zwischen Frankreich und dem Kaiser wegen der spanischen Erbfolge angesprochen war. Als nun am 1. November 1700 König Karl II. von Spanien starb, damit die Erbfolgefrage in ihrer Brisanz offenbar wurde und beide Parteien eine lebhafte Werbung um Anhänger zu entfalten begannen, war es gewiß kein Zufall, daß Anton Ulrich und Friedrich II. kurz nacheinander, am 4. März und 13. April 1701, geheimgehaltene Subsidienverträge mit Ludwig XIV. abschlossen.

Friedrich hatte dazu seinen Hof- und Regierungsrat Hans Christoph von Schleinitz, der später seine diplomatischen Fähigkeiten u. a. auch in französische, wolfenbüttelsche und russische Dienste gestellt hat, nach Paris geschickt. In dem dort ausgehandelten Geheimvertrag sagte Ludwig XIV. dem Herzog neben Subsidien für die Bereitstellung von Truppen den Schutz seiner reichsfürstlichen Rechte zu, während Friedrich dem König die Anerkennung Philipps von Anjou als König von Spanien und bewaffnete Neutralität für den Fall von militärischen Auseinandersetzungen versprach. In Paris hatte man schon zu Beginn des Jahres 1700 einen Kriegsplan für den Einsatz wolfenbüttelscher und gothaischer Truppen und deren Unterstützung durch kurbayerische Verstärkungen entworfen. Auf dieser Basis fanden im Dezember 1701 in Volkenroda Verhandlungen zwischen General von Wartensleben und Geheimrat Avemann auf gothaischer Seite und einem wolfenbüttelschen Bevollmächtigten statt, bei denen man die Möglichkeiten militärischer Hilfe aus Bayern zwar skeptisch beurteilte, eine politische Zusammenarbeit mit dem bayerischen Kurfürsten hingegen für notwendig hielt, zumal weil sich die politische Lage im Reich inzwischen sehr zugunsten des Kaisers verändert hatte. Denn ihm hatten sich inzwischen nicht nur Preußen und Hannover angeschlossen, sondern auch die Mehrzahl der Mitglieder des Fürstenvereins. Als im Januar 1702 auch Kursachsen-Polen auf Leopolds Seite trat, wurde die strategische Lage Wolfenbüttels und Sachsen-Gothas nahezu unhaltbar. Zudem hatte inzwischen das Bekanntwerden von Einzelheiten des französisch-gothaischen Geheimvertrags in Wien heftige Reaktionen ausgelöst, die bis zur Drohung mit militärischem Eingreifen gingen. Gerade rechtzeitig noch erkannte man in Gotha die Gefahr, in der man schwebte. Am 15. März 1702, wenige Tage bevor Anton Ulrichs von Wolfenbüttel Land mit Zustimmung des Kaisers überraschend von hannoverschen und celleschen Truppen besetzt und die dortigen militärischen Verbände entwaffnet oder zersprengt wurden (19./20. März), ließ Friedrich II. durch ein Schreiben seines Geheimsekretärs Johann Michael Gotter an ein Mitglied des Reichshofrats seine Politik durch den Hinweis rechtfertigen, daß sein Vertrag mit Frankreich vor dem Ausbruch der Feindseligkeiten zwischen dem Kaiser und Ludwig XIV. — sie hatten im Mai 1701 in Italien begonnen — geschlossen worden und er bereit sei, sich aus ihm zu lösen und für die kaiserliche Armee Truppen zu stellen unter der Voraussetzung, daß diese nicht gegen Frankreich verwendet würden. Als man daraufhin in Wien die Absicht, auch gegen Gotha militärisch vorzugehen, fallen ließ, aber dafür die unentgeltliche Stellung von 4000 Mann forderte, nahm Friedrich II., auch in diesem Fall durch Schleinitz, Verbindung zu König Friedrich I. von Preußen auf und überließ diesem in einem am 23. Mai 1702 abgeschlossenen Vertrag, den man von Wien aus vergeblich zu verhindern suchte, ein Truppenkontingent von ca. 2500 Mann gegen das gleiche Versprechen, das man vom Kaiser erbeten hatte. Auch General von Wartensleben ist damals in preußische Dienste übergetreten, wo er es später zum Generalfeldmarschall und Kriegsminister gebracht hat. Mit preußischer Hilfe wurde im Sommer 1702 — also noch vor der Erklärung des Reichskriegs gegen Frankreich, die erst am 6. Oktober 1702 erfolgt ist — die Aussöhnung Friedrichs mit dem Kaiser erreicht, und gleichzeitig gelang es Schleinitz, den Vertrag mit Frankreich, das inzwischen mehr als 180 000 Taler Subsidien und Gratifikationen nach Gotha gezahlt hatte, wieder zu lösen.

Friedrich II. hat aus diesen Erfahrungen, die ihm die Grenzen vor Augen geführt hatten, die einem Reichsfürsten mit einem Territorium von der Größe der Fürstentümer Gotha und Altenburg in der Reichspolitik gezogen waren, sogleich die nötigen Folgerungen gezogen. Die für das Land untragbar gewordenen Militärlasten wurden eingeschränkt und reichspolitische Anliegen mit größerer Vorsicht behandelt. Die Stärke des im Lande stehenden Truppenkontingents betrug in der Folgezeit im allgemeinen nicht mehr als 2-3000 Mann. Daß gerade damals Bachoff von Echt die Leitung des Kriegskollegiums abgab und sich auf die Geschäfte des Geheimen Ratskollegiums beschränkte, war sicher kein Zufall; galt er doch als engagierter Verfechter der Politik seines Herrn, zumal gegenüber den Landständen, von denen die altenburgischen den Ausgang des französischen Abenteuers damals sogar zum Anlaß nahmen, ein Mitspracherecht bei Vertragsabschlüssen mit auswärtigen Mächten zu fordern, allerdings ohne Erfolg. Die Belastungen des Landes durch das stehende Militär beklagten die Landstände auch weiterhin, fanden aber damit beim Herzog kein Gehör; erst ab 1719 verzichtete dieser darauf, für seine Truppen von ihnen Geld zu fordern.

In seiner Reichspolitik ging es Friedrich auch weiterhin darum, die Rechte des Reichsfürstenstandes gegen Übergriffe des Kaisers, aber auch der Kurfürsten zu wahren, und als zu diesem Zweck Anton Ulrich von Wolfenbüttel 1708 die Anregung gab, die Tradition des 1692/93 entstandenen Fürstenvereins zu erneuern und damit Erfolg hatte, war auch Friedrich sofort wieder dabei. Zunächst allerdings standen die Feldzüge des Spanischen Erbfolgekrieges im Vordergrund. 1703 überließ er je zwei Infanterie- und Dragonerregimenter der vereinigten englisch-holländischen Armee, die damals unter Führung Marlboroughs in den Niederlanden stand. 1706 kamen die gothaischen Truppen unter Führung von Herzog Johann Wilhelm von Sachsen-Gotha-Altenburg, Friedrichs jüngerem Bruder, der 1705 zum kaiserlichen

Feldmarschalleutnant ernannt worden war, in Oberitalien zum Einsatz. Sie wurden dort, zusammen mit preußischen, hessischen und pfälzischen Verbänden der Streitmacht des Prinzen Eugen von Savoyen eingegliedert und nahmen 1706 an der Schlacht bei Turin und 1707 an den Kämpfen um Toulon teil, bei denen Johann Wilhelm am 15. August fiel. Auch in den folgenden Kriegsjahren waren gothaische Truppen an den Feldzügen Prinz Eugens beteiligt; noch im Oktober 1713, wenige Monate vor dem Friedensschluß zwischen dem Kaiser und Frankreich in Rastatt, ließ Friedrich mit dem Prinzen einen Vertrag über die Lieferung von vier Regimentern abschließen.

Während sich diese Vorgänge fern von Thüringen abspielten, drohte unmittelbare Gefahr von den Entwicklungen, die der 1700 ausgebrochene Nordische Krieg inzwischen genommen hatte. Nach seinen Siegen über die Russen und die sächsisch-polnische Armee Augusts des Starken rückte im Herbst 1706 König Karl XII. von Schweden mit seiner Armee von Schlesien her in Sachsen ein, stieß bis Leipzig vor und zwang im Frieden von Altranstädt August den Starken zum Verzicht auf Polen. Beziehungen zwischen Karl XII. und Friedrich II. hatte es schon in den Jahren vorher gegeben, da Friedrichs Bruder Johann Wilhelm sich seit 1700 jahrelang bei der schwedischen Armee aufgehalten hatte, wenn auch ohne eigenes Truppenkommando. August der Starke hatte dies sehr übelgenommen und schließlich 1705 auf Entfernung Johann Wilhelms aus dem schwedischen Heer gedrängt. Um weder den Polen- noch den Schwedenköng zu verstimmen noch das Prestige des gothaischen Fürstenhauses zu gefährden, hatte Friedrich deshalb in Wien die Ernennung seines Bruders zum kaiserlichen Feldmarschalleutnant betrieben und schließlich erreicht, so daß Johann Wilhelm noch 1705 die damals in Polen operierende schwedische Armee verließ, ohne daß dies von Karl XII. als Affront empfunden werden konnte. Die Anwesenheit des Schwedenkönigs bei Leipzig im Spätsommer und Herbst 1706 nutzte Friedrich zu Gesprächen und Verhandlungen mit ihm, bei denen er um Verschonung des altenburgischen Landesteils von Truppeneinquartierungen bat und sich zugleich von der Politik Augusts des Starken distanzierte, bei denen aber wohl auch ein schwedisch-gothaisches Defensivbündnis und eine zukünftige Besitznachfolge in Kursachsen erörtert worden sind. Offenbar hat sich Friedrich im Zusammenhang damit Hoffnungen auf Landgewinn gemacht, obwohl von Vertragsabschlüssen nichts bekannt geworden ist. Die Niederlage Karls XII. bei Pultawa (1709) und ihre Folgen haben solche Erwartungen zunichte werden lassen.

Die Annäherung Friedrichs an einen erklärten Feind Augusts des Starken zeugt zugleich von dem nach wie vor getrübten Verhältnis zwischen dem Ernestiner und Albertiner. In mehreren Konferenzen, die seit 1704 zwischen den Ernestinern über eine gemeinsame

Politik während der Kriegsjahre stattgefunden haben, waren auch die Beziehungen zu Kursachsen erörtert worden. Volle Übereinstimmung wurde dabei nicht erzielt, weil Wilhelm Ernst von Weimar mehr Wert auf gute Nachbarschaft mit dem Albertiner legte als seine gothaischen und eisenachischen Vettern. Einig wurde man sich aber darin, daß man sich auf die Abwehr von Übergriffen der kriegführenden Parteien zu beschränken habe und notfalls die Hilfe des Kaisers und von mächtigen Reichsständen in Anspruch nehmen müsse. Anlaß dazu gab im Herbst 1707, nach dem Friedensschluß von Altranstädt und dem Abzug der schwedischen Armee aus Kursachsen, die überraschende Einquartierung kursächsischer Verbände in Thüringen, die von den Ernestinern sogleich mit einer Beschwerde bei Kaiser Joseph I. und dem Reichstag beantwortet wurde, die den alsbaldigen Abzug dieser Truppen bewirkte. Diese Erfahrung gab zugleich Anlaß für die Aufstellung einer eigenen ernestinischen Verteidigungstruppe, worüber bereits an anderer Stelle berichtet worden ist (s. o. S. 273); bis zu den Friedensschlüssen von Utrecht (1713) und Rastatt (1714) hat sie jedoch nicht in Aktion treten müssen.

In den darauffolgenden Regierungsjahren Friedrichs II. ist sein Anteil an reichspolitischen Vorgängen über den eines aufmerksamen Beobachters kaum hinausgegangen. Obwohl er 1715 zwei Bataillone Infanterie König Georg I. von Großbritannien für seine Auseinandersetzungen mit Schweden gegen Subsidien überließ, wies er Augusts des Starken im gleichen Jahre an die Ernestiner gerichtete Aufforderung, ihm Truppen für den gleichen Zweck zu stellen, ebenso energisch zurück wie sein weimarischer Vetter (s. o. S. 274). Sein Verhältnis zum Albertiner blieb weiterhin von gegenseitigem Mißtrauen geprägt. Dazu hatte auch der Übertritt weiterer Mitglieder des albertinischen Hauses zum Katholizismus beigetragen und die damit zusammenhängende wachsende Entfremdung zwischen der sächsischen Bevölkerung und ihrem Herrscherhaus. Dem gegenüber ließ Friedrich II. keine Gelegenheit aus, zumal nicht die Feiern des Reformationsjubiläums von 1717, um seine Treue zur lutherischen Kirche zu betonen und um gute Beziehungen zu anderen evangelischen Reichsständen besorgt zu sein, zumal in den damals wiederholt aufflammenden Streitigkeiten wegen der Unterdrückung der evangelischen Konfessionen in der Kurpfalz und den nach dem Friedensschluß von Rijswijk von Frankreich zurückgegebenen Gebieten.

Auf gute Nachrichtenverbindungen zu politisch wichtigen Plätzen hat Friedrich II. zeitlebens großen Wert gelegt. Neue Agenturen ließ er in Antwerpen, Brüssel und im Haag (1694), in Dresden (1696), Leipzig (1699), Berlin (1701), London (1712), Hamburg (vor 1714), Moskau (1721), Paris (1722) und Hannover (1730) einrichten. Am Kaiserhof und beim Reichshofrat in Wien wurde nach dem Tode Ernst

Julius Persius von Lonsdorffs (s. o. S. 395) Daniel Hieronymus Praun für vier Jahrzehnte gothaischer Agent; außerdem wird 1702 dort noch ein gothaischer Militäragent genannt, Nathan Isaac Oppenheimer, vermutlich ein Heereslieferant. Die Leitung der Reichstagsgesandtschaft in Regensburg, die nach dem Ausscheiden Schönbergs 1694 zunächst unbesetzt geblieben war, zumal das Fernbleiben der Mitglieder des Fürstenvereins von den Geschäften des Reichstags dessen Tätigkeit ohnehin lähmte, übernahm 1697 vorübergehend der dänische Gesandte Detlev Niklas Piper von Löwencron. Auf Dauer wurde sie erst 1698 wieder besetzt und zwar mit dem 1696 aus coburgischen Diensten zum Geheimen Kriegsrat nach Gotha berufenen Heinrich Richard Freiherrn von Hagen, der sie bis zu seinem Tode (1729) innehatte. Ihm folgte, nachdem diese Aufgabe vorübergehend von dem schwedischen Regierungsrat Dietrich von Stade übernommen worden war, 1730 der Sohn des Geheimen Regierungsrats Johann Michael Gotter, Gustav Adolf von Gotter, der als Graf Gotter später so berühmt gewordene preußische Diplomat und Staatsminister, Erbauer des Schlosses Molsdorf bei Erfurt (vgl. Bd. VI, S. 82), der bei Friedrichs II. Tod noch im Amt war.

Begleitet wurden die reichspolitischen Bemühungen Friedrichs II. seit der Jahrhundertwende von den nach dem 1699 erfolgten Tode Herzog Albrechts von Coburg entstandenen Erbauseinandersetzungen, bei denen es zugleich um die mit Coburg verbundene Reichsstandschaft ging, und die sich über mehr als drei Jahrzehnte hinzogen. Er wandte ihnen besondere Aufmerksamkeit zu, weil sich hier eine sichere Aussicht bot, den eigenen territorialen Machtbereich zu erweitern. Bernhard von Meiningen hatte, auf den Vertrag vom 6. April 1699 gestützt, nach Albrechts Tod sogleich von Coburg Besitz ergriffen und dadurch den Widerspruch Ernsts von Hildburghausen und Johann Ernsts von Saalfeld herausgefordert, die diesem Vertrag ihre Zustimmung verweigert hatten (s. u. S. 504 u. 529). Als beide sich beschwerdeführend an den Kaiser wandten, räumte Bernhard ihnen durch einen am 10. November 1699 unterzeichneten Vertrag den Mitbesitz von Coburg ein, ohne allerdings praktische Folgerungen aus diesem Zugeständnis zu ziehen. Er plante vielmehr in Übereinstimmung mit Friedrich II. einen Ländertausch, der ihm den Besitz Coburgs sichern sollte. Zu diesem Zweck erwarb Friedrich 1700 und 1702 von seinen Brüdern Heinrich von Römhild und Christian von Eisenberg gegen erhebliche finanzielle Zuwendungen deren Erbrechte an Coburg; zugleich suchte er Ernst von Hildburghausen günstig zu stimmen, indem er ihm im sogenannten Liberationsrezeß vom 10. April 1702 nicht nur die dem gothaischen Haus in den Landesteilungsverträgen vorbehaltenen landeshoheitlichen Rechte überließ, so daß dieser nunmehr in den Besitz der vollen Landeshoheit in seinem Lande kam, sondern ihm auch noch aus dem zu erwartenden römhildischen Erbe das

Amt Behrungen versprach. Gleichzeitig schlossen Friedrich und Bernhard einen Vertrag, in dem Friedrich dem Meininger sämtliche ererbten und von anderen Erbberechtigten erworbenen Rechte an Coburg abtrat gegen die Überlassung der Ämter Salzungen, Frauenbreitungen, Wasungen und Sand und der Kammergüter Liebenstein und Sinnershausen. Dem Einspruch Ernsts von Hildburghausen und Johann Ernsts von Saalfeld gegen diesen Vertrag, durch den diese ihre Erbrechte an Coburg bedroht sahen, begegneten Friedrich und Bernhard mit der Zusicherung, diese Rechte nicht antasten zu wollen. Dennoch hielt es Bernhard 1705 für geboten, Ernst von Hildburghausen durch die Abtretung des coburgischen Amts Sonnefeld zu beruhigen. Dadurch fühlte sich aber Johann Ernst von Saalfeld in seinem Kampf um sein Erbrecht an Coburg isoliert; er wandte sich nunmehr klageführend nach Wien und erwirkte vom dortigen Reichshofrat im September 1705 die Einsetzung einer kaiserlichen Kommission zur Schlichtung des Erbstreits, vor der seitdem in Wien verhandelt wurde.

Währenddessen starben 1707 Christian von Eisenberg (s. u. S. 502) und 1710 Heinrich von Römhild (s. u. S. 499). Friedrich II., durch das Vorgehen Johann Ernsts von Saalfeld um die Früchte seines Tauschvertrags mit Meiningen gebracht, ließ das eisenbergische Territorium, das ihm im Vertrag von 1699 zuerkannt worden war, sogleich militärisch besetzen und erreichte in unmittelbaren Verhandlungen mit seinen Miterben mit Hilfe von finanziellen Zuwendungen deren Zustimmung und damit eine rechtliche Grundlage für die Eingliederung dieses Gebiets, das aus den Ämtern Eisenbern, Roda, Camburg/Saale und Ronneburg bestand, in den altenburgischen Landesteil. Weniger friedlich ging es nach Heinrichs von Römhild Tod zu. Ernst Ludwig von Meiningen, Bernhards Sohn, ließ die Ämter Römhild und Themar sogleich durch Truppen besetzen und dort inzwischen eingetroffene Beamte Johann Ernsts von Saalfeld, die dessen Erbrecht geltend machten, einsperren. Daraufhin setzten auch Friedrich II. und Ernst von Hildburghausen Truppen ein und vertrieben die Meininger. Von Ernst Ludwig eingeleitete militärische Gegenmaßnahmen wurden durch ein von Johann Ernst von Saalfeld erwirktes kaiserliches Mandat beendet, daß alle Beteiligten an den Verhandlungstisch zwang, wo man eine gemeinsame interimistische Verwaltung des Fürstentums Römhild vereinbarte. Friedrich II. begnügte sich dabei mit einer gemeinsam mit Saalfeld geführten Verwaltung von Amt und Stadt Themar.

Bis zu einer Entscheidung der in Wien eingesetzten kaiserlichen Kommission vergingen nun noch einige Jahre. Erst am 20. April 1714 wurde sie durch Reichshofratsbeschluß verkündet. Darin wurden alle diejenigen in den seit 1699 geschlossenen Verträgen der Erbberechtigten enthaltenen Vereinbarungen für ungültig erklärt, die dem Erbrecht Johann Ernsts von Saalfeld zuwiderliefen und von diesem nicht anerkannt worden waren; ferner wurde bestimmt, daß die saalfeldischen und meiningischen Ansprüche an das coburgische und römhildische Erbe jeweils in diesen Gebieten befriedigt, die gothaischen Ansprüche hingegen mit dem eisenbergischen Erbe als abgegolten und alle übrigen Ansprüche durch finanzielle Leistungen ausgeglichen werden sollten. Friedrich II. war der erste der Erbberechtigten, der dieser Entscheidung zustimmte und sich so seine alleinigen Besitzrechte am eisenbergischen Erbe noch einmal sicherte. Schon am 15. Mai 1714 überließ er seinen gesamten Erbanteil am Fürstentum Coburg an Johann Ernst von Saalfeld. Anschließend trat er mit ihm in Verhandlungen über die Regelung aller sonstigen mit dem Erbstreit zusammenhängenden beiderseitigen Angelegenheiten; sie wurden 1717 abgeschlossen. Der Anregung der kaiserlichen Kommission, Johann Ernst für dessen gesamtes Territorium die volle Landeshoheit zu gewähren, kam er allerdings nur im Hinblick auf dessen coburgisches und römhildisches Erbe nach, und auch dies nur gegen beträchtliche finanzielle Leistungen; für das saalfeldische Gebiet blieb es bei den Bestimmungen der in den Teilungsverträgen von 1680/81 festgeschriebenen gothaischen Hoheitsrechten. Juristische Bedeutung kam diesen Vereinbarungen allerdings zunächst noch nicht zu, da Ernst Ludwig von Meiningen gegen die Entscheidung der Kommission Protest eingelegt hatte und seine Erben auch das 1725 ergangene Revisionsurteil, das sie bestätigte, mit neuen Einwänden anfochten. Inzwischen waren 1720 die schwierigen Teilungsverhandlungen unter den Erbberechtigten abgeschlossen worden, in denen man nach überlieferten privatrechtlichen Grundsätzen zunächst den finanziellen Wert der gesamten Erbmasse und ihrer einzelnen Teile errechnet und danach ihre gleichmäßige Aufteilung auf die Erbberechtigten vorgenommen hatte. Bemerkenswert an diesen Verhandlungen war es, daß man in diesem Zusammenhang, vor allem auf gothaischer Seite, von unteilbaren Hoheitsrechten des Staates sprach, über die dem Regenten nur das landesherrliche Verwaltungsrecht zustehe, woraus man auf ein wachsendes Staatsbewußtsein in der betreffenden Beamtenschaft schließen darf. Man konnte sich allerdings über den Inhalt dieses Begriffs und seine Bedeutung für die Teilungsverhandlungen nicht einig werden und ließ ihn schließlich unberücksichtigt. Auf Gotha entfielen damals neben dem eisenbergischen Gebiet noch 7/12 des Amtes Themar aus dem römhildischen Erbe.

Das Ende des Erbstreits hat Friedrich II. nicht mehr erlebt. Er zog sich wegen der meiningischen Obstruktionspolitik noch bis 1735 hin, an der Friedrich auch nichts ändern konnte, als er nach dem Tode Ernst Ludwigs I. von Meiningen (1724), dessen testamentarischer Verfügung folgend, die Mitvormundschaft über dessen unmündige Söhne übernommen hatte. Er wurde dadurch lediglich in die ständigen inneren Streitigkeiten hineingezogen, die damals das meiningische Herzogshaus heimsuchten. In diesen Zusammenhang gehört die 1727 von Herzog Anton Ulrich von Meiningen von Kaiser Karl VI. erreichte Erhebung seiner bürgerlichen Gemahlin Philippine Elisabeth Caesar und deren Kinder in den Reichsfürstenstand. Gerade dies hatten jedoch Anton Ulrichs ältere Brüder verhindern wollen, als sie 1717 mit den anderen regierenden Nachkommen Ernsts des Frommen einen auf dessen Testament fußenden Vertrag miteinander abschlossen, der Kinder aus unebenbürtigen Ehen von der Thronfolge im gothaischen Gesamthaus ausschloß. Der Widerstand von ihrer Seite gegen die nun doch erfolgte Standeserhebung blieb jedoch zunächst wirkungslos, wurde aber dennoch nicht aufgegeben (s. u. S. 433).

Der erbenlose Tod von drei der sieben nachgelassenen Söhne Ernsts des Frommen hatte also dem Hause Gotha-Altenburg einen stattlichen territorialen Gewinn gebracht. Wenn auch der Versuch, das Fürstentum Gotha durch die Angliederung der meiningischen Werraämter zu vergrößern, fehlgeschlagen war und sogar mit dem Verlust der landeshoheitlichen Rechte über Hildburghausen geendet hatte, so war das Fürstentum Altenburg durch den Gewinn der Ämter Eisenberg, Roda, Camburg und Ronneburg doch erheblich vergrößert worden. Nach dem Tod Johann Ernsts von Saalfeld (1729) fiel Friedrich II. zudem auf Lebenszeit mit dem Rang des Seniors des ernestinischen Hauses das Senioratsamt Oldisleben zu; es war allerdings seit 1694 an das sachsenweimarische Haus verpachtet, und Friedrich ließ dieses Pachtverhältnis unangetastet. Die Rückgabe des beiden Linien der Wettiner gemeinsam zustehenden Pfandamtes Fischberg an Fulda (1707) durch die Herzöge Johann Wilhelm von Eisenach, Ernst Ludwig von Meiningen und Moritz Wilhelm von Zeitz mißbilligte er ebenso wie Wilhelm Ernst von Weimar; er wahrte dadurch für sich und seine Nachkommen seine dortigen Besitzrechte (siehe o. S. 278).

Im innenpolitischen Bereich bestanden die verfassungsmäßigen Rechte der Landstände beider Landesteile weiter fort, vor allem das der Steuerbewilligung, das ihnen einen gewissen Einfluß auf die landesherrliche Finanzpolitik gestattete. Die Einberufung von Landtagen, für jeden Landesteil getrennt, nach Gotha oder Altenburg und durchweg zu verschiedenen Terminen, erfolgte meist in drei- bis vierjährigem Turnus, in Gotha allerdings letztmals 1727, während in Altenburg noch 1730 ein Landtag abgehalten wurde. Es wurden dort auch Beschwerden vorgebracht und Anregungen und Vorschläge für die Landesverwaltung unterbreitet, zuweilen kam es auch zu Auseinandersetzungen mit dem Herzog oder den ihn vertretenden Beamten, vor allem Bachoff von Echt, der das absolute Herrschaftsrecht seines Herrn dort besonders nachdrücklich vertrat. Wie zu Zeiten Friedrichs I. wehrten sich die Landstände vor allem gegen die kostspielige Militärpolitik, die sie zugleich als Bedrohung ihrer eigenen verfassungsmäßigen Stellung empfanden, denn die für die Stellung der Landstände ungünstige Entwicklung in anderen Territorien des Reiches, zumal in Preußen, war ihnen natürlich nicht entgangen. Kaum ein Landtag verging ohne ihre Klagen über die finanziellen Lasten, die durch das stehende Militär dem Lande auferlegt wurden. Daß dies keineswegs unbegründet war, zeigte vor allem das rapide Anwachsen der Schulden der gothaischen Kammerverwaltung, die von 18 000 Talern beim Tode Friedrichs I. im Jahre 1691 auf fast 70 000 Taler um 1708 anstiegen und im ersten Jahrzehnt des 18. Jahrhunderts dazu führten, daß Friedrich II. zur Verpfändung von ganzen Ämtern (1703 Friedrichswerth und Tonna, 1704 Oberkranichfeld) seine Zuflucht nehmen mußte, um den finanziellen Zusammenbruch der Kammerfinanzen abzuwenden, für die zudem seit 1700 keine ordnungsgemäße Rechnungsführung mehr bestand, weil die Einkünfte kaum ausreichten, um die Zinsen für die aufgenommenen Kapitalien zu bezahlen. Für wie bedenklich der Herzog selbst den Zustand der gothaischen Kammer hielt, läßt die von ihm 1705 vollzogene Trennung seines Privathaushalts vom Kammerhaushalt erkennen, die er mit der Einrichtung einer Privatschatulle vollzog. In diese flossen seitdem vor allem Teile der von fremden Mächten für die Bereitstellung von Truppen an ihn gezahlten Subsidien, so daß sich dort bald erhebliche Kapitalien anhäuften. Aus ihnen sind in der Folgezeit neben den persönlichen Bedürfnissen des Herzogs und seiner Familie allerdings auch wichtige kulturelle und wirtschaftliche Vorhaben finanziert worden, die dem Lande zugute kamen.

In jenen Jahren steigender Geldnot unternahm Friedrich II. auch Versuche, die landständischen Rechte im Finanzwesen einzuschränken. Er begnügte sich dabei nicht damit, durch die 1701 verfügte Einrichtung eines Obersteuerkollegiums in Gotha, dessen Leitung in die Hände eines landesherrlichen Obersteuereinnehmers gelegt wurde, und die 1702 in dem bisher von den Landständen verwalteten Obersteuerkollegium in Altenburg vorgenommenen personellen Veränderungen die Kontrolle der Verwaltung der von ihnen bewilligten Steuern zu verstärken, sondern er führte auch einen 1703 gefaßten Plan durch, ohne Befragen der Landstände eine allgemeine Kopfsteuer zu erheben. Daß er jedoch bald darauf davon wieder abkam, erklärt sich wohl aus dem starken Widerstand, der sich dagegen bemerkbar machte. Dennoch hat er auch später noch, vor allem in den 1720er Jahren, Absichten verfolgt, die letzenendes der Beseitigung landständischer Rechte galten. Die von ihm geplante Einrichtung eines Oberrechnungskollegiums als Oberbehörde für die gesamte Finanzverwaltung einschließlich des landständischen Steuerwesens, die eine völlige Ausschaltung der Landstände bedeutet hätte, ließ sich jedoch nicht verwirklichen, und so blieb den Landständen das Steuerbewilligungsrecht auch über Friedrichs II. Tod hinaus erhalten.

Inzwischen hatte er zu seinem Glück in dem 1707 in seine Dienste getretenen späteren Geheimen Rat und Kammerdirektor Anton Ludwig von Schwarzenfels (s. o. S. 400), der als Rittergutsbesitzer von Altenberga bei Kahla zugleich Mitglied der altenburgischen Landstände war, einen erfahrenen Finanz- und Wirtschaftspolitiker gefunden, der ihm aus den wirtschaftlichen Nöten der Jahrhundertwende heraushalf. Dieser hatte zunächst in Jena, später in Halle Rechtswissenschaften studiert, wo er die Aufmerksamkeit des brandenburgischen Premierministers von Danckelmann erregte, in dessen Gefolge er an den Friedensverhandlungen von Rijswijk teilnahm und in dessen Auftrag er u. a. in England tätig wurde. Als sich wegen Danckelmanns Sturz (1697) seine Hoffnung auf die Übernahme in brandenburgischen Dienst zerschlagen hatte, war er auf Reisen nach Frankreich, Holland, England und durch das Reichsgebiet gegangen und hatte 1698 eine Anstellung in weimarischen Diensten als Reisemarschall und Hof- und Regierungsrat gefunden, war 1701 außerdem Assessor am Hofgericht in Jena und schließlich bei der Gründung eines Geheimratskollegiums in Weimar 1702 dessen Mitglied geworden. Wegen Meinungsverschiedenheiten mit Herzog Wilhelm Ernst hatte er jedoch noch im gleichen Jahre seine Entlassung genommen (s. o. S. 265) und sich auf sein Rittergut Altenberga zurückgezogen, wo er seinen wissenschaftlichen und schöngeistigen Neigungen lebte, bis Friedrich II. ihn kennenlernte und in seine Dienste nahm. Schwarzenfels gelang es durch die geschickte Verbindung einer Finanzreform, die alle Einsparungsmöglichkeiten ausschöpfte und in der Kammer die sorgfältige Rechnungsführung früherer Zeiten wiederherstellte, mit einer erfolgreichen Wirtschaftspolitik eine Gesundung der gothaischen Kammerfinanzen zu erreichen. Der Herzog selbst hat durch die von den bösen Erfahrungen des Jahres 1702 geprägte Wendung zu einer gemäßigteren Militär- und Reichspolitik, die den Gegebenheiten seines Landes besser Rechnung trug, dazu einen wichtigen Beitrag geleistet und nach Schwarzenfels' Tod (1725) die Finanz- und Wirtschaftspolitik im gleichen Sinne fortgeführt. Als er gegen Ende seiner Regierungszeit 1728 mit der Neuvermessung des Landes beginnen ließ, um eine sichere Grundlage für eine allgemeine Steuerrevision und gerechtere Verteilung der steuerlichen Lasten zu bekommen, geschah dies auch mit dem finanzpolitischen Ziel einer Vermehrung des Steueraufkommens des Landes. Vollendet wurde dieses Vorhaben allerdings erst unter seinem Nachfolger 1733.

Die Rechtsverhältnisse im Lande hatten sich seit Ernsts des Frommen Tod kaum verändert. Von allem war bisher nur wenig für die Angleichung der Rechtsgrundlagen in beiden Landesteilen aneinander geschehen, obwohl Ernst der Fromme bereits 1673 die Einsetzung einer aus Mitgliedern der altenburgischen Landstände bestehenden Kommission veranlaßt hatte, die seitdem über dem Vorbild der gothaischen Landesordnung

Abb. 25: Joseph Friedrich Prinz von Sachsen-Hildburghausen (1702–1787)

Abb. 26: Fürst Johann Friedrich von Schwarzburg-Sondershausen (1721–1767)

von 1666 und der gothaischen Gerichts- und Prozeßordnung von 1670 entsprechende altenburgische Ordnungen jahrelang beraten hatte, ohne zu einem Abschluß zu kommen. Dies geschah nun während der Regierungszeit Friedrichs II. 1695 ließ er eine Neuauflage der gothaischen Landesordnung von 1666 veröffentlichen, die einem fast unveränderten Abdruck gleichkam. Ihren Geltungsbereich einfach auf den altenburgischen Landesteil zu übertragen, stieß aber auf den Widerstand der dortigen Landstände, die um der Betonung von dessen Eigenständigkeit willen für ihn eine eigene Landesordnung wünschten. Nach weiteren Verhandlungen, in die man auch die gothaische Gerichts- und Prozeßordnung von 1670 einbezog, wurden nach manchen Verzögerungen durch von den Herzögen von Eisenberg und Saalfeld erhobene Bedenken 1704 eine altenburgische Landesordnung (gedruckt 1705) und eine altenburgische Gerichts- und Prozeßordnung erlassen. Beide unterschieden sich nur dem Namen nach von ihren gothaischen Vorbildern, so daß damit praktisch die Rechtsgleichheit in beiden Landesteilen weitgehend hergestellt war.

Bereits 1699 war ein gothaisches Militärgesetzbuch mit Exerzierreglement eingeführt worden, das sich im wesentlichen auf gleichartige Gesetze anderer Reichsstände stützte und in beiden Landesteilen Geltung erhielt. Hingegen bezog sich die 1697 beschlossene Einführung des kursächsischen Wechselrechts nur auf den altenburgischen Landesteil, da die gothaischen Landstände dies für ihren Einflußbereich zu hintertreiben verstanden; Verbesserungen des Gesetzes folgten 1720 und 1732. Wichtig für den Strafvollzug im Lande wurde die Einrichtung von Zuchthäusern in Gotha (1702), Altenburg (1709) und auf der Leuchtenburg (1724), zumeist in Verbindung mit Waisenhäusern, so in Gotha und Altenburg, oder mit einem Armenhaus wie auf der Leuchtenburg. Im letzten Jahrzehnt seiner Regierungszeit sorgte sich der Herzog vor allem um eine Reform des Gerichtsverfahrens, dessen Mängel allenthalben sichtbar wurden. In dem Geheimen Regierungsrat Jäger (s. o. S. 400), der selbst viele Jahre Advokatenpraxis hinter sich hatte, fand er dabei einen erfahrenen Helfer. Eine 1724 erlassene neue Advokatenordnung, die vor allem der Ausschaltung ungeeigneter Bewerber für diesen Beruf dienen sollte, und eine 1726 publizierte Regierungs- und Kanzleiordnung, die auch Einzelheiten des Gerichtsverfahrens regelte, waren die wichtigsten Ergebnisse dieser Reformbestrebungen, die darüber hinaus noch in einer Vielzahl von einzelnen Verlautbarungen, vor allem an die Lokalbehörden, ihren Niederschlag fanden. Zudem ordnete Friedrich II. 1727 die Sammlung aller die Landesordnung von 1695 ergänzenden Gesetze und Verordnungen in einem Nachtragsband zur Landesordnung an, der allerdings erst nach seinem Tode abgeschlossen und gedruckt werden konnte.

Ungeachtet der Tatsache, daß die Landesordnung eine Vielzahl von polizeilichen Vorschriften enthielt, die der Aufrechterhaltung von Ruhe und Ordnung dienten, erwies es sich auch in diesen Jahrzehnten als nötig, auftretenden Mißständen mit Hilfe von Einzelverordnungen zu begegnen. Offenkundig gegen Begleiterscheinungen des Krieges gerichtet war ein 1694 veröffentlichter Erlaß gegen das Rauben und Plündern umherstreunender Soldaten. Aber auch die Verbote, Getreide zu Wucherpreisen zu verkaufen (1694) und schlechte Münzen in Umlauf zu bringen (1695), eine Verordnung über die Versorgung der Armen (1693), Vorschriften über die Verpflegung verarmter Kranker (1694), eine neue Taxordnung für Ärzte, Chirurgen und Barbiere (1694), die deren Bezahlung regelte, könnten, da sie sämtlich während der Kriegszeit nötig wurden, damit in Zusammenhang stehen, auch wenn sie allgemein üblichen Notständen der Zeit entgegenzuwirken suchten. Nicht weniger als acht Verordnungen richteten sich zwischen 1697 und 1714 gegen Zigeuner, worunter offenbar alle Arten von Landstreichern zu verstehen sind, nicht nur das Volk dieses Namens. Da das seit altersher übliche Abschieben über die Grenzen, mit dem man auch landfremde Bettler loszuwerden suchte, sich auf die Dauer als wirkungslos erwies, weil die Nachbarländer es ebenso praktizierten, benutzte man nunmehr, um sie von den Straßen zu bringen, die neu eingerichteten Zuchthäuser, wo sie sich durch ihre Arbeitskraft dem Lande noch nützlich machen mußten, ganz im Sinne merkantilistischer Gedankengänge. Juden blieb der Aufenthalt im Lande verboten; selbst ihre Durchreise suchte man durch die Erhebung hoher Zollgebühren zu verhindern.

Einem Anliegen seines Vaters und Großvaters folgte Friedrich II., wenn er 1695 die Kleiderordnung wieder einschärfte, gegen die offensichtlich nach wie vor verstoßen wurde. Daß sie der Erziehung der Untertanen zur Sparsamkeit dienen und zugleich die überlieferten Standesunterschiede äußerlich sichtbar machen sollte, davon war bereits die Rede. Ihre Vorschriften zu verbessern und der Bevölkerung immer von neuem nahezubringen, gehörte zu den Aufgaben der 1697 vom Herzog eingerichteten Polizeikommission. Sonst waren dieser im wesentlichen wirtschaftspolitische Aufgaben zugedacht; sie sollte Mittel und Wege zur Förderung von Handel und Gewerbe finden, scheiterte jedoch an der in der Folgezeit eintretenden Krise der gothaischen Kammerfinanzen, die die Bereitstellung dafür nötiger Geldmittel unmöglich machte.

So blieb es dem Geheimen Rat und Kammerdirektor von Schwarzenfels vorbehalten, mit der von ihm 1709 eingeleiteten Finanzreform vielfältige Maßnahmen zur Verbesserung der Kammerfinanzen zu verbinden, unter denen die Förderung von Handel und Gewerbe nur eins von mehreren Merkmalen einer erfolgreichen Wirtschaftspolitik ausmachte. Es ging ihm dabei auch noch um eine bessere Nutzung der landwirtschaftlichen Möglichkeiten, des Waldreichtums und der Bodenschätze des Landes mit dem Ziel, die Steuerkraft der Bevölkerung zu steigern; an bereits vorhandene Ansätze konnte angeknüpft werden.

Die Unentbehrlichkeit einer leistungsfähigen Landwirtschaft zeigte sich damals besonders sinnfällig, wenn sich, zumal als Kriegsfolge, Hungersnot und Teuerung einstellten, wie während und nach dem Pfälzischen Kriege auch im Lande Friedrichs II. Das schon erwähnte Verbot, Wucherpreise für Getreide zu fordern (1694), bezeugt dies ebenso wie die 1699 angeordnete Visitation der im Lande vorhandenen Getreidevorräte und eine Verordnung, die den Getreideverkauf auf die städtischen Märkte beschränkte. Neben dem Ackerbau galt die Aufmerksamkeit des Herzogs und seiner Berater auch anderen Formen landwirtschaftlicher Tätigkeit. Die von seinem Vater begonnene Besetzung von Landstraßen mit Bäumen (s. o. S. 396) ließ er nicht nur fortführen, sondern zu einer Förderung von Baumkulturen ausweiten, der seit 1705 die Anlegung von Baumschulen folgte; Nebenabsicht dabei war die Einschränkung der Einfuhr von jungen Bäumen aus dem benachbarten kurmainzischen Erfurt, durch die viel Geld ins „Ausland" ging, das man lieber im Lande behielt. Zur Überwachung der Baumkulturen wurde ein Landgärtner angestellt, Waid- und Hopfenanbau wurden gefördert; letzterer sollte vor allem den unrentabel gewordenen Weinbau ersetzen. Auch die Erweiterung von Anbauflächen wurde betrieben, allerdings zumeist durch das Trockenlegen von Teichen, weniger durch Rodungen, da der Wald sich zunehmender Wertschätzung erfreute. Der Erfassung aller Veränderungen der Bodenverhältnisse war eine der Aufgaben der von 1728 bis 1733 vorgenommenen Neuvermessung des Landes, von der bereits in anderem Zusammenhang die Rede war (s. o. S. 416). Um der Landwirtschaft die nötigen Arbeitskräfte zu beschaffen, wurde 1719 eine erneuerte Gesindeordnung erlassen, die alle ledigen arbeitsfähigen männlichen und weiblichen Personen bäuerlichen und bürgerlichen Standes zu einem einjährigen Arbeitsdienst verpflichtete. Auch an die Bereitstellung geeigneter Arbeitstiere für die Bauern wurde gedacht. Die bereits vor 1700 vom Herzog erlassenen Verfügungen, die die Anspannbauern zur Haltung von Pferden statt der damals meist üblichen Ochsen verpflichteten, waren damals zwar im wesentlichen aus militärischen Erwägungen entstanden; sie wirkten sich aber mehr und mehr zum Nutzen der Landwirtschaft aus, weil die Bauern den höheren Arbeitswert von Pferden schnell erkannt hatten. Die Folge davon war gegen Ende der Regierungszeit des Herzogs eine zunehmende Beachtung der Pferdezucht, für die zum Nutzen der Bauern auch Hengste des herzoglichen Marstalls und landesherrlicher Gestüte zur Verfügung gestellt wurden, auch um die kostspielige Einfuhr von Fohlen einzuschränken.

Bereits vor 1700 hatte der Herzog gelegentlich den Holzverkauf aus den ausgedehnten Waldgebieten seines Landes zur Bestreitung seines Militäraufwands eingesetzt und zu diesem Zweck umfangreiche Abholzungen vornehmen lassen. Auch Schwarzenfels, dem als Kammerdirektor die Aufsicht über die gothaischen Forsten zukam, nutzte diese für die Sanierung der Kammerfinanzen. Er sorgte jedoch zugleich für den Schutz der Wälder, indem er gründliche Waldvisitationen durchführen ließ, Nachlässigkeiten der Forstverwaltung unterband und durch eine Fülle von z. T. kleinlich anmutenden Verlautbarungen jeden Schaden von den Waldgebieten fernzuhalten und eine Ausgewogenheit zwischen Abholzungen und Aufforstungen in den einzelnen Forstamtsbezirken zu erreichen suchte. Außerdem bemühte er sich um bessere Transportmöglichkeiten von geschlagenem Holz, indem er in den Waldgebieten ein Floßgrabensystem anlegen ließ. Die Erfolge dieser Maßnahmen zeigten sich in einer erheblichen Steigerung des aus den Thüringerwaldämtern für die Kammer erwirtschafteten Ertrags, der z. B. im Amt Schwarzwald im dritten Jahrzehnt des 18. Jahrhunderts auf das mehr als Zehnfache gegenüber der Zeit um 1680 anstieg. Allerdings wurden damals auch bereits die Grenzen der Leistungsfähigkeit der Forsten sichtbar, wie die Klagen der Ruhlaer Messerschmiede über den eingetretenen Mangel an Holzkohle und die Stillegung der Glashütte Sieglitzkopf bei Gehlberg (1724) wegen Holzmangel bezeugen, Vorgänge, die zugleich die große Bedeutung der Holzwirtschaft für industrielle und andere gewerbliche Unternehmen im Lande ausweisen, für Bergwerke und Glashütten ebenso wie für das holz- und eisenverarbeitende Gewerbe.

Die Wiederbelebung des Bergbaus im weimarischen Ilmenau und seine günstige Entwicklung seit etwa 1690 (s. o. S. 291 u. 332) brachten, da er gemeinsamer ernestinischer Besitz war, auch den gothaischen Kammerfinanzen Nutzen. Kaum weniger wichtig aber war die Entdeckung von Eisenerz- und Steinkohlenvorkommen in dem Ilmenau benachbarten gothaischen Dorf Manebach (1695), das dem gothaischen Bergwesen einen erheblichen Aufschwung brachte und mit landesherrlicher Förderung auch andere gothaische Bergwerksunternehmen, die z. T. wegen der Verschlechterung der Qualität ihrer Eisen- und Kupfererze und dadurch sinkenden Absatz in Schwierigkeiten geraten waren, zu neuen Anstrengungen ermunterten, so bei Friedrichroda, Tambach, Gräfenroda, Gräfenhain und Kleinschmalkalden. Zur Bewältigung der im Zusammenhang damit anfallenden zusätzlichen Verwaltungsarbeit richtete Friedrich II. 1708 in Gotha eine Bergwerkskommission ein, die aus Mitgliedern der Regierung und der Kammer bestand. Schwarzenfels' Bestrebungen gingen dann aber auch dahin, die gothaischen Hammerwerke in Tambach, Georgenthal, Zella St. Blasii und Mehlis, die wegen des Qualitätsverlusts des im Gothaischen geförderten Eisenerzes ihren Bedarf meist aus Schmalkalden, also dem hessen-kasselschen

Gebiet, bezogen, wieder zum Bezug gothaischen Erzes zu veranlassen, um, merkantilistischer Auffassung entsprechend, auch hier das Geld im Lande zu halten. Darüber kam es zu einem jahrelangen Streit zwischen ihm und den einheimischen Hammerwerken, die auf Schmalkaldener Erz nicht verzichten wollten. Sie zeigten sich erst zur Abnahme einheimischen Erzes bereit, als Schwarzenfels dessen gute Qualität durch ein in einem Hammer bei Friedrichroda 1713 veranstaltetes Probeschmelzen dortigen Eisensteins hatte nachweisen können und ihnen außerdem mit der Sperrung von Holzlieferungen drohte, die für ihre Arbeit unverzichtbar waren. Die daraufhin gefundene Regelung, einheimisches Eisenerz künftig mit einem Zusatz Schmalkaldener Erzes zu schmelzen, verbunden mit der 1716 verfügten Aufhebung aller Binnenzölle für einheimische Erztransporte bei gleichzeitiger rücksichtsloser Belegung eingeführten Eisenerzes mit den üblichen Grenzzöllen, hatte einen kräftigen Anstieg der einheimischen Eisenerzförderung zur Folge, ohne die Einfuhr Schmalkaldener Erzes ganz zu unterbinden. Wie eng im übrigen die Grenzen eigenständiger Wirtschaftspolitik damals in Thüringen gezogen waren, zeigte die Auswirkung einer nach Schwarzenfels' Tod von Friedrich II. 1726 wegen des übermäßigen Holzverbrauchs im Lande erlassenen Holzausfuhrbeschränkung. Sie wurde von Hessen-Kassel sogleich mit einem Ausfuhrverbot für Eisenerz ins Gothaische beantwortet und beschwor die Gefahr eines Wirtschaftskriegs zwischen beiden Ländern herauf, die Schwarzenfels stets hatte vermeiden können; sie konnte schließlich auch jetzt abgewendet werden. Einheimische Steinkohle statt Holz für industrielle Zwecke zu benutzen, hat man damals in Gotha kaum versucht; ihre Qualität reichte wohl dafür nicht aus.

Das eisenverarbeitende Gewerbe hatte für die gothaische Wirtschaft insofern besondere Bedeutung, als sie begehrte Ausfuhrprodukte herstellte. Das galt ebenso für die Waffen aus Zella St. Blasii und Mehlis wie für die Messerfabrikate aus Ruhla und die Erzeugnisse des Kleinschmalkaldener Kleineisengewerbes. Während man in Ruhla und Kleinschmalkalden damals keine Absatzsorgen hatte und die obrigkeitlliche Hilfe sich auf die Bereitstellung ausreichender Mengen von Holz und Holzkohle beschränken konnte, befand sich das Zellaer und Mehliser Waffengewerbe gegen Ende des 17. Jahrhunderts in einer Absatzkrise. Schwarzenfels gelang es, sie durch Senkung des Ausfuhrzolls (1709) und durch die Gründung einer Handelsgesellschaft (1710) zu beheben, der neben der Absatzförderung auch die Überprüfung der Qualität der angefertigten Waffen aufgetragen wurde, um diesen Erwerbszweig gegenüber der Konkurrenz im benachbarten Suhl, das zum albertinischen Staatsgebiet, damals zu Sachsen-Zeitz, gehörte, wieder wettbewerbsfähig zu machen; Zella und Mehlis sind seitdem Zentren thüringischer Waffenherstellung geblieben.

Von reichlichen Holzlieferungen aus den herrschaftlichen Forsten abhängig war auch das glasherstellende Gewerbe, das nur im gothaischen Landesteil und zwar mit der 1645 von Ernst dem Frommen konzessionierten Glashütte in Gehlberg vertreten war; mit Hilfe einer dort 1714 erbauten Nebenhütte konnte sie ihre Produktion verdoppeln. Eine 1696 in der Nachbarschaft, am Sieglitzkopf östlich von Oberhof, angelegte Glashütte ging hingegen 1724 wegen Holzmangel ein, und als 1728 der Plan einer weiteren Glashütte bei Gehlberg auftauchte, lehnte die Kammer ab, um die Holzwirtschaft nicht zu überfordern. Die Absatzmöglichkeiten des Glases blieben stets gut, auch über die Grenzen des Landes hinaus. Im Lande selbst, vor allem in der Residenzstadt Gotha, entwickelte sich ab 1700 im Zusammenhang damit das neue Gewerbe der Glasschneider, das vor allem durch Aufträge des Hofes am Leben erhalten wurde.

Friedrichs II. Förderungsmaßnahmen für Gewerbe und Handel gingen, angeregt durch seine Bildungsreise nach Holland und England, bis in die ersten Jahre seiner Herrschaft zurück. Wie sein Vater und Großvater sorgte er bei anfallenden landesherrlichen Bestätigungen von Innungsstatuten für die Durchsetzung eines einheitlichen Gewerberechts im Lande, so daß er hier manches von dem vorwegnahm, was das 1731 vom Reichstag verabschiedete Reichszunftgesetz an einheitlicher Regelung für das gesamte Reichsgebiet vorschrieb; und durch die öffentliche Niederlegung von Normalmaßen (1693) und die Aufstellung einer öffentlichen Mehlwaage in Gotha bemühte er sich um Ordnung bei Maßen und Gewichten. Um ein geordnetes Münzwesen zu erhalten, bedurfte es wiederholter Beratungen auf Konferenzen mit den anderen Ernestinern und, vor allem wegen des altenburgischen Landesteils, mit Kursachsen, da die altenburgischen Landstände größten Wert darauf legten, in dieser Beziehung mit dem kursächsischen Nachbarn in Übereinstimmung zu leben. Die Ansiedlung neuer Gewerbe und ihre Förderung war verhältnismäßig einfach in nichtstädtischen Marktgemeinden wie Körner bei Mühlhausen und dem an der Straße von Suhl nach Erfurt verkehrsgünstig gelegenen Ichtershausen, wo 1697 erlassene Verfügungen zur Hebung des Marktverkehrs, vor allem eine sechsjährige Steuer- und Zollfreiheit, die Niederlassung fremder Gewerbetreibender erleichtern sollten. In Ichtershausen ist dies auch geglückt, denn dort entstanden seit 1710 neue Walk-, Schneide- und Papiermühlen, 1716 eine Zeug- und Leineweberinnung, Vorbote der späteren Wollmanufaktur. Auch die Förderung des althergebrachten Bleichereigewerbes in Friedrichroda durch Verleihung einer Konzession für den gothaischen Landesteil (1708) mit Tendenzen einer Monopolisierung war erfolgreich. In der Residenzstadt Gotha dagegen zeigte sich gegen solche landesherrlichen Vorhaben heftiger Widerstand der Innungen und des Ratskollegiums. Zwar hatte man gegen die Förderung des Marktverkehrs durch die Einrichtung von

Pferde- und Viehmärkten (1711), gegen die Verbesserung des Straßenpflasters und seine Reinhaltung und gegen die Neubauförderung nichts einzuwenden; mit landesherrlichen Konzessionen ausgestattete Unternehmer hatten es jedoch schwer. Das galt ebenso für die 1695 und 1700 vom Herzog konzessionierte Wollspinnerei in der Stadt, die dazu gedacht war, die im Lande erzeugte Rohwolle, die bisher meist als Rohmaterial über die Grenzen verkauft wurde, im Lande selbst zu verarbeiten, wie für eine 1711 konzessionierte Zeug- und Modewarenmanufaktur und die 1719 mit Privatgeldern des Herzogs geschaffene Herzogliche Wollmanufaktur, die wegen des Widerstands einheimischer Handwerker und Kaufleute und wachsender Absatzschwierigkeiten 1727 aufgegeben werden mußte und damals einer privaten Woll- und Zeugfabrik Platz machte, die wegen des Widerspruchs der Innungen nur für die Ausfuhr produzieren durfte, meist feine Tuche nach holländischer und englischer Art. Kein Wunder, daß ein 1714 erörtertes landesherrliches Projekt, das den Bürgern der Residenzstadt jede landwirtschaftliche Tätigkeit untersagen und alle Bauernhöfe aus dem Stadtgebiet in die Umgebung verlegen wollte, um die Stadt zu einer reinen Gewerbe- und Handelsstadt zu machen, am Widerstand der Bürgerschaft scheiterte. Hier waren der Herzog und sein Wirtschaftsexperte den bestehenden Lebensverhältnissen wohl um einige Generationen voraus gewesen, und Gotha blieb noch lange, wie andere thüringische Residenzstädte auch, weithin eine Stadt von Ackerbürgern. Der Widerstand gegen diese Wirtschaftspolitik zeigte sich besonders heftig nach Schwarzenfels' Tod; 1728 kam es auf dem Gothaer Marktplatz sogar zu Schlägereien zwischen Mitgliedern der Innungen und einigen vom Herzog konzessionierten Handwerkern. Verursacht waren sie von der Sorge der Handwerksmeister um ihre Privilegien. Wie diese z. T. genutzt wurden, zeigte Friedrichs 1719 erlassene Verordnung gegen üppige Meisteressen auf Innungskosten und die den Gesellen abverlangten überhöhten Gebühren.

In ihrem Widerstand gegen die landesherrliche Wirtschaftspolitik waren sich die Gothaer Innungen einig mit dem Ratskollegium der Stadt. Dies hat den Herzog allerdings nicht dazu verleitet, in die überlieferten Rechte der Stadt einzugreifen. Er sorgte lediglich 1709 dafür, daß nach einem Rechtsstreit zwischen Amt und Stadt eine bessere Abgrenzung der beiderseitigen Rechtssphären erfolgte. In die Gothaer Ratswahlen hat er, hier weniger autokratisch als seine weimarischen Vettern, sich nicht eingemischt; auch die überlieferte Zusammensetzung des Ratskollegiums wurde nicht angetastet. Eine Ausweitung städtischer Rechte hat er jedoch in seinem Lande nirgends zugelassen; selbst die Verleihung des Stadtrechts an Gößnitz (1718) war kaum mehr als die Bestätigung eines überlieferten Rechtszustands. So wurden auch in seinem Lande die städtischen Ratskollegien mehr und mehr zu Ausführungsorganen landesherrlicher Verwaltungstätigkeit.

In enger Verbindung mit wirtschaftspolitischen Anliegen stand die Sorge um die Erhaltung des Straßen- und Wegenetzes im Lande. Ihm sollte neben den üblichen Geleitsgebühren die 1717 verfügte Erhebung eines Wegegeldes von allen Fuhrwerken dienen, die in die Stadt Gotha kamen; es war als Beitrag zu den Straßenbaukosten gedacht. Die Klagen über den schlechten Zustand von Straßen und Wegen nahm dennoch kein Ende. Im Zusammenhang mit Handel und Verkehr stehen auch die damaligen Versuche, eigene gothaische Postverbindungen zu schaffen. Nachdem ein 1694 von Gotha ausgegangener Versuch, ein gesamternestinisches Postwesen mit Bachoff von Echt als Generalpostmeister einzurichten, fehlgeschlagen war, konzessionierte Friedrich II. 1701 eine private Postlinie von Gotha nach Halle. 1713 wurde das Postwesen zur landesherrlichen Aufgabe erklärt und jede private Poststation im Lande verboten. Im altenburgischen Landesteil überließ man 1721 das Postwesen der kursächsischen Postverwaltung.

Im kirchlichen Leben des Landes hatte sich während der Vormundschaftszeit der Pietismus weiter verbreitet und, da auch Friedrich II. ihm wohlwollend gegenüberstand, in den ersten beiden Jahrzehnten seiner Regierung zunehmend an Einfluß gewonnen, auch im altenburgischen Landesteil, dort vor allem in Kahla. Mit der Zeit machten sich jedoch auch die negativen Seiten der Bewegung, übersteigertes Selbstgefühl und Neigung zu Intoleranz, bemerkbar, wie sie vor allem der Konrektor und spätere Rektor des Gothaer Gymnasiums, Gottfried Vockerodt, an den Tag legte, der heftig gegen Spiel, Tanz, Theater und Musik eiferte und dadurch vor allem die Hofkreise verärgerte. Dazu kam ein Bekehrungseifer, der Unruhe in die Bevölkerung brachte und deshalb nicht nur weite Kreise der Bürgerschaft und des Landadels empörte, sondern auch den Widerstand von Behörden und der Landstände hervorrief. Solchen Übertreibungen und Ausschreitungen, die auch der damalige Generalsuperintendent Fergen (s. o. S. 396) verurteilte, suchte der Herzog 1697 auf dem Verordnungswege zu begegnen, ohne aber seine dem Pietismus wohlwollende Gesinnung zu verbergen. Dies änderte sich erst nach Fergens Tod, als dessen aus Wolfenbüttel nach Gotha berufener Nachfolger Georg Nitsch (1663-1729) in pietistischem Übereifer die kirchliche Überlieferung herabsetzte und Gegner des Pietismus von der Kanzel her angriff. Er fiel daraufhin, allerdings ohne sein Amt zu verlieren, das er bis zu seinem Tode weiterbekleidete, beim Herzog in Ungnade; und da dieser durch solche Vorkommnisse die überlieferte staatskirchliche Ordnung gefährdet sah, berief er 1714 den als entschiedenen, wenn auch besonnenen Gegner der Pietisten bekannt gewordenen Coburger Gymnasialdirektor Ernst Salomo Cyprian (1673-1745) zum Kirchen- und Oberkonsistorialrat nach Gotha, einen Ostheimer Apothekersohn, der nach medizinischen und theologischen Studien in Leipzig und Jena 1698 Theologieprofessor in Helmstedt und im Jahre darauf Direktor des Gymnasium Casimirianum in Coburg geworden war. Die vom Herzog 1715 erlassene Verordnung, die sich den Pietisten gegenüber weit weniger nachsichtig gab als die von 1697 und mit Verboten und Mahnungen nicht sparte, war wohl im wesentlichen das Werk Cyprians, der den kirchenpolitischen Kurs im Lande während der folgenden Regierungsjahre Friedrichs II. mitbestimmt hat. Die pietistische Bewegung, die auch in der gothaischen Beamtenschaft Anhänger hatte, so z. B. den auch als Kirchenliederdichter hervorgetretenen Hofrat Ludwig Andreas Gotter (1661-1735), wurde im Lande dadurch allerdings nur eingedämmt, keineswegs zum Verschwinden gebracht.

Die äußeren Formen kirchlicher Verwaltungstätigkeit, vor allem die regelmäßigen Kirchenvisitationen und das kirchliche Informationswerk Ernsts des Frommen, wurden auch von Friedrich II. fortgeführt und auf den altenburgischen Landesteil ausgedehnt, wo vor allem die Landstände die Visitationen häufig anmahnten, und auch er hat, wie sein Vater, die Ernestinische Bibel durch Neuauflagen (1703, 1708, 1720) weiter zu verbreiten gesucht; das gothaische Gesangbuch erlebte ebenfalls mehrere Neuauflagen.

Auch über die Grenzen seines Landes hinaus setzte sich Friedrich für das Luthertum ein. Die lutherische Kirche in Genf unterstützte er mit Geldspenden, auch bemühte er sich um die wegen ihres Glaubens in katholischen Gebieten verfolgten evangelischen Glaubensbrüder, zuletzt noch 1732 um die Salzburger. Dem von König Friedrich Wilhelm I. von Preußen 1717 ausgehenden Vorschlag, eine Vereinigung von lutherischen und reformierten Kirchen anzustreben, stand er, von Cyprian beeinflußt, ablehnend gegenüber; die Feiern zum Reformationsjubiläum in diesem Jahre benutzte er vielmehr, um seine Treue zum Luthertum zu bekunden.

In den Schulen des Landes machten sich seit 1698, als der Herzog Einschränkungen des bis dahin vorherrschenden Religionsunterrichts zugunsten von Lese- und Schreibunterricht verfügte, und seitdem auch andere praktische Unterrichtsgegenstände stärkere Berücksichtigung fanden, erste Anzeichen gewandelter, von der beginnenden Aufklärung beeinflußter Lehrauffassungen bemerkbar. Das Gothaer Gymnasium wurde durch die Verbesserung der Lehrerbesoldung und die Anstellung eines Lehrers der französischen Sprache gefördert, die Lateinschule in Altenburg in ein Gymnasium umgewandelt, das nach dem Herzog den Namen Gymnasium Fridericianum (1714) erhielt.

Den damaligen Bemühungen der Ernestiner, den als unzureichend erkannten Zustand der gemeinschaftlichen Universität Jena zu verbessern (s. o. S. 285 u. 346), hat sich auch Friedrich II. nicht entzogen. Er war es, an dem die Einrichtungeines Kanzleramts an der Universität 1704 scheiterte, weil er die Besetzung dieses Amtes mit dem Geheimen Rat Lyncker wegen dessen weimarischer Dienststellung nicht wünschte. Hingegen befürwortete er die Bildung eines concilium arctius als des leitenden Organs der Universitätsverwaltung (1722); an den erfolgreichen Verhandlungen darüber nahmen von gothaischer Seite der altenburgische Konsistorialvizepräsident Johann Caspar von Hendrich d. J. (1676-1737) und der gothaische Oberkonsistorialrat Cyprian teil.

Wie sein Vater glaubte auch Friedrich II. es seiner Stellung als Reichsfürst und mächtigstes Mitglied des ernestinischen Hauses schuldig zu sein, an seinem Hof eine aufwendige Repräsentation zu pflegen, mit dem Glanz, der dem barocken Zeitalter entsprach und dem er selbst sehr zugetan war; auch in Zeiten finanzieller Bedrängnis wurde sie im personellen Bereich nicht eingeschränkt. Vorbild war der französische Königshof, den der Herzog aus eigener Anschauung kannte und nach dessen Mode sich auch er selbst und seine Hofgesellschaft kleideten. Aber der Hof war zugleich kultureller Mittelpunkt des Landes. Das bezeugen ebenso die Zusammensetzung der umfangreichen herzoglichen Privatbibliothek, in der alle wichtigen philosophischen, staatsrechtlichen und politisch-historischen Werke seiner Zeit vorhanden waren, wie seine Sorge für allgemein zugängliche Bibliotheken in Gotha und Altenburg, ferner die auf seine Anregung von dem gothaischen Lehnssekretär Friedrich Rudolphi von 1715 bis 1717 verfaßten Bände der „Gotha diplomatica", die Vermehrung der Bestände des Münzkabinetts ab 1712, die Förderung einer „Kuriositätensammlung", des Vorläufers des späteren Herzoglichen Museums, und die Pflege von Musik und Theater am Hofe. Von seinem Vater hatte Friedrich, der selbst komponiert hat, den Kapellmeister Mylius als Leiter der Hofkapelle übernommen (s. Bd. IV, S. 220), und auch dessen Nachfolger Witte war noch von Friedrich I. gefördert worden. Als nach dessen Tod (1716) sein Versuch, Georg Philipp Telemann, der schon 1708 von Eisenach aus in Verbindung mit dem Gothaer Hof gestanden hatte, nach Gotha zu berufen, fehlgeschlagen war, wurde von ihm 1719 der erzgebirgische Organistensohn Gottfried Heinrich Stölzel (1690-1749), der seine Musikerausbildung in Schneeberg, Gera und Leipzig erfahren hatte und nach weiten Reisen, auch nach Italien, und Anstellungen in Breslau, Naumburg, Prag und Bayreuth an den reußischen Hof in Gera gelangt war, zum Kapellmeister nach Gotha verpflichtet (s. Bd. IV, S. 268), wo er bis zu seinem Tode blieb und eine vielseitige, zumal kompositorische Tätigkeit entfaltet hat. Damit verbunden war die Leitung von Aufführungen französischer und italienischer Opern und deutscher Singspiele, Zeugen eines regen Theaterlebens am Hofe, zu dem auch die Aufführung französischer Schauspiele in der Originalsprache gehörte. Im Schloß Altenburg fanden in diesen Jahren ebenfalls Schauspiel- und Opernaufführungen statt.

Wie viele seiner fürstlichen Zeitgenossen, auch in Thüringen, hatte Friedrich II. ein besonders nahes Verhältnis zur Baukunst. Er ließ in den Jahren

1708 bis 1710 unterhalb des Gothaer Schlosses Friedenstein durch seinen Baudirektor Wolf Christoph Zorn von Plobsheim, einen Elsässer, der einst einer seiner Erzieher gewesen war, nach dem Vorbild französischer Stadtpalais das Barockschloß Friedrichsthal mit einem großen Garten anlegen (s. Bd. VI, S. 39). Im Schloßbezirk von Altenburg entstanden ab 1706 neue Bauten und Gartenanlagen, seit 1723 unter der Leitung des altenburgischen Landbaumeisters Gottfried Samuel Vater der Neubau des Hauptschlosses, der allerdings erst nach Friedrichs Tod vollendet wurde. Schloß Tenneberg bei Waltershausen erlebte seit 1723 Umbauten im barocken Geschmack und im vormaligen Klosterbezirk von Klosterlausnitz entstand von 1719-1722 ein Jagdschloß. Diese höfische Bautätigkeit belebte zugleich die kommunale und private Baufreude im Lande, die sich in der Entstehung zahlreicher barocker Adels- und Bürgerbauten, vor allem in den Residenzstädten Gotha und Altenburg, und in der barocken Umgestaltung adeliger Landsitze offenbarte. Auch zahlreiche Kirchenneu- und -umbauten fanden statt; so entstand 1718-1723, nach Entwürfen Zorn von Plobsheims, die barocke Gotteshilfskirche in Waltershausen, um das bedeutendste Beispiel damaliger Kirchenbaukunst im Gothaischen zu nennen.

Friedrich II. starb am 23. März 1732 im 56. Lebensjahr. Er hatte 1696 in Gotha seine Cousine Magdalena Auguste (1679-1740), eine Tochter des Fürsten Carl Wilhelm von Anhalt-Zerbst geheiratet, die ihm 19 Kinder schenkte, von denen 9 die Eltern überlebten, 7 Söhne und 2 Töchter. Die Töchter heirateten in die Häuser Sachsen-Weißenfels und Großbritannien, von den Söhnen folgte Friedrich III. als ältester dem Vater auf dem Thron; alle nachgeborenen Söhne wählten die Offizierslaufbahn, fünf von ihnen erreichten Generalschargen in Diensten des Reichs, Kursachsens, des Fürstbischofs von Münster und des Landgrafen von Hessen-Kassel.

Herzog Friedrich III. stand im 33. Lebensjahr, als er die Herrschaft im Lande antrat, gut vorbereitet durch eine sorgfältige Erziehung, zwei längere Bildungsreisen, die ihn 1718-1720 und 1722-1724 in die Schweiz, nach Italien, Frankreich, die Niederlande, England, Dänemark und Schweden und weite Teile des Reichsgebiets geführt und seine Kenntnisse erweitert hatten, und anschließende Einführung in die Regierungsgeschäfte. Seit 1729 war er mit seiner Cousine Luise Dorothea (1710-1767) verheiratet, der einzigen Tochter Herzog Ernst Ludwigs I. von Sachsen-Meiningen, die ihm an Begabung, Wißbegier und umfassender Bildung überlegen war und auch auf seine Regierungstätigkeit Einfluß genommen hat.

Friedrich III. war keine Herrschernatur wie sein Vater und diesem weder an staatsmännischer Begabung noch an politischer Aktivität gleich. Rechtlich gesinnt, ordnungsliebend, gutmütig und wohlwollend, konnte er sich nur schwer von Menschen und aus Verhältnissen lösen, an die er gewohnt war; auch pflegte er, anders als sein Vater, politische Entscheidungen vielfach seinen leitenden Beamten zu überlassen, zumal den im Geheimen Ratskollegium tätigen. Dessen damalige Mitglieder, der Gothaer Kanzler Johann Friedrich Bachoff von Echt der Jüngere und Christian von Uffel führten ihre Ämter fort. Uffel wurde nunmehr zugleich Präsident der gothaischen Kammer und übernahm zu der Leitung des gothaischen Obersteuerkollegiums 1738 noch die Führung der gleichnamigen altenburggischen Behörde; die drei wichtigsten Finanzbehörden befanden sich damit in seiner Hand. Da der 1732 ebenfalls zum Mitglied des Kollegiums ernannte altenburgische Kanzler Johann Georg von Geißmar (1682-1749) seinen Wohnsitz in Altenburg beibehielt und daher für die in Gotha anfallenden Geschäfte kaum herangezogen werden konnte, berief der Herzog auf Vorschlag Bachoff von Echts 1735 den Reichskammergerichtsassessor Siegmund Ehrenfried von Oppel (1687-1757), Sohn eines kursächsischen Beamten und Gutsbesitzers, in das Kollegium. Er trat seine Stellung allerdings erst nach Bachoff von Echts Tod 1736 an und übernahm wie dieser zugleich das gothaische Kanzleramt. Als er 1738 nach Altenburg versetzt wurde, um dort an Stelle des mit der Wahrnehmung der Geschäfte eines gothaischen Reichstagsgesandten in Regensburg betrauten Geißmar das Kanzleramt zu übernehmen, trat in Gotha der aus nassau-usingischen Kammerdiensten kommende Geheime Rat Gottfried Heinrich von Nitzschwitz (1701-1753), ebenfalls kursächsischer Herkunft, in das Geheime Ratskollegium ein und wurde zugleich gothaischer Kanzler. 1742, als Uffel die gothaischen Dienste verließ, kehrte Oppel nach Gotha zurück, wo er zugleich alle weiteren bisher von Uffel geleiteten Ämter übernahm und mit der Ernennung zum Geheimen Ratspräsidenten 1748 zum mächtigsten Beamten des Landes aufstieg; bis zu seinem Tode (1757) hat er diese Stellung innegehabt. Inzwischen war das Kollegium 1748 durch den gothaischen Reichstagsgesandten (s. u. S. 429 f.) Rudolf Anton von Heringen und 1749 durch den Oberhofmeister Schack Hermann von Buchwald (1699-1761) ergänzt worden. 1751 trat an Heringens Stelle, der wohl nur nominell Mitglied des Kollegiums gewesen war, der bisherige württembergische Gesandte am preußischen Hof in Berlin und Rittergutsbesitzer in Stedten bei Erfurt Christoph Dietrich von Keller (1699-1766), der sich ausschließlich den Geschäften des Kollegiums widmen konnte und nach Oppels Tod und Buchwalds Rücktritt (1757) dort einziges tätiges Mitglied war, zumal der 1756 ins Kollegium berufene altenburgische Kanzler Albrecht Anton von Rüxleben seinen Wohnsitz in Altenburg behielt und dort 1757 noch die Führung des Obersteuerkollegiums übernahm. Erst als Keller 1760 um seinen Abschied bat, den er allerdings erst 1763 erhielt, ergänzte Friedrich III. das Kollegium durch den damaligen gothaischen Kanzler Friedrich Karl von Lichtenstein (1722-1790), einen aus Oberfranken stammenden brandenburg-ansbachischen Beamtensohn, der 1747 in gothaische Dienste getreten war, und den mecklenburgischen Landrat und Landstand Joachim Ludolf von Bassewitz (1721-1784) und holte nach Kellers Ausscheiden 1763 Rüxleben nach Gotha, wo dieser die Leitung des Kollegiums übernahm, sein altenburgisches Kanzleramt allerdings nebenher noch bis 1766, die Leitung des dortigen Obersteuerkollegiums sogar bis 1770 beibehielt. Außerdem vergrößerte der Herzog das Kollegium 1764 durch den im Jahre zuvor zum gothaischen Kammerpräsidenten ernannten Friedrich von Schwarzenfels (1710-1775), einen Sohn des ofterwähnten Wirtschaftsexperten Herzog Friedrichs II., und 1765 durch den aus Schleusingen gebürtigen Oberamtmannssohn und hessen-kasselschen Geheimrat Sylvius Friedrich Ludwig von Frankenberg (1728-1815). Als Lichtenstein sich 1766 auf seine fränkischen Güter zurückzog, trat an seine Stelle der altenburgische Kanzler Johann Freiherr von Rotkirch und Trach (1710-1782) aus schlesischem Adelsgeschlecht, der nach vieljährigen brandenburg-bayreuthischen und württembergischen Diensten 1766 Mitglied des altenburgischen Regierungskollegiums geworden war. Nach Rüxlebens Tod kehrte 1770 Lichtenstein in gothaische Dienste und das Geheimratskollegium zurück, dessen Leitung er nunmehr bis zum Tode des Herzogs geführt hat. Auch unter Friedrichs III. Regierung blieb es also dabei, daß die Mitglieder des Geheimen Ratskollegiums zumeist zugleich leitende Posten in Landeskollegien bekleideten und nur wenige sich voll und ganz den Aufgaben der höchsten Verwaltungsbehörde des Landes widmen konnten. Bei der Wahl dieser seiner engsten Berater bewies der Herzog, so wenig Eigeninitiative er auch zumeist erkennen ließ, durchweg eine glückliche Hand; man hat daher mit Recht davon gesprochen, daß die in seinem Geheimratskollegium vereinten Persönlichkeiten der „Elite der hohen Beamtenschaft Thüringens" in damaliger Zeit zuzurechnen sind. Darüber hinaus hat er durch verschiedene Anordnungen die Stellung des Kollegiums weiter gestärkt und im letzten Jahrzehnt seiner Herrschaft zuweilen an dessen Sitzungen teilgenommen, nachdem er zuvor die vom Vater übernommene gewohnte Form der Kabinettsregierung fortgeführt hatte.

In der Reichspolitik hat sich Friedrich III. meist sehr zurückgehalten. Auf ständige Anwesenheit eines eigenen Gesandten beim Reichstag in Regensburg und eines Agenten am Kaiserhof in Wien legte er allerdings Wert. Als Gustav Adolf von Gotter im August 1732 auf eigenen Wunsch den gothaischen Dienst verließ, fand sich in Graf Johann Georg Howora von Ronow zwar sogleich ein Nachfolger, aber nur für kurze Zeit, da der Graf schon 1734 die Stelle eines Oberhofmarschalls in Gotha antrat. Sein Posten in Regensburg wurde damals dem gothaischen Vizekanzler Rudolf Anton von Heringen übertragen, doch bat dieser bereits 1737 um seinen Abschied. Nunmehr nahm der schon erwähnte altenburgische Kanzler von

Geißmar dieses Amt für etwa ein Jahrzehnt wahr. Seine Abberufung erfolgte im Zusammenhang mit der Übernahme der Vormundschaft über Herzog Ernst August Constantin von Weimar-Eisenach durch Friedrich III., der es nunmehr für zweckmäßig hielt, diesen Posten seinem einstigen Reichstagsgesandten von Heringen zu übertragen, da dieser inzwischen 1744 die Leitung der weimar-eisenachischen Reichstagsgesandtschaft übernommen hatte (s. o. S. 362). Nachdem ihm mit dem Ende des weimarischen Vormundschaftsstreits nur die eisenachische Reichstagsstimme geblieben war, ersetzte er 1749 Heringen, der seine Entlassung erhielt, durch den brandenburg-bayreuthischen Geheimrat und gewesenen Reichshofrat Kaiser Karls VII., Friedrich Samuel von Montmartin (1712-1778), den späteren berüchtigten Premierminister Herzog Karl Eugens von Wüttemberg, und übertrug ihm die gothaischen, altenburgischen und eisenachischen Reichstagsstimmen. Auf Drängen der altenburgischen Landstände, die es ablehnten, die Vertretung ihrer Reichstagsstimme einem nicht der evangelischen Konfession zugehörigen Mann zu überlassen, wurde ihm diese Stimme jedoch 1754 entzogen und dem gothaischen Kammerherrn Ludwig Heinrich Freiherrn Bachoff von Echt (1725-1792), einem Bruder des gothaischen Geheimrats Johann Friedrich Bachoff von Echt des Jüngeren, übertragen. Montmartin verlor Friedrichs III. Vertrauen, als er Anfang 1757 gegen seinen Auftrag den Beschluß des Reichstags über den Reichskrieg gegen Preußen herbeiführen half, wofür ihm der Kaiser die Reichsgrafenwürde verlieh. Auf eigenen Wunsch erhielt er seinen Abschied und Bachoff von Echt übernahm vorübergehend auch die Vertretung der gothaischen Reichstagsstimme, bis sich Friedrich und der weimarische Herzog Ernst August Constantin noch im gleichen Jahre über die Bestellung eines gemeinsamen Gesandten beim Reichstag einigten. Sie fanden ihn in dem gothaischen Oberkonsistorialpräsidenten Heinrich Grafen von Bünau, dem gleichnamigen Sohn des weimarischen Premierministers; er hat seitdem das Regensburger Gesandtschaftsamt bis über den Tod Friedrichs III. hinaus bekleidet (s. o. S. 378).

Den Posten des gothaischen Agenten beim Kaiserhof und Reichshofrat in Wien übernahm nach dem Tode des noch von Friedrich II. berufenen Daniel Hieronymus von Praun ab 1743 Johann Heinrich von Middelburg, ein 1733 geadelter Wiener Reichshofratsagent, der eine große Zahl von Reichsständen in der Kaiserstadt vertrat und für Gotha-Altenburg auf Lebenszeit, bis 1768, tätig war. Allerdings nahm neben ihm auch der für Weimar-Eisenach seit 1743 in Wien tätige Legationsrat Christoph Johann von Rehboom gothaische Interessen wahr, und in besonders wichtigen Fällen wurden von Gotha, wie dies auch in früheren Zeiten geschehen war, ohnehin Sondergesandte nach Wien abgeordnet. Ständige Agenten über Jahrzehnte hinweg hielt man damals von

Gotha aus auch in Augsburg, Frankfurt am Main, Hamburg, Dresden, in den Niederlanden, Paris und London.

Die Anfänge der Reichspolitik Friedrichs III. standen im Zusammenhang mit den Bemühungen Kaiser Karls VI., die Verhandlungen um die Anerkennung der Pragmatischen Sanktion durch die Ernestiner erfolgreich zu beenden und angesichts des gespannten Verhältnisses mit Frankreich zugleich die Bereitstellung von Truppen für den Kriegsfall zu gewährleisten. Zu diesem Zweck kam der kaiserliche Diplomat Friedrich Heinrich Graf von Seckendorff im August 1732 (s. o. S. 302 u. 350) auch nach Gotha. In einem am 9. Mai 1733 auf sechs Jahre abgeschlossenen Vertrag erkannte Friedrich III. die Pragmatische Sanktion an und verpflichtete sich, zur Unterstützung des Kaiserhauses im Falle eines feindlichen Angriffs ein Hilfskorps von 1000 Dragonern und 4000 Mann Fußtruppen gegen jährliche Zahlungen von 50 000 Reichstalern aufzustellen, von denen in Friedenszeiten ständig 2400 Mann zu Fuß und 600 unberittene Dragoner bereitgehalten werden, alle übrigen aber binnen 8 Monaten verfügbar sein solten. Der Ausbruch der Feindseligkeiten um die polnische Thronfolge kam allerdings schneller als erwartet, und so waren die gothaischen Verbände erst im Laufe des Jahres 1734 einsatzbereit, zumal Friedrich es nunmehr außerdem für nötig hielt, Maßnahmen zur Landesverteidigung zu treffen, weil ein Angriff französischer Truppen auf Thüringen befürchtet wurde. So gelangten die für die Reichsarmee bestimmten gothaischen Truppenverbände erst nach und nach ins Kriegsgebiet. Die Sollstärke erreichten sie nie; aber auch die Geldzahlungen aus Wien kamen nur stockend und nicht in der versprochenen Höhe. Wie der größte Teil der weimarischen und eisenachischen Truppen kamen auch die gothaischen seit dem Frühjahr 1734 am Oberrhein, vom Winter 1734 bis Mai 1735 in Oberitalien, im Umkreis von Mantua, und danach wieder am Oberrhein zum Einsatz. Wie jene erlitten auch sie ihre größten Verluste durch Krankheiten und Desertionen. So hatten die beiden Infanterieregimenter bis zum Juli 1735 Abgänge von ca. 2200 Mann; eines von ihnen bestand damals noch aus 780 Mann, von denen 609 dienstfähig waren. Nach dem Vorfrieden von Wien (15. 10. 1735) kehrten sie 1736 in die Heimat zurück.

Aus den nach Kaiser Karls VI. Tod ausgebrochenen Wirren des Österreichischen Erbfolgekriegs und der beiden Schlesischen Kriege hielt sich Friedrich III. heraus. Daß sich damals am gothaischen Hof Bewunderung für den jungen Preußenkönig Friedrich II. zeigte, zumal bei der Herzogin Luise Dorothea und ihrem Kreis, war allerdings unübersehbar. Wenn Friedrich III. im September 1744 dem Preußenkönig eine Anzahl Rekruten für den zweiten Schlesischen Krieg überließ, so hing dies wohl damit zusammen. Auch später hat sich an der Hinneigung Gothas zu Preußen wenig geändert, zumal Friedrich der Große im 1748 ausgebrochenen Streit um die weimar-eisenachische Vormundschaft die gothaischen Ansprüche erfolgreich unterstützte. So war Friedrich III. auch gegen den vom Reichstag 1757 erklärten Reichskrieg gegen Preußen und das Verlangen des Kaisers, wegen des Einmarschs preußischer Truppen in Sachsen über den preußischen König die Reichsacht auszusprechen, und entließ seinen dortigen Reichstagsgesandten Montmartin, als dieser sich anders verhielt, als seine Instruktionen lauteten. In größte Verlegenheit geriet er, als Kaiser Franz I. gerade ihn anstelle des aus seinem Lande geflüchteten sächsischen Kurfürsten mit der öffentlichen Bekanntmachung der preußenfeindlichen kaiserlichen Verlautbarungen im Obersächsischen Kreise beauftragte; vergeblich bemühte er sich, diese politisch zweischneidige Pflicht auf das weimarische Herzogshaus als das ältere der ernestinischen Häuser abzuschieben. Daß er kurz vor Kriegsbeginn mit dem mit Preußen verbündeten König Georg II. von England einen Vertrag abgeschlossen hatte, in dem er diesem 800 Mann zum Schutz der hannoverschen Lande gegen französische Angriffe überließ, und zunächst zögerte, sein Truppenkontingent zur Reichsarmee zu stellen, erschwerte seine politische Lage noch zusätzlich, so daß er es unter dem Eindruck der seit August 1757 — vor und nach der Schlacht bei Roßbach — das gothaische Land monatelang auszehrenden Einquartierung der französischen Armee des Prinzen Soubise und der Reichsarmee unter Führung der Prinzen Joseph von Hildburghausen für geraten hielt, dem Reichstagsbeschluß gegen Preußen nachträglich noch beizutreten und im November 1758 sein Kontingent in Stärke von 200 Dragonern und 400 Fußsoldaten der Reichsarmee zuzustellen. Die Bedrückung des Landes, zumeist durch französische Truppen und Verbände der Reichsarmee, die Thüringen als Basis für ihre Operationen gegen Preußen und das von preußischen Truppen zeitweilig besetzte kursächsische Gebiet benutzten, aber auch durch Vorstöße preußischer Streifkorps dauerte inzwischen fort, wenn auch mit wechselnder Intensität, im gothaischen Landesteil vor allem im Frühjahr 1759, als u. a. für den Ausbau der Erfurter Befestigungswerke umfangreiche Abholzungen in den Thüringerwaldämtern zu beklagen waren, im Sommer 1760 und in den Wintermonaten 1760/61 und 1761/62, als Westthüringen zu den Winterquartieren der Franzosen und der Reichsarmee gehörte. Stärker unter preußischen Einquartierungen hatte der altenburgische Landesteil zu leiden, vor allem 1756/57 und 1762; aber auch dort überwog die Belastung durch französische und Reichstruppen. Die Schäden, die der Krieg dem Lande Friedrichs III. damals zufügte, wurde allein für den gothaischen Landesteil im Jahre 1757 auf 800 000 Reichstaler beziffert. Zahlreich waren die militärischen Gäste, die dem gothaischen Hof in diesen Jahren ihren Besuch abstatteten; unter ihnen befanden sich der Prinz von Hildburghausen ebenso wie der Prinz Soubise und andere Mitglieder der Reichs- und französischen Generalität, und 1757 und 1762 auch der Preußenkönig Friedrich. Daß dessen militärische und politische Erfolge im Reich einen machtpolitischen Dualismus hatten entstehen lassen, der die weitere geschichtliche Entwicklung auf deutschem Boden nachhaltig beeinflussen sollte, wirkte sich in den zehn Jahren, die Friedrich III. noch beschieden waren, allerdings nicht aus, zumal sie fast ganz dem Wiederaufbau im Lande dienten und des Herzogs bescheidene reichspolitische Anliegen sich in dieser Zeit auf die Verhältnisse in Thüringen beschränkt haben.

Die innerthüringische Politik Friedrichs III. war von Anbeginn seiner Herrschaft in erster Linie bestimmt von Auseinandersetzungen mit seinen meiningischen, coburg-saalfeldischen und hildburghäusischen Verwandten. Der sich bis in die ersten Jahre seiner Regierung hinziehende coburg-eisenberg-römhildische Erbstreit, der 1735 bis auf kleine Nachwehen beendet werden konnte (s. u. S. 538), beschäftigte ihn in diesem Zusammenhang weniger als das Bemühen, die 1727 erfolgte Standeserhebung der bürgerlichen Gemahlin Herzog Anton Ulrichs von Meiningen und ihrer Kinder (s. o. S. 413 f.) wieder rückgängig zu machen. Denn da von den drei 1732 lebenden meiningischen Thronanwärtern nur Anton Ulrich verheiratet war und Söhne hatte, war nicht auszuschließen, daß in absehbarer Zeit deren Erbfolgerecht zum Tragen kommen konnte. Solange Kaiser Karl VI. lebte, waren aber alle derartigen Versuche vergeblich. Nach dessen Tode (1740) aber nutzte man, vor allem auf Betreiben Friedrichs III., mit Erflog die Vorverhandlungen für die Kaiserwahl Karls VII. (1742), um das Anliegen des Familienvertrags von 1717 in verallgemeinerter Form in die Wahlkapitulationen einzubringen. So sah sich Karl VII. 1744 genötigt, das im Zusammenhang mit der Standeserhebung von 1727 verfügte Erbfolgerecht für die Kinder aus Anton Ulrichs Ehe für ungültig zu erklären; die von Anton Ulrich beim Reichstag dagegen eingereichte Beschwerde wurde 1747 abgewiesen und Kaiser Franz I. bestätigte diese Entscheidung. Da zu diesem Zeitpunkt außer Anton Ulrich kein anderer Anwärter auf den meiningischen Herzogsthron mehr am Leben war, der Herzog selbst aber bereits im 60. Lebensjahr stand, machte man sich an den Höfen der Erbberechtigten, auch in Gotha, damals bereits Gedanken über die künftige Inbesitznahme und Aufteilung des meiningischen Landes. Friedrich III. traf mit Ernst Friedrich II. von Hildburghausen darüber sogar eine Abrede; schon zeigten sich auch Vorboten neuer Erbstreitigkeiten. Dem allem machte freilich eine 1750 von Anton Ulrich geschlossene zweite kinderreiche Ehe (s. u. S. 482) ein Ende.

In der Zwischenzeit hatte Anton Ulrich bereits für neue Unruhe in Thüringen gesorgt gehabt, in die Friedrich III. besonders stark hineingezogen wurde. Bei einem 1746 am meiningischen Hofe entstandenen Rangstreit zwischen zwei Hofdamen (s. u. S. 485) griff Anton Ulrich mit so harten Willkürmaßnahmen ein, daß die Betroffenen sich beschwerdeführend an das Reichskammergericht in Wetzlar wandten und von dort ein Urteil erwirkten, das ihre sofortige Rehabilitierung forderte. Als der damals in Frankfurt am Main lebende Anton Ulrich dieses Urteil nicht nur unbeachtet ließ, sondern zu weiteren Maßregelungen schritt, beauftragte das Gericht Friedrich III. mit der Durchführung des Urteils. Da Meiningen auch jetzt nicht einlenkte, blieb ihm nichts anderes übrig, als zur militärischen Exekution zu schreiten. Die nun folgende Auseinandersetzung ist als „Wasunger Krieg" in die thüringische Landesgeschichte eingegangen und oft auch glossiert worden, ohne daß man dabei stets ausreichend bedacht hat, worum es dabei im Grunde ging: um die Wahrung des Rechts von Einzelpersonen gegen fürstliche Willkür. Im Februar 1747 wurde ein gothaischer Truppenverband, der aus 8 Offizieren, 249 Infanteristen und 8 Artilleristen bestand, gegen Meiningen in Marsch gesetzt, um die Durchführung des Gerichtsbeschlusses zu erzwingen. Nach einem Gefecht bei dem meiningischen Dorf Niederschmalkalden, in dem ein meiningischer Leutnant fiel, besetzte der Verband die Stadt Wasungen und traf Vorbereitungen für einen Angriff auf Meiningen. Nun erst gab man dort nach und ließ das gefangengesetzte Ehepaar frei. Damit war der Streit allerdings nicht beendet, denn nun forderte Friedrich III. von Anton Ulrich Ersatz der ihm durch das Unternehmen entstandenen Kosten in Höhe von 7104 Talern und erwirkte, als dieser sich widersetzte, ein Reichskammergerichtsurteil, durch das dem Gothaer die Einkünfte aus den meiningischen Ämtern Wasungen und Sand als Ausgleich für die entstandenen Kosten zugesprochen wurden; Friedrich III. ließ daher Wasungen weiterhin besetzt halten. Die Auseinandersetzungen konnten — mit preußischer Vermittlung — erst beigelegt werden, als sie im Frühjahr 1748 wegen des Streits um die weimar-eisenachische Vormundschaft in den Hintergrund traten, Friedrich III. nunmehr im März 1748 auf den Kostenersatz verzichtete und Anton Ulrich dafür seinen ihm als damaligem Senior des ernestinischen Hauses zustehenden Anspruch auf Beteiligung an dieser Vormundschaft aufgab (s. u. S. 485). Im August 1748 zogen die gothaischen Truppen aus dem Meiningischen ab.

Der Vormundschaftsstreit, über den bereits berichtet worden ist (s. o. S. 367) war durch den 1748 eingetretenen Tod Herzog Ernst Augusts von Weimar-Eisenach ausgelöst worden. Friedrich III., dem der Verstorbene, der kein Testament hinterließ, nach eidlicher Aussage eines hohen weimarischen Hofbeamten die Vormundschaft über seine beiden jüngsten Kinder, darunter den Erbprinzen Ernst August Constantin, zugedacht hatte, ergriff sogleich vom gesamten Lande Besitz, fand jedoch, nachdem er Anton Ulrich zum Verzicht bewogen hatte, in Herzog Franz Josias von Coburg-Saalfeld einen von Kaiser Franz I. unterstützten Mitbewerber. Daß er in einem 1749 abgeschlossenen Vergleich immerhin erreichen konnte, daß ihm neben der Regierung im eisenachischen Landesteil die Vormundschaft über den weimarischen Erbprinzen zugesprochen wurde, verdankte er vor allem der Fürsprache Preußens und Hannovers; Friedrich der Große wünschte sich dafür ca. 200 Mann der weimarischen Garde, die ihm auch überlassen wurden. Mit der Berufung des Grafen Heinrich von Bünau zum Erzieher des Erbprinzen und Statthalter des Fürstentums Eisenach, der seine Pflichten in hervorragender Weise erfüllte, erwies Friedrich erneut seine glückliche Hand bei der Wahl seiner hohen Beamten. Er konnte allerdings nicht verhindern, daß der Erbprinz weimarischen Einflüsterungen erlag und bereits 1755, früher, als man es in Gotha gern gesehen hat, von Kaiser Franz I. die venia aetatis erlangte, die ihn 1756 zur Übernahme der Regierungsgeschäfte in Weimar und Eisenach befähigte. Daß damals und auch später noch hohe gothaische Beamte nach Weimar berufen worden sind und dort z. T. leitende Funktionen einnahmen, darf als sicheres Zeichen für die hohe Wertschätzung gelten, die sich die gothaische Verwaltung jener Zeit auch außerhalb der Grenzen des Landes erfreut hat.

Ein weiterer Vormundschaftsstreit, an dem Gotha beteiligt war, wurde durch Anton Ulrichs von Meiningen Tod 1763 heraufbeschworen. Dieser hatte in seinem Testament seine Witwe Charlotte Amalia und seine beiden Söhne erster Ehe als Vormünder für seine Söhne zweiter Ehe und seine Witwe außerdem als alleinige Landesregentin eingesetzt. Damit wollten sich weder Friedrich III. noch die Herzöge von Hildburghausen und Coburg-Saalfeld zufrieden geben. Sie wünschten die Beteiligung eines von ihnen an der Vormundschaft und den Ausschluß der Söhne Anton Ulrichs aus der ersten unebenbürtigen Ehe von jeder Vormundschaftsbeteiligung. Um ihren Forderungen Nachdruck zu verleihen, ließen Friedrich III. und Ernst Friedrich III. von Hildburghausen im Februar 1763 Truppen in einer Gesamtstärke von 900 Mann, die mit 6 Kanonen ausgerüstet waren, ins meiningische Gebiet einrücken. Ihr Versuch, die Stadt Meiningen zu überrumpeln, scheiterte jedoch, und so begnügten sie sich diesmal, im Umland Proviant einzutreiben und sich mit darüber erzürnten Bauern herumzuschlagen. Ein bereits im März 1763 in Meiningen eingegangenes Patent Kaiser Franz' I., das die verwitwete Herzogin Charlotte Amalia als alleinige Landesregentin und Obervormünderin ihrer Kinder einsetzte, die Kinder Anton Ulrichs aus erster Ehe demnach von allen Vormundschaftsrechten ausschloß und hier also den Forderungen Friedrichs III. und der anderen Ernestiner entgegenkam, machte der militärischen Intervention ein schnelles Ende.

Durch Erbschaft zu territorialem Gewinn zu kommen wie sein Vater, ist Friedrich III. in seiner 40jährigen Regierungszeit ebenso wenig vergönnt gewesen wie auf andere Weise. Das Blankenhainer Permutationsprojekt

(s. o. S. 404), das bereits 1739 einmal zu den Akten gelegt worden war, ab 1754 aber noch einmal auflebte, scheiterte 1767 endgültig, weil für die Grafen von Hatzfeld auch jetzt kein geeigneter territorialer Ausgleich gefunden werden konnte, und an der 1764/65 von Anna Amalia von Weimar-Eisenach, allerdings nur mit dem Gewinn von drei Dörfern, zustandegebrachten Beilegung des jahrhundertelangen Streits mit Fulda wegen des Amts Fischberg in der Rhön ist Gotha offenbar nicht beteiligt worden, obwohl Friedrich II. 1707 noch seinen Anspruch darauf gewahrt hatte (s. o. S. 414). Einzige territoriale Erweiterung seines Landes, allerdings nur auf Lebenszeit, blieb also das kleine Senioratsamt Oldisleben, dessen Nutzung Friedrich 1764 zufiel, nachdem er 1763 Senior des ernestinischen Hauses geworden war, zumal es damals nicht mehr an Weimar verpachtet war. Ärgerliche Auseinandersetzungen, in denen es um die von Angehörigen des meiningischen Herzogshauses der Herzogin Luise Dorothea von Gotha, die bekanntlich eine meiningische Prinzessin war, vererbten Schlösser Sophienlust und Dreißigacker im Meiningischen und Ludwigsburg im Coburgischen ging, entwickelten sich, als Anton Ulrich von Meiningen (s. u. S. 486) und Franz Josias von Coburg-Saalfeld (s. u. S. 541) diese Schlösser als erledigte Lehen einzogen, ohne auf die Erbin Rücksicht zu nehmen. In allen Fällen kam es zu Prozessen, wegen Ludwigsburg außerdem zum Einsatz von gothaischem Militär, bei dem das Schloß zerstört wurde.

In der Innenpolitik blieb Friedrich III. weithin in den von seinem Vater vorgezeichneten Bahnen; zwei von dessen wichtigen unvollendet gebliebenen Vorhaben hat er zuendegeführt, die Landesvermessung im Jahre 1733 und die Gesetzsammlung zur gothaischen Landesordnung 1738; eine der letzteren gleichartige Veröffentlichung erschien 1750 auch für das Fürstentum Altenburg. Die geordnete Finanzverwaltung, die der Vater hinterlassen hatte, ermöglichte es ihm, von den Kriegsjahren 1733-1735 und 1756-1763 abgesehen, sein Land vor übermäßiger Belastung durch Steuern und Abgaben zu bewahren, obwohl er an der aufwendigen Repräsentation bei Hofe festhielt. Er konnte 1737 sogar einmal auf die Erhebung einer ihm von den gothaischen Landständen bereits bewilligten Steuer nachträglich verzichten. Die Versuche seines Vaters, die Landstände in ihren Rechten einzuschränken, wurden unter seiner Herrschaft nicht fortgesetzt. Bis zum Beginn des Siebenjährigen Krieges traten sie regelmäßig, gewöhnlich alle vier Jahre, zu getrennten Landtagen in Gotha und Altenburg zusammen. Danach brachte der Krieg eine Unterbrechung, und in den Wiederaufbaujahren begnügte man sich meist mit Ausschußtagen; dabei dürften Sparsamkeitsrücksichten eine Rolle gespielt haben. Anhaltende Meinungsverschiedenheiten zwischen Landesherrschaft und Landständen hat es während der Regierungszeit Friedrichs III. nur wenige, so z. B. im Zusammenhang mit der Truppenstellung, gegeben und nur selten konnten die

Landstände dann ihre Auffassung durchsetzen, wie etwa bei dem erfolgreichen Widerstand der altenburgischen Stände gegen die Vertretung der altenburgischen Reichstagsstimme durch Montmartin. Daß die Mehrzahl der damals fast durchweg dem Adel angehörenden hohen Beamten zugleich Rittergutsbesitz im Lande hatte und damit die Landstandschaft besaß, mag zu dem überwiegend friedlichen Miteinander von Landesherrn und Landständen beigetragen haben.

Im Bereich von Justiz und Polizei beschränkte sich die Regierungstätigkeit Friedrichs III. im wesentlichen auf die Sorge um die Einhaltung der Landesordnungen und anderer überkommener Gesetze und begnügte sich im übrigen damit, bestimmten wiederkehrenden Mißständen mit speziellen Verlautbarungen entgegenzutreten; von allgemeinerer Bedeutung waren lediglich eine neue Prozeßordnung für den altenburgischen Landesteil (1744) und eine neue Polizeiordnung für den gothaischen (1752), in denen ältere Ordnungen in verbesserter Gestalt fortgeschrieben wurden. Eine Vielzahl von Einzelverordnungen, die zumeist für beide Landesteile getrennt erlassen wurden, richteten sich gegen Bettler, Zigeuner und sonstiges „liederliches Gesindel", dem man durch berittene, meist militärische Straßenposten, eine Meldepflicht für Herbergsbesitzer und die Einrichtung eines Armen-, Spinn- und Arbeitshauses in Gotha (1756), wo man sie unterbrachte und zu nützlicher Arbeit anhielt, beizukommen suchte; auch Emigranten galten als verdächtig, wenn sie ohne ein amtliches Attest angetroffen wurden. Mit Zuchthaus bedacht wurden Personen, die Landeskinder zur Abwanderung ins Ausland, z. B. nach Preußen, zu überreden suchten und so einem wichtigen Grundgedanken merkantilistischer Wirtschaftspolitik zuwiderhandelten (1754). Weitere Gegenstände amtlicher Verordnungspolitik waren Garten- und Felddiebstähle, Betrügereien im Handel und der Gebrauch geringwertiger Münzen. Auch die Kleiderordnung wurde wieder eingeschärft (1737 in Gotha, 1738 in Altenburg) und erneut der Versuch unternommen, „unnötigen Aufwand" bei Familienfeiern und Handwerkerfesten auf dem Verordnungswege durch bis in Einzelheiten gehende Bestimmungen einzuschränken und das „Zechen in Bierhäusern, Gasthöfen und Schenkstätten" und das Glücksspiel zu unterbinden; selbst das Kaffeetrinken des „gemeinen Mannes" war der Obrigkeit unerwünscht (1766). Der Feuersgefahr suchte man durch revidierte Feuerordnungen und ein Verbot des Tabakrauchens in Scheunen, Ställen, auf Höfen und in Wäldern und des Gebrauchs von offenen Heizgefäßen in Kirchen und Verkaufsstätten zu begegnen. Im engen Zusammenhang damit standen die Vorschrift, Hausneubauten mit Ziegel- statt mit Stroh- oder Schindeldächern zu versehen, und eine in die Zukunft weisende Maßnahme, die nach Vorschlägen der Landstände und eines Hofadvokaten nach jahrzehntelangen Verhandlungen 1769 erfolgte Gründung der Gothaer Brandassekurationssozietät, der private Versicherungsunternehmen auf Beitragsbasis vorausgegangen waren, so 1751 eine Leichen- und 1752 eine Heiratssozietät.

Wie in früheren Zeiten (s. o. S. 418) standen auch jetzt ordnungspolizeiliche Maßnahmen in engem Zusammenhang mit gewerbepolizeilichen und mit der Wirtschaftsförderung. Daß man 1750 diesen landesherrlichen Aufgabenbereich im gothaischen Landesteil aus der Verantwortung des Regierungskollegiums löste und einer neugebildeten Behörde, der Oberpolizeidirektion, übertrug, bewährte sich offensichtlich nicht, denn schon 1760 löste man diese wieder auf und gab ihre Kompetenzen der Regierung zurück. Als langlebiger erwiesen sich Immediatkommissionen mit speziellen Aufgaben wie die bereits 1759 geschaffenen: die Waisen-, Armen-, Arbeits- und Zuchthauskommissionen und die Manufakturkommission, denen 1760 noch eine Almosenkommission folgte. Das Entstehen einer Manufakturkommission machte zugleich die Hoffnungen deutlich, die man im Rahmen der Wirtschaftspolitik auf das Manufakturwesen setzte. Bereits 1735 und 1737 waren Verlautbarungen zu dessen Förderung erlassen worden. Um den seit Mitte des Jahrhunderts aufgetretenen Notstand im Tuchmachergewerbe zu beheben, wurde 1756 in Gotha eine neue Wollmanufaktur geschaffen, die eng mit dem dortigen Armen-, Spinn- und Arbeitshaus zusammenarbeitete und einen erfolgreichen Start hatte. Sie geriet allerdings alsbald in Streit mit der einheimischen Tuchmacherinnung und hatte zudem so unter den Begleiterscheinungen des Krieges zu leiden, daß sie 1763 Konkurs machte. Erfolgreicher, weil von Innungsansprüchen nicht behindert, arbeitete eine ebenfalls während der Regierungszeit Friedrichs III. in Ichtershausen eingerichtete Herzogliche Wollmanufaktur. In Altenburg entstanden nach Kriegsende eine Flanelltuchfabrik (1766) und eine Woll- und Zeugfabrik, Anfänge der späteren dortigen Textilindustrie.

Ein vom Herzog gebilligter Versuch der gothaischen Regierung, die bei Manebach im Thüringerwald geförderte Steinkohle zum Betrieb einer dort 1735 errichteten Glashütte zu nutzen, schlug fehl und wurde 1738 aufgegeben; ab 1748 ließ man den Betrieb mit Holzfeuerung wieder aufleben, stellte ihn aber 1771 ein, weil die damit beauftragten Glasmeister keine ausreichenden Gewinnchancen mehr sahen. Als zukunftsträchtiger erwiesen sich die 1767 von Privathand in Gotha geschaffene Porzellanfabrik und die Nutzung der 1766 wiederentdeckten Mineralquellen bei Ronneburg, wo Badeeinrichtungen entstanden, die viel Zuspruch fanden und die der Herzog 1768 auch selbst mit Erfolg benutzt hat.

Ungeachtet solcher gewerbefördernder Maßnahmen blieb allerdings nach wie vor die Landwirtschaft die wichtigste wirtschaftspolitische Grundlage des Landes, auch wenn sie, von zwei Verordnungen zum Schutz des Viehs gegen Seuchengefahr (1733, 1748) abgesehen, in der damaligen amtlichen Verordnungstätigkeit kaum vorkommt. Ihrer Bedeutung wurde man sich schmerzlich bewußt, als Mißernten 1771 auch in den gotha-altenburgischen Landen zu Hungersnot und Teuerung führten. Durch Verteilung von Brot, Korn und Gerste aus landesherrlichen Magazinen zu ermäßigten Preisen oder kostenlos hat Friedrich III. versucht, den Folgen dieser damals ganz Thüringen heimsuchenden Naturkatastrophe entgegenzuwirken.

Im kirchlichen Leben des Landes bahnte sich während der Regierungszeit Friedrichs III. ein tiefgreifender Wandel an. Zwar spielte Cyprian bis zu seinem Tode (1745) weiterhin eine bedeutende Rolle, auch besaß er, wie Äußerungen altenburgischer Landstände bezeugen, noch zahlreiche Anhänger. Aber er mußte seinen Einfluß mehr und mehr mit der Herzogin Luise Dorothea teilen, die, obwohl er ihr Beichtvater war, sie ihren kirchlichen Pflichten gewissenhaft nachkam und pietistischem Wesen fernstand, als überzeugte Anhängerin der zeitgenössischen Aufklärungsphilosophie kein Verständnis aufbringen konnte für den Ausschließlichkeitsanspruch, mit dem er seinen gemäßigt orthodoxen Standpunkt vertrat, sondern sich für Toleranz einsetzte, auch gegenüber pietistischen und ähnlichen Bestrebungen, wie sie damals insbesondere von dem Grafen von Zinzendorf und seiner Herrnhuter Brüdergemeine ausgingen. So wurden gegen Cyprians Willen nicht nur 1732 die vertriebenen Salzburger Protestanten im Lande empfangen und unterstützt, sondern er konnte auch nicht verhindern, daß Zinzendorf 1740 in Gotha, wo sich seit 1733 ein kleiner Herrnhuter Kreis gebildet hatte, eine herrnhutische Synode abgehalten wurde. Die Bildung einer Herrnhuter Siedlung in Neudietendorf, die Graf Gustav Adolf von Gotter eingeleitet hatte, verhinderte Cyprian zunächst; nach seinem Tode ist sie nach längeren, von wechselhaften Schicksalen begleiteten Anstrengungen 1763 doch noch zustande gekommen und hat bis in unser Jahrhundert Bestand gehabt.

Diese Toleranz, die man auch gegenüber der von den Brüdern Johann August und Ludwig Heinrich Bachoff und Echt und dem Kanzler von Rüxleben in Altenburg 1742 gegründeten Freimaurerloge, der ersten in Thüringen, beobachtete, änderte allerdings nichts an dem Fortbestand der seit Ernsts des Frommen Zeiten üblichen regelmäßigen Kirchen- und Schulvisitationen und des Informationswerks mit seinen „Examina" für jung und alt, für deren Beibehaltung sich auch die Landstände einsetzten und bei denen es auch um die Überprüfung der Rechtgläubigkeit der Bevölkerung ging. Eins dieser Examina wurde 1752 unter dem schon in anderen evangelischen Ländern üblichen Namen Konfirmation zum offiziellen Kirchenbrauch im gothaischen Landesteil erklärt; 1753 geschah dies auch im altenburgischen und zwar durch den dort seit 1751 tätigen Generalsuperintendenten Johann Caspar Reuchlin, der diesen Brauch von seiner Heimatstadt Straßburg im Elsaß her kannte und der wie sein gothaischer Kollege Johann Adam Löw, der Amtsnachfolger Cyprians, ein Anhänger der Wolffschen Aufklärungsphilosophie war. Löw hatte zudem pietistische Neigungen und förderte deshalb die Niederlassung der Herrnhuter in Neudietendorf. Von der Aufklärungsphilosophie beeinflußt waren auch andere damals in Gotha führende Geistliche, so der Oberhofprediger Johann Georg Brückner, der zuvor Kabinettsprediger bei der Mutter der Herzogin Luise Dorothea gewesen war und als Schöpfer des „Gothaischen Kirchen- und Schulenstaats" (s. Bd. I, S. 34) in die thüringische Landesgeschichte eingegangen ist, ferner dessen Amtsnachfolger Wilhelm Friedrich Stölzel, ein Sohn des gothaischen Hofkapellmeisters, und der Prinzenerzieher und spätere Kirchen- und Oberkonsistorialrat Emanuel Christoph Klüpfel, der Schöpfer des „Gothaischen Hofkalenders". Der Einfluß der Herzogin auf die Besetzung hoher kirchlicher Posten im Lande war also beträchtlich. Von den die Kirche betreffenden amtlichen Verlautbarungen blieb die Verordnung gegen die Entweihung des Sabbaths (1733) noch ganz im altbekannten, von Cyprian vertretenen Rahmen; von der Abschaffung der dritten Feiertage der wichtigsten christlichen Feste (1770) wird man das wohl nicht behaupten können.

Bei der Wahrnehmung der gemeinsamen Aufsichtspflicht aller Ernestiner über die Universität Jena sah sich Friedrich III. im ersten Jahrzehnt seiner Regierung genötigt, gemeinsam mit seinen Eisenacher und Meininger Vettern den Eingriffen Ernst Augusts von Weimar in die Rechte der Universität entgegenzutreten. Aber auch ein vor dem Reichshofrat gewonnener Prozeß gegen ihn brachte keine Änderung der verfahrenen Lage. Erst nach dessen Tod, als Friedrich III. mit der Übernahme der Herrschaft in Eisenach und Jena auch Landesherr der Universität geworden war, konnte er diese Last von der Universität nehmen. Ihrem Niedergang konnte allerdings bis zum Ende seiner Regierungszeit trotz einer auf Drängen der Herzogin Anna Amalia von Weimar durchgeführten Visitation (1766/67) und manch anderer Maßnahmen (s. o. S. 386) nicht Einhalt geboten werden.

An dem von seinem Vater und Großvater betriebenen Aufwand für den Hof hat Friedrich III. nicht nur keine Abstriche vorgenommen, sondern das Hofpersonal noch vermehrt. Es erfolgten auch keine Einschränkungen, als die Begleiterscheinungen des Krieges und der Wiederaufbau danach erhebliche Finanzmittel verschlangen und so eine Schuldenlast auflief, die abzutragen später zu den wichtigsten Anliegen seines Sohnes und Nachfolgers werden sollte. Obwohl der Herzog selbst seinem Vorgänger an geistigen Fähigkeiten erheblich nachstand, gewann gerade während seiner Regierungszeit der Gothaer Hof eine weit über Thüringen hinausreichende Ausstrahlungskraft. Zu verdanken war sie seiner Gemahlin Luise Dorothea. Wie er war sie ein Enkelkind Friedrichs I. von Gotha, also nahe mit ihm verwandt, an Geist und Bildung ihm jedoch weit überlegen, aber auch stolz, herrschsüchtig, reizbar und launisch. In Meiningen geboren und dort, in Coburg und in Römhild in der Obhut ihrer Stiefmutter Elisabeth Sophie, einer Tochter des „Großen Kurfürsten" Friedrich Wilhelm von Brandenburg, aufgewachsen, hatte sie eine ausgezeichnete, ihrer hohen Begabung angemessene Erziehung erhalten. Sie vermittelte ihr einen Bildungsstand und Umgangsformen, die sie dazu befähigten, Beziehungen zu bekanntesten Persönlichkeiten des französischen und deutschen Geisteslebens ihrer Zeit, u. a. zu Voltaire, Diderot, Rousseau, Melchior Grimm und Gottsched, wie zu einer so einflußreichen Persönlichkeit wie König Friedrich dem Großen von Preußen aufzunehmen, zeitlebens zu pflegen und deren Verehrung zu gewinnen und so der von Frankreich ins Reich übergreifenden neuen Geistesrichtung der Aufklärung am gothaischen Hof eine Heimstatt zu geben. Unterstützt wurde sie dabei von der gleichgesinnten Hofdame Franziska von Neuenstein, mit der sie eine lebenslange Freundschaft verband. Franziska, 1707 in Paris als Tochter eines elsässischen Adligen und einer Französin geboren, dort und am württembergischen Hof im Geiste der französischen Aufklärung aufgewachsen und mit der zeitgenössischen französischen Literatur bestens vertraut, war 1724 als Hofdame an den Hof der Herzogin von Meiningen gekommen und hatte dort die um drei Jahre jüngere Stieftochter ihrer Herrin kennen gelernt und zu deren Bildung wesentlich beigetragen. 1735 folgte sie ihr auf deren ausdrücklichen Wunsch nach Gotha, wurde hier ihre Hofdame und blieb auch nach ihrer Eheschließung mit dem gothaischen Oberhofmeister Schack Hermann von Buchwald (1739) als Oberhofmeisterin in ihrem Dienst. Sie hat die Herzogin, die 1767 starb, um mehr als zwei Jahrzehnte überlebt und genoß im Alter noch die Verehrung Wielands, Herders und Goethes, ehe sie 1789 aus dem Leben schied.

Die beiden Frauen beherrschten das Gothaer Hofleben und sammelten einen Kreis von Gleichgesinnten um sich, zu denen u. a. der Herzog, Klüpfel und der seit 1736 in dem gothaischen Dorf Molsdorf (s. Bd. VI, S. 82f.) seßhaft gewordene preußische Diplomat Graf Gotter gehörte, und für die auf Anregung der Herzogin 1739 der „Ordre des Hermites de bonne humeur" (Eremitenorden) entstand, in dem Frohsinn, Heiterkeit und geistvolle Unterhaltung in französischer Sprache herrschen sollte, bei zwanglosem, von höfischem Zeremoniell freien Umgang miteinander; die Versammlungen fanden zumeist in den Schlössern Friedrichswerth und Molsdorf statt und endeten erst mit Beginn des Krieges. Die literarischen Neigungen des Kreises spiegelten sich auch im Theaterspiel bei Hofe, in Gotha wie in Altenburg, wider, an dem ebenso Mitglieder der Hofgesellschaft beteiligt waren wie wandernde deutsche Theatergesellschaften, z. B. die Neubersche, die von Franz Schuch und von Heinrich Gottfried Koch. Bevorzugt wurde die Aufführung französischer Dramen in der Originalsprache, u. a. von Racine und Voltaire (vgl. Bd. IV, S. 273 f.) (siehe Abb. 23, nach S. 400).

In der höfischen Musikpflege spielte zunächst weiterhin Stölzel als Kapellmeister der 1734 vergrößerten Hofkapelle eine führende Rolle, vor allem auch als vielseitiger und fruchtbarer Komponist. Nach seinem Tode (1744) gewann der Herzog, selbst sehr musikliebend und vor allem ein Freund und Förderer der Kirchenmusik, 1750 in dem aus Berlin nach Gotha berufenen Georg Benda (1722-1795), einem Mitglied einer tschechischen Musikanten- und Emigrantenfamilie, einen würdigen Nachfolger (s. Bd. IV, S. 221). Benda besaß die besondere Gunst des Herzogs, der ihm sogar einen sechsmonatigen Studienaufenthalt in Italien (1765/66) bezahlte; er komponierte neben Kirchen- und Kammermusik auch Intermezzi, Operetten und eine Oper nach italienischem, vor allem bei der Herzogin beliebten Vorbild und sorgte für eine weitere Vergrößerung der Hofkapelle.

In der Baukunst hielt während Friedrichs III. Regierungszeit das Rokoko Eingang ins gothaische Land. Das galt allerdings nicht für den bereits von Friedrich II. begonnenen Neubau des Haupttraktes des Altenburger Schlosses, dessen Vollendung sich bis 1744 hinzog; dies geschah noch ganz im Sinne Friedrichs II. durch den von diesem damit beauftragten Baumeister Vater. Hingegen wurde für die künstlerische Gestaltung des zwischen den Gothaer Schlössern Friedenstein und Friedrichsthal gelegenen Raumes, auf dem ein Küchengarten und nach Friedrichs III. Regierungsantritt eine umfangreiche Orangerie entstanden waren, 1747 der durch seine Bautätigkeit in Weimar, Eisenach und Rudolstadt bekannt gewordene weimarische Landbaumeister Gottfried Heinrich Krohne (s. Bd. VI, S. 83 f.) herangezogen und dessen Entwürfe, wenn auch in vereinfachter Form, in den Folgejahren bis 1766 verwirklicht, im wesentlichen durch den gothaischen Landbaumeister Johann David Weidner, einen langjährigen Mitarbeiter Krohnes. Krohne ist auch am Umbau des von dem Grafen Gotter 1736 erworbenen Wasserschlosses Molsdorf zu einem Rokoko-Landschloß maßgebend beteiligt gewesen, dem bedeutendsten Zeugnis des neuen Baustils im Lande außerhalb der Residenz. Wie rasch man in Gotha damals neuen künstlerischen Vorbildern folgte, zeigte sich in den letzten Regierungsjahren Friedrichs III., als ab 1769, wohl von den Wörlitzer Parkanlagen angeregt, beim Schloß Friedenstein eine englische Gartenanlage entstand, die älteste in Thüringen und eine der ältesten Deutschlands.

Friedrich III. starb am 10. März 1772. Aus seiner Ehe waren neun Kinder hervorgegangen, von denen nur drei die Eltern überlebten, eine unverheiratet gebliebene Tochter und die beiden Söhne Ernst II. Ludwig (1745-1804) und August (1747-1806), von denen der zweite es zum holländischen General brachte und der erste dem Vater auf dem Thron folgte. Über ihn wird später zu berichten sein (s. Bd. V 1, Teil 2).

Sachsen-Coburg von der Landesteilung von 1680/81 bis zum Tode Herzog Albrechts 1699

In den Landesteilungsverträgen von 1680/81 hatte Herzog Albrecht, der zweite der von Herzog Ernst dem Frommen hinterlassenen Söhne, die Ämter Coburg (mit Rodach), Neustadt (mit Sonneberg), Mönchröden, Sonnefeld und Neuhaus bei Sonneberg erhalten und zwar mit voller Landeshoheit, dazu das Recht, die coburgische Reichstagsstimme mit seinem Bruder Bernhard von Meiningen gemeinsam und zwar jährlich abwechselnd zu führen. Albrecht war am 24. Mai 1648 in Gotha geboren. Nach einer sorgfältigen, von Veit Ludwig von Seckendorff und Johann Balthasar von Gabelkoven geleiteten Erziehung besuchte er zusammen mit seinem jüngeren Bruder Bernhard von 1666-1668 die Universität Tübingen; danach setzten beide ihre Studien in Genf fort. Eine Reise durch die Schweiz, Savoyen und die Dauphiné, ein Besuch Straßburgs, Philippsburgs und des kurpfälzischen Hofes von Heidelberg schloß sich an, ehe man nach Gotha zurückkehrte. In den darauf folgenden Jahren besuchte er zunächst die Niederlande; danach war er im Auftrag seines Vaters politisch tätig. So reiste er 1670 nach Niedersachsen, Dänemark und Schweden, um für die von Ernst dem Frommen damals erstrebte Einrichtung des „Collegium Hunnianum" (s. o. S. 241) zu werben, das den ständigen theologischen Streitereien unter den evangelischen Landeskirchen entgegenwirken sollte. 1672 beteiligte er sich nach dem Erlöschen des altenburgischen Herzogshauses an der Inbesitznahme von dessen Territorium und an den Verhandlungen über dessen Aufteilung unter die Häuser Gotha und Weimar (s. o. S. 236). Militärische Neigungen zeigte er, als er nach Ausbruch des Krieges zwischen Brandenburg und Schweden 1673 in schwedische Kriegsdienste trat und zeitweilig als Oberst und Kommandant von Buxtehude amtierte; er nahm jedoch seinen Abschied, als Kaiser Leopold I. auf brandenburgischer Seite in den Krieg eintrat, und kehrte nach Gotha zurück.

Als nach dem Tod Ernsts des Frommen (1675) die gemeinsame Hofhaltung seiner Söhne 1676 scheiterte, verlegte Albrecht, dem gemäß dem Testament des Vaters die Einkünfte aus den Ämtern Saalfeld, Gräfenthal und Probstzella mit Lehesten zugewiesen worden waren, und der am 28. Juli 1676 28jährig in Gotha die zehn Jahre ältere Witwe Herzog Adolf Wilhelms von Sachsen-Eisenach, Maria Elisabeth (1638-1687), eine Tochter Herzog Augusts von Braunschweig-Wolfenbüttel, geheiratet hatte, seinen Wohnsitz nach Saalfeld. Er schuf sich dort einen eigenen Hofstaat und ließ am Platz des vormaligen Benediktinerklosters, dessen Reste niedergelegt wurden, von den Baumeistern Christian Wilhelm Gundermann und Justinus Bieler den Bau eines Schlosses errichten, der in den schmucklosen Formen damaliger thüringischer Schloßbaukunst 1679 fertiggestellt wurde (s. Bd. VI, S. 22).

Während der 1679 in Gang gekommenen Verhandlungen mit seinem ältesten Bruder Friedrich I. von Gotha über die Teilung des väterlichen Erbes forderte Albrecht entweder Altenburg oder Coburg als Residenz. Nachdem man sich im November 1679 (s. o. S. 249) auf Coburg geeinigt hatte, siedelte er am 11. Februar 1680 mit seinem Hofstaat von Saalfeld dorthin über und nahm seinen Wohnsitz im dortigen Schloß Ehrenburg. Die Stadt hatte zwar seit Herzog Johann Casimirs Tod (1633) nicht mehr als Residenz gedient, eine für das Gebiet des Fürstentums Coburg zuständige Zentralverwaltung war jedoch erhalten geblieben. Sie setzte sich aus Regierung und Konsistorium zusammen, die unter der Leitung eines Kanzlers standen, der zugleich Konsistorialpräsident war. 1680 hatte diesen Posten seit mehr als drei Jahrzehnten (1648) der Kanzler August Carpzov inne, der zugleich Mitglied des gothaischen Geheimen Ratskollegiums war und dem in Coburg drei Räte, eine Kanzlei und die Renterei unterstanden. Seit 1675 hatte diese Verwaltung im Dienste der von Friedrich I. auch im Namen seiner Brüder geführten gemeinschaftlichen Regierung gearbeitet. Albrecht hob bereits im April 1680 dieses gemeinschaftliche Dienstverhältnis auf, entließ Carpzov und einige andere Beamte und ernannte den bisherigen gothaischen Konsistorialpräsidenten Johann Jacob Avianus (1635-1688) zum Kanzler und Leiter der coburgischen Zentralverwaltung, der ebenso wie einige weitere vom Herzog eingesetzte Beamte diesem allein verpflichtet wurden. Daraus entwickelten sich heftige Auseinandersetzungen mit Friedrich I. von Gotha, der sogar militärisch eingriff und die Veste Coburg durch ein gothaisches Truppenkontingent besetzen ließ. Diese und andere Differenzen zwischen beiden Brüdern wurden schließlich im Teilungsvertrag vom 24. September 1681 beigelegt und noch verbliebene gegenseitige Forderungen 1683 geregelt; dabei gelangte Albrecht noch in den Besitz des Kammerguts Gauerstedt. Inzwischen hatte er 1681 bereits von dem gothaischen Geheimen Rat Bachoff von Echt im Tausch das Kammergut Oeslau bei Coburg erworben und seinem Bruder Heinrich von Römhild 1683 das Kammergut Schweighof bei Rodach abgekauft und so seinen neuen Herrschaftsbereich ein wenig abgerundet.

Die neue coburgische Zentralverwaltung wurde nach gothaischem Vorbild in Regierung, Konsistorium und Kammer gegliedert und erhielt im Januar 1681 ihre Kanzleiordnung. Avianus übernahm als Kanzler die Leitung der Regierung; an die Spitze des Konsistoriums trat der zum Konsistorialdirektor beförderte vormalige coburgische Hof- und Konsistorialrat Paul Hönn (1622-1689), ein Nürnberger Kaufmannssohn, der seit 1664 in der coburgischen Verwaltung tätig war; die Führung der Geschäfte der Kammer wurde dem zum

Kammerdirektor ernannten Hofmarschall Hans von Katte (1633-1684) übertragen, der vormals Hofmarschall am Hofe Herzog Augusts von Sachsen-Weißenfels, des kursächsischen Administrators des Erzbistums Magdeburg in Halle gewesen und wohl schon in Saalfeld in Herzog Albrechts Dienste getreten war, Mitglied eines der bekanntesten brandenburgischen Adelsgeschlechter. Nach Avianus' Weggang zum Reichskammergericht in Speyer (1685) übernahm Hönn als Regierungsdirektor die Leitung der Regierung, gab aber die Führung des Konsistoriums an Johann Burkhard Rosler (Rößler, 1643-1708) ab, der, Sohn eines hessischen Pfarrers, bereits 1669 als Schreiber in den Diensten der Herzogin gestanden hatte, als sie noch Herzoginwitwe in Eisenach war, den Herzog Albrecht 1676 zum Amtmann in Saalfeld und nach der Übersiedlung nach Coburg hier zum Hof- und Justizrat berufen hatte und dem er nunmehr den Titel eines Konsistorialpräsidenten verlieh. 1688 besetzte der Herzog auch den Kanzlerposten wieder und zwar mit dem bisherigen brandenburg-bayreuthischen Geheimen Rat Johann Conrad von Scheres genannt Zieritz (1641-1704), einen aus Küstrin gebürtigen, in bayreuthischen Diensten vom Geheimen Registrator und Archivar in Spitzenpositionen aufgestiegenen und 1683 geadelten tüchtigen Beamten, der nun anstelle von Hönn die Leitung der Regierung übernahm. Die Führung der Kammer war inzwischen nach Kattes Ausscheiden (1683) Christoph Sebastian Stockhorner von Starein (1652-1724) übertragen worden, dem seit 1680 in coburgischen Diensten stehenden Sohn eines Wiener Regierungsbeamten.

1688 schuf Herzog Albrecht nach gothaischem Vorbild in Coburg ein Geheimes Ratskollegium, das sich aus den leitenden Beamten der Landeskollegien, Scheres gen. Zieritz, Rosler und Stockhorner von Starein, ferner dem Regierungsdirektor Hönn und dem seit 1681 in coburgischen Diensten stehenden Hofmarschall Johann Philipp von Bischofshausen (um 1655-1700) aus hessischem Adelsgeschlecht zusammensetzte. Nachdem Hönn 1689 gestorben und Scheres 1692 in hessen-darmstädtische Dienste übergetreten war, wurde das Kollegium 1695 durch den brandenburg-bayreuthischen Geheimen Ratspräsidenten Heinrich Richard (Reinhard) Freiherrn von Hagen ergänzt, der zugleich dessen Präsidium übertragen erhielt, dem aber bereits 1696 der Posten eines gemeinsamen ernestinischen Generalkriegskommissars in Gotha mit dem Titel eines Geheimen Kriegsrats anvertraut wurde, so daß er in Coburg kaum zur Verfügung stand, obwohl er offiziell hier sein Amt bis 1697 beibehielt. Hier trat der Kammerdirektor Stockhorner seine Nachfolge als Präsident an. Der 1699 aus Darmstadt nach Coburg zurückgerufene und zum Geheimen Ratsdirektor bestimmte Scheres hat diese Stelle nicht mehr angetreten, da mit dem inzwischen eingetretenen Tod Herzog Albrechts auch das Geheime Ratskollegium endete; es ist erst 1735, in coburg-saalfeldischer Zeit, wiedererstanden (s. u. S. 538 f.).

Herzog Albrechts Regierungszeit stand im Zeichen schwerer politischer Auseinandersetzungen im Reich und kriegerischer Konflikte an dessen West- und Ostgrenzen, in denen er bis 1689 eine kaiser- und reichstreue Politik verfolgte, die sich eng an die seines Bruders Friedrich I. von Gotha anschloß. Dies galt ebenso für den gemeinsam mit ihm und Bernhard von Meiningen 1681 gefaßten Beschluß, zum Schutz ihrer Lande eine 3000 Mann starke Truppe aufzustellen, wie für den Anschluß an den von Friedrich vollzogenen Beitritt zu den von Kaiser Leopold I. mit anderen Reichsständen und einigen europäischen Mächten abgeschlossenen Verträgen von 1682, 1683 und 1686 und dem 1689 von den Ernestinern vereinbarten Bündnis mit Kursachsen (s. o. S. 391 f.). Auch die militärischen Neigungen Friedrichs teilte Albrecht. Sie beschränkten sich aber zunächst auf die Unterhaltung einer eigenen Leibgarde in Coburg, für die er von den Landständen 1681 einen finanziellen Beitrag forderte. Diese begrenzten ihn allerdings auf die einmalige Zahlung von 5000 Gulden und auch dies nur unter der Bedingung, daß die Truppe dem coburgischen Reichskontingent einverleibt werden sollte. Auf die Aufstellung dieses Kontingents war zunächst Albrechts Bemühen gerichtet. Auf einer 1687, nach dem Tod seiner ersten Gemahlin, unternommenen Reise nach Ungarn und Italien spielte er jedoch schon mit dem Gedanken, ein Militärkommando gegen die Türken zu übernehmen und zwar in venetianischen Diensten. Angesichts des sich in Coburg dagegen erhebenden Widerstands gab er den Plan allerdings auf. Nach dem Ausbruch des Pfälzischen Krieges aber hielt ihn nichts mehr im Lande. Die ihm von Kaiser Leopold I. angetragene Ernennung zum Obersten eines Infanterieregiments mit dem Titel eines Reichsgeneralfeldmarschalleutnants nahm er im Oktober 1688 gern an, obwohl Werbung und Ausrüstung des Regiments auf seine eigenen Kosten erfolgen mußte. Im Jahre darauf nahm er an den erfolgreichen Belagerungen von Mainz und Bonn teil. Sein milittärischer Einsatz erforderte von seinem kleinen Lande erhebliche Geldmittel. So entfielen z. B. auf die Jahre 1688 bis 1690 von dem für die von den Ernestinern unterhaltenen Regimenter notwendigen Aufwand von jährlich 128 000 Talern auf das Coburger Land jährlich 21 942 Gulden.

Nach 1689 hielt sich Herzog Albrecht vom Kriegsgeschehen fern. Wahrscheinlich geschah dies wegen der Auseinandersetzungen um die Lauenburgische Erbfolge, die ihn bis zuletzt sehr beschäftigt haben, obwohl auch für ihn nicht mehr dabei herauskam als der Titel eines Herzogs von Engern und Westfalen, den er bereits 1690 angenommen hat. Der Verzicht Kurfürst August des Starken von Sachsen gegen eine stattliche Geldsumme auf seine Ansprüche aus der Lauenburgischen Erbschaft (1697) empörte ihn, vor allem wohl deshalb, weil er ohne Rücksicht auf ernestinische Interessen erfolgte. Schließlich gab er aber 1699 doch auf, als er, wie seine Meininger und Hildburghäuser Brüder, seine Ansprüche gegen die

Zahlung von einigen tausend Talern an seinen Neffen Friedrich II. von Gotha abtrat. Über seine sonstige reichspolitische Tätigkeit in diesen Jahren ist kaum etwas bekannt. Daß er 1693 und 1695 durch eigene Bevollmächtigte auf den Fürstentagen von Regensburg und Frankfurt am Main gegen die Verleihung der Kurwürde an Ernst August von Hannover protestieren ließ, deutet darauf hin, daß er jenem antihabsburgisch operierenden Fürstenverein nahestand, in dem Friedrich II. von Gotha eine wichtige Rolle spielte (s. o. S. 402 f.).

Die von ihm mit Bernhard von Meiningen gemeinsam geführte coburgische Reichstagsstimme hatte zunächst der gemeinsame ernestinische Reichstagsgesandte Dreher wahrgenommen, der allerdings 1682 nach Albrechts Urteil seinen Verpflichtungen altershalber kaum noch nachkommen konnte. Nach dessen Tod übertrugen beide ihre Stimme 1684 dem von Friedrich I. von Gotha 1682 mit der Wahrnehmung der gothaischen Reichstagsstimmen beauftragten hannoverschen Gesandten Weselow (s. o. S. 394), mit dessen Verhalten sie aber bald so unzufrieden waren, daß sie 1687 ihren gothaischen Bruder aufforderten, für das Gesamthaus Gotha wieder einen eigenen Gesandten nach Regensburg zu schicken. Friedrich I. kam dem 1689 nach, auch mit Rücksicht auf die äußerst gespannten politischen Verhältnisse im Reich. Der von ihm danach nach Regensburg entsandte gothaische Geheime Rat von Schönberg übernahm auch die coburgische Stimme, bis Friedrich II. ihm 1694 den Abschied gab und den Posten angesichts der damals beim Reichstag herrschenden Verhältnisse nicht wieder besetzte (s. o. S. 411). Als er auch 1697 keinen eigenen Bevollmächtigten nach Regensburg schickte, sondern dem dänischen Gesandten die Wahrnehmung der gothaischen Interessen überließ, beauftragte Albrecht im gleichen Jahre den Wolfenbütteler Reichstagsgesandten Joachim Christoph Stisser von Wendhausen mit der Führung der coburgischen Stimme, der allerdings nicht einmal ein Jahr in diesem Sinne tätig war. Denn inzwischen einigten sich Gotha, Coburg und Meiningen wieder auf einen gemeinsamen Gesandten beim Reichstag, den Geheimen Kriegsrat und coburgischen Geheimen Ratspräsidenten Freiherrn von Hagen, der sein neues Amt von 1698 an mehr als drei Jahrzehnte ausgeübt hat.

In den innerthüringischen Angelegenheiten stand Albrecht auch nach seinem Regierungsantritt in Coburg im Schatten seines gothaischen Bruders. Erst als dieser 1791 gestorben war und das Seniorat des ernestinischen Hauses auf Albrecht überging, trat er hier stärker in Erscheinung. In den Folgejahren rief er eine Reihe von Konferenzen zusammen, in denen Bevollmächtigte ernestinischer Häuser über gemeinsam interessierende Themen der thüringischen und Reichspolitik berieten, so in Ilmenau (1694), Gotha (1696), Coburg (1697) und wieder Ilmenau (1698). 1694 ging es vor allem um die Truppenstellung für den Reichskrieg gegen Frankreich, die Lauenburgische Erbschaft, die Beschickung des Reichstags durch einen gemeinschaftlichen Gesandten, die Einrichtung eines gemeinschaftlichen Appellationsgerichts, die Besetzung von Lehrstühlen an der Universität Jena und die Verbesserung der dortigen Universitätsverfassung, um den Ausbau des Coburger Gymnasiums zu einer Universität, um das Saalfelder Münzwesen, um das Postwesen und die Verlegung der Buß- und Bettage auf einen in allen ernestinischen Territorien gemeinsamen Termin, ohne daß dabei wesentliche Ergebnisse erzielt wurden. 1696 stand der Abschluß eines Militärbündnisses auf drei Jahre und die Aufstellung eines gemeinsamen Truppenkontingents unter dem Kommando des gothaischen Generals von Wartensleben (s. o. S. 404) auf der Tagesordnung und 1697 einigte man sich über die Aufteilung der an das Reichskammergericht zu zahlenden Abgaben zwischen den beiden Gesamthäusern Weimar und Gotha. Mit dem Seniorat ging auch die Verwaltung des Senioratsamts Oldisleben an Albrecht über, die er 1692 übernahm.

Um den Anforderungen zu genügen, die in diesen beiden spannungsreichen Jahrzehnten an das Coburger Land gestellt wurden, nicht zum wenigsten durch den militärischen, aber auch anderen Aufwand, den der Herzog für notwendig hielt, bedurfte es erheblicher finanzieller Mittel, die sich nur mit Hilfe der Landstände aufbringen ließen, an deren Zustimmung die Steuererhebung gebunden war. Albrecht hat sich daher von Anbeginn seiner Herrschaft um ein gutes Verhältnis zu ihnen bemüht. Bereits im November 1681 berief er einen Landtag nach Coburg ein. Weitere folgten in den Jahren 1683, 1685, 1687, 1688, 1690 und 1695; zwischendurch fanden noch Ausschußtage statt, so zu Beginn des Jahres 1682, als es um Folgerungen aus der Reichskriegsverfassung ging. Daß er, obwohl er 1681 und auch später gelegentlich zugesagt hatte, keine Steuerbefreiungen zu gestatten, 1687 dem coburgischen Landadel, der „Ritterschaft", die Steuerpflicht für die Rittergüter auf sechs Jahre erließ, so wie dies bereits in früherer Zeit Herzog Friedrich Wilhelm II. von Altenburg getan hatte (s. o. S. 88), zeugt dafür, daß er vor allem diesen Teil der Landstände für sich zu gewinnen trachtete; verständlich, daß die Vertreter der Städte sich dagegen zur Wehr setzten, wenn auch auf die Dauer vergeblich. Die Bemühungen der Ritterschaft, diese Steuerfreiheit für die Dauer zu erreichen und rechtlich abzusichern, scheiterten jedoch, zuletzt noch 1699, als der Tod des Herzogs eine Entscheidung verhinderte. In den Wirren der darauffolgenden jahrzehntelangen Erbstreitigkeiten ist es ihr dann allerdings gelungen, ihre Güter in der Praxis steuerfrei zu halten, allerdings auch jetzt ohne rechtlicher Absicherung.

In seiner Rücksichtnahme auf den landsässigen Adel, der ihm auch zur Dienstleistung bei Hofe verpflichtet war, ging Albrecht freilich nicht so weit, daß er ihm Eingriffe in landesherrliche Rechte erlaubte. So wies er

1687 und 1695 Beschwerden der Ritterschaft gegen die unmittelbare Vorladung ihrer Hintersassen vor landesherrliche Behörden mit dem Hinweis auf seine Landeshoheit energisch zurück. Ebenso verhielt er sich bei Beschwerden der Landstände über einzelne landesherrliche Maßnahmen, wie die Erteilung von Schank- und Braurechten an Landgemeinden oder den Erlaß einzelner Verordnungen. Das Recht der Landstände, auf dem Landtag Vorschläge zu machen oder Beschwerden vorzubringen, so z. B. 1695 gegen die Zurücksetzung von Landeskindern gegenüber Landfremden bei der Anstellung in Landesbehörden, gegen die hohen Militärlasten und das Ausbleiben ausreichender Maßnahmen gegen das Bettlerwesen und andere „Landgebrechen", ließ er jedoch ebenso unangetastet wie ihr Steuerbewilligungsrecht, das sie ihm gegenüber zuweilen allerdings recht großzügig handhabten, so als sie landesherrliche Ausgaben, die vor 1681 aus der Kammerkasse getätigt wurden, z. B. Abgaben an die Reichs- und Reichskreisverwaltungen und für Gesandtschaftsangelegenheiten, auf die unter ihrer Kontrolle stehende Landschaftskasse übernahmen, als sie 1687 und 1695 besondere Steuermittel für die Besoldung der Beamten der Landeskollegien, die eigentlich Sache der Kammerkasse war, bewilligten, oder als sie 1685 dem Herzog eine Bier- und Weinakzise und alle Steuern, die militärischen Zwecken dienen sollten und die eigentlich in die Landschaftskasse zu fließen hatten, zur unmittelbaren Erhebung überließen, oder als sie den Wiederaufbau des 1690 großenteils abgebrannten Schlosses durch spezielle Steuerbewilligungen unterstützten.

Dennoch gelang es Albrecht nie, mit den ihm zur Verfügung stehenden Einnahmen auszukommen. Um seine finanzielle Lage zu verbessern, suchte er daher auch nach anderen Möglichkeiten. Schon vor 1686 hatte er das Münzregal an zwei fränkische Juden verpachtet, wodurch er allerdings später ziemlichen Ärger bekam, weil sich die von ihnen geprägten Münzen als zu geringwertig erwiesen und die kaiserliche Münzüberwachung dagegen vorging; der Herzog kam damals um eine stattliche Bußzahlung nicht herum. 1692 entschloß er sich gegen den Widerstand des Kanzlers Scheres, der vermutlich auch deshalb seinen Abschied aus dem coburgischen Dienst nahm, seine gesamten Einkünfte ab 1693 auf vier Jahre gegen Zahlung von jährlich 60 000 Gulden an den Geheimen Rat Friedrich Freiherrn von Born verpachten. Born hatte vormals in coburgischen und gothaischen Diensten gestanden (s. o. S. 389 f.) und war 1689 als bayreuthischer Geheimer Rat, Kammer- und Landschaftsdirektor auf Antrag des Markgrafen von Brandenburg-Bayreuth von Kaiser Leopold I. in den Freiherrnstand erhoben worden; seit 1688 war er Eigentümer des Ritterguts Wiesenfeld bei Coburg und seit 1683 und 1690 der Hammer- und Mühlenwerke im Steinachtal und genoß des Herzogs besonderes Vertrauen. Die Pachtübernahme war für ihn mit dem Titel eines Oberaufsehers und der Direktion über die vereinigten Geheimrats-, Regierungs- und Kammerkollegien verbunden, allerdings ohne Besoldung — denn die sollte er sich aus der Pacht selbst erwirtschaften — und unter der Bedingung, daß Rosler als Kanzler und Stockhorner von Starein als Kammerdirektor ihre Posten behielten. Da Born aber bereits 1693 starb, ist diese — wenigstens für Thüringen — wohl einmalige Einrichtung schon hinfällig geworden, ehe sie ihre Bewährungsprobe hätte bestehen können. Ob und inwiefern sie für die Finanzen des Herzogs vorteilhaft war, ist wohl noch nicht untersucht worden. Deren Aufbesserung sollte nun aber 1694 die Verpachtung des Senioratsamts Oldisleben an Herzog Wilhelm Ernst von Weimar ebenso dienen wie 1696 der Verkauf des Dorfes Nassach im Amt Sonnefeld für 10 000 Gulden an Christoph Ernst Fuchs von Limbach, ein Mitglied einer bekannten Familie der fränkischen Reichsritterschaft. Die Schuldenlast konnte aber, zumal sie durch die Aufwendungen für den Wiederaufbau des Schlosses Ehrenburg noch gewachsen war, auch dadurch nur in bescheidenem Maße gemindert werden; nach dem Tode des Herzogs wurde sie auf fast 233 000 Gulden berechnet.

Auf dem Landtag von 1681 waren drei wichtige Vorhaben zur Sprache gekommen, die der Verbesserung des Rechts- und Wirtschaftslebens im Lande dienen sollten, die Wiederherstellung des 1641 von Herzog Friedrich Wilhelm II. von Altenburg aufgehobenen Coburger Schöppenstuhls, eine den veränderten Verhältnissen angepaßte Neufassung der Landesordnung von 1556, die, wenn auch durch die Gesetz- und Verordnungstätigkeit Herzog Johann Casimirs und der altenburgischen Herzöge erweitert und in manchem verändert, nach wie vor im Lande als Rechtsgrundlage galt, und die Durchführung einer Steuerrevision, die eine Verbesserung der als ungerecht empfundenen Besteuerung der Bevölkerung bringen sollte. Keins dieser drei Ziele ist erreicht worden.

Die Absicht, den Schöppenstuhl wiederherzustellen, stand offenbar im Zusammenhang mit dem Versuch, das Gymnasium Casimirianum zur Universität zu erheben, worüber an anderer Stelle zu berichten sein wird. Aus beiden ist ebenso wenig etwas geworden wie aus dem 1694 auf der Ilmenauer Konferenz von dem coburgischen Bevollmächtigten Rosler im Einvernehmen mit Gotha seinen weimarischen und eisenachischen Kollegen unterbreiteten Vorschlag, ein gemeinschaftliches Appellationsgericht zu schaffen, und aus der geplanten Steuerrevision. Zwar wurde eine Kommission geschaffen, die über die Verbesserung des Steuerwesens beraten und beschließen sollte. Als man 1699 schließlich eine Revision durchführte, hatte man aus Zeit- und Kostengründen auf die dafür nötige Neuvermessung des Landes verzichten müssen, so daß ein Ergebnis herauskam, das das eigentliche Ziel verfehlte.

So beschränkte sich Albrechts innenpolitisches Wirken im Bereich von Polizei und Justiz auf die Sorge um die Einhaltung der überlieferten Gesetze und Verordnungen und auf eine Verordnungstätigkeit, die sich, zuweilen von den Landständen angeregt, der Bekämpfung einzelner aktueller Mißstände widmete. Wie in anderen thüringischen Territorien gehörten dazu auch in Coburg Verlautbarungen gegen das Bettlerunwesen, zu dessen Eindämmung auch eine 1689 erlassene Almosenordnung beitragen sollte, ferner Maßnahmen gegen das „Einschleichen von Vagabunden" ins Land, für die man auch das Militär heranzog. Nach gothaischem Vorbild wurden eine Kleiderordnung und ein Erlaß gegen den Aufwand bei Familienfesten veröffentlicht. Eine Mühlordnung (1685) sollte Schutz bieten gegen die Übervorteilung von Mühlenkunden durch die Müller. Daß sie wiederholt publiziert werden mußte, ebenso wie eine Verordnung gegen Gartendiebe, zeigte die Schwierigkeiten, die ihrer Durchführung im Wege standen. Der Verbesserung des Prozeßverfahrens galt eine Verfügung des Jahres 1698. Auch der in diesen letzten Regierungsjahren des Herzogs herrschenden Teuerung und Hungersnot, Nachwehen des 1697 zuendegegangenen Reichskriegs gegen Frankreich, glaubte man auf dem Verordnungswege beikommen zu können, indem man den Aufkauf von Lebensmitteln verbot und durch die Einführung einer Getreidetaxe die steigenden Lebensmittelpreise in den Griff zu bekommen suchte. Dieser „Preisstop" erwies sich als Fehlschlag, denn die bis dahin zu den Märkten ins Coburger Land gekommenen fremden Bauern und Lebensmittelhändler blieben daraufhin aus und die Lebensmittel wurden noch knapper. Dieser Mißerfolg zeigte zugleich die engen Grenzen auf, die der landesherrlichen Wirtschaftspolitik in einem so kleinen Lande gezogen waren.

Land- und Forstwirtschaft spielten im übrigen in Albrechts wirtschaftspolitischer Verordnungstätigkeit nur eine untergeordnete Rolle, da sich die überkommenen gesetzlichen Grundlagen aus früheren Zeiten offenbar als ausreichend erwiesen. Besonderes Augenmerk richtete man auf die Wiederbesiedlung von Landstrichen, die im Dreißigjährigen Krieg verödet waren. Im übrigen blieb es bei Maßnahmen zur Förderung von Obstbaumpflanzungen und des Weinbaus und zur Ausrottung der Wölfe im Thüringerwaldgebiet. Weit mehr beschäftigten ihn und seine Ratgeber die Förderung von Handel und Gewerbe und die Nutzung von Bodenschätzen. Zahlreichen Dörfern verlieh er gegen den Widerstand der Landstände, zumal der Städte, Brau- und Schankrechte, außerdem bemühte er sich um die Hebung des Handwerks durch Verbesserung von Innungsstatuten, und durch den Erlaß neuer Brauordnungen um die Verbesserung der Bierqualität. Dem Marktflecken Meeder gewährte er 1687 das Recht, jährlich drei Jahrmärkte abzuhalten, und der Stadt Rodach erneuerte er 1694 ihr Privileg, fünf Jahrmärkte jährlich zu veranstalten, und erlaubte ihr die Wiederaufnahme von zwei Viehmärkten, die während des Dreißigjährigen Krieges eingegangen waren. Das Tuchmacherhandwerk in Coburg wurde gefördert und dort eine Schönfärberei angelegt. Dem Nutzen von Handel und Verkehr galt die 1687 in Coburg eingerichtete Poststelle, die erste im Lande.

Dem Geheimen Rat von Born, der, wie schon erwähnt, die im Steinachtal nördlich von Sonneberg gelegenen Ober- und Hüttensteinacher Hammer- und Mühlenwerke erworben hatte und deren weiteren Ausbau plante, verlieh der Herzog 1691 ein mit weitreichenden Rechten ausgestattetes Privileg, das unentgeltliche Holzlieferung aus den dortigen herrschaftlichen Forsten und sogar die hohe Gerichtsbarkeit über die Orte Steinach und Köppelsdorf einschloß. Als Born 1693 starb, erhielten dessen Besitznachfolger 1696 ebenfalls ein Privileg, dessen Rechtsumfang allerdings wesentlich bescheidener ausfiel, das aber bis ins 19. Jahrhundert Geltung behielt. Im übrigen sorgte die Betriebsamkeit der dortigen Thüringerwaldbevölkerung, zu der auch die Lauschaer Glasbläser und die Kaufleute und Handwerker der Stadt Sonneberg gehörten, auch ohne besondere landesherrliche Förderungsmaßnahmen dafür, daß Handel und Gewerbe nicht stagnierten. Vergeblich blieb Albrechts 1692 unternommener Versuch, den Gold- und Silberbergbau von Steinheid, der im Dreißigjährigen Krieg aufgegeben worden war, wieder zu beleben; auch die Errichtung eines Bergamts in Steinheid vermochte daran nichts zu ändern.

In den kirchlichen Strömungen seiner Zeit nahm Albrecht eine zwiespältige Haltung ein, die auch in der Wahl seiner höchsten kirchlichen Würdenträger zum Ausdruck kam. So war der von ihm 1688 zum Generalsuperintendenten des Landes erhobene Direktor des Gymnasium Casimirianum Johann August Stempel (1639-1719), ein Annaberger Pfarrerssohn, der 1670 nach Coburg gekommen war, ein Gegner des Pietismus, hingegen der von ihm 1691 zum Hofprediger nach Coburg berufene vormalige bayreuthische Hofprediger Johann Heinrich Hassel (1640-1706), der aus Osnabrück stammte und vor seiner nur zweijährigen Hofpredigertätigkeit in Bayreuth als Prediger in Vohenstrauß in der Oberpfalz und in Diespeck bei Neustadt/Aisch gewirkt hatte, ein Anhänger August Hermann Franckes. Und obwohl Albrecht sogar zur Berufung Franckes nach Coburg bereit war, als dieser Erfurt hatte verlassen müssen, warnte er andererseits wenige Jahre später seinen Neffen Friedrich II. von Gotha vor den Pietisten. Eine Kirchen- und Schulvisitation hatte der Herzog bereits wenige Jahre nach seinem Regierungsantritt abgehalten und später weitere folgen lassen. Das Gymnasium Casimirianum nahm darin einen besonderen Rang ein, zumal er dessen Umwandlung in eine Universität unter seine wichtigsten Regierungsvorhaben rechnete. Denn was Herzog Johann Casimir einst nicht gelungen war, hatten 1677 die Söhne Ernsts des Frommen von Kaiser Leopold I. erreicht: das Privileg für die Erhebung des

Gymnasiums zur Hochschule. Bereits auf dem ersten Coburger Landtag von 1681 hatte Albrecht die Absicht bekundet, dieses Ziel zu verwirklichen, und dafür auch die Zustimmung der Landstände erhalten, die sie u. a. auf die Erwartung gründeten, daß die Universität in Straßburg wegen der Besetzung der Stadt durch französische Truppen (1681) vor der Auflösung stünde und deshalb mit der Zuwanderung von Straßburger Studenten zur neuen Coburger Universität gerechnet werden könnte. Obwohl die Steuermittel, die die Landstände für das Vorhaben anboten, offenkundig unzureichend waren, hat der Herzog an diesem Plan zeitlebens festgehalten. Er ließ ihn 1694 durch seinen Kanzler Rosler auch auf dem Ilmenauer Kongreß den weimarischen und eisenachischen Bevollmächtigten vortragen, sicher ohne Erfolg, zumal diese schon mit der Jenaer Universität ausreichend Sorgen hatten. In seinem 1694 verfaßten Testament wird die „Academie" ebenfalls erwähnt, der er nicht nur seine Privatbibliothek vermachte, sondern auch das Gut Schweighof bei Rodach mit allen seinen Einkünften. Seine Erben erfüllten diese Testamentsbestimmung nur hinsichtlich der Bibliothek und sorgten so dafür, daß eine Idee zu Grabe getragen wurde, die um so weniger Aussicht auf Verwirklichung hatte, als allein schon die Universität Jena die Kräfte ihrer „Nutritoren" in erheblichem Umfang in Anspruch nahm. Herzog Albrecht erfuhr dies vor allem seit der Übernahme des ernestinischen Seniorats, als es um eine Reform der dortigen Universitätsverfassung und den Versuch ging, den Niedergang der Universität aufzuhalten (s. o. S. 285 f.), wozu eine 1696 veranstaltete Visitation beitragen sollte, an der von coburgischer Seite Rosler beteiligt war.

Im kulturellen Leben des Coburger Fürstenhofs in dieser Zeit haben Musik (vgl. Bd. IV, S. 253) und Theater die herausragende Rolle gespielt, gefördert vor allem von des Herzogs erster Gemahlin, deren musische Neigungen denen ihres Stiefbruders und Opernfreundes Anton Ulrich von Braunschweig-Wolfenbüttel sehr ähnlich waren. Als dieser 1687 einmal in Coburg weilte, führte man an einem Tage gleich zwei Opern auf. Dies geschah in dem aus der Zeit Herzog Johann Casimirs stammenden Zeughaus, in dem man 1683 einen Saal nach weißenfelsischem Vorbild in einen Theatersaal umgebaut hatte. Die Herzogin beteiligte sich auch selbst am Theaterspiel. Für die Musik sorgte eine neu geschaffene kleine Hofkapelle.

Einen neuen Schloßbau zu errichten wie in Saalfeld war in Coburg nicht nötig, denn hier stand aus älteren Residenzzeiten die Ehrenburg (vgl. Bd. VI, S. 26) dem Herzog und seinem Hofstaat zur Verfügung. Erst als sie im März 1690 zum größten Teil abbrannte, sah sich der Herzog vor ein großes Bauvorhaben gestellt. Bereits im Juni 1690 wurde der Grundstein für den Wiederaufbau gelegt, der 1693 bezogen werden konnte; die Schloßkirche war allerdings 1699 noch unvollendet. In den Arbeiten teilten sich die Baumeister Justinus Bieler und Christian Richter (1665-1722). In der unmittelbaren Nachbarschaft des Schlosses entstanden zur gleichen Zeit Gartenanlagen in französischem Stil. Der Aufwand, den der Herzog bei diesen Wiederaufbauarbeiten trieb, stürzte ihn in weitere Schulden, was er in seinem Testament selbst beklagt hat.

Herzog Albrecht hatte aus erster Ehe einen 1677 in Saalfeld geborenen Sohn Ernst August, der aber bereits im Jahre darauf starb. Nach dem Tod seiner ersten Gemahlin, die 1687 im 40. Lebensjahr starb, vermählte er sich 1688 in Coburg mit Susanna Elisabeth, der 45jährigen, in Straßburg geborenen Tochter des seines evangelischen Glaubens wegen aus der Steiermark ins Elsaß übergesiedelten Freiherrn Nicolaus von Kempinski aus ursprünglich polnischem, seit dem 15. Jahrhundert in Österreich ansässigen und später zur fränkischen Reichsritterschaft zählenden Adelsgeschlecht. Auf des Herzogs Wunsch wurde sie von Kaiser Leopold I. 1689 in den Grafenstand erhoben und die Anerkennung ihrer Kinder als Herzöge von Sachsen verfügt. Die Zustimmung seiner Brüder und des gothaischen Neffen zu seiner Eheschließung, an deren Ebenbürtigkeit sie wohl begründete Zweifel hatten, erfolgte erst 1693 und 1694, wohl nachdem sie zu der Überzeugung gekommen waren, daß mit Nachkommen nicht mehr zu rechnen war. Denn da auch Albrechts jüngere Brüder Heinrich von Römhild und Christian von Eisenberg noch erbenlos waren, gewannen Überlegungen über die Aufteilung des zu erwartenden Erbes unter den Nachkommen Ernsts des Frommen zunehmend an Bedeutung.

Herzog Albrecht beteiligte sich ebenfalls daran. Zwischen Friedrich II. von Gotha und Johann Ernst von Saalfeld, der in den Landesteilungsverträgen sehr benachteiligt worden war (s. u. S. 528), vermittelte er 1695 einen in Saalfeld abgeschlossenen Vergleich, in dem dem Saalfelder bei einem künftigen Erbfall ein entsprechender Ausgleich versprochen wurde. Vor allem aber machte sich Albrecht Gedanken über die Erbfolge in seinem eigenen Land. Einer 1696 mit Bernhard von Meiningen in Georgenthal getroffenen Abrede zufolge wünschte er sie dem Hause Meiningen, dem er auch für die Zukunft die alleinige Führung der coburgischen Reichstagsstimme zudachte. Um aber noch bei Lebzeiten über das künftige Schicksal seines Landes eine Entscheidung vorzubereiten, lud er seine Brüder und seinen gothaischen Neffen zu einer Konferenz nach Coburg ein, in der neben der Erbfolge in Coburg auch über die in Römhild und Eisenberg beraten werden sollte. Sie fand im Frühjahr 1699 statt, allerdings in Abwesenheit Johann Ernsts von Saalfeld, der sich wohl nach den bisher gemachten Erfahrungen nicht viel davon versprach. Die Beratungen endeten mit einem am 6. April 1699 abgeschlossenen provisorischen Vertrag. In ihm verzichteten Friedrich II. von Gotha, Heinrich von Römhild, Christian von Eisenberg und Ernst von Hildburghausen bei dem bevorstehenden coburgischen Erbfall auf ihre Erbanteile an Coburg einschließlich der coburgischen Reichstagsstimme zugunsten von Bernhard von Meiningen, der dafür versprach, Heinrich von Römhild und Ernst von Hildburghausen durch vormals hennebergische Gebietsteile, Friedrich von Gotha und Christian von Eisenberg auf finanziellem Wege zu entschädigen. Bei einem römhildischen Erbfall sollten das Amt Themar und die meiningischen, eisenbergischen und hildburgischen Erbanteile an Friedrich von Gotha kommen, der die Miterben durch die Abtretung von geeigneten Einkünften oder durch finanzielle Leistungen zu entschädigen versprach. Bei einem eisenbergischen Erbfall sollte in ähnlicher Weise verfahren werden. Weitere Vertragspunkte beschäftigten sich mit der gemeinschaftlichen Führung aller ernestinischen Reichstagsstimmen, der Versorgung von Beamten und deren Witwen und der Aufteilung der zur jeweiligen Erbschaft gehörigen finanziellen Rechte und Verpflichtungen. Dem Hause Saalfeld wurden die Erbrechte vorbehalten.

Johann Ernst von Saalfeld ließ sich auf ein solches Versprechen jedoch nicht ein. Er legte sogleich beim Kaiser Beschwerde gegen den Vertrag ein und erwirkte ein vom 27. Juni 1699 datiertes kaiserliches Reskript, das ihm alle seine Erbrechte vorbehielt. Da nunmehr auch Ernst von Hildburghausen die Ratifizierung des Vertrags verweigerte, war praktisch alle Mühe Albrechts vergeblich gewesen. Albrecht starb am 6. August 1699 in Coburg. Bernhard von Meiningen, der damals in Coburg anwesend war, ließ sofort von Coburg Besitz ergreifen und die von seinen jüngsten Brüdern Ernst und Johann Ernst, die sich damals ebenfalls dort aufhielten, angeschlagenen Besitzpatente sogleich entfernen. Damit begann der coburgische Erbfolgestreit, der erst 1735 endete. Da das Coburger Land während dieser dreieinhalb Jahrzehnte unter der Herrschaft der Meininger Herzöge stand, wird über sein weiteres Schicksal in diesem Zusammenhang zu berichten sein.

Sachsen-Meiningen von der Landesteilung von 1680/81 bis zum Ende der Vormundschaftsregierung der Herzogin Charlotte Amalia (1775)

Herzog Bernhard, Ernsts des Frommen dritter hinterlassener Sohn, erhielt in den Landesteilungsverträgen von 1680/81 die Ämter Meiningen, Maßfeld, Salzungen (mit Kloster Allendorf), Wasungen, Sand und Frauenbreitungen, sämtlich mit den einbezirkten Städten, ferner die Dörfer Herpf, Stepfershausen, Utendorf und Mehlis und das Gut Henneberg und zwar mit voller Landeshoheit; dazu gemeinsam mit Albrecht von Coburg die Führung der coburgischen Reichstagsstimme (s. o. S. 443). Das Gebiet war größtenteils vormals hennebergischer Besitz gewesen und gehörte daher zum Fränkischen Reichskreis. Bernhard war am 10. September 1649 in Gotha geboren und hatte eine vortreffliche Erziehung erhalten; der steirische Rechtsgelehrte Johann Balthasar von Gabelkoven (1636-1716) war sein Hofmeister gewesen. Gemeinsam mit seinem älteren Bruder Albrecht besuchte er von 1666 bis 1668 die Universität Tübingen; anschließend unternahm er mit ihm eine Reise durch die Schweiz, Ostfrankreich und das Oberrheingebiet. 1670 hörte er Vorlesungen an der Universität Utrecht. Nach seiner Rückkehr nach Gotha vertraute ihm sein Vater die Aufsicht über das Armenwesen im Lande an und ernannte ihn zum Oberpolizeiinspektor. Zudem hatte er oft Gelegenheit, den Vater, als dessen Lieblingssohn ihn die Überlieferung bezeichnet, auf Reisen durch das Land zu begleiten und sich so auf seinen künftigen Regentenberuf vorzubereiten. Nach dem Erlöschen des altenburgischen Herzogshauses und der Aufteilung von dessen Territorium nahm er 1673 die Huldigung der vormals altenburgisch gewesenen hennebergischen Ämter für seinen Vater entgegen.

Bereits am 20. November 1671 hatte Bernhard, damals 22jährig, in Gotha die fast 24jährige Maria Hedwig (1647-1680), eine Tochter Landgraf Georgs II. von Hessen-Darmstadt geheiratet, die ihm, bevor die gemeinsame Gothaer Hofhaltung der Brüder 1676 aufgelöst wurde, bereits drei Söhne geschenkt hatte. Damals verlegte Bernhard, dem dem Testament seines Vaters entsprechend zu seinem Unterhalt die Einkünfte der Ämter Ichtershausen, Wachsenburg, Kranichfeld und Tonndorf zugewiesen worden waren, seinen Wohnsitz nach I c h t e r s h a u s e n, wo er neben einem bereits vorhandenen alten Schloß für sich als Residenz ein neues Schloßgebäude errichten ließ, das er nach seiner Gemahlin Marienburg nannte. Der Bau war noch nicht vollendet, als ihm in den Landesteilungsverträgen von 1680/81 das eingangs erwähnte neue Herrschaftsgebiet zugesprochen wurde, von dem er allerdings im Zuge von Ausgleichsverhandlungen mit seinen Brüdern 1687 das Dorf Mehlis an Friedrich I. von Gotha zurückgab. Am 13. Februar 1680, bevor noch der endgültige Vertrag zwischen ihm und Friedrich I. (8. Juni 1681) unterzeichnet worden war, nahm er sein neues Fürstentum Meiningen in Besitz. Die Verlegung des Hofstaats nach Meiningen verzögerte sich jedoch wegen des Todes seiner Gemahlin, die am 19. April 1680 in Ichtershausen starb. Der feierliche Einzug in Meiningen konnte erst am 19. Februar 1681 stattfinden, nachdem der Herzog am 25. Januar eine zweite Ehe eingegangen war mit Elisabeth Eleonore Sophie (1658-1729), der 22jährigen Witwe des Herzogs Johann Georg von Mecklenburg, einer Tochter des Herzogs Anton Ulrich von Braunschweig-Wolfenbüttel.

Meiningen, nach dem Erlöschen der Henneberger (1583) Sitz der gemeinschaftlichen hennebergischen Regierung der Wettiner, hatte diesen Rang mit der Aufteilung der Grafschaft Henneberg (1660) verloren. Es war seitdem lediglich Sitz von Lokalbehörden und besaß nur eine alte, teilweise verfallene hennebergische Burg, die als Residenz für Bernhard nicht in Frage kam. Er ließ daher bereits 1682 mit dem Bau eines Residenzschlosses beginnen, das bis zum Jahre 1692 fertiggestellt und nach seiner zweiten Gemahlin Elisabethenburg (vgl. Bd. VI, S. 23; Abb. ebenda, nach S. 48) genannt wurde; es ist bis 1918 Residenz der Herzöge von Meiningen geblieben.

Auch die zentrale Verwaltungsbehörde für das neue Fürstentum Meiningen mußte erst geschaffen werden. Bernhard rief zu diesem Zweck aus Gotha seinen früheren Hofmeister, den Hof- und Justizrat Johann Balthasar von Gabelkoven, und den Rentmeister Paul Kühnhold nach Meiningen, unter deren Leitung nach gothaischem Vorbild eine in Regierung, Konsistorium und Kammer gegliederte Zentralverwaltung entstand, der die im Lande befindlichen Lokalbehörden unterstellt wurden. Gabelkoven übernahm als Regierungsdirektor die Leitung von Regierung und Konsistorium, Kühnhold als Kammerrat die Führung der Kammergeschäfte. Als beide nach getaner Arbeit 1685 in gothaische Dienste zurückkehrten und es nun um die Gewinnung anderer Führungskräfte ging, bewies Bernhard zunächst keine glückliche Hand. Mit der Amtsführung des aus eisenachischen Diensten zum Präsidenten aller drei Landeskollegien nach Meiningen berufenen Ernst Gottlieb von Pröck, des Angehörigen eines ostpreußischen Adelsgeschlechts, war er selbst bald unzufrieden, obwohl damals nach gothaischem Vorbild wichtige Behördenordnungen geschaffen worden waren; 1691 bekam er seine Entlassung und kehrte in eisenachische Dienste zurück. Aber auch mit dessen Nachfolgern hatte Bernhard zunächst wenig Glück. Sie starben entweder früh, wie der aus dänischen Diensten zum Präsidenten aller Kollegien berufene Johann Caspar von Körbitz (1629-1691) und der Geheime Ratsdirektor Konrad Johann Meß (1647-1697), dessen Regierungstätigkeit zudem zur Unzufriedenheit im Lande Anlaß gab, oder verließen schon nach kurzer Amtsführung Meiningen, wie der 1692 mit der Leitung der Kammer beauftragte Hofmarschall Melchior Otto von Bülow, der 1693 nach Coburg überwechselte. Erst die 1697 erfolgte Berufung Johann Christoph von Wolzogens (1666-1734) zum Geheimen Ratsdirektor und Präsidenten von Regierung, Konsistorium und Kammer brachte für einen längeren Zeitraum Stetigkeit in die meiningische Behördenspitze. Wolzogen entstammte einem evangelischen niederösterreichischen Adelsgeschlecht, war in Blindenmarkt geboren, aber mit dem Eintritt seines Vaters in brandenburg-bayreuthische Dienste nach Bayreuth gekommen, hatte mehrere Universitäten besucht, zuletzt 1685-1688 Frankfurt/Oder, und danach längere Reisen unternommen, auf denen er auch zahlreiche deutsche Fürstenhöfe kennenlernte. 1691 als Hofmeister und Prinzenerzieher in die Dienste Bernhards nach Meiningen gekommen, hatte er dessen Vertrauen gewonnen und war von ihm 1693 zum Rat und 1695 zum Geheimen Hof- und Kriegsrat ernannt und auch mit diplomatischen Aufträgen betraut worden. Seine Ernennung zum Geheimen Ratsdirektor und Präsidenten aller Landeskollegien gab ihm die Stellung eines Premierministers und bedeutete zugleich Herzog Bernhards endgültige Entscheidung für diese Form zentraler Verwaltungsorganisation, zum Unterschied von seinen gothaischen und coburgischen Brüdern, die sich für ein Geheimes Ratskollegium entschieden. Das zeigte sich in der Folgezeit auch darin, daß er die wichtigsten Regierungsgeschäfte nur noch mit Wolzogen besprach, während er in früheren Jahren wie sein Vater Ernst der Fromme aus den Landeskollegien regiert hatte, an deren Sitzungen er damals oft teilnahm.

Wie seine älteren Brüder Friedrich I. von Gotha und Albrecht von Coburg betrieb auch Bernhard in den an politischen Spannungen und kriegerischen Auseinandersetzungen reichen Jahren seiner Regierungszeit eine kaiser- und reichstreue Politik. Mit ihnen faßte er 1681 den Beschluß, ein 3000 Mann starkes Truppenkontingent zum Schutz ihrer Lande aufzustellen, und der von Friedrich vollzogene Beitritt zu den von Kaiser Leopold I. mit zahlreichen Reichsständen und einigen europäischen Mächten abgeschlossenen Verträgen in den Jahren 1682, 1683 und 1686 erfolgte auch in seinem Namen, ebenso das 1689 von den Ernestinern vereinbarte Bündnis mit Kursachsen (s. o. S. 391 f.). Besonders eifrig betätigte sich Bernhard im militärischen Bereich. So begnügte er sich nicht mit der Durchführung des 1681 gefaßten Beschlusses und der Bereitstellung seines Reichskontingents zu den fränkischen Kreistruppen, das 1683 in deren Verbänden an der Befreiung Wiens von der Türkenbelagerung teilnahm, sondern er stellte 1688 auch der Republik Venedig eine Kompanie Fußsoldaten für ihren Feldzug gegen die Türken gegen Subsidien zur Verfügung, die in Griechenland zum Einsatz kamen und von denen nur wenige die Heimat wiedersahen. Im Pfälzischen Krieg gegen Frankreich, an dem sein ältester Sohn Ernst Ludwig von Anbeginn teilnahm, wenn auch nicht im meiningischen Truppenverband, gehörte das meiningische Kontingent zu dem von seinem Bruder Heinrich von Römhild befehligten ernestinischen Truppenverband innerhalb der von Kurfürst Johann Georg III. von Sachsen geführten Reichstruppen und nahm mit diesen 1689 an der erfolgreichen Belagerung von Mainz teil.

Der Streit um das Lauenburgische Erbe ließ jedoch wie seine Brüder auch ihn in den weiteren Kriegsjahren gegenüber der kaiserlichen Politik Zurückhaltung üben und sich jenem Fürstenverein nähern, dessen Ziele vor allem sein Neffe Friedrich II. von Gotha verfolgte (s. o. S. 402); auf den 1695 in Frankfurt am Main und Nürnberg veranstalteten Fürstentagen, auf denen diese Ziele zur Sprache kamen, ließ er sich von Wolzogen als Bevollmächtigten vertreten. Dies hinderte ihn allerdings nicht, weiterhin militärische Rüstungen zu betreiben, obwohl dies im Lande steigendes Mißfallen erregte. 1694 überließ er ein Kavallerieregiment gegen Subsidienzahlungen den Niederländischen Generalstaaten. In ihm tat auch sein zweiter Sohn Bernhard als Rittmeister Dienst; er starb allerdings bereits im Oktober 1694 21jährig in der Garnison Brüssel. 1696 stellte Bernhard, neben seinem Truppenkontingent für den Fränkischen Kreis, noch zwei Kompanien auf, die er der kursächsischen Armee überließ. Zudem entsandte er im gleichen Jahre seinen Geheimen Ratsdirektor Meß zu einer Konferenz aller Ernestiner nach Gotha, wo Maßnahmen zur Aufstellung eines eigenen Truppenverbandes unter Führung des gothaischen Generals von Wartensleben beschlossen wurden (s. o. S. 271, 331 u. 404). Der im Jahre darauf geschlossene Friede von Rijswijk ließ jedoch die Durchführung dieses Beschlusses hinfällig werden. Wenig später endeten für Bernhard auch die Bemühungen um das Lauenburgische Erbe; wie seine Coburger und Hildburghäuser Brüder trat auch er seine Ansprüche gegen eine finanzielle Abfindung von 12 000 Talern an Friedrich II. von Gotha ab.

Eine neue Gelegenheit zu militärischer Aktivität gab ihm der Ausbruch des Spanischen Erbfolgekrieges. Ein aus meiningischen, coburgischen und saalfeldischen Truppen gebildetes Dragonerregiment nahm unter Führung seines ältesten Sohnes Ernst Ludwig ab 1704 an den Feldzügen in der Pfalz und am Oberrhein teil. Das Ende des Krieges hat Bernhard nicht erlebt.

Eine wenigstens ebenso große Rolle wie die reichspolitischen Anliegen spielten in der Politik der damaligen Ernestiner die innerthüringischen Angelegenheiten. Daß nach dem Tode Friedrichs I. von Gotha (1691) Bernhard zusammen mit Heinrich von Römhild die Vormundschaft über dessen Söhne Friedrich II. und Johann Wilhelm übernahmen (s. o. S. 398), blieb allerdings ohne größere Bedeutung, da Friedrich II. bereits 1693 die Regierung in seinem Lande antreten konnte. Weit wichtiger waren die von den Ernestinern 1694, 1696, 1697 und 1698 veranstalteten Konferenzen, auf denen außer reichspolitischen Angelegenheiten meist in großem Umfang innerthüringische Anliegen zur Sprache kamen (s. o. S. 331, 404 u. 447); Bernhard war dort regelmäßig von eigenen Bevollmächtigten vertreten, so 1694 und 1696 durch Meß, 1697 durch den Hof-, Justiz- und Konsistorialrat Friedrich Hoßfeld, der bereits 1696 an der Visitation der Universität Jena beteiligt war, und 1698 durch Wolzogen. Immer stärker in den Vordergrund traten in diesen Jahren vorbereitende Verhandlungen über die zu erwartenden Erbfälle, angesichts der Erbenlosigkeit der Herzöge Albrecht von Coburg, Heinrich von Römhild und Christian von Eisenberg. Bernhard lag in erster Linie an der Besitznachfolge im Fürstentum Coburg, mit der er zugleich alleiniger Inhaber der coburgischen Reichstagsstimme zu werden hoffte, über deren gemeinsame Führung mit Albrecht von Coburg bereits an anderer Stelle berichtet worden ist. Schon 1696 traf er mit Albrecht in Georgenthal eine Abrede, die als dessen Zustimmung zur Inbesitznahme des Fürstentums Coburg durch das meiningische Herzogshaus gelten konnte; und als es 1699 in Coburg zu der von Albrecht einberufenen Konferenz über die Zukunft der coburgischen, römhildischen und eisenbergischen Lande kam, über die bereits berichtet wurde (s. o. S. 454 f.), sah sich Bernhard trotz des erkennbaren Widerstrebens seiner jüngsten Brüder Ernst von Hildburghausen und Johann Ernst von Saalfeld seinem Ziele so nahe, daß er nach dem Tode Albrechts sogleich von Coburg Besitz ergriff und die von seinen Brüdern Ernst und Johann Ernst ebenfalls angeschlagenen Besitzpatente entfernen ließ. Zwar räumte er ihnen, als sie sich beschwerdeführend an Kaiser Leopold I. gewandt hatten, in einem am 10. November 1699 geschlossenen Vertrag formal Mitbesitzrechte in Coburg ein; Mitspracherechte bei der Ausübung der Herrschaft im coburgischen Gebiet überließ er ihnen aber nicht. Er verhandelte vielmehr mit Friedrich II. von Gotha über einen bereits an anderer Stelle behandelten Ländertausch, der 1704 zustandekam und in dem er gegen den Verzicht auf die Ämter Salzungen, Frauenbreitungen, Wasungen und Sand und die Kammergüter Liebenstein und Sinnershausen dessen coburgischen Erbanteil und die von diesem inzwischen erworbenen römhildischen und eisenbergischen Erbanteile an Coburg an sich brachte. Dem Einspruch Ernsts von Hildburghausen und Johann Ernsts von Saalfeld gegen diesen Vertrag begegnete er mit der Zusicherung, ihre Erbrechte an Coburg nicht antasten zu wollen. Er hielt es aber dennoch für geraten, mit Ernst in weitere Verhandlungen einzutreten und dessen Wünschen entgegenzukommen. 1705 trat er ihm das coburgische Amt Sonnefeld ab. Auch wegen strittiger Auffassungen über die Führung des ernestinischen Anteils an der hennebergischen Reichstagsstimme (s. u. S. 505) suchte er mit ihm ein Übereinkommen. Johann Ernst von Saalfeld, der sich dadurch in die Isolierung gedrängt sah, erbat und erreichte daraufhin noch im gleichen Jahre die Einsetzung einer kaiserlichen Kommission zur Schlichtung des Erbstreits. Damit waren sämtliche bisher in dieser Angelegenheit geschlossene Abkommen, auch der Tauschvertrag Bernhards mit Friedrich II., hinfällig geworden.

Als Herzog Bernhard im Jahre 1706 starb, war die Erbfolge ungelöst. Faktisch aber war das Fürstentum Coburg in seinem Besitz, und um seine rechtlichen Ansprüche auch nach außen hin deutlich zu machen, hatte er inzwischen den Titel eines Herzogs von Sachsen-Coburg-Meiningen angenommen. Die Stadt Coburg war zur zweiten Residenz seines Hauses geworden, in der er sich mit seiner Familie oft aufhielt. Eine Zusammenfassung der meiningischen und der coburgischen Zentralverwaltungen erfolgte jedoch nicht. Zwar war das coburgische Geheime Ratskollegium mit dem Tod Herzog Albrechts der Auflösung verfallen, doch die Landeskollegien bestanden fort, Regierung und Konsistorium unter Führung des Kanzlers und Konsistorialpräsidenten Rosler, die Kammer, da Stockhorner von Starein sich aus dem Amt zurückzog, zunächst unter der Leitung eines Kammerrats, später eines Rentmeisters.

Herzog Albrecht hatte seinem Bruder aber nicht nur den Anspruch auf das Coburger Land hinterlassen, sondern auch das Seniorat des ernestinischen Gesamthauses, mit dem der Besitz des Senioratsamts Oldisleben verbunden war. Das Amt war allerdings an Wilhelm Ernst von Weimar verpachtet und Bernhard ließ es dabei; er hat es also praktisch niemals in Besitz genommen, sondern nur die Pachtsumme dafür. Da die ursprünglich mit diesem Amt verbundenen Direktorialrechte in gemeinschaftlichen Haus- und Landesangelegenheiten des ernestinischen Hauses infolge der inzwischen eingetretenen Landesteilungen und der Einführung des Erstgeburtsrechts im gothaischen Hause praktisch hinfällig geworden waren, einigten sich alle ernestinischen Fürsten in einem Vertrag 1706, diese Rechte aufzugeben und für die Zukunft das Seniorat nur noch als ein mit der Nutzung des Amts Oldisleben verbundenes Ehrenrecht des jeweils ältesten Mitglieds des Gesamthauses bestehen zu lassen.

Während Bernhards Seniorat kam es mit den Fürstäbten von Fulda zu einem heftigen Streit um die Wiedereinlösung des Amts Fischberg in der Rhön (s. o. S. 339 f.). Wie die anderen Ernestiner und der ebenfalls betroffene Herzog Moritz Wilhelm von Zeitz als Inhaber des kursächsischen Anteils an der Grafschaft Henneberg lehnte Bernhard dies ab, zumal aus den Einkünften des Amtes das gemeinschaftliche hennebergische Gymnasium in Schleusingen unterhalten wurde. Als jedoch daraufhin Fulda beim Reichshofrat Klage erhob und die sächsischen Herzöge durch kaiserliches Dekret 1704 zur Rückgabe des Amtes an Fulda aufgefordert wurden, fügte sich Moritz Wilhelm von Zeitz im Jahre darauf dem kaiserlichen Druck und gab in einem geheimen Abkommen mit Fulda gegen Zahlung einer über die Pfandsumme hinausgehende finanzielle Abfindung seinen Anspruch auf. Bernhard lehnte, wie die anderen Ernestiner auch, die Rückgabe des Amts jedoch weiterhin ab und ließ es mit Truppen besetzen. Das von Fulda gegen dieses Vorgehen erwirkte kaiserliche Dekret vom 27. August 1706, das die Reichsexekution gegen Meiningen androhte, hat er nicht mehr erlebt; die Beilegung des Streits blieb seinem Nachfolger überlassen.

Auch mit dem Kanton Rhön-Werra der Reichsritterschaft gab es manche Streitigkeiten, da zahlreiche ihrer Mitglieder Besitz im Lande hatten, und auf ritterschaftlicher Seite sehr darauf geachtet wurde, daß deren Güter nicht in landesherrliche Hände kamen und dadurch der Ritterschaft verloren gingen. Als Bernhard 1684 das reichsritterschaftliche Gut Bauerbach bei Meiningen gekauft hatte und weiterverkaufen wollte, kam es mit der Reichsritterschaft zu einem langanhaltenden Prozeß, der erst endete, als er das Gut 1697 an seinen Geheimen Ratsdirektor von Wolzogen wiederkäuflich und 1701 unwiderruflich weitergab. Besonders kostenträchtige Prozesse zog ein 1686 von ihm mit den Ganerben des ritterschaftlichen Dorfs Walldorf bei Meiningen abgeschlossener Vertrag nach sich, durch den er diesen verschiedene Hoheitsrechte überließ, während er gleichzeitig einige meiningische Kirchgemeinden aus der Abhängigkeit von der Walldorfer Kirche löste.

Andere Gütergeschäfte, so die Verpfändung des Kammerguts Liebenstein an meiningische Beamte in den Jahren 1686 und 1702, im letztgenannten Fall für ein Darlehen von 20 000 Talern, und 1705 von Hoheitsrechten im Dorf Solz an ein Mitglied der Familie von Baumbach für 8000 Taler, gehörten zu den Begleiterscheinungen der ständigen Geldnot, in der sich Bernhard wegen seiner Militärpolitik und des am französischen Vorbild orientierten übertriebenen Aufwands bei Hofe ständig befand, und die ihn zum Schuldenmachen oder zum Verkauf von herrschaftlichen Hoheitsrechten und von Grundbesitz nötigte. Zwar rief er ab 1694 fast jährlich die Landstände zu Land- und Ausschußtagen zusammen, auf denen es für ihn meist darum ging, ihr Steuerbewilligungsrecht in Anspruch zu nehmen; auch suchte er, wie sein Bruder Albrecht in Coburg, den Landadel als den mächtigeren Teil der Landstände dadurch für sich zu gewinnen, daß er ihm zeitweilig Steuerfreiheit für die Rittergüter gewährte; aber die bewilligten Steuern und das Aufkommen der durch die Kammer repräsentierten landesherrlichen Finanzverwaltung reichten nicht aus, um die Ausgaben auszugleichen, die allein der aufwendige Schloßbau und das Hofleben verursachten. Mehr als die Hälfte der Einkünfte verschlangen schon die Besoldungen der zahlreichen Hofbediensteten und Beamten. Die finanzielle Mißwirtschaft hatte gegen Ende seiner Regierungszeit einen solchen Grad erreicht, daß sie vom Erbprinzen Ernst Ludwig Ende des Jahres 1705 in einer zwar anonym erschienenen, aber leicht entschlüsselbaren Denkschrift öffentlich angeprangert wurde. Die dort unterbreiteten Vorschläge zur Besserung der Verhältnisse hat Bernhard allerdings nicht mehr aufgreifen können, da er wenige Monate später starb.

Als Bernhard die Regierung im Lande übernahm, bildeten im Justiz- und Polizeibereich der vormals hennebergischen Gebietsteile die Hennebergische Landesordnung von 1539, in den übrigen Gebieten die gesamternestinische Landesordnung von 1556 die rechtlichen Grundlagen, beide allerdings erweitert und gewandelt durch die Gesetzes- und Verordnungstätigkeit der verschiedenen Landesherrn, von denen sie seitdem regiert worden waren. Dieser Vielfalt rechtlicher Verhältnisse suchte Bernhard dadurch zu begegnen, daß er 1683 in Polizei- und Prozeßangelegenheiten die entsprechenden Teile der gothaischen Landesordnung von 1666 bzw. die gothaische Prozeßordnung von 1670 für sein gesamtes Land übernahm. Im übrigen begnügten er und seine Berater sich damit, auftretenden Mißständen mit Hilfe von

Einzelverordnungen zu begegnen. Dazu gehörten, gothaisches Vorbild nachahmend, eine Verlautbarung gegen übermäßigen Aufwand bei Familienfesten, die mit einer Kleiderordnung verbunden war, Erlasse gegen das Bettlerunwesen, unterstützt durch erste Einrichtungen einer öffentlichen Armenpflege in der Stadt Meiningen (1694), die Errichtung eines Armenhauses dort und den Ausbau des dortigen Klostergebäudes zu einem Waisenhaus (1703). Der Verbesserung des Gesundheitswesens galt eine bereits 1681 — wohl veranlaßt durch die Pestepidemie, die 1680 große Teile Deutschlands heimsuchte — erlassene neue Medizinalordnung und die Festlegung der Medikamentenpreise durch eine Apothekertaxe, ferner die Anstellung eines Pestarztes in Meiningen.

Die Residenzstadt erhielt 1688 neue Statuten, durch die das überlieferte Stadtschultheißenamt abgeschafft und durch ein Kollegium von Bürgermeistern und Ratsherren, wie es in anderen ernestinischen Territorien üblich war, ersetzt, die Stadtverwaltung aber zugleich einer stärkeren landesherrlichen Kontrolle unterworfen wurde; eine neue Feuerordnung sollte Brandschäden von der Stadt fernhalten und eine neue Pflasterung der Straßen deren äußeres Bild verbessern helfen. Durch die Förderung der vor dem Dreißigjährigen Krieg in der Stadt entstandenen, aber während der Kriegsjahre arg zurückgegangenen Barchentweberei wurde ebenso zur Stärkung ihrer Wirtschaftskraft beigetragen wie durch die Wiederbelebung der Wochenmärkte, die während des Krieges ebenfalls zum Erliegen gekommen waren, wie überhaupt die im Hennebergischen besonders schwerwiegenden Kriegsfolgen beim Regierungsantritt Bernhards noch deutlich spürbar gewesen sind.

Versuche des Herzogs, den einst vorhandenen Weinbau wieder zu beleben (1689), blieb zwar vergeblich; die gleichzeitig unternommenen Bemühungen um die Hebung des Hopfenanbaus hingegen hatten den Erfolg, daß dieser zeitweilig zum wichtigsten Erwerbszweig der meiningischen Bürgerschaft geworden ist. Im gleichen Jahre ließ er ein Getreidemagazin anlegen, um den Folgen von Mißernten vorzubeugen, die Versorgung der Bevölkerung sicherzustellen und dadurch sonst drohender Teuerung entgegenzuwirken. Dem infolge Münzverschlechterung stark schwankenden Geldwert auf dem Verordnungswege beizukommen, gelang allerdings nicht. Der Erlaß einer verbesserten Forst-, Wald- und Fischordnung verfolgte ebenfalls weitgehend wirtschaftliche Zwecke, und sogar die zahlreichen Jagden, die er veranstaltete, hatten, wenn sie auch in erster Linie zu den Vergnügungen des Hoflebens rechneten, insofern wirtschaftliche Nebenwirkungen, als sie den in den Jahrzehnten der Kriegs- und Nachkriegszeit zu groß gewordenen Wildbestand im Lande verminderten und dadurch übermäßigem Wildschaden von der Landwirtschaft abwenden halfen. Auch den bescheidenen Bodenschätzen seines Landes wandte der Herzog seine Aufmerksamkeit zu. Die Salzgewinnung in Salzungen förderte er 1685 durch bauliche Maßnahmen. 1684 verlieh er einer Interessentengruppe, die den im Dreißigjährigen Krieg eingegangenen Kupfer- und Kobaltbergbau bei Schweina wieder in Gang bringen wollte, ein Privileg dafür und trat ihr selbst bei. Die Arbeiten kamen in Gang; von 1692 bis 1701 kümmerte sich sein ältester Sohn Ernst Ludwig um sie. Der Ertrag blieb jedoch unbefriedigend. Noch weniger brachten zwischen 1690 und 1702 unternommene Schürfungen nach Kupfer und Silber im Umkreis von Meiningen.

Im kirchenpolitischen Bereich hielt sich der Herzog, der selbst sehr fromm war und seine kirchlichen Pflichten gewissenhaft erfüllte, streng an die überlieferte lutherische Lehre; in seinem Verhältnis zum Pietismus zeigte sich eine gewisse Zwiespältigkeit, wie sie auch seinem älteren Coburger Bruder Albrecht eigen war. Zwar lagen ihm pietistische Neigungen fern; dennoch berief er in führende kirchliche Stellungen seines Landes Männer, die dafür Verständnis aufbrachten. Als allerdings der von ihm 1685 zum Hofprediger nach Meiningen berufene Speneranhänger und spätere Mitarbeiter August Hermann Franckes in Halle, Joachim Justus Breithaupt (1658-1732), sich in Predigten freimütig und energisch gegen das aufwendige Leben bei Hofe wandte, erhielt er 1687 seine Entlassung (vgl. Bd. IV, S. 26). Es waren also offenbar in der Hauptsache jene von einem gewissen Sendungsbewußtsein erfüllten Anhänger eines „sektiererischen Pietismus", die Bernhard ablehnte und seitdem in mehreren Verordnungen bekämpfen ließ; auch alle privaten Erbauungszusammenkünfte ließ er untersagen. Daß aber sein Oberhofprediger Johann Andreas Krebs mit Francke in Briefwechsel stand und sich pietistischen Bestrebungen gegenüber nicht ablehnend verhielt, hinderte den Herzog nicht, ihn 1695 zum Generalsuperintendenten seines Landes zu ernennen, in dem im übrigen der Pietismus nur wenige Anhänger gefunden hat. Eine Schattenseite von Bernhards Frömmigkeit war sein Hexenglaube, der in seinen ersten Regierungsjahren im Lande noch vier Opfer forderte, das letzte 1685.

Wie sein Vater bemühte sich Bernhard besonders um die Verbesserung des Schulwesens. Er sorgte nicht nur für eine bessere Besoldung der Lehrer und die Bereitstellung von Geldmitteln zur Unterstützung von deren Witwen und Waisen, sondern er veranlaßte auch die Reorganisation der Meininger Lateinschule im Sinne des gothaischen Schulwesens und erhob sie 1705 zum „Lyceum illustre", dem Vorläufer des späteren Gymnasium Bernhardinum (1821). Während bis dahin die Absolventen der Meininger Lateinschule vor dem Universitätsbesuch gewöhnlich noch eines der Gymnasien in Schleusingen, Coburg oder Gotha besucht hatten, wuchs nunmehr die Zahl derer beträchtlich, die unmittelbar an Universitäten gingen.

An den damals von den Ernestinern unternommenen Versuchen, den Niedergang der gemeinschaftlichen Universität in Jena aufzuhalten (vgl.

Bd. IV, S. 84 f.), hat sich auch Bernhard beteiligt. An der 1696 veranstalteten Visitation der Universität nahm als sein Bevollmächtigter der Hof-, Justiz- und Konsistorialrat Hoßfeld teil. Auf die Verhandlungen über die Verbesserung der Universitätsverfassung (s. o. S. 285 f.) hat man von Meiningen aus allerdings keinen erkennbaren Einfluß genommen. Lediglich für eines der zahlreichen Duellmandate, das 1709 erlassen wurde, war die Anregung dazu 1704 von meiningischer Seite ausgegangen, als damals eine Konferenz von leitenden ernestinischen Beamten über Universitätsangelegenheiten in Meiningen stattfand.

Wie seine Brüder und andere seiner fürstlichen Zeitgenossen war auch Bernhard sehr eingenommen von glänzender höfischer Repräsentation und auch ihm stand dabei das französische Vorbild vor Augen. Wie schon erwähnt, genügte die vormals hennebergische Burg, die er bei seinem Regierungsantritt in Meiningen vorfand, seinen Ansprüchen in keiner Weise. Er ließ sie daher bis auf zwei Flügel 1682 abbrechen und an ihrer Stelle von dem aus dem Brandenburgischen gebürtigen Baumeister Samuel Rust mit erheblichem finanziellen Aufwand das bereits genannte stattliche, in der Art damaliger thüringischer Schloßbaukunst äußerlich schmucklose Schloßgebäude der Elisabethenburg errichten, das nach zehnjähriger Bauzeit 1692 eingeweiht werden konnte.

Das kulturelle Leben am Hofe galt vor allem der Pflege von Musik (vgl. Bd. IV, S. 250 f.) und Theater (vgl. Bd. IV, S. 269). Daß die Herzogin eine Tochter des musikbegabten Theater- und Opernfreunds Herzog Anton Ulrich von Braunschweig-Wolfenbüttel war und ihr ältester Stiefsohn und spätere Thronfolger Ernst Ludwig ebenfalls starke Neigungen zu Musik und Poesie hatte, selbst dichtete und komponierte, dürfte dabei die entscheidende Rolle gespielt haben. Die erste Opernaufführung ist für 1688, in Gestalt eines Singballetts, bezeugt. Da es zunächst an einer Hofkapelle fehlte, wurden noch 1698 bei solchen Gelegenheiten Meininger Stadtmusikanten beschäftigt. Wenig später ist eine kleine Hofkapelle geschaffen worden, an deren Spitze seit 1702 der aus Wolfenbüttel nach Meiningen gekommene Kapellmeister und Komponist Georg Caspar Schürmann (um 1672-1751) stand, der 1703 in Meiningen seine erste Oper komponierte und später nach Wolfenbüttel zurückgekehrt ist. Sein Nachfolger als Kapellmeister wurde der vorherige Hofkantor und Pageninformator Johann Ludwig Bach (1677-1731), dessen künstlerische Bedeutung aber erst von Bernhards Sohn und Nachfolger Ernst Ludwig erkannt und gewürdigt wurde. An den Theater- und Opernaufführungen im Schloß nahmen nicht nur Angehörige der Hofgesellschaft teil, sondern auch Mitglieder der herzoglichen Familie. Bernhard war, wie viele seiner fürstlichen Zeitgenossen, ein Freund der Alchemie. Seine besondere Leidenschaft galt aber seiner Büchersammlung; sie bildete die Grundlage der späteren Herzoglichen Bibliothek, die in der

Folgezeit, 1782, der Öffentlichkeit zugänglich gemacht, zum bedeutendsten Bibliotheksinstitut Südthüringens herangewachsen ist.

Herzog Bernhard starb am 27. April 1706 in Meiningen. Er hinterließ aus erster Ehe von sieben Kindern die beiden Söhne Ernst Ludwig und Friedrich Wilhelm, aus zweiter Ehe von fünf Kindern die Töchter Elisabeth Ernestine (1681-1766), seit 1713 Äbtissin von Gandersheim, Eleonore Friederike (1683-1739), Stiftsdame in Gandersheim, und Wilhelmine Luise (1686-1753), seit 1703 vermählt mit dem Herzog Carl von Württemberg-Bernstadt, und den Sohn Anton Ulrich. In seinem Testament verfügte er, daß das meiningische Territorium ungeteilt bleiben und von seinen drei Söhnen, unter der Direktion des ältesten, dem auch die Vormundschaft über seine minderjährigen Geschwister zustehen sollte, gemeinsam regiert, alle wichtigen Regierungsbeschlüsse im Beisein aller Brüder und mit Stimmenmehrheit gefaßt und die gemeinsamen Beamten mit allseitiger Zustimmung berufen werden sollten. Diese von der seines ältesten Bruders Friedrich I. von Gotha-Altenburg grundverschiedene Entscheidung über die künftige Herrschaft im Lande hat dessen Schicksal in ungünstigster Weise beeinflußt und ist in den folgenden Jahrzehnten zur Quelle ständiger Streitigkeiten und schwerster Zerwürfnisse in der Herzogsfamilie geworden, die dem Lande erheblichen Schaden zugefügt haben.

Herzog Ernst Ludwig I., Bernhards ältester Sohn, dem nunmehr unter diesen schwierigen Vorbedingungen die Führung der Regierungsgeschäfte zufiel, war am 7. Oktober 1672 in Gotha geboren und dort, in Ichtershausen und Meiningen aufgewachsen. Seine Erziehung hatte in den Händen von Geistlichen und häufig wechselnden adeligen Hofmeistern gelegen; in den Jahren 1685/86 hatte er acht Monate lang zusammen mit seinen jüngeren Brüdern Bernhard und Friedrich Wilhelm die Ritterakademie in Wolfenbüttel besucht. Von Kindheit an von einer ausgeprägten Frömmigkeit, der er auch in poetischen und musikalischen Formen Ausdruck zu verleihen vermochte, zeichnete er sich, nachdem er 1689 im Gefolge des Landgrafen von Hessen-Kassel zu Beginn des Pfälzischen Krieges gegen Frankreich an den Belagerungen von Mainz und Bonn teilgenommen hatte, in den späteren wechselhaften Kämpfen in den spanischen Niederlanden als wagemutiger Reiteroffizier aus, zunächst als Oberst in dem im Verband der englisch-holländischen Armee kämpfenden gothaischen Dragonerregiment, seit 1694 bei den kaiserlichen und Reichstruppen in den Rheinlanden und am Oberrhein, als er den Rang eines kurpfälzischen Generalmajors erwarb. Nach Abschluß des Rijswijker Friedens nach Meiningen zurückgekehrt, zog er nach Ausbruch des Spanischen Erbfolgekriegs wieder ins Feld. Er nahm an verschiedenen kriegerischen Auseinandersetzungen teil, u. a. an der Eroberung von Landau (1702), und wurde 1703 von Kaiser Leopold I. zum kaiserlichen Feldmarschalleutnant ernannt, als der er weiterhin am

Oberrhein Kriegsdienste tat, bis ihn der Tod des Vaters nach Hause zurückrief, wo er am 27. April 1706 die Regierung übernahm.

Die vom Vater verfügte gemeinsame Regierung mit seinen Brüdern, von denen Anton Ulrich im 19. Lebensjahr stand, also noch unmündig war, entsprach durchaus nicht seinen Vorstellungen von der Herrschaft über das vereinigte meiningisch-coburgische Fürstentum. Sie wurden von dem während der Regierungszeit seines Vaters zum mächtigsten Beamten des Landes emporgestiegenen Geheimen Ratsdirektor von Wolzogen geprägt, der es inzwischen im Meiningischen auch zu Rittergutsbesitz gebracht hatte (Bauerbach 1701) und diesen in der Folgezeit noch vermehrte (Mühlfeld 1710, Oberharles 1717), und der — hier ganz dem gothaischen Vorbild folgend — der Überzeugung war, daß die Zeitläufte die Führung der Regierungsgeschäfte in einer Hand verlangten, und „mit der ganzen Wucht und Schärfe seines Geistes" diesem Ziel nachstrebte, das im Lande „starke Opposition hervorrief und sich nur durch die eisernste, bis zur oft rücksichtslosesten Gewaltsamkeit gesteigerte Konsequenz durchsetzen ließ". Er gewann damit zwar die Zustimmung und unbegrenzte Gunst Ernst Ludwigs, verursachte aber zugleich auch einen jahrzehntelangen Familienkonflikt im meiningischen Herzogshaus. Denn während der wenig begabte, unselbständige und daher fremden Einflüsterungen zugängliche Bruder Friedrich Wilhelm sich den Wünschen des älteren und seines Premiers fügte und 1707 und noch einmal 1717 auf alle Herrschaftsrechte verzichtete, widerstrebte der intelligente, willensstarke und leidenschaftliche Stiefbruder Anton Ulrich allen Versuchen, ihn von der Herrschaft auszuschließen, und daran änderte auch nichts eine ihm am 15. Juni 1706 abgezwungene Unterschrift unter einen Rezeß, in dem er versprach, seinem älteren Stiefbruder alle Herrschaftsrechte zuzugestehen und nichts gegen ihn unternehmen zu wollen. Die Auseinandersetzungen arteten, durch liebloses Verhalten Ernst Ludwigs und arrogantes Auftreten Wolzogens gegenüber Anton Ulrich verschärft, zu lebenslanger Feindschaft aus, die dem jüngeren den Aufenthalt in der Heimat so verleidete, daß er seit 1707, als er niederländische Militärdienste nahm, nur noch selten nach Meiningen gekommen ist. In der Folgezeit hat er durch seine Ehe mit der Offizierstochter Philippine Caesar (1711) die Gegensätze zum Meininger Hof noch verstärkt und zudem den Anlaß gegeben zu einem 1717 von allen regierenden Nachkommen Ernsts des Frommen gefaßten Beschluß, Kinder aus unebenbürtigen Ehen von der Erbfolge in ihren Landen auszuschließen.

Zu Ernst Ludwigs ersten Regierungsmaßnahmen gehörte die Einrichtung eines Geheimen Ratskollegiums nach gothaischem Vorbild; seine Zuständigkeit erstreckte sich auf die beiden Fürstentümer Meiningen und Coburg. Neben dem Geheimen Ratsdirektor von Wolzogen, der die Leitung übernahm, gehörten dazu der Konsistorialpräsident Paul

Heinrich von Tilemann (1656-1733), ein Frankenhäuser Superintendentensohn, der 1697 aus eisenachischen Diensten nach Meiningen gekommen, dort Mitglied der Regierung und des Konsistoriums geworden, 1700 in den Reichsadelsstand erhoben und 1702 zum Konsistorialpräsidenten ernannt worden war, und der 1700 aus coburgischen Hofdiensten nach Meiningen berufene Hof- und Kammerbeamte Johann Ludwig von Koppenstein (1659-1725), der aus dem Rheingau stammte, in der Rheinpfalz Güter besaß und einst französischer Offizier gewesen war. 1714 wurde das Kollegium um den aus Walldorf bei Meiningen gebürtigen dortigen Rittergutsbesitzer Adolf Ernst von Diemar (1676-1733) vermehrt, der seit 1705 der Regierung in Coburg angehört hatte. Vor ihm war die coburgische Verwaltung im Kollegium von Fall zu Fall durch den dortigen Kanzler Rosler vertreten worden, der aber 1708 gestorben war. Tilemann schied 1717 aus dem Kollegium aus; Koppenstein hatte sich bereits 1716 auf seine pfälzischen Güter begeben, kehrte aber 1719 in sein Meininger Amt zurück.

An den Sitzungen des Kollegiums nahm Herzog Ernst Ludwig in den ersten Jahren seiner Regierung stets teil. Dennoch hat es nie eine so beherrschende Stellung in der Verwaltungsorganisation des Landes erlangt, wie dies in Gotha geschehen war. Sein Aufgabenbereich blieb im wesentlichen auf die wichtigsten Regierungsgeschäfte beschränkt, ohne durchgängige Weisungsbefugnisse für die Landeskollegien, die ihre Geschäftsbereiche auch weiterhin wie bisher im wesentlichen behaupteten und durch die 1706 erfolgte Einrichtung eines Kriegskollegiums noch einen neuen hinzugewannen. Dazu kam, daß durch die Streitigkeiten des Herzogs mit Anton Ulrich, der sich mit eigenen Beratern umgab, neben den gemeinschaftlichen Angelegenheiten die Sonderinteressen des einzelnen Regenten an Gewicht zunahmen. Dies führte bereits 1709 zum Rückzug Ernst Ludwigs aus den Sitzungen des Geheimratskollegiums und zur Ausbildung einer Kabinettsregierung mit Kabinettskanzlei, die sich zwar zunächst lediglich der persönlichen Angelegenheiten des Herzogs anzunehmen hatte, sich aber als Behörde eines regierenden Landesherrn mehr und mehr auch mit wichtigen Regierungssachen beschäftigte.

In der Reichspolitik blieb Ernst Ludwig auch als Regent bei seiner kaisertreuen Haltung, die sich allerdings im wesentlichen auf die Bereitstellung von Truppen für die weiterhin am Oberrhein kämpfende Reichsarmee beschränkte. Seine Ernennung zum Reichsgeneralfeldzeugmeister auf dem Regensburger Reichstag im Jahre 1712 war wohl mehr ein Ehrentitel als ein militärisches Kommando. Von kriegerischen Wirren blieb sein Land damals jedoch nicht verschont. Sie hatten allerdings nichts mit dem Spanischen Erbfolgekrieg zu tun, sondern mit dem während des Nordischen Krieges erfolgten Eindringen König Karls XII. von Schweden in die kursächsischen Lande. Auf der Flucht vor den Schweden suchten im Herbst 1706 kursächsische und russische Truppen in Stärke von etwa 6000 Mann dem nachrückenden Feind den Übergang über den Thüringerwald zu verlegen, wurden aber von ihm bei Neustadt am Rennsteig besiegt und erschienen beim Rückzug nach Westen im Werratal bei Meiningen; auch schwedische Vorhuten streiften aus der Umgebung von Schleusingen und Suhl bis ins Werratal, kehrten aber bald über das Gebirge zurück, während die flüchtigen Sachsen und Russen ins Fränkische abzogen. Von der Einquartierung kursächsischer Truppen im Jahre darauf (s. o. S. 273 u. 410), die allerdings durch einen gesamternestinischen Protest bei Kaiser Josef I. schnell rückgängig gemacht wurde und anschließend zur Aufstellung einer ernestinischen Verteidigungstruppe führte, wurden auch die coburg-meiningischen Lande betroffen.

Weit stärker als solche reichspolitische Angelegenheiten beschäftigten Ernst Ludwig jedoch die innerthüringischen Verhältnisse. Wenig zu tun blieb ihm im Streit mit Fulda um das Amt Firschberg. Angesichts des scharfen kaiserlichen Dekrets von 1706 verzichtete er 1707 auf weiteren Widerstand gegen die Einlösung des Amts, zumal diese ihm wohl eine ebenso stattliche Summe einbrachte wie dem in der gleichen Lage ebenso handelnden Herzog Johann Wilhelm von Eisenach (s. o. S. 340). Dagegen blieb der auch von ihm mitgetragene Widerstand der Ernestiner gegen gleichartige Ansprüche Fuldas auf die Ämter Salzungen und Lichtenberg weiterhin erfolgreich.

Anhaltende Auseinandersetzungen verursachte der Streit um die coburgische Erbschaft, der sich bald nach Ernst Ludwigs Regierungsantritt auf das Erbe der 1707 bzw. 1710 verstorbenen Herzöge von Eisenberg und Römhild ausdehnte. Ernst Ludwigs 1708 unternommener Versuch, durch die Entsendung seines Geheimrats Tilemann nach Eisenberg dort Erbrechte wahrzunehmen, kam zu spät, denn inzwischen hatte Friedrich II. von Gotha unter Berufung auf den Vertrag von 1699 dieses Gebiet bereits militärisch in Besitz genommen. Nach Heinrichs von Römhild Tod handelte er daher schneller, zumal dessen Land unmittelbar an sein eigenes angrenzte. Bereits im Mai 1710 ließ er Teile seines Landesaufgebots zur Besitzergreifung in Römhild und Themar einrücken (s. o. S. 412) und die dort erschienenen saalfeldischen Abgesandten, die Besitzansprüche ihres Herrn anmeldeten, festnehmen. Johann Ernst von Saalfeld wandte sich sogleich hilfesuchend an den Kaiser, während Friedrich II. von Gotha und Ernst von Hildburghausen (s. u. S. 505) militärisch antworteten: gothaische Truppen vertrieben die Meininger aus Themar und die hildburghäusischen besetzten Römhild. Darauf reagierte Ernst Ludwig zu Beginn des Jahres 1711 mit einem Marsch kurpfälzischer Hilfstruppen, die ihm der befreundete Kurfürst Johann Wilhelm zur Verfügung gestellt hatte, auf Römhild und mit der Anwerbung von zwei eigenen Regimentern, als eine kaiserliche

Verfügung einging, die bei Androhung der Reichsexekution jeden weiteren militärischen Einsatz im Erbstreit untersagte. Ernst Ludwig zog seine Truppen, die Römhild nicht hatten besetzen können, sofort zurück. In anschließenden Verhandlungen, in denen eine gemeinsame interiminstische Verwaltung des römhildischen Fürstentums vereinbart wurde, übernahm er Amt und Stadt Römhild. Von den beiden geworbenen Regimentern überließ er wenig später das Kavallerieregiment an König August den Starken von Sachsen-Polen; das Infanterieregiment ging in dänische Dienste, beide gegen reichliche Subsidienzahlungen.

Die wenige Jahre später, 1714, von der zur Schlichtung des Erbstreits eingesetzten kaiserlichen Kommission getroffene Entscheidung (s. o. S. 413) brachte für Ernst Ludwig eine große Enttäuschung, denn sie erkannte zwar an, daß Meiningen seine Erbanteile an den Fürstentümern Coburg und Römhild erhalten sollte, sprach aber gleichzeitig Johann Ernst von Saalfeld das Recht zu, seine Erbanteile an Coburg und Eisenberg voll und ganz im Fürstentum Coburg zu befriedigen. Damit war die in Meiningen gehegte Hoffnung, den größten Teil des Fürstentums Coburg in Besitz behalten zu können, hinfällig; eine Teilung des Fürstentums war unvermeidlich geworden. Ernst Ludwig gab sich mit dieser Entscheidung allerdings nicht zufrieden, sondern legte Revision ein. Die Verhandlungen liefen weiter; sie zogen sich länger als ein Jahrzehnt hin, Ernst Ludwig hat ihr Ende nicht erlebt. Er sah sich allerdings nun genötigt, Vertreter in die gemeinsame Kommission zu entsenden, die eine neue Bewertung der gesamten Erbmasse und ihrer Teile vornehmen sollte und die Leitung der coburgischen Landeskollegien durch je einen Deputierten von meiningischer und saalfeldischer Seite zuzulassen. In der coburgischen Kammer ist dies ab 1721 nachweisbar, in Regierung und Konsistorium erst nach des Herzogs Tod 1725.

In der Folgezeit ist Ernst Ludwig stets um die Vergrößerung seines Herrschaftsbereichs bemüht gewesen. Als 1722 die Herrschaft Altenstein nach dem Aussterben des dortigen Adelsgeschlechts als erledigtes Lehen an das meiningische Herzogshaus gefallen war, entschloß er sich, sie als selbständiges Amt dem Fürstentum Meiningen einzugliedern, und setzte sich damit gegen den Wunsch seines Stiefbruders Anton Ulrich durch, der die Herrschaft zu seinem eigenen Wohnsitz machen wollte. Dabei kam es während ihrer Übergabe zwischen Ernst Ludwigs Bevollmächtigten, dem Geheimrat von Diemar, und Anton Ulrich zu einer ärgerlichen Auseinandersetzung, in der letzterer den kürzeren zog. 1723 gelang es Ernst Ludwig, den arg verschuldeten Herzog Ernst Friedrch I. von Hildburghausen (s. u. S. 515) zum Abschluß eines Kauf- und Tauschvertrags zu bewegen, durch den der hildburghäusische Anteil am Amt Schalkau gegen die Zahlung von 47 797 Gulden und die Überlassung von vier meiningischen Dörfern an Meiningen fiel. Als nach dem bald darauf erfolgten Tod des Hildburghäusers dessen Witwe und ihre Berater den Vertrag rückgängig machen wollten und Schalkau durch eigene Truppen wieder in Besitz nehmen ließen, Ernst Ludwig aber dagegen sein Militär aufbot, kam es im Sommer 1724 zum unblutig verlaufenen „Schalkauer Kirschenkrieg" — so genannt, weil er während der Kirschenernte stattfand —, in dem das meiningische Militär Schalkau besetzte; in anschließenden Verhandlungen gab Hildburghausen nach und erkannte den Vertrag als gültig an.

Ernst Ludwigs innenpolitisches Wirken war wie das seines Vaters von dem Unvermögen belastet, seine Ausgaben mit den Einkünften des Landes in Einklang zu bringen. Denn obwohl er als Erbprinz die finanzielle Mißwirtschaft seines Vaters öffentlich angeprangert und Verbesserungsvorschläge gemacht hatte, zog er daraus für seine eigene Regierungsführung keine Folgerungen, so daß am Ende seiner Regierungszeit der Verfall der landesherrlichen Kassen und des öffentlichen Kredits zu beklagen war. Der ständige Geldmangel nötigte ihn nicht nur wiederholt zum Verkauf von landesherrlichen Hoheitsrechten und landesherrlichem Grundbesitz. Da es ihm aber gelang, den Einfluß der Landstände so zurückzudrängen, daß sie ihre einstige Stellung nahezu einbüßten, wurde deren Steuerbewilligungsrecht nach und nach zur bloßen Formsache, die er kräftig nutzte. Wie andere seiner thüringischen Zeitgenossen auf Fürstenthronen hat auch er sich zwar bemüht, das Steuerwesen auf eine bessere Grundlage zu stellen und mit einer gerechteren Steuerverteilung zugleich höhere Steuereinnahmen zu erreichen. Die von ihm unter großem Kostenaufwand unternommene allgemeine Landesvermessung, die als unverzichtbare Voraussetzung für neue Besteuerungssätze erkannt war, mußte jedoch wegen des Mangels an geeigneten Sachverständigen aufgegeben werden.

Im innenpolitischen Bereich Neues zu wagen, war Ernst Ludwigs Sache nicht. Dafür zeugt, daß er 1720 einen Neudruck der hennebergischen Landesordnung von 1539 veranlaßte, die er also nach wie vor als unverzichtbare Grundlage des Rechtslebens im Lande ansah. Einzige Neuerung auf diesem Gebiet war die Einführung des Wechselrechts (1707). Im übrigen beschränkte man sich auf die Bekämpfung offenkundiger Mißstände, wie sie allenthalben damals im Reich auftraten. Dazu gehörte in erster Linie die Bettler- und Landstreicherplage, die sich in und nach den vielen Kriegsjahren, auch durch zahlreiche Deserteure und ausgediente Soldaten wieder einmal ausgebreitet hatte und auf deren Eindämmung man große Anstrengungen verwandte. Nicht nur die fränkischen Kreistage (z. B. 1713), auch die meiningischen Landtage beschäftigten sich ausgiebig mit diesem Übel. In diesem Zusammenhang sind auch die Durchführung von Reichs- und Kreistagsbeschlüssen von 1707, 1713 und 1714 und verschiedene Erlasse Ernst Ludwigs über das Armenwesen in Meiningen von 1710 bis 1718 zu sehen, vor allem die 1718 im Zusammenhang mit der Erweiterung des Waisenhauses erfolgte Einrichtung eines Zucht- und Spinnhauses in Meiningen, das neben der Gefangenhaltung von Gesetzesbrechern zugleich deren nutzbringende Beschäftigung gewährleisten sollte; schließlich die Einrichtung eines Armenkollegiums (1709) als einer Behörde, der die Aufsicht über das Zucht- und Waisenhaus übertragen wurde und die bis 1730 bestanden hat. Dem 1708 in Schweina von einem Adeligen gegründeten Waisenhaus ließ der Herzog finanzielle Zuwendungen zuteilwerden.

Im wirtschaftlichen Bereich galten dem Acker- und Obstbau und der Förderung des Schweinaer Kupfer- und Kobaltbergbaus seine besondere Anteilnahme. Ein 1715 zum Zwecke der Wirtschaftsförderung eingerichtetes Polizeikollegium wurde allerdings bereits 1718 wieder aufgehoben, hatte sich also wohl nicht bewährt.

Um die Förderung des kirchlichen Lebens im Lande hat sich der Herzog, der von Jugend auf starke religiöse Neigungen gezeigt hat, in vielerlei Hinsicht bemüht. Während seiner Regierungszeit wurden sechs neue Kirchen gebaut, an deren Einweihung stets der gesamte Hofstaat teilnahm. Das Reformationsjubiläum von 1717 wurde sechs Tage lang mit großem Aufwand gefeiert. Dem Pietismus, der allerdings auch damals im Lande kaum eine Rolle spielte, stand er wohlwollend gegenüber. Dafür spricht sein großes Interesse an der Heidenmission in Ostindien, die von den ersten evangelischen deutschen Missionaren betreut wurde und, von Halle ausgehend, typisch pietistische Züge trug, aber auch sein gutes Verhältnis zu dem schon erwähnten Generalsuperintendenten Johann Adam Krebs. Im Schulbereich führte er 1723 das Abiturientenexamen im Meininger Lyceum illustre ein, und obwohl er kein tätiges Interesse für die Wissenschaften zeigte, beteiligte er sich durch die Entsendung von Bevollmächtigten auch an den damaligen Bemühungen, die Verhältnisse an der gemeinschaftlichen Universität Jena zu verbessern, und die 1722 zur Einrichtung eines concilium arctius als leitenden Verwaltungsorgans geführt haben (s. o. S. 286, 346 u. 426).

Der finanzielle und personelle Aufwand für den Meininger Fürstenhof war auch während Ernst Ludwigs Herrschaft unvermindert hoch und das dortige kulturelle Leben wie zu Zeiten seines Vaters im wesentlichen durch Musik- und Theaterpflege geprägt; sie dehnte sich zunehmend auch auf Coburg aus, wo sich die meiningische Hofgesellschaft auch wohl deshalb häufig aufhielt, um den Anspruch ihres Herzogshauses auf das Coburger Land auch auf diese Weise deutlich zu machen. Der Leidenschaft des Herzogs für die Baukunst genügten jedoch die beiden Schlösser in Meiningen und Coburg nicht, denn auch er huldigte der Gewohnheit seiner fürstlichen Zeitgenossen, außerhalb der Residenzen Jagd- und Lustschlösser zu errichten. 1709 ließ er das bei Oeslau im Coburgischen gelegene Gutshaus Lauterburg abbrechen und an seiner Stelle ein Lustschloß in italienischem

Stil bauen, das er Ludwigsburg nannte. Im Jahre darauf wurde in Dreißigacker bei Meiningen ein Jagdschloß vollendet, in dem der Herzog, den Jagdvergnügen ebenso zugetan wie andere fürstliche Zeitgenossen, sich vor allem in seinen letzten Lebensjahren gern aufhielt. Für seine zweite Gemahlin entstand unweit Bauerbach das nach ihr genannte Lustschlößchen Sophienlust, später unter dem Namen Amalienruhe Landsitz der Witwe Herzog Anton Ulrichs.

Herzog Ernst Ludwig I. starb am 24. November 1724 in Meiningen, nach eben vollendetem 52. Lebensjahr. Den frühen Tod seines ältesten, begabten Sohnes Joseph Bernhard (1706-1724), auf den er besondere Erwartungen gesetzt hatte und der im März 1724 auf einer Bildungsreise in Rom gestorben war, hatte er, schon zuvor häufig kränkelnd, nicht überwinden können. Aus seiner ersten, 1704 in Gotha mit seiner Cousine Dorothea Maria (1674-1713), einer Tochter Herzog Friedrichs I. von Gotha, geschlossenen Ehe hinterließ er von fünf Kindern die beiden Söhne Ernst Ludwig II. (1709-1729) und Carl Friedrich (1712-1743) und die später als Herzogin von Gotha über Thüringen hinaus berühmt gewordene Tochter Luise Dorothea. Nach dem frühen Tod seiner Gemahlin war er 1714 in Coburg eine zweite Ehe eingegangen mit Elisabeth Sophie (1674-1748), Tochter des Großen Kurfürsten Friedrich Wilhelm von Brandenburg und Witwe des 1712 verstorbenen Markgrafen Christian Ernst von Brandenburg-Bayreuth; die Ehe ist kinderlos geblieben.

Eingedenk der schlechten Erfahrungen mit der väterlichen Thronfolgeregelung hatte Ernst Ludwig I. in seinem Testament das Erstgeburtsrecht im meiningischen Herzogshaus verfügt und für den Fall der Unmündigkeit seiner Söhne auf Vorschlag Wolzogens seinen jüngeren Bruder Friedrich Wilhelm und den Herzog Friedrich II. von Gotha als Vormünder eingesetzt; seinen Stiefbruder Anton Ulrich hatte er übergangen. Damit gab sich dieser jedoch nicht zufrieden. Auf dem Prozeßwege erwirkte er ein Reichskammergerichtsurteil, das die Primogeniturverfügung Ernst Ludwigs auf dessen Söhne beschränkte und ihm über diese die Mitvormundschaft zuerkannte. Darüber hinaus erreichte er 1727 durch ein Dekret Kaiser Karls VI. die Anerkennung seiner Ehe mit Philippine Caesar als rechtmäßig und der Kinder aus seiner Ehe mit ihr als erbberechtigte Mitglieder des meiningischen Herzogshauses. Aus diesen Entscheidungen entwickelten sich neue Zerwürfnisse im meiningischen Herzogshause, die sich vor allem auf die gemeinsame vormundschaftliche Regierungstätigkeit äußerst nachteilig auswirkten; auch eine 1729 auf Anton Ulrichs Bitte nach Meiningen entsandte kaiserliche Kommission vermochte keinen Frieden zu stiften.

Inzwischen war Ernst Ludwig II. am 24. Februar 1729 im 20. Lebensjahr in Meiningen gestorben, ohne die Volljährigkeit erreicht zu haben. Die Vormundschaftsregierung mußte daher bis zu dem Zeitpunkt weitergeführt werden, zu dem Ernst Ludwigs I. jüngster Sohn, der am 18. Juli 1712 geborene Carl Friedrich, mündig wurde. Dies geschah im Juli 1733; damals wurde sie von einer gemeinschaftlichen Regierungszeit Carl Friedrichs mit seinen Oheimen Friedrich Wilhelm und Anton Ulrich abgelöst, während der man allerdings weit weniger gemeinsam als gegeneinander regiert hat. Carl Friedrich, der wegen seiner übermäßigen Körperfülle kaum laufen konnte und daher gewöhnlich gefahren wurde, zeigte jedoch ebenso wenig Neigung für Regierungsgeschäfte wie sein Onkel Friedrich Wilhelm; er zog sich bald aus ihnen zurück und überließ sie seinen Beamten. Den größten Teil seines Lebens verbrachte er seitdem, „die Zeit zwischen Essen, Trinken, Scheibenschießen und Schlafen teilend", auf dem Jagdschloß in Dreißigacker, wo er am 28. März 1743 im 31. Lebensjahr unverheiratet starb. Nunmehr teilten sich Friedrich Wilhelm und Anton Ulrich in die Regierungsgeschäfte, auch weiterhin in ständigem Streit lebend. Anton Ulrich ist allerdings während all dieser Jahre nur selten nach Meiningen gekommen. Er hielt sich damals meist in Wien, seit 1742 in Frankfurt auf und konnte sich auch nicht zur Übersiedlung nach Meiningen entschließen, als Friedrich Wilhelm am 9. März 1746 67jährig in Meiningen unvermählt gestorben und ihm die Alleinherrschaft in Meiningen zugefallen war.

Während der vormundschaftlichen Wirren nach dem Tode Ernst Ludwigs I. hatte sich Friedrich Wilhelm, unselbständig wie er war, in seiner Regierungstätigkeit eng an Friedrich II. von Gotha angeschlossen, und in diesem Sinne handelte auch der in Meiningen allmächtige Geheime Ratsdirektor von Wolzogen, neben dem dem Geheimen Ratskollegium der Geheime Rat von Diemar (bis 1733) und für den 1724 ausgeschiedenen Geheimen Rat von Koppenstein der einem einheimischen Adelsgeschlecht entstammende Rittergutsbesitzer Ernst Ludwig von Stein zum Altenstein angehörten. Solange Wolzogen die Verwaltungsgeschäfte führte, konnte sich der Zwist unter den Vormündern nicht in voller Schärfe auf die Landesbehörden auswirken. Das wurde anders, als er 1734 starb, Anton Ulrich die Beibehaltung des Geheimen Ratskollegiums für unnötig erklärte und damit bei seinen Mitregenten Gehör fand; das Kollegium wurde aufgelöst. Von nun an nahmen dessen Aufgaben die Kabinettsbehörden wahr, mit denen sich inzwischen jeder der Mitregenten umgeben hatte; mit Hilfe von Vertrauensleuten erteilte nunmehr jeder von ihnen Anweisungen an die Landeskollegien. Da die Herzöge aber in wichtigen Angelegenheiten selten einig waren, kam es immer wieder zu sich widersprechenden Anweisungen. Daß die Zentralverwaltung überhaupt leidlich arbeitsfähig blieb, war lediglich dem Umstand zu verdanken, daß Anton Ulrich meist fern von Meiningen residierte und seine Gegenpartei daher hier gewöhnlich die Oberhand behielt, und daß sich Friedrich Wilhelm auch nach dem Ende der gothaischen Mitvormundschaft wie früher der Unterstützung des gothaischen Hofes versicherte, an dem bekanntlich die aus Meiningen gebürtige Herzogin Luise Dorothea eine wichtige Rolle spielte. Friedrich Wilhelms Berater, darunter ein Schwiegersohn und ein Sohn des verstorbenen Geheimen Ratsdirektors von Wolzogen: der Hausmarschall Joachim Christoph von Moltke (1699-1781) und der Hofrat Friedrich von Wolzogen (1704-1773), galten in Meiningen — und dies zum Ärger mancher meiningischer Beamtenkreise — als Gewährsmänner des gothaischen Hofes; beide sind in der Tat nach Anton Ulrichs Regierungsantritt in Meiningen in gothaische Dienste getreten. Dieser gothaische Einfluß in Meiningen änderte jedoch nichts daran, daß die meiningische Verwaltung zwischen 1734 und 1746 die komplizierteste und damit schwerfälligste aller ernestinischen Territorien gewesen ist und damals die „schlimmsten Auswüchse behördengeschichtlicher Verirrungen" erlebt hat.

In den beiden Jahrzehnten zwischen Ernst Ludwigs I. Tod und dem Beginn der Alleinherrschaft Anton Ulrichs nahm der coburg-eisenberg-römhildische Erbstreit seinen endgültigen, für Meiningen unerfreulichen Ausgang. Das 1725 ergangene Revisionsurteil bestätigte in vollem Umfang die 1714 ergangene Entscheidung; weitere Einwände von meiningischer Seite verzögerten zwar die Durchführung des Urteils noch um ein Jahrzehnt, konnten daran jedoch nichts mehr ändern. Im Juli 1735 übergab eine 1734 im Auftrag Kaiser Karls VI. tätig gewordene Lokalkommission des Kurfürsten von Sachsen und des Markgrafen von Brandenburg-Bayreuth Stadt und Amt Coburg mit den Gerichtsbezirken Rodach, Mönchröden und Gestungshausen an die Herzöge von Saalfeld und das Amt Sonneberg mit dem Gerichtsbezirk Neuhaus an die Herzöge von Meiningen. Kurz bevor die Übergabe erfolgte, war man von meiningischer Seite angesichts des unvermeidbar gewordenen Verlusts Coburgs plötzlich mit der Behauptung hervorgetreten, der Gerichtsbezirk Neustadt bei Coburg sei ein Teil des Amts Sonneberg, und entfachte dadurch einen neuen Reichshofratsprozeß, der sich über mehrere Jahre hinzog und 1742 zugunsten Saalfelds ausging, nachdem wenige Wochen zuvor ein meiningischer Versuch, die inzwischen von den Herzögen von Saalfeld in Besitz genommene Stadt Neustadt militärisch zu besetzen, an einem neuen kaiserlichen Dekret, das den Waffengebrauch im Erbstreit untersagte, und am Widerstand der Neustädter Bürgerschaft gescheitert war.

Keine Einwände hatte man in Meiningen 1725 gegen die Aufteilung des Fürstentums Römhild erhoben, von dem das Meininger Fürstenhaus 2/3 des Amts Römhild erhalten hatte und zwar in gemeinsamer Verwaltung mit dem Saalfelder Fürstenhaus, dem 1/3 des Amtes zugesprochen worden war.

Nicht ohne nachteilige Auswirkungen blieb der Erbstreit auf die Führung der Coburger Reichstagsstimme, die nach dem Tod des Freiherrn von Hagen (1729) neu zu vergeben war. Zwar einigten sich 1730 Friedrich Wilhelm von Meiningen und die Saalfelder Herzöge Christian Ernst und Franz Josias auf den gothaischen Reichstagsgesandten Gustav Adolf von Gotter, dem sie auch eine gemeinsame Vollmacht sandten. Da sie aber nur die Unterschrift dieser drei trug, weil von Anton Ulrich keine Unterschrift zu erreichen war, wurde sie beim Reichstag in Regensburg nicht als gültig anerkannt und von Gotter 1731 zurückgegeben. Die Coburger Stimme ruhte nunmehr, zumal sich 1734 der Vorgang von 1730/31 wiederholte, als die Saalfelder Herzöge sich mit Friedrich Wilhelm von Meiningen auf den Reichshofrat Friedrich Christian Ludwig Freiherrn von Stein (1703-1739) auf Großkochberg geeinigt hatten, Anton Ulrich ihn jedoch als ungeeignet ablehnte. In der Folgezeit verhinderte Anton Ulrich jede Einigung mit den Saalfelder Herzögen durch die Forderung, daß Meiningen wegen der Aufteilung des Fürstentums Coburg ein größerer Anteil an der Coburger Reichstagsstimme zustehe als Saalfeld, und Friedrich Wilhelm ihm in dieser Hinsicht einmal zustimmte. Erst Anton Ulrichs Witwe brachte 1772 einen Vergleich mit Saalfeld in dieser Streitfrage zustande; so lange ruhte die Coburger Stimme in Regensburg.

Ein territorialer Gewinn für sein Haus gelang Anton Ulrich durch den 1729 und 1732 getätigten Kauf des schaumbergischen Anteils am Amt Schalkau und des schaumbergischen Gerichtsbezirks Rauenstein zum Preis von 51 200 Gulden, so daß sich nunmehr das gesamte bisher zweiherrige Amt in meiningischem Besitz befand. Da der Herzog den Kaufpreis nicht sogleich zahlen konnte und auch andere Kaufbedingungen nicht erfüllte, folgten daraus allerdings jahrzehntelange Prozesse mit den Erben des Verkäufers, die die volle Nutzung des neuen Besitztums erheblich erschwerten und erst kurz nach Anton Ulrichs Tod 1763 von seiner Witwe durch einen Vergleich beendet werden konnten. Mit einem weiteren, wenn auch nur kleinen und vorübergehenden territorialen Zuwachs für das meiningische Fürstenhaus war das nach dem Tode Friedrichs II. von Gotha 1733 auf Friedrich Wilhelm von Meiningen übergegangene Seniorat des ernestinischen Gesamthauses verbunden, dem Senioratsamt Oldisleben. Damals endete zugleich die seit 1694 bestehende Verpachtung des Amts an Sachsen-Weimar, so daß die Amtsverwaltung in meiningische Hände überging. Friedrich Wilhelm hat sich zuweilen in Oldisleben aufgehalten. Da nach seinem Tode im Seniorat 1746 sein Stiefbruder Anton Ulrich folgte, blieb das Amt über drei Jahrzehnte unter meiningischer Herrschaft.

Erfolgreich wehrten sich die meiningischen Herzöge im Verband sämtlicher Ernestiner auch weiterhin gegen die schon erwähnten Ansprüche der

Fürstäbte von Fulda auf Wiedereinlösung des Amts Salzungen in einem Prozeß vor dem Reichshofrat. Ein weiterer Reichshofratsprozeß nahm seinen Ausgang von Meiningen selbst und richtete sich gegen Ernst August von Weimar, weil nach der Inbesitznahme des Eisenacher Fürstentums durch ihn die eisenachische Forstverwaltung die 1661 vertraglich vereinbarte Lieferung von Holz aus den Zillbacher Forsten an Bewohner der meiningischen Ämter Wasungen und Sand 1742 eingestellt hatte, aus Holzmangel, wie man sagte. Der Streit schleppte sich über fast ein halbes Jahrhundert hin, ehe er beigelegt werden konnte (1787); er hat noch Goethe in seiner Eigenschaft als Mitglied des weimarischen Geheimen Consiliums beschäftigt.

Die verworrenen Herrschaftsverhältnisse in Meiningen in diesem Zeitraum haben sich auch innenpolitisch ungünstig ausgewirkt, und der Mangel an Nachrichten in der meiningischen landesgeschichtlichen Literatur über die damaligen inneren Angelegenheiten, etwa die Gesetzes- und Verordnungstätigkeit, dürfte sich daraus erklären. Dies gilt vor allem für das weite Gebiet des Justiz- und Polizeiwesens, aus dem lediglich bekannt ist, daß Herzog Friedrich Wilhelm 1737 die Einsetzung einer Kommission für das Armenwesen verfügt hat, die die Aufgaben des inzwischen eingegangenen Armenkollegiums übernehmen sollte, aber ebenfalls keinen langen Bestand hatte, und daß 1746 eine verschärfte Verordnung gegen Zigeuner-, Diebes- und Räuberbanden erlassen wurde, die damals den thüringisch-fränkischen Raum heimsuchten. Wie schwach der Einfluß der Landstände geworden war, zeigte sich, als schon ihr Versuch, sich im Amt Schalkau neu zu organisieren, am Widerstand der Landesherren scheiterte. Herzog Friedrich Wilhelm hielt es aber dennoch für nötig, nach langer Pause wieder einmal einen Landtag nach Meiningen einzuberufen. Er tat dies allerdings, ohne Anton Ulrich auch nur darüber zu unterrichten. Aber obwohl dieser sich sogleich bei Kaiser Karl VII. deswegen beschwerte und dieser daraufhin die Tagung untersagte, fand sie dennoch im Januar 1742 statt. Beschlüsse, die der nach Ernst Ludwigs I. Tod weiter fortgeschrittenen Zerrüttung der Landesfinanzen hätte Einhalt gebieten können, faßte man allerdings nicht. Als man Jahrzehnte später, 1775, eine Überprüfung der Landschaftsrechnungen der Jahre 1724 bis 1743 vornahm, wurde der völlige Verfall der Landschaftskasse dieser Jahre sichtbar; um die Kammerkasse dürfte es damals kaum besser bestellt gewesen sein.

Daß im wirtschaftlichen Bereich gerade in diesen Jahrzehnten in Sonneberg Handel und Gewerbe, zumal die Spielwarenindustrie, eine Blütezeit erlebten und auch das nicht weit entfernte Steinach 1735 rühmende Erwähnung als regsamer Industrieort fand, hatte also wohl viel mit dem Fleiß und Unternehmungsgeist ihrer Bürger zu tun, aber über den Fortbestand älterer Privilegien und Konzessionen hinaus kaum etwas mit

Förderungsmaßnahmen von Seiten der Landesherren, deren meiningisch-saalfeldische Gemeinschaftsverwaltung in Coburg die 1732 von Sonneberger Bürgern gewünschte Ansiedlung von ihres evangelischen Glaubens wegen vertriebenen Berchtesgadener Emigranten sogar verhindert hat. So bleiben als erwähnenswerte landesherrliche Leistungen zur wirtschaftlichen Fortentwicklung des Landes im wesentlichen die durch die Berufung eines hervorragenden Salinefachmanns 1736 in Gang gesetzte erfolgreiche Reform des durch die Konkurrenz der eisenachischen Saline Wilhelmsglücksbrunn bei Creuzburg/Werra herabgekommenen Salinenbetriebs in Salzungen, ferner die 1731 von der gemeinschaftlich meiningisch-saalfeldischen Kammer in Coburg gegebene Erlaubnis an eine Verwandtschaftsgruppe von Siegmundsburger und Oberalsbacher Glasmeistern, im Steinheider Forst die Glashütte Limbach zu errichten, und die zwei Lauschauer Glasmeistern 1736 von den drei Meininger Herzögen verliehene Konzession zur Errichtung der Glashütte Glücksthal im gleichen Forst, die beide zur weiteren Ausbreitung der Glasindustrie und zur Entstehung neuer Ortschaften in diesem Teil des Thüringerwaldes beigetragen haben; Limbach entwickelte sich später zu einer Geburtsstätte thüringischen Porzellans (s. u. S. 492). Um 1735/40 ist in der Nachbarschaft noch das Dorf Igelshieb entstanden, ursprünglich eine Köhlerwohnstätte, heute Ortsteil von Neuhaus am Rennweg.

Über die Stellung der damaligen Meininger Regenten zu den kirchlichen Entwicklungen ihrer Zeit ist kaum etwas bekannt. Man weiß lediglich, daß Anton Ulrich den Herrnhutern ablehnend gegenüberstand und — was wohl auch auf seine Mitregenten zutrifft — dem überlieferten lutherischen Kirchenglauben anhing; in diesem Sinne wurde man damals auch auf dem Verordnungswege tätig. Größte Aufmerksamkeit in allen Teilen der Bevölkerung erregte 1732 der Durchzug der Salzburger Emigranten, mit dem auch die oben erwähnte Verhinderung der Ansiedlung von Berchtesgadenern in Sonneberg in Zusammenhang stehen dürfte. Wie in anderen Teilen des Landes wurden sie auch in der Residenzstadt feierlich empfangen und mit Lebensmitteln und Kleidung für ihren Weiterzug versorgt. Im Schulbereich ist die Förderung erwähnenswert, die dem Meininger „Lyceum illustre" durch die Stiftung des Rechtsgelehrten Johann Ernst Henfling (1691-1720) erfuhr, die 1730 vom Meininger Konsistorium in Kraft gesetzt wurde und sich segensreich für die Schule ausgewirkt hat.

Die gemeinschaftliche Universität Jena wurde infolge der Eingriffe, die sich Herzog Ernst August von Weimar seit 1729 in ihre Gerichts- und Besitzrechte erlaubte, ohne die heftigen Proteste seiner ernestinischen Vettern, unter ihnen Friedrich Wilhelms von Meiningen, des damaligen Seniors des ernestinischen Hauses, zu beachten, 1739 zum Gegenstand eines Prozesses vor dem Reichshofrat. Man erreichte zwar schon 1740 ein günstiges Urteil und ein entsprechendes Mandat Kaiser Karls VI., das den Weimaraner kräftig zurechtwies; doch verstand es dieser, worüber bereits früher berichtet worden ist (s. o. S. 317), sich der Durchführung der an ihn gestellten Forderungen und auch später, gleichgearteter Urteile zu entziehen, so daß der Streit erst nach seinem Tode (1748) beigelegt werden konnte.

Für die Kulturpflege am meiningischen Hof hatte die ständige Disharmonie unter den Regierenden nachteilige Folgen, zumal weder Friedrich Wilhelm noch Carl Friedrich besondere Neigungen dafür erkennen ließen, Anton Ulrich aber meist abwesend war und dessen kunstsinnige Mutter Elisabeth Eleonore bereits im März 1729 starb. Die Witwe Ernst Ludwigs I., Elisabeth Sophie, als vortreffliche Erzieherin ihrer hochbegabten Stieftochter Luise Dorothea, der späteren Herzogin von Gotha, ganz sicher nicht ohne geistige Interessen, besaß zwar 1729 im Meininger Schloß noch Wohnrecht, lebte aber meist in Coburg und später in dem ihr als Witwensitz zugewiesenen Schloß Römhild und hielt sich von den meiningischen Verhältnissen fern, in deren unerfreulichem Klima das früher so lebhafte Musik- und Theaterleben mehr und mehr verkümmerte. Die Hofkapelle bestand zwar fort, doch blieb nach Johann Ludwig Bachs Tod (1731) die Kapellmeisterstelle meist unbesetzt, und über Theateraufführungen verlautet nichts mehr. Als erstes Anzeichen für das Auftreten von Ideen der Aufklärung am meiningischen Hof ist die wohl von Gotha her beeinflußte Gründung einer Freimaurerloge — „Aux trois Boussoles" — bemerkenswert, an der das Fürstenhaus maßgeblich beteiligt war (1741); allerdings löste sie sich bereits zwei Jahre später wieder auf.

Seit Juni 1729 gehörten zu den Bewohnern der Elisabethenburg auch Anton Ulrichs Gemahlin Philippine Elisabeth geb. Caesar und beider Kinder. Er selbst hatte sie damals aus Holland nach Meiningen gebracht und dort in einem Flügel des Schlosses einquartiert, wohl um auch auf diese Weise deren mit der Standeserhöhung von 1727 vollzogene Gleichberechtigung mit den anderen Mitgliedern des meiningischen Fürstenhauses offenkundig zu machen, ungeachtet der Tatsache, daß diese mit Unterstützung anderer ernestinischer Häuser ständig bemüht waren, die kaiserliche Entscheidung rückgängig zu machen, wenn zunächst auch ohne Erfolg. Auch als Anton Ulrich Meiningen bald wieder verließ, behielt seine Familie ihren Wohnsitz im Schloß, sah sich dort allerdings ständig den Schikanen der anderen Schloßbewohner ausgesetzt, die, wenn auch sonst untereinander zerstritten, sich im Boykott der Angehörigen Anton Ulrichs einig waren. Diese hatten zudem darunter zu leiden, daß die Geldmittel, die ihnen der Herzog zukommen ließ, so wenig zur Bestreitung der Kosten des Lebensunterhalts und des kleinen Hofstaats, den er ihnen aus Prestigegründen eingerichtet hatte, ausreichten, daß selbst Handwerkerrechnungen zuweilen lange Zeit unbezahlt bleiben mußten. Daß Kaiser Karl VII. 1744 das

Dekret seines Vorgängers von 1727 für ungültig erklärte, hat Philippine allerdings nicht mehr erlebt; sie war wenige Wochen vorher, am 14. August 1744, in Meiningen gestorben. Ein Objekt des Ebenbürtigkeitsstreits blieb sie jedoch auch nach ihrem Tode, als Friedrich Wilhelm die Beisetzung ihres Sarges im fürstlichen Erbbegräbnis verweigerte, Anton Ulrich aber eine andere Bestattung ablehnte. So fand sie dort erst im Sommer 1747 ihre letzte Ruhe, nachdem Friedrich Wilhelm, der ihren Sarg, mit Sand überschüttet, in einem Raum des Schlosses abgestellt hatte, am 9. März 1746 gestorben war und Anton Ulrich, nunmehr Alleinherrscher in Meiningen, den Sarg des Stiefbruders zunächst und zwar ebenfalls mit Sand überschüttet für einige Monate neben dem seiner Gemahlin hatte stehen lassen, bevor er die gemeinsame Beisetzung beider Särge in der fürstlichen Gruft anordnete. Auf seine Art verschaffte er dadurch seiner verstorbenen Gemahlin posthum Genugtuung für die ihr von seinem Stiefbruder angetane Schmach.

Herzog Anton Ulrich stand im 59. Lebensjahr, als er die Alleinregierung in Meiningen übernahm. Er war dort am 22. Oktober 1687 geboren, hatte, hochbegabt, willensstark und von kräftigem Wuchs, aber auch leidenschaftlich und eigensinnig, in vielem seinem Großvater Anton Ulrich von Braunschweig-Wolfenbüttel ähnlich (s. o. S. 402 ff.), durch tüchtige Lehrer eine sorgfältige Erziehung erhalten und zeitweilig das Coburger Gymnasium besucht. Auf Bildungsreisen nach Holland und England, in die Schweiz und nach Italien, wo vor allem ein längerer Aufenthalt in Rom seinen Neigungen für Kunst und Wissenschaften tiefgehende Anregungen vermittelte, hatte er sein Wissen erweitert. Er besaß gründliche Kenntnisse in den juristischen und historischen Wissenschaften, in Altertumskunde und mehreren Sprachen, die ihn frühzeitig zu selbständigem Handeln befähigten. Der Aufenthalt in der Heimat wurde ihm, wie bereits berichtet, frühzeitig durch das Verhalten seines älteren Stiefbruders Ernst Ludwig I. verleidet, der, entgegen den Bestimmungen des väterlichen Testaments, für sich und seine Söhne die Alleinherrschaft im Lande anstrebend, ihn bereits 1706 zum schriftlichen Verzicht auf seine Herrschaftsrechte nötigte. Weitere Demütigungen von Seiten des Stiefbruders und von dessen leitenden Beamten verletzten seinen Stolz so sehr, daß die Abneigung gegen sie und ihren meiningischen Anhang im Laufe der Zeit in lebenslange Feindschaft ausartete.

Im Sommer 1708 trat Anton Ulrich in pfalz-neuburgische Kriegsdienste; er nahm während des Spanischen Erbfolgekrieges an den Feldzügen in Flandern teil und brachte es bis zum Generalmajor. Daß er dennoch nach dem Friedensschluß von Rastatt (1714) seine militärische Laufbahn beendete, geschah aus Liebe zu Philippine Elisabeth Caesar (1686-1744), der Tochter eines verstorbenen hessen-kasselschen Hauptmanns, die bei seiner älteren Schwester Elisabeth Ernestine, der späteren Äbtissin von Gandersheim, in Meiningen als Kammerfrau in Diensten stand und anderthalb Jahre älter war als er. Er war mit ihr nach Holland gereist, hatte sich 1711 dort heimlich mit ihr trauen lassen und lebte mit ihr seitdem incognito in Amsterdam. Aus der Ehe gingen in den Jahren 1712 bis 1725 zehn Kinder hervor, von denen fünf das Kindesalter überlebten, zwei Söhne und drei Töchter. Gegenüber seinen meiningischen Verwandten hatte er seine Ehe zunächst geheimgehalten. Als aber die Kinderzahl wuchs, offenbarte er sich ihnen und verlangte von ihnen die Anerkennung der Ehe als rechtsgültig und der Erbberechtigung seiner Kinder. Verständnis dafür fand er aber nur bei seiner ältesten Schwester, die inzwischen (1713) Äbtissin von Gandersheim geworden war, nicht aber bei seiner Mutter und seinen Stiefbrüdern in Meiningen und den anderen Mitgliedern des ernestinischen Gesamthauses. Ernst Ludwig I. verwies vielmehr darauf, daß nach dem Testament Ernsts des Frommen nur Kinder aus ebenbürtigen Ehen thronfolgeberechtigt sein könnten, und schloß 1717 mit den übrigen Nachkommen Ernsts des Frommen den bereits erwähnten (s. o. S. 467) Vertrag, der Kinder aus unebenbürtigen Ehen von der Thronfolge in ihren Landen ausschloß. Anton Ulrich gab sich damit allerdings nicht zufrieden, sondern betrieb durch einen Prozeß beim Reichshofrat die Anerkennung seiner Ehe und des Erbfolgerechts seiner Kinder. Zwischendurch bemühte er sich aber um die Erlangung eines eigenen Wohnsitzes in seiner meiningischen Heimat. Sein 1722 unternommener Versuch, die Herrschaft Altenstein bei Salzungen zu gewinnen, scheiterte jedoch am Widerstand Ernst Ludwigs I. und seines Geheimrats von Diemar unter für den Herzog demütigenden Umständen (s. o. S. 470). So verlegte er 1724 seinen Wohnsitz nach Wien, um an Ort und Stelle den Prozeß gegen seinen Stiefbruder erfolgversprechender weiterführen und zugleich dessen Testamentsverfügung über die Einführung der Primogenitur im meiningischen Fürstenhause rückgängig machen zu können. Beide Vorhaben, für die er die tatkräftige Unterstützung seiner Schwester Elisabeth Ernestine, der Äbtissin von Gandersheim fand, waren von Erfolg gekrönt. Die Geltung der Testamentsverfügung Ernst Ludwigs I. wurde auf dessen eigene Nachkommenschaft beschränkt und dadurch praktisch wirkungslos gemacht, und durch Dekret Kaiser Karls VI. vom 21. Februar 1727 Philippine Elisabeth Caesar in den Reichsfürstenstand erhoben und ihren Kindern das Erbfolgerecht im meiningischen Fürstenhaus verliehen.

Um vor aller Welt offenkundig zu machen, daß seine Gemahlin und ihre Kinder nunmehr rechtlich vollgültige Mitglieder des meiningischen Fürstenhauses waren, brachte er sie 1729 nach Meiningen, wo sie seitdem lebten, wenn auch unter bedrückenden Verhältnissen, zumal man von Meiningen aus, tatkräftig unterstützt vor allem von Gotha, aber auch von anderen ernestinischen Fürstenhäusern, ständig Versuche unternahm, die kaiserliche Entscheidung rückgängig zu machen. So lange Kaiser Karl VI.

lebte, dessen Gunst Anton Ulrich hatte gewinnen können, blieb dies allerdings ohne Erfolg. Nach seinem Tode aber gelang es den Gegnern Anton Ulrichs unter Führung Herzog Friedrichs III. von Gotha, in die Wahlkapitulation für den Wittelsbach-Kaiser Karl VII. einen Passus einzubringen, der den Kaiser verpflichtete, keine unebenbürtigen Ehen von Reichsständen anzuerkennen und das Erbfolgerecht von Kindern aus solchen Ehen für ungültig zu erklären. Dieser von ihm beschworenen Wahlkapitulation zufolge widerrief der Kaiser am 25. September 1744 das Standeserhöhungsdekret seines Vorgängers von 1727.

Anton Ulrich, der 1742 seinen Wohnsitz von Wien nach Frankfurt am Main verlegt hatte, um dem hier meist residierenden Kaiser nahe zu sein und die eigenen Interessen desto besser vertreten zu können, hatte diese Entscheidung, die sogar in seiner Gegenwart verkündet wurde, nicht verhindern können. Er erhob zwar 1745 dagegen Beschwerde beim Reichstag, der sie jedoch 1747 zurückwies, zumal an Hand einer eigenhändigen Aktennotiz Kaiser Karls VI. nachträglich nachgewiesen werden konnte, daß dieser 1727 lediglich die Standeserhebung der Gemahlin Anton Ulrichs beabsichtigt hatte, nicht mehr. Wie der Passus über das Erbfolgerecht von deren Kindern in das Dokument geraten war, blieb dabei unerörtert. Kaiser Franz I. bestätigte noch 1747 die Entscheidung des Reichstags, die für Anton Ulrich, der inzwischen Alleinregent in Meiningen geworden war, insofern besonders schwer wog, als er, im 60. Lebensjahr stehend, nun plötzlich keine Thronerben mehr hatte. Seine Verwandten in Gotha, Hildburghausen und Saalfeld indessen machten sich bereits Gedanken über die vorauszusehende meiningische Erbfolge; Gotha und Hildburghausen verabredeten sogar schon die künftige Inbesitznahme und Aufteilung des meiningischen Landes (s. S. 433 u. 519). Anzeichen eines neuen Erbstreits zeigten sich bereits. Anton Ulrich aber antwortete mit einem alle überraschenden, wenn auch einfachen Gegenzug. Er schloß am 26. September 1750, wenige Wochen vor seinem 63. Geburtstag, in Homburg vor der Höhe eine zweite Ehe mit der zwanzigjährigen Tochter des Landgrafen Karl von Hessen-Philippsthal, Charlotte Amalia (1730-1801), aus der in den Jahren 1751 bis 1762 acht Kinder hervorgingen, deren Geburt er allen seinen ernestinischen Verwandten mit kaum verhohlener Schadenfreude anzeigte. Zwei Söhne und drei Töchter aus dieser Ehe überlebten ihn.

Sieben von diesen Kindern sind in Frankfurt geboren, wo er auch nach der Übernahme der Herrschaft in Meiningen seinen Wohnsitz bis zu seinem Tode beibehielt und seinen künstlerischen und wissenschaftlichen Neigungen lebte. Hier hatte er eine bescheidene Hofhaltung, seine stattliche Bibliothek und Kunstsammlung und eine kleine Kanzlei, die die Aufgaben einer

Kabinettskanzlei erfüllte, und mit deren Hilfe er die meiningischen Regierungsgeschäfte führte. Seine erste Regierungshandlung, noch am Sterbetage seines Stiefbruders Friedrich Wilhelm, bestand in der Schließung aller meiningischen Landeskollegien, der Übergabe der Verwaltung an eine aus ihm genehmen Personen bestehende Kommission unter Leitung des Geheimen Rats Heinrich Karl von Pfau, und der fristlosen Entlassung all derjenigen Beamten und sonstigen Bediensteten, die ihm als einflußreiche Ratgeber oder Anhänger seiner Stiefbrüder bekannt waren. Die Landeskollegien wurden größtenteils neu besetzt, meist mit Personen, die zuvor in seinen Partikulardiensten gestanden hatten; erst Ende August 1746 konnten sie ihre Arbeit wieder aufnehmen. Die obengenannte Kommission führte seitdem die Geschäfte eines Geheimen Ratskollegiums, wenn auch ohne klar umgrenzte Befugnisse gegenüber den Landeskollegien, deren Leiter, vom Kriegskollegium abgesehen, ohnehin zu seinen Mitgliedern gehörten.

Das Geheime Ratskollegium bestand aus Pfau als Vorsitzendem und sechs weiteren Mitgliedern, Andreas Simson von Biechling, Johann Nadler, Justus Hermann von Pfaffenrath, Christoph Wilhelm Grimm, Johann Ludwig Thilo und Justus Christoph Zinck. Es führte seine Geschäfte nach den aus Frankfurt kommenden Anweisungen des Herzogs und seiner Kanzlei. Die damalige meiningische Regierungsweise entsprach also dem Stil einer Kabinettsregierung, allerdings mit der Erschwerung, daß der Landesherr meist außer Landes lebte.

Heinrich Carl von Pfau, reformierter Konfession, ein anhaltischer Beamtensohn und Jurist mit guten Kenntnissen der Verhältnisse in den anhaltischen Fürstenhäusern, in denen damals das Problem unebenbürtiger Ehen eine gewisse Rolle spielte, war vermutlich auch aus diesem Grunde in nähere Beziehungen zu Anton Ulrich gekommen. Er war anhaltischer Legations- und später Geheimer Rat und stand meist in diplomatischen Diensten, vertrat von 1745 bis 1775 das Gesamthaus Anhalt als Gesandter auf dem Reichstag in Regensburg, daneben seit 1755 die fränkischen, westfälischen und wetterauischen Grafen, ab 1763 auch das Haus Holstein-Gottorp und ab 1765 noch das Bistum Lübeck. Auch während der Zeit, als er in meiningischen Diensten stand, seit 1744 als Hofrat, ab 1746 als Geheimer Rat, behielt er seine anderen Aufgabenbereiche bei. Seit 1745 war er für Anton Ulrich ebenfalls am Reichstag tätig, allerdings ohne dort die coburgische Reichstagsstimme führen zu dürfen (s. o. S. 476). Biechling (1686-1758), ein Beamtensohn aus Magdeburg, promovierter Jurist und 1725 geadelt, war seit 1714 in hildburghäusischen Diensten vom Amtmann in Königsberg in Franken zum Geheimen Rat in Hildburghausen aufgestiegen und 1728 in die Dienste Friedrich Wilhelms von Meiningen übergegangen, in denen er bis 1746 stand. Er war der einzige höhere Partikularbeamte Friedrich Wilhelms, den Anton Ulrich in seine Dienste übernahm. Nadler

(1688-1762) war 1728 als Kabinettsrat in Anton Ulrichs Dienste gekommen, hatte 1740 den Titel eines Hofrats erhalten und wurde 1746 mit der Leitung des meiningischen Konsistoriums beauftragt und zum Konsistorialpräsident und Geheimen Rat ernannt. Pfaffenrath (ca. 1710-1780), ein Beamtensohn aus Petterweil bei Friedberg in Hessen, war um 1740 Hofmeister und Kanzleisekretär bei Graf Friedrich Wilhelm zu Solms-Hohensolms geworden, verließ diesen aber, weil er sich mit dessen ältester Tochter in ein Liebesverhältnis eingelassen hatte, und ging nach Wien, wohin ihm die heimlich aus dem Elternhaus geflüchtete Geliebte folgte. Deren Eltern stimmten schließlich der Heirat zu, die 1746 in Oedenburg in Ungarn stattfand, und sorgten für die Erhebung ihres Schwiegersohns in den Adelsstand. Noch im gleichen Jahre wurde er von Anton Ulrich, der die Familie der Braut gut kannte, als Regierungsrat in Meiningen angestellt und mit der Leitung des Regierungskollegiums beauftragt. Grimm (1699-1754), ein meiningischer Beamtensohn, gehörte seit 1740 zu den dortigen Partikularbeamten Anton Ulrichs; 1746 wurde er Regierungsrat und Mitglied des Regierungskollegiums. Thilo (1694-1753), Sohn eines meiningischen Küchenmeisters, wurde dort 1735 Kammersekretär und 1740 Geheimer Sekretär Anton Ulrichs; 1746 berief ihn der Herzog zum Kammerrat und Mitglied des Kammerkollegiums, dessen Leitung er 1749 übernahm. Zinck (1686-1758), Sohn eines Meininger Arztes, war 1716 als Kabinettssekretär in Anton Ulrichs Dienste gekommen, hatte dessen Interessen von 1718 bis 1727 in Wien vertreten und 1723 den Titel eines Legationsrats erhalten; 1728 wurde er Regierungsrat und Mitglied des Regierungskollegiums und des Konsistoriums in Meiningen und blieb dies, bis er 1746 in das Geheime Ratskollegiums berufen wurde.

Vom Kollegium starben Grimm und Thilo 1753, Biechling und Zinck 1758 und Nadler 1762, ohne daß sie durch andere Personen ersetzt wurden, obwohl Pfau sich gewöhnlich außer Landes, zumeist beim Reichstag in Regensburg, aufhielt und Pfaffenrath in dem Ruf stand, nicht viel zu arbeiten. Bei des Herzogs Tod (1763) waren Pfau und Pfaffenrath die einzigen Mitglieder des Kollegiums. Die eigentliche Verwaltungstätigkeit dürfte also bei den Landeskollegien gelegen haben.

Die Abwesenheit des Herzogs brachte es mit sich, daß er sich nur um die wichtigsten Regierungsgeschäfte kümmerte, alles andere den meiningischen Behörden überließ. Daran mag es liegen, daß über die innenpolitische Tätigkeit während seiner Regierungszeit in der meiningischen landesgeschichtlichen Literatur kaum etwas ausgesagt wird; weder über die Gesetzes- und Verordnungstätigkeit der Landesbehörden noch über ihre Zusammenarbeit mit den Landständen wissen wir daher etwas Näheres. Und da der Herzog und seine Familie ihren eigenen Hofstaat in Frankfurt hatten, wäre vom Leben am verwaisten Fürstenhof in Meiningen nichts zu berichten gewesen, wenn es nicht zu dem bereits erwähnten Rangstreit zwischen zwei Hofdamen (s. o. S. 433 f.) gekommen wäre, mit seinen nachteiligen Folgen für das Land. Er entstand im Herbst 1746 zwischen der bisher rangältesten Hofdame Christiane Auguste von Gleichen, der Gemahlin des Landjägermeisters Hans Ludwig von Gleichen (1692-1748), und der mit ihrem Gemahl, dem schon genannten Regierungsrat von Pfaffenrath, kurz zuvor nach Meiningen gekommenen Wilhelmine Amalie von Pfaffenrath, der geborenen Gräfin von Solms-Hohensolms, als diese durch einen Erlaß des mit ihrer Familie gut bekannten Herzogs, der sich, damals verwitwet, zudem noch, wie das Gerücht ging, für ihre Schwester interessierte, zur ersten Dame des Hofes erklärt worden war, weshalb es zu einem ärgerlichen Auftritt an der Hoftafel kam. Als eine Beschwerde der Frau von Gleichen, die sich darauf berief, daß die Rangfolge der Damen bei Hofe sich nach der Amtsstellung ihrer Männer richtete, vom Herzog barsch zurückgewiesen wurde, rächte sich diese dadurch, daß sie eine ihr aus Wetzlar zugespielte Schrift, in der über die Liebesabenteuer ihrer Konkurrentin in aller Offenheit berichtet wurde, in Meiningen verbreitete. Nunmehr verlangte der Herzog von ihr, vor ihrer Konkurrentin öffentlich knieend Abbitte zu leisten, und ließ, als sie sich weigerte, sie und ihren Gemahl verhaften und gefangensetzen und, als sie bei ihrer Weigerung blieb, beide auf dem Marktplatz in Meiningen öffentlich bloßstellen. Einflußreiche Freunde der Geschmähten wandten sich daraufhin beschwerdeführend an das Reichskammergericht in Wetzlar, das diesmal sehr schnell handelte und bereits Anfang Januar 1747 Anton Ulrich aufforderte, die Gefangengesetzten umgehend freizulassen. Als er nicht reagierte und auch einer zweiten gleichartigen Aufforderung nicht nachkam, gab das Gericht im Februar 1747 dem Herzog Friedrich III. von Gotha den Auftrag, die Gleichenschen Eheleute aus der Haft zu befreien und vor weiteren Gewalthandlungen zu schützen. So kam es, da Anton Ulrich auch jetzt nicht zum Nachgeben bereit war, noch im Februar 1747 zu dem als „Wasunger Krieg" bekannt gewordenen Einsatz gothaischen Militärs im Fürstentum Meiningen, über den bereits an anderer Stelle (s. o. S. 434) berichtet worden ist. Er zog sich bis in das Jahr 1748 hinein und endete mit einer politischen Niederlage Anton Ulrichts, der, obwohl seit 1746 auch Senior des ernestinischen Gesamthauses, auch noch auf alle Rechte verzichten mußte, die sich für ihn aus der Vormundschaft über den weimarischen Thronerben Ernst August Constantin ergaben. Erst im August 1748 zogen die gothaischen Truppen aus den meiningischen Landen ab.

Als politischer Fehlgriff erwies sich auch Anton Ulrichs 1748 unternommener Versuch, die gemeinsame Verwaltung des Amts Römhild, von dem zwei Drittel ihm und ein Drittel dem coburg-saalfeldischen Fürstenhaus gehörten, eigenmächtig zu beenden und seinen Anteil allein zu regieren. Als er einen coburg-saalfeldischen Protest unbeachtet ließ, erreichte

Herzog Franz Josias von Coburg-Saalfeld beim Reichshofrat im Mai 1751 den Einmarsch kursächsischer und brandenburg-ansbachischer Exekutionstruppen in die meiningischen Ämter Sonneberg und Neuhaus; es kam zu dem allerdings unblutig verlaufenen „Sonneberger Krieg", auch „Römhilder Krieg" genannt, der 1753 mit einem Vergleich endete, in dem Anton Ulrich die Wiederherstellung des früheren Zustands zustimmen und sich zu Schadenersatz verpflichten mußte.

Außer mit solchen Fehlschlägen war Anton Ulrichs Regierungstätigkeit noch belastet mit einer Anzahl von Prozessen, die ihn entweder aus der eigenen Vergangenheit verfolgten oder ihm von Vorgängern auf dem Thron hinterlassen worden waren, wie Nachwehen des coburg-eisenberg-römhildischen Erbstreits und des Kaufs des schaumburgischen Anteils von Schalkau, die weitergehenden Auseinandersetzungen mit Fulda wegen Salzungen und mit Weimar wegen der ausgebliebenen Zillbacher Holzlieferungen. Zudem gab er selbst neuen Anlaß zu Streit, so mit dem gothaischen Fürstenhaus über die Schlösser Sophienlust und Dreißigacker, die von ihren früheren Eigentümern, der Herzoginwitwe Elisabeth Sophie bzw. dem Herzog Carl Friedrich (s. o. S. 436), der Herzogin Luise Dorothea von Gotha geschenkt bzw. vererbt, von Anton Ulrich aber als erledigte Lehen eingezogen worden waren, was man in Gotha natürlich nicht ohne weiteres hinnahm. Dazu kamen Prozesse mit einer Reihe von Adels- und anderen Familien, u. a. denen von Stein, von Hanstein und von Fischern.

Alle diese Prozesse verursachten erhebliche Kosten und trugen zur weiteren Zerrüttung der Finanzen des Landes und zugleich zu zunehmender Belastung der Bevölkerung mit Steuern und Abgaben bei. Dazu kamen am Ende der Regierungszeit des Herzogs zu allem Übel die Jahre des Siebenjährigen Krieges, in denen zwar im Meiningischen keine spektakulären Zusammenstöße zwischen den Kriegsparteien stattfanden, die Begleiterscheinungen des Krieges aber, zumal die wiederholten Truppendurchzüge und ständigen, von den beiderseitigen Truppenführern erpreßten Lebensmittel- und Fouragelieferungen und andere verlangte Hilfsdienste für das Militär, das Land an den Rand des Ruins brachten. Anton Ulrich bemühte sich zwar von Frankfurt aus, durch Eingaben an die beteiligten Militärs, aber auch durch persönliche Fühlungnahme mit ihnen, wenn sie, wie etwa hohe Offiziere der französischen Armee und der Reichsarmee, sich in Frankfurt aufhielten, die Not seines Landes zu lindern, freilich ohne erkennbaren Erfolg.

Seinen Pflichten als Reichsstand war Anton Ulrich, dessen Land wie andere Teile Thüringens zum Aufmarschgebiet der Reichs- und französischen Armee gegen Preußen und dessen Verbündete diente, erst nach einigem Zögern nachgekommen; erst im September 1757 hatte er die von ihm für die Truppen der fränkischen und obersächsischen Reichskreise zu stellenden Reichskontingente — 81 Infanteristen und 18 Kürassiere — der Reichsarmee zuführen lassen. Sie wurden, als diese sich im Herbst 1757 südlich des Thüringer Waldes unter dem Oberbefehl des Prinzen Joseph von Hildburghausen sammelte, ihr dort eingegliedert; in der Stadt Meiningen richtete man Lebensmittel- und Fouragemagazine für die Armee ein.

Im Jahre 1756 hatte sich der Krieg im Meiningischen nur in wenigen Durchmärschen und Streifkommandos bemerkbar gemacht; 1757 aber bekam man ihn hier in den Monaten vor und nach der Schlacht bei Roßbach (5. 11. 1757), als das Land Quartierplatz von Reichstruppen war und nach der Niederlage deren bei Saalfeld wieder gesammelte Hauptmacht über den Thüringer Wald und durch das Sonneberger Land nach Franken zurückging, in voller Härte zu spüren. Vor allem die von Prinz Joseph dem Land auferlegten Kontributionen belasteten es so sehr, daß sich Anton Ulrich beschwerdeführend an den Kaiser und den Reichstag wandte, die das Vorgehen des Prinzen nachträglich mißbilligten. Dennoch hatte das Land während des Jahres 1758 nicht nur neue Truppen für die Reichsarmee zu stellen, sondern auch weitere Durchzüge zu ertragen, diesmal auch von französischen Truppen; außerdem traten französische Werbeoffiziere auf, denen u. a. die Gebiete der fränkischen Reichsritterschaft zu Werbezwecken zugewiesen worden waren, so auch Walldorf bei Meiningen, und die angesichts der für sie unübersichtlichen territorialen Gemengelage auch in umliegenden meiningischen Dörfern ihr Wesen trieben. Anton Ulrich suchte seine Untertanen vor ihnen durch eine Verfügung zu schützen, in der er die Annahme fremder Kriegsdienste durch meiningische Landeskinder unter Strafe stellte, eine erfahrungsgemäß nicht besonders wirksame Maßnahme. Ärger im Lande erregte auch die unterschiedliche Belastung der Bevölkerung mit Kriegsauflagen; wohlhabendere Kreise suchten sich ihnen zu entziehen, und offenbar nicht ohne Erfolg. Durch eine entsprechende Verfügung an die meiningischen Behörden suchte der Herzog diesem Übel entgegenzuwirken.

Im Mai und Juni 1759 erlebte Meiningen einen Durchmarsch preußischer und braunschweigischer Verbände, der für die Stadt nur deshalb glimpflich abging, weil der Kommandeur der hier liegenden Reichstruppen nach kurzem Gefecht zur Kapitulation schritt; vor und nach diesem Überraschungsangriff aber bestimmten Reichstruppen, die werraabwärts nach Hessen marschierten, das Kriegsgeschehen im Lande. Auch 1760 war es nicht anders, doch fast noch lästiger als die Durchzüge wurde jetzt die Flut von Ansprüchen beider Kriegsparteien auf Lebensmittel- und Fouragelieferungen für zumeist in Hessen angelegte Magazine und die alsbald folgenden militärischen Exekutionen, wenn das Geforderte nicht oder nicht schnell genug geliefert werden konnte. Unbeachtet ließ man allerdings in Meiningen die von Preußen und seinen Verbündeten unter Drohungen verlangte Einstellung der Truppenaushebung für das eigene Reichskontingent, da man sich den unerfreulichen Folgen eines Verstoßes gegen die reichsständischen Pflichten nicht aussetzen wollte.

Während des Winters 1760 auf 1761 diente das Sonneberger Land Teilen der Reichsarmee als Winterquartier und hatte entsprechende Lasten zu tragen. Danach wechselten im ganzen Land Durchzüge kaiserlicher, französischer und von Reichs-Truppen mit Lieferungsforderungen beider Kriegsparteien ab. Wohl um solche Lieferungen zu beschleunigen, spielte man auf französischer Seite, ältere gleichartige Absichten aufgreifend, vorübergehend mit dem Gedanken, die Werra zwischen Wernshausen und Creuzburg schiffbar zu machen, wogegen Herzog Anton Ulrich heftig protestierte. Im Laufe der Jahre 1761 und 1762 machte sich im Lande wachsender Lebensmittelmangel bemerkbar, so daß man sich von Regierungsseite zeitweilig der Hilfe von Schmalkaldener Juden bediente, um die angeforderten Mengen an die Armeen liefern zu können. Um die eigene Bevölkerung zu versorgen, ließen die Behörden Nahrungsmittel in Franken aufkaufen und gaben sie unter Einkaufspreis an Bedürftige ab. In Verbindung mit dem zunehmenden Umlauf geringwertiger Münzen führten diese Mangelerscheinungen zu wachsender Teuerung und zogen bedenkliche Störungen des gesamten Preis- und staatlichen Ordnungsgefüges nach sich. Dazu trug die Zunahme marodierender Soldatentrupps nicht wenig bei, die, Räuberbanden gleich, in Dörfer einfielen und dort plünderten. Dabei stießen sie allerdings zuweilen auf entschlossene und erfolgreiche Gegenwehr der Landbevölkerung. Erinnerungen an die Zeiten des Dreißigjährigen Kriegs wurden wach.

Ende 1762 verbreiteten sich die ersten Friedensgerüchte. Bevor aber im Februar 1763 die Nachricht vom Hubertusburger Friedensschluß das Ende der Kriegsplagen ankündigte, war Herzog Anton Ulrich am 27. Januar 1763 75jährig in Frankfurt gestorben. Er hinterließ ein Testament, in dem er seine Witwe Charlotte Amalia als alleinige Landesregentin und sie und seine beiden Söhne aus erster Ehe als Vormünder für die beiden Söhne aus zweiter Ehe eingesetzt hatte, und rief dadurch den sofortigen Widerspruch seiner gothaischen, hildburghäusischen und coburg-saalfeldischen Vettern hervor. So kam es noch im Februar 1763 zu dem bereits an anderer Stelle beschriebenen Waffengang gothaischen, hildburghäusischen und coburgischen Militärs gegen Meiningen (s. o. S. 435), in dessen Verlauf die groteske Situation eintrat, daß Teile des aus dem glücklich beendeten Krieg heimkehrenden meiningischen Reichskontingents von gothaischen Truppen gefangengenommen wurden. Mit dem im März in Meiningen eingegangenen Dekret Kaiser Franz' I., durch das die Herzoginwitwe Charlotte Amalia als alleinige Landesregentin bestätigt, die Vormundschaft über ihre beiden Söhne aber auf sie beschränkt wurde, ihre Stiefsöhne also davon ausgeschlossen blieben, fand dieser neue

Waffengang unter ernestinischen Fürsten ein schnelles Ende und begann zugleich für das meiningische Land nach vielen Jahren innerer Wirren eine Zeit geordneten friedlichen Wiederaufbaus.

Charlotte Amalia stand — am 11. August 1730 in Philippsthal bei Vacha geboren — im 33. Lebensjahr, als sie die Herrschaft im Lande antrat. Am 22. März 1763 hielt sie ihren Einzug in Meiningen, wo sie seitdem residiert hat. Sie fand hier ein kaum noch arbeitsfähiges Geheimes Ratskollegium vor, das nur noch aus zwei Beamten bestand, dem zumeist in Regensburg beim Reichstag weilenden Geheimen Rat von Pfau und dem Regierungsrat von Pfaffenrath, dem man zwar eine unzureichende Arbeitsleistung nachsagte, den die Herzogin aber dennoch 1764 wegen langjähriger Dienste zum Geheimen Rat ernannte. Zwei Regierungsräte, die der Herzog zu Untervormündern seiner Söhne bestimmt hatte, Adam Friedrich Wucherer und Georg Ernst Stoll, gehörten daher zu den wichtigsten leitenden Beamten der Herzogin in ihren ersten Regierungsjahren. Wucherer wurde von ihr 1764 zum Kanzler und Leiter des Regierungskollegiums, Stoll im gleichen Jahre zum Konsistorialpräsidenten befördert; beide wurden zugleich Mitglieder des Geheimen Ratskollegiums. Zu längerer Wirksamkeit kamen aber beide nicht; Wucherer starb bereits 1766 und mit Stoll entzweite sich die Herzogin so sehr, daß er Meiningen zeitweilig verließ und schließlich einen Prozeß gegen seine Herrin führte, den er verlor. Pfaffenrath, der seit 1768 an den Arbeiten im Geheimen Ratskollegium nicht mehr teilnahm, zeigte während dieses Prozesses eine so „üble Gesinnung", daß die Herzogin 1774 eine Gelegenheit fand, ihn aus ihrem Dienst zu entlassen.

Inzwischen war Charlotte Amalia, deren bereits 1763 aufgenommene Beziehungen zum weimarischen Hof Anna Amalias sich zunehmend enger gestaltet hatten, 1767 dazu übergegangen, das Geheime Ratskollegium nach weimarischem Vorbild zu reformieren. Sie verjüngte es durch die Berufung von zwei neuen Beamten, des 26jährigen Kammerrats Adolf Gottlieb von Eyben und des 40jährigen Regierungsrats Martin Christian Grimm. Von Eyben (1741-1811) war in Dänemark, zeitweilig als Zögling Klopstocks, aufgewachsen und 1764 in meiningische Dienste getreten; 1770 übernahm er zudem noch das Kanzleramt und damit die Leitung des Regierungskollegiums. Grimm (1727-1792), ein Sohn des verstorbenen Regierungsrats Christoph Wilhelm Grimm (s. o. S. 484), war viele Jahre Advokat in Meiningen gewesen, bevor die Herzogin ihn 1764 in das Regierungskollegium berufen hatte. Diese beiden neuen Mitglieder des Geheimen Ratskollegiums waren, wie die Herzogin, von den Ideen der Aufklärung erfüllt und nahmen sie zur Richtschnur ihres politischen Handelns; beide sind über 1775 hinaus Mitglieder des Kollegiums geblieben und haben dessen Entscheidungen wesentlich mit beeinflußt. Hingegen konnte der 1768 von der Herzogin zum Leiter des Kollegiums, „Wirklichen Geheimen Rat und Erstminister" ernannte bisherige hildburghäusische Geheime Rat Johann Christian Heinrich Fischer von Fischberg (1707-1769), ein 1751 geadelter Pfarrerssohn aus Rügheim bei Königsberg in Franken, sein Amt nur kurzfristig ausüben, da er bereits 1769 starb. Seine Stelle wurde nicht wieder besetzt, sondern das Kollegium 1770 lediglich nach weimarischem Vorbild durch den Posten eines Geheimen Referendars ergänzt, die der in coburgischen Diensten stehende Hofrat und spätere Kanzler Johann Melchior Heuschkel (1719-1796) neben seinen coburgischen Obliegenheiten auf neun Jahre übernahm. Gegenüber den Landeskollegien — Regierung, Konsistorium und Kammer —, der Kriegskommission und der 1768 neu geschaffenen Almosenkommission, die sich des Armenwesens anzunehmen hatte, wurde das Geheime Ratskollegium weisungsberechtigt. Seine führende Stellung in der Verwaltungsorganisation des Landes zeigte sich darüber hinaus vor allem darin, daß seit 1770 die Herzogin fast regelmäßig an seinen Sitzungen teilnahm. Die Regierungsweise des „aufgeklärten Absolutismus" hatte damit auch in Meiningen die ihr gemäße Organisationsform gefunden.

Mit diesen organisatorischen und personalpolitischen Maßnahmen hatte sich die Herzogin die ersten Voraussetzungen geschaffen zur Beseitigung der Mängel einer durch langjährige unzureichende Regierungstätigkeit vernachlässigten Landesverwaltung und für die Wiederherstellung der vor allem durch die lange Kriegszeit gestörten Ordnung und den Wiederaufbau im Lande. Diese innenpolitischen Aufgaben standen im Mittelpunkt ihrer bis 1775 dauernden alleinigen Vormundschaftsregierung. Die arge Verschuldung des Landes — die Schulden der Landschaftskasse wurden 1775 auf 405 000 Taler, die der Kammerkasse 1779 auf über 300 000 Taler berechnet — nötigte zu einer Finanzreform, die für die Landschaftskasse unter Führung des Geheimen Rats und Kanzlers von Eyben vorgenommen wurde. Ab 1771 wurden alte teuere Anleihen abgestoßen und neue billigere Kredite aufgenommen; ordentliche Etats wurden aufgestellt und Tilgungspläne für die Schulden. Zur Erschließung neuer Einnahmen erhöhte man die Verbrauchssteuern (Akzise) und dehnte sie auf weitere Bereiche aus. Alles dies geschah zwar nicht ohne erheblichen Widerstand der Landstände, die auch ihrerseits Forderungen stellten, z. B. nach Verminderung der Kosten für das Militär, die aber schließlich auf einem von der Herzogin 1775 einberufenen Landtag, dem ersten seit 1742, Eybens Plänen zustimmten, zumal die Steuerverwaltung in ihre Hände zurückgegeben und dafür eine neue Finanzbehörde, die Landschaftliche Steuer- und Kasse-Deputation, geschaffen wurde. Die Ordnung der Kammerfinanzen konnte erst nach 1775 in Angriff genommen werden.

Zur Besserung der finanziellen Lage trug die Herzogin auch durch die Beendigung mancher der zahlreichen kostspieligen Prozesse bei, die ihr Gemahl ihr hinterlassen hatte, u. a. mit den schaumbergischen Erben über die Folgeleistungen aus dem Kauf von Schalkau und Rauenstein (s. o. S. 476), den sie 1763 mit einem Vergleich beendete. In einen neuen Prozeß geriet sie allerdings, als sie nach dem 1768 eingetretenen Tod Johann Friedrich Philipp Marschalls von Ostheim auf Waltershausen im würzburgischen Grabfeld, des Vaters der als Freundin Schillers bekannten Charlotte von Kalb, dem Drängen von zahlreichen Gläubigern des Verstorbenen nachgebend, über dessen im Meiningischen gelegenen Besitz verfügen zu können meinte. Die Reichsritterschaft bestritt ihr dieses Recht und deren Klage vor dem Reichshofrat in Wien verursachte einen langwierigen Prozeß und erhebliche Kosten.

Wesentliche Bedeutung für den Wiederaufbau kam der Wirtschaftspolitik zu, bei der man es mit zwei in ihren wirtschaftlichen Verhältnissen sehr unterschiedlichen Landesteilen zu tun hatte. Im Gebiet des alten Fürstentums Meiningen, nunmehr meist „Unterland" genannt, herrschte die Landwirtschaft vor, in den vormals zum Fürstentum Coburg gehörigen Sonneberger Gebiet, dem „Oberland", Gewerbe und Forstwirtschaft. Von der Mißernte, die 1770 weite Teile Thüringens heimsuchte und den ihr folgenden Teuerungs- und Hungerjahren 1771/1772 wurden auch die meiningischen Lande schwer getroffen. Vorhandene landesherrliche Lebensmittelvorräte erwiesen sich schnell als unzureichend, und auch der von der Herzogin veranlaßte Aufkauf von Getreide in Nachbarländern, zumal Franken, und dessen Abgabe an Arme zu geringem Preis konnte die Not auf Dauer nicht beheben. Der Versuch, die Verteilung vorhandener Lebensmittel mit Hilfe von Polizeiverordnungen zu regeln, schlug fehl und führte in der Residenzstadt 1771 sogar zu Unruhen, so daß man genötigt war, die Verordnungen zurückzuziehen. Um für die Zukunft gleichem Unheil vorzubeugen, richtete man, den damals herrschenden physiokratischen Wirtschaftsanschauungen folgend, seit 1772 sein Augenmerk vor allem auf die Verbesserung der heimischen Landwirtschaft, aber auch auf die Anlegung von Lebensmittelmagazinen und den Abschluß von entsprechenden Handelsverträgen mit Nachbarländern.

In der Forstwirtschaft hatte die Ausbeutung der Waldgebiete, an der Berg- und Hammerwerke und die zahlreichen Glashütten wesentlichen Anteil hatten, in manchen Landesteilen zu Holzmangel und einer damit zusammenhängenden Steigerung der Holzpreise geführt, unter der der damals im Niedergang befindliche Kupfer- und Kobaltbergbau bei Schweina ebenso zu leiden hatte wie manche Glashütten im Thüringer Wald. Dazu kam noch, daß sich, wie in anderen Gebieten Thüringens, auch im Meiningischen nach 1765 der Wandel von der ungehemmten Nutzung der

Forsten zu einer auf lange Sicht angelegten Waldpflege vollzog. Die mit dem schaumbergischen Anteil des Schalkauer Amtsbezirks 1729 an die Herzöge von Meiningen gekommene, 1728 errichtete Glashütte Siegmundsburg, die 1772 von der Herzogin gekauft und stillgelegt wurde, hatte bereits seit 1751 unter Holzmangel zu leiden gehabt, und dasselbe galt seit den 1760er Jahren für die Glashütten Limbach und Glücksthal. Da damals zudem wegen der Kriegszeit auch der Glashandel darniederlag, hatte der damalige Eigentümer von Limbach, Gotthelf Greiner (1732-1797), der zusammen mit seinem Schwager, dem Glasmaler Gottfried Greiner (1728-1768), schon seit um 1757 mit erfolgreichen Versuchen zur Herstellung von Porzellan beschäftigt war, bereits 1761 die Umwandlung der Glashütte in eine Porzellanfabrik geplant. Beiden hatte Herzog Anton Ulrich auch eine Konzession erteilt. Da diese aber keine Zusage von Holzlieferungen aus den landesherrlichen Forsten enthalten hatte, war sie für beide wertlos gewesen. Erst nach jahrelangen vergeblichen Versuchen, ihre Erfindung im Schwarzburgischen gewerblich zu nutzen, erlangte Gotthelf Greiner von der Herzogin 1772 eine seinen Vorstellungen entsprechende Konzession. In der Folgezeit erlebte das Unternehmen und die darum herum entstehende Siedlung einen schnellen wirtschaftlichen Aufstieg.

Im Rechtsleben des Landes machten sich die Ideen der Aufklärung vor allem im Strafvollzug geltend. Durch die Milderung der Strafbestimmungen wurden viele Teile der überkommenen, reichsgesetzlich geregelten Strafgesetzgebung praktisch hinfällig. Im polizeilichen Bereich hingegen stieß man gelegentlich auf erheblichen Widerstand breiter Bevölkerungskreise, nicht nur in den schon erwähnten Notjahren 1771/72, sondern auch dann, wenn einzelne Beamte althergebrachten Gewohnheiten zuwiderhandelten, s. B. in Frauenbreitungen, als der dortige Amtmann einen Selbstmörder 1766 auf dem Friedhof beisetzen ließ. Dem polizeilichen Rahmen in dem weiten Sinne, in dem man ihn damals verstand, gehörten auch zwei in die Zukunft weisende Neuerungen an, die Herausgabe einer nach dem Vorbild anderer damals, auch in Thüringen, bereits bestehender „Intelligenzblätter" gestalteten Zeitung, der „Meiningischen Wöchentlichen Nachrichten" (1763), und die Veranstaltung einer Volkszählung (1771); wie sich dabei herausstellte, hatte das Land damals — ohne das mit Coburg-Saalfeld gemeinsam verwaltete Amt Römhild, das nicht erfaßt wurde — 37 069 Einwohner.

Im kirchlichen Leben setzte sich der Rationalismus der Aufklärungsphilosophie durch, dem die führenden Geistlichen des Landes ebenso anhingen wie die Mitglieder des Konsistoriums, so daß die Herzogin deren Unterstützung fand, als sie seit 1770 begann, auf dem Verordnungswege die bisher streng gehandhabte Sonntagsheiligung zugunsten landwirtschaftlicher Interessen zu lockern und dem Gottesdienst eine mehr den praktischen Erfordernissen und der Erziehung der Bevölkerung zugewandte Richtung zu geben, als dies die bis dahin geltenden, der Erhaltung des „reinen Lehre" dienenden Gottesdienstordnungen erlaubten. Es zeigten sich die Anfänge einer Entkirchlichung des täglichen Lebens.

Daß die diesen Bemühungen innewohnenden pädagogischen Bestrebungen sich in noch höherem Maße dem Schulwesen zuwandten, lag auf der Hand. Im Meininger Lyceum illustre hatten sich aufklärerische Einflüsse bereits um die Mitte des Jahrhunderts gezeigt (s. Bd. IV, S. 96); die Reformierung des allgemeinen Schulwesens hingegen wurde erst 1774 vorbereitet. Sehr reformbedürftig zeigte sich damals auch die gemeinsame Universität Jena. Deren auf Drängen Anna Amalias von Weimar 1766/67 erfolgte Visitation (s. o. S. 386), an der auch ein meiningischer Vertreter teilnahm, hatte allerdings nicht die erhofften Wirkungen.

Im Vergleich zu diesen innenpolitischen Vorgängen spielten die reichspolitischen während der Vormundschaftsregierung Charlotte Amalias nur eine Nebenrolle. Es war sicher ein Beweis für die Achtung, die sie sich durch ihre Regierungstätigkeit über die Grenzen ihres Landes hinaus erworben hatte, daß ihr 1769, zusammen mit dem Prinzen Joseph von Hildburghausen, die Oberleitung der kaiserlichen Debitkommission übertragen wurde, die die Schuldenwirtschaft des Hildburghäuser Herzog Ernst Friedrich III (s. u. S. 524) untersuchen und beenden sollte. Mit Ernst Friedrich von Coburg-Saalfeld einigte sie sich 1765 über die turnusmäßige Besetzung der Beamtenstellen im gemeinsam verwalteten Amt Römhild (s. u. S. 549); 1771 schloß sie mit ihm einen Vertrag über die gemeinschaftliche Führung der coburgischen Reichstagsstimme, in dem vereinbart wurde, daß in turnusmäßigem Wechsel Meiningen 30 und Saalfeld 18 Monate lang den Gesandten stellen sollten, und man sich auf Heinrich Carl von Pfau als Reichstagsgesandten einigte; er vertrat das Amt bis zu seinem Tode (1787). Ungelöst blieben nach wie vor die Streitigkeiten mit Fulda um Salzungen und mit Weimar um die Holzlieferungen aus den Zillbacher Forsten.

Mit der Übersiedlung Charlotte Amalias von Frankfurt nach Meiningen im Jahre 1763 war hier auch das kulturelle Leben bei Hofe wieder aufgelebt, wenn auch angesichts der schwierigen finanziellen Lage des Landes nur in bescheidenem Rahmen. Erwähnt werden kleine Theateraufführungen, an denen sich auch Mitglieder der Fürstenfamilie beteiligten und die zu den bleibenden Kindheits- und Jugenderinnerungen des späteren Herzogs Carl gehörten (siehe Bd. IV, S. 285); ferner Aufführungen von Carl Heinrich Grauns Passionskantate „Der Tod Jesu" (1764) und einer Passionsmesse von Georg Philipp Telemann (1769), die auf eine leistungsfähige Hofkapelle schließen lassen (siehe Bd. IV, S. 251 f.). Eine wertvolle Bereicherung für Meiningen bedeuteten die von der Herzogin dorthin überführten Bücher- und Kunstschätze Herzog Anton Ulrichs, die dieser im

Laufe seines Lebens mit beträchtlichem finanziellen Aufwand an seinen Wohnsitzen Amsterdam, Wien und Frankfurt gesammelt hatte. Ihnen verdankte die spätere Herzogliche Bibliothek, das Naturalien- und Münzkabinett, die Kupferstichsammlung und die Gemäldegalerie in Meiningen teils einen erheblichen Zuwachs teils sogar ihre Entstehung. Sie ruhten freilich zunächst viele Jahre wenig beachtet in einigen Räumen des Schlosses, ehe Schillers späterer Schwager Hermann Reinwald (1737-1815) 1776 von Herzog Carl mit ihrer Ordnung beauftragt wurde.

Einen tiefgehenden Einfluß auf die weitere politische Entwicklung im Fürstentum Meiningen gewann die Freimaurerloge „Charlotte zu den drei Nelken". Sie wurde 1774 mit Zustimmung der Herzogin von Eyben und vier weiteren den Ideen der Aufklärung nachlebenden hohen meiningischen Beamten und Offizieren gegründet, unter denen Franz Christian Freiherr Eckbrecht von Dürckheim (1729-1807), ein elsässischer Edelmann und Offizierssohn, der 1757 in weimarische Dienste getreten, 1768 zum Prinzenerzieher nach Meiningen berufen und hier zum Oberhofmeister und Geheimen Rat befördert worden war, und hier später jahrzehntelang eine erfolg- und segensreiche Tätigkeit entfaltet hat (vgl. Bd. V 1, Teil 2, S. 706). In den folgenden Jahren traten der Loge nicht nur weitere führende Beamte bei, sondern auch die Herzöge Carl (1775) und Georg (1777), deren Erziehung und Bildung ganz dem in der Loge herrschenden aufgeklärten Geist entsprach.

Da im meiningischen Fürstenhaus das Erstgeburtsrecht damals noch nicht galt — es wurde erst 1803 eingeführt —, waren Charlotte Amalias Söhne beide zu gemeinsamer Herrschaft im Lande berechtigt. Deshalb gab sie ihre Vormundschaftsregierung erst 1779 auf, nachdem ihr jüngerer, am 4. Februar 1761 geborener Sohn Georg sein 18. Lebensjahr vollendet hatte. Ihre Alleinherrschaft beendete sie allerdings bereits 1775, als Herzog Carl, am 19. November 1754 geboren, 21 Jahre alt geworden war, die Mitregentschaft übernahm und sich in zunehmendem Maße um die Regierungsgeschäfte kümmerte. Beide Brüder konnten auf der soliden Grundlage erfolgreich weiterbauen, die ihnen die Mutter hinterlassen hatte (Fortsetzung s. Bd. V 1, Teil 2, S. 617 ff.).

Sachsen-Römhild 1680-1710

von Hans Patze

Heinrich, der am 19. November 1650 in Gotha geborene vierte Sohn Ernst des Frommen, erhielt aus dem Bestand des Fürstentums Gotha den unbedeutendsten und am ungünstigsten gelegenen Teil mit dem Städtchen

Römhild als Residenz. Über seine Ausbildung sind wir nicht so gut unterrichtet wie über die seines Bruders Christian, sie ist aber zweifellos auch durch das strenge Reglement bestimmt worden, das der Vater allen Kindern verordnet hatte. Sein Erzieher war der gothaische Kammerrat und Landrentmeister Reinhard. Die erste Bildungsreise führte ihn 1668 nach Tübingen. Mit seinen älteren Brüdern Albrecht und Bernhard, die zwei Jahre in Tübingen studiert hatten, reiste er unter Leitung des späteren Konsistorialpräsidenten Johann Balthasar von Gabelkoven und zahlreichem Gefolge nach Genf weiter. Der Aufenthalt diente der Vervollkommnung der französischen Sprachkenntnisse und der üblichen Kavaliersbildung. Auf Reisen (Grenoble) und Ausflügen verschaffte man sich Kenntnisse der Westschweiz. Wenn auch diese wie die schon 1669 folgenden Reisen mit Christian nach Straßburg und die bereits 1670 mit Bernhard und Christian nach den Niederlanden auch Universitätsstädte zum Ziele hatten, so können die Besuche der Universitäten schon wegen der Kürze der Aufenthalte kaum einen Gewinn gebracht haben. Die 57 Instruktionspunkte, die den Prinzen mitgegeben wurden, zeigen, daß es die Absicht dieser Unternehmungen war, den Wissenshorizont der künftigen Regenten zu erweitern und ihnen verschiedene Möglichkeiten der Staatsverwaltung vorzuführen. Sie hatten das Augenmerk auf geographische Verhältnisse, Hofhaltungen, Festungen, Landeseinkünfte, Militär, Gesetzgebung, Schulen, Bergwerke, Forsten, Gewerbe, kurz auf die gesamte Staatsverfassung im Verständnis der Staatswohlfahrt im Sinne des protestantischen Absolutismus zu richten.

Als Heinrich 1676 Marie Elisabeth von Hessen-Darmstadt heiratete, verlegte er seinen Wohnsitz nach Römhild, dem Mittelpunkt der Ämter, die ihm im Testament Ernst des Frommen von 1672 als Versorgungsgrundlage zugewiesen worden waren (s. o. S. 248). Es handelte sich um die Ämter und Städte Römhild, Themar, Königsberg in Franken, die Kellerei Behrungen, den Rohr- oder Klosterhof in Milz und um Lehen, die 1665 beim Aussterben einer Linie der stift-würzburgischen Familie Echter von Mespelbrunn an Sachsen heimgefallen waren. Diese Besitzstücke waren 1572 mit einem Gesamtertrag von 10 039 fl. veranschlagt worden.

Der Hauptteilungsrezeß vom 24. Februar 1680 bewirkte auch die Bildung des Fürstentums Sachsen-Römhild mit all den Einschränkungen, die im Nexus Gothanus ihren Ausdruck fanden (s. o. S. 249 f.). Für die Verwaltungszweige, in denen Heinrich nicht selbständig handeln konnte, waren die entsprechenden Oberbehörden in Gotha zuständig. In Gotha hatte Herzog Heinrich u. a. den Kammerdirektor und Hofmarschall von Zehmen, den Kammer- und Konsistorialrat Jakobs, den Rentmeister Propst zu besolden. In schwierigen Finanzfragen mußten von Zehmen und Jakobs jährlich mehrmals in Römhild erscheinen.

Die herzogliche Kammer in Römhild stand unter dem Vorsitz des Rats Goeckel; ihr gehörten vier weitere Beamte an. Die Vereinigung mehrerer Ämter in einer Person war auch hier durch die bescheidenen Verhältnisse bedingt. Oberster Beamter war der Oberstallmeister, Premierminister, und zugleich Amtshauptmann von Römhild und Schwarzwald Johann Sigmund von Schaumberg. Beisitzer waren die Oberbeamten der Justiz und der Kanzlei und der Kirchenrat und Superintendent M. V. Tobias Sutorius.

Die schon bald eintretende katastrophale Finanzlage zwang Heinrich 1683, das Amt Königsberg Friedrich I. von Sachsen-Gotha gegen eine jährliche Entschädigung von 2500 fl. zu überlassen; dieser übergab es Herzog Ernst von Hildburghausen. Zu den festen Einkünften Heinrichs gehörten noch die „Friedensteinschen Nachschußgelder" (4797 fl., s. S. 251 u. 528); selbst die „Ehegelder" der Herzogin, zwischen 4400 und ca. 6000 fl. jährlich, schlugen bei diesen bescheidenen Verhältnissen entscheidend zu Buche. Der Ertrag der Domänen an Naturallieferungen belief sich jährlich auf 2200-3000 fl. Allerdings verschlechterten sich die Finanzen so rapide, daß Heinrich auch diese sichere Existenzbasis antasten mußte. 1699 verkaufte er den Buchenhof bei Gleichamberg für 11 000 Rth. an den Generalmajor von Bibra und 1705 die ertragreichste Domäne, den Mönchshof, an die Universität Würzburg für 20 000 Rth.; damit nennen wir nur die wichtigsten Abgänge. Die Ämter Römhild, Themar und Behrungen lieferten zahlreiche Naturalgefälle. Dazu kamen Erträge aus den Forsten (1701/02: 3370 fl.). Der Holzeinschlag diente zur Deckung des Holzbedarfs der Hofhaltung und der Lieferung der zahlreichen Holzdeputate an das Hofpersonal und die Landesbediensteten. Die Jagd und die Teiche trugen erheblich zur Befriedigung der Bedürfnisse des Hofes bei. Die Einnahmen aus Zöllen, Geleiten, Strafgeldern, einer Ziegelhütte und einem Kalkofen waren unbedeutend. Dasselbe galt von der Nutzung des Senioratsamts Oldisleben, die dem Herzog 1707 zufiel, nachdem nach Bernhards von Meiningen Tod 1706 das Seniorat des ernestinischen Gesamthauses auf ihn übergegangen war. Da das Amt damals von Herzog Wilhelm Ernst von Weimar gepachtet war, handelte es sich lediglich um bescheidene Pachtgelder.

Auf die Ansprüche, die Heinrich durch den „Successionsvertrag" von 1699 zwischen allen Brüdern nach dem Tode Albrechts von Coburg († 1699) hatte, hatte er verzichtet und sich mit 100 000 fl. abfinden lassen (s. o. S. 411). Dieser Betrag wurde ihm mit 6000 fl. jährlich verzinst, die auf die Einkünfte der Ämter Schwarzwald und Georgenthal angewiesen waren. Nach dem Tode Christians von Eisenberg († 1707) trat er seinen Anspruch auf einen Teil von Eisenberg an seinen Neffen Friedrich II. von Gotha für eine jährliche Vergleichssumme von 4761 mfl. ab. So gab es zahlreiche Quellen, die dazu beitrugen, daß die Einnahmen erheblich über den ver-

Abb. 27: Fürst Christian Günther von Schwarzburg-Sondershausen (1736–1794)

Abb. 28: Schloß Sondershausen

anschlagten ca. 10 000 fl. des aus 20 000 Einwohnern (3 Städtchen, 1 Marktflecken, 53 Dörfer) bestehenden Herzogtums lagen. 1687 wurden 15 883 fl., 1688 30 701 fl. und als höchster Betrag 1704 43 100 fl. verbucht.

Mit einer geradezu ermüdenden Gleichmäßigkeit wie in fast allen absolutistischen Staaten wiederholt sich auch in diesem halbsouveränen Fürstentum der bekannte Vorgang, und unter den mit höchsten pädagogischen und sittlichen Ansprüchen erzogenen Söhnen Ernsts des Frommen wird es geradezu zur Gesetzmäßigkeit: Um alle Geldquellen auszuschöpfen, wird eine penible Rechnungsführung entwickelt. Man beherrscht die Ertragsberechnung von Ämtern, Städten, Regalien, Wäldern, Steuern perfekt, kann auf Grund langer, gleichmäßig geführter Reihen von Kammerrechnungen den Etat genau berechnen, aber der völlig ungehemmte Trieb zu Luxus und Repräsentation führt dazu, daß dieses vorzügliche Instrument einer Staatswirtschaft ungenutzt bleibt, geradezu verachtet wird. Ein Fürst wie Ernst der Fromme hatte dieses Instrument auf Grund seiner hohen evangelischen Moral zum Nutzen der Untertanen angewandt und seinen Söhnen hohe Überschüsse hinterlassen, von deren Zinsen sie noch lebten.

Obgleich bei Heinrich 36 Vasallen zu Lehen gingen, gab es in Römhild keine eigenen Landstände, sondern die Römhilder wurden auf dem gemeinschaftlichen Landtag zu Gotha 1694 durch eine eigene Kommission vertreten. Obwohl Landstände in den seltensten Fällen ihren Auftrag, die Ausgaben des Fürsten zu mindern, erfüllen konnten, war es für Heinrich noch leichter, uneingeschränkt über seine Gelder zu verfügen. Außerdem war auch in Römhild der Adel so in die Hofwirtschaft verstrickt, daß von ihm noch weniger als vom Landesherrn Zurückhaltung in den Forderungen, Vernunft im eigenen Interesse zu erwarten war.

Heinrich von Römhild begann auch in seiner Residenz den Aufwand nachzuahmen, der ihm aus Gotha bekannt war und dessen ferneres Vorbild Versailles war. Die groteske Imitation begann mit der Anordnung einer Erneuerung und Erweiterung des alten hennebergischen Schlosses, als er Römhild am 5. August 1676 zum ersten Male besichtigte. Die Baumaßnahmen erstreckten sich auf geringfügige Änderungen an der alten Stiftskirche (s. Bd. II, S. 294), die Anlage eines Lustgarten beim Schloß, den Bau einer neuen Schloßkirche, von Kavaliershäusern, eines Reithauses, des großen Grottenhauses (für die Aufführung von Operetten). Am Fuße des Großen Gleichberges wurde das Merzelbacher Lustschloß mit einem ausgedehnten Park angelegt und mit großem Aufwand immer weiter ausgebaut. Sowohl die Innenausbauten der Residenz als auch die separaten Neubauten sind nicht mehr vorhanden.

Dem Aufwand an Bauten entsprach der Hofstaat, der alle üblichen Chargen vom Oberhofmeister und Hofmarschall von Ütterodt über die Kammerjunker, Diener, Hoftrompeter, Bettmeisterin, Kutscher bis hinab zu den Stalljungen umfaßte. Der für die Hofküche erforderliche Bedarf konnte bei weitem mit den vorhandenen finanziellen Möglichkeiten und den verfügbaren Naturallieferungen nicht gedeckt werden. Die Hofrechnung verzeichnet 1700/01 70 Hirsche, 60 Tiere, 35 Rehe. In anderen Jahren sind wir neben dem Rotwild genau bis auf das letzte Stücke Niederwild über die Lieferungen unterrichtet. Der Organismus des Hofes setzte mit seinem Bedarf eine unverhältnismäßige Zahl von Hofhandwerkern in Bewegung, die die kleine Stadt bis dahin zweifellos nicht gekannt hatte. Bei etwa 80 Personen, die von der Hofküche verpflegt wurden, stiegen deren Unkosten schließlich auf 8200 fl. im Jahre 1703/04. Den nahezu gleichen Betrag benötigte man für die Gehälter aller Beamten und Diener. Im Instrumentarium absolutistischer Repräsentation fehlte weder eine kleine Hofkapelle (s. Bd. IV, S. 250) noch ein kostspieliger Artilleriepark mit Zeughaus, der besonders grotesk wirkte. Der notorische Geldmangel veranlaßte auch diesen Potentaten, es mit der Goldmacherei in zwei Laboratorien in Römhild und Merzelbach zu versuchen. Daneben besaß Heinrich bescheidene wissenschaftliche Interessen: er brachte ein optisch-physikalisches Kabinett zusammen. Das Drechslerhandwerk, das er als Prinz erlernt hatte, übte er als Herzog weiterhin aus. Den Geschichtsschreiber und Numismatiker Tentzel holte er für kurze Zeit nach Römhild, um ihm bei der Beschreibung der Kirchen und Klöster von Milz und Trostadt zu helfen. Daß Heinrich ein Hofleben über die Möglichkeiten seines Ländchens führte, hinderte ihn nicht, ein praktizierender frommer Christ zu sein. Zahlreiche Titel seiner Bibliothek (1500 Bände) weisen sein Interesse für Theologie und die schlesische Dichterschule aus. Von seiner Freigiebigkeit profitierten nicht nur Hofchargen durch Geschenke, sondern auch Wanderarme, Hugenotten aus Frankreich, abgebrannte Pfälzer und andere Heimatlose, die es über die Straßen trieb.

Für den Bildungs- und Informationshorizont eines solchen Fürsten ist seine Reisetätigkeit eine Erkenntnisquelle. Reisen führten ihn, meist mit seiner Gemahlin, an die Höfe seiner Brüder nach Meiningen, Gotha, Hildburghausen, Coburg und Saalfeld; seinen Bruder Christian in Eisenberg, das offenbar zu weit ablag, suchte er seltener auf. Trotz der Imitation der Hofhaltung großer Mächte war diese Welt eng, man lebte mit dem Kleinbürgertum der Residenz und der drei kleinen Städte zusammen, die auf Dienstreisen besucht wurden. Zu den verbrüdernden Belustigungen zählten Scheibenschießen in Römhild, zu den Mitgliedern der Schützengesellschaft gehörten das herzogliche Ehepaar, Bruder Johann Ernst von Saalfeld und zahlreiche Mitglieder des Hofstaates.

Wie viele der kleinen Potentaten hat auch Heinrich von Sachsen-Römhild eine militärische Laufbahn absolviert. Mit seinem Bruder Albrecht von Coburg war er als Kapitän in ein kaiserliches Regiment eingetreten. Mit 23 Jahren ernannte ihn sein Vater zum Obersten bei den obersächsischen Kreistruppen, die unter dem späteren Kurfürsten Georg III. gegen Turenne an den Oberrhein zogen. Im Gefecht bei Sinsheim 1674 wäre er bald in Gefangenschaft geraten. Im folgenden Jahr diente er kurze Zeit als Kavalerieoberst unter dem Großen Kurfürsten. Als Generalmajor kommandierte er 1689 die ernestinischen Truppen, die neben anderen Reichstruppen das von den Franzosen besetzte Mainz belagerten, bis die Festung kapitulierte, was allerdings sehr rasch geschah. Kaiser Leopold I. ernannte ihn 1693 zum Generalfeldmarschalleutnant und 1697 zum Generalfeldzeugmeister.

Als der Herzog am 13. Mai 1710 starb, endete die Geschichte eines der unbedeutendsten unter den zahlreichen thüringischen Kleinstaaten in der frühen Neuzeit. Die Agnaten des Verstorbenen ließen das Schloß und die übrigen Gebäude der Residenz versiegeln und das Inventar aufnehmen. Es gibt uns ein lückenloses Bild der Lebenskultur solch eines kleinen Fürsten. Sein Land wurde zwischen Gotha, Meiningen und Hildburghausen aufgeteilt (s. S. 412, 469 u. 505).

Sachsen-Eisenberg 1680-1707

von Hans Patze

Auch beim fünften der Söhne Ernst des Frommen, dem am 6. Januar 1653 in Gotha geborenen Christian, kann man die Frage stellen, ob sich in den Jahren seiner selbständigen Lebensführung — von Herrschaft oder Regierungstätigkeit kann man nur eingeschränkt sprechen — die ungeheuere Anstrengung von Pädagogik, Ausbildung und Bildung, der ihn sein Vater ausgesetzt hat, als Erfolg widerspiegelt. Auch Christian war ein Produkt der Erziehung Reyhers (s. Bd. IV, S. 77 ff.), der Leuchte der Gothaer Pädagogik, und anderer hervorragender Fachgelehrter, die nach dem Erziehungsprogramm des Vaters die Prinzen und Prinzessinnen mit einem für heutige Maßstäbe inhaltlich und zeitlich überfüllten Stundenplan versorgten. Leitfaden war der Schulmethodus. Von der Religion über Latein, das in 10-12 Wochenstunden und auch bei Spaziergängen verabreicht wurde, über Geschichte, Geographie, Mathematik, Physik, bis zur Logik und Ethik wurden alle Fächer gelehrt, ja für Christian wurde 1668 noch eine Sonderinstruktion erlassen. Die Prüfungsniederschriften vom 26. Juli und 1. August 1669, in denen auch Geodäsie, Astronomie und Geographie („Von mathematischer Geographie hat der Prinz noch gar nichts getrieben . . .") erscheinen, verraten eine mittelmäßige Begabung. Der sechzehnjährige Prinz wurde 1669 als „Graf von Landsberg" mit W. C. von Geißmar als Reisedirektor und Künhold und Bachoff als Informatoren auf die erste Bildungsreise (mit seinem Bruder Heinrich) nach Straßburg geschickt. 1670 brach er in Begleitung seiner Brüder Bernhard und Heinrich nach Utrecht auf. Die dritte Studienreise führte ihn 1673 allein nach Stuttgart, Tübingen und Genf. Die vierte Reise ging nach Wien, Preßburg, Raab, Venedig, Rom, Neapel, Florenz, Innsbruck und diente nicht mehr den Studien an Universitäten, sondern der Weltkenntnis. Der Herzog war mit Wissen und Bildungserlebnissen, die ihm Frömmigkeit und lutherischer Bildungseifer des Vaters aufgeladen hatten, vollgestopft worden, als solle er ein Königreich regieren.

Schon 1677 hatte Christian, der sich in diesem Jahre mit Christiane von Sachsen-Merseburg verheiratete, seinen Einzug in Eisenberg gehalten, das zu dem Gebiet gehörte, aus dem er die ihm nach dem väterlichen Testament gebührenden Einkünfte bezog. Der Drang nach einer eigenen Herrschaft war offenbar auch bei ihm groß. Im Vergleich vom 8. März 1679 (s. o. S. 248) wurden ihm die Ämter Eisenberg, Ronneburg, Roda und Camburg zugeschrieben. Der Teilungsrezeß vom 24. Februar 1680 bestätigte diese Zuweisung. Es wäre denkbar, ohne daß es hier nachgewiesen werden könnte, daß der Kursächsische Hauptvergleich von 1657, der zur Bildung der sogenannten sächsischen „Sekundogenituren" führte, als Vorbild des Rezesses gedient hat. Wichtige Hoheitsrechte blieben bei sämtlichen Brüdern bzw. wurden von Friedrich I. für sie wahrgenommen. Christian blieben die Gerichtsbarkeit in geistlichen und weltlichen Sachen, die Anstellung von Geistlichen und Beamten, die Bestätigung von Innungen und anderen Rechten. Für Regierungs- und Konsistorialgeschäfte waren, wie für Johann Ernst von Sallfeld, die entsprechenden Oberbehörden in Altenburg tätig, an deren Zusammensetzung er beteiligt war. Er konnte Belehnungen vornehmen, doch war die Heeresfolge dem Ältesten zu leisten. An Oberbehörden verfügte Christian nur über eine eigene Kammer. Das Amt des Kammerdirektors bekleidete der Amtshauptmann zu Roda, Hans Ernst von Troyff auf Schiebelau (1700). Für die Erledigung von Justiz- und Polizeiaufgaben dürfte wie in Saalfeld (s. u. S. 527) eine „Ratsstube" bestanden haben, als deren Leiter der im Jahre 1700 erwähnte Rat und Geheime Sekretär Christian Friedrich Kaiser anzusehen ist.

Am 11. Oktober 1681 ließ sich Christian als Herzog zu Sachsen-Eisenberg in seiner Residenzstadt huldigen. Auch er richtete einen Hofstaat ein, der alle nach dem Verständnis der Zeit unentbehrlichen Chargen umfaßte und allein ausreichte, das Land in den Bankerott zu treiben. Die Zahl der Beamten und der Hofbediensteten wurde auf weit über 100 Personen beziffert, doch schwankte sie. Bekannt sind der Rat und Hofmeister Georg Heinrich von Nüschwitz, Amtshauptmann zu Eisenberg und Camburg (1681), der Hausmarschall und Amtshauptmann zu Camburg Karl Friedrich von Bose auf Schweinsburg, Crimmitschau und Lennewurf

(1700). Die Schar der Hofdiener mußte schon 1685 zum ersten Male reduziert werden. Als 1705 die Gläubiger ihre Forderungen geltend machten, wurden 41 Beamte und Diener entlassen, aber 83 noch immer gehalten. Der Marstall, für den einmal 40 Pferde angegeben werden, wurde damals um 22 Tiere reduziert.

Seit 1677 erbauten J. M. Richter und J. W. Gundermann an der Stelle eines Vorgängerbaues das Schloß Christiansburg, dessen künstlerisch eindrucksvollster Raum die Kapelle wurde (vgl. Bd. VI, S. 22 u. 28 und hier Abb. 24, nach S. 416). Auf eine Hofmusik mit namhaften Künstlern wurde nicht verzichtet (vgl. Bd. IV, S. 245 f.), Opern wurden aufgeführt. Im Jahre 1683 beging man den Geburtstag des Herzogs mit einem Ballett, in dem die Herzogin die Minerva spielte und Hofbeamte als griechische Götter agierten. Als segensreiche Einrichtung hat sich das von Christian auf einer vorhandenen Stadtschule ausgebaute Lyceum bis an die Schwelle der Gegenwart behauptet.

Die wirtschaftlichen Grundlagen für diesen Aufwand waren minimal. Die Residenzstadt zählte (1691) 319 Häuser, Camburg (1674) 487, Roda (1684) 1097 und Ronneburg (1700) etwa 2000 Einwohner. Eisenberg betrieb Tuchmacherei und Bierbrauerei. Die Stadt hielt drei Jahr- und zwei Vieh- und Schweinemärkte ab, die Christian 1682 bestätigte. Nur Ronneburg, das 1690 einen weiteren Jahrmarkt erhielt, hatte ein überörtliches Gewerbe. Vertriebene Niederländer hatten in der Stadt die Zeug- und Wollweberei eingeführt. Bei Rauda angeblich gefundene Gold- und Silberadern erwiesen sich als unergiebig. Nach fünf Jahren, 1690, wurde das Inventar des Berghauses vom Herzog wieder verkauft.

Häufige Besuche zwischen den fürstlichen Brüdern hielten den Hofstaat in Gang und schufen eine illusionäre Betriebsamkeit. Korrespondenzen, die Christian mit Persönlichkeiten im Reich, in Straßburg, Paris und London führte, mochten sein Selbstbewußtsein heben, das ohnehin nicht gering war. Als Kurfürst Friedrich III. von Brandenburg, den er als König von Preußen anerkannte hatte, ihn nur als „Hochgeborener Fürst" anredete, bestand er auf dem Titel Durchlaucht, weil er kein apanagierter Herr sei.

Als verhängnisvoll für die Staatskasse erwiesen sich auch die häufigen Besuche der Leipziger Messe. Christian war des Glaubens, die Einnahmen aus den vier Ämtern seines Fürstentums reichten nicht nur für seinen übertriebenen persönlichen Luxus, sondern auch noch für Wohltätigkeiten aus. 1699 beabsichtige er, 400 000 Tl. für die Errichtung eines adeligen Fräuleinstiftes, 240 000 Tl. für ein Armen- und Waisenhaus und 320 Tl. für die Gründung eines Zuchthauses aufzuwenden. In einem „Orden zur Dankbarkeit" sollten je 24 junge Adelige und Bürgerliche, jene mit Jahresstipendien von 400, diese mit 150 Tl. ihren Studien obliegen. Die Kosten einschließlich des Ordenskapitals (je ein Ordensmeister, Senior und Dekan sowie 12 Ritter) wurden auf jährlich 600 000 Tl. veranschlagt. Diese Pläne blieben Illusionen.

Als Kind seiner Zeit war der Herzog nicht frei von Geisterglauben. In grotesker Gestalt zeigte er sich in dem von ihm 1705 unternommenen und angeblich geglückten Versuch, in einer Geisterbeschwörung den Herzog Johann Casimir von Coburg und dessen geschiedene Gemahlin Anna, deren Ehetragödie ihn sehr belastete, wenigstens nach ihrem Tode noch miteinander zu versöhnen (s. o. S. 15 f.).

Dem schnell drohenden Zusammenbruch der Finanzen glaubte auch Christian mit alchemistischen Versuchen, die er selbst betrieb, steuern zu können. Sein Glaube, Gold synthetisch herstellen zu können, scheint unerschütterlich gewesen zu sein. Vielleicht ist es darauf, vielleicht auf die Anzeichen einer Krebserkrankung und drohende Todesfurcht zurückzuführen, daß er kurz vor seinem Ende 1707 seinen Untertanen die Steuern auf drei Jahre erließ, die Besoldungen erhöhte und darüber hinaus glaubte, in Jahresfrist über 145 000 Tl. Schulden abzahlen und für den Hof jährlich noch 22 000 Tl. ausgeben zu können.

Christians Testamente, in denen er u. a. zahlreiche seiner Hofdiener bis hinab zum Küchenmädchen reich bedachte, sind vom Zug ins Phantastische geprägt und dürften nie voll realisiert worden sein. Am 28. April 1707 wurde Christian nach schwerem Leiden — offenbar Magenkrebs — erlöst. Damit endete die Linie Sachsen-Eisenberg (s. o. S. 412). Seine erste Frau war bei der Geburt ihrer Tochter Christiane († 1722), die Herzog Philipp Ernst von Holstein-Glücksburg heiratete, gestorben. Seine zweite Ehe mit Sophie Marie von Hessen-Darmstadt († 1712) war kinderlos geblieben.

Der Lebensstil Christians, der das Gepränge seiner fürstlichen Zeitgenossen zu imitieren suchte, wirkt vermutlich deshalb besonders grotesk, weil er, wie der seiner Brüder, sich vor dem Lebensgang seines puritanischen Vaters entfaltete. Es war zum guten Teil die Reaktion der Kinder auf die „Verplanung" ihrer Jugend täglich von Stunde zu Stunde, quasi ein bißchen „Rache" an der für die deutsche Bildungsgeschichte so wichtigen Gothaer Pädagogik. Das dürfte bleiben, auch wenn man angeborene Charaktereigenschaften und Zeitgeist berücksichtigt (über den Erbstreit um Sachsen-Eisenberg siehe o. S. 412, 414, 469 u. 529).

Sachsen-Hildburghausen 1680-1775

Im Landesteilungsvertrag von 1680 hatte Herzog Ernst, der sechste der hinterlassenen Söhne Herzog Ernsts des Frommen, die Ämter Hildburghausen, Heldburg, Eisfeld, Veilsdorf und Schalkau erhalten, allerdings — wie seine Brüder Heinrich, Christian und Johann Ernst — ohne die unter dem Begriff Landeshoheit zusammengefaßten Rechte, die Friedrich I. von Gotha und seinem Hause vorbehalten blieben („Nexus Gothanus"). Ernst war am 12. Juli 1655 in Gotha geboren, beim Tode des Vaters also noch unmündig und stand noch etwa ein halbes Jahr unter der Vormundschaft Friedrichs. Da ihm in Ausführung des väterlichen Testaments zu seinem Unterhalt die Einkünfte der Ämter Hildburghausen, Heldburg, Eisfeld, Veilsdorf und Schalkau zugewiesen worden waren, verlegte er, als 1676 die gemeinsame gothaische Hofhaltung gescheitert war, seinen Wohnsitz nach Hildburghausen (s. o. S. 248), hielt sich aber, zumal er seit 1675 in kursächsischen Militärdiensten stand, offenbar nur selten dort auf. Wie seinen Brüdern genügte es auch ihm nicht, nur die Einkünfte aus dem ihm zugeteilten Landbesitz zu verbrauchen, und so beteiligte auch er sich an den Verhandlungen über eine Aufteilung des väterlichen Erbes, über die bereits an anderer Stelle (s. o. S. 248 ff.) berichtet worden ist. Von den 1679 und 1680 erreichten Ergebnissen war er ebenso enttäuscht wie Heinrich, Christian und Johann Ernst. Er wandte sich sogar beschwerdeführend an den Kaiserhof, ließ sich aber schließlich mit Friedrich I. in Verhandlungen ein, die 1683 mit einem Vertrag endeten, in dem er die Erweiterung seines Landgebiets um das Amt Königsberg in Franken, das bisher Heinrich von Römhild besessen hatte (s. o. S. 389), und einige weitere, meist finanziell nützliche Zugeständnisse von Seiten Friedrichs erreichte, vor allem die Land- und Tranksteuer in allen seinen Ämtern. Danach erst, im Sommer 1683, siedelte er aus Arolsen, wo er inzwischen am 30. November 1680 Sophie Henriette, die 18jährige Tochter des Grafen Georg Friedrich von Waldeck geheiratet und sich eine Hofhaltung eingerichtet hatte, in sein Land über und nahm seine Residenz zunächst in Eisfeld, dann vorübergehend auf der Veste Heldburg und schließlich 1684 in Hildburghausen.

Herzog Ernst beschränkte sich in diesen Jahren allerdings keineswegs darauf, sich um das väterliche Erbe zu streiten und eine Familie zu gründen. Wie seine älteren Brüder beteiligte er sich in den damaligen kriegerischen Zeiten als Offizier an den Reichskriegen gegen Frankreich und die Türken. Seit 1675 hatte er, als Rittmeister im Kavallerieregiment seines Bruders Heinrich, zunächst in kursächsischen Diensten gestanden. 1683 gehörte er den Reichstruppen an, die an der Befreiung Wiens von der türkischen Belagerung teilnahmen; im Türkenfeldzug von 1685 war er an der Eroberung von Gran und Neuhäusel beteiligt. Während des Pfälzischen Krieges focht er als Oberst auf holländischer Seite am Niederrhein (1689) und in den spanischen Niederlanden, so 1690 bei Fleurus und 1691 bei Leuze, in den Truppenverbänden seines Schwiegervaters Georg Friedrich von Waldeck, dem als stellvertretendem holländischen Generalkapitän die schwere Aufgabe übertragen war, in Abwesenheit des 1688 zum König von

England ausgerufenen Wilhelm III. von Oranien die Niederländischen Generalstaaten vor den Angriffen französischer Armeen zu schützen.

Daß er sich danach vom Kriege fernhielt, könnte sowohl mit dem Tode seines Schwiegervaters (1692) zusammenhängen als auch mit dem Lauenburgischen Erbstreit, der auch andere seiner Brüder und seinen Neffen Friedrich II. von Gotha dazu bewogen hat, der kaiserlichen Politik gegenüber Zurückhaltung zu üben. Ernst verfocht seine Ansprüche auf Lauenburg bis 1699, als er sie gegen Zahlung von 12 000 Talern an Friedrich II. von Gotha abtrat (s. o. S. 405), nachdem der Tod seines Bruders Albrecht von Coburg eine aussichtsreichere Möglichkeit zur Erweiterung seines Herrschaftsgebiets eröffnet hatte.

Schon in den vorangegangenen Jahren war diese Hoffnung durch die Kinderlosigkeit seiner Brüder Albrecht, Heinrich und Christian genährt worden. Das Ergebnis der von Albrecht im Frühjahr 1699 zur Erörterung der zu erwartenden Erbfolgeprobleme nach Coburg einberufenen Konferenz aller Brüder, der Johann Ernst von Saalfeld allerdings fernblieb, war für Ernst jedoch enttäuschend verlaufen, denn in dem dort abgeschlossenen provisorischen Vertrag wurde das zu erwartende territoriale Erbe im wesentlichen zwischen Friedrich II. von Gotha und Bernhard von Meiningen aufgeteilt. Er selbst leistete darin Verzicht auf seinen Anteil am Coburger Erbe zugunsten Bernhards gegen dessen Versprechen, ihn durch die Abtretung von vormals hennebergischen Gebietsteilen zu entschädigen, und stimmte zu, daß seine Anteile an dem erwarteten Eisenberger und Römhilder Erbe durch finanzielle Zuwendungen von Seiten Gothas und Meiningens ausgeglichen werden sollten. Den Vertrag unterzeichnete er zwar; nachdem aber Johann Ernst von Saalfeld sich ein kaiserliches Reskript beschafft hatte, das ihm alle seine Erbrechte am Fürstentum Coburg vorbehielt, wodurch praktisch das ganze Coburger Vertragswerk hinfällig geworden war (s. o. S. 403, 460 u. ö.), verweigerte er die Ratifikation.

Als nach dem wenige Wochen später eingetretenen Tod Albrechts Bernhard von Meiningen dessen Land in Besitz nahm (s. o. S. 460) und die von hildburghäusischen und saalfeldischen Beamten angeschlagenen Besitzergreifungspatente entfernen ließ, wandten sich Ernst und Johann Ernst beschwerdeführend an Kaiser Leopold I. Daraufhin räumte ihnen Bernhard vertraglich den Mitbesitz der coburgischen Lande ein und verband damit die Versicherung, dessen Aufteilung auf gütliche Weise betreiben zu wollen. Dies geschah jedoch nicht. Ein Verhandlungsangebot an Ernst kam vielmehr von Friedrich II. von Gotha, der damals mit Bernhard, wie schon berichtet (s. o. S. 412), über einen Ländertausch verhandelte und es für geraten hielt, den Hildburghäuser durch ein eigenes Angebot zufrieden zu stellen und von weiterem Widerstand abzuhalten. So kam es am 10. April 1702 zum Abschluß des sogenannten Liberationsrezesses, in dem Friedrich die sämtlichen Hoheitsrechte, die im Landesteilungsvertrag von 1680 dem Hause Gotha vorbehalten geblieben waren, und dazu die gothaischen und altenburgischen Anteile an der hennebergischen Reichstagsstimme an Ernst abtrat und ihm außerdem von dem zu erwartenden Römhilder Erbe das Amt Behrungen und einige benachbarte Liegenschaften versprach. Das hinderte Ernst jedoch nicht, zusammen mit Johann Ernst von Saalfeld gegen den am gleichen Tag zwischen Friedrich und Bernhard abgeschlossenen Ländertauschvertrag beim Kaiserhof Einspruch einzulegen mit der Begründung, daß er ihren Erbrechten an Coburg nachteilig sei. Mit der Versicherung, diese Erbrechte nicht antasten zu wollen, gelang es Friedrich und Bernhard jedoch, ein Eingreifen kaiserlicher Instanzen zu verhindern. Dennoch hielt es auch Bernhard nun für dienlich, gegenüber Ernst Verhandlungsbereitschaft zu zeigen. Er überließ ihm 1705 das coburgische Amt Sonnefeld und suchte mit ihm auch in der Frage der Führung der hennebergischen Reichstagsstimme, gegen die er zunächst Einspruch eingelegt hatte, zu einer gütlichen Einigung zu kommen, was auch gelang. Johann Ernst von Saalfeld aber, der wegen der hennebergischen Reichstagsstimme zu Ernst ebenfalls in Widerspruch geraten war, fühlte sich nunmehr in seinen Erbschaftshoffnungen allein gelassen. Er erhob Klage beim Reichshofrat in Wien und erreichte im November 1705 die Einsetzung einer kaiserlichen Kommission zur Beilegung des Erbstreits. Dem gotha-meiningischen Ländertausch war dadurch die Grundlage entzogen; weder Friedrich II. noch Bernhard verfolgten den Plan weiter. Herzog Ernst hingegen nahm seitdem in seinem Herrschaftsbereich die ihm im Liberationsrezeß überlassene volle Landeshoheit ohne Zögern ebenso wahr wie seinen Anteil an der hennebergischen Reichstagsstimme und seine Besitzrechte im Amt Sonnefeld.

Der Tod Heinrichs von Römhild brachte Ernst 1711 nicht nur das Seniorat des ernestinischen Gesamthauses und damit auch den Besitz des Senioratsamts Oldisleben, sondern vor allem nach kurzer militärischer Auseinandersetzung, bei der er auf Seiten Friedrichs II. von Gotha gegen Ernst Ludwig I. von Meiningen stand und die zu vorübergehender Besetzung Römhilds durch hildburghäusische Truppen führte (s. o. S. 469 f.), 1711 die Interimsverwaltung des ihm im Vertrag mit Gotha 1702 zugestandenen Amts Behrungen und einiger angrenzender Landstücke. Alles das ging in seinen Besitz über, als die zur Schlichtung des Erbstreits eingesetzte kaiserliche Kommission 1714 ihre Entscheidung bekanntgab und Friedrich II. diese sogleich annahm.

Der Einsatz hildburghäusischer Truppen im Streit um Römhild ist zugleich ein Zeugnis dafür, daß Herzog Ernst nach dem Erwerb der vollen Landeshoheit, zu der auch die Militärhoheit gehörte, dazu übergegangen war, eigene Truppenverbände aufzustellen, während er bis dahin lediglich eine Schloßwache besaß. Offiziere eines „Landregiments", in dem sich das Landesaufgebot verkörperte, werden ab 1709 erwähnt, gleichzeitig auch Offiziere des Reichskontingents, was darauf schließen läßt, daß angesichts der Verwicklung des Reichs in den Spanischen Erbfolgekrieg auch für diesen Zweck Truppen bereitzustellen waren. Ob und wo sie im Krieg eingesetzt wurden, ist bisher nicht bekannt. Von den Feldzügen dieser Kriegsjahre blieb auch das Hildburghäuser Land nicht ganz verschont. Das bereits erwähnte Gefecht bei Neustadt am Rennsteig im September 1706, bei dem während des Nordischen Krieges schwedische Truppen den Übergang über den Thüringer Wald erzwangen und kursächsische und russische Verbände in die Flucht schlugen, fand im hildburghäusischen Amt Eisfeld statt.

So hatte Herzog Ernst durch eine vorsichtig, wendig und zäh taktierende Politik im Erbstreit nicht nur weiteren Gebietszuwachs erreicht, sondern auch die volle Landeshoheit und auf dem Umweg über den Anteil an der hennebergischen Reichstagsstimme 1706 noch die Reichsstandschaft und damit das Recht, seine Interessen auf dem Reichstag in Regensburg wahrzunehmen. Er beauftragte damit 1711 den weimar- und eisenachischen Reichstagsgesandten Emanuel von Willisen (s. o. S. 269 u. 338).

Als der Herzog 1684 die damalige Ackerbürger- und Handwerkerstadt Hildburghausen, die bis dahin lediglich Sitz einer Amtsverwaltung gewesen war, zu seiner Residenz machte, fehlten dort alle Voraussetzungen für die Unterbringung einer Hofhaltung und zentraler Verwaltungsbehörden; sie mußten also erst geschaffen werden. Seit 1685 wurde am südwestlichen Stadtrand durch den im Jahre zuvor nach Hildburghausen berufenen, zuvor bayreuthischen Hofbaumeister Elias Gedeler (1620-1693), der aus Oberösterreich stammte, Italien besucht und danach als Architekt und Maler in Nürnberg und Bayreuth gewirkt hatte, nach dessen Plänen ein in der damals in Thüringen üblichen kasernenförmigen Schloßbauweise gestaltetes stattliches Schloß errichtet, an dessen Innenausstattung italienische Stukkateure mitwirkten (siehe Bd. VI, S. 23, mit Abb. nach S. 48). Der Haupt- und der Ostflügel waren 1695 fertig; später wurden, zeitweilig unter Mitwirkung des damals auch in anderen thüringischen Residenzen tätigen Baumeisters Christian Richter (s. o. S. 288 u. 453) noch eine Schloßkirche und ein Westflügel (beide 1705-1707) geschaffen, dazu ein ausgedehnter Schloßgarten nach Versailler Vorbild und einige kleinere Bauten für das Hofpersonal.

Wie seine Brüder hatte auch Ernst viel Sinn für höfische Repräsentation. Solange ihm die volle Landeshoheit fehlte, hielt sich der Hofstaat, mit dem er sich umgab, allerdings in engen Grenzen. Auch die neu geschaffene Zentralverwaltung war zunächst sehr einfach organisiert und personell schwach besetzt. Als der Herzog 1684 nach Hildburghausen kam, gab es hier, seit 1680, lediglich eine Kammerverwaltung, da die Regierungs- und Konsistorialgeschäfte, gemäß einer bei Abschluß des Teilungsvertrags von 1680 zusätzlich getroffenen Abrede, aus Ersparnisgründen von den entsprechenden gothaischen Behörden mit erledigt wurden. 1684 setzte er sich jedoch über diese Abrede hinweg und richtete in Hildburghausen auch ein Regierungskollegium und ein Konsistorium ein. Beide waren jedoch mit nur zwei Räten besetzt, die beiden Behörden zugleich angehörten und zu denen im Konsistorium lediglich die beiden Superintendenten von Hildburghausen und Eisfeld als Assessoren hinzutraten. Die Führung beider Kollegien übernahm mit dem Titel eines Hofrats der Hofmeister Philipp Arnold von Olmissen genannt Mühlstroh, der einem im niederrheinisch-holländischen Grenzgebiet ansässigen Adelsgeschlecht entstammte. Als er 1686 gestorben war, wurde der Regierungsrat Johann Simon Jost sein Nachfolger in beiden Kollegien; im Konsistorium mit dem Titel eines Konsistorialpräsidenten. Auch später ist die Leitung beider Kollegien stets in Personalunion miteinander verbunden gewesen. An der Spitze der Kammer, die noch nicht kollegialisch organisiert war, stand seit 1680 der Kammerrat Johann Friedrich Hendrich (1642-1701), ein zuvor in waldeckischen und coburgischen Diensten gewesener, aus Saalfeld gebürtiger erfahrener Beamter, der 1696 in der Reichsadelsstand erhoben und so der Stammvater einer in Thüringen weit verbreiteten Beamtenadelsfamilie wurde.

Der Gewinn der vollen Landeshoheit veranlaßte den Herzog zu personeller Vergrößerung nicht nur des Hofstaats, sondern auch der Landeskollegien, außerdem 1705 zur Verleihung des Titels eines Regierungs- und Konsistorialpräsidenten an den seit 1699 in die Leitung beider Kollegien berufenen Hofrat Georg Christoph von Heßberg (1647-1711), der zugleich Mitglied des Hofstaats und Angehöriger der Landstände war und 1706 außerdem noch Steuer- und Landschaftsdirektor wurde. Den Präsidententitel führten auch seine beiden Nachfolger, der seit 1708 beide Kollegien leitende, aber schon im Jahr darauf verstorbene Gottfried von Ruland und der 1709 in beide Ämter berufene bisherige Rat und Rentmeister Tobias Sutorius (1660-1731), ein Pfarrerssohn aus Behrungen, ursprünglich des Namens Schuster, der sich 1683 an der Universität Jena hatte immatrikulieren lassen, später Advokat in Römhild und seit 1693 Kammersekretär in Hildburghausen gewesen war, ehe er 1695 Amtmann in Heldburg und 1698 Rat und Rentmeister wurde; 1713 erwarb er mit dem Beinamen „Edler von Carlstein" den Reichsadel. Als er 1715 noch den Posten des Kammerpräsidenten übernahm und damit die Leitung aller Landeskollegien in seiner Hand vereinigte, verlieh ihm der Herzog den Titel eines Geheimen Ratspräsidenten, obwohl ein Geheimes Ratskollegium damals und auch bis zum Ende des hier zu behandelnden Zeitraums in Hildburghausen nicht bestanden hat. Der Herzog wollte offensichtlich, was die Titel seiner höchsten Beamten anging, hinter anderen ernestinischen Territorien nicht mehr zurückstehen. Die Führung der Kammergeschäfte übernahm 1698, als

Hendrich in coburgische Dienste zurückkehrte, zunächst der Hofmarschall Johann Rudolf von Wallbrunn, der aber bereits im Jahre darauf starb. Über seine Amtsnachfolger sind nur lückenhafte Angaben bekannt. Daß man sich zeitweilig (1706-1708) mit einem „Kammerrat von Haus aus" begnügte, läßt vermuten, daß es nicht leicht war, einen geeigneten Mann für diesen Posten zu finden. 1708 wurde er dem Landkammerrat Heinrich Siegmund Pflugk, einem Mitglied des bekannten kursächsischen Adelsgeschlechts, übertragen, der ihn, 1709 zum Kammerdirektor befördert, bis 1715 innehatte, als Sutorius ihn zu seinen anderen Verpflichtungen noch übernahm. Herzog Ernst regierte in seinen letzten Regierungsjahren, wie die Erwähnung eines Kabinettssekretärs in seinem Hofdienst bezeugt, aus dem Kabinett; ob er in früheren Jahren, wie andere seiner fürstlichen Zeitgenossen in Thüringen, an den Sitzungen der Landeskollegien teilgenommen hat, ist noch unbekannt.

Der Kammerrat von Hendrich hatte 1698 die hildburghäusischen Dienste verlassen, weil er beim Herzog in Ungnade gefallen war. Dies und die offenbar vorhandene Schwierigkeit, geeignete Nachfolger zu finden, werden sich wohl auch daraus erklären, daß es dem Herzog nicht gegeben war, seine Ausgabenpolitik nach den Einkünften einzurichten, die sein kleines Land ihm bieten konnte. Denn obwohl sich die Steuerbelastung für die Bevölkerung während seiner Regierungszeit um fast das Dreifache erhöhte — die Extraordinarsteuer von 5 auf 14 jährliche Steuertermine —, reichten die Einnahmen nicht aus, um die Kosten des Schloßbaus und der anderen baulichen Unternehmungen und des Aufwands für den Hofstaat, die Zentralbehörden und das Militär zu bestreiten. So begann bereits unter ihm die Schuldenwirtschaft, von der das hildburghäusische Fürstenhaus während fast des gesamten Zeitraums, über den hier zu berichten ist, nicht losgekommen ist.

Ernsthaften Widerstand gegen diese bedenkliche Finanzpolitik hat es von Seiten der Landstände, denen ja das Bewilligungsrecht für die Extraordinarsteuern zustand, offenbar nicht gegeben. Herzog Ernst hatte sie bereits 1684 zu einem ersten Landtag nach Eisfeld einberufen, und 1706, nach Erlangung der Landeshoheit, ein Landschaftskollegium geschaffen, dem die Steuerverwaltung übertragen war. An dessen Spitze wurde der damalige Regierungspräsident Georg Christoph von Heßberg berufen und gleichzeitig zum Steuer- und Landschaftsdirektor ernannt. Er war damit zugleich führendes Mitglied der Landstände und Leiter einer landesherrlichen Zentralbehörde; allerdings gab er 1708 sein Regierungsamt auf. Dennoch dürfte der Umstand, daß nicht nur er, sondern auch zahlreiche andere Mitglieder der Landstände und ihrer Familien damals und später Hofdienste taten oder landesherrliche Amtsstellen innehatten, nicht ohne Einfluß auf die schwache Stellung der hildburghäusischen Landstände gegenüber dem Landesherrn gewesen sein.

Da die Amtsbezirke, aus denen 1680 das Fürstentum Hildburghausen gebildet worden war, einst durchweg zum Fürstentum Johann Casimirs von Coburg gehört hatten, waren die Rechtsverhältnisse die gleichen wie im benachbarten coburgischen Herrschaftsgebiet Herzog Albrechts. Grundlage bildete die ernestinische Landesordnung von 1556, allerdings verändert und erweitert durch die Gesetzes- und Verordnungstätigkeit Johann Casimirs und seiner altenburgischen (für die Ämter Hildburghausen und Schalkau) bzw. eisenachischen und anschließend gothaischen (für die Ämter Heldburg, Eisfeld und Veilsdorf) Besitznachfolger. Auch als 1680 und 1687 Teile der gothaischen Landesordnung von 1666 auf das neue Fürstentum übernommen wurden, galt sie in den Rechtsbereichen weiter, die davon nicht betroffen waren. Herzog Ernst hat sich in der Folgezeit damit begnügt, durch Einzelverordnungen für die Bewahrung der bestehenden Rechtsverhältnisse zu sorgen und aufkommende Mißstände zu bekämpfen. Unverändert forderte im Lande auch damals noch der Hexenglauben seine Opfer; ein 1688 in der Residenzstadt veranstalteter Hexenprozeß endete mit der Landesverweisung der Angeklagten.

Wie in den angrenzenden meiningischen Landen waren auch im Fürstentum Hildburghausen die während des Dreißigjährigen Krieges angerichteten schweren Schäden noch nicht überall überwunden. Einzelne damals völlig zerstörte Ortschaften lagen noch zu Beginn der Regierungszeit Herzog Ernsts wüst und sind erst in diesen Jahrzehnten wieder aufgebaut worden. Dasselbe galt für den Bergbau im Amt Eisfeld, um dessen Wiederbelebung sich der Herzog seit 1687 bemüht hat. Ab 1690 unternommene Versuche dieser Art bei Unterneubrunn, wo von 1485 bis 1644 Erzbergbau betrieben worden war, hatten aber keinen dauerhaften Erfolg und wurden deshalb 1710 wieder aufgegeben. Aus dieser Quelle konnte also die 1703 vom Herzog in Hildburghausen errichtete Münzstätte kaum viel erwarten; sie prägte aber immerhin neben verschiedenen Scheidemünzen auch Silberdreier und 1708 zwei Talerstücke, ohne daß dabei der erhoffte Gewinn erzielt wurde. Dies galt auch für Ernsts Bemühen, die in der Nähe von Lindenau bei Heldburg von alters her vorhandenen, aber fast drei Jahrhunderte lang verschüttet gewesenen Solequellen ab 1714 wieder zur Salzgewinnung zu nutzen. Als erfolgreicher erwies sich die Förderung der Glasherstellung im Amt Eisfeld durch die Erteilung von Konzessionen an Erbauer von Glashütten. Zwar erfüllte die 1698 von zwei Altenfelder Glasmeistern am Rennsteig bei der damals nur aus wenigen Häusern von Waldhütern und Jägern bestehenden Siedlung Neustadt errichtete Glashütte, die 1700 mit der Produktion begann, nicht alle Erwartungen, die man am Hildburghäuser Hof auf sie gesetzt hatte. Aber sie sorgte für neue Arbeitsmöglichkeiten für die dortige Bevölkerung und hat in der Folgezeit wesentlich zur Entwicklung Neustadts zu einer stattlichen Dorfsiedlung beigetragen. Eine 1709 bei Eisfeld errichtete Glashütte sollte vorzugsweise der Herstellung feiner Glassorten für die hildburghäusische Hofgesellschaft dienen. Finanziert wurde sie von einer Gewerkschaft, zu der neben Mitgliedern der Fürstenfamilie hohe Landesbeamte und die Stadt Eisfeld gehörten. Die Bereitstellung von Holz aus den herrschaftlichen Forsten für diese Unternehmen machte damals noch keine Schwierigkeiten angesichts der in diesem Bergland vorhandenen weiten Wälder, die zudem noch ausreichend Holz für die Werra-Holzflöße lieferten und im übrigen, zusammen mit dem Heldburger Land, zu den bevorzugten Gebieten für die zahlreichen Jagdvergnügen des Hofes gehörten. Diesen zuliebe ließ man eine so starke Vermehrung des Wildbestandes zu, daß der dadurch angerichtete Wildschaden neben der steuerlichen Belastung zu ständigen Klagen der Landbevölkerung Anlaß gab.

Besondere Förderung, auch in wirtschaftlicher Hinsicht, erfuhr die Stadt Hildburghausen, die für fast anderthalb Jahrhunderte Fürstenresidenz geblieben ist. 1684 bestätigte Herzog Ernst ihr nicht nur die althergebrachten Privilegien, sondern er verlieh ihr auch das Recht, jährlich drei Roß- und Viehmärkte zu veranstalten. Auseinandersetzungen zwischen dem Rat der Stadt und dem Amtmann von Hildburghausen über juristische Kompetenzen wurden 1707 durch einen Vergleich ausgeräumt, der zugleich die Schriftsässigkeit der Stadt und die Geltung älterer städtischer Statuten bestätigte. Auch für die Verbesserung des Stadtbildes wurde etwas getan; 1700 wurde eine Lindenallee um die Stadt angelegt, 1707 wurden Straßenpflasterungen vorgenommen, 1710 billigte der Herzog einen Stadterweiterungsplan, der es Einheimischen und Fremden erlaubte, sich vor dem Schleusinger Tor anzusiedeln. Er schuf dadurch die Grundlage für die Entstehung der Neustadt, in der sich in den Jahren darauf vor allem zwölf Hugenottenfamilien niederließen, nachdem Herzog Ernst 1711 ein öffentliches Ausschreiben erlassen hatte, das ihnen Religionsfreiheit, bürgerliche Gleichberechtigung, mehrjährige Steuerfreiheit und andere Privilegien versprach und sie in seine Residenzstadt einlud. Auch hier spielten wirtschaftliche Erwägungen eine wichtige Rolle; galten doch diese französischen Flüchtlinge als gewerbefleißige Leute. Sie brachten vor allem ihre Fertigkeiten im Textilgewerbe mit. Unter ihnen befanden sich Strumpf- und Wollwirker und Zeug- und Handschuhmacher, Gewerbe, die in der Stadt bisher nicht oder nur spärlich vertreten waren. Sie bildeten eine Kolonie, die als einzige Hugenottenniederlassung in Thüringen von Bestand gewesen ist.

In der Toleranz ihnen gegenüber spiegelt sich zugleich ein Wandel im kirchenpolitischen Handeln des Herzogs und seiner Berater wider. Noch ganz im Sinne seines Vaters Ernsts des Frommen hatte die 1685 von ihm erlassene Ordnung des Kirchen- und Schulwesens im Lande, der 1687 eine Verordnung über die geistlichen Untergerichte gefolgt war, in erster Linie der Erhaltung der „reinen Lehre" dienen sollen, und auch der damalige, noch von Friedrich I. von Gotha 1678 eingesetzte Hildburghäuser Superintendent Johannes Reinhard (1645-1691) war ein Gegner der von manchen lutherischen Theologen befürworteten Annäherung von Lutheraneren und Reformierten (Synkretismus-Streit, s. o. S. 240) und trat ganz im Sinne der lutherischen Orthodoxie für „christliche Disziplin und Abschaffung der eingerissenen Mißbräuche" ein, womit er wohl auch auf pietistische Bestrebungen hindeuten wollte. Sein Nachfolger Johann Valentin Kleinschmidt (1643-1697), aus dem Waldeckischen gebürtig und zeitweilig Feldprediger bei den Truppen Fürst Georg Friedrichs von Waldeck, bevor Herzog Ernst ihn 1682 zum Superintendenten nach Eisfeld berief, um ihm nach Reinhards Tod das gleiche Amt in Hildburghausen zu übertragen, galt hingegen als Liebhaber Spenerscher Schriften, stand also dem Pietismus nahe. Und der ihm als erster Generalsuperintendent des Landes 1698 im Hildburghäuser Amt folgende Johann Heinrich Thamerus (1639-1719) förderte tatkräftig die Ansiedlung der Hugenotten in der Residenzstadt. Er stammte aus dem Bergischen, war lange Jahre im konfessionell gemischten niederrheinisch-holländischen Grenzgebiet, auch in Maastricht, tätig gewesen und hatte wohl von daher eine tolerantere Einstellung gegenüber den Reformierten als manche seiner thüringischen Amtsbrüder. Über des Herzogs eigene kirchliche Anschauungen fehlen sichere Nachrichten. Man darf vermuten, daß sie von denen der Geistlichen, die er 1691 und 1698 an die Spitze seiner Landeskirche berief, nicht weit entfernt gewesen sind.

So war es sicher kein Zufall, daß man sich in Hildburghausen bei den Beratungen über die Gründung eines Gymnasiums in der Stadt der Mitarbeit des damals einflußreichen Jenaer Theologen Franz Buddeus (1667-1729) versicherte, der bei dessen Eröffnung 1714 auch die Festrede hielt; war er doch ein Gelehrter, der zwischen der überlieferten lutherischen Orthodoxie und dem Pietismus eine vermittelnde Stellung eingenommen hat. Nach des Herzogs Wunsch sollte dieses erste Gymnasium in seinem Lande vor allem der Heranbildung einer tüchtigen Staats- und Hofbeamtenschaft dienen. Es wurde aber so kostspielig ausgestattet, daß es nur anderthalb Jahrzehnte erhalten werden konnte.

Vom kulturellen Leben am damaligen Hof ist nicht viel bekannt. Theaterspiel und Musikpflege wie an den anderen thüringischen Höfen hat es jedoch auch hier gegeben, wie Hinweise aus den Jahren 1693 und 1711 erkennen lassen. Daß von 1708-1711 der vormals als Organist in Römhild tätig gewesene und von dort gebürtige Johann Philipp Käfer (um 1660-nach 1730) Kapellmeister in Hildburghausen war, läßt auf das Vorhandensein einer Hofkapelle schließen. Zwar werden dort um diese Zeit lediglich Hoftrompeter und -pauker erwähnt, doch besagt das wenig. Wie an anderen thüringischen Fürstenhöfen wird es auch im damaligen Hildburghausen unter der Hofdienerschaft Personen gegeben haben, die, ohne daß ihre Berufsbezeichnung das erkennen läßt, Musikinstrumente spielen und daher zur Mitwirkung in einer Hofkapelle herangezogen werden konnten.

Der Neigung damaliger Landesherren, sich aus der Residenzstadt gelegentlich in ländliche Abgeschiedenheit zurückzuziehen und dafür die erforderlichen Schloßbauten zu errichten, hat man auch in Hildburghausen nachgegeben, wenn auch nur in bescheidenem Umfang und im Zusammenhang mit den Jagdvergnügen, denen auch Herzog Ernst sehr zugetan war. Bei dem halbwegs zwischen Hildburghausen und Heldburg gelegenen Dorf Seidingstadt ließ er gegen Ende des 17. Jahrhunderts ein Jagdschloß bauen, das nach 1710 auch als Sommerresidenz diente. Und seiner Schwiegertochter Sophie Albertine schenkte er 1709 den unweit Hildburghausen gelegenen Dörrhof, an dessen Stelle sie im gleichen Jahr ein Lustschloß bauen ließ, das den Namen Sophienthal erhielt.

Herzog Ernst starb am 17. Oktober 1715 60jährig in Hildburghausen; seine Gemahlin war ihm bereits 1702 im Tode vorausgegangen. Er hinterließ von fünf Kindern, von denen drei in jungen Jahren verstorben waren, die beiden Söhne Ernst Friedrich (1681-1724) und Joseph (1702-1787). Angesichts des bescheidenen Umfangs seines Landes hatte er sich frühzeitig entschlossen, für seine Nachkommenschaft das Erstgeburtsrecht in der Thronfolge festzusetzen. 1703 unterzeichnete er eine auf gothaischem und eisenachischem Vorbild beruhende Primogeniturordnung für sein Haus, deren Inhalt er in sein 1705 abgefaßtes Testament aufnahm und die mit kleinen Korrekturen 1710 von Kaiser Joseph I. bestätigt wurde. Ein kurz vor seinem Tode 1715 abgefaßtes Kodizill bekräftigte noch einmal deren Gültigkeit. So übernahm nach seinem Tode der ältere Sohn als Ernst Friedrich I. die Regierungsgeschäfte im Lande, während Joseph, damals noch unmündig, wenige Jahre später, schon als 16-jähriger, in kaiserlichen Militärdienst getreten, dort zu höchsten Kommandostellen aufgestiegen ist und den Namen Hildburghausen weit über Thüringen hinaus bekannt gemacht hat.

Ernst Friedrich I. war am 21. August 1681 in Arolsen geboren, dort und in Eisfeld, Heldburg und Hildburghausen aufgewachsen und hatte sich, wie sein Vater, zunächst dem Offiziersberuf verschrieben. Am Spanischen Erbfolgekrieg hatte er in niederländischen und kaiserlichen Diensten teilgenommen, u. a. an der Schlacht bei Höchstädt (1704), in der er verwundet worden war. Für seinen Einsatz wurden ihm die Ränge eines niederländischen Generalmajors und Obersten über ein Regiment zu Fuß und eines kaiserlichen Feldmarschalleutnants verliehen. Seit 1712 ließ er mit Zustimmung seines Vaters die Veste Heldburg mit neuen

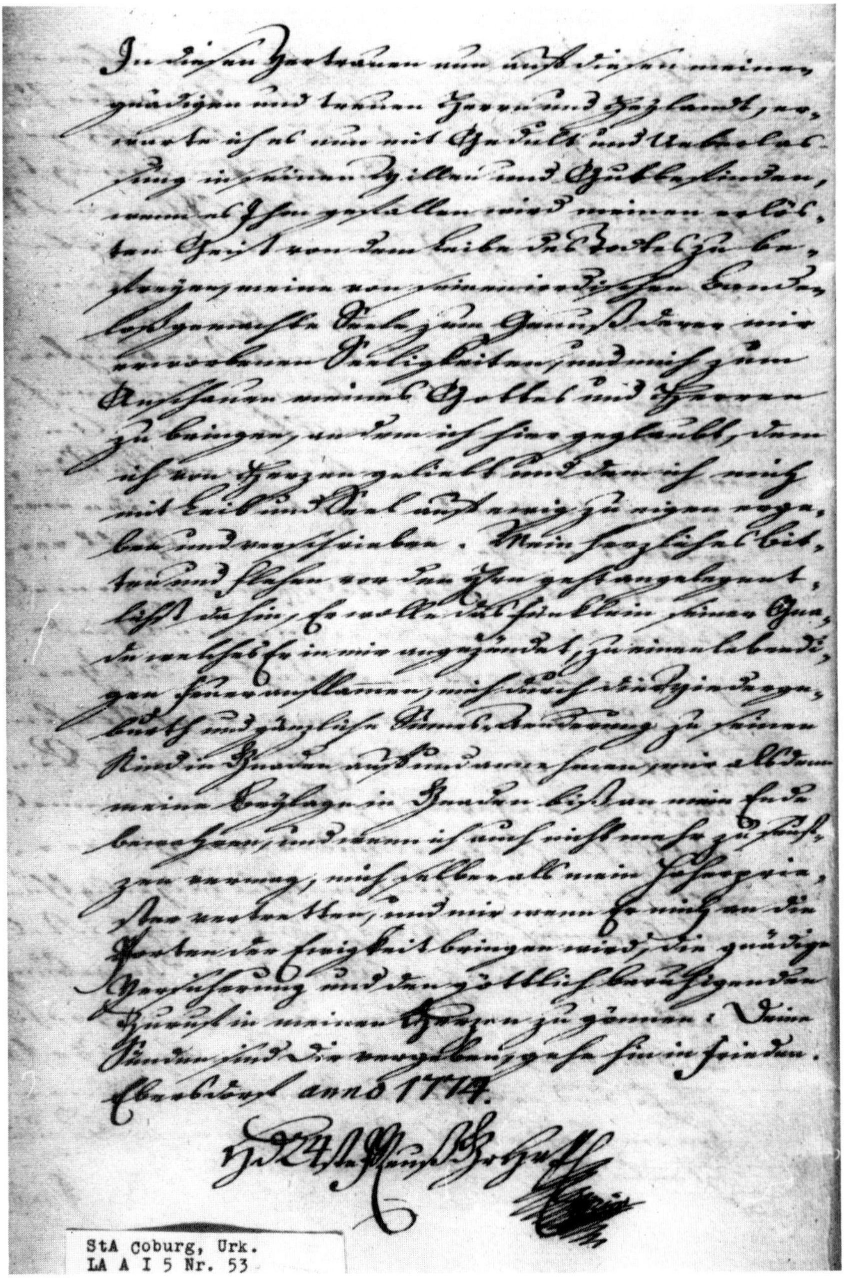

Abb. 29: Testament des Grafen Heinrich XXIV. von Reuß-Ebersdorf 1774

Abb. 30: Orangerie in Gera

Befestigungsanlagen versehen, in der — allerdings nie zur Ausführung gekommenen — Absicht, dort eine Besatzung von Reichstruppen unterzubringen. Auch nach dem Krieg und der Übernahme der Regierung ließ er diese Arbeiten, für die das ganze Land zu Frondiensten herangezogen wurde, fortsetzen, bis sie 1720 wegen Geldmangel eingestellt werden mußte. Seine fortdauernde Neigung zum Militär äußerte sich auch darin, daß er neben dem Landregiment und einer Schloßwache noch weitere Truppenverbände aufstellte. Erwähnt werden eine Grenadierkompanie (1716, 1719), eine Grenadier-Garde (1717), eine Garde (1722) und ein Garde du Corps (1718).

Von einer bemerkenswerten reichspolitischen Betätigung des Herzogs nach seiner Regierungsübernahme im Lande ist nichts bekannt, und am coburg-eisenberg-römhildischen Erbstreit hat er sich lediglich insofern beteiligt, als er Bevollmächtigte in jene Kommission entsandte, die den Wert der Erbmasse und ihrer Teile neu zu bewerten hatte und damit 1720 zu Ergebnissen kam (s. o. S. 413). Die 1725 erfolgte Zurückweisung des meiningischen Revisionsverlangens gegen den 1714 verkündeten Reichshofratsentscheid hat er nicht mehr erlebt.

Herzog Ernst Friedrich I. regierte aus dem Kabinett. Während seiner nur neunjährigen Regierungszeit gab es an der Spitze der Landesverwaltung nur wenige Veränderungen. Der Geheime Ratspräsident Sutorius behielt auch unter ihm zunächst die Leitung aller drei Landeskollegien. Aus dem Präsidium von Regierung und Konsistorium schied er erst 1721 aus, als er in coburgische Dienste übertrat und der bis dahin in löwensteinischen, erbachischen und giechischen Diensten tätig gewesene Rat und Kanzleidirektor Nicolaus Heinrich Panzerbieter (1673-1749), ein Pfarrerssohn aus dem Hildesheimischen, in beiden Ämtern sein Nachfolger wurde und dies bis über den Tod des Herzogs hinaus. Die Führung der Kammergeschäfte hingegen gab Sutorius bereits 1717 ab und zwar an den Vizekammerpräsidenten Hans Albrecht von Heßberg (1673-1731), von dem sie aber bereits 1718 auf den aus schwarzburg-rudolstädtischen Diensten nach Hildburghausen berufenen Kammerrat Severin Vater (1665-1725) überging, allerdings auch nur für drei Jahre. Auch dessen Amtsnachfolger Johann Philipp Bassy, zuvor Pachtamtmann von Veilsdorf, hielt sich nicht lange auf diesem infolge der Schuldenwirtschaft des Herzogs schwierigen Posten.

Denn Ernst Friedrich schätzte nicht nur das Militär, sondern auch höfischen Glanz, wie er vom Versailler Hof ins Reich herüberstrahlte. Ihn suchte er nachzuahmen, als er das Hofpersonal beträchtlich verstärkte und die Umgebung des Residenzschlosses zu verschönern suchte, indem er 1715 ein Ballhaus bauen ließ, und 1720 durch eine Veränderung des Werrabetts einen Kanal um den Schloßgarten führte, der wegen des schwierigen Geländes zu einem überaus kostspieligen Unternehmen wurde. Man sagt, er habe, um ihn vollenden zu können, das Heiratsgut seiner Gemahlin verkauft. Für andere, dem Lande zugutekommende Vorhaben blieb daneben wenig Raum. Erwähnenswert sind die Förderung, die er der Goldwäscherei bei Schwarzenbrunn im Amt Eisfeld und der Salzgewinnung aus den Solquellen bei Lindenau im Amt Heldburg, wenn auch mit bescheidenem Erfolg, zukommen ließ, und die die von seinem Vater ins Leben gerufene H u g e n o t t e n k o l o n i e von ihm erfuhr; er stellte ihr unentgeltlich ein Grundstück zur Verfügung, auf dem sie 1721/22 eine reformierte Kirche bauen ließ, und verlieh ihr 1722 das Privileg, jährlich einen eigenen Weihnachtsmarkt zu veranstalten, auf dem sie ihre Erzeugnisse verkaufen konnte. Diese verständnisvolle Haltung gegenüber Angehörigen der reformierten Konfession zeigt, auch wenn ihre wirtschaftspolitische Komponente unverkennbar ist, eine der des Vaters ähnliche tolerante kirchliche Einstellung, wie sie auch der während seiner Regierungszeit noch tätige Generalsuperintendent Thamerus vertrat, und die sich auch darin zu erkennen gab, daß er die Aufsicht über die Erziehung seines Sohnes und Thronfolgers Ernst Friedrich dem schon erwähnten Jenaer Theologen Franz Buddeus übertrug und seit 1717 der als pietistisch beeinflußter Liederdichter bekannt gewordene Theologe Johann Georg Seebach (1684-1721) als Hof- und Stadtdiakon in Hildburghausen tätig war. Die Nachfolger von Thamerus auf dem Generalsuperintendentenposten, zunächst 1719-1721 Amandus Gottfried F e h m e l (1698-1721), der 1716 aus kursächsischen Diensten zum Gymnasialdirektor, Kirchenrat und Konsistorialassessor nach Hildburghausen berufen worden war, und, seit 1723, Johann Wilhelm H e c k e r (1668-1743), ein gebürtiger Buttstädter, der zuvor Hofprediger Herzog Wilhelm Ernsts von Weimar gewesen war und als orthodoxer Lutheraner und Gegner des Pietismus galt, haben, soviel bekannt ist, den Bemühungen des Herzogs um die französische reformierte Gemeinde in der Residenzstadt, der sich bald auch deutsche Reformierte anschlossen, keinen Widerstand geleistet, wenn auch von so offenkundiger Förderung von ihrer Seite wie zu Zeiten von Thamerus nichts bekannt ist. Im Schulbereich galt des Herzogs Interesse vor allem dem Gymnasium, an dessen Gründung er bereits als Erbprinz Anteil genommen hatte und dem er als Landesherr durch die Berufung tüchtiger Lehrer hilfreich war.

Ernst Friedrichs Aufwand für den Hofstaat, das Militär und das Bauwesen überstieg bei weitem die Einkünfte, die die Kammerverwaltung und die von den Landständen bewilligten Steuern einbrachten, obwohl letztere bis auf 1 6 j ä h r l i c h e S t e u e r t e r m i n e angehoben wurden. Sie belasteten die Bevölkerung dermaßen, daß es 1717 vielerorts zu o f f e n e r A u f l e h n u n g kam, der sich der Herzog durch die Einschaltung des kaiserlichen Reichshofrats und die Verhängung militärischer Exekution über seine Residenzstadt wegen Steuerverweigerung nur mühsam erwehren konnte. Zwar suchte er seine Einnahmen zu vermehren, indem er in seiner Hildburghäuser Münzstätte, in der er übrigens 1716 aus dem bescheidenen Ertrag der althergebrachten Schwarzenbrunner Goldwäscherei einen Dukaten hatte prägen lassen, in großer Zahl geringwertige Scheidemünzen herstellen ließ, die prompt 1724 durch kursächsische und kurbayerische Edikte in Verruf getan wurden, und indem er Grundbesitz und Hoheitsrechte veräußerte. So verkaufte er z. B. 1720 die Eisfelder Glashütte für 400 Gulden an den Eisfelder Bürgermeister Christoph Wintruff, dem er 600 Gulden schuldig war, ferner an Herzog Friedrich II. von Gotha 1717 seine Tranksteuereinkünfte in zwei coburgischen Orten für 26 000 und 1720 zahlreiche andere Hoheitsrechte und Gefälle und hildburghäusische Anteile an den coburgischen, eisenbergischen und römhildischen Erbrechten für 50 000 Gulden, 1720 außerdem, wie bereits erwähnt, das Heiratsgut seiner Gemahlin, die Geldernsche Herrschaft Culemborg am Lek, für 800 000 Gulden an die Niederländischen Generalstaaten und 1723 das Amt Schalkau, obwohl er es 1705 als Wittum seiner Gemahlin hatte überschreiben lassen, an den Herzog Ernst Ludwig I. von Meiningen gegen Zahlung von 47 797 Gulden und Abtretung von vier meiningischen Dörfern in der Nachbarschaft von Behrungen (s. o. S. 470). An der tiefen Verschuldung des Landes änderte dies alles allerdings wenig. Sie hatte gegen Ende seiner Regierung einen solchen Umfang angenommen, daß sogleich nach seinem Tode eine kaiserliche Kommission in Hildburghausen erschien, um die finanzielle Lage des Landes zu untersuchen.

Ernst Friedrich I. starb im 43. Lebensjahr am 9. März 1724 in Hildburghausen. Seit 1704 war er mit Sophie Albertine (1683-1742), einer Tochter des Grafen Georg Ludwig von Erbach verheiratet gewesen. Aus der Ehe waren vierzehn Kinder hervorgegangen, von denen nur drei das Kindesalter überlebt hatten, die Söhne Ernst Friedrich II. (1707-1745) und Ludwig Friedrich (1710-1759) und die Tochter Elisabeth (1713-1761), die 1735 den Herzog Carl von Mecklenburg-Strelitz heiratete. Ludwig Friedrich wurde traditionsgemäß Offizier; er brachte es zum Reichs-Generalfeldzeugmeister und niederländischen General und war zuletzt Gouverneur von Nymwegen. Da die Kinder beim Tode des Vaters noch unmündig waren, übernahm ihre Mutter Sophie Albertine die Vormundschaft. Die Regierungsgeschäfte für ihren ältesten Sohn Ernst Friedrich II. führte sie bis zu dessen 21. Geburtstag (17. Dezember 1728).

Sophie Albertine war am 30. Juli 1683 in Erbach im Odenwald geboren und hatte auch dort geheiratet. Ihr oben erwähntes Heiratsgut, die Herrschaft Culenborg, hatte sie von ihrer Mutter geerbt, einer Gräfin von Waldeck. Während ihrer nicht ganz fünfjährigen Herrschaft im Lande standen ihr an der Spitze der Landeskollegien der Geheime Rat Panzerbieter als Präsident von Regierung und Konsistorium und der 1724 zum Kammerdirektor berufene Adam Friedrich von Studnitz (1695-1736) zur Seite, unter dessen Leitung die Kammer zur Kollegialbehörde erweitert wurde.

Zu Beginn ihrer Regierungszeit ließ sie sich auf Anraten ihres Schwagers, des Prinzen Joseph von Hildburghausen, und des Herzogs Johann Ernst von Saalfeld und mit Zustimmung Panzerbieters auf das Wagnis ein, den von ihrem verstorbenen Gemahl 1723 mit Herzog Ernst Ludwig I. von Meiningen abgeschlossenen, aber für das hildburghäusische Steueraufkommen und die Kammereinkünfte ungünstigen Vertrag über den Verkauf des Amts Schalkau rückgängig zu machen, indem sie ihn für widerrechtlich erklärte, und, als man in Meiningen ablehnend reagierte, entgegen den Warnungen aus Wien Stadt und Amt Schalkau durch Teile ihres Landregiments besetzen und gleichzeitig durch Beamte offiziell wieder in Besitz nehmen zu lassen. Dies stieß auf heftigen Widerstand der dortigen leitenden Beamten und Geistlichen und der Landstände und scheiterte kläglich, als Ernst Ludwig von Meiningen seinerseits Militär aufbot und im sogenannten „Schalkauer Kirschenkrieg" im Sommer 1724 (s. o. S. 471) die Hildburghäuser aus Schalkau vertrieb, ohne daß es dabei zu Blutopfern kam. Das verunglückte Unternehmen hatte für Hildburghausen ein kostenträchtiges Nachspiel, denn das Land hatte laut Reichshofratsentscheidung für diese „landfriedbrüchige Invasion" Wiedergutmachung zu leisten, also alle Kosten für die entstandenen Schäden zu tragen.

Dies blieb allerdings der einzige folgenschwere politische Mißgriff der energischen Herzogin, die, ganz im Sinne der schon erwähnten, in Hildburghausen erschienenen kaiserlichen Kommission, äußerste Sparsamkeit, Schuldenabbau und eine Entlastung der Bevölkerung von übermäßigem Steuerdruck als wichtigste Aufgaben ihrer Herrschaft ansah. Der aufgeblähte Hofstaat wurde durch Entlassungen verkleinert, Besoldungen wurden gekürzt oder gestrichen, das Militär durch die Abschaffung der kostspieligen Garde bis auf 43 Mann reduziert, Zahlungen an die Kirchen weitgehend eingestellt und die Ausgaben für das Gymnasium so beschränkt, daß es 1729 ganz aufgegeben und zu einer Stadtschule zurückgestuft werden mußte. Sogar die kostbare fürstliche Bibliothek wurde an den Meistbietenden verkauft. Gleichzeitig suchte sie die Enkünfte des Landes durch Nutzung von Bodenschätzen und Ansiedlung neuer Gewerbebetriebe zu steigern, vor allem durch die Förderung des Kobaltbergbaus bei Schwarzenbrunn im Amt Eisfeld; das dort entstandene Vitriolwerk erhielt ihr zu Ehren den Namen Sophienau. 1725 verlieh sie mehreren Glasmeistern aus Stützerbach und Fehrenbach die Konzession zur Errichtung einer Glashütte im Sachsendorfer Forst am Rennsteig, die 1726 erbaut und nach dem verstorbenen Herzog Friedrichshöhe genannt wurde. So gelang es ihr binnen weniger Jahre, die Schuldenlast von

300 000 Gulden auf 50 000 zu vermindern und zugleich die Steuerbelastung der Bevölkerung um die Hälfte, von 16 auf 8 jährliche Steuertermine, zu senken, wohl eine der Wurzeln der Beliebtheit, deren sie sich im Lande zu erfreuen hatte. Freilich folgte ihr Sohn Ernst Friedrich II., als er im Dezember 1728 die Herrschaft im Lande übernahm, während sie sich auf ihr Wittumsschloß in Eisfeld zurückzog, wo sie 1742 gestorben ist, ihrem guten Beispiel nicht.

Ernst Friedrich II. war am 17. Dezember 1707 in Hildburghausen geboren. Seine Erziehung durch zahlreiche Hofmeister bürgerlicher Herkunft stand, wie schon erwähnt, unter der Oberaufsicht des Jenaer Theologen Franz Buddeus. 1722/23 unternahm er mit seinem Bruder Ludwig Friedrich eine Bildungsreise nach Frankreich und den Niederlanden, auf der er die Krönung König Ludwigs XV. in Reims miterlebte und in Paris und Versailles das glänzende französische Hofleben und die dort vorhandenen Kunstschätze kennen lernte. Danach besuchte er von 1724 bis 1726 die Universitäten Genf und Utrecht. Am 19. Juni 1726 heiratete er in Fürstenau im Odenwald seine dorther gebürtige, fast sieben Jahre ältere Cousine Caroline (1700-1758), Tochter des Grafen Philipp Carl von Erbach-Fürstenau, eines Vetters seiner Mutter. Auf deren Wunsch mußte er mit seiner jungen Frau aus Ersparnisgründen von einem jährlichen Salär von 6000 Gulden zunächst incognito außerhalb der Grenzen seines Landes leben, bevor er am 17. Dezember 1728 die Regierungsgeschäfte übernahm.

Von den leitenden Beamten seiner Mutter blieb der Geheime Rat Panzerbieter noch fast ein Jahrzehnt in seinen Ämtern als Präsident von Regierung und Konsistorium. Als er 1737 aus Altersgründen seinen Abschied genommen hatte, übertrug der Herzog beide Ämter, ebenfalls mit dem Titel eines Geheimen Rats, dem Landschaftsdirektor Johann Carl von Heßberg (1689-1750), Rittergutsbesitzer zu Eishausen, der seine Laufbahn im kursächsischen Offiziersdienst begonnen und es dort bis zum Obersten gebracht hatte. Die Leitung der Kammer überließ der Herzog nach dem Übertritt des Kammerdirektors von Studnitz in weimarische Dienste nacheinander vier Räten, drei Kammerräten und einem Regierungsrat, zwar altgedienten und erfahrenen Finanzbeamten zumeist, aber ohne jede Möglichkeit der Einflußnahme auf die landesherrliche Finanzpolitik. Erst 1743 berief der Herzog einen Kammerpräsidenten, ebenfalls ein Mitglied der Landstände, den Land- und Hofrat Christian Friedrich Marschall von Herrengosserstedt (1697-1778), Inhaber der Rittergüter Brattenbach und Schwarzbach im Amt Eisfeld.

Der „von Jugend auf an Körper und Gemüt kränkelnde" neue Landesherr zeigte sich nicht willens, die Sparpolitik seiner Mutter fortzuführen und seine Ausgaben den Einkünften anzugleichen, die ihm sein Land bieten konnte. Er trat vielmehr in die Fußstapfen seines Vaters, vor allem was den

Aufwand für einen glanzvollen Hofstaat anging, dessen Versailler Vorbild er mit eigenen Augen gesehen hatte. Auch eine „Favoritin" legte er sich in späteren Jahren zu, die Silberscheuerin Maria Bächler, Tochter eines in Hildburghausen gebliebenen Salzburger Emigranten, von denen 1732 zahlreiche auch das Hildburghäuser Land durchzogen hatten. Da die Schuldenlast des Landes trotz aller Sparsamkeit der Mutter bei seinem Regierungsantritt immer noch so groß war, daß die Einkünfte der Kammerverwaltung kaum ausreichten, um die Schuldzinsen zu zahlen, führte die unbekümmerte Finanzgebahrung des Herzogs und seiner Berater, obwohl man zur Aufbesserung der Einkünfte auch zu so zweifelhaften Mitteln griff wie Ämterverkauf, Ablösung von Kirchenstrafen durch Geldzahlungen und die Prägung minderwertiger Münzen, durch ständige Kreditnahme, auch von Frankfurter Handelshäusern, nicht nur zu wachsender Verschuldung des Landes, sondern auch zu wieder steigender Steuerbelastung der Bevölkerung, der zu den herkömmlichen Abgaben und Steuern noch jährlich zwei sogenannte Kreditsteuern aufgebürdet wurden. Außerdem sahen sich die Landstände genötigt, 105 000 Gulden Kammerschulden auf ihre Kasse zu übernehmen.

Vermehrt wurde die im Lande überall spürbare Not noch durch erhebliche und dazu meist noch unter Wert bezahlte Lebensmittelforderungen des Hofes an die Landbevölkerung und die von vielen Bauern angesichts des starken Wildschadens vollzogene Abkehr vom Getreideanbau zugunsten der Schafhaltung, zumal alle Klagen über den übermäßigen Wildbestand wirkungslos blieben, wohl weil man davon eine Beeinträchtigung der höfischen Jagdvergnügen befürchtete. Denn wie viele andere seiner Zeitgenossen war auch Ernst Friedrich II. ein Freund der Jagd.

Den offensichtlich nicht seltenen Unmutsäußerungen aus der geplagten Bevölkerung suchte man durch einen Regierungserlaß beizukommen, der „das vielfache Raisonieren der Unterthanen" mit halbjähriger Zuchthausstrafe bedrohte. Über die sonstige innenpolitische Tätigkeit des Herzogs ist außer den 1730 und 1731 vollzogenen Bestätigungen der städtischen Statuten von Ummerstadt und Heldburg nichts von Bedeutung bekannt.

Auch über die reichspolitische Betätigung Ernst Friedrichs II. in jenem für das Reichsgebiet keineswegs ruhigen Zeitraum wissen wir nur wenig. Als sich nach dem Tode des Reichstagsgesandten von Willisen (1728) die Notwendigkeit ergab, für die Vertretung des hildburghäusischen Anteils an der hennebergischen Reichstagsstimme einen Nachfolger zu finden, wurde damit der brandenburg-ansbach- und bayreuthische Gesandte Johann Adolf von Berghofer beauftragt, der damals auch Eisenach in Regensburg zu vertreten hatte (s. o. S. 350). Nach dessen Tod (1743) übernahm diese Aufgabe der weimar- und eisenachische Gesandte Johann Caspar von Pogrell (s. o. S. 362) und nach dessen Rücktritt 1744 der hessen-kasselsche Geheime Rat und Reichstagsgesandte August Ludwig von Wülknitz, der bis zu seinem

Tode (1768) die hildburghäusischen Interessen in Regensburg wahrgenommen hat.

Ernst Friedrichs 1733, zu Beginn des Polnischen Thronfolgekrieges, zu Kaiser Karl VI. unternommene Reise nach Wien dürfte in erster Linie der Bekundung kaiser- und reichstreuer Gesinnung und der Anerkennung der Pragmatischen Sanktion gedient haben; Hinweise auf eine Teilnahme des hildburghäusischen Reichskontingents am Krieg gibt es allerdings nicht, obwohl überliefert ist, daß der Herzog ein „Landregiment" unter Waffen hielt. Karl VI. verlieh ihm damals den Rang eines kaiserlichen Oberstfeldwachtmeisters. Nach dem Tode des Kaisers schloß er sich, wie sein bis dahin in habsburgischen Diensten gewesener Bruder Ludwig Friedrich, dem Wittelsbach-Kaiser Karl VII. an, der ihn 1743 zum Generalfeldzeugmeister ernannte. Im gleichen Jahre erhielt er noch die Ernennung zum kurpfälzischen Generalleutnant, wobei ihm auch ein kurpfälzisches Infanterieregiment angetragen wurde. Während aber Ludwig Friedrich aktiv am Österreichischen Erbfolgekrieg teilnahm, zunächst auf kurbayerischer Seite, nach Karls VII. Tod auf Seiten der mit Österreich verbündeten Holländer, fehlen für Ernst Friedrich II. Zeugnisse dafür, daß ihm damals ein Militärkommando anvertraut worden ist; es handelte sich also wohl nur um Ehrentitel für einen regierenden Reichsfürsten.

Im wesentlichen ebenfalls ohne sein Zutun endete während seiner Regierungszeit, in den Jahren 1735 und 1742, der jahrzehntelange coburg-eisenberg-römhildische Erbstreit (s. S. 475 u. 538), den meiningische Einsprüche über das Jahr 1725 hinaus verlängert hatten, ohne die damals getroffene Entscheidung der dafür eingesetzten kaiserlichen Kommission zu verändern. Für Ernst Friedrich II. bedeutete dies den nunmehr reichsrechtlich abgesicherten Besitz des von seinem Großvater Ernst erreichten Herrschaftsgebiets. Dessen Vergrößerung erhoffte er sich, nachdem Kaiser Karl VII. 1744 die von seinem Vorgänger der unebenbürtigen Gemahlin Anton Ulrichs von Meiningen 1727 erteilten Standeserhöhung, mit der das Erbfolgerecht ihrer Söhne verbunden war, aufgehoben hatte und der Meininger nunmehr ohne Thronerbe war. Ernst Friedrich traf damals mit Friedrich III. von Gotha eine Abrede über die Inbesitznahme und die Aufteilung des meiningischen Landes (s. o. S. 433). Durch diese Rechnung hat Anton Ulrich nach Ernst Friedrichs Tod allerdings mit seiner zweiten Ehe einen dicken Strich gemacht.

Ernst Friedrich II. starb am 13. August 1745 im 38. Lebensjahr. Aus seiner Ehe waren vier Kinder hervorgegangen, von denen eine Tochter im Kindesalter verstorben war. Es überlebten ihn die beiden Söhne Ernst Friedrich III. (1727-1780) und Eugen (1730-1795) und die Tochter Amalia (1732-1799), die 1749 den Fürsten Ludwig von Hohenlohe-Öhringen (1723-1805) heiratete. Eugen ergriff den im Fürstenhaus traditionellen Offiziersberuf. Er starb als dänischer Generalleutnant, ist aber auch in seinem Heimatland tätig gewesen, als Mitglied der kaiserlichen Debitkommission (s. u. S. 525), die später noch zu erwähnen ist, als Gründer der Porzellanfabrik in Veilsdorf und durch Bautätigkeit in Hildburghausen und auf seinem Gut Weitersroda.

Beim Tode des Vaters waren die Kinder noch unmündig. Für den Thronfolger Ernst Friedrich III. übernahm daher dessen Mutter Caroline die Vormundschaftsregierung. Während ihrer Regierungszeit schied 1747 der Geheime Rat und Regierungs- und Konsistorialpräsident Johann Carl von Heßberg aus seinen Ämtern aus. Nachfolger wurde der Geheime Rat und Kammerpräsident Christian Friedrich Marschall von Herrengosserstedt, der damit die Leitung aller drei Landeskollegien in seiner Hand vereinigte. 1748 übertrug ihm die Herzogin außerdem noch mit dem Posten des Steuerdirektors die Führung der landständischen Steuerverwaltung.

Wenig später, am 8. Juli 1748 trat Herzog Ernst Friedrich III., der am 10. Juni 1727 in Königsberg in Franken geboren war, die Herrschaft im Lande an, also wenige Wochen nach seinem 21. Geburtstag. Schon in sehr jugendlichem Alter, 1739, hatte er mit seinem Bruder und dem üblichen Begleitpersonal eine Bildungsreise nach Frankreich unternommen, auf dem die Prachtentfaltung am Königshof und die dortige Kulturpflege den nachhaltigsten Eindruck auf ihn gemacht haben dürften. Ernst Friedrich war sehr gebildet, dichterisch und mit viel Sinn für Kunst und Wissenschaft begabt, dazu ein guter Redner, menschenfreundlich, überaus gutmütig und sehr gastfrei und daher vor allem in seiner Residenzstadt sehr beliebt, dazu, wie es heißt, „einer der schönsten Fürsten seiner Zeit", aber wie sein Vater und Großvater ohne Gespür für die finanziellen Grenzen, die ihm die wirtschaftlichen Möglichkeiten seines Landes setzten. Diesen für einen Landesherrn bedenklichen Mangel auszugleichen, hat offensichtlich auch der von Vater und Mutter übernommene leitende Beamte, der Geheime Rat Marschall von Herrengosserstedt, nicht vermocht, dem der Herzog zu den von ihm geleiteten Ämtern 1750 noch das eines Landschaftsdirektors hinzufügte, und dem damit eine für damalige thüringische Verhältnisse seltene und wohl nur in einem sehr bescheidenen Territorium mögliche Ämterfülle aufgebürdet war. Der Herzog selbst regierte wie seine Vorgänger aus dem Kabinett; er dürfte aber wichtige Entschlüsse kaum ohne seinen wichtigsten Berater gefaßt haben.

Ernst Friedrich III. war dreimal verheiratet. Aus den beiden Ehen, die er 1749 mit Luise (1726-1756), einer Tochter König Christians VII. von Dänemark, und 1757 mit Christiane (1732-1757), Tochter des Markgrafen Friedrich Christian von Brandenburg-Bayreuth und Patin des vorgenannten dänischen Königs, geschlossen hatte, war jeweils nur eine als Kleinkind verstorbene Tochter hervorgegangen. Erst in der 1758 in Bayreuth geschlossenen dritten Ehe mit Ernestine (1740-1786), der hinterlassenen Tochter Herzog Ernst Augusts von Weimar, wurde nach zwei Töchtern 1763 der Thronerbe Friedrich (1763-1834) geboren. Es entsprach dem barocken Zuschnitt des Herzogs, daß ihm daneben noch drei „filiae naturales", genannt die „Fräulein von Heldburg", deren Mutter ein Fräulein von Carlowitz war, ihr Leben verdankten.

Ernst Friedrich III. besaß ebensowenig reichspolitischen Ehrgeiz wie sein Vater und hat sich daher in dieser Beziehung sehr zurückgehalten, auch beim Ausbruch des Siebenjährigen Krieges, als er zwar gegen Subsidienzahlungen in seinem Lande für Dänemark Rekruten anwerben ließ — 1756 40, im Frühjahr 1757 60 und im Sommer 1757 weitere —, aber wie andere Ernestiner zögerte, sein bescheidenes Reichskontingent — 8 Mann zu Fuß und 2 zu Pferd — der Reichsarmee sogleich zuzuführen, obwohl sein Großonkel, Prinz Joseph von Hildburghausen, als Reichs-Generalfeldzeugmeister das Kommando über diese Armee führte. Dennoch hat dieser, der wegen des gleichen Zögerns Herzog Anton Ulrichs von Meiningen gegen dessen Land mit äußerster Härte vorging (s. o. S. 487), offensichtlich dazu beigetragen, daß sein Heimatland, vor allem die Residenzstadt, von den kaiserlichen und Reichstruppen schonend behandelt worden ist, wenn sich auch Truppendurchzüge, vor allem im Amt Eisfeld während der Jahre 1757-1762, nicht vermeiden ließen. Alsbald nach dem Ende des Krieges, 1764, richtete der Herzog zwecks Aufrechterhaltung der guten Beziehungen beim Kaiserhof eine ständige Vertretung seines Landes in Wien ein, die nacheinander bis 1776 von den Reichshofratsagenten Andreas Gottlieb und Joachim Gottlieb von Fabrice besetzt war. Eine weitere Neubesetzung machte sich nach dem Tode des Reichstagsgesandten v. Wülknitz (1768) nötig. 1770 betraute der Herzog den gotha-altenburgischen und weimar-eisenachischen Reichstagsgesandten Grafen Heinrich von Bünau auch mit der Wahrnehmung der hildburghäusischen Interessen in Regensburg.

Von weit größerer Tragweite für das Hildburghäuser Land als diese reichspolitischen Angelegenheiten wurde Ernst Friedrichs innenpolitische Tätigkeit. Sie galt in erster Linie dem Hofleben und der damit eng verbundenen Kulturpflege und Finanzpolitik. Das übrige Geschehen trat dahinter zurück und hat daher in der landesgeschichtlichen Forschung bisher nicht viele Spuren hinterlassen, kann aber dennoch hier nicht ganz übergangen werden. Im Justiz- und Polizeibereich gehörten die 1747 verfügten Verbesserungen im Prozeßrecht noch der Vormundschaftszeit der Herzoginwitwe Caroline an. In diese Jahre und noch weiter zurück reichen auch die Bemühungen des hildburghäusischen Regierungskollegiums und der ihm untergebenen Amtsträger, der jahrzehntelangen verbrecherischen Betätigung einer in Thüringen, Franken und Sachsen verbreiteten Diebes- und Räuberbande auf die Spur zu kommen, der auch zahlreiche

Morde zugeschrieben wurden. Man hatte Erfolg, als ein 1753 als Musiker in das Hildburghäuser Schloß eingeschleußter Kundschafter der Bande gefaßt werden konnte. Die nunmehr erreichten Untersuchungsergebnisse fanden ihren schriftlichen Niederschlag in einem noch im gleichen Jahre von dem hildburghäusischen Amtmann Christian Friedrich Nonne verfaßten umfangreichen gedruckten Protokoll, das nicht nur grelle Streiflichter wirft auf die damalige Verbrecherwelt und ihre Lebens- und Handlungsweise und weiten, bis nach Böhmen reichenden Verbindungen, sondern auch als eine der Quellen von Friedrich Schillers Schauspiel „Die Räuber" anzusehen ist. Um überlieferte städtische Rechtssatzungen ging es, als Ernst Friedrich gegen Ende seiner Regierungszeit die Statuten von Heldburg und Ummerstadt (1774) und von Eisfeld (1775, mit Änderung 1778) bestätigte, ein in diesen späten Jahrzehnten des 18. Jahrhunderts in ernestinischen Territorien angesichts des allgemeinen Niedergangs der althergebrachten städtischen Verfassungs- und Rechtsverhältnisse ziemlich einmaliger Vorgang.

Wirtschaftlich zukunftsträchtig erwies sich der wegen des steigenden Salzbedarfs 1761 unternommene neue Versuch, das Solevorkommen bei Lindenau südlich Heldburg zu nutzen. Die 1763 nach dem damals geborenen Thronfolger Friedrichshall benannte neue Saline, deren Betrieb einer Gesellschaft interessierter Privatpersonen überlassen wurde, lieferte ab 1766 Salz in ausreichenden Mengen und hat bis in unser Jahrhundert hinein Bestand gehabt. Ebenso günstig entwickelte sich die 1760 von Prinz Eugen von Hildburghausen in Veilsdorf gegründete Porzellanfabrik, die gegen Ende des Jahrhunderts ebenfalls in das Eigentum privater Unternehmer überging und noch heute in Betrieb ist. Dagegen überlebten von den im Hildburghäusischen angesiedelten Glashütten in diesen Jahrzehnten nur die in Fehrenbach und Neustadt am Rennsteig. Die Eisfelder Glashütte war schon 1723 außer Betrieb gesetzt worden und ging nach vergeblichen Versuchen, sie wieder in Gang zu bringen, um 1740 ganz ein. Die Hütte Friedrichshöhe, die seit 1752 kein Holz mehr aus den landesherrlichen Forsten geliefert erhielt, endete 1770. Der in anderen ernestinischen Territorien damals eintretende Wandel in der Forstwirtschaftspolitik von der ungehemmten Ausbeute zu planmäßiger Pflege der Forsten fand also wohl auch im Fürstentum Hildburghausen Eingang, wenn auch Näheres darüber bisher nicht bekannt ist.

Veränderungen kündigten sich auch im kirchlichen Leben des Landes an. Die Nachfolger des 1746 verstorbenen Generalsuperintendenten Hommel, der schlesische Kaufmannssohn Sigismund Basch (1700-1771) und, nach dessen Weggang nach Weimar, der aus dem Hohenlohischen stammende Philipp Ernst Kern (1716-1776), gehörten keiner bestimmten theologischen Richtung an, sondern vertraten eine „Übergangstheologie", in der sich orthodoxe, pietistische und aufklärerische Elemente miteinander verbanden. Der Herzog selbst blieb zwar im allgemeinen in den Schranken der überkommenen kirchlichen Gewohnheiten, zeigte sich aber zuweilen auch geneigt, Zeitströmungen nachzugeben. So wurde auf seinen Wunsch bei der Taufe seines Stammhalters 1763 die in anderen ernestinischen Landen auch damals noch durchaus übliche exorzistische Beschwörungsformel weggelassen und erlaubte er 1774 gegen den Widerspruch Kerns und des Konsistoriums mit dem Hinweis auf die „aufgeklärten Zeiten", in denen „blinder Religionseifer" nicht mehr am Platze sei, den in seiner Residenzstadt lebenden Katholiken, in einem Privathaus durch einen auswärtigen Geistlichen katholische Gottesdienste veranstalten zu lassen. Vermutlich handelte es sich bei diesem katholischen Personenkreis im wesentlichen um Mitglieder des Gefolges Prinz Josephs, der bereits 1727 zum Katholizismus übergetreten war, sich seit 1769 oft in seiner Heimatstadt aufhielt und selbst stets einen katholischen Hauskaplan um sich hatte.

Ernst Friedrich III. liebte die höfische Prachtentfaltung nach französischem Vorbild. Er begnügte sich aber nicht mit einem personell aufwendigen Hofstaat, einer für Gäste stets offenen Hoftafel und einer im wesentlichen der höfisch-militärischen Repräsentation dienenden Garde, sondern er schuf darüber hinaus auch eine neue, rund 6000 Bände umfassende Hofbibliothek und ein Naturalien- und Raritätenkabinett nach dem Vorbild anderer Fürstenhöfe und hielt bei Hofe einen Hof- und Kabinettsmaler; seit 1756 hatte Johann Ernst Heinsius (1731-1794) aus Ilmenau diese Stelle inne, bevor er um 1769 nach Weimar ging. Mit großem Aufwand wurde der Lustgarten nach Versailler Vorbild weiter ausgebaut und das von des Herzogs Vater dort errichtete Ballhaus in ein Hoftheater verwandelt, für das namhafte Schauspieler und Musiker zu Vorstellungen verpflichtet wurden, zu denen nicht nur die Hofgesellschaft, sondern auch Bürger der Residenzstadt freien Eintritt hatten. Auch der Alchemie war der Herzog zugetan, und so gehörten auch „Laboranten" zu seinem Hofstaat. Wie andere fürstliche Zeitgenossen mag auch er im Stillen gehofft haben, daß ein geglücktes Experiment ihm eines Tages doch zu Gold und damit zur Befreiung von den finanziellen Sorgen verhelfen würde, die mit einem so aufwendigen Hofstaat unweigerlich verbunden waren.

Diese Sorgen blieben allerdings zunächst weitgehend den Institutionen überlassen, in deren Zuständigkeit die Geldbeschaffung in erster Linie fiel. Die Steuerbelastung für die Bevölkerung stieg weiter; die Landstände bewilligten neue Kreditsteuern bis zur Höhe von einer halben Million Gulden. Landesherrlicher Grundbesitz wurde verkauft und auch das eingebrachte Heiratsgut der drei Gemahlinnen des Herzogs zu Geld gemacht. Wenn es galt, über alle diese und andere übliche Finanzquellen hinaus Mittel zu beschaffen, waren die Behörden, wie schon früher und sicher nicht ohne

Zustimmung des Landesherrn, auch jetzt nicht besonders wählerisch und konnten es wohl auch nicht sein. Öffentliche Ämter waren bis zum Dorfschultheißen hinab, Pfarrstellen eingeschlossen, für Geld zu haben und auch Kirchenstrafen ließen sich damit ablösen; und die Hildburghauser Münzstätte, oft an Interessenten verpachtet, die in erster Linie an den eigenen Gewinn dachten, prägten damals in großer Menge geringwertige Münzen, z. T. von so schlechter Qualität, daß sie nicht absetzbar waren und wieder eingeschmolzen werden mußten, und daß schließlich die kaiserliche Münzbehörde mit einem Prozeß gegen den Herzog vorging. Da alles das aber nicht ausreichte, um die Kosten zu decken, behalf man sich in großem Stile mit Krediten. Der Herzog beteiligte sich selbst daran, indem er Blankoschecks ausstellte, in die die betreffenden Gläubiger die Höhe ihrer Forderungen nach eigenem Belieben eintragen konnten. Selbst kleine Beträge borgten der Herzog oder seine Gemahlin, ohne sie auf Jahre hinaus zurückzuzahlen, so z. B. 1767 79 bzw. 80 Gulden beim Rat von Hildburghausen.

Als die Schuldenlast schließlich auf 4 Millionen Gulden geschätzt wurde und Zinsen von jährlich rund 210 000 Gulden zu zahlen waren, bei jährlichen Kammereinkünften von nicht einmal 72 000 Gulden, schritt Kaiser Joseph II. ein, indem er 1769 eine Debitkommission einsetzte, die die Forderungen der Gläubiger untersuchen und für Wiederherstellung geordneter finanzieller Verhältnisse im Lande sorgen sollte. Mit ihrer Leitung betraute er die Herzogin Charlotte Amalia von Meiningen und den Prinzen Joseph von Hildburghausen, den gewesenen kaiserlichen Feldmarschall und Reichs-Generalfeldzeugmeister. Als die Kommission die Aufsicht über die landesherrlichen und landständischen Kassen übernehmen wollte, suchte Ernst Friedrich Widerstand zu leisten und ließ seine Residenzstadt gegen die daraufhin von der Kommission angeforderten gothaischen, weimarischen, meiningischen und coburgischen Truppen in Verteidigungszustand setzen; er fügte sich aber schließlich, bevor eine ernste Situation entstehen konnte. Das Hofpersonal wurde stark reduziert, die Garde entlassen, dem Herzog für den ihm verbliebenen Hofstaat eine Zivilliste von 12 000 Gulden jährlich ausgesetzt; die Kosten für die Erziehung seiner Kinder übernahmen die Landstände.

Der Geheime Rat Marschall von Herrengosserstedt trat noch 1769 vom Präsidium der Kammer zurück, behielt aber die Leitung von Regierung und Konsistorium noch bis zu seinem Tode (1778). Die Führung der Kammergeschäfte wurde zunächst dem Geheimen Rat und Oberjägermeister Georg Heinrich Ernst von Bibra (1707-1772) übertragen, der dem Hofstaat angehörte und früher gelegentlich mit diplomatischen Aufgaben betraut worden war. Sein Nachfolger wurde 1771 der zum Kammerpräsidenten ernannte vormalige badische Baudirektor Albrecht Friedrich von Keßlau

(1726-1789), der, Sohn eines preußischen Offiziers und späteren coburg-saalfeldischen Pagenhofmeisters, in Karlsruhe, Stuttgart und Paris zum Architekten ausgebildet und danach Baudirektor in Karlsruhe geworden war, seit 1769 aber in der hildburghäusischen Kammer- und Steuerverwaltung gearbeitet hatte und 1771 den badischen Dienst verließ; er blieb in seinem Amt bis an sein Lebensende. Bibra und Keßlau waren der Aufsicht der Debitkommission unterstellt, zu deren Mitgliedern auch Prinz Eugen von Hildburghausen und einige altgediente hohe hildburghäusische Beamte gehörten.

Da die Herzogin von Meiningen in erster Linie ihren landesherrlichen Pflichten im eigenen Lande nachkommen mußte, kam in der Leitung der Kommission dem Prinzen Joseph besonderer Einfluß zu, zumal er nach langer und erfolgreicher Tätigkeit im kaiserlichen Militärdienst, in dem er mit der bis 1871 in Geltung gebliebenen Neuorganisation der Militärgrenze gegen das Türkenreich seine bedeutendste Leistung vollbracht hat, zu Beginn des Jahres 1758, nach der Niederlage von Roßbach, den Reichs- und kaiserlichen Dienst verlassen hatte und daher ohne Amt war. Den an ihn ergangenen Ruf Josephs II., sich um die Sanierung der Finanzen seines Heimatlandes zu kümmern, hatte er sich trotz seines fortgeschrittenen Alters nicht verschlossen. Seinen Wiener Wohnsitz, in dem er viele Jahre als Mäzen hervorragender Musiker, u. a. von Gluck und Ditter von Dittersdorf, gewirkt hatte, gab er allerdings nicht auf, doch kam er seitdem oft, wenn auch immer nur vorübergehend, in seine Heimatstadt. Daran änderte sich auch nichts, als ihm nach dem Tode Herzog Friedrichs III. von Gotha-Altenburg 1773 durch Reichshofratsbeschluß das Seniorat des ernestinischen Hauses und die damit verbundene Verwaltung des Amtes Oldisleben anvertraut wurde, gegen den Protest Coburgs und Weimars, die gegen die Übergabe dieses Amtes an ein nicht regierendes Mitglied eines ernestinischen Fürstenhauses Einspruch eingelegt hatten. Erst nachdem Ernst Friedrich III. am 23. September 1780 im 54. Lebensjahr in seinem Jagdschloß Seidingstadt gestorben war und Prinz Joseph (siehe Abb. 25, nach S. 416) die Vormundschaft über seinen Urgroßneffen Friedrich übernahm, wurde Hildburghausen seine ständige Residenz. Dies gehört jedoch bereits zu einem neuen Abschnitt thüringischer Landesgeschichte, über den später zu berichten ist (siehe Bd. V 1, Teil 2, S. 718 ff.).

Sachsen-Saalfeld und Sachsen-Coburg-Saalfeld 1680-1775

Herzog Johann Ernst, Ernsts des Frommen hinterlassener jüngster, am 22. August 1658 in Gotha geborener Sohn, war beim Tode des Vaters noch unmündig und stand auch noch unter Vormundschaft seines ältesten Bruders Friedrich I., als die gemeinschaftliche Hofhaltung aller Brüder auf dem Friedenstein in Gotha 1676 scheiterte und fünf jüngere Brüder Friedrichs ihre Residenzen in den Landesteilen nahmen, deren Einkünfte ihnen dem väterlichen Testament entsprechend zugewiesen worden waren. Lediglich Johann Ernst blieb noch in Gotha und erhielt zu seinem Unterhalt ein Gelddeputat. Wie seine Brüder wünschte jedoch auch er, nachdem er 1679 volljährig geworden war, ein eigenes Herrschaftsgebiet. In der Abrede Friedrichs I. mit seinen jüngsten Brüdern vom 8. März 1679 und dem darauf beruhenden Vertrag vom 24. Februar 1680 (s. o. S. 248 f.) erhielt Johann Ernst die bisher von seinem Bruder Albrecht, der stattdessen das Fürstentum Coburg übernahm, regierten Ämter Saalfeld, Gräfenthal und Probstzella mit der Stadt Lehesten, allerdings ohne die landesherrlichen Rechte, die Friedrich I. vorbehalten blieben. Johann Ernst war mit den Ergebnissen des Vertrags sehr unzufrieden und machte daher schon im März 1680 rechtliche Bedenken dagegen geltend, Er erklärte, daß er selbst zum Zeitpunkt der 1679 getroffenen Abrede noch unmündig und daher gegenüber Friedrich als Vormund nicht geschäftsfähig und außerdem in Rechtsfragen unerfahren gewesen sei, und daß der Vertrag zu den testamentarischen Bestimmungen des Vaters und den sächsischen Hausgesetzen in Widerspruch stehe. Es kam zu Verhandlungen mit Friedrich, der ihm, um ihn von weiterem Widerspruch abzubringen, 1682 noch die Stadt Pößneck, 1/3 der Land- und Tranksteuereinnahmen in den zum saalfeldischen Territorium gehörenden Ämtern und die Hälfte der Einkünfte aus den Saalfelder Bergwerken überließ.

Inzwischen war Johann Ernst, nachdem er sich am 18. Februar 1680 in Merseburg mit Sophie Hedwig (1660-1686), einer Tochter Herzog Christians I. von Sachsen-Merseburg vermählt hatte, im August 1680 mit seinem Hofstaat nach Saalfeld übergesiedelt und hatte dort das Schloß bezogen, das sein Bruder Albrecht hatte bauen lassen. Aus seiner Ehe gingen fünf Kinder hervor, von denen zwei das Jugendalter überlebten, Christian Ernst (1683-1745) und Charlotte Wilhelmine (1685-1767), die 1705 den Grafen Philipp Reinhard von Hanau heiratete. Die Herzogin starb 1686 bei der Totgeburt ihres fünften Kindes. Nach mehrjähriger Witwerzeit ging Johann Ernst am 2. Dezember 1690 in Maastricht eine zweite Ehe ein mit Charlotte Johanna (1664-1699), einer Tochter des Fürsten Josias von Waldeck, mit der er acht Kinder hatte, von denen drei das

Jugendalter nicht überlebten. Die beiden ältesten Söhne Wilhelm Friedrich (1691-1720) und Carl Ernst (1692-1720), die beide in kaiserliche Kriegsdienste traten und von denen Wilhelm Friedrich ein Tagebuch über eine Reise nach Wien (1711) und die Teilnahme am Türkenfeldzug und der Schlacht bei Belgrad (1717) hinterlassen hat, starben beide 1720, nachdem sie am österreichisch-spanischen Krieg (1718-1720) in Oberitalien teilgenommen hatten, Friedrich Wilhelm in Saalfeld, Carl Ernst als Rittmeister in Cremona. Von den drei anderen Kindern zweiter Ehe starben die beiden Töchter ebenfalls vor ihm, Sophie Wilhelmine (1693-1727) als Gemahlin des Fürsten Friedrich Anton von Schwarzburg-Rudolstadt, Henriette Albertine (1698-1728) unvermählt; lediglich der Sohn Franz Josias (1697-1764) überlebte den Vater, dessen zweite Gemahlin bereits 1699 bei einem Besuch in Hildburghausen gestorben war.

Johann Ernsts Saalfelder Hofstaat war im Vergleich zu denen seiner älteren Brüder von großer Einfachheit, auch personell. Der Repräsentation dienendes Militär gab es in Saalfeld nicht, sondern lediglich eine Schloßwache, die zunächst aus Angehörigen des Landesaufgebots bestand und 1697 durch eine 28-köpfige Saalfelder Bürgerwehr ersetzt wurde. Sehr einfach organisiert war auch die vom Herzog neu geschaffene Zentralbehörde, die nötig wurde, weil Saalfeld bis dahin nie Residenzstadt gewesen war. Da für die Wahrnehmung der dem gothaischen Herzogshaus vorbehaltenen landeshoheitlichen Rechte laut Teilungsvertrag von 1680 Regierung und Konsistorium in Altenburg zuständig blieben, in denen Johann Ernst seine Interessen als Mitregent lediglich durch einen dorthin abgeordneten Rat vertreten ließ, um die Kosten für eigene derartige Kollegien zu sparen, und die in seinem Land ansässigen Mitglieder der Landstände nach wie vor auf den Altenburger Landtagen zu erscheinen hatten, es also keine speziell saalfeldischen Landtage gab, waren des Herzogs Herrschaftsbefugnisse im wesentlichen auf die Wahrnehmung grundherrlicher Rechte beschränkt, auf Gerichtsbarkeit, Polizeiaufgaben und die Verwaltung der zumeist aus den Ämtern anfallenden Einkünfte. Alles dies wurde einer Zentralbehörde mit bescheidener personeller Ausstattung übertragen, die zunächst die Bezeichnung „Ratsstube und Kammer", später den Namen „Geheime Kanzlei" führte und von einem Kollegium geleitet wurde, das um 1714 aus einem Präsidenten, drei Hofräten und einem Rentmeister bestand.

An dessen Spitze stellte der Herzog 1680 den von seinem Bruder Albrecht aus gothaischen Diensten 1676 zum Hofmarschall und Oberamtmann von Saalfeld, Gräfenthal und Probstzella nach Saalfeld berufenen Hans Caspar von Körbitz (1629-1691), der zu seinem Oberamtmannsrang noch den Titel eines Hof- und Kammerdirektors erhielt. Als er 1686 in dänische

Dienste ging, wurde der Kammerdirektor Johann Heinrich von Obernitz (1646-1709), der zugleich in merseburgischen Diensten stand, sein Nachfolger. Er hatte außerdem den Posten eines Amtmanns von Gräfenthal und Probstzella inne und war von 1695 bis 1707 noch als Reichshofrat und Reichsmünzkommissär tätig, Ämter, in denen er wohl im Interesse des Herzogs auch gute Beziehungen zum Kaiserhof in Wien unterhalten hat. Als er 1709 gestorben war, bot der Herzog 1710 seinen Posten dem weimarischen Hofmarschall und Geheimen Rat Georg Wilhelm von Reinbaben (1674-1739) an, der ihn wenig später annahm und mit dem Titel eines Geheimen Rats und Präsidenten geführt hat. Er behielt ihn auch bei, als Herzog Ernst August von Weimar ihn 1728 an die Spitze seiner Regierung berief (s. o. S. 297). Mit ihm trat ein tüchtiger, kenntnisreicher und integrer Mann an die Spitze der Saalfelder Verwaltung, der dem Herzog vor allem im Streit um sein coburgisches Erbe tatkräftig zur Seite gestanden und ihm dabei die Feder geführt hat.

Aber noch bevor es nach dem Vergleich mit Friedrich I. von Gotha-Altenburg von 1682 zu diesem Streit kam, waren neue Zerwürfnisse mit Friedrich aufgebrochen, als Johann Ernst feststellen mußte, daß bei der Berechnung der Einkünfte aus den ihm zugewiesenen Amtsbezirken Fehler unterlaufen waren und sie mit den im Vertrag zugrundegelegten Beträgen nicht übereinstimmten, sondern beträchtlich niedriger waren, und als zudem noch seine besondere Stellung als Mitregent im Fürstentum Altenburg auf den dortigen Landtagen immer wieder eine Quelle von Streitigkeiten wurde. Da Friedrich sich aber auf neue Verhandlungen nicht einließ, wandte sich Johann Ernst beschwerdeführend an Kaiser Leopold I. und erreichte die Einsetzung einer kaiserlichen Kommission, die den Streit gütlich beilegen sollte. Bevor diese ihre Tätigkeit jedoch aufnehmen konnte, starb Friedrich I. (1791). Durch Vermittlung Herzog Albrechts von Coburg kam es zu Verhandlungen zwischen Friedrichs Thronfolger Friedrich II. und Johann Ernst, die 1695 mit einem Vergleich endeten (s. o. S. 403). Er brachte dem Saalfelder zwar keinen Landzuwachs, aber das Verfügungsrecht über die bis dahin noch in gothaischer Hand gewesenen 2/3 der Land- und Tranksteuereinnahmen aus seinem Lande, ferner die Aufsicht über das Saalfelder Bergwerk und die Zusage, ihn für die ihm wegen der zu geringen Einkünfte zustehenden Ausgleichszahlungen, die man „Nachschußgelder" nannte, bei künftigen Erbfällen mit Landbesitz zu entschädigen, und überdies in Hoheits- und Landtagsangelegenheiten bessere Kommunikation mit ihm pflegen zu wollen. Wenn gerade aus diesem Jahre berichtet wird, daß Johann Ernst infolge von allerlei Aufregungen in eine „Gemüts- und Verstandesverwirrung" geraten sei, so hing dies wohl kaum nur, wie man gesagt hat, mit seinen damaligen pietistischen Neigungen zusammen; das ständige Feilschen um seine Erbrechte dürfte dabei ebenfalls eine Rolle gespielt haben.

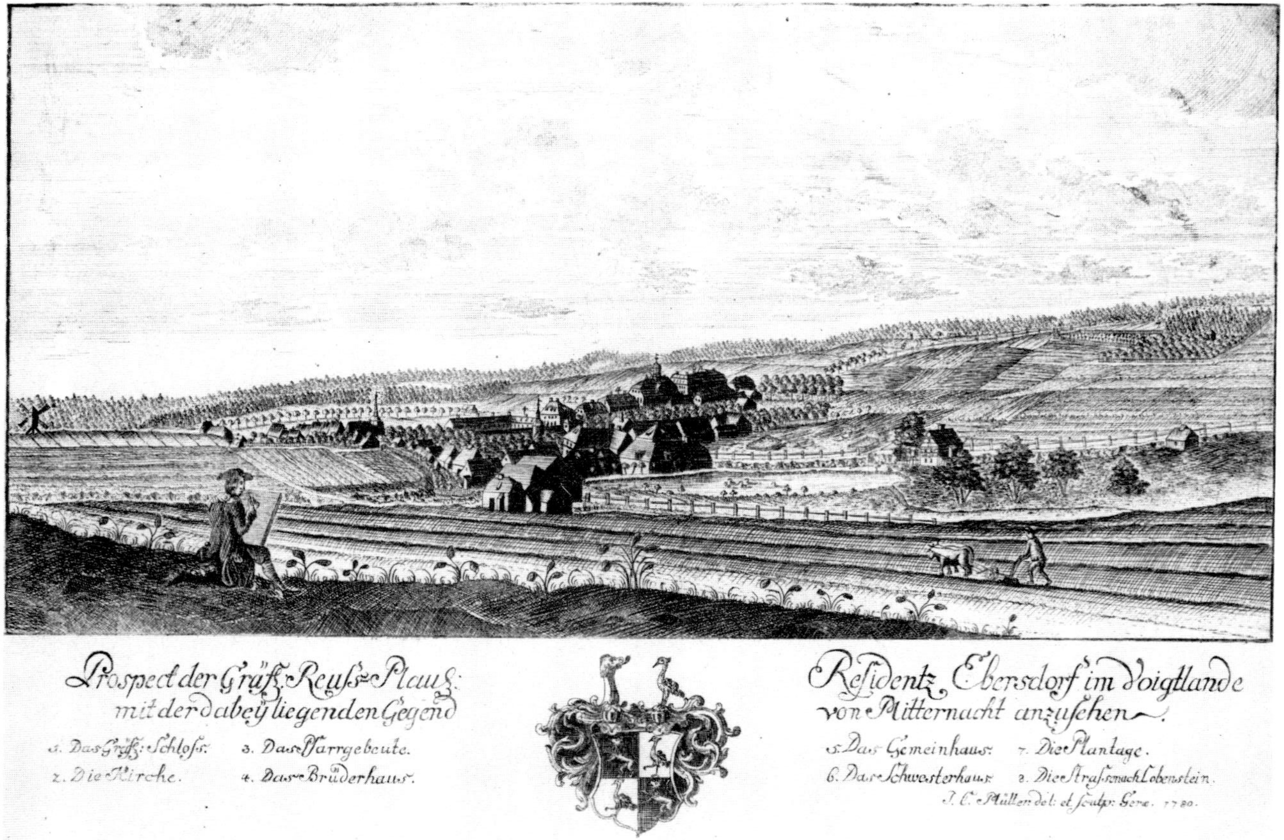

Abb. 31: Ansicht der Stadt Ebersdorf (1780)

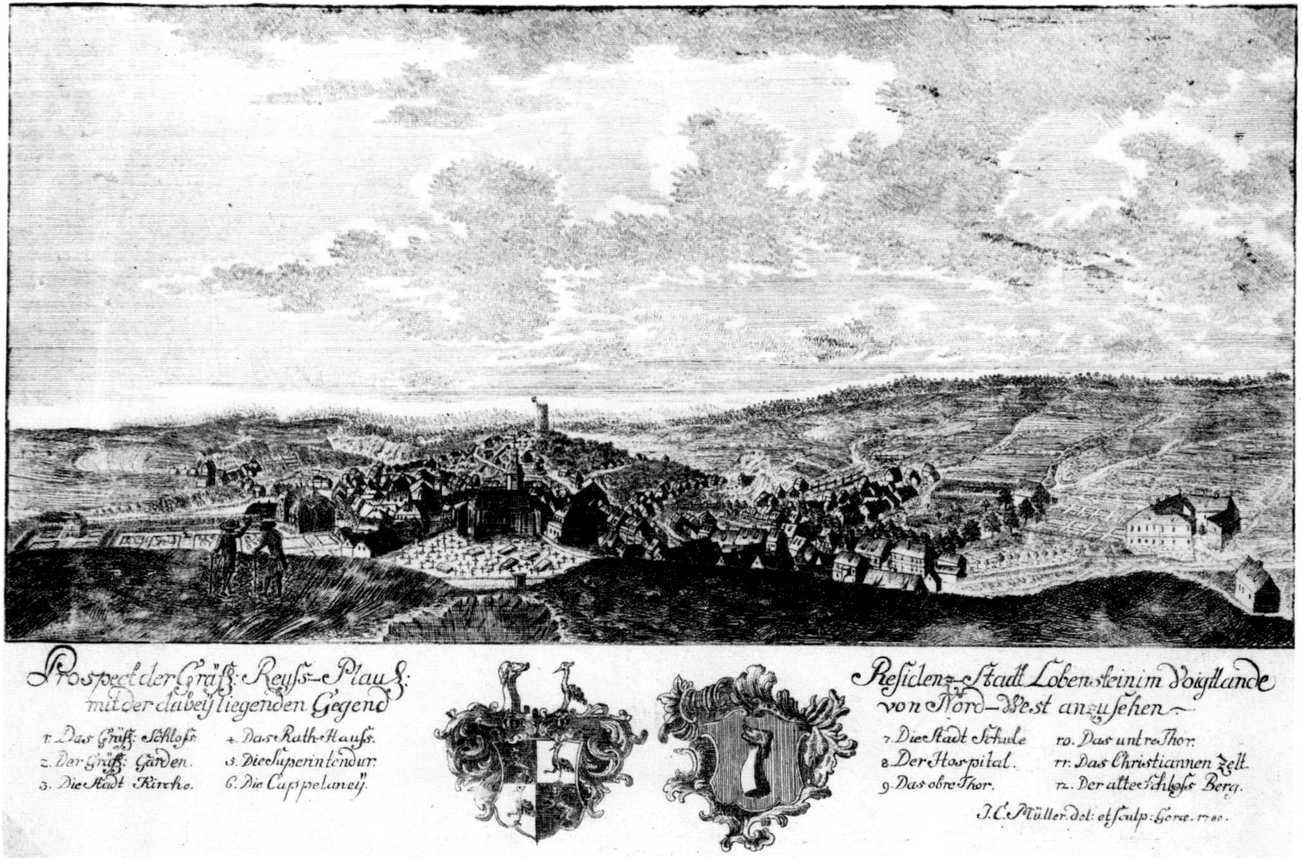

Abb. 32: Ansicht der Stadt Lobenstein (1780)

Der im Vertrag enthaltene Hinweis auf künftige Erbfälle galt natürlich der Erbenlosigkeit der Brüder Albrecht von Coburg, Heinrich von Römhild und Christian von Eisenberg, die schon seit Jahren, wie bereits berichtet (s. o. S. 403, 411 ff. u. ö.), die Aufmerksamkeit der mit männlichem Nachwuchs gesegneten Brüder, so auch Johann Ernsts, und von deren Neffen Friedrich II. von Gotha-Altenburg auf sich gezogen hatte. Dabei dürften Johann Ernst die von Albrecht, Bernhard von Meiningen und Friedrich getroffenen Abreden, die auf eine Übernahme des Fürstentums Coburg durch Bernhard hinausliefen, kaum verborgen geblieben sein. Eingedenk früherer schlechter Erfahrungen, und um neuer Übervorteilung zu entgehen, hielt er es jedenfalls für klüger, der 1699 von Albrecht nach Coburg einberufenen Konferenz aller Brüder (s. o. S. 454 f.) fern zu bleiben und seine Erbrechte erst bei Eintritt eines Erbfalls geltend zu machen. Das von ihm gegen den in Coburg geschlossenen Vertrag in Wien erwirkte kaiserliche Schreiben, das seine Miterben zur Beachtung seiner Erbrechte aufforderte, führte zwar dazu, daß Ernst von Hildburghausen auf seine Seite trat und den Coburger Vertrag nicht ratifizierte, konnte aber nicht verhindern, daß Bernhard nach dem wenige Wochen später eingetretenen Tod Albrechts von dem Coburger Land Besitz ergriff und sich dabei zum regierenden Fürsten ausrufen, die von Ernst und Johann Ernst ebenfalls öffentlich angeschlagenen Besitzergreifungspatente aber entfernen ließ. Auf eine Beschwerde der beiden Brüder in Wien sah sich Bernhard zwar zum Abschluß eines Vertrags mit ihnen veranlaßt, in dem er ihnen den Mitbesitz des Coburger Landes einräumte und eine gütliche Teilung des Landes vorzunehmen versprach; an die Einlösung dieses Versprechens dachte er jedoch nicht. Er verfolgte vielmehr in Übereinstimmung mit Friedrich II. das Ziel, Coburg für sich und sein Haus zu gewinnen, und es gelang beiden, durch entsprechende Zugeständnisse an Ernst von Hildburghausen diesen auf ihre Seite zu ziehen (s. o. S. 504 f.). Dadurch sah sich Johann Ernst in seinem Kampf um seine Erbrechte isoliert. Er legte 1705 erneut Beschwerde ein, diesmal beim Reichshofrat, und erreichte die Einsetzung einer kaiserlichen Kommission zur Beilegung des Erbstreits.

Als während der folgenden Jahre nach dem Tod Christians von Eisenberg (1707) dessen Land von Truppen Friedrichs II. besetzt wurde und nach Heinrichs von Römhild Ableben (1710) Ernst Ludwig I. von Meiningen nicht nur die von Johann Ernst zur Wahrnehmung seiner Erbrechte dorthin entsandten Beamten gefangensetzen ließ, sondern sich überdies mit Friedrich II. und Ernst in militärischem Einsatz um dieses Erbe stritt, bis Kaiser Joseph I. dem durch seinen Machtanspruch ein Ende machte (s. o. S. 469 f.), begnügte sich Johann Ernst zunächst damit, beim Kaiser eine neue Beschwerde vorzubringen; an den Einsatz seines — obendrein bescheidenen — Landesaufgebots konnte er schon deshalb nicht denken, weil die Militärhoheit in seinem Land nicht ihm, sondern Friedrich II. von Gotha-Altenburg zustand. So suchte er sich mit Friedrich durch Verhandlungen zu einigen. 1708 schloß er mit ihm einen Vertrag, in dem der Gothaer ihm als Ersatz für seinen eisenbergischen Erbanteil 5000 Gulden von den im Saalfelder Land jährlich aufgebrachten, bisher Gotha zustehenden Extraordinarsteuern abtrat; und nach dem Ende der Auseinandersetzungen um das Römhilder Land erreichte er 1711 eine Vereinbarung mit ihm über eine gemeinsame Verwaltung des römhildischen Amts Themar.

In dem von der zur Beilegung des Erbstreits eingesetzten kaiserlichen Kommission 1714 veröffentlichten Reichshofratsbeschluß wurden alle seit 1699 über das Fürstentum Coburg geschlossenen Erbverträge insoweit für ungültig erklärt, als sie den saalfeldischen Erbrechten widersprachen, und Johann Ernst das Recht zugesprochen, seine coburgischen und eisenbergischen Erbrechte im Fürstentum Coburg, die römhildischen im Fürstentum Römhild zu befriedigen. Friedrich II. erkannte den Rechtsspruch sogleich an und überließ Johann Ernst alle in gothaischem Besitz befindlichen coburgischen und die ihm 1711 zugesagten römhildischen Erbanteile, behielt sich jedoch die Landeshoheit in diesen Gebieten vor, obwohl ihm in dem Reichshofratsentscheid ausdrücklich nahegelegt worden war, wegen der Überlassung der landeshoheitlichen Rechte in den Gebieten Johann Ernsts mit diesem zu einer Vereinbarung zu kommen. Erst nach langen mühsamen Verhandlungen gelang es Johann Ernst, im Liberationsrezeß vom 6. November 1717 gegen große finanzielle Zugeständnisse die Landeshoheit in seinen coburgischen und römhildischen Erbanteilen zu erwerben; in den saalfeldischen Ämtern blieb sie weiter in gothaischer Hand; erst 1805 endete dort der „Nexus Gothanus". Aber auch im Coburgischen konnte er sie nicht sogleich ausüben, weil Ernst Ludwig I. von Meiningen gegen den Reichshofratsbeschluß von 1714 und den gothaisch-saalfeldischen Rezeß von 1717 protestiert und Revision verlangt hatte. Im Römhildischen dauerte es ebenfalls noch einige Jahre, und erst nachdem eine von allen Erbberechtigten geschaffene gemeinsame Kommission eine Neubewertung der gesamten Erbmasse und ihrer einzelnen Teile 1720 abgeschlossen und dabei Johann Ernst Stadt und Amt Coburg mit den Gerichtsbezirken Rodach, Neustadt und Gestungshausen, das Amt Mönchröden, 1/3 des Amts Römhild und 5/12 des Amts Themar zugesprochen hatte, konnte er durch ein von Römhild aus erlassenes Patent 1723 die Übernahme der landesherrlichen Rechte in dem ihm zugeteilten Gebiet öffentlich verkünden. Praktische Bedeutung hatte dies allerdings zunächst nur für das Amt Themar, über dessen gemeinsame Verwaltung er 1728 mit Friedrich II. von Gotha einen Administrationsrezeß abschloß, in dem eine gleichmäßig wechselnde weltliche und kirchliche Leitung vereinbart und lediglich die Verteilung der Einkünfte im Verhältnis 5/12 zu 7/12 beschlossen wurde.

Die Übernahme der Herrschaft in den anderen Gebieten war wegen des meiningischen Protests noch nicht möglich. Johann Ernst hat sie nicht mehr erlebt, denn auch als der meiningische Einspruch vom Reichshofrat 1725 zurückgewiesen wurde, verstanden es die auf Ernst Ludwig I. folgenden meiningischen Herzöge und ihre Berater, durch neue Einwände die Inbesitznahme dieser Gebiete durch das Haus Saalfeld noch um ein Jahrzehnt zu verzögern.

Auf die coburgische Verwaltung blieben die Entscheidungen des Reichshofrats von 1714 und 1725 nicht ohne Einfluß. Ihre leitenden Beamten waren seit Beginn des Erbstreits in einer schwierigen Lage, da sie von beiden Parteien gleichzeitig umworben und, falls sie Anordnungen der Gegenpartei folgten, bedroht wurden. Allerdings hatte sich Bernhard von Meiningen 1699 in Coburg so festgesetzt, daß Johann Ernst, obwohl er durch häufige Aufenthalte in der Stadt seine Ansprüche auf sein Erbteil zu bekräftigen suchte, kaum Hoheitsrechte wahrzunehmen vermochte. Immerhin konnte er den von Bernhard gewonnenen letzten Hofprediger Herzog Albrechts, Johann Georg Hassel (s. o. S. 452), als dieser sich gegenüber dem Kurfürsten von Mainz die Bemerkung erlaubte, Johann Ernst sei der Urheber aller dieser Streitigkeiten, in Coburg festnehmen und auf der dortigen Veste einsperren lassen, wenn er ihn, da ihm dies auf die Dauer wohl zu unsicher schien, auch wenig später nach Probstzella abtransportierte und dort trotz vielfältiger Proteste, sogar von Seiten König Friedrichs I. von Preußen, bis 1703 in Haft hielt. Auf die Tätigkeit der coburgischen Landeskollegien ständig Einfluß zu nehmen, gelang jedoch erst, nachdem die schon erwähnte Kommission 1720 ihre Bewertungs- und Aufteilungsarbeiten beendet hatte. Ab 1721 wurde die coburgische Kammer von je einem meiningischen Deputierten, dem bisherigen coburgischen Kammerrat Valentin Ernst Fomann von Waldsachsen (1688-1735), und einem saalfeldischen, dem nunmehrigen Kammerrat Johann Friedrich Facius (1672-1731) geleitet, ab 1725 Regierung und Konsistorium von dem meiningischen Deputierten und Regierungs- und Konsistorialrat Friedrich von Wolzogen (1704-1773) und dem saalfeldischen Regierungs- und späteren Hof- und Konsistorialrat Johann Friedrich Gruner (1688-1756). Wenige Monate vor seinem Tode, 1729, gelang es Johann Ernst, sich mit Meiningen auf einen gemeinsamen Kanzler in Coburg zu einigen, den einstigen hildburghäusischen Geheimen Ratspräsidenten Tobias Sutorius Edlen von Carlstein, der aber bereits 1731 starb und keinen Nachfolger fand.

Johann Ernsts politische Tätigkeit galt also, insofern sie über die Grenzen seines Saalfelder Landes hinausreichte, fast ausschließlich dem Kampf um das eigene Erbteil und war, obwohl ihm jede militärische Macht fehlte, erfolgreich, weil er auch in schwierigen Lagen viel Geduld und zähe Standfestigkeit bewies. Zweifellos ging dies, wie alle Erfolge der jüngeren Söhne Ernsts des Frommen, zu Lasten der reichspolitischen Einflußmöglichkeiten des gothaischen Gesamthauses. Ob es aber sinnvoll ist, ihm nachträglich aus seinem „einseitigen Festhalten an dem ihm zustehenden Rechte zu Ungunsten des Gesamthauses" einen Vorwurf zu machen, scheint doch recht fraglich angesichts der späteren Degenerierung des gothaischen Herzogshauses und des Aufstiegs, den das coburg-saalfeldische Haus im 19. Jahrhundert im europäischen Maßstab genommen hat.

Zu dem für ihn und sein Haus erfreulichen Ergebnis seiner Erbstreitspolitik dürfte das gute Verhältnis zum Wiener Kaiserhof nicht wenig beigetragen haben, worum er sich stets bemüht hat, offenbar bereits zu einer Zeit, als sein Neffe Friedrich II. von Gotha-Altenburg (s. o. S. 402 u. 406 ff.) und in dessen Gefolge andere Ernestiner noch der gegen die habsburgische Politik opponierenden Fürstenpartei zugehörten. Als noch keine Rede sein konnte von einer eigenen Vertretung beim Reichstag in Regensburg, richtete er am Wiener Hof eine eigene Agentenstelle ein, die der dort erstmals 1717 erwähnte, vor allem die saalfeldischen Interessen im Erbstreit vertretende Rat und Reichshofratsagent Moritz Facius (1682-1722), ein jüngerer Bruder des obengenannten Kammerrats, innehatte. Auch der Eintritt seiner drei Söhne zweiter Ehe Wilhelm Friedrich, Carl Ernst und Franz Josius in kaiserliche Militärdienste lag in dieser Richtung. Politisch kaum von Belang war dagegen das nach seines Bruders Ernst von Hildburghausen Tod (1715) an ihn gekommene Seniorat des ernestinischen Gesamthauses, das damals nur noch ein Ehrenamt war, allerdings wegen der Nutzung des Senioratsamts Oldisleben, die ihm 1716 zufiel, eine wenn auch bescheidene Erweiterung seines Herrschaftsgebiets bedeutete.

Johann Ernsts innenpolitisches Wirken war durch das Fehlen der landeshoheitlichen Befugnisse sehr eingeengt, und seine Versuche, im Rahmen des altenburgischen Gesetzes- und Verordnungswesens tätig zu werden, dadurch sehr erschwert, daß weder seine Bevollmächtigten in den altenburgischen Regierungs- und Konsistorialkollegien noch seine Vertreter auf den Altenburger Landtagen über den Einfluß verfügten, der es ihm, der sich als mitregierender Landesfürst im Fürstentum Altenburg verstand, ermöglicht hätte, dort seine Absichten durchzusetzen. Daraus folgten wiederholt Auseinandersetzungen mit den gothaischen Herzögen und deren leitenden Beamten, zumal wenn diese es entgegen der vertraglichen Vereinbarungen an der von Johann Ernst geforderten Unterrichtung über gesetzliche Vorhaben im Fürstentum Altenburg fehlen ließen, auch nachdem diese Verpflichtung im obenerwähnten Vergleich von 1695 noch einmal festgeschrieben worden war. Mehrfach kam es in solchen Fällen vor, daß der Herzog die Durchführung von Landtagsbeschlüssen in seinem Lande ablehnte. Im Jahre 1698 drohte daraufhin der darüber erzürnte gothaische Geheime Ratsdirektor Bachoff von Echt einmal sogar mit dem Einmarsch gothaischen Militärs. Immer wieder wurde auch das Saalfelder Fürstentum zwar für die Finanzierung von Vorhaben herangezogen, die allein der Stadt Altenburg und ihrem Umland zugute kamen, während die Wünsche der saalfeldischen Vertreter auf den Altenburger Landtagen nach Förderung des Bergbaus in ihrem Gebiet unberücksichtigt blieben. Diese vielfältigen Mißhelligkeiten lassen es verständlich erscheinen, daß Johann Ernst beim Erwerb seines coburgischen und römhildischen Erbes keinen finanziellen Aufwand scheute, um wenigstens für dieses Gebiet die volle Landeshoheit zu erwerben.

Wenn auch in Zusammenarbeit der altenburgischen Behörden mit den altenburgischen Landständen unter Beteiligung Johann Ernsts und seiner Berater damals so wichtige altenburgische Gesetzeswerke entstanden sind wie die Landesordnung von 1705 und die Gerichts- und Prozeßordnung von 1704, die natürlich auch im Saalfeldischen Geltung erhielten (s. o. S. 417), so war der Herzog angesichts der gegebenen staatsrechtlichen Verhältnisse nicht in der Lage, die Gesetzgebung in seinem Lande nach eigenen Vorstellungen zu gestalten. Lediglich einzelne Gegenstände des Justiz- und Polizeibereichs konnte er im Rahmen der allgemeinen altenburgischen Gesetze durch eigene Entscheidung regeln. So verlieh er dem Rat der Stadt Saalfeld 1681 gegen Abtretung des Vorwerks Graba die hohe und niedere Gerichtsbarkeit, mit Ausnahme über das Hofpersonal; und dem Rat von Pößneck, der seit Jahrhunderten ebenfalls diese Rechtstitel besaß, mit Ausnahme bei Mord und nur wiederkäuflich, überließ er diese 1689 auch weiterhin, wenn auch nur unter den gleichen überlieferten Bedingungen.

Im wirtschaftlichen Bereich bemühte er sich vor allem um die Erschließung von Bodenschätzen und die Ansiedlung und Förderung von Gewerbebetrieben, zumal von Hammerwerken und Glashütten. Der Bergbau bei Pößneck kam 1686 wieder in Gang, das eingegangene Goldbergwerk bei Reichmannsdorf wurde um 1700 wieder geöffnet und brachte ab 1706 soviel Ausbeute, daß 200 Golddukaten davon geschlagen werden konnten; allerdings erwies sich dies als so kostspielig, daß das Unternehmen auf die Dauer nicht lohnte und man es daher 1728 wieder aufgab. Versuchen privater Unternehmer, den Gold- und Silberbergbau um Saalfeld wieder zu beleben, ging es nicht anders. Nachhaltigere Erfolge brachte der Abbau von Kupfer-, Kobalt- und Eisenerzen. Eine Reihe von Eisenhämmern und Vitriolwerken, die während seiner Regierungszeit mit seiner Förderung entstanden sind, blieben bis ins 19. Jahrhundert hinein in Betrieb, so im Amt Gräfenthal das Blaufarbenwerk „Gabe Gottes" bei Marktgölitz, der 1705 entstandene Eisenhammer Dobrahütte bei Brennersgrün und die 1727 bei Gräfenthal angelegte Stahlfabrik. Den Erben des coburgischen Geheimen Rats Friedrich von Born (s. o. S. 452), der wie bei Steinach auch bei Wallendorf Hammerwerke besaß und sie mit einem Kupferbergwerk und anderem Grundbesitz zu einem Rittergut vereinigt hatte, verlieh er 1695 nicht nur neue Konzessionen zum Betrieb dieser Unternehmen, sondern darüber hinaus auch die Niedergerichtsbarkeit und die Schriftsässigkeit; nach der Übernahme des Unternehmens durch den General von Wartensleben 1704 erhielt es darüber hinaus noch so weitgehende Privilegien, daß die daraus entstandene Gutsherrschaft sich mehr und mehr zu einer drückenden Last für die dortige Bevölkerung entwickelte. Im Wirtschaftsleben des Frankenwaldes war seit alters her auch der Abbau von Schiefer und dessen Verarbeitung, zumal für die Bevölkerung der Stadt Lehesten, von großer Bedeutung. Ihren Fuhrleuten verlieh der Herzog 1698 das Privileg des Schiefertransports nach Thüringen und Franken.

Konzessionen für neue Glashütten vergab er 1707 an mehrere Lauschaer Glasmeister, die im Amt Gräfenthal die nach ihm benannte Glashütte Ernstthal errichteten, und 1720 an zwei Ernstthaler und Lauschaer Glasmeister, die im gleichen Amtsbezirk die nach der saalfeldischen Prinzessin Henriette Albertine benannte Glashütte Henriettenthal erbauten und dort feinere Glaswaren wie Kelche und Kristallglas herstellten. Beide Hütten produzierten bis ins 19. Jahrhundert hinein.

Im kirchlichen Leben des Landes hielt, wie auch in anderen Gegenden des mittleren Saaletals, während der Herrschaft Johann Ernsts der Pietismus Einzug, auch am Saalfelder Hof, der als einziger der ernestinischen Höfe galt, der zeitweilig völlig vom Pietismus beherrscht wurde. Der 1686 ins Amt gerufene Saalfelder Superintendent und Hofprediger Paul Sternbeck (1642-1717), ein kurländischer Pfarrerssohn, der zuvor in Schweina, Themar und Königsberg in Franken tätig gewesen war, stand seit 1791 mit August Hermann Francke in Verbindung. Auch der Herzog zeigte starke pietistische Neigungen, und man gab dem Pietismus die Schuld, daß er 1695 in eine „Gemüts- und Verstandesverwirrung" geriet (s. o. S. 528). Zum Unterschied von seinem ältesten Sohn Christian Ernst löste er sich jedoch von seinem pietistischen Eifer, und die von ihm nach Sternbecks Tod in das Saalfelder Superintendentenamt berufenen, zuvor in Saalfeld tätig gewesenen Geistlichen Anton Moser (1644-1726), ein Gräfenthaler Bürgermeisterssohn, und Erasmus Christoph Arnold (1656-1730), Sohn eines Grabaer Diakons, waren keine Anhänger des Pietismus, der im Lande ohnehin keine allgemeine Zustimmung fand, sondern auch zahlreiche Gegner, z. B. die Mehrheit der Pößnecker Bürgerschaft. Im Fürstenhaus selbst aber war man sich nicht nur uneins in der Richtung lutherischer Glaubensformen, die man vertrat; Johann Ernsts jungverstorbener Sohn Carl Ernst trat als kaiserlicher Offizier in Italien zum Katholizismus über, als erster Enkel Ernsts des Frommen, der sich vom Glauben der Vorfahren löste.

Im Schulwesen des Landes richtete Johann Ernst sein Augenmerk vor allem auf die seit der Reformationszeit bestehende Saalfelder Stadtschule, die Lyzeums- und Bürgerschulklassen in sich vereinigte. 1693 unterstützte er sie tatkräftig durch die Einrichtung eines Freitischs für 12 Schüler und 1697 erklärte er sie zur „Stadt- und Landschule", die nach seinem Willen vor allem alle diejenigen Landeskinder besuchen sollten, die eine Anstellung im Landesdienst anstrebten. Durch Geldmittel und die Lieferung von Baumaterial sorgte er schließlich dafür, daß das baufällige Schulgebäude durch einen 1722 bis 1725 errichteten Neubau ersetzt wurde.

Die bescheidenen Verhältnisse, in denen man am Saalfelder Hof lebte, blieben nicht ohne Auswirkung auf die Kulturpflege. Aus den beiden ersten Jahrzehnten der Regierungszeit des Herzogs ist lediglich die 1683 erfolgte Einstellung eines Sängers aus Frankfurt/Oder überliefert, der zugleich Musikunterricht gab und nebenher noch Schreibarbeiten zu leisten hatte. 1707 wurde der Student Johann Hartmann Reimann als Musiker und Musiklehrer für die herzogliche Familie angestellt und 1709 für dessen Ausbildung in Kompositionslehre bei dem Rudolstädter Kapellmeister Philipp Heinrich Erlebach gesorgt. Später rückte Reimann zum Musikdirektor am Saalfelder Hof auf. Von Theaterspiel bei Hofe ist erstmals 1712 die Rede, als bereits Erweiterungsbauten am Schloß begonnen hatten (siehe Bd. VI, S. 22). Sie wurden 1720 mit der Einweihung der Schloßkirche im wesentlichen abgeschlossen. Baumeister war Christian Richter, ein in diesen Jahrzehnten auch in Coburg, Hildburghausen und anderen thüringischen Residenzen tätiger Künstler. In Saalfeld ist er bereits 1698 nachzuweisen; danach hielt er sich wiederholt hier auf. Nach 1712 ist häufig von Theateraufführungen im Schloß die Rede, an denen auch Angehörige des Hofstaats und der Fürstenfamilie teilnahmen; nach 1720 fanden sie vermutlich in einem eigens dafür geschaffenen Theatersaal statt.

Johann Ernst starb am 17. Dezember 1729 71jährig in Saalfeld. Die Regierung im Lande übernahmen gemeinsam seine Söhne Christian Ernst und Franz Josias, zwei charakterlich recht ungleiche Stiefbrüder, 46 und 32 Jahre alt, beide seit wenigen Jahren verheiratet, der eine kinderlos, der andere bereits Vater von zwei Söhnen und einer Tochter. Christian Ernst behielt seinen Wohnsitz in Saalfeld, Franz Josias verlegte seinen nach Coburg, um auch auf diese Weise seiner und seines Hauses Ansprüche auf dieses Land kund zu tun. Nach dem Wunsch Johann Ernsts und einer zwischen seinen Söhnen am 12. Dezember 1729 getroffenen Abrede sollte, dem Vorbild der Regimentsverfassung Ernsts des Frommen entsprechend, Christian Ernst als älterer Bruder in der gemeinsamen Regierung das Direktorium führen, alle Regierungsmaßnahmen aber in beider Namen angeordnet werden.

Christian Ernst war am 18. August 1683 in Saalfeld geboren. Nach einer Bildungsreise in die Niederlande hatte er eine militärische Berufslaufbahn erstrebt und sich seinem Vetter Ernst Ludwig I. von Meiningen angeschlossen, der ihm eine Offiziersstelle in seinem Regiment angeboten und in dessen Begleitung er in den ersten Jahren des Spanischen Erbfolgekriegs 1702 und 1704 an den Belagerungen von Landau in der Pfalz teilgenommen hatte. Diese Beziehung zu dem wegen des Coburger Erbstreits verfeindeten meiningischen Fürstenhaus war seinem Vater Johann Ernst unerwünscht gewesen und von ihm schließlich unterbunden worden. Das Verhältnis des gutmütigen und leicht beeinflußbaren, aber unter Entschlußlosigkeit und Minderwertigkeitsgefühlen leidenden Prinzen zu seiner Familie, von der er sich unverstanden glaubte, war dadurch noch zusätzlich belastet worden. Den Pflichten eines Landesherrn fühlte er sich nicht gewachsen. Einen Halt fand er unter dem Einfluß August Hermann Franckes und des Grafen Heinrich XXIV. von Reuß-Köstritz im Pietismus, in dem er und seine Hofgesellschaft voll und ganz aufgingen, darin bestärkt durch den 1730 aus Weimar nach Saalfeld berufenen Superintendenten Johann Gottlieb Hillinger (1698-1732) und, nach dessen frühem Tod, durch dessen Amtsnachfolger Benjamin Lindner (1694-1754), beide gebürtige Schlesier und fanatische Pietisten. Lindner galt während der Regierungszeit Christian Ernsts, der bei der Ausübung seiner Regentenpflichten stets von dem Verdacht geplagt war, sie könnten einem gottseligen Leben hinderlich sein, als einflußreichster Berater seines Herrn. Da der Herzog nur pietistisch Gesinnte in seiner Umgebung duldete, konnte es nicht ausbleiben, daß dort manche Selbsttäuschung, wenn nicht gar Heuchelei mit unterlief; manche Zeitgenossen argwöhnten, die religiöse Schwärmerei des Herzogs werde von seiner Umgebung weidlich mißbraucht, zumal dort, wie bei anderen seiner fürstlichen Zeitgenossen, außerdem Goldmacherei und Schatzgräberei eine Rolle spielten.

Gegen den Willen des Vaters hatte sich Christian Ernst 1709 in Greiz mit Christiane Friederike von Koß (1686-1743) verlobt, der Tochter eines reußischen Oberforstmeisters, die seine pietistischen Neigungen teilte und für die er das Schlößchen Kitzerstein bei Saalfeld als Wohnsitz gekauft hatte. Als er sich mit ihr am 18. August 1724 in Greiz hatte trauen lassen, war es, weil sie nicht ebenbürtig war, zu einem Rangstreit mit Franz Josias gekommen, der im Jahre zuvor eine schwarzburg-rudolstädtische Fürstentochter geheiratet hatte und sich nun Sorgen um die Erbfolge machte, von der nach der schon erwähnten Abrede unter den Ernestinern (1717) Kinder aus unebenbürtigen Ehen ausgeschlossen bleiben sollten. Durch Vermittlung des Vaters Johann Ernst hatte der Streit durch einen am 14. Oktober 1724 geschlossenen Vertrag zwischen den Stiefbrüdern beigelegt werden können, nach dessen wichtigstem Artikel die Kinder Franz Josias' denen Christian

Ernsts in der Erbfolge vorangehen sollten. Franz Josias' Sorgen erwiesen sich nachträglich als unbegründet, da Christian Ernsts Ehe kinderlos blieb.

Franz Josias war am 25. September 1697 in Saalfeld geboren. Nach einer Bildungsreise durch Frankreich und die Niederlande war er 1718 in kaiserliche Kriegsdienste getreten und hatte am österreichisch-spanischen Krieg 1719 in Oberitalien und Sizilien teilgenommen, war aber auf Wunsch seines Vaters nach dem Friedensschluß 1720 nach Saalfeld zurückgekehrt, weil seine beiden älteren Brüder inzwischen gestorben waren und dadurch die Erbfolge im Lande nur noch auf vier Augen stand, und dies angesichts der offenkundigen Schwächen des älteren Stiefbruders. Im benachbarten Rudolstadt hatte er am 2. Januar 1723 Anna Sophia (1700-1780), eine Tochter des Fürsten Ludwig Friedrich I. von Schwarzburg-Rudolstadt geheiratet. Sie schenkte ihm acht Kinder, von denen zwei Töchter im Kindesalter starben. Von seinen drei Söhnen wurde Ernst Friedrich (1724-1800) Thronfolger; die drei anderen wurden Offiziere, Johann (1726-1745) in kursächsischen, Christian (1730-1797) und Friedrich Josias (1737-1815) in kaiserlichen Diensten. Die beiden Töchter Charlotte Sophie (1731-1710) und Caroline (1735-1791) heirateten in die Häuser Mecklenburg-Schwerin und Brandenburg-Ansbach.

Die Übersiedlung Franz Josias' und seiner Familie nach Coburg bedeutete zugleich getrennte Hofhaltungen und führte wegen der bescheidenen Einkünfte, die den Herzögen zur Verfügung standen, zu einer beträchtlichen Verminderung des saalfeldischen Hofstaats; 24 Hofbedienstete aller Grade wurden mit Pension entlassen. Franz Josias aber mußte sich in Coburg mit einer personell sehr bescheidenen Hofhaltung begnügen. An der Organisation der Saalfelder Zentralbehörde, der Geheimen Kanzlei, gab es keine Veränderungen. Geleitet wurde sie nach wie vor von dem Geheimen Ratspräsidenten von Reinbaben, der aber auch weiterhin zugleich in weimarischen Diensten stand und sich meist in Weimar aufhielt, so daß in Saalfeld zeitweilig der Hofrat Anton Heinrich Walbaum, ein Pietist, zum einflußreichsten Beamten wurde. Da aber Herzog Christian Ernst für Regierungsgeschäfte weit weniger Interesse zeigte als sein Stiefbruder, verlagerte sich der Schwerpunkt der Regierungstätigkeit mehr und mehr nach Coburg, vor allem nachdem 1735 die Herrschaft in dem dem Saalfelder Herzogshaus zugesprochenen Teil des Coburger Fürstentums in dessen Hände übergegangen war.

Dies zu erreichen war das erste wichtige politische Ziel der beiden Herzöge gewesen, nachdem sie die Regierungsgeschäfte übernommen hatten. Der 1729 eingetretene Tod des Reichstagsgesandten von Hagen, der neben anderen Reichstagsstimmen auch die coburgische in Regensburg geführt hatte (s. o. S. 476), bot zunächst Anlaß, mit den Herzögen von Meiningen über die gemeinsame Führung dieser Stimme und die Wahl eines neuen Gesandten zu verhandeln. Mit Herzog Friedrich Wilhelm einigten sie sich 1730 auf den gothaischen Gesandten von Gotter und, als die Unterschrift Herzog Anton Ulrichs von Meiningen nicht zu erreichen war und man deshalb in Regensburg die von Gotter vorgelegte Vollmacht nicht anerkannte, 1734 auf den Reichshofrat Friedrich Christian Ludwig Freiherrn von Stein auf Großkochberg. Diesmal aber verweigerte Anton Ulrich ausdrücklich seine Zustimmung, weil er Stein für ungeeignet hielt, und stellte zudem noch die Forderung, daß Meiningen einen größeren Anteil an der Coburger Stimme erhalten müsse als das Coburg-Saalfelder Fürstenhaus. Da Friedrich Wilhelm von Meiningen dem beipflichtete, Christian Ernst und Franz Josias aber auf diese Forderung nicht eingingen, kam es zu keiner Einigung. Die Coburger Stimme hatte in Regensburg keinen Vertreter mehr; sie ruhte. Am Kaiserhof in Wien hingegen wurden die coburg-saalfeldischen Interessen auch damals von einem eigenen Agenten vertreten, dem Hofrat Johann Ernst Cyprian (1703-1759), einem Apothekersohn aus Ostheim vor der Rhön, der nach dem Besuch des Coburger Gymnasiums und der Universität Jena in coburg-saalfeldische Dienste getreten war.

Währenddessen hatten sich Christian Ernst und Franz Josias am Kaiserhof um die Einsetzung einer neuen Kommission bemüht, die die Übergabe des ihnen zustehenden coburgischen Erbanteils vornehmen sollte. Dies gelang. Im September 1734 traf die aus kursächsischen und brandenburg-ansbachischen Beamten bestehende Kommission in Coburg ein. Neue meiningische Querelen verzögerten die Übergabe zwar noch, doch konnte sie schließlich am 29. Juli 1735 stattfinden. Ausgeschlossen blieb lediglich das Amt Neustadt, da Meiningen dessen Zugehörigkeit zum Amt Sonneberg behauptete, das Meiningen zugesprochen war, und zur Klärung der Frage neue Verhandlungen nötig wurden. Erst 1742 gingen sie zugunsten Coburg-Saalfelds aus, nachdem noch ein meiningischer Versuch gescheitert war, sich mit militärischer Gewalt in den Besitz Neustadts zu setzen (s. o. S. 475).

Seine ständige Anwesenheit in Coburg hatte Franz Josias dazu genutzt, die Voraussetzungen für eine neue Zentralverwaltung in Coburg zu schaffen. Ansätze dafür boten die seit Jahren dort tätigen saalfeldischen Beamten, zumal die Deputierten in den Landeskollegien (s. o. S. 470). 1732 erscheint der Hof- und Konsistorialrat Gruner, saalfeldischer Deputierter in Regierung und Konsistorium in Coburg, als Mitglied eines dort erstmals erwähnten Geheimen Ratskollegiums, das 1735, nach der Übergabe des coburgischen Erbteils an die Saalfelder Herzöge und des in Zusammenhang damit erfolgten Ausscheidens der meiningischen Deputierten aus dem coburgischen Dienst, erneut in Erscheinung trat. Neben

Gruner, einem coburgischen Beamtensohn, der nach juristischem Studium in Halle und vorübergehender Advokatentätigkeit in Celle sich 1713 als Advokat in seiner Heimatstadt niedergelassen und später dort auch als Kammerkonsulent betätigt hatte, ehe er 1725 in das Regierungskollegium und Konsistorium berufen worden war, und dem vormaligen coburgischen Geheimen Sekretär Johann Friedrich Fick (1683-1752), einem coburgischen Kaufmannssohn, der nach Studien in Tübingen und Jena seine Beamtenlaufbahn als Kanzlist begonnen hatte, die beide bereits 1732 als Mitglieder des Geheimratskollegiums genannt sind, gehörte diesem ab 1735 der saalfeldische Geheime Ratspräsident von Reinbaben an, der den Vorsitz im Kollegium übernahm, zugleich ein Zeugnis dafür, wie Coburg inzwischen zum eigentlichen Verwaltungsmittelpunkt des coburg-saalfeldischen Landes geworden war. Im Zuge des Ausbaus des Kollegiums trat ihm 1737 der 1733 aus hildburghäusischen in coburgische Dienste übergewechselte Hof- und Konsistorialrat Johann Sebastian Kob (1699-1765) bei, ein Eisfelder Superintendentensohn, der nach juristischem Studium in Jena und Advokatentätigkeit in Hildburghausen Amtmannsposten im meiningischen Crayenberg und weimarischen Berka an der Ilm bekleidet und danach 1732 hildburghäusische Regierungs- und Konsistorialdienste genommen hatte, ein sehr erfahrener Verwaltungsjurist.

Nach Reinbabens Tod (1739) übernahm Gruner die Führung des Kollegiums, in das 1740 noch der aus Coburg gebürtige vormals coburgische Prinzenerzieher und Hofmeister Christoph Dietrich vom Böhlau (1707-1750) berufen wurde, nachdem er 1735 dort Mitglied der Regierung gewesen war. Als Kob 1742 in hildburghäusische Dienste zurückkehrte, ergänzte der Herzog das Kollegium durch den nach juristischem Studium in Jena und Leipzig seit 1742 in coburgischen Diensten stehenden Hof-, Regierungs- und Konsistorialrat Christoph Siegmund von Hendrich (1711-1760), einen Sproß des bekannten thüringischen Beamtenadelsgeschlechts, der nach Gruners Ableben (1756) die Leitung des Kollegiums übernahm, aber schon wenige Jahre später starb. Sein Amt ging 1760 an den nach Böhlaus Tod (1750) ins Kollegium berufenen Hof- und Regierungsrat Wilhelm Friedrich von Beulwitz (1722-1780) aus altem thüringischen Adelsgeschlecht über, der 1747 aus sondershäusischen Diensten nach Coburg gekommen und Mitglied von Regierung und Konsistorium geworden war und seit 1760 die Titel eines Geheimen Rats, Kanzlers und Konsistorialpräsidenten führte. Ebenfalls 1760 kamen zwei weitere Beamte ins Kollegium, Caspar Siegmund von Berbisdorf, ein kursächsischer Adliger und Beamtensohn, der 1752 coburgische Hofdienste genommen und dort bis 1756 als Prinzenhofmeister gewirkt hatte, bevor er 1758 der Kammerverwaltung beigetreten war, und Johann Gottlieb Eckardt (1705-1774), ein Händlerssohn aus Grimma in Sachsen, dessen coburgische

Laufbahn 1725 in der Kammerkanzlei begonnen und der es 1746 zum Geheimen Sekretär und Archivar und 1757 zum Rat gebracht hatte.

Von den Mitgliedern des Geheimen Ratskollegiums war Gruner zugleich Leiter von Regierung und Konsistorium, Kob, Böhlau, Hendrich, Beulwitz und Eckardt gehörten ebenfalls dem Regierungskollegium an, Fick (ab 1743) und Berbisdorf der Kammer. Es bestanden also enge personelle Bindungen zwischen Geheimratskollegium und den Landeskollegien, vor allem der Regierung, aus denen sich das Geheimratskollegium nie hat lösen können, obwohl die Zuständigkeit der Landeskollegien auf den coburgischen Landesteil beschränkt war, während die des Geheimratskollegiums das gesamte Territorium umfaßte. Der relativ bescheidene Umfang des Landes und dazu die komplizierte staatsrechtliche Stellung des saalfeldischen Landesteils, dessen Geheime Kanzlei, den Bestimmungen des „Nexus Gothanus" gemäß, in landeshoheitlichen Angelegenheiten den altenburgischen Landeskollegien unterstellt blieb, mögen dazu beigetragen haben, daß das coburgische Geheimratskollegium in dem hier behandelten Zeitraum im wesentlichen ein beratendes Organ der Landesherren geblieben ist, an dessen Sitzungen der Herzog vermutlich teilnahm, aus dem heraus er also die Regierungsgeschäfte führte, das sich aber nicht zu einer besonderen obersten Landesbehörde entwickelt hat wie die entsprechenden Einrichtungen in Gotha und später in Weimar. Als Herzog Christian Ernst am 4. September 1745 kinderlos in Saalfeld gestorben und der dortige Hofstaat aufgelöst worden war und Franz Josias die alleinige Herrschaft im Lande übernommen hatte, änderte sich an der Behördenorganisation nichts. Saalfeld verlor damals zwar seinen Residenzcharakter, wenn auch das Schloß weiterhin gelegentlich als Aufenthalt der herzoglichen Familie diente und die Schloßgarde als Bewachungsorgan bis 1802 bestehen blieb, aber die dortige Geheime Kanzlei als die für die Wahrnehmung der landesherrlichen Befugnisse im Landesteil zuständige Oberbehörde bestand weiter, auch wenn ihre Einkünfte nunmehr der coburgischen Kammerkasse zuflossen.

Noch während Christian Ernst und Franz Josias sich gemeinsam darum bemüht hatten, in den Besitz ihres coburgischen Erbes zu kommen, war der noch ältere Lauenburgische Erbstreit zuendegegangen, in dem von den Ernestinern neben Friedrich II. von Gotha-Altenburg nur ihr Vater Johann Ernst seine Ansprüche unbeirrt aufrecht erhalten hatte. Gelohnt hatte es sich allerdings nicht, denn während seine Brüder Bernhard von Meiningen und Ernst von Hildburghausen 1699 ihre Ansprüche für je 12 000 Taler an Gotha abgetreten hatten, entfielen von den im Abfindungsvertrag von 1732 zwischen Georg II. von Großbritannien und dem Hause Gotha (s. o. S. 405) vereinbarten 60 000 Talern lediglich 10 000 auf Johann Ernsts Söhne.

Im Fürstentum Coburg strebten beide Herzöge einen Ausgleich mit den beiden im Bambergischen gelegenen Klöstern Banz und Langheim an, die seit alters im Coburgischen Gerichts- und andere grundherrliche Rechte besaßen, über deren Umfang und Ausübung es immer wieder zu Auseinandersetzungen mit den Landesherren vor den Reichsgerichten gekommen war. In zwei 1741 ausgehandelten Verträgen wurden die Streitigkeiten beigelegt. Weit weniger friedlich ging es in der Auseinandersetzung mit Gotha um das Rittergut Lauterburg bei Coburg zu, das die Herzöge als erledigtes Lehen eingezogen hatten, nachdem dessen letzter Eigentümer, Herzog Carl Friedrich von Meiningen, 1743 ohne männliche Erben gestorben war. Da er das Gut, zu dem auch das von Herzog Ernst Ludwig I. von Meiningen erbaute Schloß Ludwigsburg (s. o. S. 436) gehörte, seiner Schwester, der Herzogin Luise Dorothea von Gotha-Altenburg, vererbt hatte, beanspruchte es nun deren Gemahl Friedrich III. Als die coburg-saalfeldischen Herzöge dies mit lehnsrechtlicher Begründung ablehnten, ließ er es durch ein Militärkommando besetzen; dabei wurde Schloß Ludwigsburg zerstört. Zwar erklärte der Reichshofrat, bei dem die Herzöge sich beschwerten, diese Gewalttat für gesetzwidrig und forderte die Rückgabe an Coburg. Da aber Friedrich III. Revision einlegte und die Sache verschleppte, blieb sie jahrzehntelang unerledigt liegen; erst 1804 wurde sie durch einen Vergleich aus der Welt geschafft.

Aussichten auf eine Vergrößerung ihres Herrschaftsbereichs sahen die beiden Herzöge, als Kaiser Karl VII. die von seinem Vorgänger Karl VI. der unebenbürtigen Gemahlin Herzog Anton Ulrichs von Meiningen 1727 verliehene Standeserhöhung, mit der das Erbfolgerecht für deren Söhne verbunden war, 1744 auf Betreiben der meisten ernestinischen Fürsten annullierte, und der schon betagte Meininger plötzlich ohne Thronfolger war. Franz Josias hatte sich, wohl auch eingedenk der Heirat seines Bruders, für Ebenbürtigkeit bei der Gattenwahl im ernestinischen Hause besonders eifrig eingesetzt und sich dadurch schon 1729 den Zorn Anton Ulrichs zugezogen. In die 1744 zwischen Friedrich III. von Gotha- Altenburg und Ernst Friedrich II. von Hildburghausen getroffene Abrede über die künftige Inbesitznahme und Aufteilung des meiningischen Landes war er zwar nicht einbezogen worden (s. o. S. 433 u. 519); aber diese hatten in ihrer Vereinbarung immerhin einen dritten Erbteil vorgesehen, den er bekommen sollte. Anton Ulrichs kinderreiche zweite Ehe vereitelte allerdings diese schönen Hoffnungen.

Nachdem Franz Josias 1745 alleiniger Landesherr im coburg-saalfeldischen Territorium geworden war, sah er sich bald von Anton Ulrich in ärgerliche Streitigkeiten über die gemeinsame Verwaltung des Amts Römhild verwickelt. 1748 wünschte der Meininger die beiden ihm zustehenden Drittel des Amts allein zu regieren (s. o. S. 485 f.), legte eigene Truppen in die Stadt Römhild und behinderte ständig die dort tätigen coburgischen Beamten an der Ausübung ihrer Pflichten. Als er wiederholte Mahnungen und Anordnungen des Reichshofrats, an den sich Franz Josias beschwerdeführend gewandt hatte, unbeachtet ließ, beauftragte Kaiser Franz I. 1751 die anderen sächsischen Häuser und Brandenburg-Ansbach, für die Wiederherstellung des früheren Zustands zu sorgen. Als dies auf gütlichem Wege auch jetzt nicht gelang, ließen sie 400 Mann Exekutionstruppen in die meiningischen Ämter Sonneberg und Neuhaus einrücken mit dem Auftrag, sich dort auf Kosten des Landes zu verpflegen und die dortigen Landeseinkünfte so lange dem Herzog von Coburg zuzuweisen, bis ihm der erlittene Schaden ersetzt sei. Dieser schon erwähnte Sonneberger oder Römhilder Krieg brach endlich Anton Ulrichs Starrsinn. In einem 1753 mit Franz Josias abgeschlossenen Vergleich versprach er die Wiederherstellung des früheren Zustands im Amt Römhild und die Leistung von Schadenersatz.

Etwa zur gleichen Zeit, nach dem Tode Herzog Ernst Augusts von Weimar-Eisenach (1748), geriet Franz Josias als nächster Agnat des Verstorbenen in einen heftigen Streit mit Friedrich III. von Gotha-Altenburg, der, sich auf eine mündliche Äußerung des Verstorbenen stützend, die Fürstentümer Weimar und Eisenach sogleich in Besitz genommen hatte und die Vormundschaft über den weimarischen Thronfolger und dessen jüngere Schwester und die Verwaltung des weimar-eisenachischen Territoriums für sich beanspruchte und wenig später den als damaligen Senior des ernestinischen Gesamthauses ebenfalls anspruchsberechtigten Anton Ulrich von Meiningen zum Verzicht nötigte. Da über diesen Vormundschaftsstreit und die nachfolgende vormundschaftliche Verwaltung der weimar-eisenachischen Lande bereits an anderer Stelle berichtet wurde (s. o. S. 367 ff. u. 434 f.), sei hier lediglich mitgeteilt, daß es Franz Josias dank tatkräftiger Unterstützung von Seiten des Kaisers 1749 gelang, einen Vergleich über die Aufteilung der vormundschaftlichen Rechte zu erreichen, in dem ihm die Verwaltung des weimarischen Landesteils und die Vormundschaft über die nach Coburg übersiedelnde weimarische Prinzessin Ernestine Auguste zugesprochen wurde. Die Vormundschaftsrechte erloschen im Dezember 1755 mit der Übernahme der Regierung Ernst August Constantins in seinen Landen.

Weit schneller regelten sich die Ansprüche, die neben Friedrich III. von Gotha-Altenburg und Ernst Friedrich III. von Hildburghausen auch Franz Josias auf die von ihnen erwartete Vormundschaft über die unmündigen Söhne des 1763 verstorbenen Anton Ulrich von Meiningen anmeldeten, nachdem sie über deren Wahrnehmung bereits 1761 eine Abrede getroffen hatten. Als nach Anton Ulrichs Tod bekannt wurde, daß dieser in seinem Testament seine Witwe Charlotte Amalia und seine Söhne erster Ehe zu Vormündern bestimmt hatte, ließen sie gemeinsam Truppen ins Meiningische einrücken und Meiningen belagern. Die schnelle Entscheidung Kaiser Franz' I., der noch im Februar 1763 die Herzoginwitwe als Landesregentin und alleinige Vormünderin anerkannte, ihre Stiefsöhne aber von der Vormundschaft ausschloß (s. o. S. 435 u. 488) und den Herzögen von Gotha, Hildburghausen und Coburg alle weiteren Gewalttätigkeiten verbot, machte diesem militärischen Spuk, der allerdings ohne Blutvergießen ablief, ein schnelles Ende.

Nach Anton Ulrichs Tod ging das Seniorat des ernestinischen Hauses auf Franz Josias über und damit auch der Besitz des Amtes Oldisleben; er bedeutete für ihn freilich, da er bereits 1764 starb, nur eine ebenso bescheidene wie kurzfristige Erweiterung seines Herrschaftsgebiets.

Die Regierungszeit der beiden Herzöge und, seit 1745, der Alleinherrschaft Franz Josias' stand im Reichsgebiet im Zeichen wiederholter kriegerischer Verwicklungen, von denen der Polnische Thronfolgekrieg (1732-1735), der Österreichische Erbfolgekrieg (1740-1748) und die beiden Schlesischen Kriege (1741-1742, 1744-1745) Thüringen und damit auch die coburg-saalfeldischen Lande nicht unmittelbar berührt haben. Ob sich am Polnischen Thronfolgekrieg neben gothaischen, eisenachischen und weimarischen Truppen auch coburgische beteiligt haben, ist unbekannt; für saalfeldische Landeskinder ist dies, da sie gothaischer Militärhoheit unterstanden, nicht auszuschließen. Am zweiten Schlesischen Krieg nahm Prinz Johann, des Herzogs zweiter Sohn, in kursächsischen Diensten teil; er fiel 19jährig als Oberstleutnant in der Schlacht bei Hohenfriedberg. Im Siebenjährigen Krieg standen zwei Söhne des Herzogs auf kaiserlicher Seite im Kampf, Christian, der 1758 in Schlesien in preußische Kriegsgefangenschaft geriet, und Friedrich Josias, der 1755 17jährig in kaiserliche Militärdienste getreten war, sich als 19- und 20jähriger Offizier in den Schlachten bei Lobositz, Prag und Kolin und später in Schlesien auszeichnete und hier zu dem bedeutenden Feldherrn heranreifte, als der er später im Türkenkrieg von 1787/91 und in den Revolutionskriegen gegen Frankreich 1793/94 in Erscheinung getreten ist.

Der aktiven Teilnahme seiner Söhne am Krieg auf kaiserlicher Seite ungeachtet suchte Franz Josias, wie die anderen Ernestiner auch, sein Land zunächst aus dem Krieg herauszuhalten. Auch nachdem der Reichstag im Januar 1757 den Reichsexekutionskrieg gegen Preußen beschlossen hatte, gelang es ihm, seine Verpflichtung zur Stellung des aus 88 Mann bestehenden coburgischen Reichskontingents durch die Zahlung von 2400 Gulden abzulösen. 1758 scheiterte der gleiche Versuch allerdings, weil man sich in Wien unnachgiebig zeigte, und so mußte das Kontingent zusammengerufen und im November der Reichsarmee zur Verfügung gestellt werden. Es blieb dort allerdings nur wenige Monate und kehrte, ohne einen militärischen Einsatz erlebt und, außer einigen Desertionen, Verluste gehabt zu haben, Anfang Mai 1759 nach Coburg zurück, nachdem der Herzog im Februar 1759 erneut dessen Ablösung durch eine an die Reichskriegskasse zu zahlende Geldsumme erreicht hatte; dabei blieb es bis Kriegsende. Dies hatte zugleich den Vorteil, daß die sonst gewöhnlich kaum einzubringenden Forderungen, z. B. für geleistete Lieferungen an Truppenverbände, von den vereinbarten Geldzahlungen abgezogen werden konnten. Zudem dürfte man sich auf kaiserlicher Seite über die Kriegstüchtigkeit des Coburger Kontingents ohnehin keinen Illusionen hingegeben haben. Sich in gleicher Weise auch um seine Saalfelder Landeskinder zu kümmern, blieb dem Herzog jedoch aus dem schon genannten Grunde versagt.

Währenddessen hatte der Krieg bereits in beiden Landesteilen seine Spuren hinterlassen. Zunächst war es ein preußisches Streifkorps gewesen, das Ende Juni 1757, aus Böhmen kommend, coburgisches Gebiet berührte, sich hier mit der Lieferung von Lebensmitteln und Fourage zufrieden gab, nach dem Weitermarsch über den Thüringerwald nach Norden aber in und um Saalfeld Quartier machte. Wenige Wochen später marschierten die Reichsarmee und kaiserliche Truppen, aus Franken kommend, über das Gebirge nach Norden. Teile von ihnen durchquerten sowohl das Coburger als auch das Saalfelder Land. Nach ihrer Niederlage bei Roßbach (5. 11. 1757) sammelte Prinz Joseph von Hildburghausen, der Oberbefehlshaber der Reichsarmee, Reste seiner Truppen um Saalfeld und logierte selbst vom 9. bis 11. November im dortigen Schloß, bevor er sie über die Gebirgspässe nach Franken in die Winterquartiere führte, für die auch das Coburger Land herangezogen wurde. Seitdem blieben beide Landesteile Durchmarsch- und Einquartierungsgebiet zumeist von Reichs- und kaiserlichen Truppen, mit allen damit verbundenen belastenden Begleiterscheinungen für Land und Menschen. So war z. B. die Stadt Rodach in den Jahren 1757 bis 1763 „von fremden Truppen beinahe nie leer", wenn auch, aufs Ganze gesehen, das wegen der Gebirgspässe strategisch wichtige Saalfelder Land stärker in Mitleidenschaft gezogen wurde als Coburg und seine Umgebung. In unmittelbarer Nähe von Saalfeld kam es sogar im März 1759 und April 1761 zu heftigen und verlustreichen Gefechten zwischen größeren Verbänden beider Kriegsparteien, die zugunsten der Preußen ausgingen, ohne allerdings zu bemerkenswerten Schäden in der Stadt und den umliegenden Dörfern zu führen. Von Dezember 1761 bis April 1762 war das Saalfelder Schloß Sitz des Hauptquartiers der Reichsarmee und kaiserlicher Verbände; dem saalfeldischen Landesteil

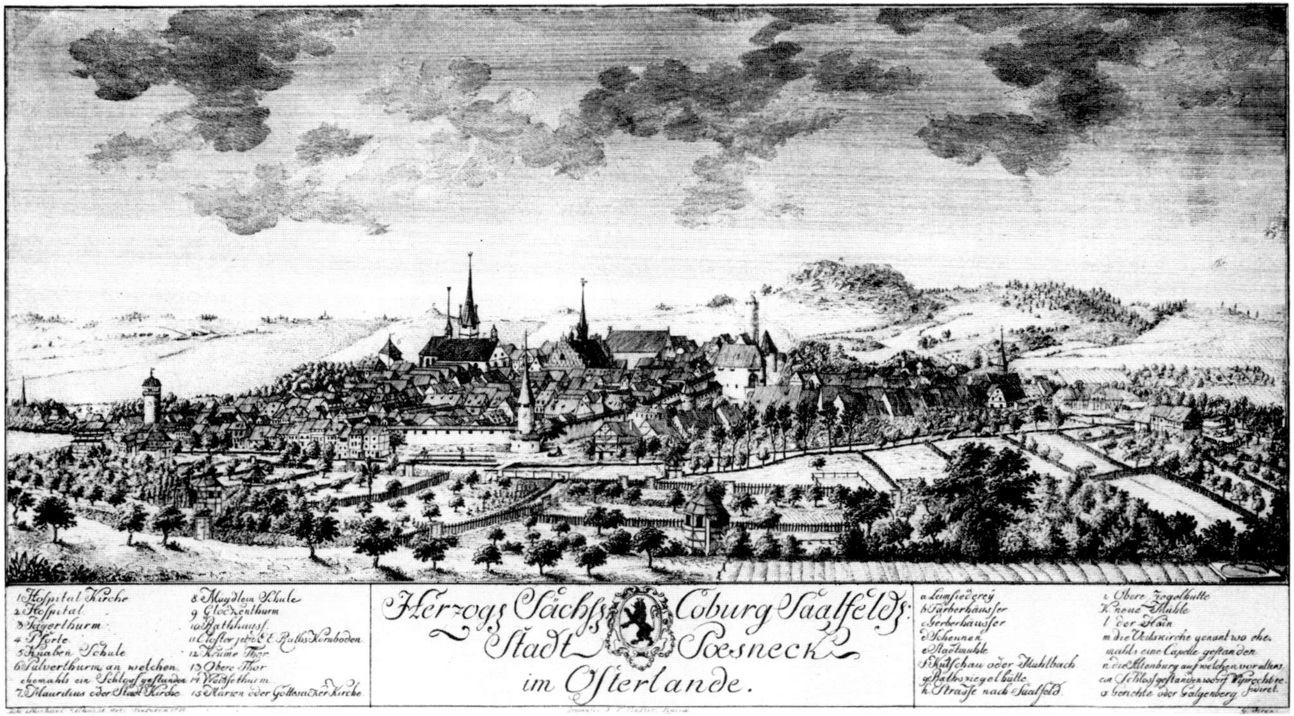

Abb. 33: Ansicht der Stadt Pößneck (um 1780)

Abb. 34: Ansicht der Stadt Hirschberg an der Saale

entstanden dadurch Kosten von mehreren tausend Talern. Seit Ende 1762 verhandelten in Saalfeld Kommissionen der kriegführenden Parteien über Gefangenenaustausch; sie schlossen im Januar 1763 einen Vertrag, der zugleich der Stadt Saalfeld und ihrer Umgebung den Status einer von Kriegshandlungen freien Zone einbrachte. Für sie war also bereits einige Wochen vor dem Friedensschluß von Hubertusburg der Krieg zuende, der in beiden Landesteilen eine beträchtliche Schuldenlast hinterließ.

Nach dem Regierungsantritt der beiden Herzöge und der Übernahme der Herrschaft im coburgischen Landesteil erwies sich im coburgischen Gebiet als innenpolitisch vordringliche Aufgabe die Ordnung der Rechtsverhältnisse, da während der Jahrzehnte des Erbstreits dort die Gesetzgebung arg vernachlässigt worden war. Bereits 1731 war Franz Josias eine Vielzahl von Beschwerden der Landstände vorgetragen worden, die sich durch Eingriffe landesherrlicher Behörden in ihre jurisdiktionellen Befugnisse benachteiligt fühlten. Es zeigte sich allerdings auch, daß einige Mitglieder der Landstände ihrerseits ihre Hoheitsrechte zu Lasten des Landesherrn ausgeweitet hatten. Um eine gerechte Lösung zu finden, setzte der Herzog eine Sachverständigenkommission ein, die anhand der hergebrachten Landesgesetze alle Beschwerden zu untersuchen hatte, und in die er, um sich nicht dem Vorwurf der Parteinahme auszusetzen, je einen kursächsischen und hildburghäusischen Beamten berief. Sie arbeitete in jahrelanger Untersuchungstätigkeit ein umfangreiches Gutachten aus, in dem eine Abgrenzung der landesherrlichen und landständischen Gerichtsbefugnisse vorgenommen und das 1758 zum Landesgesetz erhoben wurde. Dagegen geltend gemachte neue Einwände lehnte der Herzog mit dem Hinweis ab, daß es sich lediglich um vermeintliche Rechtstitel handele, die auf dem Prozeßweg zu regeln seien. In gleicher Weise trat er auch Versuchen von im Lande ansässigen Mitgliedern der fränkischen Reichsritterschaft entgegen, ihre Reichsunmittelbarkeit auf landesherrliches Gebiet auszudehnen. Landtage fanden im Coburgischen damals nicht mehr statt; den letzten hatte es 1699 gegeben. Franz Josias begnügte sich in dem ihm zugefallenen Teil des Fürstentums Coburg mit Ausschußtagungen, die regelmäßig abgehalten wurden.

Bereits 1741 hatten beide Herzöge die Einführung der gothaischen Prozeßordnung von 1670 im coburgischen Landesteil verfügt, wenn auch mit einigen Einschränkungen zugunsten älterer coburgischer Gesetze. Im übrigen wurde zwischen 1730 und 1764 eine Vielzahl von Einzelgesetzen und Verordnungen erlassen, die der Herstellung und Bewahrung der inneren Ordnung im Lande dienen sollten. Zu ihnen gehörte eine 1732 erlassene Verfügung gegen Diebe, Räuber, Zigeuner, Bettler und anderes herrenloses Gesindel, die 1737 erneuert werden mußte und offensichtlich im Zusammenhang stand mit dem schon erwähnten (s. o. S. 521 f.) Räuberunwesen, das in diesen Jahrzehnten vor allem Thüringen und Franken heimsuchte, u. a. auch das Römhilder, Themarer und Gräfenthaler Umland.

Im W i r t s c h a f t s l e b e n des Coburger Landesteils waren Landwirtschaft und Viehhaltung vorherrschend; ihrem Schutz galten Verordnungen gegen Viehseuchen (1741) und die Raupenplage (1747). Nur bescheidene Ergebnisse brachten hier Versuche, Bodenschätze gewerblich zu nutzen, etwa Solequellen bei Grub am Forst. In dieser Hinsicht war man im gebirgischen Saalfelder Landesteil erfolgreicher; dort förderte Franz Josias den Eigentümer der Gräfenthaler Stahlfabrik 1763 durch die Verleihung eines Eisenhammerprivilegs. Für das Handwerk in den Städten von Bedeutung war die 1732 von beiden Herzögen verfügte Übernahme des 1731 vom Reichstag beschlossenen Reichszunftgesetzes (s. o. S. 306, 422 u. ö.) auf ihr Land, das eine Ausweitung landesherrlicher Kontrollmöglichkeiten gegenüber dem Innungswesen mit sich brachte. Der Stadt Rodach bestätigten sie 1737 die überlieferten Privilegien und verliehen ihr zu ihren fünf Jahrmärkten einen sechsten.

Daß im k i r c h l i c h e n L e b e n des Landes nach wie vor ein lebhaftes protestantisches Gemeinschaftsgefühl vorhanden war, zeigte sich während des Durchzugs s a l z b u r g i s c h e r E m i g r a n t e n in den Sommermonaten 1732. Er erregte nicht nur allgemeine Aufmerksamkeit in beiden Residenzstädten, wo sie von den Herzögen und der Bürgerschaft feierlich empfangen, verpflegt und beschenkt wurden, sondern in breitesten Kreisen auch der Landbevölkerung, ungeachtet der unterschiedlichen kirchlichen Strömungen, die damals im Lande herrschten. In Saalfeld war dies, wie schon erwähnt, der P i e t i s m u s, jedenfalls so lange wie Herzog Christian Ernst lebte. Mit seinem Tod (1745) und der von seinem Stiefbruder sogleich verfügten Auflösung des saalfeldischen Hofstaats, dessen Mitglieder sich in alle Winde zerstreuten, war es damit allerdings auch in der Stadt schnell vorbei; 1748 gab es dort nur noch wenige Anhänger, deren Ausweisung Franz Josias damals verfügte, ohne daß allerdings bekannt ist, ob dem auch Folge geleistet wurde, zumal der Herzog den dortigen Superintendenten Lindner im Amt beließ. Franz Josias war als Anhänger des althergebrachten lutherischen Staatskirchentums ein Gegner der Pietisten; er erwartete von seinen Untertanen die Einhaltung der überlieferten kirchlichen Gebräuche. Bereits 1740 hatte er in Coburg eine ältere Verordnung über die Sonntagsheiligung erneut publizieren lassen; 1745 war eine Trauerordnung gefolgt, die nach Art der damals üblichen Kleiderordnungen übermäßigen Luxus untersagte. 1756 verfügte er gegen den Willen zahlreicher Kirchgemeinden die Umwandlung der üblichen sonntäglichen Nachmittagspredigten in Katechismusprüfungen und zwei Jahre später verbot er seinen Landeskindern, sich außerhalb der Landesgrenzen trauen zu lassen. Reformierten Gottesdienst duldete er in seinem Lande nicht; daran Interessierte verwies er auf die dafür in Hildburghausen bestehenden Möglichkeiten.

Franz Josias war im Vergleich zu den meisten seiner damaligen thüringischen Standesgenossen ein sparsamer Haushalter, auch bei Hofe, obwohl die Personalkosten des Hofstaats wesentlich höher waren als die der gesamten coburg-saalfeldischen Zentralverwaltung. Aber es ist wohl kein Zufall, daß es aus seiner Regierungszeit keine Nachrichten gibt über Musik- und Theaterpflege am Coburger Hof oder sonst dort getriebenen kulturellen Aufwand. Wir wissen lediglich von einigen Bauarbeiten. Im Schloß Ehrenburg wurde die von Herzog Albrecht 1699 unvollendet hinterlassene Schloßkirche (s. o. S. 453), um die sich seitdem niemand gekümmert hatte, nach der Übersiedlung des Herzogs nach Coburg in mehrjähriger Bauzeit fertiggestellt, so daß 1738 die Einweihung stattfinden konnte; 1756 wurde dem Schloß ein Turm aufgesetzt. 1749 ließ der Herzog in Rodach ein Jagdschloß bauen, ein Zeugnis dafür, daß die an den thüringischen Fürstenhöfen verbreitete Jagdleidenschaft auch in Coburg ihre Anhänger hatte.

Bei aller Sorgfalt, mit der er im finanzpolitischen Bereich handelte, gelang es Franz Josias nicht, die Schulden zu tilgen, die seit Herzog Albrechts Tod auf dem Lande lasteten und vor allem während des Erbstreits und in den Kriegszeiten noch gewachsen waren; hatte doch allein die kaiserliche Kommission, die 1735 die Übergabe des coburgischen Erbteils vollzogen hatte, einen Kostenaufwand von fast 104 000 Gulden verursacht, so daß sich bereits damals die Schulden der Coburger Kammer auf fast 154 000 Gulden beliefen; und von den hohen Schulden, die der Siebenjährige Krieg hinterließ, ist bereits die Rede gewesen. Es gelang dem Herzog zwar, seine Jahresetats so einzurichten, daß die Ausgaben die Einkünfte nicht überstiegen; so waren z. B. im Jahre 1764 die Einnahmen um etwa 8 % höher als die Ausgaben; doch zu einer angemessenen Schuldentilgung reichte es nicht. 1764 bestanden 21 % der Ausgaben in Zinszahlungen; damals, im Sterbejahr des Herzogs, betrug die Schuldenlast etwa 410 000 Meißnische Gulden.

Um die Thronfolge im Lande hatte sich Franz Josias frühzeitig Gedanken gemacht und dabei nicht nur an die offenkundigen Nachteile gemeinsamer Regierungstätigkeit von zwei oder mehr Brüdern gedacht, sondern auch an die schädlichen Folgen unebenbürtiger Eheschließungen in Fürstenhäusern, wie sie in den Ehen seines Bruders Christian Ernst und Herzog Anton Ulrichs von Meiningen offenkundig geworden waren. In seinem 1733 abgefaßten Testament suchte er diese beiden als nachteilig für die Regierung des Landes erkannten Elemente für künftige Generationen auszuschalten. Er verfügte daher für seine Thronfolge das Erstgeburtsrecht seines ältesten Sohnes Ernst Friedrich sowie für die folgenden Generationen der jeweils Erstgeborenen und die Abfindung jüngerer Söhne durch Apanagen, ferner den Ausschluß aller Nachkommen, die in nicht standesgemäßer Ehe lebten oder aus solchen stammten, von jeder Thronfolge und darüber hinaus eine Beschneidung der ihnen als Fürstenkindern sonst zustehenden Rechts- und Besitztitel. Sein Versuch, für diese Bestimmungen eine kaiserliche Bestätigung zu erhalten, schlug jedoch fehl. Man hielt in Wien die Rechte der jüngeren Söhne Johann und Christian — der jüngste, Friedrich Josias, war noch nicht geboren — für nicht ausreichend gesichert und die Vorsorge gegen unebenbürtige Ehen für überzogen und setzte zunächst für die beiden jüngeren Söhne Vormünder ein — die Herzöge von Weimar und Hildburghausen, des Herzogs Bruder Christian Ernst und den Fürsten Friedrich Anton von Schwarzburg-Rudolstadt — und gab ihnen den Auftrag, über die Thronfolgefrage weiter mit Franz Josias zu verhandeln. Die Beratungen zogen sich über Jahre hin und fanden ihren Niederschlag in zwei 1735 und 1736 von Franz Josias veröffentlichten Erläuterungen zu seinem Testament, in denen vor allem die Bestimmungen über die Folgen von unebenbürtigen Eheschließungen gemildert waren. Die Geburt des jüngsten Sohnes (1737) und der Tod Christian Ernsts veranlaßten ihn zu weiteren Modifizierungen, die er 1746 in einer dritten Erläuterung zusammenfaßte. Für sie erreichte er 1747 die Bestätigung durch Kaiser Franz I.

Herzog Franz Josias starb am 16. September 1764 in seinem Jagdschloß in Rodach, fast 67 Jahre alt; seine Witwe Anna Sophie zog sich auf ihr Wittumsschloß Römhild zurück, wo sie bis zu ihrem Tode (1780) lebte.

Herzog Ernst Friedrich, der die Thronfolge antrat, stand damals im 41. Lebensjahr. Er war am 8. März 1724 in Saalfeld geboren und hatte nach der damals üblichen Fürstenkindererziehung und einer fast zweijährigen Bildungsreise, die ihn mit seinem jüngeren Bruder Christian und einigen weiteren Begleitern 1746 nach Frankreich und in die Niederlande und danach an die Höfe in Braunschweig, Gandersheim, Berlin, Dresden und Wien geführt hatte, 1749 in Wolfenbüttel die gleichaltrige Prinzessin Sophie Antonie (1724-1802), eine Tochter des Herzogs Ferdinand Albert II. von Braunschweig-Wolfenbüttel geheiratet. Aus der Ehe waren in den Jahren 1750 bis 1758 sieben Kinder hervorgegangen, von denen drei heranwuchsen, die Söhne Franz (1750-1806), der spätere Thronfolger, und Ludwig (1755-1806), der es in kaiserlichen Diensten bis zum Feldmarschalleutnant brachte, und die Tochter Caroline (1753-1795), seit 1795 Dechantin des Stifts Gandersheim.

Von der fast 36jährigen Regierungszeit Ernst Friedrichs — er starb in Coburg am 8. September 1800 — gehören zwar nur elf dem Zeitraum an, über den hier zu berichten ist, aber es fielen damals Entscheidungen, die für das coburg-saalfeldische Fürstenhaus und sein Land bedeutungsvoll waren. Nach seinem Regierungsantritt gab es im Geheimen Ratskollegium einige Veränderungen. Der Geheime Rat von Beulwitz, der seit 1760 die Führung im Geheimen Ratskollegium innehatte, blieb in dieser Stellung bis zu seinem Tode 1780 und nahm zugleich die Posten des Kanzlers und des Konsistorialpräsidenten ein. Dagegen schied der Hof- und Kammerrat Caspar Siegmund von Berbisdorf aus dem Kollegium aus und folgte der Herzoginwitwe Anna Sophie als Wittumsrat nach Römhild. Ernst Friedrich erweiterte noch 1764 das Kollegium um drei neue Mitglieder, den aus meiningischen Diensten übernommenen Geheimen Legations- und Regierungsrat Johann Heinrich Hofmann (1710-1779), einen Müllerssohn aus Allendorf bei Salzungen, der seit 1754 Regierungsmitglied in Meiningen gewesen war, den Geheimen Rat Friedrich Wilhelm von Hendrich (1717-um 1776), einen seit 1746 in coburgischen Diensten stehenden jüngeren Bruder des verstorbenen Geheimrats Christoph Siegmund von Hendrich, und den Kanzleirat und späteren Hofrat Johann Melchior Heuschkel (1719-1796), einen nach Advokatentätigkeit in Hildburghausen seit 1745 im reichsritterschaftlichen Dienst befindlichen Amtmann von Rentweinsdorf in Unterfranken, Sohn eines hildburghäusischen Druckers. Ein weiteres Mitglied kam 1768 hinzu, der aus Schönefeld bei Leipzig gebürtige Rittergutsbesitzers- und kursächsische Beamtensohn Moritz August von Thümmel (1738-1817), der 1761 in coburgische Hofdienste getreten war, ein kunstsinniger Mann, der sich als Schriftsteller einen Namen gemacht hat. Mit sechs Beamten war das Kollegium damals zweifellos überbesetzt, kein Wunder also, daß, als Heuschkel 1770 in meiningische Dienste wechselte und der Hofrat Eckardt 1771 ausschied, Ernst Friedrich auf neue Berufungen verzichtete. Sämtliche neuen Mitglieder des Kollegiums gehörten zugleich dem Regierungskollegium an, während die Leitung der Kammer einem Kammerrat anvertraut blieb. Der Charakter des Geheimratskollegiums als ein den Herzog beratender Ausschuß der Regierung hatte sich also noch verstärkt; eine Weiterentwicklung zu einer besonderen Oberbehörde fand nicht statt. Unverändert blieb auch der staatsrechtliche Sonderstatus des Saalfelder Landesteils. Eine Veränderung gab es lediglich im gemeinsam mit Meiningen verwalteten Amt Römhild. Mit der Herzogin Charlotte Amalia von Meiningen einigte sich Ernst Friedrich in einem 1765 geschlossenen Administrationsrezeß mit Rücksicht auf die Tatsache, daß Meiningen 2/3 und Coburg-Saalfeld 1/3 des Amts gehörte, auf einen turnusmäßigen Wechsel bei der Besetzung von erledigten weltlichen und geistlichen Dienststellen, bei dem Coburg-Saalfeld jeweils über den Zeitraum eines Jahres, beginnend 1765/66, Meiningen von zwei Jahren, beginnend 1766/68, dieses Recht zustehen sollte.

Auf ähnlicher Basis gelang auch die Einigung über die gemeinsame Führung der coburgischen Reichstagsstimme, die seit 1699 geruht hatte, weil Meiningen und Coburg-Saalfeld kein Einverständnis darüber erreichen konnten. Denn auf die von Meiningen erhobene Forderung, wegen der 1735 vorgenommenen Aufteilung des Fürstentums Coburg zwischen Meiningen und Coburg-Saalfeld Anspruch auf einen größeren Anteil der bis 1699 von Meiningen und Coburg gemeinschaftlich geführten coburgischen Stimme zu haben, hatten Christian Ernst und Franz Josias nicht eingehen wollen (s. o. S. 538). Ernst Friedrich zeigte sich kompromißbereiter. In einem 1771 geschlossenen Vertrag vereinbarte man, die Stimme künftig im Wechsel von 1 1/2 Jahren von Coburg und 2 1/2 Jahren von Meiningen zu führen und diese Aufgabe dem meiningischen Geheimen Rat Heinrich Carl von Pfau zu übertragen; dieser nahm sie neben gleichartigen Verpflichtungen für andere Reichsstände bis zu seinem Tode (1787) wahr, ohne daß sich daraus für Ernst Friedrich im ersten Jahrzehnt seiner Herrschaft Anreize zu reichspolitischer Betätigung ergeben hätten.

Im innenpolitischen Bereich war für diesen Zeitraum das ständige Anwachsen der vom Vater hinterlassenen Schuldenlast charakteristisch. Der glückliche Umstand, daß Fürst Heinrich von Schwarzburg-Sondershausen (1689-1758) 1758 den damaligen coburgischen Erbprinzen zum Universalerben seines Allodialvermögens eingesetzt hatte, dessen Wert man in Coburg auf „mehrere Tonnen Goldes" schätzte, hatte zunächst begründete Hoffnungen auf eine Besserung der schwierigen Finanzverhältnisse wach werden lassen. Die Erbschaft erwies sich jedoch im Laufe der Jahre als Quelle vielfältiger Streitigkeiten mit dem sondershäusischen Fürstenhaus und anderen Erbberechtigten und damit zusammenhängenden kostspieligen Prozessen, die dazu meist noch ungünstig für Ernst Friedrich ausgingen und nicht nur nichts einbrachten, sondern die Schulden noch vermehrten.

Dazu kam, daß Ernst Friedrich bei Hofe größeren Aufwand trieb als sein sparsamer Vater. Daraus zog auch die Kulturpflege ihren Nutzen, zumal das Theaterspiel, an dem besonders der Erbprinz Franz großes Interesse zeigte, dabei unterstützt von dem kunstbegabten Hofrat von Thümmel. Da der Herzog fremde Schauspieltrupps an seinem Hof nicht wünschte, wurde das aus der Zeit Herzog Johann Casimirs stammende Ballhaus 1764 zu einem Liebhabertheater für die Hofgesellschaft umgebaut, an dem sich in der Folgezeit unter aktiver Beteiligung des Erbprinzen und von Mitgliedern der Hofgesellschaft eine lebhafte Theater- und Musikpflege entwickelte.

Weniger erfolgreich war man bei Unternehmungen, die die Einkünfte des Landes und seiner Bewohner vermehren helfen sollten. Weder die Erträge des seit 1766 mit landesherrlicher Förderung betriebenen Steinkohlenabbaus noch der nach dem Vorbild anderer Länder 1768 eingerichteten Zahlenlotterie noch die mit Zustimmung des Herzogs 1769 vollzogene Umwandlung eines Pochwerks beim saalfeldischen Reichmannsdorf in eine Glashütte, die nach seiner Gemahlin Sophienhütte genannt wurde, entsprachen den in sie gesetzten Erwartungen. Der 1767 mit dem Rat der Stadt Pößneck geschlossene Vertrag über den Verkauf der dem Rat bisher nur wiederkäuflich überlassenen Ober- und Niedergerichtsbarkeit, Fälle von Mord und Totschlag ausgenommen, zu Erbeigentum brachte dem Herzog zwar 6000 Taler ein, bedeutete jedoch zugleich einen Verlust von Hoheitsrechten, und daß man sich damals in Coburg auf Ämterverkauf einließ wie in Hildburghausen, zumal von Pfarrstellen, war ein bedenkliches Zeichen. Wie knapp der finanzielle Spielraum inzwischen geworden war, zeigte sich auch, als die Stiftungskasse des Coburger Gymnasiums durch die Mißwirtschaft ihres Verwalters erheblich geschädigt worden und man zu Aufrechterhaltung des Schulbetriebs auf Kollektengelder angewiesen war. Neue unvorhergesehene Ausgaben brachten die Mißernte-, Teuerungs- und Hungersnotjahre 1770/72, als der Herzog im Rhein-Main-Gebiet Getreide aufkaufte, um es zu billigem Preis unter den Hilfsbedürftigen in seinem Lande zu verteilen, denn der Versuch, es dem Fränkischen Reichskreis, der eine allgemeine Getreideausfuhrsperre erlassen hatte, mit einer ebensolchen Verordnung gleichzutun, brachte wenig Nutzen.

Inzwischen war der Schuldenstand 1771 einschließlich der rückständigen Zinsen auf mehr als 1 Million Taler angewachsen und dies bei Kammereinkünften von jährlich 70 000 Talern, von denen ca. 34 000 zur Schuldentilgung verwendet werden konnten; zu ihnen kamen lediglich noch 5300 Taler, die die Landstände dafür aufbrachten. Die unter solch ungünstigen Verhältnissen von Herzog Ernst Friedrich an Kaiser Joseph II. gerichtete Bitte um einen Zahlungsaufschub für die aus den Prozessen um die sondershäusische Erbschaft herrührenden finanziellen Verpflichtungen beantwortete dieser zu Beginn des Jahres 1773 mit der Einsetzung einer Debit- und Administrationskommission in Coburg, die dem Herzog die Finanzverwaltung in seinem Lande entzog und ihm zur Bestreitung seiner eigenen Ausgaben lediglich einen jährlichen Betrag von 12 000 Talern zuerkannte. Die Tätigkeit der Kommission, deren Leitung dem Prinzen Joseph von Hildburghausen und Herzog Ernst II. von Gotha-Altenburg übertragen wurde, dauerte bis 1802; sie gehört also ebenso wie die weiteren Regierungsjahre Ernst Friedrichs einem neuen Abschnitt thüringischer Geschichte an (siehe Bd. V 1, Teil 2, S. 718).

II. Die Grafen und Fürsten von Schwarzburg

1. Landesteilungen

Nach dem kinderlosen Tode Günthers XLI., des Streitbaren, (1529-1552-1583; vgl. Bd. III, S. 272 ff.) sowie des Grafen Wilhelm (1534-1552-1598) fielen das Arnstädter Gebiet und die Herrschaft Frankhausen an die überlebenden Linien Rudolstadt und Sondershausen zurück. Der Stadtilmer Vertrag von 1599 begründete die politischen Verhältnisse, die zu den beiden Linien Schwarzburg-Rudolstadt und Schwarzburg-Sondershausen führten, die erst mit der staatlichen Umwälzung von 1918 bzw. 1920 ihr Ende fanden. Beide Linien waren an der Oberherrschaft auf und vor dem Thüringer Wald und an der Unterherrschaft um den Kyffhäuser und auf der Hainleite beteiligt. Während es in der Linie Schwarzburg-Rudolstadt zu keiner eigentlichen Landesteilung mehr kam, führte 1651 eine Teilung in der Linie Schwarzburg-Sondershausen zu den drei Teillinien Schwarzburg-Sondershausen, Schwarzburg-Arnstadt und Schwarzburg-Ebeleben, von denen Arnstadt bereits 1669, Ebeleben 1681 ausstarben, so daß der ganze Besitz der 1599 begründeten Linie Schwarzburg-Sondershausen wieder beisammen war. Indessen teilten die beiden Söhne des Begründers der Linie Sondershausen 1681 erneut: Christian Wilhelm (1647-1666-1720) erhielt die Unterherrschaft Sondershausen mit Ausnahme der Ämter Schernberg und Keula und begründete somit eine neue Linie Schwarzburg-Sondershausen, während an Günther Anton II. (1653-1666-1716) die Oberherrschaft Arnstadt mit den beiden genannten Ämtern der Unterherrschaft fiel. Die neu gegründete Linie Schwarzburg-Arnstadt aber erlosch bereits 1716 mit dem kinderlosen Tod ihres Begründers.

Mit dem Anfall der Herrschaft Arnstadt an die Herrschaft Sondershausen 1716 bestanden somit nur noch die beiden Fürstentümer Schwarzburg-Rudolstadt und Schwarzburg-Sondershausen. Während Schwarzburg-Rudolstadt seinen Verwaltungsmittelpunkt in der Oberherrschaft in Rudolstadt hatte, die außer verschiedenen kleineren Ämtern vor allem die alten Herrschaftssitze Blankenburg, Leutenberg, Rudolstadt und Schwarzburg umfaßte, bildeten die Unterherrschaft vor allem die Ämter Frankenhausen und Schlotheim. Schwarzburg-Sondershausen hatte dagegen seinen Verwaltungsmittelpunkt in der

Unterherrschaft in Sondershausen, die mit den Ämtern Clingen, Ebeleben, Keula und Sondershausen ein geschlossenes Territorium bildete, während die Oberherrschaft aus den beiden Ämtern Arnstadt-Käfernburg und Gehren bestand.

Beide Fürstentümer stellten somit ein zweigeteiltes territoriales Gebilde dar, das nach Einführung der Primogenitur im Gesamthaus Schwarzburg 1713 auch nicht wieder zerstückelt werden konnte. Andererseits bestand nicht die geringste Aussicht, etwa in einem Erbgang den territorialen Wall im mittleren Thüringen, gebildet von Erfurt und dem wettinischen Gebiet, zu durchbrechen und eine territoriale Verbindung zwischen Ober- und Unterherrschaft herzustellen. Was die Schwarzburger infolge des Aussterbens einzelner landesherrlicher Geschlechter im 16. und 17. Jahrhundert an Gebietserwerbungen erlangten, war nur wenig und zum Teil nicht einmal von dauerndem Bestand. Mit dem Aussterben der Grafen von Honstein 1593 (s. u. S. 597) hatten die Grafen von Schwarzburg und Stolberg auf Grund eines 1433 abgeschlossenen Erbvertrages von der Grafschaft Besitz ergriffen, die sich über das Gebiet zwischen dem südlichen Harzrand von Nordhausen und Sachsa und der Hainleite mit Schloß Lohra erstreckte, vermochten sich aber gegenüber fremden Ansprüchen, zunächst der Herzöge von Braunschweig, später des Stiftes Halberstadt, nicht durchzusetzen. Was sie im Westfälischen Frieden 1648 zugesprochen erhielten, waren einige Orte bei Bleicherode, die sie dann 1816 an Preußen abtraten, das dafür auf manche Hoheitsrechte gegenüber Schwarzburg verzichtete, die wiederum auf ältere kursächsische Rechte zurückgingen.

Auch bei der Untergrafschaft Gleichen, die 1631 auf Grund einer Erbverbrüderung von 1623 an die Schwarzburger fiel, handelte es sich nur um einige Ortschaften im Raum Arnstadt, die 1826 an das Herzogtum Sachsen-Gotha abgetreten wurden gegen einen Verzicht Gothas auf Einnahmen aus den sondershäusischen Landen. Von Dauer erwies sich nur der Kauf der Herrschaft Ebeleben von den Herren von Ebeleben 1597 bzw. 1616, aber auch hier sah sich Schwarzburg-Sondershausen 1816 gezwungen, preußische bzw. ältere kursächsische Hoheitsrechte durch Gebietsabtretungen abzulösen.

2. Verfassung

Waren die Gebietsgewinne an und für sich bescheiden, so deutet ihre spätere Verwendung bereits an, daß die Schwarzburger keineswegs Herren im eigenen Hause waren. Schon seit dem 14. Jahrhundert waren die Schwarzburger zunehmend in den Schatten der

Wettiner gerückt. Mit der Verfestigung der thüringischen Territorien bestand zwar für die Wettiner immer weniger eine Aussicht, die Schwarzburger mit Gewalt zu beseitigen, um so mehr versuchten sie daher, ihre lehnsherrlichen Rechte zur Geltung zu bringen und die Schwarzburger in die Stellung wettinischer Landsassen hineinzudrängen. Als Oberlehnsherren bestritten sie vor allem den Schwarzburgern das Recht, Landtage abzuhalten und Steuern zu erheben. Im Grunde erwuchsen die Streitigkeiten daraus, daß die Schwarzburger in einer Person Reichs- und Landstände zugleich waren, wie es bereits 1652 Veit Ludwig von Seckendorf formulierte, wobei die Wettiner noch ins Feld führen konnten, daß die sächsischen Lehen der Grafen „der mehrere und beste Teil ihrer Graf- und Herrschaften sei". Während die Schwarzburger ihre Reichsstandschaft an die Spitze stellten, waren sie für die Wettiner an erster Stelle sächsische Landstände. Eine Entscheidung hätte nur das Reichskammergericht fällen können, aber das ließ einen bereits 1561 angestrengten Steuerprozeß „hängen" und überließ damit die Dinge dem Selbstlauf.

Endlose Streitigkeiten und ein gereizter Federkrieg waren die Folge, die zwar einschliefen, wenn große politische oder kriegerische Ereignisse wie z. B. der Dreißigjährige Krieg ganz andere Entscheidungen erforderten. Auch die Gegensätze zwischen Albertinern und Ernestinern wie innerhalb der ernestinischen Linien ließen zeitweise den Streit zurücktreten, während die Schwarzburger gegenüber den Wettinern alles vermieden, was dahin ausgelegt werden konnte, daß sie eine Stellung als „immediati subditi" anerkannten, wie sie sich selbst der Teilnahme an den wettinischen Landtagen, sogar Trauerakten bei den Wettinern versagten. Dabei war Kursachsen noch zurückhaltender, während sich Johann Ernst von Sachsen-Weimar 1686 sogar erdreistete, den Grafen Anton Günther II. von Schwarzburg-Arnstadt kurzerhand als Vasallen zu bezeichnen (s. o. S. 276). Wenn sich somit für die schwarzburgischen Unterherrschaften Kursachsen im allgemeinen noch als der gemäßigtere Gegner erwies, so schlug man in Weimar im Hinblick auf die schwarzburgischen Oberherrschaften einen schärferen Ton an.

Diese Gegensätze hatten verfassungsmäßig zur Folge, daß es in den schwarzburgischen Landen nur in einem beschränkten Maße zur Ausbildung von Landständen kam. Während in Schwarzburg-Rudolstadt im 17. Jahrhundert noch Landtage abgehalten wurden, scheint dies in Schwarzburg-Sondershausen kaum der Fall gewesen zu sein. Auf eine diesbezügliche Anfrage Rudolstadts 1720 wurde zwar aus Sondershausen mitgeteilt, daß Beratungen mit den Landständen stattgefunden hätten, aber zugleich zugegeben, daß „sich in dieser Materie einiges difformiter befinde".

Allein diese Anfrage wirft ein eigenartiges Licht auf die bestehenden Verhältnisse, zeigt sie doch, wie wenig die beiden Linien in dieser Hinsicht voneinander wußten, während man eigentlich annehmen sollte, daß die beiden zweigeteilten schwarzburgischen Staaten in einem engeren Kontakt miteinander standen und auch verwaltungsmäßig gleiche Wege einschlugen. Indessen ist das Gegenteil der Fall. Das Hauptproblem war für beide Staatsgebilde, die jeweils abgelegene Unterherrschaft bzw. Oberherrschaft an den Regierungssitz in dem anderen Landesteil zu binden, was allerdings mit dadurch erschwert wurde, daß dort zeitweilig selbständige Herrschaften bestanden. Für Rudolstadt lag dies zwar schon weiter zurück, denn die 1571 gebildete Grafschaft Schwarzburg-Frankenhausen hatte bereits 1598 ihr Ende gefunden. Dagegen hatten neben der Grafschaft Schwarzburg-Sondershausen von 1651-1669 eine Grafschaft Schwarzburg-Arnstadt und von 1651-1681 auch eine Grafschaft Schwarzburg-Ebeleben bestanden, und die Teilung von 1681 führte wiederum zu einer Grafschaft Schwarzburg-Arnstadt, die 1716 in Schwarzburg-Sondershausen aufging.

Alle diese zeitweilig bestehenden Grafschaften hatten ihren eigenen Behördenapparat, der in Frankenhausen ebenso wie in Arnstadt weiterbestand, während sich die dazugehörigen Regierungssitze in der abgelegenen Ober- bzw. Unterherrschaft befanden. Während in Frankenhausen die Selbständigkeit der dortigen Behörden durch das 1712 in Rudolstadt eingerichtete Geheime Ratskollegium weitgehend eingeschränkt und 1809 dieser Prozeß durch die Umwandlung der Regierung in eine Landeshauptmannschaft und des Konsistoriums in eine Kircheninspektion im wesentlichen abgeschlossen wurde, gelang dies für die Arnstädter Herrschaft nicht. Dabei spielte einmal die Tatsache mit, daß Schwarzburg-Arnstadt bis 1716 eine selbständige Grafschaft bzw. Fürstentum gebildet hatte, zum anderen kam es in Sondershausen nicht zur Bildung eines Geheimen Rates, so daß die Regierungen in Sondershausen und Arnstadt in gleicher Weise vom Fürsten selbst „dependierten", lediglich in der Finanzverwaltung bahnte sich bereits im 18. Jahrhundert eine Vorrangstellung der Sondershäuser Kammer an. Auch das seit der zweiten Hälfte des 18. Jahrhunderts in Sondershausen nachweisbare Geheime Consilium wurde nicht zur Spitzenbehörde für das gesamte Fürstentum. So gelang es in Sondershausen nicht, das angefallene Fürstentum Arnstadt in einen straffen Instanzenzug verwaltungsmäßig einzubauen und ein einheitliches Staatsgebilde zu schaffen. Die Fürstlichkeiten standen in Sondershausen Verwaltungsangelegenheiten offenbar interessenlos gegenüber, und die mangelhafte Aktenführung in den Sondershäuser Behörden läßt erkennen, daß auch in dieser Hinsicht die ordnende Hand fehlte.

Es ist einleuchtend, daß die Schwarzburger einmal infolge der wettinischen Hoheitsansprüche, aber auch infolge ihrer mehrfachen Aufsplitterung in Teillinien gar nicht in der Lage waren, noch eine selbständige Außenpolitik zu führen. Das wurde besonders im Dreißigjährigen Krieg deutlich, auch wenn damals nur die beiden Linien Schwarzburg-Rudolstadt und Schwarzburg-Sondershausen nebeneinander bestanden. Allein im Hinblick auf die Tatsache, daß 1631 Herzog Wilhelm von Sachsen-Weimar zum schwedischen Statthalter in Thüringen aufgestiegen war und mit der Übernahme dieses Amtes zugleich Absichten verband, die auf eine Vergrößerung seines Territoriums hinausliefen, hätte eine selbständige oder gar gegensätzliche Politik für die Schwarzburger den politischen Selbstmord bedeutet. Andererseits wurden gerade dadurch die schwarzburgischen Grafschaften als Durchmarsch- und Einquartierungsgebiet in das Kriegsgeschehen in verstärktem Maße mit einbezogen. Selbst die abgelegensten Teile des schwarzburgischen Territoriums wurden, je länger der Krieg dauerte und das mittlere Thüringen schon weitgehend verwüstet war, zum Ausbeutungsobjekt, und die Beutezüge der Schweden, die von Erfurt ausgingen, erstreckten sich 1637-1640 bis in die Täler des Thüringer Waldes (s. o. S. 168 ff.).

Wenn infolge des Dreißigjährigen Krieges in den herzoglich sächsisch-schwarzburgischen Gegensätzen eine gewisse Abkühlung eingetreten war und in den Jahren 1671-1674 sogar von sächsischer Seite der Versuch gemacht wurde, „die Irrungen und Streitigkeiten in der Güte beizulegen", so änderte sich die Lage, als 1683 mit Wilhelm Ernst in Weimar „ein eigenwilliger und streitbarer Herr" zur Regierung kam, der keineswegs gewillt war, von den Rechten etwas aufzugeben, die er als Herzog von Sachsen-Weimar zu haben glaubte. Vielmehr beabsichtigte er von vornherein, „die Grafen von Schwarzburg in den Schranken gebührender Subjektion zu erhalten". Die Streitigkeiten setzten dann auch nach kurzer Zeit wieder ein, und in diese auf beiden Seiten gereizte Stimmung fiel nun ein Ereignis von schwerwiegender Bedeutung: Am 3. September 1697 erhob Kaiser Leopold die Grafen Christian Wilhelm von Schwarzburg-Sondershausen und Anton Günther II. von Schwarzburg-Arnstadt in den Reichsfürstenstand. Beide Grafen erhielten den Fürstentitel für sich und ihre eheliche Nachkommenschaft, ihre Lande und Herrschaften wurden in ein Reichsfürstentum umgewandelt, und das, weil das Haus Schwarzburg „bei jetzigen mühsamen Zeiten und höchstgefährlichen Kriegsläuften das seinige so getreu und eifrig, dem Gemeinwohl zum Besten, beständig beigetragen habe". Bereits 1691 war Christian Wilhelm von Schwarzburg-Sondershausen das große Comitiv und die Würde eines kaiserlichen Pfalzgrafen verliehen worden.

Es bleibe dahingestellt, ob man in Wien damit beabsichtigt hatte, erst einmal die Reaktion der Wettiner abzuwarten, um dann die Erhebung in den Reichsfürstenstand folgen zu lassen. Unklar bleibt jedenfalls, daß das große Comitiv 1691 nicht auch an Schwarzburg-Rudolstadt und Schwarzburg-

Arnstadt verliehen wurde, wie auch die Erhebung in den Reichsfürstenstand 1697 auf Schwarzburg-Sondershausen und Schwarzburg-Arnstadt beschränkt, Rudolstadt aber ausgeschlossen blieb. Erst 1710 wurde für Rudolstadt die Erhebung in den Reichsfürstenstand samt Erteilung des Palatinats vorgenommen. Nicht weniger eigenartig ist, daß Anton Günther II. von Schwarzburg-Arnstadt erst 1709 von der Standeserhebung Gebrauch machte. Befürchtete er neue Verwicklungen mit Sachsen-Weimar? Auf die Dauer konnte dieser Akt nicht unbekannt bleiben, auch wenn man in Weimar offenbar erst im März 1698 davon Kenntnis erhielt. Neue Streitigkeiten ließen dann auch nicht lange auf sich warten, zumal Wilhelm Ernst von Sachsen-Weimar es ablehnte, der zwischen Schwarzburg-Arnstadt und Kursachsen bereits Ende 1699 abgeschlossenen vertraglichen Regelung beizutreten, wenn es auch zu einer eigentlichen Anerkennung der Fürstenwürde des Gesamthauses Schwarzburg durch Kursachsen erst 1716 kam. So begann Wilhelm Ernst seine „Politik der Nadelstiche" damit, daß er in Arnstadt zwei „Spione vor Ort" einsetzte, die ihm alles nach Weimar berichten sollten, was irgendwie die weimarische Oberhoheit antastete. Selbst die Tatsache, daß in Schwarzburg-Arnstadt die Nachricht vom Tode Kaiser Josephs I. 1711 früher bekannt wurde als in Sachsen-Weimar und daher auch das Trauergeläute früher einsetzte, wurde als ein Angriff auf die sächsische Landeshoheit angesehen. Als jedoch der Arnstädter Fürst seinen Untertanen in einem eigenen Patent von der Übernahme des Reichsvikariats durch den Kurfürsten von Sachsen unter Einfügung des kursächsischen Vikariatspatentes unterrichtete und nicht das aus Weimar überschickte Patent anschlagen ließ, verlangte der Herzog von Weimar unter Strafandrohung die Abnahme des Arnstädter Patentes und Ersatz durch sein eigenes. Da man in Arnstadt nicht zum Einlenken bereit war, betrachtete Wilhelm Ernst die Zeit des kursächsischen Reichsvikariates als eine günstige Gelegenheit, mit offener Gewalt vorzugehen. Am 9. Juli 1711 ließ er seine Soldaten in Arnstadt einmarschieren und den Kanzler in Haft nehmen. Ein Urteil des Reichskammergerichts Wetzlar zwang Wilhelm Ernst zur Freilassung der Gefangenen und zur Einstellung aller Feindseligkeiten.

Die Auseinandersetzungen aber gingen weiter und brachten eine Vielzahl von Streitigkeiten hervor. Die Wettiner ließen keine Gelegenheit aus, ihre Proteste in Wien vorzutragen, auch gegen die Einführung der Primogenitur im Gesamthaus Schwarzburg 1713 haben sie, wenn auch erfolglos, ihre Stimme erhoben. So kamen die Schwarzburger erst 1754 zu Sitz und Stimme im Reichsfürstenrat. Im übrigen aber versuchten die Wettiner, ihre Ansprüche vertraglich zu regeln und möglichst in klingende Münze umzusetzen. Erst die Ereignisse von 1806 bzw. 1816 brachten den Schwarzburgern die volle Souveränität.

Hatte der Dreißigjährige Krieg den Schwarzburgern besonders deutlich gemacht, daß sie nicht mehr in der Lage waren, eine selbständige Politik nach außen zu führen, und zufrieden sein mußten, wenigstens die schlimmsten Übergriffe von ihrem Territorium abzuwenden, so hatte daran auch die Erhebung in den Reichsfürstenstand nichts geändert. So hat denn auch keiner der schwarzburgischen Grafen bzw. Fürsten des 17. und 18. Jahrhunderts politisch eine Rolle gespielt, sie blieben in ihrem Wirken auf ihre Teilstaaten beschränkt. Sicher hat der fürstliche Titel den Schwarzburgern hinsichtlich der ihnen 1697 bzw. 1710 erteilten Palatinatsbefugnisse einen gewissen Auftrieb gegeben — Anton Günther II. von Schwarzburg-Arnstadt hatte sie nicht erhalten —, doch gerade bei den Nobilitierungen legte man sich in Schwarzburg-Sondershausen eine gewisse Zurückhaltung auf und dies wohl mit Rücksicht auf die Wettiner. Dagegen machte Schwarzburg-Rudolstadt von seinem Nobilitierungsrecht laufend Gebrauch, obwohl seine Nobilitierungsakte regelmäßig von Kursachsen angefochten wurden.

3. Kultur und Wirtschaft

Die 1681 neu entstandene Grafschaft Schwarzburg-Arnstadt, 1697 zum Fürstentum erhoben, regierte Anton Günther II., der zum Begründer eines Münzkabinetts von europäischem Ruf wurde, das er 1712 an den Herzog von Sachsen-Gotha angeblich für 100 000 Taler verkaufte und damit den Grundstock für die später berühmt gewordene Gothaer Sammlung legte. Seine Gemahlin Auguste Dorothea (1660-1751) aus dem Hause Braunschweig-Wolfenbüttel, eine sehr kunstsinnige Persönlichkeit, aber ebenso verschwenderisch und daher ständig verschuldet, hat mit den 82 Schaukästen der Puppenstadt „Mon plaisir" ein einmaliges Denkmal der materiellen Volks- und höfischen Kultur in Thüringen aus der ersten Hälfte des 18. Jahrhunderts hinterlassen, das einen einzigartigen Einblick in die gesamte häusliche und insbesondere in die Wohnkultur dieser Zeit gewährt und in seiner ganzen Bedeutung erst in den letzten Jahrzehnten erkannt worden ist. Dagegen waren dem von ihr bei Arnstadt erbauten Lustschloß Dorotheenthal sowie der von ihr daselbst begründeten Fayencemanufaktur nur ein kurzes Dasein beschieden (vgl. Bd. VI, S. 62 f.).

Wenn sich der barocke Glanz eines absoluten Staates in Arnstadt in einer Puppenstadt erschöpfte, so war davon in Sondershausen noch weniger zu spüren. Hier galt es vor allem, der Residenzstadt ein würdiges Aussehen zu geben, die im 17. Jahrhundert vier Mal von Großbränden heimgesucht worden war, allein für den Wiederaufbau der Stadtkirche benötigte man

Jahrzehnte. Die fürstliche Bautätigkeit hielt sich in Grenzen und brachte bis auf das Achteckige Haus (Karusell), jetzt als Konzertsaal genutzt, und den Riesensaal im Südflügel des Schlosses mit seinem hochbarocken Stuck nichts Außergewöhnliches hervor (vgl. Bd. VI, S. 38; vgl. auch Abb. 28, nach S. 496). Eine 1739 in Abstbessingen begründete herrschaftliche Fayencemanufaktur, deren schöne Arbeiten heute zu den Seltenheiten gehören, überdauerte nur zwei Jahrzehnte (vgl. Bd. VI, S. 62).

Die Einführung der Primogenitur 1713 stieß keineswegs bei allen Gliedern des Hauses auf Gegenliebe. Wie zerstritten die Familie war, macht allein die Tatsache deutlich, daß der spätere Fürst Heinrich I. (1689-1740-1758) noch bevor sein Bruder Fürst Günther I. (1678-1720-1740) die Regierung angetreten hatte, einen Geheimvertrag mit dem Herzog Wilhelm Ernst von Sachsen-Weimar in der Lehnsangelegenheit abschloß. Heinrich I. war Junggeselle, sein Haß gegenüber seinen Verwandten war so groß, daß er als Erben seines ansehnlichen Privatvermögens einen Prinzen von Coburg-Saalfeld einsetzte und somit seinen regierungsberechtigten Neffen regelrecht enterbte. Da aber dieser die Nachricht vom Tode seines Onkels früher erhielt als der in Sondershausen seit 1755 ansässige gemeinsame Hofrat des Fürsten und des coburgischen Prinzen, konnte der private Nachlaß vor fremdem Zugriff bewahrt werden.

Von dem prachtliebenden Junggesellen auf dem Sondershäuser Thron, der 1754 in das Reichsfürstenkollegium eingeführt wurde, oft außerhalb des Landes weilte und auch in Frankfurt am Main starb, zeugt noch eine „Goldene Kutsche". Den trügerischen Glanz seines Hofstaates zu finanzieren war freilich das kleine Land nicht in der Lage, und so bereicherte der Fürst seine Schatulle durch den Verkauf von Pfarr-, Lehrer- und Beamtenstellen. Der Stellenverkauf im Fürstentum wurde bald „welt- und landkundig", und auf den Kanzeln der katholischen Kirchen Erfurts stellte man die spöttische Frage: „Wieviel in den fürstlichen Landen eine lutherische Kutte koste?". So flossen der fürstlichen Schatulle erhebliche Summen zu, an denen sich auch korrupte Beamte und Diener bereicherten. Beim Tod des Fürsten fanden sich im Schloß Sondershausen über 93 000 Taler Bargeld in den verschiedensten Münzsorten vor, in allen möglichen Behältnissen versteckt.

In welcher Verfassung Heinrich I. sein Land nach 18jähriger Regierung hinterließ, beschrieb sein Nachfolger Fürst Christian Günther I. (1736-1758-1794) in einem Brief an den Herzog von Braunschweig: „Ich finde nichts als verfallene Gebäude, ruinierte Waldungen, verarmte Untertanen und Schätze, die aus denen öffentlichen Einkünften des Landes worden, in fremde Hände geliefert. Ich übergehe den beinahe unersetzlichen Schaden, der durch die schimpfliche Verkaufung der Dienste an unwissende und ungeschickte Leute dem Kammeral-, Justiz- und Landespolizeiwesen auf viele Jahre hinaus erwachsen". In 36jähriger Regierungstätigkeit schuf Christian Günther trotz der Belastungen durch den Siebenjährigen Krieg wieder geordnete Verhältnisse.

Von den Rudolstädter Fürsten des 17. und 18. Jahrhunderts haben Friedrich Anton (1692-1718-1744) und Johann Friedrich (1721-1744-1767) eine gewisse Berühmtheit dadurch erlangt, daß unter ihrer Regierung die 1735 abgebrannte Heidecksburg zu Rudolstadt (vgl. Bd. VI, S. 80 ff.) als eines der schönsten Barockschlösser mit einer heiter beschwingten Raumgestaltung des Rokoko neu erstand. Während in Sondershausen Heinrich I. seinen Hofstaat durch den Stellenverkauf finanzierte, versuchte in Rudolstadt Friedrich Anton die dafür erforderlichen Gelder durch laufende Steuerhöhungen aus den Untertanen herauszupressen, wobei auch hier sich eine korrupte Beamtenschaft schadlos zu halten suchte. So kam es 1716 in Königsee zu einem regelrechten Aufruhr, der sich über die ganze Oberherrschaft ausbreitete und das Land 16 Jahre in Unruhe hielt. In dem Rudolstädter Advokaten Johann Georg Bulisius fanden die Aufständischen einen geeigneten Mann, der den Streit bis vor den Reichshofrat trug. Das Endurteil des Reichshofrates 1731 bedeutete zwar eine Niederlage für die Anhänger des Bulisius, wirkte aber reinigend auf die inneren Verhältnisse des Fürstentums, wie eine Art Politisches Testament des Fürsten von 1737 ausweist. So konnte denn auch die seit 1718 verschobene Landeshuldigung 1732 erfolgen.

Der Dreißigjährige Krieg hatte die schwarzburgischen Lande sehr in Mitleidenschaft gezogen. Wie die in den vierziger Jahren des 17. Jahrhunderts in Vorbereitung der 1651 durchgeführten Landesteilung angestellten Erhebungen ausweisen, waren die offenen Landschaften am Rande des Thüringer Beckens um Arnstadt wie in der Sondershäuser Unterherrschaft am meisten mitgenommen. Von den Gehöften in den Dörfern war nur noch die Hälfte bewohnt, öfter nur ein Drittel. Dementsprechend war der Bestand an Nutz- und Zugvieh zurückgegangen, selbst an Ackergerät herrschte Mangel. So bedurfte es Jahrzehnte, ehe der Vorkriegsstand wieder erreicht war.

In den ausgedehnten Waldgebieten der beiden Oberherrschaften hatte dagegen die Landwirtschaft mit ihren weit geringeren Erträgen die Bewohner infolge der Bevölkerungsvermehrung schon seit dem 16. Jahrhundert nicht mehr zu ernähren vermocht und war mehr und mehr zu einem Nebenerwerb geworden. Auch der feldmäßige Anbau der Kartoffel seit den zwanziger Jahren des 18. Jahrhunderts änderte daran nichts. So war hier ein ausgedehntes Gewerbe entstanden, das sich auf dem Rohstoff Holz aufbaute. Kannen, Teller und Löffel fanden von hier ebenso den Weg in die nähere und weitere Umgebung wie Dielen und Schindeln, wie Kienruß und Pech, von dort wiederum wurde das benötigte Getreide herangeholt. Auch die Gewinnung und Verarbeitung von Eisenstein hatte Beil-, Sichel- und Nagelschmiede aufkommen lassen, ebenso war das Leineweberhandwerk in den Walddörfern eingezogen. Seit dem 18. Jahrhundert nahmen Herstellung und Vertrieb von Olitäten, d. h. von allen möglichen Heilmitteln in Gestalt von Ölen, Essenzen und Pillen immer größere Ausmaße an, und der „Königseer Buckelapotheker" war bald in Franken und Schwaben ebenso bekannt wie in Westfalen und Brandenburg.

Unter den Nachwirkungen des Dreißigjährigen Krieges vollzog sich der Absatz der Holz- und Eisenwaren zu einem guten Teil mit Hilfe von Schubkarren. An die Stelle des Schubkärrners aber trat mehr und mehr der Handelsmann, der Fuhrmann und Kaufmann zugleich war, öfter auch nicht in die Heimat zurückkehrte und sich für immer in einer größeren Handelsstadt niederließ. Die seit dem 17. Jahrhundert aufgekommene Glasindustrie und die in der zweiten Hälfte des 18. Jahrhunderts hinzugekommene Porzellanindustrie verstärkten den Warenaustausch, so daß eine vielseitige Industrie und der damit verbundene Handel den Walddörfern im 18. Jahrhundert einen wirtschaftlichen Aufschwung brachten. Von den schwarzburgischen Städten ragten wirtschaftlich lediglich Stadtilm durch die Tuchmacherei, Frankenhausen durch die Salzgewinnung heraus, die aber längst an Bedeutung verloren hatte, während Arnstadt auch weiterhin der führende Umschlagplatz für die Erzeugnisse der Waldbewohner und für Getreide blieb. Im übrigen waren die schwarzburgischen Städte im 17. und 18. Jahrhundert Kleinstädte, von deren Handwerk keine größere wirtschaftliche Initiative ausging, und die beiden Residenzen Rudolstadt und Sondershausen machten dabei keine Ausnahme. Auch das Anwachsen ihrer Einwohnerschaft ging nirgends über die natürliche Bevölkerungsvermehrung hinaus, und ihre wirtschaftlichen Verhältnisse boten ebensowenig Anreiz für einen Zuzug von außerhalb.

III. Die Herren, Grafen und Fürsten Reuss

von Günther Franz

1. Landesteilungen

Mit der Abtretung der Oberlehnshoheit über den Besitz der Reußen von Kursachsen an die Krone Böhmen als Folge des Schmalkaldischen Krieges und der Wiederbelehnung durch Kaiser Ferdinand I. als König von Böhmen mit ihren Besitzungen als Reichsafterlehen im Jahre 1562 (vgl. Bd. III, S. 276 ff.) war für die Reußen die Gefahr, zu sächsischen Vasallen zu werden, gebannt, ihre reichunmittelbare Stellung endgültig gesichert. Zu ihrem Stammland, der Herrschaft Greiz, und der Herrschaft Gera, deren Herren 1550 ausgestorben waren (vgl. Bd. III, S, 275), erhielten sie 1572 das burggräfliche Erbe (soweit es nicht an Kursachsen gefallen war), doch erst 1576 Lobenstein und 1580 Schleiz, das zuletzt noch der Witwe des letzten Burggrafen als Witwengut gedient hatte. Damit hatte das Reußenland (wie das im Vogtland gelegene Gebiet gern genannt wird) 1590 den Umfang erhalten, den es bis zum Aufgehen des Landes in den Freistaat Thüringen 1919 behalten sollte. Einzig die Herrschaft Kranichfeld, die weit abseits des Kernlandes bei Weimar lag und sächsisches Lehen war, wurde von Gera, dem die zunächst dreigeteilte Herrschaft seit 1607 allein gehörte, zunächst 1615 an Sachsen verpfändet und 1693 endgültig an Sachsen-Gotha verkauft.

Obgleich die Reußen nur die Regalien als Reichslehen, ihr Gebiet aber, wie gesagt, nur als Reichsafterlehen der Krone Böhmen besaßen, beschränkte sich die böhmische Lehnshoheit in der Folge doch darauf, daß das Haus beim Tode des Geschlechtsseniors gegen eine feststehende Gebühr von 200 fl. die Lehen neu muten lassen mußte. Die Herren Reuß, wie sie sich zunächst nannten, besuchten selbst oder durch ihre Vertreter die Reichstage, gehörten dem Obersächsischen Kreis und seit 1656 der Wetterauischen Grafenbank an, hatten also mit den Grafen von Nassau, Solms, Isenburg, Stolberg, Schwarzburg und anderen Herren, mit denen sie meist auch vielfach verschwägert waren, Anteil an der Kuriatstimme der Grafenbank. Sie hatten seit 1583 im Obersächsischen Kreis 3 Mann zu Roß und 15 Mann zu Fuß oder 24 Mann zu Fuß zu einem Reichskriegszug zu stellen oder 4 fl. je Mann und Monat zu zahlen. Zumeist wurde die Mannschaft im Lande rekrutiert. Ja 1703 stellten die Reußen gemeinsam mit Schwarzburg im Spanischen Erbfolgekrieg ein eigenes Regiment auf, das gleich anfangs an der Schlacht bei Höchstädt teilnahm und 12 Jahre unter Prinz Eugen im Feld stand. Reuß stellte 2, Schwarzburg 4 Kompanien.

Bereits 1561 hatten sich die Herren Reuß von Kaiser Ferdinand I. einen Wappenbrief ausstellen lassen, dessen Wappen später auch, leicht modifiziert, zum Landeswappen wurde. In dem viergeteilten Schild stehen überkreuz der rotgekrönte und mit roten Krallen bewehrte Löwe auf schwarzem Grund, das Wappentier der Reußen, und der goldene Kranich auf silbernem Grund, das Wappen der Herrschaft Kranichfeld. Bereits hier finden sich also die späteren Landesfarben Schwarz-Rot-Gold. Doch scheint es, daß die Landesfarben ursprünglich nur Schwarz und Gold (bereits im 15. Jahrhundert nachweisbar) waren und erst bei dem reußischen Militär der Rheinbundzeit das Rot als dritte Farbe hinzugefügt wurde.

Entbehrte das reußische Gebiet ohnehin des territorialen Zusammenhaltes durch das den Wettinern zugefallene Amt Weida (einstmals Stammsitz des

Hauses), so wurde die Stellung der Herrschaft durch das bis zur Selbstaufgabe ausgetobte Teilungsprinzip in Frage gestellt. Bereits 1564, also nur zwei Jahre nach der Wiedererlangung ihrer Lande, teilten die drei Söhne Heinrichs XIII. (der bereits 1535 gestorben war) Heinrich XIV. der Ältere, Heinrich XV. der Mittlere und Heinrich XVI. der Jüngere das Land in die drei Linien Obergreiz, Untergreiz und Gera. Der Heimfall von Schleiz und Burgk 1590 führte nach langwierigen, schwierigen Verhandlungen zu einer Neuaufteilung, die aber nur kurz Bestand hatte, da die mittlere Linie mit Heinrich XVIII. gen. Rotkopf in Schleiz 1616 ausstarb und sein Erbe die ältere und die jüngere Linie unter sich teilten. Seit dieser Hauptteilung blieben die Gebiete der älteren Linie (Greiz mit Burgk) und der jüngeren Linie (Gera mit Schleiz und Lobenstein) nahezu unverändert bis zur Revolution im Jahre 1918 bestehen. Doch teilten sich die beiden Hauptlinien selbst immer erneut. Bereits 1583 hatte sich Untergreiz in Greiz und Dölau geteilt und 1596 das Haus Burgk begründet. Nach der Teilung von 1616 teilte sich die ältere Linie in die Häuser Ober- und Untergreiz, Dölau und Burgk. Nach dem Aussterben der Häuser Burgk und Dölau fielen ihre Lande an Obergreiz und Untergreiz. 1669 teilte sich Untergreiz erneut in Untergreiz, Burgk und Rothental, Obergreiz 1694 letztmals in Obergreiz und Dölau. Doch starben die Nebenlinien, deren Gebiete kaum mehr als große Grundherrschaften waren, bereits 1697/98 wieder aus, so daß nur Obergreiz und Untergreiz übrig blieben. Nach dem Aussterben von Untergreiz konnte 1768 Heinrich XI. die gesamten Lande der älteren Linie in seiner Hand vereinigen.

Im Unterschied zur älteren Linie blieb das Gebiet der jüngeren Linie dank der langen Regierungszeit (1572-1635) von Heinrich Posthumus, dem einzigen Sohn von Heinrich XVI., zunächst ungeteilt. Erst 1647 teilten seine vier Söhne nach Abtragung der Landesschulden das väterliche Erbe in vier Teile, die unter ihnen ausgelost wurden. So entstanden die Linien Gera, Schleiz, Lobenstein und Saalburg. Nach dem Aussterben des Hauses Schleiz kam es 1666 zu einer Neuaufteilung, der Saalburg zum Opfer fiel. Während die Linien Gera und Schleiz fortan ungeteilt blieben, wurde die Herrschaft Lobenstein 1678 nochmals in die Linien Hirschberg, Lobenstein und Ebersdorf zerschlagen, nachdem das Haus Lobenstein 1664 die Pflege Hirschberg, ein böhmisches Lehen, käuflich erworben hatte. Ende des 17. Jahrhunderts bestanden also 10 Linien des Hauses Reuß als souveräne Herrschafen nebeneinander, die vielfach auch gegeneinander agierten. 1693 wurde überdies von Schleiz die Paragiatsherrschaft Köstritz (mit Herrschaft Reichenfels-Hohenleuben) abgetrennt, die jedoch über keine eigene Landeshoheit verfügte. Sie ist übrigens die einzige Linie des Hauses Reuß, die heute noch blüht. In der jüngeren Linie (um dies Teilungskapitel zum Abschluß zu bringen) starb 1711 das Haus Hirschberg aus (siehe Abb. 30, 32, 34, nach S. 512, 528, 544). Die übrigen vier Linien (Gera, Schleiz, Lobenstein und Ebersdorf) bestanden bis in das 19. Jahrhundert. Erst seit 1848 waren die Lande der jüngeren Linie in einer Hand vereinigt.

2. Verfassung und Wirtschaft

Während die Herrschaften der jüngeren Linie auch nach der Teilung das Kriegsdirektorium, die Kanzlei und auch das Konsistorium, also die Behörden, die Heinrich Posthumus eingerichtet hatte, als gemeinsame Oberbehörden in Gera bestehen ließen, schufen sich die Herren der älteren Linie alle eigene Oberbehörden. Bis auf wenige Jahre gab es nicht einmal ein eigenes gemeinsames Konsistorium. Das wirkte sich besonders ärgerlich in Greiz aus, das hälftig zwischen Obergreiz und Untergreiz aufgeteilt war, deren Herren verschiedenen Glaubensrichtungen des Luthertums angehörten. War der Untergreizer Herr streng lutherisch im kursächsischen Sinne, war der Obergreizer Pietist. Es gab jedoch nur eine Stadtkirche.

Nachdem den Reußen bereits 1625 von Kaiser Ferdinand II. das Prädikat „Wohlgeboren" zugestanden worden war, das nur dem Hochadel zukam, wurden 1673 alle Linien des Hauses in den Reichsgrafenstand erhoben. Sie durften seitdem den Titel führen „Reußen, Grafen und Herren von Plauen, Herren zu Greiz, Kranichfeld, Gera, Schleiz und Lobenstein" mit dem Prädikat „Hoch- und Wohlgeboren", obgleich ihnen weder Plauen noch Kranichfeld gehörten, weswegen auch Kursachsen, das damit jedoch allein stand, die Rangerhöhung nicht anerkannte. Vorausgegangen war der Abschluß eines Geschlechtsvertrages im Jahre 1668, der die ausführlichste Kodifikation des Familienrechtes eines deutschen regierenden Hauses und Vorbild iür die Familienverträge anderer Fürstensippen war. In ihm wurde für beide Hauptlinien die Primogenitur eingeführt, was nicht hinderte, daß Lobenstein nochmals 1687 und Obergreiz ebenso 1694 (wie erwähnt) geteilt wurden. 1688 wurde auch festgelegt, daß in dem Haus, in dem bekanntlich seit der Stauferzeit alle männlichen Glieder den alleinigen Vornamen Heinrich führten, die ältere Linie jeweils bis 100 durchzählte (doch kam man nur bis XXIV), während die jüngere Linie mit jedem Jahrhundert die Zählung neu begann. Zugleich sicherten sich beide Linien für den Fall des Aussterbens die Erbfolge nach Lehenrecht zu.

Erst ein Jahrhundert später gelang es zunächst Heinrich XI. Reuß ä. L. (1743-1800), der Kaiserlicher Geheimer Rat war, gegen hohe Kosten die Erhebung seiner Linie in den Reichsfürstensttand zu erreichen, ohne freilich auf dem Reichstag eine Virilstimme zu erhalten. Ihm folgten 1785 Heinrich XXXV. von Lobenstein nach, während die übrigen Zweige der jüngeren Linie erst 1805 gefürstet wurden.

Die Reußen, die im Schmalkaldischen Krieg völlig verarmt waren, waren auch späterhin nicht reich. Ihre Einnahmen waren gering. Das Land, dessen Böden meist nicht sehr fruchtbar waren, lebte von der Land- und Forstwirtschaft. Die Städte waren durchweg klein und unbedeutend. Die ratsfähige Oberschicht waren, wie sich in Greiz wie Zeulenroda zeigt, Ackerbürger, die, auch wenn sie ein Handwerk ausübten, doch vorwiegend von der Landwirtschaft lebten. Die Bürger, die nur Handwerker waren, gehörten zum Mittelstand. Die Rittergüter, denen ein großer Teil des Landes gehörte, waren steuerfrei. Die Herren mußten ihre Ausgaben aus dem Kammergut und einmaligen Steuern decken. Für deren Bewilligung waren die Landstände zuständig, zu denen die Rittergutsbesitzer und die Bürgermeister der Städte gehörten. Nach dem Dreißigjährigen Krieg wurden (anscheinend aber als Ausnahme) auch die Bürgermeister der Dörfer zugezogen, freilich als sie die herrschaftlichen Anforderungen nicht gleich bewilligen wollten, in Greiz gefangen gesetzt. Die Stände mußten die außerordentlichen Steuern wie etwa die Fräuleinsteuern bei der Verheiratung von Töchtern des Hauses oder Reisesteuern für die Kavalierreisen der jungen Herren ebenso wie Steuern zur Abdeckung der Schulden bewilligen. Die Reichs- und Kreissteuern konnten dagegen ohne Mitwirkung der Stände umgelegt werden. Eine Scheidung zwischen Haus- und Kammervermögen bestand bis in das 19. Jahrhundert hinein nicht.

Abgesehen von dieser begrenzten ständischen Mitwirkung waren die Herren absolute Herrscher. Doch hat keiner von ihnen, wie es scheint, seine Stellung zu einem Willkürregiment oder zu einer übersteigerten Hofhaltung ausgenützt, mag auch der eine oder andere Absonderlichkeiten gezeigt haben. Kein Reuß ist auch als Bauherr besonders hervorgetreten, dafür fehlten bei der Kleinheit der Herrschaften einfach die Mittel. Die meisten Herren mußten fremde Dienste nehmen, um ihre Hofhaltung aufrecht zu erhalten. Wir finden sie in kursächsischen, brandenburgischen, auch in dänischen, vor allem aber in österreichischen, d. h. kaiserlichen Diensten als Kammerherren, Räte, meist aber als Soldaten.

Nur wenige Herren ragen hervor. Allen voran steht Heinrich Posthumus, der, wie der Name sagt, erst nach dem Tode seines Vaters 1572 geboren wurde und nach seiner Mündigkeit vier Jahrzehnte lang (1595-1635) die Gebiete der jüngeren Linie von Gera aus regierte. Er wurde in seiner landesfürstlichen Fürsorge gelegentlich mit Kurfürst August von Sachsen oder Herzog Ernst dem Frommen von Gotha verglichen, wobei man freilich die Kleinheit seines Landes berücksichtigen muß. Nach Studienjahren in Jena und Straßburg und den üblichen Kavalierreisen stellte er sich bei der Regierungsübernahme vier Aufgaben: die Sicherung der Religion, die Besserung des Schulwesens, die gewissenhafte Rechtspflege und eine gute Polizei. Der strenge Lutheraner ließ alsbald die flacianisch ausgerichtete reußische Konfession von 1567 neu drucken und verteilen (1599) und 1600-1602 eine Kirchenvisitation durchführen. Die allzu geringen Gehälter der Geistlichen und Lehrer besserte er auf. Den Lehrer seiner Jugend machte er zum Superintndendenten in Gera. 1604 errichtete er die Kanzlei und das Konsistorium als Oberbehörde und erließ eine Kanzlei-, Amts- und Gerichtsordnung wie eine Konsistorialordnung. Dem Konsistorium gehörten neben den Räten der Kanzlei auch der Superintendent und später zwei weitere geistliche Räte an. 1608 gründete er in Gera das Gymnasium Ruthenäum (vgl. Bd. IV, S. 82) als hohe Landesschule oder Akademie nach dem Vorbild Straßburgs, das er auf seinen Reisen kennengelernt hatte. An die Schule wurden auch je ein Professor für Theologie, Medizin und der Rechte berufen. In Gera errichtete er zahlreiche öffentliche Bauten, die freilich in der Folge zumeist den großen Stadtbränden zum Opfer fielen, die in Gera ebenso wie in Greiz, Zeulenroda und Schleiz das alte Stadtbild zerstörten.

Hauptbestreben von Heinrich Posthumus war es, die große überkommene Schuldenlast abzubauen. Er bestimmte, daß nur die Einnahmen der Herrschaft Gera für den Staats- und Privathaushalt verwendet werden dürften, während die Einnahmen der übrigen Herrschaften (Schleiz, Lobenstein) zur Schuldentilgung verwandt werden sollten. Und er verpflichtete seine vier Söhne, bis zur Abtragung der Schulden gemeinsam zu regieren, was diese auch befolgten, so daß das Land (wie erwähnt) erst 1647 geteilt wurde. Von den Kaisern Rudolph II., Matthias und Ferdinand II. wurde er zum kaiserlichen Rat bestellt und mehrfach als kaiserlicher Kommissar bei den Verhandlungen des obersächsischen Kreises verwandt. Daß ihn selbst der dänische König zu seiner Krönung einlud, zeigt, daß sein Name über die Grenzen seines Landes hinaus einen guten Klang hatte.

Eine der folgenreichsten Maßnahmen des jungen Herren war, daß er gleich im ersten Jahr seiner Regierung (1595) gegen den Einspruch der Tuchmacher, aber auch der Geistlichkeit Nicolaus de Smit „als weil er es zum Besten des Landes erachte", die Niederlassung in Gera gestattete. Der Kaufmann de Smit (1554-1623) hatte um seines calvinistischen Glaubens willen seine Heimat Tournai (Dornick) in Welsch-Flandern verlassen müssen und war über Leipzig nach Gera gekommen. Er begann hier mit einer Wollmanufaktur. Schon im 15. Jahrhundert gab es in den reußischen Städten Tuchmacherzünfte, deren Mitglieder, wie in Gera, vielfach im Rat saßen, also wohlhabend waren. Seit den 70er Jahren des 16. Jahrhunderts sind in Gera und anderen Orten des Landes niederländische Glaubensflüchtlinge als Zeugweber und Wirkermeister nachweisbar, doch erst durch de Smit kam die Zeugweberei in Aufschwung. Wenn die Tuchmacher nur kurze (einheimische) Wolle zu braunem oder schwarzem Tuch verarbeiteten, brachten die Niederländer die Kenntnis des Kämmens, des Verspinnens und des Webens langhaariger Wolle und vor allem des Färbens in verschiedenen Tönen mit. Ihre Technik war der der Leinenweber verwandt, so daß sie zunächst bei diesen Anschluß fanden. De Smit gründete ein Handelshaus, das Wolle einkaufte und zur Verarbeitung weitergab und die Tuche auf den Messen in Leipzig Naumburg und anderswo absetzte. Durch das sorgsame Achten auf Qualität wurde Geraer Tuch sehr rasch zum Markenartikel, der ebenso nach Österreich wie nach Ost- und Südosteuropa abgesetzt wurde. Bereits 1596 nahm de Smit neben seinem Sohn Anton einen anderen Niederländer, Balduin Konrad, in sein Geschäft auf, der 1607 ein eigenes Handelshaus gründete und 1616 eine Schön- und Waidfärberei einrichtete. Die Buntfärberei blieb ein sorgsam gehütetes Familiengeheimnis der Niederländer. 1612 gab es bereits 55 Zeugwirkermeister, die im Jahre darauf eine eigene Innung zugestanden bekamen. De Smit und Konrad, der Katholik war, traten zum Luthertum über, und Konrad wie de Smits Stiefsohn Stockelmann heirateten in das Geraer Bürgertum ein und wurden sogar Bürgermeister. Über Gera hinaus breitete sich die Zeugweberei auch in den übrigen reußischen Städten aus, doch bleibt Gera unbestritten der Mittelpunkt, schon seiner günstigen Verkehrslage wegen. Da die Schafzucht eine Haupteinnahmequelle der gutsherrlichen Landwirtschaft war, kam der Aufschwung der Wollindustrie dem ganzen Lande zugute. Auch der Dreißigjährige Krieg hat trotz aller Leiden, die er dem Lande brachte, der Zeugweberei nicht merklich Abbruch getan. Das Geraer Handelshaus Stockelmann und Fehre, dessen Hauptbuch aus dem Jahrzwölft 1641-1652 erhalten ist, hat in dieser Zeit für 536 560 Reichstaler Waren in Gera, auf der Naumburger, vor allem aber der Leipziger Messe abgesetzt. Die meisten Käufer stammten aus dem Osten, vor allem aus Breslau, Posen, Lublin und Danzig.

Die Blüte der Zeugwirkerei hält bis in das 18. Jahrhundert hin an und wurde erst durch die merkantilistische Zollpolitik Österreichs und Preußens, die der Geraer Industrie ihre Märkte verschloß, lahmgelegt. Gab es 1648 in Gera 70 Meister, so stieg ihre Zahl bis 1734 auf 442 Meister an. Doch reichte ihre Produktion nicht aus, den Bedarf zu decken, so daß die Geraer Handelshäuser (Manufakturen) auch den Absatz der benachbarten Städte, vor allem Greiz, übernahmen.

In Zeulenroda war 1650, in Greiz 1673 eine Zeugwirkerinnung begründet worden. Doch hatten in Greiz schon 1661 Tuchmachermeister aus Guben, die der Kriegshändel wegen in Preußen wie in Polen keinen Absatz mehr hatten und daher ausgewandert waren, eine Innung begründet. Im 18. Jahrhundert kam hier die Baumwoll- und Schleierweberei, in Zeulenroda die Strumpfwirkerei in Aufschwung. Sie war angeblich durch französische Hugenotten eingeführt worden, sicher scheint es, daß ein Paul Kayser, der auch Färber und Stuhlbauer war, nach 1700 in der Stadt die Strumpfwirkerei eingeführt hat. Auch hier setzte sich das Manufakturwesen durch. Das Handelshaus Gantzesauge hatte europäischen Rang.

Zurück zu Heinrich Posthumus. Seine Regierung wurde durch zwei schwere Krisen erschüttert: die Wipper- und Kipperzeit und den Dreißigjährigen Krieg. Die Reußen hatten seit dem 14. Jahrhundert kein eigenes Geld mehr geprägt, obgleich sie als Reichsstand das Münzregal besaßen. Gegen kursächsischen Widerstand erlangte Heinrich Posthumus 1619 vom Obersächsischen Kreistag das Recht, zuerst auf der Kreismünzstätte in Saalfeld, dann in eigener Münzstätte in Lobenstein, Münzen zu prägen. Prägte man anfangs gute Goldgulden und Reichstaler, so wurde bald, gefördert durch einen spekulierenden Münzmeister, wie anderwärts auch viel geringwertige Scheidemünze ausgeprägt. Zur ersten Münzstätte in Lobenstein kamen noch alsbald eine Münzstätte in Gera und drei Münzstätten der älteren Linie in Greiz, Dölau und Burgk. Die Folge war eine allgemeine Geldentwertung, bis Kursachsen 1622 die geringwertigen Münzen, also auch die reußischen, verbot, so daß sich Heinrich Posthumus entschließen mußte, fortan in Lobenstein „nach altem Schrot und Korn" Münzen ausprägen zu lassen. Doch verbot 1623 der obersächsische Kreis den Reußen wie anderen Kreisständen überhaupt eigene Münzstätten zu unterhalten. Das kurze Abenteuer hatte die Wirtschaft des Landes völlig in Unordnung gebracht.

Inzwischen hatte mit dem böhmischen Aufstand der Dreißigjährige Krieg begonnen. Als Lehnsträger der Krone Böhmen waren die Reußen direkt betroffen. Heinrich Posthumus selbst mußte auf dem Obersächsischen Kreistag die Reichshilfe gegen Herzog Christian von Braunschweig und Graf Ernst von Mansfeld durchsetzen. Weder eine Landesdefension, also eine Miliz, die Posthumus gleich zu Beginn des Krieges aufstellte, noch ein kaiserlicher Schutzbrief vermochten des Reußenland vor Truppendurchzügen und Einlagerungen zu schützen. Nach dem Übertritt Kursachsens in das schwedische Lager mußten sich auch die Reußen trotz ihrer Lehnsabhängigkeit von Prag dazu bequemen, den Schweden Mannschaft, Lebensmittel und Geld zu liefern. Sie schlossen sich 1635 zwar dem Prager Frieden zwischen dem Kaiser und Kursachsen an, konnten aber nicht verhindern, daß ihr Land nach wie vor schutzlos zwischen den beiden kriegführenden Parteien plündernder Soldadesca ausgeliefert war (vgl. o. S. 158 ff.). Zahlen über die Verluste, die das Land während des Krieges erlitten hat, fehlen, doch wird das Reußenland nicht anders als das übrige Thüringen in den drei Kriegsjahrzehnten sicher ein Drittel seiner Bevölkerung eingebüßt haben.

Auch in der Folge hatte das Land, nie aktiv, aber immer auch passiv von der großen Politik betroffen, mancherlei durch Einquartierung und Kontributionen zu leiden. 1672 durchzog der kaiserliche General Montecucoli das Land, 1673 nahmen kursächsische Truppen im Schleizer Gebiet Winterquartier. Im Reichskrieg gegen Frankreich wegen der Pfälzer Erbschaft mußte Reuß Subsidien zahlen und fast in jedem Jahr bezogen wiederum Truppen im Lande Winterquartier.

An den Türkenkriegen nahm das reußische Kontingent aktiv teil. Vor allem erlangte in ihm Graf Heinrich VI. aus dem Hause Obergreiz (1649-1696) hohen Ruhm. Sein Vater Heinrich I. stand in kurbrandenburgischen und kursächsischen Diensten und war kaiserlicher Rat und Generalfeldwachtmeister. Nach seines Vaters Tode 1681 konnte er die Regierung noch nicht antreten, da die Kinder aus seines Vaters 2. Ehe noch unmündig waren und unter Vormundschaft standen. So regierte er nur die letzten zwei Jahre seines Lebens selbständig. Er war nur selten in seiner Heimat. Zunächst trat er 1668 in brandenburgische Dienste, wurde Kammerherr und ansbachischer Geheimer Rat und Landeshauptmann in Hof. Doch sein Herz gehörte dem Soldatentum. Nach wechselnden Diensten findet man ihn 1681 als kursächsischen Oberst. Als Generalwachtmeister nimmt er 1683 am Entsatz von Wien teil, reist mit dem sächsischen Kurfürsten als Reisemarschall nach Venedig und nach Holland, wird auch zu diplomatischen Verhandlungen verwandt und erhält 1695 als Generalfeldzeugmeister den Oberbefehl über das sächsische Hilfskorps (11 Regimenter) gegen die Türken. In der Entscheidungsschlacht bei Zenta kämpft er an der Spitze seiner Truppen in vorderster Linie und trägt entscheidend zu des Prinzen Eugen großen Sieg über die Türken bei. Doch wird er selbst in der Schlacht schwer verwundet und stirbt, noch zum Generalfeldmarschall befördert, sechs Wochen später in Budapest. Sein prächtiger Sarkophag steht in der Gruft der Greizer Stadtkirche.

Sein Sohn Heinrich II. (1696-1722) war kurz vor des Vaters Heimgang geboren. Er wurde von der Mutter, einer Freiin von Friesen, die am Dresdener Hof Augusts des Starken eine angesehene Stellung einnahm, erzogen. Durch den plötzlichen Tod seines älteren Bruders auf der Kavalierreise 1714 erbte er die Grafschaft. Nachdem er auf der Elbe winters im Eis eingebrochen war und erst in letzter Minute gerettet werden konnte, erlebte er eine religiöse Erweckung. Er ging zu August Hermann Francke in Halle, zu dessen engsten Ratgebern und Freunden sein Vormund Graf

Heinrich XXIV. von Reuß-Köstritz (1681-1748) gehörte (vgl. Bd. IV, S. 29 f.). Seit 1714 führte dieser mit dem Grafen Henckel-Donnersmarck die sogenannte „geschlossene Korrespondenz", in der alle Maßnahmen zur Ausbreitung und Organisation des Pietismus erörtert wurden. „Die drei ‚Triumvirn' bildeten Jahre hindurch eine Art von geheimer Kirchenregierung", deren Einfluß sich über ganz Deutschland hin auswirkte. Sein Haushalt in Köstritz galt als Vorbild eines frommen Hofes. Ihm wurden zahlreiche junge Grafenkinder zur Erziehung anvertraut.

Vorzeitig mündig gesprochen, übernahm Heinrich II. mit 19 Jahren 1715 die Regierung seines Landes, das etwa 10 000 Einwohner gezählt haben wird. In den wenigen Jahren seiner Regierung (er starb schon 1722) machte er den wohl einmaligen Versuch, den Pietismus konsequent von oben her durchzuführen und begründete damit die erste und in dieser strengen Form wohl einzige pietistische Landeskirche in Deutschland. Mit jugendlichem Ungestüm, um nicht zu sagen, mit Fanatismus (und durchaus nicht in Übereinstimmung mit seinen Verwandten) suchte er seine Untertanen zu der ihm eigenen pietistischen Frömmigkeit zu zwingen. Nachdem er schon 1717 in einem Ausschreiben dargelegt hatte, „wie und welcher Gestalt er zur gründlichen Besserung des wahren Christentums und Absteckung der Hindernisse desselben in seinen Landen durch Gottes Gnade einen Anfang machen wolle", faßte er 1720 seine Politik in der Schrift „Von Beschaffenheit wie auch Amt und Pflicht der Prediger, Schuldiener und Hausväter" zusammen. Sein Regierungsdirektor Otto Heinrich Becker aus dem Waldeckischen, der schon zuvor an anderen pietistischen Höfen gewirkt hatte, unterstützte ihn. Flüchtlinge aus anderen Gegenden kamen nach Greiz. Ein Flugschriftenkrieg entbrannte, bei dem gegnerische Schriften durch den Scharfrichter verbrannt wurden. Auch als Pfarrer suchte Heinrich II. möglichst Pietisten zu gewinnen, denen die Erweckung zuteil geworden war. Als Konsistorialrat stellte er sogar einen Calvinisten ein. Die Schulpflicht suchte er durch regelmäßige Schulvisitationen durchzusetzen. Bisher hatten die Kinder auf dem Lande vielfach nur zehn Wochenstunden im Jahre regelmäßig Schule. In der übrigen Zeit mußten sie zumeist auf dem Felde helfen. Er setzte durch, daß sie auch im Sommer wenigstens zwei Stunden täglich Schule hatten. Besonderen Wert legte der Graf auf die Sonntagsheiligung. Der Kirchenbesuch war selbstverständlich Pflicht. Die Hausväter sollten täglich morgens und abends eine Andacht mit Gebet und Schriftlesung und sonntags eine „christliche Übung" mit Wiederholung der am Vormittag gehörten Predigt mit ihrer Familie und ihrem Gesinde halten. Johann Arndts „Vier Bücher vom wahren Christentum" wurden zu diesem Zweck neugedruckt und verbreitet. Jede Art Tanzerei, auch auf Hochzeiten, war verboten, ebenso das Schlittenfahren, Weihnachtsbäume und Maiengrün. Ja den Untertanen wurde verboten, über die engen Landesgrenzen hinaus sonntags in die benachbarten Dörfer der reußischen Vettern oder auch Sachsens zu gehen und sich zu vergnügen. Der Graf nahm selbst regelmäßig an den Pfarrkonventen teil und soll auch selbst gepredigt haben.

Auch wenn sich der Pietismus in dieser Strenge über seinen Tod hinaus nicht behauptet hat, ist doch sein Land, vor allem Greiz, aber auch Zeulenroda, bis zur Gegenwart hin ein Sitz des Pietismus, der landeskirchlichen Gemeinschaften und des Sektentums geblieben. Erst 1934 hat die Landeskirche Reuß ä. L. gezwungenermaßen ihre Selbständigkeit aufgegeben und sich der thüringischen Landeskirche angeschlossen, der die Länder der jüngeren Linie bereits seit 1919 angehörten.

Heinrich XXIV. von Köstritz war auch Vormund des Grafen Heinrich XXIX. von Reuß-Ebersdorf (1720-1747), dessen Mutter Gräfin Erdmuthe Benigna von Solms-Laubach eine Schülerin Speners war. Der Köstritzer gewann sein Mündel ebenso für den Pietismus wie den Greizer Herrn. Auch er besuchte Franckes Pädagogium in Halle. Heinrichs XXIX. Schwester Erdmuthe Dorothea (1700-1753) heiratete 1722 den Grafen Nikolas Ludwig von Zinzendorf (1700-1760), den Gründer der Herrnhuter Brüdergemeinde, und wurde dessen Hauptstütze in den Jahrzehnten des Aufbaues. Gleich ihrer unverheirateten Schwester Benigna Maria (1695-1751) trat sie auch als Dichterin von viel gesungenen Kirchenliedern hervor. Ihr Bruder trennte die von seiner Mutter begründete Erziehungs- und Waisenanstalt von der Schloßgemeinde 1746 und verband sie mit der Herrnhuter Brüdergemeinde. Er selbst trat mit einigen seiner Kinder in sie als Bruder ein. Sowohl Johann Jacob Moser, der mit seiner Familie 1739-1747 in Ebersdorf gelebt hatte, wie Friedrich Christoph Oetinger, beides führende Pietisten, verließen Ebersdorf, weil sie den Schritt zur Brüdergemeinde nicht mitmachen wollten. Heinrich XXIV., der seinem Vater 1747 nachfolgte (vgl. Abb. 29, nach S. 512), stand der Brüdergemeinde kühl gegenüber und löste sie 1751 von der Landeskirche, so daß sie sich fortan frei entwickeln konnte. Ebersdorf, das ursprünglich nur aus einem Rittergut und 12 Bauernhöfen bestand, nahm rasch an Einwohnern zu. Es hatte 1746 bereits 760, 1791 980 Einwohner, von denen etwa 400 zur Brüdergemeinde gehörten. Wie in allen Herrnhuter Kolonien entwickelten sich auch in Ebersdorf durch die Brüdergemeinde die Wirtschaft. Neben der Baumwollweberei entstand eine Tabakfabrik. Auch die Ebersdorfer Gemeinde hat sich bis zur Gegenwart erhalten (s. Abb. 31, nach S. 528).

Eine andere Spielart des Pietismus vertrat Heinrich XII. in Schleiz, der auch unter dem Einfluß von Heinrich XXIV. von Reuß-Köstritz stand und in Halle studierte, obgleich sein Vater testamentarisch bestimmt hatte, daß seine Söhne „die heuchlerische Pietisterei mit allem fanatischen Wesen und Schwärmereien äußerst meiden" sollten. Der Graf stand 1741-1750 als Oberstleutnant in dänischen Diensten und schloß sich hier der antimassonianischen Sozietät an, einer adligen, pietistisch bestimmten Gesellschaft, die zwar gegen die Freimaurerei gerichtet war, tatsächlich aber logenartigen Charakter hatte, nur daß sie sich von diesen eben durch die pietistische Grundhaltung und durch die Aufnahme von Frauen unterschied. Nach seiner Rückkehr 1750 in die Heimat, gründete Heinrich XII. in seinem Ländchen in Öttersdorf, Kirschkau und Schleiz „Gesellschaften der guten Leute", die gleichgerichtet waren. Er ließ sich auch in den damals an den kleinen Höfen weitverbreiteten Mopsorden aufnehmen.

„Es gab in ganz Deutschland kein anderes Fürstengeschlecht, in dem so zahlreich Glieder sich völlig und rückhaltlos dem Geiste der Frömmigkeit im pietistischen Sinne erschlossen" (Hermann II, 258).

Gleichzeitig mit dieser Hinwendung einzelner Herren zu strengster Kirchlichkeit finden sich gerade auch in Obergreiz *Steuerverweigerungen* und *Unruhen*. Der pietistische Regierungsdirektor Becker war verhaßt. Außerordentliche Steuern wie eine *Reisesteuer* für die jungen Grafen Heinrich I. und Heinrich II. (die Untertanen sollten etwa ein Drittel der auf 20 000 Taler veranschlagten Kosten für die Kavaliersreisen beitragen) führten zu offener Widersetzlichkeit gerade in den wohlhabenderen Bauerndörfern. Militär mußte eingesetzt werden. Die Bauern klagten sowohl in Prag bei dem Oberlehnsherrn der Grafen wie beim Reichshofrat in Wien. Eine kaiserliche Untersuchungskommission kam ins Land. Nachdem die Bauern in dem Prozeß, der sich 15 Jahre lang hinzog, unterlegen waren (1730), ging der Streit um die Prozeßkosten weiter.

Nach dem Tode des letzten Habsburgers, Kaiser Karl VI., brachte der Österreichische Erbfolgekrieg das Reußenland in eine schwierige Lage. Bayern hatte Kursachsen in einem Geheimvertrag die Lehnshoheit über Reuß, Schwarzburg und Schönburg versprochen. Am Tage nach seiner Wahl zum deutschen Kaiser löste der Wittelsbacher Karl VII. sein Versprechen ein und trat die böhmischen Reichsafterlehen an Kursachsen ab. Dieses aber wollte schon immer die Reußen ihrer Reichsunmittelbarkeit berauben und sie zu Landsassen und Untertanen machen, wie Heinrich XII. in seinem Tagebuch bemerkte. Doch mußte Sachsen bereits am Jahresende auf die böhmischen Lehen, also auch auf Reuß, verzichten. 1743 erhielten die Reußen von Maria Theresia als Königin von Böhmen die Neubelehnung, mußten daraufhin freilich auch 100 Rekruten zum Kampf gegen den bayerischen Gegenspieler stellen.

Außerordentlich schwere Lasten brachte der *Siebenjährige* Krieg dem Lande. Es lag zwischen den Fronten an wichtigen Durchgangsstraßen. Der preußische Oberstleutnant, spätere General von Schenckendorf residierte in Gera, nannte sich „kommandierender General der hochgräflich reußischen Lande" und forderte rücksichtslos Jahr für Jahr hohe Kontributionen und die Stellung von Rekruten und Pferden, von den ihm persönlich zu zahlenden Handsalben ganz zu schweigen. Im Oberland nahm dagegen die Reichsarmee schon nach ihrer Niederlage bei Roßbach Winterquartier. Sowohl das Reich wie Preußen verboten den Grafen, der Gegenseite willfährig zu sein, doch mußten diese, so gut wie es eben ging, versuchen, zwischen den Forderungen beider Parteien zu lavieren. Die Leidtragenden waren die Untertanen, die in erstaunlicher Weise immer wieder die Forderungen der Militärs erfüllen mußten, freilich wohl auch an den Kriegslieferungen verdienten, wie an der Geraer Textilindustrie gezeigt wurde.

Nach dem Kriege kam es zu einer erneuten Münzabwertung, da sich auch die Reußen wiederum an der Ausprägung minderwertigen Geldes beteiligt hatten. Vor allem aber erhoben sich Streitigkeiten mit den Landständen, also den Rittergutsbesitzern, aber auch mit den Gemeinden wegen Ausschreibung neuer Steuern. Thimmendorf vertrieb die Soldaten, die die neue Tranksteuer eintreiben wollten, und klagte wieder einmal beim Reichshofrat in Wien, freilich vergeblich. Die Ritterschaft strengte gegen den sehr absolutistisch regierenden, starren, wenn auch wohlmeinenden Grafen Heinrich XXX. in Gera 1772 einen Reichskammergerichtsprozeß an, da er Steuern ohne Einberufung eines Landtages ausgeschrieben hatte und forderte Erweiterung der ständischen Rechte. Landesgesetze sollten fortan der Zustimmung der Stände bedürfen. Wie üblich erschienen Streitschriften beider Parteien im Druck. Die Stände wandten sich an den brühmten Göttinger Staatsrechtslehrer Pütter, der Graf an die Marburger juristische Fakultät. Da das Reichskammergericht ebenso wie der Reichshofrat den Ständen in den meisten Punkten Recht gab und zudem die anderen Grafen der jüngeren Linie die Sache ihres Vetters nur halbherzig unterstützten, kam es zum Ausgleich. 1779 wurde endlich der geforderte Landtag ausgeschrieben. Er bewilligte die Steuern, doch lehnte der Graf die Bezahlung der Prozeßkosten der Stände in Höhe von 4400 Talern aus der Steuerschuld ab, mußte sich aber 1785 einem erneut ergangenen Kammergerichtsurteil beugen.

IV. Das Kurmainzische Thüringen

von Hans Tümmler

1. Erfurt

Mit dem Hammelburger Vertrag vom Februar und März 1530 (vgl. Bd. III, S. 102, 288) war das vielleicht katastrophalste Halbjahrhundert der Erfurter Stadtgeschichte, eine Zeit blutiger innerer und äußerer Kämpfe, heftiger religiöser Wirren, naturgemäß auch wirtschaftlichen Niedergangs, zu einem gewissen Abschluß gelangt. Der Kurfürst-Erzbischof von

Mainz blieb als „Erbherr" der Stadt und ihres Gebiets anerkannt. Dafür hatte er, beispielhaft auch für die Verfassungsgeschichte des Hl. Römischen Reichs, den Evangelischen, die in der Stadt die Mehrheit bildeten, die freie Religionsausübung in einer großen Zahl der vielen Kirchen zugestanden. Selbstverständlich hatten aber das Peterskloster sowie die beiden Kirchen auf dem Domhügel, St. Marien und St. Severi, dem katholischen Kult zurückgegeben werden müssen — kirchliche Komplexe schon äußerlich beherrschender Symbolkraft. War so zwischen dem Rat der Stadt und dem fernen Erzbischof ein leidlicher Friede hergestellt, so hörten andererseits die das weitere Umland beherrschenden Wettiner — die Kurfürsten von Sachsen zuerst des ernestinischen, dann seit dem Schmalkaldischen Krieg des albertinischen Astes, aber auch die ernestinischen Herzöge in Thüringen (vorab Gotha und Weimar) — keineswegs auf, ihre noch aus der Landgrafenzeit hergeleiteten Rechte im Erfurtischen immer wieder teils mit friedlichen teils mit gewaltsamen Mitteln zur Geltung zu bringen. Aber die inneren Zerwürfnisse innerhalb dieses Fürstenhauses ließen trotz der thüringischen Teilung (Gotha:Weimar) von 1572 seine Versuche der Einflußnahme auf Erfurt vorerst nicht zu einer ernsthaften Störung des Bürgerfriedens werden.

So waren, aufs Ganze gesehen und trotz der gegen Ende des Jahrhunderts von Mainz aus einsetzenden Bemühungen um eine Gegenreformation, die Jahrzehnte von 1530 bis zum Dreißigjährigen Krieg für Erfurt eine relativ ruhige Zeit. Das fand u. a. in einem Wiederaufblühen des Handels, in neuen größeren Vermögensbildungen der Waidjunker und Kaufleute, im Wiederanstieg der Bevölkerungszahl auf den früheren Stand von etwa 18 000, nicht zuletzt aber in einer neuen bemerkenswerten Baukultur von teilweise erlesener Schönheit seinen Ausdruck. Als charakteristische Zeugnisse einer Periode politisch-wirtschaftlichen Aufschwungs seien an dieser Stelle einige noch heute vorhandene Renaissancebauten (vgl. Bd. VI, S. 7 ff.), wie das Haus Zur Hohen Lilie, das „Zum Großen Schiff und Güldenen Hecht" (das spätere Dacherödenschsche Haus am Anger), der „Breite Herd" (später Gildehaus genannt), der „Stockfisch", das Mittelstück des „Komturhofs" und der erkergeschmückte Renaissanceteil der späteren kurmainzischen Statthalterei wenigstens erwähnt, zumal sich in nicht wenigen dieser prächtigen Gebäude auch Politik abgespielt hat.

Die ersten Jahre des Dreißigjährigen Krieges ließen Erfurt noch ziemlich unbehelligt. Erst seit den späteren zwanziger Jahren machte sich auch hier der Kriegslärm, besonders infolge der protestantisch-katholischen, speziell wettinisch-kurmainzischen Plänkeleien, in Gestalt von Truppendurchzügen (s. o. S. 120 ff.), Plünderungen auf dem flachen Lande, Kriegskontributionen, Münzwertminderung und sonstigen Übeln zunehmend bemerkbar. An einer Besetzung durch Tilly kam die Stadt gerade noch vorbei; auch der gefürchtete Wallenstein drohte zunächst nur gleichsam „ante portas", ließ sich schließlich durch erhebliche Geldzahlungen die Schonung der Stadt abkaufen, der er einen Schutzbrief gewährte (vgl. dazu o. S. 30).

Die eigentliche Wende, die Erfurt zu einem wichtigen Punkt der Kriegführung machte, erfolgte mit dem Eingreifen der Schweden in den Krieg. Es läßt sich schwer entscheiden, ob der regierende Herzog Wilhelm von Sachsen-Weimar und sein berühmterer (jüngerer) Bruder Bernhard mehr an der Sache der bedrohten Evangelischen oder mehr an der Ausdehnung ihrer eigenen Macht interessiert waren: es mag wie bei dem aufrichtig religiösevangelischen König Gustav Adolf selbst beides eine Rolle gespielt haben. Hatte Bernhard sich schon seit längerem an den König angeschlossen, so knüpfte Wilhelm erst nach der Schlacht bei Breitenfeld (September 1631; s. o. S. 130) engere Verbindung zu Gustav Adolf an, dem er Erfurt, das ein Hindernis auf dem Wege des Königs nach Franken bildete, zu erobern versprach. Die Durchführung ist hier im Detail nicht zu erörtern. Jedenfalls ermöglichte sie dem als Befreier auftretenden Schwedenkönig Gustav Adolf am 2. Oktober 1631 den feierlichen, von Glockengeläut — an dem sich sogar die berühmte „Gloriosa" des Doms beteiligte —, und Begeisterungsausbrüchen der Bürgerschaft begleiteten Einzug in die Stadt.

Der König nahm die erzbischöflichen Besitzungen und Stützpunkte in Besitz, verschonte aber im übrigen die Katholiken. Er kümmerte sich um die Verbesserung der Befestigungsanlagen, ließ sich vom Rat der Stadt den Huldigungseid leisten und setzte Wilhelm von Weimar als seinen Statthalter in Erfurt ein, während dessen Bruder Bernhard dem Monarchen auf dem eiligen Vormarsch nach Franken folgte. Herzog Wilhelm führte sein Amt wie ein absoluter Herrscher mit großer Härte; doch ließ sich König Gustav Adolf nicht dazu herbei, ihm den gewünschten festen Besitz Erfurts und des Eichsfeldes zuzusichern.

Er minderte sogar Wilhelms Machtstellung, indem er am 1. April 1632 Alexander Erskein als königlichen Residenten in Erfurt, später in ganz Thüringen einsetzte. Der tüchtige, bis 1634 amtierende Mann hat alsbald, ohne dem Herzog von Weimar, der offenbar formal die Obergewalt behielt, die Ehrerbietung zu versagen, die Zügel der Regierung kräftig und doch taktvoll in die Hand genommen. Er ordnete die Verwaltung, organisierte die Lastenverteilung und führte Maßnahmen zur Verteidigung ganz Thüringens durch; in Erfurt selbst ging besonders die Modernisierung der Festungsanlagen auf der Cyriaksburg auf ihn zurück. Abgesehen von Nürnberg spielte 1632 keine deutsche Stadt eine so wichtige Rolle in den Plänen des schwedischen Königs wie Erfurt. In Deutschland verbreitete sich das Gerücht, Gustav Adolf, dessen Gemahlin Marie Eleonore mehrmals in Erfurt (meist in der „Hohen Lilie") Wohnung nahm, habe Erfurt als seine künftige Residenz ausersehen. Bekanntlich hat später Napoleon I. der thüringischen Metropole eine ähnliche Rolle zugedacht und sein Vorhaben in der Tat verwirklichen können.

Man kennt die Wendung, die das Kriegsglück durch die Spätfolgen des Wiedereintritts Wallensteins in den kaiserlichen Dienst (1630) 1632 nahm. Gustav Adolf mußte die in Süddeutschland eroberten Gebiete aufgeben. Am 7. November zog er, noch immer umjubelt, wieder in Erfurt ein, dem er, jetzt freilich auf Kosten der Katholiken, Zugeständnisse machte, u. a. die bekannten Mainzer Küchendörfer schenkte.

Am 15. November brach der König von Erfurt aus mit seiner Armee zum letzten großen Rencontre mit Wallenstein in Richtung Leipzig auf. Zwar gilt die Schlacht bei Lützen (16. November 1632) vom strategischen Standpunkt aus in der Kriegsgeschichte als eine Niederlage Wallensteins, der nach Böhmen zurückweichen mußte. Doch stellte der Heldentod Gustav Adolfs in der Schlacht die bittere Kehrseite dar. Mochte sein Tod auch den Krieg noch lange nicht zugunsten der Gegenseite entscheiden, er veränderte doch grundlegend dessen Gesicht, das die letzten Spuren eines mit ideellen Zügen ausgestatteten Glaubenskrieges verlor und zum gigantischen europäischen Machtkampf kaum noch religiösen Zuschnitts entartete.

In Erfurt, wo sich auch die schwedische Königin aufhielt, weckte die Todesnachricht tiefe Trauer. Man hatte wohl auch ein Gespür dafür, daß weder der staatsmännisch hochbegabte schwedische Reichskanzler Axel Oxenstierna noch der ebenso tapfere wie führungstüchtige Feldherr Bernhard von Weimar (gefallen in der Schlacht von Nördlingen 1634) gemeinsam den König an Größe und, man könnte sagen: an Charisma erreichten.

Während der zweiten Kriegshälfte wechselte Erfurt zunächst mehrmals den Besitzer (vgl. o. S. 131 ff.). Die meiste Zeit blieben die Schweden seine Herren. Erstaunlicherweise konnte in der sonst trüben Periode die Erfurter Universität in fast allen Fakultäten einen gewissen Aufschwung verzeichnen. Zeitweilig wirkte einer der beiden größten Pädagogen des 17. Jahrhunderts (neben Comenius), Wolfgang Ratichius (siehe Bd. IV, S. 69 ff.), in Erfurt, wo er 1635 starb und in der Barfüßerkirche beigesetzt wurde. Manche die Stadt und ihre Umgebung drückende Drangsale vermochte der von 1640 bis 1648 in Erfurt als schwedischer Gouverneur eingesetzte Caspar Friedrich Ermisch abzuwenden bzw. zu lindern. Er starb 1648 und wurde in der Kaufmannskirche begraben. Den heißbegehrten Stand als Reichsstadt haben aber die Schweden trotz wiederholter Zusicherungen der Stadt Erfurt nicht verschaffen können. Mainz einerseits, Kursachsen andererseits waren wachsam. Den beiden Kurfürsten gelang es, die Nennung Erfurts in den Friedensverträgen von Münster und Osnabrück zu hintertreiben, womit Erfurts Stellung als Landstadt, unter wem auch immer, so gut wie besiegelt war.

Eine „Schutzmacht" ist natürlich immer zugleich eine Besatzungsmacht, und man weiß, daß gerade auch „der Schwed' im Land", er mochte wollen oder nicht, zahlreiche Mißhelligkeiten, Elend aller Art verursachte. In Nürnberg tagte eine Art Kongreß zur Abwicklung der Kriegsfolgen. Er stand unter der Leitung des schwedischen Generalissimus Pfalzgraf Karl Gustav, der später der Königin Christina als König Karl X. Gustav von Schweden nachfolgen sollte. Zu seinen Hauptgeschäften gehörten die Aufbringung der „Satisfaktionsgelder" für die schwedischen Truppen, die Wiederherstellung des katholischen und evangelischen Besitzstandes nach dem „Normaljahr" 1624, schließlich die schrittweise Abrüstung und Entlassung des noch in Deutschland kampierenden schwedischen Heeres. Im Schwedischen Reichsarchiv zu Stockholm hat sich ein großer geschlossener Aktenbestand (Stegeborgs Samling) mit Eingaben deutscher Stände, Gruppen und Personen an den Pfalzgrafen zu den genannten Punkten erhalten, darunter auch eine nicht geringe Zahl von Schreiben aus Erfurt. Durch den zeitgemäßen Schwulst des Stils stößt man doch immer wieder auf das Ausmaß echter Not in der Stadt, in der noch dazu der patrizisch zusammengesetzte Rat und andererseits die „Viertelsmeister" als Vertreter der Zünfte deutlich erkennbar im Zwist miteinander lebten. Auch als endlich 1650 nach dem Abzug der schwedischen Garnison ein Friedensfest begangen wurde, war die Bevölkerung von innerem Frieden weit entfernt.

Der Konflikt zwischen Rat und Bürgerschaft kennzeichnete auch die folgenden Jahre. Er ging so weit, daß der Obervierherr Limprecht den Erzbischof von Mainz um Hilfe bat und diesem die Erfüllung seiner Forderung zusicherte, daß in den Kirchen der Stadt nur für den Erzbischof, nicht aber für den Kurfürsten von Sachsen gebetet werden sollte, was natürlich eine öffentliche Anerkennung der mainzischen Obergewalt in Erfurt bedeutet hätte. Der Rat leistete Widerstand, ließ Limprecht hinrichten und suchte in der Gebetsfrage paritätisch zu verfahren. Aber der Erzbischof hatte den Kaiser auf seiner Seite. Ja, dem Kurfürsten-Erzbischof Johann Philipp von Schönborn, einem ungewöhnlich geschickten Politiker, der sich auch auf die Hilfe Frankreichs stützen konnte, gelang es sogar, den Kurfürsten von Sachsen durch Bestechung — er vermittelte ihm eine jährliche Geldzahlung von 20 000 Talern durch Ludwig XIV. — seinen Absichten gefügig zu machen. Der Wettiner gab Erfurt preis. Das Belagerungsheer des Mainzer Kurfürsten zwang, obwohl es selbst erhebliche Verluste erlitt, Erfurt zur Kapitulation. Am 12. Oktober 1664 ritt Kurfürst-Erzbischof Johann Philipp in die Stadt ein. Auch das gesamte Landgebiet Erfurts wurde annektiert. Hinter dem Namen „Reduktion", den die Mainzer Geschichtsschreibung (mit Bezug auf das mittelalterliche Herrschaftsverhältnis) dem Vorgang gab, verbarg sich eine völlige Unterwerfung. Erfurt und sein Gebiet waren fortan kurmainzisches Land, die Stadt verlor zugleich auch den größten Teil ihrer kommunalen Selbstverwaltung. Sie wurde, fern von der Regierungszentrale, eine kurmainzische Landstadt — inmitten Thüringens.

Trotz seines — entsprechend dem Porträtstil jener Jahre — martialischen Aussehens, und obwohl sein gewalttätiges Vorgehen gegen Erfurt im Lichte erfurtischer Lokalhistoriographie einen starken Schatten auf ihn wirft, war Johann Philipp von Schönborn, Erzbischof und Kurfürst von Mainz (reg. 1647-1673), einer der bedeutendsten Regenten seiner Zeit. Er gilt als Kirchenfürst von freisinniger, urteilsfreier, friedliebender Denkart. So zeigte er sich auch gegenüber dem eroberten Erfurt, das ja sein Schicksal großenteils selbst verschuldet hatte, als ein „gnädiger" Herr. Der arg geschwächten Erfurter Wirtschaft (Finanznot!) gewährte er die Möglichkeit, durch Fleiß und Tüchtigkeit seiner Bewohner wieder zu einem bescheidenen Wohlstand zu gelangen. Dazu trug auch die Religionsfreiheit bei, die (in einem bestimmten Rahmen zwar) der kluge, aber weltoffene Katholik der Bevölkerung einräumte. So wurde zugleich eine neue kulturelle, besonders wissenschaftliche Regsamkeit, über das Provinzielle hinaus, in der Stadt gefördert. Die Ansprüche des Kurfürsten von Sachsen wurden durch Geld abgelöst, was freilich dessen Nachfolger, auch die wettinischen Fürsten in Thüringen, später nicht davon abhielt, bei sich bietenden Gelegenheiten begründbare alte Rechte wieder geltend zu machen.

Der Wirkungskreis des Rates wurde im wesentlichen auf Steuerverwaltung, Polizei, Feuerlöschwesen, Armenfürsorge, Aufsicht über die Zünfte und das evangelische Schulwesen beschränkt. Die Münzhoheit zog der Erzbischof ganz an sich. Über allem (Stadt wie ländlichem Umfeld) stand als Oberbehörde des Landesherrn die Erfurter Kurmainzische Regierung, die seit 1675 von einem Statthalter fast fürstlichen Ranges und Ansehens ausgeübt wurde. Mochten diese Statthalter auch z. T. der ihnen anvertrauten Stadt wohlwollend gesinnt sein, so waren sie selbstverständlich doch gehalten, für Kurmainz finanzielle Vorteile herauszuholen, was vor allem durch indirekte Steuern (auf Lebensmittel und die Einnahmen aus Handel und Gewerbe), aber auch durch andere dem Merkantilsystem entsprechende Maßnahmen zu erzielen war. Allerdings waren diesem landesfürstlichen Gewinnstreben auf Jahrzehnte hinaus bzw. periodenweise — durch Rückgang der Einwohnerzahl (Pest in den Jahren 1682/83: erst 1750 hatte die Stadt wieder 15 808 Einwohner); schwierige Lebensbedingungen; Bettel-, Räuber- und Einbrecherwesen; schließlich 1736 eine einen Großteil des Stadtkerns verwüstende Feuersbrunst — enge Grenzen gesetzt. Als dann endlich ein gewisser Aufstieg wiedereinsetzte, wurde diese Entwicklung durch den Siebenjährigen Krieg unterbrochen. Der Waidanbau und -handel, früher Hauptquelle des Erfurter Reichtums, war mit der Steigerung der Indigo-Einfuhr längst zum größten Teil zum Erliegen gekommen.

Während unserer Berichtszeit nahm Lothar Franz von Schönborn als Erzbischof und Kurfürst von Mainz (reg. 1695-1729) für Erfurt eine besondere Stellung ein. Klug und energisch von Natur, wandte er seiner fernen thüringischen Exklave echtes Interesse und Wohlwollen zu und sah die tief darniederliegende Stadt nicht als bloßes Ausbeutungsobjekt an. Fast schon im Geiste des frühen aufgeklärten Absolutismus bemühte er sich um wirtschaftliche Hebung und um zeitgemäße Reformen in Justiz und Verwaltung. Auch der Bautätigkeit ermöglichte er großzügig einen bemerkenswerten Aufschwung im Stile des Barock, wobei ihm freilich nachgesehen werden muß, daß die Hauptbauten dem Bedürfnis und Prestige des Mainzer Regimes und im Prinzip weniger der Bürgerschaft zugute kamen. Doch zog auch diese indirekt — durch Einsatz von Arbeitskräften, Aufblühen von Kunst und Kunsthandwerk, stilistische Anregung auch bei Bürgerbauten, Verschönerung des an sich schon beachtlichen Stadtbildes — Nutzen aus der landesherrlichen Initiative. Dem kunstgeschichtlichen Kapitel des vorliegenden Werkes sei nicht vorgegriffen, wenn hier die Prachtbauten des Kaufhauses (der „Waage") und der sich an den oben (s. o. S. 574) schon erwähnten Renaissanceteil anlehnenden Barockbau der Statthalterei (siehe Bd. VI, S. 41, 63 und Abb. nach S. 80), schließlich auch die Fertigstellung der mächtigen Festung auf dem Petersberg mit ihrem prächtigen Portal als hochpolitische Zeugnisse schon erwähnt werden. Auf dem langgestreckten Hügel mußten sich die Militäranlagen mit dem weit älteren, bereits im Mittelalter hochberühmten Peterskloster, so gut es ging, vertragen: beide standen ja auch unter dem gleichen geistlichen Oberhirten.

Während eines Großteils der Regierungszeit Schönborns amtierte in Erfurt als sein Statthalter Reichsgraf Philipp Wilhelm von Boineburg. Für seine Bildung, ja für seine Gesamtpersönlichkeit wichtig war die Tatsache, daß der in Mainz 1656 als Sohn des kurmainzischen Oberhofmarschalls Freiherrn Johann Christian von Boineburg Geborene in Gottfried Wilhelm Leibniz seinen Lehrer, Mentor und später lebenslangen Freund hatte. Der Einfluß des großen Philosophen auf den zwar keineswegs genialen, aber lernbegierigen, gutwilligen und ehrgeizigen Adligen war beträchtlich. Boineburg brachte es in mainzischen und kaiserlichen Diensten zu hohen Stellungen, ohne jedoch seinen Lieblingswunsch, Reichsvizekanzler zu werden, erfüllt zu sehen.

1702 ernannte ihn Kurfürst-Erzbischof Lothar Franz als Nachfolger des Freiherrn Walpoth von Bassenheim, der wegen einer unangenehmen Finanzaffäre von seinem Posten abberufen wurde, zum Statthalter von Erfurt. Die Wahl war glücklich. Zwar mag früher von der Geschichtsschreibung die Größe und Eigeninitiative Boineburgs in dem zu schwieriger Stunde übernommenen Amt etwas überschätzt worden sein, es bleibt ihm doch der Ruhm, daß er sich „mehr als einer seiner Vorgänger der ihm anvertrauten

Stadt mit gewissenhafter Fürsorge angenommen hat und nicht ohne Erfolg bemüht gewesen ist, die Verwaltung zu reformieren und die ganz zerrüttete Wirtschaft wieder zu heben" (Alfred Overmann). Wie sehr ihm dabei die Direktiven seines Herrn, des Kurfürsten, Richtschnur waren, ist oben schon erwähnt worden. Allem gab er mit der Rückendeckung des Mainzer Stuhls einen frischeren Zug. Das erfurtische Gebiet — etwa 950 Quadratkilometer, mit fast 40 000 Einwohnern doppelt so stark bevölkert wie Erfurt selbst, 1706 eingeteilt in die 7 Ämter: Azmannsdorf, Sömmerda, Mühlberg, Vargula, Tonndorf, Gispersleben, Alach — fand, obwohl zumeist evangelisch besiedelt, mehr Anspruch auf Beachtung. In Erfurt selbst, das mehr und mehr einen residenzähnlichen Charakter annahm, traf Boineburg, unterstützt von Mitarbeitern wie Johann Jacob Lincker von Lützenwieck, Johann Philipp Streit, Daniel Mauritius Gudenus, Georg Melchior Clemens und seinen ganz speziellen Vertrauten (möglicherweise unehelichen Sohn) Philipp Franz (von) Belmont, recht wirksame, auf straffere Konzentration und bessere Zusammenarbeit der mainzischen und städtischen Behörden hinzielende organisatorische Maßnahmen. Aus erheblichem Wirrwar entstand ein, natürlich Mainz streng untergeordnetes, erfurtisches Staatswesen. Die mit Erhebung von Zöllen und Akzisen sowie anderen Wirtschaftsaufgaben betraute „Waage", äußerlich wie die Statthalterei eine Zierde der Stadt, war trotz Belastung auch ein Ordnungsfaktor.

In Religionsdingen war der Mainzer Kurfürst toleranter und weitblickender als sein Erfurter Platzhalter. Als leidenschaftlicher Katholik — erst sein Vater war vom evangelischen zum katholischen Bekenntnis übergetreten — hegte Boineburg erhebliche Vorurteile gegen seine andersgläubigen Untertanen. Insbesondere war der von ihm auf die Spitze getriebene sogenannte Gesangbuchstreit dem Religionsfrieden in der Stadt wenig zuträglich.

Andererseits erwarb sich Boineburg in Erfurt ein dauerndes Ruhmesblatt dadurch, daß er der Stadt die berühmte Bibliothek seines Vaters stiftete und zu deren Verwaltung und Fortführung eine eigene Universitätsprofessur für Geschichte und Philosophie gründete (1716), die letzte wirkliche Großtat des 1717 verstorbenen und in der Wigbertikirche bestatteten namhaften Statthalters. Es handelte sich um eine der bedeutendsten Privatbibliotheken Deutschlands. Ihr erster Direktor und zugleich der erste Inhaber der mit ihr verbundenen Professur wurde der schon erwähnte, Boineburg in besonderer Weise nahestehende Philipp Franz von Belmont. „Die Bibliothek ist der Grundstock der heutigen Stadtbücherei geworden" (Alfred Overmann). Doch müssen wir es uns hier versagen, über ihre verschiedenen Unterbringungsorte sowie gar über die Geschichte ihrer allmählichen Vereinigung mit anderen Bücherschätzen zu berichten.

Des Regierungssitzes der kurmainzischen Statthalter in Erfurt, der „Statthalterei", ist im Vorhergehenden mehrmals streiflichtartig schon gedacht worden.

Graf Boineburg selbst hat den neuen Teil des 1720 fertiggestellten Palais nicht mehr beziehen können, er starb 1717. Hier kurz die Liste seiner Nachfolger, die in den Genuß des feudalen Wohnsitzes gelangten: der offenbar ziemlich nichtssagende Friedrich Wilhelm von Bicken (1717-1732), der bedeutende Anselm Franz von Warsberg (1732-1760; über ihn weiter unten genauer), der kurz amtierende Karl Schenk zu Schmiedburg (1763-1766), der „joviale Genußmensch" (Overmann) Karl von Breitbach-Bürresheim (1766-1770; sein Stammsitz Schloß Bürresheim im Nettetal oberhalb Mayen in der Eifel ist noch heute ein einmaliges Kleinod unter den je von Generation zu Generation ihr Gesicht bis heute historisch wahrenden deutschen Burgen).

1772 folgte dann in der Person des Freiherrn Karl Theodor von Dalberg der über seine lange Erfurter Tätigkeit hinaus weitaus berühmteste, zugleich letzte kurmainzische Statthalter (s. u. S. 741 u. Bd. IV, S. 88 f.).

Historiographische Überlieferung, aber wohl auch Art und Richtung des geschichtlichen Interesses haben es früher mit sich gebracht, daß hochgestellte Persönlichkeiten adeligen Standes, daneben auch bestimmte, durch ihre Leistung hervorgehobene Personen aus dem Bürgertum besondere Beachtung fanden. So rühmt sich Erfurt gern der wenn auch noch so kurzen Wirksamkeit des als Pietist sowohl theologisch wie praktisch tätigen August Hermann Francke (1690/91), den starre lutherische Orthodoxie von seinem Erfurter Predigeramt vertrieb (vgl. Bd. IV, S. 26 f.), dessen Geist hier zwar etwas weiterwirkte, der dann aber doch in Halle sein großes, vielseitiges, weithin ausstrahlendes Werk vollbrachte. Von 1691 ab konnte der schon betagte (1632 in Erfurt geborene) Kaspar Stieler († 1717; genannt „der Spathe" in der zu Weimar gestifteten hochberühmten „Fruchtbringenden Gesellschaft"), in seiner Vaterstadt noch als namhafter Sprachforscher wirken (vgl. Bd. IV, S. 363 f.). Georg Christoph von Hartenfels (geb. 1633 in Erfurt, † daselbst 1718) gewann nicht nur als Arzt einen guten Namen, er bekleidete auch jahrelang das Rektorat der Universität und erwarb sich auch als Mitglied des Rates der Stadt (neunmal war er Oberstratsmeister) hohes kommunales Verdienst. Die wichtigsten Quellen zur Erfurter Geschichte sind dem stark mainzisch orientierten Johann Martin Gudenus (1639-1688; vgl. Bd. I, S. 387) und dem zwar in dieser Hinsicht objektiveren, aber nicht fehlerfreien Johann Heinrich von Falkenstein (1682-1760) (vgl. Bd. I, S. 30), der als erster sein Buch in deutscher Sprache schrieb und dessen Werk daher für längere Zeit „das geschichtliche Hausbuch" in Erfurt geworden ist, zu verdanken. Nicht unerwähnt darf auch an dieser Stelle bleiben, daß Johann Sebastian Bach, dessen Eltern in Erfurt geboren sind (der Vater war hier Ratsmusikus) und seine Familie in engsten Beziehungen zu Erfurt gestanden haben.

Wie überall bildete die untere Schicht auch in Erfurt, und gerade auch in der Zeit des Absolutismus, die eigentliche werktätige Basis des Lebens in der Stadt. Durch seine Lage im Schnittpunkt zweier wichtiger Straßen (West-Ost und Nord-Süd) war Erfurts Bevölkerung in friedlicherer Zeit wirtschaftlich mehrfältig begünstigt. Von der nicht zu überschätzenden Bedeutung des der Stadt zustehenden Warenstapel- und -umschlagerechts legte das zu Beginn des 18. Jahrhunderts mit geradezu unverhältnismäßigem Aufwand errichtete neue Packhaus, die „Waage" am Anger, ein ungemein eindrucksvolles Zeugnis ab. Was hier gewogen, gestapelt, ge- und verkauft, in Gewinn umgesetzt und verwaltungsmäßig erfaßt wurde, kam natürlich in erster Linie dem kurfürstlichen Stadtherrn, aber indirekt doch auch der Bürgerschaft zugute. Schwer dürfte zu schätzen sein, was bei diesem Geschäft für die Packknechte und sonstigen Bedienten abfiel. Auch die Handwerker und kleinen Kaufleute in der Stadt — Schmiede, Schneider, Tuch- und Zeugmacher, Fleischer, Bäcker, nicht zuletzt die Krämer, die natürlich nicht nur auf der nach ihnen benannten die Gera überquerenden, beiderseits häuserbestandenen Brücke, sondern an jeder passenden Stelle ihre Läden und „Buden" hatten — kamen wohl meist auf ihre Rechnung. Bierbrauerei und Branntweinbrennerei florierten. Die Töpferei entwickelte sich in Erfurt zu hoher keramischer Kunst: Erfurter Fayencen, Erzeugnisse von ganz eigener Art, gingen in alle Welt. Die Pergamentherstellung, an die die „Permentergasse" noch heute erinnert, war rückläufig, dafür gab es Ansätze im Papier- und Druckereiwesen. Viele Menschen fanden auch in der staatlichen und städtischen Verwaltung Unterkunft. Dazu kam die für eine Stadt von ca. 20 000 Bewohnern unverhältnismäßig große Zahl von über 20 Kirchen, die für die an ihnen Tätigen, vom Geistlichen bis zum Kirchendiener und der Putzfrau, wirtschaftlich aufzukommen hatten — von den ca. 8 Klöstern mit ihrer andersartigen Lebensform und Arbeitsverteilung ganz zu schweigen.

Nicht zu vergessen zwei für Erfurt besonders charakteristische Gewerbe und Einnahmequellen. Die Gera ermöglichte den Betrieb einer verhältnismäßig großen Zahl von Mühlen (über Wasser- und Mühlenrecht vgl. Bd. II, 1, S. 380).

Christian Reichart, geboren in Erfurt 1685, gestorben ebenda 1775 (vgl. Bd. IV, S. 89), war der Förderer des anderen spezifisch erfurtischen Produktionszweiges, der — fortentwickelt, verfeinert, vervielfältigt — bis heute einen hervorragenden Platz im Wirtschaftsleben der thüringischen Metropole behauptet. Einst hatten Waidanbau und -handel den Erfurtern den Namen „des Heiligen Römischen Reiches Gärtner" eingetragen. Dieser Landwirtschafts- und Erwerbszweig war zu Beginn der Neuzeit mit der zunehmenden Einfuhr des Indigo fast völlig zum Erliegen gekommen. Aber die besondersartigen, waidgewohnten Felder und Landschaftsbezirke waren vorhanden und boten auf weite Strecken die Möglichkeit zu speziellerer und zugleich einträglicherer Verwertung, als sie der gleichfalls betriebene Anbau der üblichen Getreidesorten gewährte. Reichart, der dem Rat angehörte und es 1752 zum 2. Bürgermeister brachte, kam zur Beschäftigung mit dem Gartenbau zunächst durch die eigene Praxis. Er vervollkommnete sie durch theoretische Studien und schrieb zahlreiche Schriften, von denen besonders der „Land- und Gartenschatz" (1753-1755) weite Verbreitung fand; u. a. erwarb auch Goethe das Werk und beschäftigte sich eingehend damit. Wichtiger war, daß im Wirken Reicharts die Anregung und Anleitung zu Blumenanbau, Blumen- und Gemüsesamenzucht und vielfältigster Art von Gartenkultur geboten wird, wodurch Erfurt als „die Blumenstadt" weltbekannt wurde. Wir dürfen an dieser Stelle zeitlich ein wenig vorausgreifen. In Goethes Divandichtung „Liebliches" lauten die letzten Strophen in der ursprünglichen Fassung:

„Was doch Buntes dort verbindet
Mir den Himmel mit der Höhe?
Morgennebelung verblindet
Mir des Blickes scharfe Sehe.

Ja, es sind die bunten Mohne,
Die um Erfurt sich erstrecken,
Und, dem Kriegesgott zum Hohne,
Felder streifwärts freundlich decken.

Möge stets das so Gescheute
Nutzend Blumenzierde pflegen
Und ein Sonnenschein wie heute
Klären sie auf meinen Wegen!"

Die sich im eben Berichteten schon teilweise widerspiegelnde Amtstätigkeit des Mainzer Statthalters Anselm Franz Ernst Freiherrn von W a r s b e r g (1732-1760) läßt sich in Kürze kaum besser zusammenfassen als mit den Worten Alfred Overmanns: „Ein vortrefflicher Mensch und ausgezeichneter Regent. Seiner Statthalterschaft verdankt Erfurt das A u f b l ü h e n d e r I n d u s t r i e u n d d e s H a n d e l s, eine neue wohltätige Regelung des Armenwesens, die langsame, aber stetige Hebung des Wohlstandes, die dann freilich durch den Siebenjährigen Krieg unterbrochen wurde. Alle diese Maßnahmen, verbunden mit Gerechtigkeitsliebe und Toleranz, lassen Warsberg als einen der ersten Vertreter des beginnenden Zeitalters der Aufklärung erscheinen und machen die Trauer der Erfurter um den Tod des auch im Privatleben überaus sympathischen und wohltätigen Mannes verständlich. Das Stadtbild von Erfurt hat er durch Anlegung des Hirschgartens vor der Statthalterei verschönert". Daß zu diesem Zweck Häuser niedergelegt werden mußten, nahm man in Kauf. Als die staatlichen Gelder versiegten, hat Warsberg mit eigenen Mitteln dies Werk, an dem sein Repräsentationsbedürfnis hing, zu Ende geführt. Dergleichen entsprach dem Geist der Zeit.

Während der Regentschaft Warsbergs erlebte eine hochbedeutende erfurtische Institution, die noch bis 1945 Bestand hatte und während ihrer langen Existenz hohe geistige, moralische und praktische Leistungen aufweisen konnte, ihre Entstehung. Gemeint ist die „Kurfürstlich Mainzische Akademie nützlicher Wissenschaften", welcher der Mainzer Erzbischof Johann Friedrich Carl Graf von Ostein, für die Idee begeistert, unterm 19. Juli 1754 den Stiftungsbrief übersandte (vgl. Bd. IV, S. 89). Er selbst übernahm das Protektorat. Geistiges Haupt des großen Vorhabens war im Grunde ein längst Verstorbener, nämlich Gottfried Wilhelm Leibniz († 1716). Man weiß, daß die Gründung neuzeitlicher Akademieen überhaupt ein wichtiges Anliegen des großen Philosophen war. In Erfurt, wo sein Schüler Boineburg als Statthalter wirkte, sah er für sein Anliegen einen besonders günstigen Boden. Da jedoch auch Boineburg schon 1717 starb, kam man damals über gewisse Anfangsüberlegungen nicht hinaus. Der Geist der Aufklärung gab der Idee nunmehr neuen Auftrieb. Männer wie Reichart und ganz besonders Johann Wilhelm Baumer, Professor der Medizin und der Philosophie an der Universität, griffen sie auf. Durch Vermittlung eines hohen Regierungsbeamten, von Lincker, erwärmte man rasch den Erzbischof für das Vorhaben. Nach Osteins Genehmigung begann unter dem Wahlspruch „Propter fructus gratior" alsbald eine überaus lebhafte Sitzungs- und Veröffentlichungstätigkeit, wobei es vor allem galt, die in jener Zeit neu aufkommenden Forschungsmethoden auf den verschiedenen naturwissenschaftlichen Gebieten anzuwenden, ohne jedoch das Geistesgeschichtliche zu vernachlässigen. Auch auswärtige Mitglieder wie der berühmte Literaturhistoriker Gottsched wirkten durch Einsendung ihrer neuesten Arbeiten mit. Freilich ergaben sich nach kurzer Zeit Zank und Eifersüchteleien, auch wohl kriegsbedingte Schwierigkeiten, so daß das mit soviel Schwung eingeleitete Unternehmen bereits 1770 so gut wie wieder eingeschlafen war. Es blieb dem Statthalter Dalberg (seit 1772) vorbehalten, der Akademie neues kräftiges Leben einzuhauchen (s. u. S. 743).

Da der Kurfürst von Mainz zu den erbittertsten Gegnern Friedrichs des Großen gehörte, mußte Erfurt im Siebenjährigen Krieg, dessen Schauplätze ja teilweise nicht allzu weitab lagen, schweres Leid erdulden. Achtmal wurde es von preußischen Streiftrupps, auch in größerer Zahl, besetzt und gebrandschatzt. Über 3 Millionen Taler wurden aus Rat und

Bürgerschaft herausgepreßt, was im Verein mit sonstigen Leistungen zum fast völligen wirtschaftlichen Zusammenbruch führte. König Friedrich selbst, begleitet von seinem Bruder Heinrich und großem Gefolge, hielt nur einmal, am 13. September 1757 — mitten zwischen Niederlage (Kolin) und Sieg (Roßbach) — mit allem militärischen Gepränge Einzug in die Stadt, wo er Truppen kampieren ließ, während er selbst zunächst in Ilversgehoven, dann wochenlang in der Umgebung (Dittelstedt, Kerspleben) übernachtete. Zwar hatte die Bevölkerung, möglicherweise im Gedenken an den als Befreier kommenden Schwedenkönig Gustav Adolf, der eindrucksvollen Erscheinung zugejubelt, doch fürchtete der König offenbar angesichts der teils mainzischen, teils kaiserlichen Garnison auf der Zitadelle Petersberg um seine persönliche Sicherheit.

Der Friede von Hubertusburg (1763) hinterließ zwar Erfurt in einem ausgepowerten, ziemlich desolaten Zustand. Doch beging die Stadt ihre Erlösung mit Jubel und verband die Friedensfeier mit dem gleichzeitigen Amtsantritt des neuen Statthalters Schenk zu Schmiedburg. Doch konnte sich die Stadt unter seinem kurzen Regime und dem seines lässig-gutmütigen Nachfolgers Breitbach-Bürresheim nur sehr langsam erholen. Keiner von beiden ging die durch die Notlage gegebenen Aufgaben einergisch an. Erst unter Kurfürst Friedrich Karl von Erthal und Statthalter Karl Theodor von Dalberg konnte Erfurt zu einer neuen gewissen Blüte gedeihen, der letzten unter dem Krummstab. (Fortsetzung siehe u. S. 741 ff.)

2. Das Eichsfeld

Dem ernestinischen Thüringen „gegenüber trugen Eichsfeld und Nordthüringen den Charakter von Nebenländern, die auch räumlich von den Zentren der politischen Entscheidungen so weit getrennt waren, daß sie hierbei ein eignes Gewicht, eine selbständige Bedeutung nicht besaßen" (Th. Klein in: Bd. III, S. 147).

Gewiß war auch in dieser Periode das Eichsfeld ein ausgesprochenes Sondergebilde in Thüringen — z. T. im Untereichsfeld um Duderstadt sprachlich, stammesmäßig und geographisch sogar kaum noch im vollen Sinne thüringisch zu nennen. Für das Obereichsfeld (um Heiligenstadt) ist dagegen die Zugehörigkeit zu Thüringen nicht strittig.

Das Eichsfeld war zu keiner Epoche in unserem Berichtszeitraum ein eigenständig handelnder politischer Faktor, vielmehr stets fast ausschließlich ein duldendes Objekt der Geschichte. Von Erfurt, mit dem es, da gleichfalls kurmainzisch, oft in einem Atemzuge genannt wird, unterschied es sich in seiner politisch-gesellschaftlichen Struktur erheblich, schon durch seine ganz überwiegend bäuerliche und kleingewerbliche Bevölkerungszusammensetzung, die nicht wie die hervorragend gelegene und geistig lebendige Universitätsstadt Erfurt bedeutende Geister hervorbrachte. Welcher Unterschied allein schon zwischen der „Großstadt" Erfurt (ca. 20 000 Einwohner) und dem kleinbürgerlich-ländlichen Verwaltungssitz des Eichsfeldes, Heiligenstadt (ca. 3000 Einwohner)! Auch war das Eichsfeld, abgesehen von relativ geringfügigen Grenzkonflikten mit Hessen, Hannover, Braunschweig und anderen Anliegern und von ein paar kürzeren kriegsbedingten Fremdherrschaftsperioden, seit alters (vgl. Bd. II, 1, S. 208 ff.) unbestritten mainzisch: es bedurfte keiner „Reduktion" wie Erfurt. Damit und mit dem Wesen der vorwiegend ländlichen Bevölkerung hängt es zusammen, daß — im Unterschied zu Erfurt — im Eichsfeld die Gegenreformation ziemlich schnell, zu Anfang des 17. Jahrhunderts, die zunächst nicht ganz unbedeutenden Ansätze des Luthertums beseitigte (vgl. Bd. IV, S. 10 f.). Das Eichsfeld war und blieb katholisch, dadurch zwar ein in sich geschlossenes Gebilde, aber eben ein etwas abseits stehender Fremdkörper in der fast ganz evangelischen Umwelt (Hohnstein, Schwarzburg-Sondershausen, Reichsstadt Mühlhausen, Sachsen-Gotha, Hessen-Kassel, Hannover-Braunschweig).

Am Anfang steht das wiederholte furchtbare Wüten der Pest, zumal in Duderstadt und Heiligenstadt (1581; 1597; 1611, allein in Heiligenstadt 600 Tote; am furchtbarsten wohl 1626 mit annähernd 3000 Toten in den Städten; die Verlustziffern auf dem platten Lande sind nicht auszumachen).

Es versteht sich, daß die wehrlose katholische Enklave unter dem Dreißigjährigen Krieg besonders viel zu leiden hatte. 1622 die leichte Beute Christians von Braunschweig, der das Gebiet plündernd durchzog und es in den folgenden Jahren noch öfters brandschatzen ließ, 1626 Operationsfeld des Königs Christian von Dänemark vor seiner Niederlage gegen Tilly bei Lutter am Barenberge, wurde das Eichsfeld 1632 von König Gustav Adolf von Schweden seinem Mitstreiter, dem (uns von Erfurt her bekannten) Herzog Wilhelm von Sachsen-Weimar, der es erobert hatte, zum Geschenk gemacht (vgl. o. S. 132 ff.). Dieser vertrieb die Jesuiten, setzte eine besondere Regierung und ein protestantisches Konsistorium ein, ließ aber im übrigen schon im eigenen Interesse ziemliche Schonung walten.

Der Friede von Prag (1635) gab zwar das Gebiet seinem alten Herrn, dem Kurfürsten von Mainz, zurück. Aber dessen Verbündete, die Österreicher, behandelten es nicht glimpflicher als die ersten Besatzer. Als bald die Schweden wiederkehrten, wurde das Eichsfeld im Widerstreit der beiden großen Mächte vollends zum Schauplatz von Raub und Zerstörung; es kam zu Mißhandlung und Flucht vieler Bewohner. Schließlich obsiegten die Schweden. Königin Christina überließ das ausgepowerte Landstück dem Landgrafen Friedrich von Hessen zum Dank für seine Dienste. Eine Dotation freilich, die dann der Westfälische Friede nicht anerkannte, so daß das schwergeprüfte Gebiet doch wieder unter den mainzischen Krummstab kam.

Die Frage „Wozu nun das Ganze?" gehört zu den immer wiederkehrenden tragischen Grundfragen der Geschichte.

Der kluge, im ganzen auch wohlmeinende Kurfürst Johann Philipp von Schönborn war ganz der Mann, „dem ruinierten Lande wieder aufzuhelfen und die verwilderten Untertanen umzubilden" (J. Wolf). Er ging die schwierige Aufgabe mit religiös-kirchlichen Mitteln an: Bestandsaufnahme durch Visitationen, Wiederherstellung eines geordneten Gottesdienstes, Förderung des Schulwesens, Errichtung eines Seminars in Mainz zugleich für den priesterlichen Nachwuchs des Eichsfeldes, Stiftung und Bau eines Franziskanerklosters in Worbis (1667), von dem günstige Wirkung zumal auf das einfache Volk ausging. Großer Einfluß wird auch der Kirchenordnung für das ganze Erzstift vom Jahre 1670 zugeschrieben.

An weltlichen Maßnahmen ist neben der landesherrlichen Unterstützung beim Wiederaufbau zerstörter Häuser und einer Erneuerung der Befestigung von Duderstadt eine neue Landgerichtsordnung des Eichsfeldes (1672) zu nennen, die sich in die Oberlandesgerichtsordnung einfügte, mit der Kurfürst Johann Philipp als einer seiner letzten bedeutenden Maßnahmen 1673 seine Regierung beschloß.

In der langen Zwischenkriegszeit zwischen dem Dreißigjährigen und dem Siebenjährigen Krieg wurde von den Nachfolgern Johann Philipps das allmähliche Wiederaufbauwerk fortgesetzt. Erzbischof Anselm Franz von Ingelheim (reg. 1679-1695) wandte seine Gunst wiederum besonders der Kirche zu, die er reich beschenkte. Er förderte aber durch den Bau des unter dem Namen „das deutsche Haus" bekannten massiven Gebäudes in Heiligenstadt, das ganz den „Musen" gewidmet war, die allgemeine Kultur, wie überhaupt dieser Vorort des Gebiets Gesicht bekam.

Alte Gebietsstreitigkeiten mit dem Hause Braunschweig wurden 1692 in einer Weise beglichen, mit der beide Partner zufrieden sein konnten.

Es war ein einfacher Bürger, ein ehemaliger Soldat, Valentin Degenhard, der in Großbartloff eine zunächst kleine Raschfabrik errichtete, ein Gewerbe, das sich unter seinen Nachkommen, begünstigt von Kurfürst Lothar Franz von Schönborn (reg. 1695-1729, uns von seinem wohltätigen Wirken in Erfurt her bereits bekannt), über das ganze landwirtschaftlich karge, aber zur Schafhaltung geeignete Obereichsfeld hin verbreitete und dieses zu einer Domäne der „Raschmacher und Kämmer" (Weberei, Tuchfabrikation) machte, die ihre Ware weithin absetzen konnten. Für die Bildung in dem rückständigen Lande hat Lothar Franz mit der Gründung des Ursulinerinnenklosters in Duderstadt sein Bestes getan.

Kurfürst-Erzbischof Philipp Karl von Eltz (reg. 1732-1773) tat ein Übriges, indem er seine eichsfeldische Exklave institutionell, freilich mutatis mutandis gemäß der ländlichen Sonderart und Ausdehnung des Gebiets, den in Erfurt bereits durchgeführten Verwaltungsformen anglich. Das Wichtigste:

er setzte an die Stelle des bisherigen Vicedoms oder Oberamtmanns einen Statthalter und bildete die Kanzlei in eine Regierung um. Für den — natürlich ranghöheren — Statthalter ließ er in Heiligenstadt ein neues Schloß aus Quadersteinen, allerdings nicht von der kunstvollen Schönheit der Erfurter Statthalterei, erbauen. Im Verein mit den schon bestehenden Großgebäuden (Jesuitenkollegium, Deutsches Haus, Kirchen u. a.) verlieh der Neubau dem kleinen Heiligenstadt, das im übrigen seinen starken Festungscharakter behielt, etwas von dem Flair einer typischen geistlichen Nebenresidenz des Barockzeitalters, wovon das Stadtbild heute noch zehrt.

Der erste Statthalter, Graf Hugo Franz Karl von Eltz, ein Neffe des Kurfürsten, Domherr in Mainz und Trier, war ganz der Mann, in seiner 48 Jahre (!) währenden Amtszeit durch fromme Stiftungen, Unterstützung der Armen, überhaupt durch patriarchalisch-wohlmeinende Regierung das Gesamtniveau des Eichsfeldes wirtschaftlich und kulturell zu heben, hierin den Erfurter Statthaltern Boineburg und Warsberg vergleichbar. Mit dem benachbarten Hannover-Braunschweig wurde die wechselseitige Auslieferung von Deserteuren vereinbart, auch sonst ein vernünftiger nachbarlicher modus vivendi erzielt. Das Leben im Eichsfeld, im ganzen bescheiden und provinziell noch immer, jedoch auch für die ärmsten Schichten durch den 1743 einsetzenden und sich bei geeigneter Bodenbeschaffenheit allmählich über das ganze Land verbreitenden Kartoffelanbau und die oben schon erwähnten Manufakturen einigermaßen erträglich, trug so jahrzehntelang fast idyllische Züge, bis der 1756 beginnende Siebenjährige Krieg die Lage wieder völlig veränderte.

Natürlich stand Kurmainz, also auch das Eichsfeld, auf österreichischer Seite, während die unmittelbaren Anrainer des Eichsfeldes, Hannover, Braunschweig und Hessen-Kassel, Alliierte Friedrichs des Großen waren. Das Land wurde zwar nicht unmittelbarer Kriegsschauplatz. Doch wurde es je nach dem Kriegsverlauf abwechselnd von Franzosen, Preußen, Hannoveranern, Braunschweigern, Hessen und sonstiger Soldateska durchzogen, was natürlich Plünderung, finanzielle Ausbeutung, Erpressung, Teuerung, Münzverschlechterung, kurz alle Erscheinungen kriegsüblicher Verelendung und Demoralisierung mit sich brachte. Es sind Augenzeugenberichte über Art und Ausmaß der Not, z. T. wahre Schreckensbilder, veröffentlicht worden.

Im Juli 1763 übernahm nach dem Friedensschluß von Hubertusburg der neue Mainzer Kurfürst Emmerich Joseph von Breitbach-Bürresheim (reg. 1763-1774) mit dem Eichsfeld ein zuletzt noch von den Preußen völlig ausgesogenes, ein verarmtes und gänzlich verschuldetes Land. Er suchte aus der Ferne durch Entsendung mehrerer Kommissionen materiell, durch eine offenbar längst fällige Kirchenvisitation religiös-sittlich zu helfen. Einige nützliche Verordnungen blieben nicht ganz ohne Erfolg. Doch führten die Mißernten der Jahre 1770 und 1771 erneut zu Hungersnot, Krankheit und Tod.

Als letzte politische Merkwürdigkeit aus der Regierungszeit Emmerich Josephs mag ein höchst komplizierter Vergleich zwischen Kurmainz, Kursachsen und Hessen-Rotenburg über die Ganerbschaft Treffurt wenigstens Erwähnung finden. Über den weiteren Gang der eichsfeldischen Geschichte wird weiter unten (siehe u. S. 767 ff.) berichtet.

V. Die Reichsstädte Mühlhausen und Nordhausen

von Hans Patze

1. Mühlhausen

Mühlhausens Geschichte vom ausgehenden 16. bis zum letzten Viertel des 18. Jahrhunderts trägt mit der Nordhausens, mit dem es seit 1355 verbündet war (s. Bd. II, 1, S. 103) viele gemeinsame Züge, aber es ergaben sich auch manche Differenzen nicht zuletzt durch die noch stärker exponierte Lage im Nordwesten des Thüringer Beckens. Es war, gleich Nordhausen, durch seine Zugehörigkeit zum Niedersächsischen Reichskreis nach Norden und nicht nach der Mitte Thüringens orientiert, allerdings mehr nach dem Untereichsfeld und nach Göttingen.

Die Fragwürdigkeit des Schutzes des Kaisers wurde immer wieder offenbar. Durch Erbschutzverträge mit Sachsen 1552 und Hannover 1710 konnte Mühlhausen seine Existenz gesichert glauben. Kursachsen war ihm in Langensalza benachbart und konnte von dort aus seinen Einfluß auf die Reichsstadt geltend machen. Allerdings war die Situation von Mülhausen insofern einfacher als die Nordhausens, als die Wettiner oder eine andere Macht keinen rechtlichen Einfluß auf ein Amt der Stadt besaß. Für die Reichsstadt bedeutete es einerseits einen wirtschaftlichen Vorteil, andererseits eine Belastung, daß es ein Territorium von 19 Dörfern und zwei Meierhöfen besaß. Das Territorium war von dem Umfang, daß es durch eine — noch heute teilweise erhaltene — Landwehr geschützt werden konnte. Andererseits war es nicht allzu groß, so daß die Bewohner, wenn sie sich bedrückt glaubten, nach entsprechender Kommunikation ihre Forderungen zur Geltung bringen konnten, dies umso leichter, als ihre Obrigkeit der Rat einer Stadt und nicht ein mächtiger Fürstenstaat war.

Die Stadt konnte auf ihren obersten Schutzherrn, den Kaiser, in bedrohlichen äußeren Situationen nur dann rechnen, wenn kaiserliche Heere im Rahmen großer militärischer Operationen, wie im Dreißigjährigen Krieg, ein unmittelbares strategisches Interesse hatten, an die Reichsstadt heranzukommen, aber um sie für ihre Versorgung auszubeuten und nicht um sie zu schützen. Die Reichsfreiheit war nach außen meist einer Vogelfreiheit gleichzusetzen, aber auch für den Rat konnte sich die Entfernung bis Wien als sehr nachteilig erweisen, wenn die Bürgerschaft aufsässig wurde. Eine der beiden streitenden Parteien schickte dann Beauftragte an den Reichshofrat nach Wien. Da die Sache in der Regel nicht aus der Ferne geregelt werden konnte, mußte sich ein kaiserlicher Kommissar („Subdelegierter") nach Mühlhausen auf den Weg machen und sich bemühen, den Fall zu entscheiden. Das endete meist mit der Errichtung eines Rezesses.

Die außerordentlichen Forderungen und Erpressungen der Kriegsparteien führten in den Jahren 1639-1642 zu schweren Streitigkeiten zwischen dem Rat und Teilen der Bürgerschaft, und zwar auch wohlhabenden Händlern und Handwerkern. Die Bürger warfen dem Rat Unfähigkeit und Pflichtvernachlässigung vor, ja bezichtigten ihn der Nachgiebigkeit gegen die Schweden, bezeichneten sich selbst aber als kaisertreu. Der Kaiser verwies die Sache an eine aus Kurmainz und Nordhausen bestehende Kommission, allerdings beteiligte sich Mainz nicht daran. Die aus zwei hessischen und zwei Nordhäuser Vertretern bestehende Kommission, die im Juni 1641 in Eisenach mit dem Mühlhäuser Rat verhandelte, bestimmte die Einsetzung einer Sechzehnerdeputation. Abgeschlossen wurde der Konflikt durch den Rezeß vom 27. Juni 1642.

Die 1642 eingeführten Reformen gerieten allmählich in Vergessenheit. Wegen Unordnung und Nichteinhaltung des Rezesses beklagte man sich wieder beim Reichshofrat. Das führte zu den Rezessen von 1679 und 1681. Da die Bürgerschaft wiederum der Meinung war, der Rat halte den Rezeß nicht ein, stelle vor allem das Holz nicht zur Verfügung, wurden seit 1714 mehrfach Ausschüsse der Bürgerschaft gewählt. Als die Bürgerschaft durch ihren Advokaten J. E. Sander, eisenachischen Rentmeister und Mühlhäuser Bürger, zwei Jahre in Wien hatte verhandeln lassen, kam dieser mit einem Kommissionsdekret zurück, nach dem sich der angekündigte kaiserliche Kommissar, Baron von Kurtzrock, richten sollte. Die langwierigen Verhandlungen, die v. Kurtzrock leitete, die mehrfach unterbrochen wurden und die zu Gewaltanwendung der Bürger und zur Festsetzung des Rates führte, endeten zunächst damit, daß 1733 vom Kaiser die Entsendung von drei subdelegierten Kommissarien, nämlich je einem brandenburgischen, hannoverschen und braunschweigischen Rat unter Bedeckung durch eine Exekutionstruppe erfolgte. Die Reaktion waren Aufruhr und Tote. Rat und Bürgerschaft suchten den Herzog Friedrich II. von Gotha als Vermittler zu gewinnen, konnten aber die Entsendung einer nunmehr auf 2500 Mann verstärkten Exekutionstruppe — die Preußen unter

Leopold von Dessau — nicht verhindern. Nach der Besetzung schloß das Militär die Stadt hermetisch gegen die Umgebung ab, verhaftete die 48 Vertreter der aufsässigen Bürgerschaft, die sogen. „48er" (von 1729), und verprügelte sie. Nach der Exekution wurde die Besatzung auf 500 Mann reduziert. Der „Alte Dessauer" preßte dem Rat gegen den Willen des Kaisers 11 000 Taler „Tafelgelder" ab. Am 30. Dezember 1734 wurden auf dem Obermarkt unter größten Sicherheitsvorkehrungen vier Männer, davon einer ein „48er", enthauptet und ein Mann zu ewigem Kerker verurteilt. Andere Aufrührer wurden mit milderen Strafen belegt. Die Bürgermeister A. G. Tilesius sen. und J. St. Vogler hatten die Regierung in den unruhigen Jahren 1731-1735 in der Hand behalten, jetzt durften wieder neue Räte gewählt werden (48 Personen), darauf folgten weitere Verurteilungen, vor allem zahlreiche ewige oder befristete Stadtverweise. Auch finanziell kam die Exekution die Stadt teuer zu stehen. Die „Commissions-Kosten" wurden mit fast 12 000 Taler angegeben, dazu kamen fast 9000 Taler Verluste, die der Rat durch entwendetes Holz, Fische und die Minderung anderer Einkünfte erlitten hatte. Für diese Beträge aufzukommen, wurde denjenigen auferlegt, welche sich 1730 mit ihrer Unterschrift — 826 Personen, darunter viele Frauen — den „48ern" verbunden hatten. Da von dieser Zahl schätzungsweise 100 Verurteilte abgingen, die vermutlich nicht für diese Forderungen aufzukommen in der Lage waren, erhöhte sich die Belastung für die Verbliebenen.

Wenn die Stadt auch einen hohen Preis für diese von ihr verursachte Reichsexekution zahlen mußte, so darf nicht außer acht gelassen werden, daß das Reich mehr Umstände als Nutzen von dieser und anderen Reichsstädten hatte. Ebenso wie andere Reichsstände es versuchten, entzog sich auch Mühlhausen den Pflichten gegen das Reich. Als Kaiser Karl VI. im Jahre 1713 von den Städten Mühlhausen, Nordhausen und Goslar unter Prozeßandrohung die Zahlung der Stadtsteuer verlangte, erkannte der Mühlhäuser Syndikus Graßhof zwar prinzipiell diesen Anspruch des Kaisers gegenüber den Reichsstädten an, stellte ihn aber mit den in dieser Zeit gebräuchlichen juristischen Kniffen wieder in Frage. Ludwig der Bayer hatte der Stadt 1332 auf 18 Jahre Steuerfreiheit gewährt. 1337 hatte die Stadt dem Kaiser 1000 Mark geliehen und dafür alle Reichsgüter und das Schultheißenamt erhalten. Wenn auch der Standpunkt, wie die weitere Auseinandersetzung zeigte, formalrechtlich wohl unangreifbar war, die Stadt untergrub die Herrschaft des Reiches. Nach erneuten Erinnerungen Karls VI. 1742 und Franz' I. 1746 ließen die Kaiser die Forderung auf Stadtsteuer auf sich beruhen. Graßhof wies auch die zuletzt von Karl VII. 1743 beanspruchte Kronsteuer und die Opferpfennige der Juden endgültig zurück.

Während sich die Stadt „nach oben" von allen Pflichten freihielt, nahm sie gegen ihre eigenen Untertanen, die Bauern in ihrem Territorium, die gegenteilige Haltung ein. Dies fiel ihr bei der Überschaubarkeit und Geschlossenheit der beherrschten Fläche nicht schwer. Gerade durch die ihr pfandweise überlassene Gerichtsbarkeit war die Stadt in der Lage gewesen, die vorhandenen Lücken in den Reichsrechten zu schließen. Während des Mittelalters war sie darauf bedacht gewesen, das Anwachsen des Besitzes der Klöster, vor allem des Deutschordenshauses, in der Umgebung zu verhindern. Mit Beharrlichkeit brachte der Rat das Kloster Volkenroda 1444 dazu, Besitzungen in Bollstedt, Sollstedt und Graba seinem Schutze zu unterstellen. Durch Kauf oder Pfandnahme gelangte bis zum Beginn des 17. Jahrhunderts der größte Teil der Kirchengüter an die Stadt, aber einiges blieb im Besitz der Kirchen bzw. der Landesherren, die diese Güter in der Säkularisation an sich gebracht hatten.

Für die Verwaltung des Stadtgebietes waren die Ratsmitglieder der einschlägigen Ratsämter zuständig, eine eigene Behörde für das städtische Territorium bestand nicht. In den Dörfern setzte die Stadt ihre administrativen Absichten mit Hilfe der Dorfschultheißen und Gemeindevormünder durch, die für ihre Dienste mit Nachlässen an den städtischen Leistungen belohnt wurden. Vor allem Kämmerer (Geschoß), Zinsmeister und Marstallsherren (Erbzinsen), Semner (Polizei) und Heimbürgen wurden in den Landgemeinden tätig. Das Heimbürgenamt, das bereits im ältesten Rechtsbuch der Stadt vorkommt (s. Bd. II, 1, S. 355), wurde von zwei Ratsherren wahrgenommen und war in der Neuzeit in seinen Kompetenzen beträchtlich erweitert worden. Ihrer Aufsicht unterstanden das Hütungswesen und die Flurversteinung in allen Dörfern. Die Verbindung zwischen dem Rat und den Gemeinden als Hilf- und Exekutionsorgan vermittelte der Landvogt, dem Pfandrecht und „Nacheile oder Folge" zustanden. Als Territorialherr hatte die Stadt gegenüber den Landgemeinden das uneingeschränkte Gesetzgebungs- und Verordnungsrecht, ferner das Steuerrecht (Geschoß), gewisse Bannrechte und das Recht, gewisse Dienste, wie Wehrpflicht und Landgrabendienste, zu fordern. Grundherrliche Wurzeln haben Spann- und Handdienste und Jagdfronen. Gerichtsrechte besaßen die Gemeinden nicht, sie durften nur Bußen wegen leichten Feld- und Walddiebstahls und wegen Vergehen gegen ihre Dorfordnung verhängen; diese überschritten in der Mitte des 16. Jahrhunderts ein ganzes Faß Bier nicht.

Die Rechtsstellung der Mühlhäuser Bauern hatte sich offenbar ständig verbessert, und am Beginn des 16. Jahrhunderts bestanden zwischen den Bürgern und den „Untertanen der Reichsstadt Mühlhausen" kaum noch Rechtsunterschiede; es ist überflüssig zu sagen, daß sie, wie auch die meisten Stadtbürger, an der Ratsverwaltung nicht beteiligt waren. Allerdings waren auch sie in die Bedürfnisse des städtischen Wirtschaftsverbandes so fest eingebunden, wie dies bei den meisten Städten mit einem von diesen direkt verwalteten Territorium der Fall gewesen sein dürfte. Ohne Wissen des Rates durften Getreide, Vieh, Wolle und Holz nicht außerhalb des Territoriums abgesetzt werden. Umgekehrt unterdrückte die Stadt in ihren Dörfern zünftiges Handwerk und hielt diese für den Absatz ihrer Produkte, insbesondere des Bieres, offen. Die Wirtschaftskraft der Bauern schöpfte die Stadt durch den Geschoß ab. 1606 brachten die Dörfer 850 Taler an einfachem Geschoß auf, der nicht selten erhobene doppelte Geschoß erreichte 1567 den Betrag von 1021 Taler. Die schweren Verluste, die im Dreißigjährigen Krieg entstanden waren, glich der Rat durch eine neue Festlegung der Steuerpflichten aus. Eine 1642 geplante Neuvermessung der Fluren wurde zwar nicht durchgeführt, aber 1655 wurden die Grundsätze der Steuerbemessung in zwei Verordnungen fixiert. Da diese Satzungen die Bodengüte nicht berücksichtigt hatten, erreichten die Bauern nach vielfachen Beschwerden 1692 eine Neufestsetzung des Geschosses, an der sie beteiligt waren. Der Versuch des Rates, 1730 eine wesentliche Steuererhöhung durchzusetzen, scheiterte am Widerstand der Bauern und des Kaisers. Eine weitere Steuer war der Herdschilling (*lar*), der am Ende des 17. Jahrhunderts die Hälfte des Geschosses ausmachte, der auf einem Haus stand und „mehr und mehr zu einer für die ‚Einmieter' allein charakteristischen Abgabe" wurde. Auch in der Wehrpflicht galt das Prinzip, daß sich städtische Verwaltung nur über die Stadtmauern hinaus verlängerte: Die Dörfer waren bestimmten Stadtvierteln zugeordnet. Um 1604 brachten Horsmar, Lengefeld, Eigenroda, Dachrieden und Sollstedt zusammen 227 Mann auf. Man kann sicher diese Zahl nicht, wie es versucht worden ist, hochrechnen. Dann käme man auf ein Aufgebot des Territoriums von 800-900 Mann. Die innere Verfassung der Gemeinden in der Verteilung von Rechten und Pflichten, auch solchen der bäuerlichen Selbstverwaltung, unterschied sich nicht von der anderer Dörfer außerhalb des Territoriums.

Zu manchen Zeiten hatten die Dörfer des Territoriums sicher auch eine Bedeutung als Bevölkerungsreservoir der Stadt. Man hat von 1579 bis 1614, bei angeblich 1339 Pesttoten 1611, einen Bevölkerungsverlust von 868 Personen zu verzeichnen, wenn man Taufen und Begräbnisse gegen einander aufrechnet. Wenn die Einwohnerschaft trotzdem real zunahm, so ist das auf Neubürgeraufnahmen zurückzuführen. Die Zuwanderer kamen offenbar überwiegend aus Dörfern der Umgebung, manche mögen vor der Gegenreformation aus dem Eichsfeld in die protestantische Reichsstadt ausgewichen sein. Sie scheinen überwiegend unteren Bevölkerungsschichten angehört, sich in den Vorstädten billige Häuschen gekauft oder sich dort als Mieter niedergelassen zu haben.

Die wirtschaftliche Grundlage selbst einer mittleren Stadt wie Mühlhausen bildete auch in der frühen Neuzeit noch die Ackernahrung.

Einige Dörfer, die ehemals Sitze von Reichsministerialen gewesen waren, wurden im Spätmittelalter wüst, die Felder ihrer Fluren wurden von Bürgern erworben. Die reichsten und angesehensten Bürger waren wohlhabende Ackerbürger. Auch Handwerker verfügten über beträchtlichen Grundbesitz. Das Kataster von 1569 verzeichnet unter 516 Innungsmitgliedern 401 Grundbesitzer. Auch im frühneuzeitlichen Mühlhausen (1569) waren die Gewandschneider mit einem Durchschnittsvermögen von 273,60 Mark noch die reichsten Leute. Der Anteil der Steuerzahler von 500 Mark und mehr verschoßtem Besitz an der Gesamtzahl der Steuerzahler betrug 1569 0,24 %. Vergleicht man das mit Frankfurter Verhältnissen, wo sich 1570 das größte Vermögen auf 50 000 fl. belief, so wird deutlich, daß Mühlhausen wirtschaftlich wenig darstellte. Obwohl die Bevölkerung zwischen 1563 und 1614 um 33 % anstieg, blieb der versteuerte Gesamtbesitz bei 65 bis 66 000 Mark stehen, d. h. die durchschnittlichen Vermögen sanken von 42,03 Mark auf 30,99 Mark. Insgesamt wird die Vermögenslage der Stadt trotzdem als gut bezeichnet.

In dieser wirtschaftlichen Situation traf die Stadt der Dreißigjährige Krieg. Dieser Krieg kannte einmal auf Grund der zahlreichen Parteien, die in ihn verwickelt waren, zum anderen wegen der Fortschritte in der Kriegstechnik, eine viel weiträumigere Strategie als andere militärische Auseinandersetzungen vorher. Der Besitz von Schlüsselpositionen für den Durchzug großer Heeresmassen wurde wichtig. Für Truppeneinheiten, die aus dem Leinegraben über das Untere Eichsfeld auf das Thüringer Becken entweder in Richtung Erfurt oder Halle vorstoßen wollten, wurde Mühlhausen ein wichtiger Zielpunkt, weil sich der Paß von Leinefelde über Dingelstedt auf die Stadt zusenkte. Mühlhausen war für Heerführer wichtiger als das vom schwer überschreitbaren Harz geschützte Nordhausen.

Zunächst freilich blieb Mühlhausen von den nur langsam anlaufenden Operationen verschont. Die Bürger bekamen 1619 einen Eindruck von der mangelnden Schlagkraft der Protestanten, als ein nach Mühlhausen ausgeschriebener Tag der Union gar nicht zustande kam. Das war wesentlich auf das Zögern Georgs I. von Sachsen zurückzuführen, der sogar die Stände des niedersächsischen Kreises, dem Mühlhausen ebenso wie Nordhausen angehörte, anwies, dem Unionstag fernzubleiben. Die Union bemühte sich, auch Mühlhausen an sich zu ziehen, doch lehnte das die Stadt unter Hinweis auf ihre Bindungen an die Schutzmacht Kursachsen ab. Nach diesem Fehlschlag kam aber 1620 ein Kurfürstentag in der Reichsstadt zustande, an dem die Kurfürsten Schweikard v. Mainz, Ferdinand von Köln, Georg von Sachsen, Landgraf Ludwig von Hessen-Darmstadt und zwei bayerische Gesandte teilnahmen. Der zeitgemäße Aufzug mehrhundertköpfiger Gesandtschaften erfüllte die Stadt mit aufgeregtem

Leben und den Rat mit Sorge um die Sicherheit seiner hohen Gäste, die im Rathaus ihre Sitzungen abhielten.

Seinen Schutzvertrag mit der Stadt benutzte Johann Georg I. bald, um ihr Beiträge zu den Kriegskosten abzufordern. Wenn Hilfe vonnöten war, wandte sich der Rat allerdings vergebens nach Langensalza um Hilfe. Im allgemeinen legte er es darauf an, angekündigte Truppenteile durch ausgeschickte Agenten möglichst schon im Weser- oder Leinetal abzulenken. Immerhin war es 1620 und 1621 möglich, größere Kontingente auf Distanz von der Stadt zu halten.

Als Anfang Mai 1622 der „tolle" Christian von Braunschweig mit 12 000 Mann von Höxter heranzog und die Stadt vor die Wahl stellte, sein Heer aufzunehmen oder 200 000 Reichstaler zu zahlen, wandte sich Kurfürst Johann Georg I. an den Welfen, die Stadt setzte sich vorsichtshalber, so gut es ging, in Verteidigungszustand. Kursächsische Truppen besetzten den Mühlhäuser Landgraben. Christian zog am Westrand des Mühlhäuser Gebietes nach Hessen ab. Am 20. Juni 1622 schlug ihn Tilly bei Höchst und öffnete sich damit den Weg nach Hessen.

Die Stadt wurde, wenn auch nicht vom Feinde bedroht, doch in die Unruhe des Krieges, in die mannigfachen Forderungen nach Geld, Truppen und Proviant hineingezogen, weil der niedersächsische Kreis Rüstungen betrieb.

Wie die Stadt zwischen der Treue zur protestantischen Partei, die sich vor allem im niedersächsischen Reichskreis darstellte, und dem katholischen Kaiser, dem sie verpflichtet war, hin und hergezogen wurde, zeigte sich seit 1624 immer stärker. Einquartierung kaiserlicher Truppen konnte durch Zahlung von Sold abgewandt werden. Ein Schutzbrief Wallensteins konnte nicht alle Belastungen durch einlagernde Truppen verhüten.

Ein 1627 einberufener Kurfürstentag, der nur von den Kurfürsten von Mainz und Sachsen, aber von einigen weiteren deutschen Fürsten oder ihren Gesandten, ja selbst einem Vertreter Ludwigs XIII. und einem des Königs von Spanien besucht wurde, sollte über einen möglichen Friedensschluß beraten. 17 Beratungen verliefen ergebnislos. Zu Einquartierungen einzelner Einheiten und zu Steuererhöhungen trat 1629 als mögliche neue Belastung das Restitutionsedikt. Vier vom Abt von Fulda empfohlene Mönche erschienen zur Durchführung des Ediktes in der Stadt. Der Kurfürst von Mainz und die zuständigen Orden verlangten die Wiederherstellung des Brückenklosters und des Barfüßerklosters. Nicht der Kurfürst von Sachsen, an den man sich wandte, sondern der Eintritt Gustav Adolfs in den Krieg verhinderte auch hier die Ausführung des Ediktes. Nach dem Rückzug aus Magdeburg lagerte das 40 000 Mann starke Heer Tillys bei Bollstädt. Tilly wollte damit die Vereinigung des Landgrafen von Hessen mit dem Schwedenkönig verhindern. Nach fünf Wochen, die die

Stadt hohe Fouragelasten gekostet hatten, zog der kaiserliche Feldherr den Schweden nach Werben a. d. Elbe entgegen und verlor wenig später die Schlacht bei Breitenfeld. Ein aus dem Raum Niedersachsen befürchteter Vorstoß Pappenheims führte nur bis Duderstadt und Heiligenstadt, von dort zog sich der General auf Hameln und Hildesheim zurück.

Die Übergabe des Eichsfeldes an Wilhelm von Weimar durch Gustav Adolf änderte die Situation (vgl. o. S. 131). Der Herzog besetzte Mühlhausen und verlangte die Unterstützung seiner im Eichsfeld lagernden Truppen durch die Stadt. Trotz militärischer Besatzung unternahmen Eichsfelder Plünderungszüge im Mühlhäuser Territorium und umgekehrt, es wurde also unter der Hand ein lokaler Kleinkrieg geführt.

Es kostete Pappenheim trotz der im Eichsfeld liegenden weimarisch-schwedischen Truppen wenig Mühe, bei einem zweiten Versuch durch die Paßlandschaft des Eichsfeldes über Duderstadt und Heiligenstadt durchzustoßen. Die Schweden zogen sich zurück. Im Juni 1632 plünderten Pappenheims Truppen Mühlhäuser Dörfer, und am 26. Oktober forderte der General die Stadt zur Übergabe auf. Er verlangte Quartier und Verpflegung für seine Truppen. Von den wegen Abfall vom Kaiser geforderten 80 000 Talern (zuerst 200 000) brachte die Stadt nur 60 000 auf. Nach vier Tagen zog Pappenheim unter Mitnahme von 16 Geiseln ab. Die Stadt war von Pappenheim, der durch Thüringen marschierte, um sich mit Wallenstein zu vereinigen, milde behandelt worden. Der Rat mußte wegen der Kapitulation vor den Kaiserlichen schwere Vorwürfe hinnehmen, als wieder schwedische und weimarische Truppen eintrafen. Die Stadt war wirtschaftlich völlig erschöpft. Durch den vom Kurfürsten geschlossenen Prager Frieden schied auch Mühlhausen als beschützte Stadt aus der schwedisch-protestantischen Kriegspartei aus. Trotzdem nahmen die Drangsalierungen der Bürgerschaft, die auf 3000 Einwohner, also ein Drittel zurückgegangen war, kein Ende. Weitere Durchzüge und Einquartierungen von Truppen mit immer neuen Opfern der Bürger folgten. Man hat die Kriegskosten der Jahre 1620-1647 mit 1 738 235 fl. berechnet. Die Stadt, die zahlreiche Anleihen hatte aufnehmen und Güter verpfänden müssen, war wirtschaftlich vernichtet.

Der Rat kam zu dem Entschluß, sich am Friedenskongreß zu beteiligen, obwohl der Kaiser den Reichsstädten kein Stimmrecht (votum decisivum) zugestehen wollte. Ende 1646 brach Georg Engelhart nach Osnabrück auf mit dem Auftrag, die Verlegung des Reichskammergerichtes nach Mühlhausen zu hintertreiben, weil der Rat — einer seiner Gründe — den Mitgliedern des Gerichts gegebenenfalls nicht den katholischen Ritus gestatten wollte. Engelhart hatte auch den Auftrag, für Mühlhausen Entschädigungen herauszuschlagen, freilich erfolglos. Am 20. Mai 1647 traf Engelhart wieder in Mühlhausen ein. 1650 wurde der Stadt die Zahlung von 21 360 fl. „Satisfaktionsgeldern" auferlegt, doch sind davon erhebliche Beträge gutgeschrieben und nur ein geringer Teil tatsächlich gezahlt worden. Die Stadt feierte erst 1650 ein großes geistliches Friedensfest.

Die Geschichte der Stadt, insbesondere ihre Selbständigkeit waren in Verfolg der Kriege Ludwigs XIV. gefährdet. Der Große Kurfürst forderte 1687 als Entschädigung für die Einfälle der Schweden in die Mark Brandenburg vom Reich die Reichsstädte Dortmund, Nordhausen und Mühlhausen. Im Bunde mit den übrigen Reichsstädten konnte dies verhindert werden.

Abgesehen von den 1733 entsandten Exekutionstruppen (s. o. S. 590) bedrohten die im Siebenjährigen Krieg durchziehenden Franzosen, Soldaten der Reichsarmee, nachstoßende Preußen, dann wieder Hannoveraner und Braunschweiger die wirtschaftlichen Grundlagen der Stadt. Alle diese militärischen Unternehmungen waren mit hohen Kontributionen und anderen Lasten, wie Einquartierungen, verbunden. Preußen hatte offensichtlich ein Interesse an der Stadt. 1738-1796 unterhielt es einen Residenten in Mühlhausen. — Fortsetzung u. S. 772 ff.

2. Nordhausen

Noch stärker als in der vorangegangenen Epoche (s. Bd. III, S. 293) wirkte sich jetzt die Randlage der Reichsstadt innerhalb des Thüringer Beckens und der dort bestimmenden politischen Gewalten aus, weil Nordhausen gleich Mühlhausen zum niedersächsischen Reichskreis (seit 1512) gehörte, in dem Braunschweig-Wolfenbüttel als Kreisoberhaupt während des Dreißigjährigen Krieges seinen Einfluß geltend machte und Nordhausen auf den Harz und auf die Reichsstadt Goslar wies. Nach der anderen Richtung zog das albertinische Kurfürstentum Sachsen als Inhaber des Schultheißenamtes, das die Albertiner als Reichslehen innehatten. Als 1593 die Grafen von Honstein, welche die Reichsvogtei über die Stadt besaßen, ausstarben, bemühte sich die Stadt vergeblich, von Kaiser Rudolf II. diese auf gleicher Rechtsbasis selbst zu erhalten, vielmehr wurde auch sie an Kursachsen übertragen. Die rechtlich und politisch außerordentlich schwierige Situation der Stadt ist daran zu erkennen, daß das Gericht im Namen des Kaisers, des Kurfürsten von Sachsen und des Rates gehegt wurde. Die Sperrung gegen Kursachsen drückte sich darin aus, daß Nordhausen 1576 die Unterzeichnung der kursächsischen Konkordienformel verweigerte und sich dafür dem braunschweigisch-wolfenbüttelschen Corpus Iulium anschloß. Aus dem alten Städtedreieck, das 1308/09 durch Vertrag begründet worden war (s. Bd. II, 1, S. 68), war durch die Erfurter Reduktion von 1664 (s. o. S. 577) auch die thüringische Metropole herausgebrochen. Von einer eigenen Politik Erfurts mit Nordhausen und Mühlhausen konnte schon längst nicht mehr die Rede sein.

Für eine kleine Reichsstadt ohne Territorium (1594 Erwerb von Stempeda unter kursächs. Lehenshoheit) waren einmal der absolutistische Staat und eine militärische Auseinandersetzung von zwei großen Mächtegruppen, wie sie der Dreißigjährige Krieg darstellte, besonders gefährlich, zumal wenn die protestantische Stadt auf den kaum mehr als fiktiven Schutz des katholischen Kaisers angewiesen war. Zunächst profitierte die Stadt, wenn auch auf zweifelhafte Weise, vom Krieg. 1619-1623 mißbrauchte sie ihr Münzrecht durch Herstellung minderwertiger Kippermünzen. Daß sie den Münzmeister Heinrich Peckenstein aus Goslar minderwertige Münzen aus Blei und Kupfer ausprägen ließ, schlug, weil dieses Geld in der Stadt nicht mehr angenommen wurde, auf die eigene Wirtschaft zurück und brachte dem Rat, der nicht davon abließ, 1622 eine Ladung vor das Reichskammergericht in Speyer ein. Wenn die Stadt auch die Schuld auf Peckenstein schob, so stellte sie doch, nachdem dieser entkommen war, die Prägung während des ganzen Krieges ein. Der Schaden für die städtische Kämmerei, die Abgaben in minderwertiger Münze hatte einnehmen müssen, war hoch.

Entsprechend der allgemeinen Entwicklung des Dreißigjährigen Krieges erschienen 1625 die ersten Truppen in der Grafschaft Honstein. Aus der Umgebung suchten zahlreiche Fremde Schutz in der mit Schutzbriefen Wallensteins, des Kurfürsten, Johann Georgs I. und Kaiser Ferdinands II. versehenen Stadt. Zweimal konnten Einquartierungen 1626 durch Kontributionen abgewendet werden. Der Stadt kam ihre Lage in einem strategisch toten Winkel im Schutze der schwer begehbaren Harzberge, abseits der Süd-Nord-Operationslinien Tillys und Wallensteins, zustatten. Der Vorstoß Tillys aus Marburg über Göttingen und die Schlacht von Lutter am Barenberg gegen König Christian IV. im August 1626 zogen in ihrer Folge auch den südlichen Harz in Mitleidenschaft, weil dänische Offiziere mit umherstreifenden Banden einen Kleinkrieg im Harz gegen tillysche Truppen führten. Diese „Harzschützen" zogen sich mehrfach nach Nordhausen zurück, und die Stadt mußte sich auf Druck Kursachsens und des Kaisers von ihnen distanzieren.

1629 begannen Versuche, das Restitutionsedikt für Höfe der Klöster Walkenried und Ilfeld in Nordhausen durchzusetzen. An dem erfolglosen Konvent in Leipzig 1631, der die Aufhebung des Ediktes erreichen sollte, waren auch Vertreter der Reichsstadt beteiligt (s. o. S. 131).

Als protestantische Stadt, die den 100. Jahrestag der Reformation mit großem Jubel gefeiert hatte, die aber den katholischen Kaiser als ihren Herrn anerkannte, blieb Nordhausen den Schweden verdächtig, zumal es, als diese Heereslieferungen forderten, auf seine Verpflichtungen gegen den niedersächsischen Kreis hinwies. Die Stadt forderte die Schweden vollends heraus, als sie 1635 mit dem Niedersächsischen Reichskreis dem Prager Frieden beitrat und damit der Politik Kursachsens folgte. Schwer lasteten Einquartierungen, aber noch mehr Kontributionen an Kaiserliche, Schweden und Kursachsen (an dieses von Febr. 1634 bis Juni 1635 über 38 000 Taler) auf der Stadt. Große Truppenkontingente zogen 1636 nach der Schlacht von Wittstock durch die Stadt, aber auch die Durchzüge der folgenden Jahre waren mit Kontributionen, Plünderungen, endloser Furcht und Flucht der Bewohner in die Wälder des Harzes verbunden.

Der Frieden von Osnabrück (§ 2) brachte die Stadt zum ersten Male mit Brandenburg in Berührung, da der Große Kurfürst das Bistum Halberstadt erhielt, zu dem die ehem. honsteinischen Ämter Klettenberg und Lohra gehörten. Das polnische Abenteuer Augusts des Starken und der damit verbundene enorme Geldbedarf des Kurstaates brachten Brandenburg am Ende des 17. Jahrhunderts hier weiter voran. Gegen 300 000 Taler veräußerte Kursachsen die Erbvogtei über Quedlinburg und die Reichsvogtei und das Schulzenamt über Nordhausen 1697/98. Die Übernahme komplizierte sich, da Nordhausen die Reichsämter der Stadt von Sachsen zuletzt bis 1703 erworben hatte; doch am 7. Februar 1703 rückten preußische Truppen in Nordhausen ein. Nordhausen begab sich 1703 unter die Schutzherrschaft Preußens und trat die Reichsämter an die Krone Preußens gegen 13 215 Taler ab. Die Spaltung in eine welfische und eine preußische Partei — das wirkt wie ein Vorgriff auf die politische Stimmung in Hannover und Braunschweig im 19. Jahrhundert — war damals schon in Nordhausen festzustellen. Nordhausen sagte Preußen zu, sich aller Verpflichtungen gegenüber Hannover zu enthalten. Als hannöversche galt die Ratspartei, als preußische die bürgerliche Partei. Die hannöversche Partei hatte ihre Stütze in Offney, der in Walkenried, Neustadt und im Petersdorf agitierte. Ziel des bedeutenden, unermüdlichen Bürgermeisters Johann Günther Hoffmann war es, der Stadt die Reichsfreiheit zurückzugewinnen. 1705 forderte Kaiser Joseph I. die Preußen auf, die Stadt zu räumen. Ein vom Kaiser ernanntes Schiedsgericht, das von Preußen anerkannt wurde, bewirkte zwar noch keine endgültige Entscheidung, aber Veränderungen in der großen Politik hoben das Prestige Hannovers und lenkten Brandenburg-Preußen aus dem Harz-Raum ab. Georg I. wurde 1714 König von England, Friedrich Wilhelm I. von Preußen fand im Nordischen Krieg wesentlich mehr Interesse an Vorpommern als an Nordhausen. Durch den Vertrag vom 16. Oktober 1714 zwischen Preußen und Nordhausen verzichtete Preußen für 50 000 Taler, die Kurhannover vorschoß, auf seine Rechte an Nordhausen. Nordhausen war nun uneingeschränkt Freie Reichsstadt. Am 6. August 1715 räumten die letzten preußischen Truppen die Stadt. Für die Splitterung von Rechten in dieser Zeit war es bezeichnend, daß Preußen im Besitz des Walkenrieder Hofes blieb und als Rechtsnachfolger der Bischöfe von Halberstadt die Lehenshoheit über die Werthermühle behielt.

Entscheidend blieb, daß Preußen von den Ämtern Klettenberg und Lohra her immer Druck auf die Stadt ausüben und vom Bistum Halberstadt aus diesen Zugang nach Thüringen jederzeit in seine politisch-militärischen Pläne einbeziehen konnte. Das war während des Siebenjährigen Krieges der Fall. Da Frankreich 1757 in den Krieg gegen Preußen eintrat, gewann Thüringen als operatives Randgebiet, in dem sich Friedrich der Große den Rücken für seine Feldzüge in Sachsen, Böhmen und Schlesien freihalten mußte, für ihn Bedeutung. Als der Herzog von Broglie im Oktober 1757 mit einem großen Teil der französischen Armee in der Stadt Quartier machte, bestätigte es sich einmal mehr, daß Nordhausen einst an einer der wichtigsten West-Ost-Linien gegründet worden war, die im Reiche möglich sind. Der Sieg von Roßbach am 5. November 1757 befreite Preußen von der Bedrohung durch Frankreich und das Reich. Friedrich der Große, auf jeden Mann gegen Österreich und Rußland angewiesen, sicherte dieses strategische Vorfeld nur gelegentlich durch Streifkorps, beutete aber seine wirtschaftliche Leistungsfähigkeit umso rücksichtsloser aus. Hohe Kontributionen und Verpflegungslieferungen an die Armee wurden gefordert. Der Zuverlässigkeit der Stadt versicherte sich der König wiederholt durch die Entführung von Bürgermeistern, Ratsherren und anderen Personen als Geiseln nach Magdeburg oder Leipzig, ihre Bedeutung als vorgeschobener Posten Preußens wurde deutlich, als General Grandmaison 1761 reiche Beute an Armee-Ausrüstung machte. Bis in den August 1762 behielten die Franzosen im Eichsfeld und Südharz von Mühlhausen aus das Übergewicht. Danach kontrollierte wieder Prinz Heinrich Thüringen. Nordhausen mußte abermals schwerste Kontributionen leisten. Der Friede von Hubertusburg leitete für Nordhausen eine lange Epoche des Friedens ein.

Wie verlief unter den aufgezeigten äußeren Bedingungen die innere Entwicklung der Stadt? Sie wurde von drei Ratskollegien alternierend geleitet. Jedes Ratsmittel setzte sich aus zwei Bürgermeistern und (seit 1375) je zwei Handwerksmeistern aus den neun ratsfähigen Gilden zusammen. Die Geschäfte führte nicht nur der sitzende Rat, sondern die sechs Bürgermeister aller drei Ratskollegien fanden sich vierzehntägig als Collegium seniorum zu Vorberatungen der dem sitzenden Rat vorzulegenden Geschäfte zusammen. Wie in den meisten und zwar auch den kleinen Städten brauchte man für juristisch zunehmend anspruchsvollere Verwaltungstätigkeit ausgebildete Juristen; ein Handwerksmeister als Ratsherr war dieser auch bei der Entscheidungsbildung, geschweige in der Exekutive nicht mehr gewachsen. Deshalb genügte für die Kanzlei nicht mehr ein

Stadtschreiber mit einigen bescheidenen Kenntnissen, die er in einem vielleicht kurzen Studium erworben hatte, sondern man brauchte ein „Kanzleikollegium" mit einem Syndikus, zwei Sekretären, einem Aktuar und einem Kanzlisten. Auch in Nordhausen vermochte sich der Syndikus, wenn er geschickt war, zum unentbehrlichen Ratgeber des Rates aufzuschwingen. War es im 16. Jahrhundert Meyenburg (vgl. Bd. III, S. 104 ff.) gewesen, so errang im 17. Jahrhundert der Syndikus Titius überragenden Einfluß auf die Politik der Stadt. Der Verwaltungs-Apparat der Stadt hatte zugenommen, es gab zahlreiche Offizianten vom Stadtphysikus bis zum Landmesser, vom Ratsmaurer bis zum Schweinehirten und den Stadtmusikanten. Die Finanzen überwachten die acht Kämmerer unter Leitung je eines halbjährlich wechselnden Bürgermeisters. Einer der beiden Bürgermeister hatte als Vogt den Vorsitz im Strafgericht, der andere leitete als Schultheiß das Zivilgericht. Zwei Ratsmitglieder waren als Schöffen tätig. Zum Vogteigericht gehörten außerdem noch die beiden Kanzleisekretäre. Die personelle Identiät der Gerichte mit dem Rat trug dazu bei, das Mißtrauen der Bürger gegen die führende Schicht der Stadt zu nähren. 1599 und 1600 traf der Rat gewisse Vorkehrungen gegen die beargwöhnte Vetternwirtschaft. Als die Pest 1626 zahlreiche Opfer gefordert hatte, ergriff der einer angesehenen Ratsfamilie entstammende Bürgermeister Johann Wilde 1627 die Gelegenheit, die Zahl der Mitglieder der drei Ratsmittel von 81 auf 42 herabzusetzen. Es war die wichtigste Änderung der Verfassung der Stadt zwischen 1375 und 1802. Damit wurde der Mißwirtschaft des Rates entscheidend Einhalt geboten. Denn die Ratsmitglieder kamen in den Genuß zahlreicher einzelner Vergünstigungen, die insgesamt eine bedeutende Belastung der Stadt ausmachten. Die beiden regierenden Bürgermeister hatten 13 Einnahmetitel, dazu kam eine Vielzahl von Vergünstigungen und Geschenken. Die Ratsherren hatten für ihre Vorteile eine blühende Phantasie entwickelt. Für Unterschleife, auch bei Ratswahlen, öffnete sich überall ein weites Feld. Die Korruption blühte während des 17. und 18. Jahrhunderts. Während der Besetzung der Stadt durch Preußen in den Jahren 1703-1715 standen sich eine kaiserliche Partei unter dem Bürgermeister Johann Günther Hoffmann, dem Rat sowie die von den Offneys geführte hannoversche Partei auf der einen Seite und eine preußische Partei aus denjenigen gegenüber, die vom Ratsklüngel niedergehalten wurden. Die Welfen agierten unter der Bürgerschaft gegen die Preußen. 1724 klagte eine von dem Syndikus Chilian Volkmar Riemann und dem Postmeister Franz Filter angeführte Gruppe vor dem Reichskammergericht Wetzlar wegen Verstößen des Rates gegen die Verfassung der Stadt, vor allem wegen Wahlbeeinflussung. Es hatte sich eine abgeschlossene Gruppe von Ratsherren gebildet, die das Eindringen selbständiger Persönlichkeiten mit allen unerlaubten Mitteln verhinderte. Willkürliche Beeinflussung der Rechtsprechung durch die Bürgermeister wurde beklagt. Das Braurecht werde von den Bürgermeistern nicht verlost, sondern gegen Bestechungsgelder vergeben und damit die Steuereinnahmen der Stadt gemindert. Die Steuereinnahme befinde sich in größter Unordnung und werde, auch durch Ämterverfilzung, von den Ratsfamilien zum Schaden der Bürgerschaft schamlos ausgenutzt. Die lange Liste der Gravamina bewog die Ratsgeschlechter, Riemann dadurch auszumanövrieren, daß sie seiner Wahl zum Bürgermeister zustimmten. Riemann setzte in der Tat einschneidende Änderungen durch, z. T. war es nur eine Rückkehr zum geltenden Recht, aber auch viele neue Verordnungen wurden erlassen, die insgesamt die Verwaltung überschaubarer machten. Das Reichskammergericht billigte 1727 die mit großen Schwierigkeiten durchgesetzte Neuregelung der Gehälter, vor allem der Bürgermeister. Für den Rat wurden gestaffelte, aber je Person nur aus einem Posten bestehende Beträge festgesetzt, die Naturaleinkünfte beschränkten sich auf wenige Kategorien. Entscheidend war, daß die Straffung des Besoldungswesens die Bereicherung der Ratsherren aus vielen unübersichtlichen Titeln unmöglich machte. Der Vergleich, der 1729 über das Besoldungswesen geschlossen wurde, bildete den Abschluß der Reformen. Von 1725 bis 1763 leitete Riemann die Geschicke der Stadt erfolgreich. Seit 1730 war auch sein Bruder J. G. Riemann Bürgermeister. Dessen Sohn folgte als Bürgermeister 1763-1801. Freilich wurden 1747 einmal gegen die Brüder Riemann, die „Fürsten von Nordhausen", Anklagen erhoben, aber es scheint, daß sich bis zum Übergang an Preußen unter der Regierung der Riemanns die Korruption in Grenzen hielt. Das Stadtbild wurde unter den Riemanns durch Pflasterung der Straßen, Anlage von Brunnen und Baumpflanzungen verschönert. Riemann nahm 1730 auch eine Neuordnung der Stellung des Kreuzstiftes in Angriff. Die Gründung der Königin Mathilde hatte die Reformation als katholische Kirche überstanden und ragte als ein Stück Mittelalter mit ihrer Immunität in das 18. Jahrhundert. Das Stift hatte seine alte Freiheit in mancher Hinsicht mißbrauchen lassen, insbesondere seine Steuer- und Abgabenfreiheit, so daß die Stadt Klage vor dem Reichshofrat erhob; sie wurde 1718 mit einem Vergleich beigelegt. Riemann betrachtete die Stellung des Stiftes als eine Beeinträchtigung der Nordhäuser Souveränität. Aber der wiederum vor dem Reichshofrat geführte Streit zog sich schließlich bis zum Reichsdeputationshauptschluß hin.

Die Wirtschaft von Nordhausen beruhte, sieht man von der üblichen Skala der Innungen für den lokalen Bedarf ab, auf dem Umschlag und der Verwertung der Getreideproduktion der Goldenen Aue und benachbarter Landesteile des Thüringer Beckens. In der 7800 Einwohner zählenden Stadt sollen über 400 000 Scheffel Getreide gemahlen oder geschrotet und 14 000-17 000 Scheffel Ölfrucht verarbeitet worden sein. Der Wohlstand der Stadt gründete sich auch auf der durch das Meilenprivileg geschützten Brauerei, die in 253 brauberechtigten Häusern nach dem Lose reihum ausgeübt wurde. Die Abgaben für die Braugerechtsame bildeten einen wichtigen Einnahmeposten des Rates. Neben dem Braunbier wurden seit 1602 Broihan und seit 1721 Gose gebraut, die beiden letzteren Sorten auch durch Bürger, aber in ratseigenen Brauhäusern. Mit Zurückhaltung verfolgte der Rat von 1530 bis 1680 die Entwicklung der Branntweinbrennerei, weil er die Feuersgefahr, welche die Brennblasen verursachten, fürchtete, vor allem aber, weil er das Braugewerbe vor dem Branntwein schützen wollte. Als man erkannte, daß die Brennerei dem Braugewerbe nicht schadete, schützte und förderte der Rat nachdrücklich dieses Gewerbe, das während des Siebenjährigen Krieges seine erste Blüte erlebte. Um 1800 sollen in 198 Blasen jährlich 600 000 Scheffel Getreide gebrannt worden sein. Thüringen, Hessen, Westfalen und die welfischen Lande waren Hauptabsatzgebiete. Um das Fabrikationsgeheimnis zu wahren, verbot der Rat 1775 jedem „Brennknecht", bei Verlust des Bürgerrechts, sich außerhalb der Stadt zu verdingen. Das Produkt war so begehrt, daß die Hersteller und die Stadt für den Absatz kaum etwas zu tun brauchten, vielmehr holten die Fuhrleute die Fässer am Erzeugerort selbst ab. Das von den Brennern eingenommene Schrotgeld (zwischen 4 und 8 Pfg. vor 1760, um 1800 1 Gr. je Scheffel) brachte dem Rat um 1790 etwa 5000 Taler Steuern ein. Im Vergleich zum Bier mochte der Markterfolg des „Nordhäuser" als Fernhandelsware mit darauf zurückzuführen sein, daß der Rausch — aus einem wohlschmeckenden Produkt — in geringerem Volumen billig über große Entfernungen transportiert werden konnte. Nicht nur die Brenner selbst, sondern auch der Rat traf Vorsorge für die Herstellung bester Qualität. Für den Standort der Produktion war entscheidend, daß die Harzwälder das in großen Mengen benötigte Holf lieferten. — Fortsetzung siehe S. 772 ff.

VI. Das albertinische Thüringen

von Hans Patze

Bei der Teilung des Gesamthauses der Wettiner zu Leipzig im Jahre 1485 (vgl. Bd. II, 1, S. 145) hatten die Albertiner außer den Stammlanden Mark Meißen und Osterland in Thüringen die Ämter Jena, Dornburg, Camburg, Sangerhausen, Weißensee, Herbsleben, Tennstädt, Langensalza, Thamsbrück und Großfurra erhalten. Die Mehrzahl dieser Ämter nahm die ertragreichen Ackerbaugebiete an der Unstrut oder in ihrem Einzugsbereich ein. Auch zwischen den beiden wettinischen Linien war der Naturraum Thüringen damit in unvorteilhafter Weise zerrissen, von den überlieferten anderen Herrschaftsgebieten ganz zu schweigen.

Mehrfach ist dieser Bestand verändert, meist vermehrt worden. Der Wittenberger Vertrag vom 19. Mai 1547 (vgl. Bd. III, S. 241 f.) schlug den Ernestinern die Ämter Dornburg und Camburg zu, rundete ihr Gebiet also in erfreulicher Weise geographisch ab. Infolge der Grumbachschen Händel (vgl. Bd. III, S. 252 ff.) wurden als Ersatz für Kriegskosten die „assekurierten" Ämter Weida, Arnshaugk, Ziegenrück und Sachsenburg a. d. Unstrut (ohne Oldisleben) an Kursachsen verpfändet.

Unter den thüringischen Ämtern hatte Tennstedt eine Sonderstellung. Kurfürst Johann Georg II. errichtete es 1659 für die schriftsässigen Güter und Untertanen in Thüringen, die nicht zur Sekundogenitur Sachsen-Weißenfels kamen, sondern bei der Kurlinie verblieben, wie das Johann Georg I. in seinem Testament verordnet hatte. Dem Amt wurde die Besorgung und Verwaltung der kurfürstlichen Gerechtsame in Thüringen übertragen, deshalb wurde es als „Kommissionsamt" bezeichnet. Außerdem gab es in Schulpforta neben dem dortigen, für die Verwaltung der ehemaligen Klostergüter zuständigen Amt ein Reservaten- oder Kommissionsamt. Letzteres verwaltete auf die Dauer der Linie Weißenfels die Angelegenheiten der Schriftsassen der Ämter Eckartsberga, Freyburg und Weißenfels. Dieses Reservatenamt wurde mit dem Ende der Linie Weißenfels überhaupt aufgehoben.

Das Kommissionsamt Tennstedt behielt von 1657-1746 nur die Verwaltung der Schriftsassen in den Ämtern Weißensee, Sangerhausen und Langensalza, erhielt aber 1746 — nach Aufhebung des Reservatenamtes Schulpforta — hinsichtlich der Schriftsassen wieder seinen vollen Geschäftskreis. Bis 1815 übte das Kommissionsamt Tennstedt die landesherrlichen Gerechtsame der albertinischen Linie in Blankenhain, Niederkranichfeld, Gleichen und der Propstei Göllingen aus. Außerdem führte es das Directorum actorum bei der thüringischen Kreiskommission; diese bestand aus dem Kreishauptmann und dem Kreisamtmann, der sich hauptsächlich ebenfalls in Tennstedt aufhielt.

Durch Kauf des Amtes Heldrungen von Asmus von Baumbach konnte Johann Georg I. 1623 den thüringischen Besitz vermehren. Das Amt war 1484 von den Grafen von Honstein an die Mansfelder verkauft worden, die sich danach edle Herren von Heldrungen genannt hatten. Diese waren im Laufe der Zeit stark verschuldet, und von Baumbach war zuletzt einer der Hauptgläubiger.

Das Amt Sittichenbach erwarb Johann Georg I. 1627 von den Grafen von Mansfeld und das Amt Wendelstein von Heinrich von Heßlar.

Außer den bereits erwähnten Besonderheiten des Amtes Tennstedt seien noch einige weitere erwähnt. Die Grafen von Schwarzburg trugen das Amt Ebeleben von Kursachsen zu Lehen; sie unterhielten dort ein Unterkonsistorium. Zusammen mit den Stolbergern hatten die Schwarzburger gemeinschaftliche Räte und ein Konsistorium für die albertinischen Ämter Kelbra und Heringen. In Justizsachen unterstanden die Ämter Ebeleben, Kelbra und Heringen der schwarzburgischen Regierung in Frankenhausen. Zwei Linien der Grafen von Stolberg hatten Kanzleien und geistliche Untergerichte in Stolberg und Roßla errichtet. Die unter stolbergischer Lehenshoheit stehenden Freiherrn von Werthern hatten geistliche Untergerichte in Frohndorf (Unstrutgebiet).

1. Gemeinsamkeiten der albertinischen Sekundogenituren

Ein neuer Abschnitt in der Geschichte der albertinischen Besitzungen in Thüringen setzt mit der Bildung der sächsischen Sekundogeniturfürstentümer ein. Jetzt sind die Verwaltung und die Verfassung dieser Landschaften klarer zu erkennen. Die Aufteilung des Kurstaates erfolgte schrittweise. Man scheint bei dieser Prozedur ebenso gezögert zu haben, wie die Söhne Ernsts des Frommen es später bei der Zerlegung des Territoriums ihres Vaters taten. Der Gedanke der Teilung wurde durch das Testament Kurfürst Johann Georgs I. (1611-1656) von 1652 eingeleitet. Das Testament enthält mancherlei rechtliche Unklarheiten im Verhältnis zwischen dem Primogenitus und seinen Brüdern. Es ist aber klar zu erkennen, daß „die militärische und politische Leitung" bei der Hauptlinie bleiben und die Nebenlinien eigene Hofhaltungen haben sollten. Wenige Monate nach dem Tode des Kurfürsten wurde am 22. April 1657 der „freundbrüderliche Hauptvergleich" geschlossen. Wenn auch noch weitere Einzelregelungen vorgenommen worden sind, so bildet der Hauptvergleich doch die Grundlage der Sekundogeniturlinien. Auf Einwirkung der Stände sind Bestimmungen aufgenommen worden, die den Zentralismus stärkten. Daß der Adel bei fürstlichen Landesteilungen sich bemüht hat, einem ungehindert „privatrechtlichen" Umgang mit Land und Reich zu steuern, kann man in den europäischen Staaten seit dem 9. Jahrhundert immer wieder beobachten.

Die Aufteilung der Kurlande in die Primogenitur und die drei Sekundogeniturfürstentümer war gleichwohl das Ergebnis des Hauptvergleichs von 1657. Die jüngeren Brüder Johann Georgs II. (1656-1680) traten an die Spitze von:

August, seit 1635 Administrator des Erzstiftes Magdeburg, wurde Herzog von Sachsen-Weißenfels.
Christian, seit 1650 Administrator des Stifts Merseburg, wurde Herzog von Sachsen-Merseburg.
Moritz, der 1622 postulierter Administrator des Stiftes Naumburg geworden war, trat an die Spitze der Hochstiftslande und nahm seinen Sitz in Zeitz, wo Kaiser Otto II. im Jahre 974 das Bistum begründet hatte.

Die drei Linien bestanden bis 1746, 1738 und 1718. Dann war das gesamte Territorium wieder vereinigt. Für uns sind nur Weißenfels und Zeitz von näherem Interesse, weil auf sie größere Gebietsteile in Thüringen entfielen.

Wie bei der bereits oben (S. 249) behandelten Teilung Gotha-Altenburgs von 1680 ist zunächst auf die bei der Hauptlinie liegenden, den Gesamtbesitz einenden Vorrechte kurz zu verweisen. Es war dies eine einheitliche Außenpolitik, die von der Kurlinie in den großen Entscheidungen bestimmt wurde, aber den Sekundogenituren doch einen gewissen Spielraum ließ, sofern sie nicht gegeneinander arbeiteten. Das Jus belli et pacis lag ebenfalls bei der Hauptlinie, doch konnten die Herzogtümer bei überraschenden Angriffen zunächst Selbstverteidigung üben. Über den landesfürstlichen Konsistorien stand das Konsistorium in Leipzig. Die Regierungen der Herzogtümer als Oberinstanzen der Rechtspflege konkurrierten „mit dem gemeinschaftlich besetzten und besoldeten Ober-Hof-Gericht in Leipzig". Die Universität Leipzig blieb Gesamtbesitz. Zur Huldigung wurden die Stände an die Teilherzogtümer überwiesen.

2. Herzogtum Sachsen-Weissenfels

Nach einer Umfrage von 1663/64 über die geistlichen und weltlichen Hoheitsrechte setzte sich das Territorium der Linie Weißenfels in Thüringen aus folgenden Ämtern zusammen: 1. Weißenfels (195 Orte mit 101 Kirchen), 2. Freyburg a. d. Unstrut (68 unmittelbare Amtsdörfer und die schriftsässigen Städte Freyburg, Laucha, Mücheln), 3. Eckartsberga (17 Orte), 4. Heldrungen (6 Orte), 5. Sachsenburg (6 Orte), 6. Sittichenbach (3 Orte), 7. Wendelstein (6 Dörfer), 8. Weißensee (10 Amtsdörfer, 6 amtssässige Dörfer, die schriftsässigen Städte Weißensee und Kindelbrück), 9. Langensalza (16 Amtsorte, 19 schriftsässige Dörfer, die schriftsässigen Städte Langensalza, Thamsbrück und Tennstedt), 10. Sangerhausen (12 Orte).

Die Angaben liefern nur ein grobes Bild, insbesondere haben wir auf eine Differenzierung der Rechtsverhältnisse des Adels verzichtet. Von verschiedenen Besitzveränderungen in den Linien ist für uns nur die Begründung des Fürstentums Sachsen-Querfurt 1663 von Belang. Es umfaßte die Ämter Querfurt, Jüterbog, Dahme und Burg, die Sachsen im Prager Frieden von 1635 erhalten hatte, und die Ämter Heldrungen, Sittichenbach und Wendelstein. Sachsen-Querfurt bildete rechtlich insofern eine Einheit und Besonderheit, als der Kurfürst hier „auf alle ihm zukommenden Superioritäten und Reservate" verzichtete. In Heldrungen, Sittichenbach und Wendelstein sollte die kurfürstlich-sächsische Landes- und Gerichtsordnung gelten. Sachsen-Querfurt erhielt die Reichs- und Kreisstandschaft. Nicht nur dies, sondern auch der Übergang des Querfurter Landes vom niedersächsischen zum obersächsischen Kreis konnte nur in Jahrzehnten durchgesetzt werden. Man muß also festhalten, daß Sachsen-Weißenfels auch in seinen thüringischen Ämtern im Rechtsstatus durch die Bildung von Sachsen-Querfurt gewisse Unterschiede aufwies.

Sitz des Herzogtums wurde das von Herzog August begründete mächtige Schloß Neu-Augustusburg (s. Bd. VI, S. 22) in Weißenfels. In der Herrschaft folgten auf August († 1680) Johann Adolf (1680-1697), Johann Georg (1697-1712), Christian (1712-1736) und Johann Adolf II. (1736-1746). Die obere Verwaltungssphäre bestand aus den drei klassischen Behörden des absolutistischen Staates: Regierung, Kammer und Konsistorium; auf vorhandene Einschränkungen ihrer Befugnisse zugunsten der Primogeniturlinie wurde bereits hingewiesen. Auf Angaben über die Organisation und Befugnisse von Regierung und Kammer kann verzichtet werden; „nach den mit der Kurlinie geschlossenen Verträgen waren die thüringischen Ämter dem gemeinsamen Konsistorium zu Leipzig unterstellt worden, wobei der Weißenfelser Linie die Besetzung zweier Beisitzerstellen dieser Behörde freistand". Für das Fürstentum Querfurt wurde eine eigene kleine geistliche Behörde eingerichtet.

Einen permanent bestehenden Geheimen Rat oder ein Kabinett als Institutionen der unmittelbaren Willensbildung des Herrschers scheint es nicht gegeben zu haben. Die an der Spitze der genannten Oberbehörden stehenden Geheimen Räte scheinen aber gelegentlich zusammengewirkt zu haben.

Die Ämter waren auch in dieser Zeit nicht völlig einheitlich organisiert. Haushaltsverwaltung, allgemeine Verwaltung und Rechtspflege des Amtes lagen in den Händen des Amtmannes oder Amtsverwalters, der von einem Aktuar unterstützt wurde oder der überhaupt die Justizsachen erledigte. Für die meisten Geschäfte resortierten die Ämter bei der Geh. Kammer-Kanzlei. Neben dem Amtmann gehörten Schösser und Geleitsmann zur

Amtsverwaltung. Die Besoldung dieser Beamten erfolgte teils in Geld, teils in Naturalien.

Auch in Weißenfels hat der Aufwand der mit allen traditionellen Institutionen (Musik, Theater, Oper; vgl. Bd. IV, S. 229, 240 f.) und Beamten und Hofdienerstellen ausgestatteten Hofhaltung zu finanziellen Nöten geführt. Sparmaßnahmen hat Herzog Christian ergriffen. Dem Mangel versuchte man durch die Verpachtung von Ämtern an einzelne Beamte oder durch Verpfändungen abzuhelfen.

Ein besonderes Problem stellte in den Sekundogenituren der schriftsässige Adel, also der dem Kurhaus seit alters lehensrechtlich verbundene Adel, dar. Es gab wegen der Überweisung der Schriftsässigen in thüringischen Ämtern an den Herzog von Weißenfels Auseinandersetzungen, die sich über Jahrzehnte hinzogen und erst 1681 und 1682 komplizierte vertragliche Regelungen fanden. Die weißenfelsischen Stände huldigten Herzog Johann Adolf in Gegenwart des kurfürstlichen Oberhauptmanns in Thüringen, des Rates und Kammerherrn von Werthern und leisteten dann auch dem Kurfürsten als obersten Landesherrn Huldigung. Der Kaiser verlieh den Sekundogenituren 1689 den Titel „Durchlaucht".

Die Stände besaßen in Weißenfels keine bedeutende Stellung. Sie brachten sich auf den Landtagen der albertinischen Gesamtstände zur Geltung. Im Weißenfelser Territorium durften sie sich nur zu „convocationes" versammeln. Der Terminus Landtage durfte auf diese Zusammenkünfte nicht angewandt werden.

3. Herzogtum Sachsen-Zeitz

Während Sachsen-Weißenfels wenigstens in Thüringen über eine ziemlich zusammenhängende Zahl von Ämtern verfügte, war das Zeitzer Gebiet sehr zerrissen. Als eigentlich thüringisch waren die Ämter und Herrschaften Tautenburg, Frauenprießnitz und Niedertrebra zu bezeichnen; sie waren erst 1640 beim Aussterben der Schenken von Tautenburg an Kursachsen gefallen. Die zum Bestand des alten Stiftgebietes von Naumburg-Zeitz gehörigen Ämter Naumburg und Zeitz mit den Städten Naumburg, Zeitz und Osterfeld lagen in einem Gebiet, das man als Osterland zu bezeichnen pflegte. Dazu gehörten die kleinen Ämter Breitungen, Crossen a. d. Elster, Saaleck, Schönburg, Posau (vor Zeitz) und das Klosteramt St. Georg vor Naumburg.

Der dritte große Komplex lag teils im Osterland, teils im Vogtland. Auch er stammte nicht aus der Leipziger Teilung. Er umfaßte die Ämter und Städte Voigtsberg, Plauen, Pausa, Triptis, Arnshaugk, Weida und das ganz oben im Vogtland gelegene Ziegenrück.

Aus dem albertinischen Anteil der Grafschaft Henneberg (vgl. o. S. 12 f.) stammten Amt und Stadt Schleusingen, Amt und Stadt Suhl, die Ämter Kühndorf und Benshausen und die Klöster Rohr und Veßra. In den Besitz dieses Teiles der Grafschaft war Zeitz durch den Hennebergischen Traditionsrezeß gelangt, der am gleichen Tage wie der „Hauptvergleich" (s. o. S. 605), dem 22. April 1657, abgeschlossen worden war. Während der Regierung Kurfürst Johann Georgs II. durfte der Herzog von Zeitz auf den Reichstagen und für Schleusingen auf den fränkischen Kreistagen die Stimme führen. Johann Georg III. nahm die landesherrlichen Rechte an der Grafschaft wahr und führte den Grafentitel. Herzog Moritz Wilhelm erwarb im Jahre 1700 die Landeshoheit für 45 000 Taler von Kurfürst Friedrich August I.

Sitz der Regierung des Herzogtums war seit 1667 Zeitz, wo J. M. Richter 1657 den Neubau des Schlosses als Ersatz für das im Dreißigjährigen Krieg zerstörte in Angriff genommen hatte (vgl. Bd. VI, S. 22). Über das Hofpersonal und das Leben am Hofe gewähren die Hofordnung von 1674, die Küchenordnung von 1699 und die wohl aus dem gleichen Jahre stammende Kellerordnung eine gute Vorstellung.

Die Behörden waren ähnlich gegliedert wie in Sachsen-Merseburg. Die oberste Sphäre bildeten das Geheime Ratskollegium und die Geheime Kanzlei. Die Leitung der Regierung hatte der Kanzler, nicht nur zugleich Geheimer Rat, sondern auch Konsistorialpräsident. Der Vorstand dieser sehr kleinen obersten Kirchenbehörde hatte in dieser Stellung nur einen Konsistorialrat, der Siftssuperintendent und Hofprediger war, und einen Beamten zur Seite. Von den vier Hofräten des Regierungskollegiums war einer zugleich Stiftsständedirektor. Das Amt des Regierungs- und Konsistorialpräsidenten bekleidete von 1666 bis 1681 Veit Ludwig von Seckendorff, der bedeutende Theoretiker des absolutistischen Staates (vgl. o. S. 222 f.). Die Rentkammer wurde von einem der Geheimen Räte geleitet.

Eine Besonderheit unter den Zeitzer Behörden stellte das Prokuraturamt dar. Das Zeitzer Domkapitel war 1660 aufgehoben und seine Einkünfte für Kirche, Schulen und Studium verwendet worden, aber 1667 wurde es mit acht Kanonikatspräbenden wieder eingerichtet. Ungeachtet der Tatsache, daß 1657 5/12 von Henneberg der Linie Zeitz zugewiesen worden waren, wurden sie doch bis 1661 von Dresden aus verwaltet. Erst in diesem Jahr wurde die Verwaltung dieses Teiles von Zeitz übernommen. Nachdem Herzog Moritz Wilhelm im Jahre 1700 die vollen Hoheitsrechte über seinen Teil der Grafschaft von der Kurlinie erworben hatte, richtete er in Schleusingen eine eigene Verwaltung ein, um die bisherigen Nachteile der großen

Entfernung abzubauen. Ein Oberaufseher wurde bestellt, eine Regierung eingerichtet, die ein Direktor leitete. Von der Regierung in Schleusingen war eine Berufung nach Zeitz möglich. Expedierende Behörde neben der Regierung war eine Kanzlei. Dem Oberaufseher und der Regierung war die unter einem Amtmann, einem Rentsekretarius, einem Amtsvogt und einem Steuersekretarius stehende Finanzverwaltung unterstellt. Für die geistlichen Belange war ein eigenes Konsistorium vorhanden. Die Lage von Suhl im Bergbaugebiet vor dem Thüringer Wald machte hier einen Bergmeister und Bergschreiber und eine größere Anzahl Forstbeamte erforderlich.

Eine Situation, die mit dem Wort paradox kaum hinreichend gekennzeichnet ist und vermutlich unter den vielen Absonderlichkeiten ihresgleichen sucht, die sich nach der Reformation in den deutschen Territorien zugetragen haben, entstand, als Moritz Wilhelm von Zeitz 1715 zum Katholizismus übertrat. Damit wurde im Naumburger Stiftsland nicht der vorreformatorische Zustand wiederhergestellt, sondern der katholische Landesherr konnte die Administration dort gerade n i c h t fortführen, weil die Domherren protestantisch blieben. Die Regierung des Stiftslandes Naumburg wurde von der der vogtländischen Erbämter getrennt und 1 7 1 7 i n W e i d a e i n e e i g e n e R e g i e r u n g e i n g e r i c h t e t. Die Kanzlei in Weida wurde am 10. Januar 1718 eröffnet. Kurioserweise — ein anderer Ausdruck scheint schwerlich angebracht zu sein — trat Moritz Wilhelm 1718 zum Protestantismus zurück. Es war ein Segen, daß der Wankelmütige noch im gleichen Jahre starb und der Verwaltung des Landes damit weitere absonderliche Wege erspart blieben, sondern das Herzogtum an die Kurlinie zurückfiel.

Von den Gebieten des Herzogtums S a c h s e n - M e r s e b u r g lag nur das Amt L a u c h s t ä d t, welches das ehem. Hochstift 1444 gewonnen hatte, innerhalb Thüringens; dieses eine Amt lohnt nicht die Beschreibung der gesamten Behördenstruktur Merseburgs, wie sie für Weißenfels und Zeitz gegeben worden ist.

Es überrascht nicht, wenn man rückblickend feststellt, daß der absolutistische Staat bei der Bildung der drei, im Endeffekt nur kurzlebigen Sekundogenituren ziemlich willkürlich verfahren war. Jedenfalls hat ihre territoriale Zusammensetzung nichts zur Festigung oder Veränderung des Landes Thüringen beigetragen. Es fällt im Gegenteil auf, daß die Albertiner sich offensichtlich bemühten, sich außerhalb Thüringens zu halten. Von den alten Residenzen hielten sie an Merseburg fest. Daß man sich für Weißenfels wegen der Lage an der Saale entschied, wie man vermuten könnte, ist wenig wahrscheinlich, da man mit der Residenz für das Nachfolgeterritorium des Hochstiftes Naumburg-Zeitz an dessen ersten Sitz zurückging.

4. Kursächsische Gebiete von 1746 bzw. 1718 bis ca. 1775

Nach dem Aussterben der Sekundogeniturlinien Weißenfels und Zeitz 1746 und 1718 fielen deren im mittleren und nördlichen Thüringen, im Vogtland, an der Saale und in Henneberg (Franken) gelegenen Gebiete an die Kurlinie zurück.

Den Rückfall der Sekundogeniturlinien Weißenfels (1746) und Merseburg (1738) nützte der berüchtigte kursächsische Minister Graf Heinrich von Brühl, ein Sohn des sachsen-weißenfelsischen Oberhofmarschalls Johann Moritz von Brühl, zu einem bedenklichen Manöver, indem er den Grundsatz aufstellte, alle von den Herzögen an Städte, Gemeinden und Einzelpersonen erteilten Rechte und Freiheiten müßten zurückgenommen, gegen Entrichtung hoher Beträge könnten sie neu gewährt werden. Das Fürstentum Querfurt unterwarf er trotz seines Sonderstatus den gleichen Bedingungen.

Aus dem der bisherigen Weißenfelser Linie gehörigen Besitz ließ sich Brühl die Herrschaft Gangloffsömmern und einen Teil des Amtes Weißensee schenken und bildete daraus eine Herrschaft. Die hohe Verschuldung Kursachsens nötigte zu einer Anleihe von 3,5 Mill. Talern. Dafür wurden die Einkünfte von Mansfeld, Sangerhausen und Henneberg versetzt.

Zu Veränderungen in den komplizierten Hoheitsverhältnissen der Ganerbschaft Treffurt und der Vogtei Dorla (vgl. Bd. II, 1, S. 211) kam es während des 17. und 18. Jahrhunderts. Hier hatte die Akribie der Herrschafts- und Rechteteilungen groteske Formen angenommen. Anläßlich der Leipziger Teilung von 1485 war das wettinische Drittel an der Ganerbschaft Treffurt und der Vogtei Dorla zwischen der ernestinischen und der albertinischen Linie halbiert worden. 1588 vereinfachte wenigstens die ernestinische Linie die Rechtsverhältnisse, indem sie ihr Sechstel an die Landgrafen von Hessen überließ. Hessen hatte damit 3/6, Kursachsen 1/6 und Kurmainz 1/3 der vogteilichen Rechte und das Viztumsrecht inne. Als die Landgrafen 1627 in ihrem Haus eine Teilung vornahmen, wurden auch die hier in Rede stehenden thüringischen Besitzungen und Rechte einbezogen und deren Rechtsverhältnisse noch komplizierter. Solange es drei Herren gab, wurde die Verwaltung so gehandhabt, daß in Treffurt „ein Gesamtamt mit drei Beamten" bestand, „von denen jeder der drei Gerichtsherren einen bestimmte". In der Vogtei Dorla gab es drei Vögte. „Zwei von ihnen bildeten, hauptsächlich für die freiwillige Gerichtsbarkeit ein gemeinschaftliches Vizedomamt, alle drei fÜr die Zivil- und Kriminaljustizsachen ein Gesamtvogteigericht. Appellationsinstanzen für beide Gebiete waren gleichzeitig oder abwechselnd die kurmainzische Regierung in Heiligenstadt . . ., das kursächsische Kreiskommissionsamt in Tennstädt und die Hessische Kanzlei in Rotenburg a. d. Fulda". Kursachsen führte die geistliche Oberaufsicht allein.

1786 fiel durch einen Tauschvertrag der Hessen-Kasselsche Anteil an der Landeshoheit der Ganerbschaft Treffurt und der Vogtei Dorla an Kursachsen, das damit insgesamt 2/3 der Hoheitsrechte besaß. Mainz hielt sein ursprüngliches Drittel. Gerade Mainz war es aber, das Unruhe stiftete, als es 1650 die drei Dörfer der Vogtei zu Reichs- und Landessteuern heranziehen wollte. Die drei Herren blockierten sich noch wiederholt bei dem Versuch für ihren Anteil Steuern zu erheben. Die ganerbischen Einwohner suchten wiederholt beim jeweils anderen Herrn vor Steuererhebungen Schutz. 1773 einigten sich die beiden verbliebenen Landesherren Mainz und Kursachsen „über die Landeshoheit mit allen ihren Teilen und Gerechtsamen. Das Vitumsamt samt dem Rottingsgericht sollte zu gleichen Teilen ausgeübt, die Steuer gemeinschaftlich ausgeschrieben" werden. Die Regelung dieser Verhältnisse beruhigte die Gemüter in der Vogtei nicht, da trotz dieses (erst 1783 ratifizierten) Vertrages die Vogteier auf Steuerfreiheit bestanden. Diese forderten ihre Herren auch noch heraus, als 1792 ihr Eigentumsrecht am Hainich anerkannt worden war.

Für die Ganerbschaft Treffurt war bis 1807 die thüringische Kreiskommission in Tennstädt das sächsische Oberamt und die zweite Gerichtsinstanz.

Seit 1746 verfügte Kursachsen in Thüringen über folgende Verwaltungseinheiten: I. Thüringischer Kreis. Kreisamt Tennstädt, Schulamt Pforte, die Ämter Tautenburg, Treffurt, Weißenfels, Freyburg a. d. Unstrut, Eckartsleben und Grafschaft Beichlingen, Sangerhausen, Sachsenburg, Langensalza, Wendelstein, Sittichenbach. II. Vom Fürstentum Querfurt die Ämter Querfurt und Heldrungen. III. Fünf Städte und 42 Dörfer der Grafschaft Mansfeld. Diese von Galletti 1785 (VI, S. 276) vorgenommene Aufstellung, in der das kursächsische Henneberg fehlt, rechnet von den ehem. Stiftern Merseburg und Naumburg-Zeitz noch ca. 200 Orte zu Thüringen. Galletti meint, daß fast 800 Örter Thüringens, mithin fast die Hälfte Thüringens am Ende des 18. Jahrhunderts kursächsisch gewesen seien.

5. Kursächsisches Henneberg

Die 1583 an die Wettiner gefallenen Teile der Grafschaft (s. o. S. 12 f.) hatten die Albertiner zunächst sämtlich in ihrer Hand behalten und mehrere Versuche der Ernestinischen Linie, in den Besitz der ihr zustehenden 5/12 zu gelangen, zum Scheitern gebracht. Erst 1660 wurde die fast 80 Jahre ruhende Frage der Aufteilung der Grafschaft in einem Vertrag in Weimar (s. o. S. 198) geregelt.

Aber schon bevor der Ausgleich mit den Ernestinern zustande kam, waren 1657 die 5/12 der Albertiner an die Linie Sachsen-Zeitz gegeben worden, aber erst 1661 gab die Kurlinie die Verwaltung an Sachsen-Zeitz ab (s. o. S. 609). Mit dem Ende der Linie Zeitz 1718 fielen auch diese an die Kurlinie zurück. Diese unterhielt in Schleusingen eine Regierungs-, Konsistorial- und Kammerbehörde, die aus einem Oberaufseher, einem Vizeoberaufseher und einem Regierungsrat bestand und eine kollegialische Oberaufsicht durchführte. Die Landstände setzten sich aus drei Amtmännern und vier Vertretern der Städte Schleusingen und Suhl zusammen. Das ehemalige Henneberg gehörte zum fränkischen Reichskreis.

6. Landgräflich-hessisches Henneberg: Herrschaft Schmalkalden

Seit Landgraf Heinrich II. von Hessen, genau seit 1360, mit kurzen Unterbrechungen bis zum Aussterben der Grafen von Henneberg 1583, war die Herrschaft Schmalkalden gemeinschaftliches Eigentum der Grafen und der Landgrafen. Im Laufe der Zeit hat es zahlreiche Streitigkeiten zwischen den Grafen und Hessen gegeben. 1575 wurden die Rechte von Henneberg und von Hessen unter Kondominat gestellt. Durch Erbvertrag von 1521 war der Anfall der hennebergischen Hälfte an Hessen vorbereitet; er trat 1583 ein.

Wenige Wochen vor dem Tode des letzten Hennebergers konnte dieser zwischen den erbberechtigten Landgrafen von Hessen und den erbberechtigten Wettinern über noch offene Fragen einen Vergleich herstellen. Durch den Salzunger Vertrag vom 31. August 1583 erhielt Hessen Schloß und Vogtei Herrenbreitungen; die erbverbrüderten Wettiner erhielten die Hoheit über den Abtswald und alle vormals frankensteinschen, im Amt Schmalkalden und zugehörigen Centen gelegenen Lehen. Außerdem nahm Hessen Ort und Gericht Barchfeld in Besitz.

Nachdem die Abtei Hersfeld 1588 Schloß und Gericht Wallenburg von den Wettinern in Besitz genommen hatte, trat es diese im folgenden Jahre an Hessen ab. Das Amt Hallenberg war 1549 beim Tode des Grafen Albrecht von Henneberg-Römhild an Kursachsen gelangt, das Hallenberg mit dem Amt Kühndorf vereinigte.

Die letzte Besitzverschiebung in der Herrschaft Schmalkalden entstand durch den sogen. „Permutationsvertrag" zwischen Hessen und Kursachsen von 1619. Dadurch erhielt Kursachsen die bisher Hessen gehörige Hälfte der Cent Benshausen, während das Amt Hallenberg jetzt an Hessen fiel. Kursachsen verzichtete auf alle weiteren Ansprüche an Barchfeld.

Seit dem 17. Jahrhundert bestand die Herrschaft Schmalkalden aus Stadt und Amt Schmalkalden, der Vogtei Breitungen, dem Gericht Barchfeld, der Cent Brotterode und dem Amt Hallenberg.

Der hessische Erbfolgestreit in den 20er Jahren des 17. Jahrhunderts wirkte sich insofern aus, als die Herrschaft Schmalkalden zu den Gebieten gehörte, die 1626 an den Landgrafen Georg von Hessen-Darmstadt verpfändet wurden. Während des Dreißigjährigen Krieges hatte Schmalkalden darunter zu leiden, daß die Linie Hessen-Darmstadt zum Kaiser hielt.

Durch den von Ernst dem Frommen am 14. April 1648 zwischen Georg von Darmstadt und Hessen-Kassel (Herzogin Amalie Elisabeth) vermittelten Einigkeits- und Friedensvertrag gelangte Schmalkalden wieder an Hessen-Kassel. 1680 verlegte die Witwe Wilhelms VI., Hedwig Sophie von Brandenburg, ihren Witwensitz in die Wilhelmsburg von Schmalkalden (vgl. Bd. VI, S. 9 f.); dort starb sie drei Jahre später.

Die Verwaltung der Herrschaft lag in den Händen eines Amtmannes bzw. Oberamtmannes und eines Rentmeisters. Hedwig Sophie errichtete als Oberbehörde für die Herrschaft eine Kanzlei. — Fortsetzung siehe u. S. 777.